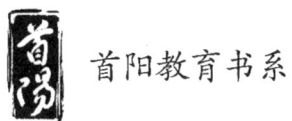 首阳教育书系

历史教育视野

—— 走近名师(上) ——

冯丽珍 主编

陕西师范大学出版总社　西安

图书代号　　JY24N2092

图书在版编目（CIP）数据

历史教育视野：走近名师：上、下册／冯丽珍主编.
西安：陕西师范大学出版总社有限公司，2024.12.
ISBN 978-7-5695-4758-0

Ⅰ. G633.512-53

中国国家版本馆 CIP 数据核字第 2024LZ9848 号

历史教育视野——走近名师（上、下册）
LISHI JIAOYU SHIYE——ZOUJIN MINGSHI（SHANG-XIACE）

冯丽珍　主编

出版统筹	刘东风
责任编辑	程凯丽　秦友会
责任校对	韩迎迎　文　丹　刘　筱
封面设计	吕　剑
出版发行	陕西师范大学出版总社
	（西安市长安南路 199 号　邮编 710062）
网　　址	http://www.snupg.com
印　　刷	陕西信亚印务有限公司
开　　本	787 mm×1092 mm　1/16
印　　张	56.75
插　　页	2
字　　数	950 千
版　　次	2024 年 12 月第 1 版
印　　次	2024 年 12 月第 1 次印刷
书　　号	ISBN 978-7-5695-4758-0
定　　价	128.00 元（上、下册）

读者购书、书店添货或发现印装质量问题，请与本公司营销部联系、调换。
电话：(029)85307864　85303629　　传真：(029)85303879

序

回忆与记忆：中学历史教育的时代印象

赵亚夫

在冯丽珍主编的精心策划下,《中学历史教学参考》(以下简称"中史参")编辑部经过数月的辛勤工作,为广大的中学历史教师呈现一部佳作:《历史教育视野——走近名师》。

之所以是"历史教育视野",意在内含秉持"中史参"一贯的价值引领与探索精神,始终扎根历史教育沃土滋润历史教学园圃的办刊宗旨,并通过每篇文章再现作者理论联系实际的多样视角以及富有时代意义的教学思考。就历史教学发展史而言,它们既是特定时代的记忆,也可以被后来者回忆并形成更具有历史性和研究性的记忆,当然值得珍视。

书稿付梓前,冯丽珍主编请我代为作序,实乃盛情难却。不过,据我有四十年的中学历史教学法教龄,还是有资格为《历史教育视野——走近名师》写点肺腑之言;对于"中史参"我更是发自内心地佩服其专业的认知和行动能力,也有幸参与了"中史参"《走近名师》栏目的开发。

我与"中史参"交往将近三十年,历经王育民、任鹏杰、冯丽珍三位主编,最大的收获有二:通过它学习到很多一线教师的先进经验和教学成果,成为我做教学法研究不可或缺的专业资源之一;"中史参"对教学法研究者一向友好,特别是为深耕教学法理论提供平台,着实难能可贵,它努力联结研究与实践两股力量,切实地助力于一线教师的教学创新与教学法专业研究之间互助互利。"中史参"的办刊眼界和学术责任的意义非凡,本书可谓范例。

在我看来,"中史参"的所作所为,证明了这样一条教学原理:中学历史教学从来没有脱离实践的纯粹理论研究,过去没有,现在也没有,只有随着时代变迁而与时俱进的教学观念;并不存在无的放矢的历史教育研究,除非该研究压根就无目的、无根据、无问题、无计划,当然那根本谈不上有理论、有观念。换个角度说,没有完全不讲教学原理或理论的课堂教学,倒是不讲原理或没有理论的教学,决不会成为高质量的教学。比如,用唯物史观指导历史教学,唯物史观即是原理;做教学设计,没有理论便没有方法;强调"学生的健全发展"并为此"转变教学方式",其教学观念必须遵循一定的教学原理或理论。我们说,教学现象是复杂的。那么,原理也好,理论也罢,无论着眼解决现实问题,还是在意把握根本问题,忽视了原理和理论研究,现象便如同乱麻一团,而且找不到头绪。

其实,历史教学"研究"长期畏惧理论,恰恰说明我们的"实践"中没有理论、缺乏理论,或是理论仍不成熟,甚至错用理论等。理论的实践效果不好,干扰因素很多,既无须把理论视为实践的"捣蛋鬼",也不能因自己缺乏理论或进入理论误区,就让理论背负——不切实际——"倒霉蛋"的骂名。理性的历史教师如何处理上述问题?本书"走近名师"部分的文章中,各有见解和做法。

事实上,追求高质量历史教学的教师,理论与实践不可分割,如同历史学与教育学不能分裂一样。抑或是说,好的教学都是教师对理论自觉、自悟的结果,其中既蕴涵着扎实的教育理论,也受历史理论的制约。引申之,当今历史教育说到底都是由观念促进教学的,拥有理论等于用观念"做历史"。贯穿学科核心素养是,"说课"也是,只要历史课程在,就没有不讲究理论的教学!至于用什么理论指导教学,则要回答历史教学的有用性问题了;如果再问教学对生成理论有何影响,无疑已在揭示历史教学的价值问题。针对这两个问题,历史教学不能给出统一的答案,更不可能有一成不变的经验,所以需要教学共同体营造开放的研究环境,常态的交流机制,以及坚持不懈的较长时间的探索。据此,去读本书中"名师专访"和"走近名师"部分的文章,或许能够自发一种审视的教学研究态度,本书编者乐见读者能有这种阅读体验。

我视"中史参"为发现新人、成就学者、具有专业担当、开放性较高的成果交流平台。比如历史教学法专家聂幼犁、齐健、黄牧航、何成刚等知名教授的学术取向和实力,皆在"中史参"占有重要位置;一线教师领军人物李惠军、郭富斌、成学江、陈伟国、束鹏芳、唐琴、夏辉辉、吴磊等众多名师的教学成果,也通过"中史参"广而告之,并具有鲜明的新时代符号。有人会说,推出作者,发表作品,不是期刊该干的事吗?没错。但是,怎样利用期刊开发课题、发现作者、引领教学、普及历史常识,既是读者的服务者,也是教育的研究者,"中史参"有其独特的贡献。

首先,扩大发文范围,意味着历史教学研究视野被打开;拓宽教学研究视野,意味着能够把历史教学纳入历史教育研究范畴,于是,研究者和实践者才有可能触及历史教学的根本问题;其次,推介历史教育的理论性文章,实际参与了历史教育学或课程与教学的建构过程,它通过这种方式助力于基础教育课程改革,如期刊始终围绕历史课程改革的焦点、热点、重点和难点问题选题和发文,并注重国际视野支撑作用,此举极具时代特征;再次,将专业期刊置于中学历史教育的整体发展中,使期刊具有时代产物和记忆载体的双重角色。这样的期刊人,即是有着做教育专家的态度。

为了证明此言不虚,我结合历史教育学视野从回忆和记忆两个角度,着重对"名师专访"和"走近名师"部分提示以下参考性价值。

其一,历史教育学作为学科(沿用历史教学法概念)是否成熟,其标准之一便是看它的发展史是否完善,并能据此深究它是一部怎样的教育史。

1983—1985年,我跟随恩师于友西先生参加历史教学研究会年会,协助他做些会务工作,借此认识了诸多前辈,如会长白寿彝先生、副会长苏寿桐先生、包启昌先生、赵恒烈先生、吴景贤先生等。还参与了两次学会在北京组织的培训活动,组织者是于友西、孙恭恂和刘宗华先生,授课者有时宗本、朱尔澄、李秉国、陈志嘉等知名教师。我作为历史教学界的新人参加这类活动,除了服务人员的身份外,并没有其他意愿。

由于身处北京的缘故,有机会聆听宋毓真、时宗本、陈毓秀、陈隆涛等先生的现场课,说是言传身教也不为过。期间,周发增、刘宗华、孙恭恂等先生为名师所做的实录和点评,给我留下深刻印象。但是,直到很久以后,我才意识到自己要做中小学历史教育史的种子是在这个阶段埋下的。

到20世纪90年代中期,随着历史教育学的兴起,恩师于友西、黄一欧先生的影响自不必说,对我帮助最多的知名学者是赵恒烈、周发增、白月桥、李纯武、臧嵘诸先生。比如,他们对历史教育的执着精神,无论何时何种场合大家见面,彼此之间不扯闲天,或课程,或教材,或教学,或教法,总有聊不完的专业话题。有段时间,历史教育学遇到学术瓶颈,他们都认为我国的学校历史教育史太过薄弱。遗憾的是,一方面历史教学变革太快,对其加以总结的时机尚未成熟;另一方面若作纵深研究的话,那时能见的材料实在太少。因此,尤其重视现职优秀历史教师的教学经验。

1993—1994年我在日本访学时,曾梳理过其中小学历史教育、社会科教育的相关材料,感慨颇深。回国后,我专门向苏寿桐先生、赵恒烈先生和周发增先生做了汇报。一个是无论哪个方面的教育教学"成立史",只要你想了解,相关的线索、课题和代表性人物皆一清二楚;另一个是若将相关教育史划分为观念、政策、课程、教材、教学、评价等专题,其不同时期或阶段的理论与实践问题同样一目了然。也就是说,日本有它的历史教育学,我们还不能与之对应,说自己的历史教育学同样成立,至少在基础理论和学术体系方面还存在较大问题。对此,赵恒烈、周发增先生基本同意我的观点,但比我的积极得多,一是我们的历史教育学专著已出版多部,二是教学实践多姿多彩,三是专业杂志势头良好,其中就包括伴随改革开放成长中的"中史参"。

我第三次从日本访学回来,赵恒烈先生已去世。这件事刺激我暂时放下收集与整理民国历史教育资料的工作,抓紧时间着手"抢救"历史教育的"活记忆"。条件一,新历史教学法和历史教育学的重要创建者和亲历者多数人仍健在,尽管回忆不免会受感情、记忆等诸多主观因素的影响不能"全真",但还是要比后人追忆来得真实;条件二,现在有条件采用多种手段留下当事人的口述资料,它既有保留历史记忆的功能,也有抑制道听途说或信口开河的"说史者"的作用;条件三,我的学生陈德运在历史教育史方面用功甚勤,有能力完成较高质量的研究工作。

2013年和2017年,我分别申请到了北京市和国家社科两个相关课题,解决了部分经费问题。为了不过于辛苦先生们,我们团队营造了温馨的聚会场合,定期让于友西、周发增、白月桥、臧嵘等先生济济一堂,通过他们的叙旧,自然地进行交流,持续了三年时间。本书读者看到的"名师专访"的部分成果就是这样来!今天,接受我们专访中的老先生大多故去,再次发表这些作品对我和所有团队成员是不尽的缅怀之情,对于广大读者来说,则是化作对前辈学者的无限崇敬之感吧!

需要说明的是,由于上述研究纯属个人动机和行为,受研究范围、模式、经费等多方面的制约,这种保留记忆的性质、规模、组织形态、研究过程和深度以及影响力,都不能与政府层面的相关研究相提并论。我们团队和"中史参"只期望达成这样的基本目的:材料真实,内容鲜活,个体视角。

概括地说,理应整体地把握我国学校的历史教育史;理应理解每个发展阶段的时代特征;而时代印象则包括各个独具个性的事件、观念和人物,这些时代印象越鲜明,它所形成的教育史越有标识性。因此,与其把回忆看成是过去的清单,不如说它代表着砥砺创新的意志。

其二,我国的历史教育理论是否具备自主知识体系,历史教学实践是否具有原创性,进而建构自己的学术话语权,根本的一条是一线教师"做教学"的水平。

"做教学"与自主进行教学设计同义。其内涵可简单地概括为"二意":一是意识,其显在的要素,如素养意识、问题意识、思维意识、史料意识等;二是意义,它是由各种意识交织产生的学习效果。凡是教师通过独立思考,将恰当的理论和技术融会贯通地体现在教学设计和过程中,都是在"做教学"了。

"中史参"是鼓励"做教学"的有代表性的平台,它沉浸于一线教学,以发现新人、新课、新理论为目的,以服务广大教师为目标,以价值引领为准则,推出了诸多教育主张鲜明,教学风格独特,教学效果优良,有思想、有方法、有影响力的新生代教师。他们又在实践中积累和磨炼,成为名师后再将自己的理论与实践回馈给更新一代的教师。

"走近名师"是一个群像,名师的经验犹如万花筒,既不刻意精致,却自然入微;决不粗制滥造,但能光彩夺目;既无千篇一律的设计,更非杂乱无章的堆积。我体会较深的部分,是那里有探索解决问题的方式,以及在探索时略带生涩的真实;有以人为本的理念,以及由历史价值观组织史事的理性思考,其中也不乏面向理想历史教育应该留下什么遗产的激情。"中史参"不回避两难问题,而是把问题提出来供一线教学"走出来",引申说,"走近名师"并不提供成为名师的样板,依葫芦画瓢式地学,肯定学不来。

我从历史教学研究者的视角看"走近名师",至少有三个要点:其一是选题范围适于我做多角度的历史教育研究,因为是"名师"的过往和经验,一般而言更具有典型性和研究性;其二是基于实际教学阐发的教学观点,可以用来实证某些特定理论的应用效果,如果从中看到不同类型教师在同一理论中形成了交锋,则对深入研究该课题益处多多;其三是名师的任何创新对专业人士的研究都会产生影响,或是对理论研究有启发,或是对研究方法有作用,或是改变研究视角,等等。

我清晰地意识到自己的职业生涯是幸运的。例如,经历了改革开放以后历史教学变革的完整阶段,如亲身参与了高校历史教学法的恢复和建设、历史教育学的创立和建构;受教于黄一欧、于友西、苏寿桐、李纯武、赵恒烈、周发增诸先生,聆听过宋毓真、时宗本、陈毓秀、陈隆涛、朱尔澄、李秉国等特级教师的现场课,还受过戚国淦先生、李淑敏老师的恩惠;能从李惠军、郭富斌、王雄、陈伟国、束鹏芳、成学江、唐琴等一大批优秀老师那里获取教学经验和灵感,并为教学研究保留一手素材。据我所知,民国时期的教学法研究者中没有谁有如此的研究条件,即便在五六十年前,研究环境也不允许。

另外,我们必须承认,历史教育研究的任务十分艰巨。还必须清醒地认识到,学校历史教育也存在着两个世界或两种现实。一个可谓历史教育的研究世界,不管它的目的如何以及研究到何种水平,我们对它皆抱着积极态度。另一个则是内卷世界,在这个世界中,现实而又残酷。理论上,研究世界需针对内卷世界产生成果,并解决内卷世界中的实际问题。然而,在现实中,所有研究世界的思想和行为都被打上理想的烙印,也不论研究的目的和对象,稍有不慎就会把研究世界作为内卷世界的对立物。所以,即便是最真切的回忆和记忆因不可抗拒的遗忘和情感因素,会让研究世界空虚,内卷世界实在。

更何况我们已步入 AI 时代,而且历史学科面临的挑战必将空前严峻。AI 对于历史教学,决不是应用其技术那么简单,它会触及深层次的教育教学观念,并由价值观主导历史知识、历史思维和历史意识。简言之,让图片动化或说话、创生历史、用 AI 讲故事等,不是历史教学利用 AI 的前景,类似的技术也不能颠覆现行的历史教学。AI 既然是智能,而且具有无限的可能性和不可预测性,当它的"类人智能"超强时,学生学习历史这件事,就不是今天的样子了! 有人说,AI 代替不了历史学家。但是,中学生不是历史学家。中学生要像历史学家一样思考,谁能认定 AI 不能做得更出色。无须再假设,AI 改变学习环境和方式的时代已经到来! 最乐观的理解是,一旦人们像对待手机那样认知和使用 AI 了,教学中的经验、学习、思维、叙事、意识、行为种种基本概念及其内涵也会被重新定义——人们如何理解历史教育教学一定有着深刻变化。

本来历史教育的真谛,即是发现与改变。在 AI 时代,如果学校仍然存在,历史还是必修课程,那么,历史教学必定遵循历史教育的真谛,包括用它来反驳一切违背历史教育真谛的东西。

按照这个思路,发凡编辑本书的初衷,不能不说它在为特定时期的"名师经验"打上句号的同时,又开启了未来的航道。但愿我还有登船的资格,并能为接下来的征程再尽微薄之力。

最后,再次感谢冯丽珍主编给我作序的机会。由衷地感谢栏目的创立者、活动发起者、文章组织和精心编辑者的默默奉献,尤其要对所有作者提供的精神食粮表示最高的敬意。

目 录

序

回忆与记忆：中学历史教育的时代印象 ………………………… 赵亚夫/001

上 册

走近名师

中学历史教育学：1902—2030 …………………………………… 赵亚夫/003

叙事的学问 ……………………………………………………… 王加丰/023

"天时、地利、人和"造就了我
　　——四十余年教学生涯的回顾 ………………………………… 孔繁刚/032

教给学生有生命的历史
　　——关于历史课堂生活重建问题的思考 ……………………… 齐　健/047

耕读人生
　　——我的心路 ……………………………………………………… 全仁经/058

重知厉行　勇于创新
　　——一个中学教师读书教学的自白 …………………………… 李明海/075

我的历史教育思考 ………………………………………………… 李明赞/087

酌奇而不失其真　玩华而不坠其实
　　——听特级教师毛经文侃他的八个"五年计划"与教学追求 … 毛经文　曹军辉/115

不信东风唤不回
  ——走在历史课程改革探索之路上 …………………… 孙曙光/125

在迷茫中探索,在平凡中奋发
  ——谨以此文献给正在成长中的青年教师 ………………… 梁仁华/132

怡心书香　探索守望
  ——一个普通中学历史教师教育生涯之感悟 ……………… 孙双武/142

超越自我　乐在其中 ……………………………………………… 庞友海/151

教为师范,研必人先
  ——我的教学与教研之路 …………………………………… 朱　可/162

勤奋求索,跬步前行 ………………………………………………… 汪　瀛/174

杏坛漫记 …………………………………………………………… 成学江/181

历史教学要"眼中有人" …………………………………………… 郭富斌/192

像水一样
  ——历史的倒影 ……………………………………………… 束鹏芳/199

突破思想的边界 …………………………………………………… 王　雄/209

读书:我的为师之道 ………………………………………………… 李建红/220

承担起历史教育的使命
  ——我对历史教研员工作的实践与思考 …………………… 戴加平/229

走出应试的"沼泽地" ……………………………………………… 李付堂/244

在路上
  ——一位中学历史教师的行与思 …………………………… 赵利剑/264

不断的反思与突破
  ——我专业成长的节点 ……………………………………… 刘庆亮/281

"问史",指向"人"的生长 …………………………………………… 唐　琴/292

做一个有思想的历史教师 ··· 丁林兴/303

拳拳之心助同伴　孜孜嗜学共成长

　　——教研探索的实践梳理及心路历程 ························· 朱启胜/318

何谓"历史事实"

　　——基于研究文献的阅读梳理 ···················· 何成刚　张克州/327

高考历史科"三维立体命题框架"命题研究 ····················· 黄牧航/335

摆好姿势，亮出姿态

　　——在自然成长中主动成长 ································· 徐赐成/346

成长：蝴蝶的故事 ··· 夏辉辉/360

敬畏课堂，做一名"纯粹"的教师 ··································· 李树全/372

行将致远：遇见更好的自己 ·· 李应平/381

教学教研成长之点滴记录 ·· 王少莲/391

历练·结伴·蜕变

　　——我的专业成长之路 ····································· 郑婷婷/397

走近名师

「历史教育的根本任务是帮助学生建构历史知识，习得历史思维，并由此产生改变意欲的内驱力。其中，建构的对象是过去的事实，它要求基于材料探究和分析历史背后的真相；改变则是历史教育须达成的结果，无论个体之间在智识方面存在多大差异，只要通过历史理解获得了塑型自己的能力，历史教育都会生成价值和意义，不管你强调的是理性思维、反思意识还是批判精神。

建构和改变的内涵随时代而变化。在 AI 环境中，传统的历史认知、观念和方法都将遭到颠覆，历史教育也不再是记忆、回忆、叙事乃至教化的概念与范畴。为此，青年的历史教师究竟会面临怎样的挑战？现在正是开始思考并做好准备的时候啊！」

赵亚夫 首都师范大学历史学院教授，博士生导师。曾任教育部国家基础教育课程教材专家工作委员会第一、二届委员；教育部全国教师教育课程资源专家委员会文科工作委员会第一、二届委员；教育部全国师范院校教学指导委员会教育硕士专家组成员；教育部"国培库"首批专家；全国教师教育学会常务理事；《中学历史教学参考》编委。主持国家社科基金及省部级项目30项；发表论文280余篇，出版《中小学校历史教育百年简史》《国外历史课程标准评介》等30余部专著，《中学历史教育学》《中学历史教学法》等多部教材。

中学历史教育学：1902—2030[1]

○ 赵亚夫

本讲的主题是"中学历史教育学"，所讲的重点是中学历史教育、教学研究的历史与现状。按照当今的学科分类，历史教育学[2]归属于学科教育学，其学科属性是教育学而非历史学。

2023年的"西部大讲堂·历史学论坛"系列讲座的最后一讲是历史教育学，虽非常态但也决不反常的情况。我认为，它反映了三方面的独特性：一是陕师大历史文化学院长期积累起来的学术视野，使其能敏锐地把握住学科发展动态，即历史教育学已是历史学的一个研究方向[3]；二是历史教育学除了自身的学科性和公众性外，还具有多学科或跨学科的学术研究价值，并且积累了大量的实践经验，这与当下的历史学发展相吻合；三是符合陕西师大一贯的办学宗旨，将学科和教育研究紧密结合，形成自己的教师教育特色。

中学历史教育研究不在传统的历史学研究领域内，尽管传统的历史学也重视历史教育，但那是指历史学自身具有的政治特性，以及由此诱发出来的教育功能，与研究和实施专业化的学校历史教育并不是一回事。以至于在很长的时间里，历史教育特别是中小学的历史教育都不在学问之列。教学界关注中学历史教育研究，从20世纪80年代开始，其中一个重要行动是创建历史教育学。如今，历史学界投入历史教育的专家渐多，除了编制课程标准和编纂教科书外，还有待公众历史教育的新视野、新理念、新范式和新方法[4]。

这个题目的时间跨度较长，从1902年到2030年，但它既不是单纯的回顾，更算不上归纳趋势或进行展望，仅是基于中学历史教育的现实，整体地描述历史教育改革的方向和存在的问题。需要事先说明的是，本讲内容不针对或直接面对中学历史教育的内卷现象，更不涉及体制等敏感问题。

一、中学历史教育学追求全新的学科教育观念

中学历史教育、教学是历史学研究还是教育学研究？更直白地说，中学教的是历史学吗？按照今天流行的看法，它既是历史学也是教育学，或者视它为"交叉学科研究"呢？近百年来，我们在理论和实践两方面，从未认真对待过这些问题。然而，在现实中则处处与之相遇，否则无法从事课程编制、教科书编纂、课堂教学、学习评价、教师养成等教育、教学研究和工作。

1. 中学历史教育学脱胎于教育学而非历史学

40年前，我开始接触中学历史教学，身份是历史教学法教师。那时，我想当然地认为，研究历史教学法也是研究历史学，尽管属于一种"边缘研究"。理由是，从大学历史系毕业，即是历史学出身，自己是"有专业"的；现在做了历史教学法教师，可以顺理成章地去教"传授历史学知识"的教学方法。还未意识、更不要说思考这样的问题：在师范教育体制下，我接受过历史学专业训练，我真的了解乃至掌握了传授历史学的技能了吗？当然，要针对中学历史教学实际提出并解答这类问题。现在看，就是一个问题：中学教的是历史学吗？

专业的历史学至少有以下特点：掌握系统的专业理论和学科知识，熟练地运用专业术语，理解专业的基本命题和思考方式，并具有运用专业方法和批判性思维解决专业性问题的信念。如此的历史学需要专门训练，基于通史学习的师范教育对此并不擅长。其实，教历史（以教化为目的）和研究历史（以学术为目的）[5]，就好比算术和数学的关系，算术着眼于基础性的计算，数学则是研究数和形的思维工具。

现实既可以还原常识也能够突破常识。1983年至1984年，我到中学实践和体验。期间，接触到不少优秀的历史教师，并从他们的课中学习到很多东西。其中，就有"好课都是讲出来的！"的经验。那时的好课是什么标准呢？态度真诚，尊重学生，知识扎实，方法得当。好教师的课非常平实，不张扬，不卖弄，没有多余的设计，更不渲染气氛。反之，卖弄学识、刻意做课、过度解读的课，学生很难坐得住。当然，这样的历史教学内容，也难以让人信服。

因此，我开始上教学法课时，能够告诉大学生的中学教学经验，只有以下几条：一是讲授内容要顺畅，最好一气呵成而且能够自圆其说；二是史事尽可能具体，因为叙事越具体故事性或趣味性就越强，容易集中学生的注意力；三是恰当地设问，既可以活跃课堂气氛，也便于增强学生的记忆效果。显然，这些不过一般的教学要求，任何教师理当具备如此的技艺。

传统的历史教学法与历史学素养没有直接关系。因为中学皆以学科教学为特色，学科教师的身份决定了学科的知识来源，所以理论上教什么学科就需要学什么学科，即历史教师理应是有历史学背景的教育者,仅此而已。至于学科教育专业中必须面对的"教什么""学什么""怎样教""怎样学"的问题,则是典型的教育学原理(涵盖教学过程全过程),与历史学没有直接关系。

中学历史教育学旨在解决深层的历史学科教育问题,迄今为止其课程、教材、教学、评价、教师专业发展等种种课题,坦率地说,仍不在历史学研究范畴,而是教育学研究范畴。对于教师专业而言,历史学素养固然重要,但是落实在教学行为和操作策略方面,教学素养如何才更为关键。

2. 中学历史教育学关乎学校历史教育的根本观念

我从业的前十年,因自身的研究者身份,而被历史教学的学科属性所困扰。简单地说,历史教学法究竟要研究什么和如何研究。直到20世纪90年代,我在观念上才有了较大变化:一是阅读到一定数量的民国历史教育资料,了解到我国不同时期的历史教育追求[6];二是国内兴起历史教育学,带给课堂教学很多新气象;三是有机会出国学习,并接受了社会科(Social Studies)教育理念,拓宽了研究视野[7]。

之后我把"中学历史教育学"界定为学术用语,旨在研究中学历史教育全过程的原理性问题。研究历史教育全过程而非历史教学全过程,研究历史教育的原理性问题而非历史教学的技术性问题,这就区分了历史教学法和历史教育学。因此,才有必要研究"教育与教学""历史学与教育学""专业与非专业""原理与技术""方法与策略"的关系,进而深究历史学与教育学的理论和方法。否则无须建立中学历史教育学,在课程改革中提出的许多任务实际无法完成。沿着这样的研究思路,再来讨论或审视何谓历史教学法、历史教学论、历史教育学的概念,就有了研究方向和价值定位。

其一,历史教学法。近代学校教育无不是学科教育,教学法亦是依托于学科的教学法。在西方,近代学校教育皆基于分门别类的学科;到19世纪,学科教学理论纷纷出台,也相当实用。我国1902年颁布壬寅学制,宣告近代学校教育的开始。也可以说,教学法是教育学的伴侣;教育学原理如果有用或能用的话,亦由学科教学法来体现。无论这种有用性,是基于经验还是推理。

然而,近代教学法毕竟是工业社会的产物,它有两个基本特征:第一,在早期,教育学尚不复杂,教学法不可或缺,而且自成一个学科,以致人们实施学科教学时,更在意学科教学内容和方法,我称它为"功能性倾向"。第二,因为教学法只针对"教科"(科目)进行研究,其原理部分逐渐被具体的教学任务所替代,加之国家政策等因素的影响,导致实施者把它局限于教的法则,我称它为"功利性倾向"。当教学法给人造成这样的假象时,它很容易失去了学术作用:不研究教科书、不围绕教科书研究教学,等于教学法脱离实际而且无用。

中学历史教学法已经习惯于将自己定位在"研究历史教学全过程",其研究本体是教学大纲(课程标准)、教科书、教学方法(教学设计)和考试(教学效果),本质上就是教材教法。

不只有中国这样,其他国家也大致如此。历史教学法的基本任务,在用法则规范课堂教学(功能类似于 normal 这个词)。正面作用是要求教师按照教学法上课,以便达成一致的教学目标或教学质量。因此,课程、教科书、教学、评价的标准化,既是模式也是手段。其负面影响则是教学平庸化。

一般而言,教学法(subject pedagogy)越规矩,学科属性越弱,教师教学的自由空间越小;越强调教材教法(teaching material and method),便越不关心教学法(teaching method)。20世纪90年代,部分学者强烈批评模式化教学法,就是因为它已成为工艺化、技巧性、教教科书的技术或窍门(technique)。

有人说,国外仍使用"历史教学法"的概念。我认为,要具体问题具体分析,如 history teaching、teaching method、learning to teach(或 teaching method of history)的语境或理论,内在地包含各种教学法,或特指学会教(学科)的方法。当然,我不否定这样的教学法[8]。

其二,历史教学论。按照字面理解,它的意思是"教与学的理论"(Theory of Teaching and Learning),也可以解释为"更学理化的教学法",即教学论(Instructional Theory 或 Teaching Methodology)。在我国,历史教学论与历史教学法区别不大,但是我还是乐见它在教学理论方面的进步。

师范院校课程体系中,教学论的正式名称是"课程与教学论"(Theory of Curriculum and Instruction)。不过,该课程的实施情况不尽如人意,一个重要原因是历史课程论和教学论长期处于分离状态,各说各理。还有就是它缺乏理论基础,别说历史学科教育理论是否到位,就是其大量应用的教育教学理论也存在以下三个硬伤:一是科学性差,尤其是研究范式几乎不用数据;二是理论性弱,似乎讲理论就意味着空谈,久而久之便形成了复制教学经验的习惯;三是缺乏学科性,表面上注重历史学的学科性,本质上未建立历史教育的学科性,因此并不能有效地解决真实的历史课程与教学问题。

其三,历史教育学。前辈学者使用历史教育学这个术语,但是他们并没有对此有明确的界定。将这个词翻译成英文时,education 和 pedagogy 常交替使用。我倾向前者,不仅它涵义宽泛,而且要尽可能避免再度陷入过于关注教授法的误区。即历史教育学是研究学校的历史教育理论及其相关活动的一门实用学科。或者说,历史教育学是针对学习主体者——学生(作为公民)的人文教育实践,具备完整的历史知识、思维和认识的学科教育学术体系。首先,它几乎涉猎教育学的各个领域,但不是教育学的附庸[9];其次,它也不是另类的历史学,向中学生传授或深或浅的历史知识以及史学研究成果;再次,它不能搪塞中学生的思考或封闭其探究视野,毕竟历史教育的境界在理性地认识过去。

简言之,历史教育学的学科性,即养成历史教育者的学科教育素养。从传统的观点强调历史学的学科性,恰恰是历史教育学所言的非学科性,即它针对公民素养来定位历史教育或课程时,其教育或课程的性质和功能,并不是基于历史学的学术性,至多只是发挥了历史学潜在的育人功能(严肃的历史学对此非常警惕)。所以,历史教育是人类特殊的人文教育活动,在过去其性质、功能、任务、目的都依赖特定的人类教育经验,现在则在珍视其特定经验的同时,也试图从学术性和科学性等方面,更完整地体现历史教育的知识性、客观性、思考性、行为性,进而形成系统的旨在发挥历史视角和方法作用的人文教育。所以,历史教育学的"学"字是学术体系的意思,必定是多学科、跨学科乃至超学科研究。无论是侧重于教育学取向的历史教育学,还是侧重于历史学取向的历史教育学,最终都会走上整合的道路[10]。

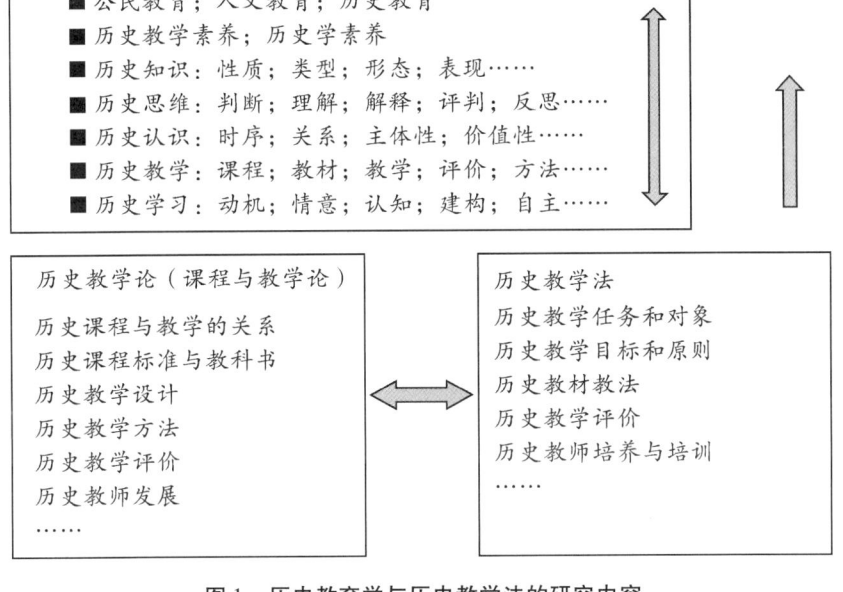

图1　历史教育学与历史教学法的研究内容

说明:(1)历史教学法与历史教学论,除教学内容与历史学相关外,其他研究皆为教育学;(2)历史教学法与历史教学论的学理无根本区别,或许后者更多一些理论成分;(3)历史教育学理论,不仅要求包括教育学、心理学理论在内的人文社会科学施加影响,而且强调历史学及其理论夯实历史教育理论的特殊作用。

显然,历史教育学研究公民所涉及的知识、思维、意识、方法、行为和价值观,解决历史教育的原理性问题,不仅具有典型的交叉学科或跨学科研究[11]特征,而且因其对历史教育根本性问题的持续追问,也必然地转变传统的历史教育研究范式。目前的中学历史教学,按照历史教学法或历史教学论路数,摆脱不了内容主义的羁绊;依照内容主义所看到的历史学素养,其实做不到,也没有必要去做。像历史叙事、历史编纂、历史解释这样的课题,如果与学生的真实获得无关的话,就没有什么研究价值,在 AI 和大数据环境中更是如此。

总之,历史教育学应研究根本性或关键性问题。尽管其研究本体被划分为有价值论、课程论、教材论、教学论、学习论、评价论、教师论等非历史学课题,但是它需要否定两个常态的教学法研究现象:一是习惯于做教育政策的解读者,不搞原创性、原理性研究;二是甘愿充当教学裱糊工的角色,使历史教学研究等同于汇集、整理、复制一线教师经验,更过分的做法,则与剽窃一线教师的成果无异。[12]今后的历史教育学,或许不再分门别类地研究课程、教材、教学、评价,更不要说维持上述两种现象了。

用历史教育学包含历史教学论和历史教学法,打破中学历史教学研究"熟悉一套教科书就够了"的局面。历史教育学强调中学历史教育的开放性、互动性和有用性,进而拥有学科的思维力和批判力。过去的历史教学法,现在的历史课程与教学论,显然没有能力成就如此的学科教育学。

二、全球教育改革与中学历史教育学的时代任务

究明历史教育学是什么以后,我们来了解"为什么是历史教育学"的话题。放宽历史视野,把握时代特征,则有助于理解和把握历史教育方向。时代性大致等同于历史性,故需基于课程改革历程,提炼当下历史教育理应承担的任务。

1. 百余年来中学历史教育的变与不变

从 1902 年晚清政府发布的《钦定中学章程》,到 2000 年中华人民共和国教育部颁行最后一个初、高中历史教学大纲,中央政府颁行的课程标准、教学大纲有 33 个[13]。再把 2001 年到 2022 年颁布的历史课程标准加在一起,就有 37 个。即便忽略中间的修订次数,政府层面置换课程标准和教学大纲政策频率也是较高的,这说明百余年来,我们的课程和教学一直在变。

结合《中小学校历史教育百年简史》[14]一书给出的阶段划分,1902 至 1949 的四十七年可粗略地分为晚清民国两段,共产党领导的根据地和解放区单独列出(1902—1911;1912—1949;1931—1949);中华人民共和国的七十余年,分为 7 个时期(1950—1962;1963—1965;1966—1976;1981—1992;1993—2000;2001—2010;2010—2022),2001 至 2022 年称为"新课程"或"新课改"时期。

搜集文献,划分年代,甄别分析,这是历史学的基本方法。之前,我的博士生徐赐成、

张汉林、郑士璟、陈德运做了大量工作,《中小学校历史教育百年简史》也是集体作品,他们参与撰写了所有章节[15]。本文不呈现相关历史变迁的复杂因素,仅借用已有研究直截了当地看实践要达到的目的。如下图:

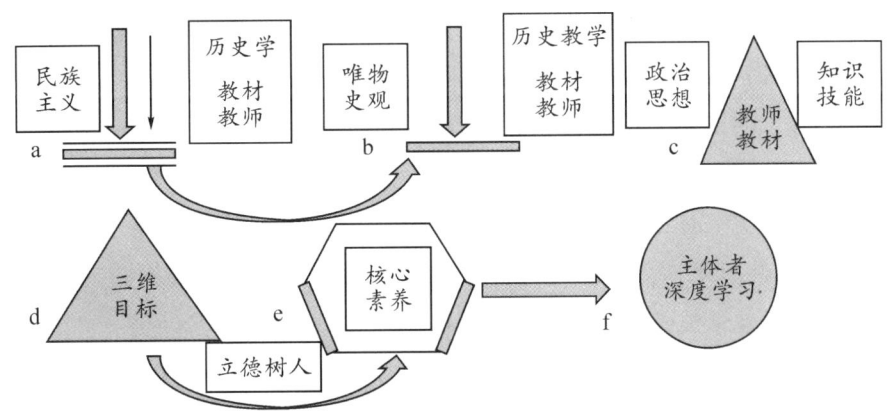

图2 中学历史教育任务演变(时代特征)示意图

第一个图形的横线(a)表示有若干教学任务。在民国时期,受社会思潮的影响,教学目标具有多向性或多元性,如三民主义、民族主义、世界主义、自由主义、唯物主义等。图中的粗线指民族主义,它也是主流的教育任务。因为中学历史教育还处在创生期,构建者以史学家居多,故有由历史学奠基并形成以教师(围绕教科书)讲授为中心的教学和研究特点[16]。

第二个图形简化多了。一是采用历史教学的用语,突出了学科知识的基础性和教学性,二是教师教学必须以历史唯物主义和辩证唯物主义为指导,以爱国主义为核心,以教科书为蓝本。一直到20世纪80年代,历史教学都是知识教育和政治思想教育两项基本任务(b),犹如第三个等腰三角形的两边(c)。20世纪80年代中期添加了学科能力,两项任务变为三项任务。但是,如何体现学科能力并有层次地进行指导,至今的教学法都没有达成任务。

三项任务成为一个正三角形(d),有个渐进过程,到20世纪90年代后期,其间的关系作为一种观点才相对稳定下来。三维目标是对三项任务的全面深化。现在强调核心素养,理论上可以画出五条边,可是在实践中,那两边粗线(即唯物史观和家国情怀)才是重点(e)。

这五个图形具有三个共性:其一是历史教学突出了教育学属性。用当下的话说,它是意识形态学科,需要为现实政治服务;其二是历史教学必须围绕教科书和教师来展开,讲授历史知识是其基本特征,历史解释的主导者是教师;其三是无论三维目标还是核心素养,在整合教学任务的同时,也凸显了"意识形态学科"的课程性质。

最后一个图不表示圆形而是球形,即"非中心化"或"去中心化"的历史教育。在球形中,知识、思维、方法、认识可以任意联结,非常具有个性化,而且任何人只要愿意就可以进行深度学习。显然,这是 AI 和大数据环境中的历史教育。抑或是知识维度和思维向度越多,历史学习越自由,历史教育观念越开放,学习效果越真实。就目前而言,这样的历史教学仍然离我们较远,故把箭头处理成了虚线。

总之,用先进的教育原理指导中学历史教育研究,与遵循传统教学法和特定教育任务所研究的中学历史教学,会形成巨大反差[17]。前者以学生学会为中心,后者以教教科书为中心;前者从学生的立场追问历史真相,后者依据教科书"求真求实";前者强调学生理解并发展批判性思维,后者则重视教师做正确的历史解释并遵循既定的历史思维标准。于是,二者的教学模式和教学方法迥然不同。

教学模式:前者的教学过程"导入(预备)—讲授(叙事知识)—测量(考试)",如同"教教材"的教学观。后者则是"情境(带入)—设计(叙事知识)—评价(考试)",如同"用教材教"的教学观。但是,教学研究不能只看人们主张什么以及教学形式出现了哪些变化,关键要看认知载体、教学方式、教学效果是否有质的进步。

(2)教学方法:只要历史教学脱离不了讲授法,无论何种教学方法都难说是"现代的",因为"讲故事"(或置换为叙述、叙事的概念)所要求的知识性质,最终还是要服务于讲授的正确性、生动性和完整性。从历史学的角度看,给了学生历史知识乃至学习技能;从教育学的角度说,一切教学成绩则是教师控制课堂的结果。其实,如果不是教师处理确定的知识、问题、材料和结论,"教教材"和"用教材"就无从谈起[18]。

简言之,我国的历史教育任务,以及教学的基本内容,七十余年来未发生质变(需要联系教学性质进行思考);但是受政治运动、社会变革等因素的影响,历史教学目标和课程形式的变化却是常态。2000 年进入课程改革后,这些方面的变化,不仅频繁而且剧烈。所以,仅看现象的话,很多问题依然无解!例如,为什么研究者认为,今天的历史课和几十年前的历史课没有根本性变化,一线教师却觉得其变化甚大;为什么研究者认为,几十年前历史教学面对的问题,今天依然如故,而很多人却感觉似乎都已解决或在解决中。更为深刻的问题,如学生究竟该学怎样的历史,如何向公众开展实用的历史教育,研究的出发点和实践的落脚点是否应该一致,等等。

事实是,我们对学校历史教育始终抱有过高的期望。但是,教育或课程改革所表现出来的问题,需要诸多平衡因素才有解决的办法。然而,很多"教育问题"或矛盾又与教育无关,或单靠教育无法解决。比如政府的培养目标具体且鲜明,可是欲养成健全发展的人,则不宜给出确定的标准;管理者和家长追求特定的教育结果,教育专家和专业人士的教育理想,则更强调专业化的教育过程和方法;学校教育理应体现自由、正义、个性、均衡等原则,社会、企业和家长则要求具体的回报,抑或是实用、功利、有利润的可把握的价值。像学生的心理失调、教师的严重内卷等问题,同样不是单纯的教育问题。然而,一线教师在课程改革中越来越纠结于原本不是自己或自己完全不能左右的问题。就是说,在现实中,各种问题交织在了一起,原有的教学理论,不仅不能解决这类问题,更可悲的是,它还让一线教师自己揽下了太多的难题,以致形成了理论与实践、专家与一线教师、课程与教学的各种对立关系。

需强调的是,传统的教学观念,不只在传统的社会关系、教学关系和学科认知中发挥作用。如今它照样可以通过"史料教学""大概念教学""深度学习"这些新主张反映出来。不过,事实一再证明,依赖教科书讲授历史,用考试成绩评判教学质量,这类传统教学法过时了! 当下已是学有用的历史、让历史教育创造自身价值的时代,因此历史教育学研究定位在"发挥学生主体性""以学生的历史理解为中心"的理念上,从学科视角研究学习科学,不折腾尤其不能瞎折腾[19]。[20]

2.21 世纪的中学历史教育究竟往哪走

既不瞎折腾又不失去方向,如何做到呢? 有一种主张是强化学科性,或干脆说"做历史学教育"。这太唐突也很肤浅! 例如,2001 年研制新的历史课程标准时,曾明确提出要削弱学科化、专业化和成人化;要用"精选"教学内容而不是"囊括";应改善"繁难偏旧"的旧课程。我们不能改了 20 年又回头吧,即便回头也要给出合理的理由。

图3

这里出示一组漫画,它预想了 2040 年的日本教育现场[21]:没有书包、课本、讲台、封闭式学校、课堂教学、被动学习、正确答案,不用死记硬背,不再进行纸笔考试[22]。维持了几百年的近代学校教育消失了! 对此,我们是该惬意还是焦虑呢?

不妨说,"那要等到猴年马月! 反正我等不到。眼下,该怎么讲就怎么讲吧!""未来跟我有什么关系? 现实是:学生不学,学也学不会!"我们可以这样想,但我们说的未必是"实际",它或许也是无奈。比如,"上面要我怎么做,我就怎么做;想得通想不通、做得到做不到,让'改就改'。"当然,这是很现实的想法。

但是,教育研究不可能基于这样的现实。它要求教师具备现代的专业素养,在教学实践中不断超越自己的视域。例如,教育已经成为国家战略的重要组成部分,教育的现实反映国家的未来;科技对国家、社会、企业、个人来说,不仅是一般生产力,也是核心竞争力;科技正以前所未有的速度在颠覆传统的教育大厦,说它要"重估一切教育价值"并不过分。比如今年的世界人工智能大会、世界经济论坛上宣布的成果,以及专家对未来的预测,足以让历史教育者深思。不只是ChatGPT,而是整体的AI产业,是否会终结传统的历史教育。再如几年前,还只是英语教学引入"多模态教学"(multimodal teaching),还没等历史教学迎头跟上,模态(modality)的内涵和形式就变了。所以,把握学科发展动态,没有大的教育视野不行。

(1)全球课程改革进入"核心素养"[23]时代

为什么是核心素养时代?我们身处课程改革中,似乎不难理解这个问题。不过,换个角度问,会不会让大家多做一些思考呢?在语境方面,为什么把Key Competences 或 Key Competencies 译成"核心素养",而不是"关键能力"?或干脆使用 competency(胜任力、竞争力)的概念呢?[24]除了词性及复合性外,还有其他考虑吗?在实操方面,强调"共通能力"(generic),或是针对"学习领域"(或 areas[域]或 field[场])研究学科的通用能力,对学科教学意味着什么呢?据此,我们必须从历史和现实两方面明确以下问题。

其一,全球课程改革是一个持续不断的过程。

发达国家针对后工业社会的课程改革,在二十世纪七八十年代就全面展开了。到20世纪90年代,它们纷纷瞄向21世纪目标。比如美国从《危机中的国家:教育改革势在必行》(1983)、《全美教育目标》(1990)以及《美国学校促进法》(1994),到《21世纪技能框架》(2002)、《通向21世纪学习的道路》(2004)、《21世纪技能评估》(2005)、《21世纪的教与学》(2008)、《21世纪学习框架》(2009),不仅从未停止改革,而且始终处于加速状态。其他发达国家的情况,也大致如此。

还有一个现象值得注意,就是各国在改革中加强了国家干预。或政府委托民间机构研制标准,或由企业巨头牵头实现各方合作,或参与国际组织的教改项目,或政府直接出台课程标准并主导地方联合实施新的标准等。像美国、英国、澳大利亚这样传统的教育分权制国家,在20世纪90年代纷纷推出"国家标准",他们在抓什么呢?另外,他们国内的保守势力一直对此持有强烈的批评态度。结果是,在若干势力的博弈中,对于现实和未来都形成了持续而且复杂的推力,突出的现象是:在经济、社会、人口结构方面的深刻变化,致使意识形态得以强化;经济全球化、环境问题、大国竞争和科技革新,带来的问题和挑战非常普遍。作为阐释人类文明进程的历史教育,如果对此失去了洞察力,必将被淘汰。

概括地说,我们能切身感受的教育改革,经历了几轮、四五十年的时间了。经合组织提出的关键能力,也过去了二十年。他们现在指向 2030 年目标,着眼于下一个十年、二十年。研究历史课程改革,如果不关注其改革的连续性、一贯性、关联性和互补性,哪里来的改革意识和动力? 恐怕连自己国家要干什么、该干什么、正在干什么,也难理解吧![25]

其二,各国针对 21 世纪"素养"提出的改革目标是不一样的。

有一种比较乐观的看法认为,美国的 21 世纪技能(21st-century skills),经合组织(OECD)和欧盟(EU)的关键能力(Key Competency; Key Competences),澳大利亚、日本、新加坡等国的"新能力",以及中国的核心素养,没有任何差别,只是用词不同而已。不是的。无疑,全球教育(课程)改革的大背景是一样的,如全球化、科技创新、国家竞争、区域合作、终身学习等。但是,依此提升国民"素养"的标准,或者"21 世纪技能"或"21 世纪素养",各国的着眼点显然不同。这里分析几则旧材料:

(1) 1997 年,经合组织在《关键能力的界定与遴选:行动纲领》中提出关键能力(Key Competencies)并做了界定。2003 年以后,又将其确定为专门术语。它旨在导向人类的健全生活和发展,并且凸显了承担社会责任、促进美好社会的价值观。健全的社会由健全的个人构成,故个人的胜任力才是 Key 的基石,这一点在 PISA 中非常明确。

为什么是关键能力? 概括地说,一是在日益复杂的社会、世界中,必备各种胜任力,以应对复杂环境带来的挑战;二是运用创新能力丰富自己的人生,并承担应有的社会责任。

社会的复杂性,指个人在当下区域社会环境中的生存状况;世界的复杂性,指全球范围内与人类生存和发展相关的竞争状态,包括知识经济、信息与技术、人和物的流动所导致的各种不确定性。值得注意的是:学习型社会、知识经济、数字全球化,都是超国家的存在。与此相适应,学校教育也需是跨学科、超学科的样态。

开始时,OECD 使用 Key Competency 的概念,就是个复合词,意指个人能够整合知识、技能、方法、态度,提升对文化的理解,并拥有积极的心理倾向、社会情感和自主行为,抑或是具有解决现实问题的综合能力。关键能力,则在心智和行为方面,突出了沟通、合作、创新和表现的能力,也是基于大数据和全球素养的互动能力。简言之,即是"我想做,而且有能力做成事"的能力。因此,未来教育理所当然地重视自我意识、自我决定和自我实现的素养[26]。

(2) 2002 年,欧盟确定 Key Competencies 概念;2006 年,发布《终身学习的关键能力:欧洲参考框架》,提出了八项评估内容,包括运用母语和外语的沟通能力;数学及理解和运用科学及技术的基本能力;适应数字化生活的能力;学会学习;跨文化及社会与公民的能力;创新意识和创业家精神;理解文化及其表现的能力。从学科角度看,最重要的学科,无疑是语文和数学,然后是科学与信息技术,以及社会人文学科。据此是否要问:历史学科对于学生的现代素养如果是不可或缺的,除了学习过去的知识和培养跨文化素养外,它的教育价值是什么?所谓历史素养究竟指什么,说得清楚吗?

(3)美国在2002年以后的教育改革文件中,无论是强调基础素养(literacy,读写能力),还是重视学习(learning,学习知识)方式,其姿态都较低,它所涉猎的知识、思维和教学研究,无外"学什么""如何学""学了能做什么"这类常态问题。但是,如果全面考察其理念和设计的系统性和前瞻性,即"彩虹图"中的"学习与创新技能""数字素养技能"(ICT)"职业与生活技能"[27],就不得不深究其务实态度背后的深层认识。

(4)日本从2001年发表《21世纪教育新生计划》,到2015年确认了7个基本技能、8项态度和价值观,十几年时间不停在改。其中变化也值得玩味[28]。

(5)比较而言,我国2016年发表的《中国学生发展核心素养》内容更为复合[29]。对于历史教育而言,2017年颁布的《普通高中课程标准》,其学科核心素养要求甚高!

其三,2030年可能成为传统教育与未来教育的分水岭。

如果说二十世纪七八十年代的教育课程,基于自动化、产业化、国际化背景的话,那么20世纪90年代则把自动化改为信息化,国际化改为全球化,产业化不提了,而是强调日新月异的科技进步。在2015年前后,发达国家的教育改革无一例外地针对了AI和大数据,故把主体性、个性、创造性、批判性思维提到前所未有的位置。应该说,到2023年,真正颠覆传统教育的时代就近在眼前了!

有人说,21世纪的课程改革依然围绕知识、技能、态度三个维度展开。但是,若不深究其内涵已经发生的深刻变化,把握这三个维度实在没有意义。比如,全球化有多个层面,蕴涵着极为复杂的国家竞争环境和未来挑战;信息化围绕ICT技术,强调IT(Information Technology)的应用,数字化则建立在开发和使用AI(Artificial Intelligence)的基础上,随之产生的各种问题会更加广泛和深刻。在世界范围内,技术已是人类进步的巨大动力。所以,课程必须改革,改革专注于转变学习方式,学习方式习得的技能和能力也直接定格在了培养"新人才",当然学了的东西要有用。像历史这样的人文学科,一样有培养创新能力以及学以致用的任务。

从OECD确定的改革目标和步骤看,2015年至2018年是全球教育改革的第一阶段,主要围绕关键能力完成课程开发和设计等任务,使课程、教材、教学、评价及教师教育等,必须有助于培养学生的关键能力;2019年至2022年为第二阶段,重点围绕问题解决、批判性思维、创新等能力和全球视野,切实地改变传统的学习方式,因此开展项目式学习、个性化学习、跨学科学习,并为此推进学习科学研究,强化价值观教育;2023年进入改革的第三阶段,即面向"教育与技能的未来"(The Future of Education and Skills),去追求"我们期待的未来"(The Future We Want)。也可以理解为,推进基于AI的深度学习,包括由EDN、VR、AR、MR、Web3等新工具构成的问题式学习[30],或者在高科技环境下(如大数据)展开更为个性化、有创新价值的"多样态学习",同时促使学科教育创生自身的学习价值。据此,传统意义上的课程、教材、教学、教法、评价都将被颠覆。引申说,针对历史教学再不能以"无用之用"的借口来掩盖其自身诸多的盲点和弱点。

当然,目前的 AI 技术,仍存在很多问题或是因它而产生的新问题已经有了很棘手的苗头,比如虚拟的真实是否真实? 穿越历史是否还是历史? 如何解释由技术呈现的历史? 利用 AI 抹平了人与人智力上的差异后,留给历史教学的研究课题究竟如何? 大数据和 AI 或许让学生很容易地得到知识和材料,那么历史教材和教学又该研究哪些关键能力? 如何处理历史教学中伦理问题,特别是哪些基于学科特质的新教学伦理问题? 面对科技革命的现实,我们能够"到时再说"吗?[31]

三、如何知道和把握中学历史教育学的发展趋势

什么样的历史教育才是理想的呢? 或什么样的历史才值得学习? 其实,要看我们有怎样的历史教育学,以及研究怎样的历史教育原理。据此,有必要了解历史教育史,以便把握其中有用的经验;需要知道国外的相关研究,以用来充实自己的全球视野。没有这样的基础研究,要判断和分析发展趋势几乎不可能。

例如,在 2005、2017 年[32]我两度和同行一起编写《国外历史课程标准评介》,目的在于整体地展现某国家或某地区的历史教育态势。尽管课程标准只是一种发展图景或预期,但作为政府行为,它所集中的人力、财力和专家力量非民间可比,相对而言,也更具有方向性和权威性。于是,通过统计数据整理其中的概念或专业术语,抑或是计算其使用频次,考察其来源和内涵,再通过课程设计、内容选择、学习水平和评价机制了解其学科定位、知识结构、技能取向,就能够把握该时期的历史教育思想了。比如,提炼和研究以下关键词:

21 世纪技能(21st-century skills);思维能力(Ability of Thinking;Historical Thinking);批判性思维(Critical Thinking);历史学习技能(History Learning Skills);历史理解与认识(Historical Comprehension/Understanding);历史解释(Historical Interpretation/Analysis);历史表现(Historical Expression);责任承担(Taking Responsibility)。[33]

我们说,2016 年至 2019 年的全球历史教学的主要研究课题,有情境创设、阅读写作、叙事解释、问题解决、批判性思维、个性化学习、表现性评价、想象与创意等多个重点,而且更具有历史学专业特征,并主张"谁拥有知识"的教学理念,就是根据上述研究得出来的结论。其实,做比较研究久了,会习惯性地从不同角度自问"这是为什么?""怎样做才好?"等研究性问题,甚至不太关注那些表象的或任务性的课题,而只对什么因素导致某国、某群体研究这样的问题,并对他们研究到什么程度感兴趣。

前面说过，当今社会和世界接受来自各种因素的影响，尤其是经济和科技的作用，因此人们会感触到强烈的波动性（Volatility）、不确定性（Uncertainty）、复杂性（Complexity）和模糊性（Ambiguity）。学校教育，包括历史教育当然要对此回应，否则谈什么生存和发展呢？

然而，传统的历史教学则是：知识——包括内容和思考方式——须具有确定性；经验——无论知识、思想及教学法，或教的经验和学的体验——除具有确定性外，还要求有稳定性、明确性和简易性。一句话，必须有标准答案。还原到课堂教学，讲台、教鞭及纪律暗示了教师和讲授的权威性，教科书、讲解、做题的正确率则体现教学质量。于是，教学法要研究正确的思想方法、知识记忆和解题范式。

西方几百年来，历史教师使用知识、材料、讲授"三大法宝"，我们何尝不是。在传统环境和条件下，它有合理的成分。但在 AI 环境下，不仅该法宝不起作用，而且标准化的教学内容、方法有着种种弊端。有人会说，谁能确保 AI 不出错？AI 怎能替代复杂的历史思考呢？其实，这样的疑问，既不符合公民教育原则，也不懂历史教育。为什么历史知识、教学不能出错呢？何谓错？何谓不错？中学历史教学不过教授一种知识类型而已，我们非要它具有揭示真相、还原历史的功能现实吗？历史教育因为 AI 出现的问题，没有 AI 技术就不会出现吗？在新技术革命环境下，历史教育是被迫退出学校，还是主动蜕变为新历史教育呢？

事实反复证明，传统的中学历史教学过于狭窄了。它所传授的知识是被严格筛选和限定的历史常识；它所传授的历史认识是多重观念建构出来的特定的学科经验；教学中所用的历史材料，在教科书编纂者那里就不是实证而仅是说明；学生的学习过程，因为不要求理解所以才必须听讲。历史学可以为学术而学术，历史教育教学却行不通。

具体言之，还是改什么、往哪里改的问题，进而解决学什么、如何学的问题。从全球视野看，课程、教材、教学必须符合核心基础（Core Foundation），还应具备创新的价值（Creating New Value）。所谓学科性，指的历史教育；所谓非学科性，指的是它不等同于历史学。因此，中学历史教育工作者必须追问"学历史有什么用？"的问题。其中，既有隐性价值，更具显性价值，如看问题的视角，解决问题的方法和批判性思维能力。通俗地说，就是学了历史之后能否给学生的思考方式带来什么变化。试想，学生花费很多时间、精力学历史，在知识、方法和观念方面却没有独特的基础性功能、没有获得自我改变能力（Transformative Competency），反而导致他们思维单一、思想僵化。这不是浪费生命还能是什么。于学科教育而言，当然也不道德[34]。

今天需要研究公民的历史教育学，即面向所有学生实施有效且有用的历史教育。过去的历史教学法追求平等，却抹杀了差异；讲究教学技巧，却忽略了人的养成理论。在核心素养时代,问题更为复杂:既要树立面向所有学生的教学观,体现国家意志,也必须维护学生不学历史——学了无用甚至有害——的权利。

那么,该如何选择改革的路径并加以实施呢?我在2015年提出了三个教学指标:简洁、生成和意义化。出发点是解决教学问题(理论的),落脚点是教师能做得好(技术的)。目前,我强调"RWTO"的思路。R是阅读(Read),重点学生能够理解;W是写作(Write),重点是学生能够把自己习得的东西表现出来;T是迁移(Transfer),重点是学生能够深度学习并展现对历史的反思;O是自己、自我(Own),即达成学生拥有历史知识的目标[35]。相应的教学方式则是探究。

2017年出版的《中学历史教学法》(第4版)明确写道:"历史教学的本质是探究。"它不是一个新名词,却是一个新观念。与传统的教学过程相比,探究性学习是以学生为主体的学习方式。它要求学生自己选题、做方案、寻找和组织相关知识,并学会做自我评价,包括评判探究方案和过程、能否创造价值和可能的社会作用。所以,历史教学方式是新的还是旧的,判断的标准其实很简单:探究性学习是新的,教授主义的教学是旧的;以学生为中心的教学取向是新的,以教师为中心的教学取向是旧的。

对于历史教学而言,是不是天方夜谭呢?前面说过了,新技术会将"不可能"的历史教学变为"可能"的历史教育,或者是把理想中的历史教学变为现实中更好的历史教学。请看这幅图:

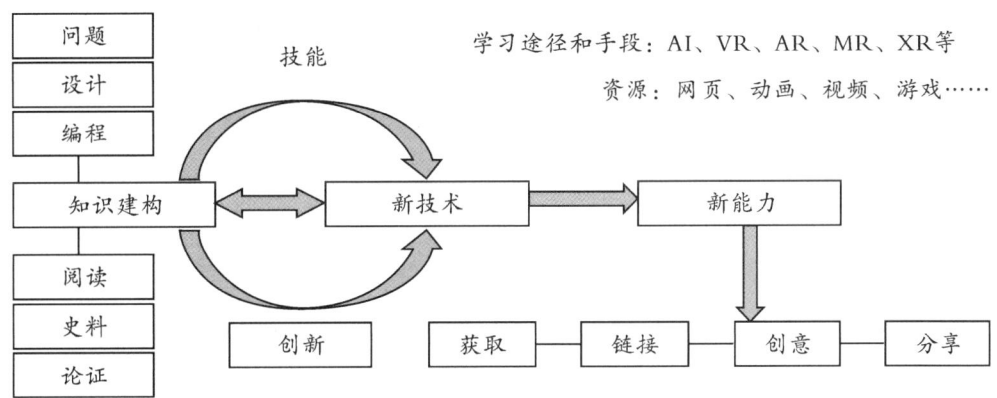

图4 历史教育学重点研究的教学过程

遵循这样的历史教学过程,该如何制定课程目标、如何编制教科书、如何进行教学和评价呢?抑或是问,学习到了这个程度,翻转课堂(Flipped Classroom)、区块链(Blockchain)、深度学习(Deep Learning)是否派得上用场呢?

据此,我强调四点:第一,让学生拥有知识,教育的主体者是健全发展的学生,历史学习理应具有个性和独立思考的品质。第二,转变学习方式,除了科技工具外,还必须关注其深层学科教育原理。原理又有三个基本视角：一是提炼普遍的东西，不是训练学生的学科技巧，而是发展学生的思维能力；二是着眼深层次的关键问题，如国外的课改理论已用"宇宙时空"取代"物理时空"，所以才凸显了元认知的作用；三是原理非公理，不能简单套用，如历史教育原理所强调的历史理解不是复制别人的历史经验，而是主张学习者自己经历、审查和反思历史经验的过程。第三，探究活动具有开放性，要求学生依靠自己获得的知识和材料感悟事实或真相，因此需要研究对话、想象、可视化、作业等适宜的探究方式；在AI环境中，历史学习并不依赖个人智力和社会阅历，甚至自己有想法便可以达成深度学习。第四，从态度和价值观获得力量，即历史学习的基本意义是了解过去，并基于史料追寻事实，任何灌输或教化都或将适得其反。因此，历史学视角和方法在中学历史教育中不可或缺，而且必须分出学习层次。

据此，不宜泛化核心素养，应认真研究学科的关键技能，否则难以驾驭关键能力的水平；科技作为学习工具颠覆传统的学习方式的时代已经到来，同时它也是社会生活方式，据此培养解决实际问题的能力，其本质就是改变和创新；历史教育无论怎样强调材料（史料）、叙事（情节）、思维（历史性）、意识（意义），都是在研究分析性（实证）、多维性（视角）、批判性（反思）课题，如果仅仅关注操作层次的教学研究（如"会上课""能教书"），别说历史教育学毫无用武之地，就连学科核心素养也没有存在的必要。

最后，说一说我是怎样看2030年的历史教育学的。第一，充实教师的专业自信。作为专业的教学人士他们理应学历史教育学。未来的历史教育学，将根据AI和大数据的进展情况，重新定义历史课程、教材、教学和评价等基本研究课题，否则教师可能会失去判断和深化学校历史教育的能力。第二，开阔教师的专业视野。专家的作用、研修的功能皆在提供和研究教育教学的视角、资源和成果，历史教育学若能够更新观念和方法的话，必须符合时代发展需要，并切中要害地提出和解决教师教育问题，让一线教师具有全新的教学素养。第三，少给教师戴帽子。历史教育创新需要长期的观察和实践，以及扎实的理论和务实的态度，历史教育学为此提供本体论、认识论和方法论。给教师戴帽子如同束缚他们思想和手脚，那不是荣誉而是枷锁。第四，少搞评比和比赛。历史教育学应该克制自身的非专业行为，尊重所有教师的职业性和专业性，应时刻警惕不当的竞争行为给教育者带来的伤害。第五，历史教育学归根到底是研究如何帮助学生理解过去，包括过去的文化、文明以及人们的思想、行为等，它是追寻事实和学会思考的学科。

也可以说，历史教育学是研究上述理由是否成立、是否充分的学科，这个任务十分艰巨。从整体上来说，我们的认知还停留在20世纪或许更早的时间里，而全球教育改革的目标定到了2030年,有些国家走得更远,要到2040年了! 到那个时候究竟怎样,我们无法准确预测,但是大趋势还是相当明晰的。

---

[1] 本文根据2023年7月18日在陕西师范大学历史文化学院第15届西部大讲堂的讲座内容,由邓敏博士整理后发表在《中学历史教学参考》2023年第12期、2024年第1期。之后,以此为蓝本的其他讲座中,虽然讲授内容各有侧重,但是研究视域和观点无异。因此,将文章收入《历史教育视野——走近名师》之前,为了便于读者阅读,并突出研究性意图,作者对原稿略有修改.

[2] 按照周发增、张显传、崔璨主编的《历史教育学新论》(广东教育出版社,1993年)的观点,历史教育学包括学校历史教育学(大中小)、社会历史教育学、家庭历史教育学等,中学历史教育学仅是学校历史教育学的一支,学科属性侧重于交叉学科.

[3] 2013年首都师范大学率先设置历史学历史教育学研究方向。之后,华东师范大学、华南师范大学、四川师范大学也设置过类似的研究方向;历史理论或史学史方向涉及历史教育研究课题亦非罕见.

[4] 2013年在苏州召开首届全国公众史学(public history)研讨会,我应邀做了中学历史教育学方面的主题报告。中学历史教育学是否属于公众史学还是通俗史学暂放在一边,新一代史学家的视野和观念,中学历史教育研究打开了新视野并启动了新的研究范式,则是不争的事实.

[5] 何兆武.对历史学的若干反思[J].史学理论研究,1992(2).(作为深入思考该问题的一种文献).

[6] 历史教育资料看那时的特点,一是教学现状与社会思潮密切相关,二是那时的棘手问题具有普遍性,三是课程标准的研制已达到较高水平.

[7] 比如,历史是公民教育,公民除需必备历史知识外,尤其是围绕实用的掌握各种学习技能;历史内容不限于政治史,还有各种社会生活史、文化思想史的视角;从身边历史学起,重视具体的人和事,甚至围绕"我"或"我们"展开历史叙事;历史教育有阅读、参观、考察、调查等多种学习方式;一个学习主题需要设计若干节课,不仅适宜历史探究,而且要求事件和问题具有连贯性,等.

[8] 参考约翰生和何炳松的《历史教学法》,他们皆与鲁滨逊的新史学派有关。如今的历史教育在范围和深度方面已有超越.

[9] 识别历史教育是否成为教育学的附庸,要看它有无自己的研究取向和独特价值。如果仍以课程标准、教科书、教学设计、教学方法为研究重点,一般不可能不依附教育学.

[10] 赵亚夫,熊巧艺.中学历史教育学的理论追求与实践取向[J].天津师范大学学报(基础教育版),2022(1).

[11] 从学科视角看,历史学在中学历史教育范畴内都是跨科际研究,如它与教育学、心理学、政治学、社会学、考古学、人类学、地理学、经济学、数学、自然科学皆有联系;从实施视角看,中学历史教育研究涵盖课程、教材、教学、评价、教师发展等诸多领域,而且课题研究与时俱进.

[12] 广义的教学法研究,亦被称为历史教学论或历史课程与教学论,具有跨学科研究性质。这里提到的两个现象,都是低层次的教材教法研究。遗憾的是,它们竟然成了教学法研究的常态.

[13] 课程教材研究所.20世纪中国中小学课程标准·教学大纲汇编:历史卷[M].北京:人民教育出版社,2001.

[14] 赵亚夫.中小学校历史教育百年简史[M].北京:人民出版社,2020.

[15] 第一章,徐赐成;第二章,陈德运;第四、五章,张汉林、郑士璟.

[16] 当时国民接受普通教育的比率甚低,讲授法在普及知识方面效果显著。另外,那时主流的教学法也是讲授法,包括灌输和启发两种取向.

[17] 伽达默尔.真理与方法[M].北京:商务印书馆,2007.

[18] 对此能否举几个课例呢？还真不能！因为教学研究要考虑教育科研的特性(举例须再现真实的课堂)、历史教学的基本准则(除了课例需要真实外,还应该完整和具体,不能断章取义),以及一线教师的感受(教学研究视角不等于教学立场,专家研究的问题与一线教师体验的问题,存在理念和方法论方面的差异).

[19] 比如,现在流行的各类教学技能比赛,其实就是几代人的教学观念和方法,而且比赛标准越具体,教学观念和方法越陈旧。所谓折腾,就是变来变去,旧瓶装新酒;"变"不能给教学增色,反倒束缚了教师的教和学生的学.

[20] R.基思–索耶.剑桥学习科学手册[M].徐晓东,杨刚,阮高峰,等,译.2版.北京:教育科学出版社,2020.

[21] 预想也是憧憬,一种具有超前性的判断,是否未来果真如此并不是重点;我们需要思考的是,它的依据是什么.

[22] 礒津政明.2040教育のミライ[M].东京:实务教育出版社,2022.

[23] 暂且用这个概念,参考赵亚夫,熊巧艺."核心素养"概念辨析——兼议历史教学改革[J].中学历史教学参考(上半月·综合),2016(12).赵亚夫,徐赐成."历史学科核心素养"不是什么[J].中学历史教学参考(上半月·综合),2017(9).赵亚夫,邓敏.核心素养背景下的能力养成和思维视域[J].中学历史教学参考(上半月·综合),2020(11).

[24] 即经济合作与发展组织1997年发表的《关键能力的界定与遴选:行动纲领》(Definition and Selection of Competencies:Theoretical and Conceptual Foundations,简称DeSeCo)。2003年再度发布行动纲领,确认了"关键能力"的定义和内涵.

[25] 我国政府于1998年提出《面向21世纪教育振兴行动计划》、2001年印发《基础教育课程改革纲要(试行)》、2010年发布《国家中长期教育改革和发展规划纲要(2010—2020)》(首次提出素质教育)、2014年印发《关于全面深化课程改革落实立德树人根本任务的意见》(首次界定核心素养概念)、2016年发布《中国学生发展核心素养》,与世界教育改革高度吻合.

[26] 2021年日本东京书籍历史教科书《新社会历史》和《新选历史综合》,都是以学习者为中心(我们)构建学习内容。其他版本的历史教科书大致如此,即教科书学习体系发生了重大变化.

[27] 赵亚夫.中学历史教育学[M].北京:北京师范大学出版社,2019.

[28] 日本把"Key Competencies"称为"新能力",最终需在教育教学中落实的成果是:(1)判断、思考、表现"三种能力";(2)批判性思维、问题解决、团队协作、沟通、预见、感性表现创造、元认知等"七项技能";(3)有爱心、对他者的宽容共情敬意、合作精神、社会责任感、好奇心探究心、自我调整或完善、克服困难、进取心等"八项态度和价值观".

[29] 我国的学生发展核心素养,分为3大基础、6大素养、18个基本点.

[30] 简单地说,EDN即企业发展网系统,VR即虚拟现实技术,AR即增强现实技术,MR即混合现实技术,Web3即用户综合数据平台,这些新工具可构成全新的问题式学习(PBL).

[31] 所谓素养教育,旨在养成有主体人格和能够创造新价值的人。即人的生存与发展质量由其自身的内驱力来决定。素养即人格,代表一个人的积极的心理倾向或性格。所谓积极人格,则以会学习、独立思考、知识丰富、富有创新意识、善解问题、思想开阔、乐于探究、充满自信、能自省为特征。反之就是被动人格,即依赖外部条件、囿于所学知识、习惯被支配、思想保守、低估自己的能力、迷信做事效率和集体力量、在意眼前的利益。它在学校教育方面的表现,如固执于单一的学科课程和目标、相信教科书的权威性、用学科思维排斥批判性思维、把"教的效率"等同于"学的效果"、放大考试的公平性和科学性,等.

[32] 该书在2015年编辑完成,延迟两年后出版.

[33] 这里呈现的英文词汇皆是原文件的关键词,照录于此,一是便于大家查找,二是避免有偷梁换柱之嫌.

[34] 有人说,从经典中学习到的东西都是智慧,并会产生潜移默化的影响,当然也有意义。我们只需问:那要在怎样的地区和学校?需要怎样的教师、环境和条件?学生的资质要多高才行?不讲前提,不问条件,一概而论的话,不仅空洞,而且误人子弟.

[35] 读和写是1.0版的要求;2.0版加了迁移,有了批判性思考;3.0指向自我。在操作方面,我依然强调简洁、生成、意义化三原则。另外,不是说过去没有深度学习,而是深度学习既不普惠,也因为观念、环境、条件所限,深度不到哪里去.

(本文选自《中学历史教学参考》2023年第12期、2024年第1期)

「历史学的内容包罗万象，对历史教师来说，没有什么知识是与自己无关的，所以最好也能不时地看点非历史著作的读物。这里，我的一个体会是：同一时期，各个学科（对我们来说主要是文科）所关注的话题大体是一样的，都从各自学科的视角看共同面对的基本问题，了解各种不同的视角，有时大有利于我们的思考。」

王加丰 浙江师范大学人文学院教授，曾任浙江师大人文学院副院长、中国法国史研究会副会长等职。《中学历史教学参考》专家指导委员会委员。长期以来从事世界史教学与研究，在欧洲资本主义发展史、西方文化史及现代化理论等方面科研成果丰硕。在《中学历史教学参考》发表多篇论文，其中《再谈"史观"问题》《历史解释问题》《历史思维能力漫谈》《浅谈史料使用中的一些问题》等文章影响深广。

叙事的学问

○ 王加丰

叙事理论是西方后现代主义史学理论的基本构成部分。本文拟对这一理论的历史渊源及其对当代西方历史学提出的挑战与回应略做介绍,并顺便谈谈自己的一些看法。

一

叙事是人类最古老的传统之一。一般而言,叙事就是说故事,对历史教师来说,就是说历史故事。把历史课上得绘声绘色,充满魅力,像说书人那样吸引听众(学生),以便更好地达到教学目标,是每个历史老师的追求。这种能力我们通常称之为表达能力。一堂历史课上得好不好,能否吸引学生,与教师对历史事件的理解是否深刻或研究是否深入息息相关,但我们讲的表达能力,一般只指教师对史料的组织及语言的应用是否条理清楚、深入浅出并能吸引听众(学生),通俗点说就是"口才"如何。研究这种能力的学问叫"修辞"。

修辞是一门古老的学问。陈望道先生说,自从《易经》上有了"修辞立其诚"这句话,"修"和"辞"就常常连起来使用,但对这个词,人们还是常常拆开来解释,这些解释大体上可归纳为狭义的和广义的两种。前者认为,"修当作修饰解,辞当作文辞解,修辞就是修饰文辞";后者认为"修当作调整或适用解,辞当作语辞解,修辞就是调整或适用语辞"[1]。

在古代希腊和罗马,修辞学是显学,被视为演说的艺术。罗念生先生说:"所谓'修辞术',指演说的艺术,包括立论和修饰词句的艺术。古希腊的演说主要是散文,所谓'演说的艺术',也就是散文的艺术。"[2]2 这是因为当时的政治制度需要政治家发挥演说的才能,使公民聆听自己的见解,给自己投票,才有可能贯彻相关的政治主张。罗马共和国和罗马帝国时期,也有类似需要,出现了像西塞罗、昆提良这些著名的修辞学家(分别著有《论雄辩家》和《修辞原理》)。西塞罗曾说,"对演说而言,智慧本身是沉默的和无能为力的",所以,"没有雄辩术的智慧对城市来说一点用也没有"[3]4。由于政治家必须成为演说家,所以学习修辞,是那些想成为政治家的富家子弟的必修课。不过,古代希腊优秀的修辞学家和哲学家是少数,那些从事修辞教学的主要是所谓的"智者",他们大多"玩弄诈术,强词夺理,混淆是非"。西西里最有名的修辞学家是高尔期亚(公元前483?—前376?年)。希腊本部的著名修辞学家有普罗塔戈拉(公元前481—前411年)和普罗狄科斯(公元前5世纪末叶)。公元前4世纪是希腊修辞学和散文的黄金时代,出现了十来位著名的演说家,最著名的是狄摩西尼(约公元前384?—前322年),他把马其顿看成希腊的主要危险,主张希腊各城邦联合起来与之斗争,失败后服毒自尽。两大修辞学家——伊索格拉底和亚理斯多德也生活在这个世纪,他们都有意把修辞学与诡辩术分离开来[2]3-4。

亚理斯多德在《修辞学》开头就强调"修辞术是论辩术的对应物",表示修辞术是一种艺术,与论辩术相似但不完全相同。他给修辞学下的定义是:"一种能在任何一个问题上找出可能的说服方式的功能。"所谓"说服方式",指的是"言之成理、合乎逻辑的论证方式"。他把演说分为诉讼演说、政治演说和炫耀才华的典礼演说三种,这一分法为后来的修辞学家所接受。他认为演说者必须熟悉所讲的题材,比如,诉讼演说者应该分析害人的动机、害人的心情、受害者的性格。接着他指出:"听众对演说者的态度不同,他们的判断就不同,所以演说者须懂得听众的心理,以便激发或控制他们的情感。"但他又强调:(1)"我们应当根据事实进行论战,除了证明事实如此而外,其余的活动都是多余的";(2)话要说得自然才有说服力,矫揉造作会适得其反[2]6-9。

到了文艺复兴时期,古代的修辞学得到发扬光大,提出理性与修辞之间、科学与雄辩术之间的关系是统一的,并非互相排斥。斯金纳说,像霍布斯这样曾经一度反对修辞术的思想家,后来也强调"在道德中但不是在自然科学中,显示推理过程的方法需要雄辩术的动人的力量来补充"。他还说,霍布斯的《利维坦》就是"一部修辞学的著作"。而霍布斯把修昔底德的《伯罗奔尼撒战争史》译成英语,也是因为他认为这本书实际上是一本修辞学著作,对英国人有用[3]7,256。

写历史著作,有意识地运用修辞技巧,这是西方历史学的一个传统。海登·怀特的《元史学》以19世纪欧洲的著名史学著作为分析对象,并非偶然,因为那是所谓科学史学形成的时代,也是我们通常所说的文史依然不分的时代,历史写作中修辞术的使用极为明显。

20世纪中,与结构主义的影响有关,西方历史学家追求科学的历史学,在历史写作中修辞学一度受到排斥,但随着后现代主义或后结构主义的出现,古老的修辞学焕发生机,成为后现代历史理论否定历史知识客观性的重要手段或理论依据。这一理论通过历史写作中叙事的建构过程及修辞手法的使用来论证自己的观点,所以又称为(后现代主义)叙事理论,或称叙事主义史学理论(叙事理论影响了许多学科)。

二

后现代主义的叙事理论,也称叙事转向或语言学转向或修辞(学)转向。这些转向产生于 20 世纪 60、70 年代,讲的大体是同一回事,只不过视角有所区别,都质疑历史学的客观性,其中极端的观点认为历史与文学没有什么区别。1979 年,劳伦斯·斯通发表《叙事的复兴》一文,比较系统地讨论了这一转向的形成。他在文章一开头就说:"历史学家一直在讲故事。从修昔底德和塔西陀到吉本和麦考莱,用生动、优雅的散文体来叙事始终被视为他们的最高志向。历史被视为修辞的一个分支。然而在过去的 50 年间,在二战后自认为站在这个职业前列的那些所谓'新史学'的实践者中,讲故事的功能的名声变得很坏。在法国,讲故事被看成'事件史'。然而,现在我发现……许多著名的'新史学家'又回到了某种形式的叙事。"[4]3 所谓叙事史,其特点是"以某种年代顺序组织材料,并把内容凝聚成一个有条理的故事,尽管带有各种次要情节"。他把其前的历史称为"结构史",叙事史与"结构史"的区别主要在于:(1)叙事史的"材料安排是描述性的而不是分析性的";(2)它所"关注的中心是人而不是客观条件",所以它处理的是"个别的和特定的情节,而不是集体的情况和统计数据";(3)写叙事史的历史学家都"深切地关注陈述的修辞方面""都渴求优雅、机智和警句式的风格",不会因为自认为历史是科学,觉得不需要艺术的协助。斯通还进而指出:他心目中的叙事不是单纯的文物记录或编年史,而是有某种"意味深长的原则(pregnant principle)"贯穿其中,拥有一个主题和一个论点。比如,修昔底德的主题是伯罗奔尼撒战争及其对希腊社会和政治的灾难性影响;吉本的主题是罗马帝国的衰亡;麦考莱的主题是在革命政治的压力下自由参与式宪政的兴起。当然,叙事并不排斥分析,但这种分析"并不构成其著作得以形成的基本框架"[4]3-4。

在后现代主义产生的诸多因素中,按塔纳斯的说法,"正是语言分析在后现代主义的思想中产生了最为激进的怀疑的认识论的思潮,正是这些思潮最明确地、自觉地自称是'后现代主义的'"[5]。简言之,语言分析是后现代叙事理论的核心,其理论基础是结构主义语言学和后结构主义(后现代主义哲学)。

结构主义语言理论认为,任何一种语言都自成系统,具有某种封闭性,人在使用语言时要受到语言结构本身的种种制约。几乎所有的相关著作都会以类似方式向我们强调:语言是一种"完整的、有内在联系的结构",它制约着人们的表达[6]。涂纪亮先生这样介绍梅洛-庞蒂的思想:"语言活动并不是我们个人造成的某种主观的活动,而是我们一出生就被强迫接受的东西。个人不能随意改变传统的语言,也不能随意创造新的语言。我们所说出的词语的意义不是由我们任意选择、自由改变的。否则,我们就不会有一种共同理解的语言,而会出现无数的个人语言。如果出现那种情况,人们就不可能进行交谈和相互理解了。"[7]

结构主义语言学的创始人是索绪尔,他去世后由其学生整理出版的《普通语言学教程》(1916年)影响巨大,他也由此被称为现代语言学理论的奠基者。当然,这当中,尼采等人也起了重要作用。但在20世纪60年代,语言哲学经历了从结构主义向后结构主义的演变。后结构主义者认为,语言结构本身处于不断的变化中,随着这一结构的变化,文本的意思也在变化,所以任何文本的语意都是不确定的。德里达、罗兰·巴特、福柯、利奥塔等,就是这方面的一些代表人物,被称为后结构主义哲学家。关于从结构主义向后结构主义的转变,夏基松先生说:"后结构主义哲学继承了结构主义关于先验语言结构对人的语言行为的无意识制约的观点,而否定了它的结构相对稳定的思想,认为语言结构在不断变化中;因而语言的意义也非固定不变,而是不断变化的。这是一种语言意义绝对不确定主义。因而现代西方语言哲学从早期逻辑实证主义的语意绝对确定主义,经伽达默尔等的语言相对确定主义到后结构主义的语意(绝对)不确定主义是一个方向性的大逆转。"[8]5 总的说来,后结构主义者认为,不同的人或不同的时代写的文本都是特定情况的产物,不同的人或不同时代的读者处在很不相同的境遇中,特别是语言结构本身也在不断变化,所以人们在阅读时会产生原作者想象不到的各种各样的解读。由此出发,伦纳德·威廉姆斯甚至认为意义的产生与说话或写作的人无关,或者说文本的意义是读者根据自己对语言的掌握和人生体验而自动生成的。这样一来,如韩震他们所解释的,作者不再是言语的中心主体,不必再为自己的言说负责[9]。

后结构主义的这种语意不确定主义理论,又称"文本主义"或"文本主义的解释学"。文本主义的代表人物罗兰·巴特提出语言是一种纯粹游戏性活动。文本的意义随读者的不同理解而任意变化。他主张把"作品"与"文本"严格区分开来。"作品"是单数的,"文本"是复数的,同一个作品因读者的不同理解,可以有多种多样的"文本"。罗兰·巴特还把文本分为"作者文本"与"读者文本"两大类,并认为后者是"真正富有艺术价值的文本,它赋予读者以充分主动性、任意性和创造性,鼓励读者毫无约束地尽情游戏,充分享受创造的乐趣。"由此,他认为语言是一种纯粹游戏性的活动[8]6。

另一方面,人在使用语言时也不纯然是被动的,"历史学家将自己的研究写成历史文本时,不可避免地会将自身的思维模式、意识形态立场、伦理观念、审美倾向等因素或明或暗地注入其中。因而,历史文本在陈述事实的表象之下,就蕴涵了虚构、想象、创造的因素"[10]。这意味着历史学家的叙事不一定是有关历史事件的"客观报道"[11]107。而且他们在写作时还会不经意地或似乎不留痕迹地表达自己的观点,如海登·怀特所言,"有些叙事话语可能内嵌有论点"[12]。这些论点往往带有导向性,引导读者往某个方面或角度思考,表达爱恨或不屑,等等。

由于任何历史事件的记载都是散乱的或不完整的,或存在许多自相矛盾的地方,所以根据历史文献编写历史故事,材料的去留及叙事顺序的安排都影响人们对历史事件的理解。实际上,历史学家的情感和好恶不仅体现在具体的用词和判断中,也体现在其叙事框架、叙事风格或形式中。比如,同一历史事实既可写成悲剧,也可写成喜剧。特别是,关于事件原因的论述有很大的导向作用,因为对起源的不同理解会影响读者对整个事件的看法。比如关于法国大革命的原因或背景,从19世纪以来,法国的自由派认为这是法国历史长期发展的结果,肯定了人民群众革命的权利,而保守派则认为这是阴谋家搞起来的或偶然的产物。20世纪初,从经济关系和阶级剥削压迫的角度的解释取得压倒性影响。但20世纪60年代以来,法国又出现了"修正派"的解释。修正派的观点也非一致,有的强调"精英融合"(革命前上层贵族与资产阶级或有产者已经融为一体,有共同的政治志向),有的则"试图从政治文化角度讲革命起源"[13]。不同的解释所建构起来的叙事,不仅使读者产生对大革命起源的不同理解,同时各种建构形式也会使读者对事件内容产生不同的看法。

所有这些,在海登·怀特1973年出版的《元史学》中,被归结为叙事策略和修辞技巧。他从19世纪欧洲主要史学家的著作中概括出三种不同的策略,即论证式解释、情节化解释和意识形态蕴涵式解释,史学家使用它们可获得不同类型叙事的解释效果。每一种策略中,又可识别出四种可能的言说模式,史学家可用来获得某种特殊性质的解释效果:论证式解释的四种言说模式是形式论、有机论、机械论和情境论;情节化解释的四种言说模式是浪漫剧、喜剧、悲剧和讽刺剧;意识形态蕴涵式解释的四种言说模式是无政府主义、保守主义、激进主义和自由主义。上述各种解释和模式的不同组合构成书写历史的"风格"[14]序言2或正文相关部分。怀特还曾说,同样的材料会形成各种各样的叙述,互相竞争,这种不同"是事先加于它们身上的'情节编织模式'之间的不同"造成的[15]。比如,米什莱的风格是浪漫式的情节化与"自由主义意识形态的形式主义论证"的结合,布克哈特的风格是"讽刺式的情节化和一种情境论的论证"的结合。这些结合方式说明作者在动手写作时心目中已经有一个"预设"或"预构"的写作计划,这种预设体现出文本主观性的一面。达到这种种风格的手段主要是比喻。比喻分四种类型:隐喻、转喻、提喻和反讽,分别为不同的风格服务。总的说来,修辞体现了历史叙事的"深层结构",历史著作是诗性的,"本质上尤其是语言学的"[14]38-41。埃娃·多曼斯卡就此评价道:怀特的论述说明想象在历史书写中无处不在。史学家在写作前预构历史故事,这种预构是一种想象的行为;史学家在用比喻描绘不同要素构成的历史画卷时,比喻中有想象的色彩;读者在阅读史学家的著述时,必须通过自己的想象理解那种他没有亲身经历过的往事[16]。当然,历史的想象与文学不同,要以文献为依据,这一点下面再谈。

需要强调的是,不能把叙事的方式与内容截然分开,实际上不同的方式一定程度上决定着比喻手段和书写内容。古德曼曾专门论证过这个问题,强调"不能将所说的(内容)与所说的方法(形式)加以明确区分"[17]。

三

后现代叙事理论是后现代史学理论的主要构成部分,侧重于通过探讨叙事或表达的方式和风格,怀疑或甚至否定历史知识的客观性。关于它对西方历史学的影响,1997年伊格尔斯曾说:"语言决定论所激烈地总结出来的理论对历史著作的影响都是有限的。"[18] 从某种角度看,这样讲有一定道理,因为大多数历史学家似乎都在按自己的习惯,有条不紊地研究某个课题或书写相关的历史著作。大概在同样的意义上,乔伊斯也说:"事实上,后现代主义并未对历史构成多么大的威胁,仅仅是为把重新思考什么是客观性放置于首要地位而提供了材料。"[11]110 不过,叙事理论对历史学家的影响是渗透性的,他们在思考问题的过程中会不时地考虑叙事理论就历史知识的客观性提出的各种非难(这里暂不考虑后现代史学理论其他方面的影响,如解构自启蒙运动以来关于进步的宏大叙事、去中心化等),这方面的影响不应低估。凡对叙事理论有所了解的历史学家,在构思写作框架并把自己的研究成果写成文字时,都不可能不考虑作品的导向、措辞的选择和修辞手段的使用等,以便尽可能避免在当代甚至后代的读者中造成不必要的误解或怀疑。我们在写文章或讲课时,也面临同样的问题。在借助修辞手段吸引学生的兴趣时,要尽可能向学生传授清晰、准确的历史知识。有些青年教师为了强调某个要点,有时会过于夸张,需要引起注意。任何强调或夸张都有一个"度"的问题。另外,讲课与演说也有区别,后者面对的可能是认识水平、年龄和生活经历都参差不齐的听众,讲课不是这样,它对客观性和"度"的要求也更高一些。

关于叙事理论中的某些极端观点,如夸大历史学家在书写时虚构或想象的程度,把历史学等同于文学、把对文本的解读视为游戏等,肯定是错误的或不妥当的。从唯物史观看,我们虽不可能完全"复原"历史事实,但通过努力可以逐渐接近历史客观实际。或者说,我们对历史的理解虽然不能完全符合历史实际,但或多或少总是依据有关文献来构建的,不会也不可能完全脱离历史事实。即使确实存在这样的情况,也是少数。所以,历史书写虽然是历史学家在"预设"的框架内进行的,也不能说这个框架完全是想象的,否则历史学家手中的那些文献会变得毫无意义。

即使按叙事理论的思路看,文学文本与历史文本也是有区别的。历史学家的著述,虽然不免带有想象的成分,但根据公认的文献或经典著作来思考和想象,是历史学与文学的根本区别,或者说是每一位历史学家的底线。对重大的历史事件,不同的叙事会偏重某些方面,不同的学者笔下会出现不同的叙事,但所有的叙事都必须围绕相关的文献来运作。李幼蒸先生就此说道:"话语修辞术中的文学成分与按此修辞术所描绘的实际事件之原初存在是两回事。叙事话语既包含再现(历史的)成分又包含表现(想象或虚构的)成分,二者处于共存、交织和互动关系中。我们不能用其一的存在来否定其他的存在。"对于同一个历史过程,比如法国大革命,会出现各种各样的写法,各使用不同的视角,突出不同的侧面,但都必须基于"共同享有的文献",而文学写作不存在这种条件或要求[19]。

我们还可看到,凡被称为"结构"的东西,肯定都是相对稳定的,变化较为缓慢。语言结构也是这样,它的变化不至于如后结构主义者所说的那么快。更重要的是,任何变化,总是既有断裂又有持续,持续意味着继承和发扬,这是人类文明的发展特点。语言作为人类文明成果的重要表现,也不可能例外。所以我们有能力理解语言结构的变化,理解前人的著作及其作者试图在其著作中表达的意义,虽然不一定完全正确,但通过努力可以尽可能地接近客观实际。

另外,学术探讨中说"过头"话似乎是西方的一种传统,目的是引起大家对某个问题的重视。伊格尔斯在《后—后现代主义史学理论研究》一文中指出,后现代主义者主要用建构主义的(constructivist)术语来理解历史,认为"语言不反映现实或真实的过去,而是创造现实和过去",比如,德里达就曾提出"文本之外无他物",因为文本要从属于不同的解释,所以其作者是谁或所说的历史事件是否真实并不重要。伊格尔斯接着说:这种提法"虽然极端,但最近几十年历史学家已大半接受了一种建构主义的设想,即我们都是在用今天的措辞来理解过去"[20]。这可看成是后现代叙事理论的质疑促进历史学的一个例子。我们最好是先从西方学术的语境来理解他们的学术思想,再根据唯物史观予以批判地接受或否弃,这样就不会出现把婴儿连同洗澡水一起倒掉的情况。总的来说,后现代主义者提出了"客观知识的可能性或不可能性、真理的复杂性和相对性以及区分事实和虚构的艰难性等问题",这些问题能激发我们"重新检讨自身学科的理论和实践"[21]。

进入21世纪以来,历史研究中的"语言学转向"或后现代史学理论在西方开始消退。比如,上面所引的伊格尔斯的文章就称为《后—后现代史学理论研究》,发表于2009年。所谓的后现代之后的史学理论,似乎不同意否定或过度贬低历史研究的客观性的观点,关于这方面的进展,有待观察。总的说来,后现代叙事理论对史学提出的挑战,说明语言使用的复杂性及描述真实的历史过程之艰难。从概念史等的兴起中,我们可以感受到后现代叙事理论的质疑已经促使历史理论发生重要变化,因为搞清楚各个概念的含义在不同时代的变化,我们就有望认识过去的相关思想。从西方近代史学史来看,历史学就是在不断遭受哲学的批评中,并在不断吸收其他学科的方法和视野的基础上成长起来的。可以说没有批评和非难,就没有史学理论的发展。

---

[1] 陈望道.修辞学发凡[M].上海:复旦大学出版社,2008:1.

[2] 罗念生.译者导言[M]//亚理斯多德.修辞学.罗念生,译.上海:上海人民出版社,2006.

[3] 昆廷·斯金纳.霍布斯哲学思想中的理性和修辞[M].王加丰,郑崧,译.上海:华东师范大学出版社,2005.

[4] Lawrence Stone. The Revival of Narrative：Reflections on a New Old History[J]. Past & Present，1979(85). 这里所说的"结构史"，作者心目中大概以年鉴派史学为样本，从1979年倒推50年，正是《年鉴》杂志创刊的1929年，不过该杂志取得重要影响是在二战以后．

[5] 理查德·塔纳斯.西方思想史：对形成西方世界观的各种观念的理解[M].吴象婴，晏可佳，张广勇，译.上海：上海社会科学院出版社，2007：436.

[6] 高宣扬.结构主义[M].上海：上海交通大学出版社，2017：5，7.

[7] 涂纪亮.现代欧洲大陆语言哲学：现代西方语言哲学比较研究[M].武汉：武汉大学出版社，2007：353.至于某些西方学者的下述见解，我觉得讲得有些过了："人并不是用语言来传递自己的思想，恰好相反，人所思想的东西乃是由语言所决定的．从某种意义上来说，人是在语言学的框架之内运转着的，他并不决定它们，而是它们在决定着他."见韩震，董立河.历史学研究的语言学转向：西方后现代历史哲学研究[M].北京：北京师范大学出版社，2008：130.

[8] 夏基松.简明现代西方哲学[M].上海：上海人民出版社，2015.

[9] 韩震，董立河.历史学研究的语言学转向：西方后现代历史哲学研究[M].北京：北京师范大学出版社，2008：131.

[10] 彭刚.对叙事主义史学理论的几点辨析[J].史学理论研究，2010(1)：8.

[11] 帕特里克·乔伊斯.从现代到后现代：当代西方历史学的新进展[M].周保巍，译//李宏图，王加丰.表象的叙述：新社会文化史.上海：上海三联书店，2003.

[12] 海登·怀特.后现代历史叙事学[M].陈永国，张万娟，译.北京：中国社会科学出版社，2003：150.

[13] 张弛.法国大革命爆发是经济问题，还是政治问题？[EB/OL].[2015-11-14]. https://www.thepaper.cn/newsDetail_forward_1386660.

[14] 海登·怀特.元史学：十九世纪欧洲的历史想像[M].陈新，译.南京：译林出版社，2004.

[15] 海登·怀特.历史情节的编织与真实性问题[M].胡修雷，译//李宏图，王加丰.表象的叙述：新社会文化史.上海：上海三联书店，2003：181.怀特还说过："任何特定组合的真实事件都能以许多方式加以编排，可以当作许多不同种类的故事来讲述……赋予它们以意义的恰恰是故事类型的选择，以及把这些类型强加给事件的动作."见海登·怀特.后现代历史叙事学[M].陈永国，张万娟，译.北京：中国社会科学出版社 2003：151.

[16] 陈新.历史·比喻·想象：海登·怀特历史哲学述评[J].史学理论研究，2005(2)：78.

[17] 安克斯密特.当代盎格鲁-撒克逊历史哲学的二难抉择[M].张南，周伊，译//《史学理论丛书》编辑部.当代西方史学思想的困惑.北京：中国社会科学出版社，1991：95.

[18] 伊格尔斯.二十世纪的历史学：从科学的客观性到后现代的挑战[M].何兆武，译.沈阳：辽宁教育出版社，2003：155.

[19] 李幼蒸.对后现代主义历史哲学的分析批评[J].哲学研究，1999(11)：43.

[20] Georg G. Iggers. A Search for a Post-postmodern Theory of History[J]. History and Theory，2009(48)：123.

[21] 董立河.后现代历史哲学及其对传统历史学的挑战[J].国外社会科学，2006(4)：26.

（本文选自《中学历史教学参考》2021年第11期）

走近名师

历史课的价值在于它的真实

历史课的灵魂在于它的思考

历史课的精神在于它的情感

历史课的魅力在于它的细节

孔繁刚 原上海中学教师,历史特级教师,曾任中国教育学会历史教学研究会学术委员会委员、华东师大"中小学骨干教师国家级培训"讲座教授、上海师大历史教育专业兼职教授、华东师大科教合作研究中心教师培训项目指导专家、上海市世界史学会副会长、上海市历史学会理事等。先后参加上海市三个版本的中学历史教材编写,曾先后在《历史教学》《历史教学问题》《中学历史教学参考》等核心杂志上发表十余篇文章和近十篇课堂教学教案或实录。

"天时、地利、人和"造就了我
——四十余年教学生涯的回顾

○ 孔繁刚

2006年6月13日，我在面对20世纪80年代、90年代和21世纪的校友、学生上完"最后一课"后就正式离开了我从教43年的讲坛，为我一生的教育教学生涯画上了一个句号。这个句号是否圆满呢？我自认为是圆满的，无遗憾的，因为回忆当年（1959年），我经过高考进入了15个志愿中最后一个志愿——上海师范学院历史系时，虽然感到无奈，但在当时的形势下，也只能接受现实。当这一现实意味着做一名中学历史教师的职业将伴随我一生的时候，我也曾为自己的未来有过理想，也绘制与构想过一幅模模糊糊的蓝图。如今，在我离开岗位、离开讲坛、回顾已走过的路时，我感到作为一名普通的中学历史教师（从职业角度看，我始终认为跟其他历史教师没什么区别），在全市和全国的名声与影响已远远超出了我当年所期望的理想与蓝图；甚至在有些同仁们看来，已达到了一种难以企及的高度，其中有些青年教师视我为偶像，有些人称是我的FANS，更有些学生称是我的"刚丝"。这真是言过其实了，很大程度上是开玩笑。我对自己的知识底蕴、学术素养、教学水平十分清楚，说到底，我还是个教书匠，即使在教书匠中，也不是最优秀的，我既没有自己的学术研究成果，也没有形成什么教学理论。不要说将来，就是过去、现在，水平超过我的也大有人在，只是我的机遇较好，是"天时、地利、人和"造就了我。

天　时

我1963年大学毕业，最初从教的是一所位于上海人称之为"穷街"的初级中学，一个操场仅是一个篮球场，一个篮球架的两个底脚还伸到了隔壁人家。我教的是初一政治，一年不到即赴农村参加"四清"运动，回校后因工作需要被安排教英语。我这点英语水平去教英语，被在外交部任翻译的长兄说绝对是"误人子弟"。为此我去外国语学院夜校部英语系进修，在读写方面也一度接近大学英语本科二年级水平。当时跟我同窗学习的有现在的著名历史地理学家葛剑雄教授，他那时学的那点英语现在是大派用场了。但我呢？因为不久迎来了"文化大革命",英语教来教去跳不出几句口号,到后来连自己当初写的几篇英语习作都看不懂了。不过早在20世纪80年代,我在教世界历史时,能不时地蹦出几个英语单词或短句,这倒可能还是那时打下的"基础",学生们戏谑我为三语教师:"普通话""上海话""外国话"。

走上工作岗位后,整整16年,在教学上,尤其在历史教学上是一无收获、一无业绩。"黄金年代"就这样白白浪费了,也终于熬过了"文革"动乱的十年。十一届三中全会后,中国大地迎来了科学的春天,教育的春天。整个学术的环境、教育的环境发生了天翻地覆的变化。"实践是检验真理的唯一标准",同样实践也是对历史评价的唯一标准。解放思想、实事求是的思想路线要求在历史学领域,真实、全面、客观、公正地认识与评价历史。这就是后来人们所称的科学历史观,它成了历史研究工作者和历史教育工作者的共识,它给了历史教师讲课的空间与余地。同时,20世纪80年代以来,学术读物、学术团体、学术讲座、学术交流……之丰富、之活跃、之繁荣真是前所未有。有些时段和领域的历史几乎是推倒重写。历史学科领域的突破、开拓及其成果恐怕不会亚于经济学领域,它大大地开阔了我们的视野、扩大了我们的眼界、提高了我们的思想认识,也促使与推动我们去再学习、再思考。随着对外交流的深入,作为普通的中小学教师也能走出国门去和国际同仁进行学术交流与理论探讨。我们成长与立业的舞台越来越大、越来越自由、越来越开放。

地 利

1979年夏,"地利"的机会也来了。经我母亲好友推荐,我进了当初被称之为"远东第一校""江南四大名校"之一的"省上中"——上海中学任教。上海中学虽然在"文革"中多受磨难,最后被"四人帮"勒令解散,但改革开放后却是在邓小平同志关心下复校的,一复校即回到了它原来的基础上。这是一所一流的学校,能跨进校门求学的是一流的资优生,它的教学理所当然地也应该是一流的。一流的学校、一流的学生、一流的教学,也许在今天看来首先应该是一流的分数,甚至"高分"就是它追求的唯一目标,但在20世纪80年代并非如此,至少远没有今天这样的残酷与极端。学生对历史教师的期待,绝对不是照本宣科,书上这些东西也许他们早就在课外读物中似曾相识,他们要求教师的讲课,知识丰富有厚度,对历史的议论与解释有深度,由内容而引起的思考有力度。那时上中没有留下一个教历史的"老上中",仅我一个历史教师,而且还是一半教历史、一半教政治,一年后才成为专职的历史教师。因此"教什么""怎么教"没有框框,完全由我自己去探索。

记得刚到上中的两三年,我几乎把所有的课余时间都用在备课上,教案是逐字逐句的讲稿,每节课的字数均在8000字左右。有一位刚从大学历史系毕业的青年教师看了我的教案惊呼道："孔老师,你的教案可出版啦!"可以说,我以后二十多年的教学除新教材新内容外,都是在此基础上不断补充修正而成。另外,上中领导对教师的教学比较信任、放手、宽松。我在上中教学27年,领导从没有一次检查过我的教案。记得一次在校园里,我跟唐盛昌校长走在一起,旁边一位副校长突然问我:"老孔,你一周要上20余节课,四五门课程,你备课吗?"还没等我回答,唐校长就插上一句:"不用问,肯定不备课。"说实话,到退休前几年,传统的教案我是不写了,教学课件我也不会制作,毕竟精力不济,但每堂课,尤其高一、高二的课,我都要在广泛阅读相关读物的基础上做些摘录,同时对讲课提纲做些修改。当时唐校长对我这样的"备课"给予了认可。我感谢校领导对我的信任与宽容。虽然在上中、在上海我都算不上是名师,但我自作多情,总认为自己的成长与业绩以及这些名声与影响,没有上中或说得更大些没有上海这样一个发达城市作为背景与舞台是不可能的。我想,一流城市的教育,一流学校的教学,应该也有条件滋养一批顶尖的、大师级的学科教师,并通过他们去培养一代又一代优秀的精英学生。中央电视台有一台"五四"以来的百位名师节目,十分感人,那些名师不仅培育了一代人,而是培育与影响了几代人。他们的学科功底、语言表达,尤其人格魅力,我们这一代人是望尘莫及的,他们才是我们心中的偶像。可惜的是,这样的名师现在实在是太少了,尤其在中学几乎是要绝迹了。

人　和

成就我的除了"天时""地利"两点以外,还有一个十分重要的因素就是"人和"。我的成长,得到了不少前辈、师兄、同仁方方面面给予的提携、指导、推荐和机会,我想这可能是我成长中最令人羡慕和难以轻易寻觅到的优势。这里我且不谈当初我在大学求学时,像程应镠和朱延辉等名教授在史学领域给我的教诲与熏陶,他们的教诲与熏陶使我终生受益。这里说的主要是我在近30年教学实践中助我成长的"人和"。我进上中不久就得到了原南洋模范中学历史教师、后为上海教育学院历史系主任、中国教育学会历史教学专业委员会副理事长、上海历史教学研究会会长、上海市历史学会秘书长、著名宋史专家沈起炜教授的提携与推荐,进入了市中心组,有幸与当时上海的一批优秀历史教师一起进行中学历史教学的研讨工作。以后又在他的推荐与指导下,参加了由他任主编的历史教学指导用书的编写和上海及沿海发达地区版的《高中历史》教材的编写。也是他推荐我作为中学历史教师的代表进入了上海市历史学会的理事会。沈老先生已97岁高龄,精神矍铄,而且脑子好使、谈锋甚健、思路十分清晰、笔耕不辍,不久前刚完成了《中国通史大辞典》的编撰工作。我每年都去探望与拜访他一两次,不仅享受谈的快乐,还能从他那里得到不少对历史认识的启发,可谓是受益匪浅。

上海市首评历史特级教师包启昌是我的又一位恩师。我在历史教学实践中刚刚崭露头角的时候,1983年暑假包老师就推荐我去云南智力支边。现在想起来,那时候真是没什么东西好说,面对着来自云南全省包括10多个少数民族的骨干教师,我真是诚惶诚恐,幸亏当时的云南省教研员叶正书老师给了我不少鼓励,算是完成了任务,并且还上了一节得到一片赞叹声的《工农红军长征》的观摩课,这节课帮助我撑住了这次远征。以后又是经包老师的引荐,我在1997年去日本探亲时,由日本历史教育者协议会副会长佐藤伸雄教授陪同参观访问了法政大学附属高等学校(相当于我国的高中),从此开始了我同日本历史教育界的联系。

在上海给予我指导与帮助,并将我推向全国的师长、同仁还有华东师大历史系和教法所、上海师大历史系、上海教育学院历史系、上海市教委教研室的老师和朋友。其中上海师大王铎全教授是我当年在师院学习时的教学法老师,上大学时师生关系就十分融洽,我回到历史教学岗位后,他对我特别关照。我初到上中,每次公开课或观摩课,他几乎都到场给我指导。我的好几节课的教案或实录都是他推荐到全国性的授课录或刊物上发表的。不仅如此,他还聘我为上海师大历史系的首任兼职教授之一(另一位是包启昌老师)。我还同他合作,在1988年暑假举办过一届面向全国的课堂教学实践观摩课活动。当时还特邀了北京的朱尔澄老师南下光临上海,并客串了这个活动。另外,受邀上课的还有江苏和浙江的老师以及上海的郭景扬、周靖等老师,反响极好。

在全国范围,历史教研会的领导和许多省市的教研员以及一些高等院校的专家、学者等,也都给过我许多指导或创造过很多机会。记得在1996年的太原会议上,著名的历史教学专家赵恒烈教授在总结课堂录像交流暨评奖的总结发言中,特别提到了我和朱尔澄在课堂教学实践中成长的经历,以勉励青年教师重视课堂教学实践。在1998年的南阳会议上的小组讨论中,王宏志理事长听了我的发言后,不顾午饭时间已到,还是拖延了一会,充分肯定了我关于讲历史必须讲过程的意见,并给予进一步的阐明与发挥,使与会者很受启发。我的第一本教辅读物是应重庆龚奇柱先生之约,同师兄朱正谊、蒋衍共同合作完成,由四川科学技术出版社出版发行。

另外,在学术领域,经常同我切磋交流的同仁也给了我许多启发,如在上海有林丙义、聂幼犁教授和朱正谊、蒋衍、李惠军等同仁,在全国有孙恭恂、刘宗华、金元山教授等等。在这里我特别感谢汪凡老师,也许她"名不见经传",但确实在我成长中起到了很大作用。我到上海中学工作时,汪凡老师已是徐汇区的历史教研员,尽管她本人当时还在读书进修达标,但是她对教研工作的忘我投入,且"为他人做嫁衣裳"的人梯精神,确确实实为我提供了许多机会,做了许多后勤保障工作,搭建了一个又一个的平台。尽管她已经旅居加拿大多年,但也许不是我一个,我想很多徐汇区的中老年历史教师都不会忘记她。虽远隔重洋,但我同她一直保持着联系。

课堂教学

历史教师的"传道、授业、解惑",主要是在课堂上完成的。苏霍姆林斯基说:"课——是点燃求知欲和道德信念的第一颗火星。"课堂是教师职业价值实现的场所,也是师生生命价值得以体现的重要场所。正是一堂一堂历史课让我在学生心目中留下了印象和影响,尤其那些精心准备的观摩课与公开教学,垒起了我的教学业绩,扩大了我在历史教育界的影响。

记得我的第一节全市公开课是1981年春上的"明朝中后期的经济和政治",这节课中,我通过冯梦龙小说集《醒世恒言》一书中记载的嘉靖年间吴江县震泽镇机户施复发家的故事,十分形象生动地叙述了早期资本主义生产关系萌芽的过程。无论是给学生还是给听课同仁都留下了十分深刻的印象。后来这节课的实录被陆满堂教授收进了他编辑出版的最早的教案实录集中。"唐初的政治——贞观之治",是我为上海师大历史系四年级学生上的一节示范课。我通过唐太宗李世民本人同大臣的大量对话,具体生动地刻画了一位雄才大略、励精图治的伟大君主,并与学生一起分析了"贞观之治"出现在唐朝初年的时代背景与个人因素的优化组合,还提出了一个师生共同感兴趣的在中国历史上对一个王朝长治久安攸关重要并在当时十分敏感的一个话题——"第二任皇帝现象"。这堂课已经过去快30年了,当年听课的大学生,很多后来成为上海历史研究界或历史教育界的著名人士,但是说起这堂课,他们还记忆犹新。从这两节课起步,我渐渐进入历史课堂教学的佳境。

在逐步形成自己教学风格的过程中,"1794—1814年的法国"可以说是一节代表性的课。这节课是1983年秋天上的,课文内容是新加的,我围绕拿破仑这个中心人物——一柄法国大革命的双刃剑,向学生充分展示了这位叱咤风云人物的强烈反封建形象,他是"马背上的罗伯斯庇尔",扫荡了几乎整个欧洲大陆的封建秩序;还充分肯定了《拿破仑法典》确立的资产阶级立法的规范,是《人权宣言》精神在法律领域的具体体现;最后还分析了"滑铁卢战役"不可逆转的必然因素。上这节展示课的时候,不仅有来自全市方方面面的教师,还有来自广西的两位教学专家,他们正在全国各地几个大城市考察历史教学,在王铎全教授的引荐下也来听了这节课。后来他们在考察报告中建议在广西全区推广这节有具体生动史实、有理论分析、又有学生思考讨论的历史课。这节课的教学实录被收进了湖北省教研室原铁生主编的《高中历史优秀教案·课堂实录选评》。王铎全教授在专家评论中写道:"能以马克思主义基本观点为指导,有高屋建瓴、居高临下之势;又能适当补充一些具体史实,且引用了历史文献资料和经典著作,因此又有强烈的说服力;特别是在巩固新课和小结中将已有的知识作适当深化和提高,前呼后应,步步深入,使学生自始至终感到有所思、有所得,从而激发学生进一步学习的兴趣和要求。"同时,这份评价中还就我的教学特色第一次概括为:"素以准确、具体、生动的讲述见长,内容具体充实,分析深刻透彻。"这节课的教案作为历史系学生的示范教案,多次被收入上海师大编写的《历史教育学》,它成了我的一堂经典课。

1987年上海市举行首届中青年教师历史学科教学大奖赛,当时我已45岁,属于中年教师的最后一年,凭我当时在上海历史教学界的声名,完全没有必要去参赛,万一砸锅,那是大失面子的事,但是当时教研组内无合适人选,我真是为了捍卫学校的荣誉(此前我校已获取语文、英语、生物、物理、化学等学科的优秀奖),挺身而出,上了一节"美国独立战争"。这节课我跳出常规,主要讲了三个内容:美利坚民族性格特征、《独立宣言》以及《1787年宪法》,并将整节课置于18世纪下半期到19世纪初整个大西洋两侧的革命风景中,充分体现了美利坚民族的革命首创精神。这堂课不仅获得了优秀奖,而且被收进了上海教育出版社出版的面向全国的《名师授课录·中学历史》。上海师大李稚勇教授评析道:"执教者补充了大量的材料,这也体现了执教者'高频率、大容量、多信息'的教学特色……更为难能可贵的地方,就是执教者在主要运用言语讲授,学生采用接受学习的教学过程中,有意识、有目的地培养、发展受教者的历史思维能力。"2003年秋我校作为首批实验性示范性高中总结评审时,我接受随堂听课,根据时势的变化,我对这节课作了一定修改后又上了一次,恰遇国家教委基础教育司高中处刘月霞处长进入教室从头至尾听了一遍。课后,她向唐校长说:听了一位50岁上下的老师的一节课,颇有兴味。实际上此时我已61岁,属超期服役。我想这不是说我长相年轻,倒是对我的课觉得有一种生气与活力之感,而不像我的年龄显得有点老迈。

我是个性情中人,上历史课是带着情感进入教室面向学生的,我将自己对历史上重要历史人物、重大历史事件、突出历史现象的认识和喜怒哀乐融入和倾注在我的讲课中,从而感染学生,这就是我经常说的教学风格:"以我为主、以讲为主、以知识为主"中的第一点。歌德说:"我们从历史那里得到的最好的东西是它所兴发的激情。"1989年5月16日我上了一节"罗斯福新政"公开课,听课的除了市历史教研员林德芳以外,还有市教研室副主任语文教学专家陈钟梁、著名英语教研员陈少敏等其他学科的教研员。临上课时,市教育局副局长张民生也赶到了教室。这节课上,我费了相当多口舌,介绍20世纪30年代罗斯福就任美国总统时,形势十分严峻,几乎面临崩溃的边缘,他以当年战胜不治之症的坚忍不屈精神和顽强不息意志,抱着对人类的同情心,尤其对"压在金字塔底层的被遗忘的人们"的关注,坐着轮椅来到民众之间,调查研究,了解下情,并通过著名的"炉边讲话",用亲切的语言,开诚布公地向人民叙说国家的困难,解释政府的政策与措施,取得了人民的理解信任与支持……他在非常时期用和平手段将社会主义的"公平、公正、公共"理念和政策注入美国社会,推行新政,实施国家、政府对经济干预,虽然没有改变美国资本主义社会本质,却实实在在改善了美国的社会状况。用罗斯福自己的话说,白房子还是白房子(在美国人的词汇中没有白宫,只有 white house,美国人心目中没有君主的概念)。但里面实现了更新换代,从而渡过了危机,经济复苏、人民生活改善、社会安定,并在"二战"后成为西方国家普遍采纳与实施的方针与政策,理论上也日趋完善与成熟,保证了资本主义国家的稳定和可持续发展,他本人也成了继华盛顿的创建国家、林肯的挽救国家后又一位里程碑式的伟人——他发展国家。这节课在当时产生了很大反响。当天晚上,张民生局长即对唐校长说:"联系现实,恰到好处。"时隔4个月是教师节,他来我校作报告时又提到了这节课,并说是令他"终生难忘"的课。这堂课的录像参加了当年8月在上海举行的全国首届中学课堂教学研讨会,获得了优秀奖。林德芳副理事长在评语中说这节课有四个特点:"处理教材有新意,知识量大,思维量大,具体、生动、形象。"但这堂课当初在上海送审时却存在分歧。有人认为,这堂课有些内容太敏感,在当时的形势下,恐怕引起争论,不宜送出。但也有人认为,这堂课切合时弊,正是体现了历史教育的社会功能,应该送出。最后,他们又重新将录像认认真真看了一遍,一致决定送出。在我看来,历史同政治必然有关联,完全脱离政治现实的历史是没有生气与活力的,所谓"一切历史都是当代史",历史是凝固的政治,政治是流动中的历史。两者有相通的地方,但毕竟是有区别的,不是一回事。历史一定要尊重历史事实,不能扭曲历史,更不能以假乱真,历史的社会功能和魅力因此更有彰显。

"罗斯福新政"这节课的录像后来在全国许多省市的教研室和高等院校播放,产生了轰动效应。广西师大熊守清教授写信告诉我,录像在该校播放结束时,学生都站起来鼓掌,一片赞叹声。天津历史教学社彭莘说,该录像在天津播放时,门口窗前走廊里都站满了人。为此,她特地约我写了篇文章——《谈谈历史教学中的时代感》,刊登在《历史教学》(1992年第10期)杂志上。文章中心内容是历史课既要有深沉的历史感,又要有鲜明的时代感,让我们这门古老的学科,时上时新,永远充满青春的活力。这堂课是我心目中的又一堂经典课,在某种意义上也显示了我的"富有激情,长于思辨"教学风格的形成,这节课在1991年的南京会议上得到了与会者的认可。在此基础上,1994年我申报特级教师而顺利通过。

在许多学校,一线教师评上特级后,往往就离开了教学第一线,往行政岗位上发展,但在上海中学不一样。我在校时先后评上特级教师的有十余人,除校长外,无一例外,仍然在课堂上课。我每学期承担4~5门课程,每周上课20课时左右,这样使我继续保持学科教学的活力与生气。1994年秋我为全校教师上了一节示范课——"康、梁的维新思想和活动",这节课的教案全文刊载在1995年第1期《历史教学》杂志上,居然被山西一个县里的中学青年教师全盘搬到了他的课堂上,在学校教学比赛中得了个大奖。一堂好的课起到了它的辐射效应。这节课我是站在当代、两个世纪交替之际的前夕、改革开放的浪潮中回过头去看一百年前的这场变革思想及其活动的巨大社会影响,有人称它是中国近代史上真正完全意义上的第一场现代化运动,甚至有的历史学家主张,中国近代史应该由此而开始。我觉得这就是历史教学中的创新思维的培养与训练。

1996年秋,我应地理教研员之邀给全区史地教师上了一节"英国工业革命",以体现学科知识之交叉。其中我花了相当的篇幅介绍英国的地理环境对英国工业革命的影响,但更重要的是在这节课里我突出回答了一个问题:为什么说英国资产阶级政权的确立是工业革命的必要前提,实际上我在这里已经提出了一个观点,政治制度的创新是社会进步的必要条件,资本主义政治制度中的依法治国保证了现代经济的正常运转,并激发了人们的创新欲望和创新精神。同时我还根据对我国改革开放后经济体制改革中发生的变化,重新认识了圈地运动:它并非像我们以前说的就是一场"羊吃人"的运动,而实际上是涉及土地所有权、土地经营、生产变化的一场农业革命。这节课里我还解决了一个初高中教学的衔接与深化的问题:适当地淡化了英国工业革命中机器发明的过程,而强化了一些理论问题的分析与探究。比如对现代工厂制度的理解,对工业革命后人们思想观念、生活方式以及经济结构、人口结构、社会结构变化的思考……这节课上完后,我把教案寄给了《历史教学》杂志社,但此时该杂志已经改版,不再刊载教案和教学实录,经过编辑李梦芝女士的帮助,"改头换面",用论文的形式——《英国工业革命中的几个问题》,刊登在1998年第8期《历史教学》上,扩大了它的影响。这堂课也成了我的巅峰之课。

在这里我还想提一下,当初我申报特级教师时,在区教育局领导和专家面前上的一节"社会主义建设在探索中曲折前进",这是我自己亲身经历过的一段历史,因此可以说我是将自己和自己的家庭置于历史之中,从自己说起,说自己的心里话,用真情实感使学生形成更深切的认识,产生更汹涌的激情。我觉得这才是真正的情感教育。

历史是后人对前人活动的记录,它是一种回忆,但回忆的关键是反思。正是这种思维活动才给了历史一种生命力——"以史为鉴,面向未来"。但是历史课往往在学生、在家长、在社会上把它当作一门死记硬背的、可有可无、可学可不学的学科而怠慢它;在特定的历史条件下,人们有时也会十分功利地来钟情这门学科,希望它能直截了当地解决某个需要解决的现实问题。实际上,这两种现象都是对历史的误解。历史是故事,历史是人文科学,它应该丰富与充实人的生活,提高人的生活层次与质量,促进个人与社会的发展和进步。历史课的灵魂来自它的思考,历史课的精神来自它的情感,但这一切都离不开它们的载体——历史的本身,历史的真实。寓理于史,寓情于史,是每一位历史教师应该追求,也是必须追求的高妙境界。它并不是一种缥缈而不可企及的境界,凭借着对历史真实的尊重,我们总会渐行渐近。因此历史教师的讲课不能脱离课本,但绝对不能照本宣科,也不能局限在仅仅是理解课本、解读课本,而应该是着眼于了解历史、理解历史。讲课是一种追求、一种再创造,更是一种艺术,要激起学生学习历史的兴趣、动机和渴求。我们要讲真实的历史、过程的历史、人物的历史、宏观的历史、细节的历史、学生身边熟悉的人和事，要培养与训练学生善于将天时—地利—人和，政治—经济—文化，以及过去—现在—未来联系起来进行综合性、立体性的思考能力，要学会用历史辩证思维去观察、分析和解决问题。我有一个学生说得好："思考历史，就是思考现在与未来。"这种思考能力不仅是学习历史的重要方法，更是观察社会、认识社会、服务社会的一种重要能力。因此，我们历史教育的立足点不仅仅是给学生知识、经验、教训、规律和启示，更是给学生品性、情感、智慧、文化和精神。我想这才是历史教育价值取向和最终归宿。这就是我从教40余年，尤其改革开放30年来的一个目标、一种追求，也应该是后辈们努力的方向。

编撰教材

改革开放30年来，我除了将主要精力投入于历史课堂教学外，也将一部分精力投入于地方教材的编写工作中。我可能是上海唯一前后参加了三个版本历史教材编写工作的教学第一线教师。其中参与最多的是第一期"课改"中沿海发达地区版的《高中历史》教材的编写。当然这个版本也许从今天眼光来看，有些过时或滞后了，但在当时它是很有特色的，无论是体例、内容，还是结构练习，有不少是国内中学历史教材中的首创。第一，它是中外历史全编，将中国历史置于世界历史的大背景中并作为世界历史大舞台的重要组成部分；第二，它的起点是公元1500年前后世界历史的一个拐点，正是从那时起世界历史进入一个国际化时代，人们的视野、价值观从大陆转向了海洋，以至在它500年后世界进入了一个全球化的时代；第三，它力求摆脱传统的五大社会经济形态，从世界现代化的进程来展开中外历史的叙述；第四，它吸收了当时史学领域中不少新的学术研究成果，比如对资本主义垄断阶段的评析；第五，它的练习不是着眼于知识的记忆，而是提供了一些新的历史情境、新的信息、新的资料引导学生去思考和探究……这本教材试用后深受师生们的欢迎，也赢得了同仁们的赞许。人教社陈其先生多次在他的文章中提到了这本教材具有开创性的意义。教材的编写以及相关的培训工作，也加深了我对历史上一些疑惑问题的认识与理解，了解了学术研究中新的动态，促进了我的教学工作。

学术活动

从20世纪80年代中期起，我积极参与了学术研究团体的活动，通过交流，扩大了我的视野，开阔了我的眼界；通过讨论，思想火花的相互碰撞，爆出了不少新的亮点；同时也为我构建了更广阔的教学研究展示的平台，使我的教学经验、教学特色、教学风格、教学理念起到了辐射的效应。我曾前后参加过15次年会暨学术讨论会，还担任过两届课堂教学录像评选的评委;曾作为上海代表连续在1995、1996、1997年的承德会议、太原会议、长春会议上做大会发言。由此在1998年太原会议后连续担任两届历史教学专业委员会学术委员会的委员。我也曾先后受广西、海南、吉林、辽宁、新疆、山西、扬州等地方学会的邀请,同当地的同仁做学术交流。我觉得这种交流和辐射,其作用都是相互的,是相得益彰的。我也多次受李月琴、庄韵勤等之邀走上了华东师大、上海师大之高校讲坛,给未来的中学历史教师上课;我也作为中学历史教学界的代表被推选为上海市历史学会理事和上海市世界史学会副会长,这使我有机会同高层次的历史学专家、学者、教授在一起,聆听他们的高论,探讨史实的真伪,评价史实的客观公正和史学的价值⋯⋯这对提高我的历史学科的学术素养、了解学术前沿最新的成果与动态颇为重要,可以说,这样的学习机会是很难通过其他途径得到的。2007年我在学会领导的支持下,搞了一个"名教授与准名师的零距离对话"活动,邀请了复旦大学、华东师大、上海师大历史系的著名教授叶书宗、王家范、沈渭滨、金志霖等与优秀中学教师同住、同吃、同游,在"三同"中倾听讲座、相互交流、直接对话⋯⋯一位老师说:"我离开大学快20年了,这个活动又使我感受到了当初在大学里的学术气息。"他们非常珍惜这项活动,要求将这项活动制度化,经常举行。现在这项活动得到了复旦大学历史系主任章清教授的支持,决定由他们来筹划和操办。

在我看来,在"教什么"和"怎么教"两个环节中,"教什么"是第一位的,是最重要的,"怎么教"是服务于"教什么"的。因此我一直认为是历史教师的功底制约了历史教学的厚度、深度和力度,是教师的知识面限制了学生的视野,是教师的历史学素养抑制了学生学习历史的情趣。我倡议历史教师应该买书,不仅买中国历史学家写的书,还要买外国历史学家写的书,要买专著,也要买通俗读物。一个历史教师家里没有一两千本藏书,我看是成不了优秀教师的。我相信,教师的历史学素养和底蕴提高了,其教学水平必能提高一个台阶。

通过学会的活动,我开始接触国际学术领域的交流。记得最早是在1985年北京的香山会议上,我们第一次邀请日本同仁参加年会,共同进行历史教学的学术研讨。当时二谷贞夫先生是一行日本同仁中最年轻的,他在会上介绍了一位日本中学历史教师怎样将学生置于历史的环境中来体验与思考,我听了很受启发,也曾经在我的课堂教学中尝试过,颇受学生欢迎。但当时同外宾接触时,学会秘书长于友西宣布了不少"清规戒律",我作为一名普通会员,距离不是一点点。后来我同二谷先生闲谈时说到那次会,他对我一点印象也没有。但是随着开放的力度逐渐放开,我们同日本同仁的距离也逐渐缩短了。1987年我同王铎全、叶正书等从上海乘火车到芜湖然后转赴沂县参加年会,正巧日本代表团佐藤伸雄教授一行也在同一列火车上。在南京车站停车时,我们找到了他们,打了招呼,还合了影。1991年南京会议结束前一天,我因要赶回学校上课,提前一天离开,而日本友人也跟我同一班车经上海回国,于是学会就将陪同的任务交给了我。我虽然不懂日语,佐藤先生也不懂中文,但一路上4个小时,我同佐藤先生用最简单的英语,加上书写的汉字,甚至手语,居然交谈没停止过,而且十分融洽。正因为有了多次年会上的接触,我在1997年春赴日本探亲时,佐藤先生不辞辛苦陪我参观日本法政大学附属高等学校整整一天。回国后我写了一篇《东瀛学校参观一日记》,刊登在上海《历史教学通讯》上,佐藤知晓后让人全文译成日文刊登在日本育友会教育研究所的刊物《教育研究》上。2001年后我几乎每年都去日本探亲,同佐藤、二谷等教授、同仁的关系也越来越密切。我曾先后两次参加了日本历史教育协议会的年会,并作了书面发言。我还到东京大学参加了比较史、比较历史教育研究会关于中国历史教材中涉及中日关系史的讨论会。在相关讨论会上,日本学者希望分别在中日历史教材中增加友好交往的内容,尤其是在近现代历史中。上海中学在2000年和2005年也曾先后接待过佐藤伸雄先生和石山久男先生率领的日本历史教师访华团。2003年春,二谷贞夫教授还在上海中学直接面对上中学生上了一节世界历史课,并进行了对话。二谷教授对学生提出的问题和回答都十分满意。一位学生在论及中日关系时说道:"中日两国是一衣带水的邻邦,但为什么在历史上两国会发生战争?如果两国之间的交往像今天这样通过文化教育的渠道互相交流对话不是很好吗?"2004年,我应二谷贞夫教授之约,写了一篇《我的历史学习和历史教育五十年》,与王宏志、于友西、杨彪一同作为中国方面的4篇论文被收进了他退休时编撰的论文集——《21世纪的历史认识与国际理解》。2006年暑假,也就是我退休那一年,我应日本青年史学家斋藤一晴先生代表日本方面的日中韩三国共通教材委员会的邀请,赴日本东京参加由中日韩三国历史学者与教师共同编著的《东亚近现代史》出版一周年纪念会,我在会上做了《写好真实历史,创造美好未来》的发言,同时还接受了日本《朝日新闻》和富士通电视台记者的采访。半年后,我又接受韩国东北亚历史财团和全国历史教师会邀请,率两名学生赴韩国首尔参加了韩中日青少年历史体验、发表大会,并作了发言。我能在结束教育教学生涯的时候出现在国际历史教育的讲坛上,我内心的确感到十分高兴与欣慰。

进入21世纪后,随着年龄的增长,尤其时代的发展,科技的进步,教学手段与教学理念的日新月异,还有越来越残酷的应试压力,我深感自己心力不济,尤其"考分"已经难以达到人们企望的高度,深感自己在历史教师队伍中落伍了,我是到了应该退出讲坛的时候了。作为特级教师,按规定如果学校工作需要,可以在到达法定退休年龄后延长工作五年,但我在延长四年后就退了,留出一年做点自己喜欢的轻松的工作。有人说,应试与素质教育是可以兼顾的,我相信有不少教师做得到,但在我看来,历史学科的应试教育与素质教育的差距较其他学科大得多,就我来说,两者兼顾实在是力不从心。因此我退休后按课表进教室再承受分数压力的事是绝对不干了,应该承认,干了也干不好。

教学风格

刘少奇生前说过:"人活一生最大的幸福莫过于在工作中留下一点自己的痕迹。"我从教40多年,最大的慰藉是形成了自己的教学特色或说教学风格,并得到了学校、同仁和社会,尤其是学生的认可。我不敢说是教学流派,因为按著名教育管理学者郭景扬先生的说法,教学流派必须具备两个条件:一是有一批人跟着学;二是必须有理论体系的支撑。跟着我学的中青年教师倒不能说没有,甚至还不少,但我这个人理论水平太差,尤其教育教学理论几乎没有进门,更不要说什么体系了。至于教学特色或教学风格,实事求是说,比我自己想到的效应还胜一筹。首先是学校的认可。前面说了,上海中学是所一流的学校,目标是国内领先的学校,理应有一流的课堂教学。21世纪初在创建上海市实验性示范性高中的过程中,唐盛昌校长十分重视在课堂教学中形成自己学校的特色,经过集思广益,他归纳为"三高",即高立意、高思辨、高互动。在2003年10月学校的创建实验性示范性高中总结报告中没有想到竟把我作为"三高"特色的代表之一:"如以高立意、高思辨著称的历史特级教师孔繁刚。"在唐盛昌著的当代教育家丛书《终生的准备与超越》中专门有4页篇幅谈到了我的教学风格。后来曾有老师问我什么叫"高立意",我将其解释为具有人文意识、学科意识、思维意识、方法意识、学术意识、宏观意识、细节意识、时代意识。

在20世纪即将结束的时候,上海历史教研会秘书长杨向阳老师曾编了一本《上海著名历史教师教学思想录》。为编这本书,他先是组织了一批闵行区的10位青年教师采访了上海的10位"排头兵"教师,同时他在教师进修班开设了一门"上海著名历史教师教学思想评论"这门课,然后在此基础上编撰了这本书。这本书列入的10位教师中最年长的是包启昌老师,出生于1924年,最年轻的即是我,出生于1942年。编者给我教学特色的定位是"长于思辨,善于激励"。我撰写的题为《追求知识、情感、哲理三者的完美统一》的总结、"英国工业革命"与"社会主义建设在探索中曲折前进"两篇教案被收入《上海著名历史教师教学思想录》。令我最感欣慰的是,2004年春我从日本探亲回来,收到《人民教育》杂志社总编室主任张新洲先生的来信。信中说:《人民教育》杂志有个栏目"名师人生",以前刊登的都是一些大学科的任课教师或班主任的文章,现在想发表几篇小学科教师的文章。为此他特地打电话给人教社历史室总编辑、历史教研会理事长王宏志女士。据说她还专门召集了在京的部分常务理事研究、征求意见,最后推荐了两位,其中一位即是我。我收到这封信当然有点受宠若惊。后来我主要是根据学生对我上课留下的一些只言片语,写了一篇《教师的价值存在于学生的心目中》,此文又被收入"人民教育丛书"《与名师为友》的集子中。从网上得知,居然还有学校把我的文章列为他们的师德学习的内容。

当然,作为教师我最看重的认可与评价,应该还是来自我的教学对象——学生,其中有些已经毕业离校 20 多年,现在已经是各个领域的领军人物,但他们竟然还记得当初我给他们上历史课时留下的印象或言语。2006 年春,我教过的上中 85 届毕业生张蕴君听说我当年暑假即要退休了,她觉得有些惋惜,想了一想说:"我们为你搞一次活动,纪念一下。"回去后她即召集了 84 届、85 届、86 届三届文科班的校友骨干聚在一起议论,很快就得出一个一致意见:回母校听孔老师上"最后一课"。有个学生从网上得知这个消息后,马上就问,孔老师上的课题是什么,让我们事先知道一下做些准备,否则到时孔老师提出的问题,我一无所知,很尴尬的。我知道他们的建议后十分感动,也十分感谢他们,同时也告诉了学校领导。原定"最后一课"安排在学期结束的最后一周、最后一天——6 月 16 日星期五下午,有些外地的校友——北京的、深圳的等知道后都订了机票准备周末飞沪。不料课前二周学校接到通知,6 月 16 日前后上海要举行上海合作组织六国会议,为保证会议顺利进行,决定全市中小学放假三天,因此不得不临时将课提前到 13 日星期二下午进行。这样一来好几位外地校友原定回母校的因工作关系来不了。即使如此,那天回母校听课的校友还有 60 余人,不仅有当年文科班学生,还有一些理科班学生也来了,连同本校听课的高一学生和一些老师共有 100 余人。有些校友远在海外,无法出席,有的特地委托上海同学送来了花篮,有的打来了长途电话。第二天《青年报》刊载一则新闻《校友都来听尊师一课 上海中学上演感人师生情》,东方网也全文转载。我上课的课题是"EMPP"。什么意思呢?我想这样一堂有意义的课,不能到现成教材里去找,应该有我个人鲜明的特色与个性。当时我已参加了上海两个版本教材的编写,其中英国史都出自我手,相比之下,我觉得对英国史比较熟悉,并有自己个人的认识。我认为,英国是世界上率先进入现代化的一个国家,曾经站在世界历史前沿一二百年,并产生了很大的辐射效应。它哪些地方影响与改变了世界呢? E——英语、M——机器、P——议会、P——政党。上课前后,世界足球锦标赛正在欧洲如火如荼地举行。男人们如痴如醉地沉迷其中,现代足球运动诞生于英国,因此临时又加个"F"。在上课过程中,我还邀请校友复旦大学英语系教授陆谷孙关门弟子朱绮君博士,《时代报》主编、经常在文章中将母校比作为伊顿公学的钮也仿,曾在英国访问进修的上海著名经济律师邓卫中,曾任《国际金融时报》驻伦敦特派记者施炳强,配合我一起完成了这堂课的教学。校友们还专门在课前为我汇编了一本纪念册——《沧海一声笑》。整个上课过程,东方电视台进行了跟踪摄像。当天参加活动的上海中学同事,看到此情景,又羡慕、又感慨地说:"做老师到此结束,心满意足,无可挑剔了。"84 届一位校友在纪念册中写道:"您教授的历史给了我人生目标的基础,您的为人是我们为人处世的榜样,一个好老师是学生一生的财富。"05 届一位校友写道:"历史,正作为文化、作为血液,溶于我,这一年'历史',让我成长,这一年'历史'在我这儿将是一生。"

在本文结束的时候,我想再一次全文抄录已经在《中学历史教学参考》上刊登过的一封学生来信。

敬爱的孔老师:

说来不怕您笑,我们每周都伸长脖子等着历史课的到来,有历史课的那天像过节一样。因为历史课是一段可以畅叙的好时光,您也许会奇怪:只您一人在课上说话,何从我们畅叙呢? 道理很简单,您直言我们心中所想,您和我们之间没有代沟,足见您还多么年轻!

年轻是很美好的,因为年轻人有激情,您说过历史不能没有跌宕起伏的激情,历史不是纯粹的理性。所以我们试着去理解我们的父辈,去体会他们年轻的那段特殊的时光所召唤起的激情以及其下的冲动。原来以为可笑或不可喻的行为举动这下也有了说服自己承认、尊重的理由。

您机智的话语为我们打开了时间的大门,而您有时幽默调侃又常常发人自省,我们切切感受到是一颗教书育人、诲人不倦的苦心。

衷心地希望孔老师永远年轻,永远洒脱。

高三(4)全体同学
2003.6

这封信不仅仅是对我个人的褒奖,更是说出了学生内心喜欢的历史课和历史教师。

再见了,历史讲坛,但我将始终情系历史教育。我要在有生之年,尽我之力,为实现历史教育的社会功能和价值取向,激起学生终生学习历史的兴趣、乐趣、志趣和情趣做一点贡献!

(本文选自《中学历史教学参考》2008年第12期)

┌
怎样才是好的历史课堂呢？在我看来，作为历史教师心中应当要清楚：历史课堂理应是一个催生思想、滋养智慧、发育精神、陶冶人格的生命场。如果思想不在，智慧无存，精神委顿，造就的只是一些"会走动的书橱"，那么"教育"就不复存在，而历史教育的核心意义亦不复存在。
┘

齐健 原齐鲁师范学院历史文化学院教授，主要从事历史教育、基础教育和教师教育研究。早年曾在基础教育基层工作，历任中学历史教师、县市（地区）中学历史教研员、地市教育科学研究所负责人等职，并获山东省特级教师等称号。转入高校工作后，历任本校继续教育中心副主任、山东省基础教育课程研究中心主任兼教师教育学院副院长、教师教育研究中心主任等职，并曾兼任教育部基础教育课程与教材专家工作委员会委员、教育部中小学教师"国培计划"专家、教育部高等学校师范类（历史学）专业认证专家，以及山东省人民政府督学、全国历史教师教育专业委员会副理事长、山东省教师教育学会常务理事兼名师成长研究会主任等。《中学历史教学参考》编委。迄今已出版教育教学研究著作10部（含合著），主编教育教学研究丛书6套，主编或参编高等教育和基础教育教材6种，发表论文百余篇，其研究成果获全国、省级等奖励10余项。

教给学生有生命的历史

——关于历史课堂生活重建问题的思考

○ 齐 健

许多年之前,人民教育家陶行知先生曾指出:"没有生活做中心的教育是死教育。没有生活做中心的学校是死学校。没有生活做中心的书本是死书本。"由此,我们可以再追问一句:就课堂教学而言,如果没有生活做中心,那又会怎样呢?

据2001年一份来自我国某地重点中学的问卷调查材料显示,有69.6%的学生反映,他们上历史课"习惯于照抄教师板书的内容",而不是主动探寻问题的答案;有71.4%的学生认为,"历史就是一门死记硬背的功课";另有许多学生则坦率地承认"上历史课不是做其他的作业就是打瞌睡"[1],等等。尽管这份调查主要是在高二年级一个理科班中进行的,有一定的客观影响因素,但是,其中所折射出来的历史课堂教学中所存在的问题却是显而易见的。即,我们过去传统的历史课堂,大多数充其量只不过是机械灌输僵死的历史知识和对学生反复施以机械式的所谓"强化训练"的场所,而非生命活力不息涌动的生活场所。直言之,这样的课堂与学生的生活世界显然是完全割裂开来的!

由是观之,究竟如何基于学生个体生命发展的需求而重构我们的历史课堂生活,以便教给他们"有生命的历史",也就成了历史教育工作者必须认真加以探讨的重要课题之一。

历史是有生命的

毋庸讳言,在很长的一段时间里,我们的历史教学实际上是有意无意地把"历史"完全等同于一堆毫无生气的秦砖汉瓦之类的"老古董"的。就"历史"机械地说历史,死背历史,已成为大多数人的习惯。我们常常可以听到一些历史教师在一遍又一遍地向学生强调,"某某问题很重要,一定要背过""某某问题特别重要,一定要死死地背过",等等。这种做法,显然是把历史看成了僵死的东西。这就难怪,为什么在学生的心目中,学习历史就等于机械地死记硬背了。可是,恰恰相反,事实上,"历史"原本是有生命的。

早在1923年11月29日,李大钊先生在他发表的《研究历史的任务》一文中,即明确提出:浩如烟海的"史书",并非历史,而仅是研究历史的材料。"历史是有生命的、活动的、进步的;不是死的、固定的。""吾人研究有生命的历史。""历史学虽是发源于记录,而记录决不是历史……我们研究历史的任务是:整理事实,寻找它的真确的证据;理解事实,寻出它的进步的真理。"

日本著名教育家小原国芳先生亦曾指出:"单做事实的穿凿、记忆、叙述,绝不是历史教学……对我们至为重要的是活生生的社会精神,是社会的意志冲动,是时代精神。""更不能单纯将历史看成死了的形骸,而应看作活着的文化,看作人的活动、生命的跃动。"[2]

在关于历史与历史教学方面,他们不约而同地都强调了两个字——"生命"。我们知道,一个人的生命,尤其是一个有价值的生命,其不可缺少的要素应当包含人的思想(智慧)、情感和人格,以及人所特有的丰富多彩的生活活动。因此,所谓"有生命的历史",也就必然应当首先体现在历史知识深层所蕴含的"进步的真理"和"活生生的社会精神"等方面;体现在"面对历史,我们可以哭,也可以笑;可以追思,也可以戏说;可以歌唱,也可以怒骂。历史给了我们宣泄情感、升华体验、深化认识的处所";历史"给了我们尽情地展开想象的翅膀的广袤的空间,给了我们的心灵自由地舞蹈的宽阔舞台。在历史的荒原中,有我们可以发现的、能够深刻地校正我们观念的最为异己的文化,使我们获得对于我们自身所处状态的一种洞见,从而使我们自己获得应付陌生事物的信心,就是这样我们一次又一次地从狭隘走向广阔"[3]。从这个角度来讲,我们的历史教学所要教给学生的历史,就必须也必然应当至少包括三个层面的含义,即它应当是"有思想"的历史、"有情感"的历史和"有生活"的历史。而思想、情感和生活的交融,才有可能使我们感受到"人"在历史之中真切"跃动"着的生命。

这,也就应当是所谓"有生命的历史"的基本内涵所在。

反思现实:我们的历史课堂究竟缺失什么

如果说历史是有生命的,那么作为历史学科的教育自然也应当同样具有毋庸争辩的生命性。体现在历史课堂里,就是我们的历史教学应当充盈着多姿多彩的生活化的特点,应当使人能够从中充分感受到强劲跃动着的生命脉搏和浓郁的人文气息。然而,在相当长的一个时期里,现实中的历史课堂却恰恰严重缺失了这一重要特性。具体表现在以下三方面。

一是历史课堂里缺失了"人"。这里所说的"人",既指学生,也指教师。也就是说,我们的学生在历史学习过程中所拥有的主体地位基本上被剥夺殆尽,而教师在教学过程中的主观能动性也基本上被完全扼杀。于是,我们就会常常看到这样一种带有普遍性的景象:在课堂里,所谓"知识"完全变成了主宰一切的绝对力量,教师因附属于大大小小的知识点而自然而然地成了课堂教学的唯一强势权威者,学生则相应地沦落为可怜的被控制体和单一的弱势被动接受体。在这样的课堂教学过程中,教师和学生都只不过仅仅是知识的简单传递工具与机械接受容器而已。从这个角度来讲,无论是学生还是教师,他们所扮演的角色同样都是非常可怜的。即,他们是工具,是"物",但唯独不是真正具有生命意义的"人"。

一位中学历史教师曾讲过这样一段真实的经历——

当年,他有一名在高考中历史学科取得了优异成绩的得意门生,在升入大学后的第一个元旦节给他寄来了一张精美的贺年卡。贺卡上写着这样几句顽皮的话:

"亲爱的老师,真抱歉,当我给您寄这张贺卡时,我才突然发现,您花费了那么大的心血教给我的那些历史知识,我已经将它遗忘在早晨长跑的跑道上了,湮没在拥挤嘈杂的餐厅里了,丢失在周末联欢的舞会上了……真不好意思,现在,您辛辛苦苦教给我的历史,我已经又把它们全部奉还给您啦!"

这个案例是具有一定代表性的。从这位刚刚离开中学校门的学生那略带调侃意味的无奈话语中,我们从中能感悟到什么呢?显然,在传统的中学历史课堂教学中,对知识的传授是备受推崇的,它一向被作为历史课堂教学的中心任务来看待。然而,上述案例却表明,事实上,在较长的一个时期里,即便是我们想当然地认为做得最扎实、最有效的历史基本知识的传授,其教学效果也远不是像我们主观上估计得那样高,那样好。为什么学生离开我们中学的历史课堂才仅仅四个月就基本上将那些看上去已经烂熟于心的历史基本知识很快遗忘了呢?为什么在学生的心目中,认为除了知识点的接受之外,从历史课上就再也没有感受到还有其他方面的收获呢?很明显,一个最普遍和最重要的原因,就是我们已经将历史课完全窄化为只是历史知识的单一授受与识记了,而且,这种对历史知识的教与学又基本上变成了机械灌输与死记硬背。于是,学生就不再是鲜活的生命个体,他们已经相应地变成完全丧失了"自我"的被动的知识"储蓄罐"了。这样,我们所传授的历史知识也就完全失去了它所固有的精神、文化、智慧与情感等丰富的生命意蕴,而变成一堆毫无意义的僵死的知识点、知识线或者知识面了。由此而言,我们不能不承认,在某种程度上,正是我们自己把原本"活生生"的历史抽去了灵魂而教"死"了。

国外著名学者保罗·弗莱雷曾就诸如此类的课堂教学做过一番非常深入地分析,他尖锐地指出:这类课堂教学方式是一种将"人"变成了"物"和"器"的教学方式,在本质上是典型的"储蓄式教育"。因为,它"把学生变成了'容器',变成了可任由教师灌输的'存储器'。教师越是往容器里装得完全彻底,就越是好教师;学生越是温顺地让自己被灌输:就越是好学生。于是,教育就变成了一种存储行为。学生是保管人,教师是储户。教师不是去交流,而是发表公报,让学生耐心地接受、记忆和重复存储材料"[4]。这种课堂教学方式所带来的后果是严重的,它不仅使最起码的知识教学效果大打折扣,而且还剥夺和压制了学生学习的积极性和主动性,剥夺了他们作为"人"的自由对话与交往权。这样,我们所追求的以教育来促进"人的解放"和生命主体性张扬的理想,就只能是一种无法实现的奢望。

二是历史课堂里缺失了"情"。所谓"情",即情感。它是笔者所称的"有生命的历史"的内核,如果失去了情感也就失去了历史教育的生命性。但是,在传统的历史课堂里,教师却往往是以一种固定的模式来传授着原本丰富多彩的历史知识,以一种整齐划一的设定目标来约束着原本个性鲜明的学生。于是,在这样的课堂里,既不可能有生命的互动与智慧的碰撞,也不可能有生命激情与灵性的飞扬,更不可能有沁人心脾的诗意的生成。这样,无论是教师还是学生,其固有的生命价值就得不到体认,情感缺少交融,人性的光芒被遮蔽,最终,"情感"也就被异化为仅仅是一种简单的和可怜的认知工具了。

那么,学生究竟喜欢学习什么样的历史呢?一位高中生曾做过这样的描述——

"(学习历史)我们更钟情有血有肉的具体形象。譬如,老师在提到完颜阿骨打时不经意说到金庸和他的小说,同学们的神经立即高度兴奋起来,有人搬出了'飞雪连天射白鹿'的对联,大家对其作品有着浓厚的兴趣……历史之为历史,在于其留给人有血有肉的回忆与启迪。这样感性的历史怎么可以被过于理性的条条框框缚住手脚?我们愿意听老师旁征博引,多讲些课本外的知识;我们也愿意站在讲台上向别人讲述我们自己眼中的历史;我们更愿意多读一些课外书籍,看一些有关的影视作品。试想,又一个司马迁式的学生很激动却很自信地讲三国讲唐宋讲康熙大帝,是怎样的'书生意气,挥斥方遒'?"[5]

这位中学生的看法是很有见地的。尤其是他所讲的"历史之为历史,在于其留给人有血有肉的回忆与启迪"一句,是极富哲理意味的。从中我们可以清楚地看出,中学生最厌倦最反感的就是那种瘦骨嶙峋、味同嚼蜡、板着面孔机械照本宣科式的说教式教学及教学方法;他们最崇尚最向往的则是主体参与的、充溢着生活气息、富有浓郁情感色彩的活动体验式教学及教学方法。因此,历史教师"要还历史有血有肉之躯,不能只是干瘪瘪,瘦楞楞,一二三四,ABCD,几条杠杠,几句结论。"[6]

三是历史课堂里缺失了"魂"。这里所说的"魂",即思想。人们常说"读史使人明智"。可是,如果我们"读史"时并不懂得带着思辨的眼睛和思想的大脑去审视、去思索,并且从中感悟和生成一种具有历史深度的思想和眼光,以此来关注和审视现实,那么,我们也就永远不太可能达到"明智"的境界。所以,历史教学的一个重要任务,就应当是教学生从历史之中"学会思想",生成智慧,生成正确的人生观与价值观。这,也就决定了"思想"应当是贯穿于历史课堂的灵魂。从这个意义上来讲,没有思想的历史课堂,就必然是"死"的课堂和"无用"的课堂,然而,如上问卷调查所列,在我们某些地方的中学历史课堂里,居然有高达71.4%的学生认为"历史就是一门死记硬背的功课",这就难怪为什么在另外一些地方的调查问卷中,竟会有多达41.7%以上的中学生明确地认为中学历史课是"可有可无"的了[7]。

据报道,2001年2月初,北京零点市场调查与分析公司曾在我国文化教育水平比较发达的北京、上海、武汉和深圳四个城市对14—28岁之间的1065名青少年,进行过一次"青少年中国历史知识现状"的专项问卷调查。结果显示,我国青少年对祖国历史知识的了解程度是极不令人乐观的。在这份范围并没有超出初中历史课本内容,满分为100分,而且绝没有偏题怪题的问卷调查中,全体受访者的平均得分仅为27.69分;如果以60分为及格,则全体受访者的及格率只有1.5%。据披露,在回答是什么人"1860年侵略中国烧毁圆明园"这一历史常识性的简单题目时,正确选择了"英法联军"的只占受访者的31.8%。关于他们了解中国历史知识的途径方面,占86.9%的受访者回答是通过学校教育(课堂)获得的。但是,值得注意的是,高学历者对历史的了解程度并不像人们想象的那样深,大专以上学历受访者的得分只比整体的平均得分仅仅高出5.77分;同时还发现,25—28岁的青年对历史知识的了解程度要明显低于17—24岁的青少年,尽管他们受教育的年限要高于该年龄段的青少年。

在这份调查材料中,有一个矛盾现象应当特别值得我们注意,即"高学历者对历史的了解程度并不像人们想象的那样深",并且"25—28岁的青年对历史知识的了解程度要明显低于17—24岁的青少年"。那么,这种与知识积累规律似乎是相矛盾的状况说明了什么呢?显然,这些受访者在学校所接受的历史教育基本上是灌输式的或强制性的,而这种教育方式所造就的只不过是学生的机械"短时记忆"而已,并非"有意义"的学习;而且,这种教学方式很容易引起学生的厌倦与反感。所以,一旦他们出于一种应试的功利性目的而不得不学,这些课本上的历史知识,在通过或考过之后,要不了多久必然会很快遗忘了。可见,如果我们的历史课堂教学中只有知识而没有"思想"的话,那么,我们不仅不可能指望实现历史学科的人文教育价值,使学生在"情感态度价值观"这一根本性的方面获得长足发展;甚至,就连最起码的对历史知识的识记这一最浅层的基本要求也难以达到。

重构课堂:让历史教学"活"起来

一位被特邀参与编制"青少年中国历史知识现状"专项调查问卷的历史学专家在分析以上现象的成因时,曾经一针见血地指出:"历史本来是很生动的,但是我们现在的教学和考试却把历史变成了死记硬背,使许多孩子从小对历史产生了抵触情绪";是"某种程度上的应试教育把'活'的历史教'死'了"。因此,在历史教学上,应当"运用多种教学方式,让历史'活'起来"[8]。那么,我们究竟如何才能真正使历史起"死"复"活"呢?在笔者看来,这就必须要变僵死的"课堂教学"为充满勃勃生机的"课堂生活"。

这里,就必然要涉及一个最基本的问题,即:"课堂"究竟是什么?在许多人的心目中,这可能是一个根本不需要再讨论的不成其为问题的问题。如果按照中国社会科学院语言研究所编纂的《现代汉语词典(修订本)》的解释就是:"教室在用来进行教学活动时叫课堂,泛指进行各种教学活动的场所。"应当讲,这种界定本身是没有什么问题的。但是,很明显,倘若按照现代教育教学观念来审视,那么"课堂"的本质及其所包容的丰富内涵远不止这些。譬如,有学者即明确指出,如果我们站在一种新的高度来重新检视课堂、反思课堂,那么就可以看到,基础教育的课堂在定向上是着力突出以下四个方面的,"第一,课堂不是教师表演的舞台,而是师生之间交往、互动的舞台;第二,课堂不是对学生进行训练的场所,而是引导学生发展的场所;第三,课堂不只是传授知识的场所,而且更应该是探究知识的场所;第四,课堂不是教师教学行为模式化运作的场所,而是教师教育智慧充分展现的场所"[9]。另外,也有人以诗化的语言进一步阐述道:课堂应当是"一个充满着众多生灵喜怒哀乐的地方,一个从灵魂深处氤氲着丝丝甘泉滋润精神家园的地方";课堂应当是师生生命的一部分,是提升和完善生命的一个场所,是"点化和润泽生命的园地"。因而,它"更加强调师生之间的交往互动,强调对智力的挑战,强调对激情的引发,强调生命对生命的呼唤,强调人性对人性的交流理解,因此更具人文色彩"[10]。很明显,这些解读都已经远远超越了过去那种把课堂仅仅看作是"课本知识传授与习得的场所"的一般层面,而深入到了一个更具有本体意义的深层境界——课堂是促进人的生命不断发展的场所。

从前面的有关分析中我们已经清楚,在一种缺少了"人"、情感和灵魂等重要要素的历史课堂里,是根本不可能承载得起如上所说的促进人的生命能够获得不断发展的使命的。相反,无论我们承认与否,在较长的一个历史时期里,我们是有意无意地把课堂仅仅当成一个机械的训练场了。在为数不少的中学历史课堂里,我们都能轻易地看到,我们的老师们几乎是绞尽了脑汁,想尽了种种办法,来对学生进行一遍又一遍的所谓"强化训练",以使其达到最终记住课本上的知识点、结论,或者至多掌握一些学科的基本技能之类的目的,说穿了,这也就是只不过给学生的大脑皮层里反复施以简单的信号刺激而已,即不断的"刺激—反射""再刺激—再反射"。在这样的课堂里,最大的悲哀就是"人"被湮没了,我们的老师与学生实际上都已经被异化成了某种"工具"和"器物"了。如此,又遑论促进、点化和润泽人的生命和谐发展呢?

众所周知,在历史新课程标准中,已经把课程目标界定为"知识与能力""过程与方法""情感态度价值观"三个领域,这实际上也就是从三个不同的维度共同指向了促进人的生命整体和谐发展这一终极目的。由此而言,我们也必须要把课堂定位为人的"发展场"(或者如上所说,是生命的发展场)——在这里,人(主要是学生,当然也包括教师)的生命素质、生命质量和生命境界理应得到持续不断的超越与升华。有必要指出,我们在这里所说的这个生命的"发展场",并不是一个虚无缥缈的所在,而是由以下三个部分有机构成的一个实实在在的整体。

首先,历史课堂应当是一个"思维场",它应当有利于学生高智慧的形成与发展。我们知道,高智慧的生成是离不开学生思维的真正启动和高质量运转的,因此,这就必然要使我们的课堂始终充满着浓郁的思辨色彩,也就是要努力建构一个"思辨的课堂",一个思想的课堂。

其次,历史课堂应当是一个"情感场",它应当有利于学生的情感世界的养成,使其在一种自由、和谐的氛围中不断得以陶冶与美化。要做到这一点,一方面需要历史教师最大限度地充分挖掘和利用历史学科课程内容中丰富的情感教育素材,另一方面也要求教师本身必须全身心地融入其中,以情动情,以自己的激情去点燃学生的激情,最终达到情感上的共鸣。换言之,也就是要努力营造一个"情感的课堂",一个激情的课堂。

再次,历史课堂本身就应当是一个"生活场",它应当让学生在活动中体验,在体验中使生命得到不断的成长。毋庸置疑,人的生活是离不开活动的,而课堂生活的第一主角又是学生,因此,在我们的课堂里,如果要使学生的生命潜能真正从沉睡中被唤醒,真正迸发出蓬勃的生命活力,就必须要努力改变过去那种沉闷、呆滞的局面,要让学生这个主体真正"动"起来。——当然,这个"动",主要是指学生内心世界的"动",思维的"动",情感的"动"。换言之,也就是要努力创设一个"活动化的课堂",一个生活化的课堂。

印度文学史上最著名的泰斗、诺贝尔文学奖获得者泰戈尔先生曾深情地说道:"教育的目的应是向人们传送生命的气息。"据此,我们也完全可以同样说,课堂——尤其是以陶冶学生的精神人格境界为根本追求的历史学科的课堂——更应当是直接向学生不断"传送生命的气息"的最重要的场所。我们只有树立起"生命课堂"观,建构起"思辨的课堂""情感的课堂"和"生活化的课堂",才可能实现学生的理性生活、道德生活和审美生活的和谐统一。也只有在这样的历史课堂里,我们才能够真正教给学生"有生命的历史",才能够真正让学生和教师都体验到一种生命的尊严、创造的欢乐,才能够真切感受到生生不息的生命活力的涌动。

[1] 高宇.重点中学理科学生历史学习情况调查分析及对策[J].中学历史教学参考,2001(5).

[2] 小原国芳.小原国芳教育论著选:下卷[M].刘剑乔,等,译.北京:人民教育出版社,1993:105-106.

[3] 肖川.教育永恒的支柱:历史与文学[J].当代教育科学,2003(10).

[4] 保罗·弗莱雷.被压迫者教育学[M].顾建新,等,译.上海:华东师范大学出版社,2001:24-25.

[5] 曹家驾,等.新世纪的中学历史教育[J].中学历史教学参考,2001(2).

[6] 陈毓秀.历史课堂教学十诫[J].中学历史,1988(5).

[7] 孙双武.珍惜改革成果,推进素质教育[J].中学历史教学参考,1999(1).

[8] 专家呼吁:历史教育"活"起来[N].北京晚报,2001-02-27.

[9] 郑金洲.基于新课程的课堂教学改革[M].福州:福建教育出版社,2003:1-3.

[10] 徐洁.课程改革呼唤课堂成为点化和润泽生命的园地[J].当代教育科学,2003(14).

(本文选自《中学历史教学参考》2004年第10期)

【后记】呈现在大家面前的这篇小文迄今已面世整整二十年了。它最初是我的一部书稿中的一部分,后来我将它单独摘出来整理成文,发表在对我的专业成长具有重要意义的《中学历史教学参考》2004年第10期上。令我没有想到的是,文章发表后即在国内中学历史教学界产生了较强的反响,先是中国人民大学复印资料《中学历史、地理教与学》月刊于2005年第3期予以全文转载,后又在纪念我国改革开放三十周年的"学科课程与教学研究三十年(1979—2009)"大型丛书中被选入了历史学科分册,该丛书由时任南京师范大学课程与教学研究所所长的著名教育学者杨启亮先生等主持编纂。直至今日依然有许多从事历史教育工作的后来者在不时点击阅读或下载引用,并有老师撰文谈阅读这篇拙文后所引发的共鸣性所思所想;现在,又承蒙中学历史教学参考编辑部的抬爱,将它再度编入《历史教育视野——走近名师》一书中……这一切,皆是我始料未及的。

二十年前,我之所以写下这篇小文,并明确提出要"教给学生有生命的历史"这一核心主张,既是缘于我对当时中学历史课堂普遍存在的机械、刻板、沉闷和僵化状况的反感与忧虑,更是基于我对自己过往担任中学历史教师及基层教研人员时所作所为的痛彻反思。

20世纪80年代,我曾担任过八年的高中历史教师。那时,我执教的历届学生在高考中也确实都算是取得了不错的成绩,以至于我在这八年的中学执教生涯中,始终都被学校安排专门承担每一届高三年级文科班的历史教学任务,这不免渐渐让我有点自负起来,自认为单凭着学生取得的那些"辉煌"的高考成绩,自己也应该算得上是一位堪称"优秀"的历史老师了。然而,有一年的元旦前夕,一位刚刚在高考历史学科中取得了高分数并升入某重点大学的学生寄给我一张贺卡,上面所写的几句留言(具体见前文)让一向自我感觉甚好的自负心受到了重重的一击。在这几句留言的后面,她还画了一个扎着两根小辫儿冲我做鬼脸的调皮小女生的卡通头像。老实说,当时看着手中的这张贺卡,真的是令我哭笑不得,五味杂陈啊!但也正是从这件事情开始,我第一次意识到需要对以往自己的教学行为进行反思,同时开始思索究竟怎样的历史课堂才是有意义的好课堂。下面便是我当时写下的一点初步反思:

从这名刚刚走出中学历史课堂不久的学生那略带调侃意味的无奈话语之中,我们应当感悟到什么呢?……为什么学生在离开我的课堂还不到半年的时间就将那些看上去已经烂熟于心的历史知识全都遗忘了呢?为什么在学生的心目中,认为除了课本上那些基本的知识点之外,我的历史课就没有给她带来其他方面的收获呢?很明显,一个很重要的原因,就是我将历史课完全窄化为只是历史知识的单一传授与识记了,而且这种对知识的教与学还基本上变成了机械灌输与死记硬背。于是,学生就不再是鲜活的生命个体,他们已经相应地变成完全丧失了自我的被动的知识"储蓄罐"了。这样一来,我所传授的所谓"知识"也就完全失去了它所固有的精神、文化、智慧与情感等丰富的生命意蕴,而变成了一堆毫无意义的僵死的知识点、知识线或知识面了。如此，那些原本"活生生"的历史内容就等于被我抽去灵魂而"教"死了！

我在离开中学历史教师的岗位，转而从事基层的中学历史教研员工作之后，惊讶地发现：原来当时在基层学校里，像我一样仅仅把历史学习当作学生中考或高考的"敲门砖"的现象非常普遍，这种教学方式把原本活生生的历史教"死"了，而致使学生特别厌烦上历史课，一听到上历史课就感到头大，继而在课堂上毫不掩饰地以打哈欠和睡觉来变相抗拒。那些年，在许多地方对中学生的调查结果几乎都表明，学生其实是喜欢历史的，但是却并不喜欢上历史课。那么，为什么会出现这样一个看似矛盾的现象呢？我对此进行观察与思考的结论是：在这样的历史课堂里，最根本的问题就是缺少了作为人文学科教育最重要的东西——"人"的存在。而不能彰显"人"的生命存在的课堂，则就根本无从谈及会对学生的生命成长产生长远的意义和影响！

因为，教育是一项直面生命、为了生命和促进生命全面发展的美好事业，这是关于教育的常识。而课堂里死水一潭、学生昏昏欲睡的状况，则恰恰是我们在有意或无意之中忘记了学生本是活泼泼的生命，没能让他们体验到教育的"美好"所致！何况，从作为人文学科之一的历史学科而言，我们所教的历史原本就是"人"的历史，在我们教给学生的历史知识之中，本即蕴涵着丰富多彩的属于人的思想和情感，闪烁着属于人的生命智慧的灵动，以及人的生活世界的烟火气息！简言之，用李大钊先生的话来说，即历史原本就是"有生命的"。所以，没有"人"的生命灵魂跃动和生命气息流淌的历史并不是属于人的真历史；而没有"人"的生命灵性闪烁和情理光彩交相辉映的历史课堂，也很难称得上是对孩子真正有意义有价值的历史课堂。从这个角度来审视，那种只把历史教学的价值功能视为一块敲开大学校门的"敲门砖"，并因此而将历史之中那些本来像我们一样拥有喜怒哀乐等丰富情感和生命呼吸的活生生的"人"，异化为仅仅是依附于在宏大历史叙事背景下的一个个被抽离了"人"的生命特性的或冰冷、或干瘪的政治符号、经济符号之类的历史课堂，显然是无法让学生真切感受到历史知识之中所蕴涵的强烈的"生命的跃动"（小原国芳语）的！

基于此，在我们的历史课堂里，重视"人"，关注"人"，尊重"人"，真正做到以"人"为中心，努力彰显历史与现实中的"人"的生命性，自然就成为我们每一位历史老师都不容忽视或推诿的应然职责。换言之，一个好的历史教育或者好的历史课堂，最重要的标志应当就是把"人"尊为首位，使之永远处于最核心的位置！我这里所说的"人"，既包括历史中那些形形色色的已经远去了的人，也包括课堂里那些朝气蓬勃、活生生的现实中的人（学生）。在我看来，借助"人"的历史来促进"人"的发展——尤其是促进学生理性思维品质和非狭隘化的家国情怀的健康发展，才是作为历史教师应当承载起的根本使命！也唯有如此，我们的历史教育才能够永远闪耀着人性的光辉和拥有生命的意蕴，使我们的学生真正养成向真向善向美的崇高情愫，并拥有能够理性审视与思考历史和现实问题的思辨力与解决实际问题的行动力，最终发展成为真正具有社会良知、责任担当意识和较高文明素养的有用之人！

正是基于以上思考，我最终形成了"重建历史课堂生活"的主张，并在此基础上首次明确提出了历史课堂应当是一个有思想、有情感、生活化的"生命场"的观念。而我对这一历史课堂生命观的具体阐释，也就是呈现在大家面前的这篇小文。

如今，二十年过去了。回头来看，这篇小文今天已显得颇为肤浅了，它在很大程度上触及的还仅仅是历史课堂的表层问题，至于作为历史教育的核心——同时也是历史课堂生命观的核心——关于对学生理性思维（特别是批判性思维）品质和历史思辨力、解决实际问题的行动力的培养问题，在本文中只是一笔带过，尚未展开深入探讨，等等。为此，这些年来学界诸多友人曾不断鼓励我续写下去，特别是首都师范大学赵亚夫先生曾几度建议我把在本文中提出的"历史课堂生命观"理念及"历史课堂生活重建"问题能够系统研究下去并争取形成一种成体系的学说，我自己原本也一度有这样的想法。但是，由于后来我的工作岗位发生了转换，研究重心也相应地不得不进行转移，转而去从事我并不熟悉的历史学科之外的其他基础教育和教师教育领域的相关决策研究与专业支持工作，再加之其他种种原因，这个续写和进行系统研究的念头便不得不被搁置，迄今竟一直也未能付诸实施，这不能不说是我职业生涯中留下的一个遗憾。不过，令人欣喜的是，在本文发表后的这20年，我国的历史课堂面貌确已发生了可喜的显著进步和变化。当然，也不容避讳的是，至今仍有不少的历史课堂状况依然故我，并没有发生实质性的太大变化。所以，我特别希望愈来愈多的中学历史教师朋友都能够在自己的历史教学实践中，切实树立"生命课堂观"，并用自己实实在在的实践行动来续写出一部部对于学生的生命成长与发展具有更为直接意义的"历史课堂生命论"！

我真诚期待着。

是为记。

齐　健

2024年10月1日，于泉城

走近名师

「做老师好，做好老师；敬畏课堂，敬畏学生；走教研结合之路。」

全仁经 江西临川人。1982年毕业于江西师范学院历史系，特级教师、广东省首批中学历史正高级教师，退休前服务于广东顺德一中。主张创设思辨课堂，力求高效教学。在大文大理时代，辅导高三历史均分多次佛山市第一（普通班标准分均分高达699）。学生个人单科连续三届佛山第一，亦曾独揽1998届佛山市文史类800分以上前三名和外语类历史第一名。先后在珠江电视台、北海、中山、广州、重庆、西安、连南、肇庆、东莞、黔南、南昌、抚州等地讲学。百四十余文在《中学历史教学参考》《历史教学问题》《历史学习》《历史教学》《中学历史教学》《广东教育》《课程教学研究》《基础教育课程》等二十余家杂志发表。主编出版历史教辅十四部，出版《耕读人生》《历史讲习录》《杏坛漫思录》历史教学专著三部。

耕读人生——我的心路

○ 全仁经

入行：误入"歧"途　从一而"终"

腊月二十三灶神爷述职时，我来到人间——江西抚河边水乡小镇的一个小商之家。这年是己丑年，属牛。属相是在农历年交替时变换的，农历纪年和公历纪年总有一段时间交叉。年末出生的虽然是牛，但"小"。过了年三十才出生的属虎，但"大"。所以，我属小牛。

小镇位于抚州上游，系抚河水路运输枢纽，赣抚平原主要农副产品集散地之一，民国以前印刷业很发达。在公路不通、汽车还不普及的时代，甚为繁华，素有"小上海"之称。小镇有文化站、工人俱乐部，有中学、小学，还有夜校。印象中，小镇总是车水马龙，摩肩接踵。下南昌、跑上海、走武汉的生意人不少，外出求学的人也很多。我家的左右都是小店铺，一家接一家。街面的青石板路，被经年往来的独轮鸡公车碾出深深的车槽。镇临抚河湾，水面宽流缓，碧绿漾漾。在河边吊脚楼上，总能看见远处扯满风樯的木船在水面上缓缓地移动。码头上，人声鼎沸，闹腾到很晚。不知何时开始，也不知什么原因，大致我上学后，小店都关了门，街面清静下来，河面帆船难见踪影了。工人俱乐部、夜校关了门，只有文化站和中、小学还在。多年后，我才知道，那是私有制改造，也就是社会主义改造的结果。我记得，小学启蒙的第一节课，是跟着老师读工人、农民、米、面、稻子、麦子，马、牛、羊、鸡、鸭子这些字词。后来还学"玻、坡、摸、佛"什么的。小镇上的文化站，有很多小人书、小说。只要交一块钱的押金，就可以循环借书看。读高小时，正好碰上"瓜菜代"的岁月，文体活动好像都没有了。在饥肠辘辘时，我找到了精神食粮——文化站的小人书。特别是多达几十本的《三国演义》，让我爱不释手。诸葛亮的神机妙算、关张赵马黄的马上武功，搞得年少的我总是心驰神往。《三国演义》等小人书不仅"填饱"了我的饥肠饿肚，也无意中培养了我对中国历史的最初兴趣。

饥饿岁月结束的第二年我上了中学,据老师说,我是以全县第一的成绩考上初中的。那时的中学,考试很少,分数也不像今天这样看重,除听课做作业外,还有较多的时间可以自由支配。一度我痴迷于小说。从文化站借来《三国演义》《水浒传》《西游记》《说岳》《说唐》《七侠五义》《封神演义》《杨家将》《隋唐演义》等历史小说、神话小说、武侠小说,还有《苦菜花》《迎春花》《保卫延安》《红日》《红旗谱》《林海雪原》《敌后武工队》《烈火金刚》等反映近现代斗争生活的小说。我几乎把文化站的小说都翻阅净尽,往往看得如痴如醉。夜深了,为了防止父母发现灯光,就用板子遮着光看。上课了,也"贼胆包天"偷偷地看。有一次被科任老师抓个正着,结果挨了班主任一顿好训。初中快毕业了,由于家境贫寒,也由于读书人在社会上并不吃得开,先慈要我去学木匠,并联系好了师傅。于是,毕业试一完,我就卷好书包准备"逃亡",结果被班主任赶回教室。后来填报升学志愿时,乱填一通,也没有填师范。暑假时却接到师范学校的录取通知书。由于读师范不要钱,父母反复商量后终于做了决定,给我几块零用钱,让我挑着被盖草席和几件旧衣服,独自步行几十华里,走进了陌生的师范学校的大门。那时,我刚十五岁。

40多年了,我至今仍从心里感激我初中毕业时的班主任——何开桂老先生,是他把我赶回课室,很有可能也是他帮我修改了升学志愿。不是他,今天的我也许是个一日不动一日不食的老木匠。

进入师范学校是偶然的、盲目的。但是,我执教十年后再考大学,却是在思想反复、激烈斗争后下的大决心。那时,我是全县中学里最年轻的副校长兼党支部书记,爱人收入微薄,三个嗷嗷待哺的儿女还很年幼。可以说事业前途光明与家境生活窘迫同在。很多人,包括我的亲友和同事,都对我报考大学不甚理解。但是,十年乡村教学的实践,使我深知自己知识的支离破碎与缺失,"文革"以来的经历更使我懂得上大学深造机会的稍纵即逝。心中彷徨时,我想起北宋苏老泉27岁才发愤读书,十余年后终于学业大进;想起革命老人徐特立40多岁,特别是英烈母亲、小脚老人葛建豪50多岁,还远涉重洋到法国去勤工俭学。他们的求学事迹鼓舞了我。"为有牺牲多壮志",人生能有几回搏!当我决心放下校长面子和不顾生计艰难的困扰,悄悄报名与学生同场竞技时,离进考场已不到一个月。还好,上苍保佑,没让我在学生、同事、朋友面前丢人。全校只有我这个校长一人是破网之鱼,分数上线,且远超本科录取线。至于专业,我的选择则是异常的单一、明确,那就是师范历史。所有的志愿,除掉师专没有历史专业外,本科以上第一志愿都是历史。之所以如此情有独钟,回想起来很简单:一者公办老师限报师范院校,我也习惯虽然清贫但却寒暑有假的教书生活;二者我的史、地都是九十多的高分,录取把握较大;三者少年时代培养的历史情结,使我成年后对神交古人、趣味无穷的历史比较向往。

大学四年,生活是十分拮据艰难的,然而,读书却十分刻苦用功(七七、七八级的大学生大抵如此)。那时的同学间虽然年龄差距很大,阅历也殊为不同,但发奋努力却是一样的。我是以系学生会主席、班长兼党支部副书记、四年三好学生荣誉毕业的。当时的我，虽是三十出头年纪却有十年党龄，在鼎新革旧、新老干部交替的20世纪80年代初，按当时流行的说法，那可是个"四化"干部苗子。但是，由于说不清楚的原因，我失去了在省城某理论宣传部门工作的门票，随即我又放弃了进县城组织部门的机会（事实上也就是放弃了仕途），最后，我还是选择了老本行，拿起了师专的大学教鞭。几年后，应所谓正规化教育的需要转到党校当理论教员。再后来，随着小平南方谈话掀起的南下热潮，已是地委党校组教科长兼函办主要负责人、地区历史学会常务副会长的我，为了彻底解决家庭经济的后顾之虑，几经踌躇，痛下决心，背井离乡，举家南迁，以一个普通老师的身份加盟顺德一中，重操上大学前的旧业，从零开始当起了抓升学、搞分数的中学历史教书先生。此后，我虽然失去了比较悠闲、潇洒的党校教员生活，但也可以全身心地从事我喜欢的历史教育事业。十几年过去了，回想这段往事，得耶？失耶？真是天晓得！

迄今，我前前后后站了四十年的讲台。从中学到大学、党校，再到中学，一个轮回，转眼间就年近花甲。我平素对生活的物质要求不高，衣暖食足即可。对所谓现代人的业余"精神"生活也兴趣不大。我的活动空间很小，就在家—校—家，或者说校—家—校间兜圈。生活内容简单得就是六个字——读书、教学、写"书"，地道的"耕"（舌耕、笔耕）读人生。在他人看来，我的生活十分单调、枯燥、了无趣味，而我却感觉十分丰富、充实、兴味盎然。教书先生，虽然不像走入仕途那样可以步步高升光前裕后，可以呼朋唤友车马如簇。但是，世事万物都是一种平衡。有得就有失，有失必有得。得就是失，失也是得。教书毕竟是个阳光事业。既没有商海沉浮与破产揪心，也没有官场险恶与失位惶恐。不用担心河边湿鞋，不用忧虑触法熬煎。终年面对的是阳光灿烂、朝气蓬勃的少男少女。谈天说地、讲古论今，其实是十分开心的。教书生活，虽然平淡，但读书、教书生活规律、育儿教女心里踏实，今天知道明天干什么。把书教好了，就行。如果没有非分之想，那就不用看别人的眼色，更不用巧言令色、低眉垂首去博取上司的欢心。做人有自己相对自由的思想和大致独立的人格，我以为这是十分难得的。所以，我虽误入"歧"途，中道也可转业，却遵道而行，从一而"终"。而今，子女均已大学毕业并成家立业，我晋升爷爷、外公，三代同堂，含饴弄孙。作为一个老教书匠，我也"混"到个特级教师荣誉，虽然没有什么物资财产，也没有什么政治地位，但精神感到很满足，从未后悔大半生走过的耕读之路。

读书：泛观博取　熟读精思

读书，既是一种谋生需要，更是一种生活享受。人活着，不仅需要米面等物质粮食，也需要书籍等精神食粮。我自感读书是很愉悦的事，这在我小时看小人书时就已经深有体会了。上大学前的十年乡村教书生活与现在不同，那时，由于社会没有分数的概念，学校也没有考大学这回事，因此有幸能够摆脱如今校长、老师那么大的心理负担和应试压力。有大量的阅读时间允许我虽无计划却扎扎实实地读了几年书。今天回忆起来，还觉得那一段时光是没有虚度。

读书之乐，源于能与古人神交、和名人对话。那是因为每次阅读，都能领略古人、名人的智慧，或多或少有所教益。

做教书先生的，尤其教历史的，我觉得无事即读书应该是天经地义之事。小时候，穷，买不起书。年轻时，手头较紧，很少买书。今天不同了，手头较为宽裕，因而，逛书店淘书，那是经常的，也是十分开心的。日积月累，我的藏书大致六七千册，不多，但经史子集都有一些。

读书，我主张12个字：旧书新读，泛观博取，熟读精思。旧书新读，是说以前读过的书，还可以重新读，尤其是一些经典著作或者专业著作。温故而能知新，将旧书读出新的味道，新的理解，新的收获！泛观博取，是说读书要广泛，经史子集、"三教九流"，不必过于"挑食"，也不必追究甚解，更不强迫记忆，为的是读得轻松，精神满足，心灵寄托。只要日积月累，自然能够博取多方面知识充实自己。熟读精思，是说读书又要有所选择，重要的专业著作、理论著作，要反复细读琢磨，生疑发难，刨根问底，这样才能得其精髓，不随波逐流而有独到的心得。

我读书，文、史、哲类都喜欢。而史海钩沉、人物传记可以说读得最多，也最杂。不过，基本是泛观，完全是凭喜好、兴趣，带有较大的随意性。

各类专史，包括典章史（如会要）、学术史（如学案）、政治史、经济史、文学史、史学史、科技史、教育史、思想史等；各类断代史，如前汉书、后汉书、三国志等；各类国别史，如美国史、日本史、英国史等。我认为，教中学历史，不必费过多的时间精读所有此类著述，一般的涉猎就可以了。我想，只要大致知道什么事在什么书中，用时再去查找就行。因为教学或研究需要时，再仔细翻书也来得及。我觉得应该熟读精思，也尽力去熟读精思的，则是下面几类书。

近现代人的理论著作。大学毕业写论文时，欧阳琛先师要我细读《论持久战》，反复揣摩毛主席是怎样提出问题、分析问题、解决问题的。这对我很有影响。我自己四年大学看了不少近人著作，但独服毛主席，认为只有毛主席对中国国情研究最为深刻。在竞争激烈甚至残酷的党内斗争和阶级对垒中能杀出一条道路，并坚持到最后成为胜利者，绝不是偶然的。我的子女参加工作后，我经常对他们说，要想在做学问上有所进步，甚至大小会议讲话发言有质量，向毛主席"讨教"是最划算的。毛主席著作最值得细读，熟读精思必定大有收益。每当我的学生和年轻老师朋友要我向他们推荐好书时，我也会告诉他们，毛主席的著作将使每个真诚读者受益终生。

大凡著作，我想，要拥有众多读者，最重要的是使人愿意读、喜欢读、容易读。毛主席著作，我之所以愿意读、喜欢读，也感到容易读，很重要的原因在于其思想的深刻与语言的精妙。我佩服他几乎没有一个生僻高深的字眼，几乎是口语化的文章里却蕴藏深邃而有力的道理。即使是《实践论》《矛盾论》《论持久战》此类深奥玄妙的哲学著作、军事著作，读起来也是轻轻松松的。好比聆听一位哲人的随性谈话，娓娓道来，却又意味深长。那份流畅、那份明白、那份清楚会让你如饮甘泉。每每掩卷沉思，总能品味到那种通俗语言表达艰深思想的大家风范。

古代历史名著。我最喜欢读《左传》、前四史与《资治通鉴》。其中首推《史记》，特别是《史记》的世家、列传。司马迁《报任安书》曰："修身者，智之府也；爱施者，仁之端也；取予者，义之符也；耻辱者，勇之决也；立名者，行之极也：士有此五者，然后可以托于世，列于君子之林矣。"又曰："盖西伯拘而演《周易》；仲尼厄而作《春秋》；屈原放逐，乃赋《离骚》；左丘失明，厥有《国语》；孙子膑脚，《兵法》修列；不韦迁蜀，世传《吕览》；韩非囚秦，《说难》《孤愤》。《诗》三百篇，大氐圣贤发愤之所为也。"我总是反复体会司马迁写此信的复杂心情与志向抱负。《廉颇蔺相如列传》，人们都知道廉蔺将相和，敬重蔺以国事为重的大度与廉颇负荆请罪的知错能改。而我读到廉颇在位门客聚、失位门客离时，真真看清楚官场其实是商场，权势得失与世态炎凉的不离不弃关系。《史记》这一生活教科书对人、对事、对社会的描写实在是神了、绝了。还有《资治通鉴》，也可以说百读不厌。《资治通鉴》是北宋司马光及其助手刘恕、刘攽、范祖禹等人用了十九年时间"研精极虑，穷竭所有"磨砺而成的一部编年体通史。其内容以政治、军事史实为主，借以展示历代君臣治乱、成败、安危之迹，作为历史借鉴。《资治通鉴》因史才高手司马光一人精心定稿，统一修辞，而文字优美，叙事生动。不仅具有相当高的史学价值，也有相当高的文学价值。清代学者王鸣盛曾这样称颂《资治通鉴》："此天地间必不可无之书，亦学者必不可不读之书也。"对于《资治通鉴》，我最喜欢读比较集中地反映了作者观点的"臣光曰"。例如，"臣闻天子之职莫大于礼，礼莫大于分，分莫大于名……才德全尽谓之圣人，才德兼亡谓之愚人，德胜才谓之君子，才胜德谓之小人。凡取人之术，苟不得圣人、君子而与之，与其得小人，不若得愚人"(《周纪一》)。写得多言简意赅！撇开所谓德才因时代、阶级的不同而有不同的理解外，仅就德才及德才关系而论，就是今天，人们的人才观难道还会比司马光高明多少吗？每读于此，我都感觉到司马光评论之敏锐深沉和超越时代的价值。想一想，与古代有思想有作为的名人神交对话，这跟打麻将筑"长城"、卡拉OK劲舞狂歌相比，不是一种更高级的享受吗！

近现代人的通史著作。在近现代人撰写的通史中，我最喜欢读范文澜的《中国通史简编》(后来出了《中国通史(全十册)》，主编仍为范老)。他提出了劳动人民是历史的主人、阶级斗争论是研究历史的基本线索、在生产斗争中的科学发明、汉族社会发展史的阶段划分、汉族封建社会的分期、初期封建社会开始于西周、自秦汉起中国成为统一国家的原因、历史上的爱国主义、历史上战争的分类等问题，并进行了论述。他的一些史观和结论，带有明显的时代痕迹,以今人的眼光看,不一定都令人信服。但他对历史问题的条分缕析,那种学问功底不是一般人所能企及的。他的行文,具有独特风格,没有八股气,通俗易懂。

台湾陈致平先生的十卷本《中华通史》是部不可多得的、颇具特色的史学巨著,我也很喜欢读。陈先生是史学大师陈垣的入室弟子。陈先生以一人之力完成这部巨著,由此推想其耗费的精力和艰苦治学的毅力,那是十分了不起的。我最欣赏的是《绪论——对于中华历史应有的认识》这一部分,其中的连续五问——什么是历史?为什么要研讨历史?何谓中国史与中国通史?中国历史的价值?什么是中华民族?实在是读史者不能不思考、不能不探究的问题。他站在传统"正史"角度,用自己的史观看中华历史,用通俗明白的遣词重新梳理中华历史。图、表、文相辅相成,互为表里,叙述深入浅出,完整明晰,字里行间微微吹来的是有别于大陆的港台文风,品读浏览,都很有味道。

世界历史的著述,除一些名人传记外,我的兴趣不大,读得也不多。这是我耕读的一大缺陷,也是我作为历史教师的一大不足。我读世界通史、专史方面的书,那纯粹是职业需要,是理性读书,属于不想读,又必须读、耐着性子读之类。比较而言,喜欢读美国斯塔夫里阿诺斯著的《全球通史》,该书用全新的史学观点和方法,将整个世界看作一个不可分割的有机统一体,从全球角度而不是从某一国家或某一地区角度来考察世界各地区人类文明的产生和发展,把研究重点放在对人类历史进程有重大影响的历史运动、历史事件和它们之间的相互关联和相互影响上,努力反映局部与整体的对抗以及它们之间的相互作用。就我的有限见识看,这在中国人写的历史著作中是很少能见到的,很符合当前流行的史观和历史新课改理念,值得一读。此外,林达著的《近距离看美国》,用书信形式,通过一个个故事介绍美国的历史与现状,我是有空就读,断断续续地阅读,点点滴滴地积累。

历史研究、历史教学研究杂志。此类杂志刊载的文章,是今人对历史问题、历史教学问题的见解,比较集中反映历史的疑点、历史教学的难点和时代的热点,那是必须读的。在师专、党校工作时,《历史研究》《中国史研究》《中国近代史研究》《党史研究》《史学月刊》《史学理论》《世界历史》等杂志是每期必读。再教中学后,上述杂志虽然还会隔段时间翻翻,但只是看看标题,了解史学研究的基本动态而已,而《中学历史教学参考》《历史教学》《历史学习》,还有《中学历史教学》则是我案头必读之物。刚到顺德一中,我曾一度有空闲就泡在学校图书馆,将馆内有限的中学历史教学杂志统统浏览一遍,力求做到两个心中有数:一是中学历史教育界的名流学者大致有哪些,在哪里,主要学术观点是什么;一是中学历史教学基本理论、历史高考的基本动态。这两个有数,使我很快适应中学历史教学的需要,即使是抓历史高考,一门心思搞分数,也没有居于人后。

宋真宗在《劝学诗》中说,"书中自有千钟粟""书中自有黄金屋""书中自有颜如玉"。这对别人而言,也许是真的,但拿我来对照,则谬之又谬矣。不过,书倒是我谋生立业之基。没有书,我是无法谋生的。书也是我人生快乐的源泉之一。如果没有书,这日子还

真不知道怎么过!

开卷有益,这是至理名言。然而,读书不仅要开卷有益,还要开卷有疑。无论读什么书,即使是经典名著也不例外。所以,我的信条是:既信书,又不信书;尽信书,不如无书。例如读《释迦牟尼》,看到王子释迦牟尼放下财富、地位这一切去苦行,真是百思难得其解。我想,财富、地位,这不正是自古以来人们所共同期盼、苦苦追求的吗?释迦牟尼为什么放下这一切去苦行呢?我想只有一个可能,那就是他想找寻在他看来比财富、地位更珍贵的东西。能是什么呢?只有一样东西——真理。唯有真理,在这种圣人面前才最有价值。佛家讲"空",人们以为什么都空,什么都不做,就是否定一切。我原先也是这么想的。真是这样吗?其实不!否定一切的"空",恰好正是佛教批判的一种迷信和偏见,是最常见的一种断灭论。而佛祖倡导的不是消极的人生态度,相反却是积极的生活态度。如果读书不疑,是不会有这点收获的。

我的开卷有疑,不一定都疑得有理,也许是胡问乱疑;不一定疑而有效,也许思而无果。然而,我相信先贤名言,孔子曰:"学而不思则罔,思而不学则殆。"朱子曰:"无疑者须教有疑。"所以,我想,怎么乱疑问、无结果,也比没疑问要强得多!道理很简单,那是因为开卷有益,往往就是在这种开卷有疑中得到的!

书是愈读愈多,但也愈来愈感觉自己在诸多领域的无知。好比北京外环,每出了一环,都会感到更多的茫然一样。"学,然后知不足",是之谓也!

教书:舌耕不止　思辨不已

什么样的先生是好先生?虽然我教过中学,教过大学,教过党校,回头又教中学,可以说经历"复杂""曲折",也可以说"见多""识广";虽然我已经有四十年的教学实践和思考,现在还在教学第一线实践和思考,但我还是没有找到自认满意的答案。作为教书先生,我只知道最高的境界,应该是学高德厚。而学高德厚的确切内涵与外延,人们的理解虽说不上人见人殊,但要一致恐怕很难!

我以为,德厚,就是道德操守高尚,在在堪为人师。人们常说,有其父必有其子,有其师必有其徒。是否真有其间的必然性,我并不敢坚信。但父、师对子、徒的影响很大,我却是丝毫不疑。我总觉得,慈悲为怀、充满爱心是人世间最宝贵的品质。因此,心中的人师,最为重要的就是心存大爱。因为,人类社会最可怕的就是行为的残酷和精神的冷漠。而善良的教书先生能让成长中的学生看到虔诚和善良,懂得悲天与悯人;心中的人师,应该律己严格、诚实正直。诚实正直的教书先生有铸就学生优良品质的可能,至少能给学生一个洁身自好、正人君子的学习榜样。心中的人师,应该心胸宽阔、襟怀坦荡。这样的教书先生能使学生志存高远,成就事业。心中的人师,还应该实事求是、治学严谨。这样的教书先生能使学生热爱读书、勤于思考,能够远离简单、学会深刻,能够心态平和而坚韧不拔。"德厚者流光,德薄者流卑",我谨记着这一古训。

不知别人怎么看,我自以为,学高,就是学问渊博,可让弟子予取予求。在科技发达的21世纪,面对知识多元化、信息多渠道时代的高中生,要做到予取予求谈何容易！在我看来,至少有两座"珠穆朗玛峰"需要翻越:一座"珠峰"是过硬的内功。即有宽厚宏博的历史专业知识基础,辅之以大量的文学、哲学、法学、政治学、经济学等人文社会科学知识为后盾;一座"珠峰"是过硬的外功。即娴熟的语言、文字表达能力和高超的课堂驾驭能力。没有过硬的内功,作为先生,在传道、授业、解惑上,必然缺乏信息量的广度和剖析事理的深度;没有过硬的外功,作为老师,在传道、授业、解惑上,必然缺乏教学形式的鲜活和教学效益的久长。

我知道,每一个老师都在以他们各自的形象和内涵影响着自己的学生。我自己的老师,他们身上那些美好的人格特征和精神品质,鲜活的教学点滴,事实上也深深地影响了我自己。几十年过去了,回忆起来,依然历历在目。

我心中非常明白,我达不到自己私下确定的学高德厚的人师标准。实事求是地说,还差得很远。我更知道,自己一辈子,甚至两辈子也达不到这个高度。然"路漫漫其修远兮,吾将上下而求索"。几十年来,我始终还是认定这个目标,并不断努力、践行。之所以这样固执甚至到愚昧地步,是我知道老师的形象和教养自始至终都会影响每一个学生的人生。每虑及此,敢不如履薄冰,如临深渊？也许很多人不会认真地思考和承认这个问题,但是,这确实是一个不能否认的真理！

学高德厚,不是玄虚的,它应该有切实的落脚点,而这个落脚点,我以为集中反映在课堂的传道、授业、解惑上。因而,如何上好课,作为教书先生,这也是不能不思量的问题。我生也愚鲁,始终找不到终南捷径。只知道办什么事都要认真,上课更应该如此。我历来主张,大凡上课都要九分备课,一分上课。备课是无止境的,应该常备常新。有人以为,学历高、教龄长、经验多的老师,在备课问题上是轻车熟路,小事一桩。其实,不是这么回事。我认为,愈"高"、愈"老"、愈"多"的老师愈要备课,愈要认真备课。否则,会出笑话的。因为,正是这种老师"见多""识广",特容易犯信口开河、自以为是的错误！当然,备课是否一定要写成某种格式的书面教案,那又当别论！

如何上好课？正确处理教学形式与教学内容关系尤为紧要。在我看来,形式虽然很重要,但内容更为重要。现在时尚的是,在教学手段上费尽心机,花样唯恐少了,色彩唯恐淡了,而不在"是什么""为什么""怎么样"的教学内容上呕心沥血。我以为这是买椟还珠,本末倒置。课上得好坏,前提是必须在内容上做到四个"吃透",即"吃透"课程标准、"吃透"教科书、"吃透"考纲、"吃透"学生。都"吃透"了,怎么讲都好办。

什么样的课是好课？一般认为必须有三性,即科学性,决不能传授错误的知识误导弟子;艺术性,至少要化繁为简,通俗易懂,使弟子清楚明白;教育性,事事渗透着做人处世办事的健康德育。但是,还有没有其他被常人忽视而实际上更重要的评价标准?我想应该是有的,那就是——思辨性。

30年前,我已站了10年讲台,那时一度教材也没有了,更谈不上什么教学大纲,所谓教研,简直就是新鲜事。那时的我,完全是边教边学,现买现卖。课是否讲得好,既没有文字标准,也没有考试标准。我只认定一个最简单的道理:学生喜欢听就是好课!后来读大学,我再以学生身份听先生讲课的同时,又多了一个心思,那就是从"同行"的角度分析每位先生的讲课特点与艺术,用自己的标准在心中评论长短、臧否优劣。我发现一个规律:凡是学生愿意听、喜欢听、评价好的老师的课,不论是讲中国史还是世界史,不论是讲古代史还是近现代史,甚至是讲历史文选、古汉语,乃至逻辑;讲课内容也不管是引经据典缜密论史,还是纵横捭阖恣意述史,都充满了"是什么""为什么""怎么样"的步步设问、层层剖析,贯穿其中的主线,惟是思辨。而思辨的后面,无不具有教学者自己或多或少的思想。后来,我自己在对大学生,在对党政干部,在对高中生讲历史或其他课程时,也刻意在思辨性上用力,发表一些也许正确但不一定正确、也许成熟但不一定成熟的看法。结果学生评价都还不错,自我感觉也都还行。从此,我对什么是高水平的好课,除了科学性、艺术性、教育性外,还有了一条自认的最基本的标准,那就是课堂必须充满思辨性,必须有教学者的思想!没有思辨或缺少思辨,没有或明或暗的思想急流与交锋,课堂不仅缺少真正的生气与活力,更缺少了灵魂与生命。所以,多年来,我主张并实践着以问题为中心的思辨教学,追求一种有自己思想的教学,企图用自己的绵薄之力在思辨及思辨教学方面做些有益的探索。

我理解的思辨,就是惊奇、观察、质疑、分析并做出判断的理性思维(精思)。我理解的思辨教学,就是通过惊奇、观察、质疑,针对教材内容编织有内在联系的问题链,分析、判断、解决问题,形成新的认识(思想)的教学。基本方法可以归纳为三句话:讲究哲理智慧,突破思维定式,大胆求异创新。还可以总结为四看:人看此面,我看彼面;人看一面,我看多面;人看表面,我看底面;人看正面,我看反面。总而言之,反弹琵琶,独成一家!

十多年前,我发表《〈工农武装割据的形成〉一课的问题教学》一文,就这方面的探索进行了初步总结。本文就一节教材内容,提出了环环相扣的六大问二十余小问,大致反映了我所追求的思辨教学。六大问二十余小问如下:

一问:什么是工农武装割据?

工农武装割据是怎么提出来的?什么是武装斗争、土地革命、根据地建设三者结合起来?工农武装割据与军阀割据有什么不同?

二问:为什么要进行工农武装割据?

不推翻国民政府行不行?不流血牺牲用暴力行不行?不像俄国那样暴力行不行?

三问:为什么能进行工农武装割据?

在资本主义国家行不行？在殖民地国家行不行？在一般半殖民地国家行不行？在半殖民地半封建中国为什么行？其中：①地理条件是什么？②经济条件是什么？③政治条件是什么？④军事条件是什么？⑤其他条件是什么？

四问：怎样进行工农武装割据？

是谁领导打响第一枪？何人何因决定武装割据？如何点燃星星之火？星星之火如何燎原？

五问：工农武装割据中谁的贡献大？

工农大众贡献？中共贡献？杰出人物贡献？毛泽东贡献？

六问：为什么停止工农武装割据？

何时停止工农武装割据？为什么要停止工农武装割据？是否意味着不再进行工农武装割据？何时又恢复工农武装割据？

我认为，破解这一问题链的过程，就是层层设问、步步解惑的过程，就是充满思辨形成自己看法的过程，当然更是智力博弈的过程。之所以这样说，那是因为，教学每前进一步，都必须用思想的长矛大刀开路！而实施这一设计方案，可以有两种方式：一是师生互动，一是老师主讲。

师生互动突出的是老师与学生的配合，强调的是课堂的活跃，是学生的说和做，或者致力于学生在某一方面的独特收获。这种方式在公开教学中是人们经常能够看到的，也是人们所津津乐道的。但是，依我看，大多数是行为层面或者技术层面的互动，而且，这种层面的互动，需要具有较高素质且有充分的课前准备的学生配合。偶尔为之，尚可；经常为之，难矣！道理很简单：一者学生课程多、负担重，没有充足的时间预习准备；二者中学生毕竟是中学生，缺乏历史专业知识的储备和一定的理论修养。所以，有些公开教学，看起来学生思维敏捷，应对自如，与老师配合默契，其实更多成分是作秀。

老师主讲突出的是老师的讲学，当然不是照本宣科、依葫芦画瓢地讲，而是针对教材，步步设问、层层辨析，不断有老师自己见解地讲。照本宣科、依葫芦画瓢那是地地道道的"一言堂""满堂灌"。而这种针对教材、步步设问、层层辨析、不断有老师自己见解的讲，实际上不仅是一种师生互动，而且是一种高层面的师生互动，即思辨层面的互动。它最大特点是不拘泥于学生是否在行为上有所作为，关注的重点是学生在活动中的理性思考和头脑中的思维运作。尽管思辨层面的师生互动具有很高的价值，但在形式上却是内隐和无形的，是超越具体活动形态的精神活动，所以经常被忽视，甚至被否定。

我所看重而经常采用的方式，不是前者，而是后者。因为，这种方式能充分利用老师的知识储备和理论修养，充分发挥老师传道、授业、解惑的指导作用，单位时间内释放的历史信息广度、事理剖析的深度都要比表面的、浅层的所谓"师生互动"方式大得多、深得多、方便管用得多。我总对我的同行说：不要以为老师一人独讲就是"一言堂"，而"一言堂"就是"满堂灌"。老师一人独讲也可以充满玄机,也可以一波三折思潮起伏。问题在于老师是否有这个准备,是否有这个本事!易中天在央视"百家讲坛"论三国,就从头到尾一人独说,但没有谁批他"满堂灌",没有谁笑其死水一潭,效果差。原因很简单,就是易中天的讲课,一路都在质疑问难、慎思明辨。听者的思想、情感不由自主地被他一路牵着走,与他发生思想的碰撞、情感的共鸣。所以,教学是否真正调动了学生的积极性,是否真正激发了学生的思维活动,是否真正有思维的深度和广度,是否真正收到良好效果,主要源于教学内容的丰富与深刻,而非教学手段的新奇与多变。平静的河面底下激荡着滚滚暗流,深入进去,更让人惊心动魄,刻骨铭心。

我坚信,思辨是课堂教学的灵魂,有思想的教学是课堂教学的至高境界。所以,在我的眼中,无论历史教材怎样论述,我总是有这样那样的不尽疑问,因为有不尽疑问,也就逼着自己思考,逼着自己辨析。这无疑是痛苦的,当然也是快乐的。我之所以特别看重思辨,是因为我觉得思辨还是一种特殊的认知方式,不仅贯穿于历史教学的全过程,也是丰富知识、提高能力的有效途径。

思辨的过程不是从命题开始,而是从问题开始的。问题是一种现象,是一种本质的体现,思想者往往会从人们熟视无睹的现象中产生疑问,往往会凭知觉和直觉想到问题背后的道理,于是才开始了艰苦的思辨。事实是:思辨是基于对自然、对人、对社会的惊奇和观察,尔后是发现问题、提炼问题、分析问题、解决问题。能力也就在这种发现问题、分析问题、解决问题的过程中得到反复锻炼和不断提高。这里的能力,主要是历史学科能力,它是一种综合能力,包含思维能力、想象能力、记忆能力、表述历史问题的能力等一般能力,也包含用辩证唯物主义和历史唯物主义的原理观察问题、分析问题和解决问题等的特殊能力。所有这些能力可归并为获取和解读信息、调动和运用知识、描述和阐释事物、论证和探讨问题四大类。它们指向的目标各有侧重,其培养训练的方式也不尽相同,但离开了思辨,无论什么也就无从谈起了。

我认为,思辨是情感、态度、价值观教学目标实现的前提条件。现行课程标准特别强调情感、态度、价值观。这无疑是正确的。因为,任何历史内容的教学都蕴含着一定的情感、态度和价值观。没有情感、没有态度、没有价值观的历史教学实际上是不存在的。问题的关键在于,什么样的情感,什么样的态度,什么样的价值观,理智的抑或盲从的,热忱的抑或冷漠的,消极的抑或积极的,正确的抑或错误的,健康的抑或不健康的等等。这就涉及历史知识真伪的判别,涉及历史人物、历史事件、历史现象评价的立场与方法。不辨真伪,没有正确立场与方法,要想达到健康正确的情感、态度、价值观的培育目标,实在是一句空话!而真伪的判断,正确立场与方法的选择,没有慎思明辨,那简直不可思议!亚里士多德说:"吾爱吾师,吾尤爱真理。"孔夫子说:"当仁不让于师。"东、西方先哲固然将真理的追求看得高于一切,但在大师们看来,"尤爱""不让"的前提不正是思辨后所崇尚的"真理"或"仁"?!

我看重思辨,还在于它不仅是对已知的鉴别和评判,更是对未知的探索与追求。既然是探索与追求,所以我认为,不能强求思辨一定要有结果,也不能强求思辨所得的结果一定正确。如果思辨一定要有结果,或者结果一定要正确,那等于不允许理性的思辨,等于禁止有独立的思想。我想,我们追求的应是符合逻辑的思辨过程、良好的思辨习惯和坚定的质疑精神,而不是其他。因为,这是一切发明创造不可一时或缺的前提条件。

当然,进行思辨和有思想的教学,那是要条件的。第一是知识。思辨的基础是知识。苏格拉底为什么强调"知识即美德"?《礼记》及历代学者为什么强调博学?这是因为,不博学,无以积累扎实的学科知识和相关学科知识。而没有扎实的学科知识和相关学科知识作为基础的思辨,只能是"红头苍蝇",乱碰乱撞!第二是无畏。对每一个历史问题的质疑与思辨,其实都是对过去的挑战。因此,思辨的过程就是战斗的过程,勇敢无畏则是思辨的灵魂。我知道,思辨固然需要外在社会环境的宽松自由,但是,更需要内在的无畏精神。在动辄犯规甚至犯法的社会环境里,思辨是危险的,甚至要坐牢杀头。但是,它并不能阻挡智者对世事万物的思考。即使是专制统治高度强化的明清时代,还有李贽、黄宗羲、顾炎武等"叛逆"思想家、进步思想家的反封建思辨和振聋发聩的疾呼。即使是天主教统治的中世纪黑暗时代,也有哥白尼、布鲁诺等人的科学革命。然而,缺少内在的无畏精神,瞻前顾后,畏惧专家的结论,畏惧教材的叙述,畏惧时论和世俗的制约,所谓思辨,所谓真理的追求,所谓健康情感、态度、价值观的培育,都会成为水中月、镜中花。

思辨者,就是思想者,而思想者其实就是战士。多年来,我在思辨教学的探索中,一直追求教书与育人的有机统一,追求知识和能力的和谐发展,那不是因为能有什么多大的功利,而是出于对师道尊严的一种向往,出于对忝为人师的一种良知。

思辨是痛苦的,更是快乐的,思辨教学也是痛苦并快乐着,我更多体会到的是快乐。我觉得,思辨使人心旷神怡,是美的营造和享受。在痛苦思辨的同时,极有可能引导自己与学生对真、善、美境界的向往和思索,极有可能使自己与学生因思辨而进入一种神清气正、心无杂念的沉思状态。果真如此,那可是一种至高的教学境界!那可是一种相当美妙的历史天空!虽然我还远远没有达到我所追求的这一境界,然"虽不能至,吾心向往之",我始终朝这方面加倍努力!只问耕耘,不问收获!

笔耕:小块文章 "名山事业"

中学历史老师,要不要写论文,该不该写论文?可不可写论文?能不能发论文?对这些问题,见仁见智不一而足。然而,依我之见,一是要,二是该,三是可,四是能!之所以如此决断,那是因为我向来认为教研不分、教研难分。教学的过程就是研究的过程,而研究的过程其实也是教学的过程。教师的成长,实际上是在研究中提高教学水平,又在教学中提高研究水平的。只要你想做一个真正出色的中学历史教师,那么,用心教研、着力笔耕就理所当然。要问水平与能力?我想,大凡受过正规的大学教育的历史教师,应该具备这种基本功。中学老师既能舌耕站好讲坛,也就能笔耕站好论坛,关键在于坚持。只要坚持,总能从零起步,积少成多,集腋成裘,总会有所成绩的。所谓"世上无难事,只要敢登攀",并非痴人妄语。中学历史老师毕竟没有大学教师论文写作的现实压力,所以,主观上认识到应该写,愿意写,乐意写,这是十分必要的。数十年来,我虽然深感自己学问功力浅薄、历史领域见识有限,但我不缺思辨问题的兴趣和舞文弄墨的喜好。孔子曰:"知之者不如好之者,好之者不如乐之者。"他把学习中的"乐"提到如此地位,是有其根据的。我的体会就是如此。

1982年,我发表了《靖难之役胜败原因究竟何在》,那是我的历史论文处女作。在这篇习作中,我对身为边塞藩王的朱棣,于朱元璋身后君主专制统治相对稳定的一统时期,以"靖难"为名和一隅之师,前后不到四年,居然推翻建文帝统治的"今古奇观"进行了原因的条分缕析。尔后,陆陆续续有些习作问世。截至目前,公之于世的长文短论逾百了。至于主编的各类教学辅导书,不多,也有十几部。林林总总算起来,大约300万字吧!不过,写得很杂,也很乱。虽然古今中外都有涉及,但东一榔头西一棒子,并无系统。与很多同仁相比,谈不上专业,缺乏深度,上不了层次,进不了学术研究、教学研究的"大雅之堂"。时过境迁,所发文章多数是"销声匿迹"了。

我无论写什么文章,决不无病呻吟、装腔作势,往往是自己对历史某事或教学某事盘思许久,有话要说,不吐不快之时才动笔。至于能否成为铅字,并不十分计较。能发表固然好,发表不了也无所谓。而实际情况是,只要是真正的独到心得、认识,一般情况下也都能为同行所指教。因为编辑的眼光还是敏锐而独特的。

写论文,贵在有自己的思考与心得、分析与认识。多年前,我对王安石变法比较关注,看的材料多了,也就有了自己的认识与思考。我们知道,废除新法的司马光是山西人,而主持新法的王安石则是江西人。马、王都是对历史有各自影响的大名人。他们都道德无亏,是正人君子,但因政见殊异,而彼此攻击,甚至难以相容。在纪念王安石逝世900周年国际学术研讨会上,作为家乡人对各自乡贤的称颂讴歌,那是很正常的。当然,由于地缘情结,难免会在此地扬王抑马,而在彼地扬马抑王。我是王安石的江西小老乡,在那次纪念王安石的国际学术研讨会上,却和我的合作者针对王安石上仁宗万言书中提出的,对官员饶之以财以促进官员廉政的观点,作了题为《试论王安石的"饶之以财"》的发言,用当时所能搜集的历史材料进行实事求是的分析,指出在北宋中期,并未出现俸厚者廉、俸薄者贪的官场规律,相反,高官厚禄者更贪得无厌,并非个别现象。综观整个中国历史,更是如此。清朝和珅就是欲壑难填的典型例子。王安石"饶之以财",加俸求廉的这一主张动机良好,却是难以实现的空想。我不是给故去的家乡先贤抹黑,更不是与活跃的家乡学人较劲。我只是抱着"我爱乡贤,我更爱真理"的信念参与历史学术研究的!我想,如果不能坚持自己的学术观点,人云亦云,随风转舵,那么,既失去学术研究的本来意义,也难有什么学术的真知灼见。

写论文,要在有胆识敢于怀疑既成定论。我们知道,关于中国古代明清时期的科技问题,一般历史著作都认为有集大成科技著作相继问世,有些科技成就仍对其他国家和地区产生了重大影响,但科技没有创新,总体上开始落后于西方。我对明清时期没有科技创新的观点就持怀疑态度,并有这样的疑问和思考:从1368年到1840年前后共472年的明清时期,难道就不会有哪怕是一丁点的科技创新?前几年,我曾就此发表过一篇小文章。什么是创新?我认为就是抛开旧的创造新的,它的前提条件是否定。这里的"否定",当然不是简单的否定,而是一种扬弃、一种自我超越。创新,其本质仍然是一种创造,但与创造又有所不同。创造具有绝对性的含义,而创新则具有相对性的含义。创造的主要标志是首创性,而创新的主要标志是进步性。科技发展,不论采取渐进的形式还是采取革命的形式,它的实质都是发现新事物或者提出新理论,或者发明新方法,不管如何,它都是一种创新的过程。科技创新——其实,任何创新——都是建立在学习的基础上,在时间上有继承性,在空间上有积累性。所以,我认为,科技领域里只要有所发现,只要有所发明,不管是"传统"的还是"近代"的,不管是量的还是质的,都可以说有科技创新。检之于杜石然等编著的《中国科学技术史稿》、陈美东主编的《简明中国科学技术史话》等科技史著作,发现明清时期起码有下列几项科技成就说得上是有所发现、有所发明。比如,冶金技术,明朝就发明了炼焦法,比欧洲人早一个多世纪,而活塞式木风箱的发明,也比欧洲至少早100多年。明朝朱载堉著有《律学新说》《律吕精义》《嘉量算经》,发明十二平均律,比欧洲音乐理论家法国的梅森(1588—1648)的同样发明大约早半个世纪,为音律学的发展做出了划时代的贡献。清朝康熙帝领导绘成《黄舆全图》,世界上第一个完成全国性的三角测量,是世界创举。康熙时规定测量的长度单位,即每尺的长度等于经线的百分之一秒。这种以地球的形体来定尺度的方法也是世界最早的。事实胜于雄辩,找出几个确切事实,明清时期没有科技创新的论断就不攻而破!这一疑问、思考、求证、释疑过程也告诉我,世上的事,说有易而说无难。一般情况下,不要轻易否定任何事物,有几分材料说几分话。

写论文,忌在事实不足、论证不严。论文,毕竟属于科研范畴,不是散文、小说,可以根据需要而塑造人物与情节。写论文需要实事求是的态度,需要有充分的事实、周密的思考与严密的论证。也就是说,在事实上、逻辑上无懈可击。中华人民共和国成立后过渡时期的三大改造政策与新时期公有制为主体的前提下发展多种经济成分的政策,两者是否矛盾?一般认为两者都是适应当时生产力的需要,两者是一致的,不矛盾的。对此结论,可不可以怀疑?可以!但必须摆事实、讲道理才行。有人这样简单地论证:过渡时期的三大改造政策是正确的,因为它使我国社会主义制度基本建立。新时期公有制为主体的前提下发展多种经济成分的政策也是正确的,因为它使中国顺利进入了社会主义市场经济新时代。由于两政策都是正确的,所以,两者是一致的,不矛盾的。这能说服人吗?我看很难!因为,缺乏事实依据,缺乏道理分析。如果换一种思路,进行具体分析,那情况就可能大不一样。

从所有制形式看,过渡时期三大改造政策是要消灭资本主义和个体生产者的私有制,建立社会主义公有制。事实上,私人所有制经济也基本消灭了。新时期在公有制为主体的前提下发展多种经济成分的政策,却是在坚持社会主义公有制为主体的前提下发展"国有经济、集体经济、个体经济、私营经济、中外合资经济和外商独资经济",实行多种经济所有制。事实上,非公有制的存在和发展,并非三大改造消灭的私有制的复活,而是在新形势下全新的创造性发展。

从经济管理体制看,三大改造政策彻底否定了一家一户为单位的个体生产,实行的是集体生产,按劳分配。在城市,则逐渐形成了高度集中的经济管理体制。而新时期在公有制为主体的前提下发展多种经济成分并存政策,在农村则废除了"集体"生产的组织管理形式和平均主义分配形式,实行分户经营、自负盈亏的家庭联产承包责任制。在城市废除经营管理过于集中、产品分配平均主义严重的高度集中旧体制,实行间接管理为主、宏观调控的新管理体制。把所有权与经营权分开,政企分开,扩大企业自主权,实行社会主义市场经济体制和以按劳分配为主的多种形式的分配方式和分配政策。

有了上述分析,就可以得出下面的结论:在对待私有制和经济管理体制问题上两个政策基本是对立的、矛盾的。但在对待公有制和实施目的问题上,两个政策又基本是统一的、不矛盾的。可见,两政策之间关系复杂,既对立又统一,既矛盾又不矛盾,绝不是一个简单的判断就可以了结的。这样的分析,能成立吗?依我目前的认知,应该是可以的!

写论文,难在写什么、如何确立题目。对一线老师来说,写文章难就难在不知写什么。我想,只要是真正用心思教学,可选择的题目就应该很多。我以为,大凡教学中涉及的所有问题都可以纳入教学研究的视野、范围,而最易找到题目的领域大致如下:

历史教材研究。改革时代,教改是较为时尚的事,与此相适应,教材变动也较为频繁。我当中学历史教师只有十几年,使用过四套高中历史教材。客观地说,教材更新过快,必然因编写匆忙而影响质量。新课改了,出现一标多本的格局,加上时间相对较紧原因,硬伤、软伤难以避免,费解、难解、无解的问题大把存在,这都需要研究,也给教学研究提供了诸多的题目。如岳麓版教材:内服外服制度究竟是什么制度?祖、宗是否一回事?专制皇权"不断"加强吗?为什么说"皇权至上"而不是"皇帝至上"?"藩镇割据"与"王国问题"有何不同?废除宰相制是否意味着相权的消失?民主革命的遗留任务是什么?小农经济、自耕农经济、自然经济是一回事吗?为什么说井田制是名义上为国家公有?土地兼并为什么不可抑制？北宋为什么实行不抑兼并的政策？为什么说南宋后经济重心南移正式完成？江南范围究竟有多大？如何理解资本主义生产关系的萌芽？民族工业的春天是指什么？等等。只要有心用心，多问一个为什么，问题可以说"俯拾皆是"。我认为，这些问题是教材中难以避免而必须解决的教学难题，理所当然也是撰写教研论文的题目。我对这些似乎不是问题的问题进行了逐一研究，形成文字，先后为《历史学习》所采用。

历史教化研究。教书育人，二者不可分割。历史是人文科学，通过历史教学来实现人文教化，更是历史教学的应有之义和历史教师的应尽职责。其实，每一堂历史课，都蕴涵着引人向善、处世做人的教育。如何在教学中发挥教化功能，渗透德育，实在是个大学问。十几年前，我先在《广东教学研究》发表文章，就爱国主义教育是中学历史教学的最大任务阐述了自己的一孔之见，后又在《中学历史教学参考》发表《随风潜入夜 润物细无声——如何认识中学历史教学渗透德育》，就历史教学中的德育概念、德育特点、德育途径、德育对老师的德才要求等，进行了初步的探索。

历史高考研究。现今社会，高考是中学压倒一切的"任务"。人人都知道分数挂帅是违背教育规律的，但只要是中学教师，谁也摆脱不了分数的"束缚"。从这个意义看，高考研究、试题研究有更广阔的市场需求和社会认可度。我是个俗人，也曾在这方面做过努力，陆续发表过《应对历史高考的五大招数》《历史总复习的三个环节》《历史复习中的求异思维教学》《十年历史高考试题的分析》《历史高考分析及对策》《几道选择题的商榷》《实事求是 辩证分析》等高考研究、试题研究类文章。

写论文，智在量力而行。中学老师教学任务重，高考压力大，不可能像大学老师那样有比较宽松的时间和相对优越的学术研究条件，因此，选择一些大题做鸿篇巨制是不现实的。根据我的体会，选择的题目宜小不宜大，"豆腐块"文章也乐于去写才好。"凫胫虽短续之则忧，鹤胫虽长断之则悲"，论文该长则长，该短则短。长篇大论固然好，短文小议也不差。写论文者，应该有这种平和心态才对。

杜甫说"文章千古事，得失寸心知"，的确如是。文风缘于人风，文品基于人品，文章的思想内涵取决于人自身的思想内涵。我不是什么学高德厚的名师，更写不出什么传世大作，写点小文章，表达自己的所思所想，仅仅是一个教书匠的"雅"好而已。我与四川冯一下先生素未谋面，但我对他的勤奋笔耕与累累硕果非常佩服。我虽然年纪老大不小，但跟冯先生相比，还是个后学。因此，我没有理由"船到码头车到站"，我还要在夕阳无限好的岁月里多做一些自己力所能及的事。

感谢《中学历史教学参考》，是《中学历史教学参考》同仁的抬爱，促使我反省自己四十年来所走过的耕读人生路。

人生如梦，白驹过隙。功名利禄，成败得失，酸甜苦辣。真真感慨系之。

(本文选自《中学历史教学参考》2008年第6期)

「祝青年教师个个成为名师！比较研读，独立思考，重知厉行，勇于创新，穿透中学历史背后，引领风骚新一代！」

李明海 特级教师，正高职教师，华中师大特聘导师。《宜昌报》(1987.9.19)以《迷人的"钥匙工程"——在思索中采访李明海老师》，《中国教育报》(2003.8.28)以《10年探索开出教改花——记宜昌市中学历史教研教改》曾分别报道了李老师在教学和教研上的工作。在《课程·教材·教法》等期刊发表论文60多篇(13篇被人大报刊复印中心全文转载)；出版《别有洞天：中学历史的背后》《可能史：历史发展多种可能性的史学表达》等多部专著。

重知厉行　勇于创新
——一个中学教师读书教学的自白

○ 李明海

承蒙任鹏杰先生厚爱,邀我写一篇自传性质的有关读书改变人生、读书改变课堂的文字,真不知道如何下笔是好。因为,在读书能改变人生的人生时段内,我没有真正地读到什么书,谈不上因读什么书而真正改变了我的人生;后来有书可读了,有条件读书了,可能是过了可"改变人生"的时段,又没有哪一本书对我有如此之大的影响。回想自己的教学经历,说读书改变课堂,似乎有过,但总觉得,于我而言这个说法不尽准确。我的课堂是比较受学生欢迎的,实效也比较突出,其原因有读书的因素,更主要的好像是其他因素使然。所以三四个月过去了,我还是不好动笔。为什么现在又写出了这篇文字呢?我认为,读书改变人生,读书改变课堂,是一个很好的话题,在当前更是一个很有必要、具有相当针对性的话题。我想,将自己没有读更多书的遗憾写出来,如果能对青年教师朋友们产生一些借鉴作用,未尝不好,故而为之。但望文遂我愿。

一

"知行之辨"是中国哲学史上的一个古老话题,也是延续了两千多年的重要话题。大概自《左传·昭公十年》提出"非知之实难,将在行之"的知易行难的命题以来,知与行孰难孰易问题的讨论直到近代就没有停止过。中国古代的思想家们主要将"知"与"行"放在道德层面考察,因而大多倾向于"知易行难",认为了解、知道社会的道德规范并不难,难的是践行这些道德规范。所以他们认为,"知之非艰,行之惟艰"(《尚书·说命》),因而要"听其言而观其行"(《论语·公冶长》),等等。到了近代,知与行的具体内容虽然有所变化,但"知易行难"的认识,仍然占有相当地位,甚至是主流的地位。一代教育大家陶行知,早年信仰"知行合一"说,便改本名"文濬"为"知行";后认识到"行是知之始,知是行之成",便改名为"行知",意在强调"行"比"知"更重要。毛泽东的《实践论》从哲学的高度强调"行"——实践——第一性的地位。但也有与之相反的观点——知难行易,持这一观点的代表人物是孙中山。孙中山先生将知行之辨中的先后关系转换成难易关系,从人类历史发展进化层面,提出了"知难行易"观点:"天下事惟患于不能知耳,倘能由科学之理则,以求得其真知,则行之决无所难。"[1]107 "近代之积弱不振、奄奄待毙者,实为'知之非艰,行之惟艰'一说误之也",因为它"把极容易的事,视为畏途,不去实行",最终使人丧失在艰难时期坚持革命斗争的信心。[1]159 孙中山的话不无道理。例如,同样是中国人,一旦知道了在中国旧学传统统治下的中国只能被外国列强欺凌之后,便转而引进西方"新学",于是仅在半个世纪之内,便有了洋务运动、戊戌变法、辛亥革命等,这是数千年以来过往中国所没有过的"行";对于具有数千年旧学传统的中国来说,要"知""新学"确实比践行"新学"难得多。再如,同样是新中国成立后的这些人,改革开放以前,因只知"计划经济"的社会主义而不知"市场经济"的社会主义,辛辛苦苦奋斗了近30年,广大民众不但没有富裕,反倒难得吃饱肚子、穿暖身子;改革开放以后,因知道了社会主义经济不仅可以有计划,还可以有市场,简言之,知道了邓小平理论,也是30年的探索,虽然也是辛辛苦苦,但广大民众却基本上达到了"小康"的生活水平。

"知"道了,"行"动也就不难了;难的是不"知"道如何去"行"动。已过"知天命"之年的我,回想自己的读书历史,只能用"遗憾""惭愧"四个字来概括。在20岁前后的黄金读书时段,我的主要经历是"三年自然灾害"到"文化大革命",这个时段,总的来说除了"毛选"与"毛诗"外,是无书读、不读书的时段。在这个时段,即使是书香门第之家,其子弟都没法读书,何况我这个出生于碗大的字认不到一箩筐的农家之子。1973年1月,我高中毕业回乡务农,当时不满18岁,虽然每天要披星戴月地大约十几个小时在生产队里干活,但对读书倒是蛮高的热情。每天晚上大约10点左右,我开始坐在煤油灯前(当时我所在的农村没有电灯)读书,直到12点左右。这是我一天之中最享受的时候。当时没什么书读,只好读"马列的原著",读不懂,只能晓其大意,感其精神。在这段读书活动中,有一本书,真可能"改变"过我的人生。这本书就是弗兰茨·梅林写的《马克思传》。"我们并不总是能够选择我们自认为适合的职业;我们在社会上的关系,还在我们能够对它们发生决定性的影响之前,就已经在某种程度上被规定了。"[2]10 马克思还在中学阶段就具有的这种如此深刻的认识,马克思那种"不惧神威,不畏闪电,也不怕天空的惊雷"的勇猛精神[2]43,以及马、恩为了世界无产阶级的解放,为了全人类的解放而奋斗的伟大崇高的胸怀,深深地震撼了我,也在相当程度上影响了我的人生态度。当时的我,就像马、恩似的,只关心社会的发展,只关心民众的命运,对自己个人的生活现状竟毫无感觉;我的言行举止,也像大学时代的马克思似的,与朋友们天南海北、高谈阔论、评时说事;在人际关系方面,只要志同道合、满腔热血,就是我的朋友,我就可以为之肝脑涂地,反之,我就会"批判的批判的批判"(学舌于马、恩《神圣家族,或对批判的批判所做的批判》的用语);我的所谓理想与抱负,则是:恩格斯在24岁写出了《英国工人阶级状况》,马克思25

岁写出了《黑格尔法哲学的批判》,我也快20岁了,能写出什么……通过读《马克思传》,除给了当时的我许许多多似懂非懂、闻所未闻的知识外,最主要的就是精神层面的、"不知天高地厚"的影响。

1979年9月,我进入华中师大(当时叫华中师院)历史系学习。此时的我,已经没有了"理想与抱负"。我既不想"考研",也不想研究某一个专题。面对自己从来没见过的如此众多的书籍,只想看个够。西方哲学、批判现实主义小说、普希金的诗等,无所不看,为看而看,但历史专业书籍看的却比较少。现在总结大学四年的读书史,可以用"无思想,乱读书"六个字概括。"学而不思则罔",所以,实际上是"知"之甚少,"行"者更无。惭愧,非常惭愧!

虽然各年龄段的老师们的具体读书史有很大的差异,而现今正在任教的中学教师(年龄在60岁以下、20岁以上),他们所处的社会生存环境有巨大差别,但对于"知"与"行"的能力,却没有多大的不同。30年以前的教育,主要是"政治教育";近30年的教育,主要是"应试教育"。这两种教育都不可能让我们的教师有多少时间,有多少条件去读书,从而使他们"知"道如何促使学生去全面发展、有个性的健康发展、可持续发展,所以他们都是"知难";他们也都没有多少空间,没有多少权力去实验,从而使他们得于实施让学生如何去全面发展、有个性的健康发展、可持续发展的"行",所以他们也都是"行也难"。也就是说,他们虽然上下相隔近半个世纪,但社会给他们"知""行"的时空并没有发生质的变化。当今站在中学讲台上的绝大多数老师,是在近30年"应试教育"背景下培养出来的。

当今的中学教育,实际上是应试教育,这是无须讳言的。不然,就不会出现由国家强制性主导的"素质教育"改革了,也不会出现所谓的"戴着镣铐跳舞"的无奈之举了,更不会出现"读书多的老师升学率未必高,爱读书的学生成绩不一定好"的"校园读书之怪现象"了(《中国青年报》2007年9月17日)。应试教育的过程,最基本的当然只能是"抱着教材打滚",当然只能是"死记硬背",当然只能是"题海战术",当然只能是"频考"[3]。所以,在应试教育的环境之中,教师们的大致读书现状,一是没有多少时间读考试以外的书,主要忙于出题、考试;二是某个老师想读点考试以外的书,大多还会遭到"不务正业"的批评;三是因为前二者的作用,便产生了没必要读考试以外书的认识,因而不读考试以外的书。"老师的阅读主流,本质上是一种职业行为阅读,缺乏专业发展式阅读与生命成长式阅读。这样,从整体上讲,就不可能形成对学生进行暗示、导引与示范的阅读文化环境",而"中学生的阅读行为是一种典型的生存式阅读"(《中国青年报》2007年9月17日)。在这样的大背景之下,一个中学教师怎么可能进行很多符合教育规律,符合素质教育要求,有利于学生全面地有个性地"可持续发展"地教育教学呢?这说明了"行难"!面对应试教育的诸多弊端,自21世纪始,在国家的直接主导下开始了新一轮的基础教育课程改革,要将基础教育中的应试教育变为素质教育。中学教师如果不能认真学习、深入研究,很难知道真正科学、全面、准确地认识最有利于学生全面发展、有个性发展和可持续发展的教育真理和教育模式了。这说明了"知更难"!

"行难知更难"就是当今我们的中学教师所面临的困境。

1983年7月我走上了高中讲台。因为我是学生的班主任,因为我是学生的科任教师,我就好像对学生的终生负有了责任。这一心理状态一直持续到我不直接当高中教师为止。在"行难知更难"的基础教育现状面前,对于我这个有责任感却没有"童子功"(我个人认为,在"应试教育"环境下成长起来的后几代中学教师的"童子功"也具有很大的局限性)的老师来说,为了学生全面发展、有个性的健康发展、可持续发展,就要具有"重知厉行,勇于创新"的基本态度和基本作风。"重知",就是要特别"实用主义"地读书,要特别地读"无字"之书;"厉行"就是要雷厉风行、说干就干。在"重知厉行"的过程中,要特别具有"创新"的勇气、意识和品质。

二

1987年7月下旬,我带的首届文科班高考成绩揭晓了:全班35人100%上了大学,全班平均分488分,比省第二批线487分还高1分。这样一个成绩,在当时轰动了全宜昌地区,也轰动了全宜昌市(当时宜昌地、市还未合并。我所在的夷陵中学属于宜昌地区的一所省重点中学),在湖北省内也产生了一定的影响。因为这一成绩,自恢复高考以来,不仅在宜昌范围内没有出现过,就是在湖北省范围内也没有出现过;因为这一成绩,即使在招生比率远远大于文科的理科班级中也没出现过。取得这一成绩,也真的不容易。一是他们不是各县中考的尖子生,相当一部分学生与他们所在县中考的优秀同学相差50~60分;二是高二文、理分班时,全班平均分较之其他三个理科班平均分差了20~30分(本届全年级四个班,一个文科班,三个理科班)。也就是说,相对而言,这个班的基础并不是特别好。另外,这是我第一次当班主任,并没有经验。既然如此,为什么能够取得这样的成绩呢?我的成功秘诀是:"爱学生,爱每位学生;相信学生,相信每位学生。"如排座位,安排前后,我只根据视力的好坏、身体的高矮情况决定;安排同桌,我只根据学生自愿原则和优势互补的原则决定。如找学生谈话,两个星期之内,必须每个学生都谈到;任何学生主动找我谈话,我决不推辞(正因为如此,有时星期天休息,学生会排着队找我与他们谈话,那时一星期是六天工作制,星期天休息时从来不补课)。如关于班干部,我实行"轮换制",我相信每位同学都有能力当好班干部,我坚信这样可以更好地锻炼每位学生。自高一年级始,我就是这样做的。高二分班之后直到高考,我仍然坚持这样做。三年下来,仅3个学生没轮上。再如关于全班的奋斗目标,自新生入校组班后的第一次讲话我就提出来了:"全面发展,100%升大学。"高二分班之后,我再次重提这一目标。当时很多学生不相信,以为我只是说说而已,"放大炮"。

"爱学生,爱每位学生;相信学生,相信每位学生。"这一秘诀是如何得来的呢? 我认为,是"重知厉行,勇于创新"的结果。

第一次带班没有经验,为了带好班,我一是读"无字之书"。回忆自己读小学、中学的经历中对我影响至今的东西。第一个就是小学三四年级的班主任。我有位小学同学,可能家中特别穷,没有钱买本子和铅笔,每个学期都是班主任给他买的。冬天冷,这位同学没鞋袜穿,也是班主任给他买的。我那时可能特别调皮,不爱学习,喜欢打架,这位班主任总是找我谈话,但并不是特别厉害、特别凶狠的那种批评,而且还经常摸夜路,往返七八里到我家去"家访",以期把我教育好。第二个是我初一年级的班主任。他有极高的热情,也没有老师的架子。他本是教语文的,但因那时农村小学里的"戴帽初中"师资水平低,数学老师讲得我没懂,当他上语文课时我说数学我们没弄懂(当时没有"科代表"一职,我可能是班上数学成绩最好的学生,只要我说没听懂数学,同学们也都不反对再听班主任讲数学,因为他一讲,一般同学都能听懂),他便马上跟我们讲数学。这是其一。其二,冬天下雪之后,课间他会跟我们学生一起打雪仗。第三个是我高一的班主任。他是一位语文老师。我一直写不好作文。暑假期间我写了篇作文(那时一个自然年就是一个学年),可能结尾还可以,开学后他在全班公开宣读了我这篇作文的结尾部分。这是我自写作文以来第一次被老师"肯定",虽然只是肯定了个"尾巴",但这对我产生了极大的鼓舞作用,此后作文"水平"真的逐渐提高了。第二学年我转到另一所高中后,所写的作文经常被老师在全班公开宣读,还被其他班上的语文老师拿去宣读。第四个是我高二下学期的语文老师(高二上学期的语文老师调走了)。这位老师要求我们写一篇关于农村人物的作文,于是,我用"小说"式的文体写了这篇作文。结果,这篇作文被这位老师公开批评,说我有野心,但他又没有解释,分数也打得极低。对这个批评,我当时一点也不明白其原因,到现在也不知就里。从此,到高中毕业(那时高中只读2年),我的作文怎么也写不好了,也再没有被公开诵读过。通过读这些"无字之书",我明白了,一个好班主任,一个好老师,一定要爱学生,一定要与学生平等相融,一定要善于发现学生的闪光点并给予及时的、充分的肯定,一定不能伤害学生。

二是"实用主义"地读书。"应试教育"使你没有多少时间系统地读书,但你可以有选择地、针对性地读中外教育史,读中外教育教学文章,读历史专业书籍。当时,所读的给我印象较深的,是《山东教育》杂志编著、知识出版社1982年12月出版的《中外著名教育家小传》。这本书共收录了中外著名教育家78名。通过学习这78名著名教育家的主要教育事迹和教育观点,进而模仿、比照、反思自己的教育教学,使自己获益匪浅。从带班的角度说,马卡连柯的教育思想和教育实践对我树立相信每一位学生的信心影响较大。马卡连柯通过自己的"高尔基工学团",在1927年至1935年,将约3000名失足少年培养成为将军、工程师、医生、教师、新闻记者、工人。由此可见，只要充分地相信学生，引导得法，学生就一定能够健康成长，就一定会有所作为。"培养人，就是培养他对前途的希望"，用"明日之欢乐"吸引、鼓舞青少年不断前进。[4]当时还读过大概是由日本教育家写的一篇文章，这篇文章的标题、具体内容可能在读后的第二天都不记得了，但其所讲的一个观点却记忆至今，并直接引导了我的教育教学实践，这就是"期望价值理论"。这一理论的意思是，你对学生的期望价值越高、信任感越强，这个学生也就学得越好、发展越快。不知当时什么原因，可能是这个观点对我来说是太新鲜、太刺激了，竟作了如此记忆。直到2004年9月的一天看一篇文章，我才知道科学、准确的说法叫"罗森塔尔效应"，或者叫"皮格马利翁效应"。通过这些"实用主义"的读书，我坚信，一个好班主任，一个好老师，一定要充分地相信学生，相信每一个学生都可以成为优秀的人！

我"知"道了这些教育教学的"真理"之后，我就照这些真理去做。如班干部从来都是"终身制"，我搞"轮换制"；当时高中男女同桌历来为忌，我只要认为他们能优势互补或他们两人愿意，我就让他们坐在一起；其他班上都有课外作业，我的班上不准留课外作业，我所教的历史学科甚至从来没有作业；其他班上的课外活动总是有相当部分学生滞留于教室，我班上的每个学生必须到操场参加活动；星期天其他班上都是自由活动，我班上绝大部分学生都自觉地跟我练五公里长跑……

"爱学生，爱每位学生；相信学生，相信每位学生。"自从形成这一认识之后，这一认识就一直是我当班主任、当科任教师的基本要求。在夷陵中学12年，当了11年班主任，作为班主任，我送走过四届高三毕业班。后面三届，除88届情况特殊——学生太少（只有15人）、带班时间太短（我高三才接班）——可以不论外（高考成绩也相当不错），92、94两届毕业班的生源中虽然有中考成绩普高都上不了的学生，高考成绩却依然非常好，不仅居于招生计划（当时湖北省大专以上——相当于现今"二本"以上——的文科招生比率不足6%，理科招生比率16%多一点）的升学比率远远高于同届的理科班，就是按班级学生录取比率，也不比同届理科班的录取比率低，甚至还高于几个同届理科班的录取比率。

虽然自己读的是"师范"，华中师院（师大）历史系（现在称"历史文化学院"）的"教学法"课程也开设得很好，但由于自己没有认真学习过，关于如何组织教案、如何组织教学、如何处理师生关系等一系列问题，都不知其然，更不知其所以然；教学实习也不很认真，所实习学校的领导、老师对我们的实习工作基本上也是听之任之，从中的确没有获得过什么真正的经验与认识。作为历史教师，我开始走上讲台，实际上是没有准备的。然而，如上所述，一旦作为职业、作为工作走上讲台之时，对学生特别负责。要对学生负责，如何才能把书教好呢？因为当时的夷陵中学除了我是学历史专业的外，没有一个在职的历史老师，无法向老教师学习，我只好"实用主义"地读书，从现存的某些书中去寻找有关教学的道道。从具体教学的角度，在所读的书中，上述的《中外著名教育家小传》一书所讲的美国认知派,教学的主要任务是发展学生的智力。布鲁纳的这一观点我非常认同。这个智力,我认为最主要的就是逻辑思维能力(我对能力内容的这一理解,可能来自于当年读《马克思传》所受的影响。梅林在分析马克思的观点、思想、文章、著作或对某个人物的态度时,都是基于某种逻辑判断)。因此,当时自己的课堂也许不很精彩,不很丰满,但每一堂课的问题肯定是明确的,问题的提出及其解决一定是具有历史过程性的。正因为如此,我在处理教材的具体内容之时,便自然地遵循了布鲁纳"把学科的基本结构教给学生"的主张。因为"学科的基本结构"必然具有严密逻辑性。我在当时的高中历史教师中,可能是最早要求学生读教材目录,读篇章子目,甚至考教材结构的教师(我平时没有作业,只是当每册教材上结束之后才出题考查学生一次。在考查的试题之中,有时会专拟一道"教材结构"题)。"发现法"作为具体的教学方法,在中学历史教学界,好像是20世纪80年代末由赵恒烈先生在其专著《历史教育学》中率先提起的(称之为"探讨发现法"),而普遍地被基础教育界提起,好像是在20世纪90年代中期以后。但我对这一教学方法的实际运用却比上述时间还要早一些。布鲁纳"发现法"的基本做法是,教师尽可能多地给学生提供学习材料,让学生自己去研读、分析、总结这些材料,使学生成为"发现者"。人的智力活动在本质上是一样的,"学习物理的学生就是一个物理学家"。让学生成为"发现者",符合智力活动的天然属性,因而才可能激发学生的兴趣,才有望更好地完成"发展学生智力"的教学任务。我运用这一方法,让学生从历史学科结构入手,从历史教材结构入手,进行自学、互论,进行自编(自编问题)、互拟(互拟试题),进行自测(自我测试学习情况)、互评(互相评点学习成绩)。正因为如此,所以我平时从不布置作业(我平时不布置作业,也可能是当时的环境所逼,因为除我之外再没有历史教师,所以我要带高中三个年级的历史课,还要带当时宜昌地区直属机关中没有高中文凭的干部班,即"地直干部班"的历史课,另外还要带宜昌体委属下的一个"体育班"的初中历史课。这"五个头"的历史课一星期大约二十三、四节。除此之外,还有班主任工作,时间确实太紧张,布置了作业恐怕也没时间批改。若布置了作业又不批改,恐怕反而会伤害学生,所以索性不布置作业了。幸运的是,当时夷陵中学的领导对此没有强制性要求,要是放到现在的教育环境,也许行不通了)。根据自己的理解运用布鲁纳的办法,让我得到了实惠,学生的学习成绩普遍提高较快。87届高考,历史学科全班平均分80.15分(当年高考总分100分),80分以上的优秀率达63.6%,远远好于同类学校的高考历史成绩。

通过读"无字之书"和"实用主义"地读书,通过对这一读书所"知"道了的"真理"的"创新"运用,到1987年高考揭晓,使我这个只有四年教龄的老师,不管是作为班主任,还是作为历史教师,所取得的成绩在当时都是让人刮目相看、难于置信的。故此,当时的《宜昌报》(现在《三峡日报》的前身)于1987年9月9日以《迷人的钥匙工程——在思索中采访李明海老师》为题,做了专题、长篇报道。

三

"教研员是老师的老师",这句话不知出于何人之口,但自我1995年9月被调进宜昌市(宜昌地、市于1993年合并成为宜昌市)教研室(现在改名为宜昌市教育教学研究中心)当了历史教研员之时(我自1993年起就实际上兼任了相当部分教研员的工作),就听说了这句话,这句话让我感到了巨大的压力。如何才能成为老师的老师呢?道德、人格方面的要求姑且不论,仅在业务方面,我认为:一是定要比老师们懂得更多的教育理论、教学方法、教研教改前沿的东西等;二是定要比老师们懂得更多的学科知识、专题观点、历史研究前沿的东西等;三是定要比老师们更能实践、更能展示、更能现场"说法"等。怎么样才能做到这三个方面呢?除了"重知厉行,勇于创新",别无他法。《教育研究》《教育理论与实践》《上海教育》《光明日报》《新华文摘》等顶尖级的报纸杂志上的教育理论文章,我一般都会浏览;《教育文摘周报》我私人是长年订阅。通过它们,以期自己尽可能多地了解当下中外教育理论与实践方方面面的情况。《历史研究》《近代史研究》《中国史研究》《世界历史》《当代中国史研究》等历史学科研究中的顶尖专业杂志,我一直私人订阅、有空就看。虽然其中有相当多的文章我并没有认真研读,但通过它们,史学前沿的东西,史学研究的一般动态,大致上我还是知道的,其中有些与中学历史教学结合得比较紧密的文章,我更会认真研读(我是"实用主义"地读书)。《中学历史教学参考》《历史教学》这两本中学历史教学界的专业杂志,我是每期必看。为了更方便、更深入地研究某些教育专业和历史专业问题,我还购买一些相应的专著。通过向书本学习,的确能在一定程度上开阔自己、丰富自己、深刻自己;也能在与老师们的交流之中,在深入课堂的过程之中,更易于发现问题、解决问题;总之,更能有利于提高自己和老师们的教研、教学水平。比如,为了弄清楚中学历史教育教学实施"创新教育"的问题,我除了研读了当时《教育研究》《教育理论与实践》等这些顶尖杂志上相关文章外,还专门买了吴式颖主编的《外国现代教育史》(人民教育出版社,1997年12月第1版),通过相关章节的学习与思考,形成了自己的基本认识,1998年写出了《中学历史教学实施素质教育须转变六大观念》一文(发表于《教育探索》,1998年第6期)。虽然10年过去了,但现在再看,其中的基本观点仍是正确的。再如,为了弄清楚新一轮课改的新教材如何编写及其如何编写"冷战"史的问题(因为不仅要涉及教材本身编写的思想、原则、技巧等问题,还要涉及教材取材的指导思想、处理原则等问题),我除阅读了《历史教学》自2002年第10期到2003年第9期刊载的"中学历史教材应如何编写"的几十篇文章外,还阅读了沈志华《冷战史新研究与档案文献的收集和利用》(《历史研究》2003年第1期)、陈兼、余伟民《"冷战史新研究":源起、学术特征及其批判》(《历史研究》2003年第3期)、李世安《英国与冷战的起源》(《历史研究》1999年第4期)、竺培芬《冷战起源浅析》(《世界历史研究动态》1985

年第2期)、张宏毅、董宝才《也谈二战后期冷战责任者问题》(《历史教学》1990年第9期)、霜木《冷战起源刍议》(《历史研究》1999年第4期)、陶文钊《关于冷战起源的新解释》(《世界历史》1998年第2期)、谢沃斯季扬诺夫主编的《美国现代史纲》(三联书店,1978年版)、张小明《冷战及其遗产》(上海人民出版社,1998年版)、孔华润主编《剑桥·美国对外关系史》(新华出版社,2004年版)等论文和专著,通过阅读,我对这一问题也有了比较清楚的认识,并写出了《以"冷战"为例评高中历史新教材》一文(该文发表在《历史教学》2006年第6期,后被《中学历史·地理教与学》2006年第9期全文转载)。

作为教研员,"知"是第一位的,但面对老师们,面对当今的课改,"行"的问题也显突出,特别难能的则是"创新"。回忆十多年的教研员工作,在"知"的基础上特别具有"创新"性质的"厉行",确有较多可以说一说的地方。可能正因为如此,《中国教育报》2003年8月28日才以《10年探索开出教改花——记宜昌市中学历史教研教改》为题发表专题报道。限于篇幅,下面就简谈一件事吧。

从20世纪90年代中后期开始,"创新教育"提出来了,于是,关于"创新"的"论文"可以说是满天飞,但具体到如何在学科教学之中创新,并没看到多少实证材料。老师们忙于"应试",在实际的教学过程中也就更不太注重"创新教育"的"知"与"行"了。面对国家意志的要求,作为教研员,如何引导老师们从"继承教育"转变到"创新教育"呢?根据"创新"的概念,根据"创新"的属性要求,根据当时中学历史的教学现状,从主观的角度,我认为,束缚当时中学历史学科创新的症结在于传统的教材观、传统的课堂观和传统的师生观。要进行"创新教育",需对这些传统的教育教学观念进行变革、扬弃。传统的教材观认为:教材是至高无上的,不可质疑;教材是学生学习的"根本"、唯一资源等。传统的课堂观认为:课堂的内容是教师"传道授业""照本宣科",课堂的形式就是"老师讲学生听""学生做作业"等。传统的师生观认为:师传生受、师道尊严、师言"九鼎"等。鉴于此,1999年,我在宜昌市正式提出了"中学历史'情景·实践·创新'教学研究与实验"课题(湖北省教研室的主管主任、历史教研员还专程出席了本课题的开题仪式)。要求历史教师在自己的课堂上,根据教材所述的基本历史事件,尽可能找出关于该历史事件方方面面的具有多元性质的材料和观点,然后根据这些材料和观点,创设尽可能全面而真实的历史情景,以让学生尽可能"身临其境"地学习。学生"身临其境"了,才有可能发现教材以外的东西,从而为学生创新意识和创新品质的形成创造条件。在学生"身临其境"地学习过程中,要求学生的学习方式具有"实践"性特征,即尽可能让学生们自学互论。我认为,只有这样,才有可能实现"创新教育"的目标(请参见拙作《简谈中学历史"情景·实践"教学法》,《学科教育》2004年第2期)。这样一来,传统的教材观、课堂观和师生观都必然要发生转变,即相应的要转变成为多元的教学资源观、开放的课堂教学观、以学生发展为本的平等的师生观。这一观念让老师们接受之后,要想让老师们在自己的教学过程之中实施,就必须在常规课堂之中找到具体的课型。通过理论学习与实践探索,我认为,这个具体的、能够实施的课型就是开放课。因为,只要是真正的开放课,作为教师的你,就不可能不开放课堂的资源、开放课堂的结构、开放学生的思想了,你也就不可能只"传道授业""照本宣科"了,你与学生的关系,也就不可能不平等了。关于中学历史开放课的理论研究与具体实施方法(请参见拙作《中学历史开放课简论》,《课程·教材·教法》2001年第10期;《10法"开放"中学历史课》,《中学文科》2003年第7期。二文分别被《中学历史、地理教与学》2002年第2期、2003年第11期全文转载),在当时具有开创性,运用于教学后的实效也较突出(请参见拙作"中学历史开放课案例"连载,《中学历史报》2003年下半年;2003年11月出版的湖北教育学院主办的《培训与研究》第20卷增刊;宜昌市"研究性学习"案例,《历史教学》2004年第3、4期;2002年扬州全国初中历史比赛宜昌市的王英姿老师、2004年黄山全国高中历史比赛宜昌市的肖春霞老师、2007年长春全国高中历史比赛宜昌市的曹红梅老师的讲课案例等)。

任何教育教学行为,要看其是否有效,都有一个评价问题。倘若不能评价,这一教育教学行为最终不可能坚持下去。中学历史开放课也不例外。在现行教育教学环境之下,真正让人信服地、操作性强地教育教学评价,仍然只能是纸笔介质的评价。中学历史开放课,如何用纸笔介质评价呢?这也是一个新的课题。对此,我又进行了较为艰苦的、开创性的研究,最后的结论是:用开放试题评价开放课是比较接近科学、合理的办法。所谓开放试题,就是指具有开放性结构的试题。中学历史试题的结构大致由材料、题干加答案三部分组成。在传统的封闭的试题中,其题干都是完整的,问题指令都是单一的;求答的答案都是唯一的、"标准化"的;材料所包含的信息一般都是单一的,即使不单一,因题干求答指令单一,也只需要其单一的信息。学生在整个答题过程中,没有自主选择的余地。在开放试题中,这种结构里至少有一个部分是开放的,学生可以根据自己的知识结构、认知水平、兴趣爱好、价值取向做出自己的选择。因而通过这种开放试题,在一定程度上也就能够测评老师们所讲开放课的质量。怎么编拟这种开放试题呢?根据我当时的研究,总结出了六种具体类型:多种评价型、续问题干型、同类特性型、角色体验型、材料多元型和历史论文型等(请参见拙作《历史开放题类型刍议》,《中学历史教学参考》2003年第9期;《高考:让"德"参与》,《中学文科》2005年第9期;"历史综合性创新试题集萃"连载,《中学生学习报》2006年上半年)。这六大类型,虽然公开发表整整五年了,但现在来看,仍然是开放试题的基本题型。

"读书改变人生",因为通过读书才能真正明白人生的真谛;"读书改变课堂",因为通过读书才能真正明白课堂的价值。由于历史的、个人的原因,自己未能把书读好,遗憾、惭愧。也可能因为这种遗憾感和惭愧感,我现在还是比较喜欢读书的,虽然仍然是"实用主义"地读书,并不是毫无功利地、纯精神文化层面地读书。不管从什么层面读书,读了书总比不读书强。也正因为如此,鉴于当下中学教师们的精神生活现状,2007年10月28日我被《三峡日报》记者硬要求说出自己的"座右铭"时(在我这个年岁,实际上是没有所谓"座右铭"了的,一是只要认为是对的,我都会接受;二是任何"至理名言"也难得让我将之放到"座右铭"的位置上了,因为我已经"知了天命"。但因该报要发表一组"教研之星"的文章,这组文章又有统一的格式,其中就有"座右铭"。而关于我的文章又被安排在这组文章的第一篇,没办法,只好"应景"了),我想了一下说:"'德之不修,学之不讲,闻义不能徙,不善不能改,是吾忧也。'子之忧,吾之铭也"(见《论语·述而》)。虽是"应景",为什么关于"座右铭"的话我只说了这句话而没说其他的话呢?我回忆自己的过去,孔子所说的这种"忧"的确一直存在于我的内心深处,所以,我就把它当成自己的"座右铭",说出来与青年教师共勉吧!今又再录于此,也与全国的历史老师们共勉吧!

"一年始有一年春,百事无须百事成。真知人生有几回,闻斯行诸何必问。"这首我改写的古诗不仅是我于"知"与"行"的态度,也许就是我一生行为特征的写照。

---

[1] 孙中山.孙中山选集[M].北京:人民出版社,1981.

[2] 弗兰茨·梅林.马克思传[M].北京:人民出版社,1965.

[3] 郭思乐.生本教育:最大限度地依靠生命自然——突破东方考试文化圈的一种思路和实践[J].课程·教材·教法,2006(3)(4).

[4]《山东教育》杂志.中外著名教育家小传[M].北京:知识出版社,1982:257.

(本文选自《中学历史教学参考》2008年第9期)

「教学是一条崎岖路，也是一条幸福路。是崎岖，就要探究和登攀；是幸福，就要珍惜和享受。

郑板桥赋联说画，"删繁就简三秋树，领异标新二月花"。我从教学视角解读："删繁就简"是说教学语言要凝练，教学内容要聚焦，教学价值观要凸显。教学就像一棵参天树，突兀、干练。"领异标新"是说教学风格要独具个性，教学理念要紧随时代音弦，职业操守要守正垂范。教师就像迎春花，繁盛、炽烈。祝青年教师朋友们走好教学人生路。」

李明赞 原北京四中历史教研组组长，特级教师。荣获"首都精神文明建设奖""北京市中小学优秀共产党员"称号，所带历史教研组获"北京市模范集体"称号。中国史学会第八届理事，教育部中小学教师课程培训标准（历史）研制项目核心成员，北京市历史教学研究会常务理事，北京教育学院和北京师范大学历史学院兼职教授。教科研成果，获北京市教学成果一等奖，北京市第五届、第六届教育科学研究优秀成果奖。参与编写北京版历史教科书，编写人民教育出版社与星球地图出版社合编历史地图册，编写北京市西城区地方课程教材《走进西城》，出版教学论著《不为彼岸只为海——李明赞教学文论选辑》。

我的历史教育思考

○ 李明赞

题 引

从事历史教学 25 个年头了,既有迷茫,也有追求。教学思想,或教育思想,是教育大家们谈的,如梁启超、陶行知、叶圣陶等,作为一线历史教师,我只谈谈这些年历史教学给我的启示和思考。

人要有思想,教学也一定要有思想。史学大师、也是教育大家的梁启超认为,历史教育是培养现代国民素质的重要手段。这是八十年前从事史学、思考教育的梁启超的认识,对我们今天仍有启示意义。

历史本身不是人生的老师,历史教育才是人生的老师。作为历史教师,用历史去启发学生的智慧,深感自豪,但肩负的责任也更重大。五年前,学校整理各学科教学观,我系统学习了北京四中的历史,重温了北京四中教育前辈的教诲,受益颇多。结合学习体会,拟定了历史学科的教学观,转录如下:

教学观,也是一种教学理念,它规定和指导着整个教学活动的方向,是教学活动和教学过程的核心和灵魂。教育理念是指导教育行为的思想观念和精神追求。当前,以课程设置和课程内容为核心的改革正如火如荼地展开,改革围绕课程过程、课程结构、课程实施、课程评价、课程管理全面展开,改革目标的实施,将实现我国中小学课程从学科本位、知识本位转向关注每一名学生的成长。

教学观,有广义和狭义之分。广义的教学观,是指一切与课堂教学相关的教学活动,包括课程观、教师观、学生观、教学观、评价观等。狭义的教学观,主要指教学过程本身的备课、授课、评价等各个教学环节的理念。这里所说的教学观,是指广义的教学观。

改革是在继承基础上的创新。北京四中优良教学传统是今天教育教学改革的动力和源泉。重温"北京四中教学 10 条"[1],这是凝聚着几代四中人教学思想和教育理念的至宝,至今蕴意深远。"北京四中教学10条"是二十世纪五六十年代教学观的总结和升华,是时代的产物。今天,在经济全球化和学习成为人终生的需求的新形势下,理应而且可以总结出反映时代特点,具有四中特色的鲜活经验。历史教研组在继承老一辈教研组的严谨求实教学风尚的同时,结合北京四中整体教学改革,特别在教育理念实操化、教学风格多样化、教学模式规范化等方面做了探索。近来,又在研究性、探究性学习方面做了尝试。

课程观。打破历史教学以知识传授为主的教学模式,树立以人文素养教育作为历史教育的出发点和归宿点的观念,让历史教育回归其本质——主要是承载人文素质教育功能的基础性学科。打破只重视必修课教学观念,在努力搞好必修课教学同时,加强选修课教学,力争在校本课程建设上有所突破和贡献。打破以往过于重视传授式教学的倾向,以研究性学习课程设置为契机,将研究性学习作为一种教育教学理念,贯彻到日常课堂教学中。打破历史课程封闭、历史教学局限于课堂教学的狭小天地,让历史教学走出课堂,融入校园,融入社会,开展多样化的历史教育活动。

教师观。从历史教学的角度讲,历史教师应该具备三种境界:职业境界、专业境界、事业境界。与此相应,应当掌握三种知识:历史专业知识、一般社会文化知识、教育科学知识。新课程要求转变教师角色和观念,教师应该是学生学习的促进者、教育教学的研究者、课程的建设者和开发者。教师不再是掌握知识的唯一权威者,教师在教与学中与学生一道,共同促进学生的知识和人格成长。

学生观。学生是教学活动的主体,教学任务就是使他们获得知识,发展能力,完善人格。在新课程改革形势下,历史教学要促进学生学习方式的转变,培育学生自主性、探究性和合作学习等方面的意识。学生掌握知识的过程,实质上是一种探究的过程、选择的过程、创造的过程,也是学生科学精神、创新能力,乃至正确世界观逐步形成的过程。我们正在尝试在选修课的课程内,也将在必修课的课程内,运用"小课题,长作业"的方式,鼓励学生勤于探究,自主学习。

教学观。教与学,是同一教学过程的两个方面。过去,大家都说"教是为了不教""会教更要会问""学会不如会学",无疑这些都是有借鉴意义的,但这是远远不够的。传统教学观重教轻学,今天我们更应该重视和研究如何通过教师的教来促进学生的学。就历史教学变革的轨迹看,20世纪80年代讲知识;20世纪90年代培养能力;当今注重涵养学生的人文素养,提高学生认识历史与现实的能力。课堂上,知识应由三方面组成:教科书及教学参考书提供的知识、教师个人的知识、师生互动产生的新知识。我们非常同意这样一些课堂教学理念,并在自己的教学实践中努力贯彻:以问题为纽带的教学;化结果为过程的教学;以综合为导向的教学;研究性教学;追逐知识前沿的教学。既然历史学科教学已经定位为培养学生基本人文素养,教学中就更应该让学生多一些感受和体验,多一些心灵上的碰撞与震撼。

评价观。课程教学评价涉及两方面：对学生的评价、对教师的评价。考试评价从属于上述两个方面，就学生而言，是对学生学业成果的检查和考核；对教师来说，是对教师教学成果的检查和考核。新一轮课程改革倡导"立足过程，促进发展"的课程评价。评价不只是检查学生知识、技能的掌握情况，更重要的是要关心学生掌握知识、技能的过程与方法，以及与之相伴的情感态度与价值观的形成。对教师的评价也相应地从甄别优劣评价转为促进教师发展的评价。同时，在关注学生个体差异发展的视域下，评价指标的多元化也成了必然的选择。历史组在课程评价这一环节做得还不够，还没有从旧有的评价模式下解脱出来，还没有探索到适应北京四中学生特点、符合学科教学特色的学生评价模式。这也正是我们今后教学改革努力的一个方向。

上述文字反映的是我五年前有关历史教育教学的认识，有些内容今天看来又有点落伍了，但它是我教学生涯的一个印记，转录于此，以说明我的追求与发展。上述教学观所反映的许多思想，在今天仍然适用，故下面要谈到的，是上面内容以外的新的思考。

将我的教学思考，或称思想，直讲出来，还有一点隐忧。原因在于，我是历史教研组的一员，个人的经历和成长与教研组休戚相关，个人的教学思想也是教研组教学思想的一个组成部分，故这里将组内教师各自崇尚的教学理念，或称作教学箴言也直录于下，以相互借鉴、共同提高：

徐雁：与学生一起感同身受地理解历史，理性深刻地思考历史，深入浅出地表达思考，知行合一地实践思考。

唐艳：拉近历史与现实的距离，使学生走进历史，感悟历史，提升修养。

王磊：培养学生终生学习的能力和兴趣。

石国鹏：真实是历史教学的生命，理性是历史思维的核心。我的追求是，与学生一起理性地反思历史的真实。

赵利剑：历史——人文关怀、科学精神、公民意识。

李明赞：享教学一方净土，还学生一片蓝天。

教 师 篇

丹青难写是精神

◆ 为师三境界

教学即教人，教学生做人。这是从教师的角度看。从学生的角度看，是学习做人。所以，做好教师的首要条件是做一名正直的人。我曾学到过"为师三境界"的话，一是职业境界：把教书当作谋生手段。只求课堂有序，学生听话。二是专业境界：术业有专攻，教学有方法。享受教书的乐趣，体现学术的价值。三是事业境界：把教书作为实现人生价值的事业去追求,但讲奉献,不求回报,与学生同忧乐。是为"经师易得,人师难求"。教书追求的高下自明。当然,还有一种理解,三种境界无分高下,唯凭教书者的自身理解,依心而行。我对教书事业的追求有一个从自发到自觉的过程,最初是凭感觉教书,有兴趣;后来是依理解教书,觉得重要;再后来是尽情享受教书,教书乐人乐己。为师三境界,对我的启示是深刻的。陶行知说,"学高为师,身正为范",应当是我们教师的终生追求。

◆人格素养是教师素质的灵魂

人格即个性,指一个人的各项重要和持久的心理特征的总和,是人的气质、能力、兴趣和性格等心理特征的总和。健全的人格是21世纪的"护照"。然而,人格的塑造不是自发形成的,也不是在知识传授和能力培养过程中简单形成的,只有"人格才能影响到人格的发展和规定"。因而,作为育人主体的教师,首先应该具备完善的人格,这也是作为一名合格教师的基本素养所在。北京四中倡导的教育理念就是上述理念的体现:

以(教师的)行为影响(学生的)行为

以(教师的)品德培养(学生的)品德

以(教师的)能力培养(学生的)能力

以(教师的)理想培养(学生的)理想

以(教师的)情操陶冶(学生的)情操

以(教师的)境界提升(学生的)境界

以(教师的)人格塑造(学生的)人格

人无完人,每个人的人格都会有缺陷。我不善交往,但很平和,就尽力给学生展示平和的一面;我不善竞争,但很执着,就尽力给学生展示执着的一面。借用勤能补拙的说法,尽可能留给学生美好,不伤害学生求真求善的心灵。曾经与一个高三毕业生攀谈,我说:"咱俩都不善言辞,缺乏交往激情,希望你能有所改变。"后来她给我写信提起这件事,觉得要勇于走自己的路。

◆要有包容心

人格是一个很宽泛的哲学和心理学的概念,我只讲一点感受,那就是包容。林则徐有这样一副楹联:"海纳百川有容乃大,壁立千仞无欲则刚。""有容乃大"就是提倡一种包容心。对教学,各种风格、各种流派,成功的经验,有益的教训,都要包容。记得七八年前,我们历史组来了一批新教师,朝气蓬勃,他们要引领学生作课前演讲。当时我的思想还比较保守,认为在有限的课时内,教学任务还难以全部落实,哪还能让学生演讲去浪费宝贵的课堂教学时间。我将自己的疑虑埋藏在心里,表面上仍然支持他们试验。一个学期的试验表明,学生非常喜欢这种展示个性、舒展知识、放飞思想的形式。我也从反对转而欣赏,由疑虑转而模仿,并在教学中采纳了课前演讲的方式。这事对我的教训是深刻的,假如一开始就封杀,将遏制多少创新的灵感。

学生是受教育的对象,所以对学生要有一颗包容的心。首先,对课堂秩序的有序维护。维护课堂教学秩序,依靠的是严肃,而不是严厉;依靠的是张弛有度,而不是蛮横。当我们与学生共享学习快乐的时候,当我们融入学生群体的时候,教学的秩序是师生共同维护的成果,即用集体荣誉感来代替纪律的维持,这就是所谓"超越纪律"。其次,对学生的学习倾向包容。历史学科定位,培养学生人文素养的基础学科。不能强求所有学生都十分钟爱历史,但希望历史教育对所有学生都有所启迪。20世纪90年代,一个班的历史课代表(高一)因期中考试历史成绩不好找我,要辞去历史课代表。我当时也认识到成绩不是课代表去留的依据,关键是为班级为同学服务的公益心。于是我把我的想法与她做了交流,她接受了我的建议,后来的工作更主动、服务意识更强。从今天的观点看这件事,我认为还可以从两方面去认识与反思。第一,按多元智能理论,人与人之间没有智力上的优劣高低之分,只有各种智力不同组合形成的差异。课代表的历史成绩只是代表了不同倾向的智力组合,教学中缺乏从这个角度对学生进行鼓励和鞭策。第二,学生以成绩作为评判自己"社会工作"性质的工具,反映教学中传授给学生太多单纯"知识为上"的观念,而不是"发展为上"的学习理念。

无论初中学生还是高中学生,总爱问的一个问题是:学历史有什么用？我们总爱用培根的话作回答:"读史使人明智,读诗使人聪慧,数学使人严谨,物理使人深邃,伦理使人高尚,逻辑修辞使人善辩,凡有所学,皆成性格。"可见,知识能塑造人的性格。历史知识既要塑造学生厚重历史传承品性,又要塑造学生开放的现代人文精神品性。我曾连续两个学期让学生写他所钟爱的历史格言(他人的或自拟的),发现学生写的格言绝大部分同人生的追求、品性、借鉴有关。这说明历史知识在人格塑造方面对学生有重要影响。

历史是人类精神的故乡。人们常说,人的精神世界有三大支柱:科学、艺术、人文。科学追求真,给人以理性;艺术追求美,给人以激情;人文追求善,给人以悟性。科学强调客观规律,艺术注重主观情感,人文则既有深刻的理性思考,又有深厚的情感魅力。一个人的精神世界,不能没有科学,也不能没有艺术,更不能没有人文。历史教育要培育"独立之人格,自由之精神",帮助现代人学会学习,学会生存,学会合作,这是历史课的思想教育功能,也是历史课的"魅力"所在。

我很欣赏清华大学的校训:"自强不息,厚德载物。"自强不息讲精神,厚德载物讲人格。当前社会,有些人追求自强不息拼搏有力,而厚德载物略显不足。我愿两者兼而有之。

做教学目的的追问者

我们要传授给学生什么样的学习理念？我们要让学生掌握什么样的知识？返璞归真,仍是教育教学最根本的问题。

◆ 教师为什么而"教",怎样教

教育和教学的重大目标是培养人格健全、知识丰富、自立精神强烈的未来社会建设者,也就是说,课堂教学的根本目的是促进学生健全发展。北京四中在办学方针中提出"培养杰出的中国人"的育人目标,四中历史学科的教育教学理应遵守四中的办学方针,为这一育人目标服务。因此,我们提出北京四中历史教育教学的重要目标:突出以爱国主义为核心的国情教育,突出开放共融国际的意识教育,突出以人为本的人格教育和人生观教育。

怎样教才是有效的教学? 我们的体会是,让学生在参与中体验,在探究中创新,在创新中发展,充分发挥学生的潜能和潜质,促进学生主动学习、自主学习,就是有效教学。下面呈现的是我在初中选修课教学中的一个案例[2]。

教学情境:

过程一:教师指导学生观察"'北京人'使用的石器图片——尖状器、刮削器、砍砸器",讨论其用途。

过程二:学生在讨论中发现问题、提出问题。

生:我们怎样断定这些石器是人工制造的?

师:这个问题提得很好,说明有质疑精神。请大家说说自己的认识或推断。(讨论)

生1:如果石器同猿人骸骨一同出土,说明是人工制造。(旁证)

生2:经过使用的石器,一定留有痕迹。(自证)

关于这一教学情境,可以做这样分析:课堂教学过程中,学生参与的程度表明有不同层次的差异。一是学生浅层次感性参与。教师提供①三种石器的图片(包括名称),②三种石器用途的说明。让学生依据图片中石器的形状,根据自己的经验做出归类判断,将三种石器的图片与用途一一对应。这类参与,学生不需要高级复杂的思维过程,凭直觉思考即可完成。二是学生较高层次理性参与。教师仅提供三种石器图片及名称,由学生依据其形状和经验独立推断三种石器的用途。这需要学生丰富的想象力参与分析推理的过程。正如爱因斯坦所言:想象力比知识更重要,因为知识是有限的,而想象力概括着世界的一切,推动着进步,并且是知识进化的源泉。严格地说,想象力是科学研究的实在因素。这类参与,将直觉同推理、想象、分析结合起来,需要较复杂的思维过程和理性判断。三是学生高层次创新性参与。就案例言,提问学生的思维呈跳跃状况,从探究用途,到追寻来源,即由果反因,跳出了教师原来预设的研讨主题,显示其质疑精神。生1、生2的回答,揭示了历史学、考古学的重要特征,即重证据。生1所举的"一同出土"是旁证——间接证据,生2所举的"留有痕迹"是自证——直接证据。说明两人都有了历史学科基本的思维特征,也训练了科学质疑质证的思维方法,学生自身获得科学精神的熏陶。这类参与,学生独立提出问题,自主寻找证据证明,自主解决问题,无疑有利于实现学生自主学习、自主发展的良性循环。

上述情况表明,学生参与课堂教学活动,可以是有效参与,也可能是无效参与。学生通过观察、欣赏、角色扮演等方式参与课堂教学,属于行为参与;学生通过思考、讨论、写作等方式参与课堂教学,属于思维参与。这些都是有效参与,只是在参与的程度以及层次上有浅层次的感性参与、较高层次的理性参与、更高层次的创新参与的区别。而一些课堂教学活动,学生机械被动地参与,只求数量不求质量,只求活跃不求思考,或单纯具有表演色彩,学生历史知识和分析历史问题的能力没有明显的充实的提高,思维能力没有切实的训练,这样的参与都是无效或低效的参与。教师的责任是帮助学生有效参与教学活动。

我们的历史教学,以前过多单纯强调历史教学的学科性,以历史学科体系为中心来表述历史知识点和教学要求,注重历史知识的学科体系、学科内容、学科理论、学科方法和学科功能。新课程改革强调历史的课程性,注重历史知识的教育体系、教育内容、教育理论、教育方法和教育功能。

历史课程的"历史"性在于,突出历史课程在培养和提高学生的历史意识、文化传承和人文素养等方面独到的历史教育功能。学生在学习历史人物、历史事件、历史现象的过程中,运用科学的历史观和方法论分析问题、解决问题;从历史的角度正确认识人与人、人与社会、人与自然的关系:关注国家以及全体人类的历史命运,提高历史使命感和社会责任感。

历史课程的"课程"性在于,突出历史课程在培养学生历史知识与能力、过程与方法、情感态度与价值观方面的素质教育功能。历史教师水平的高低不仅看他历史专业水平的高低,更重要的是看他历史教育能力的高低。学科的过程重在研究,而课程的过程重在教育。新课程以学生的认知水平、生活体验和终生发展为坐标,取舍历史知识,不过分强调运用历史学的方法来研究历史,而是注重学习和运用的教育学意义上的学习方法来学习历史。

◆**学生为什么而"学",怎样学**

学生是在为自身的发展而学习各科知识,这个发展,就如1996年国际21世纪教育委员会向联合国教科文组织提交的报告《教育——财富蕴藏其中》中所说,信息时代的人们应该具备学会认知、学会做事、学会共处和学会做人四项基本本领,其中"学会认知"即学会学习位于首位。历史学科在促进学生发展中可以有重要作为,其中最重要的,一是提升学生基本文化素养,二是提升学生科学的历史观。

学生的学习不是孤立的过程,要有学习环境的参与,因此提出自主学习的同时,还要合作学习。学生的学习不是简单的吸纳过程,要有主动发现的心理机制,因此在接受性学习的同时,引入研究、探究性学习。学生的学习不是一个单纯的知识增长过程,要有情感因素的参与,因此知识量的增长会促进人格涵养的提高。这些都是各学科通用的法则,对历史学科也适用。对上面所说四项基本学习本领,我同意如下理念:

学会求知。学会求知就是学会学习。学习有两种类型:一种是获得已有的知识和经验,这种学习可称为维持性学习。另一种是提高一个人发现、吸纳新信息的能力和提出新问题解决新问题的能力,这种学习可称为创新性学习。

学会做事。学会做事就是学会在竞争与合作中发展自己。要学会自觉、主动地参与社会工作,有适应未来社会变化、职业变化的能力,有良好的个人品质:敬业精神、迎接挑战的勇气、忍耐力和自我约束能力。

学会共处。学会共处就是学会与人、社会和自然和谐共处。首先要学会与人共处。人有共性也有个性,要有团队精神,要学会在不同人之间找相似、求共存,在各种"磨合"中找到新的认同和共识。同时,还要懂得人类与自然和谐相处的重要性。

学会做人。学会做人就是学会做一名知识丰富、人格健全的未来社会建设者。要树立正确的世界观、人生观和价值观,使自己成为全面发展的人、完整的人、高尚的人、有人格力量的人。

上述理念是一个纲,而且是个各科通用的纲。上述理念不是管一时,而是管一世。那么,在学校,在学生一生学习的黄金时段,怎样将上述理念转化为课堂教学的实践,是我必须面对和解决的问题。下面的这一教学实例,是我课后给它加了一个标题——"学生丰富的历史情感世界"。

我常思考,与往日相比,现今的历史老师、历史课、历史又该是什么样呢?我给学生提出了如下要求:第一,用画笔画出你心目中的历史老师、历史课或历史的形象。要求是既要写实,又要具有感情色彩。第二,用文字说明你为什么要这样画。第三,说明你心目中完美的历史教师、历史课或历史应该是什么样。

下图是学生心中、笔下的"历史"。画中的文字是:

历史,百年沧桑。

蓬乱无章的黑发代表了历史从不约束、无羁地、放荡地发展,但中间那条中分线,却也代表了——泾渭分明。("泾"原作"经",为学生笔误)

脸部的轮廓不很分明,说明历史中仍有许多问题值得考究与探索。

一部分装饰品代表历史上曾经光鲜一时的人物,他们虽然卓越,但也只不过是历史的陪衬。

整体人物综合男女元素,说明历史中的母系与父系社会交替,但终以父系为主流。

人物衣着褴褛,补丁不断,这是历史的伤痕。中式马甲,西式马靴,不同地区、国家、人种都是历史的组成部分。

历史就是这样怪异。

这就是一个 13 岁女孩眼中的历史。我十分感叹于学生对历史的这份情怀！假如没有对历史的真爱挚爱，假如没有对历史的冷静思考，假如没有对历史的纵情感悟，很难想象一只手、一杆笔、一个脑能画出这样的心中历史。

学生的这幅"历史"说明，她是在用心灵感悟历史、感悟世界。她看到了历史的奔放不羁，想到了江山才人如过眼烟云转瞬即逝，她触摸到历史的伤痕，历数到历史大家庭的方方面面。她在历史的沧桑中看到历史的进步，在历史的融合中看到历史的怪异。

由学生的这幅"历史"我们可以断定：首先，学生有丰富的情感世界，将情感与历史知识相结合，会产生对历史表象丰富的认识层次。其次，学生有率直的经验判断，将经验判断与历史价值相互印证，会产生对人生观、价值观的新思考。再次，学生有分析、判断、推理的智慧，将个人智慧与历史智慧相碰撞，会唤起学生对良知、生命、人生目的的新追索。

有人这样描绘知识与智慧的关系：知识并不等于智慧。知识关乎事物，智慧关乎人生；知识是理念的外化，智慧是人生的反观；知识只能看到一块石头就是一块石头，一粒沙子就是一粒沙子，智慧却能在一块石头里看到风景，在一粒沙子里发现灵魂。

◆**什么样的人有资格做教师**

有一年叫学生写历史学习体会，一位高中生写了如下的话：

"老师，我们学了辛亥革命，知道了它的来龙去脉，掌握了它的功绩意义，但仅此而已。我们语文课学了《阿Q正传》，才知道历史本来不是这样的。"

"历史本来不是这样的"，令人深思。问题到底出在哪？出在教师的教学方式上，出在教师的教学内容上，出在教师的教学理念上……

历史，本来是极富情感的一门学科，但是，让我们把"情"讲丢了。历史又是极富哲理的一门学科，但是，让我们把"理"讲平庸了。没了"情"，没了"理"，历史就剩下干瘪瘪的一堆"菜",索然无味。历史课堂,本来是师生共同营造的一方天地,但是,让我们把学生忘记了,以为教师的需求就是学生的需求,教师的人生就是学生的人生。

上述例子发生在十多年前,今天,我们的教学有了深刻的变化。但是,重温这一教训,汲取过往的经验,依然对我们的教学有直接的警示作用。

作为教师的资格认定,我以为,教师要有爱心,没有爱心不会把教书当作一项事业来追求。但仅有爱心是不够的。教师必须有丰富的知识,没有知识的教学必然苍白无力。教师要有人格魅力,这是学生追索和效仿的精神标尺。但是,如果把这些标准中的"教师"二字去掉,就会成为各行各业通用的标准。所以,教师一定要有符合职业特征的定义,我把它称作:"学术+教育"。教师不是学者。从学术上讲,学者,耕耘好自家学术的"自留地",成一家之言;教师,"广种薄收"采撷英华,博采众家之长。教师不是理论教育家。理论教育家以教师的活动为主要研究对象,教师以学生的活动为主要研究对象。

教师这种职业的特殊性,要求教师既要有深厚的学科专业知识功底,又要有充实的教育学知识功底。但现在的一个现实是,许多教师忙于为自己专业知识"充电",却疏于补充教育学的知识,教书的经验多于理性,有了好的教学设想不知如何分析,有了好的课例不知如何评判,有了好的教学实验不知如何作教育学上的定位。这些都会阻碍教师专业化的发展,也会间接影响教师的教学效果。我在自己的教学实践中,一方面尽力避免这些现象的发生,一方面努力探索理想的教育教学途径。

长期的教育教学证明,历史教师要"有血有肉有灵魂",即历史教师要有知识和情感。教师自身有情感,才会带着学生走进情感,讲出的课才会有血有肉有灵感,不是干巴巴的教学目标,孤零零的道理说教。所以我说,只有让学生认可的人,让同行认可的人,让学科认可的人才有资格做教师。

◆ "教"与"学"的最终目的是什么

今天的教育和教学,已经不是一个单纯的知识问题,它是为社会培养合格有用的人才,这个社会,既是今天,更是明天,所以教育提出了为社会的发展和人的发展而"教"、而"学"的目标。

要使我们的教学着眼于学生的发展,教学的知识就不能固化,教学的程序就不能固化,要有动态的生成性。具体到历史教学,怎样体现这个"学生的发展",我是这样考虑的:"教"与"学"的契合点是学生的终生学习需要,"教"与"社会"的契合点是创新型人才的培养。这两点也就成为历史教学应追求的目标和方向。

我认为,根据社会和学生发展的需要,历史教学的过程和目标可以做如下解释:

(1)知识学习:历史学科的知识,可以分为政治、经济、文化三大部分。学生学习政治史、经济史知识,可以从中窥探治世、理政的方法和能力,可以涵养处世、为人的人生态度。学生学习科学史、文化史知识,可以培养质疑、探究的科学精神,养成传承、鉴赏的文化品性。事实上,这些就是历史学科求真、教化的社会功用。

(2)程序学习:这是指历史知识的学习程序,即教师要做学生学习的程序的示范者。学生学习到的知识分为两类,一类是陈述性知识,一类是程序性知识。陈述性知识解决"是什么""为什么"的问题,属于事实类知识学习。程序性知识解决"怎么样""如何做"的问题,属于方法策略类知识,即学习知识的知识。达尔文曾说,最有用的知识是关于方法类的知识。可见,学会学习方法可能比知识本身的学习更重要,因为它会指导学生终生学习。下面就以高中教学课"探究与评价:洋务运动的功过是非"的组织程序为例作一说明:

教师示范过程

第一步:知识铺垫(师生共同完成)。教师在课上就学术界对洋务运动的评价和争论做介绍,布置学生分组分类搜集洋务运动的资料。

第二步:设计选题(教师指导,学生制定)。学生据搜集到的资料确定评价选题,拟定题目。

第三步:观点交锋(学生活动)。学生分组阐释本组观点,质疑对方观点。

第四步:归纳总结,认识提高(学生主体,教师点拨)。学生总结各组核心观点,形成新的认识。

第五步:反思认识,探寻新问题(学生自我完善,自我发展)。学生对照其他组质疑,反思本组观点、认识,提出需完善、改进的方面,设定新的探究问题和方向。

以上的程序完成了课堂教学的一个过程,即学校校园内的教学任务。但是,为学生明天走出校园、走上社会着想,这一教学程序还有待延展,即学生要演练、学会以及课外自主学习。

教师指导学生演练过程

第一步:回顾上述或以往的学习过程,找出成败得失的关键。

第二步:提出整改的目标和方法,拟定新程序,实践新过程。

第三步:记录新学习过程的得与失,再次校正、完善学习方案。

第四步:总结学习成果,形成学习过程的程序性知识。

第五步:与他人交流分享经验教训,共享集体的经验与智慧,为新学习过程做准备。

以上的程序完成了课堂教学拓展的演练过程,学生通过拓展方法的学习,训练了将来独立学习新知的程序和方法,获得了自主学习的体验。

方法知识类学习,一是要分类,即将整体划分为不同类别的部分,分门别类地学习掌握,这是从横向的角度说。二是要分层,即将整体划分为不同层级的阶段,按时有序地学习掌握,这是从纵向的角度说。方法类知识的学习,一定要与知识类学习相结合,不能空谈方法,否则,方法永远是干巴巴的几条,毫无生气,学生也毫无兴趣。方法类知识的学习,一定要与演练相结合,学生是在实际操练中感受方法、体验方法,才能逐步内化为学生自己的心智方法。方法类知识的掌握,一定是因人而异,学生有不同的学习心理倾向和学习习惯,学生能够在学习的过程中不断地适应和改造所学方法,举一反三,触类旁通,推陈出新。

(3)情感学习:任何知识的学习都包含情感因素,教学的重要任务是发掘隐含在知识中的这些情感因素。情感的因素种类很多,为学生今后发展着想,更应该发掘有关学习态度的情感。

子曰:"知之者不如好之者,好之者不如乐之者。"这是至理名言,深入浅出地说明了兴趣、爱好、动机在人的学习生活中的主次关系与各自的重要性,这也是人们常说的学习三种境界,从低到高依次为知学、好学、乐学。现代教学论认为,学力由三个同心圆构成:最外层是知识;第二层是能力;最里面的核心层,包含学习动机、兴趣、习惯、方法。所以,作为教师,作为学科教学,就应该着力培养学生知学、好学、乐学的求知态度,勤奋严谨的治学精神,以学习求发展的人生境界。

通过上述知识学习、程序学习和情感学习,学生经历了从求知到学习,再到终生学习的方法训练和情感体验,教与学有了一个较好的融合生成。

今天的课程,不仅是文本课程,而且是体验课程;课程不只是知识的载体,更是教师和学生共同探求新知的过程。过去,书本是学生的世界;现在,世界是学生的书本。教与学是辩证的统一体,学生的终身发展是教与学的价值取向。

做学习型学校的促进者

◆北京四中教育教学之道

在国际21世纪教育委员会向联合国教科文组织提交的报告《学习——财富蕴藏其中》中,提出终生学习的教育理念。21世纪之初,我国提出创建学习型社会的目标,中共十七大进一步提出建设全民学习、终生学习的学习型社会。这是时代赋予教育和教育工作者的重大使命。历史学科能为北京四中学习型学校的创建能做些什么?这不能不引起我的深思。为创建北京四中学习型学校,我认为,从教研组长的角度,一是将学校的办学理念转化成教研组的建设和教师的行动理念,二是抓好学习型教研组的建设,三是鼓励教师个人的成才发展。

北京四中的教育理念,核心是"以人育人、共同发展"[3],从学识、品行、理想三大方面规范了教师的教育教学行为。依据学校办学理念,历史组提出了"传授学生满意的历史知识,共铸学生成长有用的人生道理"的教育教学理念。让历史知识和历史智慧为学生的成长铺路搭桥,厚植人文素养的底蕴。

◆个人教育教学之道

在学习型学校的创建过程中,教师个人的发展是基础,教研组建设是关键。我的体会和做法是：

学习自读书始。欧阳修有言："立身以立学为先，立学以读书为本。"即把读书作为立言立行立身的根本。我喜好读书，为的是充实自己的人生。我身体力行读书，教研组老师也把读书作为一种生活方式。历史组信奉的一个理念是："做学者型教师，立学术型教研组。"如果说我还有些读书的资本的话，那也是过往的"历史"了，近几年来，教研组老师"买书慷慨解囊，读书破卷前行"，我自愧不如的同时，也为组内浓郁的读书气氛所欣慰、所鼓舞，这正是历史教研组应有的书香气质和文化蕴涵。北京市西城区教研室的教研员曾说：北京四中历史教研组有浓厚的读书、做学问氛围。我认为，这是对我们这个学习共同体的褒扬，更是对我们的鞭策。

学问自研究始。研究不是我的强项，但组长的身份促使我不得不以研究带领教研组前行。这些年来，我做教学研究，有一个从跟随模仿，到独立研究，再到带领教研组研究的发展历程。我是先跟随北京市和西城区教研室做课题研究。作为课题研究、教学实验承担者核心成员，我参与了西城区教研室的市级重点课题"西城区中学学科能力培养制订、实施与检测"的课题研究和实验，执教了教学观摩课"西晋的短期统一和东晋十六国"。我跟随北京市基教研中心的教研员，做"教学模式的开发与实施"的课题研究，开设了教学研究课"19世纪前期的欧洲和1848年欧洲革命"。在这些学习研究的经验积累与实践基础上，我开始独立做些课程改革方面的研究，开设了市级范例教学观摩课"中国近代前期政治思想的发展演变"。有了实践经历和独立探索条件后，我带领历史教研组申报了"研究性学习与历史学科教学"研究课题。申报这一课题的目的是，带领全组教师做课题研究，提升教研组的学术品位和科研氛围。这一课题先是作为西城区教委委托重点课题，后转为北京市规划课题。伴随着这一课题的研究，我开设了市级观摩课"以史为鉴，面向未来——构筑新型的中日关系"。经过几年的教学和研究实践，历史组取得丰厚的课题研究成果，全组教师在各类历史教学专业杂志上发表教学论文6篇，做市、区级公开课5节，获全国历史教学研究会评课一等奖一次。

教学研究的实践使我提高了认识，并对研究有了自己的理解：研究是种行动，它需要实实在在去做；研究是种精神，它需要持之以恒去追求；研究是种智慧，它需要反思和超越。经过上述课题研究，我也在实践中获得如下体会：一线教师做课题研究，有把教学资源优势转化为课题研究优势的有利条件，关键是怎样发掘利用；教研组的合力能形成课题研究的很大张力，产生1+1>2效果，关键是组长的组织与协调；教科研应长线与短线相结合，宜长则长，宜短则短，关键要视教师个人的研究资源储备而定；一线教师应守好教学，进军教研，突围科研，这是从教学到科研应有的程序；教科研一定要与平时教学需求相结合，教科研一定要有问题意识，否则就会做成教学、科研两张皮。

反思我和全组教师做的课题"研究性学习与历史学科教学"，我认为，如下经验和教训值得吸取和借鉴：第一，题目大。所确定的课题题目太大，研究范围和成果只能涵盖其中一部分，显得名不副实。今后进行教学研究，课题一定要小而具体，便于操作。第二，战线长。课题先作区重点课题，又转为市规划课题，前后四年时间，辗转延宕，有疲于奔命感觉，课题立项时的冲动随着时间的推移渐磨渐殒。今后进行课题研究，可以短平快，围绕核心研究任务展开。第三，准备足。课题研究的短平快一定要和前期的充足准备相结合，这个准备就是有心教学，即平时教学要为研究积累可用的实践材料、教学案例；教学要为研究发现问题，提供研究动力和方向。

作为组长，我有责任督促教研组老师积累教学资料，以备研究之需。教学是经年累月的教与学，无心者岁月流逝，自得其乐；有心者缀零碎为整体，积点滴成文秀，自成一番事业。现在，计算机技术为信息的存储提供了强大的技术支撑，我们都应该做教学信息搜集和储备的有心人。我经常慨叹在使用计算机之前，大量的教学资料一上交了事，觉得与己无关，对其中某些值得回味的东西，至今只能索其轮廓，追悔莫及。在我的提醒下，历史组老师已经注意到积累教学资料的重要性，做到自觉积累，为己也为人。

鼓励、带领组内教师编写历史教科书。教科书编写原是专业人士所为，然而，随着新课程改革力度的加大，一线教师参与编写教科书的机会越来越多，说实话，我也是被越来越多的机会与大潮裹挟进去的。起初是参与人教社初中历史教科书活动课的编写，后来又参与了人教社和星球地图出版社合编的高中历史地图册的编写。从2001年起，我又参与了北京市初中历史教科书的编写并担任执行编委。在编写教科书的过程中，对教师与学生、教学与教材、教法与学法有了更深层次的思考与认识。教科书就像一个窗口，学生通过它看到的不仅是知识，还要看到做人的道理。教师通过它看到的不仅是教学的过程，还要看到学生成长的历程。正因为如此，教科书编写的每一个字、每一句话、每一个立论、每一项史实，都关系重大。截至目前，北京四中历史教研组的部分教师，不同程度地参与过各种历史教科书、教师教学参考用书的编写工作。大家认为，这样的参与不仅仅是学习与实践的经历，而且对历史理性认识的提高、教学理念的充实，都是非常有益的。

◆ **历史组教育教学之道**

历史教研组倡导一种"和衷共济"的组风。人要有人气，组要有组风。人们常说：傲不可长，欲不可纵，志不可满，乐不可极。这是从人性消极面提出的警示。但从积极面看人生，不要傲气，但要傲骨；不要纵欲，但要诉求；不要志满，但要志高；不要乐极生悲，但要乐极致善。历史组教师个个风骨异端、个性鲜明，就像嶙峋剔透的太湖石，瘦皱漏透而隽秀，以个性、风格、智慧和共融赢得同行的尊重。

历史教研组倡导一种"和而不同"的教风。教学要有品味，没有品味的教学将失信于学生。京剧大师王瑶卿曾经用一字点评四大名旦，即梅兰芳的"样"，程砚秋的"唱"，尚

小云的"棒",荀慧生的"浪"。我也尝试着将历史组教师的教风作一点评:

赵利剑的"样":学术功底,缜密思维,阳刚之气。

石国鹏的"唱":"唱、念、做、打",行行在道。

徐雁的"棒":严以治学,宽以待生,术业有专攻。

王磊、唐艳的"浪":浪迹学海,初识教门,自辟蹊径。

正是带着各自的品性,历史组教师走到一起,为了一个共同的目标,切磋教艺,取长补短,资源共享,共谋成长。我与新教师唐艳备课时,毫无保留地将我搜集到的全套备课资料和制作的教学课件提供给她,要求她不可照直使用,必须改造,融入个人的想法。我让唐艳老师多听不同风格教师的课,要采撷英华,不要盲目模仿。追求各自教学的品味,经营好各自教学的风格,是北京四中历史组老师的共识。

"和衷共济"的组风,"和而不同"的教风,在与个性鲜明的教师品性碰撞中融合再生。我欣赏组员的个性,没有个性,历史组将失去风采;我感叹历史组的组风,没有组风,历史教师将形单影只。"学我者死,似我者俗",恰如其分的学习和借鉴,历史教师的风采将永驻。

要学会经营自己

◆充实好自己的知识

观察事物,要有宽广和多元的视野,也要有深邃和独特的视角。视野和视角的获取,都与知识量有关。人的知识面要有一个宽度的要求,所谓"没有宽度就没有高度,宽度决定高度"就是这个道理。这也是我常常警示自己读书、做学问的心理防线。我想,作为一名教师,他的知识应由三部分构成,一是学科专业知识,二是一般文化修养知识,三是教育科学理论知识。三种知识,要固好本——学科专业知识,这是立业之基;拓好面——一般文化修养知识,做到"腹有诗书气自华";把好道——教育科学理论知识,这是示人以道于己提气的知识,即讲教学不再心虚,有了底气。

◆管理好自己的学问

读史读到刘邦的话:吾所以得天下者何? 运筹帷幄之中,决胜千里之外,吾不如子房;镇国家,抚百姓,给馈饷,不绝粮道,吾不如萧何;连百万之军,战必胜,攻必取,吾不如韩信。此三人者,皆人杰也,吾能用之,此吾所以得天下。这是刘邦的人才观,他讲他得天下的道理,论谋略致远,他不如张良;论理政安民,他不如萧何;论领军行武,他不如韩信。但这三位英才都为他所用,他得到了天下。我把它"客串"到我的知识观中,就是要管理好自己的知识和学问。

中学历史教学,内容"经史子集"方方面面,涉猎"浅尝辄止"点到即可,具有面广、点浅的特点。我主张首先要读通史,有了"通识""通才",才能为教授的具体教学内容定好位。其次要有专史专修,没有专,业务就深入不下去,知识就会浮于表面。再次要搜集、掌握一些历史学理论方面的知识,历史学理论能为教授的课程竖起理论的支撑。这部分知识在个人的知识储备中常易忽略,但十分重要。历史学理论主要涉及历史观和方法论的知识,它不是具体史实,读来枯燥;它人为雕琢的痕迹过浓,读来玄奥。我读过某些讲教学观、历史观的书,反复几遍,不得要领,也就弃之不读了。我是说,找些浅显的,适合中学教学用的书读一读,还是有裨益的。比如我们讲民族,讲现代化,讲国际关系,不找些理论支撑,只能就事论事,讲得不深不浅。

读书是为应用,知识是为了展示。展示的方式就是参与校内校外、课内课外多种教育教学活动。我有一种体验和需求,就是希望自己尽可能多地涉猎教育教学方方面面,不光是为了"尝鲜",更是为了充实自己,发现知识的漏洞和不足。下面是我参与过的多种校内校外、课内课外教育教学活动的罗列:

必修课和选修课教学　　教学和教科研
初中教学和高三教学　　网络教学和各类讲座
大课辅导和个别辅导　　教学研究和考试研究
被人评课和评别人课　　编写教参和编写教材
教书和命题　　　　　　编写教辅书籍和编写课外知识读物

参与这类教育教学活动多了,我觉得自己教育教学的路子越走越宽了,不再是仅仅局限于课堂,也不再是仅仅局限于学校,有了更多的交流学习、研讨提高的机会和经历。自己的知识也派上了用场,生活中也有了一种"深处种菱浅种稻,不深不浅种荷花"的各得其所、自得其乐的感觉。

◆ 读"大家"的书,讲"大家"的故事

读"大家"的书,指读大师的史学著作。史学大师的著作一言九鼎,有恒久的穿透力,振聋发聩。读大家的书,可领略大家的风采,大家的治学态度和方法。北京史专家阎崇年先生总结自己治学治教经验,提出历史学科教育功能"五说":正说历史——中正真实,学科特征;细说历史——有血有肉,丰富多彩;慎说历史——言之有据,可亲可信;通说历史——讲清来龙去脉,吸取经验教训,增长历史智慧;新说历史——新视角、新资料、新分析、新论述,引导学生探究,激发学生创造性思维。这是大家之言,对我们很有启示。

讲"大家"的故事,指讲大家(公众)认可的、普遍公认的史学事实和史学观点。在这方面,我有一些想法。近来在市、区听课、参加教研活动,听到一些议论,看到一些现象,感到一些教师讲中国革命不自信了,讲中国共产党也弱化了。我觉得这是一个历史教师的责任问题,历史观问题。中国近代史的一些内容,是教学和学术研究中争议最多、观点碰撞最激烈的,可分析、可争辩、可重新议定的话题很多,在这种情况下,首先要把大的历史发展观,涉及近代历史根本问题的史学观点讲清楚。大观点要"统领"小观点,大道理要"掌管"小道理。近代110年的历史,决定中华民族存亡绝续。中国从极度衰败、备受欺凌、濒于灭亡的边缘,到重新立起、走向伟大复兴,这就是大局,大的历史观。20世纪的历史,前半个世纪中心任务是实现民族独立和人民解放,后半个世纪中心任务是努力实现国家繁荣富强和人民共同富裕。这就是中国革命的历史,这就是中国共产党的历史。我学习了中国史学会会长金冲及的著述《中国近代历史的几个根本问题》,并把文中的观点应用到课堂教学中:(1)近代中国的历史就是一部中华民族实现伟大复兴的历史;(2)近代中国的革命和改良,不以个人的意志为转移,一切以历史条件而定;(3)拯救中国民族危机和社会危难,带领中国走上现代化道路,是中国共产党的历史责任。我希望我教授过的学生,在大的历史观方面不糊涂,在大的历史发展征途中不迷失。

教 学 篇

上善若水,平淡求真

◆ 教风自定

课堂教学,或风风火火,或平平淡淡,或山峰突兀、怪石嶙峋,或大江平流、潭静水清,虽各有千秋,但都以个性特点为前提,形成各自的风格。我认为,最好的教学风格,就是最适合自己的教学方式、表现形式。

我讲课,没有组内其他教师激情澎湃的言语震撼力,没有组内其他教师清新婉转的情绪渲染力。早年曾有人这样评我讲课:语言直,情绪平,动若静。我思考怎样弥补,别人的东西学不来也学不像,只能根据自身的条件,发掘自己的优势,形成自己的教学特点和风格,平平静静叙事,平平静静说理,讲述常人都能听懂的故事,说常人都能信服的道理。

◆ 教学就像过日子

我喜欢这样的说法:教学也像过日子,平平淡淡才是真。平淡,从教学内容上说,不刻意追求新、奇、特,而是讲学生易于理解的道理;从教学流程上说,教学环节间的过渡要平实自然,不给学生急刹车、再启动的顿挫感;从教学方式上说,要拉近与学生的距离,与学生平等对话;从教学意境上说,要追求"小桥、流水、人家"恬淡的教学图景。下面呈现的两个教学片段,或许多多少少能说明一些问题。

【片段一】教学环节的过渡

教学内容:数学家祖冲之、农学家贾思勰、地理学家郦道元。

祖冲之:以询问"咱们同学中有没有木匠师傅"切入,引出古代木工"周三径一,方五斜七"的计算圆周率古训。贾思勰:以询问"咱们同学中有没有'庄稼把式'"切入,引出对《贾思勰种植农作物》图片的学习。郦道元:以描述性的语言引入——"今天北京是一座缺水的城市,但是古代却不是这个样子。在咱们学校斜对面,是浓缩老北京风貌的什刹海。积水潭、什刹海、北海、南海是古高梁河的河道,高梁河曾是永定河的故道,永定河古称漯水。《水经注》记载:'蓟东十里,有高梁水者也,其水又东南入漯水。'由此确定永定河的位置。《水经注》是怎样一部书,就是我们要学习到的内容——地理学家郦道元。"

祖冲之和贾思勰是由生活经验的例证引入,郦道元是由周边景观的例证引入,注重的是生活,强调的是平和,突出的是自然,给学生留下的是亲切感和随和感。

【片段二】教学意境的创设

教学内容:郦道元的地理学成就与北京城古今地貌变迁。

首先,引曹植诗创设古时北京水乡泽国的野景意境:"出自蓟北门,遥望湖池桑。枝枝自相植,叶叶自相当。"然后,缓缓道出对古时北京田园风光的留恋,对未来北京郊野风情的憧憬:"那时的北京地区,河网密布,湖沼连片,芦苇丛生,禽鸟隐现。想一想,置身这样的郊野风光中,不喝酒也醉了。今天,北京正在四、五环之间建设连串的郊野公园,我们期望着更有野趣情调、水乡泽国的新北京呈现在世人面前。"

"上善若水",我希望自己的教学像平缓的流水一样,波澜不惊,平和自然地浸润学生的心灵。

◆ **用最简洁的语言讲述最普通的故事**

历史课程是一门"说"的课程,不管如何研究、探究,怎样活动、扮演,教师的说始终是教学过程不可或缺的。京剧表演艺术讲究"唱、念、做、打",这是京剧演员的基本功。历史教师也必须具备语言的基本功。教师的说、讲、读、白是"征服"学生求知欲望的"利器"。学生正是通过教师的口,听说道、品味道、看门道,吸纳知识于无形之中。所以,教学语言的运用是一门艺术,也是一种享受。我看到有人这样描述教学语言,很有见地,抄录于此,与大家共勉。

讲述性语言:如行云流水,一言一语经历练。

问答性语言:如巧设机关,一问一答求互动。

情感性语言:如春风化雨,一吟一咏润心田。

激励性语言:如点石成金,一字一句拨心弦。

我认为,这样的概括性描述,本身就是一首韵律诗。在日常教学中,我也有自己的语言追求,核心就是一个"简"字。这缘于我十多年前在另一所中学的初中教学经历。当时的课堂教学,组织、纪律的维持费神耗力。不过,历史课有优势,即情节多、故事多,这对于抓取初中学生的注意力、兴趣点、兴奋点有特效。但是,讲故事不能啰唆,说情节不能累赘,这就要求语言凝练、简洁。历史是一门课程,讲故事要说明道理,画龙点睛的语言就要悉心琢磨,追求立一字而震千钧。历史是一门富有思想内容的课,学习知识,要进行思维方法的训练,这就要求语言的逻辑性,说话要严谨,层次要分明。授课的语言和语言习惯在日积月累中逐渐形成自己的风格。我要求自己,语速要缓,适合学生听课、记笔记;用语要准,不产生歧义和误解;叙事要明,有利于学生消化理解。认识自己,"塑造"风格,不能激情就平缓,让教学节奏如和风细雨;我希望能带给学生"天街小雨润如酥,草色遥看近却无"的听课享受。

有位语文教师对我说,她所带班的学生这样评价我教授的历史课:"别人是把一句讲成十句,李老师是把十句讲成一句。"我喜欢这样的评价,喜欢学生对我的概括,愿以此作为自己教学的不懈追求。为了课堂,为了学生,我教学的路未有穷期。

知识教育不是"知识"教学

◆ 知识的学问

历史知识,就教学而言,可分为史实性知识和智慧性知识。史实性知识陈述一个人物、一个过程、一种现象,是学生学历史的基本素材。史实性知识通过教师的讲述,学生的有效接受,即可掌握。智慧性知识指导学生学习历史的方法,启迪学生获取历史智慧的借鉴。智慧性知识的获取不能单凭教师的口头讲述,必须有学生主动参与教学的过程,通过探究、思考、判断,形成感悟、体会、反思,才能转化成学生的智慧性知识。所以,中学历史教育教学,要以史实性知识的传授为基础,重在方法技能的训练和历史智慧的养成。

◆ 教育的学问

当前的课程改革,重视知识传授的过程性,更重视知识传授的教育性。作为一线教师,在传授知识的时候,要考虑传授知识的过程性和教育性问题。如在"鸦片战争"一课教学过程中,可以有不同的教学层次安排:

(1)仅叙述一个事件过程,学生得到的是知识的表述,是过程演绎,是史实铺垫,不能形成分析和认识的智慧。

(2)通过过程的叙述,让学生分析战争爆发的主客观原因,中国战败的主客观因素,形成因果关系的认识,得到追因寻果的分析方法的训练;对鸦片战争与甲午战争进行比较,从两场战争异同关系的分析中,形成危害程度加深的认识,得到比较分析方法的训练。这样,知识变成技能训练的手段。

(3)把鸦片战争放到中国历史发展的长河中观察,做出价值判断,得出鸦片战争是中国社会性质发生巨变起点的认识,也就习得社会发展阶段转化划分标志的判定方法。鸦片战争使中华民族蒙受巨大屈辱,鸦片战争也是先进中国人百年强国梦的开端,将屈辱与强国联系到一起,消极中看积极,得到辩证思维的品质训练和历史性认识的新视角。这样,知识上升为情感因素。

学生在掌握鸦片战争知识的同时,也掌握了学习鸦片战争的分析方法和探究角度,正确认识和评价鸦片战争的多种视角。历史知识就不再是纯粹的史实,而是带有方法、情感的知识,"知识"教学(指单纯知识的教学)因此而转化为知识教育。

教学,不仅希望学生掌握知识,更希望掌握分析知识、选择知识、更新知识的能力,更希望学生能够感知知识、体验过程、感悟人生。这也就是说,智慧比知识更重要,过程比结果更重要,知识是启发智慧的手段,过程是结果的动态延伸。教学中,能够把结果转化成过程,才能把知识变成智慧。

◆ **政治的学问**

历史教学中还有一种教育因素,就是教学中的政治责任感。历史教学是一门政治性、原则性很强的学科,它应当、也必须体现国家的意志和方针,教学中,这个大的原则和方向不能迷失。唐代史学家刘知几提出史家"三长说",要求史学家具备"才、学、识"。所谓史才,是指搜集、鉴别和组织史料,驾驭这些史料用以叙述历史事实和撰写文章的能力。史学,是指掌握丰富史料、历史知识和与历史有关的各种知识。史识,既包括见解和观点,又包括秉笔直书、忠于史实的高尚品质和勇敢精神等。清人章学诚又提出"史德"标准。梁启超在清华大学讲《中国历史研究法补编》时,提出"史家的四长",把"史德"排在第一位,这就是"史德、史学、史识、史才"。史德的提出以及置于最重要的地位,这是历史学认识和历史学家的自觉意识提高的重要标志。

对于"史德",我理解的是,作为历史学家,在写历史的时候,以客观的历史态度去尊重历史事实,决不能将史家主观的成分掺杂到客观的历史事实中去。但是,作为历史教师,还有更重要的一层含义,即社会责任感的问题。我们面对的是十几岁的学生,似成熟非成熟,善思辨又易偏激,正是人生观、价值观逐步形成时期。对他们进行历史观教育,特别是涉及一些不易讲清,或一时很难讲清的话题,回避可能是最理性的做法。有的教师的话是有道理的:"学术研究无禁区,课堂教学有禁忌。"也就是说,学术研究倡自由,教学讲课有责任。总之,历史教学,政治的原则性和历史知识的学术性不可偏废。历史教学不仅要对学科教学的知识负责,更要对教学的对象——学生的成长负责,这是最大的师德。由此,我想到当前社会上层出不穷的一些为某某历史人物、某某历史事件"翻案"的文章和言论,这些文章和言论或多或少也会影响到中学历史教学界。对此,我认为有两点值得思考:

第一,今天与昨天的关系。历史学的重要作用是镜鉴和垂训,但它的突出特点是后人研究前人前事。当后人有了众多前人研究成果后,站在几十年后的时空点上,不是科学负责任地总结经验教训,吸取历史的智慧,而是任意指责前人前事,是否是科学的精神和态度?历史学家的职责是总结经验教训,以资政、以警世、以垂训后人;作为后人,要尊重历史、宽容历史,而不要过多的宣泄、指责。我想,历史教师的教学更应该这样。所以,我们要做"后事之师"("前事不忘,后事之师"),而不是"事后之师"(事后诸葛亮)。

第二,是历史学科与政治现实的关系。历史学与政治学、伦理学有相通的地方,又有各自的畛域。有个幽默故事，或许能说明这一现象与关系。俾斯麦是19世纪德意志有名的政治家和外交家，他在一个舞会上赞美某女士的美貌，该女士回答说："你们外交官的话从来都不可信！当你们说'是'的时候，意思是'可能'；说'可能'的时候，意思是'不行'；嘴若真的说'不行'，那他就不会是外交官了。"俾斯麦说："对，夫人，您说得完全正确，这可能是我们职业上的特点，我们不得不这样做。但你们女人却恰恰相反。当女人说'不行'的时候，意思其实是'可能'；当女人说'可能'时，意思是'是'；而嘴上若真的说'是'，那她就不是女人了。"这则对话，幽默而精妙地点破了外交和社交的区别。正因如此，对同一社会现象，不同的学科会有不同的解读。历史学科，守好自己的本业；历史教学，坚守应坚守的底线。

让学生在体验中学习，在参与中成长

◆尊重学生的"世界"

学生总有自己的一方小天地，总有自己的一个小秘密。教师要尊重学生的这一选择。

尊重学生天性。初中学生好动，既动口又动手，既动脑又动情，会为教师不经意的一个眼神或狂喜或悲哀，可能教师还浑然不知。因此，对于课堂上好表现的学生，既要给予机会，又要适度控制，不能让他们"控制"课堂。一些学生有旺盛的精力和对历史的偏好，就鼓励他们做些历史小研究，在课堂上给他们提供展示研究成果的机会。一些学生对某些人物、事件有浓厚的兴趣，产生不同观点的交锋，就给学生提供课堂辩论的机会。学生善画，让他画出历史；学生善歌，让他歌出历史。我收藏着初一学生画的《科举制》想象图画，极富创意与思索；学生制作的多种历史小课件，也充满智慧与新意。这样，历史既在课堂中，历史更在学生心中。

尊重学生的隐私。正像人的性格上有隐私一样，学生学习过程中也会有各种各样的隐私。就历史课来说，突出表现在课上回答或讨论问题、考试成绩公布之时。对于课堂讨论，我总是尽可能把机会让给发言较少的学生。但对于某些过于腼腆的学生，一定会注意做好对发言学生的鼓励、保护、点评、激发、引领、指导，平日亦常嘱咐所有学生以诚敬待人，营造一个"安全"发言环境，养成一个积极向上心态。遇到这样的情形，我可能会这样说："我知道你有很多话要说，只是一直没有机会表达。大家也都想听听你的见解，从你的发言中得到启发。试试看，说上一两句，下次再多说点儿。"学生不愿主动发言，一是觉得思考不完全，怕挂一漏万；二是怕答错。这时需要打消学生的犹疑和顾虑。遇到这样的情形，我可能这样说："你看，刚才我（或某一学生）还说了错话，大家并没有耻笑我，还给了我改正的机会。你即使说得不对，还能有我的错大吗？"

学生的情绪是靠调动的，学生的自信力是靠一次次成功的体验磨炼的。教师的责任是调动、发现和磨炼学生的意志和品质。今天默无声响的学生，明天可能就是一方人才。

陶行知先生的告诫:"你的教鞭下有瓦特,你的冷眼里有牛顿,你的讥笑中有爱迪生。你别忙着把他们赶跑。你可不要等到坐火轮、点电灯、学微积分,才认识他们是你当年的小学生。"每每温习一遍,我就有一遍新的思考、新的体会。

尊重学生就要与学生同忧乐。当你把学生当作"自己人"的时候,学生也会把你当作"自己人"。我在这里直录学生期中考试作文中的一段话,既是对我的"奖赏",又是对我的鞭策:

"他总是笑眯眯地对我们,公开课上严肃的表情反而会叫我暗暗发笑。老师是严肃不了多长时间的,当想笑的时候,通常会给我们讲个故事,跟着我们一起笑,也算是给自己解围。写到这儿,我不禁说出一句话:'我那爱笑的老师呦!'"(引自2007年北京四中初一年级《期中考试优秀作文选》)

多年的教育教学使我对尊重有了更深刻的体会与认识:尊重是一种理解,理解需要平等;尊重是一种宽容,宽容需要大度;尊重更需要一种高尚,做教师的,就要高尚。

◆ **给每个学生以充分的选择机会和发展空间**

哈佛大学350周年校庆,有人问哈佛大学校长:哈佛最值得自豪的是什么?校长回答说:哈佛最引为自豪的不是培养了6位总统、36位诺贝尔奖获得者,最重要的是给每个学生以充分的选择机会和发展空间,让每一颗金子都闪闪发光。没有不可教育的学生,只有不善教育的教师。

给每个学生充分的选择机会,首先和主要是学校的职责,即为学生提供多样化的课程选择,多样化的学习方式选择,多样化的活动方式选择,多样化的成长方式选择,多样化的发展机会选择等。但是,教师在这里不是被动的,而应主动配合好学校,运用好学校提供的选择机会,履行好自己的教书育人职责。其核心在于:把自己的教学工作,作为学生人生成长道路上选择机会的重要尝试。如果学生不能在我的课程中得到知识、能力和思想的充实和提高,那不仅是学生学业的失败,更是我给学生带来的人生选择机会的失败。从这个意义上说,课堂无小事,教学关人生。

给每个学生充分的发展空间,关键是什么空间,毫无疑问,应该是自主学习空间,思维和能力发展空间,情感渲染空间。

自主学习,一是课内教学。关于课前学生演讲,我提倡:讲一个故事,说明一个道理,谈一点感受。关于课上教学、研习课文,我提出:归纳层次含义,概括段落中心思想,区分史实知识和观点结论知识,探寻教材由史实到结论的分析方法。如阅读课文文献资料:第一步,通读材料,尽可能先由学生自己化解古文字阅读障碍;第二步,分析文献内容,找出与课文之间的联系,说明观点倾向;第三步,探究论者的主观意图及社会影响。如观察图片:第一步,指导有序观察,即先整体再局部,先方位后现象,先静态后动态,(人物)先形态后内心(揣摩);第二步,说明图片与课文的联系,评述图片内容的社会功用。

二是课外教学。主要是外出考察、假期活动型和探究型作业。我主张走向社会,抓取历史凝固的瞬间,见人见事见现象,以古导今,以今寻古(寻古人之幽思,发今人之智慧),开发社会这本大历史书。下面是我拟定的初中历史组暑假作业(节选):

首先,找一两本有意思的历史故事读一读。尝试着对故事中的人物、事件做出自己的评价,思考一下故事能带给我们哪些有益的启示,我们能从中吸取哪些历史的借鉴。如果确有收获,一定要把自己的感受用笔记录下来,讲给父母、伙伴听。

其次,从影视作品、戏曲剧作中了解北京的过去和今天,了解中国的过去和现在。

再次,到现实社会中去寻找历史的陈迹。可以了解自己居家附近是否还有历史的陈迹、街巷胡同的历史变迁、长辈人口中和记忆中的旧京时景、文化掌故等。我们提倡从生活中、从社会中追寻历史,但请你在调查和了解过程中首先要注意人身安全。

其实,历史是随处可见,随时可见。一首歌、一个故事、一个剧作、一段经历,都是历史最好的见证。我们在感受历史的同时要建立起历史与今天的联系,要培养自己洞悉社会的历史观察力,要涵养自己的历史文化底蕴。

当你真的感到要对历史说些什么的时候,当你真的感觉自己已经完成从儿童到少年的转变的时候,请完成它交给你的作业:

1. 把自己看到、听到或感受的历史记录下来。
2. 用相机把见到的"历史"或历史遗迹拍照下来。
3. 有绘画等艺术基础的同学可通过画笔等形式把感受到的历史画或"做"出来。
4. 为你的同学和朋友开列一个历史书目单,并将你看过的书做一简要介绍,推荐给同学阅读。

◆ **学生体验的真谛**

历史不能复现,但是历史教学可以通过间接的模拟让学生去体验,去感悟。下面三个教学实例是我具体教学探索的片段。

【例1】情境模拟:感受英国对北美殖民地的重税政策

看到一则有关美国历史课的报道,教师以"发纸收钱"的方式让学生亲身体验英国对北美殖民地的税收压迫情境。我本着"他山之石,可以攻玉"的态度学习、模仿,并在初二年级的课上进行了尝试。具体方法与相关体会如下:

步骤一:上课伊始,说明学校"发纸收钱"的"理由",做好情绪上的铺垫。然后发纸,让每名学生写下"欠学校一元"的欠条。

步骤二:学生写出对"发纸收钱"行为的看法。

步骤三:授课"美国独立战争"中英国重税压迫北美殖民地的教学环节。让学生写出此时北美殖民地人民的感受。

步骤四:下课前,说明真相,让学生写出对两次体验的看法。

教学反思:"英国税收政策"感受调查表

(时间:2007年5月。班级:初二1班、初二4班,共76人。)

学校交钱买纸				英国税收政策		
无想法	理解	不理解	愤怒	理解	不合理	反抗(明确写出)
5	10	33	28	1(收一点点可以,但不能什么都收税)	33	43
6.5%	13.1%	43.4%	36.8%	1.3%	43.4%	56.5%

对于"学校交钱买纸",表示不理解与愤怒的合起来占学生总数80%,说明学生对这种乱收费有抵制情绪。对于"英国税收政策",表示理解的仅有一人,并且也是有保留的理解。其余学生均持反对态度。其中,明确写出"反抗"的占学生总数的56%,说明学生对英国重税政策由感性了解、体验到理性思考、判断后,才得出的结论。

对于"模拟情境",学生普遍认可,认为由于增加了模拟场景,更能够感同身受地体会、理解北美人民愤怒的情绪。有这样一个"场景体验",与没有"场景体验"还是有区别的。下面这两段话是学生的体验与感受:

知道真相了(注:指发纸收钱事),对北美殖民地人民感觉:同情啊。刚听说这件事时,只觉得很愤怒,但我们还可以发泄,也许他们只有无尽的愤怒,但却无处发泄。(初二1班:王玉平)

我非常能够理解北美人民的反抗!(老师,哎呀,您的教学方式太独特了,佩服!佩服!)这个不同寻常的游戏深深地让我体会到了剥削与不平等给人们带来的深深的迫害和压迫。我想,美洲人民的反抗是正确的!人生来平等,每个人都有平等享受人权的权利。这样的压迫太可怕而可恶了!(初二4班:李卉)

【例2】行动体验:烹制古茶——"唐朝种茶、制茶、饮茶"教学片段

我国是茶叶种植、生产的故乡,茶文化在我国有深厚的积淀。这一内容的教学对学生传承优秀文化有积极意义。因此,我对唐朝的种茶、制茶、饮茶教学内容作了必要扩展。

步骤一:出示唐朝陆羽《茶经》的内容,展示茶道文化的经典。

步骤二:出示唐人卢仝的《七碗茶诗》,让学生体会唐朝茶风古韵。

步骤三:告诉学生唐宋以前制茶、饮茶方法——先将茶叶捣成细末,加上油膏、米粉之类的东西,制成茶团或茶饼。饮用时将茶团捣碎,放上葱、姜、橘子皮、薄荷、枣和盐等调料煎煮。让学生体会古代饮茶药用的遗风。我还提出建议,有兴趣的同学可以照着上述制茶"药方",在家尝试做一做。

步骤四:给出古人、今人论茶的言论——"人不可一日无茶""药食同源""饮食同

宗"。北宋时,开门七件事:"柴米油盐酱醋茶"。

教师引导:饮茶既是一种生活方式,也是一种艺术形式。现代人对茶文化的追求:会品茶的男人(品清意高);会泡茶的女人(修心养性);会享受茶的老人(延年益寿);会奉茶的少年(尊老敬客)。

通过上述四步教学过程,我希望我的教学能够达到如下的教学目的:

学生"烹制"古茶——品味

学生"参与"古事——体验

学生"神交"古人——感悟

学生"回味"历史——反思

【例3】思维碰撞:"文言"与"白话"的对话

"新文化运动"教学,学生没有文言的环境,难以理解"白话文"兴起的普及意义和进步意义。通过展示胡适的两首诗,让学生在"文""白"碰撞、对话中,体会文学革命的重大意义。

第一次授课时,我给学生展示了胡适写的第一首白话文诗《蝴蝶》:"两个黄蝴蝶,双双飞上天。不知为什么,一个忽飞还。剩下那一个,孤单怪可怜;也无心上天,天上太孤单。"学生听了很不以为然,觉得语言贫乏,内容简单。没有起到好的教学效果。

第二次授课时,我进行了"教学矫正"。

步骤一:在黑板上写出题目"蝴蝶",要求学生先用文言写,再用半文不白的语言写。

步骤二:展示胡适的诗。学生在亲身尝试、体验后再读这首诗作,有了一定的体验,感觉也明显不一样了。我因势利导,进一步让学生找出一些文言与白话相对应的字词,再出示胡适的另一诗作:"文字没有雅俗,却有死活可道。古人叫做'欲',今人叫做'要'。古人叫做'至',今人叫做'到'。古人叫做'溺',今人叫做'尿'。本来同一字,声音少许变了。并无雅俗可言,何必纷纷胡闹? 至于古人叫'字',今人叫'号';古人悬梁,今人上吊;古名虽未必不佳,今名又何尝不妙?"

步骤三:出示胡适做学问名言:"大胆假设,小心求证"。让学生体味新文化运动先驱求自由、破陈规、争进步的民主精神。

体验是行动上的触摸,学生动手动脑真做;体验是思维上的参与,学生揣摩、思考、琢磨;体验是心灵上的感悟,学生由事而理,由物而情,得到思想的升华,顿悟的满足。

◆给学生历史感的现实情怀

历史教育教学若就古说古、割裂古今,教学效果、教学功用肯定大打折扣。那些与现实有联系的事件、现象,在教学中往往更能引起学生的共鸣。因此,在我们的教学中,要多留意发掘那些与现实有联系、可比附的历史人物、事件和现象,进行恰如其分地参照,调动学生的学习兴趣和积极性。下面两个教学片段是我在这方面的探索。

【例1】新航路开辟的影响

教学内容:15、16世纪新航路的开辟,造成欧洲商路和贸易中心转移,带来意大利衰落,英国崛起的后果。

补充内容:同样的过程也发生在20世纪70年代,太平洋两岸贸易首次超过大西洋两岸贸易,即美国与亚洲地区的贸易额超过与欧洲地区的贸易额,世界经济重心正向太平洋地区转移。

思考问题:面对这样两次相似的历史过程,对中国的发展有何启示和借鉴意义?

【例2】美国和德国经济发展

教学内容:美国和德国在第二次工业革命中,抓住机遇,发展科技,经济迎头赶上和超越领先。

补充内容:结合中科院《中国现代化报告2005》,讨论现代化历程。

思考问题:对比中国和美国、德国的现代化历程,你能得到什么认识?

◆ **课堂教学:寻求动与静的契合点**

课堂教学,是一个知识生成和行为习惯养成的双向过程。只管知识不管行为的教师,只完成教学任务的一半。在一次听课后,我与任课教师交流。学生课上随意说出很不合时宜的话,教师没有及时、明确表明自己的态度,是行为指导的缺失;个别学生坐姿不端,服饰不整,斜披围巾,有违课堂风貌。人的学习行为与学习潜质是有内在联系的。曾有学习成绩优异的学生讲,他学习成功之处就是"有序"二字,"有序"就是习惯。

我始终坚持一条原则:任课教师是课堂教学秩序维护的第一责任人。谁的课,谁负责,这点对初中教学尤为重要。对于新学期、新班级、新学生的最初几节课,我认为,维持课堂教学秩序、加强课堂管理重于知识教学。值得说明的是,"管"是为了学、促进学的手段。"接下茬"是初中学生最爱出现的现象。是善意提醒,还是强力制止,恶意批评?我主张前者。关键看学生"接下茬"的表现,是积极思维,情绪被带入教学内容,不自觉脱口而出,还是有意的显示、标榜、甚至恶作剧;是偶尔为之,还是经常干扰;是能自控,还是难以自控。"一人向隅,举座不欢",因一个"接下茬",而"雷霆万丈",破坏了全班积极的学习情绪,阻滞了学生入静入化的思考,肯定得不偿失。

就我的教学体验来说,极其安静的历史课堂,有利于学生静默的思维,却不利于学生活跃思维的启发和顿悟思维的灵感。极其安静的课堂,尤其会对单个学生回答问题时产生压抑的气氛,众目睽睽之下难免紧张,无疑会影响思维的延展。相反,稍显躁动一些的课堂,有利于创造一种无拘束、亲和的发言环境,发言者更容易在同学期待和情绪渲染下,迸发智慧的灵感,讲出过人的言论。

实践中,我追求"形""神"兼备,"形散"而"神不散"的课堂秩序。这种秩序,不追求形式上的热闹或安静,而追求学生思维的活跃和自由,表现在热闹与安静的转换、"放"和

"收"的统一。古人有"蝉噪林逾静,鸟鸣山更幽"的意境,我希望我的课堂教学也产生同样的意境。

结 语

一位历史学家说:"不要拒绝历史,因为历史给我们以智慧;不要忘记历史,因为忘记历史意味着对事业的背叛;不要漠视历史,否则将受到历史的惩罚;不要割断历史,因为否定昨天也就将失去明天。"历史教学是一件充满乐趣的事,因为它有学生的笑声;历史教学是一件充满智慧的事,因为它历练了你的人生。我因历史教学而快乐,我因历史教学而充实。

---

[1] 1962 年,北京四中提出了"北京四中十大教学原则",即循序渐进、举一反三、深入浅出、直观形象、文以载道、温故知新、循循善诱、有的放矢、因材施教、教学相长.

[2] 这是作者 2008 年 3 月 20 日给初一学生上的选修课"北京历史上的尘封岁月"的教学片段.

[3] 刘长铭校长将这一理念作了概括,"以人育人"体现了教育的本质是师生平等基础上情智互动的生命历程。"共同发展"则将学生和教师、家长和学校紧紧地联系在一起,结成一个利益的共同体、情感的共同体、文化的共同体.

(本文选自《中学历史教学参考》2008 年第 7、8 期)

「我们是历史老师，我们的工作就是天天从历史老人那里获取智慧，充实自己，培养下一代。做老师教历史是一门好职业，不但可以糊口养家，而且可以有自己的思想，即使是做不成史学大家或教育名家，也能做一个有思想的"历史小贩"。因为做老师教历史确实值得我们去思，去想，去行动。」

毛经文 特级教师，正高级教师，广东省特支计划中小学系列首批十位教学名师，广东省首批中学历史学科带头人，广东省名教师工作室主持人，广东省新课程高考历史学科命题人，华南师大硕士生兼职导师，东莞市第二届"最美教师"。

酌奇而不失其真 玩华而不坠其实
——听特级教师毛经文侃他的八个"五年计划"与教学追求

○ 讲述/毛经文　整理/曹军辉

我们是历史老师，我们的工作就是天天从历史老人那里获取智慧，充实自己，培养下一代。因此，我们就更应该经营好自己的历史。为了让我们自己的历史变得精彩些，也能写下光辉的一页，或具有深远的历史意义。我们不妨把我们未来做历史老师的几十年规划成大约八个"五年计划"。下面结合我个人的历史教学履历与各位聊聊我的八个"五年计划"与教学追求，权作抛砖引玉！

第一个"五年计划"：内化"定位意识"，尽快站稳讲台

1984年7月—1989年7月是我参加工作后的第一个"五年计划"。在这个"五年计划"中，我基本上接受了教师这份职业，有了初步的"定位意识"（即找准自己的角色定位），获得了一个初始的位置，开始积累了一些知识、技能、经验和人际关系等资源；解决了基本的生活问题，有了一个安定的心态，基本站稳了讲台。五年之中，教了三届高三毕业班，其中两次全县第一、一次第二；发表、获奖论文十余篇；担任学校团委书记；1988年作为优秀青年教师代表被特邀回母校做了一次报告。

1."**包办的婚姻也可以很幸福。**"我们那个年代是计划经济体制，大学毕业生说好听点是包分配的，说不好听点是强制分配，思想不通，组织上服从，师范生就必须去做中小学老师。当初我也不愿意做老师，高考所有的志愿都是学中医，只是在是否愿意服从学校调配一栏中填写了"服从"二字，当年师范是优先录取，我就被"优先"了。需要说明的是，我当年不填师范不是因为老师的地位低下，而是因为自己不具备做一个好老师的基本素质：长相对不起观众，晚上出来有点吓人；没有一口标准的普通话；没有一手好字；性格内向。特别是性格内向，在家里和读书阶段是出了名的。小时候去外婆家，有时候外婆下地干活不在家，我就躲在外婆家屋后的菜园里一动不动，邻居叫我去他家玩耍或吃饭，我从来都不好意思去。后来读小学、中学，内向性格依然故我，基本没有改变。记得

我考取大学那年,我们班女班长在车站偶遇我,主动问我考取哪所大学什么专业,我面红耳赤,不敢回答一句话就躲开了。当时父母叹气说:"这个崽伢子将来讨不到老婆。"后来,我读了师范,知道自己将来只能做老师,于是逼着自己不断去锻炼自己的胆量和表达能力。那个年代的大学流行演讲比赛,校园内所有的比赛我都报名参加,不为获奖,就为锻炼自己的胆量和口才;由于口才特别是普通话实在是"太普通"了,多数时候被听众唏嘘或直接轰下台,但我始终坚持用一句话来激励自己:痛苦的又不是我,怕什么。现在,熟悉我的同事和学生估计没有人会说我表达能力不强了。

虽然我与我们班绝大部分同学一样在无奈之中选择了读师范、学历史、做老师(如今我们班还在做老师的已不到一半了),但我自我安慰和自我修复的能力比较强。做不成医生医病医身,就安心做老师医"心"医"愚"吧。我想,我们没有必要去怨声载道、怨天尤人,要尽量做一个对得起自己良心和那份薪水的老师。孔子这么伟大的教育家做老师都是无奈之下的选择,更何况我们呢!他求官,到处碰壁,被迫做老师,却做出了名堂,成了历史上有名的大教育家。孔子的成功告诉我们:有时候"包办的婚姻"也可以很幸福。因为教书不是为别人教,而是为自己教。

2. 在被爱情遗忘的角落里耕耘好自己的"一亩三分地"。1984年我参加教育工作时,教师地位十分低下。那个年代流行这样一个故事:一位乡镇党委书记去自己管辖下的乡镇中学指导工作,看到前来迎接他的女教师很漂亮,一激动就说:"好好干,明年我提拔你做供销社的营业员。"大批男教师找不到对象,即使有个别仙女愿意下嫁给老师,也没有历史老师的份。如果她要浪漫就找语文音乐美术老师了,如果她要后代聪明就找数理化老师了,如果她要找未来的学校领导就找政治老师了,如果她喜欢力量型的就找体育老师了。历史老师基本上处于滞销和无人理睬的位置。再加上那个年代业余生活贫乏,无电视、无电脑、无上网聊天。我又不爱好体育运动,所以只能天天干工作,天天读书,踏踏实实地耕耘好自己的"一亩三分地"。间或有一两个青年女教师分配来学校,简直就是珍稀动物,如果她愿意找老师,则引得一群"饿狼"(男教师)的穷追猛打,"饿狼"之间经常发生矛盾和摩擦,其中不乏拳脚相向。我不喜欢凑热闹,也自知没有实力,所以常常袖手旁观,或充当联合国式调停人。当时,我在宿舍的办公桌上写下自我调侃式的格言:横眉冷对秋波,俯首甘为光棍。其实,哪里有什么秋波让我去冷对,是自己的秋波没有人要,不知把秋波送给谁。1985年,我国设立了第一个教师节,高兴之余,我们一大帮光棍教师在胡侃神吹中说我们也要建立一个自己的光棍节,定在哪一天呢,我们说定每年的农历11月11日吧,什么含义?一双筷子在期待着另外一双筷子的到来(非常具有中国传统文化的特色,夫妻两人就是吃饭过日子),没想到后来流传于年轻人中的娱乐性节日光棍节真的是在这一天(不同的是现在定的是公历),也是这个意思。教了两年书,学校领导发现我这个人不但教书不错,而且还有点协调能力,第三年校长就任命我做了学校的团委书记,享受教务主任待遇,工资一下子长了四级。被爱情遗忘,却因祸得福。

第二个"五年计划":蕴积"宽容意识",力争胜任讲台

1989年8月到1994年7月是我参加工作后的第二个"五年计划"。在这个阶段,大部分青年教师都会有点急躁情绪,这种急躁情绪主要源于我们想急切获得领导和同事的认可(急功近利,急于求成,急于成长,一切以提高学生学业成绩、平均分和升学率为目的,正是这种教育上短期功利性行为往往容易给学生带来显性或隐性的心理伤害)。因此,在这个计划阶段,我们应该具备一定的宽容意识,用自己的学识、能力与教学魅力去吸引学生,提高成绩。

1. 让学生成为自己的粉丝。董仲舒不但是一位儒学大师,更是一位千古难有的销售大师,他成功地把自己的思想和学术知识销售给了当朝最高统治者汉武帝,靠卖思想实现了人生的辉煌。我们的顾客是学生,是汉武帝。我们要像董仲舒一样,不但是一位历史知识大师,而且也是一位出色的推销员,要善于把历史知识和思想推销给学生,让更多的学生成为我们的粉丝。就一般规律而言,学生接受知识如同购买新产品,学生先是接受你(推销员)这个人,然后才会接受你所传授的知识。所以,第一步要让学生接受你;第二步要让学生喜欢你;第三步要让学生离不开你。做到了这三点,就可能像董仲舒一样成功。

要想让学生成为你的粉丝,最快最简单最实用的办法就是把教材读熟,把历史背得如同自己叫自己的名字,形成条件反射。历史也像学语文英语一样,一定要开口读背,读非常重要,如汪精卫的口才十分了得,据说就是小时候读背出来的。读的时候要做到耳到眼到口到心到,日日如此,月月如此,于是你便"聪明"了。教师读背教材要做到"五读俱全":一读目录;二读提示和课文;三读地图和插图;四读习题;五读年表。读熟了教材,学生问不倒你,难不倒你,上课、解答问题、辅导学生,信手拈来,好不惬意。如此一来,学生自然就会很佩服你。

2. 洒向学生都是爱。从第二个"五年计划"开始,我重点确立和坚持"三不原则":以鼓励为主,不轻易打击学生信心;以宽容为主,不轻易责骂学生;以博爱为主,不歧视后进生。可以说,这与我读书的经历有很大关系。记得读高中时,因为理科成绩不好,数理化老师一看到我就摇头。特别是数学老师,更是爱之深、恨之切。他是班主任,数学大考小试,我多以蛋回报。一次,我想请假回家拿点好菜慰劳自己,他当时用鲁迅式的语言对我说:"你数学那么多蛋,够你吃了,不需要回去带菜。"后发愤一个月,数学开始阳光明媚,小考得了九十多分,发下来的试卷让我双眼发直,又是一个"煎蛋",我问老师为什么,他说我是抄数学课代表的。比窦娥还冤啦,我坐第一排,课代表坐最后一排,怎么可能偷看

啊？此后,我与数学彻底为敌了,信心也完全弃我而去;及至另一数学老师出现,他对我另眼相看,鼓励有加,让我从此信心增长,潜力激发,数学高考成绩居然捡了个班级状元。只要真正去爱学生,不歧视后进生,他们的潜力是很大的,我不敢说我自己是一个好老师,但我可以肯定地说,从这个"五年计划"开始我几乎没有批评过学生,许多学生同样把我视为他们的精神导师。

在第二个"五年计划"中,我基本上能胜任历史教学讲台,开始成为学校的历史教学骨干,而且能够成功地把自己推销给学生,并找到了教历史的乐趣,有了一定的"宽容意识",初步获得了学生、学校、家长和社会的认可,担任了学校主管教学的副校长(当时全县重点完全中学中最年轻的副校长)。把一个重点中学的教学重任交给一个二级教师打理,确实也是当时当地炒得很热的新闻。年年教高三,经常在省市"吹水吹牛皮",介绍所谓经验。当时学生还笑话我说:我们老师就差吹水吹到联合国了。

第三个"五年计划":突显"科研意识",打造讲台骨干

1994年8月到1999年7月是我参加工作后的第三个"五年计划"。教书生涯进入这一大转折、大分化的拐点时期,一部分人走向了名师之路,一部分人开始凑合着混日子。在这个特殊的阶段,能不能成为骨干教师或名师,主要取决于是否具有强烈的科研意识,能不能如数如质完成三大任务:一是要顺利实现新知识的腾笼换鸟,更新知识;二是从教而不研走向"在工作中研究,在研究中工作";三是争取评上高级,成为名副其实的"白骨精"。可以说,这是自参加工作以来又一次最辛苦和精神压力最大的时期。在专业方面,原来在大学学到的知识随着社会的进步已进入要淘汰的时期了,知识结构明显滞后,个人专业知识亟须更新。用句形象的话来说,就是在收获的同时也要播种,进入了时不待我的"双抢"时期,由拼体力拼时间拼经验榨取绝对剩余价值,开始通过教育科研和更新知识,更新教学方法,实现自己的教育教学走向哲学化和宗教情怀阶段,向榨取相对剩余价值方向转型。

如何走好第三个"五年计划",重点是让我们的知识在此时得到较快更新,在研究状态中从事自己的教育教学工作。这样能为我们带来新的增长点,增强我们的造血功能,比较快地帮助我们顺利渡过此时普遍出现的"教师职业倦怠期",继续保持我们永不放弃的精神和旺盛的战斗意志,保持我们自己在未来的职业生涯中敢于"亮剑"。

1. 到了旧瓶装新酒、老脚穿新鞋的时候了。从大学毕业到第三个"五年计划",我们原来学过的那点知识早已过时了,如果我们不能及时更新知识,与时俱进,很容易成为只会照本宣科的历史"木乃伊",一个有血有肉、内涵极其丰富的历史学科,就在我们的课堂中变得嚼之如蜡、索然无味。

第一,更新学科知识。即历史专业知识,有学者把它称之为"本体性知识"。更新学

科知识的路径是博览史书,拓宽知识面,关注史学动态,了解最新的史学研究成果;转变观念,在条件允许的情况下自己开发课程资源。

第二,丰富实践知识。即我们所具有的课堂情境知识以及与之相关的知识。这种知识是教师教学经验的积累。教师的教学不同于研究人员的科研活动,具有明显的情境性。专家型教师面对不确定的教学条件能做出复杂的解释与决定,能在具体思考后再采取适合特定情境的行为。在这些情境中,教师所采用的知识来自个人的教学实践,具有明显的经验性。如历史必修二的讲解,就要求我们要钻研一些经济学方面的知识。

第三,拓展条件性知识。即我们所具有的教育学和心理学知识。条件性知识是一个教师成功教学的重要保障。教育学、心理学在不断发展,我们所面临的教育对象学生也随着时代的不同而呈现出不完全一样的时代特点等,这都需要我们历史老师去适应、去追赶时代的潮流。如听懂新生代特有的语言,"粉丝""拍砖""灌水",等等。

2. 把教师职业倦怠情绪及时流转出去。 当我们进入历史教学的第三个"五年计划"时,职业新鲜感开始衰退,很容易患上教师职业倦怠症。怎么办?我觉得有些办法还是挺管用的。

一是参加集体活动。和同事或朋友一起去 K 歌、打球或者爬山,产生归属感,增强自信心。每周至少坚持一次以上,标准是大汗淋漓。人家请你吃饭,你请人家来和你一起出汗,经济实惠。

二是找人倾诉。当班级管理遇到难题时,组织教学遇到困难时,向知心同事倾诉,大家你一言我一语,各自讲出遇到的类似问题,以及采取的方式方法,通过这种喝心灵鸡汤的方法往往能找到解决问题的办法。

三是自我宣泄。找个无人之处大喊,喊五十遍自我表扬:我真的很不错,我真的很不错……;或拼命跑步,或拳打脚踢沙包;或冷静地坐下来反复思忖,并拿笔记下心中的感受,既提高了文字表达能力,又留下了教育、教学工作案例。

四是建立一个自己的社会支持网络。参加一些正式的和非正式的团体,或者在网络上参加一些论坛,认识一圈兴趣爱好相投的朋友。如开自己的博客,网上冲浪,网上视频聊天(指专业历史网站上的聊天)等等。

五是根据自己的需要,邀请一些有相同需要的同事组成一个活动小组,大家在小组中可以相互支持,定期在一起交流经验,共享资源,一起来解决工作中遇到的问题。

六是读几本好书,更新知识,体会阅读之快乐,有兴趣时还可以组织一个读书俱乐部,定期聚一次,分享自己看的好书。

我基本完成了第三个"五年计划",成功地渡过了自己职场生涯的拐点,具备了较强的"科研意识",上述预设目标在本阶段基本实现,个人专著《中学活动课教学法》也开工动笔了,是各种教学经验交流会中的发言常客,被评为后备学科带头人和衡阳市青年骨

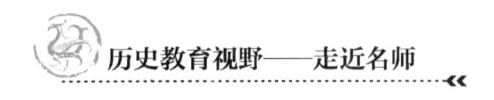

干教师。

第四个"五年计划":提升"名师意识",追求讲台名师

1999年8月到2004年7月是我的第四个"五年计划"。应该说,这个阶段是教师感到最有成就感的时期,要力争从工匠型教师向专家型、学者型教师转变,要有争当名师的"名师意识",并为此付出巨大努力。也许,人生的机缘与运气在此时很容易就被你撞上了,当然,前提条件是你要有足够的实力和资本。

历史的机会永远只给那些有准备和有实力的人。我们是做老师教历史的,宋太祖有四大可爱之处值得我们去学习:在领导、同事和学生面前有一个慈祥和蔼可亲的形象。经常与同事和学生交流感情。在自己追求成功的同时,主动帮助同事和学生走向成功。和谐处理与同事、学生之间的矛盾,只要不是原则性的问题,可以大事化小、小事化了,尽量一团和气。有了以上四点,我们的实力就不一般了:学生的尊重与感谢及好的学业成绩、同事的敬佩、领导的器重、社会的肯定、特级教师的评选等各式各款"黄袍"就有可能纷至沓来。

特级教师这件"黄袍"并不神秘,也不是蜀道之难,只要肯努力,够实力够资本,基本上就不会有太大的问题。按照历史事件的结构要素和要求,我是这样解读特级教师评选条件要求和过程的:

第一,特级教师评选的基本条件。主要是三个方面:一是长期从事教育事业。二是学历达到了基本要求。三是小学或中学高级教师资格超过了五年以上。以上三项基本条件中,第二项学历不能破格,必须是学历达标;第三项是五年台阶,优秀的可以破格,不受五年的限制,2002年,我在湖南评选特级时,就是破格这一项的。

第二,特级教师评选的基本要求。基本要求与我们年终考核大体相同,只是时间拉长了,10年或更长时间,德、能、勤、绩更突出一点:在"德"方面:一是大方向要走对;二是有较好的教师职业道德。在"勤"方面:老师都非常出色,无论是在湖南,还是广东,我看到的领导或同事都是勤力十足。我们东莞高级中学的老师就是一个非常勤奋的集体,也是我们学校十年办学形成的最有影响的特色之一。在"能""绩"方面:能和绩往往是联系在一起的,主要体现在三个方面:一是教育能力强。对教育有一种哲学的思想和宗教式的情怀,长于做学生思想工作,有一帮粉丝;二是教学能力强。是本地区本专业的佼佼者和领军人物,形成了自己的教学风格,所教学生的成绩突出;三是教研能力强。有较多且有较大影响的论文和研究成果在市级以上主管部门获奖或在省级以上刊物发表。不仅仅如此,还要有自己的特色。据反馈:特级教师评选达到第一项、第二项要求的人比较多,即教育教学能力强。相当一部分教师在教研这一块缺乏自己的特色或过硬的成果,没有较为突出的科研能力;虽说中学不是科研机构,也没有硬性的科研要求与科研任务,特级教师评选条件也没有硬性规定一定要发表多少论文,或一定要有多少科研课题获奖或出版多少部专著。但如果你有,而且有特色,则在评选中拥有较大的优势,做到人无我有、人有我优。这也是我参评特级教师时最有特色的一块(有几十篇论文发表或获奖,出版了《中小学活动课教学法》)。基于自己的体会,特提出建议如下:在你为学校为学生付出的同时,一定要记得发展自己,再忙,也要抽点时间写写你在工作中的所思所想,整理成文,或发表于网上,或发表于杂志,或获奖,既提高了自己,又扩大了影响,何乐而不为呢!

第三,于我而言的"运气"。2002年4月,省里三年一次的特级教师评选工作开始了,我们县教育局很重视,因为我们县是革命老区,已连续多年没有人评上特级教师,属特级教师在职空白县,前几届评选送了几次材料,均无人跃过。当时,我也不符合条件,因为我评上中学高级教师才两年。也许是教研这一块有点特色吧,市教育局建议说:衡东要增强特级教师评选的竞争实力,要想办法把毛老师的材料报上来。就这样,市、县教育局决定让我破格申报,我自己当时还与领导开玩笑说:这是拔苗助长。当时我38周岁,高中特级教师评选一般是在45周岁以上,绝大多数是在55岁左右评上的。材料送省后,好"运气"又来了,省里评选的指导思想有点小变化,以往评选上的特级教师由于年龄偏大,大部分人评上以后就差不多要退休了,本届特级教师评选,要评选一部分四十岁左右相对年轻一点的中年骨干教师,要让他们在评上后,还能在较长工作时间内发挥示范性的作用。一个政策的小变化就让我成为最大的受益者。

第四个"五年计划"超额完成了任务,正在努力实现从工匠型教师向专家型、学者型教师的转变,有了比较强烈的"名师意识",也开始发挥更大的示范性作用。出版了《中小学活动课教学法》,填补了中小学活动课没有教学法的空白,"意外"评上了特级教师。

第五、六、七、八个乃至以后的"五年计划":彰显"生命意识",甘做讲台导师

2003年是高中新课程改革的开局和启动之年,也是我40年教书生涯的分水岭(以国家规定60岁退休为标准,刚好把自己四十年的教学生涯一分为二。前20年在湖南,后20年在东莞)。2003年,如火如荼的广东新课程改革与十分漂亮的东莞大道把我吸引过来了,由此开始的后四个"五年计划"(第五、六、七、八个计划乃至以后的"五年计划")让我在东莞有了绽放精彩的机会,我非常清楚肩负的两大历史使命已悄然莅临:一是要做好讲台导师,主动积极为青年教师服务,当好他们成功的阶梯或"垫脚石",在东莞这片热土上为青年教师的茁壮成长贡献自己的力量,一如梁启超所说:"未学英雄先学道,肯将荣瘁校群儿。"二是要常常追问历史学科的生命教育功能,树立坚定不移的"生命意识",

让自己的课堂成为名副其实的生命课堂。

1."未学英雄先学道"。要为青年教师成长与成材服务,就必须成为花岗岩一样的垫脚石。早年学过的知识和工作累积的经验大多已成为岁月的"风化石",正在快速地风化与剥离。因此,我们要做的第一件事情就是老钢重回炉,清水淬其锋。不惑之年的我特别需要适时"淬火",来东莞十年就是我不断淬火的十年。在这里,我十分感谢毛雁行、夏辉辉前后两位历史教研员,柴松方名师工作室和东莞市历史学科带头人这个团结和谐的团队以及众多活跃在东莞历史教学课堂的优秀青年教师。是他们用学科带头人和名师工作室导师这两块金字招牌为我树立了一个新的标杆,让我在参加省市教研室的各项活动中得到了更多学习与提升的机会,使我不断通过更新知识来增强自己的造血功能,和历史教学的新增长点。两次被评聘为东莞市学科带头人与其说是一种荣誉,不如说是鞭策我前进的擂鼓声,让我不断归零,不断苦学觅知,不断去追求历史教育的本真。

2."肯将荣瘁校群儿"。来东莞十年,不但是自我学习与提高的十年,更是为中青年历史教师服务的十年,"表率作用""示范作用""引领作用"和"促进作用"虽然没有其他学科带头人和名师工作室的兄弟姐妹做得精彩,但我在不断努力。

第一,主动积极为东莞市历史教学建言献策。当广东省准备采用三加小综合模式时,我就这种变化和历史学科特点向市教研室历史教研员提出了"重新构建新高考模式下的历史教学质量评价新模式",并把研究成果及时总结上报,获得了当年市论文竞赛一等奖。即评价依据由原来直接通过高考历史成绩评价教师实绩改为把市、校统考成绩作为评价的主要依据;利用现代计算机技术的恰当介入,让"立足不同起点 重在走了多远"成为未来新高考模式下对历史教学质量进行评价的主要方法。这一模式基本克服了中学历史教学质量评估中的主观性和随意性;既可以用来自查自比,也可以用于全市、学校与学校、班级与班级、学科与学科之间的对比,具有较大的实际应用价值。论文《立足不同起点 重在走了多远——构建广东新高考模式下历史教学质量评价新模式》也在核心期刊上发表。与此同时,我积极参加由夏辉辉领衔研究的东莞市招标中标课题"中学历史优质课常态化研究与实践",是本课题组的核心成员之一,2011年,本课题获得了广东省创新教育成果二等奖,东莞市教育科研成果一等奖,为东莞成为全国历史教研最为活跃和最有成效的地区做出了较大贡献。现在,我又基于当前历史课堂所存在的问题,如苍白的知识框架、无数乏味的概念、生硬的说教、缺失探寻历史细节的学术眼光等现象,开始在每一堂课中积极探寻与运用能够让课堂活色生香的历史细节。主持和申报的课题"基于高效课堂运用历史细节的策略研究"已获批为东莞市基础教育科研"十二五"规划2012度立项课题。正在研究和探索:如何在历史细节中见微知著、重建现场、呈现进程、层层探秘、钩沉思想和彰显多维?如何让历史细节在点拨重点、阐释难点、探究疑点、品味亮点等方面发挥其不可替代的作用?

第二，积极参与东莞市历史学科网站和名师东莞的开发与建设，上传教学论文、教学案例、教学反思、教学设计、教学随笔等一百多篇，是名师东莞网上最活跃的博客成员之一。作为"中学历史教学园地"网站特聘顾问，我也开辟了"特级教师毛经文"专辑。通过网络和教研室学科带头人这两个平台，将本人的一些教学心得和做法抛砖引玉式地辐射到全市乃至全省、全国。2011年5月，参加"广东省中小学特级教师教学支援行动计划活动"，现场上示范课"经济体制改革"，主讲"不断把历史话题揉搓成课题研究"。与此同时，我还不断通过网络平台和历史学科知名专业网站，与全国各方高手经常交流，这些弄潮于历史教学前沿的"活体"，都是我学习的对象，不断增加我头脑中的"思想风暴"。

第三，关注高三历史教学与备考。连续几年担任东莞市高中历史新课程改革指导小组高二或高三组组长，为全市高中新课程实验工作、高考备考、指导青年教师成长努力工作；多次在东莞市教研活动中先后承担示范课、公开课、观摩课、专题讲座；利用《东莞时报》这一平台，为全市高三学生备考服务，并经常把自己任教高三的一些做法与心得拿出来与大家分享。

第四，与青年教师一起成长。2008年和2011年先后两次在全市青年教师论坛和柴松方名师工作室研讨会上介绍自己的成长历程，用自己的体会说明成长的意义，激励青年教师成长；为全市青年教师服务，甘当人梯，先后培养和影响了章丽方、温芳桃等三十多位优秀青年教师。在本校"导师制"活动中被评为"优秀导师"。历史科组的几位年轻教师积极肯干，成长很快，且各显特色。曹军辉曾是我校乃至东莞市最年轻的年级组长和校长后备人选，高中历史教学比武摘取东莞市一等奖，2008年东莞市中学历史青年教师论坛重点推介了他的成长经历，并在大会上作了典型发言。陈娓斯成为课件制作的行家里手，近百个课件在网上流行，是中学历史教学园地的五星级课件高手，备受同行追捧。赵晓东、杨山坡老师成为我校青年教师中的佼佼者，市教学比武和论文竞赛均获一等奖，现已成为我校高三历史的把关教师。

我的历史教学之路正走向第七、八个"五年计划"，不管何时退出历史讲台，我始终认为：做老师教历史是一门好职业，不但可以糊口养家，而且可以有自己的思想，即使是做不成史学大家或教育名家，也能做一个有思想的"历史小贩"（我的网名），因为做老师教历史确实值得我们去思、去想、去行动！

（本文选自《中学历史教学参考》2013年第4期）

「历史教育可以为学生提供一个可资借鉴与反思的世界，给人一种道德判断价值取向，一种思维方式，一种内在精神。我们追溯祖先生活的足迹时，往往是语焉不详，探讨当今社会热点时，又往往莫衷一是。毋庸置疑，说明我们阅历见识远远不足，这就需要老师在辅导学生时有所选择，扩大阅历。」

孙曙光 曾任深圳市翠园中学高级教师，深圳市南山区、罗湖区历史教研员，深圳市罗湖区学科带头人。广州华南师范大学《中学历史教学》特聘顾问、广东省基础教育新课标指导组成员、翠园中学研究性学习、社会实践大科组长。曾获全国第一届研究性学习网络大赛二等奖、广东省新课标教学设计一等奖、全国十五重点课题广东省一等奖。校本课程专著《历史文化遗产保护与城市文明塑造》获第二届全国研究性学习成果评选一等奖。

不信东风唤不回
——走在历史课程改革探索之路上

○ 孙曙光

课标前的观念热身准备——反思历史教育的真谛

作为一名历史教师,我经常自问:历史到底是什么?是汗牛充栋的典籍,浩如烟海的史料,还是苦涩年代的诵念,风云岁月的堆砌?人们一提起历史,印象似乎是孤僻,繁杂,固滞,历史是一团模糊不清的过眼烟云,付出艰难识记代价留下心理失衡的懊丧。在司马迁看来,"历史"就是"述往事,思来者",其作用是"究天人之际,通古今之变"。可见,历史是一门古老的传统学科。

然而在希腊语中,希罗多德赋予"历史"一词的初意本为以智者的心态来"探讨""研究""征问""问而知之"。在希腊文中,"历史学家"的词义为"研究者"或"真理的探索者"。古希腊人曾将历史教育分为三种类型:第一,叙述过去;第二,为理解现在而追述过去;第三,为展望未来而探索过去。不管"叙述""追述",还是"探索",都将探究的内涵赋予了历史教育[1]。可见,历史教育的真正意义更在于"历史意识、社会意识和生命意识的不断锤炼与升扬"。英国历史学家卡尔说:"历史是现在与过去之间永无止境的问答交谈。"英国历史学家柯林伍德也说:"是人类历史的叙述,是人的事迹、人的目的、人的成功与失败的历史。"归根到底,是生命个体的生存权利和尊严感的人文的历史。

反思我们以往的历史教学,哪有什么历史感?哪能体现出历史的人文教化功能?中学历史教育长期盛行"仓库理论",认为"大脑是储存事实的仓库",教学即用知识去填满"仓库",助长的是呆读死记的风气。历史教学似乎总在扮演一种往昔历史的转述者与说教者的角色。然而唯独人文精神才对人类生存意义及人类命运抱以终极关怀,思考"人"的存在,关注"人"的价值和"人"的生存意义,对人类命运、人类的痛苦与解脱加以思考和探索。人文精神对人的终极关怀,更多的是属于形而上的,探问的是人的终极价值[2]。人文教育的基本精神就是强调人性的培育和理性的养成,促使个人在智慧、道德和身体方面的和谐发展。历史教育能为学生提供一个可资借鉴的世界,给人一种道德判断、一种价值取向、一种思维方式、一种内在的精神、一种对社会的认识和理解。它教育人们怎样做人、怎样做事、怎样面对人生、怎样面对社会等等。正是隐藏在历史知识之下的深层次的内涵,给我们的学生以一种人文精神的熏陶和人文素养的培育。康德说,教育的目的是使人成为人。蔡元培说,教育是成就人格的事业。借用儒家的思想来说,教育的意义就在于"成人"。子曰:"若臧武仲之知,公绰之不欲,卞庄子之勇,冉求之艺,文之以礼乐,亦可以为成人矣。"[3]我们认为,从现代意义上说,教育的根本目的是促使人更加和谐和持续地发展,从而更有价值地生活。

课标前的实践热身准备——塑造活态的现实的生活历史观

年青的朋友,你知道历史是什么吗?当你翻开书卷或打开视频时,映入眼帘的是鏖战沙场的刀光剑影还是政殿里运筹帷幄的胆识智慧?是向宇宙苍穹求索的神秘还是人与自然协奏曲的和谐?在浩瀚的史海悠悠泛舟时,你是否想过何时才能驶到胜利彼岸,那充满生机的绿洲?

年青的朋友,你知道历史是什么吗?当你慢慢地揭开历史女神克丽奥的面纱时,你会惊讶地发现她是那么俊秀、充溢着青春的气息,就像蒙娜丽莎的神秘微笑一样令你惊叹、倾醉。历史之神啊,你充满人本的神韵,催发了人类无尽的遐思。然而我要说:历史啊,她就在我们现实生活中,与我们共同呼吸,彼此伴随……历史并不仅存放在书斋档案馆,为大千世界构建框架与轮廓,她绝不是高阁书斋的秘符,拒我们于门外:她更是求知青年倾诉情感的挚友与抖擞个性的舞台。

历史研究缺乏的是对人们的现实生活热点的理性思考。研究现实生活,是人类赖以生存、进取和发展的基本方式,这是历史课程改革必须敞开的大门。马克思说:"现代历史著述方面的一切真正进步,都是当历史学家从政治形式的外表,深入到社会生活深处时才取得的。"生活是文化之源,从物质生活到精神生活,将人类文化的外在形式与深层的价值内核结合起来考察,是人文社会科学研究的必然趋势。

然而,当我们向学生追溯祖先的生活内容时,往往是一知半解,模糊不清;当我们与学生探究当今社会热点问题时,往往是牵强附会,语焉不详。谁不知,当今社会史、宗教史、风俗史、文化史彼此交叉,融会相贯?谁不知,衣食住行、婚丧喜庆、日用器物、风俗情趣、环境保护、教育科技、国际纷争、军事抗衡,无一不是文化的载体,它们具体而生动地勾画出我们时代的特征与民族文化魅力?

历史就在息息相关的现实生活之中,与我们并不遥远。论学术,她人文蕴涵丰富,文化积淀深厚;论现实,她能明智,是青少年启迪智慧的朋友。多少年来,人们在悠久历史长河中寻觅与发掘历史内涵,探究真谛;同时,人们又怀着美好的憧憬,去审视今天的行为并创造今后的历史。历史是已消失殆尽的过去,而现实又是正在活动着的历史。两者在不同时空中承担着不同内容,共同统一于人类文明进步的长河之中。研究性学习,就历史课程改革的内容而言,尤其有必要强调后者。历史教育教学应是一渠流畅的泉水,一首生动的生活进行曲,一部有血有肉的师生双边活动纪实。当今社会的经济、政治、民族、外交、文化、宗教、国防等关系盘根错节,风云变幻,都可以在历史研究中找到渊源、联系、共通与契合。在专家眼中,历史是一门高深的学问,在经过研究性学习洗礼的同学们心目中,她是一杯清醇的甘露美酒,一杯淡雅宜人的香茗,她时时伴随着我们呼吸与生存。满足学生在开放性现实情境中主动地探索研究、获得亲身体验的需要,研究性自主学习可谓不可或缺。历史研究性学习课程,应该以社会、自然与人生作为研究对象,大胆地拓展课堂教学"时空领域",运用学生群体交互激励机制,创设无拘无束的民主气氛,给学生自由成长的土壤,还学生自由呼吸的空气,唤醒学生的创造力潜意识,促使他们逐步上升为一个变革者与思想者,进而真正主宰自己的生命。

如何把社会生活转化为课程的内容呢?关键要对准历史研究的焦距:如何平衡人与人、人与社会、人与自然协调发展问题;如何解决民族、宗教、地缘的隔阂与冲突问题;如何争取全球和平发展与制止大国强权争霸问题;如何解决空前庞大的人口压力以及生态浩劫和环境污染问题;如何协调经济科技腾飞以及饥饿、文盲和贫困的问题;如何评估中华文化伦理与鉴别西方哲学价值观问题……笔者的具体实施方法是,先在课堂上布置上述问题的知识背景,让学生在课后通过网络、图书馆、阅览室、博物馆搜集信息,在这一过程中发现问题确定专题,设立假说,然后对数据、资料进行分析,以实证方法证明假说。

尤须关照的是,历史有荣耀的传统,但也有落伍的遗恨。针对历史,剖析传统是一件有益的事,而展望世界、珍视现实,更是人类世代共同的责任,它将使教育成为一片充满生机的绿地,尽管绿地中不免有荒原与沼泽,但大好春光毕竟已经来临[4]。

新课标的大胆实践——研究性学习打响历史课改的前哨战

开展研究性学习是我积极投入课改的行动之一,我选择的课题之一是"深圳文化遗产的忧患和城市文明的塑造"。我和学生充分调动了深圳市的土地资源和网络资讯,先后组织师生调查核实了南山、龙岗、宝安、罗湖的地方史料,以对社会负责任的公民身份向市政府、市人大与国土局提出了具有建设性的主张和意见,得到了媒体的呼应,赢得了良好的社会反响。下面摘录一段学生的心声:

敬爱的深圳市政府领导:

我们是翠园中学实地考察深圳历史文化遗产保护小组的学生。通过调查核实,我们有心里话想与市领导交流。

深圳是一座借改革开放春风崛起的现代化都市。但作为中华民族的一块世世代代的栖息地,她也有自己悠久的历史。她决非无源之水,无本之木。当你陶醉于"一夜城"辉煌中,是否想过先辈开拓热土的血汗?是否看到历史车轮在这方热土上留下的斑斑痕迹?拂去历史的尘封,今天我们终于看清了深圳历史年轮的轮廓:6000年的新石器开发史、1700多年的郡县史、600多年的南头城堡和大鹏城堡史、300多年客家移民史……这一切奠定了深圳历史文化的根基。我们今天的文化,不是海市蜃楼,她植根于我们脚下的大地,是由一代又一代人的心血汗水浇灌发育起来的。毁掉了文化遗迹,我们就看不见今天发展的基石,就无法告诉后人我们是从哪里来的。作为一个现代化城市,其历史年华往往被流光溢彩的现代文明绚丽光环所掩盖,长期藏在深闺无人辨识。我们要进行根文化的追觅。城市现代化离不开对历史文化遗产的宽容与尊重。亡羊补牢犹未晚,感叹与焦灼不如赶快行动。对大鹏古城实地勘察使我们获得了一个自我发现、自主学习以及与同伴合作切磋的机会。我们认识到,学校书本教育的资源毕竟是有限的,不能包揽我们对社会的正确体验与感受,更谈不上对构建和谐社会提合理化建议了。尽管媒体对大鹏古城的保护进行了正面的渲染报道,但我们实地考察的结论却恰恰相反:大鹏古城虽有建设,但远远不够。破楼烂壁闷煞了古城春色,使我们非常痛心。深圳经济综合实力已进入全国大中城市最前列,它必然要带来社会文化的深刻变革。所以,保护与规划历史文化遗产,促进对文化资源的开发利用是我们的一项责无旁贷的任务。我们要对历史负责,否则就遗忘了民族传统。我们呼吁政府和社会都来负责,这就是我们强烈的愿望。在市政府确立"文化立市"的战略目标实施之时献上我们中学生一份宝贵的调研报告与社会建议。[5]

我们感到欣慰,学生的言行,正是他们对可持续性发展观念的高度重视及当代发展价值观的认同。

新课标的创新实践——构建师生互动知识平台

设计课堂活动氛围,构建师生互动平台

"动人心者,莫先乎情"。要让历史"活"起来,就必须要让我们的课堂教学活起来,让课堂主体——学生动起来。当然,这个"动"主要指学生内心世界的动,思维的动,情感的动。换言之,就是使学生在历史学习中感悟和生成一种具有历史深度的眼光、思想和智慧,生成正确的人生观和价值观。

我的"罗马法的起源"一课的设计,可谓别出心裁,寓意深刻。我以法庭说案的形式组织教学,让学生扮演不同角色,通过唇枪舌剑的辩论,依照罗马法的内容与程序,结合课本内容去判案。我设计的案例是:古罗马大将恺撒进兵埃及,与美丽的埃及女王克丽奥佩特拉一见钟情,两人还有了一个私生子,取名托勒密·恺撒。当恺撒归国执政之后,克丽奥佩特拉携儿子赴罗马与恺撒相会,并向罗马法庭为自己和儿子申请罗马籍。然后

提出一系列问题,请学生去讨论、评判、感悟:法官会判克丽奥佩特拉和她的儿子享有罗马籍吗?为什么?这种现象合理吗?怎么解决托勒密·恺撒"罗马籍"问题?这个案例另辟蹊径,大胆创新,使课堂教学逐渐变"灌"为"导"。在这样的教学中,"教材""教师"与"学生"一起,都成为历史学习的"课程资源"。学生逐渐养成自由讨论、自主探究、合作学习的习惯,教师在教学中也真正起到了"四两拨千斤"的作用。一场历史活动课的设计和实践,告诉了我一个正在尝试的真理:历史课堂只有焕发活力,才能成为生命教育的绿洲。

"音乐与美术"一课的教学是个难点。学生在初中教材中涉及世界文化史内容偏少,对于贝多芬、莫扎特、梵高、毕加索这些如雷贯耳的艺术大师仅有朦胧而肤浅的印象,对于艺术精品的时代内涵及艺术特色的深层次把握更无从谈起。或许唯其如此,一旦有人点拨,引他们步入艺术的殿堂,他们一定会与教师多一份默契,从而接受美的熏陶。当然,这堂课对教师的艺术修养要求较高,既要教师本身气质优雅,又要教师用语形象,能够尝试着从学生的感知出发来讲授,激发想象、诱发情感,引导学生渐入艺术佳境,让他们的思绪若漫步徜徉又似遨游驰骋,能够感知具体美的物象,又能获得审美和情感的陶冶,从而有志于追求高尚与健康的情趣。教师用语事先需设计,描绘与呈现或需浓墨重彩或要细致入微,观察与思考或要理念新颖或需比较鉴别。师生沟通互动的平台,就这样随着一扇扇知识的大门被层层叩开,而自然搭建起来。

"音乐与美术"一课,是学习西方近代艺术发展史,但又不是单纯的艺术类鉴赏课,而是作为人文艺术的鉴赏课,不仅必须结合"时代"背景,同时还要理性地去诠释作品的精神内涵和艺术价值观,促使学生深刻理解艺术家在创作传世佳作的过程中,展现给我们的炽热的人文情怀、崇高的社会理想和对艺术真谛的执着追求。这才是更珍贵的历史文化遗产,也是教学价值所在。

教材是以时间顺序将音乐与美术两方面的知识糅合在一起来呈现的,这固然有助于对理性概念的体会,但无助于音乐与美术各自线索发展脉络的把握与艺术特征效果的总体领悟,学生在品悟音乐与美术艺术特征时容易混杂。鉴于此,我按照学生的认知规律大胆地改变了授课程序,将音乐与美术截成前后两个板块分开叙述。古典音乐、浪漫音乐、印象派音乐以及现代流行音乐,我播放了典型篇章让学生欣赏与品味;古典绘画、印象派绘画和现代派美术的精品,则制成课件让学生鉴赏与品味;台上老师的激情表达,台下学生的心领神会,台上与台下交流互动、随意对话、各抒己见、彼此呼应,质疑与点拨恰如其分、雅俗兼得,无非想使学生的价值观与审美观也能真正得到提高。师生在如此欢愉轻快的氛围中,深切地体验和感悟人类文化遗产永恒的魅力,正是我设计这节课的宗旨,事实证明收到了较为理想的效果。

布置开放性作业,让问题在实际的工作中浮现出来

皮连生教授在《学与教的心理学》一书中曾说:"任何知识的获得都必须通过学生主

动的同化才有可能。"在布置作业时,开放性作业就是一个创新。例如,我在"新潮冲击下的社会生活"一课的作业中,就引导学生进行了"关于近现代社会中国人生活状况的变化"的社会调查验证。由于调查内容与学生的生活密切相关,学生的探究兴趣不激亦强,况且我还动了心思激发他们。先按衣、食、住、行四个方面把学生分成四个组,以便学生探究的目的性更明确,也有利于形成竞争机制。在探究学习的过程中,我们引导学生运用查阅文献资料、上网搜索、访问专家学者、询问家中老人、寻找历史遗迹等多种手段收集材料,对近现代中国人的衣、食、住、行的变化情况进行了广泛的调查和分析。经过引导,学生逐渐学会了如何鉴别材料,如何利用手中掌握的材料来提炼、说明、论证自己的观点。最后,每个小组的学生都撰写了论文,制作了精美的课件,其中包括生动的图片、丰富的历史资料、有力的论据和他们有见地的思考。有些学生甚至认为,现代人的住房条件虽然发生了变化,但是却失去了特色。他们写道:"当高楼大厦取代院落成为人们生活的主要载体,城市与城市之间的区别也日益淡漠,城市的面孔变得日益模糊。当你站在公寓中向外看去,看到社区的万家灯火,你怎能知道究竟身处哪一座城市,东京还是纽约?北京还是上海?"可见,通过这种探究活动,学生不仅学会了探究的方法,还引起了他们对历史以及现实问题的深入思考。

　　教育的艺术,说到底是师与生的磨合,心与心的交流。苏东坡《琴诗》云:"若言琴上有琴声,放在匣中何不鸣?若言声在指头上,何不于君指上听?"弹琴既要有琴还要有指头,两者巧妙统一,才能优美动听。教育学生也一样,只有师生融洽,心灵相通,才能弹奏出优美的教育乐章。"师不必贤于弟子,弟子不必不如师。"在现代信息社会,教师的学识不可能通晓一切,每个学生都有自己的个性特长,完全有可能在某些地方胜过自己的老师。教师应该放弃权威观念,采取平等、诚实的态度与学生共同研讨与思考,不要怕露短与出错。只有在这样民主、平等、和谐、宽松的气氛中,学生才会消除畏惧心理,敢于并乐于参与教学过程,从而释放出自己的个性,不时闪现出不同凡响的智慧火花,师生之间也才能互相接纳、互相敞开、互相理解,从而达到互教互学、良性互动、共学知识、共享智慧、共同发展的理想境界。

---

[1] 赵亚夫.日本学校社会科教育研究[M].北京:北京师范大学出版社,2001:84.

[2] "人文精神"论争再思录[OL].文化研究网,http://www.culstudies.com.

[3] 孔子.论语[M]//四书集注.长沙:岳麓书社,1987:25.

[4] 孙曙光.科学走进社会生活(历史)[M].海口:南方出版社,2001:6.

[5] 孙曙光.历史文化遗产的保护和城市文明的塑造[M].北京:知识出版社,2004:100.

(本文选自《中学历史教学参考》2009年第11期)

「一个人要想做成一件大事，或者成就一番事业，专业功底固然重要，但比专业功底更重要的是他的视野、境界、谋略、格局！」

梁仁华 江西吉安人，有小学、初中、高中、大学的教育教学经历，从事教研工作多年。曾任广东省中学历史教学专业委员会副秘书长、广东省普通高中教学水平评估专家、广东省义务教育学科专家委员会专家、广东省历史学科优秀教研员、《中学历史教学参考》特约评论员。在省级以上刊物发表论文30余篇。

在迷茫中探索，在平凡中奋发
——谨以此文献给正在成长中的青年教师

○ 梁仁华

一、大舞台、大场景

在井冈山余脉的东端，有一片郁郁葱葱、绵延起伏的群山，它叫东固山。东固山的乳汁孕育出一条宽阔清澈的河流，它叫富水河。富水河畔，有一个古老而神秘的村子——典型的明清建筑、浓厚的红色文化，被誉为赣文化典型代表的"庐陵文化第一村"——吉安市青原区文陂乡渼陂村（简称陂头），这就是我的家乡。

我的家乡地处吉安、吉水、泰和三县交汇处，这里芗峰东立、象岭西护、瑶山南耸、富水北流，真可谓山抱水环，天然形胜；这里山清水秀、土地肥沃、水运方便、人口稠密、人文鼎盛。在这个面积约一平方公里、人口约三千的村子里，有明清建筑300余栋，有古祠堂、古书院、古庙宇、古楼阁、古牌坊20余座。村子南端的梁氏宗祠巍峨壮观，村子北端的万寿宫富丽堂皇。在北边的富水河畔，是青石贯通、店铺林立、古色古香的漫长街道。在村子的中间，有一棵十人环抱的参天古樟，虽被雷劈成两半，但仍参天立地，傲然挺立。在村子的周边，28口大水塘如珍珠项链般串联环绕，小桥流水，息息相通。村子的布局大为讲究，也不乏奥秘。整个村子的巷道呈八卦型，全部卵石铺成，排水设施完备；村子没有笔直的巷道。古街呈S型，像流水般柔美地弯过去再折回来，人们站在街头望不到街尾。这里的一街一巷、一砖一石都渗透着东方的智慧、中国哲学的韵味和庐陵文化博大精深的内涵。这是一座集古代农业文化、儒商文化、宗族文化、建筑文化以及近现代革命文化于一体的历史博物馆。正因为如此，她吸引了众多电影人的目光，《决裂》《山重水复》《闪闪的红星》《井冈山》等，有很多镜头就是在这里拍摄的。大凡到过我们村子拍电影的导演、摄影师、美工、演员，穿梭于曲折的古巷，俯仰于各式建筑，无不为我们家乡优美的景色、典型的建筑、厚重的历史、浓郁的风情而感慨万千、流连忘返。

这是一座村镇合一的村子,这是一座融会了多种文化元素的村子,也是孕育了我的童年、少年,并且至今仍然令我魂牵梦绕的村子。在这里,别提你的官有多大,要知道,这是个出过大军区司令员的村子,光是将军就有6位。著名作家魏巍在《谁是最可爱的人》里倾情讴歌的志愿军第38军,其军长梁兴初就出自这个村子。在这里,别说你的钱有多少,要知道,历史上这里有四个大家族操控着南昌的金融界。在这里,别称你的学问有多深,要知道,历史上这里出过翰林大学士,而在当代,出任过名牌大学系主任的就有好几个。

这是一个民风淳朴与民风强悍并存的地方。村子是个社会的大舞台、人生的大舞台,在这个大舞台、大场景里,上演过大大小小的历史剧与现实剧,其剧情或长或短、或悲或喜、或苍白平淡、或动人心魄。我有时是观众,有时是小演员,那些我或亲身经历、或耳濡目染、或感同身受的历史剧与现实剧,使我在童年和少年时期,就对社会、对事情、对人物、对人生有了自己的观察、思考、分析、判断,它帮助我拓展了视野、丰富了见识、清洗了灵魂、挺直了脊梁、凝聚了情感、坚定了信念。

二、似梦非梦

我出生在一个普通农民家庭,父亲做裁缝,风趣幽默但家教严格,母亲从事农耕与纺织,情感丰富但不乏远见卓识,父母为人真诚善良,在村里口碑很好。我有三个哥哥、两个姐姐,那个年代,我家是村里的贫困家庭,也是弱势群体。为了摆脱贫困,为了改变命运与人生,父母对我们子女的谆谆教导是:真诚为人、四季勤奋、读书上进。在家教与社会环境的影响下,我们兄弟姐妹都比较争气,立志成为有尊严、能自食其力的人。大哥是大学毕业,从事农业技术工作;二哥中专毕业,从事教育工作;三哥虽是中学毕业,却是村里的笔杆子。我的三个兄长在村子人的心目中,个个都颇为聪明。这种情况,对在20世纪60、70年代的贫困农村与贫穷家庭来说,已是很了不起的教育成果了。

我是在我们村里读的小学,而我们村的小学是当时公社的中心小学,教育教学质量比较高。我读小学较早,但辍学也较早,四年级刚开始便遇到"文革",父亲看到"文革"的混乱,料想到这样读没有出路,便让我中断学习,跟他学裁缝。在当时的农村,不读书,学一门技术,对一个孩子来说是难能可贵的事。我当时由于年幼,对人生走向似懂非懂,便懵懵懂懂地跟着父亲学了一年的裁缝。由于我对学校学习生活很向往,对学裁缝不感兴趣,所以在听说公社的中学复课了、学校就在我们村里的万寿宫的消息,就向父亲说了我的想法。在我的要求下,父亲欣然同意我去读中学,并帮我找关系。我作为社会青年进入中学课堂时,忽然之间似乎长大了,对学习非常渴望,上进心也特别强。由于我们家乡的文风较好,老师很敬业,所以在课堂内外,我的确学了一些东西,激情与涵养也明显增长,学习成绩也一直是年级的尖子。但当时,学校的办学思想是除了学文化,还要学工学农学军。为此,学校让我们这些学生在离学校十余华里远的大山脚下,用锄头开垦了120余亩荒地为农场。在初中的日子里,每周都有1天劳动,即全校师生到15华里外的大山里砍柴火并将柴火挑回来,每学习3周便要自带大米到学校的农场劳动1周。劳动锻炼了身体,增进了师生之间的了解与友谊,但确实压缩了文化学习的宝贵时间。由于当时要求学制要缩短,两年初中之后,便考入高中,又开始了两年高中的学习生涯。在高中阶段,我已经进入成熟期,除了学习更主动更刻苦、成绩仍然是年级的尖子外,在人生规划、未来设想方面也有了憧憬,只可惜当时是推荐工农兵入大学,所以我高中毕业后便回乡务农。

回乡务农对我这个踌躇满志的热血青年来说是十分不情愿的,但也无可奈何,因为当时无处可去。于是,在村里除干农活外,空余时间,跟着三哥学做砖。半年后的冬天,我和生产队的人正在山上修水渠,大队书记忽然找到我,要我去公社的中心小学做民办老师。当时我真是非常惊喜,因为想去的人很多,凭关系,怎么样都轮不到我。后来才知道,在人事挑选方面,学校和大队领导还真是看重我的才学。于是,我放下锄头,拿起粉笔,做起了民办老师。在一年左右的小学教学生涯中,我的收入虽然微薄,但工作和生活都很愉快,也很得学生的喜爱和领导的器重。一年后,父亲工作行业里的工商联有政策规定,职工子女可以招工顶替,对职工子女来说,这意味着可以跳出农村吃商品粮了。于是我离开小学,带着教师的高雅与敬业到离家8华里远的值夏木器社学做家具。到了木器社我才知道,这里有一批非常优秀的师傅,在整个吉安地区,这个木器社的水平是数一数二的。虽然木工的劳动比较辛苦,但收入可观,加上它是需要智慧和技术的活,因此我在学徒期间积极而认真地工作着。一年后,我制作的家具被社里挑选为礼物送给地区的领导,这说明我的技术达到了一定的水准。由于我被街道组织推荐到公社群众大会上发过言,公社领导认为我是个值得培养的人才,因而被强行抽调到公社的"两打"办公室,干起了打击投机倒把、打击贩卖粮票油票并兼管打击偷盗的工作。在"两打"办公室那几个月的日子里,工作紧张,但充满刺激。

在一个冬日的早晨,我出差回家,在赣江的客轮上,广播播放着国家恢复高考的消息,当时我并没有特别激动,因为不清楚是真是假,但这一消息还是给我带来了一丝希望。回到单位后,人们议论纷纷,也极力鼓动我报名应考。这时我才相信了,也开始意识到:靠我自己实现理想、改变命运的机会到了! 我心潮澎湃、眼睛放光、振奋不已,像换了一个人。当时最想做的事是请假复习,最害怕的是请不到假。经过几天的努力,公社和木器社领导准了我的假,但这时离高考只有十多天了。在那十多天里,我拼命地找书本、找资料、找老师,拼命地做数学、写作文,拼命地背历史、地理、政治。虽然我高中毕业已3

年,知识忘了不少,而历史、地理根本没有学过,但我很自信,相信自己能考上,因为我有较好的学习功底。同时我认为:我作为父母多年苦心培养的儿子,在这个关键时刻,我必须为父母争气、为家庭争光、为自己负责。苍天有眼,考试下来,我被录取了!这就是难忘的1977。

在春寒料峭的1978年春季,我跨入了江西师范学院的大门,在历史系开始了四年的寒窗生活。多年曲折辛酸的经历,多年对大学学习的向往,教师们对百里挑一学子成才的渴望,这一切,决定了我们这一代大学生的理想是远大的,品质是高尚的,人格是健全的,学习是刻苦的。四年大学生活留给我最珍贵的不是历史知识的积累,而是教授和同学们宽广的胸怀,健全的人格,科学的态度,敬业的精神,它是我后来工作中取之不尽的宝贵源泉。江西师范学院,这是第二个令我魂牵梦绕的地方。

三、一路高歌

大学毕业后,我工作的第一站是江西省吉安县中。这是地区的重点中学,云集了一批优秀的领导和教坛高手,但由于"文革"中教育领域受冲击太大,因而这里也是百废待兴,许多东西尚处于探索之中。不过,这一切反而给我们刚参加工作的新老师提供了施展才华的空间。我目睹了傅新民、彭日钿、肖忠诰、毛积铎等年轻教师在教学和班主任工作探索中的风采与辛酸,也亲身享受了刘诗渊、温必慧等恩师的指点与关怀。教学方面,经过一个学期的探索与思考,我试图构建师生互动、质疑答辩的教学模式。两年后,我们学校承办了地区高中历史教研活动,我用这种模式上了一节课,反映很不错。回想起来,当时的东西还是比较粗糙,缺乏理论的支撑,师生互动也是单向的阳光照射式。但新事物往往就是带着粗糙、带着血腥成长壮大的。遗憾的是,在县中的六年里,当时整个地区历史教研的氛围不是很浓,虽然我的探索在自己的教学中确实见了成效,但因为缺乏同行在学术上的交流沟通与观念心灵上的碰撞,因而没有大的提升与发展。在心里,我曾问过自己:路在何方?

我工作的第二站是江西省吉安师专政史系。其实,在县中工作时,经我大学老师的推荐,江西师院、江西社科院、江西人民出版社都有调我的意向,只因地方教育局"爱才"的领导不愿放人,加上当时的我也不懂"搞外交",也就只能放弃了。到吉安师专去,也是地方学术权威推荐的,恰好当时地方领导认识到我没有走出地区,是为地区培养人才,因此我的调动才能得以成功。在吉安师专的八年里,我主讲中学历史教学法、史学概论,还上了一些中国和世界法制史、美的鉴赏等选修课,此外,还兼管了地区历史教研的一些活动。这些年里,除了教学,在拓展学术视野、提升学术修养、修炼科研精神方面略有收获,也被学校列为第一批学术带头人,在全校青年教师大会上,学校领导也曾以我的事迹和作品为例,鼓励大家积极参与科研。但毕竟工夫还是下得不够,没有成一家之说。这些年里,我非常感谢刘光亮、罗学渭等领导对我的器重与帮助,也感谢王经昌、欧阳杰等挚友对我的理解与支持。期间,南昌大学历史系的领导非常真诚地多次邀请我到他们系里工作,原因是他们看过我发表的论文,对我的学术水平很看好。然而,这时候的我,考虑的不仅仅是做学问,还有当教师的夫人能安排到什么学校、经济收入如何等问题,结果是婉言谢绝。我感觉大学的工作与生活对我比较适合,且对吉安师专也有一种难以割舍的情怀,后来之所以离开吉安师专到了广东,实在是因为经济压力。当时,我非常矛盾:不走,对不起家人;走,对不起家乡。后来还是为了家人而离开了家乡。当然,处于改革开放前沿的广东,吸引人的绝不仅仅是经济的诱惑。

我工作的第三站是广东省顺德一中。非常庆幸的是,顺德一中不但是个充满活力的学校,而且我还遇到了鲁广良、谢大海、黄达良、全仁经、杨幼全、刘志强、李传扬、罗日明、肖伟峰、林志祥等一大批心灵相通的领导、名师和挚友。来到顺德不久,我就为顺德人的真诚淳朴、积极进取所感动。在一中的五年里,我的工作如鱼得水,我的生活衣食无忧,正因为如此,我谢绝了深圳市教育部门有关领导要我去深圳工作的邀请。顺德一中的教研氛围是非常浓厚的,无疑,我也在其中推波助澜,继续探讨"师生互动、质疑答辩"的教学模式。因为有了在师专从事教学法工作的积累,故在探讨中,在有关理论依据、方法论方面,也显得成熟了许多;与在吉安县中工作时相比,教学效果也更为明显。后来,我还对"读、议、练、评"四步导学式教学模式进行了探讨,并初见成效;对新教材、课堂教学、复习方法、差生转化、历史教研、高考命题研究等进行了探索与总结,撰写的论文大都发表在省级刊物上,有的被人大资料复印全文选用。在一中,我带了一届高三,成绩破了当时顺德高考的历史记录。同时,我还协助市教研室主持、开展了一些历史教研工作。也正因为此,2000年,我被顺德教育部门选送到上海参加为期三个月的国家第一批骨干教师培训。在那里,我接触了海派,沐浴了海风,可以说是收获不少,感触良多,这些收获与感触给我后来的教研工作带来了新的激情与活力。在那里,我有幸结识了对我的成长帮助很大的王斯德、王家范、蔡坚、聂幼犁、沈怡、杨向阳、李月琴等教授和才华横溢的陈伟国、梁哲、邓晓鹏、赵灿东、束鹏芳、戈万章、陶旭东、万维其等同行。上海培训的时间虽然短暂,但却是我前进的加油站,我欣赏上海经济的富足,更羡慕上海文化的繁荣。

我工作的第四站是广东省佛山市顺德区教研室,这是应本地教育发展的需要而出现的调动。教研工作的特点决定了教研员必须既是"万金油",又是万事通;既是运动员,又是教练员;既是"坏人",又是好人;既能听说,又能读写。我的经历、我的积累,对我主管顺德的中学历史教研工作,应该说是非常有益的。几年来,在我的引导下,顺德的中学历史课改、历史教学、历史高考、历史科研工作初见成效,有些探索成果在省里乃至在全国都小有影响。顺德历史教学与科研领域的一些成果,既有我的智慧、心血与汗水,更有广大历史教师的努力与协助;既有本单位领导和同行的呵护与支持,又有外单位领导和同行的关心与照顾。在这里,我必须提到省教研员魏恤民先生,在他的领导下,广东省的历史课改、历史教研工作搞得扎扎实实、有声有色,也培养和造就了一大批优秀的中青年教师,我们的探索都直接或间接地得到他的帮助与指导。我不能忘记,外市历史教研员毛雁行、王溅波、钟文平、陈工凡、宾华、曾楚清、李斌、何琼、刘国泰等,本市、区历史教研员巫云龙、严钦红、李小韵等,对我工作给予的无私援助。广东的魏恤民、黄牧航、宾华、嵇成中、蒋湘桓、何云耀、北京的杨宁一、曹大为、李晓风,天津的任世江,上海的王斯德、蔡坚、聂幼犁,陕西的任鹏杰等专家、教授,为了支援顺德的历史课改,为了提升顺德历史教师的素质,或不辞辛劳为顺德的老师开办讲座,或积极推荐发表教研成果。

四、大潮汹涌

我在教研室工作的这些年,正好是初、高中历史课程改革逐渐推行,顺德教育强市大发展的时期。汹涌而来的课程改革大潮,迅猛发展的顺德教育,对每位教师、每个学校、每位教研员都提出了新的要求。如何根据时代的需要,努力深化教研活动、全面提升教师素质、切实提高教育教学质量,成了我主持历史教研工作的主题。顺德的历史老师结构复杂、素质不一,要引导这支队伍奔向教育现代化,可谓任重道远。这些年来,我的工作要点集中在以下方面:

一是给老师们"洗脑""擦眼""输血""补心"。即通过培训学习,向老师们渗透课程改革的新理念、历史教学的新思想、历史理论的新观点;通过批判性学习,学会借鉴与反思;通过学习与交流,拓宽教师的专业视野;通过引导与教育,提升教师的职业道德。

二是筹建"智囊团",发挥集体智慧。即建立课改指导小组与高三学科中心组,充分利用地方的学科优质资源来研究、规划、指导历史课改与教学。

三是建立、健全"桥头堡",发挥学校历史科组在队伍建设、历史教学与历史教研、历史校园文化建设等方面的应有功能。

四是引导教师"外练筋、骨、皮,内提精、气、神"。即通过校内、区内、区外的各种教研活动,引导教师大力提升专业素养,苦练教学基本功。

五是"招凤引凰",聘请全国各地的知名学者、专家、教授到顺德来讲座、交流,让教师们有机会直接与学者、专家、教授对话,借助高人的智慧解除教师们在探索中的忧虑以走出迷茫,缩短教师们在探索中的差距。

六是"搭台唱戏"。即通过区里的公开课、研究课、展示课,教师基本功大赛,教学设计评比、课件设计评比、教学论文评比等活动,给老师们提供表现的舞台、锻炼的机会。

七是推崇亮点、讴歌新人，保护教师们的积极性、激发教师们的创造性、发挥优秀教师的示范性。

几年来，经过学习与思考、实践与探索，顺德的老师逐渐明白：新课程要求教学理论、观念要多元化，教学内容、素材要多元化，教学模式、方式要多元化，教学手段要多元化，教学评价要多元化。他们在课堂上开始讲究高度、深度、宽度、角度、力度、适度，讲究讲、练、评、结的教学四环节，讲究生态课堂、师生互动，讲究在学习中研究、在研究中学习，讲究科学素养与人文素养的渗透。他们在科组建设中，追求时代性、前瞻性、计划性、地方性、实效性；他们在对外交流中，体现积极性、主动性、务实性、超前性、批判性；他们在教学教法上，力求展现教师的学术魅力、人格魅力、艺术魅力、情感魅力。如高三历史复习备考策略，他们也主张先备理念、方向，后备内容、模式、方式，主张激情、活力、智慧的投入，主张谋划新招、怪招、鬼招、狠招。在课程改革的大潮中，顺德的历史老师积极学习理论、努力改善实践：在教学模式的探索中，像全仁经、李长福的"问题教学模式"，陈维坚、卢昭琼的"小组合作模式"，陈惠斌的"机动合作模式"，刘洁、谭瑞娟的"师生互动、质疑答辩模式"，邝志敏的"自主复习模式"，等等，都极具实用性、观赏性、借鉴性。在教研成果表达方面，顺德历史老师也在总结与用力，不仅成果比较多，而且层次也比较高。在教学专题讲座、说课评课中，李长福、陈惠斌、张宝国、黄睿、周才敏等老师表现突出，有时高瞻远瞩、掷地有声，有时热情讴歌、赞不绝口，有时刀刀见血、箭箭穿心；在青年教师优质展示课中，黄蕾、苏丹、严匡喜、王志红、刘洪艳、李亚红、杜宝芹、李蓉、万建云等脱颖而出，一个个踌躇满志、灵气十足。在课程改革的探索中，顺德的老师也曾不乏迷茫、困惑、反感与抵触，但时代的潮流与社会责任感引导他们随后大都相继投入课改；顺德的老师也曾历经磨难与辛酸，但事后他们都逐渐明白：原来文明中包含着野蛮，野蛮中孕育着文明。我到过很多地方，我感觉水乡顺德最具魅力；我听过很多故事，我认为顺德的故事最为感人。顺德是从事改革的热土，是磨炼身心的"炼狱"，是造就人才的摇篮，是成就事业的天堂。那些为推动顺德教育现代化发展积极上进、奋力拼搏、无私奉献的历史老师们，是顺德人的骄傲，是新时代最可爱的人！

五、文艺情缘

每当高考的硝烟散去，每当工作的脚步稍缓，多少次，我登高远望，似乎看到天外还有天；我低头沉思，好像灵魂在受到煎熬，这就是我？这不是我！诸如此类的想法并非莫名其妙地闪现在我的脑海里、积压在我的心中。透过我与友人的交谈，透过我的工作作风，透过我的字里行间，有些人似乎觉得我在一些问题上颇有见地，于是对我说：你应该去搞行政，你是块当官的料！是吗？我问别人，也问自己。我想，在行政舞台上，固然是有无限风光,但这个舞台可能不适合我。更有些人见我热情洋溢、情感丰富、爱憎分明,曾认真地对我讲:你适合搞文学创作,你就是块搞艺术的料!假如他们是慧眼,我要问:文学和艺术,为什么会离我这么远,又为什么离我这么近?

也许是遗传,也许是家乡生活环境的熏陶,也许是老师们课堂教学上的激励、启发与引导,对文学艺术的热情与爱好一直伴随着我的工作与生活。在读大学时,我曾自学过《文学基本原理》《生活与创作》《中国美学史》《西方美学史》等专著;参加工作之初,曾参加函授,系统学习了由苏叔阳主编的《电影剧本创作》教材。我认为,作为一种业余爱好,多学点自己感兴趣的东西不是坏事,它可以丰富、充实、提高自己。的确,刚大学毕业时,县文化局很想要我去局里工作,为此,他们费尽了心思,也折腾了好几年,但最终是无功而返。我曾想写山歌剧,也与厦大历史系的学生结伴到兴国采风,尽管那荡气回肠的兴国山歌像磁铁般地吸引了我,无奈当时县文化馆的音乐老师实在抽不出时间与我合作,因此,原来的设想、原来的约定也无法实现。我也曾尝试写过完整的电影剧本、电视剧本,尽管其初稿得到了一些大学教授的充分肯定与赞赏,但终因政治气候不成熟、个人精力投入太大、风险太高而有始无终。唯一可见的是在吉安师专工作时,因为大学生文艺汇演的需要,我为系里编导过一些舞蹈、小品,并且每每产生轰动效应,拿的大都是一等奖,时至今日,当谈到往事时,那里的人们还在怀念我的作品。

我知道,不少青年和我一样,有过文学梦、艺术情,但能够走出路子来的却不多,能够走得精彩的则更少。与搞历史教学相比,搞文学艺术创作更能发挥自己的想象,倾吐自己的情感,表达自己的爱憎,展露自己的才华,这是它吸引人的地方,但它对人的要求也很高,牵制也比较多。我想,真正的作家,他不但独具慧眼,而且必须倾注自己的良知与灵魂、倾注自己的热血与生命,才可能有惊世之作。历史教学是科学,它讲究规则与严谨;历史教学是艺术,它需要灵感、情感与技巧。我虽然没有走上专业文艺创作的道路,但对文艺的爱好、业余文艺创作所需要的阅历、积累、激情、灵感、规则与文字表现力,对我的历史课堂教学、对我组织的历史教研活动、对我撰写历史教学论文都有不小的帮助。我甚至认为,不管做哪一行,一个人的才气、灵气包括情感,都是非常重要的。

六、雁过留声

回顾我的经历,我深深感到:

个人的命运与国家、民族的命运是息息相关的。国家的富强、民族的昌盛、族群的和谐对个人而言,绝对是福音。

人类生存的环境是一个竞争的环境,一切靠自己的努力,天上不会自动掉下馅饼。因此,我们应该做进攻型的选手,应该穷尽自己的智慧、才华与能力来对待学习、工作和人际交往。要相信:苍天不负有心人,奇迹是可以创造的。贪图安逸,企望牧歌式的生活,这是非常不可取的。

积累要丰富,思维要多元,视野要开阔。勤积累,能增长才气;常感悟,能增添灵气;多交流,能带来运气。

圈内的智慧资源要用足,不可坐失良机;圈外的智慧资源很丰富,不可坐井观天。

任何事物都可能有两面性乃至多面性,世界上没有十全十美的人和事。我们应该经常这样看待自己,这叫自我反思;我们也应该经常这样看待别人,这叫批判性眼光。

路要靠自己走,这是千真万确的,但路有千条万条。在人生的道路上,应该怎样选择路、选择哪条路最适合自己,需要借助高人的智慧,尽可能与大师对话,站在巨人的肩膀上往往看得更远。

要以心待人,以诚待人,广交朋友,广结善缘。主观上,我们不一定要图回报,但客观上,往往是善有善报的。

睁开自己的慧眼,敞开自己的心扉,挺直自己的脊梁,坚定自己的信念,倾注自己的情感,迈稳自己的步伐,路,将会越走越宽广!

(本文选自《中学历史教学参考》2009年第8期)

走近名师

「阅读，穿越时空，尽情沐浴先贤智者深邃思想的惠泽；品茗，泛舟书海，悠然领略大千世界极致的风景。

与书香结缘，跟文苑联姻，陶冶性情之美，荡涤心灵的紫陌红尘；携鸿篇巨制，引哀梨并剪，练达秉节持重，乐享生命的馥郁馨香。」

孙双武 浙江省温州市育英实验学校高级教师。在《中学历史教学参考》《中学历史教学》《历史教学问题》《高考》《求学》等期刊发表教学论文多篇，数十篇被中国人民大学报刊资料中心《中学历史、地理教与学》等全文转载。主编历史教学类论著60多部，参编70多部。先后百余次应邀赴全国各地主持省级、市级讲学和执教示范课活动。

怡心书香　探索守望
——一个普通中学历史教师教育生涯之感悟

○ 孙双武

荒芜时代怡书香，"无奈"选择入师行

1972年8月，我上小学的时候，学费、书本费是5角钱。可能是营养不良的缘故，个子不高。上学报名的第一天，就被一个高个子男孩讥笑。男孩的名字已经忘却了，只记得第一个学期期末，大雪深而无痕，我蹒跚行到学校。老师把一张上面写有"三好学生"的奖状颁给了我，并奖励了两本小人书，书名记得特别清楚，一本是《雷锋的故事》，一本是《雏燕齐飞》。我当时激动的心情，至今无法忘怀。此后，只要评"三好学生""学习标兵"等奖，大多数同学都把票投给我。我的启蒙小学虽然只有30多名同学，但"山中无老虎，猴子充霸王"，我由此开始树立了自信心。

那时的学校，除了正常教学活动外，还要组织参加生产劳动，春天拾肥，夏天"支农"，秋天收割，冬天冬藏，除了做作业、做游戏外，文化生活异常单调。实际上，那是一个鄙视文化、限制书香的文化荒凉时代。不过，我还是从姐姐那里开始接触到了《红岩》《苦菜花》《西游记》《水浒传》《战争与和平》等文学作品。年幼的我根本就没有想过读书有何用，只知道借此会获得精神上的愉悦，只知道获得"三好学生"称号，能够得到心理上的满足。1977年恢复高考的时候，我已经上了初中一年级，许多热血青年都义无反顾地参加到"千军万马过独木桥"的竞争中，我的语文老师就考上了复旦大学生物系，在我们那个小地方掀起了惊涛骇浪。我的物理老师考了5年才借高中学制由二年转为三年的优势，考上了武汉大学。"天子骄子"们寒暑假回家"省亲"，津津乐道于大学丰富生活，听者多是肃然，我亦油然生敬。在父母的教导下，在对"天子骄子"们的羡慕中，我也有了考上高等学府的梦想。虽然那是一个各种物资都十分匮乏的年代，读文学作品或课外读物是许多孩子遥不可及的奢望，但在假期里，在无尽的原野中，在劳作的间隙，我还是走马观花般读了一些名著。为了提高写作能力，我还零零碎碎从报刊上摘抄了不少名言警句，尽

管这总是被父母斥责为不务正业,可高考作文酣畅淋漓、一挥而就的成功却印证了自己平时注重读书弄墨的优势。

十载寒窗苦,一朝跃龙门。考上大学填报志愿的时候,刚从奋斗中清醒过来的这一代人还不太熟悉大学专业对人生走向的影响。不过,我们对教师却都有自己的深刻印象——"教师是清贫的代名词",同学们当时甚至相互勉励,都认为"家有五斗粮,不当孩子王"。就这样,虽然我的高考成绩不错,填报的志愿也回避了师范专业,且郑重其事地在是否服从调配那一栏填上了"不服从",然而在近两个月的热切企盼中,我盼到的"居然是"师范院校的录取通知书,同窗之中竟有10余名同学与我同样的命运……那时我很幼稚,竟度日如年般地伤感,我的心情用苦闷中彷徨、悲思中忧伤、无助中失落、无奈中迷茫来形容一点都不过分。曾希望父母再给一次机会,父母却无奈地劝告我,在面临人生抉择之时,最佳之策是应有"既来之,则安之"的心态,更何况家庭经济状况也不允许再来一次。几年以后,我回到母校任教,才被告知当初我们那么多同学步入师范之旅,全因班主任在送档时将所有"不服从"全部"篡改"为"服从"。命运似乎是和我开了一个说大即大、说小亦小的玩笑。这种"善良之举"在当今可能会被作为"侵权"事件闹得沸沸扬扬,可是经过几年书海熏陶的我,已经淡泊了功名,能够慨然笑对这一切。

步入大学神圣的殿堂,在学校图书馆"开架"的书库里,举目顾盼书的海洋,我最大的感受是:忽然发现世界变得空旷远大,无垠无际,深奥莫测。不是目光焦距延伸,而是视野由此变得宽广。历史学专业的学子对书籍有挥不去的深情厚谊,我如饥似渴地涉猎了种类众多的书籍,人物传记、中外通史、教育理论都成为"啃"的对象。大学老师所开书单中的书,亦成为阅读的"必修"内容。高尔基说:书籍是人类进步的阶梯。但在我看来:书籍,是打发所谓大学"无聊"时光的最佳食粮。十几年潜移默化、沁入心髓的书生意气,曾也欲求脱胎换骨,但未能挥之即去,反而愈加厚重,"一介书生"至今仍是同事对我一致的评价。

教海初航即狂想,书香熏陶伴时光

做教师非我初衷,但带着"既来之,则安之"的平稳心态,我还是很情愿地开始了教海试航。要做就做好,做一个好教师,做一个学生崇拜的教师,这是我从教最初心底里的基本"狂想"。

然而残酷的现实总是与"狂想"开玩笑,学校图书馆的书籍少得惊人。除了教学参考书和教育教学类报纸杂志之外,没有什么更有价值的书籍。一切都得靠自己积累,订一份《中学历史教学参考》成了最"奢侈"的支出。在每一节课前,对学生和教学内容都要进行充分准备,对教法的选择都要深思熟虑;在每一节课后,对所得所失都要作出深刻反思。记得我从教的第一个学期的期中考试之前,县教育局组织了全县教育教学大检查,检查项目中听课这一项是随机进课堂。当时我执教的是一节期中考试复习课,课中有两名教师模样的人推门进来听课。我略微紧张过后,就能够平静地从容应对了。整节课下来,巧妙的双边活动,系统的知识体系,工整的板书设计,总体感觉没有什么差错,心底涌起一丝侥幸和满足。在总结反馈会议上,教务主任将教育局对全体受检教师的反馈意见和盘托出,没有作任何保留。对我的意见是:"作为一个青年教师,备课严谨认真,教案完整充实,教法稚嫩中不失老成,是全县所有受检教师中最好的……看得出,这是一位非常有责任心的年轻教师。"

初尝胜利果实对我的鼓励很大。虽然微薄的经济收入一度使我怡然书香的追求几乎落空,我对实现自身价值亦感到愤懑、悲凉,但探索守望的宏愿并未在迷茫、彷徨中迷失,这在很大程度上要归功于《中学历史教学参考》《中学历史教学》《历史教学》等教学刊物,正是凭借着这些刊物的指引,我蹒跚地走出了教海初航的"百慕大",而今回忆起来,感触良多。

记不清是哪位教育家曾经说过这样一句质朴的名言:"有光才有颜色。"的确,正是依稀尚存的喜爱阅读的烛光,点亮了我的人生旅途,让我的精神世界开始变得有了色彩、希望与光明,我对教育的思考也渐渐丰富起来了。正是在阅读中,我对多元智能教育、建构主义教育、生命主义教育、最近区发展教育等理论的精髓有了理解,并开始重新审视人生和教育的意义,渐渐地我能够固守清贫和寂寞,在三尺讲坛上挥汗如雨地耕耘,收获着精神上的富足。1992年7月,我所教的第一届毕业生袁华同学的历史单科成绩并列九江市第一,此后不断地有莘莘学子从我营造的精神世界中,获得精神上的愉悦和满足,走向新的更高层次的求知世界。从他们畅想未来、醉心书香、怡然自得的鸿雁传书中,我感觉到了我的精神痕迹,也有了一种功成名就般的满足。

那时,我一边教学,一边又潜心琢磨和研究教学,取得了一些成绩,并得到了同行的认可。我撰写的论文《材料型试题专题分析与专项训练》在《中学历史教学参考》1994年第10期上发表,任鹏杰老师写来热情洋溢的信予以鼓励,并邀请我于1995年7月至8月间赴西安参加了《中学历史教学参考》1996年第1—2期合刊以及《历史高考问答题最新设计》《历史高考材料解析题最新设计》的组稿、撰稿工作。在此后与编辑部老师的"神交"之中,我在历史教育教学以及常规教研方面的境界不断深化,成为我进一步开拓教育教学研究的"源头活水",我在教育教学中取得了一个又一个的新突破,相应的先进、优秀等荣誉称号也纷至沓来。

在波澜不惊、宁静平和的教海中,在弥漫着书香的气息里,不觉时光倏尔,恍兮惚兮。十载"霜送晓寒""枣实垂红",使我脱尽了稚嫩,逐步走向成熟。在1998年夏长江百年不遇的怒吼的滚滚洪涛中,在走向市场经济的潮头浪尖冲撞下,单位里已有半年多不能支付工资,妻子也下岗在家。突然而至的况味,逼迫我在脱离尘嚣中顿然醒来。我不得不为了生计而携着简单的行装,带着对温州简单的认知,毅然到温州创业,一晃十余年。体制的转换、观念的改变、评价的迥异没有淹没我的文弱书生气,也没有改变我对怡然书香的喜好,目睹陋室中书架上满满的书,我常常暗自满足地想,那是我离不开的精神食粮。

杏坛廿载行美育,孜孜从教追梦想

从教20余年来,虽然还没有实现做一个让学生崇拜的教师的基本夙愿,曾经一度因生计而追求精神之外的物质收益,可一颗探索与守望历史教育本真的诚心和行动并没有停滞不前。教学是一门艺术,艺术以追求美为真谛。改变单调的历史课堂,寓教于乐,让学生体会到学习的趣味,实施历史"美育",是我孜孜追求的教学境界。

(一)体验历史的生动快乐美

中学历史教科书曾经编写形式单一、可读性差,绝大多数学生认为学习历史就是划书、背书、考试,因此"考前花时光""考中多风光""考后全忘光"也就不足为奇了。历史课堂本不缺乏生动,缺少的是发现生动、创造生动。

创造生动、创造快乐的教学方式有很多。(1)可以是教师富于生动的情境描述。如我在讲授鸦片战争时,就穿插林则徐用黄蜂巧妙击退英军的故事和"粪桶将军"杨芳用粪便和狗血退败英军的故事,在学生的兴趣被激发后,我即抛出这两个故事与鸦片战争结局之间的关系话题,在学生激烈的争论中,鸦片战争清政府战败的原因逐渐水落石出。(2)可以是学生对历史情境的生动复现。如我在讲授法国大革命前三级会议召开时,就组织学生模拟法王路易十六和三个等级代表在会议上的发言,这样的即兴表演有利于学生认识法国大革命前生产关系与生产力状况、经济基础与上层建筑失衡、财政困难、等级制度森严和等级对峙、社会矛盾错综复杂、"山雨欲来风满楼"的宏大历史背景。(3)可以是教师与学生之间的幽默对白。如我在讲授19世纪末列强瓜分中国狂潮时,课堂上一时气氛凝重,我引导学生:"当列强践蹋具有五千年文明的中国之时,中国人难道只会'伤心太平洋'吗?"一个学生回答:"不是。""那他们'拿什么拯救你,我的爱人'?""是一群纯朴农夫、一群天真文人、一群革命志士先后进行了'寻梦之途'。"这样生动的对话使得课堂气氛一下子变得轻松起来。

一个学生在她的博客中这样写道:"那个'风流倜傥'的孙老师,他那肥肥的肚子里装的或许不是脂肪,而是他全部的历史,他总是在上课时有意无意地蹦出一些小幽默来,让大家笑破肚子。我还试着把他的笑话记录了下来,现在看看还能够笑掉大牙!"其实谁都知道,历史课堂只有时常流淌着灵动的溪水,才会在潺潺行进中迸发出欢畅。

(二)体验历史的整体纵横美

历史的发展是有典型时序性的。按时间先后顺序串联历史知识,能顺藤摸瓜、把握基本线索,更能熟知历史来龙去脉,起到明确历史发展趋势、揭示历史变化规律的作用。

比如,我讲授资本主义世界市场的兴衰过程时,注意分析各阶段的特征,并注意主线索的贯穿。从15~16世纪,新航路开辟,资本主义世界市场开始开拓;19世纪60、70年代,第一次工业革命完成,资本主义世界市场初步形成;19世纪末20世纪初,第二次工业革命进行,资本主义世界市场最终形成;20世纪20年代("一战"后),亚非民族解放运动的爆发和发展,土耳其凯末尔革命获胜,资本主义世界市场开始瓦解;"二战"后,亚非拉民族解放运动向纵深发展,亚非拉独立国家日益增多,资本主义世界市场逐步瓦解;20世纪60年代开始出现多极化趋势,到80、90年代经济全球化趋势、多极化日益明朗化,资本主义世界市场进一步发展为全球市场。划分六个阶段,这一知识就有了系统化特点。

历史事件的诸要素包括原因、背景、时间、地点、人物、经过、特点、性质、结果、意义或作用、评价等。横向串联历史知识,就是横向地把历史梳理清楚,为形成历史知识网络奠定基础。

比如,我讲授人民解放战争时期的历史,是从国内和国际两个层面着手。从国内来看,政治上,国民政府与人民的矛盾上升为主要矛盾,国共两党由政治斗争发展为军事斗争,中共最终获胜。经济上,在国民政府的野蛮掠夺下,民族工业日益破产,国统区人民生活在水深火热之中;中共进行土地改革,解放区人民生活改善,新民主主义经济日益壮大。军事上,中共先后粉碎国民党军队的全面进攻和重点进攻,并先后进行战略反攻、战略决战、北平和谈、渡江战役、追歼残敌等斗争,取得人民解放战争的胜利。外交上,美国推行"扶蒋反共"政策,国民党大肆出卖国家主权;中共在国际社会主义运动的支持下,取得人民解放战争的胜利;中国还成为联合国创始国和五大常任理事国之一。从国际来看,政治上,1945年10月联合国成立,国际政治民主化进程加快;国际正义势力开始对德国、日本法西斯战犯进行审判,对德国审判比较彻底,而日本一些战犯免予起诉,并保留天皇制;社会主义国家由一国发展到多国,在东欧、亚洲先后建立起十几个社会主义国家。经济上,"二战"后美国大力拓展世界市场,经济实现了稳定持续发展;西欧国家在美国援助下,经济得到恢复;日本进行广泛的社会改革,重视科技和教育,国民经济也开始恢复;东欧和亚洲社会主义国家大多照搬苏联模式,只有南斯拉夫实行社会主义自治制度;苏联开始执行第四个五年计划,经济得到迅速恢复。国际格局上,雅尔塔体系建立,美苏两极格局初步形成,美国出台杜鲁门主义和马歇尔计划,企图独霸世界,稳定资本主义统治;1949年北约成立,资本主义阵营形成;1949年新中国成立,社会主义阵营也得以形成。

历史是由时间和空间两个维度构成的,从纵向和横向两个层次观察历史进程,能够全面、完整地把握历史,体验历史的整体美。

(三)体验历史的真实本真美

绝对真实的历史是永远也无法获得的,但是这不能够成为我们抛弃真实历史、走向虚无的理由。历史教育并不排斥主观因素,也不可能脱离主观因素。当前百姓喜闻乐见的"正说""品说""戏说"历史的时髦文化形式很多,但"戏说"中采用不少移花接木、张冠李戴、无中生有的手法,制造出许多文化垃圾,而"品说"历史,在主观因素的制约下,也不可避免地带有游戏文字的成分。这就要求历史教育工作者要有正确严谨的治史态度,能够正确传承历史,担负起一份社会责任。在教学过程中,不能唯教材、唯书本、唯专家是从,更不能媚俗。

我心知历史教师在教学中应该坚守什么,特别认同罗素在《论历史》一文中所言:"历史学是有价值的,首先因为它是真实的;这一点尽管不是它那价值的全部,却是所有它的其他价值的基础和条件。"

文山有恒践于行,远离奢华贵有心

时常有同仁问我,怎样才能在教研上有所突破。"我是普通的高中历史教师,不是所谓专家",外出讲学交流时我总要纠正主办方对我的介绍。自己在教学实践中取得的丁点成绩,何足挂齿。不过我深知,即使是一丝成绩,也得靠辛勤的付出。

其一是常怀书香之境。我常有这样的体会:历史教师要走上治史、治学、治教的正道,就应坐得下来、甘于寂寞、善思考、勤研究、多行动。在闲暇时光,安静下来,听自己的心跳吧。读一读历史教育理论方面的书籍,提升自己教育教学的品位;读一读历史研究进展方面的书籍,把握最新的历史研究动态;读一读最新的大学历史教材,不断地更新知识结构;读一读历史教学报刊,反思自己的教育教学行为。苏霍姆林斯基曾指出:"读书,读书,再读书……教师的教育素养的这个方面正是取决于此。要把读书当作第一精神需要,当作饥饿者的食物。"加拿大学者阿尔维托·曼古埃尔在其《阅读史》中写道:"我们每个人都阅读自身及周边的世界,俾以稍得了解自身与所处。我们阅读以求了解或是开窍,我们不得不阅读。阅读,几乎就同呼吸一样,是我们的基本功能。"在读书中,发现新知,拓宽视野,充实自我,何乐而不为?有人这样评价读书:"想要拥有真正的思想,就必须通过读书与别人的思想交流碰撞。"信焉!

其二是常怀进取之心。当今中国教育领域,正在经历着剧变。剧变不仅仅局限于知识层面、课程层面、技能层面,更多的来自理念层面。面对如此错综复杂的教育教学背景,中学历史教师必须要有与时俱进的勇气和淡泊名利的心态,才能对形势有冷静的判断和理解,才能够把握好自己的思想与行为。细雨和风,旷日持久;暴风骤雨,倏忽而尽。中学历史教育教学改革也似自然界常见的自然力的常数,宁静方能致远,细水才能长流。绝不能步"飘风不终朝,聚雨不终日"的后尘。

其三是常怀积累之心。我虽然没有鸿篇巨制,但篇篇拙文都是源于教育教学实践。在教育教学过程中,总是有同事间的争论,常常有自己的困惑,每每有学生的追问。我把这些点滴感悟和反思化为文字,批注在自己的教案或记录在笔记本当中。我买笔记本电脑,也是出于积累的考虑,出门随身携带,一有好的想法或案例,便记载下来,以便随时深入思考和借鉴、体会和揣摩,就这样勤于笔耕,终至积少成多了。

其四是常怀向学之心。我学计算机的时候,许多人满足于拼音录入文字便捷,我却选择了录入速度快速的五笔法,勤学苦练。当我在键盘上运指如飞,每分钟录入100多汉字之时,也为我日后创作奠定了坚实的基础。1999年文综考试形式方兴未艾,我利用寒假和暑假通读了高中政治、地理教材,因而教学中既能够"守住自己的门",也能够"适当串串门",命制试题时还能够三科合一、通盘考虑。每学期我都要听50、60节课(包括其他学科的课),走上行政岗位后仍然一如既往。在听课评课中,不仅能够借鉴别人之长,也能够反思自己之短。

其五是常怀敬畏之心。教师职业是一个很平凡而又神圣的职业,也是一个非常特殊的职业。教师敬畏至圣之师孔子、敬畏高山大川伟岸雄奇、敬畏江河大海博大宽广都是理所应当的,教师也要敬畏自己的职业,常常扪心问一问"师德"。历史教师更要问一问自己的史德,要有自己的坚定和正确的处世观、善恶观和教育观。如果只是"为稻粱谋",我们的行为只服务于教书而远离了育人航线,那将是多么令人后怕的事情。当我们的学生在大学毕业后告诉我们已经忘却当年老师讲给他们的东西,当曾经出类拔萃的学子对我们屡试不爽的说教不屑一顾时,我们方现对职业的敬畏之心,恐怕为时晚矣。

盘点困惑引美玉,真诚守望惟本真

从教20余年,育人也成百上千。始终有一些问题令人不能释怀。单就历史学科而言,有调查表明,认为历史课"枯燥""乏味""单调""无聊""不感兴趣""难学""不愿学"的学子占大多数。教育部1997年对北京两千多位中学生的调查结果显示:学生最不愿学的课程,历史课列前三位;学生对15门课程的喜欢程度,历史课列倒数第二位。仔细思量出现如此尴尬局面的原因,不外乎来自以下几个方面。

一是唯考至上、唯分至上使然。毋庸置疑,现行高考选拔制度是不得已而为之的产物。因此,学生的各种能力水平被唯一分数量化,被单一考试量化,对教师的考核也以高考成绩为唯一量化依据。教育测量简单化、单一化导致了极端的应试教学模式的形成,促成的是比比皆是的以考代教、以练代教、忽视育人的极端行为。

二是高考命题模式化、成人化的影响。高考制度恢复以来,命题技术逐步成熟,但其模式化的弊端日益显露。譬如,选择题题型是20世纪50年代后期兴起于西方国家的一种比较科学、便捷、客观检测教学质量和学生智能的标准化题型。因为它具有极强的可操作性、较高的可信度而被我国高考乃至各级各类考试广泛采用。可是,当前欧美国家的考试却基本摒弃了这一题型。原因是选择题的答案是标准化的、唯一性的,考生没有"张扬"自己见解的空间。近年来,我国关于高考选择题命题的争议频见于书刊报端,其测量结果对考生来说往往留下的是无法弥补的遗憾。笔者以为,政治、历史等人文社会学科,绝不能够施以唯一性的考查方式,应逐步淘汰选择题。主观题的参考答案应该逐步开放,给予学生更多的张扬个性、富于创造的空间;命题应设法鼓励学生创造,使学生既有言可发,又有"感"而发、有"胆"而发。高考阅卷细则也要多"采意",而不是单纯"采点"。此外,高考命题不能够在所谓选拔的"尚方宝剑"庇护下,总是游离于"剑走偏锋"和新、难、深、活等成人化、专业化之间。多少年来,多数中学历史教师和学生在高考中得到的只是挫折,极少有成就感,这无疑大大加剧了上述结果。

三是来自历史教材的影响。新课程实验教科书给人的感觉是,图片多了,颜色鲜艳了,编排形式多样化了,内容信息多元化了。然而,大多数教师心里都清楚,现行新课程历史教科书采用专题式的编写方式,在一定程度上是大学选修专业教科书的浓缩化,与中学生心理发展、思维认识、个人阅历的水平是不相吻合的。这既不利于学生的历史学习,也会导致学生学习过程中线索不清、前后不分、时空混乱、张冠李戴等现象。历史课程标准的制定者和中学历史教科书的编写者,要认真思考当前新课程实验过程中所出现的问题。

教育的本真在于以"培养人"为原点,在于对生命的关注。在中国教育改革进行关键攻坚之时,愿大家都来探讨"教育的本真"问题。

(本文选自《中学历史教学参考》2009年第3期)

「机会对任何人都是均等的,如果说有不平等的地方,总是眷顾有准备的人!」

庞友海 重庆市历史教学研究会副理事长,中学正高级教师,特级教师,重庆名师,全国优秀教师,重庆市首批教学专家工作室主持人,重庆市教书育人楷模,华中师大特聘研究员兼教育部华中师大深度教学教改实验专家组成员,人教社名师培训授课专家。致力于教育教学研究,主持多项重庆市重点课题,其中"学科综合学习实验研究"获全国相关评比一等奖。出版专著5部,在《中学历史教学参考》《历史教学》等20多家刊物发表教研文章120多篇。

超越自我 乐在其中

○ 庞友海

    2008年教师节的第二天上午,接到《中学历史教学参考》主编任鹏杰先生打来的电话,约我为"走近名师"栏目写篇文章。说实在的,真有点受宠若惊的感觉!我根本没有想到,代表中学历史教育研究品牌的国家级专业杂志的主编,会打电话约我这个普通的中学老师写稿。人贵有自知之明,为"走近名师"写稿我不够资格。虽然我以名师为榜样,不停地奋斗,不懈地努力,但与李惠军、陈伟国、李明赞、束鹏芳等众多真正的名师相比,我除了仰视找差距,也深悟博览群书,用心干事,做个称职的历史教师的真正含义。动笔写作时,题目又让我犯难了。我非常喜欢这个栏目,每期杂志到手,我都是一丝不苟地先读"走近名师",常常为他们优美独特的表述、独辟蹊径的探索和渊博丰富的知识所折服!比照自己,一个中师生,"半路出家"搞历史,"先天不足"显而易见,加之天生鲁钝,从不敢与别人相比,只有自己与自己比:今天的我能够超过昨天的我就知足了!古希腊哲学家德谟克里特说过:"所有胜利之中,战胜自己是最首要、也是最伟大的胜利。"想到这,突发奇想,何不以此为题?于是有了题目的前半句。随后又为自己的阿Q精神感到好笑,居然还能找到体面的理论依据,自然也就偷着乐了,于是又有了题目的后半句。

一、初涉文苑,没想到却是"史姑娘"伴终身

    1983年8月,我中师毕业分配到本县一个区中心小学。虽是小学,却有三个初中班(称"戴帽初中"),学校决定让我接初二的语文兼班主任,我觉得没有能力胜任初中课程,便向学校领导提出申请,希望教小学,若不行最好换成初中数学或物理。从小学到中师毕业,我的成绩一直平平,相对而言,对理科要感兴趣一点。那是一个崇拜大学生的年代,因而我在中师毕业前夕,就着手准备理科课程,希望通过离职进修或函授改变自己的中师生身份。这也是我当时提出最好教理科的原因。校长给我做工作说:这是学校领导

对你的信任和器重,好好干吧,相信你很快会成为一名出色的教师。领导都说了,这是对我的信任和器重,还有什么可说的!于是,我愉快地接受了学校领导的安排,找来各种语文工具书和参考资料,精心准备,但总有点不踏实。不过,在我的记忆中,好像没有出现让我难堪的地方。我的语文功底虽不算好,但口才还不差,加上成绩比较好的学生大都考上单设中学了,戴帽初中的学生基础相对较差,所以我感觉应付他们还可以。但让我没有想到的是,当我成为语文老师后,很快就对文学有了浓厚的兴趣。当时学校一个在读电大的同事给我讲,函授要读就读中文,一是中文用处大,二是与理科相比难度小;还说,外国所承认的中国大学的文凭,一是清华,二是北大,第三就是电大,最好是考电大。对于此说我半信半疑,但其他分析我是完全赞同,并为自己能教语文而庆幸,立志非中文不读。我也悄悄地做起了文学梦,自费订了《散文》《散文百家》《短篇小说》《小小说》《星星诗刊》《诗刊》等文学杂志,还从书店买来胡适、梁实秋、林语堂、柏杨、沈从文等畅销作家的作品,如饥似渴地阅读。我尤其喜欢梁实秋的散文和柏杨的杂文,梁的散文机智闪烁,谐趣迭生,文白相融,自然妥帖,时或滑稽突起,却能适可而止,不堕俗趣,给人美的享受;柏的杂文笔触锋利幽默,语言风趣辛辣,针砭时弊、痛快淋漓,读时虽感沉重但特别过瘾。自从我决定追求"文学梦"之日起,就天天坚持写读书笔记、练习写作,每给学生布置作文前,我都要写下水作文,有时与学生一起写,在评讲学生作文时,常将自己的"作品"拿来向学生炫耀,每当看到学生那敬佩(甚至是崇拜)的目光,我常露出得意的微笑。我最初的文学梦,并不完全是兴趣的因素,还有一个不便公开的秘密:想通过这种方式改变自己的生活环境——调进县城。由于种种原因,我读中文函授和电大的梦都成了泡影,便动用各种关系买来全套中文教材打算参加中文自考。1987年,重庆师范学院历史系招收五年制本科函授,我想,文史不分家,又是首届本科函授,一番权衡之后,我参加了重庆师范学院历史系的本科函授,与历史结下了不解之缘。参加历史函授学习后,并没有放弃我的"文学梦",几年时间,我写下了近百万字的读书笔记和习作,但一篇也没有发表。在重师学习期间,曾将自己比较满意的几篇习作拿去请教教我们写作课的杨向东老师。杨老师觉得还不错,基本达到或接近发表水平,但是否能发表还要看运气。有位函授学员看了我的"作品",觉得我的"作品"带有杂文风格,认为我更适合写杂文。这给了我启示,从此对杂文产生特别的好感,并订上《杂文报》《杂文选刊》《随笔》等(《随笔》订了20年,每期必读),到书店看到比较好的杂文集基本不会放过,如李敖、柏杨、冯英子、何满子、章明、邵燕祥等人的杂文作品,不顾贵贱,只问有无。1988年,我的第一篇带有杂文风格的散文《献饭》在《川东南报》上发表,随后的几年,又在《黔江日报》《杂文报》《改革时报》等多家报刊发表杂文十多篇。1994年,因工作的需要,我逐渐将精力转移到中学历史教学及研究方面,"文学梦"离我渐渐远去,先前的"文学梦",只是当作给我带来幸福回忆的"初恋情人",选择让"史姑娘"伴我终身。随着时间的推移,我对"史姑娘"的感觉,犹如陈年老酒,越品越有味!

二、充满自信,但也遭遇过学生要我"下课"的尴尬

1990年8月,我被调到中学时的母校——石会中学,学校安排我接高三历史,我也希望教历史,因为毕竟学的是历史专业,对历史的兴趣逐渐增强,原来所订的文学杂志逐渐被《历史研究》《当代中国史研究》《近代史研究》《中学历史教学参考》等历史杂志取代,但之前一直是教语文,一下子接高三还是感觉跨度大了一点,于是向领导提出希望从高一教起。学校领导首先对我夸奖一番,并说调我来是经过认真考查的,目的就是接高三,相信我有这个能力胜任。凭借直接任初二语文老师的经历和六七年的教学实践,这次我并不很紧张,而是充满自信地愉快地接受了这一光荣而艰巨的任务。我也没有让领导失望,接手后师生关系融洽,学生学习历史的积极性较高,不少学生不仅与我讨论历史问题,还拿作文来请我修改,每当我有"作品"问世,学生争相传阅。我在石会中学任教时间不长,不管是师生关系,还是与领导、同事的关系,都相处得很好,合作非常愉快。1994年,当地唯一一所(当时属于四川)重点中学——黔江中学高考升学率出现大滑坡,遭到来自各方面的批评,县政府、县教委和学校组成联合考查组,对黔江中学高三教师人选进行严格考查,并从湖北及邻近区县引进人才充实高三教师队伍。我也毛遂自荐,参加了试讲。根据教学进度,我讲了"西汉休养生息政策"一节。由于师生配合默契,学生兴致很高,积极思考、争相回答,我的讲解富于激情,且指出了教材中的一处错误:释放奴隶回家的"奴隶"应该是"奴婢","奴隶"与"奴婢"是有区别的。负责高三年级的副校长冉跃进同志参加了听课。冉老师对这节课非常满意,但他是学化学的,对历史专业不是很懂;当时来参加应聘的大都是正牌大学生,只有我是杂牌出身。但我还是充满自信,立下军令状:"教学搞不起来就回原学校!"考评组比较谨慎,决定将我借调到黔江中学,担任高三一个班的历史课。后来才知道,我这个高三历史老师人选的确定,当时是比较曲折的,最后是由管教育的县长、教委主任与分管高三年级的冉跃进副校长及另一位刚上任的副校长郭荣禄等人,在县委四楼会议室召开秘诀会议拍的板,其中郭荣禄副校长起了关键作用,他担着风险对我进行大胆的推荐,因他是学历史的,最有发言权。在这个会上,他究竟是怎么说的,我至今也不知道;但他曾给我说过一句话:有人说准备充分,我看讲不好的老师,叫他准备一辈子也讲不好。我曾多次在我的文章及言谈中表达对郭荣禄校长的感激之情,正是他知人善任、敢于打破世俗观念、不唯文凭的力荐,使我有了展示自己的平台。但让我没有料到的是,上课不到一个月,一些学生就开始"造反"了,有的在作业本上写道:像你这样上历史课岂不是误人子弟?有的还给班主任施加压力,不换历史老师就转学!面对这一尴尬,一走了之那可能就永远抬不起头(教书以来,一直是受学生欢迎的,第一次出现这种情况,的确有些受不了)。经过认真反思,决定从改变自己的教学

方法着手,并将大学教材(《中国通史》和《世界通史》)重新通读一遍,提高教学起点;创设情境、设计问题,让学生分析,引导他们结合史实发表自己的看法,并对学生的看法及时而恰当地给予鼓励性点评。很快就赢得了学生的信任,又不断有学生向班主任反映:庞老师的课越上越好了! 事后反思,我认为:一方面,该班学生基础较好,部分尖子生相当于大学一年级的水平,他们对老师的要求较高,这是学生"造反"的主要因素;另一方面,我不是正牌大学生,从一所普通中学一下进入重点中学任高三历史教师,对学生了解不够,传统的教学方法和课堂的知识容量不能满足学生的需求,这也是学生"造反"的一个因素。功夫不负有心人,当年高考我所带班级以超出省平均分10分的优秀成绩获得黔江地区第一名,比第二名平均高出7.5分。借调到黔江中学的第一年,我就用成绩赢得了学校领导、家长及学生的信任,并在这个人才荟萃、大学毕业生云集的重点中学站稳了脚跟。

三、不懈探索,追求个性化教学风格

关于历史学习,我从来就反对死记硬背,主张在轻松愉悦中掌握基本历史知识,形成个性化学习方法,并为将来的学习、发展奠定基础。每一节课,我都要作精心的准备,训练学生基本能力的同时,尽量让他们感受历史的魅力,得到美的享受。听过我的课的专家、领导及同事,都给予了较高的评价。2000年秋,重庆教科院组织专家到黔江中学调研,听了我的课后,重庆市历史教研员、中学研究员、特级教师项军老师在全区总结大会上说:"没有想到黔江这地方有如此优秀的老师,肯定地说,在重庆市属于一流水平……"据说,项军老师当天就把我的情况,电话介绍给闻名全国的普教专家、重庆历史教育研究权威、德高望重的龚奇柱老师。后来我和龚老师初次相遇就一见如故,当我提出请他当我课题的指导老师时,他不但很高兴地接受了,还对研究方案提出了修改建议。更让我感动的是,他还建议并邀请了一名理科方面的专家、教科院院长助理(现教科院副院长)王纬虹先生作指导。能得到龚老师的鼓励与提携,一方面因项军老师的电话介绍,另一方面也表现出龚老师对后生晚辈的关爱和期望。对于我,则是一种鞭策!

学生的信任和发自内心的夸奖,是我不断探索的动力。套用一句流行的歌词:金杯银杯不如学生的口碑,金奖银奖不如学生的夸奖! 2001年考入南开大学历史系的曾秋云进校不久给我来信:"学校为了激发我们新生学习历史的兴趣,感受历史的魅力,选了一位非常著名的教授给我们搞了一次讲座。说实在的,庞老师,这个教授的课堂艺术和调动学生情感方面与你相比差远了!"2003年考入西南政法大学的江凡,头两年几乎一周给我写一封信,还常在信中得意地讲:"庞老师,你教给我们的方法让我在大学是如鱼得水。"2006年考入西南大学的代羽,每到节日都要给我发来短信:"此短信专门为我最敬重、最优秀的老师定制。"谈到大学感受时他说:"真的,庞老师,大学好多老师的专业研究还比不上您。"在我的影响下,一些优秀学生自愿选择了北大、北师大、南开大学、南京大学等名牌大学的历史专业。

之所以能得到学生的认可和称赞,与我致力于课堂教学变革的探索是分不开的。我非常欣赏著名学者许纪霖的一句话:"我不能改变这个世界,但可以改变自己的课堂。"我也坚信:我没有能力改变这个学校,更没有能力改变这个世界,但我有能力改变自己的课堂。我对课堂教学的变革,萌芽于1994年学生要我"下课",当时并没有变革的意识,但采取创设情境、设置问题让学生思考、自由讨论的方法,由于深受学生欢迎而得以沿用和发展。1998年,我带领历史组搞了一个"历史创新思维研究"的课题研究,并申报市级课题,市规划办觉得单纯历史学科做这一研究意义不大,没有批准。但我并未停止探索,2002年,我总结经验,将创新思维研究扩展到所有高考学科,以"学科综合学习实验研究"为题申报市级规划课题,很快获得批准(2007年,该课题获重庆市基地学校"十佳课题")。我作为课题主持人兼历史学科主研,2004年课题研究阶段性成果《课程改革:历史课堂教学模式的思考》发表在《中学历史教学参考》2004年第5期。其基本模式为:创设情境——合作互动——信息提炼——创新反思——成果分享。"创设情境"是解决问题、构建新知的前提,是完成教学任务、实现教学目标的起始阶段,一定程度上是课堂教学成功的关键。俗话说,一出好戏应有好的开始,一个优秀的乐师第一个音符就能先声夺人。同样,情境的创设可起到明确主题、活跃思维、集中注意力、激发自主学习的兴趣等多种作用。情境设置,指根据教学内容创设类似史实的情境,使学生感到身临其境,由此启发学生的思维,引起学生的联想,从而调动学生的积极性。我常选择与学生生活贴切的问题作素材,或充分利用教材中的情境、情理、情趣、情志来激发学生的情思,唤起学生的生活感受,从而达到学生"欲罢不能"的效果。就情境创设的方式而言,或根据教学内容、教学目标及教育对象因地制宜、灵活运用。或根据新旧知识的结合点,精心设置问题、引起学生的悬念;或用现代技术手段虚拟情境、渲染气氛,让学生置身于虚拟的历史氛围中与历史人物共思维、共行动,产生情感共鸣,从而激发学生的积极情感;或用活动地图再现历史场景,辅以生动的语言进行描述,激发学生的兴趣和热情。"合作互动""信息提炼""创新反思"是解决问题、构建新知的过程,也是优化学习方法、掌握学习技巧的过程,是教师与学生的"主体地位"相统一的过程。"合作互动"是指师生间相互交往、共同发展的互动过程。即学生与学习材料之间、学生朋辈之间、师生之间,以解决历史问题为纽带的联系过程。"信息提炼"是师生、学生朋辈互动中呈现的材料、信息,经过去粗取精、去伪存真、由表及里、由此及彼的整理加工过程,是技能层次的学习方法的形成过程。"创新反思"是学生知识的升华与师生课堂行为总结的统一,"创新"是将提炼的信息经过重组和改造后内化成学生新的认知结构,是学生史识与运用层次的学习方法的形成标志。"反思"包括教师的反思与学生的反思,教师的反思重在自己的教育理念和教学行为,即对自己的教学方法、过程作出批判性的评判。学生的反思重在学习方法的比较和总结,从而作出理性的选择,实现学习方法的优化。"反思"实质上是教师的"学会教学"与学生的"学会学习"的有机统一。"成果分享"是通过成果交流,促进学生知识增长与人文情感的和谐统一,是学生思想火花碰撞的过程,也是学生智慧发展的过程。在"成果分享"中,我常常被学生开阔的思维、富于创新的思路和独具个性的理性分析所感动,我曾多次发自内心地向同学们表示谢意。因为他们的发言常给我角度与启示,使我的思维更开阔,教学内容更丰富。以前,我对杂志上所刊登的精彩教学案例非常佩服,学生广博的知识和闪烁着智慧火花的课堂辩论,我曾经怀疑是教师的加工。但在我的课堂中,学生富有智慧的表达有时也让我惊叹,其思维之开阔,见解之新颖,分析之理性,使我真正领会"只有不会教的老师,没有教不会的学生"的含义。在学生"成果交流"的高潮处,我常常忘了自己的"导演"身份,成了欣赏的观众。同学们在课堂上"成果分享"时的发言,虽显得浅显、幼稚,但都是他们根据自己的理解而富有新意的个性表达,不是死记硬背现成答案。在我接手的几个月中,同学们与我配合默契,特别是高三(9)班,几乎每一节课都是在愉悦的氛围中度过,课堂上师生的兴致都很高,我与同学们是相互欣赏,每一节课都觉得时间过得太快,为了多争取一点时间,我常常是提前进教室,有时内容没完就下课了,同学们总是依依不舍。当我正为自己课堂改革的"成功"得意时,发生了一件事,让我犹豫了,那就是高三年级连续两次月考历史成绩都不够理想,在"高考压倒一切""分数就是硬道理"的现实面前,就是我这个高三"把关"老师,也不得不为领导和同学们的"前途"有所顾忌,尤其怕同学们不能理解,我当着全班同学表达自己的歉意,做了自我批评:成绩不好,是老师之过。并说:为了同学们的前途,准备对教学方法适当进行调整;请同学们帮我找找原因,提出批评和建议。为了表示自己的诚意,让同学们消除"秋后算账"的疑虑,特强调可以不署名。我等待同学们的"发泄",但万万没有想到,不但没有一个同学发泄不满,反而还对我进行安慰和鼓励。说实在的,当我读到那些发自肺腑的心里话时,我感动得几乎掉泪,我一个一个地详细进行回复,师生间进行了一次心灵的沟通和交流。下面是部分同学的"批评"和建议:

许晓敏:以前,对历史感觉是古板、厌烦,经过这两个月的接触,才发现原来历史也是一门有趣的学科,以前学历史的五年是浪费了,现在才明白"历史"的真正含义,您的教学方法很独特,我很喜欢这种方式。提高了我的学习兴趣,真的很感谢您……

陶江华:您的教学模式很好,将知识无意识中"灌输"到我们的脑海中。

张小林:谢谢您用良好的教学方法教我们的历史,从而让我可以花更多的时间在我更弱的科目上。

李颖:课堂上师生互动,活跃气氛,提高学习兴趣,更重要的是,在一定程度上可以开拓思维,给自己一个展示才能的平台,同时吸取老师、同学思想中的精华。培养思维能力,比掌握知识本身更重要,它能适应不断发展的高考改革。很喜欢上您的课。很有特色。

李潞:您的教学方法很好,我容易理解,和以前相比是事半功倍。

李峻:以前学历史基本上是死记硬背,每次考试都是临时抱佛脚,每次成绩都不至于很差,但久而久之,问题开始暴露了,就是问答题不知如何答,材料题不知如何组织语言,您给了我们很多思考的时间,引发激励我们去思考。其次,偶尔讲点小故事,增添了不少情趣,调动了同学们的积极性,现在我爱思考问题了,并对历史产生了比以前更浓厚的兴趣。

白乐:首先,我不得不承认我对历史有浓厚的兴趣,特别是中国历史,我是打心眼里喜欢。上您的课很轻松,如沐春风,在活跃的气氛中接受知识。

郝俊:说实话,您是我选择文科后遇到的最好、最优秀的历史老师,不管是教学经验还是教学方式,我都觉得非常棒!

钟红艳:您让我找到了学习历史的信心和兴趣,我真正地理解了什么是历史,为什么要学习历史。

郑娟:我敬佩您严谨的教学态度,更敬佩您的为人,您不光让我明白怎样学习历史,更让我真切地体会到应该怎样做人,即拥有责任心和爱心。有一段时间,每上完一节历史课,我心中就有一股莫名的冲动,您的激情感染着我,激励着我,总感觉即将参加高考的是您,而不是我,那时心中一直有一种想法,高中能遇到您这么优秀的老师是我的幸运,为了您,我也要把高考考好!

田红芹:老师的思维方式很开放,也能很好地引导我们开放性地想问题,既培养了我们的思维能力,又开阔了我们的视野。

童霞:我现在在历史科目上花的时间比以前少,但学习兴趣比以前浓,对历史问题更喜欢深入思考。

没署名:我认为您知识渊博,课堂不死板,乃现代死读书教育中的一个正面的榜样。

没署名:您的历史课上得很精彩,尤其是上课时的课题研究,自认为是受益匪浅。

看着同学们这些纯真的"批评",我深受感动,他们的信任、理解与支持,使我消除了顾虑,我将坚持课堂改革的思路,因为有他们的支持!我也会用更加努力的工作态度,来回报同学们的信任。

四、致力于教育教学研究,走"研""教"结合之路

(一)教研源于对"失败"的反思

从1994年调入黔江中学起,我将精力用在了班级管理和课堂教学中。在重点中学,高手多,要求高,竞争激烈,压力也大,我是"半路出家",起步比别人晚,所以必须比别人

付出更多。业余时间抓紧充电,虽坚持写读书笔记,但基本没有写教研文章而发表的意识。真正强烈地意识到必须加强教学研究,走出一条自己的路子,起源于对九八级高考"失败"的反思。其实,也不能说是失败,只是与我的付出不成正比而已。九五级学生毕业后,我从高一开始,任高九八级五班的班主任,对这个班,我几乎倾注了全部心血,每天早出晚归,一直坚持了三年。虽说到黔江中学的时间不长,但因九五级的成功,在当地还是有些小名气,家长们寄予极大的希望。作为班主任,一方面,为得到社会信任而高兴;另一方面,肩负方方面面的期望而压力颇大。高考的结果令我失望,虽说学校没有对我进行"惩罚",但我内心比受到"惩罚"还难过。我开始思考以后的路子,得出的结论是:死搞教学是没有出路的,在教学上不可能有常胜将军,任何一个人都会有失败的时候,只是时间的早晚和程度而已,要使自己立于不败之地,得想办法走出一条"捷径"。于是,我决定致力于教学研究,将教育科研与教学有机统一,教研服务教学,教学反哺教研。为此,我立下"做好自己的事,少参他人的言"的准则。所谓"做好自己的事",就是全力搞好自己的教学和研究,上好每一堂课,看自己喜欢的书,写好每一篇文章,不断超越自己。"少参他人的言",就是针对学校的人或事,实行"二不主义",即不牢骚,不评论,将心思用在教学与教研上。

(二)机遇是给有准备的人

教学研究是老老实实的学问,要不怕寂寞,坐得住,有恒心和毅力。最初写稿投稿大多是石沉大海,只要坚持不懈,最终是会成功的。《中学历史教学参考》1999年第8期发表了我的第一篇教研文章《历史事件再认识12例》,在学校引起了不小的轰动,我是第一个在国家级刊物上发表文章的在职老师。新上任的郭荣禄校长是一个有远见、开明而又富有开拓精神的校长,他鼓励个人奋斗,大力提倡科研兴校,奖励在教研方面做出成绩的教师。我因此得到了三倍稿费的奖励,老师们都投来羡慕的目光,也极大地激发了我的兴趣。从这之后,每一学期都会有几篇教研文章变成铅字,内容包括课堂教学研究、教材研究、高考研究、试题研究、专题复习研究、考试心理研究等。

随着教研方面的不断进步,我的事业也逐渐步入黄金时期。高2001级(6)班是分班时基础薄弱的一个班,但就是这个班创造了黔江中学文科班的辉煌,先后被评为黔江县、黔江开发区、重庆市先进班集体,高考创下了三项纪录:一是升学率达100%;二是升入名牌大学4人(全年级共6人);三是硬上线97%(少数民族考生加分上线俗称软上线)。这一成绩填补了黔江中学在复旦大学、南京大学等名牌大学的空白。高2001级的成功,是"研""教"结合的产物,科学的管理,使我从事务型班主任中解放出来,初次尝到了教育科研的甜头。我也坚定了"研""教"结合的路子,事业稳步发展。随后几年,各种荣誉随之而来,黔江区优秀教师、黔江区教育科研先进个人、重庆市优秀科研教师、重庆市教育科研先进个人,全国优秀教师等。

（三）用批判的眼光读书

尽信书，不如不读书！说的就是要有怀疑、批判精神，这是搞教研的基本素质。任何一本书都不是圣经，不可能尽善尽美，如果用批判、挑剔的眼光去对待它，并小心地求证，对自己来讲，将是一个巨大的进步，就会成为知识的主人，而不是知识的奴隶。例如，关于19世纪末康有为、梁启超变法失败的主要原因，教材归结为顽固势力的强大，采取改良的办法、依靠没有实权的皇帝等。在十年前的教学中，我就对教材上的这一结论产生怀疑。中外历史上，哪次改革顽固势力不强大？但也不乏成功的例子。如商鞅变法、孝文帝改革、彼得一世改革等。我想，应该从康、梁自身去找原因。其实，教材中也隐含着这样的信息，如小字里面介绍：废除八股取士，使"举国守旧迂谬之人，失其安身立命之业，自是日夜相聚，阴谋与新政为敌"。一般来说，变法要取得成功，正确的策略应是扩大支持派，争取中间派，孤立反对派。但从上面所述可看出，本应该得到理解和支持的读书人，却是日夜相聚与新政为敌，康、梁不是孤立了反对派，而是孤立了自己。变法总共进行了103天，但从教材的叙述可看出，变法内容包含了政治、经济、军事、文化教育等各个方面，就是在交通便利、信息发达的今天，也是不可能推行的，何况在交通落后、信息闭塞的19世纪末，所以在变法过程中出现各省官员对新政犹豫观望、敷衍塞责是再正常不过了，因为他们根本就不理解，又怎么去执行，也无法执行！经过思考与分析，我得出的结论是：变法失败的主要原因是变法内容脱离中国当时的实际，内容过多、过急，激化了各种矛盾，从而孤立了自己。我曾用"新情境材料题设计"的方式，将我的看法发表在《中学历史教学参考》2003年第9期。后来，我读到著名学者，上海师范大学萧功秦教授发表在《历史教学》2007年6~8期上的《中国百年现代化的六次政治选择》一文，萧教授用不可辩驳的史实和严密的逻辑，论证了康、梁变法失败的主要责任在于其自身，给人耳目一新的感觉。

（四）保护好瞬间产生的思想火花

教学研究贵在创新，中学老师的"创新"，不在于提出一个新的理论（因精力及视野的限制，一般不可能提出新的理论），而是在原有基础上产生新的感受，受到新的启发，浮现新的解决问题的思路，这些新的想法往往是瞬间产生的思想火花、灵感，它往往是创新的源泉，需要好好保护。这些思想火花、灵感有时来自看书产生的启发，有时来自同事之间的教研活动，有时来自学生的问题，要及时记录，待有空时进行深入分析，往往会产生意想不到的效果。事实上，我的很多东西就是这样产生的。《中学历史教学参考》2000年第6期上发表的《初高中历史教材相互比较18例》，源自一次教研活动中一位初中老师与高中老师的讨论；《考试》2005年第5期上发表的《中外历史上的制度创新及其影响》，源自读书看报的心得；《中学政史地》2006年第10期上发表的《对教材习题的处理应"与时俱进"》，源自看电视时产生的联想；《高考》2007年7—8期上发表的《高三历史复习新思路尝试》,来自备课时瞬间产生的灵感。

教育科研让我尝到了甜头,开阔了我的视野,提高了我课堂教学的应变力,也是我永葆教学青春的秘诀。其实,也不是什么秘诀,而是新课改理念下教师应该具备的基本素质,是现代教育对新时期教师的基本要求。教师的劳动属于创造性劳动,是塑造人的工作,因此,一个能与时俱进的教师,在教学中应该具有批判性,而不是对教科书的盲从;应该具有创见性,而不应成为教参或现存教案的搬运工;应该具有深刻性,而不是浅尝辄止,一知半解;应该具有灵活性,而不是钻牛角尖;应该具有发散性,而不应走向定式思维的死胡同!如果说我取得了一点成绩,我认为,除笨鸟先飞、执着的追求外,我相信一个道理:愚者千虑,必有一得;机遇常眷顾有准备的人!

(本文选自《中学历史教学参考》2009年第1—2期)

走近名师

「一个人的成长不在于起点的高低，而在于是否有恒心与毅力；一个人的发展不在于智力的高下，而在于是否会用心与思考。教育不仅仅是传授知识，更需要唤醒学生的良知、人性与灵性，培育他们的人文情怀与高尚情操。作为一名教师，只有改变知识传递者的形象，使自己成为研究者、探索者，才能开启学生的智慧之门，愿以此与广大同仁共勉。」

朱可 原杭州市基础教育研究室主任。浙江省特级教师、浙江省二级正高级教师、浙江省督学。曾获浙江省教坛新秀、杭州市首届杰出教育工作者、杭州市优秀教师等荣誉称号。教育部课程标准审定专家、浙江大学博士学位论文审定与答辩专家、杭州师范大学硕士研究生导师。出版专著《海客话天城》《行走在历史与现实之间——中学历史教学论》，在《课程教材教法》《历史教学》《中学历史教学参考》等杂志发表论文百余篇。

教为师范，研必人先
——我的教学与教研之路

○ 朱　可

承蒙任鹏杰先生抬举，约我为《中学历史教学参考》"走近名师"栏目写一篇文章，既感慨又惶恐。因为，在我心目中，名师应该有明确的教学思想；有独特的教学风格；有丰厚的教研成果；有享誉全国的知名度……左思右想，总觉得自己离这个标准相差甚远。再仔细思量，撰此一文，既能总结一下自己的追求"名师"历程，找到自身的差距；又能抛砖引玉，引起大家的共鸣，也就斗胆动笔了。

一、"误入"教师之途

用这样一个标题，会让一些和我认识的老师大呼意外的，因为，经常有年轻教师满怀"敬意"地问我这样的问题："朱老师，像你这样的老师是否从小就立下了从教的志向，才会让你这样对教学、教研乐此不疲？"说来惶恐、想来惭愧：在自己最初的人生规划中，最不想做的就是教师，最怕的就是当教师。可以说，这是具有讽刺意味的。我出身教师之家，母亲是一名敬业的小学教师，姐姐也是一名有责任心的小学教师，家访、备课对她们来说是家常便饭。然而，也正是由于她们的敬业与负责，给童年的我留下了教师职业非常辛苦、教师工作特别繁忙的印象，当时的我就想：如果能让我选择，最好是当作家、记者，其次是当工人（当时，工人阶级是老大哥，国有企业的工人还是很有吸引力的）。在早期的人生规划表中，就是找不到教师两字——因为我实在视之为畏途。

怕当老师还有一个个人因素——儿童时期生性羞涩，怕与人交往。从小学到中学，我很少在课堂中主动要求发言，碰到老师唯恐避之不及，更不能想象自己能在讲台上与同学侃侃而谈。最大的乐趣就是利用父母给的几毛零花钱，跑到街上的小书摊，在《三国演义》《水浒传》以及《说岳全传》《罗通扫北》《薛仁贵征西》等小人书所营造的历史情境中，尽情地想象、遨游。当然，现在回想起来，还是非常怀恋、感谢这一段时期，它让我对历史产生了浓厚兴趣。但当时,肯定不会想到,我在看的人物故事、历史演义,会成为我今后工作的主要工具,成为我兴趣的源泉。

1977年恢复高考时,我在读初二,对人生的认识处于似懂非懂之间——十四五岁的少年,谈不上对自己的前途有什么规划,但许多文学作品对大学生活的描绘与介绍,使我对大学生活充满了遐想与憧憬:如能进入大学,享受象牙塔的生活,该有多么幸福!但这种念头,往往一闪而过,没有转化为自己的学习动力。回想自己能顺利迈入大学校门,实现自己的人生理想,应该感谢自己的哥哥、姐姐。由于父母的工作繁忙,与哥哥、姐姐的接触更多。大两岁的哥哥,一直是我的偶像,他属于德、智、体全面发展的学生,家里墙上贴满他的奖状,县里的标枪记录还是他创造的。每当暑假,他都会自己去工厂当学徒工,这是真正的勤工俭学。相对丰富的社会阅历,使他对人生的认识与感悟要深刻,对家庭、个人的责任感要明确得多。每天我们都要去散步,每天他都会同我讲社会的见闻,家庭的责任,给我的心灵注入责任的意识。1979年考大学,我们两兄弟同一年考入杭州大学(今浙江大学),哥哥在体育系,我则就读历史系,在当时的县城,也引起了不小的轰动。刚上高中时,已经当工人、教师的姐姐们,希望我能考上大学,在高一时期,会每天早晨扯着我的耳朵,催我起床背书。到了高二年级,被动转为主动,每天早上五六点钟,自己都会跑步到学校附近的一个小山坡,读书一小时,再到学校吃早饭,不论刮风下雨,持之以恒,培养了自己的毅力与恒心。

1979年考大学填报志愿时应该说也很顺利。虽然师范院校有很多的优惠待遇,但鉴于自己对教师职业的"恐惧",在所填的志愿中,没有一所师范院校。同时,也由于童年时期的兴趣爱好使然,毫不犹豫地填报了杭州大学历史系。这年,我以16周岁的年龄成为当时的"天之骄子",有幸被杭州大学历史系录取,跨入了自己向往的大学殿堂。与此同时,我也以为自己能避开教师这个职业。

杭州大学历史系具有非常丰厚的人文积淀与学术特色,名师云集、成果突出,在全国享有较高的声誉。因此,四年的大学生涯,最大的收获在于初涉史学之海,初窥治学门径,掌握了学习与研究的基本方法,为以后自己进行有效教研打下了坚实的基础。但由于年龄、阅历、自觉性等多种因素的影响,四年大学也没有留下值得夸耀之处(想起一些年龄大的同学对知识的渴求,现在仍让我感到汗颜)。由于杭州大学是综合性大学,加上自己也没有当教师的准备与打算,因此,四年的大学也给自己今后的教学生涯留下了遗憾:没有经过系统的教育学、心理学的学习与训练。

四年大学一晃而过,由于种种原因,命运把最不希望当教师的我强行地纳入教师的行列。失望、害怕、郁闷、无助,当时的心情真可谓是百味杂陈。当新教师们于8月份高高兴兴跨入新岗位的时候,我却磨磨蹭蹭地直到9月6日才到学校报到,9月7日一天时间备课,9月8日有生之年第一次以教师的身份跨上讲台。回想自己的第一堂课,至今仍让自己感到惶恐:从未参加过实习,最怕上讲台的我,在学校校长、教导主任以及一些老教师的压阵下,面对比自己年龄小不了几岁的高一学生,开始了自己并不成功的教师"处女课"。辛辛苦苦备了两节课的内容,结果不到25分钟就给背诵完了,还有将近20分钟的时间无话可说,没有实习经历的我也不知道该做什么,只好心一横说:"下课!"听课的校长连忙上前制止,让同学们自己看书、自习,才帮我应对了这尴尬的局面。事后,老教师们还原了我当时的情景:上课如同背书,根本没有教学方法与策略可言;教学时眼睛始终看着窗外,几乎没有与学生有过眼睛的对视,更谈不上师生的互动与交流,真是一堂无从说起的课。

虽然通过自身的努力,第二堂课就有了很大的改观。但对教师这一职业的抵触,使自己在教学的前几年中陷入了茫然与困惑中。虽然由于个性使然,对待本职工作尚可说认真,但从未真正把教师作为事业来追求,甚至一心想跳出教育系统。考研、招聘,平静的教学过程中一直有一颗不安分的心。

【人生感悟】人生的目的之一就是追求自我价值的实现,爱一行,干一行,这是人生的最佳境界。然而,古人有言:天下不如意事,十常居八、九。因此,干一行,爱一行,也不失为实现自我价值的一条途径,关键在于最终你是否能爱上这一行,从这个角度来说,我是一个幸运者。

二、走上教学之路

在工作的前几年,自己一直处于茫然中。可以说,名为教师,实际上并未真正走上教学之路。后来,遇上了同为教师的另一半,一颗不安分的心开始逐步地稳定下来:既然不能有其他的选择,那么成为一个好教师,争取在教学上做出一些成绩是否也可以说是一个很好的选择呢?妻子、老丈人也都是中学教师,共同的语言使自己更加安心于教学工作。可以说,至此,我才真正走上了教学之路。

我所任教的西湖中学是杭州的一所普通中学。该校原先是一所完中,后来由于布局调整的需要,高中部改为职业高中,主要是园林花卉和旅游专业,初中继续保留普通中学的课程。我当时大部分时间任教初中历史与高中旅游历史课程。高中的旅游历史课程没有现成的教材,完全依靠自己看书、查资料,编写教材,这个过程给自己留下了丰厚的回报:不仅了解了杭州的风土人情,了解了杭州的文化;而且进一步掌握了史料的选取与查证,编写的基本方法与技巧,为后来的教学研究提供了一个很好的基础。

当然,这个时期的初中历史教学也为我以后的发展奠定了基础。鉴于学生的生源情况不是很理想,学生的学习基础与习惯相对较差,我开始投入地研究教学艺术,提出了

"情趣教学法"的教学设想:根据初中学生的生理、心理特点以及本校学生的教学现状,摒弃一讲到底的传统教学方法,通过情境的营造、问题的设计和合理的讨论,激发学生的学习兴趣,有效地完成教学任务。我们知道,历史是过去发生的事,我们无法去亲身体验,但我们可以通过所掌握的材料(实物的、书面的)去论证、推理,从而揭开历史的迷雾,把过去发生的事情真实地展现在人们面前。通过一段时期的摸索,学生普遍接受了这样的教学方法,他们反映我的课既形象生动,又蕴涵一定的道理。我的历史课很受学生欢迎——伴随铃声走进教室,学生高兴地鼓掌欢迎,这种感觉真是无法言表。它让我体会到当一个好教师的乐趣,也更加坚定了我当一个好教师的信念。

在西湖中学任教期间,我还努力创设第二课堂,开设了"杭州风景古迹览胜"的选修课,充分发挥历史的社会功能,把历史教学与社会实践结合起来,让同学们从官窑博物馆领略中国陶瓷艺术的魅力,从丝绸博物馆欣赏中国丝绸工艺的高超,从茶叶博物馆品味中国名茶的清香,更使同学们通过饱览家乡的山水,体验"西湖三杰"的悲壮与崇高,从而萌发爱家乡、爱社会、爱祖国的情感,使历史富有真正的教育意义。"杭州风景古迹览胜"选修课贴近社会、贴近生活,深受初中学生的欢迎。认真投入教学之后,回报也随之而来,先后被评为杭州市教育系统先进工作者、杭州市教坛新秀,杭州市首届青年教师"中萃奖"。

20世纪90年代初,自己又迎来了人生道路上一个新的转折——调往浙江大学附属中学任教。浙大附中是一所浙江省著名的重点中学,这里的生源条件、教学设备和教学理念,当然与原来的西湖中学不能同日而语。由于长期任教初中,对高中教学有了较大的陌生感。为此,我以更迫切的心态投入到高中的教学中:做习题、听课、钻研史学理论、研读心理学与教育学著作,让自己用尽可能短的时间来弥补差距。在这里,我要特别感谢老教研组长何凡老师(何老师2010年8月份因病去世,愿他的在天之灵安息)。何老师是浙江省特级教师,功底深厚,思辨能力极强,尤其擅长于用历史的眼光分析、解释社会现象。他经常让我在各种场合开设公开课、研讨课,我也从不推辞。因为,我把每次上公开课都当作是提升自己业务、完善自身素养的一次极好机会。事实证明,这完全是一个可以与大家分享的做法。

在钻研过程中,我认为高中学生与初中学生最大的不同就在于高中生的思辨意识增强,思维能力提高。为此,我采用了"材料导学法"进行教学——在教学中采用材料分析法教学,根据历史学科的特点,运用丰富的材料,精心设计问题,由浅入深,启发引导,让学生在直观、形象的分析中掌握枯燥的历史知识,既挖掘了学生的思维,又丰富了教学的内涵,取得事倍功半的效果,学生能在轻松愉悦的课堂教学中学到教学大纲所规定的学习内容,并且在潜移默化中把知识的真谛内化为自己的道德素质。在历史学习过程中学生们初步认识历史事件的本质,并能运用所学知识分析现实问题,增强了他们对辩证唯物主义和历史唯物主义的认识。因此,学生们普遍反映历史课上得有趣味、有深度,通过学习掌握了历史的思维方法,提高了分析问题、解决问题的能力,受益匪浅。学生的满意率始终是100%,最满意率的比例也较高。

教育的根本目的是传授知识,但这不是唯一的目的。教育的更高目的是启蒙人的智慧和思想,使学生自觉地获得知识、运用知识,成为自己生命的真正主宰。在历史教学中我就是朝着这个方向努力的。为了帮助学生高屋建瓴,有的放矢地学好历史,我专门为高中学生开设了"史学理论专题讲座"。通过专题讲座帮助学生把握历史规律,正确认识历史发展的脉络,挖掘事物本质,从而真正地了解和应用历史。

教学手段的不断丰富和创新,是教育能不断适应社会需要的保证。因此在教学中我也努力学习多媒体教学手段,充分挖掘其直观性强、趣味性浓的特点,把死板、僵硬的历史知识转化为生动有趣的历史画面,从而内化为学生自身的需要。基于实践与提升,我的努力也得到了肯定:多次代表杭州市参加浙江省组织的赴海宁、景宁、衢州等地的示范交流;1998年获浙江省首届历史教学优质课评比一等奖;受聘为浙江教育学院兼职副教授;多次为浙江教育学院全省高级教师、特级教师研修班上示范课;在浙大附中任教期间,担任浙大附中学生处副主任、教科室主任等职务,由于教学业绩突出,被评为浙江省教坛新秀。

【人生感悟】一分耕耘、一分收获,这是一个颠扑不破的真理。虽然从事教师这个职业开始有点勉强,但一旦真正走上教学道路之后,我深深地爱上了这个职业,并且也得到了丰厚的回报。从中我得到的最大体会是:如果你把一份工作当成职业,你会感觉到疲惫不堪,了无乐趣;如果你把它当作事业,你就会深谙个中滋味,感觉其乐无穷。

三、恋上教研之业

瑞士心理学家、教育家皮亚杰曾说:"别人认为,尤其坏的是他自己也认为:学校教师无论是从技术和科学的创造性上来说,都不是一个专家,而只是一个知识的传递者,这是任何人都能做到的事。"[1]作为一名教师,改变知识传递者的形象,使自己成为研究者、探索者,是一条必需的途径。"教师成为研究者"的早期倡导者布克汉姆曾经讲过:教育研究不应是专业人员专有的领域。它不是一个领域,而是一种态度。我们知道,领域很难进入,态度则取决于个人。安心教育工作后,我就把教学研究作为提升专业能力的一种途径在探索、在完善。

在西湖中学任教期间,根据初中学生的特点,确定了"中学历史教学与美学"这个研究方向,力求"以美启真",充分挖掘历史学科中的美育资源,真正激发学生学习历史的主动性与积极性,从而挖掘历史的社会与教育功能。根据初中学生好动、好奇心强的特点,我把历史知识通过语言、文字、韵律、节奏、结构等美育因素呈现出来,让学生养成历史学习的浓厚兴趣。这样,既体现了历史趣味的深度,又充分挖掘了历史课的教育功能,让学生明确做人的道理。同时,通过写历史小论文、进行社会实践等方式,让学生发掘历史的现实美感并内化为他们自身的情感与需要,在日常生活中愉悦地掌握历史知识,帮助学生逐步树立正确的美感观念,正确区分美丑,正确对待人生。结合教学实践,先后撰写了《孔子教学思想的美学内涵与现实意义》《历史教学中化悲为美的探索》《历史教学中的悲剧美与崇高美》《历史教学中化丑为美的探索》等一系列文章(先后在杭州市第三、四、五、六、七届教学论文评比中获奖,并发表于《浙江教学研究》《杭州教育》《中外文化新视野》等刊物),参与了《企业学校管理》一书的编写,承担了"企业学校的美育管理"一章的撰稿。怀着对历史学与美学这个主题的兴趣,又鉴于中学历史教学中一些学生的审美心理不够健全,在审美观照时出现偏差,而且不能及时、正确地进行调适,从而出现不能理解英雄人物的高尚情操,盲目崇拜希特勒等美丑不分的现状,2003年又撰写了《试论中学历史教学中学生审美心理结构与调适》一文(发表于《中学历史教学参考》2003年第9期),提出引导学生积淀审美情感、把握审美距离、经历审美体验、驱动审美升华的审美心理调适策略,认为对学生进行审美心理调适,不仅影响到学生的人格发展与个性行为,还影响今后国民素质的提高。该文引起了许多同仁的关注。

进入浙大附中任教之后,面对思维能力较强的高中学生,我从更深层次思考历史教学的真谛。鉴于历史教学中存在的重感性、轻理性,学生只会机械地背、记历史,只会了解历史事件的过程,不会探究深层次的历史规律的现状,我将"高中学生理性思维能力的培养"确定为研究主题。理性思维是多种思维的综合表现,它通过高度机动、灵活的思维活动,表现出由心智到实践,最终演绎、探索规律的思维过程。正如刘芃先生所言:"学校的历史教育是以教科书为依据,以实现教学大纲的教学目标为目的,把史实的传授和科学的历史思维的教育完美地结合起来,从而发掘历史文明,创造时代精神。"[2]怎样运用多种逻辑分析手段,帮助学生发展理性思维能力,探索和发现新规律?如何合理运用材料、培养理性思维——形成以史带论的学习习惯以提升高中学生必备的素质?为此,我在教学中不断探索与思考:不是把教学内容进行简单的复制、梳理,而是注重对教材的再处理,挖掘教材知识体系之间的内在联系,帮助学生建立立体的知识体系,开展理性思维。1997年撰写了《高中历史"隐性目标"的挖掘》一文(发表于《教学月刊》1997年第11期,后被中国人民大学书报资料中心《中学历史、地理教与学》1998年第1期全文选载),目的是引导学生在掌握教材显性知识的基础上,总结历史规律,掌握学习方法,提升史学认识——把大量分散的、相对孤立的历史事实、历史概念纳入完整的学科体系之中去思考,揭示历史发展的基本线索和客观规律。1999年撰写了《高中历史理性思维能力的建构与培养》一文(该文获浙江省教学论文评比一等奖,发表于《中学历史教学》2000年第7期,并被中国人民大学书报资料中心《中学历史、地理教与学》2001年第4期全文转载),系统地论述了理性思维能力的构成因素以及培养策略,力求使教学内容更能适应学生的认知发展规律,帮助学生运用理论的思维、科学的观点构建知识结构,从而实现历史教育的科学价值与思维价值。

因工作调动,我于1999年到杭州市教育局教研室,担任高中历史兼初中历史与社会教研员,新的岗位,新的工作,给自己的教学生涯揭开了新的一页。随着工作的逐步深入,自己越来越恋上了这一事业。

首先,认真思考教研员的工作性质——窃以为,从事教研员的工作必须拥有"要""和""善"三"心"。

(1)"要"心——有强烈的促进自身专业发展的愿望,通过自身的积累与教学的反馈,积淀自己丰厚的底蕴与功底。教研员如果不加倍努力,会沦为一个活动的组织者和会议的主持者,不能给教师的教学与研究提供真正的帮助,更谈不上启迪与提升,甚至会在频繁的听课、评比、论坛中,让自己原形毕露。

(2)"和"心——平和的心态,教研员的工作是为他人搭桥铺路,自身与荣誉无缘,因此,不能有功利的思想;同时,教研员的主要任务是从事教学研究,恋上这一行,就必须有"板凳坐得十年冷"的思想,否则,很难出成果。

(3)"善"心——助人为乐的态度。教研员的任务之一就是促进教师的专业发展,因此,业务上要求要严,在评课、交流中对存在的问题应该一针见血地指出。但所有这一切都必须围绕一个前提:爱护教师,关心教师,要有一颗善心,如帮助教师修改论文,对青年教师提出明确的业务要求等。同时,要关心教师,尤其是青年教师的成长,为他们的成长搭建合适的舞台。

其次,以"六个一"的要求提升自己的专业素养。进入教研室已经10个年头,一直持之以恒地遵循这"六个一"——每隔一段时期主持或参与一项课题(课题研究是一项长期复杂的工作,不能急功近利);每学期阅读一本书(可以是教学理论著作,也可以是史学理论专著);每学期撰写一篇教学论文;每学期为广大教师开设一堂讲座;每学期出一份独创的试卷;每学期完成一份课堂教学实录与反思或推出一名青年教师。通过自加压力的做法,促进自身的专业发展。

再次,确定教学研究的方向。担任教研员以来,给自己确定了三个研究方向:课堂教学研究;教师专业发展研究;高考研究。因为,教研员离开教学第一线,如果再不关注课堂教学,就会与教学渐行渐远。尤其是新课程改革的今天,教学内容更新快,教学方法钻研深,关于教学目标的理解更加全面,如果不关注,就会被历史所淘汰;教研员不仅要注意自身的专业发展,还应该促进全体教师的专业发展,否则,不能算称职的教研员;作为中学阶段的总结性测试,高考是每位高中教师和教研员都无法回避的话题——高考试题对中学历史教学有引领作用;高考复习的策略也直接影响着新课程历史教学。10年的不断探索、总结,围绕这三个主题,发表了四五十篇文章,在这三个研究领域都有较大收获。2006年出版了个人专著《行走在历史与现实之间——中学历史教学论》。本书围绕中学历史学科功能、课堂教学艺术、教师素养以及高中历史教学策略、历史教学与美学等方面的内容展开论述,力求引导教师正确认识历史学科功能;正确使用历史教学方法;挖掘历史学科的人文内涵;完善自身的教学行为。这个阶段所写的代表性论文有《中学历史课堂教学的优化策略》《试论中学历史教师教研意识的基本构成与培养策略》(分别获浙江省教学论文评比一等奖);《新课改背景下教师教学行为调整策略》(发表于《教学月刊》2003年第10期,并被中国人民大学书报资料中心《中学历史、地理教与学》2004年第2期全文转载);《文科综合试卷的命题策略——兼谈2004年上海高考试卷》(发表于《中学历史教学参考》2004年第8期,并被中国人民大学书报资料中心《中学历史、地理教与学》2005年第2期全文转载);《中学历史科功能论略》(发表于《中学历史教学参考》2002年第8期);《试析高中历史新课程有效教学的四个核心环节——以人民版必修2〈中国古代的商业经济〉一课为例》(发表于《历史教学》2008年第3期);《文科综合考试中的历史科复习》(发表于《中国考试》2003年第6期,并被人民大学书报资料中心《中学历史、地理教与学》2003年第9期全文转载)。除了这些教学论文外,主编、参编了浙江省综合活动教材《人·自然·社会》、杭州市综合活动教材《我与杭州》《人与社会》《杭州的人文与社会》以及《中学课本背景知识》《社会科学常识》等教材10余种;参与了人民教育出版社《历史与社会》八年级下册教师教学参考书和中国地图社《历史与社会》、高中历史必修教材图册的编写。与此同时,还先后到东北、陕西、山东、贵州、湖南、湖北等地讲学数十场,为浙江教育台、浙江省广播电台做教学辅导讲座多次,受聘为浙江师范大学、杭州师范大学本科生、研究生上课,并被聘为浙江师范大学硕士学位研究生指导教师。由于教研成果突出,被评为杭州市优秀教师、浙江省特级教师。

【人生感悟】教师要成长,要从教书匠成为名师,从事教学研究是其中必不可少的一环。从事教学研究的关键在于:鼓足勇气写文章——教师要克服教研无关论、无用论的心理障碍,以积极的态度投身于这项事业中去;教学实践出文章——作为中学教师,应该充分利用身处教学第一线的优势,做教学的有心人,关注教学实践的敏感点、增长点等教研因素,加以理论的升华,最终指导教学实践;精雕细刻做文章——文章难在灵感的激发,贵在语句的雕琢,这个过程实际上也是教师专业发展的过程。一个好教师,应该有

"教为师范,研必人先"的态度,愿以此与大家共勉。

四、爱上教育之思

从事教育工作近30年,对历史教学产生了难以割舍的感情。如果时光倒流,现在大学毕业让我重新选择职业,我会毫不犹豫地继续选择教师这一职业。出于热爱,闲暇之时,也经常反思当前的历史教学,有以下粗浅看法与大家分享。

1. 历史教学重在内化

杜甫"随风潜入夜,润物细无声"的诗句是说无声细雨悄然滋润大地万物的结果,借用到中学历史教育教学,应该说是道出了历史教学的真谛。历史教学实际上就是这样一个熏陶、感染、自我内化的过程。只有通过学生的内化才能转化为学生追求知识的自动、自主精神,才能"植其基,勤其学""砥砺德行,不为流俗所染"[3]。一个好的教师只有深入地了解学生的思想,把握时代的脉搏,才能真正触及学生的灵魂,才会培育出具有现代化意识的人才。因此,在历史教学过程中,一定要尊重学生的人格,尊重学生应该享受的权利,承认学生个性发展,尊重教育规律,千万不能急功近利、急于求成。我们应该清楚:靠强行灌输的知识是没有生命力的;同样,靠加班加点而去获取成绩是残酷和无效的。教师只有通过启发诱导,鼓励学生通过自身的探求,把知识点内化为知识体系结构,才能起到育人的作用。德国教育家第斯多惠说得好:"教育的艺术不在于传授的本领,而在于激励、唤醒、鼓舞,而没有兴奋的情绪怎么能激励人,没有主动的精神怎么能唤醒沉睡的人,没有生机勃勃的精神怎么能鼓舞人。"[4]如果一堂历史课只识记一些具体的史实概念,只传授一些简单的方法与技巧是远远不够的,教师只有通过激发学生的受教育欲望,让他们感受到历史学习的乐趣,变知识为人所有,使历史教学充满高尚美好的思想,这样才能把知识转化为思想,这种内化行为才是学习行为的主体,也就是学习行为的最后成果和最后归结。

2. 历史教学难在自省

历史教学是师生共同参与的一种双向活动,这个活动过程既与人的认识过程有关,也与人的意向过程有关,它要求双方把全部的心理活动过程都能积极地参加进去。因此,历史教学首先要让教育者和受教育者都能明确自己在教育中所处的地位。不可否认,在"应试教育"下,有些师生对自己的地位是不明确的。我们经常看到这样的情景:课堂教学中教师或是在滔滔不绝、"勤勤恳恳"地扼杀学生的创造力和学习兴趣;或是在扮演着"师道尊严"的角色,用家长式权威逐步消耗着学生独立思考、独立认识世界的能力。因此,历史教学需要自省,作为学生必须明确自己的主体地位,充分发挥自身的品德、智力、能力的独立性和自主性,养成独立思考、独立作业、独立完成学习任务的习惯,从而培养主动参与、主动学习、主动构建、自我完善的自主性学习能力。学会做人、学会求知、学会劳动、学会生活、学会健体、学会审美,使自己全面和谐的发展。

作为教师,一定要用自己高度的责任心和奉献精神,改变以往说教、灌输、压制的单一作法,面向全体,循循善诱、诲人不倦,用正确的历史观点教育学生,并根据中学生认知特点和心理发展规律,有的放矢地对学生进行历史情感教育。同时,要引导学生通过展开充分的思维来获得历史知识,了解历史结论的来龙去脉,努力创设教学条件和设置各种问题情境,让学生充分参与到概念、判断、推理的形成过程,法则、定律、性质的推导过程,问题的解决过程中来。教师在教学过程中一定要随时发现并及时指导学生在学习过程、生活过程中的困难、障碍、错误和疑问,善于寻找学生思维的闪光点,使学生能运用已有的基本知识和丰富的感性材料,独立地创造出事物的形象,获得思维创造活动的效应。因为,学生在独立学习过程中不可避免地要遇到各种各样的疑难问题,这既是学生学习的障碍,但一旦解决又会转化为学生学习的动力,使学生产生巨大的成功感和自豪感,这些积极的情感又会反过来增强学生的自我意识和自信心,提高他们各方面的素质。孔子说:"学然后知不足,教然后知困。知不足,然后能自反也;知困然后能自强也。故曰:教学相长也。"因此,这个教学相长的过程,实际上就是师生自我认识的过程,这个过程非常难但又非常有意义。

3. 历史教学贵在创新

21世纪是知识经济时代,知识经济是一种全新的经济形态,它以创造性人力资源为依托,以高科技产业和智力为支柱。新时代要求人们具有明确的生活目标和社会责任感,历史教育教学在培养人的社会责任感、明晰人的生活目标方面有着不可替代的作用。创新意识的培养,关键在于课堂教学。课堂教学过程是由教学目标和任务、教学内容、教学方法、教学形式、教学效果等要素组成的。在"应试教育"的指挥棒下,应有的教育教学要素一度被忽略了,一切都是为了"考"而教,造成教学过程呆板、单一、毫无生气。为此,我们必须在课堂教学中重视教学目标和任务、教学内容、教学方法、教学形式、教学效果等要素,扩展历史课堂教学的外延,丰富历史课堂教学的内涵,激发师生的教学情感,真正完成课堂教学任务。教学目标的设计应该全面体现培养目标,既要传授知识,又要发展学生的能力,培养健全的人格和优良的品德,促进学生全面发展;教学内容的选用必须明确、适当、具体,既要符合学生的实际,又要考虑学生的差别,体现层次性;教学方法和形式的选用上虽然可以"仁者见仁,智者见智",但必须立足于自己的教学实践,根据教材内容的特点和要求确定课堂教学的类型,体现出教师的组织性、启发性、指导性,调动学生的学习主动性、灵活性、实践性,使学生真正做到学习目标明确化、学习方法科学化、学习过程主动化,获得全面发展。

回想26年从教之路,我一直把"名师"作为自己追求的目标。窃以为,一个好教师,不仅会上课,还应该能上课、上好课,并能够研究怎样上好课,为其他教师提供借鉴。而要达到这一点,首先要钻研教学艺术——通过对课堂教学有效性的关注,科学处理好预设与生成的关系,真正把握教学的真谛;其次要优化知识结构——通过自身的专业发展,不断丰厚自身的专业素养与人文积淀;再次,要钻研教研业务——提高科学理论、养成科学意识、掌握科学方法。26年从教之路,我就是这样努力前行的,当然,其中也有一些曲折与彷徨,这恰恰印证了这样一个真理:任何人的成长都不可能一帆风顺,但只要保有"三心"——专心、信心、恒心,就一定能达到胜利的彼岸。

---

[1] 皮亚杰.教育科学与儿童心理学[M].傅统生,译.北京:文化教育出版社,1981.

[2] 刘芃.历史史实与历史思维[J].历史教学,1997(11).

[3] 蔡元培.就任北京大学校长之演说[M]//蔡元培全集(第3卷).北京:中华书局,1984.

[4] 第斯多惠.德国教师教育指南[M]//北京师联教育科学研究所.外国教育教学名家精读丛书(第一辑).北京:中国环境科学出版社,2006.

(本文选自《中学历史教学参考》2010年第12期)

「"名师"本意,不在"名",而在"师"。人之患,在好为人师。若要为人师,唯有勤奋读思求索,方有可能。」

汪瀛 正高级教师,特级教师,硕士生导师,国家"万人计划"领军人才,全国模范教师,"徐特立教育奖"得主。曾任第一届、第二届国家基础教育课程教材专家工作委员会委员,第七届、第八届中国教育学会理事。出版著作26部,主编、参编教材和教学用书60余种,发表文章260余篇。

勤奋求索,跬步前行

○ 汪 瀛

或许是种种机缘,或许是勤奋求索,我一不小心竟然成了人们心目中的"名师"。每当有人说我是"名师"时,我就不由自主地反问自己:我真的是"名师"吗?什么是"名师"?是桃李满天下,还是教研成果卓著?或因教书育人事迹突出被传媒渲染……认真反思,所有这些,我似乎平平,可以说没有骄人之处。说实在的,这不是我谦虚,因为桃李满天下是教师集体劳动成果,并不是我一人之功;虽然自己在教研上时有拙作面世,但当今时代真正读这类作品的人并不多,更多的时候是"孤芳"自赏;由于种种机缘上过一些媒体,也多为昙花一现,并不为人关注。我不是"名师",但我愿将自己的心路历程与感悟写下来,在鞭策与激励自己的同时,若能对年轻历史教师有所启迪与助益,那也不失为一件好事。

一

在学业上,我是一个先天不足之人。我的启蒙教育始于一所农村"中心小学"。记忆中,我的老师是相当不错的,虽然我不知道他们是何种学历,但他们都是"公办教师",上课深入浅出,颇受学生的欢迎。只是好景不长,一年后因国家教育改革,"中心小学"被解散,我回到自己村里刚开办的小学学习。因学校师资和校舍条件有限,我在两个年级同在一起上课的复式班里学习;师资也有变化,任课老师换成了本村读过一些书的"民办教师",其授课水平自然与原来受过正规训练的老师不可同日而语。或许从这时开始,我就隐约体会到教师智能水平的重要。整个小学阶段,我学过什么,基本上没有印象了,而留给我的记忆是快乐、好玩——打球、打纸板、做弹弓、打弹子、滚铁环、掏鸟窝、钓鱼、搞劳动、追逐嬉戏、喊口号游行,远不像今天的儿童,从幼儿园开始,就训练有素,文武双全。

我的初中是在乡中读完的,那时称祁阳县唐弦湾公社中学。学校虽然普通也没什么名气,但我的机缘不错,所遇的授课老师个个和蔼可亲,课也讲得有声有色、生动形象、通俗易懂。尽管当时教材简单,我在自愿状态下还是学了一些知识,尤其是数理化知识,至今令我难以忘怀。今天,我讲科技史可谓左右逢源,有时兴起,将相关原理说得头头是道,学生听得津津有味,并投以佩服的神色,可以说是得益于中学阶段对数理化的兴趣与自觉钻研。语文老师的声情并茂、数学老师的深入浅出、理化老师的形象演示,至今还历历在目,挥之不去。我有时甚至怀疑,自己今天在教育教学风格上的追求,是否在还原他们的影子。因为,榜样的力量是无穷的。

也许时运不佳,也许造化弄人,在当时推荐升学制度下,1974年初中毕业后,我就失学了,无缘接受高中教育。作为一个农家子弟,我自然回乡务农,直到1980年考入衡阳师范专科学校,才再次走上正规的求学之路。我虽酷爱读书,但现实生活并没有给我这个条件,也就只能安心务农。在家务农6年,除了参加常规农业劳动外,我还外出修过电站、水库、公路,拜师学过木工、漆工,还利用劳动之余自学过绘画。虽然因为种种缘故而一事无成,但也学到了很多学校里、课堂上学不到的东西。而且,还磨炼了我的意志、开阔了我的视野,并为我后来求学与成就事业提供了无限激情和动力。

1977年底高考制度恢复后,我还远在外地修建水库,尽管劳动强度很大,但我始终坚持每天挑灯夜战,认真复习初中各学科内容,希望能在来年考上一个中专。事与愿违,1978年中考,终因准备不足而名落孙山。1979年,国家改革招生制度,大学与中专统一招收高中毕业生。作为初中毕业的我,不得不在劳动之余,自啃高中数理化教材。谁知,由于长期劳累过度,考前我竟然住进了医院。自己虽以顽强毅力带病参加了考试,但在病痛与药物双重作用下,我两眼晕花,无论读题书写,只见文字重叠,图成双影,最终以5分之差而落榜。考试结束后,1.75米的我,体重只有47公斤。

我的真诚和艰难求学,感动了我村一位下乡知青的母亲——黄紫云老师,她是我们潘家埠区中学一位小有名气的数学教师。她针对我的实际情况,建议我弃理学文,且最好到她们学校复读班就读一个学期。20岁的我,当时在农村已经是一位全劳动力了,家境本就贫寒,父母能允许我到学校读书半年已属不易。由于无力交纳生活费,我只得自备咸菜,请黄老师在学校给我打"白饭",如此坚持奋斗了5个月。1980年,我的高考成绩终于超过了当年本科录取分数线。也许命中注定,在填写高考录取志愿时,因缺乏教师指导,我竟然分不清本科与专科的差别,自认为专科是专学某一学科,而本科则什么都学,于是将衡阳师范专科学校填在第一志愿,将湖南师范学院和财政学院分别填在第二、第三志愿。今天看来不可思议,却是我个人真实的小历史。曲折与磨难,我已习惯,她不是灾难,而是一笔宝贵财富。

进入衡阳师专后,我被分配在80级史地班学习。该班专业设置特殊,同步开设分属文科的历史和理科的地理。于是,在学业追求上,我坚持从实际出发,力避好高骛远。衡阳师专三年,我虽然各门专业成绩优秀,但深知自己在数学、物理、化学和英语等方面存在先天不足,而地理学涉及这方面的知识太多,自己在地理学方面难以深入下去,故于1983年衡阳师专毕业时,我毅然放弃留校从事地理教学教研的机会,也不做考历史研究生的美梦,决定到中学从事历史教育教学工作,希望在这方面能有所作为。就这样,我走到了中学历史教学第一线,一干就是20多年。

20多年来,我深知自己知识浅薄,教书育人能力有限,时刻不敢放弃学习。不仅坚持自学了大量史学和历史教育教学方面的著述,辑录了上百万字的资料,还先后参加过吉林《社会科学战线》青年社会科学研究辅导中心为期一年的"社会科学研究班"的函授学习,北京大学中国文化书院为期三年的"中外比较文化研究班"函授学习,湖南师大为期三年的历史专业专升本的函授学习……

每当人们问我为什么拼命学习时,我的回答都很简单:一是学习对我来说是一种快乐;二是我是教师,我害怕误人子弟。要知道,当年我们做学生时是如何期望和要求老师的啊! 每当想到自己的老师,每当看到学生向我求知的目光,我就如芒刺在背,不敢不学呀!

二

教师是当今社会一种很平凡的职业,既劳力又劳神,且待遇不高。在五彩缤纷、社会浮躁、文化多元、价值取向迥异的当下,要坚持做好教师这份工作实属不易。

我是一个凡夫俗子,说自己从事教育工作以来,一点也不想从事轻松体面和待遇丰厚的职业那是自欺欺人。从事中学教育工作以来,我能始终坚持在历史教学第一线,实在是因为我有自知之明和能静下心来体验教书育人的快乐。

1983年我被分配到中南地勘局303大队子弟学校从教,工作伊始,我就是学校团委书记。只要自己潜心经营,凭自己的才干,跳出学校从事303大队其他管理工作也不是没有可能,至少成为子弟学校的校级领导。事实上,后来接替我做学校团委书记的人,现在已是大队长了。我之所以放弃从政之路,是因为我秉性直率。这一点,我的师专班主任早就看在眼里,他曾告诫我说:"汪瀛,你秉性太直,毕业后最好不要从政,专心搞你的专业,定会有所成就。"也正因为如此,四年之后,我以年龄大了为借口,辞去学校团委书记之职,专心从事历史教学。

1992年,我本来有机会到当时零陵教育科学研究所从事历史教研员工作,但因种种原因,我最终还是选择了放弃。历史教研员工作虽然没有中学教学的种种压力,但因不在教学第一线,往往难以成就研究事业。这或许是当今众多教研员,其研究成果反没有中学教师多、且富有影响力的原因所在。有时,我甚至在想,中国教育界之所以出不了教育大师,其根源可能在教育教学第一线的很多教师不想研究,即使有想深入研究的教师,终因经费、时间、精力、交流等因素限制,难以做出高水准和有巨大影响力的成果;而各级教研员所做研究,不少是理论脱离实际,或照搬国外研究成果,即使名噪一时,但终因华而不实,若干年之后便无人知晓。

或许有人会问,我又是如何体验教书育人快乐的呢?其实,说来也很简单,我的法宝就是:欣赏自己的教育教学过程,欣赏成长中的学生,坚持把自己的本职工作做好,从而赢得领导、同仁、学生和家长的欣赏,由此实现个人的社会价值,体验教书育人的快乐。

以备课和书写教案为例,不少教师觉得心烦,总认为自己年年在做无用功,而我则没有这种感觉。或许是我过于愚笨,尽管对中学历史教材早已烂熟于心,但每次备课还是有令我欣喜的发现,更何况我所执教的每一轮学生都是不同的,需要我从不同视角审视历史教材,审视学生,审视教学方法和每个教学环节。唯有如此,我才有足够的底气走进课堂,走近学生,在教学中真正做到左右逢源、有的放矢、游刃有余,获得教学的快乐。其实,备课和书写教案也是一个快乐的过程,每当我将新发现、新思考写入教案,每当我看到精心编撰的成册教案,我总有一种说不出的快感。因为,它可以成为我教学的新起点,是我可以时常观赏和触摸的教研成果,不会因时间的消逝和空间的变化离我而去。

学生既有顽劣令教师烦恼、甚至痛苦的一面,也有令我们欣慰和快乐的一面,是痛苦还是快乐,关键是我们以什么心态去面对,以什么专业水准去面对。我不怕同仁们笑话,在语言上,我是一个不合格的教师。由于种种缘故,从教以来,我至今还不能说好普通话,每接一届新生总免不了有学生当面以此来笑话我。然而,学校每次组织"民意"调查,我却是最受学生欢迎的教师之一。原因何在?我不会因学生"笑话我"而生气,我会在第一堂课第一句话,就开宗明义告诉学生:"在语言上我是一个不合格的教师,你有权以此笑话我,我真诚欢迎大家及时纠正我'语音'上的错误。我虽然无力改变自己的语音现状,但我会加倍努力改变自己的学识现状,尽力满足大家在学习上的要求。"说实在话,我是靠真诚面对学生,用自己丰富的学识、生动有趣的授课和对学生的真诚关爱而赢得学生爱戴的。我参加工作的第二年(1984年),中南地勘局303大队子弟学校全体师生投票"海选",我与一位40多岁的数学教师脱颖而出,一起当选为学校优秀与文明教师。2005年,也就是我到湖南省株洲市四中工作的第二年,又被全校师生推选为十佳教师之一。这种奖赏虽然级别不高,但是全体师生对我工作的肯定,我感到无比快乐。

在教书育人问题上,我只全心全意关注现有学生的培养和成长,从没想过学生在校或毕业后会给我带来什么利害得失。也许正因为如此,在教书育人过程中,我从不患得患失,而是勇于真诚面对每一位学生,关注每一位学生的成长,从而赢得了学生长久尊敬与赞誉。我获知学生的这种尊敬与赞誉并不是源于师生面对面的交谈,而是无意间发现于网络的文字。网名"洞庭一扁舟"在其《琐忆》中写道:"1998年我落榜了。我选择了复读,复读的心情是沉重、焦虑的,我的成绩还是不太好,主要是在数学上花的时间太多,连擅长的英语都落下了。我们的班主任是汪瀛先生,他教历史的,他上课非常精彩,我的思维是被他的课堂激活的,听他的课简直是种享受,没想到历史是那么的有趣啊。那时我便学会了思考,喜欢一人在永州八景之一的'恩院风荷'沉思漫步,学会忘掉学习上的一切不快。"我引入这段话,是想说,这种源于学生毕业后冷静而毫无功利的赞誉,是他们最真实的思想与情感流露,他给我带来莫大的鞭策与快慰。

"淡泊可以明志,宁静可以致远。"只要我们静下心来,始终坚持以学生为本,以教书育人为第一要务,真心实意地做学生的知心朋友,用爱抚育学生的心灵,就能化解教师与学生、学生与学生、学生与家长之间的矛盾,解除学生的"心魔",赢得学生的爱戴;只要我们长期不懈,集中精力研究教学,千方百计提高教学质量,并把学科前沿的高新知识自然融入教学之中,就能教出高水平的学生,就能赢得学生的崇敬,享受教书育人的快乐与幸福。

天空不留下飞鸟的痕迹,但我已飞过!只要付出,就会无悔;只要经历,就会无憾;只要坚持,就会拥有成功的教育人生。

三

在教研问题上,有不少教师感到困惑:我为什么要搞教研?有的教师认为,教研太深奥,咱搞不了;有的教师认为,教研没有用,提高成绩才是正路。实际上,教研并不深奥,也不神秘。我们平时的公开课是教研,集体备课也是教研;课题研究是教研,将日常积累的思考撰写成论文进行交流也是教研。同时,做好教研和提高学生考试成绩并不矛盾。仔细想想,哪位名师不是教有成效,研有所成呢?教学研究是教师的天职。一个只关注教科书的教师,他传授给学生的只是"就事论事"的知识"复制品",是不可能教出境界来的,更不能引领学生走向人生的更高境界。

"问渠哪得清如许,为有源头活水来。"我深知教学不易,要做一位有学识、有品位的历史教师更不易。因此,从参加教育工作的第一天起,我除了忘我学习,还忘我研究。因为"教而知不足,学而知困"。要成为一名优秀的历史教师,仅有学习是不够的。任何教师在教学过程中无论是历史知识,还是教育教学方法,都会遇到他人没有遇到或没有解决的问题,这就需要自己去研究、去探索。我的历史教学研究包括三个方面:一是教育思想,因为思想决定行动,没有先进科学的教育教学思想理论作指导,是无法全面完成教书育人任务的。二是教育教学方法技巧,这是提高教育教学效果的利器。三是学科理论与知识的研究,这是教学高屋建瓴、游刃有余、培养创造性人才的基石与法宝。

在历史教育思想方面,我注意结合历史学科特点和自己所面对的实际问题而展开。我曾围绕历史学科的教育功能、学科价值和怎样发挥这些功能和价值展开过学习与研究。在拙作《历史学习与复习迎考》一书第一讲"学习历史的几个疑问"中,就从"为什么要学习历史"的角度,回答了历史学科的教育功能和学科价值;在《高中历史新课程教与学》的"历史新课程的教学三维目标"中,围绕如何实现历史学科的教育功能和学科价值展开过较为深入的研究。此外,我还结合教学实际中遇到的具体问题进行思考与探索,发表了《历史教育断想》《历史教学中自然灾害防治意识培养刍议》《试论历史图画在教学中的功能》《历史教学中国情国策教育一例》《利用历史插图进行审美教育》等教研论文,从而有效地提升了自己的历史教育思想。

历史教育教学方法与技巧是我的研究重点,先后出版了《历史题型解法研究》《历史学习与复习迎考》和《高中历史新课程教与学》等专著,并发表过不少这方面的研究论文,如《历史作业设计探微》《历史教学中板书设计初探》《历史教学中如何实现"主导"与"主体"有机结合》《运用历史课堂提问开发学生智能》《问疑教学与素质教育》《历史研究性学习初探》《网络环境下历史研究性学习》《"自主感悟,互动创新"历史课堂教学模式概说》等,这些探索与梳理在方家眼中虽然显得粗浅,但有力且有效地提升了我的历史教育教学技能。

在中学历史教学岗位上,我虽然不能如大学历史教师和历史科研单位的研究人员那样从事高深的史学研究,但出于教学和自身发展的需要,也积极尝试,进行研究与探索,既出版过《汉武帝》和《自然环境与人的生存发展》专著,也发表过《浅析黄兴实业救国思想》《善照"镜子"的唐太宗》《古史传说与我国原始社会文化》《中国历史问题中的地理因素解析》《日本传统文化对其经济发展的积极影响》等论文。这或许是我不同于那些只重视历史教学方法研究的教师之处。实际上,在长期中学历史教学过程中,学生向我提出过许多涉及史学研究的问题,只因我心智、能力有限,只能尽力与学生一起交流,尽力给予他们一些点授,这也是提醒我自己应不断学习的动力。

20多年来,我在历史教育教学方面取得过一些成绩,党和政府也给了我极高的荣誉,不仅被晋升为历史特级教师,而且在2007年被湖南省人民政府授予湖南省最高教育奖"徐特立教育奖"。我真的成功了吗?五十而知天命,是知天命之有限。"一腔热血勤珍重,洒去犹能化碧涛"。我不得不告诫自己,我必须慎重地使用生命,将其用于最值得投入的无限教育中,以实现心之想、梦之求,以获得人生价值。

春残依旧未残,梦断依旧未断。大漠与孤烟、长河与落日、光荣与梦想已成为遥远的背景。50有余的我已经被挟裹在奔驰的时间列车上,时间是一维的,空间是狭小的,方向是明确的,唯有前行。

(本文选自《中学历史教学参考》2010年第11期)

「希望青年教师通过认真学习与深入研究，拥有基本的理论修养，练就扎实的专业技能，形成自己的教学风格。」

成学江 北京教育学院石景山分院高中历史教研员，从事教育教学教研工作四十年。北京市教科院兼职教研员，北京市石景山区政协委员。曾获首都五一劳动奖章，是教育部国家级骨干教师，北京市首批正高级教师，北京市学科带头人，北京市特级教师，北京市景贤计划领军人才。担任《中学历史教学参考》等多家国家级专业期刊编委，先后在国家级报刊发表了八十多篇教育教学研究文章，出版《涵川文集》《高中历史教研活动课程化探索研究》等多部专著。被聘为教育部国培计划专家库主讲专家。多次担任北京市特级教师、学科带头人、骨干教师评委。培养了一批特级、正高级教师，在全国中学历史教育方面享有很高声誉。

杏 坛 漫 记

○ 成学江

题目定为"漫记",是因为我自知功夫还没到名师份上。没有高超的教学艺术,缺少系统的教育理论,更别说丰硕的教研成果,只有一些困惑、反思和执着。不成体系,整合起来,姑且作为执教多年的一篇散淡的漫记罢了。有了这个定位,动起笔来,也就少些拘束,多些顺畅了。

一、初为人师的艰辛

1985年7月,还是满脸稚气的我被推到了人民教师的行列。说实话,教师的职业并非我的选择。我出生在大别山上一个贫困落后的山村,祖宗十八代都是地道的农民。我没受过什么学前教育,目不识丁的父母虽然执着地坚持让我上学,但受"文革"影响,我的小学和初中,名义上是上学,却几乎是在田间地角、山头河汊中度过的。山村闭塞,乡邻愚昧,我当然既闭塞又愚昧,以致中考后收到县一中录取通知书时,竟不知什么叫"县一中"。"一九七九年,那是一个春天",这年的9月,我生平第一次走出大山,来到好不繁华的县城,开始了两年的高中学习生活。感谢父辈的支持、恩师的教育,高考我居然夺得了全县文科状元,受师兄的影响,填报志愿时我选择了某政法学院的刑事侦查专业,然而体轻个矮、分量不足,被抛到了师范学院,就这样,注定了我一生做教师的命运。

所幸的是,由于被认为学业优秀,毕业分配时我去了当时全国著名的重点中学——湖北黄冈中学,从此,开始了我的杏坛生涯。

记得初到黄冈中学的时候,人们都说那是青年教师的招待所,弄不好一年就得被"劝"走。学校领导给我们青年教师上的第一课便是校史课,其内容无非是学校的历史如何悠久,学校的名人如何辈出,学校的声誉如何震耳……听起来心里似乎还不以为然,毕竟我们也是当时的天之骄子呢!

怀着初生牛犊不怕虎的偌大气概,带着初为人师的几分新鲜,无所顾忌地登上了高中历史的讲台。我被安排带高一年级三个班的课,同头的还有一位老教师,估计是学校想让他带我这个新手的。为了上好第一堂课,我做了很多准备,翻阅了大量专业书籍,度过了好几个黎明前的黑暗,光备课本就写了满满15页。我想:我一定要充分展示自己,"征服"学生,让他们佩服我,尊重我,爱上我的历史课。

第一堂课开始了,俗话说:"卖什么,吆喝什么。"为了证明历史学科的重要性,我搬出了一大堆古今中外名人的论述。马克思说:"我们仅仅知道一门唯一的科学,即历史科学。"列宁讲:"历史之于民族,正如记忆之于人,一个人如果失去了记忆,那他就成了白痴;一个民族如果不讲历史,那就会成为愚昧的民族。"毛主席语录:"一个伟大的革命运动的政党,如果没有革命理论,没有历史知识,要取得胜利是不可能的。"培根认为:"世界上只有一门真正的科学,那就是历史科学。"梁启超写道:"举凡人类之记录,无不从纳之于史。"……引经据典的论述,慷慨激昂的演说,让我自己陶醉在所谓饱学名儒的满足之中。突然间,我发现学生目瞪口呆,不为所动,反而用一种异样的眼光看着我,我还以为是我的讲授震慑了他们。我便借机问道:"同学们,你们说历史学科重要吗?"万万想不到的是,学生齐声回答:"不重要!"这一应答声如同天空中突降的闷雷,打得我不知东南西北。"为什么呢?"我不解地再问。"学好数理化,走遍天下都不怕!"多么令人绞痛的回答!呜呼!尚何言哉!多少次的反复演练,多少天的精心准备,随着学生简单而又干脆的回答,烟消云散付之东流,用现在的一句时髦话说,真是郁闷死了!

记忆中,上完课后我哭了,这是教师生涯第一次。年过半百的教研组长胡少平老师看出了我的心事,晚上找我谈心。他说:"教育的艺术之一,就是激发兴趣,必须激活学生的求知欲,而不在于证明什么道理,也不在于传授什么知识,'知之者不如好之者,好之者不如乐之者'。强迫性的教学,学生是不会接受的。""你的基本功很好,素质也不差,只要虚心学习,走近学生,深入教材,改进教法,提升素养,将来一定会成功的。"老教师语重心长的指点与安抚,让我明白了一些东西,开始反思自己,那一夜我几乎无眠……

在此后两年多的日子里,我将眼光和心态都调整到"正常"位置,着力做了三件大事:一是听完所有高中年级各学科老师的课,从中吸取了不少失败的教训,也获得了诸多宝贵的经验,由此悟出一些为师之道;二是将当时六本历史教材一字不落地背诵下来,烂熟于心。在"教教材"的年代里,这对提高我的专业知识与能力起到了不可估量的作用;三是用心去与学生交朋友,倾听他们的心灵诉说,感受他们的喜怒哀乐,了解他们的尺长寸短,成为他们的良师益友。

几年的时光中,不知饱受了多少烛光的熏陶,不知经历了多少滴汗水的洗礼,我终于明白:原来优秀教师那些看起来耀眼夺目的光环背后,不知有多少的艰辛与付出!面对学生那一张张天真烂漫的笑脸,那一双双渴求知识的眼神,我才知道初为人师的我,尽管怀着理想的激情、充满青春的朝气,尽管有着杏坛为纸、才气为墨的豪情,但要想让所有的难题都成为乐趣,是一件非常不容易的事情!

二、教坛新秀的喜悦

三年后,学校安排我做高一班主任,开始了独当一面的工作,这对我来说是一个新的挑战。刚接手一个新班级,面对几十张稚嫩可爱的笑脸,就像刚为人父母一样,既充满着幸福和喜悦,又感到了压力和责任!为了做好班主任,我虚心地向有经验的老班主任学习请教,用真诚换得了他们毫不吝啬的赐教,我因此少走了许多弯路。那几年,在学校所有班主任中,起得最早的是我,睡得最晚的也是我,与学生接触最多的是我,跟家人相处最短的还是我。没空买菜做饭,无暇疼爱妻儿,更难得回乡孝敬父母。正所谓"为伊消得人憔悴,衣带渐宽终不悔"!现在回想起来,有好多值得总结与思考的东西。但最根本的是,我全心全意地热爱学生。热爱学生是班主任工作的灵魂,没有爱就没有教育。班主任的爱博大精深,涵盖周全。时而像母亲对子女那样无私,时而像父亲对儿子那样严厉,有时像赤子热爱祖国一样忠诚,有时又像哲人热爱真理一样痴迷。班主任对学生的爱含义虽然相同,但爱的方式各异。我喜欢用微笑方式传达我对学生的爱。你的微笑,能给他们一天的好心情,能给一堂课创造愉快和谐的教学环境。我信服雨果的名言:"微笑就是阳光,它能消除人们脸上的冬色。"我也曾仔细玩味美国钢铁大王卡耐基视微笑是一种神奇电波——"它会使别人在不知不觉中同意你"的比喻。我的经历其实也证明,饱含着爱的微笑,的确是一种无声却很强大的教育力量。学生犯了差错,你的微笑使他们消除恐惧,感到关怀与期待;学生有了进步,你的微笑使他们获得激励,感到幸福与成功;学生有了困惑,你的微笑使他们受到启示,增强勇气与信心!微笑,是春风,是音乐,能拂去学生心灵愁云,奏响学生快乐的乐章!唯其如此,多少年来,学生都很难忘掉我那张并不漂亮但充满微笑的脸。

我喜欢用表扬来表达对学生的爱。曾经有人说过:一个优秀的老师总是善于表扬学生,一个平庸的老师总是擅长批评学生;而学生最喜欢的老师是无论何时何地都能从这位老师那里得到表扬和鼓励的老师。记得有一次大型公开课,两个平时就厌学的学生姗姗来迟,坐在前面最显眼位置,课中他们都趴在桌上睡着了。像这样的公开课,学生居然呼呼大睡,肯定有损我讲课的质量,甚至遭别人质疑。虽然内心也窝着火,但我走上前去敲醒一位学生说:"你这家伙,一拿着书就睡觉,你看看他(同桌的那一个),睡觉还拿着书呢。"简单的批评与"表扬",引起了哄堂大笑,两人都清醒了,我的课仍然继续。课后,专家给予了很高的评价,认为这是一位教师很好的课堂机智,用幽默的表扬替代了愤怒的批评,既使当事者消除了逆反心理,在大家的笑声中认识并改正了缺点,也使整堂课充满更多真实的活力。其实,表扬正如一束和煦温暖的阳光,能照亮学生前进的道路;表扬亦是一股源源不断的动力,能激发学生进步成长!

我喜欢用平等的方式来表达对学生的爱。孔子说"有教无类",用现代的话说,这是教师的学生观。有教无类,平等对待,长善救失,是教师职业素质的特点和性质的反映,是处理好师生关系的首要条件。"一花独放不是春,万紫千红春满园。"一个班几十名学生,千差万别,动态发展。课堂上,思维敏捷、对答如流的常常是成绩好的学生;运动会上,摸爬滚打、屡破纪录的则往往是体育运动的高手;演唱会上,能歌善舞、擅长展示者独领风骚;艺术节时,挥毫泼墨、富于想象者走笔纸上。皮亚杰说:"教育的艺术就在于把每一个儿童的先天的禀赋、潜在的才能最敏锐地发现和最大限度地发挥出来。"我们的社会需要多种多样的人才,学生身上的不同禀赋和才能,都应予以充分的鼓励、支持和培养。承认差异,平等对待,因材施教,是班主任工作应有的素质。正是由于我平等地对待每位学生,所以在我带的班上,始终洋溢着一种民主、平等、和谐的氛围。成绩很好的学生没有骄气十足、目空一切;有点特长的学生没有高估自己、淘气不羁;个性温顺的学生没有唯唯诺诺、谨小慎微。一个团结向上、充满活力的班集体充分展示在全校师生面前,因此,我带的班级年年获得学校各种集体最高荣誉奖,我本人也多次被评为模范班主任。

"亲其师,信其道。"由于有了爱,学生感受到了爱,于是教育教学工作也就一路顺畅了。在我的历史课上,绝大多数学生都是认真学习的,由此也省去了许多组织教学的环节。我特别注重"启愤发悱""激情励志"的教学艺术,充分体现把复杂的历史现象变为简单道理的教学风格。全班学习成绩在年级一直高居榜首,第一次做班主任的毕业班就取得了骄人的成绩:1名同学以优异的成绩夺得全省文科状元,1名同学获得外语类总分全省第一名;全班52人中,4人考上了北京大学,38人考上了武汉大学等名牌大学;历史单科成绩突出,全省前五名我们占了3人,分别是第一、三、四。这样的成绩在全省引起了较大的轰动,我因此也被评为黄冈中学首届"教坛新秀"奖(共两人)。"教坛新秀"奖是当时学校的最高奖项,那一年我也被晋升为高级教师。在努力和付出中,我感到了艰辛与欣慰,也收获到了结果与喜悦。当然,这些成绩也离不开这所名牌中学的培养和我那些学生的支持。

三、专业发展的困惑

"逝者如斯夫,不舍昼夜。"在艰辛与喜悦的交替中,一晃度过了十几年的光景。这些年里,我总是习惯三尺讲台,特别钟爱粉笔黑板。曾为自己在历史课堂上让人捧腹开怀的教学艺术欣慰过,也曾为自己善于"启愤发悱""激情励志"的教育理念陶醉过。来北京做了教研员之后,一次次走进历史教师的课堂,一次次聆听理论专家的报告,突然发现中学历史课堂原来别有洞天,自己做了多年井底之蛙却浑然不知。于是我一再反省自己,学习他人。

正当我略有领悟之时,新一轮的课程改革如惊涛骇浪,拍岸而来。全新的教育理念、全新的课程标准、全新的教学模式、全新的评价方式……满眼都是全新的。看着众多的中学历史老师在课程改革中的努力拼搏和骄人成绩，我不甘步人后尘，又开始如饥似渴地学习，学习新的教育理念，领悟新的课程标准，观摩新的教学模式。的确，理论修养有所提高，专业能力不断见长，专业品质逐渐升华，但随之而来的是专业发展的困惑也与日俱增。

当我看到一些人因过分追求体现新的理念精神，而理解却又不够深透，使一个原本鲜活实效的历史课堂渐渐变得浮躁起来的时候，当我看到一些人因过分追求展示现代形式和时尚手段，使一些原来充满人文智慧的历史教育慢慢变得苍白乏味的时候，我感到了沉重与无奈！

我不禁审问、慎思：我们教育教学改革的方向在哪里？课堂教学的实效性从何而来？教师究竟应该怎样理解课程标准、制定教学目标、设计教学过程、调控课堂生成、进行反思评价……才能真正实现课堂教学的有效性，从而充分体现历史教育的人文意义呢？

经常看到一些教师在制定教学目标时，特别重视三维目标中的"过程与方法"，对"知识与能力"目标却不敢深化，似乎强调了知识就不符合新课标要求，重视能力就会落入传统教学的俗套。课堂教学就像惠军兄所说的那样，都是一些"不知所云的互动，游移离散的辩论，浅薄乏味的表白"，看似华丽多彩，实则障眼烟云，完全是一种低效和无味的作秀。

每逢此景，特别困惑，十分揪心！我不禁还要追问：难道中国几千年来的教育理论和教育实践真的都出了问题？难道为了获得教育的最佳效果，我们先哲、先贤几千年来对教育教学理论与方法进行过的深入思考，从事过的长期实践，形成了的比较完整的理论体系和行之有效的教育教学方法，诸如"明人伦"的教育目的论、"藏息相辅"的课程论、"自学辅导"的方法论都行不通了？我们到底该怎么发展？

正当困惑与痛苦之时，偶得肖川先生的《教育的理想与信念》（岳麓书社，2002年版）一书，读之而颇有收获。肖川先生在"与经典为友"一文中说："教育的智慧，大多是一些古老的智慧。古老的智慧存在于经典之中。经典往往比时尚更接近真实。因为它经过了岁月的洗淘和一代又一代人社会历史实践的检验。""媚俗的重要表现就是赶时髦。现在人们动辄就用'根本变革''全新的理念''截然不同'来描述一种新的教育观念或举措，这多少都有些夸大其词、不切实际，甚至是耸人听闻。"肖川先生的话，字字珠玑，对照实践，心颜顿开！社会的发展对教师的要求是越来越高了，但孔子提出的"学而不厌，诲人不倦"，恐怕什么时候也不会过时。现在人们普遍迷信所谓的"新"——"新理论""新概念""新方法""新模式""新技术"，于是对于"新"的鼓噪充斥了我们生活的空间。我也不拒斥"新"，但如果穿新鞋，走老路，如果"新"没有旧根基，缺乏对历史的接续，所谓的"新"，恐怕只能是障眼烟云、"流行歌曲"罢了。

上面所说的教学现状与课例中,其实这些教师崇尚的只是"过程与方法"的形式,而不是"过程与方法"的实质。事实上,新课程并不排斥或贬低知识本身,恰恰相反,是为了让学生通过不同的途径获得更多的知识。知识作为教学过程中的关键环节,不论在什么情况下,应该永远是第一位的。它既是学生发展的根本保证,也是学生形成正确的情感态度与价值观的坚强基石。

陶行知先生说得好:教师教的法子是基于学生学的法子。"教无定法,贵在得法",选择恰当的教学方法,使我们的历史课堂教学在过程实施、情境创设、知识迁移、问题拓展、活动安排、练习设计等多个环节上,始终处于内容鲜活化、过程理智化、探究有效化、互动真实化、思维多样化、体验人文化的良好状态,一言以蔽之,激发学生从多个层面主动参与学习全过程。我以为,这样的课堂教学才是真正有效的教学。

我这样的追问与诉求,并不是"言必称孔子",而是在思考教育教学问题时,想多一点历史的意识,少一些理智的虚妄。这样,我们就能在教育教学实践中,少一些表面的浮华,多一分智慧的薪传罢了。

多年的实践与探索、困惑与反思,促使我悟得,要想成为一名优秀的教师,至少必须做到三点:

首先,要学会"守经答变"。即坚持守望那些永恒的教育真理,经典的教育智慧,以此来回应融通时代的新理念、新模式、新手段,使自己站在经典与现代的交叉点上。这样才能让自己既不保守也不浮华,但也绝不是中庸。他山之石,可以攻玉。学习融通古今教育理论的真谛,对指导教师的教学实践,促进教师的专业发展,是有重要意义的。

其次,要坚持个性化发展。所谓个性化,是指个体在社会活动中形成的独特性、自主性、创造性的过程。人在社会化的过程中必然伴随着个性化,同时也要求个性化。教师的个性化发展,就是教师根据自身的规律和特点,依据自己的兴趣、爱好、专长、追求,来塑造不同于别人的个性风格与品质特征。正如佛学所说:"一花一世界,一叶一如来。"当好一名教师,就必须走个性化发展的道路。没有个性化的老师,就没有个性化的学生,也就没有多姿多彩的世界,千人一面竟可哀!

"教学有法,但无定法"这句话,既指明了教育教学是有规律可循的,也充分说明了教师的个性发展和自主发展是非常必要的。平常我们习惯于听别人的讲课,学别人的教法。学习是必要的,但必须是批判性的学习,世界上没有一个人的教法是最好的,照搬别人的经验,无异于东施效颦。孔繁刚老师(历史特级教师)"志于道,游于艺,识于情"的教学路径、于漪老师以情感人的教学风格、钱梦龙老师精巧见长的教学设计等,他们的教学各具特色,各有千秋。大家学习他们这么多年,但尚未见到第二个孔繁刚、钱梦龙。因此,我们不要怕自己的教法不好,也不要迷信别人的教法最佳,要充分发挥自己的专业长处,展示自己的个性风采。如果我们长期被包围在那些所谓专家抑或权威的高深理论和优秀教师的教学范例与模式之中,久而久之,便会失去自我,丧失个性,严重的就会丧失教育教学本身。

卢梭说得好:"上帝塑造了我之后,就把模型打破了,所以我是世界上第一个'我',也是最后一个'我'。"马克思、恩格斯关于人的全面发展理论中的核心问题,就是人的个性发展。教师的个性化发展是专业化发展的核心;是知识、技能、素养的综合表现;是情感、意志、人格的集中展示。这种个性化发展既是对墨守成规的挑战,又是对人云亦云的斥责;既是对现实的强烈诉问,又是对专业品质的执着追求。

再次,要不断思考和反思。教师的实践思考和反思,是以自己的教育实践活动为对象,对自己的行为及结果进行审视和分析,从本质上讲,是一种理论与实践的对话,是对自己的教育教学过程中的各个方面存在问题的一种反省、思考和探索。教师的实践思考和反思主要有教学前思考、教学中即时反思和教学后反思等形式。教学前思考是要在备课前认真分析教材、学生及学生以前生活、学习状况,准备出符合班情、学情的个性化教案。这种思考是预设性的,具有前瞻性,能使教学成为一种自觉的实践,并能有效地提高教师的教学预测和分析能力。例如,通过教学设计前的预设思考,我们就可以准确理解课程标准的思路、科学把握学科专题的立意、深入研究不同课时的核心、充分体现不同学科的特点、真实熟悉学生的认知水平、合理制订有效的教学目标、重新整合教材的知识结构、灵活选择合适的教学方式等。教学中反思是即时、自觉地在教学过程中的反思。它要求根据课堂上随时出现的问题即时反思,抓住契机,调整自己的教学策略,这种反思具有监控性,能使教学高质高效地进行,并有助于提高教师的教学调控和应变能力。而教学后反思则具有批判性,能使教学经验理论化,并有助于提高教师的教学总结能力和评价能力,促进自己专业素养的提升。

事实上,不论是哪一年龄段的教师,不管是有经验还是经验不足,每个人在其职业生涯中,都积淀了一定的教育教学经验。这是他们在教育教学中赖以实施的理论基础,但大多数人却对这些经验很少进行思考与分析。波斯纳认为:没有反思的经验是狭隘的经验,至多只是一种肤浅的认识。如果一位教师仅仅满足于获得经验而不对经验进行深入的思考,那么即使他有20年的教学经验,也许只是一年工作的20次重复。由此可见,教师通过反思,不但可以更新教学观念,改善教学行为,提升教学水平,还有助于将自己的经验升华为独具个性的专业理念。

思广则能活,思活则能深,思深则能透,思透则能明。实践反思是教师获得专业化发展的必要条件。为了促进教师专业化发展,社会应给教师在发展道路上更多更实更有效的社会保障,使教师少一些羁绊,多一些个性;少一些华丽,多一些真实;少一些责难,多一些鼓励。这样,教师自己才能在专业化发展的道路上越走越宽。

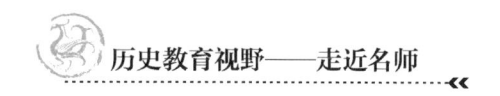

四、光环背后的压力

2002年8月,我调到北京工作,在石景山区教育分院教研中心做了一名高中历史教研员。工作环境变了,工作对象变了,工作形式也变了,我又一次面对的是满眼的全新。做教研员,要比做教师难度大多了。它要求你既要有丰富的教学经验,也要有较强的教研能力,还要有交通各方的人文素养。做教研员,我是一名新兵。但我有着近20年的教学实践与思考,"而今迈步从头越"。在区教委、分院领导的支持下,在教研室同事的帮助下,我逐渐实现了从研究教学型教师向教学研究型教师的转变,慢慢适应了新的工作。

我认为,教研员与教师,角色虽然不同,但关系的密切程度犹如鱼水。教研员是鱼,教师是水。鱼儿离开水就没了生命,水中无鱼则没有活力。在教研员"研究、服务、指导"的三大职能中,我始终把中心工作放在支持、指导教师的专业发展上,为教师传递最新和最急的教育教学信息和最新的课程理念,为教师搭建展现才能和加速成长的良好平台。形成"理论与实践的对话",实现教研员与教师的共同成长,在自己的教学研究实践中,用反思的意识审视自己的专业理想,以先进的理念夯实自己的教研积淀,以科研的手段提升自己的职业行为。

几年来,"几人知,平时辛苦,晚眠早起……历尽艰难终不悔,只是许身孺子"。在我的指导下,一批青年教师迅速成长;有的获北京市"新课程与高中历史教学方式改革"课例一等奖;有的获北京市中学历史教学改革成果一等奖;多位教师的课例被国家基础教育资源库收录并在北京教科研网台播出;一批骨干教师的论文在《中国教育报》《中国考试》《中学历史教学参考》等国家级报纸杂志上发表;一大批市区级骨干教师,在我的推动下,开始享誉北京走向全国,为石景山区争得了荣誉。

2006年12月,我策划、发起并与《中学历史教学参考》杂志社合作,成功地在石景山区举办了全国"中学历史课堂教学有效性"研讨会。在准备研讨会的几节汇报课时,我们的教师有些压力和紧张。五位历史教师中,除一位是老教师外,其余四位都是尚未出道的年轻人。在一般人看来,做如此规模和层次的汇报课,不是胸藏锦绣高手,就是经纶满腹名师,否则难登大雅之堂。而我却非常坦然,也不以为然!因为我们奉献给各位的既不是参赛课也不是示范课,而是一堂堂真情实感、可褒可贬、可圈可点的汇报课。我不刻意追求课堂的完美,因为完美是无止境的;我不怕失败,因为失败是成功之母。成功的经验固然宝贵,但失败的教训却更有价值。借助这几节汇报课,能为大会提供研讨的平台,为专家提供点评的素材,为老师提供反思的案例,最终达到认识上的统一,思想上的共鸣,以促进大家共同发展,正是所有参加会议历史教师的期望。

研讨会上,既有大家热切盼望的"专家之声",也有稚朴真实的"本土之作",更有汇聚各地精华的"他山之石"。这是一次真实、深入而广泛的交流,是一次在实效中探讨"实效"的研讨。这次研讨会得到了全国各地与会者的一致肯定,也受到了《中国教育报》《中国考试》《现代教育报》《人民政协报》《中国多媒体教学学报》等多家国家权威媒体和有关网站的高度关注,《中国教育报》为此还做了整版专题报道,多家网站竞相转载。这次研讨会既展示了石景山区高中历史教师的风采,又提高了石景山区特别是历史学科在全国的知名度。一位与会的权威人士特地对研讨会作了如下总结:"由一个小区县举办一个全国性(而且是名副其实)的小学科教育教学研讨会,这在全国还是第一次。六个'权威'一同全程参与,即全国最高的历史教育专业机构的理事长、全国最高的教育媒体《中国教育报》、全国最有影响的专业杂志《中学历史教学参考》、人民教育出版社和高等教育出版社相关专业领导、北京和上海(亦可称全国)最权威的历史特级教师、历史教学界研究领域最有影响的专家教授等在万忙中参会并作报告,这样高规格的研讨会,也是20年来全国中学历史教学界的第一次。"能得到这样的评价,我感到了一丝欣慰。当然,会议的成功举办,离不开鹏杰兄的鼎力支持,也离不开陈其先生、亚夫教授、宏凯社长、增强老师、惠军兄、晓风兄等一批教育名家的热情相助,更少不了石景山区教委和教育分院领导的大力支持。

在做好本职工作的同时,我一直在坚持理论学习和业务进修,始终关注历史学科前沿动态,努力提高教育科研能力。几年来,我阅读了许多教育教学的理论专著(如顾明远、孟繁华的《国际教育新理念》,张书丰的《中国古代教育精粹的现代解读》,程相韬的《教师行为艺术》,肖川的《教育的理想与信念》,林崇德的《教育的智慧》等),也精读了大量专业书籍(如陈旭麓先生的《近代中国社会的新陈代谢》,刘宗绪与黄安年先生的《世界近现代史30讲》,美国斯塔夫里阿诺斯的《全球通史》,英国史学家柯林伍德的《历史的观念》,波兰史学家托波尔斯基的《历史学方法论》,田汝康、金重远选编的《现代西方史学流派文选》,赵亚夫的《国外历史课程标准评介》,聂幼犁的《历史课程与教学论》,R·M·加涅、L·J·布里格斯、W·W·韦杰合著的《教学设计原理》,刘旭的《听课·说课·上课》等),从中品尝到"历览千载书,时时见遗烈"的快感,也领会了"书中乾坤大,笔下天地宽"的神怡。"附庸而后风雅",我先后在国家级报纸刊物上发表了几十篇教育教学研究文章(如《论历史教育如何发展创新思维》《论历史教育中的人文精神结构》《试题创新是高考命题改革的关键》《历史课堂教学有效性的基本视点》《教师教的法子是基于学生学的法子》《史识·史法·史观》《也谈历史课堂教学的有效性》《关于教师专业化发展的断想》等),其中有的获得国家和省市一等奖,有的还被人大报刊资料中心全文转载;主编或参与编写并出版了《历史学习方略》《挑战名牌大学》《巧思妙解·历史》、全国统编教材岳麓版《普通高中新课程标准实验教科书·历史》(必修Ⅱ)等教师教学用书几十本;还应《中国教育报》《中国考试》《考试》、中国教育服务中心和北京、天津、湖北、黑龙江、贵州、安徽、陕西、甘肃等省市几十家教科院邀请为中学历史教师作教育教学经验介绍一百多场次。

谁说"燥湿寒温荣与悴,都在心头眼底"?些许成绩,却得到了各级领导与专业机构的充分肯定。我先后被评为北京市市级学科带头人、北京市特级教师;被授予"首都五一劳动奖章"称号、"北京市石景山区优秀人才"称号;被国家级期刊《中学历史教学参考》聘为特约研究员、《考试》杂志专家组成员和学科编审、《现代教育报》专家顾问团特别顾问;还被聘为教育部新课程培训远程研修项目专家团队核心成员、北京市教育科学研究院基础教育教学指导委员会兼职教研员等。

我明白,成串的荣誉面前,是各级领导的特别期待;我深知,耀眼光环的另一面,是专业发展的巨大压力。做一个真正的名师,是我毕生的追求,"虽不能至,心向往之"。在这里,我想借用一句名言来自勉:"路漫漫其修远兮,吾将上下而求索!"但愿我的杏坛漫记,能酿造出一个更有味道的续集。

(本文选自《中学历史教学参考》2008年第10期)

> 课堂是师生分享智慧的场所。一是分享阅读的体验,教学的过程就是一个分享阅读体验的过程,阅读到达的地方就是教学到达的地方,阅读的边界就是教学的边界。二是分享人生的经验,引导学生感受和思考生活,做学生生命成长的歌者。我心目中理想的历史教学应该是:穿越时空的对话,思维火花的碰撞,文明薪火的传承。

郭富斌 陕西省西安中学历史教师,陕西省特级教师,正高级教师,教育部首批"国培"专家、"十四五"中小学幼儿园教师国家级培训计划专家资源库成员。陕西省首批中小学教学名师,陕西省特支计划教学名师,国家"万人计划"教学名师。陕西师范大学历史文化学院兼职教授、硕士生导师,《中学历史教学参考》编委。从教期间,有四名学生获得陕西省文科考试第一名,为陕西师大历史文化学院培养学科教学研究生和教育硕士43名。主持完成多项省级教研课题,发表论文60余篇。

历史教学要"眼中有人"

○ 郭富斌

缘 起

写下这个题目是由最近在高一年级的一次课堂教学中的随机性口头调查引起的。我在讲抗日联军时,因为学生在初二时学过,随口问了句:抗联历史上最著名的英雄是谁?回答者寥寥无几。我突然意识到学生可能把杨靖宇将军已经淡忘了,便马上在课堂上进行了口头调查,结果让我大吃一惊:我所带的高一年级五个班学生中(每班约63人,总数315人左右)知道杨靖宇将军的人数由少到多分别是5、7、11、14、17人。平均每班10人左右,占总数17%。进一步追问,在知道杨靖宇将军的学生中仅限于知道姓名,而对发生在将军身上的历史事迹知之甚少的又占了绝大多数。更让人不安的是,在关于杨靖宇将军有限的知识的来源上,从初中历史教科书和课堂这一主渠道了解的不到20人。大部分学生是通过父母讲述或通过电影、电视剧等途径了解的,还有个别学生是看课外书知道的。杨靖宇将军是中国近代史上伟大的民族英雄,其事迹是非常壮烈而感人的。是初中历史课程中的重要人物,教材所给予的篇幅很大,教师在课堂上又肯定会花不少时间去介绍,为什么只短短的二年多,学生就淡忘了?由此想开来,像淡忘杨靖宇将军一样而被淡忘的历史人物绝不在少数,何况杨靖宇将军是离今天比较近的历史人物,那些和今天相隔遥远的历史人物在学生脑海中是什么样的情况就不难想象了。新课程强调以人的发展为教育的最高目标,提出要关怀人的解放、人的完善,人的发展。其实,这正是历史教育的优势所在。自古以来,人在中国历史研究和历史教育中就一直处于核心地位,历史教学在人的教育上不正有着其他学科所不具备的独有的优势吗?历史课的灵魂不正在人吗?何以优势成了劣势?历史教学中人物教学的失败是非常让人遗憾和苦恼的,但也足以引起历史教师的思考。

原因分析

1. 教材本身的局限。一是现行教材的体例是章节体,人在教材中的地位并不突出,内容上往往以"事"代人;二是人物写得干巴、薄弱,缺乏人性的色彩,缺乏对人物的刻画描写,缺乏对丰富历史事实的叙述。我们的教材把什么都藏起来,真正是"教"材,而不是"学"材。历史是面向人的教育,最不可或缺的正在于讲人性,人的个性,正在于高度的人文关怀,而这一切在现行教材中被抽去了。因而,形成了人物脸谱化正面的人物高不可攀,反面的人物臭不可闻;抽象化—只有高度浓缩的历史结论;空壳化没有活生生的史实;平面化—角度单一。

2. 教师教学问题。第一,缺乏意识。一是没有认识到人物教学在历史教学中的重要性;二是对人物教学要达到的目的是什么认识不清,对进行历史人物教学立足点放在哪里认识不清,仅限于补充故事或增强趣味性;三是照本宣科,要赶教学进度;四是对历史教学的整体认识有误,认为现在强调历史思维能力的培养,而人物教学很难实现这个目标。

第二,缺乏方法。一是平铺直叙,找不到好的切入点;二是故事化;三是灌输的是高调教化,缺乏学生自己的体验和感悟,学生没有参与进来,更谈不上自己的情感体验;四是教条化,教师本身对评价历史人物的方法也有欠缺,只有重复教材的评价。

第三,缺乏情感。教师自己缺乏对人物及其思想的感悟,没有自己对历史人物的个性化的认识,没有建立起来自己与历史人物的情感联系,没有把历史人物与自己的生活经历相联系,没有走进历史人物的精神世界之中,缺乏与历史人物灵魂上的沟通。自己都不能感动,何以感动他人?自己都没有感悟,何以让学生有所感悟?自己都没有魅力,何以展现历史人物身上的魅力?自己都没有思想,何以让学生对历史人物有所思想?

第四,语言贫乏。历史人物的串迹是要通过教师生动活泼的语言来再现的,历史人物再光辉伟大,教师如果不能传神地表现出来也是无用。苏霍姆林斯基说:"教师的语言素养在极大程度上决定着学生在课堂上的脑力劳动的效率。""教师的言语是一种什么也代替不了的影响学生心灵的工具。教育的艺术首先包括说话的艺术,同人心交流的艺术。"运用语言的能力,驾驭语言的能力,是一种心灵的力量,而不是简单的鹦鹉学舌可以获得的。而现实是,不少教师由于语言修养不够,学识匮乏,课堂上概念化的、八股式的结论性的语言比比皆是,缺乏鲜活生动的表述和个性特征鲜明的叙说。语言贫乏的背后反映的是思想和文化积淀的贫乏。因为语言不仅是思想的博物馆,而且语言既浓缩着一个民族的历史,也凝聚着一个民族的心理结构。林茶居说:"语言从来都不是孤立的存在,每一个词都布满历史的脚印和充盈生命的呼吸。"你的语言跟你的世界是一致的。语言的舒展即是思想的流畅,语言的优美源于思想的精致。相反,语言的苍白即是思想的苍白。我们的思想愈深刻,我们的感受愈丰富,我们的情感愈细腻,我们借以表达思想、感受和情怀的语汇就愈需要丰富。内心的丰富会表现为语言的丰富,我们词汇的丰富和新颖,也就在一定意义上意味着我们思想的丰富和新锐;锤炼语言,也就是锤炼思想;追求表达的独特与精致,也就是追求思想的独特与精致。

第五,基本功不够。掌握的历史资料有限,抓不住历史人物的本质特征,无法做到游刃有余。

第六,不掌握学情。没有找到历史人物与学生的契合点,远离学生实际远离学生的情感体验,跟学生之间的距离太大。历史课程是普通人的课程,历史课程是学生自身经历的延伸,历史课程与学生个人发展有关。而历史教学的现实是脱离学生的实际,没有拉近历史人物与学生的距离,没有使学生与历史人物在情感思想灵魂上碰撞和沟通,没有建立起对话的桥梁。历史人物很难在学生身上引起共鸣,当然也很难在学生心目中扎根。历史人物在学生心中是死的,而不是活的;是空壳,而没有灵魂;是神,而不是人,冷冰冰、高高在上,可敬而不可亲,学生只会敬而远之。

3. 与当代文化背景变迁有关。回到20年前,当时的中学生不知道杨靖宇的人可能会很少。现在是信息多元化社会,吸引学生眼球的事太多了。学生的价值取向多元化,崇拜英雄,追随英雄的热情在他们身上已经淡化了。对英雄的理解与原来也有差异,更多的是把各种"星"当他们的英雄或崇拜对象,这种现象在教学中就有反映,如教师介绍徐海东,学生说郝海东;教师介绍孙继先,学生说孙继海,等等。

4. 既与现行高考制度有关,也与高考文科综合历史部分的命题有关。现在高考考查的重点是考查学生对历史现象的分析能力,淡化对历史人物的考查。像20世纪80年代那样在高考中有专门考查历史人物的试题,可以说已经是遥远的回忆了。由于高考对中学教学特殊的导向作用,也使中学历史教学在实践中淡化人物教学成了势在必然的事。

5. 与对历史教学目的的认识和对教学的定位有关。由于应试的实际需要,不少教师把教学的重点放在追求知识的系统性和完整性上,缺乏情感价值观方面的目标追求,从而忽视了对历史人物的关注。

改进方法举例

1. 贺龙元帅例。以背景引起思考,突出与众不同,打破常规思维和印象,让人物丰富起来,吸引学生注意,激发兴趣。

背景:对比式。大革命失败,中共处于被屠杀地位,党内不坚定者被吓破了胆,脱离党的队伍,而贺龙当时是国民党20军军长,有高官厚禄,却毅然做出了和共产党同呼共命运的选择。为什么?说明什么?让学生思考。

学生回答后,教师引导:第一,有信仰,追求真理与正义。由于所拥护的三大政策被国民党破坏,因而认为是背叛了孙中山的事业。体现了生命观、价值观、世界观。第二,品格高尚。继承了中国古人倡导的威武不能屈、富贵不能淫、贫贱不能移的传统(学生共鸣强烈,我刚起头,学生就自己朗诵。建立与学生已有知识之间的联系,精神火炬的传递,岳飞、文天祥……。第三,有政治远见。做出这样的选择,类似于我们现实生活中就业,当你收到微软公司和国内某电子企业的两张录用通知书时,你会怎样选择? 估计很难会有人选择后者。贺龙当年的选择就类似于现在的选择了后者。要做出这样的选择是不容易的,光靠有正义感和牺牲精神是不够的,还要有政治远见。就是能看到国民党得势是暂时的,中共的失败是暂时的,因为中共代表着人民的根本利益,代表着中国未来的方向。同时,离开了远见卓识也不可能在艰难困苦中坚持下去。第四,爱国爱人民的情感。

总之,信仰是力量,品格是保障,政治眼光是方向。联系学生实际进行历史人物教学才有教育意义,也才有启发性。主要包括以下一些方面:

第一,要与时代背景相联系。一方面是注意方法,因为分析任何一个历史人物都要放到相应的时代背景下;另一方面是人物的个性,突出其与众不同。

第二,引起学生思考,有兴趣,有情感。与学生已有知识或认识有矛盾,有错位,与其可能做的或遇到的现实事情有出入,甚至于选择方面有矛盾。

第三,建立起与学生的联系。一是与学生已有知识的联系,也就是要利用学生的已有知识;二是与学生实际生活联系;三是与学生情感体验联系。历史学习不是为过去服务的,而是为现在和将来服务的。

第四,要立体式,有层次。打破常规思维,如猛张飞,既勇且谋。

第五,教师对历史人物要有自己的品评,有自己个性化的解释,要有自己独有的叙述方式。

第六,主题要明确。要展示历史人物哪一方面,其魅力何在? 其灵魂何在? 由于人性是非常丰富的,不可能面面俱到,抓住主要方面即可。让历史人物要活在学生心中,让历史人物要成为学生成长的一面镜子,让历史人物在学生今后的生活中面临选择的时候也能发挥作用,总之,一切为学生的全面发展服务。

另外,进行历史人物教学前,最好先搞调查。了解学生对贺龙的掌握情况和对贺龙的印象、认识、感受,即了解学情,从中发现学生的问题——对贺龙的认识比较片面和感性,比较大众化,缺乏思考,也缺乏情感。依据教材中有限的材料,学生已知贺龙是非共产党员,是一个张飞式的人物,当时的时代背景是中国革命处于危急关头,中国共产党处于危难之中。教师围绕主题适当补充相关材料以服务主题,选择可以给学生智慧和教育的知识:贺龙面临着人生的重大抉择,不仅关系到个人的命运,而且关系到整支部队的前途和命运,尤其是贺龙部队中有许多人是自己的亲属。当时,贺龙也有别的选择的可能性,他身为国民革命军20军军长,又有张发奎等人极力拉拢,但他做出了在当时人难以理解的选择,上了一艘损伤严重的船。

2. 孙中山例。《中国近代现代史》上册教材中关于孙中山的内容所占篇幅很大,涉及的章节也很多,选择在什么时候进行这一历史人物的教学是需要认真思考的一个问题,教师要善于捕捉讲述的最佳时机。从常例看应该是在孙中山去世时对其盖棺论定,但不要忽视教育的最佳契机,在恰当时自然引入可能收效会更好。我是在讲三民主义时引入对孙中山的评述的。由于有关孙中山的许多内容还没有学习,此时引入可引起学生对孙中山的关注和兴趣,引起他们对以后学习内容的兴趣。否则,如果学生对该历史人物没有兴趣,后面这么多内容,即使讲到最后也绝不会收到相应的效果,还不如提早引入,以提高学生的兴趣。

我在评述孙中山时主要挖掘这样三方面内容:一是孙中山第一次对当时中国所面临的三个社会问题做了深入分析,而且提出了自己非常有特色的应对策略。二是孙中山的应对策略有特点。其一,借用公有制的一些做法。资产阶级革命借用了无产阶级革命和社会主义的方法,思想解放,打破了观念枷锁–市场经济不等于资本主义,计划经济不等于社会主义。并与列宁、罗斯福和邓小平等人比较,说明他有很强的创新意识和创新精神。其二,人民立场。不剥削人民,不加重农民负担,而完成工业化资金积累。与世界各国工业化起步时国内政策比较。资本主义国家:英国"羊吃人"的圈地运动;美国"西进运动"俄国农奴制改革掠夺农奴等等,都是通过社会两极分化完成工业化积累。社会主义国家:苏联农业集体化牺牲农民利益,死了几百万人;中国城乡二元化结构,造成农村长期的贫困。其三,和平改造。不剥夺地主利益,共同富裕,避免社会大的动荡。三是愈挫愈奋。与学生实际联系,学生面临学习困难,考试成绩不理想,或其他什么挫折,坚持不放弃,永远朝前看。

在这一历史人物教学过程中,我的体会主要有五点:第一,要善于抓契机(当时还有一些事没有讲)。第二,历史与现实结合。学生惊奇地发现这样一个历史人物竟然与现实中许多大事有这多联系。第三,好奇心。海峡两岸的中国人共同纪念的政治人物。第四,既要有技巧,又要不留痕迹。第五,要讲出他的历史地位、价值和作用。教学生学会做人远比教学生学会知识更重要,这一原则在历史人物教学上也同样适用。

3. 蒋介石例。突出历史人物的多面性。展示"九一八"事变后反映蒋介石不抵抗的材料;展示"一二八"事变后蒋介石《告全军将士电》:"东北事变,肇始至今,中央为避免战祸,保全国脉起见,故不惜忍辱负重,保持和平,期以公理与正义,促倭寇之觉悟。不意我愈忍让,彼愈蛮横,沪案发生,对渠要求,且已茹痛接受,而倭寇悍然相逼,一再向我上海防军攻击,轰炸民房,掷弹街衢,同胞惨遭踩踏,国亡即在目前,凡有血气,宁能再忍。我十九路将士既起而忠勇之自卫,我全军革命将士处此国亡种灭,患迫燃眉之时,皆应为国家争人格,为民族争生存,为革命尽责任,抱宁为玉碎,毋为瓦全之决心,以与此破坏和平,蔑弃信义之暴日相周旋。"矛盾的蒋介石出现在学生面前,两个蒋介石都是真实的,听其言,更要观其行。

余 音

行文至此,一个问题不断地浮现在我的脑海:什么是良好的历史教育?也许我们很难给它一个周全的描述,但我们可以肯定地说:如果一个人从来没有感受过人性光辉的沐浴,从来没有走进过一个历史人物丰高而美好的精神世界;如果从来没有读过一本令他激动不已、百读不厌的人物传记;如果从来没有过一次和历史人物刻骨铭心的对话和体验,从来没有一个令他怦然心动的历史人物作为他的精神导师……那么,他就没有受到过真正的良好的历史教育。

(本文选自《中学历史教学参考》2005年第10期)

「做历史，传道授业解惑，皆赖语言的敏感与表达，不学诗，无以言，实在是对教师的忠告。这不是真的要写诗，而是氤氲语言的情理之美，闻道的声韵节奏。"朝见吴山横，暮见吴山纵，吴山故多态，转折为君容"堪为历史教师审美自己这个职业的境界。」

束鹏芳 江苏省大港中学教师,省特级教师,首批教授级高级教师;教育部基础教育教指委历史专委会委员;全国历史教学专委会理事;苏州大学兼职教授,教育部学位中心特聘论文质量监测专家;《中学历史教学参考》专家指导委员会委员;"新课程背景下的中学历史教学评价"获评江苏省首届基础教育教学教学成果一等奖,著有《中学历史教学评价》《历史教育:主体在知识之间叙事》等,荣获陕西师大中学教学参考期刊集群创刊50周年"50年50人"等称号。

像水一样——历史的倒影

○ 束鹏芳

1983年8月的某一天,在一个歇山式屋顶、黑瓦红墙的乡镇汽车站里,我等到了前来接应的人。跟在两位身强力壮的小伙子后面,踩着嘎叽嘎叽直响的青石板路,来到了一座庙门前,门口挂着白底黑字的"丹徒县大港中学"的行书体招牌。大门是木结构的,二层,楼上的窗户被一根木棍子撑着。进门,转弯,踩踏已经被摩擦得凹下去的木梯,木质的香味、灰尘的气息在午间的阳光下飘荡,我进了刚才看到的撑开了窗户的那一木屋。领我的人说,"老师,你先住下来。"

我,成为这所农村中学的老师了。

班主任:水随天去秋无际

这所学校的前身是东岳大帝庙,大殿的菩萨和神像早已不在了,殿前的四棵大银杏树依然神清气爽。学校仅有一栋上半年完工的楼房,黄土操场在学校围墙之外,标准的400米跑道是煤渣铺就的。

那年我20岁。自己淘米蒸饭,被值日的老教师指为犯规:"你的饭盒不放在你们学生饭框里,却放到老师饭框里,哪个班的?"我没有回答。他将它移进学生饭框,告诉我饭框编号。中午,我就去编号28的饭框找我的饭盒。我在饭堂的教师窗口打菜,食堂师傅说,"你到学生那边排队。"我坚持把盘子递进去,一言不发。就有人插话:"他是老师,好像是教历史的。"

上历史课可以讲讲故事,用上几幅挂图,让学生上黑板填填图表,大家鼓鼓掌,还一起做些小制作。没有学生溜号,教导处也没有人找我谈话,一节课又一节课的时光就打发了。但是做初中班主任就颇费脑筋,老教师、老班主任就会找我谈话,帮我管,帮我出主意。

那时的自习课比较多,课堂纪律就成问题。有两位男生,特别喜欢惹是生非,而且以串联起来和我斗为乐事。有一次，把他们带到办公室训话，相互较量之间，有一位说，"你以为教训我的喉咙高就有用了？"另一位说，"你的喉咙可以再高些，再高些，高八度"——他的话说得很轻。这是一句令我终生难忘的话，这是彻底扫荡了我的自尊的话，这也是终止我教训式、打压式教育的历史转折点。第二天，我的喉咙沙哑了。第三天午睡醒来，发现宿舍门口放了一篮子水果，深秋时节的苹果香非常诱人。我的"心腹"告诉我，是"肇事者"送的。

直到我做高三班主任，仍然有男生喜欢犯规违纪的同时，以逗班主任生气为乐。但是我不再单刀直入了，不再采取打压措施了。我会把他们犯的事当成别处听来的故事，剖析其危害，想象其发展下去可能的恶果，我再自我批评，然后出题目要每个学生无记名地自我反思或检举揭发，再分析危害。过几天再把犯事的学生找来聊天。我努力营造班级文化，组织生命、事业、价值和自由的学生讲堂，百家争鸣、百花齐放。我容忍学生看武侠小说、穿牛仔裤和喇叭裤、打牙祭喝点黄酒，甚至个别高三学生的轻度谈恋爱行为，只要他们和我通气。而他们和我通气不仅不会换来批评，还能换来一次思想沟通，对我来说，则能够和他们签订君子协定：限度、信度。我悄悄地监控他们，就像我写过的一篇教育散文《风筝》。于是他们非常争气，我的话成了"圣旨"，他们为在运动会上没有拿到分而来道歉，他们为在期中、期末考试期间未能门门争先而来发"毒誓"。

其实，在师生之间，在教育和被教育之间，总是存在杰里鼠和汤姆猫之间的游戏，没有这种游戏就没有师生的共同进步和教学相长。

初为班主任时，有一位女生，在晚自习回宿舍后，直喊肚子疼，生活委员来办公室喊我。我吓坏了，不知哪来的劲，背起她就朝镇卫生院跑，几个学生跟着跑，他们找值班医生、挂号、护理。在她感觉好转以后，我们轮换着走了三里地，把这位学生背着送到她家里，记得是敲了许久时间的门，家长开门了。

高三班主任任内，一位女生热衷看逃避自由、生命的虚无之类的著作，而且总是很郁闷。我还没有这个功力，去从心理学层面打开她的性灵之窗。就在星期天下午骑车进山（丘陵），公路是石子路，坑坑洼洼，偶尔有卡车经过，粗劣的黄石路上就尘土满天，公路两旁是密密的山林，大概有十几里才可到达。我是去家访，是去寻找家长支持。返回时，天有些擦黑，自行车前轮碰上石块，车子朝前面飞去，我则下意识地有了一个鱼跃动作，但是膝盖和手掌都磨破了。坐在地上发呆许久：为何而来，为何而去？

1991年深秋的一个周末，我买了一瓶丹阳黄酒回宿舍，准备庆祝一下自己的生日。晚上6点左右，宿舍的铁皮门"咣当"一响，学生的声音随之而来：束老师，生日快乐！十来个自己班上和非自己班上的学生提着蛋糕、挂面和熟菜蜂拥而入，让我这个孩子王大为高兴，拉开书桌，拖来饭桌，小煤油炉和小电炉一齐上阵，师生同堂排成长阵，开吃！

其实，做教师似乎不要多么新鲜的教育理念，学生是自己的"衣食父母"，你一不种地二不织布,你得感激他们、善待他们;学生被家长和社会交到了自己的手里,有无数双眼睛看着你,你是牧羊人,你是园丁,你得有敬畏之心。

教师先有朴素的感激之心、敬畏之心,就会有爱心的大道理,有爱心,就会动脑筋,凭借职业的经验、职业的敏感和职业的学习,你就会生成理论界谈论的教育智慧。

教学:秋水时至,百川灌河

当时,学校规模不大,初中和高中都是四轨,全校历史课的总课时数是32节,两位专职历史教师加一位年龄略大的语文教师,就全部包揽了。1984年下半年,我的师傅准备调动,他要去镇江师专教历史教学法,那是高就了。他教的高三文科班的部分作业就会交给我批改。1985年上半年,因为疏通关系而有所耽搁时,就时常让我代上高三的课。暑假以后,他毅然决然地走了,也没有同意学校设定的每周来上几节高三历史课的条件。这样,我就迅速接手高三文科班的教学。

20世纪80年代中期,读书是唯一的业余生活。那时,学校的高中生是全县精选出来的,单纯而又思想活跃,逼着你讨论问题,也就意外地逼着你看书了。下午第四节课,我们年轻教师是必然会和学生在一起打排球、打羽毛球,或者踢足球的,和他们谈得来。上毕业班的历史课似乎没有什么经验和技艺,我只追求不带课本,只带粉笔的教学准备,我会在课堂上放点音乐,会把刚刚背过的中国古诗词或外国诗歌结合到相关的历史内容里去,我会在课堂上与学生发生争论,我会把李泽厚的《美的历程》借给他们,我会让他们一齐讨论刘再复的散文诗,谈甘阳先生主编的"走向未来"丛书的读后感,他们会要求睡到我的宿舍里,谈他们喜欢的女生。但是考试我还是要的,考完以后,我会把一个个学生喊到面前讲评试卷,时间或长或短,但是每个学生来到我面前听我讲评的机会是均等的,以致曾有学生递纸条给我:为什么这么长时间不召见我?20世纪80年代末,是中国思想界、知识界最活跃的时代,我正好做班主任,居然敢带大部分学生到南京栖霞山看枫叶和庙宇,居然敢带少量学生去不远处的绍隆禅寺讨论存在和虚无的问题,因此,学校领导特别关注我的班级是否稳定。86届、87届、88届的高三历史教学都以胜利告终,学校领导对平均分是满意的,每届文科生总有考取北京大学、南京大学和复旦大学的,89届是文科命运比较悲惨的年代,许多专业被砍了或招生数急剧减少,但是仍然有武汉大学、南京大学、西南政法大学的录取通知。在只有一个文科班的规模下,在一个理科生源绝对超过文科生源的背景下,如此成绩当然是令人满意的。

20世纪80年代后期,因为经常鼻孔流血,因为胃酸泛过后会吐出几丝血迹,年轻的同事就喊我"束呕血"。麦乳精和人参蜂王浆这些当年的补品就成为我上课前的零食了。1988年分配来一位历史本科生,如今已是宣传部长,现在他见到我还会开玩笑:"师傅哎,你当初上课前喝一支人参蜂王浆,就以为有精神了,还记得吗?其实啥营养也没有,还感

觉有劲了,那时的人真有意思,哈哈!"

体质下降除了单身汉的生活原因之外,与课务繁重有关。1988年上半年,曾经达到每周22节课,跨高一到高三的三个年级。高二文科班分出来,让我接手时,我一言不发,当着所有高二年级的老师,将课表退还给分管教学的校长,他开始喊我"束老""束老前辈",我拂袖而去。他派人做我的工作,后来我还是接受了。

进入20世纪90年代,学生对人生价值、对中国前途等宏大的话题似乎不怎么感兴趣了。但是我在课堂上仍然会问柯林伍德式的问题——什么是历史,仍然会问斯芬克斯式的问题——你是谁,仍然会说——你能进入历史,历史能够进驻心灵。我在周末讲座中仍然会用"回望×××"类的标题。20世纪90年代初历史教学界掀起的能力培养"运动",给了我解释历史、分层理解历史的机遇,因而也给了我继续引导学生讲心得式历史的抓手,因为它与思维能力是同步的,因而也是与高考同步的。普鲁斯特的《追忆似水年华》式的思维方式也影响了我的课堂教学。至2000年,我送走了目前为止的教学生涯中的最后一届高三,先后有了14届高三教学的历程。

其实,文科教学尤其是历史教学本来就没有那么多的理论上的种种教学法,小器似乎难成大器,教学技艺的考究会切割历史的流畅性和人文性。从突然接手高三教学,走到20世纪80年代末,似乎毕业班的成绩只来自下列因缘:凡人文学科的书籍我都看,都向学生表达和"炫耀";认知心理上的"愿不愿学"的问题就无意之间处于解决的过程之中了,是否可以说是"桃李不言,下自成蹊"?至于认知心理学上谈到的"能不能学"的技艺问题,当时根本没有这种意识。学生跟着老师的思想转了,历史兴趣来了,似乎也就容易再认再现了,也就有历史思维了。20世纪90年代虽然我的历史教学的理性分析成分有所增加,但是历史教学的成效主要还是缘自师生对历史的百川灌河式的讲述和体悟。近几年,八九十年代毕业的高三学生陆续举行10周年、20周年同学会,他们会把包括我在内的任课老师喊去。期间,总有学生说:"束老师,都是你害的。你用百家讲坛式的讲法和激励我们乱讲,骗了我们去读文科。我们起码是中等优秀的,甚至比理科的有些家伙要优秀得多,结果报了文科,文科大学生出来以后能到哪儿去?没有令人羡慕的好职业了。"我说:"我也不好意思,我没有害你们的想法呀,不过包括历史在内的文科学习是终身受益的。"

那时的历史教学和教学的成效真的是一种师生之间的混沌状态,我一直感谢庄子的混沌说,感谢庄子的万川归海而海不盈的说法。

历史教学不可太在意专业技能,不必囿于学科领域的技艺。历史的解读价值被发掘了,师生的主体精神得以充填和张扬了,有一种宋代先贤的"等闲识得东风面,万紫千红总是春"或"半亩方塘一鉴开,天光云影共徘徊"的理趣了,就会有真的历史,世俗的成效考核也会不期而至的。

我总怀疑目下众多论文里对历史教学的静态的条分缕析是否得了历史教学的真精神,是否为科学技术是生产力的衍生物。

写作:秋水共长天一色

20世纪90年代初,我听说了教育科研,听到了实验法、数字化等概念,教学过程遭遇了条分缕析的工艺处理,尤其是1991年和1992年的高考学科能力目标的出现,历史教学的技术时代和分析岁月开始了。这一历史进步颇有迎合科学主义的嫌疑,颇有证明历史教学是科学的强迫症嫌疑,它一方面有利于推动教师的理性思考,另一方面也逐渐阉割了历史课堂曾有的老师的洋洋洒洒和学生的滔滔不绝,因为单位时间的效率、课堂节奏上的短平快、师生问答过程中的短兵相接等教学技艺的时尚,已经不能容纳江河滔滔了。

于我来说,随着经验成为缄默知识,随着自己"与时俱进"地、不知不觉地赶着培养学科能力的潮流,教学环节的技艺思考固然多了,历史本身拥有的叙事性和哲学味在我的课堂上有些花朵飘零,教与学之间的层层洄流占据了课堂的主导地位。只有在阶梯教室的讲座上才会昙花再现,学生的反驳与较真也才出现(而且难得)。1995年去了一趟山东临沂,听了一次陈庆军先生的报告,后来又在南京听了来自上海的郭景扬先生的报告。在分析的思维框架下,我开始了自己的课堂教学改革,从教学内容的处理到学生座次的排列,从教材的能力目标分解到学生相应的学习行为的确定,都做了机器生产般的工艺设计,这就有了我在1996年和1997年的两篇公开发表的教学论文《试述中学历史教学内容的改革》《高中历史课堂教学模式新探》。我的论文写作生涯出现了。

其实在这之前,文学曾经是我长期的爱好,学究曾经是我长期的景仰。在这之前,我在地方报刊发过一些散文,曾经自编《束鹏芳现代散文选》,在学校的手摇油印机上印刷,并以每本2角钱卖给学生。于写散文而言,是为着汉字有奇特的质感而去体味文字组合之乐趣的。在这之前,为镇江史学会的年会而应景性地写过《试论印度佛教的中国化》《20世纪的中西文化交流》《王安石和苏东坡的精神根柢》等文章去参会。于写历史论文而言,是为着学问有引经据典的美丽而去感受逻辑之魅力的。对于我这个村叟而言,20世纪90年代中期之前,既不知道什么叫教育科研,也不知道有教学论文评奖的事,更不知道写历史教学文章对于个人的名利有什么价值。

但是发表两篇教学论文引来校长的赞誉,并且因此而能够破格申报高级教师的职称,却是意想不到的,同时又让我感觉到写论文是反思自我也是展示自我的载体。然而,述而不作、行而不言的习惯还是左右着我的教学生涯。不到激愤或自己感到要清"浊"一下,是懒得动笔的。1998年到2000年,也就是每年写一篇,发一篇。《生活教育论:一个值得反思的话题》,论证陶行知教育思想中的某些反智倾向,思考学校与社会、与生活之间的恰当关系。《主体性教育:演绎和实证》,论证主体性教育的哲学背景、基本涵义和实践可能。《论心理健康教育的课程化》以自己从事心育活动课程的实践,论证了心理健康教育作为课程来实施的必要性,同时讨论如何课程化。这些文章基本与历史教学无关,但我认为这是历史馈赠我的人文情怀,而且是有助于历史教学的。

一位历史教师,教了十几年书,搞历史研究的可能性又不存在了,却还写文章,不写历史教学论文似乎不像话了。2000年夏的一篇《课堂教学素质化:镣铐之舞》,爽快地抨击素质面具下的应试教育和课堂教学中的技术化倾向,悲观地认为,教育的理想即将一去不复返。写完之后,曾对自己和办公室的同事说,我不会再有心思讨论教育层面上的话题了。

2000年秋,进了华东师范大学参加教育部的跨世纪园丁工程的骨干教师培训。脱产培训三个月,很爽。在丽娃河畔,与徐州的陈伟国、顺德的梁仁华、长春的林絮、昆明的赵灿东等名师相遇,在华东师范大学的文科大楼聆听了王斯德、王家范、聂幼犁等众多大家的教诲。李月琴老师带着我们观摩和分析上海、浙江等地的中学历史课,大开眼界。期间,2000年全国历史教学年会在上海举行,认识了王宏志先生。这段时期的生活对我以后的教学和教学思考影响很大。其中之一就是收缩文史哲乱闯的"摊位",变得有些"术有专攻"了,而"术有专攻"的表现之一就是在两年之内发表了若干篇历史教学类论文,诸如《张扬人文大旗》《让历史教学鲜活起来》《关注中学历史教学的课堂生活》《问题登录:历史教学中的创新教育》《历史知识与主体精神的同构》《历史教学:在生活世界和意义世界之间》等。我是敝帚自珍的人,这些文章是近20年的教学生涯里的缄默知识的集中显露。它们表达了这样的历史教学思想:教育要培养一代人的主体精神,必先使历史进驻个人;历史教师和学习历史的学生都是教育的主体,主体能够站立起来,不是取决于教学中的地位和形式,而是取决于双主体的思考、追问和由此而来的精神;这种精神和意义世界是由历史课堂中的理性生活、审美生活和交往中的道德生活有机构成的;历史教育要有叙事的喜悦和精神的充填与满足,师生之间须有一种斗智、斗勇的张力。其实这些文章的标题也约略呈现着这样的思想轨迹,这些文章还呈现着一种写作方式的轨迹:历史教育的研究是叙事之上的抽象和自己读出来的理论。

2005年因扬州大学朱煜先生的推荐,为东北师范大学出版社的"聚焦新课程丛书"计划,写了一本32万字的《中学历史教学评价》,出版社给了我充裕的写作时间,人教社的王宏志先生审读了书稿,承蒙慨允,欣然为我作序。我也算能够写书了。未曾料,20多年前的作家期许成为写教学类著作的"作家"了。丹徒区文联主席、画家张友群先生呵呵一笑:我们把你送到省文联,参加作协的青年作家读书班学习,没曾想,你做起了转基因作家。我无声地咧一下嘴:作家嘛,就是写作的人。其后,也为江苏教育学院方国才教授、北京师范大学朱汉国教授主编的著作写过一两个章节,做一个写著作的人而不是写论文的人。

读点书,教好书,写点小文章,如果可能再写点书,当是中学教师的醇美的精神生活。读书当然是兴之所至、得意忘言为最佳状态,那是采菊东篱下、悠然见南山的陶醉。读书如果是强迫或者太功利似乎就没有读书之品相了,也就没有思考之乐趣、冶情之爽朗了。书读到一定程度就会想,书读到一定程度就想用,书读到一定程度就能写。

我最初的写作一直是文学之梦牵引下的自娱自乐,然后是出于对教育界口号流行和盲从跟风习性的激愤(我自称为"愤青"的生气之作),再然后就夹杂一点成名成家之妄图了,之所以是夹杂一点,实在还与下列情境导致的逆反有关:有同事对我说,"领导讲过了,束鹏芳这个人,不可不用,不可重用。你这个人也就是教教书、卖卖嘴、再想法写点东西来证明自己的存在了"。我对他说,"是呀,你这么一提醒,让我确证自己确实没有大出息了,鸡肋一条,食之无味,弃之可惜。残存的蕞尔理想不付诸笔端,那不枉活了?!"如今的写作则有两层动机:我看、我想、我写,所以我存在,是为一;我带着特级教师的帽子,碰巧又上了正高职称,不看、不想、不写,既对不起这些称号,又有船到码头车到站的不思进取之嫌,是为二。

月盈而后虚,雷鸣电闪之后,往往是淅淅沥沥的雨。2002年以后,我似乎找不到宏大的历史教育的叙事话题了,而技艺总让我提不起写文章的兴趣。述而不作、行而不言的习性,潜意识里对"形而上"的热情,我没有什么历史教学的作品问世了。

然而,对着电脑屏幕过日子的教师,终究是要与文字打交道的。写作是教师生命的组成部分,写作是对教学实践的反思,是对思想边际的挑战,是对读书和理论的反刍,是对教学行为的修正。

继2004年参加江苏省首次高考自主命题活动之后,在省教研员刘克明先生的引领下,先后参与了2005年、2006年的江苏省文科综合考试(俗称会考)、2007年的江苏省新课程学业水平测试的命题工作,参与了江苏省普通高中历史新课程的"教学要求"和学业水平测试说明的制订工作,体会颇多,也自娱自乐地写点命题与教学的小结存放在电脑的某个位置。很奇怪,教了那么多年的高三,也有不少的大型命题经历,却从来没有发表过一篇高考文章。

2004年夏,随省教育厅前副厅长吴椿先生去杭州拜会浙江教育学院鲁林岳院长等浙江的教育研究人士,之后,对素质教育的思考再次浮起。2005年协助省教科院副院长杨九俊先生研究义务教育均衡发展,2006年协助省教科院党委书记方国才教授研究"学习型学校建设",2007年参与省教科院孙孔懿研究员的"社会和谐进程中素质教育新发展"的研究。**期待在教育的视野里看历史教学,期待历史教学的文化觉醒。**

《罪过:剑指何方》《农村学校的文化重建》《远离教育的功利与浮躁》等文字交付之后,自己安静得就像冬天的水面,2001年申报特级教师时的三个材料袋的名称分别为《大美无言》《大音稀声》和《大象稀形》,作为一种憧憬和自慰,像图腾一样和我如影相随。

偏居农村中学,漆黑的夜空下,听不到喧闹,看不到灯红酒绿,钟塔敲打的整点钟声穿破了寂静,那是米勒的《晚祷》所拥有的精神张力……

生活:一蓑烟雨任平生

有饭吃,有衣穿,出门偶尔打的不发愁,500元钱的西装和1000元钱的西装对于教师来说,并无本质差别。这是我喜欢和年轻老师讲的话,尤其当大城市和大牌学校发出加盟邀请时,我会这样为自己的谢绝而确定一个不求上进的理由。

20世纪80年代,在学校是没有星期天上课和晚上坐班的现象的,只在毕业年级的第二学期有下班答疑的任务,也就是每周一次,用不着在班级静坐,只是下去转转,再喊几个学生到办公室里谈谈。客居港中,孤家寡人,一台用铅丝当天线、能够收到中央电视台的14寸的飞跃牌黑白电视机(学校在1988年以后从仓库里找出来的),一台红灯牌收录机。业余生活显然就应该有别的内容,那就是阅读和骑自行车逛遍大港镇周围的水洼和山洼。春天里,坐在金黄的油菜和墨绿的麦苗相交织的田间陌上,诵读"春日载阳,有鸣仓庚"。冬天时,徜徉河边,看水面波纹粼粼,阳光跳荡,背诵"上善若水,水利万物而不争"。正午之际,站在圌山报恩塔下,啃一袋面包,喝一瓶啤酒,俯瞰山下滔滔长江水,呆想"人生代代无穷已,江月年年望相似,不知江月待何人,但见长江送流水"的空寂。午后时光,在竹柏掩映的绍隆禅寺,听沙陀唱经,久久地感动那种音律,痴想高更画作《我们从哪里来?我们是谁?我们往哪里去?》的"天问"。上灯以后,在自己的宿舍里,按计划读范文澜和尼采的著作,剪辑自费订阅的《中国美术报》和《光明日报》,做《杜诗详注》和《东京梦华录》的卡片,再写一些发表不了、也不想投稿的诗歌和散文。20世纪80年代中期,还曾经在操场(那时学校操场没有围墙,与农田相连)旁边种了一点青菜、大蒜,以便下面条。于是"年年岁岁花相似,岁岁年年人不同",光阴就这样流逝,像水一样。我可以称为大姐的女教师曾经说,"束鹏芳,你是个神经病,不食人间烟火哪能找到老婆?"我灿烂地回答:"我吃鱼、吃肉,养气、养心,长命百岁。"

现在想来,一个教师有一点乘兴而来、兴尽而去的随缘心态,真好。有一点养得浩然之气,方可指点江山的规划意识,真好。有一种不被紧张而匆忙的科层体制管得紧紧的时代背景,真好。

2007年12月,在一次省教科院的"教师发展学校"研讨会上,有一位老师问过我一个问题:你是怎样在40岁之前就成为特级教师的?

我大体上表达了这样的意思:

感谢历史学科,是历史的沧桑与宏大提示我,尽量不要成为时间的过客。感谢自然,是自然的自然本性让我任其自然尔后水落石出。感谢古典文学与宗教哲学,它们对生命的追问有意无意地推动了我对意义的追寻,尤其在独处和万籁俱寂之时。感谢一段孤独的生活,是对孤独的反抗让人走向精神的超越。最值得感谢的是学生,学生的成长需要以及他们对教师的挑战,促进了教师的思考和教学行为的改善。还得感谢前辈和友人,他们的提携和奖掖发酵了我的"勿负人"的情愫。学生成就我,生活成就我,宁静而不求上进的价值取向成就我,命运让我碰上"大腕"而成就我。否则一个村叟能够怎么样?这个世界优秀的人太多了!

学校的年度校园文化节,我开讲过几次年度文化扫描。"2005·大师和平民,同样的纯粹"曾经提到巴金进入历史的方式,后来就想过中学历史教师也许无望进入正史,但是也许可以进入笔记体的史料里,从而进入细节化的历史中。进入历史的方式又是什么?在教书过程中做点研究,发点文章,循着现行的评审体制而成为"名师";教学但更写文章,以此而成为著作家似的"名师";大多数的老师亦思亦行,将思考和别人的经验熔铸到自己的教书育人的繁复的生命进行曲中,进而进入成百上千的学生心中,他们的生命在学生的成长中延伸,他们的名誉在学生的记忆中辉煌。这样的繁复和循环,不是一个研究者或写作者所能想象和承受的。从这个意义上讲,述而不作,行而不言,却在人文化成的教师,是无名的名师,是利万物而不争的上善之水。

至功无功,至名无名。

像水一样,奔腾也罢,潺潺也罢,总是往下流,在下流的过程中,挥发了,滋润了,渗透了;顺势而流,不求上进,就活泼着,安详着,化育着,渐渐地与天地同在。做历史老师的就像这下流的水,渐渐地,与学生同在,也就与名同在,与历史同在。

荡舟浩歌而去,可乎?

设若成为"名师"而失却恬淡、疏于学生,可乎?

(本文选自《中学历史教学参考》2008年第5期)

「历史的宽广与精深可以让我们的思想自由驰骋，历史教育的尊严与使命将为学生的未来奠定根基。」

王雄 江苏省特级教师，教授级教师，江苏省人民教育家培养工程学员，教育部国培计划专家，扬州大学教育硕士导师，悦读践行—历史教师专业团队项目联合发起人，《中学历史教学参考》编委。出版《历史教学心理学》(2001)《中学历史教育心理学》(2012)《王雄的中学历史教学主张》(2015)《青春期孩子的心事》(2004)《影响孩子一生的哲学阅读》(2017 五十四本原创童话)等著作，在海内外发表各类教育论文 140 多篇。曾荣获第四届中国教育创新公益博览会大奖、国家级教学成果奖。

突破思想的边界

○ 王　雄

冬日的阳光透过古朴的阁楼窗,斜照在已看不出颜色与纹路的地板上。地板上横七竖八地摆放着一些图画书,我就坐在书中,享受着同龄人很少拥有的快乐。那时,我才五六岁。一位大表哥在扬州市古籍书店工作,他时常带着我在书库值班,那个几乎与世隔绝的书库,安静而温暖。也许,这就是我读书的最早因缘。

当时,孩子们能看到的都是战争或者抓坏人的红色故事。在我的记忆深处,有一段母亲教我的儿歌至今记忆犹新:"我名叫小雪花,住在八山下。八山上有支游击队,赵队长经常到我家。赵队长的故事多得像芝麻,散一把来又一把……"后面都是打仗的故事。在那个没有童话的时代,我很幸运地可以读到同伴读不到的书籍,如《善良的小鸭子》《将相和》《动脑筋爷爷》等,这些书都是不准带出去的。

小学三年级,我读了平生第一本大部头的小说《桐柏英雄》(后来改编为电影《小花》)。英雄的故事中,勇敢、坚强、不怕牺牲的品德对我们这一代人影响很大。上初中的时候,书籍出版进入一个新的时期。这是改革开放的初期,人们对知识有一种如饥似渴的需求。我几乎每天下午都到市图书馆或市新华书店看书,一看就是几个小时。主要是天文、地理、海洋、生物方面的科普书籍。课本的限制早已被突破,我甚至还把画报纸装订起来,分门别类地摘抄天文、地理等知识,幻想着自己也能写书。进入高中,学习压力加大了。由于我们那一届需要在高二参加高考,与重点中学高三的学生竞争,我们只能挑灯夜战。然而,即使在这种情形下,读课外书依然少不了。这时的读书兴趣转到了文学与社会。记得在1982年春节排队买年货的几天里,我读了《德国浪漫主义小说选》《飘》,还有历史书籍《黑白》。那时的理想是做一个优秀的语文老师。

走向深度思考

1983年我考上两年制大专,历史系的老先生们把读书的方法教给我们。原来,读书有精读与泛读,还要做卡片,做书目。当时读的书中,印象最深的是顾颉刚的《中国史学入门》,这本书不仅深入浅出,而且还插了不少有趣的图画,读起来津津有味,直到现在依然受到学术界的重视。

有一天,在书店看到一本香港一家出版社出版的《中国新文学史》,作者是司马长风。这是一本与内地同类作品风格完全不同的书籍,引起了我的好奇。比如,书中对胡适的评价就与我们的大学课本中所言有所不同。当时,一套颇具思想冲击力的丛书《走向未来》,由四川人民出版社陆续出版,丛书一定程度上代表了当时中国思想界最前沿的思考。在阅读这套丛书的过程中,我下功夫最多的是《现代物理学与东方神秘主义》,前面几个章节看了很多遍,就是看不懂。直到几年以后,才在《书林》杂志上看到一篇书评,说这本书写得很差,不应该用东方神秘主义来诠释现代物理学,作者走的完全是一条违背科学的思路。文中举出该书很多科学性与逻辑性的错误。结合自己的阅读心得与其他观点,我有所悟:一是懂得了不可"尽信书"的道理;二是如果一本书完全看不懂,最好暂时搁置。

在老师的推荐下,我还读了一些理论性很强的书,如侯外庐的《中国封建社会史论》[1],这本书我前后看了好几遍,有关中国封建社会的理论进行了深入思考。我记得1984年冬季的一天,我在大街上边走边想这个问题,竟至一连几天,所有空闲时间都用在了思考上。虽然没有得出结果,却开始形成了对一个问题进行长期思考的习惯。现在看起来,这非常重要,对理性思维的形成有很大帮助。

1986年亦即我参加工作的第二年的9月,我买到了金观涛、王军衔合写的《悲壮的衰落:古埃及社会的兴亡》,这本书全新的思维与写作方式,深深打动了我。特别是关于超稳定结构社会的理论,与中国古代社会有很多吻合的地方。从思维方式上看,古代大河流域的农耕社会有奴隶劳动,也有村社自耕农、佃农,如何区分这些同在土地上耕作的人?作者依据土地支配权和人身依附关系做了一个双向分析表(见表1),来解释古代自然经济中经济关系的变化趋势。这不仅对我们今天解释自然经济依然有效,而且也教给我们一种分析问题的思维方式。

表1 《悲壮的衰落:古埃及社会的兴亡》一书中有关古埃及奴隶与其他农民的经济分析[2]

无土地 / 有土地	基本上没有土地	基本上有土地
有对他人的人身依附	农奴	埃及特殊身份的奴隶
无对他人的人身依附	佃农	自耕农、村社自由农民

尽管我对这种理论并不完全赞同,但是它引入了二维思考的方式,这对我的思想成长有很大帮助。十多年以后,我买到何兆武先生的随笔《苇草集》,看到上面有一篇专门

谈及这一问题的文章《历史研究中的一个假问题——从所谓中国封建社会的长期停滞论说起》。何先生讨论的这个问题理论性很强,却能用非常通俗的语言来分析,娓娓道来,读之常常不觉时间的流逝。

何先生的阐释基于逻辑,他认为,从日耳曼人走出森林到资本主义在西欧正式揭幕,其间相去不过一千年左右,而相形之下在中国至少也有两千年之久。可是,在全人类迄今为止高度发达的文化或文明之中(8个,或21个,或26个,或任何其他数目,总之绝不止西欧和中国两个而已),只有西欧是较快于中国进入了资本主义的。除此以外,没有任何理由说中国比其他任何一个发展得更为缓慢,更为停滞。进一步推论,是不是可以说西欧封建社会发展具有短期性或快速性呢?显然,这个问题也站不住脚。何先生还认为,不应该按照欧洲的历史发展标准来看待中国古代历史。何先生的结论指向了历史研究存在的一些问题,那就是应当对过去的假问题进行重新审视与批判[3]。顺便指出,何先生的这本随笔对很多历史概念进行了分析与界定,如思辨的历史哲学、分析的历史哲学、历史和历史解释、天赋人权与人赋人权等。这对我们进行学术探讨是非常重要的。2002年4月,我买到钱穆的《国史新论》,说是新论,实际上很多都是20世纪40至80年代的著述。钱先生首先指出中国先秦以前的所谓封建,乃是一种政治制度,即西周的"封建亲戚,以藩屏周",或曰封邦建国。这与秦以后的郡县制度相对。而西欧中古时期有一段封建社会(即Feudalism),是一种社会形态,而不是政治制度。

西周封建制诞生于周初政治制度的设计,而西欧封建制却产生于社会动荡之中。钱先生指出,因北方蛮族入侵,古罗马帝国政府崩溃,新的政府与法律尚未产生,农民和小地主在混乱中无所依赖,各自向较强有力者投靠,要求保护。于是,在保护者与被保护者间成立了各样的契约。后来,此种契约关系逐渐扩大,连国家、国王、皇帝、城市乃至教会也都被卷入。这是一种由下而上的演进,显然与中国古代西周分封制不同。周代分封实是一种武装集团的外向垦殖。征服了殷商的军事集团被王室亲族或将领带往各地战略要地,军屯据点逐渐遍布黄河流域,直至汉水、淮水和长江北岸。这些军屯据点一面耕垦自给,一面承担军事防务。钱先生认为,这是一个由中心逐步向外扩展的过程,与西欧封建由散乱的社会渐渐向心凝结有所不同。当然,如果从社会阶层来看,周代与西欧中世纪都有贵族与平民阶级的存在。这在一些史家看来无疑是很重要的相同点。可是钱先生却认为,单有贵族与平民并不是封建社会的主要特征。因为,古希腊、古罗马也有贵族与平民,却不是封建社会。再看贵族的分别,西欧中世纪贵族身份大多只像中国古代一个庄主或土豪,地位仅如一个镇长。而中国古代诸侯、卿、大夫则都是像样的政治领袖,都有像样的政府和王朝。每一侯国的都城都是宗庙、工商业和军事合一的政治中心[4]。

如此详细的比较还涉及很多方面,如西欧中世纪有超越地域的基督教会,在宗教作用渐渐降低的时刻,中世纪新王国、城邦纷纷建立,契约和民权的观念、议会民主的政治成为近代西方民主政治的渊源。中国则在西周之后,有同一文化、同一政府、同一制度的大同观念。春秋战国之后,则逐步向天下一家的趋势发展,形成秦汉大一统的完全不同的历史阶段。大量的阅读令我只感到自己太浅薄,很多问题还没有思考就全然接纳,这实在不是做学问的态度。

杨宽的《西周史》我是2000年4月购买的。杨宽先生原来是复旦大学教授,1986年他以72岁高龄赴美国迈阿密大学讲学,并在美国定居。他是先秦史的专家,还写过《墨经哲学》《中国历代尺度考》《中国上古史导论》《战国史》《中国古代冶铁技术发展史》《中国古代陵寝制度史研究》《中国古代都城制度史研究》等很有影响的著作。他对墨经的研究开始于初中,对历代尺度的研究开始于高中。《中国上古史导论》出版时,他才24岁,一方面体现其英才早慧,另一方面也反映出民国时期的教育成就[5]。在《西周史》[6]第二编"土地制度"和《战国史》[7]第四章"春秋战国间社会经济制度的变革"以及《先秦史十讲》第五讲"周代的社会结构和社会性质"之中,杨先生的论证翔实而严密,阅后启发尤大。翻开我在1995年11月2日的读书笔记,上面写道:"过去的方法是以灌输为主,当教育无能为力时,人们就强调灌输。灌输的最佳方式就是要求人们背诵,不论是否理解,先去背诵,当你会背诵了,灌输就成功了……怎样让理性回到人们身边呢?主要是要让人们质疑。质疑是理性的基础,思考是理性的过程,哲学就是'热于思考',哲学家就是热爱思考的人。不必让学生一下走进概念,背诵概念……而首先应当培养他们的质疑能力。"看了俞吾金先生发表在《复旦学报(社会科学版)》2002年第2期上的《西方哲学史研究中的三个神话》后,感慨很多。俞先生从黑格尔批判入手,直指大陆马克思主义中的教条与谬误。2004年,俞先生出版了《从康德到马克思——千年之交的哲学沉思》,将他的研究进一步展开[8]。2007年我买到国内马克思主义研究权威、吉林大学终身教授高清海先生的六卷本文集。在第一卷《哲学的创新》中,看到了他对当今中国马克思主义的一些阐述,对我启发很大。

几乎每一位历史教师都知道"历史使人明智"这句名言,可是,如果我们自己对很多知识都采用盲信的态度,如何在历史教学中培养学生的独立思想呢?我曾经在《中学历史教学参考》杂志上看到"不唯书,不唯上,只唯实"的警语,印象颇深。想起过去有一句话:"谣传的,哪怕盛传的,我们都要表示怀疑。"读书,可以使我们从一些束缚中走出去,可以让我们看到自己思维的局限,更重要的是将这种读书过程中的独立思考之精神传达给学子,这才是历史教学的核心价值所在。

从史学理论到历史课堂

扬州中学是一个有着深厚历史底蕴的百年老校,历史组的老先生都是学富五车、谦逊踏实的学者型教师。虽然，1988年、1995年我先后上过本科和研究生班，但是，历史教学研究的功底主要是在扬州中学打下的。特别是在大学毕业以后，一个人一边忙于工作事务，一边忙于家庭琐事，还要坚持读书的习惯，这是需要很深的坐功的。历史组的老教师晚上都是自觉在办公室读书或讨论，虽然当时条件简陋，但是在我看来，那种读书的氛围是一种特有的享受。

1995年我在《中学历史教学参考》第9期上发表了第一篇历史教学论文《历史的理解与理解历史——历史教学培养学生历史思维能力试探》，从这篇文章开始，我对历史哲学与历史教学的探索一直没有停止。当时思考的问题是：历史学家对历史的理解是怎样的？学生对历史的理解又是怎样的？

为了解决这两个不同的历史理解问题，首先，我阅读了葛懋春的《历史科学概论》，这部大学教科书是以苏联斯大林时期建立的唯物史观为理论基础的。在全盘接受这些观点的同时，又感到很多具体问题没有说清楚。为了寻求答案，我阅读了英国史学家柯林伍德的《历史的观念》，威廉·德雷的《历史哲学》，波兰史学家托波尔斯基的《历史学方法论》，田汝康、金重远选编的《现代西方史学流派文选》，还有法国年鉴派大师马克·布洛赫的《历史学家的技艺》。由此，进入史学理论的领域。这使我对历史的认识发生了长期而持久的变化。其次，我开始学习教学心理学，读的第一本书是邵瑞珍的《学与教的心理学》。这本书引导我不断深入学生心灵的深处，寻求历史教学的内在规律。这两个领域的书籍将我带进一个丰富而有趣的世界，并让我感受到日常教学中有许许多多等待我去解开的秘密。

说实话，20多年前看的《历史的观念》，现在已经记得不太清了。翻开1986年10月买的这本书，纸张已经发黄。居然是何兆武与张文杰合译的，这也不记得了。不过，看到具体内容，印象还是很深的。该书包括三部分内容，"导论"阐述的是历史哲学的基本问题，第一至第四编阐述的是西方史学史，"后论"是我最感兴趣的问题，包括历史学中很多关键性问题，如人性和人类历史、历史的想象、历史的证据、历史思维等。在导言中，柯林伍德对哲学、历史哲学作了界定，然后着重阐述了四个最基本的问题：

第一，历史学的定义。葛懋春的《历史科学概论》对这个问题的阐述是很多大学教科书通用的，即"历史学是一门关于人类社会以往运动发展过程的学问。包括对历史过程的记录、历史经验的总结、历史规律的探讨和历史发展趋势的预见"。而作为历史科学，该书认为，人们"通常把马克思主义的历史学称之为历史科学"。理由之一是指导历史研究的理论马克思主义理论本身是科学的；理由之二是为无产阶级和广大劳动人民群众服务的历史学就是科学的[9]。柯林伍德也将历史学看成是一门科学。我后来对此有疑问，感到历史学应该是人文学科，而不是像自然科学那样的"科学"。其实，说一门学科是科学,是停留在对"科学"的崇拜阶段,只能说明这个社会十分缺乏科学,从而对科学产生不正确的观念。联合国教科文组织编印的《当代学术通观——社会科学和人文科学研究的主要趋势》将科学分为三类:自然科学、社会科学、人文科学。人文科学中有四个大类,分别是人类学与历史学、美学和艺术学、法学以及哲学[10]。当然,柯林伍德说历史是一门科学,有他自己的理由,即将科学的一个普遍性特征"研究或探讨"用到了历史学中间,即"历史学是一种研究或探讨"。历史学就是要把一些事情弄明白,如国会的起源、拿破仑的死因,等等。从这个意义上看,历史学是一门科学。这个答案虽然没有前面的宏大壮观,却简洁明了。

第二,历史学的对象。柯林伍德认为,历史学的对象是人类过去的所作所为,或者指人类过去的活动,他的原话是"活动事迹"。即企图回答人类过去所作所为的问题[11]。他对这个问题的理解基于第一个问题中历史学的科学性。对此,马克·布洛赫有不同的看法。他认为,将历史看成是一门有关过去的科学是很不妥当的。对人类过去十分庞杂的历史,"历史学家必须开辟出一块供他耕耘的特殊领地。显然,他必须做出选择,这种选择必须是历史学家的适当选择"[12]。这种选择往往是主观的,这与自然科学对自然现象的研究有着很大区别。

威廉·德雷对"历史学对象"的分析是从两个方面展开的。一方面,历史是指事件(或人类活动)的过程,即历史学家将其作为专业研究对象的历史。另一方面,又指历史学家的研究本身。对于前者,一般称之为思辨的历史哲学,历史学家试图在历史(事件过程)中发现特定的模式或意义;对于后者,在于弄清楚历史学家自身研究的特性,一般称为批判的历史哲学。威廉·德雷还从另一个角度阐述了历史与科学的区别。他引用米歇尔·奥克肖特的话说,科学关心的是世界的一般特性,科学家对个别的事物不那么感兴趣,比如,物理科学研究的是物质世界运动变化的一般规律,它通过对一些现象的研究得出这些现象的规律性原因或发展趋势。"但是,在历史中,人们会说,条件太不一样了。历史学家感兴趣的是那一次法国大革命或那一次查理一世的死刑,即个别的历史事件,而不是一般所谓的革命或死刑……历史学家要研究的恰恰是这些事件的唯一性和特殊性"。奥克肖特进一步指出,在解释1789年法国革命爆发的原因时,只谈及国王为首的贵族阶层的腐败显然不够,即使说"无论在什么地方,只要统治阶级失去了政治责任感,一场革命就要来临了"[13]。这样规律性的说明,历史事件的发生并不是像自然科学那样,在条件充分时,相关的反应必然发生。它要比自然因素复杂多变得多。换一句话说,历史发展规律并不像自然科学那么清晰。

第三,历史学是如何进行的。柯林伍德认为,历史学是通过对证据的解释而进行的。历史学家都会同意历史学的程序或方法根本上就在于解释证据。威廉·德雷对此的看法是,历史学家的任务不但是确立事实,而且要理解事实,进而对历史进行解释。20世纪以前的史学家都将事实看成是自己的奋斗目标。然而,对历史事实的解释是非常困难的。首先,在复杂的历史事件发生以后,残留的各种浩如烟海的史料能否反映出历史事实,这是令人怀疑的。其次,人们的记忆有时会欺骗自己,人们也会因为种种因素掩盖真相。再次,历史学家本身会受到时代、经验的限制,他们会按照自己的需要(尽管史学家努力避免)来选择历史材料,这使他们在解释历史的时候会产生偏差。尽管如此,历史学家依然在努力工作着,用他们的专业方法对隐藏在各种史料中的问题进行阐释,以发现不同一般的意义。20世纪以后,史学家们超越了以兰克为代表的"以事实为中心的史学理念",开始建构"以史家为中心的史学理念"[14]25。这一点对我们来说很难理解,因为,我们对历史的理解必然是强调真实,没有真实作为基础历史学还能存在吗?张耕华在《历史哲学引论》一书中说,历史学有四个层面,即史实的确认、史事的理解、历史规律的概括、历史意义的评价,求实的层面只属于第一层[14]37。了解这一点才能理解当今世界的历史学研究。

  第四,历史学是做什么用的。这涉及对历史研究意义的看法。柯林伍德对此问题的解释非常谨慎,首先他说,回答这个问题比前面几个问题困难多了。这不仅需要反思历史思维,还需要反思其他事物。然后他指出,历史学(的价值)是"为了"人类的自我认识。对此他是这样分析的:对于人类至关重要的是,他应该认识自己,这不仅意味着认识个人的特点,而且意味着要认识他作为人的本性所在。即首先要认识成为一个人的是什么;其次,认识成为你那种人的是什么;再次,认识成为你这个人而不是别人的人的是什么。进一步说,认识你自己意味着知道你能做什么。这些问题只有通过历史,因为,只有历史能够告诉我们——人们已经做过什么。

  自古以来,很多史学家都探讨过历史研究的价值。公元前2世纪的司马迁在《报任安书》中所说"究天人之际,通古今之变,成一家之言",代表了中国古代史学家的最高境界。11世纪的司马光则以"臣光言"的口吻,在《资治通鉴》最后说道:"常不自揆,欲删削冗长,举撮机要,专取关国家兴衰,系生民休戚,善可为法,恶可为戒者,为编年一书……伏望陛下宽其妄作之诛,察其愿忠之意,以清闲之宴,时赐省览,监前世之兴衰,考当今之得失,嘉善矜恶,取是舍非,足以懋稽古之盛德,跻无前之至治。"这种以史为鉴的态度也是国人最推崇的。其实,不仅是国人,国外的学者也大多赞成这一价值取向。马克·布洛赫在《历史学家的技艺》中分别用"由古知今"和"由今知古"来讨论这个问题。

  看到这里,也许你会问,这些理论性很强的观念与日常的课堂教学有关吗?答案是十分肯定的。这也涉及前面所提到第二个问题,即学生是怎样理解历史的。

  这个问题看似简单,实则很艰难。不仅需要阅读很多心理学的书籍,理解学生思维的特点,还需要与学生的长期交流。有的人可能认为,你这是故弄玄虚,了解学生的看法有什么难的,找个问题问一下不就清楚了。其实不然,至少有三个因素,阻碍我们理解学生理解历史的过程。首先,因为教师接受的教育很少鼓励独立思考,所以常常依靠不平等的权威迫使学生服从,而不是通过展现每个人都拥有的独立思考的力量来帮助学生,使其感受到真理的光芒,分享探索的快乐,从而激发学生内在的潜能。其次,传统的以教师为主导的课堂使学生不敢真实地说出自己的想法,也不知道怎样表达自己的想法。记得2005年9月我接手一个新的文科班,按照我的设计,高二应该跳出课本,适当拓展知识面。可是,有一些学生就提出"考试不考的内容教师不应该讲",学生已经很自觉地遵循应试教育的潜规则,他们不需要独立思考,也不需要讨论,更不需要分享探索的快乐。这是我们这一代教师的悲哀。再次,关于考试,如果凡是与课本或者提供的材料不同的思考都是错误答案,这就让学生没有办法拥有自己的想法,也使得老师不敢越雷池一步。

在这种情形之下,学生自己对历史的理解已经不再重要。前面那些有关历史和历史学的理解对考试而言,毫无作用。因此,不少教师便放弃当初的理想与追求,抱着"我有什么办法?我改变不了现状"的态度,融入应试教育的潮流中。从根本上讲,这种情况不应该责怪教师,教师只是被迫适应这种有违教育宗旨的应试教育。然而,在大背景暂时难以改变的情况下,需要有抱负、有勇气的人去融化坚冰。实际上,学过历史的人都能理解,中国近代社会的进步都是在一代代有抱负、有勇气的人的推动下实现的。从目前的情况看,中国由传统社会转向现代社会的艰难历程已经走过了一个半世纪,最近30年是最迅速、最有成效的。我们其实生活在历史上最好的时期,历史教师应当成为现代化进程的推动者。我相信,不少历史教师的内心深处有一股突破应试教育困境的动力,要让自己真正做到使自己的课堂超越应试,尽可能促进学生的终身发展。这就需要具备如下三个重要的基础。

首先,通过运用教育心理学的方法,从调动学生的学习动机(主要是成就动机)入手,以提升学生思维能力为突破口,教会学生学习与思考,提高学生的自主学习能力。 我在20世纪90年代曾经反复看的书籍包括:林崇德的《学习与发展》(北京出版社)和《发展心理学》(浙江教育出版社)、张春兴的《教育心理学》(浙江教育出版社)、丁证霖和赵中建等编译的《当代西方教学模式》(山西教育出版社)、陈英和的《认知发展心理学》(浙江人民出版社)、陈琦和刘儒德主编的《当代教育心理学》(北京师范大学出版社)等。理论是理论的理论,也是实践的理论。用理论解释实践,也用理论引导实践。为此,我在《中学历史教学参考》1998年第9、10、11期上发表了长达4万多字的《理解·阅读·解题·反思:高三复习阶段四步学习方法(一)(二)(三)》,还于1999年撰写了《历史教学心理学》一书。这也是通常所讲的"靠科研要效率"。

其次，告诉学生课本是随着时代的发展不断更新的。目前考试的内容有不少只是一家之言，学术界还有很多看法并没有列入中学课本。因此，我们先了解其一，以后才能了解其二、其三，乃至更多思想。切不可让学生形成"教师绝对权威"或"课本绝对权威"的观念。教师不是真理的掌控者（当然谁都不是），也不是真理的发现者，仅仅是将人类探索真理的艰难历程告诉学生，或者引导学生去发现这个历程，教师没有资格在学生面前随意施展师道尊严，假如那样做了，其结果便是扼杀学生的独立思想，必将牺牲学生的未来，也将牺牲民族的未来。

再次，教师应当对历史意识有恰当的理解。例如，我们问学生"怎样评价孔子"，如果学生能够真实地说出他们的想法，就可能出现五花八门的回答："他是我国古代历史上著名的思想家""他是儒家学派的创始人""他是一个讲了很多很多道理的老头"……这些评价的背后便是不同的历史意识。前两句反映的是课程标准中历史意识的要求。第三句是学生自己的历史意识。我在《中学历史教学参考》2001年第12期上发表《历史观念的沉淀、冲突与建构——培养中学生现代历史意识的教学》一文，将历史意识分为三种不同类型："第一，作为学生学习背景的社会历史意识，很多情况下它沉淀于学生的潜意识之中，影响作为教学目标的历史意识的形成过程；有时也作为社会意识（Social Consciousness）直接进入教学过程中，成为师生共同分析的对象；第二，学生自身的历史意识，这是他个人对自身经历、家庭史的时间演变的体验与认知，这是我们进行历史时间观念教学的基础；第三，作为历史教学目标的历史意识。它需要我们基于科学的与人文的精神，从史学理论与国家教育目标出发，提出宏观的历史学习目标，贯穿在历史课程标准、历史教材中，它是我们在教学中需要构建的对象。"一个成年人应该对自己的意识有清醒的了解，知道自己哪些思想是属于历史的，哪些则是自己的。而历史教师还应该做到理解学生的言论，哪些是过去时代留下的，哪些是书本的，哪些是他自己的。如果没有这些前提，独立的思想如何塑造呢？

有了以上这些前提，我们就可以在课堂上将历史、历史学的不同解释展现给学生。过去的教学实际上是将复杂的知识简单化，将不确定的可运用知识教条化，将可质疑的知识绝对化，一个真正热爱中华民族的教师，应当拥有一股来自内心的勇气，承担起良知赋予我们的责任，培养一代有思想、有抱负的青年学子。

我现在的书房里有4000多册书，可我依然是冬日阳光下，那个坐在地板上胡乱翻书的孩子……

---

[1] 侯外庐.中国封建社会史论[M].北京：人民出版社，1979.

[2] 金观涛，王军衔.悲壮的衰落：古埃及社会的兴亡[M].成都：四川人民出版社，1986：82.

[3] 何兆武.苇草集[M].北京:生活·读书·新知三联书店,1999:319-328.

[4] 钱穆.国史新论[M].北京:生活·读书·新知三联书店,2001:1-4.

[5] 杨宽,高智群.先秦史十讲[M].上海:复旦大学出版社,2006:436-438.

[6] 杨宽.西周史[M].上海:上海人民出版社,1999.

[7] 杨宽.战国史[M].上海:上海人民出版社,1998.

[8] 俞吾金.从康德到马克思:千年之交的哲学沉思[M].桂林:广西师范大学出版社,2004.

[9] 葛懋春.历史科学概论[M].济南:山东教育出版社,1985:14-22.

[10] 联合国教科文组织.当代学术通观:社会科学和人文科学研究的主要趋势[M].周昌忠等,译.上海:上海人民出版社,2004:6.

[11] R.G.柯林伍德.历史的观念[M].何兆武,张文杰,译.北京:中国社会科学出版社,1986:9-10.

[12] 马克·布罗赫.历史学家的技艺[M].张和声,程郁,译.上海:上海社会科学出版社,1992:20-24.

[13] 威廉·德雷.历史哲学[M].王炜,尚新建,译.北京:生活·读书·新知三联书店,1988:14-18.

[14] 张耕华.历史哲学引论[M].上海:复旦大学出版社,2004.

(本文选自《中学历史教学参考》2008年第3期)

走近名师

「追求拥有智慧和生命的课堂，沉浸于以此为目标的种种探索之中，是一种幸福！」

李建红 1988年毕业于北京师范学院（现首都师范大学）历史系，同年就职于北京市第二中学直至2022年。扎根于教育教学一线34年，完整执教过初、高中各年级的历史课，多届高中毕业班成绩优异。曾任教研组长、年级组长、教学处主任。2004年至2021年连续多次被评为北京市历史学科骨干教师，多次参与教育部国培计划培训课程录制工作，多篇文章发表于《中学历史教学参考》并被《人大复印资料》转载。2014年获得教育部国家级教学成果二等奖。

读书：我的为师之道

○ 李建红

尽管都是教育工作者，但是与小学和大学的教师相比，中学教师的位置最为复杂，以至"教书匠""万金油"一类的帽子，好像是专为中学教师准备的。尤其中学历史教师，似乎更应了这样的称呼。"教书匠"是指我们的工作性质，把课本教得日久弥深，练就了一整套的教学技术，成了"教课本的匠人"；"万金油"是指我们的知识结构，上下五千年几乎无所不教，似乎无所不能无所不知，但实际上又很难说清楚自己在专业方面擅长什么。当然在现实中，没有哪位教师愿意戴上这两个帽子，因为它们完全抹杀了中学历史教学的创造性和专业性。

我们不妨换个角度去理解："教书"是我们的职业，"匠"是指我们有能力"选材造具"，具有了这种创造性的功夫，才成为被人羡慕的"师"。所以，"匠"也可以是专家，也有专业性，这个专业性足以抵消"万金油"徒有其表的毛病。所以，到底是把"教书匠"和"万金油"理解成中性词还是贬义词，关键还要看教师自己怎样定位，看教师自己有没有将"教书匠"变成"教育家"、将"万金油"变成"通才"的愿望和能力。如果有，读书虽不是唯一的，但确实是最为重要的途径。

一般而言，受学生欢迎的历史教师，都是有思想、有学养而又有主见的人。这说明有良知、负责任的历史教师，又是些善于寻求思想活水，精于提升知识质量，长于扩充生活视野的人。总之，要消除教书人的"匠气"，就不能不读书，而历史教师更应该是要读书、多读书、会读书的人！这里边，"要读书"是最低限度的要求，道理很简单，不读书就没有新知，没有新知就难生成道理，既没知识又没道理的教书，不仅自欺欺人，而且误人子弟；"多读书"有两个含义，一是读自己有兴趣的书，二是读教学需要的书；"会读书"是指读书要有效率、有眼光、能益智、能养心。当今社会需要成就理性的历史教育，而理性的历史教育需要成熟的教师，要成为成熟的教师则需要巩固职业道德。要读书、多读书、读好书、会读书无疑是养成这种职业道德的自我责任。

然而,"没有时间读书"是许多中学一线教师常有的感叹,"日未出而作,日落后不息",是我们对自己工作和生活状态的戏谑。的确,中学教师不仅是简单的脑力劳动者,还是重体力劳动者,我们永远是劳累忙碌的工蜂,忙碌是我们认真工作的表象,但是忙碌不能成为我们少读书甚至不读书的借口!因为历史教师最怕因无序的忙碌而使自己的课堂多生思想上的盲从和观念上的茫然。

不读书不行,要读书又不容易,到底怎样好呢?我想,即便是每个老师都有读书的强烈愿望,在读得到什么书、能读什么书等方面,还是有各种条件的限制。所以,在明确了历史教师应该尽量多读一些书、读好书的前提下,每个人都应该根据自己的环境和习惯安排读书生活,我的读书生活和读书经验是这样的。

一、读自己需要的书

这里提及的需要,不仅是指教师职业的需求,亦即教学工作中的需要,还指教师个人学养的养成和提高的需要。

从教与学的双方来讲,教师是文化的传播者,当然要首先充实自己的文化修养;处于不同环境下的学生对于学习内容和方法也有着不同的要求,而且这种要求的变化速度与日俱增。从历史学科独特的人文性质来讲,它在观念和知识等方面具有很强的相对性和不确定性,任何学习和进修都不可能是终结性的。因此,所谓教师要不断更新专业知识,其实在知识的背后,最需要更新的是看问题的视角和方法。然而,任何学校教育、任何专家的授课、任何进修学习,都没有自学更合适自己,视野大而感悟深;信息社会越是发达,学习条件越是先进,自学也就越能产生效益。对历史教师而言,自学的主要手段就是读书。就我20年的教学生涯看,由站上讲台到站好讲台,由讲历史课本到讲自己理解的历史,就是一个不间断的读书和交流的过程。先读书(多看别人是怎么写的)然后有交流(多听别人是怎么说的),有交流(吸收不同观点)才会有更多的收获(内化为自我认识)。

为了拓宽视野,我们读的书要适当"庞杂"一些。我认为有三类书籍可读、可用:(1)史学类书籍。从二十五史等原典著作,到当代著名史学大家的主要作品都在选择之列。读这类书要慢慢积累,"临渊羡鱼,不如退而结网"。应有计划、有重点地读,结合教学内容有针对性、有目的地读。这样既能够满足专业修养的需要,也能够充实教育教学的需要。(2)人文类书籍。比如汉译名著中的相关著作,中国古代文史哲方面的经典作品应在选择之列。所谓相关著作,是指围绕着教学需要去选择,这样做阅读的效果会更好些。因为这类书籍的范围很广,如果不是个人兴趣使然,又无特别目的,别人说一本自己读一本,就很容易造成"读了等于没读"的结果。(3)教育类书籍。从经典教育学原著到新近流行的教育作品都在选择之列。读这类书最好先听听专家的推荐,切忌流行什么读什么,流行什么信什么。

为了使自己拥有严谨的知识、缜密的思维和开阔的视角,读书还是要多读大家和名家的书,这一点对我们中学教师尤其重要,因为在信度、视野、资料和治学方法等方面,大家和名家的作品更有助于我们提高自己的专业修养和教学水平。比如,中国近代史方面的书籍,我最喜欢读陈旭麓先生的《近代中国社会的新陈代谢》。我的《整体联系与差异关照:有效认知历史的两大关键要素——由课例"从戊戌变法到辛亥革命"反思如何构建学生认知平台》一文,就是受陈先生这部书的启发(见《中学历史教学参考》2006 年第 11 期)。陈先生才思敏捷,视角独特,擅长用优美、洒脱的文笔写出深刻、凝重的道理。他从叶名琛的行为分析到中国士大夫阶层在中西冲突中形成的三种类型,鞭辟入里;他关于"中体西用"关系的分析,入木三分;他从国歌国旗、剪辫子、社会习尚的改革和实业发展,颂扬辛亥革命给中国社会带来的新旋律,大胆务实;他从"变革中的两大动力"的角度论述革命与立宪的相互依存又矛盾对立的关系,发人深省。陈先生看待近代中国百余年的历史,不拘泥陈迹的表象,不空鸣沉重的号角,而是以开阔的史识清晰表述出其中活泼灵动的现代化因子,这对我们改善中学近代历史教学的沉闷气氛、唤起学生的公民意识有着何等重要的意义啊!值得一提的是,最近出版的徐中约先生的《中国近代史》,也同样能够激发我们的想象力。

曾经一段时间,我迷恋读房龙的书,《房龙文集》全套 14 本,一个故事紧接着一个故事,读起来不仅轻松,而且内容涉及了世界历史的方方面面。郁达夫称他的书可以让大人小孩都"娓娓忘倦"。房龙虽然不是历史学家,但他的叙述风格和视角,能够"将文学家的手法,拿来用以讲述科学"。联想到教学,这不正是历史教师梦寐以求的效果吗!读他的作品多了,也就不知不觉间常常去借他的笔,将他书中一些描述生动、寓意深长的小"故事",变成我课堂上的"花絮",帮助我教得有效,也帮助学生学得轻松。

二、读学生读的书

既然说到学生的学,就有一个怎么学的问题出来了。在今天,大家普遍认为学生是学习的主体,他们不仅参与教学过程,而且还成了这个过程中的合作者,甚至是设计者和创造者。因此,目无学生的老师,就是不懂教育的人。其实,当我们真的获得了这种教育观念的真谛并有所行动时就会发现,原来备课和教学常常都有学生在其中,他们读过什么书、想读什么书、怎样评价书对自己的教学也有着实际的影响。

信息时代的学生有着广泛的信息来源和个性化的读书取向,还有独特的表达方式,他们当中蕴藏着丰富的课程资源,也鞭策着我们不能不看书、不能只看"专业书"。十年前,我的几个学生合作上了一节活动课"关于洋务运动(以及李鸿章)的评价",震动了听课的老师。学生的观点很犀利但绝对理性,情绪饱满但绝对不亢奋,材料丰富、出处地道而且梳理得也近似专业。作为一名专业课教师,看到学生组织得如此高水平的一节课,不能仅是高兴吧!我由此想到,我们要让学生获得精神上的解放,首先自己要解放。于是,多读书,多思考,多与学生沟通,就不能不说是迫切要做的事啦。

像这样的例子,我在20年的教学生涯中见得太多了。比如,我讲王安石变法时,是学生推荐我读林语堂的《苏东坡传》,看看苏轼对王安石的抨击有没有道理;我准备公开课"法国大革命"时,是学生推荐我看林达的《带一本书去巴黎》,并特意提示:"他描述法国革命的视角与我们的课本不同。"……是啊,今天的学生往往比我们更会为自己定位,甚至比我们更敏感于这个世界。从他们介绍的书中不难读到他们的心灵世界。引申说,学生何尝不是一本一本的书!我的一个学生发表过一篇文章,这样写道:"一千五百多年前的中国是那个锦心绣口描绘过的'且放白鹿青崖间'的李白的中国。九百多年前的中国是那个磊落文章歌咏过的'醉里挑灯看剑,梦回吹角连营'的辛弃疾的中国。二百多年前的中国是那个梅边柳边微露风情的'山一程,水一程,便向榆关那畔行'的纳兰性德的中国。文化,因阅读而从未流逝断裂过。明天的中国是什么样,这取决于我们现在对于阅读的态度……但愿阅读永远成为每个中国人的习惯,不再消亡。"这段文字是展示了学生的读书水平,还是展示了学生的读书境界?我看都有。面对新时代的学生,我们除了报以欣赏外,是否也应该多想一想:我们读书了吗?读得有用吗?我们还有多少资本并有能力指导他们进步呢?从现实的角度看,学生读的书并不是我们必须读的书,我们也不必总比学生读得多、读得广。但从时代的要求和教师的资质看,我们又确实应该把学生的读书世界囊括在自己的读书视野里。

三、读自己喜欢的书

有人说我"可能是为数不多的既喜欢历史又乐于做教师的历史教师吧",这样的历史教师多不多不敢妄言,但说我对两者都喜欢却非虚语。

喜欢历史源自家庭对京剧的传统爱好,这种爱好使我经常把戏剧中的情节与课本中的历史知识相对照,从而理解了为什么鲁迅先生会说,曹操不是戏台上的"花面奸臣"。乐于做教师来自少年时代几位恩师言传身教的影响,我曾经的数学老师强忍高血压的眩晕,扶着学校的高墙从晨雾中走进校园的印象在脑海中三十多年挥之不去,要知道那还是在反对师道尊严的时代,这使我知道做教师的责任。

虽然我的爱好和我的专业结合得很好,但是我不是善做哲学宗教思考的那种人,所以一般不去碰哲学和宗教方面的书。就是说,不读自己没"感觉"的书,不读自己看不懂的书。读书应该是件愉快的事,在任何情况下硬着头皮读书不仅痛苦,也不会有用。再者,我们不是学术研究者,也没有必要"啃"不喜欢的书。

其实,找自己喜欢的书并不容易,因为什么才是自己喜欢的书,常常是要读了才知道。自从接受学生的推荐,林达的一系列作品(如《扫起落叶好过冬》及"近距离看美国"

之《历史深处的忧虑》《总统是靠不住的》《我也有一个梦想》《如彗星划过夜空》)便成了我枕边的必备"闲书"。我喜欢作者从非历史学家的视角写出的别有风格的历史感悟,文风冷静却又感性。浪漫的文化气息、逼真的历史场景,透过淡黄色的书页飘散出来,不仅读起来流畅舒服,而且拓宽了我们的视域(不能否认书中的一些历史知识应当被质疑,但是也不能否认我们这些历史科班出身的人,思路常常被限制)。我一直认为,作为一名历史教师,看问题的视角和方法比具体知识更重要。据说美国《时代周刊》曾将"跳出思维的局限"列作"21世纪的技能"之一。我与我的学生从同样的书中,不是获得了同样的"跳出思维的局限"的机缘了吗?林达在《扫起落叶好过冬》中有"汉娜的手提箱"一章,犹太小姑娘汉娜,在短短13年生命历程中,竟然有6年是在纳粹的恐怖威胁中度过的。看看阴霾来临之前她在田野中采花的照片,无法想象她是如何在集中营中挣扎的,她灿烂鲜活的生命陨落时没有留下更多的信息,只有她的带着囚犯编号的手提箱,里面有她在集中营里画的画,承载着她对自由生活的向往。我在教学中将这一则故事所沁透的自由、恐怖、希望、毁灭等种种感觉,全部浓缩为对人性的感召。学生也正是从这平常处感受到了不平常的人性的震撼,以至他们对法西斯主义的反人类、反社会、反文明本质有了更深刻的认识。

我喜欢读的书,大多是文字轻松且简练,内容丰富且感性,视角独特且严谨的一类。如罗伯特·路威的《文明与野蛮》、理查德·加纳罗和特尔玛·阿特休勒的《艺术:让人成为人》、罗纳德·格罗斯的《苏格拉底之道》、爱莉诺·达克沃斯的《"多多益善"——倾听学习者解释》、林语堂的《吾国吾民》、傅国涌的《民国年间那人这事》等。一般而言,只有自己喜欢的书才能读得进去,读进去而又被打动了,才能填补精神的空缺,砥砺人生智慧。当然,每位教师都有自己的选择标准。读书不能盲从,忌讳"书中无我"。读书读得透,意味着要把自己投入进去,所以自己要善于为自己选书,读自己喜欢读的书。

四、读枕边书和"听"书

教师最好将读书作为自己一种自然的、平常的生活状态。在北京的历史教师中,要说读书,恐怕首推李晓风老师了。大家欣赏他买书多,他看书多,他的同事更羡慕他在课间、饭后能够"很快进入读书状态",因为这种读书的心境是需要历练的,有好的读书心境,才能读出效果。梁漱溟先生曾经有这样的解读:"做事则要集中精力去做,一面从容安详,一面还要挺然。挺然是有精神,站立得起。安详则随时可以吸收新的材料,因为在安详悠闲时,心境则会宽舒;心境宽舒,才可以吸收外面材料而运用融会贯通。否则读书越多越无效。"前面已经提到,中学教师读书的时间和精力非常有限,如果再把读书当成负担,读书的效果就会大打折扣。

我有个同为中学历史教师的朋友,她把每晚8点到9点固定为个人读书时间,家人和同事也尊重她的这种定时读书的生活习惯。我受她的启发,习惯在枕头边放若干这样的书:(1)文集,如梁漱溟的《朝话:人生的省悟》、余世存的《非常道》和《常言道——近代以来最重要的话语录》、周国平的《周国平作品精选》、汉默顿的《伟大的思想:塑造人类文明的力量(历史卷)》、坦普尔顿的《发现人生定律》等。这类书文章精短,一节辨一理,一日品一事,既增长了知识,又多结了书缘。(2)画册,如美国时代—生活图书公司出版的"生活在遥远的年代丛书"以及《人类文明史图鉴》等。(3)杂志,如《国家地理》,涵盖人文、历史、社会,消遣的同时增长见识,坚持下来也会大开眼界。还有一点或许有必要提一句,枕边书与手边书有所不同,它不需要专精,不需要深思,更不需要背负过多的历史沉重,它被并入我们的读书生活,就是因为它更具有放松精神、信马由缰的休闲特色。

"听"书是我"另类"的高效而且实用的读书方式。俗话说:"听话(书)长知识。"正如弗兰克·提戈尔总结的那样:"聪明人都有一个共同特征,听的能力好。"

具体说来,就是适时地利用别人的读书经验。可以在课间的教室里、食堂的餐桌边、上下班的路途中,乃至在家里,倾听学生、同事、朋友和家人说他们看过的书,从他们那里知道又有哪些新书上市了、哪些书值得一读,特别是听他们对所读书籍的解读。这样不仅帮助我有目的地去淘书,而且也提高了自身对书的辨别能力;既不因读了无用的书而坏了读书的胃口,又从听的过程中交了朋友、长了见识,两全其美,何乐而不为!

"听"书还有一个目的,就是补自己很难补的读书空缺。如对那些自认为没有能力读的书,像海登·怀特的《元史学》、伽达默尔的《真理与方法》等著作,中学老师或许不必去读,但是用听书的方法了解一下,对自己的专业和视野大有好处。而像霍布斯的《利维坦》这类历史教科书涉及的作品,完全依靠自己的力量去读恐怕也不现实,自己读一些重要章节,而多听专家和不同学科老师的解读,依然是个补缺的办法吧。如果自己觉得听一个人的不保险就多听几个人的,听一遍不行就多听几遍。将书印在了脑子里,当自己有条件读时,所"听"的书就像是珍藏了多年的陈酿,就不愁读不出更有营养的内容吧。

五、"读"出大视野

我一直认为,一位优秀的历史教师,传达给学生的不能仅是知识,传授应用知识的方法,拓展学生的历史视野,帮助他们从历史中领悟必要的生活态度和价值观念才是最重要的。因此,历史教师读书的志趣,不应该是为了自己丰富谈资,更不是炫耀学问的资本,甚至也不完全是为了职业的需要。

前面说过,我们不是学术研究者,所以没有必要"啃"自己不喜欢的书,但这并不是说我们的历史教学不需要求真求实,而是说我们的教学目标,首先不是为了养成学生的学术兴趣,而是通过历史教学让他们看到人类文明演进过程中的丰富多样的文化价值和人文精神。所以,中学历史教学的专业性,应使学生获得学科基本的学习技能和方法,中学历史教学的学术性,应使学生获得基本的历史视野和历史思维能力。相应的,中学历史教学中的求真求实,也是通过这种基本的学习技能和方法、视野和思维能力来实现的。其中,历史视野是最关键的因素。我主张追求自由快乐的读书状态,强调的是通过自由开放的读书方式,打开我们的职业视野,并从中获得一种积极乐观的学习精神。有这种视野我们才能够把握指导学生的技能和方法,有这种精神才能够不断扩大我们的视野。而依赖多读书、读好书的陶冶方式,这种视野和精神,我们所教的"历史"就会成为真正有智慧的历史,我们的历史教学亦由此会增添更多感染力。

上大学的时候,听说有些老师被称为"书橱",以为是纯粹赞美之意,后来才知道褒贬兼备:既夸他们读书多,又贬他们是单纯的书籍拥趸者,没有在书中读出自己的东西。的确,读书需要思考,用书需要选择。今天对教师,一方面要求转变教育教学观念,另一方面要求拓展提升专业知识。而一些教师在备课时存在一些毋庸讳言的偏颇:一是不加选择地盲从于一本或几本书,不去审视它的观点是否周延,材料是否有价值,以之作为唯一的教学依据,课堂难逃单调陈旧的窠臼,这种现象背后的问题无疑是读书不够;二是不加选择地把不同书籍中的大量资料汇总起来,一下子就钻到"专业"里去,结果过度备课教得很苦,也把学生带进了鸿沟,这种现象背后的问题必然是不会读书。我们常说条条道路通罗马,但还是要先知道罗马在哪儿,才能找到脚下的路——多读书才会提高甄别书的能力,会甄别书才能提高我们用书的实效(知道通过读什么样的书能够解决什么问题),从而提高我们备课和教学的有效性。总之,读书切忌"盲目"和"混乱"、"贪多"和"堆砌",解决这些问题的办法是打开自己的读书视野——除了培养自己爱书的兴趣外,还要锻炼自己识书的本领。

还需要强调的是,中学历史教育应该具有严格的道德规范和人文准则,所以凡用于实际教学的书和从读书获得的启示要讲究品位。我不赞成利用自己的教师身份,把个人读书中体会的好恶不加选择地强加于学生的做法,也反对把各类书中所谓有趣的东西不适宜地传达给学生的做法。历史教师不能"戏说"历史,更不能庸俗!不能随意删减教学内容,或有意放大细节知识丢弃主干知识。历史课堂上的不良做法,其实与我们的读书视野有关,读书视野又与读书品味有关。

总之,我们自己可以去看很多书,但自己看的书不是都要讲出来的。针对基础教育中的学生,乃至针对国民教育中的大众,历史教师都有一份责任。这份责任用梁启超的话说,就是培养"新民"。用现代历史教育观来诠释,就是培养有文化、有道德、有民主意识和人文精神的现代公民。因此,多读书是为了夯实先进文化的基础,剔除落后文化;用好书是为了于己、于学生有更好的见识,以人类的智慧来充实我们的现实生活。说到底,读书是为人生服务的。所以,读书切忌"取巧"和"妄为"、"尽信"和"反刍",解决这些问题的办法依然是要打开自己的读书视野——除了积累自己读书的经验外,还要扎实自己

的读书信念。

读书理应读出大视野,这个视野是我们发掘历史教学智慧并帮助学生看到人类文明方向的最为切要的工具。历史教师读书的大视野中存在着一份厚厚的责任。丘吉尔说:"伟大的代价,即是责任。"我们又该为这份责任付出什么代价呢?

最后,转借周国平《爱书家的乐趣》中引用的一句话作为结语:"要少写多读,如果做不到,就多读多写,千万不能只写不读。"我的感触是:少说多读,若做得好,就多读多写,千万不能只说不读或只写不读。毕竟,还有一部比用文字写成的书更为繁杂的人生大书,需要我们去多读、多写。

读书,是我的为师之道;读书,是我作为一个历史教师的人生完善之道。

(本文选自《中学历史教学参考》2008 年第 4 期)

「名师，乃中国基础教育之中坚。关注名师，就是关注中国未来教育的核心生长力。」

戴加平 中学二级正高级教师，浙江省特级教师。长期致力于高中历史教育，提出"传递民族精神，培育公民意识"的教育目标和"传播真相，追求真理，涵育真人"的"三真"教学，倡导"有趣、有法、有魂"的"三有"课堂。获得全国、省、市各类学术成果一等奖十八项，专著有《优秀教师团队建构的行动与诠释》。有多篇文章公开发表。曾任浙江省第1—2届高中历史学科指导组成员。

承担起历史教育的使命
——我对历史教研员工作的实践与思考

○ 戴加平

也许你永远不会相信,人生真的似乎有冥冥之神在照管着。这不,回眸我的人生,似乎就是以"十二年"为一个时间节点展开:1973—1985 年是"求学人生";1985—1997 年为"执教人生";1997—2009 年是"教研人生"。那么,2009—2021 年(按浙江省的当下规定,我可工作至 2021 年退休)应当是什么人生呢？感谢任鹏杰主编的约稿,让我有了一个回眸过去、思考未来的契机。站立当下,细细思之,以下五个主题词对我的"教研人生"行走至为关键。

一、行胜于言

了解一个人的途径应当有很多,但相信嘉兴市中学教育界的同仁们主要是通过我的行动认识我、熟悉我的。

(一)始终踏实地行走:从"求学人生"到"执教人生"到"教研人生"

清华大学的校训"行胜于言",我知道得甚晚,但"少说多做"却是自小就明白在心。我出身于小学教师家庭,长期生活在水乡小镇上。因为父亲是"摘帽右派",1973 年初中毕业后就无缘进入高中学习,于是如高尔基般地在"社会大学"求知,烧过锅炉,当过泥水工,刷过油漆,还做过近四年的大饼油条……当然,也从未放弃过在酷暑或寒夜中抄书与看书。在"社会大学"中,无论是干什么,都努力用心去做,希望着能抓住每一个可能的机会,改变自己的命运。感谢国家的改革开放政策,感谢高考制度的恢复,我的读书梦变得有可能实现。1978 年秋天起,经过单位批准,我开始边工作边备考,每天只睡四五个小时。幸运的是素不相识的嘉兴一中老师帮助了我。当时,我只是一名自己找上门去的"社会生",唯一的敲门砖是"问题",我总是带着自学中遇到的问题去请教。也许是我的好学态度让一中的老师觉得"孺子可教",他们不厌其烦地认真指点,还提供了不少有价值的资料。1980 年,在连续两年距高校录取线差一步之遥的情况下,我干脆辞职到嘉兴一中进行文化补习……1981年,我已25岁,终于搭上"高考末班车",进入浙江师范学院历史系学习。

1985年,我凭借优异的专业成绩到浙江省首批重点中学嘉兴一中报到。嘉兴一中长期以"从严求实"为校风,拥有一个优秀的教师群体,也聚集了一代代优秀学子。在这样的平台上,不努力不用心就无法立足。我认真向同事学习,也自觉地在巴班斯基的"最优化教学"、布卢姆的"教育目标分类学"等教育科学理论的指导下展开教学实验,以此改进自身的教学行为,提升自己的专业水平。在嘉兴一中期间,我先是担任初一、初二两个年级的历史课,再是担任从高一到高三年级的历史课,三个轮回,九年中带出三届毕业生;我还先后担任过初中和高中各年级的班主任。这样拾级而上的经历,既是夯实专业功底的过程,也是逐步提升历史教育胜任力的过程,还是养成"行胜于言"工作作风的过程。

1997年,我告别嘉兴一中进入嘉兴市教育局教研室担任历史教研员,这是一项全新的工作。我再次遇上了一批好同事:老一辈的市、县历史教研员都有着极为务实、踏实的工作作风,市教研室的领导与同事也极为低调,努力工作,不事张扬。受这样一个优秀团队的影响,我继续保持了"行胜于言"的行事风格,始终把工作重心放在历史教师培养、历史课堂教学研究上。近十二年来,我听课1400多节,平均每年120多节(其中1997—1999年,我在嘉兴市秀州中学兼任两个班的历史教学;2003—2005年在秀州中学任挂职副校长)。自2006年浙江省进入高中新课程实验以来,每年的听课量更多了,2008年听课量达173节。对全市270多名历史教师,只有十多名刚分配来的还没有听过课。近三年来,我每年还上包括高三复习课在内的"研究课"10多节,这对我更好地理解高中历史新课程,理解老师们在新课程实验中遇到的困难,探讨新课程的教学之道,的确有很大的帮助。

(二)始终朝着同一个目标行走:努力成为一名优秀的历史教育工作者

对优秀历史教育工作者的内涵,我的理解是一个不断加深的过程,但要成为一名优秀的历史教育工作者,却是我在大学时就明确的努力目标,这既是为了回报当年嘉兴一中老师们对我的厚爱,也是基于对历史教育价值有较为理性的认识而形成的使命感使然。

1983年,还是大二学生的我在《中国青年报》上发表了《人民教师的光荣责任》一文,明确把从事中学历史教育工作定为自己的努力目标。1985年,我谢绝了浙江师大历史系领导的留系邀请,也没有争取分配至杭州工作,而是选择回嘉兴一中任教。1987年,浙江人民广播电台"南屏晚钟"栏目播出了我的文章《我,是一名中学教师》,其中写道:我将永远是一名中学历史教师。1989年,我在《中国青年报》发表《让新一代教师插上翅膀》一文,探讨如何加速青年教师的成长问题。1997年,我在《浙江教育报》发表特写《你向何处去——中学历史学科的现状与前景透视》,探讨历史教育的价值问题。2003年,我在当年第1期《浙江中小学教师培训》上发表《培养学者型高中历史教师的思考与实践》,总结了1998年以来我市高中历史教师培养之实践与思考。2005年,我在当年第6期的《浙江教学研究》上发表《基于新课改背景的教研员角色之定位》,探讨教研员的角色定位问题。事实上,在嘉兴一中期间,我担任过两年的团委书记、四年的办公室主任和两年的教科室主任;在当历史教研员期间,我担任过市教研室副主任、秀州中学挂职副校长。在我看来,担任行政职务,无非是领导出于信任而多给了我几个做事的平台。我的能力与精力有限,旨趣更是在历史教育上,所以努力目标与工作重心始终如一,不但用力,而且用心。

之所以能长期坚持,首先是出于对历史教育价值的认识。鲁迅先生早就说过:"历史上都写着中国的灵魂,指示着将来的命运。"事实上,人类自身的发展史反复证明:一个民族如何选择历史,就是如何选择前途。只有重视并正确认识历史的民族,才能站在时代发展的最前沿。因此,历史教育是一项值得我为之奋斗终生的事业。其次是出于一生只做一件事的认同。伟大如孔子、马克思,一生实际上都只做了一件事,或者说是只做成了一件事。那么渺小如我,一生如能做好一件事,已是万幸了。所以这些年来,工作岗位数有变动,工作环境不断变化,努力的目标却始终如一,并坚持以不怠之心踏实前行。实际上,我的笔名"史平"就是这样的寓意:不管现实生活如何惊心动魄、叱咤风云,一进入历史长河,至多就是小浪花,甚至只是一丝涟漪。人在历史中非常渺小,人的生命也非常脆弱,任何人都是如此,但人仍然可以创造历史——假如人能懂得自身之局限,有所选择,有所放弃且不懈前行的话。

二、勇于担当

勇于担当,不避责任是中国知识分子的一个优良传统,"道之所在,虽千万人,吾往矣"说的就是这个道理。担当什么?自然以"人尽其才"为好,作为一名历史教育工作者的我,就是要担当起历史教育的使命。

(一)勇于担当,就是要有自觉的使命意识

中华民族当下仍处于"千年未有之大变局"之中,或许是正处于这场大变局最后三十年之瓶颈。这是至为关键的时刻。我当然期盼中华民族伟大的复兴之梦能早日实现,但作为一名具有理性视野的历史教育工作者,我不能不看到共和国的现实:目前还缺少一代具有民主、法治观念的公民。马丁·路德·金早就说过:"一个国家的前途不取决于它的国库之殷实,不取决于它的城堡之坚固,也不取决于公共设施之华丽,而在于公民本身。"民族复兴之梦只能依靠共和国公民持续、理性而坚韧的努力才能实现。这样的一代共和国公民在哪里?

我不知道当下中国有多少人具有自觉的使命意识,但我赞赏温家宝总理2007年在同济大学的演讲:"一个民族有一些关注天空的人,他们才有希望。""我希望同学们经常

仰望天空……做一个关心世界和国家命运的人。"我相信温总理更是在寄语学生背后的教师群体。教师是为共和国未来奠基的工作者。如果教师没有信仰,没有精神追求,那么他的学生很难成为站立起来的人。历史教师尤其是如此,历史教研员更是如此。如果说一个民族必须要有一批仰望星空的人才有希望,那么历史教师应当是中华民族中仰望星空的群体,历史教研员理应是这个群体的自觉引领者。

自觉的使命意识当然应当体现在具体的教学与教研工作中。从教以来,我始终将突破应试重围,实现人文教育价值回归作为高中历史教育工作的重要努力目标。1998年起,在长达十年的思考与实践的基础上,我以"高中历史最优化教育研究"等两个省级课题为载体,与我市一批有志于"为人文精神奠基"的历史教师在更大范围内进行了三年专题研究,最终提出了实现历史学科人文价值回归的三项举措:努力创设有利于人文价值回归的社会环境;引导历史教师主动参与到实现人文价值回归的进程中来;给历史教师提供若干有利于推进人文价值回归的教学模式。这一成果对我市高中历史教育的优化产生了一定的积极作用,研究成果的主报告《实现历史学科人文价值回归的战略》也得到了有关部门的充分肯定,于2003年荣获嘉兴市人民政府第二届基础教育教学成果一等奖。

(二)勇于担当,就是要敢于承担责任

走上中学历史教育岗位以来,我始终在为实现历史学科的人文价值而努力。我一直告诫自己,我无法改变教育大环境,无法让全国中学生接受一流的历史教育,但我可以守住自己的课堂,让自己的学生接受最好的历史教育。我教过的87届毕业生刘建仁在我的博客中留言说:"戴老师那时风华正茂,充满激情。他把历史课作为一门伟大的事业在经营。上课时声情并茂。我现在还记得他讲述拿破仑时的情景。"刘建仁的感觉是正确的,知我者,刘建仁也。1997年,我之所以离开嘉兴一中到市教研室,重要原因之一是梦想着改变嘉兴市的历史课堂,让更多的中学生接受良好的历史教育。因此,我把历史教研工作作为伟大的事业在经营,尤其是把历史教师的专业发展作为伟大的事业在经营。

要想将嘉兴市的高中历史教育之根回归到民族精神的传递上来,要想让嘉兴的中学生受到良好的历史教育,就必须有一个愿意为之奋斗的历史教师群体。这个群体不会自动诞生,我的责任就是打造这样一个群体。要做好这样一件在当时具有创新意义的工作,必须得到市教育局领导、教研室领导、相关校长与历史教师们的理解与支持,为此也做了大量前期工作。如光是调研工作,就进行了整整半年,最后形成了对相关各方均极具说服力的调研报告《把握关键期,抓住重点群,突破薄弱点》,以这一调研报告为基础形成的"学者型高中历史教师培养研究"方案顺利地被立为浙江省教育科学2000年度规划课题。正是依托这样的基础,这个培训方案得到了相关各方的大力支持,最终在实际效果与理论两个方面均取得显著成绩:从1998年到2006年,我先后创办并指导了两期优秀青年历史教师研修班。首期研修班十名学员大多已是我市高中历史教育核心团队成员，同时也活跃在我省高中历史教育教学的重要学术活动中；第二期研修班的十多名学员同样成长迅速，他们已是我市有着较开阔学术视野的新生代力量，成为各校甚至是所在县（市）历史教育教学的领军人物。依靠着以这个群体为核心的较高素质的历史教师队伍，嘉兴市的高中历史教学质量长期保持了较高水平。在这个过程中所形成的"高中教师学科群体专业成长范式"也引起了多方关注：这一范式被嘉兴市地方志编纂委员会载入《2003年嘉兴年鉴》；相关成果先后获浙江省高中历史教学论文一等奖和嘉兴市教育科学优秀研究成果一等奖；研究成果之一《骨干教师研修班的组织实施策略》被省教研室收入2007年编的《浙江省教研系统首期教研员培训研修材料》之中。

（三）勇于担当，意味着耐得寂寞，甘为人梯，静泊边缘

"与时俱进"已成当代的口头禅，不少人也在"与时俱进"下随波逐流，当下的教育也因此几乎成了秀场：每一个官员都可以对教育作指示，每一位民众都可对教育谈建议。教育的尊严则受到严重伤害，本应主导教育的教育工作者，则是既不敢批评，也难以表扬，既不敢堂皇地进行应试教育，也难以扎实地推进素质教育……

实际上，教育是有规律的，而规律是永恒、普世而难以"与时俱进"的。孔子在两千多年前所提出的"有教无类""因材施教"八个字至今未失其价值；陶行知在几十年前提出的"知行合一"主张和"千教万教，教人求真；千学万学，学做真人"的教育目标几成绝响。当下对教育的诸多干扰因素中，以政治（荣誉）与经济（物质）因素最容易遮蔽教育工作者的理想，因为这两大因素常与考核评估紧密相连。在政治运动终于成为远逝的背影之后，行政官员们就是用考核评估之法将学校、教师控制在自己的手中。这当然是违反政治民主化潮流的，是不利于教育现代化的。因此，要实现历史教育的使命，就应当有足够的勇气和心胸，耐得寂寞，甘为人梯，静泊边缘，特别是在面对考评时，面对荣誉与物质的双重诱惑时。当然，要做到这一点不容易，但"不争名于朝，不求利于市"本应是一名历史教研员坚守的底线。否则，我们就不可能凝聚起一群同样有使命感的同仁，就不可能承担起培养一代公民的使命。因为，如果我们的灵魂是充满奴性的，就绝不可能培养出共和国所需要的创新型人才和合格公民。

显而易见，历史教研员当然不能有意与行政部门的各种考评方案相左，但确实不能把考评方案作为自己的行动指南，不能为外部的实利或虚名所诱惑，而应当有足够的学术自信、学术骨气，本着"求真"的精神和按自己对教育的理解行动。因为教育既是科学，又是艺术，只有真正的教育工作者才对此有决定性的发言权。

静泊边缘是需要付出代价的：我在行政荣誉方面几乎为零。静泊边缘又可以让人的心灵安宁而快乐：我每天都在享受教研工作。平心而论，上苍是极为公正的：如果关上窗户，往往会虚掩大门，只要你愿意叩击！这些年来的夜晚，我几乎都是在台灯下、电脑前

度过的,与书为友,与键为伴,当然更有思想火光之烛照。一路而行,专业方面的获奖不少,除若干历史教学论文获得全国或浙江省的一等奖外,还被评为全国学习型家庭、浙江省中小学教师藏书家、嘉兴市新世纪专业技术带头人、嘉兴市名教师等,2006年又被浙江省人民政府评为特级教师。

三、不求速效

"不贪近功,不求速效"是当年左宗棠统帅大军西征新疆、经略西北时制定的方略。依靠这一方略,左宗棠成功地收复了有沙俄暗中支持的分裂势力所占据的新疆,成为不朽的中华民族英雄。战争是如此,教育同样如此。

(一)课堂教学研究不求速效

一个优秀的历史教育工作者当然应当高度关注中学历史教学质量,这是让中学生接受良好历史教育的起点。提高中学历史教学质量的关键之一是提高课堂教学的有效性。

如何提高课堂教学的有效性?这不是提一个"减负增效"口号可以解决的,也不是靠制定一个评估方案可以解决的,因为实际的课堂教学充满了各种变数,只能是一个极具个性的生成过程。必须依凭甘坐冷板凳的精神,踏实而持续地推进课堂教学研究。早在浙江师大求学期间,我就开始关注陶行知与苏霍姆林斯基的教育理论;1987年起,我又开始较为系统地学习"教育目标分类学"理论和"最优化教学"理论,并进行"中学历史教学最优化实验"的探索。这一研究结合来自课堂教学实践中遇到的主要问题,从历史知识的分类与识记、个体学习的最优化、文科班女生的教学策略等角度逐步拓展与深入,一直做到调离嘉兴一中为止,实验进行了整整十年(1987—1997年),写作则是持续了12年(1988—2000年)。下面就是曾获嘉兴市人民政府首届基础教育教学成果二等奖的"最优化教学"实验系列报告的目录:

1. 关于历史年代的识记(1988)

2. 关于教学内容的分类与识记(1989)

3. 目标 技术 台阶:高效益的教与学之路(1991)

4. 对个体学习最优化的探索与思考(1992)

5. 尊重女生心理特点 激发女生潜在能力——文科班女生历史教学探索(1995)

6. 优化历史教学 减轻学生负担——我是怎样减轻学生负担的(1996)

7. 从减轻学习负担到发展学习能力——我的最优化教学之路(1998)

8. 高中历史最优化教育简论(2000)

作为教研员,如何和历史老师们一起搞好课堂教学研究、提高课堂教学有效性是一个长期而重要的课题。基于教学实践与教研经验,我认为,除了有计划地举行系列讲座外,更主要途径是和老师们一起深入课堂,结合学科特点和学生的实际情况,抓住课堂教学的主要环节或突出问题进行研究。

从1998年起,我就与研修班的老师们一起学习"微格教育"的思想与技术,并在实际的教研活动中运用这种思想与技术,对课堂教学的过程进行分解,抓住讲解、材料选择与运用、问题链的设计、问题的提出与学生答后处理、导入与小结、教学重点的确定与突破、作业的设计与反馈等主要环节,进行定格的分析与研究。这是一个理论指导实践、实践升华为心得的过程,能够帮助参与者逐步地对历史教学形成较为系统的认识。如材料选择在高中历史新课程实验的推进过程中成为不少历史教师所面临的一个问题,我们曾持续多年结合"以史导论"教学模式的打造对此进行研究,积累了不少实践性认识。基于这样的背景,利用一次为省历史新课程培训开研究课的机会,我指导一位年轻的历史教师在磨课过程中充分关注材料的选择问题;在成功地完成开课任务后,又对材料的选择问题进行系统反思,并四易其稿,最后形成《理性、感性与原则:历史教学设计中材料运用的路径探索》一文,提出了"理性定位,明确选材方向""感性把握,多途径挖掘材料""关注体验,多维度采撷材料""坚守原则,精心筛选材料"等主张,这一论文发表在2008年第10期《中学历史教学参考》上,为历史老师们合理选材提供了有益的借鉴。这位年轻老师也通过持续近半年的磨课与写作过程,较为明显地提升了自身的专业水平;此后,这位年轻老师代表我市参加了浙江省高中历史优质课评比活动,荣获一等奖。

再如教学重点的确定。对"什么是重点,怎样抓住重点"这些关键问题,教学专家们也是见仁见智,理论的模糊导致了教学实践的迷茫。在解决这一问题的过程中,我结合自身的教学实践与思考,逐步形成了明确的思路,并从"什么是历史课的教学重点""一节历史课可以有几个教学重点"和"确定历史课教学重点的依据是什么"三个角度展开论述,完成了《论历史课的教学重点》一文,明确提出了"一节历史课只宜有一个教学重点""教学重点应以基本观点为主"和"教学重点应当是一节课中的灵魂,应该能够统帅一节课中的主要教学目标"等观点。这些观点在嘉兴乃至在浙江的历史教师中产生了很大影响,成为备课的重要原则之一。这篇文章在2001年荣获中国教育学会历史教学研究会组织的全国中学历史教学论文评选一等奖,并发表在2002年第1期《教学月刊》(中学版)上。

这样的教学研究似乎和"素质教育""创新教育"这些主流口号无关,也难以取得速效,然而却是扎根于实际的课堂、遵循客观教学规律的务实举措,因而有很强的针对性与实效性,能切实地解决历史教学中所面临的主要问题,较好地帮助老师们逐步地提升对课堂教学的研究能力。

(二)教师队伍建设不求速效

当我踏上嘉兴市历史教研员这一工作岗位时,就孜孜以求地希望自己不辱使命。当然,教研员的一人之力是非常弱小的,但教研员可以影响自己的同仁。只要目标正确,路径可行,再加以不懈努力,在实现历史教育的使命方面,就可以有所作为。

如何建设一支能够承担起历史教育使命的高水平的历史教师队伍?"顺其自然"当然不行,作为教研员也缺乏行政部门所拥有的各类资源,因而难以用计划的方式组织培训。我的基本思路是:从本源出发,从夯实历史教师赖于立身的根本——专业功底着手。下面我就从几个方面说说我是如何引导我市高中历史教师们逐步地夯实专业功底。

一是本着"星火燎原"之意旨,尽力在每个学校中至少培养一名团队成员,并鼓励其在学校教研组中发挥辐射作用。 举办两期研修班,学员来自23所学校,再加上带徒弟、有意识地强化对个别优秀青年历史教师的指导与使用等途径做实教师的专业功底提升工作。这一构想已经基本实现。目前,我市有30多所高中,270多名历史教师,专业水平总体上较为均衡,没有特别薄弱的学校。更为可喜的是,嘉兴市所属的五县(市)中,从2007年起已有三个县(市)的历史教研员由来自首期研修班的历史教师担任,可以预期,这种辐射作用将得到进一步的增强。

二是面向全体历史教师,长期倡导阅读专业著作。 我们曾两次向全市的历史教师们开出涉及"历史哲学""全球化与现代化""思想、史学、文化""名家名作""教育""历史教学"等领域的推荐书目;我们也想方设法筹措资金,购买《历史学习精要》《新生代历史学者访谈录》《历史学习新视野、新知识》等著作,向老师们发放以支持其读书学习;我们更是身体力行地读书并利用各种机会交流读书体会。令人可喜的是,虽然效果并不均衡,但在嘉兴的绝大多数历史教师中,读书已不是问题。在不少历史教研组,学术著作成为办公桌上的一道亮丽风景。因此,当其他地区的历史老师们开始关注新课程带来的教学内容变革时,我市的不少历史老师早已基本读完了陈旭麓的《近代中国社会的新陈代谢》、蒋廷黻的《中国近代史》、罗荣渠的《现代化新论》、斯塔夫里阿诺斯的《全球通史》、马克垚的《世界文明史》等著作。

三是重视细节,以有效为目标,精心组织好每一次历史教研活动,使老师们愿意深度参与,在参与中有所收获。 以2008年7月组织的新高三历史备考研讨会为例,为加深对2008年文综高考卷(浙江卷)历史部分试题的理解,在与主讲老师事先沟通的前提下,特意安排了四个视角不同、带有微格研究性质的专题讲座:从2008高考历史阅卷情况看2009高三备考;三个阶段(考场上/拿到参考答案后/高考阅卷现场试卷答案)的审视:2008高考历史卷第37题第2问评析;从新高三学生答2008高考历史卷情况看2009高三备考;从2008高考历史卷反思高三备考。这样的讲座对高三老师们的帮助更具针对性和启发性。

四是借助学科基地与现代网络技术,为教师之间进行学术探讨与交流提供平台。 现代网络技术真是个好东西,创建于2006年初的以嘉善高级中学为依托的嘉兴市高中历史学科基地,使网络技术的功能在学术探讨与交流方面得到了较好发挥。嘉兴市高中学科基地是在市教育局的直接领导下建立的,但其具体建设却与基地所在学校的工作、市教研员的总体指导密切相关。2006年以来,我们依靠各方支持,特别是依靠全市历史教师的支持,在"教学资源""教研信息""学科建设""教学研究"等方面做出了较有成效的努力,使基地逐步成为嘉兴市高中历史学科的教学辐射中心、课程改革实验中心、教师学习资源中心。各项统计数据表明,历史学科基地工作为高中历史新课程实验、历史教师的专业发展都做出了一定贡献,因而得到了市内外历史老师们的广泛好评。如"好好学习网"就曾在"首页推荐"上这样写道:"风景秀丽的鱼米之乡——浙江嘉兴,文化底蕴深厚,人杰地灵,英才辈出,在特级教师戴加平的引领下,真羡慕和敬佩嘉兴的同行们,如此扎实和细致的工作。广大历史教师筚路蓝缕,在中学历史教学中开创了新天地,嘉兴高中历史学科基地越来越引人注目,成了展现的舞台,切磋的擂台,交流的平台。"

经过长期努力,我市高中历史教师的专业底蕴得以逐步加厚,较好地保证了高中历史教学的质量,也确保了高中历史新课程实验的顺利推进。当然,历史教师的专业功底问题,是一个需要长期努力的课题,还需要继续探索有效的路径。

四、携手登高

我们已进入一个团队时代。20世纪是走向全球化的时代,国际组织纷纷建立是证明,科学研究常常以团队形式展开与深入更是证明。嘉兴市高中历史教学有今天的可喜局面,主要是依托着一个高水平专业团队及高水平专业团队的引领。实践告诉我们,只有携手,才能共赢。

(一)探索学科群体专业成长范式,打造专业团队

1997年时,经前任历史教研员的多年努力,嘉兴已初步拥有了一支能基本适应中学历史教学需要的高中历史教师队伍。但也存在问题:当时的嘉兴,缺乏领军人物,缺乏一个优秀的历史教师群体。这种情形既制约了高中历史教育使命的实现,也最终制约了嘉兴市高中历史教育水平的进一步提升。

为了打造一个能起引领作用的优秀的高水平的专业团队,我进行了多方面多层次的调研,并在调研的基础上形成了课题方案。我是幸运的:这个课题方案一开始就得到了来自我省兄弟地市历史教研员和特级教师们的支持,得到了本市相关各方的支持。有了这些极为可贵的支持,课题方案付诸实施——1999开始,2002年结束,历时三年。最终形成了"高中教师学科群体专业成长范式",概括如下:

1. **形成一个共识**:携手登高,成为学者型高中历史教师。
2. **完成两类研修任务**:有形的具体的——读书、开课及说课与评课,写三类笔记,搞课题写论文,作讲座等;无形的抽象的——教育理念的学习与落实,团队精神、观察与反思的意识培养与实践研究等。

3. 遵循三个活动原则：坦诚相待，真诚合作；观点自由，学术平等；人人参与，鼓励交锋。

4. 确立四项运行策略：个人研修、小组研修与集中研修三个层次互相支持；读书、科研与实践三项任务有机结合——科学地读书，自觉地科研，理性的实践；先进教育理念的确立与教育技术的改进并重；自身研修与兼收并蓄相结合。

这一培训范式在加速高中教师学科群体专业发展方面确实产生了显著作用，依据嘉兴市教育局有关部门档案制成的下表中的相关数据可从一个侧面说明这一点：

第5—7批嘉兴市高中学科带头人平均年龄与教龄比较统计表（以100计）

	高中各学科	历史学科
平均年龄	39.41	34.17
平均教龄	18.76	12.83

这一数据表明，全部出自首期骨干历史教师研修班的我市6名历史学科带头人其平均年龄与教龄都远远低于嘉兴市高中学科带头人的平均年龄与教龄。这样一支相对年轻的队伍，既是过去几年我市高中历史教育不断取得令人瞩目成果的重要基础，也是今后一段时间我市高中历史教育健康发展的基本保证。

优秀专业团队的打造当然不是一日之功。从1998年起步到2006年因我省高中新课程实验的启动而暂告段落，整整8年只办了两期研修班。其中首期研修班为期3年，共10名教师，平均年龄为29.7岁，平均教龄为8年，全部来自当时的所谓省重点中学；第二期研修班用时4年，共16名教师，平均年龄为25.6岁，平均教龄为2.8年，主要来自当时的非重点中学。每期研修班之所以需要几年时间，主要是因为教育理念与团队精神的内化，研究意识、读书、观察与反思等良好习惯的养成都需要时间。在研修班中，我们一起读书与上课，一起反思与交流，一起听讲座和外出考察，每一个参与研修的教师都是主体而不是旁观者。几年下来，参与研修者情同兄弟姐妹，团队精神的形成与专业能力的提升自然是水到渠成。

（二）充分发挥核心团队成员的专业引领作用

现在的嘉兴，就高中历史教育而言，绝不是我一个人在战斗，而是一个团队在共同努力。仅以2006年进入高中新课程实验以来的工作为例，核心团队成员发挥着极为关键的作用。

1. 核心团队成员是嘉兴历史教育的引领者。引领作用首先体现在精神方面，如奉献精神、使命感、学术视野、教育理念等。引领作用也体现在具体的工作中，如课堂教学、校本研修、教育科研、师资培训等方面，他们从理论联系实际的层面和专业成长经历角度推荐专业阅读书目、开示范课或评课、做专题讲座、编写教学资源、支持学科基地建设等。

事实上,在嘉兴市内外已有一定影响力的"以史导论"教学模式正是这个核心团队经过几年努力形成的集体智慧结晶。从备课指导思想角度看,这一模式要求教师围绕帮助学生塑造优秀人格这一根本任务设计教学,通过历史知识的传递,实现对学生的道德、情感和审美教育,使学生对社会的认识水平得以提高,人格得以完善,因而是一个"人格塑造型"的教学模式。从备课步骤和教学流程角度看,这一模式是以史实为基础的,同时强调教师要引导学生对史料进行研讨,得出合乎逻辑的认识。因此,"以史导论"教学模式又是一个具有重过程、重阐释和重学法特点的教学模式。也正是因为具有这些特点,"以史导论"教学模式在新课程背景下有了极大的用武之地,成为实现三维教学目标的有效载体。

2. **核心团队成员是浙江历史教育的奉献者。**他们被省教育厅教研室聘请参加高中历史教学的评价工作,如参与制订《浙江省高中历史会考标准》和会考命题、编写《普通高中会考导引·历史》等;他们受邀参与省教研室组织的各类与高中历史新课程实验相关的课程资源开发工作,如参与编写《历史总复习导引》《作业本》《三级跳》等;他们还参与省级和一些兄弟地市的高中历史新课程实验培训工作,如开示范课、做专题讲座等。

3. **核心团队成员开始为全国的高中历史新课程实验做出了贡献。**他们直接参与了人民出版社必修教材的修订工作,参与了人民教育出版社选修教材教学参考用书的编写工作;他们还应人民出版社、人民版教材主编朱汉国教授等单位或专家的邀请,参与福建、河南、陕西等兄弟省区的高中历史新课程实验培训工作;嘉兴市的高中历史学科基地网也为不少兄弟省区高中历史教师所关注,它在各大搜索引擎中的排名快速上升就是很好的说明;在核心团队成员的指导下,在我市历史教师的共同努力下,学科基地网已拥有包括人民版必修和人教版选修(历史人物、战争与和平、世界文化遗产、重大改革)在内的全套教与学的资料,这是一套原创的、系统的、完整的高中历史新课程资源,供老师免费下载使用。

经过十多年的努力,嘉兴初步形成一个有使命感、有专业能力的高中历史教师专业团队。这或许是无形的,却是根本的、可贵的。大道无形!或许,人们更容易看到的是我市高中历史相当不错的考试成绩——历史学科在省会考中已连续6年各项指标居全省前列,但我却更愿意为这样一支明白自己的使命并愿意为实现自己的使命而奋斗的专业团队骄傲。我相信,随着时间的推移,这个团队所具有的独特价值会更好地显现出来:嘉兴的中学生将有可能接受更好的历史教育,这才是我真正的不竭的欢乐源泉。

五、自觉修炼

广义的自觉修炼是指全方位地提升包括品行、人格在内的自己的各方面素质。这里的自觉修炼主要是指自觉地进行学习与研究,努力提升自己的学术水平与专业能力。

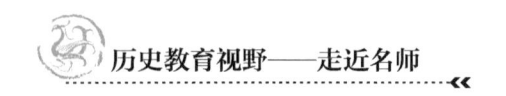

（一）高度重视"研究"

我始终认定,教研员的"研究、服务与指导"三大职能中,"研究"是前提。要为学校和老师们提供专业的服务与指导,自身就应当具备较高的学术水平与专业能力,为此,教研员必须自觉地持续地进行学习与研究。实际上,教研员的全称就是教学研究员,顾名思义,其首要职责是进行教学研究。可惜我们有时把这一浅显的事实忘记了,变成了既不教也不研的考评员,陷于组织考试和各类评比的围城之中而不能自拔。必须明白,教研员的权威应当主要来自学术水平而非来自行政权力;教研员只有进行较高水平的研究,才有可能形成自身的专业视野、学术权威,也才有可能为学校与教师提供专业的服务与指导。

"研究"什么？我认为,学科教研员与一般学者的研究重心并不相同,教研员的研究主要是为教育教学服务的,即一线的教学主要需要什么,教研员就要研究什么。当然,这种"研究"同样应在先进教育理论的指导下开展,力求能够站得高,看得远,推动教学工作的与时俱进。作为历史教研员,我主要专注于以下三个层面的研究。

1. **研究中学历史教学最需要解决的问题是什么,研究历史教师们最需要哪些帮助。**这类研究的意义不言自明。教研员存在的价值就在于帮助学校与教师解决教学中出现的问题,帮助教师解决教学中所面临的种种困难。如果对这些问题与困难不明确,教研员也就不可能在提高教学质量方面有效地发挥作用。由于这种需要在不同时期、不同的教师群体中是会发生变化的,因此教研员必须始终高度重视这方面的研究,确保历史教学有正确的导向,确保历史教师的专业发展有可行的路径。例如,我市初中进入新课程实验后,在对八年级《历史与社会》学科的教学调研中,我发现老师们对社会课程"教学中如何处理基本史实"极为困惑,并出现了"重论轻史"和"过分偏重史实"两种偏差,为此,我在观察、分析的基础上,写下了教学调研手记《要重视基本史实的教学》,从"基本史实在《历史与社会》八年级新课程教学中的地位"和"如何进行基本史实的教学"两个层面展开探讨,提出解决方案。这一手记对我市八年级《历史与社会》学科教学起了较好的指导作用。该文后来发表在《历史教学》上,并被人民教育出版社收录于《历史与社会（七—九年级）·教师培训手册》中。

2. **研究历史教学,主要是研究历史课程与教学方法,这类研究是历史教研员的立身之本。**事实上,明确教学最需要解决的问题是什么,明确教师们最需要哪些帮助,只是教研员研究的起点。更重要的是,要为教与学中出现的问题提供可行的解决方案,为教师们提供及时而有效的帮助。要使这种帮助切实有效,教研员自身的专业水平至为关键。这些年来,教育改革迅速推进,课程与教法均出现了许多新变化,有些还是颠覆性的变化。然而,"万变不离其宗"。历史课程与教学方法应当始终是我的研究重点之一。如在新课程背景下,通过提供新材料、创设新情境、解决新问题已成为发展学生准确观察与体悟历史现象、提升历史思维能力、进行历史教学质量评价的重要手段。教师要实现预期目标,如何引导学生回到"历史现场"就是必须解决的一个问题。为了回答这个问题,我认真梳理自己的教学实践,广泛阅读相关论述,深入课堂进行观察,与历史老师们共同进行探讨,再加上自己有目的地"下水"上一些研究课,相继形成了《(历史教师)回到"历史现场"的路径》和《帮助学生抵达"历史现场"的路径》两篇论文,提出了帮助学生抵达"历史现场"的可行路径是"还原'历史现场'、激活学生的生活经验和引导学生变换观察视角"这一主张。这两篇论文后来分别发表在2008年第6期《中学历史教学》和2009年第1期《历史教学》上。

3. 研究历史学、教育学、管理学。这类研究的主要目的就是拓宽视野,增强内功,不断提高自身的专业水平,不断超越自我,使自己能真正地实现从经验型向研究型的转变,真正成为一名学者型的历史教研员。随着高中新课程实验的推进,高中历史学科所涉及的领域在不断拓展,新理论、新成果多姿多彩,选修课程的开设更是对历史教师的专业素养提出了新要求。在此背景下,作为教师专业发展的引领者,教研员自身的专业化成为紧迫任务。作为历史教研员,应当有自觉的意识和实际的行动。

(二)汲取学科前沿成果

作为历史教研员,其中一项重要职责是要把学术界已形成基本共识的研究成果尽快地内化为自己的认识,及时地通过适当的途径介绍给教师们。要做到这点,教研员就应当长期坚持高品位和广泛的阅读,确保自己能及时汲取国内外教育改革与发展的研究成果,了解、掌握本学科的学术走向,不断提高自身的学术素养。

自20世纪80年代以来,中国史学界正经历自1840年以来的第三次史学革命,新的研究成果层出不穷,新的研究领域不断开拓,文明史、全球史、现代化史、社会史等"新史学"已成为中国史学界新亮点,对中学历史教育而言,更重要的是史学界的这种巨大变化已通过国家意志的形式进入历史课堂之中,这次高中历史新课程改革主要亮点就在于此。

作为嘉兴市历史教研员,我欣慰的是,通过北师大研究生课程班的学习,得到朱汉国、聂幼犁、叶小兵等国内一流学者的指导,借助阅读《历史研究》《读书》《新华文摘》等专业水准较高的书刊与学术领域对话,通过与团队成员的共同研读、交流认识,既较为及时而系统地汲取了史学界的新学术成果,又根据中学历史教育教学实际理解与把握了国内史学界的学术进展。就中国古代史而言,近年来我读了张荫麟的《中国史纲》、王家范的《中国历史通论》、樊树志的《国史概要》、柏杨的《中国人史纲》、马振铎等著的《儒家文明》、张岂之的《中国历史十五讲》等专著,目前正在读袁行霈、张传玺等主编的《中华文明史》;以处于社会转型期中的清史为例,近年来我读了黎东方的《细说清朝》、佩雷菲特的《停滞的帝国》、唐德刚的《晚清七十年》、戴逸的《乾隆帝及其时代》、张研的《清史十五讲》等专著,目前正在读《孟森讲清史》。当然,书总是读不胜读,这本是无奈之事,但"书到用时方恨少"是不争的事实,更是我的体悟。

正是因为依托这份较丰厚的学术底气,我也有机会为我省我市的高中历史教育做出一份贡献。从2004年起,通过发表《从文明演进角度重新审视中国古代的社会形态及历史分期》等论文、举行"高中历史新课程历史领域的学术背景"等专题讲座、主编《新课程新精编·高中历史》教学辅导用书等途径,将我国史学界在"史学革命"方面的主要成果介绍给我市及我省的高中历史教师。也正是基于这样的学习与践行,当高中历史新课程改革悄然来临时,我市已有相当一批高中历史教师做好了较为充分的学术准备。2006年,我入选浙江省高中新课程专业指导委员会历史专业组,参与了从教材的选择到《浙江省普通高中新课程实验历史学科教学指导意见》的编制等对浙江省高中历史新课程实验的顺利推进具有重要影响的工作;还参与了《浙江省高中历史会考标准》的研制工作、人民版必修教材的修订工作和人教社选修教材的教学参考用书编写工作、浙江省地方教材《人·自然·社会》的编写工作。此外,这些年来,我也承担着从省到市的高中历史新课程培训工作,通过做专题讲座、上研究课等途径,为高中历史新课程的推进和教师专业化的发展尽力而为。

"教研人生"十二年,实在是一瞬间的事。尽管有明确的目标,尽管付出了几乎全部的心血,但距让嘉兴的中学生接受最好的历史教育这一目标、距为共和国培养一代公民这一理想,仍是不能以数里计。

虽"那路是长的,那门是窄的",但如《圣经》说的:"敲吧,门终究会开的!"

为着历史教育的使命,我将继续勉力前行!

(本文选自《中学历史教学参考》2010年第7、8期)

「探寻人类共有、共通的历史，探索自己独特的历史理解和历史课堂。」

李付堂 青岛西海岸新区第一高级中学，中学高级教师。青岛市首届名师、历史学科带头人。山东省高中教师远程培训专家，山东师范大学学科教学（历史）专业研究生合作导师，《中学历史教学参考》编委。专长于历史课堂教学和历史高考备考研究，在《中学历史教学参考》《中学历史教学》《天津师范大学学报》等刊物发表40余篇文章，有《普通高中历史课程标准视野下唯物史观的教学分析》等6篇文章被人大复印资料转载。著有《历史教育：直面生命的追求》《高中历史考点突破》《历史教育价值论》等。

走出应试的"沼泽地"

○ 李付堂

朱自清先生曾这样说:"教育者须对于教育有信仰心,如宗教徒对于他的上帝一样;教育者须有健全的人格,尤须有深广的爱;教育者须能牺牲自己,任劳任怨。我斥责那班以教育为手段的人!我劝勉那班以教育为功利的人!我愿我们都努力,努力做到那以教育为信仰的人!"[1]教师固然需要教学的专业知识与教育技能,但最基本的应"须有健全的人格""须对于教育有信仰心"。以"走出应试的'沼泽地'"为题,既是为了形象描述个人所经历的教育历程,也是为了本真地表达自己对历史教学的理想与信念。

应试打造的"名师"

写这篇自叙形式的文章,我几乎用了整整一年的时间(或许用一辈子也未必能够做好这个文章)。其中多半的时间是在犹豫,或者说是在挣扎。从事历史教学20年了,往回看,成绩如何?真正下笔写,才感到远不是成功或失败能够涵盖的。"名师",是有导向性的。何谓"名师"?为何而名?是因为出色的高考成绩或者高考教辅?还是因为发了数量不少的对教育教学探索的文章?是理论的还是实践的?写出来的东西要真实,就要无数次地拷问自己,不真实或者只是想象,那是虚伪。

最简单的一个问题:在日常教学设计和教学实施中,我们更重要地站到了哪一边?如果我们很唯物地回答,在客观事实上,在有限的时间(一般是非常少的时间)内,面对同样的教学内容,我们很自然会优先考虑考试的要求。即使是新课改实施几年后的今天,即使是我们大多数的教师都明白了历史教育的要义,但在具体的教学中又难免走上已成习惯的路子,走上考什么就教什么的教学窠臼。

作为在历史教学第一线的教师,我对历史教学的看法是现实的。因为从一开始走上讲台在我头脑中想的,如何教好历史也就是如何让学生在历史考试中获得好的考试分数。从考试开始,这是我历史教师生涯开始时最贴切的写照。当1990年从山东师范大学历史系毕业直接站到高中历史教学的讲台上时,除了大学的专业知识,除了对参加工作的期待外,对教育、对教学等等的概念、理念,脑子里什么也没有。就像我报到时所见到的学校:还是在暑假,没有人,刚下过大雨,整个学校水汪汪的一片,丝毫看不到作为学校最应充满的生命色彩和生命张力。

我从教的第一个学校——苍山三中,是一所农村高中,历史组都是年轻教师,我没有可以模仿的对象和可以学习的路子。现在想来这倒是一个极好的机会。大学历史专业比较扎实的基本功:概念把握的准确性、历史知识体系的系统性以及历史知识的宽度、历史理论的深度等,帮助我很快地把握教材,也很好地把握高考命题的特点。"以教材为教学内容,以高考命题为导向",是我最初形成的基本的历史教学观。

而且,作为历史教师,因为众所周知的原因,很怕别人说历史无用,记得那时自己的辩白总是那么无力。不过心底相信历史是有用的,因为坚信:"历史是门科学",并非人们所认为的只是背背记记、讲些有趣的历史故事而已。大抵从那时开始,在教学中总想搞点与众不同的东西,努力朝着"历史科学"的方向发展,想达到别人所未达到的境界。1997年,是因为我优秀的历史教学成绩,还是因为在教研中的成绩(参与市级高考教学辅导材料的编写及考试命题),举办了市级的示范课(课题是《近代前期中国人民的抗争与探索》)。从这节课的设计与实施以及这个时期发表的文章[2]可以窥视当时本人历史教学的特点。

(一)在教学内容方面

一是追求一个比较完整的学科知识体系,一个特别清晰的知识结构,如历史分期、历史阶段特征;某时期、某国家政治、经济、思想文化方面的内容等。

二是追求一个比较科学的学科分析评价问题的思路。特别是受参加命题的刘宗绪教授编著的《世界近代史》以及吴于廑、齐世荣编著的《世界史》(六卷本)的影响,将其从生产力标准出发、从宏观历史发展演进角度出发、宏观与微观结合的方法等等分析评价历史问题的标准与方法渗透进中学教师的教学理念中。而这一时期的高考历史命题也确实在沿着这样的一条路子在走:1993年考查的工业革命后三股进步的历史潮流;1994年考查的"1848年欧洲革命失败后,马克思、恩格斯曾预言,新的革命高潮很快还会到来,无产阶级将获得最终胜利。但是,1895年恩格斯又写道:历史表明,我们以及所有和我们有同样想法的人,都是不对的。历史清楚地表明,当时欧洲大陆经济发展的情况远远没有成熟到可以铲除资本主义生产方式的程度。试结合十九世纪五六十年代欧洲大陆发生的重大事件的基本原因和性质,阐述对恩格斯这一结论的理解。恩格斯观察历史的主要着眼点是什么?对原先的结论进行修正,说明了什么";1999年考查的对洋务运动从积极方面和消极方面历史作用的客观分析,等等。

高考命题的指导思想对高中教学影响最大。因为有什么样的指导思想就会产生什么样的试题。而试题的特点会直接影响教学的倾向,影响教师专业的发展方向。20世纪90年代的高考命题凸显了"历史学科能力"的地位。从注重知识的考查转向注重能力的考查,是有积极作用的。当时历史学科的《考试说明》,曾将能力目标细化为10条。今天看来,对新课程改革仍有参考意义。学科的能力目标体现了学科教育的价值,突出学科的能力要求至今还是教学目标设计时需要研究的问题。正因为有了"不拘泥于教学大纲"的原则,才产生了具体的学科能力考查目标。尽管教师们一再抱怨"太难了",但平心而论,经过"一难又一难"以后,高中历史教师的学识水平得到很大的提高。而且,做"专家型"的教师也成为一时的追求。我在当时读了大量的历史专业书籍,特别是参与高考命题的专家的专著,只要能够买得到找得到的,都要细读精读,反复地读。还曾在级别、范围不等的高考研讨会上做有关世界近现代史、中国近现代史知识线索、分析评价问题的方法以及相对应的高考复习备考策略等报告。

客观地讲,这一时期基于备考而学习而读书,在历史专业方面的历练远远超过了大学四年历史专业学习,是为了教学这个"用"而读书吧。但现在想来,人读什么书固然对人自身的发展很重要,但更重要的读书的动机决定你读什么书,你读出了书里的什么东西。同样的书,我在2000年以后再次读起,感受与收获大不一样(后有详述)。

(二)在教学方法方面

教学中我最为得意的一着就是"学法指导",即对历史知识做了极尽所能事的科学化技术化处理,当时称"抓住内容特点,概括一般规律"。比如,对历史背景,一般都会要求学生进行政治、经济等方面概括,同时在分析历史原因时要抓"主客观因素""根本原因""主要原因""直接原因"等具体的运用方向。此法非常有效,一是经过训练,学生基本可以达到"自主学习"的境界(注意:这里学生的自主学习学了什么呢?),这对教师本人课堂教学或教改的评价是一种莫大的成就(疑问:教师讲得少了,学生看得多了就叫自主学习吗?);二是通过这样的学习方法,对学生的答题能力提高而言是一种捷径,对教师而言培养学生知识运用能力的目标自然就实现了(疑问:对学生的运用能力如何理解?是在考题中还是在社会中?)。另外,应考已是一门学问,应考复习中最常用的词汇就是"针对性"。进入高三年级(甚至从高一、高二年级开始)就是针对高考的复习。依据近几年高考命题及考试说明,确定复习内容(考点);依据命题特点及能力要求,确定复习思路(能力倾向);并针对学生问题及信息(热点)进行强化训练。这一年的强化训练效果是不容忽视的,他们在高考中的表现会让我们这些历史教师,甚至一些历史专家极为惊讶。

结果是比较成功的,表现在两个方面:首先,成绩是辉煌的,我使学生相信历史能学好(从学生这一方面当然就是相信自己能考出高分);其次,也是最主要的,我被学生认为是神圣的,且有数量不少的学生由此考入了大学历史系(是把历史当成了自己的职业)。因此,我特相信自己的这种信念和方法,一直到1997年离开讲台和这种神话般的感觉。

其实,从某种意义上说,上述的方法在今天仍是高效的,且很多人仍在追求着这个目标。这是事实,更是现实。只要能从教育的角度,能从人发展的角度略做思考,也就不难看出:历史课已被我们扭曲了,已被考试扭曲了,已被社会扭曲了。然而,急功近利的时代,急功近利的人们,社会上发展是硬道理(简直是唯一),学校里考分是硬道理,谁又能有暇顾及历史教育的本质和真谛呢?

这是我人生历程非常重要的一段,在这个过程中,我用了3年的时间成为学校骨干历史教师:学校安排任高三毕业班历史课并且取得优异成绩。然后,大概又用了3年时间成为市级教学骨干:1996年被评为山东省"临沂市高中历史骨干教师"称号,并在市级教学研讨会上举办公开课和进行经验交流。与此同时,以临沂市在全国中学历史教育的地位为依托,获得了在一个更大的舞台上展示自己的机会:在国家级刊物《中学历史教学参考》杂志上从1997年到2002年作为特约教师讨论每年的高考试题座谈会,并承蒙任鹏杰主编厚爱,在齐健老师的指导下为杂志做了一系列的关于高考及教学方面的专题指导,发表了30篇左右的有关教学以及考试类的文章。

至此,就被很多同行们客气地称为"专家"了。虽然自己的活动是局限在教学和备考狭小的范围内,但我个人感觉这段时间在历史教材、历史命题、历史教学等方面的学习和思考是弥足珍贵的,是我专业发展不算成熟但确是非常重要的时期。

在改革的大潮中自我批判,锤炼思想

从开始工作的那天起,我们就会被告诫或者要求要埋头苦干,要扎扎实实。但我更想给我的同行们说:在扎扎实实做事的同时,我们需要抬起头来,问一问做事的意义和价值,这样,工作才不会迷茫,生命才不会失去方向。

其实,这也是我们历史学科的教育价值:在对人的教育方面,科学学科更为侧重的是技能,而诸如历史学科等的人文教育的主旨则是对意义的思考与追求。我特喜欢一句广告语:"心有多大,舞台就有多大。"人的知识,人对自然和社会的认识程度和认识能力决定着其思想、其行为。人对人类与社会的贡献首先是取决于其人生观、价值观。由此来看我的童年乃至中学时期,可以说是一片空白。记忆里那时只是知道读书,或者帮父母干活,所以看到一些成功人物谈及从小就立志要做科学家,要当人民教师等等的志愿,很是惭愧。"懵懂"这个词好像一直用到大学的我都还算贴切。

我个人的角色认定,从一个带着学生考大学的班主任和历史教师中走出来,大概在1997年前后的时间。在我人生的这个转折时期,我要特别感谢齐健老师(原临沂市教科所副所长,现山东教育学院教授),是在他的引领和督促下,我像爬过了一道山梁,在历史教学道路上前进了一大步。具体讲,就是走出了单纯的考试、教材、试题,而能够跳出历史教师,从教育的视野和高度来审视我的工作和我的教学,开始反思和批判自己的教学理念与教学实践。于是将批判的大刀首先是对准了自己,对准了自己引以为自豪的一整套的教学路子。也是恰恰在这个时候,我离开了历史教学的一线,调到教研室从事教学研究和对教师教学的指导工作。或许正是因为离开才使我有机会,有可能思考历史教育教学的真面目。

一个"我教的历史有用吗"简单得不能再简单的命题将我所圆的历史教学梦击得粉碎。当时,我记下了这样的文字:"打破一种美好的东西,特别是粉碎自己心中认为至圣的理念是痛苦的,甚至近于残酷。在世纪交接的短短几年中,当支撑起那份自信和骄傲的光环被一丝一缕撕去时,感觉中留下的是一大堆困惑和恐惧。""这是真正的痛苦。已经被社会地位、工作压力(特别是高考压力)和经济收入压得苦不堪言的教师,如果再加上'我从事的职业是没有用的职业'精神负担;首先是辛苦,然后是痛苦,再加上你在努力地干着一件你认为是没有用的职业、甚至是在束缚学生的发展,你不恐惧吗?你不感到绝望吗?那么只能说你已经麻木了。"作为历史教师,可以说是在希望、失望乃至绝望;在伤痛,在伤痛的痛定思痛中走过。有伤痛,甚至是"痛的不想再做自己""做什么也别做历史教师"。

我甚至在很长一段时间里反思自己所教过的历史,对我的学生而言究竟是有利于他们的发展还是束缚了他们的发展?有没有可能是"除了考试,一无所用"!

20世纪90年代左右,是我国基础教育非常特殊的一个时期:一方面是名目繁多的、一浪高过一浪的教育改革,如问题教学、合作教学、探究式教学、主体教学、目标教学等等;另一方面是越来越走向"全面应试"的课堂教学,而且如此种种的课堂教学改革是如此一致地把目标指向了如何提高应试的教学效率。在做课题研究报告及理论时是如何如何地以学生为本,是如何地调动学生的学习积极性,但落实到开展研究的成果则无一例外地落脚在学校的高考成绩上。所谓的"名校",一个重要的标准是必备的,那就是你的高考成绩。有人对这种改革、创新一针见血地指出:"变来变去不叫创新,没有方向不叫进步,只破不立不叫发展。"

改革是社会发展、历史进步的动力,但就教育教学改革而言,如果不能把握改革的本质方向,如果不能把握教育的本质价值,那么改革就只能停留在操作层面,就教师如何教、学生如何学的层面上的改变,而无法走出"为了考试"的羁绊而真正脱胎换骨。在这个时候,我有幸参与和承担了两个实验课题。一是从山东肇始进而成为国家级重点课题的"创新教育实验与研究"。在这个课题中,我最大的收获就是使自己对教学的认识从学科教学中走出来,具体讲就是由"教学生学习历史"到"以学习历史实现学生的发展"。将教学的落脚点由实现学科转移到实现学生的发展上。一是山东"十五"重点课题"历史教育与现代人的发展"。这一课题可以说是在齐健老师的指导下进行的,首先是对两个问题——"什么是人?""现代人具有怎样的特征?"做了深入的思考,解决的第一个问题,就是我们的历史教育要培养什么样的人的问题;其次是操作层面上的研究,就是我们的历史教学实施如何从面向历史学科的教学转变为面向学生发展的教学。一个是"发展观",以实现学生的发展为本;一个是"人文观",面向学生的精神与情感的培养。这是我在基础教育中历史教育教学的两个最基本的理念,是我所从事的历史教育教学所谓"用"的价值认定。

走出历史教学,从教育的视野审视和思考,从社会发展和整体的人的发展来审视和思考我们的学科教学,是我最想给同行们说的话。如果你只是盯着历史教材、教参、习题乃至考分,那是很难找到历史教学的真正价值的,也就不可能将职业变成事业从而找到工作的真正乐趣。做教师,我们经常谈到职业道德问题,谈到敬业问题。什么是敬业?什么是职业道德?我认为最大的敬业,也是职业道德的最高境界一定是要超出勤勤恳恳、兢兢业业的层面,一定要有对自己职业的理解,特别是职业价值层面的理解。超量的作业必然给教师自己带来超量的作业批改量,导致学生辛苦,教师辛苦。如果不考虑这些付出的价值,那就是不敬业,是最大的不道德。目前,很多学校、很多教师常说"以教研促教学""以教研促进教师成长"。没有课题你教研什么?没有对历史教育价值的真正理解,你改革改什么?所谓的教研活动无非是在一起讨论教材,讨论教学进度,讨论习题使用与讲评,这还算是搞得好的。我最大的感受是:教师发展离不开课题研究。目前我们国家启动的基础教育新课程改革就是很好的契机。课题研究决不能局限于教学技术层面上,一定要有对自己职业价值的思考。也只有在这个意义上才能提升教学实施的意义。做教师够辛苦,在这个意义上我想说,我们不能在辛苦的基础上再痛苦。

做人,缺乏对"人之所以为人"的价值思考;做事,缺乏对所从事活动的价值思考,这可能是我们社会还处于非常功利阶段的存在状态。比尔·盖茨曾这样说:中国的老板们只是以赚钱为目的,缺乏真正的企业家。我们是否也可以这样说:我们的太多的教师以学生的考分为目的,缺乏真正的教育家。

在教育教学实践中追寻历史教学的"意义"

在历史教育这份工作中,我可以说是用了10年时间进入了自觉的状态:既真正意识到自己是一名历史教师,所从事的职业是历史教育,这是我教师生涯最值得庆幸的事。这一时期,我发表的文章并没有停留在单纯地批判和质疑层面(即不应该怎么样)上,更为重要的是在教学实践和课题研究中对教育教学"意义"的追寻和构建。

(一)"老师,我想听您再给我们讲郭永怀。"——班会上的历史:历史教育本质价值的最初体验

客观地讲,我本人作为一个"教育者",首先是从做班主任工作中体会到的。如果从教育的视角看,我最初的教学工作虽然在历史教学方面"育人"的力度远远不够,但在班主任工作方面还是比较成功的。1995年我(从教5年,完成两届高三毕业班)在优秀班主任交流中,就提出了"民主、宽容、合作"班级管理的基本模式与思路(经整理于1997年发表于《沂蒙教育》杂志;后经探索、完善,2004年发表于《创新教育》杂志)。这一理念从根本上是基于教育的对象是活生生的人,管理的目的是要还原活生生的人和人所具有的本质能力。在这里,管理者和被管理者(或称为指导者和被指导者更为贴切些)都是首先作为人的存在。为此,在对学生的管理中应做到尊重学生,要尊重学生的人格,要尊重学生的思维,要尊重学生的个性。

作为班主任,希望自己的班级有凝聚力、有活力、有竞争力,希望自己的学生有理想、有思想、有追求。那时,我们学校每周两次班活动课(每周一和周五的下午第3节课),这个时间是班主任营建班级风气、培养学生精神品格的机会。作为历史教师的班主任就得天独厚地拥有了最富人文内涵的教育素材。记得特别是每个周五班活动时间,基本上每周一个历史人物,"没有人不喜欢的周总理""被别人迷信但不迷信别人的大学问家朱熹""杰斐逊:弗吉尼亚大学之父""我们临沂人:渊子崖村民灵魂不倒(讲渊子崖抗战)"……调到青岛开发区后的"我们的学友:两弹元勋郭永怀""我们的学友:让中文在诺贝尔颁奖大厅响起的丁肇中"……包括后来配合学校升旗仪式讲话搞的重大节日纪念演讲(如五四、一二·九、七七、九一八等等),动机都不是从历史教学出发,但素材都是历史的。

难怪我的学生曾这样说:"历史课不如班会上得更像是历史课。""老师,您教我们的历史,我们都早就忘记了,但您上的班会我们仍然记忆犹新,高中三年里,我们最愿意上的课就是每周五的班会(周一的班会主要处理班务)。"现在想,这些活动搞得多么的历史啊!在这些活动中,学生收获的历史是活生生的、是有生命的、有思想的,提升的不再仅仅是针对考试的(并不排除这样的动机),更重要的是提升了他们的人生追求以及为之而奋斗的精神动力和意志品质。这不正是历史教育应该追求的最本真的要义吗?但当时没有这么想,觉得这与历史教学扯不到一起,因为这里既没有历史知识的记忆,也没有解题能力的训练。但这确是我有意义的历史教学观形成与发展的一个契机或者说是源头。

事实上,目前我在学校设计开设的校本课程"与伟大灵魂的对话"可以说就是原来这些班会内容的整合与延伸。原来只是给学生讲一些历史人物,现在是把这些内容整合为一套完整的课程体系,有素材,有活动,有评价。特别是"我们的学友:两弹元勋郭永怀""海尔:时代精神与民族精神的融合"等课题[3],几乎可以说成为我历史课堂教学追求的浓缩,也几乎成为我历史课堂教学的象征。在我所任课的2007届学生的聚会上,学生真诚地说:"老师,我们想听您再给我们讲郭永怀。"看来,郭永怀已印在学生的脑海里,也相信郭永怀的精神、品格、追求也已经渗透到学生的灵魂中。我相信,在那一份份的感动里,在一次次抑制不住的泪水中,在学生的心灵深处会永久地树立起一个大写的"人"字,会牢固地巍然耸立起"祖国"的观念与情怀。

学生愿意学这样的历史,我愿意教这样的历史。

(二)"人之所以为人":历史教育的真正价值

世纪之交,我发表的几篇文章,集中反映了我对历史教学真正价值的探索。从《历史教科书与现代人的发展》开始,其实这也是我所承担的山东省"十五"重点课题"历史教育与现代人的发展"的初步成果,以后又陆续发表了《我所教过的历史——被扭曲的人文学科》《对目前历史教育的追问与感悟》《对历史学科创新教育问题的理性审视》等大概十余篇文章,集中探讨了历史教育特别是中学历史教育的本质属性、本质价值的问题。

正所谓"不识庐山真面目,只缘身在此山中"。如果我们的工作只是停留在备课上课、批改作业、准备考试等层面上,那么我们的目光只能是历史教材、历史试题,思维也只会局限于考试的层面上。具体讲,就是要真正把握历史教学的真正价值,一定是要站在一个更高的层面上,那就是从人类发展的视角,从教育的视角来审视我们的教学以及用以作为教学素材的历史知识。由此对教学以及历史都有了一个新的认识[4]:

"中学历史教学范畴的'历史'应如何诠释?这个视角和根本出发点自然是教育,是基于人的发展而提供的材料。这里的'历史'要满足两个条件:历史性(以历史专业知识为基础)和教育性,而实现一个目的,即人的发展。"

"作为教育的历史,应以历史实现人类思维发展与智慧。即通过探求自然发展规律、社会发展规律及其相互关系来认识人和发展人。也可以说是探求'天''地'奥秘和规律,变'天道''地道'为'人道'。"

"作为教育的历史,应以历史实现人思想和精神的传承与发展以及人格养成。人类生生不息不断进步,铸就了合规律、合人性的精神财富。"

2003年,承蒙齐健、赵亚夫先生厚爱,我加入到编写国家基础教育新课程教师教育系列教材的行列,对我而言,无疑是一个学习、总结、提升的绝对良机。特别是在《历史教育价值论》一书的写作中,在两位老师悉心指导下,完成了其中第4章《人文教育:历史教育的本质》以及第6章《个性教育:历史教育的核心目标》。在完成写作任务的同时,也促使我从"历史教育的人文性""历史教育的道德性""历史教育的情感性""历史教育的养成性""历史教育的审美性""历史教育的世俗性""历史教育的个性"等多个层面、多个维度去思考历史教育的意义,真正把握历史教育的本质[5]91—189。

"有思想的历史教师",我很受用这个称呼,或许人们只是客气。但对我个人而言,既是人生巨大的财富,也是生活莫大的幸福。因为改变了视角,所以改变了工作的价值追求,如果不是以升学为唯一目标,你会尊重你从事的历史教育教学事业;因为改变了观念,所以改变了心情,尽管依然辛苦,但苦中有乐,教学生喜欢的历史,教有意义的历史。

1998年到2002年的教研员工作是个绝佳的机会。现在想来,很庆幸有担任4年教研员这样的机会,并由此联想到前不久拜读的任鹏杰主编的文章《思想何以敢入地狱窥视——读罗素〈论教育〉》:"善待生命给师生以闲暇。""看看现在的教师和学生,他们的时空大都被教与学'填满塞实'了,日子过得过于'充实',除了刻板机械的讲练,几无自我生活,莫说无闲修心更无暇思考,只看生物身体状况就颇让人生忧,至于精神生活则事实上'往往已经萎缩枯败'。"[6]感触颇深,作为一个教育者,能否有思想,能否有生命的活力,取决于教师们是否有闲暇,是否有生活的情趣和读书的情趣,是否有教师的乐趣。而教师们处境的好坏,直接决定着学生们的处境。极度困窘,极度烦躁与不满状态中的教师状况,你能指望他们给孩子们带来快乐?你能指望他们把孩子当人看?

"有思想的教师"该是我们突破应试坚硬的外壳,凸显历史教育本质价值的追求和自我要求吧。无须多言,还是引任鹏杰主编在《思想何以敢入地狱窥视——读罗素〈论教育〉》中的一段论述我们共勉吧:

"人类,不过是一粒虚弱的沙尘,身陷于冷寂的万丈深渊。渺茫如此,何以成就人生?他(罗素)称,只有使心灵超越了物质浮华的日常束缚,只有逃避开平淡无味的琐碎公务,思想的伟力才降赐于人,生命才充溢着盎然的趣味,才不致被平庸世界的大墙压垮。人生,靠思想成就,靠思想撑起。思想'能骄傲地独自承受一切,仿佛它就是万物之主,竟自岿然不动'。罗素如此热情地讴歌思想:'伟大、敏捷、自由的思想,你就是世界的灯塔,是人类最高的荣耀。'他认真地指出,倘若思想为许多人逐渐拥有,而不再是极少数人的特权,我们就不再恐惧。"[6]

面对新课程改革:镣铐仍在,何以舞蹈

我所在的山东青岛,高中学校是从2004年秋全面进入新课程改革。之前的暑期预期培训,应该说是非常扎实有效的,特别是在课程设置、目标设计、教学设计等方面比较大地更新了观念,感觉历史教育的春天终于要来到了。实事求是地讲,从2004年秋至2007年夏这三年一届一个轮次的实践看,实际效果距离我们的理想相差甚远。

(一)异常坚硬的"镣铐"

这个阻力是高考,但现在想来主要的还不是高考,而是我们中学教师习以为常的观念、习惯。记得叶澜教授也如是说:"课堂教学作为教学方式在我国已有近百年历史……这一传统之所以具有超常的稳定性,除了因它主要以教师为中心,从教师的教出发,易被教师接受外,还因为它视知识的传授和技能的训练为主要任务,并提供了较明确的可操作程序,教师只要有教材和教学参考书,就能进入规范,依样操作,理论也因此而得以广泛传播,逐渐转化成实践形式,扎根于千百万教师的日常教学观念和行为之中。总之,已有教学理论传统之长,深入实践主根之深,形式硬壳之坚。传习的可接受性之强,都使今日教学改革面临着强劲的真实'对手',教学改革要改变的不只是传统的教学理论,还要改变千百万教师的教学观念,改变他们每天都在进行着的、习以为常的教学行为。这几

乎等于要改变教师习惯了的生活方式,其艰巨性就不言而喻了。"[7]因此,在新课改开始这三年的时间里,尽管课堂教学有了不少新的组织形式,但大多数的课以及在教师的教学观方面,并没有发生深层次的实质性的变化。

可以这样说,80%的常规传统的东西:带领学生梳理知识、讲授落实知识、分析理解问题、解题训练……大多教师,在大多的时间里是"教新教材"。什么原因?高考目标(学校、教师自身的目标追求特别是社会、家长的目标追求)以及对三年后的高考命题的不确定性,不敢改;教师习以为常的习惯、经验的惯性或者说是惰性;相关的配套措施不够,如培训过于注重教材培训(新课改培训在很大程度上等同于新教材培训)。特别是相关的评价机制跟不上,平时关乎教师业绩的期中、期末考试试题没有改变,教师以原有的教学方式足以应对,缺乏改革的推动力。其实,就是我们目前评价很高的高考题,以传统的划书、背书再加上大强度训练,只要不考虑学生的身心健康与发展,还是可以取得很好成绩的。学生不喜欢的老师,或者学生不喜欢上的历史课,未必考试成绩不好;而按照新课程改革的要求,将课设计的活一些、生动一些,学生固然喜欢,但未必就能够有好的考试成绩。所以,课改的真正实施,并得到很好的贯彻,是一场攻坚战,远不是几声口号,几次培训与会议所能够达到的。

(二)精彩的舞蹈,20%也珍贵

我想,国家新课程改革成败与否的关键应该在于教师。如果我们的历史老师有了思想,有了活生生的生命热情以及历史教育观念,即使应试的镣铐再坚硬,传统的习惯再顽固,当面对生机勃勃的学生时,他就绝不会在原来的路上走下去了。用深圳市红岭中学吴磊老师的话来说,就是既要"服务考试",又要服务学生的人生吧[8]。

既然有了这样的机会,我们怎会错过。从2004年秋,我,还有我的同事:吴学祥、陈国峰、李峰、严洪禄、董爱华等老师,基于我们对新课程改革的理解,在教学设计中,我们硬性规定了"两个一"的原则:一次活动,每个教学设计,我们一定要设计一个让学生或自主探究、或谈论辩论、或角色体验等相对开放的学习活动;一次感动,即每个教学设计,我们一定要设计一个"激情"的环节,或通过一个历史人物,或通过一个历史情节,激发起学生的情感。令我们没有想到的是,正是这"两个一"的探索与坚持,成为我们真正进入新课改理想境界的入口和信心。

"一次活动"的原则本来只是我们对"过程与方法"目标要求的浅层理解和最直接的体现,最初也不排除应付检查的成分。但在实践中,我们却在这个方向上做出了名堂:每一次集体备课关于活动的设计,我们几乎都要谈论到"设计什么活动""在什么地方设计活动""设计这个活动有什么意义""这个活动如何开展"等等的问题。实践上我们收获了一个个精彩的活动设计案例,理论上我们收获了在课堂教学中学生学习活动设计的基本理念、相关策略方面的提升,更深层次的,在这个过程中我们终于彻底地把传统"备课"

与现代教育倡导的基于学生学习与发展的"教学设计"区分开来,改变教学观念真正找到了一个可操作的突破口:原有备课是备内容、备问题,现在是要在学习内容基础上,设计适合学生发展的学习活动。当然,最大的收获还是实施过程中,学生从中获得了学习的乐趣,获得了自主学习的能力和习惯,每节课可能只有短短的10—15分钟,但却成为学生对历史课的惦记。在各种各样的学习活动中,学生的历史学科思维方式以及分析历史问题的能力增长显著,诸如分析、评价、论证等等的问题学生基本上可以自己解决了,这也是应试必备的能力。"历史课堂学生学习活动设计策略"已作为我们学校"提高课堂教学有效性"研究课题的分课题立项,这是我们在新课程改革实施中走出的最坚实的一步。

"一次感动"的原则是我们对新课改"情感态度与价值观"目标的理解和落实,但更主要的还是基于我们对历史教育的认识和那种永不放弃的追求。在我心中,情感是历史教育的灵魂和生命。21世纪之初,我在《历史教育价值论》一书中就写下这样的论述:"我们常慨叹现在的青少年缺乏坚强的意志力,缺乏做人的精神与情怀,精神空虚、无所事事。那么我们反思:我们的历史教育是否触动过学生的情感,他们是否曾经为'卧薪尝胆',为'精忠报国'而感动。"[5]111我们也常常哀叹现代人精神的颓丧,成年人中事业成功的说空虚,失败的也说没有寄托;青少年追星、吸毒,或沉迷于歌厅网吧;诗人们也是大多在无病呻吟,已经很少有人会为自然、为人类的美而兴奋、陶醉,而歌唱了。我们由此也可以想到,当前的历史教育在多大程度上关注了历史情感资源的挖掘和学生历史学习过程中的情感投入和显现。试问:缺失了情感的人还是真正的、完整的人吗?同样道理,缺失了情感的历史就不可能称得上是人类历史,当然也就不可能实现以人为本,达到探求"人之所以为人"的人文教育的目的。

我们在设计每一个这样的学习环节时,力图避免空洞地说教,力图真正走进学生的心里,真正走进历史的生命里。"激情点"(我们通常这样称呼这个学习环节)的设计既要抓住学生的心理需要,但每个设计又必须是根植于历史学科内涵及历史精神的,即从学习内容出发,从历史教育价值出发。那些只是以活跃课堂气氛,以引发学生注意力为目的做法,如见过的有老师以取笑义和团运动中农民取乐、以赞扬和美化西方侵略而标新立异等等设计,学生虽然也动了,也笑了,但我们视其为最拙劣的表演。历史课要根植于历史教育的土壤,历史课有历史课的价值取向,这关乎于国家民族的精神与"文化基因的改造"(借用郭富斌老师的话,感谢)。

客观地讲,在这个方向上我们有困难,特别是在必修二教学中有关"经济文明历程"的内容,很多地方我们只能是营造了一种情境,烘托了一种氛围。如第二单元"工业文明的崛起和对中国的冲击",课题一开始是从空间的东方与西方历史发展展开,代表历史发展主流的工业文明首先从西欧开始,然后扩展到东方的过程,那么在这个过程中,西方历史表现为发展、强大、扩张、侵略;东方历史则表现为被侵略冲击、在屈辱中的探索与发展。我们也设计了一些精彩的"激情点",比如,"炎帝何以成为中华民族的祖先""唐都长安""丝绸之路"等等,让学生走进历史中的人、事,并为之而感动。这些设计尽管还是初步的,但在我心中就像一串珍珠,是沉甸甸的收获。

在此过程中,我也充分认识了自己:在"激情"这个方面是我的弱项,我的课更加理性与平和,简明的叙事与哲理性的分析是我的特色。但我们学科组的严洪禄、张立双等年轻老师则优势明显,讲故事有情趣,有感染力,与他们的合作使我受益匪浅。如今我的历史课堂,看到的不仅仅是学生求知的、敬佩的目光,还可以看到学生的悲与喜,常有与学生眼含热泪一起的感动。莫大的收获!课有了生命,教学成为乐趣。

这20%的努力,这不起眼的"两个一"的原则,使我们走出了课堂教学改革扎扎实实的一步,也改变了在学生心目中的形象:由神圣不可侵犯的权威,变成了与学生一起学、一起乐与悲的合作者。学生不仅仅是信服老师,而且更是亲切,是感情,也自然包括了对历史学习的,对整个历史的。这其实也是学生学好历史、考好历史的重要原因,不是吗?比之强迫甚至是敌对地惩罚学生以让学生背、做题目而获得考试成绩,不是更好吗?

(三)只要有梦想就有希望

到2007年时,我们就已经很有底气地按照新课改的路子走了,特别是在高三临近高考的4月份,我们设计的《大国崛起:让历史照亮未来的行程》(历史组集备,陈国峰老师执教)、《齐鲁史话:荣耀、屈辱、梦想》(历史组集备,李峰老师执教),可以说是把我们的"两个一"的原则发挥到极致,青岛市教研室陆安老师给予很高评价:高三的历史课,能够这样体现新课改精神,很难得,相信高考也会有出色的成绩。

2007年高考着实是个收获,不仅仅是因为高考成绩(我校历史成绩在青岛市统考中稳居前三,高考文综成绩突破历史最好成绩)。与其说是高考成绩,倒不如说是证明了走新路子不会以牺牲成绩为代价,还有学生对历史学科的感受:初中就是划划背背,没有想到历史是这样的,历史课是这样的有意义。

2007年秋以来,我们力求有新的、大的突破,主要的方向是在"模块教学"方面的探索。随着新课程标准的颁布,"模块"作为"单元"和"课"的替代词而被广泛使用。这不仅是形式上称谓的改变,而是从教材内容组织方式到教学组织方式的变化。模块,是为了实现明确的教育目标,围绕某一特定主题,通过整合学生经验和相关内容而设计的相对完整、独立的学习单元。在新课程方案中,模块是构成科目的基本单位。与传统课程中的单元结构相比,模块具有更强的综合性。每一个模块都以一个特定的主题作为该模块组织的核心,模块中的所有内容都紧紧围绕这一主题设置。每一模块所蕴含的主题都指向明确的教育目标,可以说主题是模块的灵魂。而课改开始的这三年中,我们在这方面基本上没有任何突破,从教学设计到教学实施还是按照以往的"课"的模式,按照教材的序列,一课一课地上,而从我们到各地考察学习听课的情况看,大多学校和教师基本上也是停留于这个水平上,这与新课程改革课程设计理念有着很大的距离,特别是缺乏整体上对整个的教学模块的设计。

那么,我们在2007年秋新一学期的教学设计中,首先就是对整个教学模块的教学设计,而确定模块的主题。模块一《政治文明历程》,我们确定了"发展与进步""探索与选择"两大主题;模块二《经济文明历程》,我们确定了"近现代化""全球化"两大主题。在模块之下,再划分若干学习单元,然后进行基于教学单元的教学设计,如模块一第三单元"欧美资产阶级代议制度的确立和发展",我们确定其主题为"西方政治文明进步""为何近代欧美国家选择了资产阶级代议制度""各国分别做了怎样的选择"。据此,教学设计的各个环节,如学情调查、目标设计、教学内容的优化整合、教学活动的安排、评价设计等都要从专题和主题出发,有整体和系统意识。

模块教学设计改变了以往以"课"为单位的无序、凌乱学习状况,特别进行到模块二《经济文明历程》时,我们的教学以及学生的学习真正感受了模块教学的优势:整体的、有序的学习模式。从"全球化"的主题出发,我们把整个的必修二整合为"孤立分散的农耕文明""全球化的起点(15—17世纪)""资本主义世界市场体系的确立(19世纪工业文明的产物)""冲击与混乱(20世纪上半期战争与危机的冲击)""重组与重建(二战后资本主义体系重建)""全球化加速(20世纪90年代以来的发展)"六个阶段,也就是六个可操作的学习单元,但这六个学习单元都是围绕"全球化"这个主题,揭示这个主线在特定时期的发展特征以及对这个特征的分析认识。如其中单元二的相关素材是教材中的"新航路的开辟""欧洲早期殖民扩张"等内容,我们的教学设计就确定在这个"起点"上,学习活动的设计要让学生体验感受1500年前后世界经济发展变化;分析这个"起点"的动力、原因;认识西欧在这个过程中的作用及其影响。

模块教学设计也真正明确了和凸显了历史学习的意义,使学生更明确其学习的主题,抓住世界经济发展的发展趋势和发展规律。特别是我们在六个学习单元后特意增加的学习单元七"全球化下的中国",更深化了模块二主题学习的意义与价值。我想,这应该也是高考命题的宗旨与方向吧。从课程标准(还有考试纲要)出发的明确的学习主题与学习单元,清楚的主干知识与学习活动,适当的答题能力训练,考试也是舞台。

看,仍说到考试上来了。没办法,谁让我是历史老师呢,而且还是高三历史老师,有哪个学生及其家长不要考试成绩吗?那我就天天给孩子们讲郭永怀!

活出人生的精彩,教出历史的生命

这是本来我想写的题目,也是目前自己作为历史教师以及在教学实践中的心态、状态。但想到这个现状来之不易,且曾经的困惑依然随处可见于我的同行们。所以,又加上了之前的挣扎与跋涉,名字也就改成了"走出应试的沼泽地"。

我做过专职的历史教研员,因工作调动,又回到高中历史教学的第一线。我有两个最大的感受:教研员工作是一座桥,从事形而上的教育教学研究者和从事形而下的教育教学实践者之间的桥梁,这是个机会,我相信有这种机会的人不会很多。又再次进入"那片沼泽地",如果有人问:你现在走出了那片应试的沼泽地了吗?我会实事求是地回答:没有,但我看到了前方的路和山,自己的脚下已经足够坚实。

(一)教书:教有生命的历史

从 2002 年调入青岛开发区一中至今,我大部分时间是从事高三历史课教学,肯定面临着升学的任务以及提高历史高考成绩的任务。而且,从目前考试方式以及命题技术看,着眼于考试的教学与着眼于学生发展的教学是不可能完全统一在一起的;有人说提高了应试能力也就发展了学生素质,那肯定是为应试的做法辩护。

这一时期,作为"名师",而"作品"明显少了许多,特别是教辅方面的文章和考试辅导材料基本上是放在了一边。因为要备课、要上课,况且,当你树立起了一个新的认识,形成了一种新的教学理念后,再走上讲台,再面对一张张有生命有活力的面孔,你就不可能再按照原来的路子走了。做教研员工作的时候,常有人说是"站着说话不腰痛",那么我现在可以负责任地说:"无论是站着还是坐着说话都不腰痛。"也正是回到高中历史教学第一线的这几年时间里,我完成了关于课堂教学和历史教学评价方面的几篇文章,特别是我个人独立完成的历史教育专著《历史教育:直面生命的追寻》,确是我人生沉甸甸的收获。当然,更重要的收获是真正体会到了从事历史教育教学的快乐,并从学生的收获中体验到历史教育教学的真正价值。

当前情况下,一线教师面临着两个选择:一是顺着老路子走,只要抓住了历史知识,抓住了历史试题的训练,考试成绩肯定是没有问题的;二是借助新课程改革的契机,更新观念,改变死气沉沉的历史课堂。

虽然,特别如学生爱听的感人的生动的人物、故事,我知道这些教材上没有讲,考试不会考,但我无法拒绝为我的学生讲如此有生命力和生命感染力的历史。我相信,我的学生背过的很多历史知识他们也许会忘记,但不会忘记如郭永怀等的鲜活的人和事;我相信,很多学生会认为他们学了很多没有用的死的知识,但他们决不会说这样的充满活力的课堂没有用。

哪怕是关于高考研究方面的交流与讨论,我在发言时总是会强调一点:要善于务虚。中学教育有自己的实际,特别是高三,不可能没有高考。应对必须回答在试卷上的试题,掌握课本上的知识以及进行针对性的模拟训练是最有效的方式。其实,适当地使学生从教材与习题中走出来,进行些精神和情感方面的调节,是提高学习效率、完善学生人格的很好途径。善于务虚,让学生喜欢历史、喜欢历史老师,并从中获得精神力量,是我喜欢的,其实也是我任高三历史教师的一个经验。

(二)读书:读出历史的生命,走出狭隘的心理与偏见

生活离不开读书,教书更离不开读书。由于在读书方面的"先天不足"(中学时期读书太少,基本上是零起点),所以从事历史教学至今,好像总是在为了用而读书,但无论是读书的面,还是读书的收获,可以说是越读越宽,对历史的认识、对教育的认识乃至对人生的认识,也在读书的过程中变化着。

1. 读历史

历史专业书籍一直是我作为历史教师读书的主体。不知是读书促进了自己历史教学视野的拓展,还是自己对历史教学认识的变化而改变了自己读书的方向与感受,在读历史专业书籍方面,对历史的理解以及看待历史的角度也一直在变化中。

与自己对历史教学的认识一致,最初读书就是为了备课和命制试题。一开始读吴于廑等编著的《世界史》(六卷本)就是这样,读出了什么?读出了题目:受启发或者是作为材料命制了很多历史试题;读出了历史问题:解决历史教科书上问题的观点及思路。现在想来,并非止于此,正是在这个基础上开始了自己独立阅读、学习及认识世界历史的过程。本书凸显的近代化的历史发展研究视角以及在全球发展及全球一体化发展的视野下分析历史问题的方法,也是我如今观察和思考历史问题"人类文明演进角度看历史"和"从宏观世界历史发展即全球一体化角度看历史"方法思路的启蒙。后来又通过读斯塔夫里阿诺斯著《全球通史》、金重远著《20 世纪的世界:百年历史回溯》,在史观方面(近现代化、全球化、文明演进等)以及结构、内容方面开阔了视野,深化了认识,从而保证了在教学素材选择与教学设计方面,在问题分析评价方面游刃有余。

如果说读世界史方面的著作时理性多一些,那么读中国近代现代历史方面的著作时则是感性多一些。近代史方面,陈旭麓先生的著作读得最多,影响也最深。一开始读其《近代中国八十年》,几乎完全是因为其清新的文笔以及对历史动情的叙述,注重对细节的描述以及对历史情感的关注而被吸引被感动。到读其《近代中国社会的新陈代谢》时,则是将情感投入和理性思考有机结合并充分地释放出来。与其说读史益智,倒不如说是心灵的洗礼,伴着陈先生的文字,伴着中华民族观念与思维的一步步突破,真切地感受到了自己情感的触动与心灵的解放。曾经的"天朝上国"的傲慢与对西方国家"小夷"的偏见,基于西方工业革命的强大力量和坚船利炮的攻击,"闭关自守"守不住了。在与西方打交道的过程中逐渐认识到西方的强大与先进,逐渐由"夷之长技"到"西学",这是我们民族心理的一个重大进步,是由狭隘的、封闭的小农思想意识到顺应资本主义近代化潮流的跟进。这个变化的发生,有着强大的外部力量的推动,也有着我们内在的主动学习与升华的强大内驱力。在这个变化中,我们的进步不仅仅在于学习到了多少西方先进的东西,而更重要的是开启了中外交流的大门,使我们的国家民族不再是封闭的、保守的和自大的。但后来的历史进程中,我们又曾经走入对西方的崇拜与迷信中,认为西方的就是先进的,中国的就是落后的,其中以新文化运动对中西文化的看法最为典型。这种心理与心态一直延续到现在,在对待西方文化与中国传统文化问题上的"左"的或者"右"的看法成为我们民族健康发展的羁绊。

在陈旭麓先生的视野里,我读出了中华民族的奋斗,读出了中外文化的碰撞与交流,读出了中华文化的蜕变与升华。有悲痛,有屈辱,但没有丝毫的沮丧。

受北京市第二中学李建红老师的启发,阅读了美籍华人史家徐中约教授的《中国近代史》,应该说是第一次读出感动、自豪。在徐中约教授眼中,近代中国是"中华民族的猛然醒觉",经过了"一个古老儒学帝国无比艰难,蜕变为一个近代中国"的历程,那是一程多么令人惊心动魄的路途。而作者超越意识形态、阶级、政党、种族和文化的眼光在向我们传递一种宽容与大气的同时,还向我们提供了一个更为广阔而深邃的思考近代中国的视野。徐中约教授讲近代中国是在讲中国的奋斗,更站在世界文化的高度讲中国的现实与未来。如第六版序言所说:"从文化的意义上来说,中国可以被看作是中华文明的继承者,而美国则是西方文明的现代化身。他们以前所未有的方式相互碰撞。通过影响、融合和适应,这种碰撞既可以使原有文化扭曲变形,也可以使原有文化得到充实提高。"

无论是中学还是大学,从教科书或者老师那儿得到的知识都显得是那么的单一,因而对历史的理解,对教学乃至生活的理解未免流于简单而刻板。从这些书籍中,我真切地感受到,所有的历史都是当代史,所有的历史都是自己的历史。直面历史,勇于承担历史,以第一人称走进历史和经历历史,防止陷入个人的、民族的、阶级的局限而导致狭隘的意识,是我们历史教学抑或自身发展切切注意的。

我们要读真实的历史,读人的历史,读有生命的历史。

2. 读教育

教育是什么？大约是1996年的一天齐健老师问到我这个问题时,首先是不以为然(我已经从事教育事业五六年了),然后是支支吾吾说不出个所以然。我想,这应该是我读教育的起点。

买书,读书！恰好在这个时候参与有关教育的研究课题(前面已提及),更深感作为教育者,脑子里除了历史知识及原有的教学路子,对支撑其教育教学的基础理论茫然无知。参加课题研究,听报告,是学习,更主要的还是要读书。

首先是读教育学、心理学方面的书籍、文章。读林崇德《发展心理学》,读叶澜《让课堂焕发出生命活力》,读袁振国《教育新理念》,读钟启泉《现代教学论发展》……读夸美纽斯《大教学论》,读布鲁纳……正是这些积累,促生了自己教育教学观念的蜕变,在理解历史的基础上进一步理解了教育,也使自己对教学的目标追求由专业逐渐转移到对人的教育上、如何实现学生的发展上,由此形成了读教育的习惯。进入21世纪以来,从个人读书或者买书数量看,教育理论方面的书籍已经大大超过了历史专业书籍的比例。

其中,褚宏启教授所著《走出中世纪——文艺复兴时代的教育情怀》对我影响很大,重要的是,使我对教育的学习与思考置于历史发展过程中,能够从历史发展的角度,从社会环境来看教育。因此,教育不再是一个单纯的生理心理的现象,而更是一个社会问题,是特定历史发展条件下人的发展问题。

从教育的视角看教学,从社会发展、从人的发展角度看教学,从而使自己对教育教学形成了相对清晰的认识。2000 年,我主持临沂市《沂蒙教育》的"现代教育视线",发表了《人的发展与人的解放》等文章;2001 年,在《创新教育》杂志发表《教育与创新教育浅析》一文,阐述了我对教育的理解:"教育的本义是解放""解放人的心灵,解放人的思维",这从根本上改变了对教育是"塑造……人"、是"教会学生……"等等主观的看法,使我真正认识到教育的主体是什么,教育的本义是什么。

那么,什么是历史教育呢? 从 2001 年开始,受齐健老师之托着手写《历史教育价值论》中的"人文教育:历史教育的本义",并承担山东省重点课题"历史教育与现代人的发展"。在此后大约三年的时间内,思考与学习聚焦在探究历史教育的本义方面,读书的方向也主要集中于这个方面。读本专业书,如赵恒烈著《历史学科的创造教育》、赵亚夫著《中学历史教育论》等等;更重要的是读相关的人文科学领域的书,如杜时忠《人文教育论》、姚全兴著《生命美育》、沈善洪、王凤贤著《中国伦理学说史》、何怀宏《文学是什么?》、"中国大学人文启思录"编委会《中国大学人文启思录》、葛剑雄著《历史学是什么?》、李泽厚著《美学三书》……

历史教育,特别是中学历史教育,本质属性是人文教育,是非功利的、直指人的心灵、情感与思维方式。学习历史对绝大多数青少年而言,主要不是为了成为历史学家。所以,实现由学科本位到学生本位的转变、由引导学生学习和掌握历史到通过学习历史而实现自身发展的转变,是回归历史教育本义,实现历史教育本真价值的关键。

读历史,读教育,读历史教育,是理论的,也是实践的。特定阶段的工作方向决定了我读书的范围,这也是我个人专业成长的见证。到 2003 年秋我们进入国家基础教育新课程改革,之前的学习好像就是为此而做的准备,而改革的探索也就成了这个学习的实践与提升。2007 年,我的《历史教育:直面生命的追寻》出版,既是这个学习过程的总结,又是新课改背景下的实践与升华。学习积累使我能够更好的理解课改,如第五章"新课程改革对人文追求的回归";而课改实践是又一个挑战,在此基础上的第六章"构建人本化的历史课堂教学观"和第七章"构建人本化的历史教学评价观",使我理念中的历史、教育、人的发展与时代进步有机结合起来。

40 岁,读书,教书,生活与工作,走到这儿,有失落,有收获,不后悔。

3. 读社会

现实是历史的延续,无论是对历史的理解还是面对高考中的文综试题,历史教育都要很好的体现时代性、现实性。所以,历史教育者的认知储备一定要延伸到当今社会现实以及当今世界发展。读书,新的,时代的,实用的,这对我这个从事历史教育(以历史实现对人的教育而不是历史的专业学习)的人来说还是够用的了。但我也深深地感觉到自己在传统历史著述了解方面的欠缺,中国古代史的内容,乃至于《史记》《资治通鉴》之类的经典著作,也只是大学时修得皮毛而已。每每想到我大学时能够将《史记》"倒背如流"的安作璋老师以及中学时能够引经据典的刘瑞滋老师,我都深感惭愧。没办法,努力去补吧。看《论语》《孟子》,看《史记》《资治通鉴》,看儒家文化,看中西方哲学,活到老学到老吧。猛然发现,看传统文化,增强文化积淀,这竟是我生活与教学提升的一个生长点,以后该是我课堂教学的一个亮点了。

(三)生活:将生命追求注入职业,成就教育事业,活出人生的精彩

谈到目前基础教育应试的弊端,我们总是习惯于推脱说这是体制造成的,这话有道理,但在目前形势下更容易成为我们教师走不出应试的"蜗牛居"的借口与阻力。教学就是生活,历史教育就是我们生活的寄托,或者价值的体现。历史教学和学生的成长已经溶于我们的生命里、血液里。所以,教学中的收获、快乐,自然就是人生的收获与快乐。

长期工作在中学教学第一线的教师,特别是担任高中教学的教师,在考试的重压之下,往往会迷失在应考和备考的过程中。在当前教育改革中有个叫得山响的口号:"一切为了学生,为了学生的一切。"诚然,在这里强调了学生的主体地位,但却是忽视了教师作为生命个体的价值与尊严。传统教育常常以"红烛""人梯""园丁"来比喻教师,赞扬其默默奉献,牺牲自己,举起别人的崇高精神,而这也成为几代教育者追求的最高境界,他们却在赞誉声中忍受牺牲的无奈。

常常听到或者看到这样的报道:某某老师如何忍受病痛折磨坚持为学生上课、批改作业;某某老师自己的孩子发烧40度以上,依然坚持为学生们上课,等等。试想,如果连自己以及孩子的生命都如此漠视的教师,如何能够珍视和尊重学生的生命价值。或许这些报道是真实的,但也值得深思。作为一名教师,我强烈感受到:教师自身生命意识的觉醒,应该是生命教育,实现学生生命价值的前提。教师在成就学生的同时也在成就自己,是和学生的共同成长。因此,教师应该在重建和反思自己职业意识和职业行为的基础上,努力成为自觉创造教师生命的主体,成为充满生命活力的自我主体。

教师生命的意义与价值是在教育推进的历程中显现并得以成就的。长期以来,教育忽视了教师自身的体验和感受,少了情和爱的获取和注入。少了情感的交流,而以单纯的责任来诠释教师职责的全部,这就容易让教师产生一种被尊重的内心需求,一种高高在上的姿态,一种潜意识里对师道尊严的渴望。于是,教师的权威作用发挥得就要过分了,有时候,教师的这种作用就成了一种桎梏、束缚。教师的生命意识,既包括教师对自己的生命和学生生命的热爱,也包括学生对自己的生命和对教师生命的热爱。这首先要求教师能对生命的意义有真切的感悟,只有在对自己生命的充分理解和充分把握的基础上,才有可能向学生做出生命意义体现的表率,才能对学生的生命负责。同时,热爱生命的价值追求还体现在师生相互热爱中,唯有如此,才能探求生命的真意,在爱他人中,自己的生命才能获得真正的提升。

只有教师自身生命意识的觉醒,才能用生命去温暖生命,用生命去激活生命,用生命去滋润生命。而教师自身生命意识的觉醒,我个人认为从根本上在于教师其生命的价值与尊严得到社会和自身的认可。安徽省无为县襄安中学语文教师赵成昌在《我为什么无力反抗呆板的教学》中认为,现实的教育教学与自己向往的教育教学相距遥远,而且他感觉自己无力突破,因此备感失望和孤独。很多人认为这是"说出了很多一线教师的心里话"。为此,《中国教师报》记者采访了《不跪着教书》的作者吴非(南京师范大学附中语文教师王栋生)先生。吴非认同当前的中学教育弊端重重之说,也认可社会环境以及体制方面的问题对教育和教师的制约。但他同时认为,教师是可以有所作为的,让我们记住他那掷地有声的言辞:

"我们的职业任务是培养人,培养一个个活生生的人,男人和女人;这些人同时是公民,是劳动者;以后还将是合格的父亲和母亲……无论从哪个角度去定义他们,自尊都是其基本要素;而作为教育者,我们首先必须要有尊严。可以这样说:专业水平略差一些,可以期待在工作中慢慢发展;而如果一位教师没有尊严,危害将是不可估量的。"[9]

不跪着教书,用生命教书,用自己生命的尊严支撑起我们的职业,也才会成就我们的教育事业。我个人认为,作为教师,什么都可以没有,但不能没有尊严,不能没有生命的活力和生命的追求。

没有大海的博大,还有小溪的优雅;没有山峰的挺拔,还有小草的刚劲。历史教师这个职业或许不能让我们成为参天的大树,或许成就不了伟大的事业,但精彩人生永远都不拒绝平凡。

---

[1] 朱自清.教育的信仰[M]//朱自清全集.南京:江苏教育出版社,1990.
[2] 齐健,于青松,李付堂.中国近现代史知识体系概说:高中历史知识体系之二[J].中学历史教学参考,1997(1/2);/李付堂,朱现宝.近现代中国社会经济专题知识体系概说:高中历史专题知识体系(五)[J].中学历史教学参考,1998(3).
[3] 李付堂.历史教育:直面生命的追寻[M].北京:光明日报出版社,2007:216.
[4] 李付堂.对目前历史教育的追问与感悟[J].中学历史教学参考,2003(5).
[5] 齐健,赵亚夫,等.历史教育价值论[M].北京:高等教育出版社,2003.
[6] 任鹏杰.思想何以敢入地狱窥视:读罗素《论教育》[J].中学历史教学参考,2008(12).
[7] 叶澜.让课堂焕发出生命活力[M]//解读中国教育.北京:教育科学出版社,2000.
[8] 吴磊.小组讨论法在历史新课程教学中的有效运用[J].中学历史教学参考,2007(6).
[9] 王栋生.不跪着教书[M].南京:江苏教育出版社,2006.

(本文选自《中学历史教学参考》2009年第5、6期)

「教育是"人"事,即由人(教师)来做,帮助人(学生)成长的事。因此,做这件事的人,当有一个由广博而精深的学科知识支撑的专业世界和一个由善良、平等、独立、民主、关爱组成的健全的人格世界。」

赵利剑 北京四中历史学科正高级教师,北京市特级教师。曾兼任首都师范大学全日制教育硕士特聘指导教师;现任北京师范大学珠海校区历史学科兼职教师,北京市西城区教育学会中学历史专业委员会理事长,北京市西城区中学教师系列高级专业技术职务任职资格评审委员。著有个人教学专著《历史:一堂人文课》,2012年由教育科学出版社出版;参与普通高中课标教材编写(选修《20世纪的战争与和平》);在《历史教学》《中学历史教学参考》《北京教育学院学报》《北京教育》等期刊发表论文十余篇;参与主编《新世纪中学生百科全书》并负责其中历史部分条目撰写(约25万字),1997年8月由中国大百科全书出版社出版;所著《历史应该这样学》(共4册)2023年由天地出版社出版。

在 路 上
——一位中学历史教师的行与思

○ 赵利剑

伴随一年又一年中学历史教育的实在践行,17年回首来路,确已走过了一段颇为颠簸的路程,令人不能不带着多重切肤感受,要求自己去尝试静心回望,将一路上点滴汇聚而成的各种收获悉心清理,作为来时继续探索前行的财富。

在这十数年的磨砺中,有疲惫、颓然、无序的迷惑,更有自然累积生成的感动、欣然、愉悦以及些许明晰与领悟。回望中,自是一番阳光沐浴下的享受与昂然,亦有直觉中最为踏实和得意的成果——尚可为一站稳中学历史课堂之师。得意之余,忽有惊悚——真真站"稳"否?于是急寻其意,竟得"稳"字众多内涵丰富之词。细细品读,前日、今时与来日竟都可囊括在"稳"之意境当中,全成一生为师所望:

稳当—稳实:稳固妥当、稳当踏实

稳重—稳慎:安稳沉着、稳重谨慎

稳健—稳练:稳当有力、稳重娴熟

稳厚—稳协:安稳沉着、工稳协调

度量己身,17年来似是已历"稳当—稳实"阶段,正值力行"稳重—稳慎""稳健—稳练"时期,终期达成"稳厚—稳协"所愿。

"稳当—稳实"之所历

基于自身的性格底色,工作和生活中的我日渐倾心于稳扎稳打的实在感,希望获得一种脚踏实地的安心体验。回顾这一感受的获得过程,着实应该感谢与我一同走过学习历程的每一届学生,感谢北京四中这块学术沃土,感谢诸多同道之人的学术磋磨,也要感谢自己对专业始终如一的倾心挚爱。

记得当初来四中时,曾对同窗学友吹嘘:"以本人之三寸不烂舌,两行伶俐齿,一定能

'骗'住四中学生。"殊不知,四中学生是不好骗的。在第一个班上课时,我就领教了北京市顶尖高中生的厉害——一位对历史颇有兴趣的学生,在上课时一边读着克劳塞维茨的《战争论》,一边对我的提问对答如流。而对他上课看课外书的行为我却没有勇气制止,因为那本书我没有看过,而我课上提出的问题和讲述的内容对他来说却似过于肤浅,使之过剩的精力必须寻找其他的发泄渠道。这迫使我必须去思考:在四中学生的心目中,什么样的老师才是好老师呢?我想,对于不同的学生会有不同的答案,但有一点是肯定无疑的:无论是年轻还是年长,无论是严厉还是慈祥,无论是班主任还是科任教师,如果他没有深厚的学术功底和丰富的专业知识,他至少不能算是个好老师。尽管当时的我自认为与学生沟通有一些优势——接近的年龄、共同的兴趣爱好、一些问题上的共同看法等等,但我知道,这些条件都会随着年龄差距的加大而逐渐丧失,而能够永远让我和学生之间的沟通渠道畅通无阻的,将是我的专业。否则,"以己昏昏,使人昭昭",总有一天会被四中,特别是为四中的学生所抛弃。因此,我必须使自己成为一个博学的人。

从此,读书成为我生活链条中不可或缺的重要环节。随着教育教学任务的加重,自己的业余时间越来越少,但读书时间对我而言却是个常数。十数年中,读书成为我首选亦几乎是唯一的业余活动,尽管这需要我付出一定的代价——大学时代的一些业余爱好(围棋、桥牌等)只能因时间和精力所限而放弃;生活内容也变得相对单一,缺乏情趣。但这些与读书的收获相比,又似乎可以小而不言了,因为读书令我在课堂上的踏实感和自信心愈益增强,不再会为学生颇有专业水准的提问而暗自惴惴,教学语言也能日益畅言与尽意,对各种即时性课堂状况也可应付裕如。

言及至此,我确要深深庆幸自己身处于北京四中这片历经岁月累聚,学术气息无处不在的沃土之上,无论是语文特级教师顾德希先生的出尘、淡定之风,还是李家声先生丝丝入扣的唱诵及其撰述《诗经全译全评》,抑或是生物特级教师郑春和先生以樱花透析日本民族性格,历史特级教师李明赞先生饱阅而坚实的学风,无不令我甚佩之余倍觉修为之路的汇通与辽远。这片弥散着前辈学人严谨与激昂兼备的学术土壤,无时无刻不为我提供着滋养与佑护,令我在安心和感念中始终保有昂扬、奋进的心向;而每一届青春勃发、意气方遒的学生又是我永不懈怠的动力来源;我辈同行和前辈师长孜孜所求的坚韧、放达、谨致,则亦使我在与同行的切磋中备受裨益。当我辈同仁可高扬其声,直抒胸臆时,快哉之余,更觉志同道合,甚幸!甚幸!

至于说到对历史专业的挚爱,则更为吾暗自得意矣。因为这种爱不是"为赋新词强说愁"的矫揉造作,也不是"既来之,则安之"的顺水推舟,而是完全源自内心的情与意。

在我看来,历史首先是一门包罗万象、囊括大典的学科,政治、经济、军事、科学、思想、文化,无一不涵盖在历史学科的范畴中。这里既有金戈铁马、大漠长河的壮丽,也有枯藤老树、小桥流水的凄美。置身于历史的海洋中，无论是臧否人物，抑或是指点江山，都会使人甚有淋漓酣畅、物我两忘的快意。历史又是一门包含有大智慧的学科，它既有不胜枚举让你为之击节赞叹的成功经典，又有俯拾皆是令人扼腕叹息的功亏一篑。了解人类社会发展的规律，寻求当今社会问题的渊源和答案，为未来作出前瞻性的预判，历史以其宏阔而理性的哲圣视野包容与俯视着生生不息的世世代代；探究曾经鲜活的个体生命之所言所行、所思所想，以圣贤为师、与古人为友，找寻吾辈之精神家园和心灵皈依所在，历史又以其深邃而细腻的笔触描画着大象无形、大音希声的人文画卷。无论是大视野之下的人类发展，还是小视阈之中的个体镜像，要想使自己的见地更具穿透力，真正洞悉其中的精神内涵，无不需要吾等老祖宗做学问最为讲求的厚积薄发，即所谓"不积跬步，无以至千里"的要义。作为教师，每天都要面对学生，每天都要上课，也就是说每天都要"发"，这样，积累就变得尤为重要，无有生长，何来勃发？而真正生发的种子自是需要沃土涵养。继问：自家能够涵养种子的沃土何在？面对博大精深的历史学科，其沃土正是能够驾驭其间的深厚学养。而于我，则唯独此学问上气虚神怯、乏善可陈，心中甚有对西城区教育研修学院院长、历史特级教师齐渝华老师曾言的"不要让历史教师成为历史教学的罪人"一语的忐忑。于是，面对历史，蛰伏起来，扎实、浸润其中，成为我内心实实在在的诉求。我企望自己能在这样的沉浸中不断厚实起来，日益稳健起来。

"稳重—稳慎""稳健—稳练"之所行

以我的认知，厚实、稳健的俱有需要循着两条重要路径探得：一是在长期教学实践累积的感知与领悟的基础上，追寻实践背后令自己更为心安理得的精神理路，为自己的所行所思找到皈依的精神家园；一是带着这种内心的回归感重新理性地走进实践，日渐清晰、洞明自己的师之所为。

◎理路探寻◎

面对当前这样一种数十载鲜见的对中学历史教师职业生命的激荡，我需要找寻的精神皈依的理路应该来自自身的学科专业——"中学历史教育"，同时也需要以更加宽广的视阈走进宏观教育理论深处，为自身找到心理安然的归所。

走进历史学科专业理论的探悉之路，前辈大师们对于历史研究功用与方法的解析让我这个走进历史之门的懵懂人深觉情之皈依、理之皈依、志之皈依！

在史学研究上，近现代国学大师钱穆先生所著《中国历史研究法》中提出，中国人向来讲史学，常说要有史才、史识与史德：史才——研究历史的能力，"贵能分析，又贵能综合"；史识——认识历史的眼界与见识，"能见其全，能见其大，能见其远，能见人所不见处"；史德——从历史中来的心智、修养，"只是一种心智修养，即从上面所讲之才与识来。

要能不抱偏见,不作武断,不凭主观,不求速达"[1]。

钱穆先生的弟子,当代著名史家严耕望先生在《怎样学历史——严耕望的治史三书》中特别回忆了自己与尊师在探讨"天资"与"成就"的关系时,尊师的观点:"这只关自己气魄及精神意志,与天资无大关系。大抵在学术上成就大的人都不是第一等天资,因为聪明人总无毅力与傻气。"[2]好一个"天资"与"傻气"的解读!吾辈甘愿终生做这非一等天资的傻气之人!

钱穆大师的另一位弟子,历任美国密西根大学、哈佛大学、耶鲁大学、普林斯顿大学教授的余英时先生更是一位著作等身、大志大爱的当代史家。余先生通过其力作《士与中国文化》探寻了中国知识分子传承不绝的精神——坚持信守,知行合一。论及当代知识分子的状况,余先生道出了一种忧思:"一个知识分子必须具有超越一己利害得失的精神;他在自己所学所思的专门基础上发展出一种对国家、社会、文化的时代关切感。这是一种近乎信持的精神。用中国的标准来说,具备了类似'以天下为己任'的精神才是知识分子;'学成文武艺,货与帝王家'则只是知识从业员。但我们不能说,知识分子在价值上必然高于知识从业员。事实上,扮演知识分子的角色的人如果不能坚持自己的信守,往往会在社会上产生负面的作用;知识从业员倒反而较少机会发生这样的流弊。"[3]一番"知识分子"与"知识从业员"的精彩论述,明示了先生对文化价值的剖析与其极富使命意义的史家心志。

言及历史专业研究本身,对于史家的境界,诸位大师也作出了令人洞明于心的剖陈。

当代著名哲学、史学大师牟宗三先生在《生命的学问》中立言:"无论为人或为学同是要拿出我们的真实生命才能够有点真实的结果。"[4]这以全情生命方能换得一点儿真实学问的体认,实在是将治学者应有的心性虔诚捧于知识分子面前,令人不得不踏踏实实做人,扎扎实实做学问。

当代著名历史哲学与历史理论学家、清华大学中国思想文化研究所教授兼美国哥伦比亚大学和德国马堡大学客座教授何兆武先生的相关阐释更为明确:"史学和史家之境界的高下,主要不取决于其占有史料的多寡,而取决于其思想的境界。说到底,是史家的境界决定了史学的品位……历史学所研究的,一是人性所扫描的轨迹,二是历史学本身。历史学可以说是对人性的行程——那是一场永无休止的实验——的反思,在这种反思中,它必须反思这种反思本身,对认知能力本身进行批判的洗礼。于是,我们需要的就是历史的觉醒或警觉性,同时也就是历史学的一种觉醒或警觉性,是史家对于历史以及史学的灵心善感……史学到底有什么意义?老实说,历史本身没有意义,关键看你赋给它什么意义;生活本身也没有意义,它的意义取决于你自己。"[5]何先生所言的"品位""人性""认知能力""觉醒",为史家的"灵心善感"构建了坚实的支撑和依托,也成为吾辈内

心对学问的一份感念和憧憬。

在如此境界之下,一代又一代学人倾心致力于寂寥的史海中,终得一生治学之道。近现代著名史学大师顾颉刚先生谈治学方法的短文《怀疑与学问》已经成为中学生之必修:"经过'怀疑''思索''辨别'三步以后,那本书才是自己的书,那种学问才是自己的学问。"[6]严耕望先生的学术要诀则是"勤、恒、毅、勇、谨、和、缓、定",其治史经验即为"看人人所能看得到的书,说人人所未说过的话"[2]。当代汉语史学界耆宿、美国匹兹堡大学史学系和社会系教授、台湾中央研究院院士许倬云先生更以其犀利、冷静的笔触解析了知识分子应有的风骨与气节:"每个人都有弱点,要认识自己,不要因为欲望而委屈自己……美国现在似乎只有专业人士,没有知识分子;知识现在变成了一种商品,可以卖钱的。人和大猩猩的基因,98%是一样的,就2%不一样。但这2%,是很了不起的2%。1%是语言,另一个1%是抽象。语言那部分不会丢,思考那部分是会丢掉的。很多人把抽象这部分不要了,就去依样画葫芦……我这材料,反正就是破破烂烂的材料,哪怕烧出一丁点火光,值!愚昧、贪欲、恐惧,是人性里三个最大的弱点。人类不能靠心理学、靠宗教去面对,要读书的人、受教育的人启发出一条路,自己给自己找到安身立命之所,可以不慌、不忙、不糊涂。然后,这些不慌、不忙、不糊涂的人,让人晓得,可以有不慌、不忙、不糊涂的时候。"[7]一句"不要因为欲望而委屈自己"真真令人击节感叹——大哉斯言!而他对"人""猩"之间那2%差异的比较和作为人可能丢掉的珍贵的1%——抽象思考的阐释则把人之所以为人的意义明辨得理清情切。对于做学问的心境,许先生的"不慌、不忙、不糊涂"也着实令人神清气朗。

正是在这种人生与治学境界的追求中,才有了大家们与古人点点灵犀的感动和自乐其间的恬淡:

不是我比别人用功,而是因为我的工作和娱乐是结合在一起的。因为不需要在人前证明自己的存在,所以没有寂寞感。我的朋友还有古人呢。

——张弘《余英时:除了获奖其他都没有改变》(《新京报》2007年1月17日)

读书不一定非要有个目的,而且最好是没有任何目的,读书本身就是目的。

——何兆武口述,文靖执笔《上学记》

大家之言,真真应该思之、忖之,咀嚼之、践行之。

言罢史学大师们的心志,作为教育从业者,其"师"之内涵也是必须厘清并植根心底的。联合国教科文组织早在1972年的报告《学会生存——教育世界的今天和明天》中即已提出:"教育的目的在于使人成为他自己,'变成他自己'。"[8]原来,一个生就是他(她)自己的人最终果能成为他(她)自己而不被他人、社会异化,竟是如此之难!原来,教育需要肩负的使命竟是如此艰巨!对此,当代颇具影响力的教育学派——现象学课程理论很是恰当地阐释了教育学的内涵："教育学就是迷恋他人成长的学问。"[9]这一充满灵性和诗意的理解使教育本身极富道德和生活意蕴。而现象学课程理论所言及的人格理想也与联合国教科文组织提出的教育目的十分契合："受过教育的人首先可以被理解为：一个人的认知、思维和行为方式源于他是谁。这样的人知道一个真实的人不只是一个个体、他或她的独立性，而是一个与其他人在一起的关系存在，他因而在本质上是一个伦理存在。"[10]加拿大著名现象学课程理论家奥凯(Tetsuo. Aoki)的概括既关照了个体生命的独立价值，也明晰了个体与群体之间的关系本质，实为精辟矣！

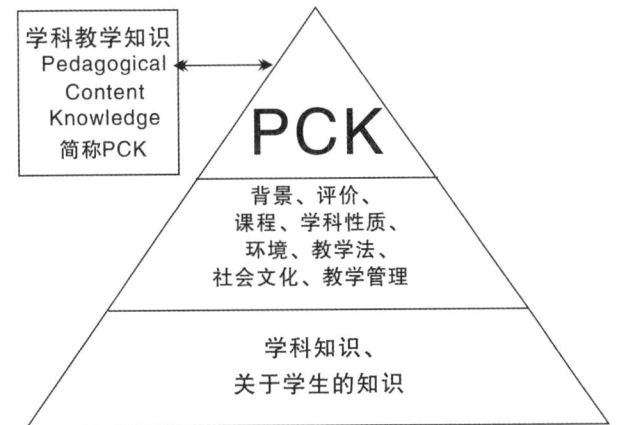

那么，在当今急剧变革与发展的时代中如何达成上述教育理想呢？想来它所要求的将是学识、理性、情怀兼具的专业教师。而既冠以专业教师之名，所需要的专业知识基础框架又需怎样构成呢？这一框架包括：①学科教学知识；②一般教学知识；③课程知识；④学科教学知识；⑤学习者及其特点的知识；⑥教育情境知识；⑦关于教育的目标、目的和价值以及它们的哲学和历史背景的知识。其中，如图中所示，置于金字塔最高层的是听来并不深奥但却内涵深刻的教师"学科教学知识"，简称PCK。

教师PCK的内涵认识：学科教学知识即教师如何将自己拥有的学科知识，在一定教学情境中转化为易于学生理解的表达方式的知识。

教师PCK的核心成分：①一门学科的统领性观念；②特定学习内容的横向和纵向的组织和结构知识；③学生对某一学习内容理解和误解的知识；④将特定学习内容显示给学生的策略的知识。

如果说"特定学习内容的横向和纵向的组织和结构知识""学生对某一学习内容理解和误解的知识""将特定学习内容显示给学生的策略的知识"构筑了日常教学的基本内容和方法的话，那么"一门学科的统领性观念"则成为高踞其上的学科教学价值认定，它包括：①关于学科内容、方法和性质的知识；②最有学习价值的知识；③这部分知识的核心概念及其广泛联系的知识，其中的"最有学习价值的知识"，实为每个为师之人需要全心体悟的核心内容,最能体现出一个教师对自身学科专业价值认知的高度与境界,因此PCK也成为最能区分学科专家与教学专家、高成效教师与低成效教师之不同的标尺。而"关于学科内容、方法和性质的知识"与"这部分知识的核心概念及其广泛联系的知识"则使PCK的表达体现出教师隐性知识显性化的过程及能力。

◎ **实践回归** ◎

带着这些许感悟回到中学历史教育的从教者身份,我希望在谙知自己教育对象的基础上,以自己的方式讲出自己心中的历史。

高中阶段16—18岁年龄段的青年学生,其优势在于朝气蓬勃、积极向上、乐于汲取,对事物的认知较为质朴、单纯,但也不可避免地带有这个年龄段的人固有的弱点,如考虑问题易片面、狭隘,行为时或有缺乏主见的盲目、或有情绪极端下的狂热,自我认知不甚客观,与他人相处中会有不自觉的自我中心感等。仔细思忖,这些问题都是可以通过日常的教育、教学逐步予以矫正或改进的。而在这方面,历史教学有着先天优势,其中可进行人文主义教育的资源丰富至极,倘能充分挖掘,对培养学生以人为本、关照生命、尊重人性的基本素养大有裨益。例如:通过对文艺复兴时期那些闪烁着人性光芒的杰作的分析,可以使学生感受到生命的力量和美;通过对第二次世界大战时期纳粹暴行的揭露,能够使学生憎恶并理性认识暴政、专制和滥杀;通过对林肯、罗斯福等杰出人物的剖析,可以使学生体悟伟人的精神信仰和人格魅力……挖掘人类历史长河中对后辈成长具有人文意义和价值的精粹,正是对"学科教学知识(PCK)"之"一门学科的统领性观念"中"最有学习价值的知识"的有力诠释。而能否深度发掘出这些"最有学习价值的知识",确如何兆武先生所言,需要吾辈自身之"觉醒"和"认知能力",更应有历史教育者的"人性""境界""品位",然最终需要的,则是两方面达成契合的"灵心善感"。在这里,斗胆举拙例以示本人所悟。

【例1】关于"美国独立战争"的讲授

在进行世界近代史美国独立战争这一教学内容时,几经领悟,我梳理出四方面具有重要人文价值的历史认识:①通过美国独立战争背景的讲述使学生明确这是世界上一个新兴民族为争取其独立生存与自由发展的权利而进行的一场正义的民族解放战争。②通过独立战争进程的讲述使学生认识到美国人民在国力对比相去甚远的困境下,凭借顽强的斗志和对国家、民族独立、主权、尊严的虔诚信念,最终赢得胜利。③通过分析1787年宪法基本内容理解资本主义共和制政体的深刻内涵,并深切感受作为一脉相承的国家信仰和治国理念,民主与法治已为当今世界普遍认同。这是美国对世界做出的重大贡献。④通过对一系列领导独立战争的伟大人物的讲述使学生深切感受他们对国家、民族深沉而挚诚的热爱。而且,正是这样一批民族精英对民主、法治的无上信仰,使之确立为鲜明而独特的美国精神。

提炼上述四方面历史认识的内在逻辑,则是彼此密切相关的独立、自由、民主、法治诸词汇,而其背后凝聚的是年轻的美利坚民族对独立、自由、民主、法治无上的、虔诚的信念,以及由此锻造出来的美利坚精神内核。这样的精神内核恰恰符合人类社会发展的必然要求,可以被看作是人类自身走向未来的"天道"。为将这些最具价值的历史认识真正植根于学生的内心,成为他们认识美国独立战争意义的"道",务求合理选择适当的认知角度,并务求实在之素材与恰当之方法,帮助学生达成这些认知。具体实施略。

在这一课设计与实施中,我所采取的方式其实很简单——尽量为学生提供原始材料,为他们创设理解问题的情境,帮助他们根据坚实的材料构建起自主而牢固的历史认识。

【例2】关于"战后的主要资本主义国家"的讲授

【设计思想与教学目标】

本课教学设计的理念源于高中历史课标所倡导的基本思想,同时结合人教版《中国近代现代史》(下册)第四章"两极格局下的世界"第二节"战后的主要资本主义国家"的相关教学内容。在整合相关理念和具体教学内容的基础上,我对本节教学内容进行了符合本校学生认知及学习能力的调整:讲授2课时,本课内容确定为用"西欧"(识记:西欧国家恢复发展经济的措施;联邦德国崛起的原因;欧共体的成立;理解:欧洲联合的基础、目的和作用;运用:以法德和解为参照,总结解决类似国际问题的成功途径)"矛盾与问题"(识记:战后资本主义世界存在的主要问题;理解:马丁·路德·金领导的黑人民权运动的特点)两个子目。本课重在开掘教材内容背后更为深刻的历史过程、理念与途径,从而提升本节教材的使用价值;更重要的是,通过这些资源的挖掘,使学生深入地认识、理解并逐步升华、内化当今人类社会的主题——和平、和解与共同发展(化解矛盾、和平共处、共同发展是当今人类社会发展的必然趋势)。

【教学重点与教学难点】

西欧经济一体化进程中的重要步骤——欧洲煤钢联营;美国的社会危机及马丁·路德·金领导的黑人民权运动。欧洲联合理念解析;美国黑人民权运动中指导思想及斗争途径解析。

【教学环节与内容讲解】

新课导入

教师:【展示图片】欧盟盟旗。

【讲解提问】首先请学生听乐曲《欢乐颂》,然后提问曲作者。

学生:学生观看欧盟旗帜并聆听乐曲。

【设计意图】引起动机并创设本课核心问题的教学情境。

教师:【讲解提问】欧盟盟歌、铭言、欧洲日;有关欧洲日的内涵提问。

学生:倾听并回答。

【设计意图】欧洲日的讲解为后继环节埋下伏笔。

新课教学

一、西欧

1.战后西欧经济的恢复与发展

教师:【展示图片】(1)欧洲废墟-Ⅰ;(2)欧洲废墟-Ⅱ;(3)盟军空袭后的纽伦堡;(4)一位伏在其房舍瓦砾堆上哭泣的妇女。

材料一 现在的欧洲是什么呢?它是一堆瓦砾,是一个藏骸所,是瘟疫和仇恨的发源地。

——丘吉尔(1947年)

材料二 战后西欧经济的恢复与发展

年代	工业年增长率(%)	
1950年	各国平均5%—6%有些则高达8%—10%	
1952年	英	13
	法	29
	意	48
	德国西占区	115

【讲解分析】面对如此艰巨的恢复工作,西欧各国政府采取很多相似措施:首先是大力利用美国的援助,特别是马歇尔计划对西欧经济恢复起到重要作用。此外还加强政府对经济的宏观指导,发展高科技等。二十世纪五六十年代,西欧经济繁荣,以联邦德国为最突出。

学生:观看、感受、阅读、分析、对比、思考。

【设计意图】充分展示战后欧洲破败景象,使学生切身感受其衰落、恢复与发展的迅速,进而深刻认识战争之强大破坏力及社会再生能力之巨大。

2.联邦德国经济发展的原因

教师:【展示图片】(1)仅存大教堂的废墟科隆;(2)迅速恢复与繁荣的科隆。

【分析讲解】政治改革:清除法西斯主义;实行非军事化;美国的扶持;政府制定切实可行的政策;人口素质高。

学生:观看、感受、理解。

【设计意图】以鲜明的对比使学生充分体会德国社会的复苏与发展。

3.西欧经济一体化进程

教师:【讲解分析】谋求欧洲统一已有相当久远的历史渊源。在千余年的发展中,欧洲的政治家和统治者们虽不惜使用强大的武力——古代的恺撒、近代的拿破仑、现代的希特勒,却都失败了。

经过两次世界大战的剧烈厮杀,昔日称雄于世界的欧洲均已降为二、三等国,它们面对的是一个虚弱不堪、支离破碎的欧洲,同时受到来自美、苏的强大压力。长此以往,欧洲将不再是欧洲人的欧洲。欧洲的政治家们发出了新的统一欧洲的呼声。

实现欧洲统一的现实障碍是交恶百年的法德矛盾。为扫除这个障碍,1950年法国外长舒曼提出建立煤钢共同市场的计划。次年,法、西德、意、荷、比、卢六国组建"欧洲煤钢联营"。

【展示图片】(1)舒曼照片;(2)1951年4月在法国外交部签署欧洲煤钢联盟协定照片;(3)吴建民照片。

材料三 1950年5月,法国外长舒曼发表了一个关于"建立欧洲煤钢共同体"的声明。声明主张以法国和西德煤钢工业为核心,把西欧各国的这两个基本部门联合起来,置于一个超国家的高级机构共同管理之下,这就是通常所谓的"舒曼计划"。

——摘自张宏毅《现代国际关系发展史》

【分析讲解】法德和解成为欧洲经济一体化的一块坚实的基石。1967年,欧洲共同体正式成立。有力地促进了西欧经济的发展,增强了同美苏抗衡的能力,保持了欧洲各国长期友好合作的稳定局面,也有利于改善同第三世界国家的关系。

【展示图片】(1)1970年德国总理勃兰特惊世一跪照片;(2)1962年9月5日戴高乐在波恩受到热烈欢迎的照片;(3)法国总统希拉克与德国总理施罗德的亲切见面照片;(4)1967年3月欧共体《罗马条约》签订照片。

材料四 从公元814年到1945年,这1100多年,法国和德国打了多少仗?大仗、小仗加起来73次,大仗23次,意味着什么呢?每50年打一仗,你杀过来、我杀过去,有的时候法国人占上风、有的时候德国人或者普鲁士人占上风。但是1945年之后,欧洲一些有远见的政治家在考虑这个问题,怎么办?继续再杀来杀去行不行,所以当时在1950年的时候,他们就提出来了,法德不再战争。怎么不打了?它们当时就提出来,搞煤钢联营。打仗需要煤炭钢铁,我在煤炭钢铁这个领域里面,联合起来了,联合经营,你说他还能打吗?打不了了。所以……就形成了欧洲煤钢联营。

——吴建民

材料五 承认我们的责任不仅有助于洗刷我们的良心,而且有助于大家生活在一起。犹太人、波兰人、德国人,我们应该生活在一起。

——维利·勃兰特

材料六 双方深信,德国人民和法国人民的结束世仇的和解是一个深刻地改变了两国人民之间关系的有历史意义的事件。

从两国人民安全的观点以及从他们的经济和文化发展的观点,体会到两国人民之间

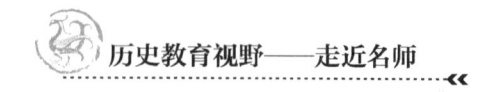

的团结;

特别注意到青年已认识到这种团结,要求他们在巩固法德友谊方面发挥决定性的作用;

认识到两国合作的加强是欧洲统一道路上不可缺少的阶段,而欧洲统一是两国人民的目的。

——法兰西共和国总统和德意志联邦共和国总理的共同宣言(1963年1月22日)

学生:倾听、思考、理解、感悟、回答。

【设计意图】以欧洲历史上曾经的武力一统失败启发学生深层理解西欧一体化的核心凝聚力在于经济一体化;而其重要前提条件则是积怨甚久的法德矛盾如何得以和解。着力分析舒曼计划对西欧一体化进程的深刻意义,启发学生认识其方式不失为他国可以借鉴之成功方式。着力渲染法德和解给两国、欧洲,乃至世界带来的重大影响及对处理历史交恶国家之间关系的积极启示。

4.资本主义世界经济格局的变化

教师:【简单讲解并提问】随着西欧、日本实力的增强,在重大问题上已经不再唯美国马首是瞻。战后初期美国独霸、西欧和日本依附于美国的格局逐渐为美、日、西欧三足鼎立的局面所代替,世界开始向多极化方向迈进。

学生:阅读教材,自行总结。

【设计意图】简化处理,以便突出教学设计中的核心主线。

二、矛盾与问题

1.社会阶级矛盾

教师:【简单讲解并提问】二战后,美国雄心勃勃,但其全球霸权受到一连串打击,如苏联原子弹爆炸成功,打破了美国的核垄断;新中国的成立,迫使美国调整其远东战略;朝鲜战争又给美国以重击。这一切都使美国对所谓"共产主义的威胁"非常敏感,草木皆兵。1950年,共和党参议员麦卡锡指责国务院中"充斥着共产党人",并宣称手中有名单。此后,便到处捕风捉影,任意指控,制造恐怖,政治空气极为紧张。社会学教师如果不骂"共产主义奴役"就有被解雇的危险;辛辛那提棒球红队一度改名;连美国小姐候选人都必须陈述对卡尔·马克思的看法。很多人均遭到迫害和审查。但麦卡锡主义毕竟与美国的民主传统格格不入,1954年,参议院通过了对麦卡锡的谴责议案,后者迅速从美国政坛上销声匿迹了。

实际上,由于战后主要资本主义国家政策的调整,社会矛盾总体处于缓和的状态。

学生:学生阅读教材,自行总结。

【设计意图】简化处理,以便突出教学设计中的核心主线。

2.社会危机

教师:【讲解提问】以美国为例:西方社会不同程度地存在种族歧视问题。20世纪五六十年代,美国爆发了以马丁·路德·金为领导的黑人民权运动。(引导提问,使学生依据材料思考)美国社会中黑人的人权都受到怎样的限制?应采取的斗争方式?原因?

【展示图片】(1)马丁·路德·金的演说石刻;(2)马丁·路德·金墓;(3)1963年8月28日华盛顿林肯纪念堂马丁·路德·金"我有一个梦想"演讲照片;(4)演说现场。

材料七 度尽劫波兄弟在,相逢一笑泯恩仇。

——鲁迅

材料八 马丁·路德·金《我有一个梦想》后半部分(此略)

材料九 啊 朋友 何必老调重弹/还是让我们的歌声/汇合成欢乐的合唱吧/欢乐 欢乐/欢乐女神圣洁美丽/灿烂光芒照大地/我们心中充满热情/来到你的圣殿里/你的力量能使人们/消除一切分歧/在你光辉照耀之下/四海之内皆成兄弟……

学生:倾听、感受、思考、回答。

【设计意图】通过着重分析马丁·路德·金"我有一个梦想"演说的典型材料,逐步得出有关美国社会种族歧视、民权运动的最佳方式、黑人的国家意识、美国社会健康发展与解决黑人人权之间的关系等一系列认识。

3.极右势力沉渣泛起

教师:**【简单讲解】**德国新纳粹出现。日本有人为侵略战争开脱。

学生:听讲。

【设计意图】非主线内容,不做展开分析。

课堂小结

教师:**【总结提升】**教师展望。**【结束曲】**学生再度聆听交响合唱《欢乐颂》。**【展示图片】**欧盟盟旗。

学生:聆听、阅览、感悟、内化。

【设计意图】 借助"我有一个梦想"的余韵引出教师对人类自身不同种族、不同信仰、不同社会制度的人们彼此沟通、理解、包容,最终走向和解、共生的境界。

"和解""共生"理念作为这节课的魂魄,通过教师的多元手段得以扎实于学生心中。作为教学设计者与实施者,我也相信,这样一些人类未来发展必需的理念可以"天道"之尊立于未来社会主人的意念之中。

如果说在理路探寻上我主要感悟的是史家心志与境界,那么在实践回归的道路上,我亦力行扎实积淀,求索史材选择上的人文价值,以图教学立意之高远。在这一路的磨砺中,自觉为师之内心因审慎与坚实而日渐体味到一种沉着和力量,而为师方法也因目标认知明确后千方百计地实现之而变得日益灵动和自如。这种厚实、稳健、练达的感觉实在令余在倍感欣慰的同时,心底深处有了那么一些些小得意矣!当然,这所谓的"小得意"也仅仅只存在于当下的教学实践之中,而对于未来的自己,一种心向似已日渐清晰——继续扎实下来,潜心于专业沃土,尽己所能吸纳为师、为学的营养,在博学之上孜求博识,并使之在内化于己心的同时,外化于己行,以求"理"之真正"懂得"。这是一个身心修为至协同境界的缓慢过程,这一过程将终己一生!

"稳厚—稳协"之所望

博识而致理达于行,终获身心协同——虽为未来之志,但心性臻达于此何其难也!思来想去,虽有前述对史德、史法及史家学问境界的粗浅识读,但实践至此,的确还需得归于对史学本身的追问,方可让心有个安住。然而,于当下之我,似只能以拙力尝试着去囫囵理解当代的史学理论。即便如此,初嚼之中依然领受到身为中学历史教师可以鉴镜的巨大的精神财富。

当代历史学界的后现代主义(Postmodernism)理论学派对历史学本质与使命的剖陈,颇令我有别开洞天之感。兴起于20世纪70年代欧美历史学界的后现代主义(Postmodernism)理论,认为史学不可能像科学研究那样客观正确,因为史学研究的对象与科学研究的对象不同,而且在研究的手段和方法之间也存在着明显的差异;史学研究因为带有史学家自身的思考和理解,所以,史学家的知识结构、认识水准、社会背景和生活经历等都会对其研究产生一定影响[11]。正因如此,人类的经验也可以被无穷地诠释和接受,人们对历史的看法和解释也不会停止,正所谓"物有恒准而鉴无定识"[12]。

在西方后现代主义史学理论渐立的当代,广受中华文化浸润的华人史家也以自身数十载的读史阅世之功,阐述了对历史本体理论的认识。思之,恰与西方后现代史学理论的主旨神似。如前述当代著名史家许倬云先生认为,历史是人类"集体的经验与记忆"[13]。"我是拿历史当材料看,拿别的学科当工具看,这样我就可以用各种工具处理材料。"[14]"历史学研究的对象是人文世界的历史,所以历史学家所追求的不应该仅仅是考订史实,而且还须解答史实背后的人文动机……都是由于有了精神活动,人类才有了文明史或文化史或人文生活史。历史学所研究的,乃是从外在的史实考订深入到他们的内心深处,即他们的精神活动以及人文动机……历史学家必须灵心善感,能够体会到前人精神的深处并把它表现出来……历史学家所要探索的正是前人的'精神'。"[15]这样的认识,使得许先生的史学研究具有了通人的气象。

著名历史哲学与历史理论学家、清华大学中国思想文化研究所教授何兆武先生认为:"所谓历史的意义,只能是读者通过历史学家的再创造所赋予它的那种意义。那种意义又通过读者自己的思想理解折射出来而成为读者自己所体会或者说所赋予它的意义……毕竟事实总是客观的存在,而且人们的理性思维总有其共同的准则。"[15]"历史事件乃是被创造历史的人们的人文动机所驱动的。历史学家本人的思想和价值观也会不可避免地左右着他的看法,更不用说读者也是根据自己的思想和价值观在观看历史学家的著作从而理解历史的……古人的思想和精神可以光耀千秋,直到今天还会令我们感动不已,而他们当时的客观条件却早已消逝得无影无踪了。这表明了思想因素并不能简单地等同于客观条件的反映。而历史的精华则全在于其中人文精神的高扬。而这却不是科学的任务——无论是自然科学的还是社会科学的。人文精神不能简单地认同为或者还原为物质的或社会的某种必然之物。而历史研究的要害,则恰在于对人文精神的探究……如何能了解并传达前人精神的深处,正是历史研究的难点之所在。历史所扫描的那条轨迹,永远是游走于必然与自由之间。"[16]

专家学者所论及的史学意义恰为今日从事历史研究与历史教育的业者明晰了致力的根本目的与价值所在。基本明了后现代主义历史理论的主旨及其积极价值之后,反思历史教育的功能,可以令我们更加深度理解历史教育的重要内容——重要历史史实、习史能力与方法、正确历史认识与意识的形成。诚如何兆武先生站在后现代主义史学理论的认知高度,在对历史学研究内涵进行探悉时,清晰地梳理了历史学的层次——一是对史实或史料的认知(历史学Ⅰ),二是对史实或史料(历史学Ⅰ)的理解或诠释(历史学Ⅱ)。在第一个层次上可有一致的认识,但在第二层次上则常有大相径庭的认识。而历史学之成其为历史学,完全有待于历史学Ⅱ给它以生命。在具体解析历史学Ⅱ包含的内容时,何先生以"科学"与"艺术"的分类方式进行了深具洞察力的阐述,即历史学Ⅱ包括理性思维和体验能力,二者的综合就成为历史理性。"理性思维使它认同于科学(真),体验能力使它认同于艺术(诗)"[5],因此,历史学"既是科学,同时又不只是科学"[5],"历史学的世界是外在世界和内在世界的统一体,我们对外在世界(客观世界)的认识需要科学,对内在世界(主观存在)的认识则还需要科学之外的某些东西"[5]。这些东西就是"心灵体验的敏感性,那实质上有似于艺术的敏感性,即所谓'灵心慧眼'。对外在世界的认识,需要观察;对历史的认识,还需要人生的体验,因此,要真正地进入史学,史家需要以自己的心灵去捕捉历史的精神"[5]。

在"史家用心灵捕捉历史的精神"时,其实也就成就了史学研究与历史教育的一大重要目标——"以史为鉴"。对于"史鉴"能力的内涵,许倬云先生进行了精辟的阐释:"历史固然不会如重放旧电影一般的重现,从人类在历史上累积的经历中,人类的足迹是可以提撷对人类整体更清晰的了解,从而对于自己也更有自知之明。尤其'知道自己'这一点,才是'以史为鉴'的真义。"[17]"历史的借镜就是你能从经验里面汲取一些可以超越自己局限的东西,让自己看事情看得明白,就是智慧了。历史是经验,经验是知识。知识之中,抽离出来的东西变成了智慧,这就是有用的东西了。智慧有深有浅,有高有低,就看个人的经验、造化和愿心了。"[13]如此说来,灵动的历史永远是每个正在生长中的人获得生命智慧的不竭之源。这是一种实在的但却因人而异的价值借鉴,需要通过每个人的悉心体会、领悟,并在不断增长的阅历中更为深入地解读历史,提升其鉴镜之功,正如何兆武先生所言:"如果说第一层次是科学的层次,那么第二层次则进入了艺术(哲学)的境界。第一层次是科学研究,这个过程中价值是中立的。而在第二阶段,自始至终都贯彻着史家个人的世界观和价值观、史家的思想和精神。这时候,对历史的理解,其深度和广度,大抵就取决于历史学家人生体验的深度和广度了。"[5]

作为历史教育的又一重要目标,习史能力与史学方法的习得就成为探明史实、获得真知的拐杖。当然,对于"史实"与"史识"的获得并非采用了相同的途径与方法。获得"史实"的认识方向是向外的,认识重心在历史客体方面,对其判断具有真与假、正与误、是与非的分别。而获得"史识"则是认知主体的内在尺度,认识方向是向内的,认识重心在认识主体方面,对其判断全赖于读者自身的价值尺度,是正当与不正当、好与坏、善与恶、美与丑的判断。而且,"史实"是认识的起点,"史识"则是在此基础上的价值选择与定向,正像人类学家克利福德·格尔兹认为的:"我们迄今获得的有关人的一切知识,都是把人置于他所处环境之中、对他与所处文化机制的关系反复加以描述而逐渐形成的。"[18]所以,"史实"从其功用上说来,应该是具有价值负荷。那么,历史教育的重要内容与功能就在于习得、利用、遵循科学的方法与途径获得重要"史实",并在此基础上获得重要"史识"。当然,"史实"(知识)解决的是现实问题,而"史识"(智慧)则提供心灵视野的突破、精神境界的提升,它可以引导我们去思考和反省,并在此过程中渐具自觉、自主和自由的生命,达到心灵的真正自在。

言罢史学与历史教育的功用,作为从中汲取养分并肩负将这些养分释放、传承于后代职责的历史教育从教者,他(她)所需要的就是向内自我关照的心向与能力了。正如何兆武先生在《诗与真:历史与历史学》一文中认为的那样,当今的学术研究,尽管信息量好像越来越大,但学问却越做越小,其原因不在"技"上,而在"道"上——人的格局越来越小。对于无限丰富的历史而言,史家的知识与见识注定充其极也只能是一孔之见,绝不可能涵摄万象。"任何史家,都必须在自己的无知和无能面前低下头来,只有这样,才能帮助他提高自己的思想境界,才能帮助他提高自己的历史理解。因为,历史理解的深度是以理解者的思想境界为转移的。""一个真正的史家,应当用生命去拥抱学问,学问是我们终身的修为。"[18]由此可见,作为历史教育的从教者,历史学识、方法、能力的研习需要为师之人扎扎实实的踱步积淀;历史之中的理念、意境、情怀的感悟需要为师之人在悉心品味中自然生成;历史学养、境界、心智的提升需要为师之人在身心平和的状态下渐成清朗洞悉的功力。如此历练之后,学识之"经"与修养之"纬"即可交织成个体稳态呈现的"学养",这学养便成为调协人生与和谐生存的凭借。这也正是联合国教科文组织报告中所言及的"实现他的潜能和认为他自己和他的命运是协调一致的想法"[8]。在这样一个缓慢而平实的过程中,行于其间的修为者谨记一理:有道无术,术尚可求;有术无道,止于术。

论及于此,深感师者之艰,更觉师者之幸,"艰"于师者必须兼具学识之"经"的巨大容量和修养之"纬"的深厚功力,这的确需要非同一般的觉性、智慧与胸怀;"幸"为师者一生将与其学生一道共享织就"经""纬"的过程,而且竟然可以奢侈到在循环往复的历程中不断充实、不断体验、不断感悟、不断升华。这样有如天赐的修为机会实在应该令我们每一个为师之人感念与珍惜一生。而对于历史教育的师者而言,这种艰巨感与幸福感更有充盈身心的分量,因为无论是"艰巨"还是"幸福",其内在容量都是其他学科无以匹敌的,这是人类自身数百万年发展历程逐渐累积至今的文明足印,其间的学识与智慧是后继者永无穷尽的滋养泉源。如此的"历史人生"——以历史学识与智慧滋养自身生命,渐成一种宽广的胸怀气象,从容的生活态度,高远的意志情趣,协同的身心状态,臻达于自性无所挂碍的自在境界——以此实实在在地享受生活、享受生命,鄙人之造化矣!

---

[1] 钱穆.中国历史研究法[M].北京:生活·读书·新知三联书店,2005:10-11.

[2] 严耕望.怎样学历史:严耕望的治史三书[M].沈阳:辽宁教育出版社,2006.

[3] 吴小龙.文化价值和史家的心志:读《余英时文集》[J].博览群书,2004(9).

[4] 牟宗三.生命的学问[M].桂林:广西师范大学出版社,2005.

[5] 何兆武.诗与真:历史与历史学[J].历史学家茶座,2007(2).

[6] 顾颉刚.怀疑与学问[M]//人民教育出版社中学语文室.语文:第五册.北京:人民教育出版社,2001.

[7] 许倬云.读书人的虚伪源于欲望[N].北京青年报,2008-02-18.

[8] 联合国教科文组织国际教育发展委员会.学会生存:教育世界的今天和明天[M].北京:教育科学出版社,1996.

[9] 马克斯·范梅南.教学机智:教育智慧的意蕴[M].李树英,译.北京:教育科学出版社,2001.

[10] 大卫·杰弗里·史密斯.全球化与后现代教育学[M].郭洋生,译.北京:教育科学出版社,2000.

[11] 杨共乐.后现代主义与后现代史学[J].史学史研究,2003(3).

[12] 刘知几《史通·内篇》"鉴识第二十六"云:"夫人识有通塞,神有晦明,毁誉以之不同,爱憎由其各异。盖三王之受谤也,值鲁连而获申;五霸之擅名也,逢孔宣而见诋。斯则物有恒准,而鉴无定识,欲求铨核得中,其唯千载一遇乎!".

[13] 许倬云.从历史看人物:在台湾洪建全基金会敏隆讲座上的讲演[M].桂林:广西师范大学出版社,2007:167,169-170.

[14] 许倬云.平生所学,未负师友[N].新京报,2005-11-16.

[15] 何兆武.对历史学的反思:读朱本源《历史理论与方法论发凡》[J].史学理论研究,2006(4).

[16] 所谓"历史永远是游走于必然与自由之间"是何兆武先生对历史两重性的哲学认识。历史的"必然性"是指客观规律,历史的"自由性"是指人的主观创造。因此,历史研究既具有科学性又具有人文性。见何兆武.对历史学的反思:读朱本源《历史理论与方法论发凡》[J].史学理论研究,2006(4).

[17] 许倬云.为何要有历史学[OL].史学研究网,http://www.3hresearch.com/ShowArticle.asp ArticleID=287.

[18] 盛宁.新历史主义·后现代主义·历史真实[OL].国学网中国经济史论坛于2003-7-28发布,http://economy.guoxue.com/article.php/1329.

(本文选自《中学历史教学参考》2009年第12期)

「问道历史教学，就是一个去追问、去寻找、去接近的过程。虽不能至，然心向往之。问道历史教学，让我们充满敬畏，值得我们拼尽一生的热情和智慧，去无限接近这座远方的灯塔、心中的圣殿！」

刘庆亮 正高级教师、山东省特级教师、省教学能手、省兼职教研员、省高层次人才、省五一劳动奖章获得者、齐鲁文化之星等。受聘为教育部"国培"专家、全国统编教材培训专家、省级工作坊主持人、省级学科基地首席教师、齐鲁师范学院和曲阜师范大学特聘教授、"济南名师""青岛名师"工程导师等。出版6部专著，发表论文200多篇。

不断的反思与突破
——我专业成长的节点

○ 刘庆亮

我是《中学历史教学参考》的老读者,自1992年参加工作以来每年都坚持自费订阅。从"走近名师"到"师路花雨",诸位名师的文章每期必看,对他们的成就和思想佩服之至,故在接到邀约要我写一篇自己专业成长的文章时,大有受宠若惊的感觉。诸位名师要么是从上大学时就立志当教师,要么是自幼就酷爱读书,要么是工作伊始就成绩斐然,所以我惭愧得很,这些方面可以说一个也不具备。有位领导曾这样点评我:从"丑小鸭"一步步蜕变成"白天鹅"。然而自我思忖,二十多年专业成长的节点是:不断的反思与突破。

从坐不住到坐下来

在刚走上教师岗位的头几年,我一直很不安分,工作干得十分糟糕不说,还先后受到三次严厉处分,而且一次比一次严重:第一次是我带的班级上高三时把我换了下来;第二次是差点把我调离教学一线,安排到后勤干职员;第三次是在岗位聘任时给了我一个试聘的警告。

说实话,这事儿不怪组织无情,怪自己有错在先:我当时根本坐不住。首先,一开始很不喜欢教师这个职业。大学毕业时,我们班有一半同学被分到了行政部门,另外一半到了教育系统,而我就是这另一半中的一位——回到母校当了一名中学历史教师。当时有句无奈的话:只能是社会选择我,而我却不能选择社会;更有句悲催的话:男怕选错行,女怕嫁错郎。20世纪80年代末90年代初,教师这个职业正处于"熊市",工资和待遇都比较差,远远赶不上县城一些国营企业职工的水平。住房也解决不了,有很多教师工作了十多年,却仍然住在一间十几平方米的小平房里,而我后来真就是在这样的小平房里住了足足九年。很多女教师找对象都是争先恐后地找外单位的,男教师没办法只好"自知之明"地再朝下找,并且还得让人家挑三拣四地磨叽上半天。其次,我爱好比较广泛,可就是不喜欢读书。大学期间,当同宿舍里的几个兄弟忙着考研苦读时,我却把主要精力放在书法上,课上课下就是一个事儿:练字。同时,还呼朋唤友地成立了一个学生书法社团"新竹书社",忙于各种大大小小的活动,书法比赛的大奖也获过不少。毕业前夕,还举办过个人书画展。参加工作后,当时所在县内外书画界的朋友我几乎都认识,经常出去"以书会友"。班级管理一是靠不上,二是没经验,三是脾气好镇不住,结果可想而知。教学方面,学生倒是非常喜欢我的课,自己也一直颇为自豪,可就是不出成绩!究其原因,是自己一直非常追慕大学期间给我们上课的那些老师,广征博引,神采飞扬,引经据典,妙趣横生。因此,我就刻意追求课堂的趣味性、生动性,每次上课什么都不带,空手到教室,在学生看似崇拜的眼光中,潇洒地在讲台上眉飞色舞、滔滔不绝,却忽略了课堂的实用性和扎实性,结果成了"花拳绣腿",最终只得自食其果。

头三脚没踢开,结果却被踢了三脚,可以说是丢人丢大发了!有个寓言故事好像就是专门编给我的:一个夜行者,不慎在森林里掉进了猎人诱捕猎物的陷阱里。好一阵折腾之后,仍然没能爬出来。于是,就地坐下来休息,想等着天明之后再想办法。这时,突然又有一个夜行者也不慎掉了下来。出于本能,他也是不断折腾着要爬出去。第一个夜行者一直在旁边看着没吱声,后来实在忍不住了,就说:"兄弟,别折腾了,等天亮再说吧!"第二个夜行者丝毫没有思想准备,突然听到有人说话,头发都竖起来了:"有鬼啊!"一阵手忙脚乱,他竟一下子蹿了出来!

我们当地有句俗话:人急了眼出神仙。这话用到我身上倒是挺合适的。工作跌到了低谷,自尊受到了刺激,而且是强烈的刺激!这就不仅仅是面子的事了,更主要的是饭碗问题,还得养活老婆孩子呢!这时候,有那么点"浪子回头"的意思了:书法不练了,"退出书友圈";哪儿跌倒再从哪儿爬起来吧,把心一横,要坐冷板凳!从此,老老实实钻研业务:用心把课本再仔细推敲一遍,想想教学的目标;认真把近五年的高考题仔细做一遍,看看考试的特点;努力把近年的杂志报纸找来阅读思考一番,改改教学的方法;重新把大学的专业书籍拿出来再学一遍,夯夯教学的根基;虚心把老教师的课认真听几遍,学学他们的经验;经常邀请领导和同事听听自己的课,找找教学的毛病。为了自我督促,后来又参加了北京师范大学研究生课程班两年的函授学习,还获得了个"优秀学员"。

蹲下身子下力气干了两年之后,我的工作逐渐有些起色了。1997年高考,是我第一次送毕业班,高三复习过程中的成绩一直也不错,最后取得了全市历史单科第二名,这在重理轻文的大背景下还算说得过去。那时,学校搞评比赋分,文科的第二相当于理科的第一。这总算是给自己和家人挽回了一点面子。没想到,与此同时还有锦上添花的事儿。滨州市当年的高三历史备课会在我校召开,我被安排讲了一节试卷讲评的观摩课,出了点彩,感觉还行,得到了市教研员侯学锋老师的认可。于是,又接连在全市的各种教学研讨会上执教了四次公开课。这样,学校也开始认可我,让我连续送毕业班,之后还被任命为历史学科的教研组长。

20世纪90年代,说一个教师干得不错,有一句话很流行:"成绩出了一点点,研讨会上发过言,宣传橱窗露过脸。"这些,我一一都有了,在学校里算个骨干教师了。

【成长感悟】选择了一种职业,就选择了一种成长方式。别人的工作再好,那毕竟不是自己的。临川羡鱼,不如退而织网。只要没有其他选择,就得蹲下身子过日子。工作既是给别人干的,但更是给自己干的。因为,这是实现个人价值的最佳选择。人的潜力很大,有时候往往超出自己的想象,但关键是态度。

从骨干教师到优秀选手

作家张爱玲有句名言:出名要趁早。但是,这句话好像不是很适合我。因为从业之初的"心猿意马"和"斑斑劣迹",教学上的各种评比活动就一直与我无缘。直到工作八年后的2000年,我才有机会参加优质课评选。但是,我在选手中已经是"大龄青年"了,我教过的学生都和我一起参赛了,觉得很不好意思。或许是比那些小青年有一些相对的优势,所以就赚了些便宜:结果获得了县优质课评比第一名;2001年上半年,又获得滨州市优质课第一名;2001年下半年,又获得山东省优质课一等奖(据说是小组第一名)。

在基层的教学业务评选中,一般有一个规律:先是从优质课起步,因为这是个单项奖,含金量相对低一点。然后,再加点发表的论文和综合表彰之类的东西,就可以顺利地参加"教学能手"的评选,之后再参评含金量高一些的"学科带头人"等。我基本上就是沿着这条道路走过来的。正如一个业务领导为我总结的:一个证书都没有浪费,前一个证书都为后一个证书做了贡献。有了省优质课之后,2002—2004年,我先后被评为"滨州市教学能手""山东省教学能手""滨州市学科带头人";2010年又幸运地被评为"山东省特级教师"。一路过关斩将,战绩不错,应该算是个优秀的比赛选手了。一没请客,二没送礼,总还有一些必然的因素吧。想了半天,我概括为"四有":

一是有硬件。学校的认可和推报应该是最大的硬件了,这要求每个教师先把自己的本职工作干好。"顽劣"如我前几年,评先树优这样的好事根本就没有咱的份儿。工作干好之后,各种荣誉证书自然就多一些,这就是评选中真正意义上的硬件了。

二是有论文。教师不是专业的科研工作者,写论文不是教育事业赋予每个教师的刚性要求。但是,人无我有就是优势。当然,20世纪90年代我发表的那些文章基本上都是研究备考知识和高考试题的。说实话,那些文字也不是为了论文而硬憋出来的,而是整理的高三备考中一些实用的讲稿,如在《中学政史地》《历史学习》《考试报》等报刊上发表的《深层次分析中国半殖民地半封建社会的形成》《近代中国的经济结构及其规律认识》《如何把握中国近现代史知识体系》《世界近现代国际关系复习指要》等。在1995年之后的几年里,几乎是每投必中,连续发表了几十篇这样的东西。但是,自知层次不够,还不敢向《中学历史教学参考》投稿。在"全国高考一张卷"的时代,也是高考命题的"刘宗绪时代"。每年高考一结束,我就在学生考试讲评的基础上写一些对高考试题的评价和分析。也许是轻车熟路,这样的稿子也能够顺利发表。更有意思的是,1997年第11期《中学政史地》上发表了刘宗绪先生的学术文章,而紧跟其后的,就是我分析高考试题不足的稿子。不知道是主编对我的包容,拟或是有意安排,结果让我这个愣头小子和老先生唱了"对台戏"。

三是有激情。不管是参加比赛,还是上常态课,一个教师在课堂上是需要一点激情的。要想感动别人,先得感动自己。从教师个人的精气神,到口头语言和肢体语言,再到与学生交流的眼神,都是成功驾驭课堂的必要条件。而我自幼性格外向,喜欢说话,不怯场,而且人越多越精神,俗称"人来疯",这自然在比赛过程中就有一点优势。而这些优势可不全是天赋,比如语言的简洁准确、教学活动的精心设计等,的确是需要在课前仔细雕琢的。只有准备充分,才有慷慨陈词的底气;只有成竹在胸,才有激情发挥的可能。

四是有创新。十几年前,高中课程改革尚未启动,一些新的教育理念尚未普及,但大家评价一节课好不好,还是要看这节课有没有"亮点"。而要"亮点多多",其关键必然是与众不同的个性化创新,即所谓"意料之外,情理之中"。如文本解读的深刻化、情境创设的生活化、问题设计的思辨性、教学流程的叙事性、中心主线的鲜明性、师生互动的针对性、学生参与的体验性等,虽然说法在课改前后有些不同,但基本要求是一致的。因为,无论何时,有个道理是永恒的:三流的教师让学生获得知识,二流的教师让学生拥有能力,一流的教师让学生感悟做人的道理!

【成长感悟】机遇往往眷顾那些有准备的人。工作中想的点子多了,自然就有了创新的可能。读的书多了,自然就有了写点东西的冲动。干什么事情都一样,不能坐而论道,要起而躬行。成功和失败的差距往往只有一步,那就是落实。

从"一指禅"到网络办公

作为一个优秀的比赛选手,自然对任何教学比赛有了一点自信。但是,有一次活动不但让我没了这份自信,还引发我了很多反思。

2004年9月,山东省教研室选派我和省实验中学的钟红军老师去安徽黄山参加全国说课比赛。因为比赛是现场抽取课题,所以我背了足足50多斤的书籍资料,信心百倍地冲着一等奖去了。然而,结果是个二等奖!

不比不知道,一比吓一跳。与全国各地的高手相比,我发现自己的主要差距有二:第一,教学积累很不够。钟老师给我很大的震撼:人教版五本历史教科书、一百多节课的教学设计和课件,在她的笔记本电脑中都有成品或半成品。而我除了50多斤的书籍资料,没什么具体应对的方向。比赛抽到的课题只写第几册、第几课,她能马上一一说出是什么内容,而我却得再回去翻书确认。此外,当时竟然还傻乎乎地不知道什么是"说课",给个二等奖按说也不算冤枉。第二,信息技术太落后。很多选手都和钟老师那样提着笔记本电脑只身去参赛,备课时需要的教学资料还可以让在家的同事发邮件。而我当时什么都不会,乡下大老粗一个,学校只好派电教室的韩亮老师陪着我"南下征战",课件也是现场制作,更不用说什么课件资料的积累了。

从安徽回来后,我就下定决心要补上这个巨大的差距。从此,便开始跟其他老师学着制作课件,用自己的"一指禅"打印教学设计。2004年迁入新校之后,教学条件改善了,用多媒体上课逐渐成为习惯,微机操作技术也逐渐提高。课改之后,伴随着新教材的启用,以前的备课经验基本上"归零"。这样,也就有了从头积累电子版教学设计的机遇和计划。经过三年的准备和积累,在两次修订的基础上,我编写出全部高中历史课程的教学设计,形成了校本资料《高中历史落实课标讲义》,其电子版文件在校内办公网同步上传。这不仅实现了教学资源的共享,也有利于提高集体备课的质量。同时,我和同事们分工合作,创建了完备的"历史教学资源平台",系统建设了高中115节课的学案、课件、试题和参考资料,而且资料日趋丰富。这在全市还是个典型,也成为学校教研的一个亮点。2007年,全国最大的历史学科网站"中学历史教学园地"为我开设了"刘庆亮新课程专辑"。这为我打开了一个广阔的世界,网站在传播我一些教研成果的同时,我也获得了全国各地的优质教学资源。

现在,我已经习惯于每天坐在电脑前办公,反而不太习惯在纸上写东西了。只可惜呀,一手好字被电脑给废了!

【成长感悟】古人说,人到四十不学艺。但是,在信息化社会,终身学习却成为每一个教师无法回避的选择,过去那种掌握一门技艺就可以一劳永逸的时代早已过去。红尘滚滚,诱惑多多,需要我们有所取舍,可以不会开车,可以不会打牌,可以婉拒一些少长咸集的游赏雅聚。但是,有舍必有得,推开一扇窗,就会发现一个崭新的世界。

从一个人到一个团队

德国总理默克尔有句名言:如果你想走得快,那么你就一个人走。如果你想走得远,那么就一起走。当下是一个信息爆炸的时代,也是一个团队合作的时代。面对教育改革的日新月异,每位教师都承受着空前的挑战和压力,这就特别需要杜绝以前教学中那种小作坊式的"单打独斗",特别需要教师的团队合作,特别需要教师之间彼此支持,相互切磋,相互学习,资源分享,形成合力,共同成长。

我们邹平一中新校启用后,教师队伍迅猛增长,全校由100人左右增长到400多人,历史组由原来的9个人增长到27个人。帮助青年教师迅速成长,不仅事关青年教师的安身立命,也是学科团队甚至是学校可持续发展的关键。经过多年的团队合作,我们的青年教师可谓"茁壮成长"。

一是省级优质课成绩突出。从我2001年获奖之后，2004、2007、2008、2010、2012年我校历史组连续有王淑明、袁满、刘伟、耿海龙、褚健老师夺得全市优质课评选第一名，并代表滨州参加全省的优质课评选。12年中，有4人荣获省一等奖，2人获二等奖，几乎垄断了全市每届的历史优质课评选。每次比赛回来，历史组的同事都会不无自豪地说，经常在现场听到外地老师说"注意听听邹平一中的课""注意订上邹平一中老师讲课的光盘"。

二是教研成果突出。在各级教学能手、学科带头人、教坛新星、名师等多项评比活动中，我们组的老师也取得了优异成绩。从绝对人数上，我们这个小学科可不算小，成为全校获奖人数最多的学科。2007年《科教导报》第24—27期，集中发表了我们的21篇论文。2010年，山东人民出版社出版的仇世林教授主编的《名师历史教学设计分析》，入选课例21个，有6个是我们邹平一中历史组的。在2011年暑假山东省新课程远程研修活动中，我和王淑明老师参与开发制作的视频专题有3个，占课程资源总数的近三分之一。2012年暑假，在甘肃省新课程远程研修活动中，我和耿海龙、刘伟老师主持制作了三个专题。2012—2013年我们组承担了省教研室主编的必修一、选修四模块《基础训练》的修订任务。

三是集体荣誉突出。在全校首届"优秀备课组"评选过程中，我们三个级部的历史备课组全部当选，成为全校唯一"三连冠"的学科；我们组还多次被评为"滨州市教学工作先进单位"；2008年被评为"山东省新课程改革学科跟进式重点联系学校""山东省校本教研之星"；市县教研室和学校领导开会时经常拿我们组"说事"：一枝独秀不是春，万紫千红春满园。学校其他学科的很多青年教师心生羡慕：我们要是在历史组就好了！

我认为，学科团队建设的前提是凝心聚力，形成自己的"组风"。我们的"组风"主要有两大特点。

第一，做人要真诚厚道。作为历史教师，必须体现出人文学科应有的品位和气质。一个师德高、修养好的教师，具体表现虽然有很多。但在做人方面，最准确的形容词，我们认为就是"真诚厚道"。我们组的青年教师多来自外省市，春节不回家的，老教师就自发"轮流值班"，请他们到家里过年。他们在邹平当地结婚，组里的老师就既当娘家人，又当婆家人，主动承担起一切后勤事务。有位老师的妻子生病，但经济拮据，本组的老师两天之内就凑齐十多万元送了过去，还帮着跑前跑后。耿海龙老师老家在甘肃，家人嫌他在山东太远，就跑门路在老家为他找了新的工作，他说："要不是念着我们组里的这帮同事，我说不定就真的回去了。"

第二，做事要相互欣赏。文人相轻，流毒甚深。但在团队合作中，只有大家相互欣赏才能和谐共生。贾云涛老师备考工作经验丰富，是知名的"金牌教练"；耿海龙老师读书多,教学设计精彩纷呈;刘伟、袁满、褚健等老师谦虚好学,成为"青蓝工程"重点推进学员;张延霞、孙淑芬、张雅丽、杨养梅、李瑶等老师细致严谨,教学成绩优秀;石正伟、刘东利、李晋川、肖敏等老师管理能力强,是班主任中的佼佼者,等等,各有所长,不一而足。在相互欣赏中,我们发现了别人;在相互欣赏中,我们反省了自己;在相互欣赏中,我们创造了和谐;在相互欣赏中,我们共同营造了一个温馨的家园。

"棒杀"是一种伤害,"捧杀"也是一种伤害。营造教师团队的和谐,不能以牺牲原则为代价;促进青年教师的成长,也不能全靠廉价的夸奖。不管是日常备课还是推门听课,不管是教学比赛还是综合考评,不仅需要把大家的名次列出一二三,更需要跟进指导推动青年教师成长。在这个过程中,他们难过、难堪的事情可谓家常便饭。受过伤痛的地方,便成为青春成长的记忆。而成功的词典解读,往往要从失败的体验感悟说起。

【成长感悟】水尝无华,相荡而生涟漪;石本无火,相击而发灵光。灵感往往来自思维的碰撞,多彩往往来自个性的差异。尺有所短,寸有所长。任何人的"独家秘籍"和"单打独斗",在当下的信息社会都必然走向自我封闭和孤家寡人。在百舸争流的时代面前,要想勇立潮头歌大风,只有众人划桨开大船!

从校内到校外

有点影响出点名,不是奋斗的目标,只是额外的奖赏。按照剖析历史概念的习惯做法,我把自己的这点事概括为四个要点:"起点"是2005年,我被推荐执教"孔子与老子"的观摩课,授课光盘在全国新课改实验区发行,有人说这算是我的成名作;"扩展"是2006年,我被聘为岳麓版新教材培训专家,先后赴辽宁、山西、河南、安徽、重庆、云南、贵州、广东等二十多个省市做培训讲座四十多场,执教现场观摩课近十节,得到同行的积极认可和专家的热情鼓励;"深化"是2009年至今,我连续五年参加"山东省高中教师远程研修历史课程专家团队",不仅承担了远程培训的常规工作,还参与开发制作了6个专题视频;"总结"是2011年,我出版了专著《做个有书卷气的教师》,系统总结了近些年在课堂教学和课程改革方面的所思所想,齐健教授还亲自拨冗作序。

当年我这个差点被组织上解聘的后进之人,能混到现在,可谓福星高照,其中既有"天时""地利",更有"人和"。说"天时",是赶上了新一轮的课程改革,而这时我又恰好在全省的几项比赛中刚刚露头。说"地利",是山东省成为首批课改的四个实验区之一,我们有幸成为第一批"吃螃蟹"的人。说"人和",是我遇到了专业发展中的"贵人":省教研室的王怀兴老师、齐鲁师范学院的齐健教授、省实验中学的钟红军老师等等,是他们的高度信任,才让我有机会从校内走向校外;是他们的积极举荐,才让我获得了这些发展的机遇。

从山区的小县城走出来之后,我受益良多。首先是开阔了眼界,结识了很多知名的专家和名师。知名专家如赵亚夫、朱汉国、何成刚、杨宁一、曹大为、叶小兵、宾华等,名师如唐云波、连建平、吴磊、孙曙光、王亚伟、郭弘以及省内课程团队的老师等。由于有相对充裕的时间在一起,我得以向他们请教,同时也接触到很多前沿的学术信息和先进的教学经验;著作和文章与他们相关,也会有不同收获,因为认识,所以亲切;因为亲切,所以爱读。

其次,进一步激发了我潜心读书钻研的动力和兴趣。说实话,得到那些发展机遇或者是教研任务时,一点儿不激动是假的,但更多的是诚惶诚恐!众所周知,上好一节优质课容易,但把每一节课都上成优质课不容易,再把这些感性的实践上升到理性的规律就更不容易;做一个称职的中学科任教师容易,但要像专家们那样挥洒自如、深入浅出地讲上一两天,关键还不能让听课的老师集体"拍砖",那就更不容易了。我的办法有二:一是发挥一线教师的长处。教育理论虽不是我们的长项,但教学实践却是。因此,我讲课一般结合具体的教学案例,然后运用正反对比的方式,去解读课程改革的课标观、教材观、教师观、学生观、教学观和评价观,以及有效课堂策略和教师专业成长方法等等。事实证明,此法可行。二是弥补个人专业的短处。人贵有自知之明,我也深知业务上的"先天不足"!没办法,只好现学现卖,用心用力"恶补"了。自从工作上摔了跟头的十多年来,我几乎没有节假日,业余时间基本上都是"躲进小楼成一统",执着地寻觅书中的"黄金屋""颜如玉"。真是没有料到啊,当年我这个什么都喜欢、就是不喜欢读书的"反面教员",居然成为别人称赞和羡慕的"书虫"了。我现在的书房,有几千册书,打眼一瞧倒也有模有样。我读书的兴趣也越来越浓厚,逐渐也有了点体会:读书,有时候不仅仅是功利色彩的备课。当夜深人静,独处一室,独坐一隅,独品一茗,独探一心,独悟一理,这实际上是在喧嚣的世界里找一个宁静的港湾,让自己的心灵尽情地舒展和徜徉。在培训讲座中,我也开始结合自己的这些体会劝老师读书:教学,实际上是一个人内在文化的外化。如果腹中空空,教学永远无法进入游刃有余的境界。作为教师,首先应该是文化人,而要拥有文化,就必须读书,而且是在思考基础上的深层次阅读。读书,是一种文化存款,文化一旦在心灵里安顿,就会成为自己一生精神丰盈的储蓄。阅读,不能改变人生的长度,但可以改变人生的宽度。阅读,不能改变人生的起点,但可以改变人生的终点。

【成长感悟】我不是宿命论者,但我深信,在一个人的成长历程中,一定会得到很多"贵人"的扶持,我们应该感恩!而感恩的最好方式,应该是站在他们为我搭建的平台上,不辜负他们的期许,深刻反思,不断突破,重知厉行,勇于创新,以一个全新的自我,去回报他们的信任和培养。虽不能至,然心向往之。

从学科内到学科外

人在江湖,身不由己。干着干着,工作就突破了学科的边界。在这里说说其中的两件事或许对同行有帮助。

第一，开始担任学校一部分行政和业务管理工作。2002年，我也成了学校的一名"领导"，先是作为校办副主任负责学校的文件起草和宣传工作，这让我有机会从学校的层面宏观审视教学的管理和实施。此后，担任师训处主任，负责全校的校本研训工作，这让我可以把历史组和外地的一些成功经验在全校推广开来。我们的校本研训模式是"条块结合"：师训处代表学校，下辖十五个学科教研室，是"条条"；各级部分区管理，下辖十五个备课组，是"块块"。"条条"组织的研训活动好比必修模块，大家齐步走；"块块"根据自身实际搞的教研活动好比选修模块，自己看着办。经过多年的共同努力，我们实现了校本研训的"四个转变"：一是教育科研的方式，从被动的理论笔记转变为主动的行动研究，即每个备课组每学年要进行一项校本教研课题的研究。课题就是教学中的实际问题，基地就是学校和课堂，主体就是本备课组的全体教师，特点就是"在教学中""通过教学""为了教学"。二是教学比赛的方式，从课堂教学大赛转变为说课大赛。目的是改变日常教学和备课过程中过度关注知识的倾向，引领大家全面关注教学目标、教学方法、基本学情和教学评价。三是培训对象的重点，从全体青年教师转变到部分青年教师。经过六七年的校本研训，广大青年教师的业务已经基本成熟。为了重点推进青年骨干教师的成长，培养更多的业务拔尖人才，我们实施了"青蓝工程"。通过"师徒结对、以老带新、捆绑评价"的方式，以期实现"以新促老，共同提高"的目标。四是集体备课的单位，从单一的备课组转变到备课组与学科组结合。学校规模扩大之后，各级部的备课组之间的交流趋少。为了充分发挥业务骨干的引领带动作用，我们每学期举办一届"学科教研室教学研讨会"。如果说课程改革要求我们在课堂上让学生动起来，那么课程改革背景下的校本研训活动，就要让所有的业务骨干和老师都动起来，让他们不断总结自己的教学经验，像专家那样做专题报告。应该说，这些措施确实激发了老师的积极性，校本研训活动的针对性和实效性也大大提高。这也成为我们的办学亮点，学校连续被评为"市教师教育先进单位""市师训工作先进单位"。

第二，开始涉猎地域文化的研究和推广。邹平，物华天宝，山川秀丽，北依黄河，南枕"泰山副岳长白山"。邹平，人杰地灵，崇文尚教，是"范公故里"和梁漱溟"乡村建设"的中心。邹平，西汉设县，文脉昌永，地域文化源远流长。邹平一中的前身，就是梁漱溟先生创办的"山东乡村建设研究院"，学校的校训"先忧后乐，唯真唯实"就是汲取了范仲淹、梁漱溟品格的精髓，"梁漱溟纪念馆"就坐落于我校。为了从厚重的地域文化中充分挖掘课程资源，深入进行学校文化建设，2005年前后，我开始对地域文化产生兴趣，担任学校的校本课程研究室主任，与老师一起开发出20多门校本课程；在《大众日报》《梁邹文化》《今日邹平》发表研究论文十几篇；参与主编《邹平区域文化通览》；被聘为邹平电视台《梁邹史话》和滨州电视台《中海大讲堂》栏目主讲人，录制《梁漱溟在邹平的救国大业》《泰山副岳长白山历史文化之谜》等15讲节目;参加中央电视台《走遍中国》《过把瘾》节目录制,担任地域文化采访嘉宾和评委。同时,担任梁漱溟纪念馆馆长,不仅负责重要来宾的讲解工作,还主持了历时两年的纪念馆二期扩建工程,并拟在此基础上筹划出版《梁漱溟画传》。

这些业余工作虽然很苦很累,但也很有价值:一是打造了学校的文化品牌。近20年来,纪念馆接待了美国前总统卡特等国内外政要、专家学者和师生12350余人。该馆不仅是全国唯一、资料最富、影响最大的梁漱溟学术研究基地,而且已经成为我校实施素质教育、创办特色学校的得天独厚的教育资源。二是陶冶了自己的思想情操。梁先生中学学历而执教北大,终成一代宗师,我们要学习他好思善学的"向上之心";梁先生生长在大城市,却长期投身艰苦的乡村社会改造,我们要学习他"不只顾自身自家"的社会责任感;梁先生反对全盘"欧化"和"苏化",期望立足民族精神为中国的现代化"开出一条新路来",我们要学习他继往开来的创新精神;梁先生铮铮铁骨,不畏强权,坚持真理,敢说真话,我们要学习他"唯真唯实"的伟大人格。走近梁先生,我逐渐理解了他思考中国问题、人生问题的执着;走近梁先生,我逐渐感悟到一个知识分子独立思考、表里如一的深刻;走近梁先生,我逐渐认识到传统文化之于一个民族和国家的意义。

有人问过我,干这些事儿会不会耽误你的历史教学?说实话,从时间和精力上,在某种程度上肯定会冲击和影响我的历史教学。但是,从思想和境界上,又肯定会不断丰富和提升我的教学实践。这让我一次次回到原点上,去追问历史教学的根本价值。学人杨叔子说:一个国家,没有先进的科技,一打就垮;没有民族精神,不打就垮。原因何在?哲人给出了答案:科学告诉我们世界是什么,技术告诉我们能做什么,人文告诉我们应该做什么。

【成长感悟】历史是一门人文学科,所以赵亚夫教授倡导"新历史教育""人格教育""公民教育";齐健教授呼吁要教给学生"有生命""有思想""有情感""有生活"的历史,"历史教育的根柢应当是精神的培育";任鹏杰主编强调"历史教育的终极取向",就是"帮助学生认识自己、做好自己""服务人生"。由是观之,自己专业成长的目标就不言自明:给学生以思想、眼界、胸怀和情感,应该是我的追求;传承文脉、普及文化,应该是我的责任;读书和思考,应该是我的生活;做一个有思想的教师,则应该是我的终生目标!

(本文选自《中学历史教学参考》2013年第8期)

走近名师

「学生的每一天都是崭新的,教师当聚焦学生成长,倾力改善课堂,用激情激活激情,用学识丰实学识,用思想点燃思想,用价值唤醒价值,用成长成就成长。」

唐琴 江苏省高中历史教学建构与实践研究所负责人,江苏省特级教师、正高级教师(专业技术二级)。教育部"国培计划"专家库专家,江苏省首届领航名师培养工程首席专家,扬州大学兼职教授,《中学历史教学参考》编委。主持唐秦历史名师工作室、江苏省高中历史名师工作室、苏州市中学历史名师发展共同体、苏州市乡村教育带头人培育站。主持的"时代性价值指向的高中历史教学建构与实践"项目获2022年基础教育国家级教学成果奖一等奖。出版《问史》系列论著10部。

"问史",指向"人"的生长

○ 唐 琴

我出生于太湖之滨的吴江。"上有天堂、下有苏杭,中间是吴江",这是吴江人的自夸。金松岑、柳亚子、陈去病等辛亥志士都是从吴江走出去的。

我家住在县城,父母都是工人。父亲曾是飞行员,复员后开汽车。上幼儿园之前,我跟着父亲"走南闯北",很佩服他不看地图就能找到目的地。父亲动手能力很强,每年汽车保养都是自己拆、自己装,跟玩玩具似的。在家,我跟着母亲做女红,最初学会的是绣花,窗帘、台布、枕套,但凡能绣上东西的,都没被我放过。父母文化程度不高,对我的学习没有要求,便也从不操心。在这样的环境下,我走出了"学龄前",从此,一直没有离开过校园。

传承师者的精神

周国平说,"早期着迷的书预示了我们后来精神生活的走向"。此刻,我站在生命的时间轴上,不禁要说,"早期经历的事和遇到的人影响了我后来精神世界的轨迹"。一直庆幸自己的小学和中学是在县城的学校就读。恩师们厚重的人文关怀,在我的人生留下了长长的投影。每念及此,依然动容,使我在今天的教育践行中,亦把"人"当成自己的首要专业,传承师者的精神。

1. 童年的价值:生长,别无目的

常说,"长大成人"!童年的意义就在于"长大成人"吗?人生的每个阶段都有着不可替代的价值——这本该是教育的常识。于我而言,40年前的童年只有生长,别无其他。

小学一年级时,老师要求我们每天必做三件事:一页毛笔字、一篇日记、打算盘1加到100。教室里上的课都忘了,劳动课却印象深刻,到公园"偷"草喂学校里的羊是常事。那时,正值粉碎"四人帮",经常停课上街游行庆祝,我是腰鼓队的,又是军乐队的,忙得很。

小学阶段,我还是学校合唱比赛的指挥、乐队小提琴手和田径队运动员。而这些都和考级、加分无关。乐队训练休息时间,小朋友们从不消停,交换乐器"乱弹琴""错杂弹";每每把学校的小提琴带回家"显摆"时,邻居总是拿我作为样板去训导自己的孩子。田径队训练很苦,尤其是"变态"的变速跑。我的专项是跳高,可我总担心那根杆子会砸到我、绊倒我,跳高成绩一直没有提高。母亲把我从幼儿园到大学毕业的奖状和成绩单全都保存着,其中就有不少田径比赛的奖项,谁能相信清瘦的我居然是县小学生手榴弹、铅球比赛的冠军呢?

迷上越剧迄今已有40个年头。那时每逢节假日,电影院从早到晚连续放映戏曲电影,我总是连买几场票。每场间隙,看戏的老人们一批批出去、又一批批进来,而我只是每场换个座位。到了高中,依然每晚一边收听电台折子戏,一边写作业,也算是铁粉了吧。我还自制《戏考》,包括演员、流派、剧情、台词,放在今天,能否算得上研究性学习?

爱因斯坦说,"教育就是忘记了在学校所学的一切之后剩下的东西"。40年来,我想不出我在小学究竟学到了什么;但是走上工作岗位后,同事称我是"点子王""多面手"。队列操比赛,我带的普高班打破了幼师班垄断第一的神话,那是因为我班的男生扎着红领结、女生系着红飘带,而领结、飘带只不过是我用5毛钱的一块红布撕扯而成!运动会上我是教练;文艺会演,从编排到教练,我又成了舞蹈老师,韵律操《摇太阳》的12件红蓝黄格子连衣裙便是我裁剪缝纫而成。由于舞台效果非常好,学校还把这些衣服买了去。

2. 教育的烙印:像老师那样做老师

一个好老师可以影响学生的一生。假若:一个学生遇到一群好老师;假若:这个学生未来也成为一名老师,这会对他的教育人生产生怎样的影响?

我的中学六年是在县城的吴江中学度过的。母校百年校庆时,我荣幸作为"百杰"列入纪念册。然而,我更想对母校说,是老师们学者型的儒雅、民国式的风范深深浸染了我,使我感受着欣赏的力量,并不自觉地模仿着他们!

那个时代,我们没有教辅用书,即便是刻印的资料也极为珍稀。高中三年,我的语、数、英老师经常会在"不经意间"塞些讲义给我,"这些题目你拿去做做看"。我还真以为自己了不得了,硬生生把这些题目都啃了下来。在被欣赏中获得进步——难道皮格马利翁效应当时就在我身上应验了?

荣浩老师从非洲回来,资历不凡。我曾因打碎他的茶杯而顶撞过他,没想到高三语文竟是他教!作文课上,荣老师要求"写作文要先打草稿",而我已经习惯于打腹稿!想必荣老师对我更没有好感了。又一次作文课,荣老师说,"有的同学打了草稿还涂涂改改;有的同学不打草稿,却一气呵成",这话让我至今想起来都美滋滋的。荣老师让我懂得了每个学生与众不同,也使我对教师的职业更加敬畏,因为教师不经意间的一句话,可能会让学生感怀,也可能使学生受伤,一时或者一世。

数学老师沈复丁教我们时已有60岁。他只教我高三一年,但记性是如此之好,毕业20年后遇见,他一见我就说:"你不要说你是谁,让我想想——嗯,你是唐琴。"不知道沈老师一生教过多少学生,但他对学生的在意使我今天一直对自己有个要求,要在最短的时间里叫出学生的姓名,让他们也感觉到老师对自己的特别关注!

地理老师倪圣虽然不是班主任,但他常以一个任课老师的身份来家访,这使我初为人师时便骑着自行车穿行在里弄乡间,家访到班上每个学生。家访的意义何止于"访",更是一种心灵的共响,延伸为某个家庭永远的谈资、某个学生一生的骄傲。

欣赏、宽容具有何等的力量!当时的我是不懂得其中的道理的,现在我慢慢明白这便是教育的目的——帮助学生获得终身幸福的能力。正是老师们用行动践行着教育的"至真"和"至纯"!他们的教育人格和学识魅力,为我的教育人生打上了鲜亮的底色,让我在与学生共处的朝夕晨昏中,使生命的价值和职业的幸福在坚守中融通。

3. 青春的约定:恰好我在,恰好你来

每年教师节,我总会收到一束鲜花,花束中总是那张卡片"您是我们青春岁月不可或缺的人——人文主义的高三(4)班"。1996—2001年,短短五年班主任岁月,留下了唠叨一生的故事。

那时候,班主任自主性很强,班活动自由度大。平时,到郊外野炊,在教室包馄饨;暑假,带镇上的学生去拜访农村的同学。有时还忘了"身份"跟着学生去学溜冰;学生惹事找他们谈话,听完原委我也会心疼地陪眼泪。如果不是他们,我也许早已离开了一线教学。

那年,教育局招公务员,家人为我报了名。"如果录取了,谁来做他们的班主任?谁来教他们历史?"于是,我放弃了考试。第二年,学生升入高三,县城新办一所高中。同事朋友鼓动我:"你是学科带头人,新学校肯定会要的。"我蠢蠢欲动,开始制作简历。"我走了,学生会怎么看我?"只要有一个学生出状况,我会后悔一辈子!我把自己看得如此不可替代!于是,调动推迟了一年,直到学生毕业。学生说,"唐老师为我们放弃了很多",其实,我收获得更多——不仅在于骄人的高考成绩,还有那一份份无法释怀的感动,比如,"老师,你好吗?学生想你了"——这是身高1米80的大男孩徐刚从部队里发来的短信;比如,"老师,你肩颈扎了那么多针,我好心疼啊"——这是"小棉袄"陈琦打来的电话;再比如,学生说,"带我们去你的大学看看""老师,我们带你到山里转转"……

1999年调到吴江高级中学,担任文科班班主任。同事们笑我太宠学生,学生们赞我和他们是"一伙的"。至今我仍在困惑,教育可以宠宠学生吗?学生周荣荣想买最后一份肉炖蛋,食堂阿姨说这是卖给老师的,在一旁值日的我为自己的学生买下了这份肉炖蛋;临近高考的七月,教室里没有空调,热浪滚滚,学生们还穿着长袖校服,当晚我收拢学生的校服,裁剪、缝纫、熨烫,第二天,一件件短袖校服穿在学生身上,我看着很凉快。"如果他是我的孩子"——是我当时唯一简单的念头。

为了远航,一批批学生成为我教育人生的过客,然而,在岁月的记忆中,彼此永不缺席,正如那张贺卡上所写,"不可或缺",因为爱不是付出,而是需要!

感受历史的愉悦

现在的我,在人看来,正高级教师!特级教师!似乎我对职业和学科的选择很有眼光。但是,"历史教师"这一职业却非我的"初恋"。能"坚守"到今天,美其名曰"冥冥之中"。难道真是"冥冥之中"?

1. 貌合神离:历史,想说爱你不容易

前年同学聚会,80多岁高龄的班主任吴梅林老师抖抖索索翻开红布包着的"礼物"——30年前的一位大一新生写给他的信。在争抢诵读中,同学们听到的不是这位新生对所学专业的热爱,"也许很多人和您一样,奇怪我怎么录取了历史系!人家说读史使人明智,可是对我来说,读史使人头昏……"这位写信人就是我。同学们笑我矫情,"还说头昏?你要是感兴趣的话,还让不让人活了?"他们哪里知道,眼前这位特级教师,曾经是一个"狂妄"的考生、一个散漫的师范生、一个历史教师队伍的"逃兵"。

受改革风潮的影响,高中三年,我的职业规划是企业家,以至于1986年高考志愿表上填的都是经济类院校,甚至还在说明栏里写上"师范不服从、江北不服从"这句话,全然不懂得如此"狂妄"会给招生老师留下怎样的印象!当年高考失利,只能录取专科师范,我便向招办打申请"不录取",以待复读实现企业家的理想。然而理想因"高四"恋爱的闯入被抛到九霄云外,志愿表上填的院校都在扬州周边,因为男友在扬州师范学院。上天惩罚我?还是成全我?我收到了扬师院——一个江北师范的录取通知书。

"报考外语专业的我怎么会录取到历史系呢?"带着纠结、心怀不甘的我到系里询问专业换位的缘由,没有得到明确的答复。大学四年与"历史"为伴,这是否预示了此生也注定与历史是一场"死"去"活"来的"纠缠"?就在这样的背景下,我给自己的历史老师写了这封"读史使人头昏"的信:"不知到什么时候才能培养起对历史的兴趣!"大学四年是散漫的。更讽刺的是年年奖学金的"功臣"是因为英语而不是历史!英语读的是快班,成绩以1.3倍计算。大学应是人生最宝贵的读书时光,而我,上课外的业余时间,几乎不上自修不看书,对系里的实践活动也不感兴趣。"人与人的区别就在于业余时间",每念及此,便无尽惋惜!也因于此,我会在我的学生入学高校前,反复叮嘱,权作自我安慰吧。

大学毕业后,我依旧不死心!为能作为双职工分配到住房,我放弃了去母校工作的机遇,去了男友所在的农村中学。农村中学,本科生少,我被"委以重任",在任教高中历史的同时兼教其他学科,如英语、政治、生物和写作,其中最感兴趣也最有感觉的仍然是英语。为此我向校长提出了专门教英语的愿望。校长没有允诺。难道要和历史打一辈

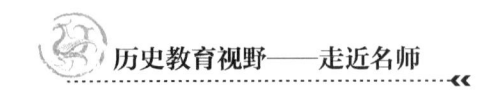

子的交道吗？历史啊,想说爱你不容易!

2. 相知恨晚:历史,揭开你的盖头

"兴趣"究竟是不是最好的老师？至少,"成就"是一位值得信赖的老师!我遇到了这位"老师",它帮我揭开了历史的"盖头",使我发现了历史的魅惑,走出了"七年之痒",也改变了我对教育的价值认知。

虽然对学科没有亲近感,但年轻的我善于学习借鉴。凭着不落俗套的教学手段,我获得吴江历史学科"好课"比赛第一名,并被选派参加苏州市评优课比赛,课题是"列强在全球的扩张和争夺"。我上场前停电了,意味着我必须放弃电化教学手段,仅靠一支粉笔完成教学。好在我有停电的预案,凭借徒手板图,我"赤手空拳"拿下了一等奖,在学校里引起了不小的轰动。

这次比赛成为我与"历史"之转折性"一役",它带给我的最大意义不是那个航标性的一等奖,而是我的觉醒——日复一日背负心理上的别扭是对时间和精力的彻底浪费。如何走出职业的困境？创造价值感!我在我的学科里找到了自己的价值,也不知道是不是从那时起,我不再"见异思迁"了。

1998年被评为吴江市学科带头人后,我被要求在各级各类教研活动中开课。在一次次的开课中,我感到自己的教学技艺在不断突破。课题选择上,我往往会挑选难点、冷门,美其名曰"挑战自我",其实越冷、越难、越没有借鉴,就越有研究空间;组织形式上,我会努力做到转换频道、调换"节目",调动学生学习的兴致;在媒体辅助上,我的课可以没有电教媒体,但传统板书是不可或缺的;结果呈现上,我不会让公开课仅仅止于一节课,我会努力将课堂教学转化为多样化的科研成果,如实录、设计、课件、论文等等,一举多得。

常态的课堂教学不同于公开课处于"众目睽睽"之下,讲台"霸权"很容易使教师疏于自我要求。"如果全人类都在倾听"成为我的自律和自勉,也督促着我以自己的全部智慧,"让学生如坐春风"。普陀山码头的广告牌上赫然写着"创意创异创益",受佛地之启悟,我们的教学不也需要创异、创意、创益吗？创异,使教学方法不落俗套;创意,使教育具有价值取向;创益,满足学生的升学需求和成长需要[1]。创意的灵感何来？来自对学生的珍爱、来自对课堂的敬畏,唯其如此,才有悟性捕捉到那稍纵即逝的灵感。而当这样的灵感成为习惯时,创意俯拾皆是,无处不在。

2009年,高三学生对必修3教材上先秦诸子肖像产生了异议,并对老子肖像提出了质疑[2]。虽然是最紧张的高三复习,我仍不敢对学生的"奇谈怪论"一笑了之,"写照传神"成为我们的新话题。"墨子就得画出忧国忧民的神情""荀子就应该和韩非子一样坚毅凛然",共鸣产生在思想和画像的对撞中,学生认识到,要从思想观点出发去解读诸子肖像所呈现出来的神韵。他们断言,老子的肖像被"张冠李戴"给孔子了,并给人教社写信陈述此"重大发现"。虽然没有回音,但是新版必修3教材上,老子像被改换了。当我告知学生这个消息时,他们理所当然地认为,这是源于他们的发现。

3. 两情久悦:历史,"生动"最是掳人心

本学期开学前,学生史慧敏QQ我:"唐老师,刚知道你不教我们这届了。就算带小高一,也不要太辛苦哦。上次采访您的时候看到贴了很多膏药,新的学期一定不要太劳累了。很怀念您给我们上课的日子,特别是在您的课上能感受到,哇,原来历史这门课,也是有颜色,也是有感情的。所以,有点遗憾呢。不过还是可以在校园里看到您的风姿的,嘻嘻。"话虽稚嫩,我心窃喜,因为我的历史课上有学生,学生的历史课上有我。

"不要挡住我的阳光",学生的每一天都是新的,面对一个个鲜活的生命,老师怎能不以最最饱满的热情,让学生在"生动"中"出彩",进而汇聚成抵达心灵的责任和担当?我的朋友圈有这么一段记录:"昨日2015届学生十年聚会。因故未能参加,遗憾!……这是一个历史素养很高的班,表现有四:一、自以为是历史学家,如吴智文,怀疑教材,硬生生地给高中5本教材找碴,后又深入初中教材,还真找出几处;二、以看黄仁宇的书为时髦,如汤利滨;三、男同学下课后喜欢拽着女同学讲解历史题目,如盛超、吴晓杰;四、上课,尤其是讲评课和公开课,他们会冒出那么多问题,如钱明峰等人,很'狡猾',问题环环相扣,不经意处,扔出'包袱',所以必须高度警惕!……班主任冯老师晒了一张成绩表,嘿嘿,历史真不赖,实现了'让历史为高考做贡献'的承诺。"使我欣然的是,孩子们的学习是愉悦的、甚至痴迷的,班长钱明峰的高考志愿只有两个原则:去北京!学历史!

年初,本地媒体作了《唐琴老师的创意作业》的报道,这是源于我班的寒假作业:"观看纪录片《敦煌》或《复活的军团》,并制作一份电影海报"。没想到学生的作业如此"惊艳",我便布置展览,让作业成为作品!而这样的作品还可以有很多,如:

人物访谈录:以写手的角色,为电视台制作某一历史名人的访谈;

战地记者新闻:以战地记者的身份,"亲临"某一次战役作前方实地报道;

万金家书:以参战战士的身份,在作战前线拟写一封家书;

区域日报:为某一区域制作历史上某一天的日报;

老照片期刊:制作一份电子期刊,图文展示本人家族的老照片;

历史人物的日记:以历史教科书上曾经出现的人物写一篇日记;

纪录片花絮:为某一大型历史纪录片做一多媒体花絮,或者写一篇推介导读;

给导演的建议:从影视作品中发现史实错误,并加以还原……

有人说,教育上的缺憾可能源自心里没有想到孩子,我说,一个老师心中装着学生,那他一定有双慧眼,想方设法"取悦"学生,掘得属于他的成功领地,"让学生有获得前三名的经历"没有什么不可能,也许那个小小的满足以后会托起大大的梦想!

彰显领跑的价值

经常被问及,特级教师的价值在哪里？我的回答是:不是独行,而是领跑。《中学历史教学参考》2015年"成果盘点",我被评为优秀特约编辑,工作室被评为最佳合作团队。我更乐意将这种鼓励看作是对特级教师"领跑"团队的价值认同。

1. 柳暗花明:从高原到高峰

如果说1998年我走出了"七年之痒",那么,2002—2008年我又陷入了"七年之困",困于无所适从,困于懵懂无知。

"转战"到吴江高级中学,我和其他青年教师一样,参加各种校本研修活动。在一项项突破中收获拔节成长的喜悦,我被评为苏州市学科带头人,超乎寻常的达到了学校专业发展的最高平台。人人都说我走上了快车道,校长也鼓励我,"向特级的目标进发吧"。我暗自思忖:特级教师,该是"老气横秋""白发苍苍"吧？我没敢想,我哪敢想！

人总爱停留在舒适区。快车道上的我在不知不觉中"迷路"了:连续任教高三毕业班教学,教学得心应手,高考成绩骄人;经历了历史单科、文科小综合、文理大综合等多种模式的高考,所撰写的教材分析、高考评论文章"百发百中"——我以为找到了适合自己的科研之路,可我却不知道缺乏理论支撑的实践、总结、反思都是肤浅的！这样的状态持续到2008年。

2008年年初,我申报了特级教师。我的文章虽多,却感到教学论文相对薄弱。那就权且把这次申报当作"热身"吧,好在自己还年轻,下次再报也不迟。两个月后,省里杂志社杨孝如老师来指导论文。当他看到文末所署的写作时间"2001年"后,惊讶道,"你七年前就有这样的观点和实践,真是不得了啊。不是落伍,是超前了啊！"那么,我这七年,在干什么?!

2008年教师节前,江苏省第十批特级教师评审结果揭晓,我忝列其中。在别人看来,我已功成名就。然而,正是这次论文指导,让我看到了迷茫而慵懒的内心,也让我重拾了信心和力量！再启程,走出高原,走向高峰。可是,路在哪里？

一名特级教师,他的课堂教学应该深具个性,这种个性最终会使他成为一名有风格的教师。风格教师推广的不是个性,而是个性背后的理念与价值。于是,我从"自己"出发,围绕"探究—建构"型教学,从理论、内涵、课程、方法等方面梳理了以往的研究成果,架构了属于自己的"关键词",形成了"'死'去'活'来"的教学观,归纳了"真、厚、活"的教学风格,凝练了"情境中引导、合作中探究、亲历中建构"的课堂特色,提炼了"得'意'忘'形'"去模式化的教研路径。"探究—建构"型教学有丰富的实践成果为支撑,形成了较为系统的理论体系,被江苏省教育厅评为基础教育优秀教学成果奖,并被收录于《著名特级教师教学思想录》一书。

2. 拾级而上,在规划中团队同进

走出了"高原",我把那"困顿"七年所积攒的教训贡献出来,使之成为青年教师的成长经验,"困顿"也便具有了另一种价值。2009年我领衔组建了历史名师工作室,并分管学校教学、科研和队伍建设。于是,工作室成为我的试验田,而学校成了推广站。

工作室成员是来自于区各所高中的青年骨干教师,引领他们拾级而上成为团队建设的关键。工作室开班第一课便是"为成长做规划"。我汇总了省市区各级骨干教师评审的条件,让老师们对照自己,制定三年成长规划。我的执着远超于他们的想象。当看到我对他们的成果比他们自己还清楚时,大家知道,唐老师是认真的。为使规划切实可行,我为每位老师"量身定做"个性化成长方案;为了让规划目标明晰可见,我要求成员将三年规划"细化每年一小步",年终跟进达成情况。

老师们在对照条件中认识了自己,在自我规划中定位了自我,在教育实践中超越自我。"三朝元老"季芳老师,八年间"连跳三级",现已成为苏州市学科带头人。就在本文撰写期间,我再次与她一起规划未来的五年:"专业成长是一场人无我有的竞赛,只要你不停息,保持前行,特级教师不是可望而不可即的。"成功需要激励,挫折更要扶持,"重要的不是现在所处的位置""不要在周而复始中遗忘了为什么出发"——杨春华老师的自勉转化为成员间彼此的互勉,潜能效应得到了最大化,成长的资本也在慢慢积聚。近三年,工作室石晓健等6人被选拔参加省、市历史基本功和评优课比赛获一等奖;后起之秀顾俊、黄雯婷等老师获得部优和省优"一师一优课"。

工作室25位成员处于不同的发展阶层。为了推动"骨干"能"干"、"带头人"带"头",我提出"不看职务年龄、只比业务高低"原则,在工作室建立三层带培辐射梯队,其中第二层是由6位学科带头人担任小师傅,分别指导3位成员。小师傅们干劲足、能量大,丝毫不逊色于我这个大师傅!"互助研修笔记"成为师徒互助管理、抱团展示的赛台,它包括"读一年期刊""一个教学创意""一次创新作业""一节精品课""一篇发表论文""一次活动感悟""品读推介一本书""一篇教育随笔"。"这节课还能有创意吗?"这是三期学员张建秋的口头禅,纸质翻车、三夹板曲辕犁……学生的作品让他得意:"其他方面我不如大家,但创新作业是我的菜。"研修笔记的展示交流糅合进各次活动中,师徒结队呈现,于是,队与队之间"较量""比试"的味道日渐浓厚,捆绑中所产生的团队力量呈几何级倍增,促进了成员们自我升级。

3. 美美与共:遇见更好的自己

让我始料未及的是,名师工作室的建构和运行,使我在"四十不惑"的年岁里,还会遇见各种美丽和感动。不知道那是不是命运的眷顾,但我知道,"美"随时可能发生,也许就在下一秒,我们会遇见更好的自己。

那时,没有微信,我们推介团队的名片是《问史》"杂志"。2010年,没有任何上级要求,工作室开始编撰室刊《问史》,发给全区历史教师,使他们了解同行的成果;送与各校校长,希望他们关注自己学校的历史教研;寄给名师、专家,接受指导、推介教师。扬州大学朱煜教授写了《名师工作室:引领教学研究的新模式——以唐秦历史名师工作室为例》一文,其对我们的了解就源自《问史》。每每想起有着像朱教授这样的专家在审视着每个栏目、每篇文章,我们便不敢造次、不敢疏忽。虽然限于人力、精力和财力,但每一期编辑刊印我们都尽己所能、做到极致。当看到成员们捧着杂志自得其乐的样子,我的内心很满、很实,这已经不是为谁而做,全然是兴之所至。

如果说,《问史》是工作室的一张名片,那么"问史"论坛则是工作室的展台,而最具里程碑意义的则是 2015 年冬在四大期刊助阵下的"历史教育,'人'不能缺席"主题论坛[3]。工作室成立后,所开展的活动都以"问史"为核心词,围绕"人"设计系列主题,如"性格课堂的风格教师"[4]"高考命题的学术视野和价值立意"[5]等,有跨区域联动、有跨学科研讨;有现场辩课、有学生评课;有沙龙互动、有成长展示……在论谈互动和反思沉淀后,大家都有一种"不吐不快"的文字诉求,这些文字有别于拍脑袋作文的干涩,既情真意切又理性思辨,一系列成果如"评课,学生不能缺席"[6]"核心素养的学科建构"[7]等陆续发表于《中学历史教学参考》《江苏教育研究》等刊物上。而文章发表并不意味着尘埃落定,在彼此间的赏阅点赞后,每位作者都必须反刍咀嚼,比对发表稿和原投稿稿件,"向编辑学习",最大限度汲取"问史"的"营养"。

2012 年,工作室开展"积养学识丰厚课堂"主题活动[8],我曾用一句话概括活动的方式与目的——"以共读、研课、沙龙为进程,通过阅读,积养学识,并融汇于课程和教学,使课堂丰富而厚重"。这种"静悄悄的"备课方式,作为模板被传承和扩展,现在同仁间每次碰头,不分享些近期阅读体会都不好意思,而这种模式同时也被其他学校、其他学科移植借鉴。

当下,面对"核心素养"的波澜壮阔,老师们耽虑,小小的"历史课"在高屋建瓴的课改大背景下怕找不着北了。但事实证明,在团队成员大量的研修写作背后,一个个精彩的教学故事不断浮出,一个个立体的课改形象渐次丰满,这种"理论与实践"的双向性螺旋式上升的点点滴滴,是否可以看作是"小学科"对"素养教育"的致敬和赞美呢?

今天,每每收到署名"唐秦校长"的邮包,我便哑然失笑,"唐秦"比"唐琴"名气大啊。"唐琴"是我,一个终将老去的"老太太",然,"唐秦"——工作室,一个不老的团队!不老,在于 8 年来在更新换代中吸引了越来越多的老师踊跃加入,在于团队中所洋溢的"比学赶帮"的年轻态,在于不断有区域外新生力量的渗入,如"唐秦工作室扬大国培班""唐秦工作室姜堰领航班"等。倘若索求"唐秦"所谓的成功秘诀,在我看来,情致与勤勉是成就"完美"的"标配"——"完美",不是好胜争强,而是做好自己。当情致与勤勉成为某种常态,每个人都会遇见更好的自己!

印度心灵导师克里希纳穆提说,"完全的责任感就是爱","爱"是一种能力,是一种力量,基于这种能力和力量的"问史",必然指向"人"的发展,催生"人"的成长。

---

[1] 唐琴.创异·创意·创益:提升高三历史复习课有效性的路径选择:以"近代中国的思想解放潮流"为例[J].中学历史教学参考,2015(4).

[2] 唐琴.写照传神:也谈中国古代人物肖像画的教学[J].历史教学问题,2014(3).

[3] 活动报道见《中学历史教学参考》《历史教学》《历史教学问题》《中学历史教学》各刊 2016 年首刊.

[4] 活动在《吴江日报》2014 年 9 月 4 日到 9 月 20 日连载报道.

[5] 唐秦工作室.探索与坚守:高考命题的学术视野、价值立意及其对历史教学的影响[J].中学历史教学参考,2014(12).

[6] 任鹏杰,唐琴.评课,学生不能缺席[J].中学历史教学参考,2016(3).

[7] 唐琴,王光宇.核心素养的学科建构[J].江苏教育研究,2016(11B).

[8] 唐琴.积养学识丰厚课堂:一个教学团队在探微索迹中践履成长[J].中学历史教学,2013(9).

【附记】本文系江苏省教育科学"十二五"规划重点资助课题"学术型教师培养:'研究型学校'文化塑造的深化研究"(B－a/2011/02/068)阶段成果之一。

(本文选自《中学历史教学参考》2017 年第 1 期)

「历史教育的最高境界是追求文化型的历史课堂。这种历史课堂不仅给学生以知识与智慧，而且应涵养学生的德性与精神，引导学生走向真、善、美，而这样的历史课堂则有赖于"有思想的历史教师"。因此，历史教师的学习、反思与创新，永远在路上！」

丁林兴　哲学博士，苏州市第三中学原副校长，现为苏州市教育学会副秘书长。被评为"苏州市第二届东吴中青年学者"。曾获"苏州市名教师""苏州市劳动模范""江苏省优秀教育工作者""江苏省教科研先进个人"等荣誉称号。主持完成了多个省市级课题；发表论文60多篇，其中10篇论文被中国人民大学报刊资料中心全文转载。出版《读书论》《思想的年轮》等两部个人专著。参与起草联合国教科文组织文件《世界文化遗产青少年教育苏州宣言》。

做一个有思想的历史教师

○ 丁林兴

当下,历史学科核心素养是历史教育界探讨的热点。无论是历史核心素养的培养,抑或精彩课堂的呈现,都离不开历史教师,尤其是有思想的历史教师。李惠军老师说:"教师要有思想!当思想敏锐地走动时,就会产生碰撞。教师要善于从貌似常规的现象中,以其独具的慧眼,去发掘那些蕴含着哲思的教育资源,在灵魂统摄下弹奏动人心魂的旋律。"[1]教师有思想,这是一种风骨、一种品性、一种魅力、一种境界!大凡历史名师都有自己的思想,都有自己独特的行走方式。

一、有思想的历史教师是学习型的历史教师

有人说,人的精神高度是由阅读的境界决定的。是的,一个人的阅读境界有多高,这个人在教育的道路上就能走多远,从特级教师孔繁刚到李惠军,从王雄到束鹏芳,每一位名师无不从阅读中汲取知识的营养。因此,有思想的历史教师,首先是一位学习型的历史教师。

1. 学习的目的

学习型的历史教师一踏上教育岗位就应明确自己学习的目的,规划自己发展的愿景。作为一名历史教师,为何需要读书?笔者以为,有依次递进的三重价值。

第一,知识。历史教师课堂教学生动性的前提是拥有广博的历史知识,很难想象一个知识贫乏的历史教师能讲出精彩的历史课来。而历史教师的历史知识,其主要来源是读书,因此,读书——博览群书对历史教师显得尤为重要。以笔者的经验,历史教师应重视阅读三种书籍:一是注重历史细节的书。历史的生动性在于历史细节,历史教师没有理由不阅读这类书。譬如,读戴维·麦卡洛的《美国的诞生》和傅高义的《邓小平时代》,能较好地了解美国独立战争和中国改革开放的许多历史细节,这些历史细节对于丰盈历

史、让历史充满血肉与情趣十分重要。二是注重历史思辨类的书籍。历史是人的活动,而人是有复杂思维和丰富情感的动物,因此,历史是复杂的,是辩证发展的。历史教师应该阅读哲学类书籍,尤其是历史哲学类。譬如,阅读张耕华的《历史哲学引论》,书中一个个开放性的问题将读者引入历史哲学的思辨国王:什么是历史?历史是真实吗?历史可以想象吗?历史有规律吗?历史有什么用?等等。三是有思想深度的书籍。如果历史课的生命在于生动,那么历史课的灵魂在于思考。历史教师要让自己的历史课上出个性、风骨,那么历史教师就必须具有自己的文化性格,而这种"独立之精神"和"自由之思想"的文化性格形成,在于历史教师阅读有思想的书籍。这类阅读也许是庞杂的,文、史、哲,乃至自然科学、宗教伦理都要了解。这种阅读将大大拓展历史教师的阅读广度和深度,有利于历史教师在上课时思接千古,纵横驰骋。所谓"给学生一杯书,教师应是一条小溪",靠的是历史教师的终身学习。

第二,智慧。培根说:"读史使人明智。"培根所言之"智",即是智慧,但更多的是指人们可以在历史中获得智慧,更好地服务人生。从历史教师成长的角度看,学习历史可以积淀历史教师的教育智慧。具体表现在两个方面:一是历史教师在积淀丰富的历史知识后,即可充分利用这些知识设计教学,因为任何优秀的教学设计都是建立在广泛的阅读基础上的。张永谦老师在谈"美国1787年宪法"的教学设计时说:"我先是查阅了刘宗绪、王荣堂、吴于廑等主编的多种《世界近代史》,马世力主编的《世界史纲》等,这些高校教材对费城制宪会议的叙述很少,大多是对《1787年宪法》的条文摘录和评述。接着查阅了周一良、吴于廑主编的《世界通史资料选编·近代部分》(上册),也无济于事。最后,刘俊利老师还为我提供了两本著作:一是麦迪逊写的《辩论:美国制宪会议记录》;二是鲍恩写的《民主的奇迹:美国宪法制定的127天》。通读这两本著作,我看到了制宪会议的真实场景和《1787年宪法》出笼的艰难历程:筹划、组建代表、设立委员会、推选主席、制定规则、提出方案、动议、附议、争吵、妥协、表决、签字等。了解了55位极富传奇色彩的鲜活人物和超然意识,感受到了他们在迷茫与困惑之际的理性与务实,理解了'他们为什么把这套体系设计成这样,而不是那样'的治国理念,也仿佛听到了制宪代表们彼此争论、协商、妥协,达成共识,以及签名时惋惜和遗憾的声音。"[2]正因为有这种阅读体验,张老师才将制宪会议设计成一组镜头:"夏季·费城·独立厅"—"伦道夫·方案·讨论"—"国会·议员分配·争论"—"富兰克林·油画·日出"。二是历史教师通过博览群书,积淀了丰富的历史知识,可以生成教学机智,应对教学中随时可能出现的生成问题。著名语文教育家于漪谈到在《木兰诗》的教学中,学生问缠足始于何时?一下子把她难住了。事后,她深有感触地说:"教后而知困。做一个中学语文教师该具备多少相关知识啊!问题还不在于教某一篇课文前的准备,而在于平时的广泛涉猎,细心采摘,日积月累,只有源头有活水,课堂上才会不出现或少出现捉襟见肘的尴尬状况。"[3]于漪老师的反思值得我们深思与借鉴。历史教师的教育智慧在于"学以致用",即用日积月累的知识、底蕴和底气,运用自如地解决历史教学的困惑和难题。

第三,审美。学习的目的在于获取知识、增添智慧,更在于获得一种审美情趣,愉悦心情。读历史即读故事,故事中历史人物的悲欢离合、历史事件的跌宕起伏、历史现象的扑朔迷离,无一不牵动我们的心。因此,在万籁俱静的夜晚,月光轻泻,沏一杯清茶,端坐在桌前,翻开一本历史书,我们常常随书中的文字一起走进另一个时空,感受历史的风景,走进历史人物的内心,体验他们的运筹帷幄、喜怒哀乐……此时此刻,一种历史情怀油然而生,那是一种多么美好的体验啊!审美的(历史)阅读,是一种诗性的体验,是一种幸福的生活!

2. 学习的方式

学习是一种智慧,一种坚持,一种执着。历史教师不仅需要有清晰的学习目的,更需要形成适合自己的学习方式。并不是每一个人天生就会学习,学习是在自己阅读过程中形成的一种高尚、优雅的生活方式。一般经历"兴趣—方法—习惯"三个阶段。

第一,兴趣。终身学习的习惯缘于学习兴趣的培养。粗略地分,历史教师可以分为两类:一类是对学习感兴趣的历史教师,一类是对学习不感兴趣的历史教师。前者有可能成为名师,后者则为平平的教师。赵利剑老师说:"兴趣是最好的老师。大多数凡夫俗子如我者,最初都是因为'生动'(就是俗话说的有意思、好玩儿)这位老师带路,才得以踏进历史的殿堂的。"[4]118他回忆起带他进入历史殿堂的两本书:一本是《三国演义》,一本是《火与剑的海洋》。他说:"这两本书堪称我对历史和军事发生兴趣的启蒙读物,因为二书有一共同特点——生动。"[4]114因此,赵老师在成为一名历史教师后,他努力探索历史教学的生动性,而他富有人文气息的历史课也赢得了学生和专家的好评。有学生评价:"听到您讲出那么丰富、生动的历史细节,对历史本身也有了全新的理解与感悟。"[4]135叶小兵教授说:"这些年来我也多次到四中听过他上的课,可以说是看着他一步步成长为优秀中学历史教师的。"[4]序赵老师历史课的生动得益于他的广泛阅读。可以说,大凡历史名师,都是博览群书的终身学习者;而一位教师走上终身学习之路,阅读兴趣的培养至关重要。

第二,方法。艾德勒在《如何阅读一本书》第十六章专门谈了"如何阅读历史书",其中不乏真知灼见。

阅读历史书的两个要点是:第一,对你感兴趣的事件或时期,尽可能阅读一种以上的历史书。第二,阅读历史书时,不只要关心在过去某个时间、地点真正发生了什么事,还要读懂在任何时空之中,尤其是现在,人们为什么会有如此这般行动的原因。

一本定案本的传记是历史的一部分——这是一个人和他生活的那个时代的历史,就像从他本人的眼中所看到的一样。应该用读历史的方法读这种传记。"授权本"传记又是另一回事了……读这种书不能像读一般的历史书一样,读者必须了解作者可能会有偏见——这是作者希望读者能用这样的想法来看书中的主角,这也是他的朋友希望世人用这样的眼光来看他。……所有自传所写的都是还未完结的生活[5]。

我们可以从艾德勒的书中获得许多历史阅读的启示。笔者从历史教师成长的角度,总结出历史教师的阅读策略:第一,阅读要有计划性。我们可以采用分段式的阅读,通过长时间的努力,将中国古代史、近代史、现代史和世界古代史、近代史、现代史钻研一遍("钻研"不同于一般阅读,而是就某一段历史参阅多种书籍,以达到融会贯通的目的或效果)。第二,阅读要有选择性。现在历史书籍种类繁多,历史教师很难穷尽所有的历史读物,因此,必须选择权威的、经典的书籍进行阅读,做到泛读与精读相结合。第三,阅读要有广博性。历史教师的阅读需要博览群书,做个"杂家",庞杂的阅读,才能使历史教师厚积薄发,在教学中得心应手,游刃有余。第四,阅读要有反思性。反思性阅读才有收获,才能灵光一现,产生创新性的思维成果。反思需要参阅,因此,笔者主张在掌握较宽厚的历史知识的基础上,应更多地运用主题式阅读,以加深对历史知识的认识,并产生创新性见解。阅读是一门科学,有其方法,历史阅读亦如此。历史阅读的方法有一般的规律,但每一个人在阅读中会形成自己的阅读方法与习惯。

第三,习惯。什么是学习习惯?学习习惯是指学习融入了个人的生命,就像吃饭、睡觉一样,须臾不可分离,学习成为一种生活方式。当一位历史教师对阅读产生浓厚兴趣、在阅读中获得知识、智慧和愉悦时,他就会沉浸于阅读、享受着阅读,阅读成为生命的一种冲动、成为他新一天的憧憬。笔者研究过众多的历史名师,他们无一不是以学习作为成长的阶梯,养成了终身学习的习惯。学习习惯是一种坚持、一种追求、一种信念,更是一种很高的境界!

3. 学习的境界

王国维先生在《人间词话》中说:"古今之成大事业、大学问者,必经过三种之境界:'昨夜西风凋碧树。独上高楼,望尽天涯路',此第一境也。'衣带渐宽终不悔,为伊消得人憔悴',此第二境也。'众里寻他千百度,回头蓦见,那人正在灯火阑珊处',此第三境也。"[6]我认为,学习型历史教师在自我成长过程中也会经历三种学习的境界,即,物境、心境和无境。

第一,物境。历经四年苦读的大学生,踌躇满志地踏上教育岗位时,他们发现:一方面自己学的历史知识在中学历史教学中好像用不上;而另一方面,历史教学中的一个个问题又让他们意识到自己历史知识不够用。于是,围绕着历史教学中的重点、难点,阅读各种历史书籍,上下求索。这一时期,学习的目的主要是解决历史教学中的问题,读书主要是为我所用。此乃学习之第一境界:物境。物境中的历史教师,读书有点不知所措,往往疲于应付,在阅读的黑暗中摸索,但能够解决一些实际的历史教学问题。

第二,心境。经过一段时间的积淀,不再疲于应付日常教学的困境。这时,我们逐步确立了自己的专业发展目标,并开始有计划性、系统性和主题性地阅读。此时的学习进入第二境界:心境。处于心境中的历史教师,读书充满激情,讲究品味,创新成果,愉悦心情。但这时的读书尚不能完全超越世俗的功利。

第三,无境。无境并不是没有"境界",而是对"境界"超越。这是一种天地境界,是消解了"我"与"非我"的分别的境界,是"天人合一""万物一体"的境界,因而是一种超越了"自我"的有限性的审美境界。阅读不再为世事、功利所累,而是一种生活方式,率性自由、超然唯美。金元浦先生说:"读书,是一次精神的放牧,如同牧羊人在无边的草原上放牧他的羊群,时而望望碧蓝天空上的朵朵白云,时而抚弄身边的野草小花,在风烟俱净中享有一种体验。又如同海边的旅人,有时看海天外的云鸥,有时在沙浪间寻寻觅觅,在海天共色中自有一番感悟。"[7]这大概就是一种"无境"——审美境界吧。

二、有思想的历史教师是反思型的历史教师

中西文化有诸多不同之处,但均强调反思。孔子说:"学而不思则罔,思而不学则殆。"强调学习与思考相结合。孟子认为:"尽信《书》,则不如无《书》。"强调的是怀疑、反思、批判精神。笛卡尔说:"我思故我在。"实现了哲学由本体论向认识论的转变,强调了人类的理性认识;而康德的"三大批判"更是将人类理性推向了顶峰,他的"批判"即是"反思""思考"。历史教师不仅要读书或学习,更需要反思,做一个反思型的历史教师。反思型历史教师需要对学习、教学和自我成长进行反思。

1. 对书本知识的反思

历史教师为何需要对书本知识进行反思?因为,历史也会说谎。美国著名学者詹姆斯·洛温写了《老师的谎言——美国历史教科书中的错误》一书,指出了美国教科书中存在的问题,譬如,海伦·凯勒和伍德罗·威尔逊是如何被美化的?教科书如何淡化越南战争,以致美国青少年对越战了解甚少,等等。他说:"虽然我们每个人都是赤条条地来到人世上,但我们都不是全新的造物。我们都有自己的社会位置,不仅生在特定的家庭,而且还带有特定的宗教信仰,属于特定的团体,当然,还属于特定的民族与文化。社会学家懂得社会结构与文化的力量,懂得它不仅可以塑造我们这个世界上的人生轨迹,而且还决定我们对这一轨迹与这个世界的理解。"[8]17因此,尽管历史是客观的,但人们对历史的认识却带有主观的成分,同一历史现象,不同的人会有不同的解读。历史教师需要用

批判性的眼光阅读历史书籍,唯其如此,我们才能在扑朔迷离的历史现象中认清历史发展方向,识别历史的真相。

历史教师如何用批判的眼光阅读书籍？笔者以为可以从四个方面进行理性思考：一是历史语境,也即历史书籍成书的历史背景。"它是什么时候和为什么写的？我们要注意可能读者所属的社会结构。我们要考虑创作者试图通过这些读者达到什么目的。"[8]399 这种思考有助于历史教师成为有批评能力的读者和思考者。二是作者的立场,即作者或书籍代表的是什么人的观点。"说话者、作者等人在社会结构中居于什么地位？那一观点服务于什么样的利益、什么人,或什么样的意识形态？谁的观点被忽略了？"[8]399 三是对文本自身的审读。论述是否可信？即考察著作是否存在内在的矛盾。"它前后一致吗？它的某些结论是否与其他结论相冲突？"[8]399 再有其论点有可靠的材料支撑吗？等等。四是参阅其他著作,即对同一历史事件或历史问题的论述参阅不同立场著作,综合评判史实的真伪、观点的正偏。譬如,了解朝鲜战争,可以阅读中国人写的著作,也可阅读美国人的著作(大卫·哈伯斯塔姆的《最寒冷的冬天：美国人眼中的朝鲜战争》),韩国人的著作(白善烨的《最寒冷的冬天〈2〉——一个韩国上将亲历的朝鲜战争》),日本人的著作(儿岛襄的《最寒冷的冬天：日本人眼中的朝鲜战争》),还可以参阅约瑟夫·古尔登的《朝鲜战争——未曾透露的真相》等。多方面的参阅有助于我们获得一个较为客观的历史真相,形成历史教师的批判性思维能力。

历史教师的反思能力与历史教师的阅读是成正比的。历史教师不是一开始就具备批判性反思能力的,随着阅读的增加,其历史素养逐渐提高,批判性反思能力也随之增强；反之,随着历史教师批判性反思能力的增强,其理解历史文本的能力也会增强,就能穿透历史的迷雾,读出历史的真相。

2. 对教学行为的反思

历史教师对书本知识的反思是历史教学反思的前提,是服务于历史教学的；历史教师反思的关键是对历史教学的反思,因为历史教学是历史教师的职责所在。

历史教师进行教学反思具有重要的意义。历史教学是预设与生成相统一、教师与学生相互动的复杂的教学实践活动,因此,历史课堂教学的成败取决于多种因素。历史教师应形成自觉的反思意识和反思习惯,每堂课上完后,我们应思考一下这堂课的成功在哪里？哪些地方需要改进？进而提高自己的反思能力。可见,历史教师进行教学反思的意义在于：一是改进历史教学流程、方法、方式乃至细节等,提高历史教学效率；二是通过教学反思,提高历史教师的反思能力,促进历史教师的专业成长。

关于历史教师进行教学反思的内容,周云华老师有过较为全面的论述。她认为：反思有三个维度,即深度、广度和高度。"反思的深度主要体现在明确的主题、活动设计和对话交流三个方面;反思的广度体现在全程反思、全面反思和全体反思三个方面;反思的高度体现在认识的提高、行为的跟进以及价值的引领三个方面。"[9]周老师的论述很有见地,她所言的反思更多的是从理论层面上加以阐述的。在实践层面,笔者认为,历史教师的教学反思应该有所指向,重点反思历史教学中的目标设定、教学流程、教学方式(方法)、教学生成、课堂效率等。

历史教学的目标设定是历史教学设计的灵魂。每堂课,历史教学的目标可能是多元的,但是历史教学的主目标只有一个,一切教学设计都应围绕着主目标展开。教学流程是由一个个教学环节构成的,教学环节的先后轻重、用时多少都直接影响教学流程合理与否,影响到教学效果的好坏。教学方式(方法)是由教学内容决定的,是运用讲授法、还是探究法?抑或是其他方法?教学过程中的生成问题教师的处置是否得当?等等,这些都是历史教师需要反思的内容。尽管历史教师的反思从理论上讲有三个维度(深度、广度和高度),但我们的教学反思最主要的是"反思的深度",因为"反思的深度"决定了反思的品质,决定了反思的成效,而"反思的深度"很大程度上取决于历史教师的专业素养。

那么,历史教师如何进行教学反思呢?即历史教师可以通过哪些路径进行教学的反思呢?笔者认为主要有以下三种:

自我反思。指我们对自己的教学行为进行反思。一般而言,自我反思可以通过课后的"教学反思"和"观摩录像"实现。前者主要针对教学中存在的问题进行揣摩、体悟,找出问题症结,然后记录下来,并在今后的教学中加以改进;后者可以对一堂课进行较为系统的"切片分析",以达到改进教学的目的。

学生反馈。指教师在与学生交流中获得反馈信息,进而改进自己的教学。陈东亮老师说,他在讲"南京大屠杀"时,"把日军在南京大屠杀中的残忍手段和中国遇难者的人数作为教学重点的突破口,借此揭露日本军国主义凶恶残暴的侵略本质",然而,有学生提出质疑:"既然我们课本说日军以集体枪杀、焚烧、活埋、砍头、军犬撕咬等极端残忍手段残害我30万以上同胞,为什么现在右翼分子对此矢口否认呢?"面对学生的质疑,陈老师开始反思:"关键是没有选好解决问题的突破口,没有注入、运用崭新的观念,没有说服力。"陈老师改进教学,从遇难者身份入手,引入史料——《罗伯特·威尔逊日记》和日军拍摄的照片(《日军在南京活埋中国平民》和《日军枪杀中国被俘军人》),引导学生阅读并得出结论:遇难者是南京平民和被俘士兵。从而较好地完成了教学任务[10]。

同行评议。指历史教师在与同行的切磋中,反思自己的教学设计或教学行为,进而改进自己的教学实践。例如:祝明老师在谈自己执教"匈奴的兴起及与汉朝的和战"一课时,经历了一波三折的体验:初稿形成(结构完整,兴奋)→首次打磨(改动不大,自信)→再次检验(问题多多,黯然)→公开展示(效果尽显,欣喜)[11]。一堂优秀的公开课,往往经过多次打磨,凝聚着众多同行的心血,这个不断改进的过程,其实就是反思的成果。

3. 对自身成长的反思

历史教师为何要对自身成长进行反思?对自身成长的反思,是我们职业生涯发展的必然要求,也是历史教师反思的最高境界。从专业发展的角度看,历史教师踏上教育岗位之时,就应确立自己的奋斗目标,规划自己的发展路径。但是,在实际的专业发展过程中,由于种种原因,并不会完全按照自己计划的路径发展。通过反思,我们就能及时修正自己的发展路径,采取一些举措,弥补自己发展过程中的不足或局限,进而促进自己的专业发展。大凡历史名师,都有反思自己成长的习惯。反思是一个"导航仪",也是一种内驱力!

历史教师对自身成长反思的基本方式。笔者认为有两种形式:

一是纵向梳理。即用叙事的方式,梳理自己成长的历史,反思自己成长过程的得失,比对理想的目标与现实的自我之间的间距,从而采取有效措施,促进自己朝着设定的目标发展。反观我自己的成长大致可分成四个阶段:积淀时期(1986—1997年)、发展时期(1998—2002年)、拓展时期(2003—2008年)、融和时期(2009年至今)[12]。这种反思,有助于对自己有一个真正的认识,进一步明确目标、坚定信念、激发动力,促进专业发展。纵向梳理式的自身成长反思,可以以时间为轴线进行不断的反思,这种反思随着时间的推移和阅历的增长会不断修正自己以往的认识,这种修正恰恰是反思中的进步。

二是横向比较。历史教师自身成长的反思,不仅要与过去的自己对比,而且还要与同行进行比较,这种与同行的比较,即是自身成长中的横向比较。横向比较是多方面的,可以是与同龄人比较,也可以与不同年龄的人比较;可以与一般历史教师比较,也可以与历史名师比较。依笔者所见,与同龄人比较,或者与历史名师比较,更能看出自己与他人之间的差距,从而更好地修正自己的成长路径。因此,研究历史名师的成长路径、分享和借鉴历史名师成长过程中的成败得失,有助于历史教师的专业成长。

历史教师自身成长的反思是历史教师反思的重要组成部分,它与历史教师读书的反思、教学的反思一起构成了"三位一体"的立体反思。三者虽然重叠交叉,但也自成体系,共同促进历史教师的专业成长。

三、有思想的历史教师是创新型的历史教师

阅读—反思—创新,是一个逐步递进的过程。其中,反思是创新的前提,而创新则是反思的结果。有思想的历史教师一定是一个创新型的历史教师。

1. 创新是有思想的历史教师的显著标识

历史教师有没有思想的分水岭是:这个教师会不会创新?是不是一个创新型的历史教师?有些教师教了一辈子的书,但每一次都是上一次的重复,从不反思自己的教学,这

样的历史教师肯定不是有思想的历史教师;也有些教师从不满足自己教学中取得的一个个成果,而是不断反思自己的历史教学,并不断超越自己原先的历史教学认识和水平,这样的历史教师就是有思想的历史教师。因此,创新型历史教师是具有持续的创新意识、创新精神,不断产出创新成果的人。会创新有可能是偶尔的创新,并不一定是创新型历史教师,它只是创新型历史教师的前提。只有持续不断地创新、并有成果产出的历史教师,才是创新型历史教师。

2. 创新型历史教师的基本类别

创新型历史教师有三类:一类是教学型的;一类是学术型的;还有一类是综合型的。

教学型的创新型历史教师注重历史教学方式的创新。这类历史教师视历史教学为艺术,他们用一生的努力去备课,精心设计教学流程,精心打磨教学细节,追求理想的、完美的历史教学。他们从不满足已经完成的历史课堂教学,而是想方设法完善与修正,久而久之,形成了自己独特的教学风格,成为一代名师。李惠军老师如是说:"已故历史教育专家赵恒烈先生曾拜师陈毓秀先生,但是,赵老师并不是亦步亦趋地照搬或克隆,而是在传承与超越中独辟蹊径,终成一家之言。上海著名特级教师孔繁刚对老一代特级教师包启昌先生'一节课一个中心'的思想与风格赞誉有加,但是,他却在几十年的思考与实践中,走出了一条'大容量、深思维、高密度'和'志于道、游于艺、识于情'的富有特色的教学路径。……我在上海工作,在很大程度上得益于孔老师的诚心建议和全力举荐,他是有恩于我的。'音实难知,知实难逢'。我自不量力地感到,孔老师是我在中学历史教育界难得的知音,但是,我更渴望在中学历史教育中走出自己的道路来,或许这样才有资格与孔老师'煮酒论道'。"[13]有思想的历史教师总是不断地超越自己或前辈,走自己的路,形成自己独特的教学风格。

学术型的创新型历史教师偏重于历史思维成果的产出。这类历史教师具有较深的史学功底,善于思考自己的学习与教学,并积极撰写论文。笔者曾认真阅读过蒋碧勇老师的两篇论文:《关于马克思的殖民主义"双重使命"论的再思考——与林华国教授商榷》和《从"蓝本"到"文本"的转变——兼与马执斌先生商榷》。前者蒋老师对林华国教授论文中提出的"马克思本人是否认为'双重使命'具有普遍意义?"和"马克思关于印度必须经受西方先进国家的殖民统治才能完成社会革命、走向复兴的论述,是否普遍适用于一切落后国家?"阐明了自己的商榷性观点。蒋老师认为:"虽然林先生重提关于殖民主义的'双重使命'论对我们中国人这一沉重话题具有重要的认识意义,但就其学术意义而言似嫌不足。""林先生所概括的'马克思关于印度必须经受西方先进国家的殖民统治才能完成社会革命、走向复兴的论述'是不确切的,至少是不完整的。""林先生在文中多次谈到马克思的预测'偏于乐观',这就涉及马克思哲学中的'理想性''可能性''现实性'诸问题,而不能简单地判断其乐观或悲观。"等等。[14]后者蒋老师提出了"蓝本"与"文本"的概念:"'蓝本'强调'独断型'解释、'位移式'传递,将教材视为'唯一';而'文本'注重'理解型'解释、'生成式'发展,将教材视为'一种'。"在此基础上,他"提出三点'浅见'与马执斌先生商榷",最后指出:"从'蓝本'到'文本'的转变,不仅是对教材看法的转变,而且还是教育思想、教学观念的更新。"[15]两篇论文的共同点是:都勇于挑战权威,都有自己的思想,论述都有理有据,反映了蒋老师较高的学术素养。也许仅凭这两篇论文很难判定蒋老师已是一位学术型历史教师,但是,我们至少可以判定他具备了学术型历史教师的潜质,只要坚持不懈,一定能成为一名学术型的创新型历史教师。

综合型的创新型历史教师是指兼具教学型与学术型两者的特征,既在历史教学上推陈出新,不断创新,形成风格;又在学术研究上收获颇丰,硕果累累。事实上,一代代历史名师,如上文提到的孔繁刚、李惠军等都具有综合型的特征,只是因为他们在历史教学上独具一格,才将他们归于教学型。在此不再赘述。

3. 创新型历史教师的思维特点

创新型历史教师除了学习、反思外,自有其思维的独特性。笔者认为,创新型历史教师的思维特点有:

第一,自由的思想。自由的思想是主观与客观的统一:一方面,创新需要宽松的环境和浓郁的学术氛围;另一方面,历史教师也需要有"自由之意志,独立之精神",亦即历史教师要敢想、敢创。孙正聿先生认为,历史上有四种自由观:一是庄子式的"玄想的自由"(把自由视作无所对待的状态,"天地与我并生,万物与我为一");二是黑格尔式的"理性的自由"(自由是一个由自在到自为再到自在自为的精神历程,是个体理性对普遍理性的认同,个体理性与普遍理性的融合);三是萨特式的"意志的自由"(把自由视为自我的实现);四是马克思的"实践的自由"(把人视为实践的存在,自由就是人在实践中所实现的人的全面发展)[16]。历史教师的自由思想,抑或兼有这四种自由的内涵,因为,学术创新,既是一种"意志的自由",一种自我实现;也是一种理性的自由,需要符合理性主义或逻辑主义的原则;有时也需要"玄想的自由",玄想有时会闪现灵感。但本质上,它是一种"实践的自由",是一种人的存在方式。没有思想的自由,就没有学术的创新。从这个意义上讲,思想自由乃创新之母。

第二,灵动的思维。灵动的思维是指思维的变通性,即当思维受到某种阻碍时,我们应换一种思路进行思考,或许会豁然开朗,此所谓"山重水复疑无路,柳暗花明又一村"。因此,灵动的思维必然具有多向性、多元性和开放性。孔繁刚老师在上"长征"一课时,漏讲了遵义会议的意义,后来,他在讲长征的意义时巧妙地补讲了遵义会议的意义,孔老师的"救课"是思维灵动性的体现,也是一位创新型历史教师教育智慧的体现。灵动的思维是一种积淀、一种智慧、一种境界。创新型的历史教师应具有这种优良的思维品质。

第三，科学的态度。科学的态度就是实事求是的态度，对于历史教师而言，它意味着求真。历史教师既不能拘泥于教材，也不能戏说历史。拘泥于教材，有可能让学生学得索然无味，戏说历史有可能让学生曲解历史。如何求真？杨向阳老师的一席话意味深长。他说："愚以为：思想是不同的——思想之于历史，如同海边拾贝，有人人看好的贝，也有多数或少数人喜欢的贝，甚至还有的贝，有人奉为圭臬，有人弃若敝屣，泾渭可谓分明。真相是唯一的——思想可以多元，真相只有一个，且未必是人们认为理所当然的那个，很多人看到的是历史的表象，甚至假象。认识是发展的——真相的澄清有赖认识的发展，随着新材料的印证、新视角的观察、新理论的阐释，历史的认识便会发生变化，认识的发展是必然的。真理是趋近的——真话未必真，真理接近真，真相才是真。由于历史认识受客观条件限制和人的主观意识支配，其成果的真理性会打折扣，真理也只是相对而言。对真理的追求，人们只能不断地趋近它，而无法穷尽它。"[17]这段话可以很好地帮助我们理解什么是历史教师的求真？什么是历史教师应有的科学态度？笔者认为：学者的历史，往往束之高阁，无人问津；大众的历史，往往是众声喧哗，浅薄娱乐；历史教师的历史，应该是求真的、生动的、思辨的、有品位的！从这个意义上讲，创新型的历史教师需要有很高的学养。

四、有思想的历史教师是有文化底蕴的历史教师

文化如千年大树之根，深藏在地下，但不无显露其巨大的力量；文化是如春风细雨，让世界万物浸润其中！有思想的历史教师应是有文化底蕴的历史教师。唯其如此，我们的思想才能如春蚕吐丝，绵绵不断。有文化底蕴的历史教师具有以下特征：

1. 坚定的教育信念

教育信念是支撑一个人不断前行的意志与动力。著名语文特级教师于漪曾写道："我当了一辈子教师，教了一辈子语文，上了一辈子深感遗憾的课。我深深地体会到'永不满足'是必须遵循的信条。正如《浮士德》诗剧中主人公浮士德所说：'要是有那么一刹那，对我说：停住吧，你是多么美好！那时也敲响了我的丧钟。'浮士德上天下地求索，经历了爱情的悲剧、事业的悲剧，什么都一场空，但是他没有灰心。最后，他在一块荒芜不毛的海滩上建立起人间的乐园，心里一片光明，情不自禁脱口而出：'停住吧，你是多么美好！'这一刹那，浮士德倒地死去。满足意味着生命的结束。"[18]这是于漪老师的心声。这段话透露出她对教育的深情、追求和信念！于漪老师之所以著作等身、"足为楷模"（张志公语），就在于她有坚定的教育信心。孔繁刚老师终身立足杏坛传道，"堪称大师"（李惠军语），也在于他有坚定的教育信念。他说："我的心将始终情系历史教育。我要在有

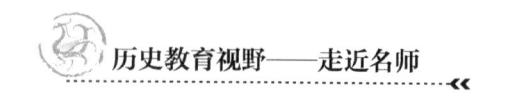

生之年,尽我之力,为实现历史教育的社会功能和价值功能,激起学生学习历史的兴趣、乐趣、志趣、情趣做一点贡献。"[19]坚定的教育信念是有文化底蕴的历史教师的首要品质。

2.浓郁的人文情怀

历史属人文科学,因而历史学家充满着人文情怀。张广智先生编过的一本书《历史学家的人文情怀——近现代西方史家散文选》(北京师范大学出版社 2011 年版),书中吉本的"随浮云掠过"、黑格尔的"历史舞台"、卡莱尔的"诗性精神"、费弗尔的"情系莱茵河"、斯宾格勒的"在黄昏的时候……"、布罗代尔的"赞美海洋吧"、金斯伯格的"夜间之旅"等等,字里行间在折射科学理性光辉的同时,更凸显了他们人文主义的价值取向。历史教育的人文情怀源于历史学科的人文内涵。历史教师应该遵循历史教育的内在理路,高扬人文教育的大旗,让历史的人文情怀浸润学生的心灵。孔繁刚老师说:"教师的价值存在于学生心中。"并认为"历史的灵魂源于它的思考,历史的精神源于它的情感,历史的魅力源于它的细节,历史的价值源于它的真实。"[20]正因为孔老师有着这样的历史教育的人文情怀,所以他的学生喜欢上他的历史课,以至于每次上历史课学生都翘首以盼。追求历史教育的人文情怀,历史教师就不仅要面向课本,更要面向学生,面向社会,面向大地与天空,面向未来。只有这样,在他的历史课堂中才能走出具有伟大人格的人、具有悲悯情怀的人。

3.宽厚的学术素养

宽厚的学术素养是有文化的历史教师的应有之意。历史教师的学术素养之"宽",在于他的专业知识,其中核心为历史哲学,中层为历史知识,外围为人文社会科学乃至自然科学的知识。历史教师的学术素养之"厚",在于他掌握了历史研究的方法,在于他能以通俗的语言言说复杂的历史现象和深奥的历史哲思。具有宽厚的历史素养的教师也一定是站在历史教育最前沿的教师,他洞察历史教育的走向,他思考历史教育的发展与未来。最近,笔者阅读了刘俊利老师的一些文章,如《诠释学的历史理解理论与我国中学历史教学》《学术型课堂:历史课程的一种境界》《用"学术性"增强历史课堂"人性化"的研究与反思》,隐隐感到中学历史教学界的一部分教师已重视历史教师学术素养的研究,而这一部分历史教师本身也具有较高的学术素养。笔者一直主张建构文化型的历史课堂,文化型的历史课堂是以学术型为基础的,是学术型的升华,它更侧重于历史对涵养学生人格、德性和精神的作用。而要达到这样的要求,历史教师宽厚的学术素养是必需的。只有历史教师具有了宽厚的学术素养,才能纵横捭阖、游刃有余,历史课才有文化的意蕴和韵味。

4.独特的文化性格

独特的文化性格是有思想的历史教师的显著表征。何谓独特的文化性格?它是历史教师的批判精神和言说姿态,像王栋生老师那样"不跪着教书"。历史教师独特的文化性格就表现在他能打破历史教材的体系,用"灵魂"将"历史的贝壳"串成"项链",对历史进行个性化的诠释。郭晓明说:"文明的任何真正的进步都以知识理解的个体性为前提,而不是以知识理解的一致化为前提。因此,教育如果要有助于文明的进步,就必须肯定鼓励学生对知识的个体性理解。"[21]作为有思想的历史教师就更需要对历史作个性化诠释了。钱理群先生在《作为思想者的教师》一文中对"有思想的教师"提出了"七问":

一问:你对自己生活的世界有独特的认识吗?

二问:你有信念吗?你有属于自己的信念吗?你感受过这属于自己的信念的生命气息吗?

三问:你有不同于他人的教育观吗?

四问:你反思、追问了自己的知识观了吗?

五问:你思考过,应该有怎样的课堂语言、言说姿态吗?

六问:你思考过"启蒙"与"教师"的关系吗?我们需要怎样的"启蒙"?

七问:一个教师,可以没有一定的艺术判断力与审美力吗?[22]

钱先生的"七问"也适宜于历史教师,因此,他的"七问"对每一位有志于做"有思想的历史教师"不无启迪!

最后,笔者还得将话说回来,做"有思想的历史教师"很好,是历史教师追求的一种境界,然而,思想是有边界的,犹如自由有边界一样。因此,有思想的历史教师还得控制好自己的情绪,因为"将情绪化的思想轻易地投影到一个自己并不熟悉的、复杂的历史现象上是危险的"。笔者赞同杨向阳老师观点:"做有思想的历史教师,必须善于理解复杂的历史性状和文化情境。"[17]

为了历史教育更充满人文情怀,更具有文化底蕴,愿更多的历史教师成为"有思想的历史教师"!

---

[1] 李惠军.灵魂的追问(3):教师的精神守望与教学的思想穿行[J].历史教学(上半月刊),2015(4).

[2] 张永谦.基于制宪过程,体悟幸福追求:美国《1787年宪法》教学实践与探索[J].历史教学(上半月刊),2014(12).

[3] 于漪.《木兰诗》"旁逸"艺术二则[J].中学语文教学,2008(12).

[4] 赵利剑.历史:一堂人文课[M].北京:教育科学出版社,2012.

[5] 艾德勒.如何阅读一本书[M].郝明义,朱衣,译.北京:商务印书馆,2004.

[6] 王国维.人间词话[M].上海:上海世纪出版集团,2008.

[7] 金元浦.阅读的欣悦[M].北京:中国人民大学出版社,2004:223-224.

[8] 詹姆斯·洛温.老师的谎言:美国历史教科书中的错误[M].马万利,译.北京:中央编译出版社,2009.

[9] 周云华.谈教师反思的深度、广度和高度:以一次高一历史课例研究活动为例[J].教育理论与实践,2013(17).

[10] 陈东亮.要注入新的观念:"南京大屠杀"教学反思[J].历史教学(上半月刊),2014(11).

[11] 祝明.曲径通幽处 求索路漫漫:执教"匈奴的兴起及与汉朝的和战"的实践性认识[J].中学历史教学参考,2014(5).

[12] 丁林兴.思想的年轮[M].苏州:苏州大学出版社,2013:自序.

[13] 李惠军.困学苦旅[J].中学历史教学参考,2008(1).

[14] 蒋碧勇.关于马克思的殖民主义"双重使命"论的再思考:与林华国教授商榷[J].历史教学,2003(1).

[15] 蒋碧勇.从"蓝本"到"文本"的转变:兼与马执斌先生商榷[J].历史教学,2005(1).

[16] 孙正聿.孙正聿哲学文集:第三卷[M].长春:吉林人民出版社,2007:208-209.

[17] 杨向阳.如何做"有思想"的历史教师[J].历史教学(上半月刊),2009(10).

[18] 于漪.岁月如歌[M].上海:上海教育出版社,2007:230.

[19] 孔繁刚."天时、地利、人和"造就了我:四十余年教学生涯的回顾[J].中学历史教学参考,2008(12).

[20] 邱剑峰.无以积淀,何至精彩:记李惠军老师的一节课[J].历史教学(上半月刊),2009(12).

[21] 郭晓明.课程知识供应制度与个体精神自由[J].教育研究与实验,2003(4).

[22] 钱理群.活着的理由[M].桂林:广西师范大学出版社,2010:57-60.

(本文选自《中学历史教学参考》2017年第2期)

「历史最重要的作用,就是理解、解释、服务现在。乔伊·帕尔默说,教历史的目的是让学生有能力"利用历史来解释现在问题"。我们教学生学习历史,就是使学生掌握立足于社会的正确价值观、必备品格和关键能力,学会用历史的眼光看待现实、洞察未来,提升他们做人处事的能力和智慧。」

朱启胜 安徽省芜湖市教育局督学,芜湖海亮实验学校督导,正高级教师。芜湖市教科所原副所长、历史教研员,教育部"国培计划"省级历史工作坊主持人,人民教育出版社历史新教材培训专家,《中学历史教学参考》特约研究员。芜湖市历史学科首席教研指导专家,芜湖市首批基础教育高层次人才。近10年,发表教育教学论文30余篇,主编或参编学术著作40余部。主持并完成省市级课题8项,获国家级、省级基础教育教学成果奖两项。

拳拳之心助同伴　孜孜嗜学共成长
——教研探索的实践梳理及心路历程

○ 朱启胜

教育部福建师范大学基础教育课程研究中心的余文森教授最早提出,校本研究的三要素为自我反思、同伴互助、专业引领,他主张将教学研究的重心下移到学校,建立与新课程相适应的以校为本的教学研究制度。这是学校发展和教师队伍建设的重要途径。对于地市级教研来说,其实质是"扩大"了的校本教研,其宗旨是在较大范围内的教师队伍建设中,广大教师能在自我反思基础上的同伴互助和专业引领。这也是21世纪初教研机构转变教研职能、深化教研改革的方向和重点。

教研员是做什么的呢?教育部基础教育课程教材中心副主任刘月霞曾说:"他们应该是教师教学的专业指导者,区域教学研究的组织者,教师专业发展的促进者,国家和地方改革政策的转化者,课程改革的推动者。"她还说:"整个教育系统有本事把原来一般的老师,变成非常有工作效率的老师,这是谁的本事呢?我想这应该是教研员的本事。"在我十五年多的教研员生涯中,我努力做到刘月霞主任说的做一个"有本事的教研员"。我通过自己的学习探索、专业研究,努力成为研究团队的一名合格的"首席"同伴;通过广泛涉猎、不断扩大视野,成为合格的专业服务者和引领者,促进本地市乃至省域内大批青年教师的专业成长。我做教研员一直抱着勤勉工作、真诚服务的态度,在学习研究指导服务的过程中既锻炼了自己,又促进了广大教师的专业成长,得到了基层学校的充分肯定和广大教师的赞誉。现将我的教研实践工作梳理如下。

一、努力提升自我修养,增强教研服务能力和课堂融入力

校本研究制度的创生是新课程背景下教学研究重新定位后的必然产物。教师自我反思、同伴互助是教师专业发展的内部因素,专业引领是教师发展的外部因素。对一线教师来说,教研员是零距离的教学专家,教师离不开教研员的专业引领。教研员应该有效的进行专业指导,成为促进教师专业发展的推进器和学校教育教学质量提升的服务

者。为此,在上一轮课改直至这次课程改革开始之时,我着重做了如下工作。

1. 度人先度己,进一步加强自我学习,积极组织新课程培训

作为学科教研员,我始终坚持钻研课程内容,了解学科前沿动态,搜集最新信息,全面提高自身的专业水平,树立良好的职业素养,争取用自己的人格魅力和学养魅力给教师注入持续拓展课程改革的源动力。在新课程实施伊始,我给教师作"新教材使用指导"系列讲座,如《初中历史课本插图的使用》《初中历史课本自由阅读卡的使用说明》《高中历史新课程实施中面临的问题及解决对策》《高中历史必修模块学习中的学生活动建议》等,较好地解决了教师的部分疑难问题。

我将自己的研究心得写成文章上传市教科所网站,与教师共享,引起教师的情感共鸣。其中,《人文教育——历史教育的本质》,半年时间点击次数达1200多人次;《高中历史选修内容总体解析及教学建议》,点击数达1900多人次。我还将学习体会进行梳理总结,撰文在《安徽教育科研》《安徽教育论坛》《青年教师导刊》等刊物发表。如《转变学习方式,突出能力培养——实施历史新课改的心得和体会》《初中历史新课程与学生学习方式转变的研究》等,较好地宣传了新课程理念。

2. 转变教研职能,沉浸一线课堂,架起理论与实践的桥梁

教研室不是新课程的单纯"中转站",而应该是教学研究中心、新理念辐射中心、学术交流中心、教学服务中心。教研员要深入一线课堂,同时要有自己的思想、自己的思考,有超越课程的专业意识,把学习研究作为自己专业生活的支撑,由空洞单薄的以教材教法为中心的文本教研转向以研教和研学为中心的课程研究。

例如,当时华东师大、北师大版的七年级历史教科书都对半坡尖底瓶做了活灵活现的描写,说它入水时自动倾倒汲水,水满后能自动扶正等。有教师虽对其有质疑,但又不敢肯定,我在查阅资料和与专家交流的基础上,对教师的观点作了肯定,半坡尖底瓶不是汲水器,而是一种礼器。又如,人教版、北师大版、华东师大版七年级历史教科书,对夏朝的建立和国家的性质作了不同的叙述。人教版:约公元前2070年,禹建立了夏朝,这是我国历史上第一个奴隶制王朝。北师大版:约公元前2070年,禹建立了我国历史上第一个国家——夏朝。华东师大版:禹死后,儿子启击败伯益,夺取政权,建立了我国历史上第一个王朝——夏朝。有教师提出疑问:历史教科书在某些知识点的叙述上是否必须完全一致呢?我的回答是:不必完全一致。因为课程标准在个别知识点的表述上带有一定的模糊性,这正是唯物史观科学性的表现,符合当时倡导的"一纲多本"要求,当时鼓励教科书在尊重课程标准的基础上,有自己鲜明的个性和各自的风格。

经过一段时间的实践,随着对新教科书研究的深入,我将研究心得和听课体会加以总结、提升,撰写文章公开发表。如《新课程历史课堂亟待改进的几个问题》,发表于中文核心期刊《中小学教师培训》2014年第2期;《汉初"和亲"评价及其辨析——"一封塞外来信"引发的思考》,发表于《中学历史教学参考(上半月·综合)》2014年第5期;《将"心态史学"观点融入历史教学的实践性认识——以戊戌变法失败原因之主观因素探究为例》,发表于《中学历史教学参考(上半月·综合)》2016年第3期。文章发表后引起了广泛关注,尤其后两篇的篇幅较大,显示出来的独特思维、研究精神以及倡导的价值理念,在"朋友圈"激起阵阵涟漪。一股读书教研的氛围悄然兴起,一批热爱教学、热衷教研的教师聚拢在我周围,畅谈读书体会,交流学科前沿信息,做课题写论文。我市历史学科教师专业发展明显优于其他学科。

二、关注素养指向的教学实践,提高教师素养涵育能力

历史课程改革深化的一个关键词就是"历史学科核心素养",对学科核心素养的体察与贯彻就是历史教师的关键能力。如何关注历史学科核心素养观念落地及其在学科教学中的体现呢？我深度参与其中,体会颇深。

1. 先明理后践行,学习领悟核心素养,思考探索素养落地

2015年,我被教育部聘任为"国培计划"省级历史工作坊主持人(先后持续3年),先后4次去首都师大接受学习培训,有幸聆听首都师大徐蓝、叶小兵、张汉林、杨朝晖、寇志刚等专家学者的讲课,多次与初中统编教科书主编、历史学科核心素养的首席制定专家面对面交流、研讨,受益匪浅。

2016年暑假,陕西师范大学基础教育研究院、中学历史教学参考编辑部在西安举办"全国历史教师学科素养与高考教学胜任力"研讨会,我组织教师赴会听取专家有关历史学科素养的报告,并担任分论坛主持人,向大会主会场做汇报;我市教师也积极参与交流。此后组织我市工作室研修教师参加中学历史教学参考编辑部组织的成都、宜昌、吴江、延安全国历史教育教学研讨会。同时我还参加了人教社和教育部对义务教育统编教材的培训,约有10多场。接受培训、学习频次密集,内容丰富,信息权威,收获丰厚,为服务引领课程改革奠定了扎实的基础。

我结合具体实践,将自己的学习感悟,对芜湖市教师、安徽省初中历史工作坊学员进行分享。初中历史工作坊培训系教育部统一制定的国培计划,安徽省工作坊由省教育厅布置,教师来自皖江皖南七地市,共300人。由我、芜湖市二十七中万鸣老师、安徽师范大学历史学院王彦章教授共同组织实施。我们组织两场有关统编新教科书使用、历史学科核心素养解读及教学要求的大规模线下培训。

教学实践中,我们深刻认识到核心素养的落地是不容易的。例如,如何培养学生的唯物史观素养,历史教学中唯物史观怎样落实,这对教师的水平要求很高。我们学习徐蓝、朱汉国等教授的有关报告和文章,吸收其精神,我的体会是唯物史观是科学的历史观和方法论,教学中不是要背诵它的条条框框,而是要把它融入具体教学内容中,通过具体

内容体现唯物史观的基本观点、原理等。我与伙伴合作,将对核心素养的思考探索整理成文。如《基于历史核心素养的教育转型:挑战与课题》(与王德民老师合作),发表于《历史教学(上半月刊)》2017年第10期;《统编初中历史新教材使用中值得注意的问题》(与洪家喜老师合作),发表于《中小学教师培训》2018年第10期;《唯物史观视域下的资本主义发展史教学》(与王昌成老师合作),发表于《历史教学问题》2021年第1期。反映我组织开展的师生"同读共研"主题学习过程和成果的文章,也在《中学历史教学参考(上半月·综合)》2019年第3期发表。该活动通过引导学生在开放的情境中学习、研究,发现问题、解决问题,培养学生的史料实证、历史解释素养,发展学生创新思维、科学精神等。《开展师生"同读共研",培育学生核心素养》一组师生文章共3篇同时发表,引起了较大反响。同时期,我市历史教师团队有将近20篇有关核心素养思考、新教科书使用的文章也在《中学历史教学参考》等刊物发表。

2. 总结推广核心素养培育经验,探索核心素养涵育路径

核心素养是育人价值的集中体现,是学生通过学习而逐步形成的正确价值观、必备品格和关键能力。在历史课堂教学中,只有通过核心素养的涵育,才能达到立德树人的要求。那么,教师教学如何培养学生的核心素养,课堂教学中怎样优化教学内容、怎样创新教学方式和学业质量评价来实现核心素养的培育?为此,我与芜湖市历史教研员刘宏法老师共同组织编写《基于核心素养的中学历史教学探索》一书,已通过出版社选题申报,正在审阅稿件,下半年正式出版。

本书稿件主要来源于芜湖市历史学科名师工作室、安徽省初中历史工作坊、省域内若干历史学科研修共同体的成员老师,绝大多数是一线优秀教师。他们以教学案例为基础,突出学科核心素养的培育目标,探索涵育核心素养的路径。每个案例文章都体现了作者对历史学科核心素养的理解和教学追求,论述作者科学制定教学目标、深入分析课程结构、合理整合教学内容、有效设计教学过程、准确把握学业质量水平的探索过程。呈现出来的对核心素养的探索路径,具有较好的指导意义和参考价值。

教育部"国培计划"示范性教师工作坊,历史学科研修项目的成果之一——《初中历史教学研究论丛》已于2022年4月由首都师范大学出版社出版,它由省级工作坊坊主推荐自己团队的研修老师撰写优秀论文汇集而成。论文全部结合自己的教学实际,运用培训所学和感悟对日常教学中所遇到的问题进行深入剖析,提出解决办法,涉及核心素养的培育、现代信息技术的运用、统编精神的把握、体现素养的作业设计等,贴合初中历史教学实际,具有较强的现实价值。全书51篇文章,安徽坊占25篇(全国共8个坊)。正如杨朝晖教授在序言中所说,安徽工作坊研修活动实实在在,教师成长十分明显。安徽历史工作坊也连续两年被《中学历史教学参考》期刊评为最佳合作团队。

作为人教社新教材培训专家,近几年我受人教社委派,赴无锡、宿迁、淮安、贵阳、桂林等地作新教材使用经验讲座。讲座中通过教材变化、单元分析、经典案例解析等突出教材编写特点,即坚持唯物史观统筹教材内容及体例安排,强调一定要把握统编精神,准确领会教材内容,落实立德树人根本目标。

三、尝试学习方式的创新,辩证对待教学技术,稳步提升学校和教师课程执行力

《普通高中历史课程标准(2017年版2020年修订)》明确建议高中历史教学多采用专题教学的方式,而专题教学可以采用基于网络的学习方式,如深度学习、项目学习、微课学习、翻转课堂以及课下自主学习等。这些是时下教育界的热点,不少教师喜欢尝试。但教师往往对这些学习方式认识有偏差,执行不顺畅。为此,有必要对一些教学模式、学习方式予以正名,为学校新课程推进把脉问诊。

1. 探索新的学习方式,准确把握其内涵和特征

(1)研究性学习强调跨学科综合性探究。我们在检查评估中发现,很多学校对研究性学习认识有误区。他们把解答数学题、物理题的过程叫作研究性学习,把做一份模拟试卷叫作研究性学习,把一节公开课当作研究性学习。其实,《普通高中课程方案(2017年版2020年修订)》明确要求每位高中生完成2个课题研究或项目设计,以开展跨学科的综合性的主题研究活动为主,创设与生活关联的、任务导向的真实情境,开展深度学习、项目学习。

2021年,我约请了在研究性学习活动方面开展得比较好的几所学校共同编写了《高中新课程"研究性学习"优秀案例选编》,于2021年12月由黄山书社出版。本书记录这些学校开展研究性学习活动的过程、收获、结论,为所有高中师生开展研究性学习活动提供借鉴和帮助。从入选的36个案例来看,内容都是综合性的主题研究。如语文学科整本书阅读背景下有关《红楼梦》的学习和研究,数学学科强调数学文化在高中数学课程学习中的实践应用,历史学科有关唯物史观视域下的历史人物评价研究等,有利于培养学生跨学科的创新思维能力。还有很多案例是与生活紧密联系的、基于真实情境的任务式学习和探究。全书对引领学生全面提高综合素质、发展创新精神和实践能力、高质量完成普通高中教育任务将起到十分积极的促进作用。

(2)深度学习着重情感的积极参与。"深度学习"是时下教育教学领域的研究热点之一。但是,不少中小学教师对于"深度学习"的认识存在误解,很多教师写了有关深度学习的文章向我征求意见,都存在问题。比如,有的教师以为深度学习就是从更难的题目入手,有的认为深度学习是一题多解,还有认为深度学习就是让学生的思维更深入。

北京师范大学郭华教授认为,深度学习是对以往一切优秀教学精华的概括和提炼,

它是"好"教学的代名词。它内在地包含着学生积极主动的学习,是能够引发学生主动学习愿望与积极活动的教学。结合专家的观点,我的体会是:深度学习的实质,并不在学习程度的"深""浅",而在性质之"深""浅"。我们在组织主题活动、开展案例学习时,让学生在教师引领下,围绕着具有挑战性的学习主题,全身心积极参与、体验成功、获得发展。在这个过程中,学生掌握学科的核心知识,理解学习的过程,把握学科的本质及思想方法,这就是深度学习了。

新学习方式还有很多,项目学习、主题学习、翻转课堂等,它们并不是截然分开的,而是相互交叉和互相包含的。像研究性学习,其学习方式可以说是主题学习、项目式学习,其学习特征又是深度学习,它能够激发不同知识背景、不同性格特征的学生积极参与,掌握学习的策略,促使其向"最近发展区"跨越。像深度学习,严格地说它不是具体的学习方式,它是对学生学习状态、学习质量的一种描述;不论哪种具体学习方式,都有可能是浅层学习,也有可能是深度学习;深度学习,可以是教师讲述式学习,也可以是学生自主探究式学习。我们只有深入理解这些学习方式的内涵和本质,才能准确运用,将其落到实处。

2. 辩证对待教育技术与教育思想,稳步提升学校和教师课程执行力

随着时代的发展、科技的进步,教学形式、学习方式会不断变化,花样会不断翻新,但课堂教学的育人本质是不会变的;实现教学目标的方式多种多样,但不管哪种方式都离不开学习内容。内容决定形式,最重要的是要遵循以生为本的理念,"教"基于"学"的规律,这比课型、模式的模仿更为重要。

比如,前几年翻转课堂很热门,从国外"火"到国内,现在却冷淡多了。现在流行的是智慧课堂。技术派对此无比推崇,他们甚至认为可以由机器人代替教师上课。但绝大多数专家和教师认为,教学是艺术,不是技术。"在一个充斥技术资源和诱惑的时代,我们十分需要在技术工具面前的清醒"[1]。特级教师、"人民教育家"于漪老师也说,现在的教师不缺教学技巧,而缺思想与批判性思维;很多专家也呼吁:中国教育在技术上走得太快,"灵魂"却跟不上。我通过大量调查,对翻转课堂本土化实践中的优缺点做了充分分析,提出了对待"翻转课堂"要积极审慎,探索改进[2]。总之,我们要辩证看待教育技术与教育思想的关系,对于各种新课型、新技术,要理性对待,审慎推进,稳步提升学校和教师的课程执行力。

四、对青年教师教学研究的几点建议

很多教师问我有关教研选题的问题,重点关注什么,怎么去做研究。下面谈谈我的建议和意见。

1. 紧扣社会热点,回应现实关切

2021年7月,陕西师范大学基础教育研究院、中学历史教学参考编辑部在延安举办

"明理·增信·崇德·力行——历史教育全国学术研讨会"。我在分论坛作"新时代历史教育研究选题创新取向"微讲座,提出的选题方向首先就是"紧扣社会热点,回应现实关切"。近一两年的社会热点很多:中美经贸摩擦、贸易战、科技战,中美关系;中外关系;"四史"教育,中国共产党百年华诞,中国共产党为什么能、马克思主义为什么行、中国特色社会主义为什么好;构建人类命运共同体;伟大的抗疫精神;脱贫攻坚全面胜利、乡村振兴等。这些热点不少是高考的高频考点,是我们进行教学研究的重点。

克罗齐说,一切历史都是当代史。《中学历史教学参考(上半月·综合)》2020年第5期卷首隆重推出李大钊等人的一组论述,题为《历史最重要的作用:理解、解释、服务"现在"》。怀特海说,历史的最重要作用是"武装我们对付现在";乔伊·帕尔默说,教历史的目的是让学生有能力"利用历史来解释现在问题";李大钊说,历史观者实为人生的准据,服务现在人生乃历史教育要务。例如,目前正在发生的俄乌冲突,是全社会关注的焦点,这是我们师生共同的亲身经历,难道我们可以视而不见、避而不谈吗?肯定不行。我们可以从历史角度追溯战争发生的根源,进而认识当前的世界大势。

2. 坚持价值引领,注重安全意识教育

对意识形态安全教育,目前中小学教师关注得不够,这方面研究的文章也不多,但这是一个不可忽视的重要问题。2021年11月中共中央政治局召开会议,审议通过了《国家安全战略(2021—2025年)》。这次会议强调,必须坚持把政治安全放在首要位置,要坚定维护国家政权安全、制度安全、意识形态安全,严密防范和坚决打击各种渗透颠覆破坏活动。而在这方面历史学科具有得天独厚的资源和优势。通过摆事实、说道理,以科学的历史观作指导,用史实做论据进行论证,批驳历史虚无主义的论调。

有专家指出:近年来,历史虚无主义思潮试图通过解构历史发展的规律、否定阶级斗争和社会革命的作用来危害我国主流意识形态安全。比如,什么"中国的四大发明是李约瑟主观臆造的";近年又对太平天国运动、义和团运动、中国资本主义萌芽进行否定;否认邱少云等英雄的英雄事迹等。应对这种挑战,必须遵循历史规律,坚持马克思主义的唯物史观;抵制改良主义,坚信革命与斗争的历史作用;坚守主流意识,维护中国共产党的执政地位,牢固树立道路自信、理论自信、制度自信、文化自信。例如,我和王昌成老师合作的《唯物史观视域下的资本主义发展史教学》,就揭示了资本主义必将被社会主义取代的客观历史规律,帮助学生树立中国特色社会主义道路必胜的理想和信念。

3. 关注评价改革,适应趋势需求

近几年,中共中央及教育部陆续出台了多部有关教育评价的文件和通知,新版课程标准均增加了水平考试要求、中高考命题建议等。无论是从国家层面密集出台的文件、政策来看,还是近些年社会对教育评价的批评、期待来看,教育评价,尤其是有关学生学业的评价,将会成为未来一个时期教育教学改革与发展的重点难点。我们广大教师要结合自己的实际给予充分关注,并做好研究。

不少教师以为,评价就是命制几个题目给学生考试,命题谁不会呢？其实,命题有严格的内容要求和技术规范。由于芜湖市是安徽省唯一的国家级课改试验区,中考自己单独命题。我参与了8次芜湖市中考历史命题,一开始命题的质量不尽如人意,在参加教育部中考命题专项培训之后才逐渐成熟,后来命制的试题受到教育部中考命题项目评价组的表扬,所撰写的多篇中考评析文章都发表了,如《导向稳定,能力立意,凸显新课程精神——近几年部分省市新课程中考历史试题评析》,发表于《历史教学问题》2012年第3期;两篇高考评析文章发表于《中学历史教学参考(上半月·综合)》2012年第11期和2016年第8期。

目前对"双减"的解读、研究非常多,但其最关键的问题仍在于考试评价的改革和优化。每年的中高考试题或多或少都存在一定的偏、难、怪的问题。我们呼吁要增加考试的信度和效度,真正落实对学科素养的考查,减少学生刷题的时间,也不要让学生再去钻牛角尖。从核心素养出发,真正落实"双减"目标下的中高考命题才是至关重要的。

"双减"下的作业设计,也是一个评价热点。唐琴老师历史团队进行的高中历史作业设计就非常好。她们的"做历史"创新作业设计,具有开放性、探究性、前瞻性,每一个都是研究专题,其形式是项目式学习、主题学习,其特征又属于深度学习。值得广大历史教师借鉴。

教研是一场修炼,修炼老师的专注力、倾听力、研究力、反思力、重建力;教研员只有自己做到心无旁骛,才能引领教师练就高质量的教研,这样才能走向高质量的教学。教研是一场保养,保养教师精神的容颜,保持教师对教育教学的激情、好奇心;教研员只有自己孜孜以学、不断研究和创新,才能引领教师投入积极的情感,共同走向更远的未来！

---

[1] 叶澜.课堂教学过程再认识:功夫重在论外[J].课程·教材·教法,2013(5).

[2] 朱启胜.翻转课堂:基于本土化实践的认识及思考[J].新课程评论,2017(4).

(本文选自《中学历史教学参考》2022年第6期)

「历史课程是启智增慧、培根铸魂的关键课程,历史教师肩负着启智增慧、培根铸魂的育人使命。唯有通过持续读书、不断反思,向专家学习、向同行学习,不断提升我们的专业素养,不断增强教学的引领力,我们历史教师才敢于应对时代要求,落实好立德树人这一根本任务。」

何成刚 教育部课程教材研究所中小学教学研究中心主任,研究员,博士。组织开展了多项课程教材改革实验研究工作,组织丰富多样的为地方和学校课程教材建设提供咨询和服务的公益性服务。多年深耕历史教育领域,著作等身,影响力大,在推动历史教师的自我学习与自我提高方面做出了巨大努力。《中学历史教学参考》特约研究员。

何谓"历史事实"
——基于研究文献的阅读梳理

○ 何成刚　张克州

一、对"历史事实"概念的追问

何谓"历史事实",对广大历史教师来说,或许会对这样一个问题感到诧异,"历史事实"难道不是指历史上发生过的、确凿无疑的历史事件吗?查阅近些年的高考历史试卷,经常看到考查学生能否分辨"历史事实"与"历史解释"的试题。从命题者提供的参考答案可以看出,即使是参与高考历史命题的史学专家,在何谓"历史事实"这一问题上,与广大中学历史教师的看法并没有本质区别。

例题1:(2014年四川省自贡市高三第一次诊断性考试)学习历史,必须分清历史事实(史实)、历史解释、历史观点等。下列各项中,属于历史观点的是

A. 刻在龟甲或兽骨上的商朝甲骨文主要出土于殷墟
B. 哥伦布率领船队横渡大西洋,发现了美洲新大陆
C. 孔子,名丘,字仲尼,系春秋时期鲁国陬邑人也
D. 卢梭的"社会契约论"是法国大革命的理论依据

参考答案:D。

例题2:(2012·上海卷)①在公元前44年的罗马牧神节上,执政官安东尼两次把王冠戴在恺撒的头上,都遭到了人群的抗议。②于是恺撒取下王冠,把它存放在朱庇特神庙。③在那一天,他没有获得皇帝称号。④事实上自公元前49年起,恺撒已成为罗马的最高统治者,共和制名存实亡。以上文字中属于历史解释的是

A. ①　　　　B. ②　　　　C. ③　　　　D. ④

参考答案:D。

例题3:(2016·上海卷)某学生学习"罗马法体系"一课后,产生了疑问:古罗马的奴隶是否确如书上所说,被"排斥在法律对象之外,不具有任何权利"?为此,他查找了资

料,并撰写了如下读书笔记:

①奴隶指在罗马社会中不具有自由人身份的人,在法律上被视为物;奴隶的身份可能因出生、受到刑事处罚或在战争中被俘所致;奴隶可以被解放而成为自由人。②奴隶的释放问题是罗马法中重要的一部分。③《十二铜表法》中就有相关的条文。④表明当时即已存在释奴现象。

问题:哪些是对事实的陈述?哪些是该学生的评价?

参考答案:事实陈述的是①和③;评价的是②和④。

历史教学实践中也不乏对"历史事实"与"历史解释"认识含糊不清的现象。例如,在"世界反法西斯战争胜利的影响"教学中,有老师引导学生将德意日法西斯国家制造的"法西斯暴行"视为"历史事实","空前的浩劫"视为"历史结论",将战胜国对法西斯国家进行的"正义的审判"视为"历史事实"。修订中的高中历史课程标准,也在强调中学历史教师在教学过程中要注意引导学生区分"历史事实"和"历史解释"。实际上,关于"历史事实"这一看起来比较简单的问题,却一直是国际史学界,特别是史学理论研究领域深入讨论的热点话题。为此,我们系统检索了有关研究文献,发现对"历史事实"这一概念较普遍地存在着简单化的认识,对"历史事实"和"历史解释"(包括"历史评价"在内)的关系,较普遍地存在着二元对立的认识。所以很有必要从这一概念的源头出发进一步厘清其内涵。

二、西方学者对"历史事实"的认识

在传统的历史学家看来,历史事实是客观存在的,并且不以人的意志为转移,历史事实就像数学公理一样毋庸置疑,尤其是以19世纪被誉为"客观主义史学先驱"的德国史学家尼布尔和被誉为"历史科学之父"的兰克最为典型。在尼布尔看来,历史学家的重要使命在于,对史料进行分析,从而揭示历史的真实。在兰克看来,通过收集分析第一、二手史料,特别是档案文献资料,摒弃个人情感介入的"如实直书"是历史学家的重要使命。总之,在客观主义史家看来,历史事实存在于史料之中,建立在排除个人主观立场基础上的史料分析,可以帮助我们发现历史事实。兰克说过,一部成功的宗教改革史应该让新教徒和天主教徒都能接受。阿克顿在主持《剑桥现代史》时则明确提出,滑铁卢之战要写得让法国人、英国人和荷兰人都能满意[1]。

现在看来,兰克的史学理念根本无法得以实现。在西方,真正系统地对兰克学派的客观主义史学进行反思的是美国历史学家卡尔·贝克尔,1931年他发表了著名演说《人人都是他自己的历史学家》。演说中指出,史学家如果不去理会历史事实的话,事实就不存在,更不会自己说话。就实际的目的而言,事实必须有史学家的选取和确认才会有意义,事实并不是砖头或木片那么"铁硬"或"冰冷",具有一定的形状或者轮廓的实在物质。历史事实要通过文字陈述得以展现,那么它便会在文字的转述过程中发生变异。当通过文字表达出来的时候,历史事实已经不是原本的那个历史事实了。这时的历史事实已经是历史学家理解的历史事实,它已经被历史学家赋予了一定的意义[2]。卡尔·贝克尔甚至说:"历史事实在某些人的头脑中,不然就不存在于任何地方。"[3]287如果说,尼布尔和兰克认为历史事实是客观存在的话,那么卡尔·贝克尔的观点则是对这种认识的颠覆,他认为历史事实只存在于人们的意识和头脑中,也就是说历史事实是主观意识的产物。

在欧洲,意大利历史哲学家克罗齐和英国历史哲学家柯林武德同样对兰克关于历史事实的认识表示不认同。克罗齐把历史事实分为编年史和历史。编年史是死的只有编年顺序的过去史。历史是活的有逻辑顺序的当代史。历史事实是被史家思考的历史,如果没有史家的思考,那就是编年史。例如,山顶洞人生活在北京周口店龙骨山的山顶洞里,是过去史,属于编年史,但是到20世纪30年代,他们被考古学家唤醒,就变成历史事实了。克罗齐指出:"既然一件事实只有当它被人想起时才是一件历史的事实,既然思想之外什么也不存在,问什么是历史的事实和什么是非历史的事实这个问题就毫无意义了。一件非历史的事实将是一件没有被思想过的事实,因而是不存在的,而谁也没有遇见过一件不存在的事实。"[4]在克罗齐看来,历史认识主体的主观意识和兴趣所在决定了历史事实。

柯林武德对克罗齐的观点做了进一步的发展。他把历史事实划分为两个部分,一部分是历史事件的外部,另一部分是历史事件的内部。历史事件的外部是指可以用确定的定量加以描述的事物,例如,1492年,哥伦布发现了美洲大陆。历史事件的内部是指无法用确定的定量加以描述的事物。比如,还是上述的例子,哥伦布为何能发现美洲大陆。史学家不仅要了解历史事实的外部,更重要的是理解历史事实内部的思想过程。所以柯林武德指出:"历史的过程不是单纯事件的过程而是行动的过程,它有一个由思想的过程所构成的内在方面;而历史学家所要寻求的正是这些思想过程。一切历史都是思想史。"[5]212"思想史、并且因此一切的历史,都是在历史科学家自己的心灵中重演过去的思想。"[5]213"除了思想之外,任何事物都不可能有历史。"[5]304

在美国,后现代历史哲学家海登·怀特认为历史事实与历史事件有着本质的区别。历史事件是发生于过去的一种客观存在,历史学家不仅无法去改变它,也不能对其进行建构。而历史事实是由历史学家依据记录历史事件的档案建构出来的,并且依靠历史学家的不断修正和解释。历史事实最终要以语言的形式呈现出来,而语言并非完全透明的对于单纯事实的呈现,因此历史事实无法避免解释性的因素。例如,"2008年奥巴马当选为美国有史以来的第一位非洲裔美国人总统",这并非是一个单纯的历史事实,它也包含了解释的因素,因为"非洲裔美国人"这一特定意识形态词语的背后是美国建国以来持续不断的民权运动和反种族歧视运动的努力[6]。

一言以蔽之，从卡尔·贝克尔到克罗齐、柯林伍德，再到海登·怀特，我们不难发现，与兰克学派强调"历史事实"是客观存在恰恰相反，更多有影响力的史家认为，"历史事实"是史家主观的思想再创造的表现。

三、我国学者对"历史事实"的研究

无独有偶，我国传统史学家亦认为"历史事实"就是历史真实，在这一点上，与西方客观主义史学家理念并无不同。随着史学研究过程中问题意识的不断突出和西方史学理论研究成果的不断传入，我国学者对"历史事实"有了新的认识。万斌认为，历史事实包含着三个层次和环节：第一层，作为本体论意义上的历史事实，表征着客观实在的历史过程和事件；第二层，作为认识论意义上的历史事实，乃是反映客观存在的历史事件及过程的文献、资料和传说，构成历史认识的直接对象；第三层，知识形态意义上的历史事实，是依据文献、资料、传说重构历史实在的科学映象或科学体系，作为认识对象或客体的历史事实在历史主体的认知过程中转化为知识形态或历史学的客观内容[7]。张耕华也认为，历史事实有三个不同的层次和三种不同的含义：一是指历史事实的本体，这是一种存而不在的历史事实；二是指有关历史事实的观念，这是存在于历史学家意识之中的历史事实；三是指有关历史事实的信息，即历史本体的残存和遗迹，也就是通常所说的史料中的历史事实。在张耕华看来，客观的历史事实并非都遗存为史料信息中的历史事实，史料信息中的历史事实并非都表征着客观的历史事实；客观的历史事实并非全是历史学家的历史事实，历史学家的历史事实也并非全是客观的历史事实[8]。这些对历史事实分层的认识打破了旧有的历史事实观念。当下，越来越多的学者趋向于这样的认识：历史学家在客观历史事件基础上建构历史事实。

共识一：历史事实不等同于历史真实，也不是史家纯粹的主观建构，而是体现了主客观的辩证统一。李鑫认为，历史事实既不是不以人的意志为转移的客观实在，也不是历史认识主体纯粹的主观重构，它是融主客观于一体，历史认识主体与历史资料在科学实践基础上的能动统一[9]。吴汉全认为，历史事实是历史学家站在历史的现实中关于人类过去历史的陈述，是史学家建立的关于过去的图景，同时也是一个关于过去历史实际的知识体系[10]。王霞认为，历史事实不是一种客观存在，也不等于历史真实，而只是一种建立在客观的历史事件基础上的人为的建构，同样的历史事件可以形成不同的解释。这样史家在对历史事件进行再现的时候，兼具客观性与主观性[11]。马俊亚认为，历史事实是主观与客观的融合，被历史学者还原的实情就是史实。史实不等于客观事实，每个人都无法原样地获得绝对真实，也就不可能获得一劳永逸的真理，即绝对真理[12]。梳理上述学者的论述，我们可以看出，历史事实是史家根据各种史料（文献、物质、口头记录或口口相传)及证据,在对客观历史事件进行阐释的基础上所提炼的事实,是史家的主观认识与历史事件客观性的有机融合。

共识二:历史事实不等同于史料记载中的事实。主要原因有以下几点:第一,从特点上来看,历史资料有一个显著的特点,即它不能完整无缺地记载历史事件,不能构成完全的历史事实,这就需要历史学家的主观建构。此外,作为历史资料重要组成部分的文献资料,其本身不可避免地带有主观色彩,所以说,历史资料不能等同于历史事实。正如英国历史哲学家卡尔·波普尔所说:"所谓'历史资料'只是记载那些被认为具有相当意义而值得记录的事实。因此,一般说,历史资料只包括那些符合于一种预先设想的理论事实。"[3]183 第二,从功能上看,"史料只有保存历史信息的功能,而没有陈述历史事实的任务"[10]。以实物史料为例,它是当时历史事件的遗留物,遗留物是不可能完整地呈现当时的历史实际,也就不可能系统地陈述历史。例如,考古学家发现的半坡原始居民生活遗址,只能部分地展现当时半坡人生产生活的图景。文献史料也是这样,它只是部分地有选择地记录当时的历史实际,是否形成完整的历史认识并不是当时的文献记载者考虑的事情。第三,从性质上看,史料中的事实与历史的事实也不同。"史料中的事实是'死的事实',而历史的事实是'活的事实'"[6]。史料中记载的事实是对历史实际的不完全的记载,一旦记载下来就是恒定不变的;而历史事实是历史学家对历史进行解释建构而得到的事实,随着人类实践的不断深入和历史学家认识的不断提高而处于不断的变动之中。例如,对王安石变法的认识,晚清以前,基本上是否定的评价,到了近代,梁启超为了戊戌变法的需要,对王安石变法做出了肯定评价。今天史学家对王安石变法的认识则更加理性与多元化。第四,从时间上看,"历史资料不但与历史事实之间存在着时间间距,也与史学研究者之间存在着时间间距,而且它对历史上发生过的事情的记录并不一定与历史事实相切合"[13]。基于此,我们可以认为,史料中的事实可以成为历史学家建构历史事实的重要基础,但不能成为历史事实本身。

共识三:历史事实和历史解释不能断然割裂,历史事实中包含着历史解释,但这种解释应遵循规范。可以说,任何历史学家的著述中不可能有绝对客观的、中立的不带任何解释的历史事实。理由有三:一是历史学的主要功能之一在于揭示人类社会的发展规律,而不仅仅是对材料的罗列与堆积,这就要求史家应依据一定的目的对史料进行选取并整合。二是学者的研究要受到史料的局限。史家只能通过对记载下来的历史事件进行解释,然而,并不是所有的历史事件都能够得到记录。选择什么样的历史事件来记录以及怎样记录,本身就带有主观的印记。所以,"历史事实与历史学家的解释是相互交融的,根本不可能完全分离"[14]。三是历史研究是历史学家的主观建构活动,即使面对同样的原始史料,不同知识背景的史家可能会进行不同的解释。因此,历史就意味着解释。但是,不能随意解释历史。历史学家的解释要受到各种历史原始材料的限制,例如,随着某些考古新材料的发现,有的历史解释或者被证实,或者被修正,也极有可能被完全改写。还要"受制于历史事件本身的客观性以及人类基于是非善恶而形成的道德价值底线,要遵循基本的学术规范,要接受同行的监督和批评"[11]。一方面,历史事实中包含着历史解释,使得事实与解释难以分离;另一方面,事实与解释在一定条件下又是可以互相转化的。如果一个历史解释在长时间内没有遭到质疑与反对,被广泛接受,那么这个历史解释就变成历史事实了。例如,日本学者内藤湖南20世纪初率先提出的"唐宋变革"论,历经他本人及其后世学者的不断修正,"可以说,在今天,唐宋变革说已被视为符合历史实际的综合判断而为学界所接受"[15]。也就是说,唐宋变革论由提出时的一种历史解释逐渐成为学者心目中的一桩"历史事实"。

四、简要结尾

通过对中西史学界关于历史事实及其与历史解释关系的研究文献梳理,我们再来看看本文开篇列举的三道例题和教学片段,可以看出:命题人、授课教师都秉持"楚汉河界"的思维,将"历史事实"和"历史解释"严重对立了。正如柯林武德所说,历史学家不是先找出事实,然后再阐释其中的含义;而是"在发现证据(作者注:即'历史事实')是什么时,就已经是在解释它"[5]140。例题1中,A、B、C、D四个选项既可以说是历史事实,也可以说是历史解释。例如:"刻在龟甲或兽骨上的商朝甲骨文主要出土于殷墟",可以理解为:论述者强调刻在龟甲或兽骨上的商朝甲骨文"主要出土于殷墟",而不是其他遗址。"哥伦布率领船队横渡大西洋,发现了美洲新大陆",可以理解为,论述者的意识里完全无视作为原住民的印第安人的存在。"孔子,名丘,字仲尼,系春秋时期鲁国陬邑人也",可以视为论述者经过文献分析后对孔子籍贯的一种解释。例题2中,①②③④这四句话既可以说是历史事实,也可以说是历史解释。例如,①中"抗议"一词本身就含有主观的价值判断,这是一种解释。②可以理解为,论述者强调恺撒把王冠存放在"朱庇特神庙",而不是其他神庙。③可以理解为论述者强调他(恺撒)没有获得皇帝称号是"在那一天",而不是其他时间。例题3中,①②③④这四句话既可以说是历史事实,也可以说是历史解释。①中"奴隶指在罗马社会中不具有自由人身份的人,在法律上被视为物"这句话,可以理解为,在论述者的意识里,奴隶的地位低下。③可以视为,论述者经过对《十二铜表法》的阅读和分析,认为《十二铜表法》具有释奴方面的条文。在"世界反法西斯战争胜利的影响"教学片段中,无论是"法西斯暴行""空前的浩劫"或"正义的审判",既包括了"历史事实",也包括了"历史解释"。"暴行""浩劫""审判"本身就是对历史事实的一种描述,"暴行""浩劫""审判"前强调的修饰语"法西斯""空前的""正义的",则带有强烈的价值判断,无疑体现了历史解释的特点。可以说,正因为历史学科强烈地体现着基于事实和史料的解释的特点,这一特点就决定了"历史事实"与"历史解释"总是不可避免地交织在一起。

[1] 刘北成,陈新.史学理论读本[M].北京:北京大学出版社,2006.
[2] 卡尔·贝克尔.人人都是他自己的历史学家[G]//何兆武.历史理论与史学理论:近现代西方史学著作选.北京:商务印书馆,1999:580-581.
[3] 张文杰.历史的话语:现代西方历史哲学译文集[M].桂林:广西师范大学出版社,2002.
[4] 克罗齐.历史学的理论和实际[M].傅任敢,译.北京:商务印书馆,1982:83.
[5] 柯林武德.历史的观念[M].何兆武,张文杰,陈新,译.北京:北京大学出版社,2010.
[6] 彭刚.历史事实与历史解释:20世纪西方史学理论视野下的考察[J].北京师范大学学报(社会科学版),2010(2).
[7] 万斌.历史·历史事实·历史学[J].浙江大学学报(社会科学版),1992(1).
[8] 张耕华.历史哲学引论[M].上海:复旦大学出版社,2009:43.
[9] 李鑫.论历史事实[J].咸阳师范学院学报,2003(3).
[10] 吴汉全.历史事实:史学家建构过去的图景[J].史学月刊,2005(2).
[11] 王霞.历史事实 历史真实:从客观实证论到主观建构论[J].沈阳大学学报(社会科学版),2013(5).
[12] 马俊亚.史实的构建:历史真理与理性差序[J].历史研究,2016(2).
[13] 俞吾金.历史事实和客观规律[J].历史研究,2008(1).
[14] 姚凯,陆健体.历史事实的解释与历史学的客观性[J].世界历史,1988(3).
[15] 张广达.史家、史学与现代学术[M].桂林:广西师范大学出版社,2008:59.

【附记】 本文系国家社会科学基金"十二五"规划2014年度教育学一般课题——"中小学学科教学关键问题实践研究"(课题批准号:BHA140087)阶段研究成果。江苏省昆山中学历史特级教师沈为慧老师参与了本文讨论,谨致谢意。

(本文选自《中学历史教学参考》2017年第7期)

「教育评价已经成为了一门专业的技术，需要每一位教师深入地学习、研究和实践。评价是方法，是工具，是手段，但不是目标。教师要利用好评价这把尺子，更好地为教学服务，为提高学生的学习兴趣服务，为提升学生的反思能力服务，为完善学生的核心素养水平服务。」

黄牧航 华南师范大学历史文化学院教授，"国培计划"首批专家库专家，广东省中小学教师继续教育专家委员会历史学科组长，广东教育学会中学历史教学专业委员会学术委员会主任，中国教育学会历史教学专业委员会第九届理事会副理事长、学术委员会主任。主要研究中学历史课程与教学论、历史教师教育。

高考历史科"三维立体命题框架"命题研究

○ 黄牧航

2019年教育部考试中心颁布了《中国高考评价体系》(以下简称"《评价体系》")和《中国高考评价体系说明》(以下简称"《体系说明》"),提出了"一核四层四翼"的评价体系,成为深化新时代高考内容改革的基础工程、理论支撑和实践指南。如何把《评价体系》的目标、思路与学科内容相结合,是研究当前学科高考命题的重要任务。我们在《评价体系》的基础上,根据历史学科的内容和特点,提出了"三维立体命题框架",目的是把《评价体系》的理念转化为在学科命题中可以具体操作的方式和方法。本文结合具体的历史学科示例对这一命题模式进行说明。

一、何为"三维立体命题框架"

"三维立体命题框架"是指基于"考查内容、考查要求、考查载体"三位一体的评价模式。这是一种基于素质教育理论和考试评价规律,把素质教育目标与考查内容相对接而开创出来的崭新的评价模式。从高考命题的发展历程来看,我们经历过从关注"考查内容"的一维模式向同时关注"考查内容"和"考查能力"的二维模式的转变。根据新时代素质教育的发展要求,我们在评价模式上新增加了一个维度——"考查载体",并且把"考查能力"的内涵拓展为"考查要求",从而形成了一个"三维立体命题框架"。

《评价体系》明确指出"四层"为考查内容,由低到高分为"必备知识、关键能力、学科素养、核心价值";"四翼"为考查要求,包括"基础性、综合性、应用性、创新性"。《评价体系》则明确指出考查内容和考查要求"是通过情境与情境活动两类载体来实现的"。这意味着我们在命制一道题目时要同时考虑"考查内容""考查要求"和"考查载体"三个方面的因素。在充分考虑历史学科特点的基础上,我们根据《评价体系》的思路设计了历史学科的"三维立体命题框架",见下面的图示:

对本命题框架,我们做五方面的解读:

第一,命题框架由三方面的命题要素组成——"考查内容""考查要求"和"考查载体"。我们根据历史学科特点,将"考查内容"中的"关键能力"细分为识记、解释、评价、综合理解、实践运用和探究创新六种。"考查载体"指情境和情境活动,根据历史学科特点可细分为历史事件情境、历史学习情境、历史实践情境和历史研究情境四种。

第二,综合而非孤立地理解和操作命题的三方面要素。例如,不存在脱离"考查要求"和"考查载体"的"考查内容",也不存在脱离"考查内容"和"考查要求"的"考查情境"。分别论述只是为了表述更清晰且便于理解。"四层"作为命题的内容,在具体的操作中分为三种类型:一是侧重于必备知识的命题;二是侧重于关键能力的命题;三是核心价值统领下的学科素养命题。"四翼"作为命题的要求,在具体操作中分为四种类型:一是以基础性为主的试题;二是以综合性为主的试题;三是以应用性为主的试题;四是以创新性为主的试题。历史情境和历史情境活动作为命题的载体,在大多数的题目中都必须存在。

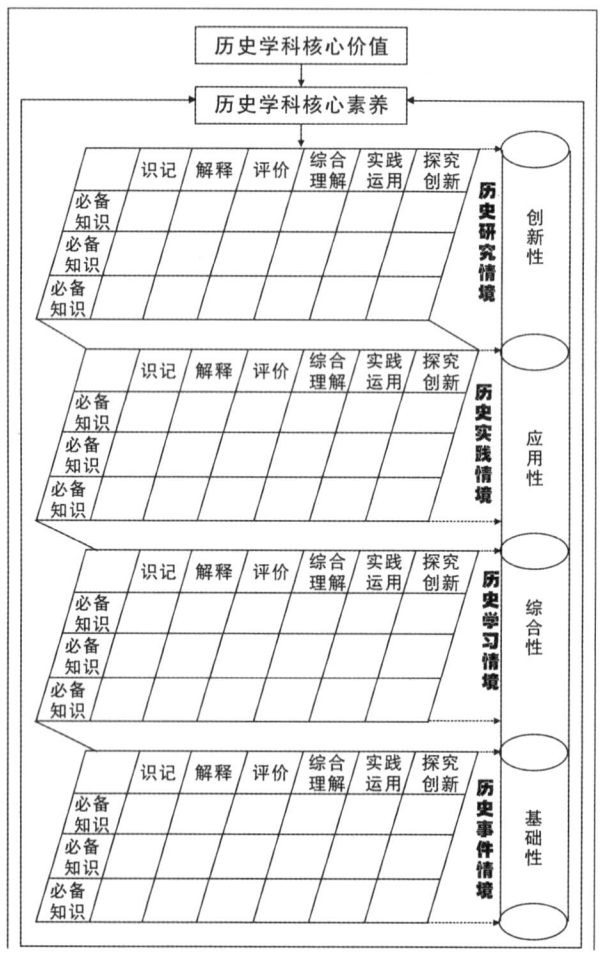

图1 历史学科的"三维立体命题框架"

第三,作为立足于历史学科核心素养的命题,所有题目都必须在历史学科核心价值的统领之下进行命制。《评价体系》明确指出,核心价值"在高考评价体系的考查内容中居于首要位置,引领其他三项考查内容"。因此,"历史学科核心价值"放在框架的最顶端位置,所有题目的命制都必须首先考虑其价值定位。

第四,命题框架只是为了方便我们理解命题的基本原理,在实际操作中,我们需要填写"历史学科三维命题细目表"。通过这个表格的填写,我们可以把每一道题目的三方面要素都呈现出来,也意味着命题者必须同时考虑这些因素。见表1:

表1 历史学科三维命题细目表

考查内容	考查要求						考查载体			
	识记	解释	评价	综合理解	实践运用	探究创新	史实情境	学习情境	实践情境	研究情境
必备知识										
必备知识										
必备知识										

例如,"现代医疗卫生体系的建立"属于考查内容中的必备知识,考查要求我们定位在"识记",考查载体我们定位在"历史情境",那么,就在表格相应位置上用"√"来表示。

第五,作为命题框架中的"考查要求"不等同于过去的学科能力,它要求命题者综合考虑历史知识、历史能力和历史情境三方面的内容来实现。在具体的操作思路上,通过四种类型的命题设计来进行,下面将进一步论述。

二、高考历史科四种类型的命题设计

三维仅仅是观察分析事物的三个角度,在实际操作中,三维的内容是密不可分的。《评价说明》在"情境在命题中的运用"的论述中指出,"基于'四层'考查内容与'四翼'考查要求的关系,高考命题应设计以下四种类型的题目",分别为"基础性为主的试题""综合性为主的试题""应用性为主的试题"和"创新性为主的试题"。这四种类型是同时考虑三维内容得出的结果,下面分别进行解说。

其一,基础性为主的试题。此类型试题考查内容主要是学生的历史基本概念、基本原理和基本思想方法。这些内容来自课程标准和教科书,既是学科的基础知识,也是对学生未来的学习生涯和职业生涯有重要影响的知识内容。考查要求学生需要调动单一的知识或技能解决问题,涉及的学科能力包括识记、解释和评价。考查载体是历史事件情境,即利用与历史事件相关信息(如物质环境信息、制度环境信息、文化环境信息、历史当事人的心理环境信息等)所营造的场景。涉及的题型主要是选择题,也包括非选择题中一些简单的设问。此类型试题的内容、方法和载体，在其他三种类型试题中也会有所体现。

其二，综合性为主的试题。此类型试题在考查内容上涉及多方面的历史知识和技能，需要学生对知识进行整理归纳，寻找和建立起知识间的逻辑关系。考查要求上则需要学生调动各种知识和能力解决问题，是对识记、解释和评价能力的综合运用。考查载体主要是历史学习情境。这一情境在日常学习中表现为在学校学习活动中所面对的各种历史信息，如史料阅读、视频观看、讨论辩论、戏剧表演、艺术创作等，而在考查中表现为对各种历史文本的阅读、理解和分析。涉及的题型主要是非选择题。

其三，应用性为主的试题。此类型试题考查内容上涉及多方面的历史知识和技能。考查要求上强调对历史知识的应用，需要学生运用所学知识和新掌握的素材来分析和解决问题。考查载体主要是历史实践情境。历史实践情境既包括对历史知识产生的情境的理解，也包括在社会现实情境中运用历史知识和思维来解决实际问题。这一情境在日常的学习中表现为学生在社会实践中分析和处理与历史学科相关的信息，如考古发掘、实地调查、交流采访、模拟记者、模拟编辑、模拟导游、模拟解说员、模拟影视编导等，而在考查中表现为在历史文本阅读的基础上，运用所学知识和新掌握的素材、方法来分析、解决实际问题。涉及的题型主要是非选择题。

其四，创新性为主的试题。此类型试题在考查内容上同样涉及多方面的历史知识和技能。考查要求强调对历史知识的创新性理解和运用，包括理解历史学家分析历史问题的新材料、新思路和新方法，以及创造性地运用已学知识和新的素材来分析解决问题。考查载体主要是历史研究情境，这是指历史学者在怎样的物质环境、制度环境、文化环境、心理环境中研究问题，以及学生借用、运用新的素材和方法来研究问题。在试题答案设计上，要注意鼓励学生运用开放思维，灵活运用所学知识，充分提取有效信息，自主建构学科内容的联系。

高考历史科四种类型的命题设计原理如下图所示：

对图2的理解要注意的是：这四种类型是命题的基本形态，而实际的命题操作要比图中的四种类型更加复杂。根据图2的命题原理，我们可以更加准确地理解表1的操作方法。表1中的"考查要求"不能与传统的《命题双向细目表》中的学科能力等同。如果打"√"的地方仅仅涉及识记、解释和评价，那就是基础性为主的试题；如果涉及综合理解，那就是综合性为主的试题；如果涉及实践运用，那就是应用性为主的试题；如果涉及探究创新，那就是创新性为主的试题。而在实际操作中，情况可能更为复杂。一些大型的题目有可能同时涉及综合理解、实践运用和探究创新，如本文下面所举的例4。

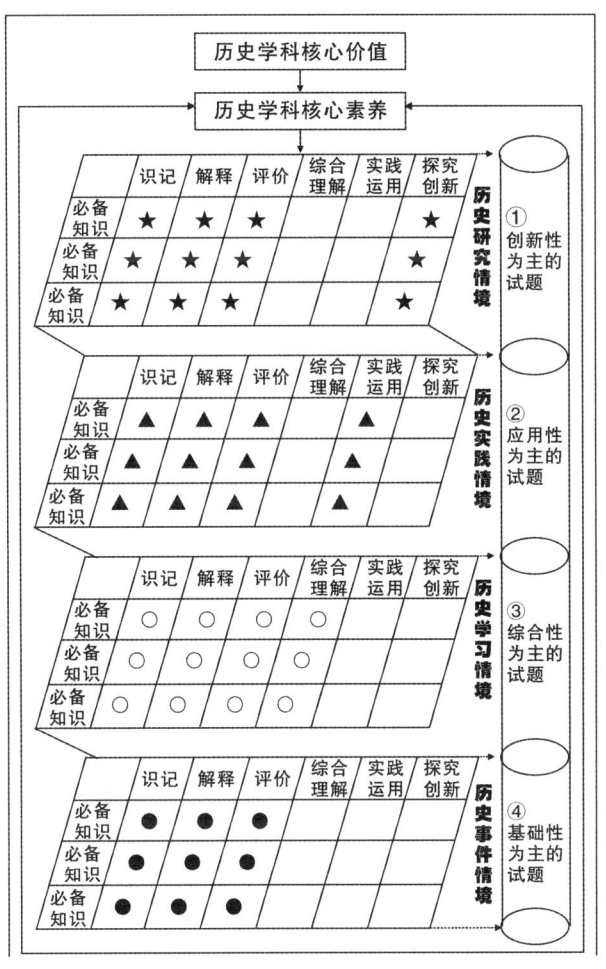

图 2　历史学科四种类型的"三维立体命题框架"

三、高考历史试题命题类型示例

为了更好地说明"三维立体命题框架"的实践应用,下面以选择性必修课程模块 2《经济与社会生活》中的"医疗与公共卫生"为例进行说明。课程标准对这一内容的要求是:"知道古代历史上疫病的流行与影响;了解中医药的主要成就和西医在中国的传播、发展过程;了解现代医疗卫生体系的建立、发展及其对社会生活的影响。"我们可以进行四种类型的命题设计。

一是基础性为主的试题。《经济与社会生活》教科书提到 1958 年江西省余江县血吸虫病防治工作取得巨大成功,毛泽东还为此写下了《七律二首·送瘟神》。这是中华人民共和国建立后的一项重大医学成就。但这个成就是在怎样艰苦的条件下取得的,教科书并没有详细说。如果学生不了解当时的困难,是无法真正理解这个事件的重要意义的。例 1 的命题思路就是创设一个历史情境帮助学生掌握这个知识点,所以属于基础性的试题。

例1:(原创)1953年,偏远闭塞的江西余江乡下来了一批专注"污秽之事"的怪异陌生人。他们据说是来解决困扰当地已久的"大肚子病"。他们逐户征集粪便样本,提各种让人羞于回答的问题,打听如厕和处理排泄物的方式,还用科学仪器仔细观察这些本不应见人的东西。群众抵触情绪很大,很多人交出空的样本盒,或者用小孩的样本冒充,甚至以泥土、牲畜粪便等伪造。这段描述反映的历史事件是 （B）

A. 中国政府建立城乡居民健康档案　　B. 中国政府主动出击防治血吸虫病
C. 中国政府推进医疗保障体系建设　　D. 中国政府高度重视疟疾防控工作

本题的三维命题细目表填写如下:

考查内容	考查要求						考查载体			
	识记	解释	评价	综合理解	实践运用	探究创新	史实情境	学习情境	实践情境	研究情境
医疗与公共卫生	√						√			

二是综合性为主的试题。教科书提到西医在中国的传播,指出积极的一面,但缺乏丰富具体的史实。其实,这一过程并非一帆风顺,矛盾冲突很大,如果没有鲜活的情境案例支撑,学生是不容易理解的。例2提供了近代广州和香港两个城市应对疫情的三则材料,要求学生比较、梳理材料信息,建立起知识间的联系,考查学生综合运用知识的能力水平。这是在历史学习和研究中才可能出现的情境,即收集各种史料后进行比较分析。因此,该题属于综合性试题。

例2:(原创)阅读材料,完成下列要求。

材料一　疫情一起,广州市民开始抬神巡游,驱疫免灾。实际上,广州地方政府卷入此类游戏中……在(《申报》)大量有关广州疫情的报道中,见有酬神、施药、施医、施棺等公共活动,却始终没有公共卫生活动。这是因为,在中国的医学思想中,疫病是由天气不和所引起的……大多数论者都将华南的疫情当作天气亢旱,雨水不调的产物。

——曹树基《1894年鼠疫大流行中的广州、香港和上海》

材料二　西人则不然。(香港)地方一有时疫,即由洁净局派人逐户查察。如屋中有不洁之物,必令洗涤净尽,更以药水遍洒室中,使无污秽之气。凡患疫者,则另设一地以处之,免致传染他人。街衢秽物,亦必辟除使尽,其有患疫而毙者,亦另择一地而葬之。随毙随葬,不少停留,以免秽气熏蒸。各厕所每日洗涤,投以生灰,以辟秽恶。

——《论中西治疫之不同》(《申报》1894年5月25日)

材料三　对于鼠疫,1890年代西方的治疗并不很有效。(香港)华人居民不仅反对他们认为荒谬的医疗,也反对非常具有侵略性的国家政策,尤其是强制性的逐户检查、强迫入院以及毁坏房屋。

——[美]班凯乐《十九世纪中国的鼠疫》

(1)根据材料一、二,概括1894年广州和香港应对鼠疫方式的异同。

(2)根据上述材料并结合所学知识,分析香港的华人居民为什么反对政府的防疫行动。

参考答案:(1)同:都把死者安葬。异:广州主要是求神拜雨水的迷信活动和治疗患者等医疗活动。香港主要是清洁患者的家居卫生、清洁公共场所、清洁厕所、隔离患者等公共卫生活动。广州的迷信活动是政府和民间的共同行为。香港的卫生活动主要是政府行为。

(2)在心理上对西方人有抗拒心理(抵触情绪);中西方文化对疾病认识的差异;对西医的不认同思想;对政府的强制措施的不认可。

本题的三维命题细目表填写如下:

考查内容	考查要求						考查载体			
	识记	解释	评价	综合理解	实践运用	探究创新	史实情境	学习情境	实践情境	研究情境
医疗与公共卫生	√			√				√		

三是应用性为主的试题。如何提高分析解决问题的能力,是历史学科核心素养的重要内涵之一。在纸笔考查中当然不可能让学生进行复杂的实践操作,但思想认识上和思维方法上必须与实践应用紧密结合。这一方面需要命题者设计实践情境,另一方面要求学生对实践问题提出解决的思路或方案。所谓实践应用情境,既指历史上的人如何面对实践中的困境,也指我们今天如何面对类似的实践困境。例3的内容是中美两国在防疫方面所做工作的异同,体现的问题困境是普通民众对现代防疫措施的不合作,而这种困境依然困扰着今天的许多医务工作人员,考验着我们的智慧。该题属于应用性的试题。

例3:(原创)阅读下面的材料并回答问题。

	中国防治血吸虫病	美国防治非洲疟疾
困难	从1956年开始,血吸虫病疫区普遍兴建化粪池,期望通过厌氧发酵杀死虫卵。这种方式造价低,又有利于农业生产。但那些住得离化粪池很远的群众并不愿意浪费时间精力过来倒马桶。更为重要的是,人们为了节省劳力,总是直接挖走最上面还没有来得及完全发酵、依然存在活虫卵的那层	盖茨基金会和世界卫生组织用蚊帐降低非洲疟疾感染率。虽然蚊帐廉价易得,操作也不需要任何技术,但它并不适合当地居民的生活方式。因为疟疾感染季天气炎热,大部分人习惯睡在有风的室外,而不是闷热的屋内蚊帐中

续表

	中国防治血吸虫病	美国防治非洲疟疾
措施	虽然20世纪50年代的中国农民不能理解血吸虫病的传播原理，但是他们正在学校读书的孩子可以接受。到这些孩子成长为"知识青年"时，他们在专家的指导和集体经济的支持下，为血吸虫防治提供了基本的医疗服务	美国最初想用DDT(双对氯苯基三氯乙烷)杀死所有的病媒按蚊。这种希望速战速决、一劳永逸的方法，忽视了当地贫穷、人民缺少教育、管理人员没有经验以及疾病复杂的生态环境
效果	20世纪60年代中后期，大量专业医护人员下放到农村，培养起一批具有基本医学技能的"赤脚医生"。不仅在有限的资金和技术条件下提供基本的医疗服务，而且将医疗行为带入农村社会日常生活。1981年，中国血吸虫病基本得到控制	因对DDT的抵抗以及消灭疟疾运动所造成的其他一系列负面后果，全球化的运动放弃了撒哈拉以南非洲这个疟疾肆虐的地方，等待新的技术出现

——改编自易莲媛《"送瘟神"与新中国公共卫生事业》

(1)中国防治血吸虫病和美国防治非洲疟疾所面对的困难有何共性？（不能摘抄原文）

(2)中国防治血吸虫病和美国防治非洲疟疾的措施有何差异？（不能摘抄原文）

(3)结合教科书知识和上述材料，从"现代医疗卫生体系与社会生活"的角度分析为什么中国防治血吸虫病和美国防治非洲疟疾会有不同的结果？对加强当前全社会的防疫工作，你从上述历史中得到什么启示？

参考答案：

(1)共性：人们都不愿意放弃原有的生活方式来配合防治传染病。

(2)中国：通过教育提高医疗常识；通过教育改变人们的生活习惯；加强基层的医疗服务。美国：单纯依靠新的医疗技术。

(3)中国重视培养基层的医疗人员；中国注重改变人们的生活方式；中国重视通过教育强化全民的卫生意识；中国重视建立完整的卫生医疗体系。（答出任意三点可得满分）美国单纯依靠医疗技术的进步来解决问题。启示：必须加强国家的主导力量；必须提高全民的防疫意识和能力；必须建立一支专业的基层医疗队伍。（答出任意两点，言之成理则可得分）

本题的三维命题细目表填写如下：

考查内容	考查要求						考查载体			
	识记	解释	评价	综合理解	实践运用	探究创新	史实情境	学习情境	实践情境	研究情境
医疗与公共卫生	√			√	√				√	

四是创新性为主的试题。教科书提到"中国的一些大城市借鉴了西方的公共卫生措

施,推广自来水、改善食品卫生状况、处理垃圾与粪便"等内容,并举了澳门和天津的例子。这是一个宏大的主题,不仅包括现代医疗卫生进步的内容,还涉及政府职能的转变、社会生活的变迁、人们思想观念的改变、城市布局规划的变化等。医学史、城市史、环境史、生活史等都是近年来史学研究的热点,学术成果丰硕。例4是通过一个研究个案设置了历史研究情境,一方面让学生理解多维的研究角度,另一方面也鼓励学生提出创新的思路。此题答案设计较为开放,允许学生有不同的创见,属于创新性的试题。

例4:(原创)《卫生的现代性——中国通商口岸健康与疾病的意义》是美国学者罗芙芸以天津为研究对象撰写的一本影响较大的学术著作。阅读她的主要思路、论点和论据,回答问题。

材料

■"卫生"这个词最早见于《庄子》一书,意思是追求延年益寿的养生之道。

■天津地势低洼,河网纵横交错,洪水泛滥时,会吞没城墙内整个区域。
■天津百姓患上的疾病有天花、麻疹、猩红热、脑膜炎、脑炎、结膜炎、痢疾、中风等。
■1900年以前,天津没有政府的公共卫生机构,没有市政官员来负责监督城市的饮水、垃圾或医疗服务。
■天津百姓的求医渠道包括到药材店铺、寺庙和善堂。医生的诊金很高,一般人承担不起。当时有一句谚语:"医生坐轿,穷家不到。"

■1872年,日本医生长与专斋到欧洲学习,试图找到一个词来表述他所看到现象——中央政府、科学家、医生、警察、军队和人民联结成一个整体,共同努力去保护国民的身体。后来他借用了《庄子》中的"卫生"一词,后来又为中国人所接受。

■天津是义和团事件中被毁坏最严重和改变最大的城市。清政府收复天津后,袁世凯作为总督采取了一系列措施来重建这个城市,使之成为中国近代史上第一个建立政府领导的市政卫生部门的地方。

■1950年做的一项调查,天津仍有96 921人饮用直接从河里打上来的水,以及4761名非常贫困的人口饮用水塘/污水坑里的水。共产党人被他们发现的事实吓了一跳,把注意力放在干净饮用水的供应和城市基础设施管理上,并生产足够的疫苗以恢复大规模接种计划。
■1952年冬,美国人在朝鲜战争中使用细菌战的消息登上了全中国报纸的头版。共产党人对付细菌战的武器是卫生,包括个人清洁、环境卫生、强制接种、消灭害虫以及细菌检查。在爱国卫生运动中,个人的卫生就等于民族的卫生。

请回答:

(1)根据上述材料,指出在中国古代、晚清和民国期间、新中国建立后,"卫生"这个术语各有什么含义。

(2)根据上述材料,指出"卫生"这一事物从哪些方面对中国社会产生了影响。

(3)根据上述材料,归纳罗芙芸的主要研究方法。(不少于3点,不得摘抄原文)

参考答案:

(1)中国古代是指养生之道。晚清民国是指政府对人民的健康提供服务和监控。中华人民共和国建立后,与爱国、民族振兴结合起来。

(2)由政府来统筹社会资源服务人民的身体健康;有足够的基础设施提供服务;有足够的现代医疗技术提供服务;人民对待健康的思想观念发生了变化;人民对待健康的生活习惯发生了变化。(答出3点可给满分,言之成理也可得分)

(3)梳理时间发展脉络,按时间顺序把中国人对卫生的认识过程和实践成果整理出来;确立空间定位,以天津为切入点,研究中国近现代卫生事业的发展;史料实证,通过引用谚语、调查数据等材料论证观点;历史解释,通过中华人民共和国建立后的成就把卫生运动与爱国主义结合在一起;语言文字分析,通过研究"卫生"的含义变化来反映中国人思想观念的变迁。(答出3点可给满分,言之成理也可得分)

此题的三维命题细目表填写如下:

考查内容	考查要求						考查载体			
	识记	解释	评价	综合理解	实践运用	探究创新	史实情境	学习情境	实践情境	研究情境
医疗与公共卫生		√	√	√	√	√				√

上面的例子是对高考历史科"三维立体命题框架"的具体应用。所有题目都包含了考查内容、考查要求和考查载体三大要素。在命题实践操作中,首先,要有机整合三种要素的内容,不宜孤立处理;其次,要知道考查要求和考查载体都是新的提法,需要深入研究,如考查要求不能等同于学科能力,作为情境和情境活动的考查载体的创设规律更需要进一步探索;其三,知道了基本的命题原理,并不等于就能够命制出好的题目,命题者的史学素养和史料积累是命题的专业基础,命题者需要加强专业学习,夯实自身的历史专业基本功。

(本文选自《中学历史教学参考》2022年第4期)

走近名师

「时间恒定，空间无限，境界无限。推动世界进步的力量是人，推动人前进的力量是教师。教师，理应是在专业发展和教书育人上永不懈怠的人！」

徐赐成 教育学博士，陕西师范大学历史文化学院教授、博士生导师。中国人民大学书报资料中心《中学历史、地理教与学》杂志社编委，《内蒙古师范大学学报》（教育科学版）编委，《中学历史教学参考》杂志社特约研究员。曾扎根基础教育一线课堂16年、专职从事教育科学研究管理工作3年、在省教育厅兼职从事教师队伍建设工作10年。入职陕西师范大学历史文化学院后，全心投入历史教师教育、历史教育实践研究和历史教育学学科建设工作。

摆好姿势，亮出姿态
——在自然成长中主动成长

○ 徐赐成

人的成长就是去经历一个个事件、处理一个个问题、化解一个个矛盾，这些都需要知识、智慧、经验和能力，但是首要的无不是先要亮出你的姿态。

教师的工作是寓做人、教人、育人于一体的，我就从"人"的角度对自己做一反思和解剖吧！

如山——坚持中的坚强

常听人说，山里长大的人对登山游山的兴趣不大。如果真是这样的话，我倒是个例外，旅游中我尤其喜欢登山，生活中我常回味童年无数次翻越过的那座山。

养我的那座山叫"二龙庙山"，直到今天我依然清楚地记得山路是怎样蜿蜒起伏的，在什么位置有个大石头，在哪个拐弯处有棵什么树……山里边人家出行、购物、上学都须翻越此山，都须经过山上的"二龙庙"。让我真正认识这座山的是一次作文课。小学三年级时开始写作文，老师给的题目是"我家的……"。农村孩子一般都是写我家的牛，或羊、猪、鸡、狗、猫……我当时想写"我家门口的柿子树"，可是仅写了两行就没词了，就让正上初一的哥哥帮我想办法，他拿出了他曾经写过的作文读给我听，题目是"我家的那座山"。这个题目让我惊叹不已，我问哥哥："这山上住着好几家人，这山是我们家的吗？"哥哥说："山虽然不是我们家的，但我们家也是住在这座山上的呀！"这句话让我现在想起来依然觉得人的眼界从来就是有区别的。文章的最后一句是："早晨的时候，山顶上轻烟缭绕，好像预示着很多奥妙似的！"对"轻烟缭绕"的青山我也很有感受，但一个"奥妙"好像就能表达得很到位，我对哥哥佩服极了，以后就经常让哥哥把他学过的知识讲给我听。哥哥是我的文学启蒙老师。

山是丰富的，也是刺激的，在它身上我认识了各种花草树木，品尝过各种味道鲜美、终生难忘的野果,还见识了野猪、鹿、狐狸、豹、狼、野兔、野鼠、穿山甲、黄鼠狼……当然其中不乏惊险——有一次我把豹子当成了猫,好在这"猫"当时懒得理我。山是宽容的,不管是人群、牛群还是羊群,都可以任意践踏它身上的每一寸土地,无论是挖掘它、开垦它、钻探它,还是砍伐它身上的树木、竹林,它都毫无怨言地承受着,尽管在我们欢庆收获的时候谁都不会想到它,它依然养育着我们。山是谦虚的,为了让大家的收入能够再多一点,人们在它身上先后大规模种植中药材、猕猴桃、板栗等经济型作物,它都默默地接受了,并尽力地改变着自己以提高这些经济作物的产量。山是坚强的,几十年的风雨、无数人的掠取,它总是尽力地承受,接受阳光、风雨并转化为各种营养,滋养着自己和自己身上承载的各种生命,它把这视作自己的责任。几天前家里打来电话说:国家有关部门在这座山里面发现了储量较大的钒矿,要把整个村庄迁走,不久的将来,这座山将不复存在。借"五一",我得空回去,认真地欣赏它、触摸它、体会它,它依然那么慈祥、那么美丽、那么深沉、那么让我魂牵梦绕!

像海能够纳百川一样,山也能够承载万物,生活在山里的人也像山一样具有特别的韧性。我上中小学的二十世纪七八十年代,农村学生的文具基本靠自己去挣,那时的我们,对学习条件的简陋、学习用品的匮乏等不会有丝毫的怨言,只觉得"挣"是我们的义务,"挣得"是我们的光荣。为了得到一本价格为1.20元的《新华字典》,我需要上山砍一捆竹竿去卖,这个工程难度不在"砍"而在"卖","卖"的难度在于路途遥远——翻越两座山经过三个村庄才能到达收竹竿的地方。我和另外两个小伙伴一起完成了这个"大工程",每人挣得1.50元,心情异常兴奋。返回的路上,兴奋之余的我感到疲惫阵阵袭来,渐渐地落在了后面。在经过一个村庄时,突然,一只凶猛的大黄猎狗从后面追上来,落在后面的我就更迈不动脚步了,猎狗已经咬住了我的裤脚,吓得我一个跟跄从两米多高的路面摔到了路下,幸亏猎狗主人的及时赶到,我才免受更重的伤。整个晚上,我都在惊吓中瑟瑟发抖。这个经历我终生难忘,这本《新华字典》的意义对我更是不同寻常。

像山那样坚持不懈。在山里长大的孩子可能有很多地理环境造成的不足,但有一个长处却是终生受用的,那就是在求学、工作、生活的很多时候,可以说无数次"没有钱",但从不会说"我学不会""学习太累""做事太累"之类的话;该做的事即使"没有钱"也要想办法挣钱去做,只要能做的事就绝不会说自己不会做,也绝不会说"做事太累"。有了这种坚持不懈的精神,就有了去战胜一切艰难险阻的信心。

像山那样坚强承担。一个农村孩子从上小学到大学毕业就业,难度注定是会大一些,更不要说再经历哥哥的病逝、家庭的变故以及由此而造成的工作和生活上的颠沛流离。庆幸的是,一个个困难都在我的坚持中逐渐地化解了。帮助我走出困境的主要动力就是坚强承担和不间断的读书学习。在医院陪伴家人的三年多时间里,我在走廊里读书、在病房的小凳子上写作,这全然不是什么勤奋好学、志向远大,仅仅是作为战胜内心痛苦的精神支撑;在我月薪只有351元的时候,举借27万用于给家人治病,这不是什么志气和能力,仅仅是学会像山那样去承担;在哥哥病逝前后一年多时间里,来回奔波于广东和陕西之间,联系我和哥哥内心的除了血缘和亲情外,还有那座山、那些共同经历的学习过程。如今,哥哥已经化为那座山的一部分,山的精神和力量——大气、包容、坚持、承担却留在了我的心里,这一直会是我前行的力量源泉。

似水——曲折中的不屈

在山里长大的孩子渴望对山外世界的了解,渴求获得知识,哥哥作文中"奥妙"一词让我明白了一个简单而直接的道理:掌握了知识就能准确地表达自己,而知识来自阅读。因此,家里的各类印有文字的纸和书成了我们弟兄的宝物,这些"宝物"除了《西游记》《红楼梦》《水浒传》《三国演义》等系列连环画外,还包括《毛主席语录》《毛泽东选集》《农村中药材种植技术》《农村兽医基本知识手册》《家畜繁殖和饲养技术汇编》,还有难得一见的旧报纸等。记得每次母亲从合作社买白糖回来,把白糖装进糖瓶后,我和哥哥先把包糖的报纸上剩余的糖粒舔干净,再读完上面的每一个字。二十世纪七八十年代住在山里的农民家能见到这些读物已经很不容易了,更让我不能忘记的是我和哥哥都曾因为当了"三好学生"而获得奖品——两本书,哥哥获得的奖品是《歇后语词典》(北京出版社,1981年12月第1版第1次印刷),我的奖品是《古诗文名句录》(湖南人民出版社,1983年10月第1版第1次印刷)。那个时候根本不知道应该读什么,但这两本书几乎成了我和哥哥的至宝,尽管当时有很多内容读不懂,我们还是把书看到都快能够背诵了。这两本书至今仍是我的至宝和珍藏。

我从初中开始知道要做读书笔记,整个中学阶段的读书是杂乱而漫无目的的,今天仍保存的中学读书笔记有18本,内容大部分是历史民俗知识和诗歌,那时候我并不知道自己将来要学历史专业,也许真的是有些兴趣吧。总体上说,我不可能有什么家学渊源,中学阶段的阅读水平也是不高的,多是些普及性读物,专业性的书籍难得一见,其实也读不懂。在我那时读的书中,印象最深的是周君适的《伪满宫廷杂忆》(四川人民出版社,1981年2月第1版),我摘录了一段描写康有为的话:

1921年(辛酉),康有为在丁家山巅(笔者注:在杭州)修建了一所庄园,取名"一天园"……而居住在此地的很多人对康有为多有微词。有人作了一副歇后语的对联:"国家将亡必有,老而不死是为。"把"有为"两字嵌进去;有人说:"康圣人的官印,分明是'富有四海,贵为天子'之意,圣人可谓妄人也矣。"还有人说:"康有为携妓游湖(西湖),曾有一首诗,起句是'南妆西子泛西湖,我亦飘然范大夫',把自己比作范蠡,把妓女比作西施,真是拿肉麻当有趣了。"

当时只是觉得这些文字很有趣,但这些有趣的文字对我后来了解康有为的个性和理解戊戌变法的失败是有帮助的。大学四年和工作以后,读书的条件、能力和方向虽然都在逐渐提升,但仍然保持广泛涉猎的习惯。由于依然没有明确的读书目的,大部分的阅读都停留在"知道"的层面,尽管也会在特别有感觉的部分写下自己的体会和感慨,但在思想理解上都是支离破碎的,并没有什么清晰的系统的认识。当然有时也会很下工夫。记得1991年我在学校图书馆借到了《中西五百年比较》一书(中国工人出版社,1989年10月第1版第1次印刷),对一直死板地学通史的我来说,大有振聋发聩的效用,在跑了很多书店买不到的情况下,用了两个月的时间把这本书抄完了。并告诉自己,毕业后当老师,也要像《中西五百年比较》这样去教授学生学历史。现在,读书笔记已经有了106本,动机基本还是少年时代对"学习"的认知,只是觉得自己应该勤奋而已,所以依然没有形成"智者"们的读书成果。也许,刻在我内心深处、融入我血液之中的信条是人应该坚持、勤奋,做到了坚持和勤奋就是一种安慰,或者说是一种成功。

大学毕业后,我分回到母校——陕西省商南县高级中学任教,这是一所贫困县的重点中学,全县只有两所普通高中,而另一所学校每年只能招收100名左右的学生,可以想见我所在的学校对全县每个人来说是多么重要。因此,能回到母校做一名教师我感到很兴奋,也很光荣。更让我高兴的是,我教书的起步阶段是在我中学各科老师的引领和指导下开始的。当时的校长是陕西省历史特级教师、全国教育系统劳动模范吕清太先生,他对我寄予很高的期望,让刚刚走上讲台的我同时给高一和高二两个年级授课,目的是让我迅速熟悉高中教学内容。他还经常听我的课,并从板书、语言、教材分析多方面悉心指导。我的高中历史老师张景明是我们的教研组长,他为人友善、宽容大度,教研组的教研氛围很浓厚,人际关系很融洽。张老师不仅把他的教案拿给我作为参考,而且每次听完我的课总是在鼓励之中渗透指导,鼓励之余指明改进的途径和方向,这种帮助让我终生受益和铭记。还有已故的柴清才老师,他在课堂上特别善于讲故事,既能紧紧地抓住学生的注意力,又能适时恰当地落实基础知识,他的那些历史故事都是烂熟于心的,既绘声绘色又深入浅出,既寓教于乐又发人深省,这种功夫真的让我叹服。在这个和谐的组织里我得以较快成长。此外,我中学的班主任、政治老师殷书月,英语老师刘江、语文老师范举仁、数学老师庞持久都在生活、学习、工作的各个方面给了我及时而重要的帮助和指导,尤其在我结婚前的两年里,我几乎成了殷书月老师和张景明老师家庭里的一员,我们一起工作、娱乐,一起交流思想和心得。那是我过去的生活中最快乐的一段时光。

快乐的日子总是容易流逝,每当快乐的一天即将过去的时候,我总在想"我将来会成为一个什么样的人",是一个优秀的老师还是会去干其他行业。老师就是老师,他们总能在最关键的时候洞察我的思想,吕清太校长、殷书月老师、张景明老师分别都在不同的时间、用不同的方式告诉过我:"你适合走专业发展之路,应该多读书。"这也符合我的自我认识。此后,读书就成了我主要的生活方式。一所县城学校的图书馆的图书是有限的,读书的人也很有限,不过已经足够我当时的需要了。当我打开很多一直没有人借阅过的已经放旧了的新书时,多少会滋生一点自豪感,每次抱着一摞书回宿舍,心里就会悄悄地对书说:"让你们久等了!"当时读书除了丰富知识服务教学外,还有一个目的就是励志。在偏僻的小县城,励志特别重要,稍不注意就会被悠闲和自在、忙碌和借口、世俗和非议把自己的追求吞没掉。在读书笔记中有一段我当时读到新书《历史与我的选择》(杭州大学出版社,1991年4月第1版)中的一篇《风雨治学七十年——记历史学家、社会学家周谷城》的摘录:"周谷城一向把教学和科研紧密结合,所以他开课多,论著也多。周先生在暨南大学每周讲《中国通史》课十二个小时,只用自编的大纲,讲自己的观点。在民族危亡的时刻,身处'孤岛'上海的周谷城,既投身于反帝爱国运动,又担负着繁重的教学任务,但他仍不肯放弃撰写《中国通史》的计划。直到校方以周谷城支持进步学生活动和反对所谓本位文化为由,宣布撤销他史地系系主任的职务,他也毫不介意,终于坚持写完了《中国通史》上、下册共80万字,并于1939年由开明书店公开出版。"这段文字告诉我怎样在压力、阻力下坚守信念、坚持行动、坚决前行。此后每每遇到困难时,我都会想起这段话。

除了阅读书籍外,我还广泛地读教育类报纸杂志,如《中学历史教学参考》《历史教学》《中学历史教学》《历史教学问题》是我的必读刊物,《中国教育报》《教师报》《陕西教育》《教学与管理》《中小学管理》等也是我经常用来开阔思路的学习资料,《中学政治教学参考》《中学语文教学参考》《中学地理教学参考》《思想政治课教学》等学科杂志上的文章当时也是一篇接一篇地阅读。后来还参与其中的一些讨论,比如在《中学地理教学参考》上曾发表了《古长安城国都地位变化的自然因素分析》一文。那个时候,阅读的范围、时间都是不设限的,早晨,我和学生一起大声朗读;晚上,和学生一起在教室里自习;还经常和学生一起背诵语文、英语课本上要求背诵的篇目。那个时候阅读是我的一种生活方式,没有目的,就是觉得在那样的学校、在那么多自己的老师带领下、在那么多刻苦的学生面前,自己的表现不能平庸。

这种充实的生活方式不久就为另一种充实的生活所取代,我得陪家人到西安治病。在暂住西安的三年里,我能读到的书少了,只能去翻看自己的读书笔记以消解内心的困乏。再后来我不得不南下广东,除了带上我的读书笔记外,随着经济条件的逐渐改善我开始买书,等到2006年我重新返回西安时,我也有了2000余册图书。它们是我忠实的朋友和亲人,我得善待它们,而善待的方式就是不断地阅读它们。不管是青灯黄卷还是有红袖添香,不论是置身于报馆书肆还是置书于背包行囊,是书伴随着我的每一步,是书造就了现在的我。我的这种生活方式使我逐渐明白:我的阅读目的其实就是阅读本身,阅读是我在曲折的生活道路上的拐杖,是我对生活的一种自然选择,是我对待生活的一种基本态度。

一线天——探索中的求索

在群山中生存,除了翻越山岭外,还有一种走出大山的办法就是绕山而行,由于是群山,绕行就变成了在山间穿行。要绕行我生长的"二龙庙山",须经过一段"一线天",而且中间有50米左右完全是两块上下交错的巨石,下面的巨石向下倾斜45度,与上面的巨石在一端会合,另一侧是百米左右的深沟,人只能在它们构成的二面角的约75厘米高的空间中躬行。在下面那块巨石的表面,有石匠凿成的两行石脚印供人行走时踩踏,这些石脚印的具体开凿年代已难以考证。要安全通过这里,必须是先迈左脚,必须是一步一个"脚印"地循迹前行,否则就很冒险,真的是"走对路才会有出路",这绝非一句虚言。

人的成长之路虽不一定像过"一线天"那样艰难,却也是需要循序渐进的。我在历史教学的认识和理解上,到目前为止先后大致经历了四个阶段:

第一,为"兴趣"而教的阶段。在刚参加工作的头两年里,最担心的是自己的教学能不能得到学生认可和喜欢,因而刻意去追求教学的趣味性,尤其是要做到讲解有趣。可是,那时自己并不明确怎样讲才算"有趣",就简单地将其理解为要多讲故事,讲孔子时就说说他长得如何难看,讲秦始皇时就说说"秦始皇是不是私生子",讲宋朝建立就说说"斧声烛影"之谜等,总之是尽量讲让学生感觉新奇的历史故事。这种讲故事的方法不是为教学内容服务,只是为了吸引学生的注意力;所讲的故事与要求学生掌握的内容之间没有内在联系,只是为"兴趣"而"趣味",时间长了也就失去了魅力;特别是这种讲法不是历史教师的专业讲法,这是人人都会讲的历史课。

第二,为"分数"而教的阶段。中学教学除了要满足学生的好奇心外,还得想办法提高学生的考试成绩,考试"分数"好是件能大快所有人心的"好事"。在随后的几年中,随着自己对中学历史教科书内容、考试和题型的熟悉,在借鉴老教师"经验"的基础上,对知识重点作要点化概括、训练的方式方法、挤占学生时间的功夫和能力都有了显著提高,尤其是课堂讲解过程中,怎样做到要点化讲解、结构化板书、重点化标记都能自如操作,考试成绩确实有了提高。但这种教学得有一个前提,即除了有一些趣味性故事外,还需要教师有一定的威力,否则学生不会主动去落实这个"完美"的课堂知识结构。

第三,为"教育"而教的阶段。学生爱听、考试分数好的课堂教学是有效的历史教学吗?在不断的学习和反思中,我逐渐认识到"兴趣"和"分数"都是短期效果,作为基础教育重要组成部分的历史教学还应该追求"长期效果"和"永久效果"。2000年前后的几年中,"培养历史思维能力"成为中学历史教学领域研究的重点和热点问题,各专业杂志大量刊登了这方面的文章。我也在学习和参与,反映到我的课堂上就是力争做到把讲故事、列要点与培养学生思维能力相结合,并在教学实践中不断地扩展和提升。

第四,为"生命"而教的阶段。教师所理解的"教育"的主要着眼点往往是学生,而把自己视作教育者,因而难有真正的"教学相长"和融洽的师生关系。从2004年开始接触高中历史课程改革以来,师生共同学习的现实需要日益明显,教学的过程也就真正成了师生共同成长、相互砥砺的生命过程,"教育"成为师生共同的需要和选择。在学习和阅读中,我感觉到在历史教学中关注"生命成长"已经成为大家的共识:赵亚夫教授主张历史教育的本质追求是公民教育和人文教育;任鹏杰主编提出历史教育要"服务考试,服务人生";聂幼犁教授关注探究性学习以培养学生自主探究学习的能力;任世江主编主张历史教育要渗透"求真务实"教育;李惠军老师主张历史课堂要充满智慧感;郭富斌老师提出"历史教学要眼中有人";齐健老师提出历史教学的"生命化课堂";陆安老师提出"让生命之光照耀历史课堂",等等。为"生命成长"而教,为师生共同成长而教,这是一个永无止境的话题和工作,我身处其中乐此不疲。

当然,成长之路不会是一帆风顺的,一定是伴随着挫折的,甚至可以说成长主要取决于遭遇挫折时的态度和选择。如何面对挫折,我觉得可以学习"鸵鸟政策"(鸵鸟政策既是指不敢正视现实的政策,也是指一种节约体能的自我隐藏方法),而且一个正确的化解挫折的过程都有一个"鸵鸟政策"阶段。挫折往往是猝不及防的,遇到挫折后给自己一个暂时逃离的时空,清醒一下头脑,整理一下思路,选择一个方法,总比盲目蛮干以致再遭遇更大的挫折要好很多。当鸵鸟把头从沙子里拿出来的时候,要么昂首前行,要么慷慨赴死,经过认真思考后的决策哪怕失败也至少会少一些后悔。

做教师的都可能遭遇过一种教学挫折——追求什么样的课堂教学。在商南工作的四年里,我上过一些公开课,最高级别是市级的,也获得过一些一等奖,自我评价还是不错的,但到广东以后的第一次公开课并不成功。当时,我执教的是老人教版"甲午中日战争"一课,一节课完成了背景、经过、结果、影响等内容,并结合自己的阅读积累,补充了不少史料,在讲战争影响时还运用了一段英文资料:"By defeating China in the Sino-Japanese War of 1894—1895, Japan made its first significant acquisition of territory beyond its borders. Almost overnight to some extent, Japan had become a first-class power among the nations of the world."无论是背景、过程还是影响,我都总结、制作成了知识结构图,教学过程也很流畅。自我感觉还是不错的。这次活动是由顺德区教研室的梁仁华老师组织的,顺德区的同行也来听课了,主评课人是历史特级教师全仁经老师(顺德一中)。全老师在列举了这节课的很多优点之后说:"徐老师是发表过几十篇文章的有名气的年轻教师,这节课是一堂很标准的课,材料也很充足,要是主题再明晰一些,课堂的灵魂再强烈一些就更好了。"广东是课改氛围很浓厚的地方,还有全老师的大名都让我要高度重视他说的每一句话。我仔细琢磨全老师的话,这是委婉地指出了我这节课最大的问题——没有教学主题,没有自我,或者是说没有思想。甚至流露出了他的失望——"发表过几十篇文章"与"很标准的课"是不相配的。

我开始思考该怎么办,书也读了不少,文章也发表了不少,奖也获了不少,而课却很"标准",我到底缺少什么?思考中我认识到,我缺少对课堂的深入思考。由于家庭问题一度使我的教学工作中断,我没有完成从读书到课堂的连续自然的内化产出过程,而仅仅是充当了"知识搬运工"的角色。我第一次开始有意识地关注一个问题——好课是什么样的。与同事交流的结果是众说纷纭的,看理论文章得到的结果是生硬僵化的,我不得不去研究课堂、研究课例。我发现,成功的课堂都有一个主题,课堂流程的安排、材料的选用、活动的开展、教师的设问等都是围绕着这个教学主题展开。当然,首要的是课堂的教学主题要恰如其分,要同时符合学生、教师、教材和社会发展的需要。从此,我的历史教学朝着新的方向迈进,我的阅读和学习也从"知识""兴趣"阶段向"思想""思考"阶段发展。

做教师的还可能会遭遇教育挫折——做一个什么样的教育者。教育工作是一项风险较大的工作,大到教育小到教学,无论是初出茅庐的年轻教师还是功成名就的老教师,风险系数是一样的。做教师的一定得学会化解困难、应对挫折,尤其在当前的教育现实中,教师专业成长的平台很多,但专业发展的阻力也很大,要想做个能自主自觉发展的教师并不容易,因为自己的问题自己能解决,外部环境的问题却不是仅凭自己就能解决的。这是现实也是我对现实的认识和体会。我曾经在两所学校分别做过《今天怎样做教师》和《做一个有特色的教师》的专题汇报,说了一些自己的做法,谈了一些自己的思考和想法:广泛阅读——做一个丰富的教师,决战课堂——做一个精彩的教师,善于思考——做一个深刻的教师,勤于写作——做一个有影响力的教师。我认为教师的特色和风格很重要,即有利于感受工作的幸福,有益于获得职业的成功,有助于丰富学校的特色。很多老师在和我交流中说:你讲得都对,但现实中并不一定需要和能容纳有特色的教师。这何尝不是我自己的真切体会!成功的教师需要有成功的教学,而仅有教学成功却不一定是成功的教师。教师的成长就是从追求成功的教学开始,进而去追求做一个成功的教师,做一个幸福的教师。

带着这样的思想困惑和清晰目标,我在诸多矛盾中阅读着、实践着、思考着、奋斗着。所有的经历告诉我:在做一个什么样的教师的问题上,难有固定的答案,就是有答案也不可能有什么明确的道路,脚下的路只有一条——在教育实践中思考教育实践,不断地争取做一个最适合你学生的、有影响力的教师。无论如何,要做一个内心丰富、有较强幸福感的人!

观师友——阅读中的悦读

非常遗憾,我在工作上没有机会正式拜师,但我用各种方式学习过很多名师,这些名师就像是矗立在我必经之路上的标杆,让我认清自己所在的方位,帮我确定自己前进的方向。

刚参加工作时,最要紧的是把高中历史教材的整体知识结构重新建立起来,在重点知识上能做到全面把握深入理解。地处小县城,可以借鉴和参考的资料十分有限,解决这个问题,除了看通史教材外,有条捷径就是阅读历史教学类杂志。当时,陈伟国老师在《中学历史教学参考》连载的"中外历史分类分国线索表解"、在《中学历史教学》连载"高中历史专题复习讲座"、宾华老师在《中学历史教学》连载"高中历史单元复习精讲"等系列文章,我一边认真学习这些材料,一边根据实际情况运用与改进,使我较快地成长为一个对教材知识比较熟练的教师,后来还承担了《中学历史教学》"高中历史单元复习精讲"世界现代史部分的写作任务。

让我开始思考有效历史课堂教学的是全仁经老师。我以他对我的课的点评为契机,研究全老师的课例,学习他的著作《历史问题教学研究——创新与学习》一书(广东海燕电子音像出版社,2001年8月第1版),并抽时间去听他的课,体会他怎样在教学中研究,在讲知识时如何渗透史学思想和方法。在全老师的专著中有一个课例介绍了如何讲授"北洋军阀的黑暗统治":"教材相关知识点有11个:控制内阁——制造宋案——善后借款合同——镇压二次革命——无限扩大总统权力——接受二十一条——复辟帝制——军阀割据——府院之争——张勋复辟——段祺瑞独裁……综合这些知识点,实际集中于三个方面阐述了北洋军阀统治的黑暗:一是独裁,二是卖国,三是割据混战。透过这些知识点和三方面的表现可以发现,独裁是倒行逆施,卖国是违背国家民族的利益,割据混战违背人民的愿望。总之是违背历史发展的潮流,这样的统治不垮台、不崩溃实在是天理难容。"这样的讲解,概括中有提升,叙述中有评论,论证中有理由,让学生在信服中领会学习历史的方法。

阅读中我看到很多名师都提出历史教师的显性工作是历史教学,隐性工作则应是历史教育,优秀的历史教师都是在历史教学中充分有效地实施历史教育。郭富斌老师的《历史教学要"眼中有人"》(《中学历史教学参考》2005年第10期)、《让思想的光芒照耀历史课堂》(《中学历史教学参考》2006年第5期)给了我方向。但在很长时间里我仍很困惑:怎样讲课才是做到了教学与教育的有效融合? 在我不断阅读思考的过程中,一个偶然的机会使我得到了郭老师的一节录像课,看完之后觉得自己心中的困惑在悄然冰释。郭老师的这节课不仅立意高,课堂讲述也扣人心弦,历史的教育价值在学生如痴如醉的听讲和思考中得到了有效落实。郭老师对"明朝建立"的讲解,比较典型地反映了他的教育视野和历史教育追求:

课本第一自然段给我们提供了明朝建立的一些信息……朱元璋只用了短短的16年时间就爬到了皇帝的宝座,创造了一段奇迹……是什么锻造了朱元璋的传奇? 我觉得最重要的就是他会用人……就是这个朱升他给朱元璋提出了一个九字箴言:"高筑墙、广积粮、缓称王。"……我们生活在古城西安,我们的城墙保存得非常完整,什么时候的? 明朝,这不就是"高筑墙"的产物吗? 我们引以为自豪的还有一个万里长城,今天给我们存留下的长城是什么时候的? 它不是在全国范围的更大的一个"高筑墙"吗? ……当我们把视野放大,我们会发现,它对新中国的历史在一些特定的历史时期产生过重大影响,最直接的就是1972年毛泽东提出的新九字方针:"深挖洞、广积粮、不称霸。"……1991年中国面临着严峻的国际形势,东欧、苏联解体,那么,西方给中国巨大的压力,这个时候邓小平又提出了一个24字方针:"冷静观察,站稳脚跟,沉着应付,韬光养晦,善于守拙,绝不当头。"虽然字数增加了,具体的表述更改了,有一个东西没变:"绝不当头"……就是在今天,当西方国家提出"中国威胁论"的时候,我们怎么做的? 我们的党中央非常冷静,我们说我们要"和平崛起"。和平崛起是什么? 就是不招摇,不要把目标搞大,我们要发展,但我们是埋头发展。所以大家看看,就是这样的一种方针,它这样富有生命力,所以在朱元璋争夺天下的过程中它当然会发挥巨大的作用。

我深深地认识到,历史教师从事历史教学的终极目的在于历史教育,没有历史教育的历史教学永远不可能是有效的历史教学,不能实施历史教育的历史老师有再多的头衔也不是成功的历史教师。而恰在这个时候我必须回西安工作,为了心中的"历史教育",我放弃了西安一所学校给予"当主任"的承诺,而选择做郭富斌老师的同事,以向他深入学习。

让我始终保持战斗力和学习激情的是任鹏杰老师。无论我是以什么状态去见任老师,他总是以达观的人生态度、充满激情的精神面貌、犀利的语言和爽朗的笑声影响我、感染我,我们通常是在海阔天空的聊天中让许多隐藏在内心深处的喜、怒、哀、乐尽情释放、挥洒和升华,真有点"谈笑间,樯橹灰飞烟灭"的感觉。并且在任老师的引荐下,我认识了赵亚夫、聂幼犁、齐健等历史教育界的大师级人物,使我得以领略神圣的历史教育殿堂的奥妙和神奇。

开心路——困惑中的收获

　　成长的过程是循序渐进的,但成长的道路却不是唯一的。很多时候我们感觉到的无路可走,其实不是没有路而是没有找到方向。怎样才能找到属于自己的方向？我的方法只有一个:尝试,在不断的尝试中寻找一条开心之路。经过阅读与学习,我的思维也慢慢被激活了,竟然萌生了通过写作来表达自己的愿望。刚开始的一段时间,我把写好的一篇篇文章工工整整地誊抄在稿纸上寄往编辑部,大部分石沉大海,少部分被退稿,其中《陕西日报》的退稿让我终生难忘,三篇稿子都被编辑认真改过,包括标点符号,最后还附有评语和鼓励信。尽管在近一年的写作尝试中没有一篇发表,但因有了这封退稿信使我没有放弃尝试。

　　转机就在坚持中,转机就在对方向的微调。1998年9月的《中国教育报》刊登了一则"征稿启事",要求写关于《中华千字歌》的书评,刚好我才买过这本书,就把自己的阅读感受写成《我读〈中华千字歌〉》寄过去。两个月后的一天,我不仅收到了报纸,还有一张500元的汇款单——文章获奖了。这不仅在我的内心是一种震动,在我们学校甚至小县城也成了一条新闻。1999年快要到来时,我想到了澳门回归祖国这件大事,就写了题为《澳门名称的历史由来》的文章投往《陕西日报》,1999年1月26日的《陕西日报》刊载了我的这篇文章,这是我正式发表的第一篇文章。《陕西日报》是省级党报,在该报上发表的文章还会在县委宣传部登记备案,这是县城里很多人的奋斗目标,没想到参加工作才几年的我就能实现,自然是得到了很多人的夸奖,我的自信心在坚持中变得更加坚强。第一次文章获奖、第一篇文章发表,让我感觉到写文章要写别人所需要的,或者说是对别人有价值的,当然也应是自己想说的。

　　还有一件事对我写作的影响较大。《中学历史教学》杂志1999年第8期开始连载陈伟国老师的《〈中国近代现代史〉单元复习精讲》,"编者按"说:"突破教学重点难点,帮助学生真正掌握每一单元所学的知识,并不是一件容易的事,这需要给学生提供一种科学的学习方法和行之有效的操作程序。我们是这样做的:师生共同完成对教材的理线索——抓重点——找比点——小综合等工作,最终顺利实现对教材的全面掌握。此法如何？是否能见实效？我们真诚欢迎读者朋友多提宝贵意见。"当时正是我第二次带高三,我就把自己的备考教案整理加工后,寄给《中学历史教学》编辑部,令我振奋的是,我的《世界近代现代史》(下册)部分教案被作为"单元复习精讲"的组成部分在2000年1—6期上连载。这对还没有正式在历史教学专业期刊上发表过文章的我来说,是一个莫大的荣誉和鼓舞。我从中体会到,只有在自己真正付出过心血的地方才可能会有意想不到的收获。这不仅是对我写作的一种肯定,更是对我复习备考的肯定,这对我日后坚持走"研究中工作,工作中研究"的道路影响巨大。

2001年7月,在我奔走于几大医院之间为家人寻找药品的路上,我接到了《中学历史教学参考》杂志任鹏杰主编的电话,他告诉我说《黄河名变迁:母亲河的悲与喜》一文将在第8期发表,并在电话中与我做了比较深入的交流。这篇文章的发表不仅是我写作题材的一次拓展,更重要的是加深了与任主编的认识和了解,在以后与任老师的交流中,我对历史教学、历史教育的认识随之得到不断提升。

在我的成长历程中,还有两位一直未曾谋面的老师给了我极大的鼓励和提携。1998年,我读了《尝试教学新论》后,就给该书作者、当代著名小学数学教育家邱学华先生写信请教,并附上我写的读书心得。不久邱学华老师就给我回了信,除了就教学方法给我作了精辟的指导外,还对我提出了期望和要求:"徐赐成同志:您的刻苦钻研令人钦佩。中学应用尝试教学法已收到显著效果,您可试一试,欢迎您加入我会的教育实验参与研究……现在要真正做点事,比较难。慢慢来,自己先做起来,用事实去说服别人是比较好的。握手! 邱学华"

国家教育行政学院《中小学校长》主编孙恭恒教授在看了我的一篇投稿后,给我寄来了该杂志的用稿计划和要求,并附信鼓励我多学习勤钻研,此后经常在电话里给我鼓励和指导,渐渐地我们成了没有见过面的朋友。这样的鼓励和指导不仅让我感动,还成为我继续边学习边思考边写作的动力。2006年,孙恭恒教授在一篇文章中谈到他这样做的原因:"使我欣喜的是徐老师的这篇文章把道理说得十分清楚,十分有逻辑性,而且又是从实践出发,实实在在。从此后我把徐赐成列为刊物的重点作者(我所主编的刊物的作者基本都是校长、政绩突出的教育局局长和知名专家教授,像徐赐成这样的普通中学教师成为保持经常联系的重点作者可说是极其个别的例子),经常把刊物选题、组稿计划通报给他,而他写来的稿子确实都令我满意,几乎没有一篇文章是脱离实际的空说,也没有一篇文章只讲实践而没有体现重要理念、理论的。再后来,由稿件往来便成了交心知底的朋友。我发现他虽然不像我们编辑部编辑们拥有那样的高学历(我们编辑的学历都是重点大学的硕士、博士生),但对教育理论的领悟却往往更精细、更广泛、更开阔;他虽然不像我那众多的校长朋友那样整天浸淫在学校繁杂的事情中,但却对学校教育发生的方方面面问题往往看得更透彻、更实在,更合乎情理。于是我渐渐弄清了这个年轻人的个性,他是一个非常沉稳、坚韧的人,热爱工作、想做好工作而为此执着地学习、顽强地钻研理论、琢磨问题。"

2001年,我有幸参加了教育部全国现代教育技术(第四期)校长培训班(上海),期间安排我们到华东师范大学第二附属中学、上海市南洋模范中学等知名中学参观学习;在我游学南方的几年中,我还有幸到南京师范大学附属中学、南京市金陵中学、南京市外国语学校、江苏省扬州中学、江苏省邗江中学、南京市第一中学、江苏省洋思中学、广东省珠海市第二中学、广东省深圳市深圳中学、北京大学附属中学深圳南山实验学校、广东省佛山市第一中学、广东省佛山市顺德区第一中学、广东省中山市中山纪念中学等名校参观学习和听课,领略名校名师的教育风采。其中最让我感念的是在南京师范大学附属中学拜会了著名特级教师王栋生(笔名吴非,《不跪着教书》的作者),他告诉我:"你是来看学校管理吗?中学嘛,学校管理大同小异,不要去问校领导是怎么管理学校的,你要重点去和一些老师谈谈,看他们是怎样工作的,看他们说学校是怎样激发他们工作的,看他们是怎样评价学校的。做教师的关键是有一种精神状态。""精神状态?!"他的话让我深有感受,工作学习中的"精神状态"如何直接影响到效率和效果。"不跪着教书"不就是一种"精神状态"吗?

在我从教的道路上,我能始终保持着一种积极进取的精神状态,主要是得益于这些师长的鼓励、指导和启迪,得益于书籍的一路陪伴。他们是我前行的路标和航灯,是我成长过程中的一种精神支撑。当然,迈进的步伐还是得自己脚踏实地的努力再努力。

我相信每个人都有属于自己的精彩:精彩的生活,精彩的事业,精彩的人生。我也坚信每一种精彩的背后都有许多无法诉诸文字的生命体验。于我而言,我得到的仅仅是些精彩的感受,这是我不断坚持的理由,也是我聊以自慰的浊酒。为此我得由衷地对这个世界、对这些已经流逝的岁月说声:"谢谢你,是你让我坚韧!"并且,精神饱满、斗志昂扬地对源源而来的时光和岁月说:"欢迎你,我永远不会浪费你!"

(本文选自《中学历史教学参考》2009年第7期)

走近名师

「回顾自己的教师职业生涯，年轻时怀揣着破茧成蝶的期许，我感觉自己在持续的职业技能训练中，经过追问职业价值、追求职业理解、寻求职业认同的过程，从一个普通的历史教师变成了对历史教育有热爱、有执着、有想法的人。人生如逆旅，你我亦行人。」

夏辉辉 研究员，南宁师范大学未来教育研究院教研员。全国历史教学专业委员会常务理事，广西历史教学专业委员会常务副理事长，教育部国培专家，华南师范大学兼职教授、南宁师范大学硕士生导师，《中学历史教学参考》编委。广西教育厅审定教材《高中生生涯规划指导》及《高中生生涯规划实操手册》副主编，广西中小学党史教育教材《红色广西》执行主编，多部学术专著由北师大、复旦大学、华东师大出版社出版，多篇论文发表于核心期刊并被人大报刊复印资料全文转载。

成长:蝴蝶的故事

○ 夏辉辉

感谢任鹏杰主编的邀约,促使我静下心来回顾自己的成长经历。虽然,无不惶恐于自己的浅薄,但却有着展示美丽的愿望,惶惶然写下一些文字,借此表达自己的成长之路、感恩之情。

说到成长,我首先想到的是一个流传很广的故事。某年某月的某一天,一个闲人闲来无事,坐在一个角落里静静地观望着面前一个普通的蝴蝶茧。蝴蝶似乎用尽了所有的力气也无法突破那个茧。于是,这位闲人决定来帮助这只可怜的蝴蝶,他拿起一把剪刀,把茧给剪开了。蝴蝶轻易地出来了,可是,它身体干瘪,翅膀无力。这只可怜的蝴蝶终身只能爬行,永不能飞翔。原来蝴蝶必须通过艰难的"破茧而出"的过程,只有在那不屈不挠地让身体通过茧的那个小小的洞口的过程中,它身体的溶液才能转移到翅膀上,使身体和翅膀都变得强壮,经过这样的艰难过程,一旦破茧而出,蝴蝶便翅膀有力、可以飞翔。闲人的好心好意破坏了蝴蝶自然而主动变强的过程,毁坏了蝴蝶的一生。

故事的用意并不是指责闲人的帮助,相反,"Some times, struggles are exactly what we need in our life"(有时,挣扎正是我们生活中必需的一部分)。

成长就是一种挣扎,这种挣扎是生活的必需品。在成长的过程中,我们可以请来许多老师,也可以买来大堆书籍,但都不可以取代你内心的挣扎——那种渴求进一步获得某种更高境界的愿望。要实现这些愿望,必须与内心的轻松、现状的优雅、世俗的眼光作斗争。

人们常常活在经验中,我也一样。在教学生涯里,我在经验中延续着自己那不高不低的教学,带着一届届传承自己那无可奈何情绪的学生,所谓热爱、激情、飞翔与美丽,总是在经验型的课堂里或隐或现,思想的火花总是如流星一般划过。曾几何时,我开始主动地进行专业阅读、同行交流、教学反思、主动学习、坚持写作,通过自己内心的挣扎与搏击来获得力量,如故事中的蝴蝶一般,开始了一种真正的成长。

或许蝴蝶的破茧能飞是上帝造物的赐予,然而我们教师的成长则不但是自身的需求,更是社会进步的需要。要满足这种需求必得受些苦、必得受些磨难,越是看不懂的书便是越要看、越是难以坚持的课后记越是要坚持写、越是嘈杂的环境越是要思考、越是找不到出路越是要"四处碰壁"!

一本杂志救了我的命

1993年,我与我的爱人来到了南方一个小镇,担任了一所农村初级中学的历史教师。随着时间的推移,我的内心长满了荒芜的野草,需要良好的阅读来清除杂草,一种潜在的发展的愿望在折磨着那些没有书籍的日子。1994年的冬天,回到家乡偶遇一位大学同学,她留在了省城,我问了她一个与我困惑相关的问题:"为了搞好教学,你看什么书?"她当时说了许多,现在我能记起来且对我帮助最大的一句是:"《中学历史教学参考》这本杂志对教学帮助比较大。"这样,在《中学历史教学参考》杂志的帮助下,我与历史、历史教学、历史教师同行有了一线联系,尽管这种联系是单向的,但也像阳光一般给了我光和热。

2006年冬天,我们夫妻俩把从1995年以来的《中学历史教学参考》杂志,每6本装订在一起,用手工装订了好几天,一大摞,好壮观!时不时看看这一堆"成果",我总想起在那些找不到书的日子里,它们就是我的精神食粮。当我还在一个农村初中担任可有可无的历史老师时,我订了《中学历史教学参考》汇编的习题集,一套一套地做,凭着这些"积累与经验",我才有底气去参加各大校的招聘考试。我时常思量这样一个问题,长期订阅《中学历史教学参考》的老师们一定或多或少地受益于它了。

在杂志里,我知道了一串串闪亮如星的名字:陈伟国、李付堂、孙双武、冯一下、聂幼犁、赵亚夫、齐健、李惠军、张汉林、何成刚……在2005年以前的十年间,我从未向《中学历史教学参考》投过稿,或者说连投稿的念头都没有——因为,我觉得那太遥远了、太高不可攀了!但这并不影响我阅读它,因为有它,就有我的梦——薄薄的《中学历史教学参考》,承载了多少老师的名师梦、作家梦、专家梦、学者梦!我特别留意《中学历史教学参考》上对专家的介绍,其中对我影响、鼓舞极大的是齐健老师的经历。从杂志的介绍中我知道,齐老师曾经也是一个普通中学历史教师,30岁那年他担任了市历史教研员,但他现在是一名特级教师、专家、学者!这是个多么鼓舞人心的信息!我认真拜读了《中学历史教学参考》2003年第7、8两期上关于齐健老师的专访《精神培育:历史教育的根柢》,一一摘录要点,并写下简要的体会,发在了历史论坛上,与网友们一起分享。在给齐老师的信中,我写道:"除了对您的佩服外,还有一种痛惜岁月的悲观——十年,我们只有十年的距离,却如此天壤之别,这不仅仅是一个时间,而是两种境界。"

李惠军老师的《我思,我行,故我在》一文是近些年影响我最大的一篇文章,因此我也把2006年第4期《中学历史教学参考》翻看了十几遍,《我思,我行,故我在》的有些段落几乎能背下来,其精华一直启发我思考、探索。

通过杂志,我认识了赵亚夫老师,虽然当时我不太读得懂赵老师的文章,但听了赵老师评课、报告以后,再翻出"旧文"来看,豁然开朗者不只是那个寻找桃花源的农人啊!

说实话,并不是每一本《中学历史教学参考》的所有内容我都看的,因为不是所有的文章都合我的胃口,这本杂志不是为我一个人办的,我理解,《中学历史教学参考》是为所有的中学历史教师服务——刚参加工作的青年教师与十年以上教龄老教师的需求肯定不一样,喜爱钻研试题与偏好理论的教师又不一样——记得那时我对深奥的理论总有一种"酸葡萄"的心态,真正进入网络时代之后,我才明白,原来,你不喜欢你不擅长的东西,不一定别人也不喜欢也不擅长,不是理论没有用,而是自己还没有明白它的用处!

从前,在我眼里,《中学历史教学参考》是高不可攀的:它的办公室一定像大片《TIMES》里所呈现的编辑部那样宽敞、明亮、热闹、繁忙,那里的上十台电话应该不停地响着,一大堆编辑各负其责:有人专门审稿,有人专门编题,有人专门改稿,像主编这样的人物,应该是在一个隔着玻璃的小屋,跷着二郎腿,抽支烟,写写封二"图片上的历史"或"编辑的话"之类的"灵魂稿件",训训误事的编辑,接受一下记者的专访什么的。后来,有机会真正走近《中学历史教学参考》后,我才发现自己从前像一个孩子,根本看不清真实。编辑们并不是我所想象的那样悠闲地"枪毙"陌生读者的投稿,也不是那样高高在上不可接近,谦虚、谨慎也许是最中肯的词语了。他们因承载着太多一线教师的期待与理想而战战兢兢地度过每一天每一月,后来知道编辑部六个人中只有四个文字编辑,"读者朋友的投稿量又很大,每天打理这些稿件就好费劲儿,生怕漏掉好稿子,生怕审、改、校出现失误,事实上虽然战战兢兢地做事,也免不了常常出错,更何况做不到对投稿处理意见的一一回复……"原来,编辑的日子也像我们高中老师——高中老师每个月要月考一次,面对起伏不定的成绩我们总是心惊胆战,校长、学生、家长,没有一个是好交代的。

现在再回想起来,自己在乡下教书,靠着一本杂志守候理想的日子,就是蝴蝶在茧中苦苦挣扎的过程,那种苦与痛无人能解、无药可救。虽叹惜时光流逝,却为自己后来的发展聚集了勇气与韧性——从此便再没有什么不能忍受了,从此更没有什么寂寞不可以忍耐了。凭着《中学历史教学参考》的滋养,八年后,我离开了这所先是初级中学后改制成为职业学校的农村中学,到了一所民办高中,又开始了一轮新的征程。

命悬一"线"的日子

因"出身"于职业中学,所以在这所民办高中里,我有着天然的自卑。向日葵有着向阳的本性,人本身也有着向上攀爬的本性,那种内心的挣扎再次折磨着我,历史学科丰富的内涵也让我不愿意让思想平庸、不愿意让课堂平淡、不愿意让生活平凡,这种意念让我再次寻找新的支撑点——有创造地去教、去学。

2002年初,学校的电脑可以上互联网了,用电脑上课应该不是新名词了,用网络备课却还是一个新话题。在这种情况下,我进入了K12历史教学论坛,开始了这命悬一"线"的新旅途,从此掉进了"网"中。

网络那一根线,像潘多拉魔盒的开关,向人们打开了一个很大的世界,向我打开的则是一个巨大的历史研究的世界。通过网络,我了解到一大批非历史专业的知识分子非常热爱历史,他们的历史知识广博、史学功底深厚,让我这个历史专业出身的教师在网下汗颜并惭愧。记得在"小隐在线"历史论坛上的一位网友宣告:"我从小喜爱历史,考大学选择志愿时,坚决不选历史专业,我要选择别的专业将来养活我,然后我再养活我的历史爱好!"这样忠心于历史学问、钟情于历史的"宣言",让我震撼不已,感悟深深——我为什么要选择历史专业?学历史到底有什么用?为什么那么多人钟情、迷恋历史?正是因为这样的问题困扰着我,以至于当年大学毕业时,品学兼优的我毫不犹豫地拒绝了继续深造的机会,那时以为历史专业是我安身立命之业而不是别的,本科毕业已经足够了。总之,网络带给我的思考是沉重的。

从一个不敢回帖的"菜鸟",到一名爱钻研问题、敢于辩论的"小虾",再到K12历史论坛的版主,得益于陈亚东老师的引导——是陈亚东老师带领我走进这个陌生的领域。陈老师在一所职业中学任历史教师,在不受重视的现实环境中,他没有放弃对专业的热爱与追求,从不漠视自己专业与职业,像他一样敬业的老师们不断地感动着我。通过网络这根"线",我得到了更多的阳光,我知道了许多历史教师不甘于做"教书匠",有着非同一般的钻研精神和求知欲望,我懂得了许多写出历史论文、专著的名师其实也是一个普通人。具体来说,进入网络教研以来,在与同行的交流和广泛的阅读中,我先后解决了以下几个问题。

第一,历史教学中的知识性问题。

现在翻看我在K12做版主时积累下来的资料,虽有不完善的地方,但还是收获多多。首先是专注地解决一个个教学中的问题。我们所发的帖子和所讨论的问题,大都是围绕教学中碰到的史料考据和教材处理方面的问题。我从点点滴滴的细节做起,碰到一个问题解决一个问题,看到一篇文章再去按图索骥寻找更多资料。在这一过程中,既培养了史料搜索的技能和锲而不舍的钻研精神,又结识了一群志同道合的师友。比如,我们搜集、阅读、讨论了这样一些话题:"外蒙古问题始末""从关天培的失败谈起""二战结束对日本的处置及对华赔款问题""戊戌变法与近代中国""辫子的历史""黄宗智:学术理论与中国近现代史研究——四个陷阱和一个问题""'新四军'编剧谈皖南事变""从战略和战术的角度论黄海海战""影响中国历史进程的政治女性""'鸦片战争的影响'教学设计"等。日积月累,水滴石穿,历史教学中所遇到的诸多问题,一一都在查看资料及与同行的交流中得到了解决。当然,这样东挖一坑、西挖一坑的做法,也暴露了自己的不足——知识不够系统、不够扎实,这也为自己的读书与专业发展提出了要求。

第二,对历史教育人文价值的认识。

2004年元月,我在《历史教育价值论》的读书笔记中写道:"为什么要学历史?为什么要教历史?似乎这些年在我心中一直很模糊。一直都以为历史上的伟人之所以成为伟人,是因为历史学得好。可是如何让学生从丰富的历史知识中获得智慧却一筹莫展,自己也渐渐丧失了对历史教学的兴趣。由于对历史教育自信心的丧失,其实也是对自己个人能力信心的丧失。或者说由于自己没有去挖掘历史教育的强大功能和丰富的源泉,使得原来仅有的一些模糊的自信心逐渐淡化,历史教育的价值也虚无了。"是啊,历史教育因精神缺失而沦落为一门不成器的技术课,我们历史教师也无法把历史教学当成一种高尚的事业,更可悲的是我们的学生因精神的缺失而失去了人生前进的恒久动力,我们害怕那一天的到来——遇到灾难的中国人不知所措,历史再次重演……

我们把历史教育作为民族或人类的集体记忆来看待,像个人的记忆一样重要,它不是可有可无的。我们把历史作为承载着民族和人类的精神财富来看待,像个人有灵魂一样重要,它不是可有可无的。历史教育将记忆的训练与灵魂的洗礼有机融合,从而培养人的自信力。历史教育改革的目的在于造就有自信心和自信力的历史教师,并通过他们培养有自信心和自信力的国民[1]。通过网络,我理解了中国人对历史的情有独钟,认识了历史的智慧,在网络中自己学会了"明智地读史",在交流与辩论中自己变得理智、聪明了,逐渐树立了自己作为历史教师的自信力。我在《从唱国歌所展开的历史教育》一文中这样写道:在一个公民的社会里,每个人都是国家的主人,如果我们在任何时候能想到"我就是国威、就是国仪、就是国家的尊严与安全",那么,我们就能做到在空无一人的广场上,独自一人唱国歌升国旗,而那一个人的力量将胜过千百个不负责任的"匹夫"!这也许最能体现我对历史教育培养公民素养的认识。随着对历史教育价值的深入认识,我内心深处那种拷问人的灵魂的意识越来越强烈,这样的思考、认识也直接影响了我的历史教育观念和历史课堂教学。

第三,书写自己的历史教育故事。

在确定了自己的自信力后,我开始了自己的教育叙事;在论坛上、博客上写自己的历史教育故事,开始了历史教师的智慧之旅。从写课后记开始,写下一篇篇教学感悟、教学随笔,而后又写阅读感悟、教学设计、史学评论、教学案例等。写作是教师职业的增长点,的确没错,写作让时间变慢了,让思维得到反复的品味与琢磨,让自己在课堂的思维火花沉淀下来,从流星变成恒星……我在《中学历史教学参考》杂志发表的第一篇文章《从唱国歌所展开的历史教育》,起初是一篇博客上的教育随笔;流传得非常广泛的原创教学案例"帕帕迪的故事"最早也是发在网络上,而后非常迅速地在全国传播开来;我的学生"猪猪特工队"的故事也在网络逐渐传开,学生们的《今有应聘教师翩翩来》一文最早也是发在博客上;我与聂幼犁教授等专家、学者的相识也是缘于他们在网络上看了我的博客;更多的朋友因为看了我的随笔与教学案例,在教学中实践并互相推荐,我的网名"晚凉中的杜苇"也渐渐地传开了。

我真诚地感谢专家、学者们通过网络俯身关注一线教学的情怀,同时也感谢这么多年一直关注我教学、写作的师友们,是他们给了我无限的鼓励与支持,才让我坚持下来。感谢网络!感谢朋友!我们或许只是匆匆路过,或许只是读过彼此的文字、感受过零星的思想,甚至我们还不知道对方的名字,但是只要真诚地交流、理解过,就感动了自己——我眼里的世界因你而变得更美丽。

踏上一个平台:新课程改革

2004年,广东率先进入新课程改革,我有幸成为首批进入新课改的历史教师。虽然在新课改培训中,我也是疑惑重重,但是,当手中捧着那深红色封面的岳麓版历史必修Ⅰ《政治文明历程》、浏览目录时,我还是被它深深地吸引了,因为书里面有太多神奇的东西,有太多新鲜的故事,有太多我回答不出的问题,把这些问题弄清楚,带领学生进入一个真正神奇奥秘的历史殿堂,那就是神仙般的日子了!

在接下来的课改岁月里,我少了对新课程改革不适应的抱怨,多的是搏击生命的浪花,少了对新的课程观、教材观、学生观、教师观的漠视,多了些探索与实践。踏上新课程改革的节奏,借着新课程改革这个平台的力道,具体而言,我有了以下收获。

第一,逐步形成了自己的历史教育理念。

由于比较彻底地厘清了历史教育的价值,因而也就逐步形成了自己的历史教育理念。我的历史教育理念就是带着学生感悟历史教育的灵魂。苏格拉底曾说过:"未经思索的人生是没有价值的。"普通高中历史课程是用历史唯物主义观点阐释人类历史发展的进程和规律,进一步培养和增强学生的历史意识、文化素质和人文素养,促进学生全面发展的一门基础课程。[2]对此,我的理解是,历史教育的灵魂在于教学生如何做人、做善于思索的人。

历史教育要让学生感悟爱国主义教育之魂。长期的教育让孩子们只有宏大而无从着手的爱国理念、空洞而不具操作性的爱国口号、甚至于极端和非理性的爱国意识。比如,问孩子们"当代青年应当怎样爱国?"回答大多是:"要好好学习、将来成为祖国建设人才""要维护国家形象""要有民族自尊心和自豪感"!而生活之中处处皆有爱国实践却极少有人能感悟得到。每每遇到这些,我会引导学生们思考:爱国的激情必须与爱国的理性相结合,爱国也要以追求人类的文明为准则。

历史教育要让学生感悟智慧之魂。培根说:"读史可以明智。"可是,怎样读史才能明智?难道天天看错误百出的历史题材电视剧也能明智?天天死记硬背历史知识点也能明智?中学历史教育无疑是引导学生通往智慧之门的基础。历史课上我们必须找到通往智慧之门,但历史的智慧又往往被历史的谎言所蒙蔽,以至于人们认为"历史是胜利者的谎言""历史是任人打扮的小女孩"。在课堂上,我带领学生厘清历史史实与历史解释,从不同的历史信息中解读其折射出的时代光彩,如对"同样的义和团事件,但为什么记录它的史料褒贬之态度如此悬殊,善恶评价分歧如此之大""八路军帽徽里的故事""郑和船队是如何测速度的"等问题的探讨,我和学生对历史都有了新的认识与感悟。

历史教育要让学生感悟人文情怀之魂。受齐健等老师的影响,我不仅认同历史教育的生命化特点,还在教学过程中进行体悟。杰克逊·斯皮尔福格尔曾说:"世界历史包括像经济、政治和社会变迁这样重大的课题,但它也是一部有关人类梦想(不管这些梦想有没有实现)、人类创造力以及哲学、宗教的灵感、激情的故事集。"[3]穿梭于充满着激情与梦想的人类记忆中,怎可能没有学生生命情怀的体验?当历史上那些曾经鲜活的事件、人物、制度、艺术转化为文字、文物载于史册的那一刻起,就凝固了。凝固的历史或藏于我们的生活,或置于我们的性格与情操,或在世界的某个角落不为我们所知,静静地等着我们去发现——从这个角度而言,历史是鲜活而有生命的,而历史课堂,便是要把这些看似凝固了的历史一丝丝地抽出——从生活中、从我们的性格中、从我们社会生活的方方面面中抽出,使它们成为可以触摸、可以感知、可以聆听、可以继承、可以实践、可以畅想、可以创造的活生生的素材!通过对这些历史的感知,过去、现在与未来在课堂超时空地演绎着,从而获得人类把握未来的智慧与灵感[4]。

第二,逐步形成了自己的历史教育教学风格。

人因思想而伟大,人认识历史的思想之旅也是人确立自身尊严的过程。我在历史课堂尊重学生,包括发言权、思考权,在我的课堂里,充满着丰富的历史情境、历史思辨、历史与现实的联系。我认为:知识本身和知识的获取过程是具有生命性的。因为鲜活的历史需要这些活蹦乱跳的年青的生命来感受、理解、认识。历史知识的获取其实是学生与前人在思想上的交流、认知上的切磋、感情上的交融的过程,亦是学生思想塑造的过程,因此,历史知识的获取过程也具有生命性,学习历史知识的课堂也必是一个充满生命力的课堂[4]!带着对生命的热爱,我的学生们有一个可爱的称呼——"猪猪特工队"。每个小组都有自己钟情的组名,每个人在集体中都有自己的位置,都能找着自己成功的支点。

创设各种历史场景,置身于历史场景进行思考与判断。在这方面,我有许多课堂教学案例,其中流传最广、影响最大的莫过于高中历史必修一中"古希腊民主政治"内容中雅典农民形象"帕帕迪"了。这一形象在几年课改的过程中,被广大历史教师运用,被制作成课件、动画,改编成课本剧、相声、小品等,在各种公开课、教学大赛中广泛运用。赵亚夫教授主编的《历史课堂的有效教学》一书中这样谈到"帕帕迪":

前些天到某校听课,恰巧看到那里的一位历史老师正在准备下午的课,凑上去一看:"你也在用'帕帕迪'啊!"是的,广东省的夏辉辉老师设计的《雅典公民帕帕迪的政治生活》在网上一帖出,立即以惊人的速度在教师中传播开来。也难怪,"雅典城邦的民主政治"一课所讲述的历史,年代久远,概念生疏,学生原有的相关知识储备极为匮乏,没想到一个小小的"帕帕迪"似有四两拨千斤之力,所有艰涩生疏的概念都随着"帕帕迪的一天"得到了解读。

在思辨中感受历史的厚度。"历史学家不断地修改他们对过去所发生事情的理解。历史学家重新解读历史,既因为他们在旧题目上发现了新问题,同时也因为新的敏感性刺激着他们去探讨那些并没有引起以前历史学家兴趣的历史问题。"[5]学生在学习的过程中也能如史学家那样用自己的知识、视野解读历史,感受历史的厚度。比如,我在课堂组织了这样的讨论:"曾有黑人的后代感谢当年对祖先的贩卖,要不他们还在非洲受苦;也有奴隶贩子霍金斯的后代为祖先的贩奴行为深感羞耻,来到冈比亚,模仿非洲奴隶被捕捉后囚禁的方式在身上绑上铁链,跪在25000名非洲人面前,为祖先谢罪,请求宽恕。利益天平与道德标杆面前,人类如何自处?"可不能小看"猪猪特工队",他们的回答令人惊叹:

"他们(美洲黑人)如今的安逸并不是欧洲人双手奉送给他们的,而是祖先不屈不挠反抗斗争得来的。欧洲人贩卖黑奴,只是一个机遇,这个机遇使他们到达欧洲美洲,他们感谢的不应该是黑奴贩卖,而应该是被贩卖的祖先!"

"对于(霍金斯后代的)'道歉',在看到他们下跪的一瞬间,我们想那是需要勇气的。试问,如果我们自己冒犯别人并留下了永生不可磨灭的创伤,我们会有勇气在众人的目光中下跪道歉吗?我认为那是一种对道德的崇尚,对自己过错反省后作出的决定。我以为,这是一个民族、一个国家的文明发展到一定程度才能如此下跪。"

"生活在欧洲美洲的黑人更加需要正视那段违背道德的血腥历史,用自己的实际行动帮助自己的同胞,让自己的民族成为世界上的一座高峰,这样,他们才能成为一个真正的民族,而不是另一个民族的附庸。"

寻求历史教学的"张力"。听过课的老师都会说我的课很有"张力",我想这是老师们对我的鼓励,也是我追求的目标。教学实践中,我力图用一种有"张力"的语言与思维方式丰富历史课堂、提升思想感情,陈述、思考穿梭于历史与现实之间,让学生对历史的理解多元化,从而真正为学生的未来发展打下良好的基础。如雅典农民形象"帕帕迪"。在教学案例中,我设计了雅典农民的民主生活中的重要议题是审判哲学家苏格拉底。这样冲突让人吃惊不已,于是,这样一个虚拟的教学场景就不只是雅典农民的一个简单还原,从他一天的政治生活中,我们看到了奴隶制度下雅典公民的平等,看到了2000多年前雅典人的伟大智慧和海洋文明的独特魅力,看到了哲人苏格拉底的勇敢与无奈,从而引发出我们对人类政治文明永恒的思考。又如,探索从秦到清的宰相制度的演变,我把魏征与和珅这两个学生比较熟悉的历史人物进行比较,从分析其舞台人物形象到具体的政治地位,从一个侧面来剖析中国古代专制制度的演变。再如,我用台湾著名作家龙应台的作品《你所不知道的台湾》一文所描述的样板戏《红灯记》到台北演出所引起的三位老人的不同反应,引导学生对台湾民众认同感的思考与认识[6]。

运用各种评价手段来发展学生。在我们传统的价值观里面,评价是一种权力,所以很多人都把评价权看得很神圣,被神圣化的评价自然也就被凝固了——手段单一、对象单一、目的单一。可喜的是新课程改革让我们更多的教师有了新的评价观,这与新的学生观、教师观是一脉相承的,评价不应该是阎王爷的一支判笔,决定学生的生与死、喜与乐、成与败,更不应该是教师权威的护身符——如果一个教师要用"评价"这个棒子来维护自己的权威的话,那是极其可笑又可怕的事。评价是教育的手段之一,它与备课、写教学设计、找资料、上课一样,是促进学生发展的手段。正是基于这样的评价观的指导,我对评价做得非常慎重,唯恐我的学生在历史课上得不到表扬、找不到成就感,唯恐自己设计的评价方式扼杀了学生的智慧与兴趣,于是我在教学中的很多精力放在了教学评价上。

首先,创造各种表现机会,除了"规定动作"——纸笔测试之外,还有小组知识拓展比赛、"我来上历史课"竞赛、写影评、写历史小论文、历史辩论赛、历史电子报、写历史标语广告、为历史人物写求职信、写对联等等;其次,设计各种名目的"表扬机制",有"思想家园地"(思想出色者)、"默写排行榜"(记忆超强者)、"最佳辩手"(辩论高手)、"超级兔子"(进步极大者)、"班级贡献奖"(比如科代表、历史图书登记员)等等,我每天忙着把他们精彩的作业打印成电子文稿,或做成课件,或贴在班级墙报,或分类装入成长记录袋。从学生们对历史学习兴趣盎然的样子，从他们历史思维能力的提高，我知道，他们真的有收获了，我也成功了。

我相信，每一个学生都是评价者，他有权利评价他自己、评价任何其他人。如果每一个学生都用审视的态度去对人对己，责任感、使命感会油然而生。比如，曾有一位毕业生到学校应聘而在我班试教，所讲的课题是《古罗马的政制与法律》，课后，我让同学们以"假如今天来应聘的是我"为题，写出自己的感想，于是有了一篇学生文集《怎样做历史教师：听听学生们怎么说》的成果[7]，学生的文字表达让我知道了学生内心的真正渴求——对生动活泼课堂的渴求、对丰富课外知识的渴求、对"历史背后的历史"的渴求，进一步推动了我的教学。

第三，有了自己的历史教学追求。

许多青年教师会把搞好历史教学成绩、做一个受学生欢迎的历史教师作为自己入职之初的教学追求，我也不例外。随着时间的推移，尤其是新课程改革给我的这个平台，我早已不满足了，从那个最简单的目标里蜕变出来，形成自己更高的历史教育理想，应该是我成长中不可或缺的挣扎。这时，还是通过网络，我接收到了一个历史新课程改革下时代的最强音符——"做一个有思想的历史教师"！口号的发出者是浙江吕准能老师，应者云集，我亦是其中一员。做一个有思想的历史教师、培养有思想的学生！这是多么有力的历史教学追求、这是多么迷人的教育理想！做一个善于独立思考的历史教师，以开阔的视野、人文的情怀给学生以多元的历史视角，让学生真正感受到历史的智慧与魅力，从而学生也成为有智慧、有魅力的人。但是，怎样做一个有思想的历史教师？无疑是一个值得长期思考与探索的问题。

为了完善自己的知识体系，我加强了理论学习，就读北师大历史教育硕士，从教育学、教学论到课程论，系统地梳理自己的教学思想；加强心理学、哲学等相关知识的学习，进一步理解建构主义理论对新课程改革的重要影响。同时，我从读网回归到静下心来读书，阅读了一大批史学方面的重要著作，弥补了自己前些年遗留下来的大大小小的坑，尤其是丰富自己的史观，了解史学研究新成果的同时，保持自己的思想与时俱进。

一个新的挑战：教研员的故事

因为新课程改革的机遇，更因为师友们的提携与帮助，2008年9月，我参加竞聘并走上了教研员的工作岗位。从教师到教研员，从面对学生到面对教师，这是一个角色的转变。教研室的办公室比学校要安静很多，工作性质也完全不同。教研员有许多常规事务要去做，我私下以为，教研活动的技术性而非行政性，决定了教研员必须走技术的路线，所有带有行政命令式的指令如果不赋予学术的魅力，必将遭遇抵制，那些既是领导又是

领袖的教研员实在是令人钦佩的。

如向日葵向往太阳一般,如蝴蝶总是不愿错过春天一般,在这个新的岗位,我又生出了新的理想。比如说,我听了许多青年教师的课,突然回想起自己成长的历程,自己是怎样从那个什么怀疑也没有、什么问题也讲不清、牢骚满腹的状态走过来的?从前我从不怀疑学问却天天怀疑自己的生活,而现在我比较多地怀疑学问和权威,对自己的生活倒过得非常自信了。我决定与青年教师们分享我的成长历程,与更多的历史教师探讨"什么是历史""什么是真历史"这样一些有着永恒魅力的话题,寻找历史教育的幸福感。

教研员的故事暂时写到这儿吧,因为她要在更长的人生中去书写。就像那只蝴蝶,可以比喻为它已美丽地脱茧而出了,但能否在大自然里划出美丽的痕迹,能否在春天留下美丽的身影,或许还有另一段充满挑战与冒险的历程。

---

[1] 齐健,赵亚夫.历史教育价值论[M].北京:高等教育出版社,2003.

[2] 朱汉国.普通高中历史课程标准(实验)解读[M].南京:江苏教育出版社,2003.

[3] 杰克逊·斯皮福格尔.世界历史[M].郑州:大象出版社,2006.

[4] 赵亚夫.历史课堂的有效教学[M].北京:北京师范大学出版社,2007.

[5] 加里·纳什.美国人民:创建一个国家和一种社会[M].刘德斌,主译.北京:北京大学出版社,2008.

[6] 夏辉辉.历史教育:寻找历史与现实的契合点[J].中学历史教学参考,2007(7).

[7] 夏辉辉.怎样做历史教师:听听学生们怎么说[J].中学历史教学参考,2007(6).

(本文选自《中学历史教学参考》2009 年第 10 期)

「课堂是生命成长的地方，是养育灵魂的殿堂。作为一名教师，一定要像珍视自己生命一样珍视课堂，努力上好每一节课。唯有如此，才能无愧于学生的期待，无愧于社会的厚望，无愧于自己的初心。读书学习应成为教师终身必修课，"课比天大"要永远铭记于心。」

李树全 正高级教师，西安市第八十九中学副校长，西安市新城区教师进修学校副校长。陕西省特级教师，教育部基础教育历史教学指导专委会委员，陕西省基础教育历史教学指导专委会副主任委员，陕西师范大学教育博士和教育硕士导师。陕西省高层次"特支计划"教学名师，陕西省和西安市两级教学名师、两级学科带头人，西安市学术技术带头人。获陕西省优秀教师、西安市"最美教师"、西安市地方领军人才等荣誉。发表文章 50 余篇，出版专著 1 部，主持参与各类课题 10 余个。

敬畏课堂，做一名"纯粹"的教师

○ 李树全

我的工作履历特别简单。1988年7月，毕业分配到一所普通中学任教。2003年7月，学校与西安市第八十九中学合并，成为西安市第八十九中学老师。学历不高，无名校执教经历，在普通中学教了一辈子书。受《中学历史教学参考》邀约分享成长经历时，颇为纠结。因为没有精彩的成长"故事"，经历像一张白纸上画了一道直线，"平直无奇"。但毕竟上过无数节的课，一些课还曾留下了颇为深刻的记忆。那么就说说课堂。

先从一张贺卡说起。

转 变

2022年教师节之际，姚又铭同学（我带过的2006级的学生）来看我。闲聊中，我翻出她在2006年教师节送我的贺卡。贺卡上有这样一段文字："历史是镜子，历史也是艺术，它可以借鉴，更可以欣赏。讲起历史，您是最有风格、风度、风采、风情的老师。作为学生，我崇拜您的博古通今、学贯中西。更喜欢听您那多元、精彩、创新的历史课。其间体现着您无限的智慧和高超。"我问她："当年为什么用'风格、风度、风采、风情'来形容我，用'多元、精彩、创新'来形容我的历史课？"姚又铭没想到我依然保存着这样一张贺卡，不仅吃惊，而且激动。她动情地说：时间太久了，确实记不清当年为什么这样形容，不过我给她和同学们留下的最深刻的印象就是讲课从不看课本，上课讲的很多内容是课本上看不到的，我的历史课总给人一种醍醐灌顶的感觉。她还说，李老师的历史课举重若轻，娓娓道来，透彻心扉，至今都很怀念这种感觉。

姚又铭的话，让我很感动，也打开了我尘封已久的记忆。

年轻都有气盛的时候。刚工作的时候，暗下决心，"让学生喜欢听我的历史课"。我当时认为一节好的历史课一定有生动、精彩的故事，一定要有意思。20世纪80年代末、

90年代初的时候,即使城里的学校,教学条件也比较落后,教室里没有现代化教学设备,老师上课基本上还是一支粉笔、一块黑板和一张地图,教师与外界交流的渠道也很狭窄,基本上处在一个封闭的圈子里。为了激发学生对历史的学习兴趣,备课时,我往往花费很多心思和精力,搜集各种教学资源。同时,我也竭力回忆中学时我的历史老师是如何上课的,也千方百计地找各种机会,听其他历史老师的课,用心揣摩。

记得当年讲第一次世界大战的导火线——萨拉热窝刺杀事件,对整个刺杀过程描述得绘声绘色,学生听得特别投入。讲凡尔登战役、索姆河战役、马恩河战役时,补充了大量细节性知识(连坦克、毒气的第一次使用、战役死亡人数都有很细致的说明),力争将宏大的战场景象"呈现"在学生面前,让学生感受战争的悲壮。学生听得津津有味,并发出惊叹之声。讲"美苏争霸"时,对美苏两国导弹、原子弹、飞机、坦克等武器数量信手拈来,学生的表情完全可以用"目瞪口呆"来形容。讲法兰西第一帝国,讲起拿破仑的故事,对包括拿破仑出身、身高、被流放、死亡等情况,如数家珍,学生听得如醉如痴。

总的来说,当时我的历史课上不乏新奇的历史故事,不缺名人传奇,也少不了绘声绘色的描述和解说。我上课还很有激情,精神饱满,声音也洪亮,用学生的话讲:上课有气场。我感觉学生还是很喜欢听的。

1998年教师节,一个叫刘珍的学生在给我的贺卡上写道:"李老师,最佩服的莫过于您的一张嘴了,即使再枯燥、乏味的历史知识,到了您的嘴中,就变成了生动、有趣味的历史典故。所以当开学时,老师告诉我们历史老师又换回来时,我们全班雀跃,这足以看出您在我们班的强大影响力……"看到这样一段话,似乎能感受到学生的兴奋和得意的神态,我感到自己的努力和辛苦还是有所得的,更认为自己走在一条正确的教学道路上。

记得曾有学生这样问:"老师,如果太平天国运动推翻了清王朝统治,中国会怎么样?能摆脱沦为半殖民地半封建社会的命运吗?"有学生问:"老师,法国已经建立了共和国,拿破仑为什么还要建立帝国?为什么要'复辟'帝制?"有学生问:"老师,英国资产阶级革命后,保留了君主制,英国资产阶级革命很不彻底(我上课是这样讲的)。但工业革命为什么却首先从英国开始?"有学生问:"独立后的美国在黑人选举权问题上,为什么要做出'五分之三'的规定。既然是种族歧视,为什么不干脆完全取消黑人的选举权呢?"诸如此类的问题很多。

学生提出的这些问题,让我感到诧异:"我已经很详细地讲了拿破仑第一帝国的建立,还讲了拿破仑的故事,学生为什么还要问这样的问题?为什么会问这样的问题?""对英国'光荣革命'我讲得也很详细,甚至还讲了'光荣革命'中威廉二世夫妇的故事及詹姆斯二世的结局等,学生非常感兴趣,听课状态非常好。为什么会问这样的问题?"

实事求是地说,对学生问的一些问题,当时回答得确实不好,至今心中都有深深的愧疚——我到底给学生教了什么？我还问自己："我极尽所能地通过各种方法展现太平天国运动的宏大场面，究竟是为了什么？难道仅仅是让学生知道这场运动规模很大，认识农民革命的伟大力量吗？""我补充了大量课外知识，但这些知识似乎解答不了学生心中的困惑，为什么？"

我很困惑，也很沮丧——辛辛苦苦备课，努力上课，但好像剑走偏锋——虽然讲了一大堆知识（还有很多课外知识），但似乎没什么用。后来在与新城区历史教研员聊到这个困惑时，她建议我多阅读专业期刊，认真琢磨一些文章和教学案例，或许会有深的启发。

虽然过去也阅读《中学历史教学参考》等杂志，但大多是走马观花，主要是涉猎一些对我教学"有用"的资源，再加上自认为教学受学生欢迎，比较浮躁，读的时候有点心不在焉。但当我静下心来、带着这些困惑去阅读、思考杂志上的文章和案例时，对我触动很大。记得看过一个关于"法国大革命"的课例，老师也补充了很多关于拿破仑的知识（包括教科书外知识），并设计了这样一个问题："拿破仑这个皇帝与俄国沙皇、普鲁士国王、奥地利皇帝有什么不同？拿破仑与这些国家的战争只是争夺霸权的战争吗？"反思自己，我只是在课堂上讲拿破仑的种种奇闻轶事，讲拿破仑对外战争的一些情况。

深入分析杂志上的案例，我意识到出现问题的原因在于我的教学停留在知识讲授的表面，停留在课本的表层，而没有引导学生对知识进行深入思考，没有考虑如何通过知识教学促进学生思考这一关键问题。讲的知识虽然很多，但也仅仅是一堆"死"的知识。历史教学不应为知识而教，更不能为兴趣而教，不能只是让学生掌握更多的知识，如果那样的话，历史教学就永远停留在一堆故纸堆中，没有什么意义。历史教学应激发学生对历史的思考，让学生思考历史"为什么会这样""为什么是这样"，让学生通过学习与思考，明白是非与善恶，深入了解历史发展大势。

年轻可以气盛，但更要静下心来学习。回首往事，确实有很多遗憾，但不能说一无所获。正是这最初十年的探索、实践和思考，让我具备了一名"熟练""教书匠"应有的技能，让我最终实现了从"让学生喜欢听自己的历史课"到"历史课应该让学生有思考、会思考"的认识转变。

转　向

2007年，陕西省普通高中新课程改革全面启动，西安市教育局举行了一次全市新课程教学展示活动，我承担了一节历史示范课。出乎很多人的预料，我选择了"马克思主义的诞生"——一节理论性强、内容枯燥的课。当时很多人不理解我为什么要选这样一节课作为示范课。连当时西安市教研员闫璟老师也反对我用这样一节课进行教学示范，原因很简单：可能不仅没有示范好，甚至还会被"挂在"台上。但我坚持上这样一节课。

高中新课程改革实施后的当时,很多教师对新课程教学的理解和认识存在明显错误。一些教师把教学形式的丰富多样作为新课程的主要标志,尤其把所谓的"合作学习""自主探究"作为新课程教学的主要特点,而不去深入思考"合作""探究"的实质。特别是当时有一股"风潮"——课堂教学老师尽量少讲,有的学校甚至规定教师上课只能讲10分钟。在这种形势下,有些教师上课不敢"讲"了,认为"讲"就是传统教学,不符合新课程教学理念。各种教学"理论"也层出不穷,各种教学"模式"不断涌现,光怪陆离的课堂活动"争奇斗艳"。一时间,课堂热闹起来了。但冷静观察可以发现,热闹背后是教学内容的贫乏与苍白,是教学形式的"精彩"与教学内容的"空洞",历史教学应有的深刻、深邃不见了踪影。

面对这种情形,我想以这样一节近乎纯理论的示范课,将我对新课程历史教学的思考呈现出来,与同行进行交流,共同思考、探讨新课程历史教学应该怎么教,思考所谓的"传统"与"新理念"是否矛盾,也希望通过自己对这节课的准备,促进自己对新课程历史教学的深入学习和理解,提升自己对课堂教学的认知。

马克思主义是马克思创立的,离开马克思讲马克思主义诞生,教学一定是枯燥的,是无根的,也无法让学生真正理解马克思主义这一科学理论,更不能很好完成教学目标。我该如何讲马克思呢?在本课教学中,我讲述了马克思成长的故事:少年时代也曾顽皮、中学时代并不优秀、大学时代有过荒唐。但正是这样一个普通人,30岁发表《共产党宣言》,在人类思想史上开辟了一个历史时代。

一个小小的故事,把一个平凡、真实的马克思展现在学生面前(而不是神化马克思),实实在在拉近了学生与马克思的距离,深深地打动了学生。学生在切实感受马克思的成长经历中,深深认识到:伟大人物也都是从平凡走向伟大的。这样的认识来自学生发自内心的体会,更有助于学生从马克思的成长经历中汲取有益的营养,历史教育的情感教育目标自然达成。这样一节看似枯燥的公开课,竟然有学生主动举手问了这样一个问题:老师,课本上说《共产党宣言》揭示了资本主义必然崩溃的秘密,但从今天来看,《共产党宣言》所说的资本主义并没有崩溃,怎么理解这一现象?

这节展示课得到与会教师的高度评价,引起同行的热烈讨论(有老师专门发文讨论)。后来,这节课的教学实录有幸发表于《中学历史教学参考》2008年第5期。也正是这节课坚定了我对历史教学的理解:"讲多""讲少"不是衡量新课程教学理念的标尺,历史教学应聚焦学生的思想、情感、价值观的培养,应该关注历史教育"育人"价值的实现。而历史教育"育人"价值的实现,是学生在对历史的深深感悟和理解中主动获得的,不能靠灌输。在教学中,教师应引导学生"走进"历史,"触摸"历史,让学生与历史人物"对话",在"走进""触摸""对话"中感悟历史,增长历史智慧,获得历史启示,这样才能更好

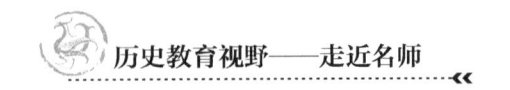

地实现历史教育的"育人"价值。

中学历史教学面对的是成长中的孩子,他们的思想和价值判断有很大的不确定性和可塑性,好奇心、求知欲是他们的天性,教师要关注学生的兴趣、爱好,但绝不能忘记历史教学的使命,即价值引领。一名历史教师,不仅要让自己的课堂生动起来,更要关注学生全面成长,尤其要关注学生灵魂的成长。历史教学不应该被所谓的教学形式绑架,历史教学必须为价值而教。

自2007年陕西省高中新课程实施以来的十余年,是我上公开课最密集的时期,我也心甘情愿地卷入各种公开课教学的"风暴"中。每一次公开课,都是一次专业阅读、思考的机会,也是和同行深入交流的机会,我都会以严谨的态度认真对待和准备,在追求原生态(不刻意"磨课")的同时,努力追求历史教学的教育价值。数年下来,高中历史三本必修教科书,几乎每一节都上过公开课。在一节一节的公开课教学中,我对历史教学的价值、意义的理解不断深化,深刻认识到:历史教学一定要远离"说教——虚话、套话",远离"空洞——空话、废话",远离"苍白——大话、假话"。历史教学要避免绝对化、概念化、简单化倾向,要尽可能呈现历史的丰富性、多元性、复杂性。要让历史走进学生内心深处,让学生走进历史人物的精神世界,让学生触摸历史跳动的脉搏,让学生感悟故事背后的寓意。

坚定地站在课堂上,一节一节课"讲"下来,逐渐形成了自己的教学风格。有老师这样评说:"李老师的历史课没有华丽的语言,也没有眼花缭乱的表演,语言朴素但不乏深刻,形式传统但不乏温度,问题简明但不乏思想,材料丰富但不乏灵动。小切口彰显大时代,小故事凸显大道理。"

2009年代表西安市参加陕西省高中新课程优质课比赛,我选的课题是"社会主义经济体制的建立"——又是一节理论性很强的历史课。这节课最终获得一等奖在我预料之中。教学中,我聚焦"道路探索",以细节重建历史现场,展现历史的丰富与厚重;以有效的问题,激发学生的思考,激荡学生的思维,提升学生的历史认识;以内在的逻辑,展现道路探索的历程,展现了一幅生动、深刻的历史画面。这节课的教学实录发表于《中学历史教学参考》2009年第11期。

常啸老师说:"课堂是有生命的,既是生命活力彰显的地方,也是哺育生命、激发生命内在潜力的所在。天地之间生命最宝贵,而课堂是润泽生命、成全生命的苗圃。当你心中有生命的存在,你就会把心中最重要的位置留给课堂;当你尊重年轻的生命,你就会无比珍惜属于你、属于孩子们的每一堂课。"我资质不高,但凭着对课堂教学的执着,对历史教学终于有了一些理解,也有了更深的认同感和归属感。

归属感越强,就越感"先天不足"的上学背景对专业发展的制约。要弥补这一先天不足,应对新课程挑战,唯有读书和学习。在这一时期,斯塔夫里阿诺斯的《全球通史》、张恒的《失落的文明:古希腊》、金重远主编的《二十世纪的世界:百年历史回溯》、王希主编的《原则与妥协:美国宪法的精神与实践》、陈乐民的《欧洲文明十五讲》、吴于廑和齐世荣总主编的《世界史》(全6卷)、罗荣渠的《现代化新论》,还有钱乘旦、杨奎松、傅国涌、杨宁一等一大批学者和教授的著作,都进入了我的阅读视野。进一步的阅读不仅厚实了自己的专业知识,了解到更多的教育教学理论,也提升了对课堂教学的认知与理解。2011年辛亥革命一百周年之际,在西安市教科所举办的"纪念辛亥革命一百周年"的公开课教学活动中,我引导学生"走进"历史场景,从理性角度出发思考"辛亥革命"这样一场中国式"光荣革命"的特点和历史地位,赢得与会教师的肯定。执教"北美大陆的新体制"一课时,也不再像过去那样,简单化地褒扬或挑刺式地批判,而是引导学生思考制度创新的意义。

读书,能帮助教师打开视野,摆脱教材的桎梏,使教师的思维更加敏锐、更为开阔,实现教学的不断突破。

转　型

四十岁左右,被认为是教师职业倦怠的高发期,也是教师专业发展的一道坎儿——或"沉沦"在自我满足中,机械重复"教书"的动作;或"奋力"向前,追求更高的目标。

初入教坛的时候,并没有什么"伟大"理想,更不敢奢谈教育情怀,只有一点小小的想法——把书教好,让学生喜欢自己的历史课。当我做到这一点的时候,我在想:这样就够了吗?在我四十岁的时候,不仅已被评为高级教师,而且教学能力也被认可,还有一定资历,完全可以吃老本(用今天的话讲"完全可以'躺平'"),我更加迷茫——今后就一直这样下去吗?这个时候,我遇到并结识一批对历史教育有情怀的同行,从他们的身上看到了卓越历史教师所应具备的品质、素养和情怀。在他们的激励、陪伴和帮助下,我没有停顿和犹豫,而是以更加进取的姿态认真琢磨每一节历史课、上好每一节历史课,以更加积极的状态投入学习和思考中,尤其是思考如何才能让历史课既"有意思"、又"有意义",如何实现教学形式与教学目的的有机结合。

执着于课堂教学,执着于教学思考,我走出了教师职业发展的"四十岁现象",突破了教师职业发展的"瓶颈期",并提出了个人的教学主张——历史教学要"有意思有意义"。历史教学要"有意思",是指在历史教学中,通过必要的历史材料,采取合理的手段,创设合适的教学情境,激发学生对历史学习的兴趣,增强学生主动学习的愿望。让学生愿意学习,是历史教学应该做到的第一步,是历史教学的基本要求。历史教学要"有意义",是指在历史教学中,应坚持正确的价值导向,使学生从历史中汲取有意义的东西,获得历史智慧，培育健康的人格，树立正确的世界观、人生观和价值观，为学生的终身发展奠定基础。这是历史教学的根本诉求。让历史课既"有意思"，又"有意义"，是"以生为本"教育观的体现，也是历史教学"眼中有人"的反映，符合教育的基本常识，更符合教育的本质要求。在近十几年来课堂教学中，我一直在努力践行。

2017年，应江苏天一中学邀请，讲"西方人文主义思想之源"一课。本课要求学生掌握、理解古希腊先哲的思想。古希腊先哲生活的时代距离今天的学生已经十分遥远，古先哲生活的环境与今天学生的生活经历有巨大的"差异"，加之先哲思想深奥，要想通过一节课的学习，理解和认识希腊先哲的思想，并不是一件容易的事。任何思想的产生都与特定的时代、都与人的经历紧密相关，不可能脱离人而存在。在教学中，我通过讲述古代希腊先哲的故事打动学生，使学生在倾听故事的过程中，思考、理解故事背后的深层含义和哲学寓意，走进先哲的精神世界，与"先哲"进行对话与交流，体会哲学家思想的内涵，感悟和认识思想的力量，实现"有意思"的课堂教学与"有意义"的历史教育诉求的结合。

2019年11月，应邀赴海南省进行教学交流，讲"现代中国教育发展"。这节课主要呈现新中国扫除文盲、义务教育和高等教育的发展历程和成就，内容比较浅显。如果按照教科书思路组织教学，很容易上成新中国教育"成就展"，教学缺乏必要的厚度和温度，不能激发学生深刻的思考，也很难实现本课教学应有的意义和价值。在教学中，我以"一个惊人的奇迹"——"2019年日本人再获得诺贝尔奖，并创造了21世纪获诺贝尔奖数量第一"的奇迹为切入点，激发学生的学习探究兴趣和思考，导入本课教学。再以新中国教育发展的典型事件为抓手，使学生深切感受新中国教育的发展历程。最后讲施一公等人的故事，落实家国情怀。本课教学内容厚实，情境生动鲜活，并且中外关联，学生的视野被打开。学生在"有意思"的历史学习中，深刻理解并体会"教育兴衰关乎国运"，家国情怀自然生成，对教育重要性的认识进一步提高，实现了"有意思"的历史教学与"有意义"的历史教育的结合。

追寻"有意思"的历史教学，是历史教学实现教育价值的必要前提——没有兴趣何来思考！而浩如烟海的史料也为"有意思"的历史教学提供了不竭的"源泉"。面对这些海量史料，历史教师一定要思考"有意思"的历史教学的目的，否则会陷进史料的"陷阱"，陷入为"有意思"而教的泥潭，误入教学歧途。

历史学以研究人类历史发展进程为主要内容，在很多时候，学生往往把教科书上的结论奉为"真理"，一些老师在教学中也努力为这些结论做论证，进行注解。表面看来，这样做确实让学生记住了这些结论，但冷静思考，这样做真的"有意义"吗？真的是促进学生发展了吗？历史教学不能为知识而教，也不能为结论而教。历史教学只讲"意思"，不讲"意义",可能就会为"有意思"而教,可能会变得"低级趣味";只讲"意义",不讲述"意思",历史教学可能就会沦落为一种简单的说教或灌输。历史教学应该在"有意思"的教学中,追寻教学"意义",即价值引领;在"有意义"的诉求中,思考实现"有意义"的方法、形式和手段。聚焦学生成长,追寻"有意思有意义"的历史教学,一定会让历史课堂充满趣味,充满智慧,一定是在真正践行历史教育的使命。

  2019年,在朋友和同行鼓励下,我着手对自己近十几年的课堂教学进行梳理。在梳理过程中,结合近十几年的教学案例,从教学主题的确立、教学情境的创设、教学资源的选取、教学逻辑的建构、教学活动的开展、教学细节的运用、教学问题的设计等各个方面,阐述了对课堂教学的理解,回答了如何让历史课"既有意思,又有意义"。在这个过程中,对历史教学敬畏之情更重,"课比天大"的观念更是深深嵌入我的内心。经过两年多的努力,2021年5月,我的第一部教育教学"小册子"——《温度·厚度·向度——追寻有意义的历史教育》一书出版,为自己30余年的课堂教学做了注释。

  于漪老师说:"一辈子做教师,一辈子学做教师。"这句话彰显了一名"纯粹"的教师的情怀。以此为榜样,方能站立在课堂上,努力做一名让学生看得起的老师,做一名对得起学生的老师。

(本文选自《中学历史教学参考》2023年第2期)

「要把学生培养成幸福的人，我们首先要做一个幸福的人。心存敬畏，专业精进是幸福的铺路石。」

李应平 安徽省芜湖市繁昌区教师发展中心历史教研员，正高级教师，国培计划教育部专家库成员，安徽师范大学硕士生导师。先后获"安徽省首届优秀教研员""安徽省学术与技术带头人"等荣誉，享受安徽省政府特殊津贴。曾获省基础教育教学成果奖省级一等奖2项，二等奖2项。多次参与省级教研文件的研制；主持完成多项省级课题；参与八年级下册《中国历史》教材及教师教学用书的编写；发表学术论文50余篇。

行将致远：遇见更好的自己

○ 李应平

接到中学历史教学参考编辑部的约稿，让我写写自己专业发展经历，心中甚是惶恐。虽然自己教育教学年头不短，但在教研的道路上，我依然是一个探索者。回眸近三十年的教学教研经历，前十年在乡村中学任教，对教研懵懂无知；中间十年，自己开始蹒跚学步；近十年，始知教研滋味，越嚼越有劲头。审视三十年所获，我认为教育是一片情怀，需要我们倾心投入；教育是一种能力，需要我们磨砺不辍；教育是一种担当，需要我们开拓创新，散发自己的微光。

"三心一毅"铸情怀

一、存敬畏之心，一丝不苟

一次在某中学调研，一位年轻教师问我："李老师，你从教这么多年，为什么对教育还这么有激情？"她的话让我陷入沉思：我为什么对教育那么有激情？朱自清先生说："教育者须对于教育有信仰心，如宗教徒对于他的上帝一样；教育者需有健全的人格，尤须有深广的爱；教育者须能牺牲自己，任劳任怨。我斥责那般以教育为手段的人！我劝勉那般以教育为功利的人！我愿我们都努力，努力做到那以教育为信仰的人！"陶行知先生说："捧着一颗心来，不带半根草去。"我只是一名普通的历史教师，我还做不到朱先生、陶先生那么高尚。但我还有另一个身份，就是我是一个孩子的父亲。我常想，如果我的孩子教育失败了，我还能幸福地工作和生活吗？答案是："我不能。"我深深地知道：每个孩子都是父母的希望，当孩子父母把全家的希望和未来托付给我的时候，我又怎能轻言放弃？我必须全力以赴，在教育上必须小心翼翼，在教学上必须一丝不苟。我怕我的粗心、不恰当的教育方式会毁了孩子、毁了一个家庭。我的信条是：人可以没有青春，但不能没有热血。我对教育不是激情，而是深深的敬畏。正是这份敬畏，让我行有所止，不敢懈怠，成了同事眼中"打了鸡血"的人。

教学时,我不敢遗漏任何一位学生;当班主任时,我的家访也是每家必到。有一位学生刚入学便经常迟到,我到她家家访三次,都没有遇到她父母,后来她说她父母决定让她外出打工不让她读书了,我又先后两次去她家,依然没有见到她父母。她的辍学像一根刺一直深深刺痛着我:我的工作能否再细致深入一点?当教研员时,每次议课,我都鼓励执教老师先谈谈自己的看法,我担心自己的误读会伤害到他的教学热情,担心他将这份"伤害"传导给学生。这种小心翼翼也传导到我的历史教学,每段史料都会不厌其烦地考证它的真伪。先后十多次参加省级命题工作,正是自己一丝不苟的求证精神,让有我参与的命题都是"零失误",也备受考试院领导的赞誉。2020年疫情期间,我担任安徽省初中历史线上教学展示课审查组组长,每幅地图、每段史料、每段论述、每个标点我都不厌其烦地查证,很多教师不理解,认为我小题大做,但我觉得面对全省几十万学生,哪怕一个再细小的错漏,可能造成的影响都是我无力承受的。最终线上授课完美收官,我想这里面一定有我小心翼翼的功劳。心有所畏,定会踏踏实实干事,干干净净做人。

二、守向上之心,不敢懈怠

我这个人从小就面皮薄,别人表扬时都脸红,更别说批评了。记得大学毕业后到单位报到,由于种种因素导致国庆节后我才正式上班,学校安排我中途接手一个毕业班的教学工作,11月中旬开始期中考试,我带的班考了倒数第一,校长在成绩分析会上让我第一个发言,我当时感到无地自容。校长安慰我说,这个班本来就差,所以让你接手,我相信你不会让我失望。会后,我主动向老教师请教,吸取学生的意见,去书店购买书籍,不断改进自己的教育教学。功夫不负有心人,期末考试,我带的班考了年级第一,第二年中考成绩领先其他班级二十多分,一战成名。从此,连续十年执教毕业班,哪个班教学质量下降了,学校就安排我接手,我成为全校闻名的"差班"接盘手。为了不辜负这个"教学能手"的荣誉,我每接手一个班级,都想方设法融入学生,拉近学生与学科的距离,不断更新自己的教学理念和方法,多年的兢兢业业也让我在教学教研的路上越走越远。

当教研员后,我是一个不求领导表扬,但也怕领导批评的人,喜欢静悄悄地做一些事情。但不知道什么原因,先后几任分管领导都喜欢拿我分管的学科说事。当我分管的学科拿了市优质课一等奖,领导说有本事拿省一等奖。当我分管的学科拿了省优质课一等奖,领导说有本事拿全国一等奖。当我分管的学科拿了全国优质课一等奖,领导说拿一个太偶然,多拿几个才是真本事,我又率领团队拿了多个全国优质课一等奖。

我在单位负责课题管理工作,领导多次批评我县组织申报省级课题工作不力。安徽省每年省级立项课题仅100项有余,竞争十分激烈,另外,县域学校的老师申报课题还得经过市级筛选。为了弥补我县教师申报省级课题成功率较低的缺憾，我带头申报，先后立项了5个省级课题和1个国家级课题，课题研究也促进了我的专业发展。回头想想，如果没有领导的鞭策，生性懒惰的我会不会申报这么多课题进行研究可能要打个问号。

领导的鞭策或压担子，迫使我不敢懈怠，因为要确保出线或获奖，我每次都殚精竭虑，精益求精。如果没有这些压力或鞭策，我会不会躺进"舒适区"失去前进的动力？我会不会半途而废、前功尽弃？回首来路，我真的非常感谢这些压力，是它们促使我一次次不断奋起，一次次不断突破自我。压力就像阳光，你迎着它前进，你会获得源源不断的滋养。人，有时候真的需要压力，当你正确认识这些压力后，你就不会抱怨，你反而会感到有点压力，真好！

三、释名利之心，收获更多

一开始上公开课，希望得到别人的肯定。后来我想通了，面子不是尊严，唯有批评才能促使我快速进步。在学校当教师时，教研组需要开设公开课，我总是第一个报名，做各种尝试，把自己的公开课当作靶子，请大家批评。多次应邀到其他学校上公开课，慢慢在当地也有了一定名气。一次县里组织政治、历史两科优质课评比，政治学科先进行比赛，各设一等奖一名。我校一位教师勇夺一等奖。赛前，县教研员善意地提醒我："你们学校已经有一位教师获得政治学科优质课一等奖，你课上得再好，历史学科一等奖也不能再给你们学校，何况你们还是一个农村学校。不如放弃比赛。"我对他说，我参加比赛不是为一等奖，我就是想通过比赛解剖自己的不足、提高教育教学水平。也有校领导好心劝我放弃，觉得如果我没有获奖或获奖名次低，会影响我这些年积淀的"名气"。那时，县级教研活动非常少，我真的渴望出去交流，虽然学校和片区搞过公开课展示，但每次都是我一人执教，还没有观摩过别人怎样上公开课，对好课的标准自己也存在很多疑惑。难得有一次全县教师的比赛，我觉得应该去学习、参赛。后来，通过层层选拔，我在县级比赛中再次荣获一等奖。记得比赛结束等待结果揭晓时，一位参赛选手对评委说："一等奖如果不给李老师，谁都无脸上台领奖。"

当教研员后，我报名参加了芜湖市优质课比赛，获得了第一名。事前，有教师就劝我不要参加，说万一得不到一等奖，你"一世英名"就毁了。我觉得我只是一名普通教师，没什么"英名"，要想发展就要不怕出丑，就要不断实践、勇于探索。我理解的教研员，他不应是教学的终结者，而应该是教学的探索者，我们都应该在路上。我多次到学校开设公开课，让各科教师来评议我的课。没有课是完美无缺的，教研员也不例外。教研员能评议别人的课，为什么不能让别人评议自己的课。我们都说教研公平，教研员难道不应该率先垂范。我认为教研员尤其要放低姿态，如果我们都缺乏实践精神，何谈引领教师专业成长。

对教研员而言，自己的优质课能否获奖对评定各种职称、荣誉无关紧要。我为什么要"吃力不讨好"地去参加？我想通过比赛知道自己努力的方向是否正确；我想通过自己的实践给教师带去参赛的经验、信心。后来，我又参加了安徽省优质课评比、全国优质课评比。记得在四川成都一所中学，我上完课后，一位评委对我说："你胆子真大，面对陌生学生，公开课竟然敢这么上。"我当时让学生当"先生"，由他们提问题，我和学生共同解决他们提出的教学问题。执教这节课之前，我和身边同仁多次沟通，每次教学都是教师提问题学生回答问题，我们从来没有问学生有什么问题。能不能让学生当"老师"，让他们提自己想知道的问题。同仁都质疑我这种教学方法的可行性。这节课最终获得全国优质课一等奖，也让我对自己的探索平添了一点信心。记得领奖合影时，我环顾获奖选手，基本都是年轻人，只有我一个半百老头。我觉得年龄不是年轻的标志，一个人是否真正年轻，要看其心态如何。

正是这些无畏的探索，我的教育教研才能不断精进。正是这些不畏"丢人现眼"地放下，让我无限地接近教学教研的真谛。

四、坚毅向前行，方得始终

俗话说"行百里者半九十"，身边很多老师，一旦取得高级职称，就开始"刀枪入库，马放南山"。记得我在乡村学校当班主任时，那时还没有手机，为了便于和家长联系，很多教师都使用了"联络本"，教师每周把对学生评价及家庭教育的建议写在"联络本"上，学生带回家给家长签字，家长可以把学生在家的表现和对学校的建议写在上面，由学生带给老师。有的教师坚持了一个月，有的坚持了一学期，而我坚持了三年。三年时间里，我所带的班，不仅学习成绩一直全年级第一，班风也非常好，曾获得市级"先进班集体"称号。

高级职称评定后，我坚持申报课题，撰写教研论文，参加教学评比。几年来，我先后听课上千节，撰写教学论文40余篇。在教学教研的路上，我不仅初心未变，反而越走越有力量。那时安徽还没有正高级教师的评定，我也没有想过有一天可以评上正高级职称。我只是单纯地想：作为教研员，不做课题，不写论文，不听课，我拿什么和教师交流？我的教研底气在哪里？2019年，我评上了正高职称。那张沉甸甸的证书，是我在教育的万水千山中跋涉的见证。职称不是理想的终点，教研才是我要去的地方。评上正高职称后，我继续申报了国家级、省级课题各一项，申报了芜湖名师、芜湖卓越教师项目，三年来发表论文十几篇，其中中文核心5篇。很多人问我，为什么还这么"拼"？我觉得教研也好，生活也罢，有时就像长跑，一旦停下来，想再次启动，就非常困难。哪怕我跑慢一点，我也不想停下来。

"听说读写"练技能

一、听,结识名家大咖

2011年,我到华南师范大学参加为期三个月的"国培"学习,有幸聆听了黄牧航、夏辉辉、唐云波等众多名师的授课,让我有醍醐灌顶的感觉。在此之前,我经常阅读《历史教学》《中学历史教学参考》《历史教学问题》《中学历史教学》四种期刊,并且有幸在《历史教学》《中学历史教学参考》《中学历史教学》等期刊发表文章,每与部分教师交流,都觉得自己水平还行,颇有洋洋自得之意。到了华南师大,我才明白自己是井底之蛙。我的教学理念、教学方法、教研方法等和广东教师相比落后太多。这次培训也激发了我的深度思考,短短3个月不到的学习时间,我写了十几篇文章,其中5篇刊发于《中学历史教学》《中小学德育》等期刊。

在此之后,我三次赴陕西师范大学,四次赴北京师范大学、东北师范大学、西南大学、南京师范大学、华东师范大学等多所高校聆听专家讲座。特别是参加《中学历史教学参考》编辑部组织的学术年会,年会邀请的都是学术大咖,关注的都是我们一线教师迫切需要解决的问题,既高端又接地气。我参与了在西安、成都、宜昌举办的学术年会,并写了三篇感悟,也有幸发表于《中学历史教学参考》。

中国教育学会历史教学专业委员会历年年会,我也尽量参加,先后去过洛阳、安阳、贵阳、重庆。一方面聆听报告,提升自己理论修养;另一方面结交朋友,和一些名师交流,他们的只言片语也许就能打开你多年疑惑或心结。记得2012年,我到上海参加培训,有幸和李惠军老师合影并做了短暂交流,当时他针对美国独立战争的一段话启发了我,回来后,我写了一篇文章有幸发表在《中学历史教学》上。也是2012年,我去东北师范大学参加教研员培训,《中小学教师培训》杂志社社长王春光教授给我们授课,他对写作文章的一些观点深深触动了我,如参考文献的质量高低会影响文章的发表。我以前写文章对参考文献的重要性关注不够,自此以后,我开始关注引文的出处,也大大提高了我的文章发表效率。

二、说,促进深度思考

做讲座,会花费很大精力,尤其是遇到自己不是很擅长的领域,很多人觉得花费过多精力准备,得不偿失,我的看法恰恰相反。一方面上网搜集相关材料,这种梳理也是学习的过程,可以丰富我的知识宽度。另一方面,为了讲座的系统性、深刻性、趣味性,不得不进行深度思考,会促使我从肤浅走向深刻。即使是我不太擅长的领域,我也会积极尝试。例如2020年某师范大学邀请我给校长培训班讲校长的课程开发力,我在知网下载了一百多篇相关文章,阅读后有很大收获,不仅充实了我讲座的内容,也让我对学校教学管理产生了新的认识。校长需要课程开发能力,那么我们历史教师呢?我们能不能为校本课程开发做一点贡献,于是我申报了芜湖市首届卓越名师项目,也成功拿到了项目资金。我认为做讲座,一是可以倒逼自己去学习、提升,即使是自己熟悉的题目,也需要及时更新。二是外出做讲座,能结交很多朋友。看看别人的教学教研状况,看看别人生活情趣,跳出自己生活的小圈子,再回过头看自己生活、工作状态,我们会有更多的感悟和发现。

近几年,除本市外,我先后赴蚌埠、合肥、滁州、黄山等地做报告几十场,尤其应邀到安徽师范大学、河南大学等地做报告,和大学教师交流,对报告内容的思考也愈发深入。他们的许多话题也会加深我对教育、社会的理解,使我看问题有了不同的视角。有些事功夫在诗外,触类旁通就是这个道理。

三、读,看见更大世界

不久前,在我主讲的一次培训结束后,一位曾经的同事对我说:"李应平,我发现你当教研员后确实不一样,我觉得我俩的距离越来越大啦。"是的,教研员确实锻炼人,我非常感谢这个平台。成功源于学习,阅读才会成长。记得2002年中央教育科学研究所刘惊铎教授来繁昌调研新课程实施意见,由于第一次接触,也可能平时大家对这个问题思考不足,当时会场一片安静,为了舒缓气氛,我抛砖引玉发表了一些看法,引起了他的关注,后来他邀请我参加新课标教材的编写。我想我之所以给他留下深刻印象,就在于平时喜欢思考,喜欢看书。

苏霍姆林斯基说:"只有当教师的知识视野比学校教学大纲宽广得无可比拟的时候,教师才能成为教育过程的真正能手、艺术家和诗人。"我觉得教学的过程就是与学生分享自己阅读体验的过程,教师阅读的边界就是他教学的边界。我每年都会买一些历史专业方面的书籍,一方面丰富我的专业素养,另一方面为命题提供了新鲜的素材。《中学历史教学参考》这样的期刊是必须订阅的,里面有对一些教学问题的剖析,值得我们借鉴;也有一些教研信息,为我拓展教研的宽度与深度提供支撑。

都说阅读是最好的备课,我想阅读不一定就是为了备课,却可以帮助我们看见更大的世界,帮助我们不断完善自我。

四、写,散发教研光芒

吴再柱老师说:"要让自己的一颗浮躁的心变得宁静而淡泊,最好的方式,就是读书,就是写作,就是积极地追求自己的教育教学艺术。"写作一直是我的短板,但我不怕现拙,我觉得有思想就要拿出来分享。写教育教学文章,不是写诗歌、散文,文笔优美当然很好,但关键是提出新观点、新理念。近年来,我先后在教育部"课改十年——讲述我的故事"征文中获得全国一等奖,7次在安徽省新课程论文评比中获得省一等奖,在中文核心期刊发表论文11篇。我为什么要写作?正如江苏省大港中学束鹏芳老师所言:"写作是教师生命的组成部分,写作是对教学实践的反思,是对思想边际的挑战,是对读书和理论的反刍,是对行为的修正。"我觉得没有写成文字的教研,是感性的、浅层的、零碎的。只有撰成文章才会让教研更加系统、深刻。因为在写作时,我们会发现有的思考还需要更深入;因为成文,也便于我们回过头做进一步审视。文章发表,会促进我们和更广泛的人群进行交流,从而散发出教研的光芒!

写文章需要坚持,长期不动笔,手会生疏,思维也会滞涩。首先,好文章源于实践,要有感而发。其次,好文章是改出来的,没事多琢磨,慢慢也会妙笔生花。还要多听听编辑的意见,编辑工作是"为他人做嫁衣裳",编辑都乐于成人之美。

"集研思创"提品质

一、集体发展,瞄准教研前进方向

一次和一位老教师交流,他洋洋得意地说:"当教师最大的财富是学生,现在全区每个科局、每个乡镇都有我的学生。"当时我就在想:我们教研员有什么?我有什么可骄傲的?看看身边的同事:没有绩效工资,每个人依然热火朝天地工作;教育局布置任务,加班加点都要不折不扣地完成。我明白:教研员的任务是度人,教研员必须做教师的表率,既然选择为人梯,就该担当这份责任。

有人说:"一个人可能走得很快,但一群人才能走得更远。"我想教研不能仅仅是教研员个人的发展,必须是教研团队整体性的发展。多年来,我不遗余力提携新人,组建各种教研团队,依靠名师工作室、历史研训包、课题组等引领大家一起发展。帮助他们磨课、申报课题,修改论文,推荐他们到各地上展示课、参加各级优质课评选。全区三分之二的初中历史教师上过市级展示课,近一半教师获得过市级优质课一等奖,多人在全国优质课评比中获奖。我想只有整体发展了,才会"水涨船高"。教研如同下棋,天天和"臭棋篓子"下棋,棋艺会不断退步,如果天天和高手较量,棋艺自然会提高。教师都在不停追求进步,我一个领头人,岂敢落后,岂能落后?

有人说:"你交什么样的朋友,就会走什么样的路。牌友,只会催你打牌;酒友,只会劝你干杯。"集体发展,还应多交益友。在我专业成长的道路上,非常幸运地遇到了安徽省教科院副院长徐贵亮老师和市教科所朱启胜老师两位领路人。他们把我拉进他们的教研圈,每当我疲惫、懈怠时,他们不是在前面引领我,就是在我身后托举我,让我没有掉队,一直在路上。团队协作、集体发展,才是我们教研该有的模样。

二、学习研究,破解教研发展瓶颈

记得还在农村中学当教师时,县教研员看出了我对教研工作的热情,想多安排我去市里参加教研活动,但是来回路费回原单位报销。而学校校长说既然是县教研员安排你去,你就去教育局报销。我编制不在教育局,让我去教育局报销,不过是婉拒罢了。很多人劝我算了,以后不去就是了。我想难得参加市级教研活动,路费这种能自己解决的问题就不要难为领导,无非自掏腰包,大不了省吃俭用。那时我的月工资才二百多元,参加一次市级教研活动也算是一笔不小的开支。尽管如此,每次通知我参加教研活动,我都积极参加。事实证明,我的省吃俭用给我的专业发展带来了巨大的益处,这些学习为我后来参加县教研员选拔做了很好的铺垫。

刚当教研员时,一位同事曾告诫过我:"教研员可能最忙,也可能最闲;做教研员可能闪光,也可能慵懒堕落下去,最后不如一线教师。"我常常思考如何做好教研员,怎样才能带动大部分教师的发展,怎样才能帮助学校最大程度提高课堂效率。教研员必须有自己的"实验田",而课题研究是教研员进行教研检验的基本领地。课题让我找到了教研的抓手,也有利于我教研目标的聚焦。课题可以凝聚教师的共识,能吸引一批志同道合的教师共同进步,一群人做事不孤单。一个阶段集中精力完成一个项目,虽辛苦但也很充实,并让我的教研工作一直保持在路上的状态。

三、教学反思,保障教研良性发展

我认为太忙碌的教研员不是好的教研员,教研员要能闲得下来,要能坐得了"冷板凳"。在许多人眼中,我是一个不与社会交往的"书呆子"、不食人间烟火的"怪物"。而我心里明白:只有让自己坐下身来,才有可能静下心来;教研员不能沉湎于事务,在烦琐中忙忙碌碌,在抱怨中躁动不安,教研员要能静心。要想水起波澜,你必须是风,有风的力量,才能激发出教师的头脑风暴;要想老师像火炬一样熊熊燃烧,你必须有力量与教师进行思维的碰撞。要想写出高质量的文章,就必须排除外界的干扰,推掉不必要的应酬和物质的诱惑。

束鹏芳老师说:"如果我们要想成为一名优秀的中学历史教师,成为学生欢迎、家长称道、社会认可的优秀教师,那么就要不断反躬自省,那种日复一日年复一年的钟摆状态就得终止,教学反思就要如影相随。"我觉得教研员也一样,需要经常反思,以反思促教学,以坚持促成长,在反思中提升教研的品质,在实践中丰富教研的智慧。我们要把学生培养成思想者,教师就必须是思想者;要让教师成为思想者,教研员就必须是思想者。

四、守正创新,拓宽教研发展思路

将教育教学理论转化为教学实践,是教研员的重要职责。教研是一项创造性工作。教研员要有转化的本领,这种转化需要理论指引,也需要实践的检验。教研员要不停地尝试、观察、总结、提炼,推动教师理解、实践、建构。

当看到新的理念、新的教学范式,我就会积极去尝试、求证。某次公开课上完后,我留下5位学生代表,让他们畅谈本节课的收获和对教师的建议,结果发现学生的视角和我们平时观察教学的视角区别很大。不听学生发言,有些东西,仅凭我们的经验可能难以获知学生的心声和需求。这对我有很大启发,也对参与教研活动的教师震动非常大。在后面评课议课阶段,其热闹和讨论深度是以前所没有的。

这几年,我先后尝试了网络教研、主题教研、精准教研、深度教研、联合教研等多种教研范式,把自己从单纯的教学指导者转变成课程的开发者、专业发展的引领者、教学评价的实践者等多重身份,不断拓展教研思路,发挥教育推进者的作用。

没有比脚更长的路,没有比人更高的山,没有比自主成长更好的发展方式。严格审视自己的实践,实现教学方式的突围;跳出自己的圈圈,实现教学理念的突围;锁定心中的目标,实现心灵的突围。我坚信:向阳而生,行将致远,每一次的突围,都将遇见更好的自己。

【附记】 本文系教育部基础教育课程教材发展中心立项课题"教研员专业发展制度研究"(批准文号:课程教材中心〔2019〕25号)和芜湖市教育高层次人才第一批研究项目(芜教人〔2022〕26号)"红色资源在农村初中历史教学中的开发和运用"(项目序号:59)的阶段性成果。

(本文选自《中学历史教学参考》2022年第10期)

「历史传承的是国家记忆。作为历史教师，我们需要深知我们肩负的责任与工作的意义。我们需要用审慎的态度、专业的精神、坚持的品格将照亮未来道路的火把传递到我们孩子的手中。」

王少莲 浙江省特级教师，浙江省基础教育课程改革专业指导委员会委员，温州市教育教学研究院高中、职教分管院长，兼任温州大学、浙江师范大学专业硕士指导师。获得浙江省教坛新秀、浙江省教科研先进个人、浙江省优秀教研员、首届浙派名师培养对象、温州市名教师、温州市优秀教师、温州市专业技术551人才第二层次等荣誉称号。曾获浙江省、全国历史优质课一等奖，浙江省、全国教学论文一等奖，浙江省基础教育教学成果二等奖，温州市基础教育教学成果一等奖。有20余篇论文发表。

教学教研成长之点滴记录

○ 王少莲

发生于过去之事情，并不自动成为历史，史家于历史碎片（史料）中搜索、探寻、研究、整理，使其成为后人所见之历史，史料之于历史之重要性可见一斑。

由大历史返归小人生，"记录"可谓人生历程之重要史料。依"记录"之点滴，我的专业成长可分两期：其一为学校一线教学时期，为我奠下终身受益之根基。2001年，我自温州大学历史学教育专业毕业，返中学母校从事历史教学工作，历时十四载，此时期为个人教学风格凝练时期。其二为教研机构教研时期，2015年至今，我进入温州市教育教学研究院，担任温州市高中历史教研员一职，由此进入专业化教学研究时期，这一时期使我对历史之认知、教学之研究，有更深体悟。

回溯历程，做记录四则，以飨同仁，愿君乃获成长之所得，处事之有益。

磨炼历练中逐渐成长

初上讲台，青涩稚嫩，为促成长，学校出面，拜师学艺，名曰"青蓝结对工程"。我所拜之师，乃校中元老，为人善良真诚，淡泊名利，无封无号，为教育事业呕心沥血三十余载，备受众人尊敬。我从师三载，获师悉心教导，用心帮助，更从师处习得为人处事之理，宽宅仁厚之心，为我的成长绘下明亮底色，且因此颇得学生喜爱，学生惯呼我"莲姐"。

三年讲台生涯，我代表学校参加区级课堂教学比赛，执教"春秋战国时期的文化"一课，选取与孔、孟、荀、老、庄、韩非等思想主张相关的史料，运用小组合作探究的方式，学生解读史料，分享所得，构建学生学习的学堂，使学生习得史料信息提取、解读的能力，获得温州市课堂教学比赛一等奖，欣喜之余，却生一丝失落，因没能获得省级赛事资格。然，于我而言，复盘中体悟此次比赛得失，继续磨炼，乃要义之所在。

七载教龄之际，我再次报名参加课堂教学比赛，校级、区级、市级、省级，一路过关斩将，终获省级赛事一等奖，并代表浙江省参加全国比赛。回顾赛事，团队之助力，师长之教导,不可或缺。从初定课题,一度设计,课堂展示,交流反思,到二度设计,再度课堂展示,再度交流反思……过往反复,反复过往,教研团队磨课历练不下三十余次,铁泉师傅悉心指导,百鸣师傅用心栽培,宗远老师适时点拨,仙来老师及林岚老师尽心指点,同伴齐心提议,我最终摘得全国赛事一等奖。

个人教学风格凝练

从教十四载,可谓成绩颇丰,校级教学标兵、区级名师、市级优秀教师、省级教坛新秀、省级课堂教学赛事一等奖、全国课堂教学赛事一等奖、全国教学论文一等奖,十余次省市级讲座及省市级教材教学用书编写,人民出版社教材培训专家(2010—2012),市级学科教研基地专家组成员,市级教师学科素养提升工程指导小组成员。所得所获,离不开个人的坚持与努力,一节一课教学设计,一点一滴课后反思,一举一动课堂打磨,一语一言阶段总结,孜孜不倦浇以辛勤汗水,勤勤恳恳灌注拼搏努力。

从教十四载,我执着于"学生应从历史中学到什么"之思索,由此提出学生学习之三重思考:一重为学生历史知识之掌握,学生学会有深度之阅读;二重学生历史思维之锤炼,学生学会有逻辑之思考;三重学生历史价值观之培育,学生学会有"高度"之生活。基于此,我形成了"生动性、逻辑性、价值性三位一体"之课堂教学风格。我以省级赛事参评课"顺乎世界之潮流"(《基于情感 情理交融——"顺乎世界之潮流"的教学设计与对比解读》一文发表于《中学历史教学参考》2013年第〈1-2〉期)为例,对这一风格作一简要阐释。

课堂以房龙《宽容·序言》寓言故事为教学主线,将寓言故事之时间与地点设置于鸦片战争后到20世纪初之中国。寓言故事分三节渐次展开。第一节讲述在无知山谷中,先驱者被人们杀死,借此分析鸦片战争后至20世纪初思想先驱者向西方寻求变革之思想历程及其艰难性与先驱者不屈之探索精神。其间,借助史料展开三个历史现场:其一,《海国图志》出版后在中日两国大相径庭之遭遇;其二,梁启超求购世界地图,辗转在上海购得,视同拱璧,求人来观,然观者寥寥;其三,谭嗣同"求"死。由此,凸显先驱者探索之"艰难性"与"不屈精神"。第二节讲述若干年后无知山谷发生特大旱灾,幸存者最终踏着先驱者的尸骨找到生存的希望,幸存者反省,使学生再次感受思想先驱者开拓之精神、创新之勇气,进而领悟故事之意蕴。第三节只有一句话:"这样的事情发生在过去,也发生在现在,不过将来(我们希望)这样的事不再发生了。"

课堂教学的核心主旨着眼于"这样的事情发生在过去,也发生在现在,不过将来(我们希望)这样的事不再发生了"。以寓言故事的深刻蕴涵,以历史关键细节的生动,以历史人物的精神感召,从知识内容、情感精神、理性智慧,烛照学生精神成长之历程。而"希冀此等事情将来不再发生",更是以历史烛照学生的未来,以理性审辨学生对人生价值的思考。

从课堂教学延伸至命题评价,我提出从史学特性出发,围绕"过去"如何成为"历史"这一核心,借由时空、事实、思维、解释、叙事、价值等,架构与解构命题评价,亦形成"生动性、逻辑性、价值性三位一体"的命题评价特色。

学科核心素养理解深化

2015年我进入教研机构,11月份获得赴首都师范大学进修的机会,聆听徐蓝教授讲座,首次较系统地了解了历史学科核心素养研制的过程,是我历史学科核心素养理解之重要启蒙,促我认真思考学科核心素养对中学历史未来教育教学的影响。

2016年,我以"基于区域教研的普通高中历史学科核心素养培育路径研究"为题,申请浙江省重点教研课题,以温州教研的力量,探寻历史学科核心素养培育的路径。研究历时三载,我及温州骨干教师团队共同努力,又得省教研员戴晓萍老师大力支持,课题成果终获浙江省第八届基础教研成果一等奖。

其间,我连续两届担任浙江省基础教育改革专业指导委员会高中历史委员,参与省学科指导意见、省选考考试说明、省学业水平考试说明及各类教材、教师教学用书等编写,开展省市级以上各类专题讲座九十余场,撰写教学教研专业论文三十余篇,近二十余篇发表于全国中文核心期刊与国家学术期刊,我对历史学科核心素养的理解也在不断深化。我以其中三篇《构建"时空框架" 涵养"时空观念"》《选用"间接史料"需理解"中间人手"的时空与观念》《历史价值观如何在学生内心里长起来》为例,对历史学科核心素养的理解做一简要叙述。

《构建"时空框架" 涵养"时空观念"——以"关内关外的抗日救亡运动"一课的教学设计为例》(发表于《基础教育课程》2018年第7期)一文:时空框架是指后人在历史上客观存在的自然时空基础上,选择"时""地""人""事"构建理解史事的叙事结构。构建时空框架因时而动,因地而变,因人而异,因事而迁,故时空框架有其特定性。如何构建"时空框架",涵养"时空观念"?我提出三条路径:整理事实搭建时空框架,明确时空联系之要素;聚焦时空解读时空框架,理解时空联系之因果;运用史识认识时空框架,领悟时空联系之意义。时空观念的理解并不孤立,综合各种素养之历史解读,方能养成时空观念,故核心素养各有侧重,实是一体。

《选用"间接史料"需理解"中间人手"的时空与观念》(发表于《历史教学(上半月刊)》2016年第3期)一文:史料乃历史解释之重要依据。史家们对史料各有不同分类。"直接史料""间接史料"乃是其中一种分类,前者是"未经中间人手修改或省略或转写的",后者则是"已经中间人手修改或省略或转写的"。中学历史课堂教学中,呈现于学生面前的史料大多属"间接史料",往往已渗进"中间人手"的判断认识。故选用"间接史料"时，考虑"中间人手"的时空与观念，是学生学会"历史解释"的重要基点。关注"中间人手"的时空与观念，助学生学会解释，并在其过程中养成发现之眼、理解之心、善待之情。

《历史价值观如何在学生心底"长"起来？——以〈毛泽东思想的形成与发展〉的复习教学为例》（发表于《历史教学（上半月刊）》2016年第7期）一文：历史价值观需从学生内心里长起来，才能真正发挥历史价值观的引领作用。"认知""理解""体验""行动"是历史价值观内化的重要环节，"认知"指了解价值观基本内容，能辨明具体历史现象中所体现的价值观；"理解"指叙述历史价值观形成的过程，分析其前因后果，丰富对其内涵之理解；"体验"主要指学生能运用价值观解释历史现象，认识现实社会；"行动"主要指学生将对价值观的认识付诸学习与生活实践。针对当下课堂中历史价值观颇为尴尬之处境，我以"毛泽东思想的形成与发展"（人民版必修三）为例，提出历史价值观在学生内心里"长"起来的教学路径：在"叙事—理解"中"发芽"；在"比较—提炼"中"开花"；在"运用—实践"中"结果"，并由此提出三个拓展方法：在阅读中判明历史叙述之价值取向；立足特定的价值观解释历史现象；走出课堂，走进生活与社会，从身边小事做起，实践价值观。

区域教研改革推进

为解决新课程方案宏观设计与学生个体培育过程所存在的问题，我于2016年初开始致力于区域教研改革，至今六年有余，带领市域内4所学校主力投入，20余所学校直接参与，改革成效覆盖到市域内所有普高学校。

我在市域内组建核心组、攻坚组、项目组、成长组，建立区域教研"纵向"教研组织，与县（市）"横向"教研组织聚合，构建区域教研组织新样态。核心组教师专业能力过硬，主要把握研究方向，制定整体方案，推进改革及疑难解决；攻坚组以研学方式完成各项研究任务，并对项目组与成长组做直接指导；项目组则通过项目式研修提升自身对历史学科核心素养的研究能力；成长组则以接受式培训、任务式驱动，共进发展。这一区域教研组织新样态既从广度上建构了覆盖县（市）层面的教研活动机制，又从深度上推动教研指导的深化发展，使区域内教研对一线教学的支撑得到极大增强。

基于"纵""横"教研力量的支撑，我提出教师理解历史学科核心素养理论之四个关键步骤，亦称"四步法"，即从"学理依托"入手，对历史学科五大核心素养作"内涵解读"，进而梳理其"理解路径"，提炼其"教学要点"。"四步法"推动教师构建历史学科核心素养的理解体系，完成教师自身从素养理论到素养培育的对接，帮助教师突破素养理解的瓶颈，使教师专业发展呈现新样态。

区域教研组织新样态与教师专业发展新样态，终将指向学生学科核心素养培育新样态。如何实现学生学科核心素养培育新样态？我所抓之中心为"学业质量水平要求"：以"学业质量水平要求"为链接，创新教学设计路径，构建水平层次—教学目标—学习任务"三位一体"的课堂学习模式；以"学业质量水平要求"为链接，研制"四层·四翼学科核心素养测评细目表"，形成教学与命题评价意见表，构建"三位一体"的命题评价模式。

具体而言，"三位一体"课堂学习模式乃以课标要求为基准，结合学业质量水平要求和教科书内容，制定学业质量水平层次要求，再依据学业质量水平层次要求制定教学目标，形成教学目标之陈述，进而将教学目标分解为若干学生学习任务。水平要求、教学目标、学习任务三者之关系，乃是一致指向学生历史学科核心素养培育之关系。"三位一体"命题评价模式，则参照《中国高考评价体系说明》，从"四层"考查内容与"四翼"考查要求出发，以"学业质量水平要求"为基点与链接，形成"学科核心素养测评细目表"，进而建成"四层·四翼历史学科核心素养测评细目表"，依托知识，融合能力，以素养为目标，建立起价值观考核、知识考核、能力考核与核心素养考核四者的关系，实现素养评价落地。

我对于区域教研改革另一推进举措为高中历史教研体系的信息化与数据化，这一推进举措至今亦五年有余。自我五年前建立温州市高中历史教师基本信息库以来，网络教研、线上线下共享已成为温州市高中历史教研之常态。基于数据分析，开展教学诊断与教学视导，利用数据结果，反推教学过程的问题，寻找教师课堂教学的不足，查找学生学习效能不高的可能原因，以此改进教师的教与学生的学，已成为温州市高中历史各学校开展"校本教研"的常态，有效推进了温州市高中历史教育教学发展。

（本文选自《中学历史教学参考》2022年第7期）

「做一名潜心教学的教师，躬耕于课堂，服务学生成长；做一名善于研究的教师，把日常的难题转化为研究的问题，积极探索；做一名热爱生活的教师，把积极的能量注入历史教育中，培育阳光一代。」

郑婷婷 浙江省桐乡第二中学副校长，浙江省万人计划教学英才，浙江省特级教师，华南师范大学、华中师范大学、浙江师范大学、杭州师范大学兼职导师、实践导师和专家评委，荣获全国、省、市各类学术成果一等奖16项，发表文章46篇，主持国家、省、市各级课题12项，出版专著《基于深度学习的历史问题链教学研究》，形成"主题引领，问题导向，人格铸造"的教学风格。

历练·结伴·蜕变
——我的专业成长之路

○ 郑婷婷

中学历史教学参考编辑部约我笔谈专业成长感悟,我既感荣幸,又感惶惑。从教九年,虽在历史教学领域取得一些进步,但与名师相比,我还只是新手。不过,展示一只"菜鸟"的专业追逐之梦,对自己无疑是新的鞭策。我也深知,回望和反思,是为了改进和改善,似乎没有理由不鼓起勇气来解剖自己。

一、历练——专业成长中的关键事件

杭州师范大学童富勇教授在研究众多优秀教师成长案例的基础上得出结论:对关键事件的处理是影响教师专业发展的重要因素之一。我的理解是,教学生涯中教师所经历的关键事件,对教师个体而言是一种历练。通过这种历练,教师的专业水平能够得到显著提升。而我的成长之路里,确曾有过一些"关键事件",它们如同路标,至今历历在目,以下就是其中的四件。

大市开课崭露头角

2007年,我从浙江师范大学毕业进入桐乡一中。初为人师,还未褪去稚气与青涩,更未规划过自身的专业发展,只是怀着对教师神圣角色的憧憬,登上了讲台。第一年在波澜不惊中度过,根本未曾料到第二年会在嘉兴市历史教学展示活动中有露头的机会。为鼓励平时缺少展示机会的老师主动参加,组织者设定了自愿报名、抽签决定的方式,不附加其他任何条件。当时有几十位老师报名,而幸运之神眷顾了我,我居然抽到了开课签!闻此消息,本校同仁纷纷祝贺,教研组长张根娣老师更是微笑着鼓励我说:"婷婷,你真幸运,一定要好好准备!"

说实话,当时我对这种机会的意义,感觉是懵懂的,只是在行动上全力以赴了。记得展示课指定的题目为"马克思主义的诞生",备课时间为半个月。除了吃饭、睡觉和上课,我全身心投入这极具挑战的备课中。深入阅读、找寻切入点、写罢几千字的详案,我以为大功告成！谁知苦日子才刚开始。张老师率整组同仁为我悉心磨课。一稿、二稿、试教、修订、再修订……直到最终的第七稿。短短半个月，我经历了一场魔鬼训练。

在展示课上，我用马克思的名言"哲学家们只是用不同的方式解释世界，而问题在于改变世界"作为导入，引发学生的疑问；然后引入学生预习中提出的疑问"马克思为什么要改变世界？他如何改变世界？他最终改变世界了吗？"，将其作为问题链推进教学，引导学生探究。下课了，我的师傅沈玉林老师（兼任桐乡市历史教研员和桐乡一中副校长）走过来重重地拍了我肩膀一下："婷婷，这次上得很不错啊！"记忆中，嘉兴大市教研员戴加平老师第一次走到我身边，笑着对我说："这节课的亮点之一是采用了问题链形式。"得到两位名师的肯定，我的成就感油然而生。当天的日志中我这样写道："准备了半个月的公开课终于结束了，得到很多肯定，好开心！我会继续加油，今天是这节课的终点，也是我的新起点！"

是的，这节展示课正是我从按部就班到提速发展、从局限校内到融入全市的一个重要节点。从此，本市历史名师开始关注我，他们陆续成为我专业发展的引路人。

省优比赛遭"滑铁卢"

从2008年起，我的专业成长从"荣誉"获得上说可谓是一路"凯歌"，获得了不少同一教龄段教师难以企及的荣誉，如嘉兴市高中历史教师综合能力大赛第一名、嘉兴市高中历史优质课第一名等，也正是因为如此，我得以代表嘉兴参加2010年度浙江省高中历史优质课比赛。谁知，这次参赛竟遭遇"滑铁卢"。

我还清楚地记得那次省赛的上课内容是从五册教科书中临场抽签决定的，这就意味着我必须在有限的时间内精心准备5节课。这又是一段炼狱般的日子：除了夜以继日地专业阅读与备课外，还要经常赶到嘉兴各地，在陌生的学校面对陌生的学生试教，全程录音或录像，然后是导师就每个环节进行讨论指点。整整一个月，与教材对话，与学生对话，与名师对话，与自己对话，在否定与肯定中煎熬着、成长着。终于在日渐憔悴中等到了正式比赛的日子。然而，我毕竟是第一次登上如此大的舞台，虽已充分备课，临场却是不由自主地紧张，教态僵硬，口误频频，生成乏术……最终成绩是二等奖！

强忍着泪水回到学校宿舍，然后是失声痛哭，这是我从教以来的第一次痛哭……比赛结果让我对自己产生了怀疑。幸好有戴老师的坦诚分析："你这两年走得是很快，但毕竟还是太年轻，到省里拿大奖还欠火候。"另一位导师谢波也指点说："婷婷，你还需要再努力，要更加大气一点。"

时隔六年，2016年度浙江省高中历史优质课比赛在桐乡举行，我观看了全部赛课。看到一些选手青涩的脸庞，我仿佛看到了当年的自己。那次经历让我意识到：遭遇"滑铁卢"不可怕，陷入"滑铁卢"才最可怕。为此日志中我写下了这样一段感悟："观摩省赛课，为出色者喝彩，为失常者惋惜。人生的经历如同我们讲授的历史一样，越是靠近越是让人看不清;只有经过岁月的沉淀,才会看清那段历史中的自己。记住:沉淀至关重要,六年前的我太过年轻,缺少专业积淀;今天的我仍需要不贪近功,不求速效地积淀,脚踏实地地前行。"

跨省交流幸逢名师

2011年11月,受中学历史教学参考编辑部邀请,我有幸代表嘉兴赴江苏省盛泽中学参加陕西师范大学出版总社基础教育研究院主办的教学展示活动,任务是同课异构"抗日战争"。这是我首次走出浙江开课。我再次以问题链形式展开教学:双方力量如此悬殊,中华民族为何选择抗战?中华民族如何抗战?中华民族抗战最终结果?教学过程中我运用了口述资料、实物照片等多种资料,还特别选用了开课学校所在地区抗战时期的相关资料。此时的我经过一段时间的沉淀,与省赛课时相比已显得沉稳自信。由于设问富含逻辑、材料选用得当、课堂驾驭较为从容,师生对话自然流畅,生成也时时闪光,水到渠成地打动了学生及观摩老师。下课铃声响起,掌声也同时响起。

课后,一位高大儒雅的男子走到我身边很开心地对我说:"郑老师,你上的这节课很感人,我就特别感动!"戴老师向我介绍他便是任鹏杰主编。"郑老师,你可以尝试着把这节课写成教学论文给我。"任主编的建议给了我很好的启发与鼓舞。于是,我几经修改,最终形成了《在过程中回望 在回望中感受——人教版"抗日战争"教学设计》一文,并有幸在《中学历史教学参考》(2012年第1—2期)发表。在反思本课的基础上,我申报了省级课题"应用地方史增强学生历史体验"并成功立项。这样的研究过程促使我逐步形成了用问题链重组教材以引导学生展开探究、用好乡土资源以涵养学生家国情怀的教学风格。

除了有形收获,这次跨省开课的无形收获则是有幸结交了不少省内外优秀教师。他们对历史教育的执着追求,深怀着的理想和使命感,深深吸引我这样的青年人。从不断加深的思想交流和不断丰富的成果分享中,我感到我在变化,在成长。由此我也发现了一个不是秘密的秘密,那就是教师的专业发展需要与不同群体进行交流,可以是同组同学科同地域的,也可以是不同学科不同地域的,还可以是教育领域以外的。

双岗平台经受挑战

2010年到2012年,我完成了人生中的两件大事:嫁为人妻,成为人母。

孩子的到来仿佛带给我无穷的智慧、力量与好运。怀孕期间,我报名参加了桐乡市竞争性选拔副校级领导干部的考试,笔试、面试成绩双双第一。也许是考虑到我毕竟是一只"菜鸟",组织最终安排我担任校团委书记。2013年,我再次参加新一轮选拔考试,再次夺得双双第一的优秀成绩。由此,组织将我调入享誉嘉兴乃至浙江的桐乡市高级中学,任职校长助理兼学生处主任。

桐高创办于1995年,短短十几年,培养出包括三位省高考状元和近二十位嘉兴市文理状元在内的大批品学兼优的学生,同时涌现了包括六名特级教师在内的一大批优秀教师,还是桐乡市高中校级领导的摇篮。从教六年的我陡然走上这所名校的校级领导岗位,一时间不免有点迷失。对此,师傅沈老师约我喝茶聊天,郑重告诫:"婷婷,你这么早走上行政岗位,虽然很多人在羡慕,但对你的专业发展非常不利。你这两年在这方面已有所停滞。记住,你如此年轻,专业才是立身之本,业务行政双肩挑才会让你走得更自信更从容!"师傅的话如醍醐灌顶,我意识到年轻的我只有同时做好行政与教学这两个岗位的工作,才能成为名副其实的桐高人。

这些年来,我一直铭记着师傅的告诫,"一员双岗"渐成习惯。记得刚调入桐高这一年,我承担着校长助理、学生处主任和历史教学三个方面的工作。前两项属于全新的行政工作,需要我悉心而谨慎地处理,第三项虽属本已熟悉的教学工作,却也要求我根据桐高学生的特点,调整自己正在形成中的教学风格。新环境、新人事,加上孩子刚满周岁等因素,这一学年以"从教以来最为艰难和艰辛"的特点载入我的记忆:白天,除了及时处理好行政事务外,我疯狂听课,听同组老师的课、听任教班级其他学科老师的课、听本校名师的课,一学年听课累计超过100节;晚上属于专业阅读时间,研读教材与备课;周末等休假时间则用于做课题、写文章。

风雨过后是彩虹,人生亦是如此。艰辛的汗水与泪水的浇灌,使我日趋坚强与成熟。2014年,经过考核后我正式担任桐高副校长;同年,先后夺得浙江省和全国历史录像课一等奖。近年来,我多次受邀在省内外一些学校开展示课或做讲座,省级课题顺利结题,又争取到国家级课题立项……2016年,我被评为学校科研标兵、桐乡市历史学科带头人。曾经有人问我:如何在担任繁杂行政工作的情况下,还能实现个人专业水平的提升?我的回答是:一要在思想上始终怀有强烈的专业发展愿景,有了这样的认知,心力上就会有所侧重;二要学会"弹钢琴",才有可能在双岗上从容行动并坚持下去。事实上,我的师傅沈老师就是极为出色的"一员双岗"人,我只是这个行列中的新人而已。

二、结伴——专业成长中给我力量的那群人

一个人走路或许可以走得很快,但一群人走路才可能走得更远!青年教师的专业成长之路、起步的平台、暖心的关怀和关键时刻的助推,都是极为可贵且必不可少的。回眸来路,许多熟悉的脸庞一一浮现在我的眼前,导师、同伴,还有学生!与他们结伴而行,暖意一路相随,动力源源灌注。

导师深度引领

一路行走,给我"力量"的那群人中首先就是专业导师。一个青年教师如果没有遇到赏识他、帮助他的专业导师,其智慧灵光和飞翔勇气很可能转瞬即逝。我真是无比幸运,遇到了不止一位,而是一群。省特级教师戴加平老师就是其中的一位。

戴老师常说,在嘉兴,只要历史教师自己肯努力,一定会有发展的机会。自2008年那次展示课后,戴老师每学期至少对我做一次听课指导。记得一次我执教"中国古代的科学技术成就",课后照例是交流,他在肯定了几个亮点后,委婉地指出问题:"上课首先要用好教材,这方面你做得不错;不过作为一名优秀青年教师,你还要善于开发和运用教材以外的课程资源。此外,还要注意教学技术的优化,如导入、提问等环节的适当处理。"他翻开听课笔记,与我逐一分析。我惊讶地发现,他的记录与我想象中的大不相同,包含提问的次数、师生的对话、被提问学生的座位与表现等细节。最后,他列出了几册与本课相关的专业书籍,建议我阅读。我傻傻地望着他那写满"专业"的脸,敬意油然而生。更让我意外的是,几天后戴老师竟然电话邀请我和其他几位老师去听他的"同课异构下水课"。他以"韩国是活字印刷术起源国"展览在德国举办这一新闻事件为切入点,以"我们如何证伪'韩国是活字印刷术的起源国'之说"为核心问题,运用多种史料多角度引导学生探讨与论证,特级教师的风范,真是让我大开眼界。

正是从那时起,我的内心开始树立专业发展的梦想。与教育史上许多著名的师徒佳话一样,戴老师对我的精神世界也有深度感染。著名特级教师张康桥认为"促进教师的专业发展,首先要重视教师价值世界的引领"。戴老师就是这样一位注重价值引领的导师,他始终把历史教育当作一项事业,要求我们不仅要俯首课堂,还要仰望星空,关注历史的轨迹和时代的脉搏,引领学生的精神成长。耳濡目染之下,我的精神世界日趋多彩与理性。当然,我成长中还有谢波、朱能等导师对我多方面的影响,限于篇幅,无法一一叙述。总之,我很荣幸能够沿着导师走过的轨迹前行,能够与导师一起共览峰顶的无限风光!

同伴携手登高

与导师的结伴,本质上是他们在前方引领,与本市青年历史教师的结伴,更多的则是互助共赢、携手登高。

2010年底,以戴老师为核心的嘉兴名师团队从全市范围内挑选25名青年教师组建了嘉兴市历史教师高级研修班。全班分成5个小组,每个小组配备一名导师。我与其他四位老师分在同一组,戴老师亲任导师。每次小组研修,学员都是研修主体,围绕一个主题开研究课,作微型讲座,分享阅读心得,担任主持人与专业点评。研修时,相互间坦诚探讨,犀利指出对方的问题所在;休息时,一起品茗试酒,分享各自的精彩。整整两年,我们感受着团队修炼带来的温暖、力量与快乐。印象最深的是我准备省赛课的那段时间,每一次磨课,同伴们无论多忙都会放下手头的工作赶来;每一次试教后,大家都毫无保留地为我献策,推荐书目,分享资料,提醒课堂教学应注意的细节……点点滴滴都让我倍感温暖,也让我逐步理解了团队的含义,团队就是不让其中任何一个人失败!除了有形的帮助,更有无形的激励。高研班中每一位学员都很优秀,有的擅长命题研究,有的教学设计思路独特,有的博览群书,有的大作连篇。每过一段时间,同伴们就会晒出近阶段的研修成果。每当这种时刻,我真心地为他们喝彩,也会在比较中寻找自己的薄弱点和突破口,力争和他们一样优秀!

2015年,我有幸进入研修期为三年的戴加平特级教师工作室,有幸与十名优秀的同仁共享成长中的酸甜苦辣,行走在专业发展之路上……佛祖释迦牟尼曾问众弟子:"给你一滴水,怎样让它不干?"众弟子不能答。佛祖说:"把它放进大海里。"就我这颗小水滴而言,嘉兴历史团队便是我的大海!

师生相遇相长

陶行知先生曾说:"小孩是长进得很快,教师必须不断的长进,才能教小孩……'后生可畏'不是一句客气话,而是一位教师受了小孩蓬蓬勃勃的长进的压迫之后,对于自己及一切教师所提出来的警告。"陶先生揭示了"教学相长"这一古训的内涵:学生是促进教师专业成长的重要力量。是的,回顾我的发展,学生确实是我成长道路上结伴而行的一个重要群体。

任教桐乡一中期间,我曾开过"古代中国的农业经济"一课。基于"学生的问题就是教学的原点"这一教学原则,我在课前对所教学生做了调查,了解他们对本课内容的困惑和期待。他们提出了很多问题,如古代中国的农业生产分成哪些环节?这些环节中分别发明了哪些农具?铁犁牛耕技术最初为什么不采用一牛挽犁而是二牛抬杠的方式?影响古代农业发展的因素有哪些?……这些疑问既让我感叹学生的思考力,也给我的备课以不少启发。于是,我抓住学生的主要困惑设计展示教学。以导入为例,我以问题切入:"你们知道农业生产有哪些环节吗?能根据老师提供的图片进行排序吗?"记得在公开课上,是一位男孩子大胆举手说:"大致可以分为耕地、育秧、移栽插秧、日常管理和收割这几个环节。""你怎么这么清楚呀?""我是地道的农民儿子,亲身实践过的!"学生自豪而精当的回答引来全场学生和老师的掌声。

后来,这节课在汲取学生与听课老师反馈建议的基础上,经过修改拍成录像课,获得了全国历史优质课一等奖。

这些年来,无论是在一中还是在桐高,虽然遇到的学生兴趣、能力迥异,但"教学相长"这句古训一直烛照着我。正是学生内在的"长进",也促使着我在专业上不断"长进"。我相信,一名教师,如果心中有学生,愿意倾听学生,那么一定能"教学相长"。

三、蜕变——专业成长的再出发

时光如梭,今天的我正站在第十个工作年头的起点上,第三届高三毕业班已毕业,正执教着浙江省新高考改革中的第一届学生。新背景带来新课题:如何实现专业成长的再出发?要回答这个问题,或许该看看现在的我站立在何处,过去的我又是如何行走的。

毫无疑问,我的人生在过去九年中已历经了诸多蜕变:由纯真青涩的少女变为知性成熟的女人,由父母眼中的孩子变为孩子眼中的母亲,由教学"菜鸟"变为成熟教师兼学校管理者。化蛹成蝶,人们通常看到的是外在变化,是美丽瞬间,而我更愿意关注促使我破茧而出的动力之源。事实上,更为关键的蜕变已悄然发生在我的内心世界,正是它们支持着我化蛹为蝶,美丽飞行……

从内开启改变之门

美国作家弗格森认为:"每个人都守着一扇只能从内开启的改变之门,不论动之以情或晓之以理,我们都不能替别人打开这扇门。"是的,教师的专业发展固然需要外在的鞭策力量,但更为可贵的是内驱力,因为只有来自内心的前行愿望,才会促使其主动持久地谋求发展。回顾从教生涯,前四年基本属于被动发展阶段,即主要是依靠外力驱动;2012—2013年间专业发展一度停滞,幸好有恩师提醒,2013年后开始主动谋求专业发展。换言之,几年间,我基本完成了专业发展动力的转变,由"要我发展"到"我要发展"。我主动申报全国课题"基于'微课'的翻转课堂模式在高中历史教学中的应用研究"就是典型一例。教育信息化是我的分管工作,微课程开发和应用是教育领域当下的研究热点之一,而历史学科和微课程建设相结合的课题研究成果尚不丰硕。因此,我发挥双岗优势,形成课题思路,最终成功立项。这次主动申报实现了嘉兴市高中历史学科国家级课题零的突破,其阶段性研究成果也有助于2016年启动的浙江省高中历史微课程建设工程的完成。与此同时,为进一步扩大学术视野,夯实专业功底,我在2015年报考了杭州师范大学历史学科教育硕士,目前正式在读。对这两件事,有朋友投来质疑的眼光,似乎在问:教学与行政工作这么忙,你为什么还要自找苦吃?但懂我的人会理解:一个人,既然内心选择了这条热爱的道路,就要坚持着行走下去。

提升认识明晰方向

悄然的蜕变还体现在我对一些重大问题的认识上,这或许标志着我已经开始了作为一个教育者的思考:

关于优秀教师标准。曾以为优秀教师最关键的要素是扎实的专业知识、娴熟的课堂技术、灵活多变的教学机智等。经过多年历练,我认识到这些都是可以通过修炼获得的,但有一样东西却是必须发自内心,那就是对学生的真心、对教育的真情。苏霍姆林斯基曾经说过:"教师要把整个心灵献给孩子。"我的导师、省特级教师谢波老师在二十多年的教师生涯中身体力行地诠释了这一点。是的,只有把心灵献给孩子、献给教育的教师,才会无怨无悔地努力前行,才可能成为一个真正的优秀者,这正是嘉兴团队力倡的历史教师要"德才兼备"的真意所在吧!

关于历史教育使命。曾以为历史教育的目标就是依据课标与教材上好每一节课,让学生考出好成绩。导师的言传身教加上多年的教学实践让我逐渐理解了英国哲学家怀特海对教育的诠释:"当一个学生毕业后,把学校学到的知识忘掉,剩下的那一部分才是教育。"是的,教育教学的实质是一种发展和提升人性、人格及人品的实践。而这种实践,是由一个个细节连接构成,教师一点一滴的努力,都不会白费,她的价值体现在未来。我的导师、省特级教师朱能老师明确指出,"要让人文精神在课堂中立起来""为人而教方成为真正的教师",他的课堂就是"努力追寻历史真相,为思想启蒙而呐喊"的课堂。是的,新时代的历史教育工作者天然地承担着涵养共和国公民的使命和责任。所以,现在我在教学中谨记"用向前的眼光追溯过去的事情",累积一点一滴的努力,春风化雨,润物无声,培养学生独立思考的精神和健全的品格,以期达成历史教育的根本价值。

关于教师专业成长路径。教师的专业成长除了不断的历练、主动置身于团队、把握机遇等要素外,更为重要的是自我修炼。以我的体悟,长期的专业阅读、课堂教学与教育科研这三者的良性耦合,恐怕是教师自我修炼进而提升专业水平的有效路径,而这方面,任鹏杰主编无疑是我的启蒙老师。中学历史教学参考编辑部将我等11名老师评为"2015年度'新秀作者'",应当蕴含着肯定这种专业成长路径的深意。我所在的嘉兴市越来越多的年轻同伴在这条路径上的行走实践也在印证着我的这一认识。

行不易,知亦难。人生重要的不光只是努力,还有方向。只有明确正确的前行方向,并且知行合一地坚持努力,才能实现过程与结果的完满。感谢中学历史教学参考任主编与编辑部,我得以借此机会重新审视这些年走过的路,再次思考"我往何处去"这一重大问题。在审视与思考中,更为清晰地明确自己未来该走怎样的路,成为怎样的人。未来的我将会握着相随一路的温暖,看准方向,和一群同样有使命感和行动力的伙伴一起,把追求专业理想的日子装点成人生最具诗意的风景!

(本文选自《中学历史教学参考》2017年第6期)

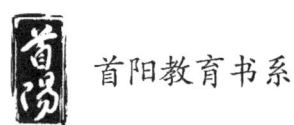 首阳教育书系

历史教育视野
—— 走近名师（下）——

冯丽珍 主编

陕西师范大学出版总社　西安

目 录

下 册

走近名师

困学苦旅	李惠军/407
携手弄潮　育人育己	
——我的"团队人生"	戴加平/421
历史教育问学十年:从追问核心、追求理解到寻求认同	夏辉辉/430
历史教育需要师生共成长	徐赐成/438
做一个自由的人	张汉林/450
有思想的课堂才是有趣的历史课堂	周　巍/460
听课:重在解释,贵在理解	朱　能/468
"三为"为本　"三力"为要	
——我的为师之道	李　峻/474
思想与方法:上出历史课的魅力	高怀举/481
我的教师专业成长关键词	赵剑峰/484
做一名有专业尊严的历史教师	李德刚 /491
踏石留痕　研途花开	
——一个历史教研员的成长启示	闫　璟/499
拨云寻古道　倚树听流泉	
——我与我的课堂一起成长	陆　虎/505

做一个有特色的老师

　　——引领我特色发展的三个时刻标注 ………………………… 张兆金/511

教师专业发展的五个关键词 …………………………………… 张胜平/518

行走在能力边缘的二次成长 …………………………………… 刘建荣/526

历史课怎样促使学生修炼"成人"

　　——一位"历史班主任"的教育探索 ……………………… 沈叶芳/533

学科核心素养落地的"草根"行动 ……………………………… 柴松方/540

研修共进　示范辐射

　　——楼卫琴名师工作室特色教研慎思 …… 楼卫琴　陈建春　许长荣/546

建设通史课程　提升研训层级 …………………………… 罗　明　俞颖杰/551

挖掘教研活动价值　寻找教研发展力量 ………………… 周　梅　夏辉辉/557

"行路难,大道如青天"

　　——深圳市中学历史教研十年探索之旅 ………………… 唐云波/563

向青草更青处漫溯 …………………………………………… 王必闩/570

课堂:生命拔节之地 …………………………………………… 王必闩/576

耕海南国滨　正是扬帆时

　　——汕头市"虚实并进,统分结合"教研思路的实践探索 …… 朱命有　陈泽群/583

搭平台,促衔接,开展深度教研 ………………………………… 王昌成/590

内引外联　助力发展 …………………………………………… 吴　波/596

厚积薄发　干霄凌云

　　——基于学科教研的教师专业成长 ……………… 徐灿华　刘　静　苏兴城/609

回归原点:注重学科思维与课堂品质 …………………………… 高建文/616

大概念引领　小切口实践 ……………………………………… 陈　箐/622

集智聚慧　抓铁有痕　静静为功 ………………………… 宋廷飞　赖蓉辉/628

指向教师专业发展的项目式名师工作室建设路径研究 ………… 刘洪生/633

素养本位新探索　跨界融合应未来

　　——中学历史跨学科主题学习的教学实践 ………………… 吴　磊/640

历史学科教师研修课程的规划及实施 …………………… 刘汝明　李　静/646

课程·课堂·课题:深度推进校本学科教研的行与思 …………… 金丽君/656

名师专访

只顾攀登不问高的先行者
  ——众学者忆历史教育家赵恒烈先生 ………… 陈德运　马玲玉　陈　倩/665
构建历史教育体系　推进研究人才培养
  ——追忆著名历史教育家吴景贤先生
    ………………… 陈　辉　陈　倩　祁秋菊　马玲玉　陈德运/673
学习历史教育要坐得住、沉得下、钻得进、看得宽
  ——访历史教育专家于友西先生 ………………… 陈德运　马玲玉/681
历史教育研究要注重理论与实践的有机结合
  ——访历史教育专家金相成先生 ………… 马玲玉　陈德运　陈　倩/692
世事洞明皆学问　人情练达即文章
  ——访历史教育专家周发增先生 ………………… 马玲玉　陈德运/703
耕耘与坚守:论历史教育学者的使命
  ——深切怀念周发增先生 …………………………………… 陈德运/714
历史教育的研究历程及杂感
  ——访课程研究专家白月桥先生 ………………… 陈德运　马玲玉/723
不悔的选择
  ——访历史教育专家王铎全先生 ………… 陈德运　马玲玉　陈　倩/734
生活与治学:我的教育探索之路
  ——访历史教育专家冯一下先生 ………… 陈德运　陈　倩　马玲玉/745
将历史教育融入生命
  ——访历史教育学者龚奇柱先生 ………………… 陈　倩　陈德运/756
无怨无悔　心系天山
  ——访历史教学专家钱放先生 …………… 王继平　杨小婷　马秀梅/766
在掌声中走进课堂
  ——访全国著名教师陈毓秀先生 ………… 马玲玉　陈　倩　陈德运/771

/003/

历史与生命的结合
　　——访特级教师朱正谊先生 …………………………… 马玲玉　陈德运　陈　倩/781
历史的前进与前进的《历史》
　　——访历史教材专家陈其博士 …………………………………… 马玲玉　陈德运/789

著述提要

写在"著述提要"前的话 ………………………………………………………… 陈德运/797
历史教育学研究著述提要（1906—1949） ……………………………………… 陈德运/801
历史教育学研究著述提要（1949—2012） ……………………… 赵亚夫　陈德运　徐　静/807
历史教育学研究著述提要（2012—2022） ……………………………………… 陈德运/846

「在钩沉与萍踪中苦心孤诣，在问史与寻道中独善其身，在创意与播撒中兼济天下，在遍游与饱读中率性而活，在慎独与理性中观海听涛。历史老师的人生应该充满哲思意象、人文关照、诗性狂放和求问质疑的精神基因。」

李惠军 历史特级教师，上海市名师培养基地导师，上海市普陀区李惠军名师工作室领衔人，华东师范大学课程系历史教育学硕士生兼职导师，华东师范大学历史系免费师范生指导教师，《中学历史教学参考》编委。出版历史教育专著多部，发表论文百余篇。秉持"但开风气不为师，大道至简，韵味在课里"的理念。自评：一位历史上曾经的历史老教师，一位徒有特级桂冠的老行者，一位痴迷于杏坛问史的老学生，一位"卸甲未归"和"退而未隐"的老耕夫。

困 学 苦 旅

○ 李惠军

原始佛教以各种缘起论,来说明"诸行无常""诸法无我""涅槃寂静"和"一切皆苦"等出世法的道理。佛法圣道就是要使众生断除颠倒妄见,离染求净,去苦得乐,证得涅槃。但是,我在历史教育行当中已经走过几十年,却始终不得其法,不悟其道,总是无法做到去苦得乐,进入那种"涅槃"境界。于是,便免不了在那"无岸苦海"艰难地挣扎。

按照佛教的说法,或许我太有欲望了?我总想弄清楚一个问题:历史是什么?但是,几十年来,对于这个基本的和根本的问题,我却越发感到困惑了!当代英国著名历史编纂学家艾德华·卡尔曾用这个问题为标题,写了一本赢得国际史学界普遍称誉的史学理论著作。但是,他并没有给国际史学界一个普遍认同的关于"历史是什么"的答案。法国历史学家古朗士感慨地说:法国过去的历史学是"一种旷日持久的内战"。荷兰历史学家盖尔说:"历史是一场无休止的辩论。"难怪,乔治·古奇在《十九世纪历史学与历史学家》一书中耐人寻味地说:"我们继续在热烈而永不停止地探求真理,但斯芬克斯仍然对着我们微笑不肯吐露她的秘密。"或许因为困惑,我才感到好奇,才希望看个究竟。既困顿又带有强烈的欲望想去破解,然则百思不得其解,故曰"困学苦旅"。

"误"入机缘

大概我和历史是有缘法的,这种缘法居然来自对历史的一种误解。

小学三、四年级时,一位同学从家里拿来一本书,具体书名我忘了,只记得书里有《望月亭》《棠棣之花》《虎符》《屈原》等历史剧本。那时候学习任务很轻松,上完课大家就是玩"捉迷藏"或者模拟打仗的游戏。我算得上是一个足智多谋、智勇双全的主儿。但这本书让我足足着迷了一个学期。尽管还不识几个字,连猜带蒙居然一连读了好多遍。且不说认识了许多生字,懂得了许多词语,就连我的造句、作文等学业成绩也是迅速提高,没人能及。今天看来,最大的收获却莫过于一个天真的谬误:我以为这些剧本就是历史!

其实,哥白尼之伟大,并不因为他发现了真理,而在于他在以一个新的谬误否定一个古老谬误的同时,撼动了中世纪神学的权威。

我和历史的缘法之所以得到延续,居然与那个疯狂的时代和对历史的亵渎不无关系。

上中学时,林汉达的历史通俗读物和蔡东藩的历史演义是我最喜欢的两种书。那时我们在课堂上所接触的历史,是"工宣队"队长讲授的。不外乎古代农民起义、近代三次革命高潮、党内十次路线斗争。照本宣科且不必说,最让我受不了的是,他所讲的诸如韦昌辉、石达开"投机革命"之类的东西和我在书中看到的有许多差别,此中颇堪滋疑。当然,在当时特殊政治气候之下,我对这类问题是不敢深究的。20世纪70年代,在"评法批儒"的时候,我有机会仔细研读了杨荣国关于批判孔子的宣传册子,作为被批判的对象,《论语》中的许多句子可以说是倒背如流。直到今天,许多经典句子我还是可以随手拈来的。那时候我们读到的材料在呈现方式上蛮有意思。一个页面三个竖列,左边一列是"孔老二"的原文;中间一列是"今人"的白话译文;右边一列则是"御用文人"对其"反动实质"的简短的揭露和批判。现在看来那实际上是一种"先入为主"和"偷梁换柱",把"至圣先师"孔夫子的许多精华思想给有意歪曲和篡改了。但是,对于青少年时代的我来说,却虔诚地认为孔子的确是复辟奴隶制度的卫道士和欺世盗名的伪君子。

1973年底,北京一位12岁的小学四年级学生黄帅,由于受到当时年仅20多岁的班主任老师的错误批评,感到十分委屈,于是就给老师贴出一张大字报。这件事情被当时的"四人帮"集团利用了,《人民日报》和中央人民广播电台都进行了长篇报道,大加渲染"修正主义在教育界回潮了",要坚决批判儒家"师道尊严"的流毒。在这场教育界的"政治风波"被报道的第二天一早,我所在的学校也出现了"我的一张大字报",矛头直指我的班主任。一时之间,我也成了学校的焦点人物,校长戏称我是"李帅""李闯王",因为在校长的眼里我就是一个"反潮流"的刺头。在那段非理性的日子里,学校的教育秩序是混乱的。倒是由于要写"反击右倾翻案风"的批判稿,我开始接触了当时比较流行的范文澜《中国通史简编》和郭沫若《中国史稿》等著述,好像懵懵懂懂地对历史有了点感觉,而且好像文笔也好了许多。恢复高考后,我已经"上山下乡",我是当时那届高中毕业班300多人中,唯一考上大学的人,校长无论如何都不敢相信。倒是我曾经批判过的那位班主任,为我"正名"了。在班主任眼里,我是一个可以成就大事的学生。时过境迁、沧海桑田,每每想起那件事情,我心里总是充满了一种复杂和难言的情感。

1977年我高中毕业,作为中国当代史上最后的"知青",来到天山山麓、天池脚下的一片"广阔天地",接受贫下中农的再教育。那一年,高考恢复了!人们说"文革"耽误了一代人,或许我是个例外;人们说"知青"年代是一段"蹉跎岁月",或许我并没有蹉跎。在那段单调、苦闷和艰苦的劳作岁月,我似乎开始思考一些问题了,或许还潜移默化地形成了一种在逆境中苦苦挣扎、改变命运的意志品质。30年前的高考不像今天这么容易，那时的高校招生比例是无法与今天相比的。"十年动乱"高考中断，积压了几十万的优秀人才，加上当时的应届毕业生，他们基本上是在相对正常的教育环境下度过高中生活的。而我的小学、初中和高中恰好与"文革"相伴而行。与我一起上山下乡的知青面对高考大都感到望尘莫及。但是我却暗自发誓：脱三层皮，掉三斤肉，大学的高门深院一定要信步走它一遭！农村劳动是非常累的，收工后走在路上可以说是拖着双腿艰难前行的。晚上在煤油灯下复习，可以说是在极度困倦的状态下"睁一只眼，闭一只眼"进行的。离高考还有两个星期时，生产队长仍然不允许请假回家复习。万般无奈，我只好在修水库的工地上"搬起石头砸自己的脚"。这才得到了宝贵的复习时间！1978年，我以当时的小县城文科二彩"榜眼"的成绩考上大学。历史在我看来很有意思，还有"评法批儒"的那点历史功底，于是就毫不犹豫地报考了历史系。就这样，我与历史正式结缘了。人生轨迹往往扑朔迷离！有必然，也充斥了许多偶然。其实历史的发展，也常常如此。

但是，我没想到我会与中学历史教育有缘法，而且是终身结缘。

我酷爱历史地理学，在陕西师范大学读本科时，就写过两篇关于历史地理方面的论文。一篇叫《汴河·汴梁·汴京》，是写开封历史沿革的；一篇叫《两汉何以屡争车师诸国？》，是写两汉时期西域情况的。我的老师史念海先生是国学大师顾颉刚的高足。史先生与北大的侯仁之先生、复旦的谭其骧先生，并称中国历史地理学的拓荒者。在史先生的指点下，我在学校图书馆和省图书馆查阅了大量的有关西域史地方面的文献，抄写整理了4纸箱的资料卡片。在我大学毕业的时候，史先生还挥毫为我写下了这样一段话："宁可劳而无获，不可不劳而获。以此存心，而后乃有事业可言。——四十年前受业于顾颉刚先生门下，先生为题此言，半生服膺，受赐良多。今转录于此，以贻李惠军同学。"先生当时告诫我，希望我到新疆工作后，能在西域史地沿革方面有所造诣。

1982年大学毕业后，按照分配方案我本是要进大学教书的。但是，阴差阳错使我中途被"截流"到一所重点中学——新疆实验中学，就这样，我的人生轨迹发生了变化。那些曾经的远大抱负，现在已经成了如烟的回忆。大学毕业25周年的聚会上，史先生早已驾鹤仙逝，我在给老师汇报时说："我辜负了老师在学术上的厚望。但是，我没有让老师失望，因为，我一直守望着历史专业。"当时，我差点哭出来！

作为恢复高考制度后最早一代大学生，我在历史这个行当匆匆走过了30年。一路走来，做过学校教务主任、校长助理、校长等，也曾经在边城乌鲁木齐领衔社会力量办学；在海滨城市青岛代表上海建平教育集团总校长冯恩洪先生，创办颇具规模的中外合作学校。但最令我无悔和冲动的是——我一直、依旧、仍将是一名在历史教学一线耕耘的忠实守望者、秉烛探索者。有人把历史教育当成谋生的职业，有人把历史教育当成追求的事业，我真实地说：历史教育是我生活的一部分，因为有了历史教育，我的生活才变得不

致缺失,也不致乏味。尽管是由于误解而闯入历史,尽管是由于无奈而从事历史教育。但是,或许恰恰就是这种误解和无奈,却成就了我无悔的人生机缘。

困学觅知

26年前,在新疆实验中学全体职工开学大会上,校长张映枢先生总结当年的高考成绩,其中谈到了历史学科高考成绩比当时的乌鲁木齐一中平均分相差2分……人们不约而同地把目光移到那位高三历史教师身上,记得当时那位老教师顿时面色通红、饱含泪水地低下了头……这是我加盟中学历史教育第一天遇到的第一件事情。这件事情让我产生了极其复杂的震撼,也就在那一天,我暗自立下一个志向,有朝一日我要昂起头颅!没想到,工作当年学校就启用我这个对于中学历史教育还没有什么感觉的人担任高三历史科教学,并且担任文科班班主任。第一届毕业班高考成绩还是不错的,居然在我班里涌现出了新疆文科状元,我班的历史平均成绩也高高位列新疆第一。其实,在我的学生高考取得骄人成绩的时候,我还没有完全搞清楚历史教材的逻辑结构,至于说对历史和历史教育的感悟更是无从谈起了。1986年,历史教育专家赵恒烈先生应邀到新疆讲学,先生对历史思维的思考与研究令人叹为观止!我第一次感到历史教育原来也是一门深奥的学问。

昏昏沉沉地送走了我的第一届毕业班。觉得教历史课的最高价值就是为学生考上大学,提供一块"敲门砖"。为了实现这个"最高价值",我在教书后的第2年,就把当时人教社编写的6册中学历史教材一字不落地全都背了下来。居然自觉不自觉间搞清楚了整个历史教材的体系和结构,教起书来自然也就十分得心应手了。在我教出的第二届毕业班中,不仅涌现出了新疆文科状元,而且新疆历史高考成绩前6名中,我所教的班级中就占到了4人。后来,我在35岁时被评为中学特级教师,并且开始从事学校管理工作。说实在的,我这个特级教师实际上不过是高考造就出来的。更准确地说,是一所新疆最好的重点中学和最优秀的学生以其骄人的学业成绩烘托出来的。平心而论,没有这样的学校品牌和资优学生,我是不会取得当年那样的成绩,也就不可能成为一个幸运者了。

人生中,有时候是需要经受困顿和挫折的,否则,你就会忘乎所以、津津乐道,混事于惯性和平庸的生活之中。20世纪90年代初,刘宗绪和黄安年先生在高考命题中,出了几道对当时中学历史教育具有挑战性和启蒙性的题目。比如,"简述工业革命的后果,并据此指出19世纪70年代以前在政治领域内世界上有哪三股进步的历史潮流,从中各举两个重大历史事件"。再如,"在总结了工人运动后,恩格斯在逝世前(1895年)的最后一篇论文中说:'历史清楚地表明,当时欧洲大陆经济发展的状况还没有成熟到可以铲除资本主义生产方式的程度;历史用经济革命证明了这一点。'恩格斯观察历史的主要着眼点是什么?"今天看来,这些问题已经谈不上有什么稀奇了。但是,对于当时的国内中学历史教育界而言,可以说是一场震撼。它迫使人们重新审视自己的历史知识和历史认识,重新审视当时的历史教材在历史认识问题上的局限性和"左"的思想倾向。我认为,它是一次对中学老师的思想"启蒙"和精神"解放"。我终于意识到,我们必须回到历史中去重新审视历史,必须回到经典中去重新体察经典。1995年,我有幸在北京当面请教刘宗绪先生,先生为我推荐了他与黄安年先生合写的《世界近现代史30讲》以及《现代西方史学流派文选》等著述,先生还建议我重新研读列宁有关帝国主义论的论著。那段时间,通过读书才真正感觉到,我的历史知识是多么的贫乏。

冯友兰先生在《新原人》中将人的境界分为四种:自然境界中人——不著不察,行乎其所不得不行,止于其所不得不止,莫知其然而然,处于一种混沌的自在状态。功利境界中人——所有行为都以追求利益、名誉、权力、地位而互相争斗,尽管有了自为的成分,但自在状态还在相当程度上仍处于支配地位。道德境界中人——所有行为都是以行义、贡献为目的,其尽伦尽职,把自身的社会性的实现视作生活的目标,由此进入了自为状态。天地境界中人——既知人性,更知宇宙,了解人生的规律,不仅是在人的"性分"之内,而且是在"天理"之中,他们能顺应事理,真正进到了无挂无碍的自由状态。几十年来,我不敢奢望进入人生的道德境界和天地境界,但也绝不甘心混迹于人生的自然境界和功利境界。我觉得,要想真正教好中学的历史课,是要有点境界的。起码,你对历史要有感觉。历史老师要寻找自己与浩瀚历史长河的关系,要在历史中寻找合乎自身生命结构的底蕴,寻找那些与自己有缘的灵魂。与历史对话,与历史共鸣,在自身与历史的对语中形成自己独特的历史语境与历史情怀。对历史的多情总会加重人生的负载,由历史的沧桑感引发出人生沧桑感。那种特有的低回、感伤的历史意识和感觉,才能在我们如数家珍般的历史描写中,罩上一层淡淡的感伤气息。这种感伤,来自对数千年历史文化的厘清与总结,来自对中国历史坎坷命运的反省与思考,从而带有了一种悲剧的味道。

几十年来的读史阅世,学问不见丝毫长进,眼未高,手更低,心气也早已今非昔比,思想的困惑则是有增无减。在我的教书生涯中,成功的和让我自己满意的课好像还没有过。倒是在些许"庆幸"与"遗恨"之间,冒出了几丝愚钝的偶感,又很有点说出来让大家批评的意思。于是就有了一个挥之不去的愿望:永远学着做一个有思想、有特点的历史老师!

古代读书人崇尚的读万卷书、行万里路的人生境界,常常会使我心驰神往,羡慕不已。我特别喜欢刘勰的《文心雕龙》,因为读了这本书后,你会不自觉地对你的语言、思维产生一种感觉。我特别喜欢读王家范先生的《中国历史通论》和他的文章,因为我惊羡王先生那文笔流畅粹美,运思情深意远,论述举重若轻,叙事从容道来,语言行云流水,以及老先生潜心涵泳所得的精警见地;而且,字里行间,我似乎可以感受到先生灵魂中漫游的苦涩、孤独、迷惘,还有破坏与创新的欣悦与快感。

时光如水,回首前尘,不禁慨然!几度徘徊后,如今可以说我在中学历史教育中有了一点点心得,然则远不能登上历史教育的堂奥。虽然在闪念之间也有一些陈辞,也只能算是刍荛之言,聊抒一己愚见而已。这些刍荛之言稍有积累,于是,也就在工作室和学校历史教研组同仁的提携之下,前些时候汇成了一本《笃学行思录——一个教师团队关于历史教育的随笔》。由于只是徘徊于史学理论和教育理论的高门之外,不能登上历史教育学和教学论的大雅之堂,才在聂幼犁先生的启示之下,想起了诸如"行思录"和"随笔"这样名字。这也算圆了我几十年来的一个心愿。

学贵自辟

黄老之学中"道"的本意为道路,引申为规律或宇宙本源。道家以"自然"为最高范畴,"人法地,地法天,天法道,道法自然"(《老子·二五章》)。历史学家也曾把道家之"道"引入历史,引申为人类文明在前行过程中,不以人的意志为转移的客观规律。两千年前的司马迁就曾想"究天人之际,通古今之变";一千年前的司马光也曾试图通过探询历史之道,实现其"监(鉴)前世之兴衰,考当今之得失"的要旨。一百年前的康有为则通过善意地篡改历史,撰写了《孔子改制考》和《新学伪经考》,在历史之道的探询与论证中,却得到了一个正确的结论:变法符合先师的祖训。他在给光绪帝的奏折中引用《孟子》《周礼》的记载,证明"君民共体"符合"先王之治天下,与民共之"的古训。历史之道不过是后人为了某种现实目的,而赋予古人不自觉的行为以自觉的光环而已!世事沧桑,斗转星移,物是人非,历史之道的真谛或许就是一道永远不可能破解,却又永远获得现实破解的开放性、多元性和伸缩性的有解、无解、多解的人类社会命题。

关于教学之"道"的探索,东西方历史上许多哲人、教育家也进行了大量理论和实践的探索。特别是近年来,关于教育理论和教学理论的新名词、概念、术语更是令人眼花缭乱。现在看起来,真正的教育之道并不存在理论家的脑海中,理论之道或许恰恰就不是真正能够直接用之于实践的教学之道。

历史教育是玄妙的。因为玄妙,所以需要沉缄深邃的思考和殚精竭虑的叩问。我不敢妄言有什么思想,因为那是一种境界。但我在思想,渴望在思想中去改变我的课堂,践行自己的业务,渴望在思想中学着做一个学生满意的老师。我觉得,教历史课的人是要有点判断力和批判力的。历史上的人文主义理念之所以伟大,因为它的活力在于冲破神学光环的笼罩而凸显人的个性;启蒙运动时期的理性主义之所以伟大,因为它的灵魂在于摆脱强权的枷锁而彰显人的判断。在新疆工作期间,乌鲁木齐市第一中学的王君老师,可以算得上是我的偶像。一个北京人,一个1961年毕业于北师大历史系的大学生,响应号召到了祖国边疆从事中学历史教育,这本身就足以震撼我的心灵。更让我敬佩的是,王老师对待历史和历史教育那严谨求实和筚路蓝缕的治学精神。我想,有朝一日假如能够超越王君老师,那将是我教育人生的一种至高境界。已故历史教育专家赵恒烈先生曾拜师陈毓秀先生,但是,赵老师并不是亦步亦趋地照搬或克隆,而是在传承与超越中独辟蹊径,终成一家之言。上海著名特级教师孔繁刚对老一代特级教师包启昌先生"一节课一个中心"的思想与风格赞誉有加,但是,他却在几十年的思考与实践中,走出了一条"大容量、深思维、高密度"和"志于道、游于艺、识于情"的富有特色的教学路径。面对上述前辈大师,我自然是望尘莫及的,也是无法沿着他们的路径继续前行和超越的。孔繁刚先生终身立足于杏坛传道,我想在当今国内的中学历史老师中,他堪称大师。孔老师退休时,几十年来他教过的学生自发组织起来,回到母校请老师再给他们讲授一节"最后一课"……这无与伦比的礼遇是对一位真正的、却是无冕的"名师"出自历史的认可和发自心中的授予。我来上海工作,在很大程度上得益于孔老师的诚心建议和全力举荐,他是有恩于我的。"音实难知,知实难逢。"我自不量力地感到,孔老师是我在中学历史教育界难得的知音。但是,我更渴望在中学历史教育中走出自己的道路来,或许这样才有资格与孔老师"煮酒论道"!

聂幼犁先生在历史教育理论,尤其是在历史教学评价测量、课程理论以及教学模式等领域的研究成果之丰,学术理论之精,辐射影响之广,无疑是有目共睹且有共识的。在国内众多的"粉丝"当中,我算得上是一个"老粉丝"了。20世纪80年代末、90年代初,我就带着一种虔诚,仔细研读了聂先生关于评价与测量的大作,只是由于我在测量学、统计学和数学方面的知识缺失,无法从根本上理解其精髓。但是,它却使我感觉到,原来历史教育也是一门学问。也是受到聂先生的影响,我开始尝试着学习教育学、心理学以及学科教育论,诸如沙塔洛夫的《纲要信号图示法教学》、巴班斯基的《历史教育的最优化》等等,并且尝试着结合自己对历史的理解和教学实践,写一点教学案例或论文,承蒙当时《中学历史教学参考》主编育民和鹏杰先生不弃,发表了一些很不像样的文字。到上海后,我与聂先生有了许多的联系,准确地说是得到了他许多的提携。从他的身上我的确学习了许多,也领悟了许多。其中最大的领悟,莫过于发现了聂先生的"缺失"和"无奈"——理论的前瞻性与逻辑性需要洞悉其真谛的实践者,在实践中发挥引领和有机操作。事实上,历史教育理论与历史教学实践之间是存在沟壑的。而历史教师的教学实践、叙事和反思恰恰是沟通理论与实践的桥梁。因为它是以历史课堂教学为视界促使理论向实践的渗透,又以理论为引领推动历史课堂教学具有理论的跃升,从而促进了教育理论与教育实践的有机交融。作为课堂教学"亲历者"的历史教师,通过叙事来追忆自己的教学过程,述说自己的教学思考,审视自己的教学实践,评判自己的教学效益。这个过程实际上正是形成个人内在理论,并实现自我超越的教学科研经历。在这一点上,我想聂先生未见得比我这个"泥腿子"有什么优势,或许,我在课堂上所亲历的"悲欢离合"和"酸甜苦辣"更加具有心灵深处的"切肤之痛"!所以,在聂先生的启发和建议下,近年来我把更多思考定格于微观教学，聚焦于案例叙事。反倒觉得明白了许多教学的道理。记不得哪位伟人曾经说过：伟人之所以看起来伟大，是因为我们跪着，站起来吧！我想，假如我简单地依傍于权威门下，我的优势也就不复存在了。

学问人一般都要全神贯注，心无旁骛。可我却偏偏做不到"闭门谢客"，反倒是"两耳常闻窗外事"，总是不能静下来。好奇、好事、好是非似乎是我的天性，于是经常在热点、焦点和关注点上冲锋陷阵。人的一生常常伴随着许多悲喜与福祸。正所谓"祸兮，福之所倚；福兮，祸之所伏"。前些年，我一度在极度苦恼和困顿中销声匿迹，许多人都以为我消失了。的确，人是要不断总结教训的。人之处世，敬畏之心不可无。如同不畏天地人心，对历史的无知无畏，置历史龟鉴于不顾，往往使人坠入迷惘和黑暗。岁月悠悠，往事如烟，但对于往事的思考并不如烟。

但是，重要的是一个人要善于在逆境中挺住身子，谁也无法摧毁你，只有你自我摧毁！聊以自慰的是，在封闭、孤寂中，我终于有了一个全面反思和蓄势勃发的梳理和读书时光。那些日子里，我重点阅读了关于史学理论、现代性等方面的一些扛鼎之作，还有梁启超、陈寅恪、顾颉刚、陈旭麓和王家范等大师的著述。带着一种无以克制的欲望和冲动，我终于在沉寂了一年之后，以"我思、我行，故我在"，向历史教育同道中人暗示了我的存在和我还在站着思考。这段时间的读书与教书生活，我终于知道了一个道理：在历史教育领域，一线教师需要有自己的话语权；一线教师的科研是推动历史教育走向光明的重要途径；一线教师要从被动的教材传授中挣脱出来，成为历史教育和课程开发的真正主人；一线教师要重温历史并追踪学术动态，对于史学的认识"萝卜烧萝卜，永远都是萝卜"。批判的武器是不能取代武器的批判的。教师需要自己独有的理论表达方式，而教学案例则为教师提供了一个充分行使这种话语权的平台。它通过对实际情境的描述，以丰富的叙述形式，向人们展示了蕴涵着教师和学生的典型行为、思想、情感在内的故事。它不仅为教师提供了一个记录自己教育教学心路的良机，而且在"实践＋诠释＋反思"的过程中，外显教师工作中的缄默知识。尽管没有什么华彩乐章和哲思宏论，但是在稚嫩和粗糙的"淡泊"之中，渗透了他们炉火纯青的智慧灵光。教师要按照教师的职业和日复一日的课堂教学去独立思想，去独立地表达教师所特有的"切肤之痛"，这才是教师的思想和理论话语权。这种殚精竭虑、秉烛探索的灵感，恰恰是沟通理论与实践的桥梁。叶澜教授把教师的这种思想活动称为"思维在断裂处穿行"！

经典是要读的，权威是要尊的，但绝不能因此而蔽遮了自我。年逾八十的汤因比谢世前最后一篇文章的题目是《在黑暗中摸索》。仰观宇宙之大，俯察品类之盛，连耄耋之年的大师也未能断言已臻从心所欲的境界。试问今日之天下，谁敢妄称"掌握历史的规律"？谁又不是在"摸着石头过河"？或许在上帝眼里，爱因斯坦也不过是井底之蛙，然而人类并不会因上帝的嘲笑而停止在黑暗中的探索。虽道是人生碌碌，但我们这些栖身井底的凡夫俗子,有时也会情不自禁地举目窥天。前些年,我有了一个所谓的名师工作室,其实我太清楚了,这只不过是政府的一种鼓励和希望。真正的名师是在群众心目中默默公认的,是在课堂教学一线涌现于学生脑海之中的。时宗本、包启昌、孔繁刚、王君,还有许多并非依附于某种公权力之下而"耀武扬威"的人,才配得上是"无冕之王"。我很欣赏一句谚语:"国王可以制造贵族,但无法制造高贵者。"我是一个历史教育的"学步者"和"泥腿子",但是,我并不甘心永远混迹于这种"平庸"之中!

冲破窠臼

教师要思想,因为教书本是厚重的思想之学。当思想敏锐地走动时,教学时空坐标中所注入的生命关照主题才能涌现出来。在历史学和历史教育学中,有许多规律、规则和通识。这些都是要准确和全面领会并且加以体现的。但是,一个有思想的教师要善于在历史的"应然"与"实然"之间寻找新的突破点和聚焦点;要善于把静态的教材要点,机智地转化为诠释新问题的动态素材。作为课堂教学,它面对的是有生命活力的学生,它展示的是有不同表现特征的一个个历史人物、事件、现象等等,决不可以千篇一律。所谓的"道可道,非常道",在历史教学中体现于"教无定法""教无定式"。同样的道理,历史表现的是人类生活,人类生活的复杂性、矛盾性、差异性注定了历史表现的多样性是不可一概而论的。马克思在1877年写给《祖国记事》编辑部的信中对"一概而论"表示了强烈的反对:"把我关于西欧资本主义起源的历史概述变成一般发展道路的历史哲学理论,一切民族,不管他们所处的历史环境如何,都注定要走这条道路,这样做,会给我过多的荣誉,同时也会给我过多的侮辱。"历史没有终点,没有放之四海而皆准的真理准则,更没有穿越百世而皆通的灵丹妙药。规律的泛化势必导致历史的僵化和历史教育退化。

历史的规律和教育的规律本应是鲜活灵动的,因为历史本身就是有鲜活灵动的人的足迹,而教育的客体和主体也都是鲜活灵动的人的活动。但是,令人匪夷所思的是,在历史教育中,我们却在强调"必然"的同时,有意无意地将其基点建立在"驯服偶然"的暴力逻辑之中,其代价是"偶然"的丰富性被"必然"的暴力逻辑取代,使"必然"带上了炫目的光环。其危险是历史被裁剪成了单一乏味的某种既定逻辑的重复表演。更加危险的是,当我们日益习惯运用新的课程改革的理念去构筑"问题意识"的时候,对历史丰富性的呈现能力和带有感觉体验的内心活动机制却在加剧地消退着。我们不断地在提倡培养学生的"问题意识"。可是,这只不过是我们事先设定问题,并由预先给定答案的老师们组合成了一个必然性脉络的标识,又被严格组合进了每节历史课。历史的动态感、意蕴感就不断地被这架可怕的机器绞碎、粘贴;然后再按照"必然规律"或"教学程式"的内在要求,去排比、归类,最后抽缩成一串串干瘪的历史教条。

不是这样的吗?在历史教育界,经常可以听到一些所谓权威的一种指责:历史怎能想象呢？教材不是明明写得很清楚吗？主流意识你还要不要了？

历史是老人，而历史教育者却应该只是一个穷究好奇的孩子。对于历史的探求，要有宗教徒式的虔诚和献身精神，却不能有宗教徒式的迷狂和偏执。心灵上的一道皱纹比眼角上的十道百道皱纹还要可怕可悲。内心的孤独往往与内在的清醒一路同行，孤独时刻在寻找着冲突，它不只是精神的永恒流浪，而且是在流浪中心灵与外物同歌同舞，同起同伏。自以为看破历史或谴责历史和历史教育想象的人，实际上是心盲、意盲和识盲——心盲者肤浅，意盲者狭隘，识盲者虚骄。若是在远离当代学术成果的情况下，依据传统历史的那点认识来批驳这种灵光闪现历史哲学思想，无异于堂吉诃德大战风车。

历史和历史学到底能否有想象呢？想象在历史和历史学中的影响和作用在哪里呢？钱钟书先生的话倒是值得借鉴的："史家追叙真人真事，每须遥体人情，悬想事势，设事局中，潜心腔内。"（钱钟书：《管锥编》第 1 册，中华书局 1979 年版，第 166 页）想象既可以是艺术家、诗人、作家的思维特征，也可以是历史工作者研究和传授历史的不可少的思维活动。没有想象力，在很大程度上就没有历史和历史学。历史学家从原始人一齿一骨的发现，便要据此推出早期人类、时代和社会，这样的历史考据，研索于小处，却需要着眼于大处。着眼于大处，就是抬头想象，若没有了想象力，历史就止于浮浅的传说了。当然，想象不是空想。诗可不即于象，史必不离于事。毕竟真实性还是历史学赖以立命安身的最后底线。历史的想象立足于历史的真实，真实的历史需要想象使之丰满。想象常常使人在冥思苦想后产生奇异的灵动，而想象的灵动又需要严密的理性证实。即或是实验主义的胡适，不是也提出"大胆假设"与"小心求证"的研究方法了吗？正如胡适所说："实验主义只是一个方法，只是一个研究问题的方法。他的方法是：细心搜求事实，大胆提出假设，再细心求实证。"（胡适：《我的歧路》，欧阳哲生编《胡适文集》，北京大学出版社 1998 年版，第 365 页）史识是治史的眼睛，这眼睛告诉我们，不要为表面现象所迷惑，不要为评论家所捉弄，本质深藏于现象之中，人们看到的首先是现象，认识本质则要对现象进行深入的探索。

据说，埃及卢克索神庙法老像的底座镌刻有一句话："我看到昨天，我知道明天！"到过那里的人没有不被这句话震撼的。人人都是从昨天走到今天，又从今天走向明天。任千古风流人物，无一例外都成为匆匆的历史过客。"绿窗明月在，青史古人空。"任何现象都不是永恒的，任何现象又都是历史的。历史是永不间断的时间长流，人们在现实中感知的只是这一发展长河中的一段，多少兴亡盛衰，唤起人们对相似社会现象的感叹，从那些已经消失的人和事中，叩问历史，掩卷叹息！无疑，对于历史教育来说，最幽玄、最抽象、最难以把握，乃至最不可捉摸的，是历史的"灵境"，而这种"灵境"的破译，是需要带有意向性的玄想的。因为"灵境"本身并不能自我说明或自我展示。故此，没有想象，"灵境"会变得索然无味。

还有,这些年以来大家似乎对于历史的表现艺术和讲授艺术有点忽视了,所以,很少听到让人产生强烈的心理震撼的历史课了。倒是文学艺术以其广泛的亲和力,使已然消逝的一段段历史以栩栩如生的画面出现在广大受众面前。由此,我们认为,好的历史教育应当具有文学艺术般的表现力和感染力。有"历史之父"称号的希罗多德在其著作《历史》中,就充满了文学性的奇观和艺术性的魅力。在司马迁"无韵之离骚"的《史记》中,也随处可见其用文学艺术这柄闪闪发亮的宝刀,精雕细镂出摄人魂魄的历史痕迹。从希罗多德关于沙漠中风暴景象的奇伟描述,到太史公鸿门宴上各色人等的声口追摹,对于历史的诚敬和情怀,就是通过他们的创意性处理而彪炳千秋的。

历史为后人预留了足够的想象空间,但历史也确凿而严格地为后人的想象夯下了不可逾越的界石:已然发生的重大历史史实,已然实现的重大历史方向,乃至谨细镌刻的关键历史瞬间等等,虽然现实历史的发展仍然存在着其他的可能方向或者路径,但已经发生的这些历史关键主体的总和,将凝结成为历史自身的纪念碑,我们只能探索、发掘、细察,决不能随意更改、位移甚至颠倒。希罗多德、司马迁等历史的伟大书写者,都是在已然发生的历史关键主体的大框架内进行创造性想象的,想象力伸展着历史的飞檐触角,而不是窃换着历史的基石梁柱。在这个前提下,我们的历史教育是可以融入个人的艺术处理的。历史教师的内心世界、钩沉史海而泛起的情感涟漪、凭吊古人而瞬生的感慨叹息,都可以通过诗情画意的文学表达方式释放抒发出来。用整个生命的投注,使我们的历史教育光彩闪烁,灵气飞舞。

对历史的虔诚会加深人生的思考。由历史的沧桑感引发出人生沧桑感,会引领我们在三尺讲坛上进行历史的跋涉,并将这种体验渗入到神奇的历史讲述之中。用心、用情,乃至用生命去设身处地地与古人进行心灵的沟通。在这种虔诚心态下,才能形成历史教师特有的低回、感伤,并笼罩着一层淡淡的思想气息的历史感言。当这种情感、理性、深沉的气息,在课堂上升腾与散发时,便带给学生以极大的美感和启示阅读效果。

絮絮叨叨地说这么多,是想表达一种想法:不要为那些所谓的"圭臬"所束缚,要冲破"樊篱"。最近仔细阅读了鹏杰兄《教育:引导学生领悟人生的艺术》一文后,内心感到一种强烈的震撼。历史课难道仅仅是要在理性中进行吗?没有了教师对历史的体悟,没有教师经过心灵的过滤,经过教师神思驰骋的艺术处理,过往的历史有活灵活现的表现力吗?我是一个多年来在历史教育沉潜于实践的"泥腿子"。我对于当下所流行的一些历史教学理论或说法,由于自己的理论造化太浅薄,所以由看不懂也就变得冷漠和不以为然了。反倒是想起一些在我国历史学界的先贤大师,在九一八事变,特别是在七七事变后,在日本侵略者的步步侵逼下发生的一些改变。"诗存南渡后,入梦靖康前"本是对南宋政权偏安一隅的伤感之词。而在抗战期间,哲学家冯友兰把国民政府退守西南称为"第四次南渡",文学家吴宓把自己的诗集取名为《南渡集》,历史学家陈寅恪也吟出了

"南渡自应思往事"的诗句。特别是顾颉刚先生在九一八事变后,激于"强邻逞暴,国土日蹙"之势,毅然走出书斋,创办"三户书社"(因"楚虽三户,亡秦必楚"的典故,以后改名为"通俗读物编刊社"),直接向民众进行抗日宣传;又创办《禹贡》杂志,组织禹贡学会,提倡边疆地理和民族史的研究,以加强国民的国土意识和爱国意识。而反对抱着任何"致用"目的去研究历史的傅斯年先生,在九一八事变后也转变了治学态度,他邀集学界同仁编写《东北史纲》,根据历史资料,运用民族学、语言学的理论,有力地驳斥了日本侵略者"满蒙非中国领土"的谬论,证明东北自古以来就是我国的领土,并主张通过修史和编写历史教科书来启发国人的民族意识,唤醒民众的抗日热情。钱穆是一个具有强烈民族意识的学者,他的治史深受传统经世史学的影响。但20世纪30年代中期以来,钱穆治学方向发生重要转变,其标志就是他的《国史大纲》。这个时期,史学大师的作品有一个共同的倾向,那就是通俗化和感染力。

从顾颉刚、陈寅恪、傅斯年、钱穆,再到当今史学界令人佩服的王家范、王斯德等等,哪一位不是有激情、有文采的?所以他们的激扬文字让我们这些"泥腿子"读起来,收到的是治史严谨的态度、翔实的史实和精辟的见地,还有他们丰富的联想、精彩的文笔以及他们在表现历史中所独有的艺术处理的方法。再从我所知道的一些老一辈中学历史老师,如陈隆涛、时宗本、包启昌、孔繁刚等,哪一位不是在具有深厚的史学功底之余,又兼具文学风采和讲授神韵的大家呢?我想,历史老师是否可以读一点诸如刘勰的《文心雕龙》和罗曼·罗兰的《约翰克里斯多夫》之类的文艺理论或经典小说呢?

现代文化大师鲁迅先生称司马迁《史记》为"无韵之离骚,史家之绝唱",那是因为《史记》在中国史学史和中国文学史上具有划时代的影响。千百年来,《史记》对于每一位读者来说,都是一个响亮的名字,一颗耀眼的星斗。仔细想来,《史记》的成功除了太史公的史识、史德、史风之外,我想在很大程度上也得益于他那思接千载、视通万里的空灵,纵笔恣意、神情兼具的旷达,苍秀细腻、出神入化的雕琢等等。不要让司马迁的"无韵之离骚,史家之绝唱"真的变成我们的历史教材和历史教育的"绝唱",那将是一场大悲剧!

新的情愫

当年,我满头乌发地走进历史教育这个行当。一路走来,可谓是跌跌撞撞,颠沛流离。现在已是年过半百并"早生华发"人了,看来还要沿着这个轨迹继续走下去。《易·泰》曰:"无平不陂,无往不复。"一个人要在不断的交流中增长见识。教历史的人不能不读书,读书是一种交流,在交流中你会感到困惑,在困惑中思考,在思考中释惑,这是一个历史老师发展的必由之路,也是提高生活质量和生命品质的一种活法。这些年来,我在日常教学之余,把许多精力投入在了我的工作室。我们以课题项目统领工作室的研训工作,紧紧围绕上海市新一轮课程改革,依据工作室培养计划和目标任务,以新教材理念的学习与研究、新教材内容的教学与反思、新教材资源的开发与建构、新教材实施的途径与方法为切口,通过专家引领、团队研讨、示范教学、案例反思、叙事互动等途径,本着从新、从活、从实、从用的原则,着眼于理论学习,立足于课堂教学。在学习、践行、反思中,引领教师深谙素质教育真谛,提升史学理论学养,内化现代教育思想,滋养课堂教学智慧,领悟教育科研理路,形成教学个性特点,提高历史教育质量。我们这些中学历史教育的"泥腿子",在史苑中兴叹,在杏坛中探索,在交流中互补,实际上是一个困学觅知的过程。他们给了我无数的鼓励和帮助,和他们在一起研究问题、研究教学是一件令人愉快的事情,是我教育生涯中值得记住,也是可以记住的一件幸事!

师·徒,究竟是一种什么关系呢?孔子杏坛传教,在和谐的气氛中造就了子贡等七十二贤者;柏拉图雅典论道,在逍遥切磋和论辩碰撞中滋养了亚里士多德等一代智者。东方之先师孔子说:"三人行,必有我师。"西方之贤徒亚里士多德说:"吾爱吾师,吾尤爱真理。"这或许就是名师、高徒、真理关系最精彩的诠释和答案。在我看来,比精彩诠释和答案更加精彩的是精彩的命题、精彩的创意和精彩的解答过程!历史是人类之舟得以航行的活水,是赋予永不枯竭创造力的智慧之源。历史充满着繁复和神秘,而历史教师不过是一个与同学们同行其间的好奇者。历史的思考是一种久久凝视并洋溢着哲理的洞见。

从史30年了,探索的足音仍在耳边回荡。这里没有翻卷峥嵘的宏观景致,没有摄魂夺魄的华彩乐章,留下的仅仅是一点曾经走过的痕迹。前些天,在我工作室首届学员结业典礼大会上,当我接过学员献来的鲜花时,在数百人面前我没有控制住自己的眼睛。会后,我告诫我的学员,在本期工作室培训结束后,希望他们继续在历史教学的行与思中,去拥抱新的一缕晨光!我将以梁启超先生"未学英雄先学道,肯将荣瘁校群儿"的夙愿来自励,更将以先生"誓起民权移旧俗,更研哲理牖新知"的抱负与我的伙伴们共勉。

顺此,我特别要给我80岁高龄的老父深深鞠上一躬。是这位老军人、老革命以其刚烈的意志和执着,影响了我在迷途和困境中能够永不间歇地苦苦攀爬!只是我平日里却不能、确未能在老人膝下尽点孝道,为人子者内心有什么比这更苦涩?!但愿这难言的苦涩,能够换得我在历史教育中的一丝甜蜜吧!

(本文选自《中学历史教学参考》2008年第1—2期)

「名师，乃中国基础教育之中坚。关注名师，就是关注中国未来教育的核心生长力。」

戴加平 中学二级正高级教师，浙江省特级教师。长期致力于高中历史教育，提出"传递民族精神，培育公民意识"的教育目标和"传播真相，追求真理，涵育真人"的"三真"教学，倡导"有趣、有法、有魂"的"三有"课堂。获得全国、省、市各类学术成果一等奖十八项，专著有《优秀教师团队建构的行动与诠释》。曾任浙江省第1—2届高中历史学科指导组成员；受教育部有关部门邀请，两次参加《普通高中历史课程标准》内审工作，长期参加"中小学教师资格考试改革试点工作"。

携手弄潮　育人育己
——我的"团队人生"

○ 戴加平

接到中学历史教学参考编辑部的约稿电话,要我"写写十多年来的你自己",没有具体说写什么内容,也没有说写多少字和什么时候交稿。面对如此满满诚意和信任,我只能是尽心竭虑地爬格子。

十二年前发表在《中学历史教学参考》上的文字[1],已经将自己的既往分为"求学人生""执教人生"和"教研人生"三个阶段,且在聚焦了"教研人生(1997—2009年)"之后,很有先见之明地发问:可以工作到2021年的我,未来应当是什么人生呢?现在,已超期服役五年的我,终于要告别工作岗位,进入"自由人生"状态,那么,就写写这些年来我与团队小伙伴们一起携手弄潮、育人又育己的絮事吧,是为"团队人生"。

一、"团队人生"的主要行迹及成绩

正在笔耕之时,一个好消息从各方汇聚而来:浙江省第十三批特级教师评审公示名单发布,高中历史学科共5人,本工作室的郑婷婷老师名列其间!至此,在四年一次的浙江省特级教师评审中,我市高中历史学科已实现了"五连贯",且因为在第十二批评审时下了"双黄蛋",所以已产生了6位特级教师。本市在职历史特级教师数量在本省各地市中名列第一。

特级教师的评审情况,是学科建设的重要标志之一。据统计,我市高中历史学科现有3名正高级教师、9名省教坛新秀,8人次夺得全国历史课堂评比一等奖,12人夺得全省高中历史课堂评比一等奖……还有不少教师在省内外的各类中学历史学科培训或交流活动中展现了独特的育人风采,贡献自身的专业思考。这些现象都在印证一个事实:嘉兴市拥有优秀的高中历史教师团队。

浙江省戴加平名师网络工作室的成绩也令人欣喜:自2015年创建以来,已连续七年在省教育厅主管部门的考核中获得优秀成绩,2019年与2020年更是连续夺得高中组第一名。2020年度浙江省高中历史课堂教学评比,有5位工作室成员分别夺得所在地市的第一名,会师省赛,最终一举夺得6个省一等奖中的4个;从2020年8月到2021年5月,工作室承办了四场由教育部基础教育课程教材发展中心主办、中国教研网协办的"教研在线"项目,面向全国同行展示我们对高中历史课程改革的实践与思考成果。这项活动的承办单位通常是教育部基础课程教材发展中心所属的学科教研基地,由一个工作室承办四场到目前为止是绝无仅有的。

我主持的高中历史教师团队之所以能"影响浙江,贡献全国",原因之一是长期重视教师专业发展共同体的建设,重视人才梯队的培育,人才辈出。回望来路,我的"团队人生"起步于1999年,"开挂"于2010年,下面这个行迹示意图(见下图)从实践开拓和理论探索两个方面简要地反映了我在教师专业发展共同体建设方面的努力历程。

需要略加说明的是,行迹示意图中这一期又一期的教师专业发展共同体构建与运行,时间持续二十多年、空间由本市扩展到浙江省,网络成员已遍布全国27个省区。在这样持续变化的时空中,不变的是我一直在思考教师专业发展共同体建设的规律问题,所以除了起步阶段的调研报告《把握关键期,抓住重点群,突破薄弱点——我市高中历史青年教师培养对策刍议》,还先后完成了三个省级课题的研究,发表了一批专题论文,出版了一部专著。它们是对教师专业发展共同体建设持续探索的结晶。

戴加平"团队人生"行迹示意图

二、助推"团队人生"的三大动力

其实,"团队人生"绝非命中注定,因为我是有机会干其他工作的,至少市教育局曾两度想安排我去一所百年名校、省一级重点中学担任副校级领导,但主管领导最终还是尊重了我的选择,让我继续从事高中历史教研员工作,继续致力于教师专业发展共同体的构建。我的教育生涯中之所以会呈现"团队人生"这一独特风貌,助推动力主要是以下三个:

第一个是直接动力:我市高中历史教学需要优秀教师团队。

我在幸运地跨入大学之门以前曾得到许多老师的无私帮助,无以回报,唯有从教。所以我是自愿报考师范院校、自愿当一名中学历史教师的。1985年,我从浙江师大毕业到嘉兴一中执教。当时的嘉兴一中是浙江省首批办好的十八所高中之一,名师云集。从我的师傅龚国佃等一批名师身上,我深切地体悟到优秀教师对学校、学生的决定性价值。两年初中,十年高中,既使我对中学历史教育价值与使命的认识逐步深化,又让我对中学历史教育存在的问题日渐洞察与忧虑。

1997年,跨入不惑之年的我调到嘉兴市教育局教研室担任高中历史教研员。站在教育人生的节点上,回望十二年的教学经历,思考未来二十年的努力方向,深感任重道远。这样的思考最终集中体现在大特写《你往何处去——中学历史学科的现状与前景透视》[2]。我明确提出,"有必要重新审视中学历史学科的功能",要"为中学历史学科之根从考试回移到民族精神的传递上而早日变计"。当然,我同时意识到,要达成这样的目标,必须要有一支优秀的历史教师队伍。

问题在于,二十世纪八九十年代的嘉兴高中历史教育,与经历"文革"后的中国各领域一样,陷于人才断层困境,无法满足改革开放迅猛推进的发展需要。据我1999年上半年的调研,全省有7名在职特级教师,我市为零;有13名省教坛新秀,我市仅1人;参加省课堂教学评比的最好成绩是二等奖。从教龄结构看,7所重点高中,历史教师的平均教龄为10.1年,教龄在4—10年间的占52.4%。普通高中历史教师的教龄更短。显而易见,1999年,我市高中历史教师队伍建设处于"机不可失"的关键期:他们将至少影响我市高中历史教育二十年!抓住了这个群体,就是抓住了本市高中历史教育的未来。基于这样的认识,我制定了三年行动计划,克服种种困难,办起了嘉兴市高中历史骨干教师研修班。从此起步,"团队人生"一发而不可收。

第二个是深层动力:探索打造优秀教师群体的模式。

因为是以历史教育为职业,因为曾在嘉兴一中多个中层岗位历练,所以我坚定地相信优秀教师培育是有规律可循的。1989年12月18日,我在《中国青年报》上发表《让新一代教师插上翅膀——谈造就大批优秀教师的途径》一文,就加速青年教师的专业发展、造就大批优秀教师这一问题提出见解。

担任高中历史教研员后,我更加关注并思考着优秀教师群体的培养模式问题。在20世纪末,青年教师的专业发展通常是三种模式:"自然"成长、"师徒结对"与"集中培训"。一般的学校,新教师到校后都是通过"压担子"促其成长,实际上是任其自然成长,所以只有极少数"天生的教师"能脱颖而出。像嘉兴一中这样的名校,会采用"师徒结对"的方式,这是传统的作坊式机制,师傅的态度与水平是决定性因素,我很幸运地遇上了龚国佃先生,但未必人人会有如此好运气。也有一些地区已出现了集中培训模式,但根据我的观察,受训教师大多处于"听听激动,看看感动,回去不动"状态,通过培训转变观念再影响教学行为的概率不是很高。

基于上述三类培训方式各自的局限,我意识到需要从制度创新角度思考问题。正因为如此,在创办嘉兴市高中历史骨干教师研修班的同时,我申报了教育人生中的第一个省级课题。当研修班运行三年结业时,《培养学者型高中历史教师的思考与实践》等理论成果先后被评为嘉兴市第三届教育科学优秀研究成果一等奖和嘉兴市2003年基础教育科研优秀论文一等奖,并发表在《浙江中小学教师培训》2003年第1期上。其核心成果"培养学者型教师群体的运行模式"被嘉兴市地方志编纂委员会载入《2003年嘉兴年鉴》之中。

2010年以后,我的"团队人生"进入"开挂"阶段。随着形势的发展与实践的累积,从制度创新角度思考优秀教师群体培养模式问题有了新探索与新突破。如自2015年主持浙江省名师网络工作室以来,由于工作室核心团队成员分布于浙江各地,进入"互联网+"时代和能够依托"浙江名师网"这一数据平台,因此充分发挥网络平台和大数据的优势,持续创新教师专业发展共同体的运行方式,使更大范围内的更多师生能分享到"互联网+"的便捷和丰富资源,成为本工作室的探索重点之一,并集中体现在《优秀教师团队建构的行动与诠释》这一专著中。

第三个是生生不息的动力:享受"携手弄潮,育人育己"的生命愉悦。

我今年已是65周岁,经常会有同行对我的工作节奏表示惊讶,"你不会累的啊?"是的,"子非鱼,安知鱼之乐?"当然,这种"携手弄潮,育人育己"的生命愉悦是我逐渐感受到并因此而甘之如饴的。

带团队成员,听课评课,送教讲座,品读论文并作修订反馈……在常人眼中,这是一种付出,是耗神费力的事。其实,这些工作还有另一面的价值:孔子曾言"教学相长",与学生在一起都可"相长",那么与一群优秀的年轻教师在一起,又岂是"相长"一词可以形容的？他们是如此的年轻而富有创造力，给我注入了生命的蓬勃活力；他们不断地在课堂内外提出和努力解决一些有价值的真问题，倒逼着我长期保持研究姿态，行走在中学历史教学的前沿；他们不时地取得各种或大或小的各类专业成绩，使我经常有机会体验"育人又育己"的生命愉悦。所以，我更愿意用"携手弄潮，育人育己"这八字来阐释从事教师专业发展共同体建设的价值，来解释我至今热衷于这项工作而"不知老之将至"的原因。下面这则絮事只是无数"相长"故事中的一则。

2020年初，新冠疫情初起，我省中小学全面停课。本工作室发挥自身优势，迅速组织团队力量，面向全省高中学生进行线上授课。3月9日，我率先出场，依托省名师网平台，面向全省高中文科生执教"名师带你学史料解读"一课，直播期间一直处于"爆棚"状态，当天的点击量超过了15 000人次，目前的总点击量已超过26 000人次。其实，早在2017年9月，本工作室就依托省名师网平台，组织了浙江省高中历史的首次"名师面对面"线上直播活动，受到一线教师热烈欢迎。从此起步，线上线下结合的混合式教研活动成为本工作室的新常态。

我之所以能继续弄潮信息化时代，主要得益于"后浪"的助推。人称"张工"的张勇老师就是其中一位。我与"张工"结识于2006年，他当时在职业中专任教历史课，却主动到嘉兴市高中历史学科基地网站当志愿者，逐渐成为基地不可或缺的"信息技术难题解决总工程师"。所以，我主持的省名师工作室特聘他担任"技术总监"。十多年来，我与"张工"互相关心，互为支撑：我持续关注其专业发展，一路鼓励并给予"路径指点"，现在的他已成长为嘉兴市名师；"张工"则极为耐心地指导我，让我学一招，再学一招，使我得以在日新月异的信息化大潮中，挣扎着，飘浮着，弄潮而行……当然，这样的"后浪"很多，如我学会使用QQ与微信、依托"热点"随时上网、建设"史平公众号"、借助钉钉与腾讯会议平台主持相关培训等，都是"后浪"们热心又耐心地指导的结果。

三、"团队人生"能够行稳致远的三个关键要素

2021年12月11日，由浙江省教育厅教研室主办的浙江省高中历史"关键问题解决"专题研训之教研沙龙活动在桐乡高级中学举行，主题是"教师专业成长的团队建设与教研思想分享"。由于这个沙龙活动带有祝贺我"荣休"的意味，所以省历史教研员戴晓萍老师指定由我的团队成员承担。当时，受疫情影响，我恰好处于隔离状态，鞭长莫及，只得任由他们干去。让我惊喜的是，沈叶芳等老师基于长期的教师专业发展共同体构建体验，凝练出优秀教师团队能够行稳致远的三个外显标志："拥有灵魂""有敏锐的教研方向""有成熟的教研策略"，并以此贯通整个活动过程。我当然极为认同他们凝练的内容。

不过,在本文中我更愿意从常人不太关注的内蕴角度,探讨优秀教师团队的行稳致远何以可能。如前所述,我的"团队人生"从2010年起进入"开挂"状态,一直延续至今。这种现象之所以形成,三个要素至为关键。

一是组织架构。根据组织学与管理学原理,组织架构是一个团队能否长期稳定而有活力地运行的关键因素之一。浙江省教育厅的相关文件也明确要求省名师网络工作室要按照"1位名师+10位学科带头人+100位骨干学员"的模式构建,但绝大多数省名师工作室事实上都是扁平化的架构,因为主持人的精力实在有限,主持人与学科带头人之间尚能形成较为密切的联系,但与散布于全省各地的骨干教师则只能是若即若离了。本工作室从创始之日起即采用"总—分"式立体架构模式。工作室主持人为导师;学科带头人为工作室核心成员;再由学科带头人面向所在地市招收若干学员组成地区团队,为骨干学员。

采取"总—分"式立体架构是基于十多年的探索实践。以行迹示意图中提及的创办于2010年的"高研班"为例,全体学员为26人,分成7个小组,每组安排一位"黄埔一期"成员为导师。这26位学员的后续发展极为喜人:1位已跻身特级教师行列,4位成为省教坛新秀,9位成为嘉兴市名教师,7位成为嘉兴市学科带头人。7位导师中,除本人已是特级教师外,还有4位相继成为特级教师,另外2位成为大校长。"携手弄潮,育人育己"的规律再次得到印证。

实践证明:"总—分"式立体架构可使专业团队中的主持人、学科带头人和骨干学员各居其位,各得其所。这一架构能最大限度地激发学科带头人在专业发展与引领协调等多方面的潜能,有利于造就规模适当、凝聚力与灵活性兼具的专业团队,形成"聚则一把火,散则满天星"的局面,使整个专业发展共同体能充满活力地持续运行。

二是全员参与。"全员参与"实为教师专业发展共同体行稳致远的又一要素。"主体意识"的确是"全员参与"的思想基础。专业团队主持人要努力倡导全体成员以团队主人的身份参与创建工作,主动承担各类工作。主持人更要为全员参与创造机会,如在团队集中研修时,要尽可能通过合理安排让每位成员都承担一定的任务,或上课,或微讲座,或主持,或专业点评,没有纯粹的"路边鼓掌人"。为此,我有意识地将团队承担的大多数专业项目,如开研究课、专题讲座、微课研制等,以"先报先得"的方式公开发布在工作室平台上,让各位成员视具体情况决定是否报名,逐步地形成了"抢任务"的风气。在这种氛围中,"主体意识"得以逐步形成和巩固。

公平公正地对待每一位团队成员是"全员参与"的重要保障。我从事教师专业发展共同体建设二十多年,对公平公正问题一直极为谨慎,唯恐一不留意而伤一人心,进而伤一群人。主持人不但要有公平公正的意识,更要有实际的行动:如重要活动要尽可能采取公开发布的方式,使人人都有平等选择与参加机会。对团队核心成员自主发起的专业活动,主持人应尽量以各种方式予以指导和支持。对团队核心成员的专业发展,主持人不但要提出明确的建议,还应根据他们的发展需求,有意识地为他们提供适当平台,予以具体指导。这种专业、温情与到位的关心,会转化成全体团队成员努力进取的内驱力。

三是专业赋能。"专业"是教师专业发展共同体的基石。散处各地的教师之所以愿意加入专业发展共同体,其直接用意一定是提升自身的专业能力。因此,专业赋能是主持人最主要的任务,要充分发挥自身的专业优势,通过各种方式与路径,尽可能地引领全体成员达成初衷。

强化"研究意识"是专业赋能的关键途径。"研究意识"虽然无形,但它能让团队成员终身受益。当然,研究意识的形成需要一个过程,并要借助成功的践行才能实现内化。我有意识地引导团队成员关注高中历史教学的发展趋势,把历史教学中遇到的有价值的问题作为研究重点,确保研究成果能发挥引领作用。如在2019年上半年,新一轮高中历史课程改革即将全面展开,工作室在率先组织试教活动的过程中,发现"统编教科书内容多与课时紧张的矛盾"非常突出,遂决定面向全省高中历史教师,组织专题教学展示活动,探讨破解之策,引发了全省同行的高度关注。活动结束后,研究课的执教者徐峰老师继续优化教学设计,提炼破解矛盾的主要策略,并将这种思考凝练为文字。最终,其教学设计被人民教育出版社评为"统编高中历史教科书优秀教学设计",《统编教科书教学设计的三个关键》一文发表于《中学历史教学参考(上半月·综合)》2020年第2期,并被人大复印报刊资料《中学历史、地理教与学》2020年第4期全文转载。这样先行一步研究所形成的研究课、教学设计、专题讲座与教学论文四位一体的成果,不仅有效地丰厚了徐峰的专业积累,也对其他成员研究意识的强化有显著激励作用。

高价值项目也是专业赋能的重要途径。高价值项目,通常有较高的学术要求,需要团队成员合作完成,能产生多方面的效益。这类项目既能助推任务承担者的专业修炼,又能涵养专业团队的凝聚力,还有利于提升团队成员的成就感。这些年间,本工作室有幸经常承担高价值项目,除上文提及的四场"教研在线"活动外,不妨再列举两例:2018年,朱能等6位成员参与由朱汉国、何成刚任主编的《新版课程标准解析与教学指导·高中历史》的编写工作,并由北京师范大学出版社于2020年出版。这项工作让我们有机会先行一步地对课程标准进行深度研究,有助于我们更好地理解与用好新课标、新教材;更早些的2016年,本工作室夺得由浙江省教育技术中心组织的《名师带你学历史》一书的编写权,因此有机会以本工作室的学科带头人为核心,组织近40名团队骨干成员按丛书的统一要求开展编写工作,这既是全体参与者深入研究教材与教学的过程,也是接受较为规范学术训练的过程,还是增强团队凝聚力的过程。此书出版后一再重印,2021年又推出了第二版。当然,名师送教活动也是高价值项目,最近7年,本工作室总计组织送教活动20多次,送教足迹远及贵州三穗、广西桂林、云南怒江、安徽淮北等地及浙江省的山区与海岛学校,送教活动有效地提升了任务承担者的综合素养,也进一步扩大了本工作室的专业影响力。

显而易见,"团队人生"故事自然与我相关,也与团队成员们相关,还与关心教师专业发展的各方有识之士相关。没有这些鼓励、支持甚至是扶持,"团队人生"绝无精彩展开的可能。所以,我诚挚地致敬所有为此而付出了心血的人们!

---

[1] 戴加平.承担起历史教育的使命:我对历史教研员工作的实践与思考[J].中学历史教学参考,2010(7)(8).

[2] 戴加平.你往何处去:中学历史学科的现状与前景透视[N].浙江教育报,1997-11-29.

(本文选自《中学历史教学参考》2022年第11期)

「回顾自己的教师职业生涯，年轻时怀揣着破茧成蝶的期许，我感觉自己在持续的职业技能训练中，经过追问职业价值、追求职业理解、寻求职业认同的过程，从一个普通的历史教师变成了对历史教育有热爱、有执着、有想法的人。人生如逆旅，你我亦行人。」

夏辉辉　研究员，南宁师范大学未来教育学院教研员。全国历史教学专业委员会常务理事，广西历史教学专业委员会常务副理事长，教育部国培专家，华南师范大学兼职教授、南宁师范大学硕士生导师，《中学历史教学参考》编委。广西教育厅审定教材《高中生生涯规划指导》及《高中生生涯规划实操手册》副主编，广西中小学党史教育教材《红色广西》执行主编，多部学术专著由北师大、复旦大学、华东师大出版社出版，多篇论文发表于核心期刊并被人大报刊复印资料全文转载。

历史教育问学十年：从追问核心、追求理解到寻求认同

○ 夏辉辉

作家余华曾在一篇序言中说：作者的自序是在漫漫记忆里去确定那些转瞬即逝的地点，与曾经出现过的叙述约会，与自己的过去约会[1]。这样的说法也适合比喻不断总结回忆从教生涯的教师。多年前，我曾阅读萧公权先生的《问学谏往录》一书，作者在结束42年教学生涯后，追述毕生求学、教学的经历，记叙自己七十年来所受于亲长师友的栽培之恩，点点滴滴，感人至深。到现在，我还记得自己在看学生晚自习时，一边读这本书，一边望着教室里刻苦勤读的学生，心想：一个人为何能在70岁高龄还能对过往所历之事、所受之恩如此详细地记录？待我70岁时又能记下点什么？带着对萧公的景仰，我也常喜"与过去约会"，不断梳理自己的人生。

2009年，我作为一名不算太年轻的历史教师，应中学历史教学参考编辑部之邀，写写自己的成长经历，虽惶惶然却有些大言不惭，以"成长：蝴蝶的故事"为题，撰文并发表于《中学历史教学参考》2009年第10期。现在细细想来，写此文时，我虽已认识破茧之坚毅，却也多少有一些"化茧成蝶"的自得。十二年后，茧已破，却不再敢妄言化蝶，今再次受中学历史教学参考编辑部之邀，反思十余年来从教治学的不足，以作为青年教师的"前车之鉴"。

一、扎根课例研究：寻找历史教师的专业尊严

2008年，我走上东莞市历史教研员岗位，最初也非常懵懂，不知如何开展课堂教学研究。在教研员岗位上，我开始超越个人的教学经验，有了更多的课堂经历——既看到了光鲜照人的公开课，也看到了问题丛生的常态课；既接触了手忙脚乱的年轻教师，也认识了很多娴熟自如的专家教师；当然，我也看到了许多"跪着教书"的历史教师，他们在教学中找不到方向、迷失了自我。在不断交流与学习的过程中，我学习运用课例研究的方法开展课堂教学研究，并把改进历史课堂教学质量置于教师专业自信、获得专业尊严的

视角。

2012年出版的《问题解决：历史教学课例研究》一书，是在何成刚老师的帮助下写就的，记录了与东莞历史教育同行一起开展课例研究、孜孜不倦地追问历史课堂教学核心的过程。我们研究了很多问题，比如历史故事在教学中的运用、为"失魂"的战争史教学找回灵魂、从学生认知的角度进行历史概念教学、运用史料开展历史探究教学、课时教学目标的斟酌与确定、概念教学和线索教学的综合运用、创设有效的历史教学情境等，正是对这些零散教学问题的研究，锻炼着我们作为实践研究者的心智。

这是一个迷人的研究过程——我和参与研究的历史教师共同经历了从迷信专家和专业理论走向在实践中研究、找回自我的过程。历史与社会的实践告诉我们，人类从离开茹毛饮血的丛林开始，就在寻找人类生存的价值与尊严，人从出生到成年，也是一个寻找个体尊严的过程。在实践中进行研究，帮助教师获得了专业自主权，增加了实践性知识，教师在千头万绪的工作中清醒地看到自己的长处和短处，获得了提高教学水平的知识和经验。从教育示范的角度而言，没有自尊自强自信的教师，便培养不出自尊自强自信的学生；从教师专业发展来看，这种彼此理解接纳、同行认同欣赏，最后实现差异互补的教师专业共同体，让我真正感受到了帮助自己的同时也帮助别人找回尊严所获得的教育幸福感。

人生的选择从来就没有偶然。现在回想起来，我从做教研员之初就选择了以课例研究为切入点，实是受益于我2007—2010年在北京师范大学攻读硕士研究生阶段的学习，我的硕士研究生论文《反思性教研活动的设计与实践》得到了北京师范大学马卫东老师、北京大学李茵老师的悉心指导，是对以课例研究为中心的教师反思性实践活动的总结与提升。2012年9月北京师范大学出版社出版的《智慧课堂：史料教学的方法与策略》一书，发表于《中学历史教学参考》2011年第7期的《理解与超越：围绕史料展开教学设计比赛的实践性认识》，2013年第12期的《关于历史导言课的反思与重构——从专题教研活动说开去》等文章，都是这一时期东莞历史课例研究的重要成果。

史学阅读和史料教学是提升历史教师基本功的重要抓手，在过去十年教研工作实践中，我在何成刚老师的团队中，持续地加强自我修炼，也把自己及团队的成果分享给更多的历史教师，由北京师范大学出版社2015年10月出版的《史学阅读与微课设计·世界古代史》、由复旦大学出版社2018年8月出版的《历史课标解析与史料研习·世界古代近代史》等著作就是这些研究的部分成果。

二、追问核心目标：寻找历史课堂的"灵魂"

在课例研究的过程中，我也深切地认识到，课堂是一个复杂的、难以预测的环境，它的"复杂性、不确定性、不稳定性、独特性"犹如一块"低洼湿地"，让人困顿不已[2]。如果说2004年高中课程改革促进了我对历史学科育人价值的总体认识,走到2010年,历史学科育人价值如何落实到具体教学过程中去?如何与具体的历史知识建立有机的联系?这些问题既是我思考的重点,也是我们感到非常困难和困惑的地方。三维目标的提出为学生的整体发展提供了新思路,但是,三维目标的散乱亦是教学中不可回避的现象。上海市历史教研员於以传老师针对历史课堂时弊发出"教学无中心、史学无神韵、观念无灵魂"的呼喊,于我心有戚戚焉。

从普遍性的历史教学问题出发,我开始聚焦历史教学目标。彼时,核心素养尚未提出,历史课堂教学的"核心"是什么、如何确定并未达成共识。我寻找历史课堂教学的"支点",追踪近三十年来我国相关教学研究成果,从"为什么而教"这一问题出发,认识到三维目标的内在统一性是"人的发展"。受华南师范大学张向阳教授的启发,提出了"历史教学核心目标",即在三维目标中选取某些维度作为核心目标,结合其他维度的相关因素构成具体的教学目标体系[3]。

核心素养的提出,总体性地解决了历史学科育人价值问题,为历史课堂教学核心目标的构建提供了更有力的课程支撑。为此,我对历史学科核心素养进行了持续的研究,撰写了《历史学科核心素养的价值取向与教学落点》《核心素养的教师话题:做一个完整的人》《"唯物史观"素养水平划分的分析与建议》《普通高中历史课程标准视野下唯物史观的教学分析》等文章,对时空观念、唯物史观等核心素养阐述了自己的教学主张。在此基础上,我进一步指出,要在"教育目的—教育目标—课程目标—教学目标"的体系中寻找课堂教学核心目标,并结合三维目标与核心素养构建了研究模型(见图1),同时还提出了核心目标确定的具体策略[4]。"中学历史核心目标教学"作为一个学术与实践相结合的概念逐渐为同行所熟知并被广泛实践。

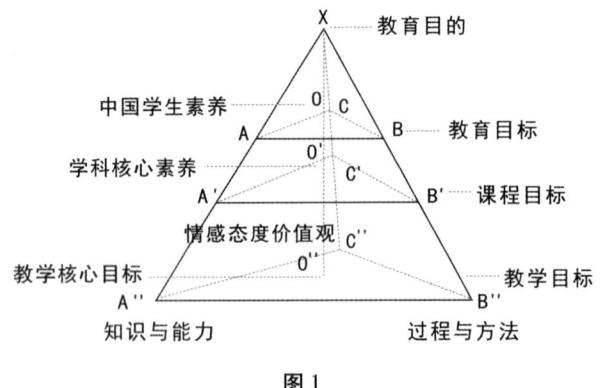

图1

教师的专业发展往往是实践与研究并行的,2014年我申请了省级课题"中学历史教学核心目标的研究",并获2017年广西基础教育教学成果二等奖。同时,2012至2016年我参加了广东省中小学新一轮"百千万人才培养工程"的学习,体会到发挥教学专长、形成教学风格、提炼教学思想是教师专业发展的重要步骤。对核心目标教学持续研究让我形成了"价值导向—目标定位—史料教学"的历史学科课程和教学风格。

随着课程改革的不断深入,统编版历史教科书的使用,大单元、大概念成为学科核心素养培养的重要锚点。2019年以来,在过往研究的基础上,结合相关研究成果我提出了单元核心目标,构建了目标体系研制模型(详见图2),研究的主要进展有如下几个方面:

第一,区分教学内容研究系统与教学目标分析系统,把教学内容与教学目标区分开来,进一步确立教师的目标意识。

第二,借助历史大概念搭建教学内容与教学目标的桥梁,让学科核心素养能够与具体的教学内容相结合,形成针对性强的教学核心目标。

第三,对核心目标进行降维分解,结合课标、教科书、学情及史学研究成果,将核心素养分解为必备知识、关键能力、核心价值,为落实核心素养提高可操作性。

第四,对知识进行结构化处理,增强知识的可迁移性。

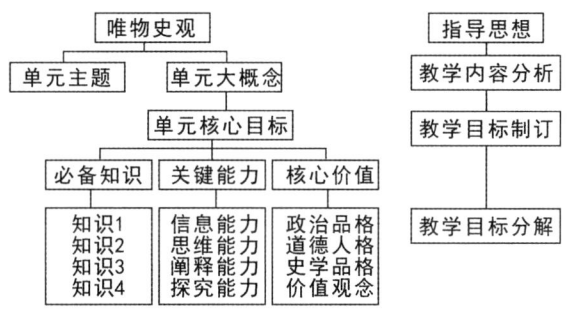

图2

在研究的同时,我组织广西历史教师开展统编版高中历史大单元、大概念的教学实践活动,得到了全国同行的大力支持,先后与东莞的毛经文老师、西安的郭富斌老师、扬州的鲁东海老师、上海的杨冰老师、广州的陈洪义老师团队、云南缪长春老师进行了交流,并得到李惠军、李月琴、王耘、方美玲等专家、教授的指导,整体提升了广西高中历史教师课程实施水平。在践行新课程理念、落实学科核心素养的过程中,我极大地受益于黄牧航教授《中学历史学科核心素养的教学与评价》一书,该书在中学历史课程与教学改革探索的基础上,提出了核心素养培养的课堂教学策略,建构了核心素养测评模型,具有很强的现实指导意义。

三、追求理解:寻找认同教育的课程支撑

在落实家国情怀、探寻认同教育路径的实践中,我一直对地方文化及身边的历史有着独特的兴趣。在东莞教研室工作期间,围绕《东莞地方历史读本》,我与老师们一起开

展了较为深入的馆校合作项目,与东莞市博物馆一起开展地方文化实践课程。同时,引导孩子们关注家史、记录身边的历史也取得了非常不错的成果。2016年,我随华东师范大学历史系赴德国参加历史教育海外研修暑期学校学习,对公众史学有了进一步理解。来到广西之后,2017年我申请了广西教育科学"十三五"规划课题"核心素养背景下'非遗'主题地方特色课程建设研究",后又继续申请了广西教育科学规划2021年度课题"推动边疆少数民族地区青少年增强国家认同、民族认同、文化认同的多样化教育方式研究",依托地方文化资源,围绕认同教育,以口述历史为主要研究方法,结合博物馆教育、红色研学、生涯教育等形式,持续开展跨学科主题教学。此外,我还担任了广西中小学党史学习教育教材《红色广西》执行主编,2021年2月由广西师范大学出版社、广西民族出版社出版。

在以上各项研究中,运用口述史研究地方文化,促进学生理解文化、理解他人,促进代际沟通,对形成共情、共鸣、共识的认同教育课程体系具有独特价值。经过四年多的研究,我们的口述历史地方文化课程研究团队遍及广西、甘肃、云南、贵州、青海等省区,到2021年共有29所中学参与研究项目,研究内容从最初的"非遗"传承,扩展到包括家史、校史、职业人生、地方文化变迁等。以广西区内为例,研究项目有"横县南山白毛茶'非遗'技艺传承口述历史研究""南宁市三街两巷原住民口述历史研究""多彩人生绎曲调——广西彩调传承人口述历史研究""桂林黄昌典毛笔制作传承人口述史研究""桂剧人生""寻校友记忆 悟廉中情怀——合浦廉州中学口述校史研究""博白空心菜种植者人生"等。此外,我连续三年组织中学生在寒假期间进行中华优秀传统文化征集活动,倡导学生拿起笔纸、手机、摄像机向自己的长辈、身边的匠人采访,了解家庭、家族的故事,了解地方文化的变迁,并用文字、绘画、视频等方式记录下来,三年来共有一万多名学生参加了记录活动,对学生的认同教育产生了持续性影响。我与口述史研究团队的成员共同发表了《依托非物质文化遗产打好家国情怀的底色》《跫跫足音:基于项目式学习的中学生口述历史校本课程研究》《非遗口述史:见人、见物、见生活》《以口述史构课,以耕耘文化铸魂》等文章,中学生口述地方文化课程的影响逐渐扩大。

几年来,我们就认同教育初步形成了以下认识:

第一,分析了认同教育的困境。当前,认同教育存在泛化现象,似乎认同教育无处不在,实际上却又出现了知识断裂、过程断裂、能力断裂和情感断裂,也就是认同教育缺乏相对稳定的知识支撑、缺乏有效的教育实践过程、学生实践能力不足、缺乏情感共鸣等。因此,要通过研究解决认同教育可教、可学、可评、可测等操作性问题。

第二,初步构建认同教育课程理论。认同教育的认知特点是在价值引领下,学生在过程中实现共情、共鸣、共识,最终达成价值观的认同。因此,其认知规律是以自我为圆点,向家庭(家族)、地方、国家逐步扩大,即学生首先要悦纳自我、认同自我,才能把这种认同感由己及人向外推动。其培育方式主要是渗透教育、浸润教育,包括学科渗透、活动渗透、环境浸润等。

第三,探索"悦纳自我—根植乡土—厚爱家国"的认同教育课程体系。我们运用中华优秀传统文化中的"修身、齐家、治国、平天下"思想,遵循认同教育培养规律,在历史学科中引入融合教育理念,形成由近及远的四层课程体系。一是"悦纳自我,体验生活"的基于自我认知的生涯体验课程;二是"关注身边,聆听长辈"的基于口述历史的家史校史课程;三是"根植地方,传承基因"的基于广西乡土资源的地方文化课程;四是"聚焦核心,单元统整"的基于统编历史教科书的学科渗透课程(见图3)。

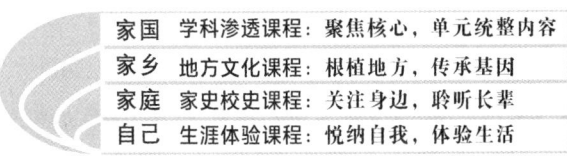

图3

第四,构建"价值导向、目标定位"的认同教育课教学策略。在实践中,我们积极挖掘认同教育的知识点、能力点和素养点,为认同教育的可教可学可评可测提供依据,构建了认同教育"三寻"教学策略:一是探寻核心,即探寻支撑认同教育的核心素养、核心能力、核心知识;二是追寻理解,即以理解为中心的认同教育关键能力培养模型;三是寻求认同,即以增强国家认同、民族认同、文化认同为主的过程性评价模型。

对认同教育的研究,实际上是我对历史教育价值认识的深化,亦是核心目标教学研究成果,从历史教学到历史教育乃至教育实践运用的过程。这个思考过程是艰苦的。比如说,认同教育课程体系的研究,我们经历了"从大到小""由远及近"的研究过程,由学科渗透课程到地方文化课程、学校实践课程,再到生涯体验课程,从国家课程、地方课程、校本课程再到学生自我认知的过程,最后才逐步形成了"从小到大""由近及远"的符合学生认知规律、适应认同教育教学规律的课程体系。又如,生涯教育是近几年才被基础教育逐渐熟悉的教育新概念,尤其是在高考综合改革的推动下有了较大发展,通过梳理课程体系,我们逐步确立其在认同教育中的课程价值与课程地位。

以上变化,得益于我到广西教育学院工作后,有了更为广阔的教育视野,涉猎了教育政策研究、生涯教育及研学实践教育等领域,认识到学生核心素养不能囿于学科教学和课堂教学。随着社会与教育的发展,育人方式正在发生巨大变化,从前"课堂是学生的世界",现在"世界才是学生的课堂"。近年来,教师教育理念转变所涉范围越来越广,从一直以来关于历史教科书的讨论,到育人目标体系的不断更新迭代,再到育人方式的变革,这些都是我国教育进步的重要表现。教育教学研究实践让我感悟到,我们生活在一个剧烈变动的时代,保持一颗不断学习的"赤子之心",是应对变化时代的最佳状态。

  从生涯规划的角度来说,过去十余年里,我经历了一个更为复杂同时也相当丰富的职业生涯历程。正如我对历史课程与教学的研究路径一样,我的职业生涯也经历了从追问职业核心价值,到追求职业价值理解,再到寻求更为广泛的职业价值认同的过程。这种生涯之路似乎没有规划,充满了机遇和偶然,但冥冥之中我感觉到,是自己对历史教育的热爱与信心,让我没有放弃研究;也是在更多同行师友的帮助与提携下,让自己总在问题、困难与办法之间不断寻找一条出路,而不致困顿和迷失。

[1] 余华.在细雨中呼喊[M].北京:北京十月文艺出版社,2018:1.

[2] 夏辉辉.问题的解决:历史教学课例研究[M].北京:北京师范大学,2012.

[3] 夏辉辉.追求历史教学价值　探寻课堂教学本质:关于"一节好的历史课"的思考[J].历史教学(上半月刊),2013(11).

[4] 夏辉辉.上好每一节"家常课":中学历史核心目标教学的追求与旨趣[J].中学历史教学,2015(9).

  【附记】本文是夏辉辉主持的广西教育科学规划 2021 年度课题"推动边疆少数民族地区青少年增强国家认同、民族认同、文化认同的多样化教育方式研究"(项目编号:2021371)的成果之一。

(本文选自《中学历史教学参考》2022 年第 1 期)

走近名师

「时间恒定，空间无限，境界无垠。推动世界进步的力量是人，推动人前进的力量是教师。教师，理应是在专业发展和教书育人上永不懈怠的人！」

徐赐成 教育学博士，陕西师范大学历史文化学院教授、博士生导师。中国人民大学书报资料中心《中学历史、地理教与学》杂志社编委，《内蒙古师范大学学报》（教育科学版）编委，《中学历史教学参考》杂志社特约研究员。曾扎根基础教育一线课堂16年、专职从事教育科学研究管理工作3年、在省教育厅兼职从事教师队伍建设工作10年。入职陕西师范大学历史文化学院后，全心投入历史教师教育、历史教育实践研究和历史教育学学科建设工作。

历史教育需要师生共成长

○ 徐赐成

2009年,在我从事中学历史教学工作满15年的时候,结合一些肤浅的体会,不知天高地厚写了《摆好姿势,亮出姿态——在自然成长中主动成长》的文章,发表在《中学历史教学参考》"成长感悟"栏目,作为该刊同步推出的"走近名师"栏目的映照,以向"名师们"汇报和学习。近日,承蒙编辑部厚谊,约我写写最近十多年的成长情况。思来想去,难说成长,只觉"老去"之意。不过,与前15年在实践中摸爬滚打稍有不同的是,最近12年,我是在师友、同行和学生的帮助下,逐步以历史教育研究为要务,深感"历史教育需要师生共成长"。因之,我就把十余年的学习和学术生活做一回顾,算是所谓"转型"的一种解释。

一、历史教育本质即师生共成长

没有哪一门学科像历史科这样,必须将历史教育定义在学生成长上,否则历史知识就面临着"学它有什么用"的诘问;没有哪一种教育像历史教育这样,必须注重历史思维、认识和智慧,否则历史学习就面临着"死记硬背有什么错"的理直气壮;没有哪一类教学像历史教学这样,必须直面社会发展中的实际问题,否则历史教师就面临"你和百度谁更强"的调侃。因此,当真切面对这三个问题时,每位历史教师很难自信地回答:历史课,只要我教得好就行。我们必须承认,历史教育的过程是师生共同学习、探讨、解释和认识历史的过程,也是师生共同成长的过程,单向输出的历史教育一定是低效的教育。

(一)历史教育基本概念中的师生共育

教育过程中的"教学相长"是古今中外的基本教育认知,也是教育发展的本质规律。但就教育实践过程而言,要让"教学相长"真正发挥实际作用,并不是知道和理解"教学相长"这条原则就可以。近十余年来,历史教育研究从问题研究开始走向重视基本概念研究,必然要在根本上重视师生关系研究。

经过多年酝酿和准备后,我终于有机会在2012—2015年间师从赵亚夫先生攻读博士学位,以"中学生历史意识建构"为研究方向。在亚夫先生的指导下,广泛阅读"历史意识"研究资料,重新审视历史教学实践,聆听先生的"历史教育研究理论导读",深入课堂现场,对以往司空见惯的教学现象、习以为常的教学做法、熟练运用的教学技能,甚至是沾沾自喜的教学"特色"均产生了不同的看法、理解和疑惑。而困惑背后的共同原因是,这些"教育经验"缺少学生视角,更缺少从学生发展视角的研究成果。在此过程中,亚夫先生就"历史意识"与"历史教育"的关系进行了理论构建,指出"历史教育不可或缺的内容就是历史意识……只有在历史教育和历史意识的目标都是健全的且保持相当一致时,其赋予历史知识、历史思考、历史理解、历史解释等要素的内涵,也才可能是理性和健全的"。进而强调指出"历史意识是历史教学的灵魂……现代学校历史教学被放在历史教育学架构中的教学的全部问题意识抑或难题,皆自历史意识引发,也由历史意识终结"[1]。这就在理论和实践上阐明了历史意识在历史教育中的学术价值和实践路径。此后,我的博士学位论文《中学生历史意识建构研究》[2]在讨论历史意识的教育功能、重新审视历史学习价值的基础上,系统阐释了中学生历史意识建构的途径和方法,重点分析了历史知识、历史方法和历史情感因素与历史意识建构的关系、学生主体参与历史意识建构的表现,从而全面总结了中学生历史意识建构与历史教育实践的内在关系。

2018年,张汉林的博士学位论文《中学生历史思维能力发展研究》如期完成,这篇文章的研究方式和基本立论与此前几年的"历史思维"研究成果相比,最大的不同就在于"学生视角"。文章首先从"中学生习得的历史思维能力""历史课程标准与历史思维能力"和"历史教科书与历史思维能力",从学生学习生活入手,以"历史课程标准"和"历史教科书"这两个与学生学习关系最重要的文本为基点,全面分析了"历史思维能力的现实图景",一改以往在此问题上对相关理论或"舶来品"的削足适履。文章在建构中学生历史思维能力体系的基础上,结合教学实践讨论了"历史思维能力的培养策略"[3],具有较高的理论和实践价值。

2019年,郑士璟以《中学生历史知识建构研究》[4]获得博士学位。这篇文章基于中西方的"知识理论"探讨了"历史知识的视域和内涵",对"历史知识"这个近乎"口语化"的概念,进行了深度的理论阐发,对历史教学实践具有振聋发聩的作用,令一批资深历史教育研究者为之赞叹。另一方面,文章对中学生历史知识学习现状进行分析,从历史知识的获得途径、认知过程和历史教科书知识的特点及影响角度,探讨"历史知识"学习之难,对历史教学领域的不良现象做了深度批判。有了这两个方面对现实具有"颠覆性"的研究成果,文章对中学生建构历史知识的"实践基础"和"途径与策略"的研究,自然就比较深入。可以说,这篇文章让以"历史知识"为重的历史教育工作者眼前一亮、茅塞顿开。

(二)历史教育研究共同体聚焦师生共育

这里之所以要讨论这三篇博士学位论文,请读者不要指责我仅列举我的同门师弟的成果,而是因为我另有其他的体会和认识。第一,这三篇文章作为历史教育学的研究成果,确实有旗帜鲜明的"学生立场"和"实践立场",是指向问题解决的重要尝试,而且都以历史教育实践中的根本性问题为研究对象,无论成果水平如何,这样的研究动机、范式和价值取向是应该得到同行的鼓励和批评的。第二,通过我们自己的研究过程发现,我和汉林此前都是一线老师,都非常关注一线教学实际问题。在完成博士学位论文的过程中,亚夫先生要求我们必须改变以往的研究方式,要学习并逐渐学会从理论的角度思考和研究实践问题,尽量不要仅仅就事论事和经验总结,必须要向理论与实践结合的目标迈进。在完成这个任务的过程中,我们都曾感觉力不从心,整个过程是非常艰难和痛苦的。但是,我们由此切实认识到,没有理论视野和运用能力,不要说从根本上解决问题,甚至是费了九牛二虎之力,连真正的问题是什么都没摸着门径,必须要有这样的过程。第三,既然是同门,我们在写作和研究过程中的交流和讨论自然是非常多的,真切感受到建立真正的历史教育研究共同体的重要价值。

我受益最多的"学术研究共同体"是"赵亚夫博士生微信群",这是一个真正以学术研究为志趣的纯粹的共同体,其产生的经验和智慧完全具有借鉴和推广价值,对我们的教学和研究有直接的帮助、推动和提升功能。首先,亚夫先生为博士生们系统开设"历史教育学课程",通过音频消息,为我们完整讲授"历史教育学专业基础要籍导读""人文学科经典导读""历史教育研究理论导读"等,内容涉及中国古典文献、近现代历史研究和教育研究经典文献、世界历史教育基本文献,以及马克思主义理论经典等领域,甚至包括绘画、书法和艺术史内容。这些课程是亚夫先生为我们这些学生量身打造的,对我们的影响是终身的。其间,我们通过写书评和课评、先生批复的方式深度交流。当然,这样的共同体研究经验是有其特殊性的,不必也无法复制,但其重视学术共同体的学术性、研讨性和实践研究的指导性,是应该可以借鉴的。

在此期间,我开始作为一名在高校工作的历史教育研究者,深度参与系列的研究活动,同时对学术研究有了更多体会。一是全国历史教师教育专业委员会的前四届年会。2009年9月20—21日,全国历史教师教育专业委员会成立大会在陕西省西安市西北饭店举行,华东师范大学钟启泉教授的《为了教师的发展》、中国社会科学院历史研究所王震中教授的《我国早期国家的结构》和教育部基础教育课程教材发展中心刘坚教授的《把新课程写入历史》的专题报告让我记忆犹新,会议专题研讨"历史教师教育与教师专业发展"主题。2010年8月19—22日,第二届年会暨"历史教师的学养与教养"学术研讨会在上海市晋元高级中学召开,华东师范大学沈志华教授的《"冷战"与中苏同盟的兴衰》和国防大学姜鲁鸣教授的《中国军民融合发展之路的探索》报告具有开阔视野的功效,李惠军的"十月社会主义革命"和郭富斌的"斯大林模式社会主义经济体制建立"两堂现场课发人深省。2011年10月14—15日,第三届年会暨"历史教育与学生的公民素养"学术研讨会在辽宁省大连市红旗高级中学召开,红旗高级中学杨晓军的"从大连近代看中国百年变迁"和扬州中学王雄的"辛亥革命"现场课,以及深圳市教科院宾华的《评课的时域和视角》微报告,对课堂教学实践和评价问题做了深入探讨。中山大学教授袁伟时先生在学术报告中强调历史教育工作者要注重历史学习方法和教学方法问题。外交部西欧司原司长张拓先生以自己丰富的外交经历和广博的外交知识,深入浅出地讲解了中国外交工作的成就、经验和面临的困难,并对中国外交的任务和发展形势进行了前瞻性分析,开拓了大家的眼界,深化了我们对外交工作的理解和认识。2012年7月15—16日,以"深挖历史教育内涵,提高历史教学质量"为主题的第四届年会暨学术研讨会在南京市十二中召开。华东师范大学杨奎松教授的《关于中学历史教学中值得注意的几个问题》和清华大学秦晖教授的《"文革"之谜——关于"文革"的若干问题》的学术报告具有思想启蒙的作用,湖北省宜昌市第六中学特级教师王英姿的"明清文化"和江苏省镇江市第一中学特级教师王生的"资本主义世界市场的形成和发展"的现场课也别有风味。二是参加《中学历史教学参考》的历届年会,年会上各地教学名师云集,名师工作室充分交流经验,尤其是参与会议过程中与编辑部各位编辑的深度交流,都是我难得的学习机遇。三是连年参加美国社会科国际学术年会和到德国、俄罗斯交流学习,都大大拓宽了我的学术视野,对我近年来的学术研究和课程建设大有助益。

(三)历史教育改革的师生共育价值取向

回首近十余年的历史教育改革,影响最大、持续时间最长的研究主题有三个:一是"史料教学",虽然"史料"已经成为历史教、学、考的标配,但相关研究成果中经验和争议并存,理论和实践共鸣,根本原因就是"史料教学"是需要师生共同参与的活动,难度较大。二是"主题教学",由于"主题"设计必然关注学生,也是进行教学设计、体现教学特色的重要方法,因而备受推崇。三是"教学目标"研究,从围绕"三维目标"的讨论到聚焦"核心素养"的解读,着眼点都在于教给学生什么,就是对标"培养什么人,为谁培养人,怎样培养"的基本问题。

由此反映出,历史教育改革的总体趋势是越来越关注学生学习和素养培育。为此,教师必须在研究的基础上提高历史教育实践效果。我也曾就上述主题参与讨论,逐步从概念性理论研究通过问题研讨进入实践研究,学习做一名重视理论与实践结合的历史教育研究者。

二、历史教育研究指向师生共成长

上述内容已经反映出历史教育研究的"学生取向",也必然导致"师生共育、教学相长"的研究趋势,只有从"学生取向"和"师生共育"的立场出发,历史教育研究及其实践才能真正扎根实践、取得实效。

(一)国内历史教育研究的转向

近十余年来,国内历史教育发展呈现团队协同、多方联动、重心下移的总趋势,研究内容以实践问题和理论研究的协调共进为主要特色,研究范式则有解释主义的特色。我个人的研究工作也受此影响,并深度参与其中。

首先,团队协同在多个领域有不同的表现形式。一是基础教育领域的"名师工作室",在省市教育行政部门推动、教研部门的具体组织指导下,形成了诸多特色鲜明、效果良好、成果丰富的名师工作室,很多名师工作室在全国形成辐射效应,产生良好效果。在名师工作室发展的过程中,一些报刊及时跟进,深度挖掘,推进成果的提炼和推广。其中,《中学历史教学参考》《中学历史教学》《历史教学》和《中国教师报》的参与成效明显。二是高师院校成立的"历史教育研究中心"成为一大潮流。目前,首都师范大学、北京师范大学、华东师范大学、华中师范大学、陕西师范大学、福建师范大学、四川师范大学和扬州大学都成立了类似的研究机构,共同特点是研究队伍跨地域和领域,在学科上不局限于历史教育专业,从"大历史"的学科视野研究历史教育问题。这些"研究中心"的研究特色大致有两点:一方面是与基础教育联系紧密,如北京师范大学、首都师范大学尤为突出;另一方面是与国际历史教育研究对接合作,华东师范大学在此方面成绩突出。另外,华中师范大学作为教育部教材研究基地,充分发挥了辐射引领作用。三是以课题研究的形式形成的研究团队,如张汉林的"国外历史课程标准中的国家认同研究"研究团队、王雅贞的"中学历史教师教研能力提升路径研究"研究团队等。在这些方面,我都是参与其中,受益良多。

其次,在长期酝酿的基础上,基于理论视野的"实践性"研究成为主要特色,最近几年的表现尤为突出。例如,"2019年度历史教育研究成果具有鲜明的'实践性'价值取向,借助于理论研究、综合研究的前期成果,解决历史教育实践具体问题,使历史教育研究越来越成为历史教师教学生活的基本形态,逐步实现历史教学和历史教育研究的协调统一,并最终为历史教育质量的提高、历史教师专业发展的常态化奠定了坚实基础,为整合历史教育研究力量、提升历史教育质量搭建综合平台"[5]。2020年历史教育研究"切合历史教育实践中的焦点和难点问题,积极观照统编教材实施过程中的教学困惑和有益探索,提出以主题教学、史料教学和在线教学为切入口的解惑路径,更加强调教学目标的预设与生成,积极探索核心素养培育背景下的课时教学目标的拟定问题"[6]。2021年度历史教育类研究成果,"在深化基本问题研究和回应现实热点方面,成果和效果是突出的,但……对学生和理论的研究还应该付出更大的努力"[7]。从近五年历史教育研究总的情况看,历史教育教学研究关注的也是要克服的三个重点问题:"一是要从理论上、从历史学和教育学的学科视野中、从学生未来成长的需求上,对历史学科核心素养的内容和落实措施要进行深入的、突破性的研究;二是不必把所有的实践问题都与历史学科核心素养挂钩起来,有些问题本就长期存在,'核心素养'只是提供了一种新的思考角度,因此没有必要把问题的解决思路单单局限在'核心素养'之内,导致用新的问题掩盖本来的问题;三是应该转变历史教育教学的研究方式,要从单纯的文本陈述,转向植根于丰富、广博、真实的实践"[8]。在长期跟踪研究动态的过程中,我深深感到历史教育研究如何深入是最难的问题。

再次,解释主义研究范式在历史教育研究中大行其道,它主要研究那些主观的、需要进行解释的组织要素,而且主要依靠解释主义者更多从主观的个人的经历和感受找到和研究的含义。它认为人类对世界的体验并非是对外界物质世界的被动感知与接受,而是主动的认识与解释。主张对于复杂世界的认知是通过研究生活在这个世界中的人群的经验以及观点而实现的,研究者应该深入现实生活去领会并且通过科学化的手段及语言去解释并重建这些概念与含义。比如,交互式面谈、参与式观察等研究手段。近年来,不论是偏向理论性还是实践性的历史教育研究,包括一些具体问题,如历史教科书研究,都强调研究主体的阐释和解读,这成为历史教育研究的一种特色和推动力。可以说,近十余年来我的研究成果,基本属于解释主义的研究方式,既做不到实证主义,更没有实现批判主义。

(二)国际历史教育研究的趋势

针对这一时期国际历史教育趋势的分析,当以赵亚夫《世界基础教育改革与历史课程发展走向》一文为代表,明确指出当今世界历史教育普遍面临"政府干预越来越多""专业性和普及性之间的矛盾突出"两大挑战。为此,世界各国普遍的做法是"建立历史教育专业"以加强研究,尤其是历史教育的"课程定位""课程目标""课程实施"和"课程效果"四大重点,即"谁拥有知识""谁解决问题""谁在做探究""谁反思历史"四类问题,以从根本上讨论"历史理解、历史分析、历史反思和批判"[9]。这篇文章对当前的历史教育研究具有重要的指导意义,如果以此为观察依据,可以发现此后诸多研究项目、成果等都未出其右。陕西师范大学历史教育研究中心的相关工作,也正是受此启发立项上马的。

当然,对国际历史教育的研究需要长期观察、全面考量和理性判断,而不是靠某些"机遇"的散发就能奏效。从亚夫先生的历史教育研究特色看,一是长期对历史教育进行理论思考,二是长期对国际历史教育进行跟踪研究,由此建立其历史教育研究的基本学术逻辑。这里简单梳理一下亚夫先生的国际历史教育研究历程:2003年出版《国外历史教育透视》,"梳理了21世纪80年代以来国外历史教育发展的主要片段,以图教师们能够以此映照我国的历史教育改革,做个积极而有智慧的课程改革推动者"[10]。2004年出版《国外历史课程标准评介》,旨在"从国际比较的角度寻找突破口""本着实事求是的态度做些前期工作,让广大的历史教师们能够接触些作为比较研究的第一手资料,以免在学术上倒腾第二手资料或在只言片语中的淘沙之苦"[11]。2012 年与唐云波合作《国外历史教育文献选读》,以"与《国外历史课程标准评介》共同构成一个较为完整的'借鉴与学习'视角,使我国的历史教师更为全面、具体地了解国外历史教学界的同行们在做什么、做得怎样,并思考今后我们的历史教学该如何发展的问题"[12]。2017 年再次编著新版《国外历史课程评介》,在序言中对自己从事国际历史教育比较研究做了概括:"长期性""不间断性"和"学术性",而这本书能起到"激发教师们探索学校历史教育的本源问题;在互联网时代激发自己动手检索一手资料的兴趣;在外文材料不足或尚无能力获得外来材料时,有必要多角度、多方面地研究翻译材料;通过评介的方式指引而非代替教师们思考相关的课程与教学问题"[13]。

我正是在学习、研究这一系列成果的基础上,来把握和理解当今国际历史教育发展趋势的,以此作为实际研究工作的参考和借鉴,并由此增强自己对零星出现的国际比较研究成果的评价依据,锻炼自己的学术眼光。

(三)当前历史教育研究的任务

基于理论研究的发展势头、国际比较研究的基础和当前新课标、新教科书和新高考的实际挑战,当前我国历史教育研究的基本任务就是要做好落实和深化工作。仅就陕西师范大学和我自己的研究工作为例做一简介。

首先,构建了理论运用和实践训练相融合的"理论学习—实践分析—技能训练"一体化历史教师教育课程体系。在系统学习历史学科和教育学科知识的基础上,首先开设"历史教育学"理论基础课,接着开设将理论和实践相融合的"历史教学论",由此为学生打下坚实的历史学、教育学和历史教育学的基本理论和知识基础。最后,学生进入以实践训练和技能养成为主要目的的课程学习:"中学历史教材分析与教学设计"和"历史学科教学技能训练"。基于学术研究的视野和基础,我们设计的历史教师教育课程目标是培养"实践能力厚实""研究能力丰实""教师素养扎实"的未来历史教师。

其次,积极开展务实、扎实的国际历史教育课程共建。自 2015 年到德国奥斯堡大学访学以后,我就与该校历史教育研究者保持了良好的个人互动交流关系,通过数年的学习后筹划,中德共建共享的硕士研究生网络课程"世界历史和历史教育"于 2020 年春季正式开课。该课程以当今世界和全球历史教育发展现状为参照系,囊括德国历史教学法领域许多最新和经典主题。课程内容涉及德国历史教学法基础(历史意识和历史文化)、德国历史教师培训和历史教学、历史教学法研究的问题与方法,以及历史教学方法和媒体(历史教科书研究、历史图集)等基本问题,重点讨论教材分析法、以科学为导向的资源建设和概念运用。此外,讨论也关注"历史教学论"学科区别于"公共历史"的基本问题,以及"全球历史""世界历史"和"大历史"等概念。具体研究案例涉及德国历史、欧洲历史和世界历史。讲座的每一个主题形成一个独立单元,每单元设置有示范性焦点问题用于实施中的讨论。此外,我院参与美国东卡罗来纳大学牵头的"Global Education"课程共建共享,也在历史教师教育领域付诸实践。2019年以来,我校先后与美国、智利、波兰、俄罗斯和荷兰等国的师范生同步视频授课,有效拓展了学生的国际视野和历史教育理解。

再次,积极开展与实践需求契合度高的学术研究。学习、实践、研究是历史教育研究的基本环节,在长期学习和实践的基础上,我们积极开展基于实践问题的课题研究。2019年,"70年来大陆中学历史教科书发展研究"课题获全国教育科学规划领导小组办公室批准,立项为全国教育科学"十三五"规划2019年度课题(国家一般项目)。2021年,深度参与中国教育学会2021年度教育科研规划课题"中学历史教师教研能力提升路径研究"研究工作。通过课题研究,将学习收获、实践成果凝练为问题解决的方案和理论,来深化历史教育研究。

三、师生共成长是历史教育研究的未来

"师生共成长"不是一种模式,而是历史教育研究的一种理念,其基本内涵就是不要单纯为"教育学生"来研究历史教育,必须从"师生共成长"的基本出发,来研究具体的历史教育现象。这是我十余年来从事历史教育研究的一种体会。如果从"师生共成长"的视角来思考历史教育研究的未来发展和问题,当下要注意坚持解决几个研究重点。

(一)历史教育理论研究需要深化

经过几代历史教育研究者的探索和努力,历史教育理论研究已经得到一线广大历史教师理解和接受,对相关基本理论的实践价值也有了一定的理解,并在实践中形成了基本的理论认同。可以说,近十年来,历史教育理论研究颇有收获。

首先,历史教育是以史学理论、历史哲学、教育基本理论为基础,以马克思主义唯物史观为指导的史学知识普及、思维能力训练和社会素养培育的教育活动。作为历史教育基础的理论客观存在于历史课程结构、体系和内容中,作为指导思想的唯物史观也是历史学科核心素养的重要内容,必须学习贯彻和运用落实。在当前历史教育改革的形势下,应该努力"构建以唯物史观为指导的历史教学体系"[14],推进历史教育健康发展。

其次,对构成历史教育基本理论的核心概念,如历史意识、历史思维和历史知识等,要继续进行深化落实研究,将其新的认识和原理落实到教学过程和学习过程中去。从学术动态看,"批判性思维"的研究已经得到重视,并在历史教育实践中进行着具体化研究。现在应该趁热打铁,将这些概念研究深入历史教育的实践过程。2021年10月首都师范大学历史教育发展中心举办的"历史教育学核心概念辨析高端研讨会"就是推进研究的重要举措之一。陕西师范大学结合教师教育课程的国际化建设,对基本概念的跨文化研

究已经开始推进。

再次,历史教学理论与教育理论深度融合,如深度学习、项目式学习、思维型教学、游戏化教学等,相关的教学实验和研究在一些学校已经取得初步成就。这些教学实验和成果反映了一个共同的问题——如何基于不同的教学理论优化教学中的师生关系,进而改进历史教育效果。无论采用什么样的教学方式,课堂教学过程中的师生关系都需要实现"述诘融合"[15],从而达到教与学两个过程的融通。

(二)历史教育实践研究走向深入

基于我自身的教学经历和历史教育研究的使命要求,不管是实践研究还是理论研究,都是以服务历史教育实践为目的的。我在各种可能的教学实践和研究活动中,通过各种研究项目以实现对教学的深入研究。最基本的原则有三:一是"理解历史教科书知识的结构特征",教学中要"明了历史教科书知识的选择标准""把握历史教科书知识的叙写特点"和"洞察历史教科书知识的基本立意"。二是"厘清教科书知识的史学内涵",通过对"梳理历史教科书知识的基本含义""弄清历史教科书知识中的历史概念"和"明确历史教科书知识的教育立意"的深化知识理解。三是"厘定历史教学的价值取向","以核心问题为突破口""以历史教科书内容分析为立足点""以历史课堂教学实施为根本依归"[16]。

"述诘融合""深度学习"都指向学生的学习过程。从历史教学和学习过程统合的角度看,坚持和发挥"史论结合"的教学传统依然十分重要。从教学理论上看,"建构主义认为学习是积极主动的意义建构和社会互动过程,意义不是独立于我们而存在的,个体对事物的理解是以原有的知识经验为基础来建构的,学习者对作为'原有的知识'的'史''论'的意义建构,必然会形成对'结合'的超越。作为中学历史教学中的史论结合,就是引导学生把史事(部分是史料的形式呈现)与史识、史论结合(在唯物史观指导下)起来,初步掌握运用历史思维分析和解决问题的方法和能力"[17]。

类似上述这样的教学认识,都是基于理论学习和教学研究的过程而总结提炼出来的。由此,深感理论和实践结合的重要价值。在具体的工作过程中,顽强地学习理论一定比单纯经验积累效果更好,因为学习理论可以淬炼教学经验和深化理论理解,这是一个实现理论、个人和实践相整合的研究过程,将理论学习与教学经验紧密结合,可以发挥理论和实践两个方面的积极作用。也就是说,理论学习不仅仅要掌握理论,实践经验也不是以积累为目的的,只有用理论和经验来武装主体的自己,才能真正实现历史教育的发展。

(三)历史教育学学科建设稳健起步

近十余年历史教育研究领域发生的最重要的变化,应该说是"历史教育学"再次得到学术界关注和官方认可。2014年,首都师范大学历史学院率先在中国史学科内设置"历史教育学"研究方向,建立本科—硕士—博士培养体系。2020年,教育部公布新的学科目录,首都师范大学的"历史教育学"被纳入交叉学科,由此取得了正式的学科地位。陕西师范大学也通过开设"历史教育学"课程,向着这个目标迈进。

建设"历史教育学"是一个漫长的过程,需要历史教育工作者合力攻坚。当前,非常难得的是"有一批热爱历史教育的研究者和实践者,关键是如何形成合力并在理论上有所突破"[18]。从实践的角度上讲,首先"必须从基础教育、公民教育、人文教育和历史教育等不同范畴考虑历史教育学,必须从历史教育实践、历史课程改革和历史教育研究等不同层面系统解决其理论和实践问题,从而真正解决历史教育学的学术归位问题"[19]。其次,需要有长程的眼光,"晚清民国以后,随着'史界革命'和'新史学'的兴起,历史教育的地位得以提高""新中国成立后,由于国家性质、意识形态和社会发展任务的变化,中学历史教学也发生了巨大变化,其最突出的表现就是高度重视历史教学方法,进而逐步形成了历史教育学"[20]。再次,要准确定位学科建设。"历史教育学是时代的产儿,成长空间甚大"[21]。关键要"着眼于本土理论的创生和教育实践,针对本国实际情况,形成一个完整的实践性理论体系"[22]。"历史教育学"学科建设,任重道远。

近十余年来的学术生活,是我重新审视自己、理解教学和解读实践的过程,这个过程中产生的困惑、扬弃和追求,是痛苦的过程,有的时候百思不解,有时候则又如"劫后重生",这就是成长吧。简单说,成长,就是永远行走在追逐梦想的路上。

---

[1] 赵亚夫,张汉林.历史意识及其在教学研究中的位置:围绕历史教育学的问题与思考[J].中学历史教学参考(上半月·综合),2015(9).

[2] 徐赐成.中学生历史意识建构研究[D].西安:陕西师范大学,2015.

[3] 张汉林.中学生历史思维能力发展研究[D].北京:首都师范大学,2018.

[4] 郑士璟.中学生历史知识建构研究[D].北京:首都师范大学,2019.

[5] 徐赐成,沈琰琰,庄鑫渝.中学历史教育研究2019年度报告:基于2019年《复印报刊资料·中学历史、地理教与学》转载历史教育论文的分析[J].天津师范大学学报(基础教育版),2020(2).

[6] 徐赐成,沈琰琰,盛刚.中学历史教育研究2020年度报告:基于2020年《复印报刊资料·中学历史、地理教与学》转载历史教育论文的分析[J].天津师范大学学报(基础教育报),2021(2).

[7] 徐赐成,沈琰琰.中学历史教育研究2021年度报告:基于2021年《复印报刊资料·中学历史、地理教与学》转载历史教育论文的分析[J].天津师范大学学报(基础教育版),2022(2).

[8] 沈琰琰,徐赐成.中学历史教育教学研究报告(2016—2020年):基于人大复印报刊资料的转载数据[J].天津师范大学学报(基础教育版),2022(1).

[9] 赵亚夫.世界基础教育改革与历史课程发展走向[J].中学历史教学参考(上半月·综合),2018(9).

[10] 赵亚夫.国外历史教育透视[M].北京:高等教育出版社,2003:330.

[11] 赵亚夫.国外历史课程标准评介[M].北京:人民教育出版社,2005:1.

[12]赵亚夫,唐云波.国外历史教育文献选读[M].长春:长春出版社,2012:3.

[13]赵亚夫,张汉林.国外历史课程标准评介:上卷[M].北京:北京师范大学出版社,2017:4.

[14]汪建斌,徐赐成.构建以唯物史观为指导的历史教学体系[J].天津师范大学学报(基础教育版),2022(3).

[15]徐赐成.历史课堂教学的关键在于述诘融合[J].中学历史教学,2019(9).

[16]樊建军,徐赐成.促进学生深度学习的历史教学[J].历史教学(上半月刊),2020(2).

[17]孙殿元,徐赐成.史论结合教学原则的实践创新[J].历史教学(上半月刊),2020(6).

[18]徐赐成.历史教育学发展现状再省思[J].中学历史教学参考(上半月·综合),2018(1).

[19]徐赐成.再谈历史教育学建设问题[J].中学历史教学参考(上半月·综合),2019(9).

[20]徐赐成.从历史教学法到历史教育学:新中国70年中学历史教学发展实践分析[J].陕西教育(教学版),2019(10).

[21]赵亚夫,徐赐成.历史教育学展望[J].中学历史教学参考(上半月·综合),2016(1).

[22]赵亚夫.什么是历史教育学[J].历史教学(上半月刊),2016(1).

(本文选自《中学历史教学参考》2022年第3期)

「越深入历史，我们就越能觉察历史的丰富性与复杂性；越靠近学生，我们就越能感受历史教育的快乐与意义。作为历史教师，我们是幸福的一群人。我们与学生立足当下，探究过去，最终成就的却是未来。」

张汉林　首都师范大学教授,博士生导师,北师大中国教育创新研究院历史学科首席专家,《中学历史教学参考》特约研究员,全国历史教师教育学会常务理事。在各类报刊发表论文90余篇,其中在《中学历史教学参考》发表论文43篇(8篇被人大复印资料全文转载)。出版《历史教育:追寻什么及如何可能》《国外历史课程标准评介》等多部著作。主持和参与多项国家社会科学基金课题,协同主持教育部初中历史教师培训课程指导标准项目。主要研究方向为历史教育和教师教育。

做一个自由的人

○ 张汉林

童年的路径

忆想幼时,家乡的天空总是湛蓝的,常见白云卷舒自如,与太阳追前赶后,嬉闹游戏。黄昏时,落日如蛋黄,炊烟四起,家家户户呼唤孩童回家吃饭。到了晚上,夜空幽深高远,星星或明或暗,让人敬畏,令人遐想。

记忆中,家乡的四季格外分明。春天,成群的小蝌蚪层层叠叠,染黑了一池春水。夏天,闪电炸雷,暴风骤雨,可满塘荷花依然高擎。秋天,月亮又圆又大,从村前的小山坡慢慢爬出来,挂在树梢上,照亮了满村屋外闲聊人。冬天,屋檐下挂着长长的冰凌,在太阳的照射下,滴滴答答往下流水。

这些景象,读书后才知道,是亘古就有的自然造化。我们祖先的祖先就在这种环境下生活。

童年时,遇到过许许多多奇奇怪怪的人。比如"酒汉",是因为他走路东倒西歪,活像喝醉了酒,面部也与平常人不大一样。当时我把酒汉理解为是与我不同的另一个种类,遇到他就心中害怕。再如"乞丐",乞丐大多来自常闹洪灾的邻省。记得有一位乞讨的哥哥19岁,当时我就在想,19岁的我会在哪里呢?会像他一样吗?没有人告诉我答案。我赤着一双脚,走在大地上。

六岁时,在原公社大队的一间堆放物品的房子里,开始了我的学习生涯。我印象最深的是,上一年级有一段时间,在放学前的十几分钟,老师会讲一段童话故事。比如兄弟俩,一个诚实、勤奋,一个奸诈、懒惰。诚实勤奋的那个救了一只天鹅,天鹅报答他,他只要饿了,一掏天鹅屁股就能掏出香喷喷的饭菜。奸诈懒惰的那个如法炮制,结果却掏出一泡屎尿。故事作者煞费苦心,告诫孩童要诚实、勤奋。但对不住老师的是,肚里没有墨水也没有油水的我对诚实勤奋如何重要没有深刻体会,却一直在想什么是"香喷喷"的饭菜！现在，站在教育心理学的角度来解释，"香喷喷"对于我这样的学生而言，不仅无助于将故事意义化，相反还会造成信息干扰。这些童话故事，加上语文课本上的那些，在上大学之前，基本上就是我所知道的全部童话故事。在大部分同龄人读童话的时候，我读的却是各种通俗文学作品，如《说岳全传》《杨家将》《呼家将》《隋唐演义》《封神演义》《大唐游侠传》《今古传奇》《故事会》，各种民间故事集、笑话集。这些读物，我父亲从来不买，也不读，我读的书都是从左邻右舍借来的。大多数时候，主人不愿把书借出，所以我就坐在邻居家里，几个小时就把厚厚的书看完了，就这样养成了囫囵吞枣的毛病。这些故事，或忠奸善恶，或妖魔鬼怪，或剑胆琴心，或旁门左道，但它们告诉我，还有一个与我的现实生活完全不同的世界存在。这个世界或许只是一个不够真实的镜像，但足以伴随一个少年度过漫漫岁月，竟至产生仗剑走天涯的梦想。大约五年级的时候，也读过几本正统书刊，数量极少，印象颇深。如《强者》，一本关于张志新的传记，斑驳的年代，勇敢的强者，在我需要偶像的年纪适时出现；《译林》，一本不知何时出版的期刊，高贵的阿拉伯马，天才的舒伯特，让人心驰神往。

童年生活，让我在进入都市之前徜徉在大自然的怀抱，在钻入书斋之前感受到乡村社会的酸辣苦甜。我懵懂地体会到，这个世界除了人世间，还有大自然；而在人世间，人们有着不同的生活方式。

在读书中对话

大学时，专业课程体系以史实类课程为主干，也有一些关于史学思想的课程，如郭小凌先生的西方史学史。郭先生授课很生动，从他那里，我第一次听说到了维柯、兰克、克罗齐等史学大家的名字。但是，当时的我只是觉得有意思，并没有意识到史学思想的重要性，也就没有产生深入学习的念头。多年以后，当我接触到一些教育理论后，我突然能够解释我的行为了。奥苏贝尔说，如果我必须把全部的教育心理学减少到一条原理的话，我将说，影响学习的最重要的一个因素就是学习者已经知道的是什么，一个人的准备知识影响了他们学什么和如何进行学习。在学习郭先生的课之前，我孤陋寡闻，缺乏相关的知识准备，所以尽管内容很有价值，于我而言却没有意义。

有个关于王阳明的故事讲的也是这个道理："先生游南镇，一友指岩中花树问曰：'天下无心外之物。如此花树，在深山中自开自落，于我心亦何相关？'先生曰：'你未看此花时，此花与汝心同归于寂；你来看此花时，则此花颜色一时明白起来：便知此花不在你的心外。'"对于这个故事，传统的经典评论是："这是背离事实的捏造。"其实，"未看此花时"一语表明王阳明并未否定物质（"此花"）的存在。他认为，物质的存在只有通过主体去感知，方有意义，否则只是"归于寂"。这个观点在教育上是有价值的。领悟到这一点之后，我意识到，在教学中，在教研中，一定要考虑学生和教师的内心，只有帮助他们将教

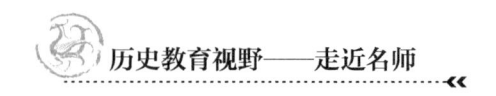

学内容、教研内容意义化后,才有可能真正促进他们的发展。

  当时幼稚的我并没有这样的自觉。相反,我自作主张,力图向外取经,我想把人文、社会领域所有学科的入门著作都要读一读。我肤浅地认为,历史学太古板,什么"竭泽而渔",什么"字字有出处",不过是史料堆砌,没有思想的容身之地。于是,有过那么一阵,我待在图书馆里,硬着头皮翻阅人类学、社会学、新闻学、哲学等学科的入门之作,企图初步掌握相关学问的思维方法。印象中花功夫较大的是《易经》,除研究卦辞、爻辞外,我还学着用蓍草占卜,但由于没有师傅指点,感觉就是盲人摸象。这一段疯狂时光,精神可嘉,收获寥寥。

  参加工作后,因为备课的需要,自然要大量阅读专业书籍。除此之外,我对其他学科也有所涉猎。同宿舍的哥们是学数学的。他对经济学颇有造诣,后高就于联想公司,从事金融业务。在学校里,我们常常在晚上聊天,由此我对经济学产生了兴趣,知道世界上还有博弈论、制度经济学、信息经济学、法律经济学等有趣的学问,了解到路径依赖、机会成本、边际效应、信息不对称、公地悲剧、相对优势、有限理性等概念,耳濡目染,也学会了一些思维方法。但现代经济学毕竟建立在数理模型基础上,我这个标准的文科生只能读懂一些普及读物。按图索骥,我由经济学遛弯到了法学,利用业余时间系统自学了法学,包括法理学、宪法学、民商法学、刑法学等,听了人大、北大、法大一些教授的课,考取了律师资格证。

  杂书如杂粮,五谷杂粮亦能养人。这些学问和概念,使我能够站在墙外观察墙内。历史研究一度排斥人性。其实,作为人文学科,只谈生产方式和阶级斗争,连人性都弃之不顾,这样的研究如何让人信服?古往今来,很多学问都扎根于对人性的追问。西方经济学大厦的基础就在于对人性的假设——每个人都是理性的,能维护自己的利益,所以政府不要干涉,让市场这只无形的手去调节。虽然随着西方经济学的发展,这个假设被不断地修正,但修正的基础仍然在于对人性认识的不断深入。两千多年前,韩非子也认识到人的本性是趋利避害,"安利者就之,危害者去之,此人之情也"。但韩非子由人性避害出发,推导出的却是君主要严刑峻法,"止诈伪,莫如刑";对于人性趋利,韩非子没有去设想该如何因势利导,从而发挥其社会效益,这真是莫大的历史悲剧。人性也可作为一个视角帮助我们理解历史。孙中山让位袁世凯,历来为史家所诟病。其实,由于袁世凯表面功夫做得非常扎实,而孙、袁信息严重不对称,孙中山贵为伟人也只是一个有限理性的个体,并没有我们后人的"洞察力"。他当时对袁世凯极为赞赏,心甘情愿交出手中权力;所谓妥协软弱,不过是政治话语的演绎。再如,"干多干少一个样"之所以失败,与其说不符合生产力的水平,不如说违背了人性的特点;改革开放之所以成功,与其说适应了生产力的现状,不如说顺应了人性的需要。人是历史的主体和终极指向,万事万物(包括制度变迁)只有作用于人,对人来说才具有"意义"。

随着课程改革的推进,我发现自己的专业素养远远不够。赵亚夫先生认为:"历史有效教学的原动力不在教育学和心理学,而在历史学。""历史教学有效性的基本视点应该是:用于思考——基于历史事实的知识解释;用于理解生活——基于历史方法透析社会问题;相对的经验——基于历史结论认识历史过程。"[1]为什么要解释?为什么要理解?如何解释?如何理解?这其中大有道理可言。《中学历史教学参考》高举"思想"的旗帜,认为在历史教育中,"思想"不能缺席,"现在"不能缺席;"历史思想之于历史教育,是最大的魅力之源","没有思想的梳理,历史必是无用的一堆乱麻"。为了做一个有思想的历史教师,我开始啃上了经典和原典,如爱德华·霍列特·卡尔《历史是什么》、柯林武德《历史的观念》、汤因比等《历史话语》、罗素《论历史》和德罗伊森《历史知识理论》,并开始试探着接触更上位的哲学理论,如现象学和解释学。现象学的口号"回到事情本身",解释学的观点"视界融合",对我们理解历史和历史教育都非常有帮助。但是,必须实事求是地说,这些书籍于我而言,极个别时候才有"正中吾意"的快感,更多的时候如读天书。但古人说得好,不读"无用"之书,何以遣有生之涯?我还得往下读,与历史和哲人继续对话。

写作需要理由吗

中学时,有位语文老师姓王,40岁左右。据说他在黄冈的报纸上发表过很多文学作品,我们都很崇拜他。他偶尔给我们念他写的散文,印象最深的是"窗前飘来一片枫叶,那是秋天寄来的明信片"。一天早上,他用标准的家乡话诵读丰子恺的美文《手指》,听得我们如痴如醉。那个时候,我的老师和同学好像都在做着文学梦。历史老师在早读时间走上讲台,用漂亮的字迹抄写一首凄美的宋词,然后一言不发地走掉。在高三仍然如期举行的卧谈会上,下铺的兄弟逐句解读《星星诗刊》中的诗歌。《棋王》《绿化树》《人到中年》在同学手中快速流传,空气中好像都弥漫着文学的气味。

20世纪90年代初,我满怀憧憬地来到向往已久的首都,刚踏上首都的土地,行李箱却被火车站工作人员莫名其妙地踢了一脚。"愤怒出诗人",我写了一首小诗,投到文史哲新生主办的不定期出版的刊物,并因此加入学校的五四文学社,开始涂鸦。后来,在刊物上看到中文系某同学(现已成为知名作家)的天才诗作,我马上就看到了差距,从此就断了在这方面发展的念想。

大二的时候,我为校报《北师大人》写了一篇稿件,后被荐至《中国青年》发表。记者部的负责人、一位哲学系的师兄对这篇文章非常欣赏,他卸任后就推荐我接任。由此,我结识了一批来自哲学系、中文系、经济系和教育系的同学,大家意气相投,以文会友,好不快乐。为办好报纸,我阅读了一些新闻学方面的书籍。其中有本名为《昨天与今天》的书,书中有些观点至今记忆犹新:历史是过去的新闻,新闻是将来的历史;好记者具有良好的历史感,而历史学家对新闻最敏感。

工作后,我按部就班地编写教案,拒绝写作教学文章。不写作是有"理由"的,那时我有一个偏见——中学教师无须写作。我以为,中学那点事,是实践,不是学问,所以写作是浪费时间。埋头编写教案的结果是,我囿于狭隘的经验而不可自拔。大约2000年的时候,我从教已四年有余,力求有所突破的我痛下决心,重新拾起了笔杆子,想静下心来写点什么。写惯了教案,转头写论文,感到很痛苦,笔头枯涩,更知笔头枯涩缘自脑袋空空。但常写常练,笔头就顺了。大半年过去了,写成教学论文、心得体会十余篇,其他如复习方法、经验总结也有近十篇。这些文章,完全是经验式的,如《学生为什么要给希特勒翻案》《世界意识刍议》《近距离观察"文革"》《如何解答历史观点评论型问答题》。我一向不知天高地厚,没有给市区刊物投稿,而是直接投给《中学历史教学参考》。所幸《中学历史教学参考》素以提携新人为己任,任鹏杰主编并没有弃之不顾,而是耐心阅读,从粗糙的文字中发现了我的热诚和思考,并给我发来邮件予以鼓励,从而激发出了我的信心。对于这段写作,我曾做了如下总结:"我们的文章主要来源于教学实践,这是我们的局限,也是我们的优势,切切不可妄自菲薄。我们的教学体验是独一无二的,正如世界上没有两片树叶是完全相同的。源于我们亲身教学实践的观点,人无我有,最有价值。"

个体的经验总是有限的,躺在经验上的写作,总有枯竭的一天。2003年,在李明赞老师的推荐下,我认真拜读了加德纳的《多元智能》,并有幸聆听了他的学术报告。多元智能理论其实不仅仅是一种心理学理论,它反映的是加德纳对人类、文化和个体差异的理解:"智能是解决问题或制造产品的能力,这些能力对于特定的文化或社会背景是很有价值的。"[2]8 加德纳对教育有着深刻认识,他指出:"学科不仅是人类认识世界的产物,而且体现不同的思维方式。学科等于是一个切入点,引领我们思考和世界有关的深层问题,以及真、善、美有关的问题。""教育的最终目的在于促进人类理解。"[3]"人类现今社会富有的一个原因,就是社会科学帮助我们理解了许多奇奇怪怪的现象。"[2]261 加德纳的这些论述,在理论贫乏的我看来,无异于打开了一扇窗户,自己过去在教学上的所作所为,一下子就找到了解释的工具,突然亮堂起来了。于是,我开始以多元智能理论来解释和指导教学、教研工作,并撰写了《整合研究性学习和多元智能理论的初步构想》《多元智能理论和中学历史教学》《多元智能理论与中学历史教学策略的选择》《借鉴与探索:多元智能理论与中学历史学业评价》等文章。虽然直到现在,我对教育理论仍然一知半解,但与原来的我相比,少了一些糊涂,多了一点明白。

几乎与此同时,随着认识的发展变化,也由于从教师到教研员角色转变的需要,我开始认识到历史哲学对于指导历史教学的重要性。作为阅读思考的结果,我撰写了《由历史的本质反思历史教学》《传统文化是个烂苹果?》《换个角度看历史》《也谈"历史是今人与过去永恒的对话"》等文章,在史法、史观方面做了一点肤浅的探讨。我认为,对传统文化也应多一些理解,"它本是为那个时代而生,不是为现代人而产。现代人的问题应该由现代人解决,如果没有解决好,那是咎由自取,不能让祖宗来背黑锅。""尊重传统文化,其实是尊重祖先;尊重祖先,其实是尊重自己。""这个苹果(传统文化)虽然完好无缺,在那个时代受人喜爱,但它的味道、颜色和形状却有些过时,并不太符合现代人的审美观。所以,我们要对其加以改进,通过嫁接技术,研发出新的品种,使其味道、颜色和形状更适应现代人的需要。"

新世纪的课程改革对历史教育而言,是一个极大的推动;对于年轻教师的专业成长而言,是一个难得的机遇。课程改革催生出许多新的问题,如教学目标、学习方式、课程资源、教学设计、学业评价。这些问题,有理念,欠实践;只要踏实去做,肯定会有收获。在推进全区历史课程改革的基础上,我及时梳理总结,撰写了《关于历史学习方式的思考与实践》《浅谈历史教学设计》《对"过程与方法"目标的一点思考》《关于学生历史学习问题转化为课程资源的实践研究》《换种活法——新课程中教师专业成长断想》《鸦片战争失败原因的三种问法——基于三维目标视野的分析》《高中历史新课程:命制试题的思考与尝试》等文章;还参与了《历史课堂的有效教学》《历史课堂教学技能训练》等书籍的编写。

写作其实是一个苦差事。平时工作极为繁忙,写作只能在假期,如双休日、寒暑假。在别人游山玩水、放松身心的时候,我吭哧吭哧地爬格子。我写作的速度很慢,一篇小文要写上好几天。但是,写作已成为我的生存方式,通过写作促读书、促思考、促实践,我学会了以苦为乐。

"知而不行,只是未知"

学习是为了什么?古希腊人的回答是学以致知,我们祖先的回答是学以致用。现代人的理解是,学习是为了更好地做自己。那么,学历史的应该如何做人?

大学的第一节专业课,是晁福林先生讲的。晁先生学问很大。我的一个师弟曾经给我讲过一个故事。他遇到一个怪字,就去请教C教授。C教授也不明白,让他查字典。他回答道,已经查过《康熙字典》,没有这个字。C教授说,《康熙字典》都没有,你问我干吗!师弟后又请教晁先生,得到了满意的解答。同是古代史教授,为何有这么大的差距呢?在C教授还未成为教授的时候,他的办公室每天晚上都是灯火通明;在他升任教授之后,灯光就再也没有亮过。再说晁先生吧。他的传统节目是布置学生写论文,题目为"孔子思想体系的核心是仁还是礼",要求大家到琉璃厂中国书店去买中华书局出版的杨伯峻先生的《论语译注》(繁体版)。其实,孔子思想体系的核心是仁还是礼,这不是一个大学新生所能谈清的问题;但是,醉翁之意不在酒,我想晁先生的目的不是寄望于我们去澄清一个学术问题。为了写一篇小小的论文,我们来到民国时期就享有盛名的琉璃厂,登门进入以销售文科书籍著名的中国书店,手捧名家写作、名社出版的原典(《论语》)和经典(《论语译注》)而归。回到学校,我们又一次次跑进古旧的图书馆,检索发黄的卡片,借阅专业期刊和砖头著作,梳理思绪,整理成文,忙得不亦乐乎。

北师大类似晁先生这样的老师还有很多,更著名的是白寿彝、赵光贤、何兹全、刘乃和、刘家和等老先生。余生也晚,无缘聆听这些老先生的课,但有幸领略过刘乃和、刘家和两位先生的风采。刘乃和先生家极为俭朴,四壁皆书,以线装书为多,书多至没有人的立足之地。刘乃和先生像一个慈祥的老奶奶,应我们之请,讲她参加一二·九运动和追随陈垣先生做学问的故事,幽默风趣,平易近人。刘家和先生是我国为数不多的精通中外上古史的专家,对小学亦有很深造诣。我虽然很早就知道刘家和先生在上课时大段背诵《史记》的逸事,但与他的具体接触是在毕业后。一次,我作为听众参加某学术会议,会后有幸与刘先生同桌吃饭。刘先生在我们这些晚辈面前,并未以沉默示莫测,而是非常健谈,笑容满面,如同顽童。交谈中,我不知天高地厚,对会上某知名教授的某个观点发表了不同意见。刘家和先生听后不以为忤,而是认真地想了想,然后说,应该听听你们的意见,让你们在会上发言。

在四中工作期间,李明赞老师任历史教研组组长。李老师是北京市特级教师,为人谦逊,学问很高,分析问题直指本质,绝不拖泥带水。他严于律己、宽以待人,在他的带领下,组内风气纯正,书香气甚浓。我刚参加工作时,还没有课程改革,教科书和教参都是老师心中的权威。我诚惶诚恐地教着教科书和教参,不敢越雷池一步。一次,李老师在听完我的课后,告诉我有地方讲错了。我辩解道,教参上是这样说的。李老师淡淡地说,教参是中学教师写的,你也是中学教师。从此,我明白了,脑袋要长在自己肩上。

进入教研部门后,由于工作岗位的特点,我接触到了更多学问与人品兼优的师长。齐渝华院长是成名已久的历史特级教师,她发现愚顽的我还有可造之处,就将我带进了教研队伍。马慧英老师为人贤良,爱护下属。吴凡老师博览全书,严谨治学。陈漪明老师最善"赏识教育",一直期待在我身上发生"皮格马力翁效应"。市教研员张桂芳、张增强、张静三位老师不拘一格,大胆提携新人,带着我编写教科书、命制试题、开展课改培训,以工作促学习,从而使我得以更快地成长。

在师长们的言传身教下,我工作兢兢业业,待人诚恳,力图成为一个对学生、对教师有用的人。但是,有些理念,说起来容易做起来难,举例说之。前些时,我上过一节课,其中某教学片段实录如下:

师:这节课我们讲大众传媒,讲话语权利,现在我就把话语权利归还给各位。有人说,传媒是人的耳目喉舌,这在前面已经讲过。有人说,传媒是社会的雷达。雷达是干什么的?(学生答检测信息)检测什么信息?(学生答检测危险信息,并由此认为传媒的功能在于揭露社会问题)还有人认为传媒是时代的镜子。什么是镜子?猪八戒照镜子,里外不是人。(学生笑)镜子的功能就是忠实反映事物的原形。所以传媒是时代的镜子是指?(学生答反映时代的变迁)

师:现在你来说,你认为传媒是什么呢?(学生在认真思索)

师:(这时教师看错了表,认为时间快到了)好,由于时间关系,这个作为作业,我们课下再做。下面我来说说自己的理解。从古代的邸报到近现代报刊、影视、网络,站在技术的角度,经历了从平面媒体、电子媒体到网络媒体的演变,从中我们可以看出科技文明的演进;站在受众的角度,经历了从官员到大众的变化,这说明……(学生说知情权)对,知情权的扩大;站在传播的角度,以前官员编报,后来专业人士办报刊,影视的专业性更强,但是到网络时代,每个人都可以发布信息,这表明(学生说话语权)话语权在扩大。而知情权和话语权的扩大,促进了政治文明、经济文明和生活文明的进步。而这所有的演进,其最终的落脚点(教师指了指自己的脑袋),是人类自身精神文明的进步。人类精神文明的进步,与科技进步、制度进步、经济进步是不同步的。我们前面就讲到高科技犯罪、高科技骂人(学生笑)。但是,我相信,人类是有良知的,是有反思能力的,这就是人之所以为人的地方。(从学生眼光中我读到了认同)

师:下面布置作业:"在传媒时代,拥有一定话语权的你,怎样使用你手中的权利?"这个作业不需要你在课堂上完成,而是要在社会中去实践。10年以后,当我们再次见面的时候,如果你愿意,我们可以交谈一下你的作业情况。(学生笑)(布置完作业,学生提醒还有两三分钟)

师:好,现在我们完成那个作业。你认为传媒是什么?大家思考一分钟。(学生开始认真思考,然后有学生说传媒是一把双刃剑,能给人们带来幸福,也有消极作用。另一位学生说,我看到过一个比喻,不是我原创的,传媒是笤帚,笤帚不黑,屋子就黑。其他学生露出不理解的表情)

师:你来解释一下。(学生说,笤帚的功能是打扫屋子,如果笤帚不脏,也就是说它没有起作用,屋子就会是黑的,传媒要揭露社会的黑暗)

师:说得非常好!虽然不是你的原创,但是你已经理解了,内化成自己的东西。传媒的功能是揭露社会的问题,清洁社会。说是传媒的责任,实际上是传媒人的使命。(这时铃声响了)好,下课!谢谢各位!(学生鼓掌)

上完这节课后,我做了如下反思:

按最初的设想,最后的环节应该先后由学生和教师来行使话语权,谈谈各自对大众传媒的理解。这个设计,学生谈什么并不重要,因为其形式意义大于内容意义,我想借此表达对话语权的尊重。但在看错表之后,我的第一反应却是将学生行使话语权的时间推迟至课下,而优先行使自己的话语权。虽然由于阴差阳错,最后学生还是有足够的时间来说话,但是,如果时间真的不够呢?更为重要的是,在我的第一反应的背后,是什么样的思想在做主宰呢?!这种思想,学生会在潜意识中感觉到吗?这会对他们产生什么影响呢?!也许,我可以用"知易行难"来解释自己的行为。但是,我真的"知"了吗?!

先贤王阳明说过:"知行原是两个字,说一个工夫。""未有知而不行者;知而不行,只是未知。"从前我以为,很多理念我也"知道",但现在才知,此"知道"只是肤浅的了解,非"知行合一"的"知",所"知"亦非"道"。我离"知"和"道"还有很远。

西哲康德认为,人是有理性的存在,有能力按照自身的法则而行动。理性为自身立法,自己立法自己遵守,立法者与守法者是统一的。因此,真正的自由是自律,即出于自身内在必然性而行动。我立了法但并未遵守,因而并不自由。

历史教育归根到底就是人格问题。而人格的形成,不可能仅靠知识的传递,而只能是用彼人格来影响此人格。在贤哲的启迪下,我认识到了发展的方向。我希望自己能够发明本心,反求诸己,听从内心的召唤,做一个真正自由的人。

---

[1] 赵亚夫.历史学:历史课有效教学的原动力[N].中国教育报,2007-03-23(06).

[2] 霍华德·加德纳.多元智能[M].2版.北京:新华出版社,2003.

[3] 郭福昌,王长沛.多元智能在中国[M].北京:首都师范大学出版社,2004:47.

(本文选自《中学历史教学参考》2009年第1—2期)

「历史是一门促人明智、教人求真，使人向善的学科。在教给学生知识的同时，历史教师更要发挥好学科独特的育人功能，做学生成长道路上的引路人。」

周崴 浙江省嘉兴市秀州中学党委书记，正高级教师。曾获浙江省"春蚕奖"、嘉兴市中小学名教师、嘉兴市科研型校长、嘉兴市中小学校"双带头人"党组织书记典型等荣誉称号。

深耕高中历史课堂，追求历史教学"明智，求真，向善"的功能。在《历史教学》《中学历史教学参考》《中学历史教学》等专业期刊发表论文20余篇，参与《新版课程标准解析与教学指导——高中历史》《浙江省普通高中学科教学指导意见》等教学辅导用书的编写工作。

有思想的课堂才是有趣的历史课堂

○ 周　崴

　　回想自己的成长经历，从小就喜欢历史，也正因为喜欢历史，才做了历史老师。从做历史老师的那一刻起，就想着如何让历史课有趣，让学生喜欢历史。从教30多年来，也许是阅历的增加，也许是对历史教学的认识不断深入，对什么是"有趣"的理解经历了一个认识逐渐变化的过程：从最初追求情节的生动甚至猎奇到注重在历史细节上发力，再到兼顾细节的同时更重视在培养学生的历史思维能力上下功夫。而在这30年中，我国的课程改革也经历了不断深化的过程，从注重"双基"到重视"三维目标"再到如今强调核心素养的培育，其变迁也体现了从学科知识教学到学科育人的发展过程。

　　笔者结合自己从教经历的几个片段，围绕高中历史课堂教学中的一些实践，尤其是培养学生历史思维能力的一些心得做了一些梳理。承蒙中学历史教学参考编辑部厚爱，有机会把本文发表出来，在此求教于方家。

一、加强史料的研读，在研读中发现历史

　　20世纪90年代后期开始，史料在中学历史教学中越来越得到重视，一张嘴一本教科书一支粉笔的教学方式已然落后，我们也从把材料打在幻灯片上投影教学逐渐过渡到使用电脑PPT教学。特别是随着互联网的发达，网上资源极为丰富，教师获取史料的途径日益多元化，史料的获取不再是问题，课堂上如何用好史料倒是个新问题。

　　进入21世纪之际，嘉兴的一批优秀青年骨干老师，在教研员戴加平老师的率领下，开始了"以史导论"模式的理论和实践研究[1]，我也很有幸成为其中的一员。以史料为基础，以导为桥梁，以论为灵魂，是这一模式的基本特征。一大批老师开始采用这样的模式进行教学。但在实际操作中，我们也发现了一些问题，例如，有老师教学时材料满天飞，让人应接不暇，学生消化不了；更有老师以"论"先行，先定结论，再去找相关的材料，"诱导"学生得出想要的结论，"以史导论"变成了"以论带史"，这与历史研究的基本规范和

这一模式的初衷似乎有点背道而驰了。笔者也曾一度困惑于这一模式遇到的问题,如何突围成了我一直思考的问题。

如果能找到一些经典的内涵丰富的史料,让学生在教师的帮助下对史料进行深入挖掘,反复研读,多角度分析,是不是可以避免以上的问题?在上"罗斯福新政"一课时,笔者似乎找到了一条路径。"我们的首要任务是给人民工作……要把救济工作统一掌管起来以避免目前的分散、浪费不均的现象。要把一切形式的交通运输和其他明确属于公用事业的设施置于国家计划和监督之下……我会要求国会准许我使用应付危机的唯一剩余的手段——向非常状况开战的广泛行政权力,就像在实际遭受外部敌人入侵时所应授予我的大权",这段出自1933年罗斯福总统就职演说的材料是上这节课时常用的素材,但大部分教师呈现这一材料的目的就是为了说明罗斯福要实行新政。事实上,节选自就职演说词的这段材料之所以经典,是因为它实际上已经蕴含着罗斯福总统在危机面前洞烛未来的答案。对即将执掌美国之舵的罗斯福而言,引领美国走出深重危机的首要任务是什么,在危机面前他是如何抓住主要矛盾的,罗斯福主张的政府干预剑指何方,又为什么强调要求国会授予他权力,这就需要对这一材料进行深入解读。当然,要找出材料后面的答案单靠学生独立去完成也许是做不到的,它不是简单地对着材料研读一次就可以完成的,而是要在教师专业眼光的引领下结合时代背景、美国的国情、新政的措施等,反复咀嚼、多次品味才能完成的。根据教学的需要,笔者在分析背景、概括措施和特点、分析成功原因和影响等多处呈现这段材料,反复体会,由此,学生对罗斯福新政的认识已经超越了知识层次,对罗斯福新政为什么能成功与现代政府的职责有了新的理解。经过这样的多次解读,学生也懂得了"咀嚼"经典材料还不能忽视视角,要学会变换视角并用历史的眼光去解读经典材料背后的"历史智慧"[2]。

布鲁纳说过,学习就是依靠发现。材料不在多而在精,对材料的反复研读本质上就是学生发现历史、理解历史的过程。学生在研读材料的过程中,也体会到了探究的乐趣。有了这次成功的尝试后,笔者上课时更重视引导学生对史料多维度地精读、开放式地讨论,追求"史""导""论"之间的统一。

二、聚集问题的设计,在问题链中深化认识

除了史料,问题的设计在课堂教学中有举足轻重的作用。好的问题,能启发学生的思维,激发学生探究的兴趣。课程改革以来,从重知识传授到重能力和素养培育的转变过程中,问题设计成了教师必过的基本功。

笔者一次"失败"的公开课使我认识到这一问题的重要性。当时,课程改革起步不久,大家关注的是要以学生为主体,因此一堂课问了多少问题,提问了多少学生,有意无意中变成了衡量一节课是不是以学生为主体的一个指标。笔者上的是一节中国近代史

"新思想的萌发"的公开课,思想性较强,来了一大批听课老师。我为了体现新课程理念,设计了一系列问题,一堂课下来很是热闹。上完课后,坐在后面听课的一位教研室老领导走了过来,他虽不是历史教师,却是一位教学专家,"你知道这节课问了多少问题吗?学生课堂上有时间来思考并消化这些问题吗?"醍醐灌顶的一句话直接让我感受到了这节课存在的严重问题。是啊,我把"满堂灌"变成了"满堂问",走向了另一个极端。复盘的过程中发现,设计的问题太多、太杂、太随意,有些是为了问而问,把这些设问放在一起看就是一个大杂烩,没有逻辑可言。

课堂提问是少不了的环节,为什么提问、提什么问题,看来是个大问题。

在之后的课堂教学中,我时常会想起那节"失败"的公开课,也经常提醒自己"为什么问""问什么""怎么问",并逐渐摸索出了问题设计的一些基本方法,如要在重点处设问,要在疑难点处设问,要在学生易错处设问,要在学生知识的空白处设问,问题与问题之间最好要形成一个逻辑链,从而可以通过问题的设计把一节课形成一个灵动的整体。以人民版必修二"古代中国的经济政策"为例,这节课很容易变成教科书文本的简单复述或是各朝代经济政策的史料堆积,学生必然会觉得索然无味。对高中生来说,能引发思维碰撞的课必然会是出彩的课,如果我们能在问题的设计上下功夫,通过一个问题带出另一个问题,步步追问,结果就会完全不同。笔者在分析这节课的重点"重农抑商"政策时,以"重农为什么就要抑商""抑商政策何以效果不佳""效果不佳的政策为何还要坚持""重农非得抑商吗""不抑商又会怎样"这样一个环环相扣的问题链把整节课串了起来,以追问的方式激发起了学生对历史探究的兴趣,体会了历史的应然和实然[3]。

新一轮课程改革实施以来,统编版教科书的大容量与实际教学课时紧张之间的矛盾一直存在。基于课程标准,通过问题链的设计对教科书进行大胆取舍便更有了实际的价值。2020年秋的某一天,嘉兴市历史教研员戴加平老师以推门听课的方式听了我的一节"三国两晋南北朝的政权更迭与民族交融",对我的问题设计产生了深厚的兴趣。本节课我以"政权更迭"和"民族交融"两个关键点,以学者钱穆先生的一段话——"秦、汉的大一统,到东汉末而解体。从此中国分崩离析,走上衰运,历史称此时期为魏晋南北朝"[4]——作为导入,以"三国两晋南北朝到底是一个怎样的时代"这一问题作为暗线贯穿始终,在辅以必要的文字及图片史料的基础上,设计了"(1)魏晋南北朝时期的'分崩离析'具体如何表现?(2)这分裂的期间是否成了中国历史里'失落的三个多世纪'?(3)在黄河史上的魏晋十六国时代,却是一个最平静的时代。原因何在?(4)南方经济发展的原因是什么?(5)民族交融就是少数民族汉化吗"这样五个问题,最后以"三国两晋南北朝到底是一个怎样的时代"与导入相呼应,由学生来评价,提升其对这一时期的历史认识。虽然这堂课的设计比较粗糙,缺点也不少,但戴加平老师认为这种常态课下的教学设计有着很大的借鉴意义,并以本课的教学为案例做了专题研究。删繁就简、问题结构化、任务导向被认为是本课的亮点[5]。而以我自己的感受来看,这节课的最大乐趣就是我与学生一起完成了一次学术探究。

问题链的设计不是简单地提问些"是什么""怎么样"的问题,而是带着学生步步深入思考历史的过程。如果我们能通过问题的方式不断追问历史,不断反思,提升我们的历史思辨能力,这样的问题才是真问题。

三、做好细节的挖掘,在不经意处引发思考

高中的历史课堂不再是故事化教学,但历史细节在教学中仍有着重要的作用。有价值的细节和有思维含量的问题不仅能增加学生学习的兴趣,还能启发学生的思维,提升情感态度价值观。

曾遇到一位高中历史教师,他是我二十多年前教过的学生,谈起我当年上课时曾讲过由于设在上海的大功率电台被破坏,导致中共中央无法与共产国际联系,从而促成了遵义会议成功召开这一偶然因素的深刻印象,也谈到由此理解了为什么说遵义会议是"第一次独立自主地运用马克思主义原理解决自己的路线、方针和政策问题"这一意义。现在他上课分析遵义会议意义时,还一直用我的这个案例。细节在学生记忆中的作用竟是如此久远!

回想自己备课过程中,对历史细节的挖掘,曾经有一节课印象深刻。当时上的是选修3《20世纪的战争与和平》第8课"世界反法西斯战争胜利的影响"。从这节课的内容看,不存在什么疑难点,战争带来的后果、教训、意义,教科书交代得清清楚楚,每一点条理都很清晰。可一堂课备下来,总觉得少了点什么,教科书所述的很多内容因为在前几节课中大都已分析过,学生也都已熟知,没有什么新鲜感,特别是少了点能激起学生思维碰撞的东西。再翻阅教科书内容,突然眼前一亮。"正义的审判"一目中有纽伦堡审判、东京审判的内容概述,盟国对日本战犯的审判放在了首都东京,但对德国战犯的审判为什么选择纽伦堡而不是柏林?仅仅是因为柏林的基础设施大部分已经毁于战火吗?这一在教科书中一直存在却从未被注意的细节激起了我的探究欲。通过查阅资料发现,盟国选择在纽伦堡对纳粹战犯进行审判是有其现实考量和象征意义的。纽伦堡是纳粹党兴起后每年召开党代会的地方,可以说是德国法西斯主义的滋生地,同时它还是臭名昭著的《纽伦堡法》颁布地。1935年,纳粹德国在纽伦堡通过了一系列反犹、排犹的法案,这些披着合法外衣的"恶法"是纳粹种族主义理论的集中体现,为之后纳粹德国有组织地迫害犹太人提供了法律框架。对纳粹德国的审判,其目的就是要摧毁纳粹极端思想的生存根基,从思想和文化根源上彻底铲除战争的策源地。在纳粹党的巢穴清算纳粹暴行、追究种族灭绝政策、揭示历史真相,再恰当不过了。当笔者将这一细节补充进课堂教学中,并追问学生"你们明白了纽伦堡审判的象征意义了吗"时,我从学生的眼中看到了细

节的力量。在此基础上,学生对法庭起诉书指控被告犯有破坏和平罪、战争罪和违反人道罪等内容也有了更深刻的理解。记得我的徒弟正好来听我这节课,事后和我的交流中曾提到,这块内容教了好几年了,从来没想到可以在这个细节上做文章,观察学生的反应和课堂氛围看,教学效果非常好。

历史细节无处不在,一个年代、一个数据、一件文物、一个概念都有可能成为触发学生思维碰撞的导火索。有时,寥寥数语一个细节的交代,也有可能解决学生心中长久的疑惑。关键是我们老师要有这样的意识,也要多看书、多思考,有这样的知识储备和慧眼去发现这些隐藏在教科书中的细节。有老师说《中外历史纲要》都是筋骨没有肉,课堂上也没有时间去展开,很难上好。这就更需要教师去珍惜课堂45分钟,精选材料,精心设问,用细节来丰润课堂。例如,家庭联产承包责任制在我国改革开放进程中具有重要意义,教科书只用了"改革首先在农村取得突破。家庭联产承包责任制在全国各地逐步推广开来。到1983年,农业总产值年均增长率近8%,农民收入明显增加"这么几句话。改革改在哪里?为什么实行这一制度后农民收入显著增加?如果对这一内容充分展开,教学时间似乎又不允许。笔者在进行这一内容的教学时问了学生一个问题:什么是家庭联产承包责任制?"以家庭为单位""承包土地和生产"等学生都能说出个一二,"联产"两字的含义却没有一位学生能正确说出,很多人想当然地认为是"联合生产"。笔者只反问了一个问题:既然是联合生产,何必还要以家庭为生产单位呢?在学生普遍疑惑的同时,笔者给出中共中央相关文件(《关于进一步加强和完善农业生产责任制的几个问题》)中的材料——"还有一些从事农业的生产队,在原来田间管理、责任到人的基础上,发展为联系产量计算奖赔,这也具有专业承包联产计酬责任制的某些优点,而且干部、群众比较熟悉,乐于接受"——引导学生得出答案,此"联"应是"联系"之意,此"产"当作"产量"之解,"联产"即"联系产量计酬"。再加上一句农民自己总结出来的话:"交够国家的,留足集体的,剩下都是自己的。"短短几分钟解决了一个关键问题,一个细节起到了四两拨千斤的作用。

四、关注历史的因果,在表象背后参悟历史的逻辑

历史是一门求真求实的学科,也是一门启迪智慧的学科。中学历史课显然不是仅仅让学生记住一大堆年代数字和教科书结论,引导学生不忘对历史原因的探求和学会对历史价值的判断始终是历史教育的终极目标之一。历史的发展有其内在的规律,我们理解历史的一把钥匙,就是历史自身的逻辑。而要参透这一逻辑,就需要培养历史的逻辑思维,这是运用分析、综合、比较、概括、归纳和演绎等多种方法来揭示历史事物本质和规律的一种历史思维形式。

多年前曾受省教育学会历史教学分会之邀上了一节展示课,课题是人教版选修3《20

世纪战争与和平》中的"朝鲜战争"一课。课文标题是朝鲜战争,但教科书并未将朝鲜南北双方的斗争作为主线,这也符合这场战争的特点。认真分析这场战争的过程我们发现,这场战争虽然激烈,前前后后也打了3年时间,中、美、苏各方以各自不同的方式卷入这场战争中来,但这场战争始终没有突破朝鲜半岛这一地域范围,更没有引发第三次世界大战。双方有冲突,但似乎都有所克制。教科书中也有这样一句点睛之语:朝鲜战争是一场具有国际背景的局部战争。如何看待这一历史现象,是不是很值得我们去分析探究呢?于是我便围绕教科书的这句话来展开这堂课的设计,有了由浅入深,层层递进关系的三个环节。具体来说就是围绕朝鲜战争的"国际背景"和"局部战争"这两个特点来展开,在精选史料和学者的研究成果的基础上,尽可能以一个研究者的身份来看待几十年前的这场战争。第一步是知道、理解层次的,知道朝鲜战争是一场有国际背景的局部战争,并通过回到历史现场的方式让学生体会中国人民志愿军赴朝参战的正义性,感受中朝军民在反侵略战争中表现出的不畏强敌、百折不挠、不怕牺牲的崇高精神。第二步是分析层次的,从国际大背景、两大阵营对抗这一角度分析始于内战的这场战争何以会成为多方参与的具有国际背景的局部战争。第三步是探究层次的,也是较能激发学生探究兴趣的,围绕三八线的斗争,探究这场战争何以只是一场具有国际背景的局部战争(指的是战争基本局限于朝鲜半岛)。通过引入杜鲁门政府授权麦克阿瑟在三八线以北采取军事行动的先决条件材料、周恩来约见印度驻华大使潘尼迦时希望通过他转告美国政府的中方对朝局势的严正立场,以及1951年5月布雷德利在美国参议院军事外交关系委员会前作证的声明、中国人民志愿军不畏强敌英勇作战的史料等各种佐证资料,分析为何这场战争最终限定在朝鲜半岛这一范围而没有扩大的因素,最后归纳总结出"源于冷战、止于冷战"这一深层的历史原因。这堂公开课在许多听课老师中留下了深刻记忆,以至于现在遇到省内的一些同行还有人一眼认出我是当年上"朝鲜战争"的那位老师。后来我也反思过这节课,发现里面有很多可改进和讨论的地方,比如教师讲的多了点,学生课堂生成似乎不够;如果加入围绕中国是否应该出兵来展开讨论会不会更有价值等,但之所以能让大家留下深刻印象,我想主要的原因可能是从国际大背景这一维度设计本课教学时,"源于冷战,止于冷战"这八个字基本讲清了朝鲜战争这一历史事件的前因后果,把因果逻辑讲清楚了,这对学生更深刻地理解这段历史,提高他们的历史理解能力是大有帮助的。

  讲清历史的因果逻辑往往需要我们打通历史的诸多环节,通古今、通中外、通"政经文"。任何一个历史现象的发生都不可能是孤立的,往往是有复杂的原因,关键是我们思考历史问题时能不能把有内在逻辑的历史现象联系起来。例如,我们说抗日战争时期中共起着中流砥柱作用,不是简单地让学生去记住这一结论,要有说服力。而1940年下半年八路军发动的百团大战就是一个很好的例子,但就事论事讲这场战役,是无法真正体会到这一战役的重大意义的。如果我们上课时联系同时期的欧洲,法国战败、英国孤军奋战,以及1940年3月汪伪政权的建立、5月中国正面战场上张自忠将军的牺牲,可以发现整个反法西斯战场哀号一片,一时间投降论调甚嚣尘上,全中国乃至全世界都迫切需要一场大战的胜利来振奋人心。而百团大战的横空出世,狠狠打击了日军的嚣张气焰,极大地振奋了全国人民争取抗战胜利的信心。无须多言,把这一时期的这几个历史片段打通了,学生对百团大战的深远影响必会有更深刻的理解。

  历史学是在一定历史观指导下叙述和阐释人类历史进程及其规律的学科。探寻历史真相、总结历史经验、认识历史规律、顺应历史发展趋势,是历史学的重要社会功能。帮助学生学会学习,尤其是带着兴趣学习,是历史教师的职责所在。

---

[1] 戴加平.以"以史导论"教学模式为载体 推进探究式学习与历史课堂教学的整合[J].教学月刊(中学版),2003(12).

[2] 周崴.对经典材料要认真"咀嚼":以《罗斯福新政》教学中的两则材料为例[J].中学历史教学,2008(12).

[3] 周崴.在追问中学会思考:以"重农抑商"政策的教学为例[J].中学历史教学参考(上半月·综合),2018(5).

[4] 钱穆.国史大纲[M].北京:商务印书馆,1996:211.

[5] 戴加平.基于统编教材的高中历史常态课设计策略:以"三国两晋南北朝的政权更迭与民族交融"一课为例[J].历史教学(上半月刊),2021(6).

(本文选自《中学历史教学参考》2022年第5期)

走近名师

「多些阅读，多些生活，多和孩子聊聊你心中的历史。」

朱能 浙江省特级教师，正高级教师，任教于浙江省海宁市高级中学。现为教育部基础教育教学指导专业委员会历史教学指导专委会委员，浙江省基础教育课程改革专业指导委员会高中历史组成员，浙江师范大学教育硕士学科教学（历史）方向硕士研究生指导教师，《中学历史教学参考》编委。一直执着于"历史为什么而教"这一问题的思索和实践，提出了历史教学的三重境界说：为历史课而教是教学者；为历史学而教是教书匠；为人而教方成为真正的教师。三重境界是循序渐进地发展过程。进入第一重境界需要的是责任心，进入第二重境界需要的是 对历史和历史学的理解，而进入第三重境界则需要对历史和生活的感悟，对生命的尊重和敬畏。主张历史教师通过渐进的方式，可以承担起为青年学生人文精神的形成和发展奠基的责任。

听课:重在解释,贵在理解

○ 朱 能

听课听了那么多年了,感觉"听什么"仍然是一个问题。目的不同、角度不同、心情不同,想听的和听到的都不一样。从课例研究角度来说,我主要听两个问题:一是老师如何理解历史;二是老师怎样帮助学生理解历史。

听"老师如何理解历史"

历史是什么?答案见仁见智。我最喜欢英国历史学家 E. H. 卡尔的说法:"历史是历史学家和历史事实之间连续不断的、相互作用的过程,就是现在与过去之间永无休止的对话。"历史似乎总是处在历史学家们的解释之中。我们虽然不能像历史学家那样去解释历史,但我们解读教材和设计教学,也可以说是一种解释。这种解释基于我们对课程标准的揣摩、对历史知识的理解、对生活的感悟。

我曾听了一位年轻老师上的一堂高一历史的日常课。课题是人民版教科书中的"近代中国民族工业的兴起与初步发展"。该课的课标要求是:简述鸦片战争后中国经济结构的变动和近代民族工业兴起的史实,认识近代中国资本主义产生的历史背景。这一课叙述了从 1840 年至 1913 年近代中国民族工业兴起和初步发展的历史,线索清晰,结构明了。这节课我听过多次,大多数都是直奔目标。这次听到的有些不同。

[教学片段](以邓世昌的画像导入)学生很快发现老师长得很像邓世昌,笑声一片。老师由此点出 1894 年是光绪二十年,提出课题:从 1894 年的人与事看近代中国民族工业的兴起和发展。

"人",主要是三个人:郑观应、光绪帝、张謇。"事",主要有三件:甲午中日战争爆发;光绪帝高度重视郑观应"首为商战鼓与呼"的著作《盛世危言》,刊发 2000 册发给驻京大臣,并在战后开始调整经济政策;张謇高中状元,又因家父过世旋即离京返乡尽孝,受《盛世危言》的影响,后来提出"非商战不可以救国"的主张。老师以 1894 年为时间节点,把这节课的学习置于这一年的人与事的场景中。

借助郑观应《盛世危言》中的材料(见教科书"资料卡片")分析经济结构变动的表现及其原因,继而再次借助郑观应从商的主要经历,引入数据图表分析民族工业兴起的表现及原因。然后又通过清政府经济政策调整、张謇艰辛办实业的事实来分析民族工业初步发展的表现及其原因。最后要求学生综合1894年前与后的民族工业,归纳其兴起和初步发展共同的历史背景要素。

听完课,最打动我的是"1894年的人和事"这个融汇课内外知识的历史场景。首先,这个场景植入历史学习,建起了历史逻辑,使"兴起"和"初步发展"两个阶段的因果关系是连续的不是割裂的。在课后访谈中,有不少学生说"听起来很通畅"。其次,这个场景的植入,让历史学习生发了怎样的新意义呢? 有学生说"对1894年的人和事印象深刻",有听课老师说"分析得好细腻啊"……在我看来,这节课并不是把民族工业兴起和初步发展的历史背景解读得多么宏大或深刻,而是借助历史细节把这段历史呈现在我们面前,让我们近距离观察、分析民族工业。

我带着这些思考与这位年轻老师交流,我问他:"你为什么想到这样的设计?"他说:"讲经济史一定要有人物和故事,教科书里有张謇'光绪二十年(1894)中状元'的介绍,查郑观应《盛世危言》这本书的经历时又发现了那一年有故事。民族工业这段历史有阶段性,甲午战争又刚好是分界点。于是就想到在这一年做文章。我本身也比较喜欢从一个点展开分析的以小见大的方式。"听了这番话后,我又想起他两年前谈读硕士研究生收获时的一些话:"形成历史研究的实证思想","注重逻辑、追根溯源","从中外的一些著作中学会了以小见大,典型分析的方法"等。就这节课而言,不是理解的内容,而是理解的观念或方法影响了这位老师对这段历史的理解,于是有了上述教学设计,从而对学生历史学习的方法产生一些有益的影响。

听明白老师如何理解历史的路径大致有二:一听老师对历史因果关系的分析。历史总是处在连续不断、纵横交错的因果关系之中。在历史学习中,形成历史逻辑是理解纷繁复杂的历史现象的根本;而聚焦历史逻辑链上的节点就是理解的关键。没有历史逻辑的学习,学生对历史的印象是糊状的;没有历史节点的学习,学生对历史的理解是松散的。学生喜欢打通知识点之间关系的课。二听老师理解历史的内容与理解历史的观念或方法。两者互为表里,对教学设计的影响各有侧重。有的课是前者影响教学设计多一些,如理解难度颇大的"宋明理学",又如学术观点较多的"美苏冷战起源"等;有的课,后者影响教学设计多一些,如上述这节课。当老师对历史的理解通透、清晰时,历史知识本身的意义、学生学习的意义就会自然生发。

听明白课的具体方法中有一种很重要——交流。与自己的理解交流、与学生交流、与听课同伴交流、与执教老师交流,在交流中听懂老师是如何理解历史的。

听"老师怎样帮助学生理解历史"

如果说第一个问题是听课之"道",那么第二个问题则为听课之"术"。老师助推学生理解历史的方法多种多样,我关注的主要是六个方面。以下列表对这些问题谈一些粗浅的想法。

问题	我的想法
有没有搭建帮助学生走进历史的"舞台"	我们是引导学生学习历史的"导演"。要让学生走进历史,就需要"导演"设计一个学习的"舞台",一个有人、有时空、有情节的"舞台"。这个舞台应该是因"地"(教科书内容、教学目标)制宜、因"人"(教情、学情)制宜;搭建这个舞台的材料可以就"地"(教科书内容)取材,也可以引进"外资"(课外学术资料),当然最好能由"内"而"外",课内外材料结合创设"舞台"
有没有勾勒帮助学生想象历史的"人物"	"人"是历史的主角,是历史中最鲜活、最生动的要素。这个"人",小到个体的人,大到社会群体;这个"人",可以是大人物,也可以是普通人。选取这个"人"与教科书内容相关的经历,让学生亲近这个"人",激发他们对历史的想象,这有助于历史场景的还原
有没有选用帮助学生触摸历史的"材料"	走进历史、看到了人,我们还需要和历史对话,我们一般通过"材料"对话。选用"材料"的关键首先在"选":选择适合历史事实、教学目标、教材内容、学生学习的材料;其次在"用":用在哪个环节、怎么用,这些都是我们需要琢磨的问题
有没有设计帮助学生思考历史的"问题"	历史需要思考,思考需要问题。一堂课的问题不在于多,在于有"心"有"条"。"心"指核心问题;"条"指围绕核心问题的问题链。有"心"就有重点;有"条"就有逻辑。问题的质量在很大程度上取决于老师对历史的理解度与对现实的责任感
有没有经营帮助学生理解历史的"对话"	课堂上的对话是有声的,是即时互动的。对话的功能不仅仅在于得到学生学习反馈并加以评价,更是为了让学生的思维外化以肯定或纠偏,为了通过学生之间的交流增进历史理解,为了增强学生表达自己见解的勇气和能力等。影响对话效果的重要因素是教学设计的质量、老师的教学机智
有没有建设帮助学生表达历史的"出口"	学生能发表自己对历史独立甚至独到的见解,是学习的高境界。有了前面几种"术"的铺垫之后,我们就可以尝试着建设一个让学生表达历史的"出口"了。这个"出口",太历史了,会少一点学习历史的现实意义;太现实了,又会多一些置历史于脑后的浮躁。因此,这个"出口"的建设还需我们细思量

一节课中,上述六个问题都处理得很好,并不常见。作为日常课,只要有一个问题处理得让听者有启发、有收获,那就不虚此"听"了。如在材料选用问题上,上述课例中对经

济数据图表的教学处理是一大亮点。在讲到传统经济结构变动时,老师引用了如下数据:

	1840	1860
土布消用棉纱量(万担)	620.9	628.6
其中:消用洋(机)纱量(万担)	2.5	
比重(%)	0.40	

数据图表常常是经济史教学中的首选材料。"选"有两个问题:其一是数据的严谨性如何保证?我们一般会选用严谨的学术专著中的数据。上述数据选自我国著名经济史学家许涤新、吴承明两位先生主编的《中国资本主义发展史(第二卷)》(社会科学文献出版社2007年5月第1版,第207页)。从著者到出版社看,都能保证上述数据的科学性、严谨性。其二,经济数据相当庞大,如何选择?用在学生知识学习的重点、难点、疑点或盲点上,这是重要原则。如上述数据是为了说明鸦片战争后,中国自然经济开始逐渐解体,这既是一个知识重点,又是学生学习中的一个盲点,有很多学生会认为鸦片战争后自然经济会迅速瓦解。

材料"选"好了之后还要会"用"。在上述数据的运用中,针对前述学生的认知盲点,老师在初步解读表格后设计了一个"试错"环节。

[教学片段]师:猜测1860年消用洋(机)纱量数量?

生(男):纱量数大概有90吧。

生(女):差不多。

老师出示数据"3.5"和"0.56"(如下表)。学生一片"啊"声,继而沉默。

	1840	1860
土布消用棉纱量(万担)	620.9	628.6
其中:消用洋(机)纱量(万担)	2.5	3.5
比重(%)	0.40	0.56

师:历史需要大胆推测,但更需要小心求证。现在我们运用所学知识来求证一下这个数据的形成原因。

(学生讨论、回答。老师点评、小结。)

通过这个"试错"环节,不仅让学生调动所学知识进行深入分析,更重要的还有两方面:一是了解史学研究方法,二是认识到社会转型时期充斥着新旧事物之间的较量,新事物的立足从来都不是一蹴而就的。

分析至此,老师进一步挖掘这张数据表的功能。又来了一个"接续"环节。把表格延伸到"1894年"的数据(如下表)。

	1840	1860	1894
土布消用棉纱量(万担)	620.9	628.6	612.4
其中:消用洋(机)纱量(万担)	2.5	3.5	143.4
比重(%)	0.40	0.56	23.42

学生结合表格提炼数据信息,并根据教科书内容和所学知识分析其原因。通过这张数据表的三次开发与运用,让学生理解从鸦片战争到甲午战争期间列强经济侵略与自然经济瓦解之间的关系,进而认识由此带来的对民族工业兴起和初步发展的影响。这张经济数据表的运用,真可谓"材尽其用"。当然,材料运用得法,方能尽其用。

要听出一节课的"精彩之笔"和"商榷之处",不仅需要我们竖起耳朵、快速记录,更需要我们用足心思去理解、去领悟。

听一堂课,如果听的只是课,听得再好也许还只是"匠"的层面。历史是生活的注脚,通过听老师的课可以去感悟老师的生活态度、感悟我们的人生意义。听课,听出老师对历史的敬畏、对生命的理解,那该是"师"的境界了。

听课,重在解释,贵在理解。

(本文选自《中学历史教学参考》2015年第2期)

> 一名优秀的教师要紧跟时代步伐，保持终身学习和追求突破的意识及行动，要顶得住压力，经得起挫折，看得清方向，认得清自己。未来的你，如同破茧而出的蝴蝶，那个更好的自己就会出现在面前。

李峻 特级教师，正高级教师。现任复旦大学附属中学副校长。上海历史学会常务理事，上海市教师学研究会历史专业委员会副主任。主持上海市第五期"双名工程"高峰计划，上海市中学历史德育实训基地，第四期"双名工程"攻关计划，上海市中小（幼）中青年骨干教师团队发展计划。出版个人专著3本，编著、主编、参编著作20余本，发表文章70多篇。获全国中学历史教学、说课、论文比赛一等奖；基础教育国家级教学成果二等奖，上海市基础教育教学成果特等奖、一等奖、二等奖，上海市教育科研成果一等奖。获上海市"为人为师为学"重点宣传先进典型，上海市三八红旗手，上海市园丁奖等荣誉。

"三为"为本　"三力"为要
——我的为师之道

○ 李　峻

2021年,我被评为上海市"为人为师为学"重点宣传先进典型,当摄制组人员问我职业生涯最大的感悟是什么时,我的回答是"大道至简,'三为'为本,'三力'为要"。"大道至简"是指不忘初心,立德树人,以始为终;"'三为'为本"是以"为人　为师　为学"作为事业奋斗目标,不断修炼自己,成就别人也成就自己;"'三力'为要"是努力提升个人的"学习力　判断力　领导力",锤炼自身的坚毅品格并勇于攀登教育的更高境界!

"学习力"是教师职业发展的基石

有人说,"比勤奋学习更重要的是学习力"。哈佛商学院柯比教授认为:"学习力"是学习动力、态度、方法以及创新思维和创造性能力的综合体现。"老师"应是终身学习者的代名词,也是展示"学习力"的示范者。在知识飞速迭代的时代,历史教师要常怀清零心态,不断更新老化的知识,用新的视角观察问题,创造性地解决问题。

步入中年时,我参加了上海市第三期"名校长名教师"培养工程凤光宇基地学习。那时的我作为校级干部身兼数职,同时也担任一线教学工作。有人问我,"这么忙了,还去基地学习5年,你是为了评特级教师吗?"扪心自问,成为特级教师的确是我的职业追求,但我更看中的是在基地里提升个人的学识和专业素养,拥抱挑战并在实践中创新。我不希望自己躺在已有的专业成果上止步不前,我期待能让我的"学习力"不断提升的学习平台。

在市级骨干教师云集的"双名"基地里,我静心研习史学理论、课程标准、教学设计,开拓阅读视野,提升个人的综合能力,但学习的辛苦是我没有充分预料到的。因为第三期"双名"基地学习时间都安排在星期六,因此,5年,260个休息日变成学习日,还不包括课堂实践和外出交流的学习时间。记得有一次,我连着两个月没有双休日,真想和导师凤光宇请假休息,但犹豫再三还是咬着牙去参加培训了。因为错过一次学习体验或许就错过了一次醍醐灌顶的机会。当我拖着疲惫的身子赶到基地时,发现住在远郊崇明、金山的学员早早就坐在课堂里了。刹那间,我感受到"学习力"所包含的学习动力、态度对一个要成为优秀的教师来说多重要,支撑"学习力"自我提升的一定是个人对目标追求的热情、意志和动力。

在"双名"基地学习的第二年,我遇到了专业上的"三聚头",即代表上海参加全国教学大赛、论文大赛、说课大赛。在准备大赛的过程中,我准备时间最多的是教学比赛。当时参赛的课题是高一年级的"灿烂的文学艺术(唐朝)"。这堂课旨在通过教师示范让学生懂得文学艺术作品作为史料的证史价值,以及能从时代风貌、作者观念、社会反响等路径汲取和整理其中的信息。这堂课的教学立意在8年前是具有挑战性的,即从历史本体视角帮助学生发现文学艺术作品的证史价值,从史学思想和方法维度发现文学艺术作品价值的同时,也赋予旧课题新视角新设计。在磨课的1个多月时间里,一天能睡足5小时已是幸福的事了。记得当时为了寻找唐朝中期有"八字眉毛"的仕女画,我查阅了近100幅可能与八字眉毛相关的绘画作品,阅读了500多首唐诗,为的是说明诗与画可以相互印证。也就在那个阶段,我的眼睛一下子老花了,功夫不负有心人,在团队合力助推下,我拿到了大满贯的好成绩,也成为获奖代表在全国中学历史年会上公开授课示范。当超过五百多人的观课教师举起相机拍摄我授课的场景和幻灯片时,我深刻感悟到"学习力"不仅需要内在动力,创新思维和创造性能力也是教师走向优秀的重要基石。

在"双名"基地学习的第二年,我被评为上海市特级教师,但正如我的初衷,我来基地学习的最重要目标是丰富自己的学养和专业技能,成为特级教师后我推出的专业成果数量上还超过了成为特级教师之前的。这或许就是坚毅精神支撑下的"学习力"带给我的进步,让我遇见一个勇于追求更高教育境界的自己。

"判断力"是教师事业精进的关键

判断力,是人的独立人格养成不可或缺的一项能力。塞涅卡说过:"幸福的人,往往拥有健全的判断力。"在我们教书育人的过程中,我们既需要教学、科研、评估等方面的专业判断力,也需要开发个人潜能多元发展的职业判断力,并根据实际情况按下个人发展的快进键,找到个人最佳的发展模式。

"李老师,我现在遇到一个问题,我想听听您的建议。我们领导想让我做行政,但是我自己感觉有点吃不准,感觉自己教学也没站稳,担心两条腿走路走不好。"这是年轻教师经常问我的一个问题。怎样兼顾好专业和职业的发展,做到两条腿同步走路体现自我价值,这也曾是我遇到的困惑。在新加坡,教师的职业发展一般有三种类型:一类是教学型教师,注重教师的专业教学能力;一类是领导型教师,注重教师的管理领导能力;一类是专家型教师,注重优秀教师成为教育家。三类职业路线的目标定位清晰。但在中国似乎三类教师没有严格的区分和定位培养。学校一般会从培养复合型人才的视角出发,提供教师行政岗位的"双肩挑"平台,把领导型与教学型、专家型教师的培养目标结合起来。这种复合型教师培养对年轻教师来说有一定压力,要兼顾好专业和职业共同进步,需要付出比一般教师更多的休息时间。但经过行政岗位历练后的教师,教育理念、教研视界一般都会高于普通的学科教师。

  2014年我接受学校指派的任务,对复旦附中国际部的IB课程建设、师资配置等办学核心内容进行调研,为学校提供国际部未来办学方向的判断依据。当时的我心里有丝丝抱怨,因为这不是我分管领域内的工作,我担心因为这项额外的工作而影响原有的工作节奏。但经历两个月的深入访谈、调研,这份额外的工作打开了我对课程观的全新视角。近距离接触IB国际课程,看到国际课程"全人教育"理念下个性化育人的亮点,比如强调共情力,主张学习过程中的"探究—行动—反思",这些推动我反思了本土课程的优势和不足,反思了每个担任不同角色的老师需要思考的问题:一所学校的校长应该有前瞻而全面的视野,面对社会媒体带有功利性的评价,如何在教育变革浪潮中保持应有的定力和清晰的判断力,做一个麦田的守望者?一所学校的骨干力量如何拥有课程领导力,如何用饱满的激情和坚忍的耐力来带领教师探索指向全人教育理念的课程体系?教师如何聚焦真实学习的发生,深度探索个性化教学,让学生学会学习并让学习成果看得见?这三个问题成为我日后不断探索并努力尝试解决的问题。

  2014年我成为上海市中小(幼)中青年骨干教师团队发展计划历史学科的领衔人;2018年我成为上海市第四期"名校长名教师"培养基地攻关计划主持人。无论是"发展计划",还是"攻关计划",都是主持人以课题探究的方式来带动历史教师的专业成长。我主持的两个课题分别是"历史学科教学模式转换:以阅读与写作为中心的建构"和"核心素养视域下的历史学科判断力培养",课题的研究成果分别荣获2017年上海市基础教育教学成果一等奖、2021年上海市教育科研成果一等奖。当同行问我,"为什么我主持的市区级课题都能取得优异成果",我的回答是"一个好课题最关键的是发现一个好问题"。基于国际课程的调研,增强了我对基础教育"全人发展"培养趋势的认知,我对选题的直觉判断是:只要指向学生核心素养培养的课题,只要解决一线教师教学难点的课题一定有其生命力和价值。因此,我主持的两个课题都基于学科从全人发展的视角出发,立足注重"思维、探究、表达"的主题式教学,注重在真实情境下对学生发现问题、解决问题能力的培养。重点实践了指向语境还原的高中历史阅读教学和以判断力培养为指向的单元教学设计,形成了"基于文本阅读—围绕文本阅读—超越文本阅读"的阅读教学策略,以及主题式跨单元教学的"确定大概念—筛选大主题—重组单元内容—形成问题链—探究真问题—设计评估方案"六步教学流程。这些成果为教师提供了可操作的育人方式变革的实践路径。虽然课题聚焦的是教学模式创新,但实质指向改变教学方式来推动学生学习方式的变革。这些探究成果被专家认为是基础教育领域"上海经验"的重要组成部分,体现了团队成员在教育改革中的创新精神,更体现了基地成员"学习力"的不断提升。行政岗位带来的育人全视域提升了个人更加敏锐地判断学科发展的关键问题、前瞻性问题,推动我在这些问题领域进行深度探索并获得事半功倍的专业成效。对专业问题的精准判断,让我主持的科研课题成果有价值,既折射了时代深度推进课程改革的需求,也让一线教师找到创新育人方式的有效路径。以2014年课题研究为例,基地成员在3年里发表论文36篇,获得全国、市区级50个奖项。这几年带队培养年轻人的经历让我更加深刻认识到"教—学—研"一定是一体的关联体,扎实开展"教—学—研"工作,最后获益群体一定是我们的学生和老师。

"领导力"是教师格局之大的体现

这里的"领导力"是指教师课程领导力。教师课程领导力主要包括课程设计力、课程决策力、课程执行力和课程评价力。某种程度上讲,教师课程领导力是推动当下"双新"课程改革走向深度实践的关键。课程改革需要教师宏观把控课程目标,微观引领与创新育人方式的变革,实现学科内课程之间的"纵向贯通"与"横向联结",实现不同学科之间的跨学科教学探索。我在培养年轻教师的过程中,非常关注通过科研路径来提升教师课程领导力。教师不仅是教"书"匠,更应该是课程的设计师,引导教师从专注于课堂教学的设计走向课程的设计、决策、管理与评价,鼓励教师进行历史跨学科教学,通过主题引领打通不同学科之间的横向联结。在这过程中,要求教师不仅要深度认知《普通高中历史课程标准(2017年版2020年修订)》,还要深度理解《普通高中课程方案(2017年版2020年修订)》的指导思想和基本原则,只有这样才能真正理解"目—课—单元""必修—选择性必修—选修课"之间的关联与价值,进而从课程观、育人观的视角进行教学方式的创新实践。

2018年初教育部颁布的普通高中各学科课程标准中强调"重视以学科大概念为核心,使学科内容结构化"。美国学者埃里克森说:"大概念就是贯穿于本学科的具有持久价值的概念或原理。"学科大概念,实际上是学科的核心要义和引领性主题。早在2014年我就尝试围绕"主题"的概念教学,并进行不同类型课程的主题教学设计。比如,教师可以通过杰出人物的作用和影响普通百姓的行为和后果,加深学生理解"历史上的个人价值取决于他的智慧、意志和社会贡献"这一概念性观点。为此,我以"历史上的个人与群体:行为和后果"为主题,在必修课中选择与"战争"这一大概念相关内容进行阅读教学。比如,在学习第二次世界大战这个主题过程中,我选择了马克·布洛克的《奇怪的战败:写在1940年的证词》,围绕"论题和结论是什么?理由是什么?哪些词语意思不明确?推理过程中有没有错误?证据的效力如何?有没有替代的原因?数据有没有欺骗性？有什么重要信息被省略了？能得出哪些合理的结论"，引导学生用历史思维方式去解读文本，帮助学生理解历史是许多单个意志相互作用的结果，无数互相交替的力量和力的平行四边形决定其演变和发展。同时，我和同行合作设计选修课，和学生一起精读"智慧之光：思想者与启蒙运动（以《政府论》为视角）""追梦之路：移民与移民国（以《美国种族简史》为视角）""平庸之恶：二战反犹运动（以《他们以为他们是自由的》《反抗平庸之恶》为视角）"，并结合相关主题的影视作品，引导学生合作探究，用多种写作方式（小论文、历史剧、主题图片展等）展现与主题相关的研究成果。此外，我带领教师进行拓展课的延伸，联合复旦大学历史系进行了全市范围的"博学杯"历史人文素养展示活动，以"历史上的战争：缘起与影响"为主题，让学生从"缘起"的视角聚焦第二次世界大战的爆发，聚焦人类历史上诸多战争爆发的共性；从"影响"的视角聚焦战争对人类文明发展历程的影响，关注战争中某些重大历史事件对人类社会道德观、价值观等的影响。通过这些课程的贯通联结，教师切实感受到概念教学如何在不同课程中进行主题设计和教学，教师课程领导力得到培养。

2018年，我带领年轻教师又开始了"大概念"引领下的主题式跨单元教学实践，即围绕"大概念"选择一个能够整合跨单元内容的核心论题或观点而展开的教学。教师以大概念为切入点，通过多维度解读大概念的视角来提炼"主题"，建构"单元群"，设计"真问题"，形成"问题链"。跨单元主题是"点"，与之相关的散布于不同单元的内容是"面"，"问题链"则是"线"。教师围绕主题这个"点"，引领学生用"问题链"这根"线"，在解决问题的过程中重新建构知识体系。这不仅是"以点带面"，让学生学会知识，更是在习得史学思想方法、完善历史学习方式的过程中尝试运用知识来解决问题，从"知识获取"走向"问题解决"，推动学生学习从课堂走向课外，从学校走向社会，从书本走向生活，在问题解决中实现从知识本位走向素养本位的价值旨归。

在必修课进行教学模式创新探索的同时，我带领年轻老师进行了大概念视域下的跨学科教学的尝试，基于选修课引导学生深度学习。在为期近两年的时间里，我们以"时间、地域和空间"为跨学科的大概念，旨在通过时间、地域和空间的内在联系，通过项目式学习方式引导学生理解人、物体和思想观点的绝对或者相对位置，理解"时间、地域和空间"，注重建立和利用我们对方位的理解，即如何理解"何处""何时"。我们开设了与政治、艺术相结合的历史跨学科选修课"现代都市中非遗文化的传承与传播"，教师基于真实情境开展教学活动，为学生深入了解和探索非遗文化提供平台和资源，同时以问题为导向，引导学生调动自身知识、能力、品质，在充分挖掘非遗文化历史内涵与当代价值的基础上，结合自身兴趣，以小组为单位设计并完善一份具有可行性与创新性的文化宣传方案，为传承与弘扬中华优秀传统文化出谋划策，帮助某一非遗文化活下去、火起来。在项目推进过程中，学生认识到非物质文化遗产根植于特定的人文和自然环境，蕴含着当地民众特有的理念、气度、神韵、情感和智慧,构成城市独特的历史记忆、文化基因和精神品位。随着现代都市的快速发展,承载农耕文明记忆的非物质文化遗产,正面临生存和传承困境,当代人需要用新创意、新技术去传承中华优秀传统文化。这一课程设计为教学和学习提供更加具体的全球视野,鼓励学生共同承担守护中华优秀传统文化的责任。课程设计也渗透着历史学科所强调的时空定位、个人表达与文化表达,时代特征与认同关系、科学与技术创新等。此外,我们还开设了高中选修课"历史上的判断与决策"。这一课程基于跨学科的大概念"变化"与"逻辑",聚焦于历史上的重大历史事件,分析事件背后的决策判断是如何形成的,哪些因素会影响重要历史人物对重大历史事件的判断与决策,思考如何对历史上重要人物和观点进行评析和判断,从历史学科视角审视、辨析史料的信度与效度,用符合逻辑的推理方法对信息、观点进行事实判断或价值判断,把个人所学的知识迁移到新的不同情境中创造性地解决问题,以培养学生有足够能力面对当前的社会变革和未来发展的不确定性。

  这些原创选修课提升了教师课程领导力,尤其在课程决策、评价、管理等方面的能力。授课的过程中,教师有意识地进行不同学科、不同学校、不同社区的资源配置,课程领导力的提升带来了专业上的突飞猛进。2014至2021年,复旦附中7位历史教师,主编参编8本著作,获区级以上教育教学奖项29项,在国家及省市级学术刊物上发表论文49篇,其中有3篇文章被人大复印报刊资料收编。

  学习力、判断力和领导力是推动我职业发展,支撑我不断向前的综合能力,"三力"的背后需要不断磨炼自身的坚毅精神。"浮于表面都是风光,沉下心来自有答案"。我非常喜欢一句谚语,也经常和学生分享:在非洲,瞪羚每天早上醒来时,它知道自己必须跑得比最快的狮子还快,否则就会被吃掉。狮子每天早上醒来时,它知道自己必须超过跑得最慢的瞪羚,否则就会被饿死。不管你是狮子还是瞪羚,当太阳升起时,你最好开始奔跑。

(本文选自《中学历史教学参考》2022年第8期)

「教师自己知识储备贫乏，专业素养不足，其课堂教学就很难精彩，也就更谈不到激起学生学习的欲望与兴趣。只有教师自己首先具备渊博的知识、深刻的见解，才有可能让学生得窥知识海洋的宽广，思想天空的深邃，从而激发学生学海泛舟的兴趣与豪情，托起学生苍穹遨游的垂天之翼，乘风破浪，扶摇直上！」

高怀举 高级教师，山东省教育科学研究院历史教研员，教师发展研究中心主任。教育部、人民教育出版社教材培训入库专家，中国教育学会历史教学专业委员会理事，山东师范大学硕士研究生导师，山东省"齐鲁名师"培养工程导师。出版专著《中学历史教学：思想与方法》，参编"大学国学读本"——《帝国往事》，主编中学"学科阅读推广工程"——《历史来了》，"写给青少年的历史"——《历史第一课》。

思想与方法：上出历史课的魅力

○ 高怀举

如何理解历史课程的育人价值及如何在课堂教学中实现其育人价值,历史教师应具备怎样的专业素养及以何种途径有效提升专业素养,这是拙作《中学历史教学:思想与方法》重点探讨的问题。全书四部分内容,每部分均围绕上述问题,试图体现一种内在的逻辑结构。

形而上者谓之道！作为一门课程,历史学科的育人价值体现在哪里？历史教育的最终目的是什么？如何理解历史学科的核心素养？与具体的教学策略、教学方法相比,这些是更上位的问题,关乎历史教育的大道,因而也应该是每位历史教育工作者首先考虑的问题。大道未明而沉湎于"技术""技巧"之中,容易绕远路甚或走错路,看似下力气不小,却事倍功半更甚至南辕北辙,适得其反。只有先把这些根本问题想清楚,我们才会明白历史教学的出发点、着力点及落脚点在哪里。第一部分"课程理念"正是基于这个考虑而设。这部分文字以阐述历史课程的价值始,以探讨历史教育的目的终。继之通过具体课例论述历史课程的基本性质——人文性。随后分别涉及历史学科的唯物史观、时空观念、史料实证、历史解释、家国情怀等核心素养。搞清这些理念性的东西,方向与目的了然于胸,然后才谈得上实践操作,谈得上具体教学方法的实施运用。

第二部分"课堂教学",重在探讨教学方法。首先关注历史课堂教学的一般原则与方法,进而结合教学立意、教材内容的重组,以及小组合作、自主探究、所谓"板块式"教学等具体教学方法与形式进行探讨。最后从反面列举分析了当前历史课堂上普遍存在的一些偏差。

实践中有没有那种放之四海而皆准,立竿即能见影的教学方法或模式值得存疑。教法如兵法,"运用之妙,存乎一心"。教学作为一门艺术,能否展示其教育魅力,达到其教育效果,关键不在于拘泥固守某种模式、方法,关键是模式、方法背后的原则、理念,关键是执教者在深刻理解原则、理念之后对模式、方法的灵活运用。而这些,很大程度上取决于执教者的专业素养。

第三部分"教师素养",探讨教师的才、学、识、情以及教师的教材观、学生观、知识观。所谓历史教师,"教师"说的是职业,教书育人是其职责;"历史"说的是专业,通过教授历史专业知识来实现育人目的。就职业而言，教师要具备特定的职业技能，其背后的理论支撑主要是教育教学及心理学的相关知识；就专业而言，教师要有足够的专业素养，其背后的理论支撑主要是历史学的相关知识。拙作论述教师素养，主要侧重后者。比如谈教师的知识构成，重点是谈历史专业的相关知识，并未提及教育学、心理学及一般意义上的课程论、学习理论等，也很少涉及那些因与历史教学内容关系密切而需要历史教师掌握的诸如政治学、社会学等跨学科专业知识；谈教师的"情"，重点谈的是与历史学科关系密切的人文情怀与家国情怀，而未详细论述教师也应具有的诸如对教育事业的敬重、对学生的热爱等一般意义上的情怀。当然，不谈或略谈，并非意味着这些不重要，只是限于篇幅，无法兼顾。希望以后能有机会另辟专章与同仁探讨这些问题。

历史教师的专业素养是决定历史教学成效的关键，而提高历史教师专业素养最有效的途径就是读书。第四部分"诗外功夫"收录了笔者的一些书评或读书感悟。除其中一篇(《知识传授与情感培养》)是在一般意义上论教育以外，其余各篇所谈书籍都是历史专业的，分别涉及中国古代史、中国近现代史以及世界史。在斟酌、选择与同仁分享哪些书时，首先一个功利性的想法是考虑书的内容必须与中学历史教学的相关内容贴近，这样有助于大家进一步理解相关教学内容，甚至文中引用的那些书上的一些内容，老师们可以作为史料，直接拿到课堂上用。但更重要的原因是，笔者个人在读这些书的过程中，深深领略到历史的魅力，强烈感受到思想的力量。分享个人读这些书的收获感悟，是想以这样一种更具体的方式与大家探讨怎样通过读书提高自身专业素养，怎样让读书真正成为促进我们专业提升的源头活水、诗外功夫。

语文教学界的前辈、特级教师钱梦龙曾说，对语文教学的过度研究致使语文教学的本相越来越扑朔迷离，也导致众多语文教师越来越不知道怎样教。岂止语文教学？课改以来，专家多、名词概念多、理论学说多的现象存在于整个中学教学界，使得中学教师眼花缭乱，应接不暇。其实，理论是灰色的，而实践之树常青。真正基于实践的研究也必定是为实践所需要的，是不会给人以"过度"之感的。最怕的是那种凌空蹈虚、自说自话的"研究"，不接地气，云里雾里。

笔者多年前躬耕于讲台时，屡屡困惑于那些复杂晦涩的名词概念，常常自怨自叹只能做一名为专家所不齿的"教书匠"了；从事专职教研工作十多年，又每每担心脱离课堂实践，时时自警自省不要成为那种故作高深的所谓"专家"。"半世行藏皆是错，如何纸上会谈兵"，如今小心翼翼地将自己的研究心得汇集成册，跃跃然欲与广大同行交流，亦惴惴然唯恐打扰大家。所幸由于个人能力水平所限，全书少有新奇的概念，更无高深的理论，尚无能力给大家添乱，这点差堪自慰。至于能否使读者略受启发，稍有裨益，只有留待实践检验了。

【附记】本文系作者所著《中学历史教学：思想与方法》一书的前言，略有改动。

(本文选自《中学历史教学参考》2024年第4期)

「"日拱一卒无有尽，功不唐捐终入海"，认认真真上好每一节课，让读书、反思、写作成为生活的常态！」

赵剑峰 深圳市龙华外国语高级中学历史教师、正高级教师、特级教师。曾任省特级教师工作室首席名师，曾获全国高中历史课堂教学竞赛一等奖、省五一劳动奖章、市优秀教师。在省级以上期刊发表论文70篇，主编、参编教学用书二十余部，获省基础教育教学成果一等奖2项。

我的教师专业成长关键词

○ 赵剑峰

2024年9月1日,又是一个平凡而普通的开学日,也开启了我第33年的讲台生活。满打满算离退休还有六年的时间,为了让自己这六年的职业生活不至于虚度,也为了让年轻的朋友们少走一些弯路,更好地规划自己的职业发展路径,觉得有必要总结一下32年来的从教生涯。

虽然此前写过这样那样的片段,林林总总提炼过某些方面的心得体会,但一直还没有完整系统地梳理过自己的教师生涯。从教师专业成长的角度来讲,我最想分享的四个关键词是:目标、反思、阅读、写作。

一、目标引领

"学习是需要内驱力的,如果没有自身发展的意愿,学习的行为就不会发生。"[1]3 "喜欢是发自内心的情不自禁,没有任何功利色彩,是一种原动力。一个人喜欢上一件事情的时候,是不需要别人督促的,即使做得再苦再累,也心甘情愿。"[1]206 记得中国人民大学周濂老师有一本书,书名就叫《你永远都无法叫醒一个装睡的人》,是的,如果你自己不想成长发展,如果你自己不想成为一名优秀的教师,如果你自己不想付出成为优秀教师最起码应该付出的努力,那么再好的种子也不可能在你身上落地生根,开花结果。正如生命化教育的倡导者张文质先生所说:"好教师从来就不是靠培训造就的,更不是靠检查、评比、竞赛造就的,好的制度加上自我期许,才是好教师成长的必经之路。"[2]树立清晰明确的目标、激活内动力是教师专业成长的第一要务!目标引领既是教师专业成长的出发点,也是教师专业成长的前提和基础。如何拨动这根心弦,对于教师专业成长的启动和发展尤为重要。

实话实说，恰恰是初入职场时的懵懂无知、茫然无措，才让我反过来更加强烈地意识到目标对于专业成长的重要性。1992年大学毕业开始教师生涯，工作也算是尽心尽力，表现也算是中规中矩，成绩也算是有模有样，但总觉得没能实现自我突破。也许人的成长真的需要一个"生发点"，我的最重要的"生发点"是参加2010年在上海晋元高级中学举办的全国历史教师教育专业委员会第二届年会。李惠军老师执教的"十月革命"和郭富斌老师执教的"从'战时共产主义'到'斯大林模式'"完全颠覆了我对课堂教学的认知，他们丰富的阅读、广阔的视野、深邃的提问，让已经评上特级教师的我如芒在背、如鲠在喉，感觉到如果不奋起直追，就对不起自己，也对不起学生。在年会结束回程的火车上，我写下了这样一段文字。

让读书、反思、写作成为生活的常态！

今天是8月23日，是我41岁的生日，从教也已经有18个年头了。

回首18年的教师生涯，扪心自问，在教学、班主任工作及管理方面是认认真真、踏踏实实的，学生和家长也比较认可，也有了大大小小不少的"光环"。但静下心来细想，总觉得心里空荡荡的，空得发慌。

今天，坐在从上海返回淮北的火车上，仔细梳理最近一段时间一直在思考的心里发慌的原因。归纳起来，大致有这么几条：

一是书读得太少，缺乏最基本的学养。虽然最近几年也买了一些书，读了一点书，但基本上处于点滴、零散、浅层、随性的状态，没有养成读书的习惯。仗着琢磨过一点课堂教学的技巧勉强度日，充其量只是个"技术工人"而已，和李惠军、郭富斌等名师相去甚远。

二是缺乏必要的反思。虽然也时常拿着叶澜老师的名言"一个教师写一辈子教案不可能成为名师，但一个教师写三年教学反思就有可能成为名师"来教育别人，虽然偶尔也在检讨自己某堂课的不足、某个阶段存在的问题，但总体来说，反思没有成为我的习惯，没有成为我生活的常态。

三是没有养成写作的习惯。虽然时常也有些念头、想法、思路，但因为懒惰，都没有把它们变成文字。现在慢慢明白，写作的过程其实是思路的整理和升华的过程。最初下笔的时候肯定会很生涩、很痛苦，但这是化茧成蝶必经的过程。放下臭架子，别怕别人笑话，从零开始，从一字一句写起。

四是心动不如行动。前几天开会的时候，华东师大的李月琴老师说过这样一段话："开会时激动，回家想想还感动，过段时间一动不动。"我觉得这是自己目前生存状态的真实写照。别"光打雷不下雨"，因为留给你激动的时间越来越少；别等着"万事俱备，只欠东风",因为极少有车马炮齐的时候;别老想着"天上掉馅饼",因为偶尔掉到你头上的也极有可能是铁馅饼。

那就从今天开始,让读书、反思、写作成为自己生活的常态吧!

只要自己努力,41岁起步,不晚!

十四年以后,回想这一目标,还有些心潮澎湃。那个清晰而明确的目标、那种知耻而后勇的发展愿望,指引了我十几年来不断求索的方向。

专业成长需要唤醒内在的价值认同,需要确立自我的发展意识,需要清晰而又明确的目标引领。这不仅是教师成长的起点,更是教师专业成长的内在动力。

目标引领可以让我们明确前行的方向,让我们由原来的"野路子""不论套数"到渐渐有了章法。但落实目标其实比制订目标要难上一百倍。我们已经有了制订目标的激情,还必须具备实现目标的恒心和毅力。

二、实践反思

美国教育家波斯纳说过:"实践+反思=教师成长"。行动研究是为改进教学实践而进行的一种研究,理应成为教师专业成长的一种重要形式。课堂教学是教师专业成长的重要环节,是教师发展的生命线,是实施课程改革的主要阵地和主要途径。

作为一名中学历史教师,理应扎根于中学历史课堂,心甘情愿做一名"泥腿子";但同时又要善于反思,总结经验,吸取教训,立足于课堂,以课堂中发生的"故事"作为研究的案例,由此生成的经验、教训、规律、认识等升华为宝贵的教学智慧,并在此基础上构建一节好课在课堂教学环节方面的具体标准,从而指导中学历史教学。

作为一名通过赛课走出来的中学历史教师,我对课堂教学竞赛这种专业成长方式情有独钟。1999—2007年,三次市赛第一名,两次省赛一等奖,一次国赛一等奖,不仅仅是一串个人成长的足迹,也是对课堂教学技艺的探索。在磨课的过程中,在参与比赛的过程中,在观课议课的过程中,我和工作室的同伴逐渐聚焦到一个问题上:课堂教学之所以没有达到预期的目标多是因为某一个或者某几个教学环节没有处理好,怎样才能优化中学历史课堂教学的每一个环节,从而串联成一节好课呢?在深入思考"中学历史课堂教学环节优化"问题的基础上,我们先后进行了"同课异构""异课同构""疑难杂课研讨""点课"等多种课堂研修形式的探索,通过上课、观摩、研讨、撰写听课随笔,及时把学习成果转化为教育教学行动,解决教学实践中的共性问题,提高实践反思的实效性。也正是在实践反思的引领下,作为五线小城的淮北市在中学历史课堂教学竞赛方面取得了丰硕的成果,共取得国赛一等奖七项,省赛一等奖近三十项。

三、广泛阅读

2011年,在阅读胡军哲老师的专著《杏坛爬梳——来自一线的历史教育思考》时,我曾经写下这样一段感悟,展现了当年的心路历程。

"忙""没有时间"是很多中学一线教师不读书的理由。中学一线教师确实很忙,上课、命题、阅卷,做学生思想工作等。因此,很多一线教师就没有去接触教科书以外的历史知识了。咀嚼课本,说文解字,把课本变成一条条方便学生记忆的结论便成了其教学研究的主要内容。这样一来,生动活泼的历史就变成了干巴巴的结论,情感、态度、价值观的培养变为了空谈。我工作近二十年了,尝试过用各种各样的办法来提高教育教学水平,兜了一个大圈子后,现在终于明白,读书才是根本的解决之道。唯有广泛涉猎,重点研读,去伪存真,去粗取精,披沙拣金,取精用弘,才能在课堂上将自己阅读过的精华部分呈现出来,让学生最直接、最大限度地看到丰富多彩的历史画面。我深刻地体会到,只有这样才更有利于教学目标的达成。[3]

中国教育学会副会长朱永新教授说过:"在某种程度上,一个人的阅读史就是他的精神发育史。"优秀教师的成长之路是用书籍铺成的。作为一名教师,若想做到思想高度的领先一步,必须在阅读品味上领先一步。阅读的广度决定知识的跨度,阅读的深度决定认知的力度,阅读的厚度决定教学的高度。读书不广泛,我们就没有思辨的资质;读书不到位,我们就没有洞悉问题的本领;读书不精道,我们就没有批判的眼力。不会阅读的学生,是没有潜力的学生;而不爱读书的老师,更是没有希望的老师。

具体到历史学科而言,史学阅读是历史教学的起点,史学阅读的广度与深度决定历史教师史学素养的发展程度,决定学生历史核心素养的培养质量。首都师范大学赵亚夫教授曾指出,历史有效教学的原动力不是教育学和心理学,而是历史学;凡是把历史讲得不熟不透的教师,都是因为学科功底不扎实。赵亚夫教授建议历史教师应高度重视"与学习视野相关的史论""与历史知识相关的史实""与历史学习方法和思考相关的史料"。

从我个人而言,阅读的目的非常明确,就是为了不把课讲错、为了把课讲鲜活、为了把课讲透彻、为了把课讲出境界、为了提升生命质量。阅读重在完善知识结构,一个真正优秀的教师应有完善的知识结构、精深的专业知识、深厚的理论基础和开阔的人文视野。在阅读的过程中,我也逐渐形成从历史教学、历史学、教育教学到人文素养,从案例型、经验型到理论型的序列化读书体系,阅读形式逐渐多样化,阅读主题逐渐个性化。

正如北京师范大学肖川老师所言:"读书不仅可以丰厚文化底蕴,使自己更具文化眼光,读书更为重要的价值在于使教师的内心变得开放、鲜活、细腻和温柔,使教师具有不断增长的与人分享的内在需要,从而克服对于教学的倦怠感,从而使教学永远充满活力和内在的感染力。"[4]是的,当你的灵魂被唤醒时,你的阅读才真正开始! 阅读是一门学问。对于中学历史教学而言,我们必须摸索到适合自己的阅读方式。最重要的就是每天要不间断地阅读,阅读就是最好的备课。

四、写作升华

阅读与写作是教育的呼吸。阅读是吸进来,写作是呼出去。一进一出,循环往复,这是教师生命的常态。"如果读书引发思考,那么写作本身就是思考。写作帮助我们梳理思想,不断完善自身、升华自身。"[5]实践是写作的前提,写作是为了更好地实践。通过写作,教师能够有效地对经验进行反思,从教学碎片中提取有意义的东西并加以理解,使我们的教学实践更加富有洞察力。

当很多老师纠结于"中学老师要不要写论文,该不该写论文,可不可以写论文,能不能发表论文"的时候,当很多老师还认为中学教师的主要任务只是单纯的教学,只是培养学生高考拿高分,只是为高校输送人才的时候,当很多老师只有在评职称的时候才想到动笔,甚至呼吁评职称取消论文这一硬性指标的时候,个别优秀教师已经在享受写作的乐趣,品尝写作的硕果,站在更高的层次把读书、反思、写作三者有机地结合。

在写作方面,我又是一名后知后觉者。工作第十年,为了评职称,才发了生平第一篇论文,此后又"涛声依旧"。工作第十五年,为了评特级教师,2007年一口气发了七篇论文。此后虽然没有就此罢手,但也许是一次性把此前的积累用光了,此后三年仅发了四篇论文。2011年以后,才逐渐地相对稳定地走上写作的道路。我是这样认识写作的,在中学历史教学实践中,"想得到未必做得到,做得到未必说得出,说得出未必写得出"。如果能把想、做、说、写打通,做到四位一体,肯定能大幅度提升中学历史教学的水平和层次。写作使人成长,写作使人精确,写作使人深刻。写作才是真正思考的开始,写作是思考的深入、细化和呈现。

2016—2021年,从参编到主编,深度参与何成刚博士领衔的三套丛书《史学阅读与微课设计》《历史课标解析与史料研习》《新课标高中历史教学设计》,让我进一步厘清了课程标准、史学阅读与教学设计的内在逻辑关系,从阅读权威史学成果、合理运用史学资源入手,注重将史学研究成果转化为教师"教"与学生"学"的有效资源,既全面覆盖又深度挖掘,既注重实用性又关照可读性,为中学历史教师深入理解历史课程标准,开展基于历史课程标准的史料教学,提供了较为系统整体的资源支持。

写作使人精确! 教师都成为研究者是教育发展的要求和未来趋势,我已经品尝到写作的甜头,初步认识到读书、反思、写作的互动关联。未来的专业成长中,我会继续坚持"我手写我心"。

目标引领、实践反思、广泛阅读、写作升华,是我个人专业成长的四个关键词。作为教师专业成长的后知后觉者,我希望自己的成长经历能为青年教师提供一些借鉴甚至是教训,希望青年教师能更好地规划自己的职业发展路径。

主要参考文献:

[1] 常生龙.给教师的5把钥匙[M].北京:教育科学出版社,2016:自序3.

[2] 张文质.教育小语[J].中华活页文选(教师版),2008(7):1.

[3] 赵剑峰.中学历史教师专业成长的借鉴:读胡军哲《杏坛爬梳》[J].历史教学(上半月刊),2011(6):67-68.

[4] 卢冬君.每一名青年教师都有成为卓越教师的可能:评《青年教师的心灵成长之旅》[J].当代教育科学,2014(14):66-67.

[6] 张贵勇.读书成就名师:12位杰出教师的故事[M].北京:教育科学出版社,2013:132.

(本文完稿于2024年9月)

「教书育人，非但授业解惑，更是灵魂的耕耘。在教学相长的路上，保持好奇心与谦卑心，让教育成为一场美好的相遇，以敬畏之心对待历史，用创新之思活跃课堂。在教育的长河中，让每个孩子都能在历史的星空中，找到属于自己的星辰。」

李德刚 北京中学历史教师，特级教师，正高级教师。教育部首批新时代中小学学科领军教师培养人选，曲阜师范大学硕士研究生导师，鲁东大学兼职教授，重大革命题材电视剧《走向大西南》学术顾问。先后获得潍坊市教学能手、潍坊市"富民兴潍"劳动奖章、潍坊市有突出贡献中青年专家、齐鲁名师等称号。主持的"基于高中历史新教材的史料研读策略研究"荣获潍坊市政府教学成果一等奖，教学专著《高中历史教学研究的新探索》荣获山东省教育科学优秀成果著作类二等奖，在历史教学专业期刊公开发表论文多篇。

做一名有专业尊严的历史教师

○ 李德刚

从教之路,恰似一首悠长的诗篇,于岁月的笺纸上,一笔一画地书写着成长的故事。回首往昔,那开篇的笔触虽显稚嫩,却满含对未来的无限憧憬。不知不觉,我踏上讲台已二十六载。那些远去的日子,虽已化作岁月的注脚,却依旧历久弥新,令人难以忘怀。

我的父亲曾担任民办教师十数年,自幼的耳濡目染仿佛有一种无形的牵引之力,促使我最终也投身于教师这一职业。1998年9月,我满怀热忱地走上讲台,一心将所学倾囊相授,立志当好助力学生进步的"摆渡人"。为此,我精心筹备每一堂课,虚心向老教师求教,力求尽善尽美。然而,事与愿违,起初的成效并不理想,我发现许多学生对历史课兴致缺缺。那段日子,我陷入了自我反思,努力探寻问题的根源,最终领悟到:读历史书与教历史课并非同一回事,学生选择历史学科和真心喜欢历史学科也大不相同。那该如何是好?仅凭一腔热情远远不够,必须做出改变,让枯燥的历史课变得趣味盎然,将理性的知识转化为感性的认知,让学生真正爱上历史课。为此,我在学习中思索,在思索中实践,在实践中变革。在转变观念、定位角色、寻求突破等方面狠下功夫。渐渐地,我逐步形成了这样的历史教学主张——讲述有依据的历史,培育有生命的课堂,做一名有专业尊严的历史老师。

讲述有依据

见识基于事实,历史研究的原则强调"有一分证据说一分话"。研究历史,并非堆砌史料,而是提供深刻洞见。中学老师或许难以企及专业历史学者的研究高度,但身为一名历史老师,应当拥有自己的"视界",竭尽全力讲述有依据的历史。所谓"视界",于历史教学而言,意味着不越"红线",坚守底线,视角多元,内涵深化。

历史教育的"红线",可定位于课程标准提及的"五大认同"。《普通高中历史课程标准(2017年版2020年修订)》明确指出,历史课程的基本理念之一便是"坚持正确的思想导向和价值判断"。"要增强学生的历史使命感,不断增强学生对伟大祖国的认同,对中华民族的认同,对中华文化的认同,对中国共产党的认同,对中国特色社会主义道路的认同",这是达成立德树人根本任务的传导路径,也是培育和提升学生核心素养的价值标尺,是绝不可逾越的"红线"。

历史教育的"底线",应当是求真、求实。现实中,学生"触摸"历史的主要途径依然是教科书。学者葛剑雄先生曾论及教科书的"底线"问题,他认为:"任何国家的教科书与学术研究有所差异,它体现的是国家意志……也都会有所选择、有详有略,但有个前提,即不能歪曲事实,不能片面地戏说历史,这是教科书的'底线'。"诚然,在新课改、新教材、新高考的背景下,求真、求实的"底线",首先就是要秉持唯物主义史观,坚决反对历史虚无主义。例如,对于党史的学习,应当实事求是地看待历史,教学中结合史实引导学生认识到既不能因过往的成就而回避失误和曲折,也不能因探索中的失误和曲折而否定成就。其次,必须尊重历史、敬畏历史,绝不能"戏说"历史、"恶搞"历史,丧失历史的严肃性和真实性。作为一名中学历史老师,我们有责任尽可能地接近历史真相,做到言之有据,有史可查。

多元的历史视角,是创新探究的重要基石。我认为,在历史教学中应达成这样的共识:采纳的观点、角度和素材越丰富,形成偏见的可能性就越小。基于此,教师要以开阔的视野,为学生提供多元的历史视角,让学生了解真实的历史,感受历史的智慧与魅力。在具体操作中,教师可以在现有史料的基础上,创设与史料结论不尽相同的问题情境,以激发学生的兴趣和思考,引导学生全面多维地认识历史问题。倘若历史老师观念陈旧,唯教材与教参至上,不敢越雷池半步,势必导致教学设计缺乏新意,依旧是背景、过程、影响、评价中的"涛声依旧",又何谈创新发展?

内涵深化,是培育核心素养的必然要求。核心素养的指向是培养全面发展的人,而历史教育在文明传承和学生文化素质培养方面的作用无可替代。教师应当在核心素养这一教学理念的指引下,持续丰富教学内容,优化教学方法,打造内涵深厚、底蕴丰富的高中历史课堂。有内涵的历史课堂应体现在广度和深度上,历史课堂教学的广度指的是课堂横向的容量和范围充实宽广,深度则是指纵向上的学科思考挖掘比对。课改从未停止,如果我们仍满足于千篇一律的模式和热热闹闹的"活动",表明我们的认识仍处于浅层次。在我看来,一个历史课堂,只要能激发学生的学习兴趣,引发学生深入思考,进而培养学生的创新意识和实践能力,就是有内涵、有魅力的历史课堂。

课堂有生命

教育名家叶澜教授指出:"课堂教学蕴含着巨大的生命力,只有师生的生命活力在课堂教学中得到有效发挥,才能真正有助于新人的培养和教师的成长,课堂上才有真正的生活。因此,必须改变现有课堂教学中常见的见书不见人、人围着书转的局面,必须研究影响课堂教学师生状态的众多因素,研究课堂教学中师生活动的丰富性,研究如何开发课堂教学的生命潜力。"身为教师,我们都期望自己的课堂生动活泼,富有生命力,吸引学生的兴趣,师生关系融洽。我始终坚信:焕发出生命活力的课堂,才是真正理想的课堂。故而,我总是力求自己的课堂充实而不忙乱,有序而不呆板,活泼而不散漫,生动而不沉闷。始终力争达成师生的良性互动,彰显教师的点拨引领和学生的主体探究作用。

在探究的道路上,永不止步。一节有生命的历史课堂,我认为应当聚焦以下四个元素:

(一) 立意为先不动摇

一节课的教学立意,亦可称作内容主旨。立意或者主旨应当精准聚焦,且只能有一个。早在20世纪80年代,著名特级教师包启昌就提出了"一课一中心"的观点,形容得极为贴切:"拉起来一条线,放下去一大片。"倘若一节历史课存在两个或多个中心,那么这节课必然是松散的,聚焦效果也会大打折扣。

在历史教学中,精准把握教学立意乃是教学的重中之重,是一节课成功的前提与关键。这是一个师生共鸣共情的互动过程,教师在课前确定教学的主题、灵魂或者线索,学生通过学习获得主题思想、总体感悟和体验。教学立意决定着一节课的精神品质,把握好教学立意的课,才是有灵魂、有核心的历史课,方能提升历史课堂的教学品质和思维品质。

(二) 课堂表达有范式

课堂表达是教师统领教学的灵魂,是教师解读教材的独特视角。我想用三个关键词来概括我的课堂教学范式:回归历史、走出历史、追问历史。

第一步,回归历史——强化情境体验。历史发生于过去,历史人物、事件、现象等与学生的现实生活存在距离,因而对学生而言,历史似乎有一种天然的"隔阂",这便削弱了历史知识对学生的感染力。针对这一状况,我尝试还原历史情境,激活学生的真实体验,以时空观念引领教学,让学生回归到历史之中。为此,我重视史料的搜集,通过对史料的整理、分类,电子史料的整合、剪辑,建立了史料资源库,并结合教学内容构思历史情境,将自己搜集的史料、影像、实物等逐一呈现给学生,让学生近距离感知历史。这种情境体验使学生的注意力更为集中,探究知识的欲望更为强烈,其对历史课的兴趣也逐渐得以培养。记得2007年11月,在德州一中举行的山东省高中历史优质课评选中,我抽到的课题是"祖国统一的历史潮流",在讲到香港回归时,我没有泛泛讲解,而是播放了邓小平会见撒切尔夫人的一段视频,"香港是中国的领土,我们一定要收回来的""中国希望和平收回香港,谈判收回。如果谈不成,中国也要收回"邓小平几句斩钉截铁的讲话,既重申了新中国成立以来对于香港问题的一贯立场,又表达了中国政府收回香港的决心。这激发了学生的兴趣,便于其对香港回归的深入理解。

第二步,走出历史——提升思维拓展。兴趣提升了,课堂热闹了,但课堂的内涵仍是一个亟待解决的问题。历史学科不应沦为仅仅传授死板记忆和历史结论的学科,历史学科需要通过动态化的思维训练来构建真正的高效课堂。于是,我开始引导学生从历史中走出,深入问题内部,激发学生探究,在学习中思考,在思考中学习。大胆质疑,谨慎求证,在探究中提升思辨能力。

2017年参评山东省特级教师时,我的讲课题目是"罗斯福新政"。其中我问学生"罗斯福新政战胜大萧条"的说法有无漏洞时,学生几乎全部表示认同。随后我展示了《宏观经济学》(美·多恩布什等)中的一则材料"1931年美国失业率是15.9%(大萧条之前是3%左右),到1939年仍停留在17.2%",反问高失业率是不是大萧条的一个重要标志,但结果罗斯福新政在这方面却收效甚微,进而引导学生结合史实客观理性地看待罗斯福新政的举措——只有建立合理的、能调动全社会积极性的制度,才能保障社会公众的最大利益。

第三步,追问历史——引领价值判断。历史是古人的生活,当下的生活必将成为历史。我们的终极问题还是要追问历史到底要教会我们什么。在我看来,立德树人的根本任务才是高中历史教学的最终归宿。而当下的现状是:解题能力要求高,素质情怀关注少。因此,我引导学生,从历史课程中习得素养;从文化遗迹中感受历史;从角色扮演中体验历史;从史料实证中明辨历史。以此来培养学生的家国情怀,让学生形成正确的历史价值观和人文观。

2019年参评正高级教师时,我抽到的课题是"国家出路的探索和列强侵略的加剧"。我把课堂的主线确定为"探索"与"沉沦",通过对"列强入侵加深民族危机和中国人民不断的努力抗争"的史实解读,引导学生体悟"中国人民探索民族复兴之路的责任担当从未改变"的家国情怀。

(三)讲好故事很关键

历史课的趣味性和魅力所在,就在于它的故事性。历史是一门故事性极强的学科,如果老师只会照本宣科、会下载课件、会命制试题、会分析高考走向,可能就越来越不会讲故事了。课本中的历史人物不再鲜活,历史事件不再生动。历史学科还有何人文性?

没有故事的历史课堂该是何种滋味?

赵亚夫教授曾讲过:"历史教学尤其是高中的历史教学,讲述是必要的,问题不在讲而是讲什么、怎么讲。现在很多老师很忽略自己的讲,讲出来的东西多不是自己的,要么就是哗众取宠,没有真情实感。历史教师的基本功夫之一就是能够很好地描述历史,有讲的功夫。"毋庸置疑,一节优质的历史课是由生动形象的故事或细节串联而成的。好的历史课应当既有趣味又有深度。当然,历史课堂上的故事并非漫无目的地脱口而出,更非单纯着眼于课堂的"热闹"。为讲故事而讲故事,就会失去历史学科本身的特质,在课堂上通过故事潜移默化地传授一些历史思维和方法,这才是一位历史老师应具备的素养。

(四)逻辑思维要缜密

历史逻辑思维能力是历史学科的重要思维能力,也是学生需要培养和提升的必备品质。培养学生的历史逻辑思维能力,就要在具体的历史教学过程中,注重培养学生对历史事实和历史现象进行分析、综合、归纳、比较、概括的能力。培养学生思维能力的前提是教师自身要具备良好的逻辑思维能力。自2020年起,我一直兼任曲阜师范大学历史文化学院硕士生导师,每年的论文开题或者毕业论文答辩时,我经常提及一个观点:史料解析的归纳、关联、比较等都属于逻辑能力。没有逻辑,只有知识的堆积,那不是历史课的思维,也教不好历史。

专业有尊严

学贵得师。我想说,自己是幸运的。求学于东北师范大学时,当时的历史系名师荟萃、声名远扬。有幸得遇马世力、程舒伟、周巩固等恩师,他们学识渊博、博闻强记,他们的课堂如行云流水、精彩绝伦,令人难以忘怀,回味悠长。当时有两件事印象深刻:一是他们上课时从未有学生逃课;二是每逢他们举办学术讲座,总是座无虚席。毕业聚餐时,程老师勉励我的一句"你讲课肯定没问题",更是给了我极大的信心和鼓舞。目睹老师的学识风采,我暗自下定决心毕业后好好教书,绝不误人子弟。那也是自己对专业尊严认知的最初启蒙。

我的毕业实习是在高中历史老师李智元的指导下完成的,毕业后回到家乡工作,也一直在高中教学一线。我深知自身专业底蕴的不足,于是在向前辈学习的过程中不断努力提升自己,校内外的刘锡亮、徐泽民、陈洪涛等老师,以及省内外的众多教学专家,都成了我学习的榜样。我持续更新教育理念,积极改进教学方法,并努力形成自己的教学风格,不断强化专业学习,不断积累专业自信。

难忘赵桂霞校长的悉心教诲。2019年我参评齐鲁名师,进入最后环节——陈述与答辩。那八分钟的个人陈述,曾令我茫然无措。难忘2019年的五一假期,在赵校长的办公室,我的初稿被她全盘否定,"你要有自己鲜明的教育教学主张",此语犹如醍醐灌顶。而后,我开始讲述自己的教育教学故事,她边倾听边帮我逐一凝练。在接下来的日子里,我一次次往返于安丘、潍坊两地,一次次精心修改打磨,最终将陈述稿确定为我的教学观、课程观和育人观三个方面,甚至精细到根据我的语速定为1870字。5月11日在济南进行陈述答辩,10号晚赵校长要求我再录一遍语音发给她,听听还有哪些地方需要调整。次日的陈述与答辩,格外顺利。不仅是感激,时至今日,赵校长的学习力与思考力,始终是我学习的楷模。

难忘齐健老师的殷切指导。虽久闻齐老师大名,但真正的交往始于2019年我入选齐鲁名师培养人选后,齐老师成了我的导师。在追随老师学习的日子里,我深切感受到老师严格外表下的温情与儒雅。印象最为深刻的,当属2023年参与《中学历史教学参考》"刊网微研"活动,齐老师指定由我执教。当时我压力颇大,因为"两次鸦片战争"一课我已从不同角度设计过两个版本。然而,从老师的话语中,我读到的是信任与鼓励。从课题的申领到主题的确定,从内容的架构到问题的设计,从课件的制作到视频的录制,老师皆倾注了大量心血。感谢老师的包容,包容我的任性与缺点;感谢老师的悉心指导,我们虽不在一个城市,但教研几乎每日都在进行(活动结束后我做过统计,我俩仅20分钟以上的通话就达29次,最长的一次竟达112分钟)。每一页演示文稿,每一句话,乃至每一个标点符号,他都亲自审阅修改,其严谨的学术态度,值得我终身学习。我深知老师不喜繁文缛节,但我仍要说:感恩遇见,感谢教导,感激教诲!

在新形势下,教育备受关注,热度持续上升,教师的重要性也前所未有地凸显。我认为,教师自身亦要配得上这份重要性。换言之,教师若欲获得专业尊严,唯一法门便是提升自身的专业素养。一位拥有专业尊严的教师,首先应是一位有道德良知的师者,要向学生传递温和而坚定、悲悯而宽恕的力量。其次,需具备丰厚的学识与过硬的专业技能。丰厚的学识离不开广泛阅读,郭富斌老师的体会令我深有共鸣:"教学的过程,乃是与学生分享自身阅读体验的过程;阅读抵达何处,教学便到达何处,阅读的边界即为教学的边界。"教师应选择过一种阅读的生活,反思自己,形成体系。如果教师不去阅读,教的恐怕只是碎片化的知识,导致学生来不及反思甚至不会反思。

对于教师而言,写作是对教学实践的反思,是对教学行为的修正。我一直视此为自身短板,总是懒得动笔,即便动笔,又常常词不达意。但缺点总要面对,问题总得解决。无奈之下,只能自我强迫,给自己定任务、下指标。2019年于西安参加教育部国家级骨干教师培训,前后一月有余,其中20个晚上我皆在陕西师大雁塔校区图书馆度过。图书馆古色古香,整面墙皆被爬山虎覆盖。置身其间,仿佛瞬间回到学生时代,远离尘嚣,内心尤为踏实。20天里，我写下18篇学习札记。

此后，写教学随笔，写教学实录，写教学设计……先后有多篇论文在《中学历史教学参考》等专业期刊发表。2021年，拙著《高中历史教学研究的新探索》荣获山东省教育科学优秀成果著作类二等奖。对于写作，齐健老师及期刊编辑给予我诸多鼓励与指导。忘不了经齐老师修改后文章的"改头换面"，也忘不了编辑对每个细节的"锱铢必较"。其实，完成写作后，无论文字是否见诸报刊，都会体悟到成就感，激励自己在专业领域砥砺前行。

因为心怀热爱，学生喜欢我的课，感受到被赏识的愉悦，学习积极性充分被调动。获得学生的认可，在成就学生的同时，我也收获了师者的荣光。2023年9月，我调入北京中学，一段崭新的教育征程就此开启。"老师：非常感谢您！虽然与您相识不过一年时光，但若没有遇见您，历史恐怕要被我放弃了。以前从未见过有人像您一样把历史讲得如此精彩。还记得您常和我们聊历史话题，每每都觉得受益匪浅。"——这是今年教师节，一位北中学生在给我的贺卡中写下的真情告白。学生的理解与信任，似乎比任何数字成绩都更让我心安。

征途漫漫，关山初度路犹长；耕耘不辍，夜深仍照读书窗。我想，既然选择了讲台，那就应努力坚守初心，好好学习、好好教书，做一名有专业尊严的历史老师。

（本文完稿于2024年9月）

「在教研的浩瀚星海中，每一位历史教师都是璀璨的星辰，都蕴藏着无尽的潜能与梦想。教研之路，非坦途亦非捷径，每一次活动，都是心灵的触碰；每一场研讨，都是思想的火花。愿我们以坚韧不拔之志，以敏锐洞察之眼，捕捉历史教育的微妙，共同开启心灵深处的觉醒之旅。」

闫璟 现任深圳市罗湖区教科院教育科研管理中心主任、罗湖区教育科学研究院高中历史教研员。中组部、教育部派北师大访问学者；省级学科带头人，市级学术技术带头人、学科带头人；陕西师范大学教育硕士导师；华南师范大学硕士生校外合作导师。《中学历史教学参考》特约研究员。主持、参与并完成国家级课题、省市级课题12项；参与并获得国家级教育教学成果奖1项、主持并获得省级教育教学成果奖2项；公开发表论文25篇；独著、合著出版著作18部。

踏石留痕　研途花开
——一个历史教研员的成长启示

○ 闫　璟

我不算名师,我更喜欢被称为"中学历史教育活动家",这是真正的名师郭富斌老师送给我的光荣称号,十数年来我甘之如饴,陶醉其中。

一、初入门径，践行使命

回顾成长历程,感觉自己运气特别好,遇到了很多机会和指点迷津的贵人。2001年硕士毕业,我进入西安市教研室做历史教研员,20多年来我一直思考怎样才能成为一个合格乃至优秀的教研员,教研工作的价值和意义是什么。很幸运,我做教研员的第二年,课程改革在全国启动,我有新的理念和视野做指导,开始了艰辛并快乐的成长。

(一)明确一个目标,搭建两座桥

十多年前一次外出开会时,我向华南师范大学黄牧航教授请教自己教研的发展方向,他的观点对我影响至深。他说做教研员,可以有四种选择:一是只"修小乘",即不断地提高自身的专业水准,做一个有专业影响力的专家;二是专心"修大乘",做更多事务性的工作,为教师发展搭台子;三是"大乘、小乘"兼不修,轻轻松松地混日子;四是"大乘、小乘"兼修,既要做教师学科专业上的引领者,也要甘为他人作嫁衣裳。在听课评课、组织教研活动这一系列琐碎平实的工作中,我逐渐认识到做一个优秀的教研员要有"甘为人梯"的精神境界,在"渡人"与"修己"中成就团队。我也逐渐明确了工作目标:建设一支专业而和谐的历史教学研究团队。

《基础教育课程改革纲要(试行)》对中小学教研机构的定位是研究、指导和服务。教研员既是教育理论的学习者与推行者,也是教师成长的引领者与推动者,更是教学经验的发现者与推广者。于是,我的教研工作一直试图在搭建两座桥:教师和专家之间的交流桥,理论与实践之间的理解桥。

(二)唤醒"五感",寻找方向

做历史教研员的第 5 个年头,我每天奔波在各个学校听课评课,却常常困惑,什么样的历史课才算是真正的好课,直到有一天,我听到了郭富斌老师的"明清君主专制的加强"一课,就像被闪电击中,又像是打开了一扇窗,在那节课上我被唤醒了。我发现,教研的核心任务就是唤醒教师!教师与教研员相互唤醒,彼此成就,教研员需要帮助教师生成持续的内驱力,就需要从"为生存而教"向"为价值而教"转变。

教研需要包容,为教师寻找归属感和安全感。教研中要创造温馨和谐的团队氛围和讨论环境,英国思想家穆勒在《论自由》一书中说:"我们永远无法确定我们压制的是不是错误的意见,即使我们压制的是错误意见,压制意见的做法也比错误本身更邪恶。"站在教师的立场上思考问题,为教师提供思想的空间、表达的空间、成长的空间,才能够让教研沿着正确的方向前行,我们才具有了唤醒的条件。

教研还需要慧眼,为教师寻找存在感。让每一位教师在教研中感受到自己存在的价值和在团队中的价值,感受到自己在学生心目中的价值,那么教研就成功了一半。在我的教研团队中,有人擅长讲课,有人擅长写作,有人擅长命题,有人擅长组织活动。在群体中为每个人找到自己的价值和位置,发现其优势,让他或她闪闪发光、与众不同,算是我的特长之一。我们愉快地互相依赖、互相激励,共同成长。发现"亮点",认可并强化亮点,让教师实现自我的"亮点认同",通过一段时间的努力把"亮点"变成"优势",把"优势"变成"特色",把"特色"变成"品牌",实现价值唤醒。

教研更需要有个性,为教师寻找方向感。在教研中,我认为切忌要求教师按照自己的思路教学,和每一位有成长愿望的教师一起,根据他们的情况做一份"私人订制"成长计划,并按照一定的节奏搭台子、出点子,会让教师的发展更具方向感。似曾相识的课背后其实缺少的是"个性"。"做自己"对教师成长更重要。

二、赋能团队,拥抱成长

教研员的职责通常被称为"带队伍、把方向、抓质量"。"把方向"需要我们自身有过硬的专业水准,而"抓质量"的核心还在于"带队伍"。教研队伍的发展离不开名师的带动和青年骨干教师的重点培养。

(一)引荐名师,竖起旗帜

发掘名师、成就名师,为名师提供发挥作用的空间是带好队伍的关键。每当有人说,陕西的历史名师好多呀,我也与有荣焉,因为我为青年教师"发现"和引荐了不少名师,赵亚夫教授、吴伟教授、何成刚博士、齐健、黄牧航等专家都曾为西安的教师做过讲座,吴磊、夏辉辉、宾华、唐琴、李付堂、成学江等一线教师和教研员专家都为青年教师做过指导。在教研经费严重不足的情况下,我请专家基本靠"蹭"。2006 年,刚刚认识任鹏杰主编和徐赐成老师不久，我就斗胆邀请他们义务为西安市历史教师做如何写论文的专题讲座。2007年暑假，陕西即将进入"双新"时代，教师倍感压力，在任主编和史曼丽老师的帮助下，请到李惠军老师上公开课和专题讲座，引发了大家的头脑风暴，名师的示范就是这样有说服力。郭富斌老师、李树全老师更是不知道做了多少场义务讲座。他们的付出，培育了西安市一批批的骨干教师，在郭富斌老师这一旗帜的带领下"陕派"历史教学在全国有了影响力。

（二）发现骨干，培育规划

青年教师的培养是学科教研可持续发展的动力和源泉。我摸索了师徒互帮模式进一步细化的三点策略。第一，从单向成长规划到双向发展认同。粗放型教研活动已不能适应新时代的要求，为教师量身定做成长规划并双向认同是未来教研的方向，也是教师发展具备内驱力的条件。第二，从寻找教学起点到定位教学风格。青年教师从教初期，勇于创新，思维灵活，不拘泥于条条框框，虽难免疏漏和偏颇，但发现他们的优势，重点强调其个人教学风格和特色是对青年教师莫大的支持。第三，教研活动不断迭代升级。结合教师不同阶段的发展需要，有针对性地设计研训计划，即教师"成长菜单"，是我最近几年教研关注的核心。在22年的历史教研生涯中，我的教研思路也在不断升级迭代，从1.0版"活动驱动"到2.0版"成果驱动"。到深圳市罗湖区教科院工作后又进一步转变为"课题驱动"的3.0版，从主题教研向系统工程转化。教研导向素养化、设计问题化、内容主题化、安排系列化、形式数字化和教研评价即时化的历史教研活动设计六原则和历史教师队伍精耕细作的"成长套餐"模式正在潜移默化地影响着我团队的每一位教师。

（三）主题教研，双向奔赴

2011年开始，我尝试在主题式教研活动方面做一些尝试。主题式教研活动可以使历史教研活动更加符合学科专业的要求、一线教师专业成长的诉求和骨干队伍快速发展的需求。从教研的角度看，主题不是精彩的展示，也不是简单的研讨，而是基于教师素养提升和教学问题解决的大格局、小设计。十多年间我先后做了初高中衔接、大单元主题、导言课主题、不同课型主题、主流话题进课堂、项目化学习主题等多角度的主题教研尝试。

探索初高中教学衔接。 2011年10月我组织了"西安市辛亥革命一百周年纪念主题教研暨辛亥革命教学观摩活动"。分别设计了一节初中和一节高中历史课，同时邀请了民国史研究和辛亥革命研究方面的学者做报告，从历史与现实、初高中教学衔接、历史教学与史学研究等方面实现对话，引发教师对历史教学与教育价值的不断思考。

让教学走出"碎片化"。 2013年的"国培示范项目——全国历史教研员研修班"上，为破解历史教学"碎片化"倾向，我以单元为核心思考每一课的教学主题，选择以岳麓版必修Ⅲ第三单元"从人文精神之源到科学理性时代"作为蓝本进行大单元主题的教学尝试。这一单元包括五课，反映了西方人文精神起源、发展的历程，凸显的共同主题就是

"人"。在郭富斌老师的点拨下,华春勇、王国栋、郭蕾老师分别选择了"希腊先哲的精神觉醒""挑战教皇权威""近代科学技术革命",尝试在单元主题下提炼每一课的主题,"人的觉醒""人的解放""人的力量"被确定为教学主题。摆脱"知识点"教学思维,找回历史课程失去的人文学科教育价值是此次活动最大的亮点。2021年新一轮课程改革提出的大单元、大概念等设计理念也有力印证了10年前这一历史教研的前瞻性。

用导言课寻找历史学习的意义。一次聊天中,几位高中历史老师不约而同地说起了自己新学期的第一课,我发现每一位老师对待新学期的第一课会有如此大的不同!2016年9月借着"国培"项目的东风,我组织了一次主题为"用第一节课迷住学生"的历史导言课教学观摩活动,白喜超老师为高一年级新生上了一节历史导言课,叶子龙老师为高二年级学生上了一节单元导言课。导言课要解决的第一个问题就是"学历史有什么用"。导言课还要教给学生我们怎样学历史,以怎样的视角看待教科书,以怎样的期待对教师,以怎样的方法学习历史。

不同课型基于同一主题的创新实践。2016年我做了"中学历史教师教研活动需求"的问卷调查,发现对史学素养提升的期待和不同课型的实践是一线教师的迫切需求,我选择了甲午战争这一热点内容主题,进行了基础课、提升课、专题复习课、习题讲评课、说课不同课型的教学尝试。何成刚博士做了《史学阅读与教学立意》的讲座,对有关甲午战争的史料进行了分析,对史学研究动态做了综述。以"史学研究与历史课堂教学融合"为实践目标的教学观摩活动实现了知识的重构、视野的拓展、课型的创新、素养的提升。

主流话题进课堂的实践省思。优秀传统文化的弘扬与传承重任在肩,而传统文化这一主题的教学内容却难度很大。2017年11月我又设计了由"二环"骨干团队华春勇、李元亨、刘相钧、郭蕾、王国栋、白喜超6人扛鼎的教学观摩活动,选择了必修三第一单元的6课进行尝试,既分别呈现又整体衔接、聚焦传统文化主题。密切结合教学需要,切切实实有用,长远规划设计,内容贴近前沿都是老师们的现实需求,是我们实施主题式教研活动的前提。

项目化学习让素养落地有途径。2018年我来到深圳市罗湖区做历史教研员,亲历了罗湖外语学校有想法、爱创新的卫然老师组织项目化学习的全过程,她尝试借助"全景课堂"平台,为学生提供"史学著作阅读任务单",让学生阅读蒋廷黻的《中国近代史》,以小组合作展示的方式呈现学习成果,并利用互联网平台进行评价和保存。这节课让我备受鼓舞,于是2019年的主题教研活动中项目化学习成为我们研究的核心。这次活动邀请了项目化学习方面小有成就的青年才俊广东南海石门中学黄杏婵老师和西安铁一中滨河高级中学刘相钧老师与卫然老师一起做了关于项目化学习的分享。无论是课程标准中的"活动主题",还是高考评价从体系到内容到方式的不断变化,时刻提醒着我们:未来已来,教学需要变化,项目化学习是重要途径之一。

三、踏石留痕，收获成果

每一次教研活动，教研员都会付出大量心血去准备，但经常是"雷声大，雨点小"。我认真地回顾了自己20多年的教研活动，发现教研活动需要进一步延伸和拓展。特别是对一线教师，更重要的成长在于催促其及时整理上过的公开课、做过的讲座，将自己的所思所想、所作所为写成科研文章，发表在相关专业杂志上，写作的过程就是及时梳理思想的过程，也是提升经验的过程。

2008年，我组织了一次市级公开课活动，李树全老师的课激发了我的写作热情，在张艳云副主编的指导下，我在《中学历史教学参考》第5期发表了第一篇评课论文《博取约存 厚积薄发——〈马克思主义的诞生〉一课的感触》，随后又陆续发表了《历史学习：评判还是理解？——由〈社会主义经济体制的建立〉一课想到的》和《〈改变世界面貌的蒸汽革命〉教学案例观察评述》等两篇评课文章，从全面点评到主题点评到观察述评，我尝试了评课的三种不同样态。郭富斌老师可以说是我教研成长路上始终在线的贵人，有一次去他办公室闲聊，郭老师交给了我一张纸，写了20多个论文题目，他说，那是他日常思考的论文角度，如果我愿意可以写。奈何我那时太年轻，缺少教学积淀和对历史教育的思考，对我来说每一个题目都写不了，但今天的我回头再想，每一个题目都是历史教育需要关注的核心问题。论文虽然没写出来，但我从他身上学到了一位资深名师对年轻人引领和帮助的拳拳之心。

主题式教研在全国影响最大的是2013年的"国培全国教研员项目"，也是这次活动，让我和西安的教研团队在全国小有名气。2014年第3期《中学历史教学参考》特别关注栏目共发表了17篇文章进行专题研讨，除了我和上课团队的老师外，来自全国各地的教研员同行等也发表了12篇论文。

2016年"开学第一课"的主题教研团队围绕"导言课"主题在《中学历史教学》杂志发表了一组5篇论文。"传统文化主题教研"结束后，《中学历史教学参考》冯丽珍主编对6人上课团队进行了整整一天指导，《历史教学：理解和践行传统文化教育的省思——特级教师郭富斌访谈录》《据源引流处 水到渠自成——例谈高三一轮复习课的探索与思考》等7篇不同角度的文章随后源源而出，既有备课的阅读思考、教学的主题设计思路分享、也有课后的教学反思和对传统文化教育的省思。

大范围的研讨课虽然结束了，但思想的交流仍在延伸，相比于活动本身，副产品往往会有出人意料的价值。在教研中挖掘重点、寻找亮点、精耕细作、聚沙成塔不仅能够实现教师的专业成长，也凸显了教研工作的价值，同时实现了教研员自身的迅速成长。

转眼人类进入了数智时代，未来，教研应该向何处去？我们的教育需要转型，教研更需要与时俱进，但也少不了一个个平凡而热情的"中学历史教育活动家"。

（本文完稿于2024年10月）

> 教育就是一场发现之旅，教师发现学生并引导学生自我发现，教师发现自己并不断发现教育的魅力与艺术。每一节课都在不断发现与再发现中，寻找更好的设计，寻找更深的教育内涵。教师成长的每一个关键节点，也需要自我的不断发现，发现自己的不足并改进它，发现自己的优点并强化它，发现自己的瓶颈并克服它，发现自己的潜力并激发它。

陆虎 中学历史高级教师，现为东莞市沙田实验中学副校长，东莞市中学历史学科带头人，东莞市名师工作室主持人，广东省"粤派名师"工作坊主持人，兼任陕西师范大学和华南师范大学教育硕士生校外导师、华南师范大学兼职教授、广东第二师范学院教学导师。先后获得东莞市、广东省、全国中学历史现场教学比赛一等奖，获东莞市中小学班主任能力大赛一等奖，获东莞市中小学教师演讲比赛金奖等荣誉。在《中学历史教学》《中学历史教学参考》等核心期刊发表论文近20篇，人大复印资料全文转载1篇，主持省市级课题5项，出版《发现：一个教育人的自白》《红颜长歌：影响中国历史的女性》《博物馆里的中国历史故事》《中小学生爱国主义教育读本》等著作。

拨云寻古道　倚树听流泉
——我与我的课堂一起成长

○ 陆　虎

当年我走上中学的讲台,耳畔一直回荡着的是大学毕业之际老师们的反复叮咛:站稳讲台,先过教学关。在这近二十年的教学生涯中,我对于做老师,对于教历史,对于这份事业一直常怀敬畏。时至今日,依然不敢说自己已经站稳了讲台、已经通过了"教学关"。因为三尺讲台常教常新,每节课都有新感悟、新精彩。好在近二十年的教学实践积累了教育智慧,我与我的课堂一起在成长。

千锤百炼始成钢,玉汝于成终有时

好课,都是不断打磨出来的。

刚进入职场时,我们学校历史科组只有我一个年轻教师。学校提倡年轻教师"先听课再上课",先后听了科组几位老教师的课后,自以为找到了灵感,然而辛苦备的课,经常在试讲结束后的评课环节被"批"得体无完肤,但听到科组前辈中肯的建议后,又有醍醐灌顶的激动。我的课就这样在一遍又一遍的修改、调整、再修改中得到优化和提高。

当时,我集"万千宠爱于一身","公开课""展示课""对外交流课""年轻教师汇报课""课改实验课"等,基本都由我来承担。反复的磨课和上课,充分锻炼了我的心理承受能力、课堂应变能力,不怵万象丛生的课堂变化,自感能充分驾驭课堂的四十分钟。2008年,东莞市大力推出"优质课"比赛项目,时任东莞市历史教研员的夏辉辉老师策划了以"教师的语言魅力"为主题的中学历史优质课比赛,并提出了"优质课常态化,常态课优质化"的倡议。我就是在这一年优质课比赛中开始"崭露头角"。

北师大版八年级下册"新中国走向世界舞台"一课,我以"迈上一个平台""打开一扇大门""结交一帮朋友""共建一个世界"的教学框架,开启了赛课之旅,并以片区小组第一名晋级市级决赛。在市级决赛中,"文明的冲撞与交流"一课成为所有选手的共同课题。我紧扣"文明"这一概念,围绕"什么是文明""文明的分类与特点""早期文明整合的方式""我们的文明观与世界观"等话题,引导学生进行充分讨论与辨析,掌握辩证地、发展地、历史地看待问题的基本方法。在备赛的过程中,这节课的教学设计反复修改了七次,我个人也凭借这一堂课的展示,获得了东莞市一等奖第一名的成绩。

2011年,广东省举办中学历史优秀课例展示交流活动,我有幸代表东莞市参与了此项赛事的角逐。我参赛的课例是北师大版教科书七年级上册"三国鼎立局面的形成"一课,耳熟能详的"三国",如何上出新意,如何突出课程改革理念?我将教学立意定位为"将学生从影视三国、文学三国中带出来,走进历史的三国,感悟三国的文化与传承",并以"三国风云再现""三国真假再认""三国情怀再悟"为框架,深刻分析《三国志》和《三国演义》对相关史事的不同描述以及这种不同描述背后的原因,引导学生充分认识文学作品与历史记载之间的区别与联系,感受传统文化的魅力,习得提炼历史信息的基本方法等[1]。这节课的设计得到了比赛评委的充分肯定,获得了广东省一等奖的好成绩,并被选送参加2012年在江西南昌举行的全国中学历史教学比赛。时任广东省中学历史教研员的魏恤民老师和东莞市中学历史教研员的夏辉辉老师还专门陪同我前往南昌参赛,我个人也在赛场上不负所望,获得了全国一等奖的殊荣[2]。

反复的磨课、上课、赛课,给了我充分的锻炼和展示,也淬炼了自己的教学风格,教学技能也逐渐成熟。

昨夜江边春水生,艨艟巨舰一毛轻

接踵而来的赛课佳绩,让我飘飘然起来,以至于我在自己的恩师赵克礼先生面前口出狂言:"当老师是一件如此简单的事情。"赵老师严肃地说:"小伙子,教人是一件复杂的充满艺术的工作,你才刚刚入门呢。"赵老师的当头棒喝使我在羞愧之余重新开始反思自己的专业发展与课堂。

什么样的课,才算是一节好课?我想,不同的视角会有不同的定义。从学生的角度,可能是有趣有料我喜欢;从家长的角度,可能是孩子喜欢分数高;从学校的角度,可能是育人有道质量好;从同行的角度,可能是设计巧妙有灵魂……我认为,一节好课要有知识的传授、有方法的探讨、有现实的映照、有未来的思考、有人性的光芒。知识的传授要做到精准、精炼、精彩;方法的探讨要做到有法、有度、有道;现实的映照要做到无痕、无声、无我;未来的思考要做到激趣、激情、激思;人性的光芒要做到有生命、有价值、有追问[3]。

如何实现上好课的理想,如何打造理想的好课?如何打造"发现型"课堂,实现"引导能发现、思考有发现、探索会发现、交流广发现、运用再发现"的课堂追求?

第一,建构教学立意,让课堂拥有灵魂

基于课程标准与教科书内容,不同的教师会做出不同的教学设计,这是教师的教学立意使然。好的教学立意,直接提升课堂的质量。设计"璀璨的文学艺术"一课时,我思考历史课上的"唐诗"和语文课上的"唐诗"有何区别,并基于"唐诗里的唐朝"开始教学设计,从"唐诗看唐朝习俗""唐诗看盛唐气象""唐诗看艺术风尚",引导学生掌握"诗史互证""诗诗互证""诗物互证"的基本方法。

第二,聚焦核心素养,让课堂有的放矢

我们的历史课堂要培养什么样的学生?哪些关键能力和必备品格需要在历史课堂上养成?历史学科核心素养不仅回答了这个问题,同时也给一节好课指明了方向。设计"战国时期的社会变化"一课时,我紧紧围绕"变化"二字做文章,从家国之变、法度之变、技艺之变、政局之变、思想之变、民族之变等多角度、长时空、短时段进行对比分析,通过大事年表、历史地图、历史情境、历史线索等,明确时空概念、理清时空观念、培育时空观念素养。

第三,海量阅读为基,让课堂增强厚度

教师的"教"与学生的"学"经常被比喻为"一桶水和一杯水"的关系,即要给学生一杯水,教师得先有一桶水。教师备课的智慧来源和课堂的深度、厚度、广度,都源于教师的专业阅读,甚至是跨学科阅读。在备"百家争鸣"一课时,我和备课组同仁一起深度阅读了诸子百家的著作以及后续大家对他们精神的解读,从伟大的儒士孔子、长寿的隐士老子、苦行的侠士墨子、儒者的良心孟子、逍遥的隐士庄子、国家的谋士韩非子的思想中,感知他们对"有为"还是"无为","德治"还是"法治","性恶"还是"性善"的"争鸣";从如何做人、如何治国,以及基于对"义"的认识,感知他们的"共鸣";从轴心时代东西方文化的相互映照,到中国几千年传统文化的一脉相承与发扬光大,感知他们的中西"和鸣"、古今"和鸣"。

第四,抓住历史细节,让课堂活色生香

历史课不能缺了历史故事,更不能缺了创造这些故事的鲜活的人,同时通过历史细节和人物故事,更要将人性的光芒、妥协的智慧、时代的浪潮、历史的规律等,潜移默化地传递给学生。英国君主立宪、美国《1787年宪法》、南北战争背后的历史细节中所蕴含的妥协的智慧,带给学生不一样的思考。2012年感动中国人物高秉涵"少小离家""特殊审判""重返故土""回家之路"的人生轨迹背后的故事,就是海峡两岸同胞血浓于水的历史见证。

第五,创造认知冲突,让课堂深度思考

学习过程是一个冲突不断产生、化解和发展的过程。已知与未知、片面与全面、主观与客观……都可以通过创设认知冲突引发学生思考,走向深度学习。《三国志》与《三国演义》中关于"草船借箭""败走华容道"的记述为何大相径庭?日本资本主义之父涩泽荣一在明治维新的历史浪潮中,从反幕志士到明治官员再到实业大王的身份变迁背后,是他"从商还是从政""《论语》还是算盘"的艰难选择,更是日本当时"开国还是开战""兴亚还是脱亚"历史选择的缩影。

第六，课堂活动推动，让课堂生态灵动

学生以活动参与课堂，教师以活动推动课堂，师生以活动碰撞思想。英国知名的"以学生需求为中心"的教学创始人罗博·普莱文的《从备课开始的100个课堂活动设计》，让我受益匪浅。设计"传说时代"一课时，如何理解传说不是历史、传说中有历史？如何理解女娲补天与陨石雨自然灾害之间的联系？如何理解禅让制与儒家传统价值的联系？如何理解大禹治水与黄河改道的联系？我在课堂上设置传话游戏、课堂辩论、小组讨论、情境演绎等多种课堂小活动，让学生充分理解并认知相关史事，引发思考和理解。

一节好课的诞生，除了"千磨万击还坚韧，破开茧缚翅升空"的辛苦打磨，更要执教教师长期不断提升自己的学养、教养，不断学习、观察，留心各种教学素材，把握课程方向，方能"彰显个性独特韵，踏浪飞翔永不止"。由此观之，教师才是课程本身。

活水源流随处满，东风花柳逐时新

教学教研是一件枯燥的事情，但教书育人这个行业本身就要求我们耐得住寂寞、守得住清苦。面对活力四射的学生、简单纯粹的校园、常教常新的课堂，每一次的深度教研都是一次心灵洗礼与专业提升。

教研的进步离不开导师的引领。我的行业导师夏辉辉女士是一位长期鞭策我进步的严师，在我职业发展的每一个重要阶段都有她的极大影响。时任东莞市历史教研员的她，从教学设计、论文写作、课件制作、课堂语言、教学教态等各个环节都对我高标准、严要求。毛经文老师也是我成长道路上的引路人，如一座灯塔照我前行。东莞历史教学前辈柴松方、杨春生、郑继明等，他们为师、为学、为人的精神以及对后辈的提携，助我前行。黄牧航、王继平、徐赐成等高校教学法老师，魏恤民、陈家运、胡波等亦师亦友的教研引领者，无不在我的专业之路上给予恰当的支持和合适的指导。众多给予我指点和帮助的师长、同行，在此不一一列数。

个人的提升离不开团队的力量。独行快，众行远。积极融入学校备课组的各项教研活动，积极参加上级部门组织的交流活动，让自己在浓厚的学术氛围中提升自己，是我一路以来的切身感受。中学历史教学参考编辑部每年主办的学术研讨会，我都积极参加，不同的主题却有相同的指向，专家的思想引领，同行的勉励鞭策，自我的顿悟和灵光乍现，总能有醍醐灌顶般的收获。偶然的机会，我还荣幸加入了何成刚老师的写作团队，《史学阅读与微课设计》《中小学生爱国主义教育读本》等系列丛书的编写，让我深刻认知了学术的严谨和阅读的收获。

专业的成长离不开清苦的坚持。我认为，一堂好课还需具备推广价值和研究价值。一个优秀的老师上了一节优秀的课，并不是这节课的结束，而更应该是这节课新的开始。

一节好课,或出彩或遗憾,带给同行怎样的借鉴与思考;一个课例,如何给其他同行带来启示,或者给执教者在设计其他课例时以参照和类比,这都是一节好课的延伸和价值所在。我一直坚持写教学反思,后来慢慢写教学随笔,再后来写课例研究和教学论文,做自己的研究,做行动的研究。其间,中学历史教学参考编辑部也给予了我很多的鼓励和帮助,笔耕不辍、写我教学人生,坚持总会有收获。

风格的淬炼离不开执着的思考。多元的教学需要个性的老师,这里的"个性"除了性格外,更需要的是对教学的个性化理解、课堂的个性化呈现、风格的个性化表达等。教师教学风格的形成,除了与自己的性格特征和专业素养有关外,还与所在学校、所在地区的教育教研风格有很大关系。比如我所在学校一直倡导的"五环定教七步实施",即个人备教、团队议教、公开示教、集体评教、个性补教、独立执教、课后思教七个步骤,从个人到团队、从粗备到精备,既有团队的智慧,又有个人的呈现,这让我从中受益。又比如我现在倡导的课程单元化、单元结构化、课堂任务化、任务合作化、知识问题化、问题情境化的发现型课堂,旨在通过引导学生的独学、群学、深学,进而实现引导能发现、思考有发现、探索会发现、交流广发现、运用再发现。这些既是个人的行动,又是团队的思考,更是自己的坚持与实践。

一路走来,需要感恩的人和事很多,令人感动的瞬间仍然记忆犹新,其间得到了许多师长的帮助与提携,自己也在尽己所能帮助身边需要帮助的年轻人,或许这就是一种传承、一种使命。求真知、传正道、明大德,争做有理想信念、有道德情操、有扎实知识、有仁爱之心的良师、经师、人师,我一直在路上。

---

[1] 陆虎.历史故事在教学中的运用:以《三国鼎立局面的形成》一课为例[J].中学历史教学,2012(9):57-59.

[2] 夏辉辉.问题解决:历史教学课例研究[M].北京:北京师范大学出版社,2012:40-48.

[3] 陆虎.发现:一个教育人的自白[M].北京:九州出版社,2021:136-138.

(本文选自《中学历史教学参考》2024年第7期)

"人们习惯性地将教师比作蜡烛，燃烧了自己，照亮学生。这是对教师无私奉献的赞美，也是对教师职业无形的激励。其实，教与学是相互成就的关系，最理想化的教育是在成就学生的同时成就教师自己。我主张做一个有特色的历史老师，即上好课是底色，以写作形成亮色，最终实现"述"与"作"的融通是最大的特色。"

张兆金 高级教师，江西师大附中科教处副主任。江西省骨干教师，南昌市学科带头人。江西师大、江西科技师大硕士生导师。在省市官方组织的教学比赛中均荣获一等奖第一名。在《中学历史教学参考》《历史教学》和《中学历史教学》发表论文60余篇，出版专著《历史的逻辑与教育智慧》，主编《史料研读》。

做一个有特色的老师
——引领我特色发展的三个时刻标注

○ 张兆金

1997年5月,著名社会学家费孝通先生来到我的家乡江西南康考察。当他看到这里不产木材有家具产业,没有石头有石材,不种棉花有成衣制造,没有矿山却有矿产品加工时,便将这种经济现象概括为:无中生有,有中生特,特在其人,人联四方。俗话说,一方水土养一方人。懵懂的我明白了一个浅显的道理,那就是无论做什么,只有形成特色,方能有一番作为。后来在公务员、大学辅导员等职业之间,我毅然选择了当中学历史老师,只因为喜欢。在当时普遍的观念中,历史老师的专业化程度不高,可替代性强,因此形成特色至关重要。在时间维度上,回望自己的专业成长历程,总是有一些令人瞩目的时刻标注,这或许就是特色应有之义。感谢《中学历史教学参考》提供平台,得以有机会与大家分享,但愿能启迪智慧。

一、一节课引发深度思考:上好课是教师职业的底色

2009年7月的一天,我研究生毕业到江西师范大学附属中学报到,开启了教书生涯。初上讲台,除了满腔的热情,对于未来,未曾多想。课程的落脚点在课堂,上好课站稳讲台是硬道理,这是所有老师的共同追求。也正因如此,学校对青年教师的培养格外重视,安排了经验丰富的师傅传帮带。每个月的教研组大组会上都会有一位老教师分享成长经历,在长期的耳濡目染中,我的成就动机被激发出来。我当时任教高一,用的是人教版教科书,与通史体系不同,专题教学更具挑战性。教研组长丁玲老师亲自把关,严字当头,跟班听了我一个学期的课。如果说听课最能激发人思考,是实现摹效与超越的最佳路径,那被人跟着听课的滋味,我想只有过来人才知道。

为了上好课,我一边埋头苦读,精心构思,一边苦寻史料,细化史实。但正如钟启泉教授所说,过于详尽的教案在教学中有可能起副作用。一节课下来,不是前松后紧,就是因容量太大而讲不完,可谓诠释了教学是缺憾的艺术。然而,让我印象最深刻、触动最大

的是讲"第二次工业革命"。我按照背景、经过和影响的逻辑架构设计教学流程,选用了大量的史料印证教科书观点,展示了丰富的图片说明第二次工业革命的过程与成就,最后直接照搬教科书结论讲述影响。听完课的组长却一脸严肃地告诉我,这节课没讲好,因时间匆忙来不及细说缘由,后来我也没去追问原因,但这节课在我的职业生涯中成为一个重要的时刻标注,引发了我对教学的持续深度思考。究竟什么样的课是好课?该如何上好课?"第二次工业革命"如同悬在心中的达摩克利斯之剑,激励着我不断思考。

兰克说过:"史学别于其他学科的独到之处,在于它同时亦是一门艺术。史学是一门科学,因为它可搜集、发现和钻研;而它同时也是一门艺术,则是因其能对已发现和已知之物加以重述和重构。其他诸学科,或仅止于严格如其本然地说明所发现之物,史学则拥有重现事物的能力。"[1] 我们讲述历史不正是在重现事物吗?为什么补充了大量史料却不能很好地重现第二次工业革命呢?是没有洞察要义?还是没有搞清楚用史料的目的是什么?教学内容的选择和教学目标的设定体现了课程改革的方向,仅灌输结论并不等于好课。评价一节好课的因素还有很多,比如有没有实现教学立意的凝练与升华,教学逻辑是否遵循了历史发展的逻辑,有无关照到学生的认知心理,情感渗透是否到位。对此,我一边阅读,一边思索答案,在这一过程中不断形成读书笔记,升华认识。一分耕耘一分收获,自己对教学的理解不断深化,重现事物的能力也不断增强。

这些年我写文章几乎没触及第二次工业革命,其原因在于愈是思考深刻,愈是疑虑重重。比如在讲述的逻辑上,在课的开始就直接提问为什么会爆发第二次工业革命,是否有先入为主之嫌?讲好历史的关键是要构建不同史事之间的联系,第二次工业革命与资本主义世界市场之间有何逻辑关联?在陈述史实上,有无关照作为历史主体的"人"呢?现在统编教科书关于第二次工业革命的叙述发生了新的变化,把第一次和第二次工业革命视为工业革命的两个发展阶段,合并为一课,最终指向大概念即资本主义世界经济体系的形成。这对教师的专业素养提出了更高的要求。

回望这一阶段,我清晰地认识到,上好课是教师职业的底色。对于一个刚入职的教师来说,缺的不是知识,也不是理论架构,而是问题意识。抓住关键问题,以问题为引领,在问题解决中不断提升自己的专业素养,这是专业成长的底层逻辑。当然,还应该感谢给自己指出问题的人。

二、一本书打开学术视界:更新知识才能增添亮色

在迷茫彷徨之际,我反复翻看李剑鸣先生的《历史学家的修养和技艺》,书中的观点让我茅塞顿开,打开了我的学术视界,也让我的课堂增添了一抹亮色。李剑鸣先生从历史学的特征、历史知识的性质、研究中的立场、研究者的学养以及治学的路径等,揭示了一个历史学家,包括历史老师应具备的修养和技艺。专业成长的目标就是要胜任教学,

通过阅读不断更新知识,增长专业能力,这是提升专业胜任力的一般路径。

人是历史的主体,讲述历史要见人见地、见时见空。李剑鸣指出:"史学首先是人文学,它关心的是人,研究的是人,探讨的是过去时空中人的思想、观念、行为及其意义。"[2]49 复活历史中的人,聚焦课堂中的人是讲好历史的重要方式。如讲第二次工业革命,往往就事论事,甚至人事分离,而孤立的史事是没有意义的。李剑鸣进一步指出:"不能局限于某一领域,孤立地看待过去的人和事,过去的任何事件只有置于当时的情境中,并与同时期的其他事件相比较,才能确切了解它的意义和影响。"[2]304 如果将当时的情境与同时期的政治、经济、军事、文化事件相联系,在互为因果中考察史事的演进和变化,便能形成一个人、时、空相互关联的整体。教学应构建起具体的历史人物与工业革命之间的相互关联,比如选择王韬、李圭等当时人叙事串线,实现从知识点的简单罗列到知识结构的构建。如此,历史课才会更具画面感。

好的导入是成功的一半。李剑鸣认为,适当将叙事时段上推和下延,有助于更清晰和准确地了解事件和趋势的来龙去脉[2]319。讲述第二次工业革命时,我们可以把叙事时段上推,从1851年首届国际工业博览会切入,事件的来龙去脉便清晰可见。19世纪中期,英国的机器制造业也实现了机械化,在此后的20年间一直保持着"世界工厂"的地位,以廉价、质量精良的工业品征服世界。1851年,在伦敦由玻璃和钢铁构造成的水晶宫举办了首届国际工业博览会,在5个月的时间里,共吸引了600多万参观者,惊艳世界。1867年,39岁的王韬参观了已搬到郊区的水晶宫。在其《漫游随录图记》中,王韬将其称为"玻璃巨室",深感"光怪陆离,奇幻不测,能令观者目眩神迷"[3]。王韬感慨的仅仅是光怪陆离的水晶宫吗?这一问意在引出第二次工业革命。

当王韬还在沉迷于第一次工业革命的"光怪陆离"时,一场更大的革命又开始了。在1876年以交通为主题的美国费城世博会上,美国工程师考立斯亲手启动他设计的蒸汽机——一个高13米、重56吨,有1400匹马力的庞然大物。它通过全长23公里的电缆将动力传输到会场的各台机器上。34岁的李圭作为中国官方代表参加了这次世博会,在他的《环游地球新录》里,详细描绘了巨大的蒸汽机、精密的打字机和刚问世的电灯等,并忍不住在描绘的末尾加上"于以叹今宇宙,一大机局也"的感慨[4]。李圭的感慨又说明了什么?由此导入新课,引出第二次工业革命的主体内容。

以时系事也是历史叙事的重要方式之一。李剑鸣认为,叙事通常围绕时间来展开,时间顺序意味着事实之间的联系和事件过程的连贯性[2]315。准确了解过去的时空结构,有助于真正理解历史。展示第二次工业革命的过程与成就:

1831年,英国人法拉第发现电磁感应现象。

1866年,德国人西门子制成发电机。

1867年,瑞典人诺贝尔成功研制出炸药。

1873年,比利时人格拉姆发明了电动机。

1876年,美国人贝尔发明了电话。

1879年,美国爱迪生发明白炽灯。

1885年,德国人卡尔·本茨成功地制造了第一辆由内燃机驱动的汽车。

1896年,意大利人马可尼试验无线电报取得成功。

1903年,美国莱特兄弟设计制造的以内燃机为动力的飞机飞上蓝天。

问题:与第一次工业革命相比,第二次工业革命所取得的成就有何新的变化?

时间和空间是构成历史的两大要素,但往往存在两种偏向:一是时空分离;二是盲目地将时空结合。对此,应对的最佳办法是围绕具体问题,按照时间顺序和空间要素构建史事之间的意义关联。1870年以后,科学技术的发展突飞猛进,各种新技术、新发明层出不穷,并被迅速应用于工业生产。技术革新推动了石油工业、化学、电气、内燃机、汽车制造等新兴工业兴起,也大大提高了钢铁工业、纺织工业等传统工业的生产力。第二次工业革命在主要资本主义国家几乎同时发生,德国表现最为突出。从1851年到1900年的50年间,理论科学和技术科学上的重大成果数目,英国占106项、法国占65项、美国占33项、而德国占202项[5]。然而,英国却在新浪潮的冲击下裹足不前,最终被德国超越。

问题:为什么英国在第二次工业革命中会被德国超越呢?

历史的魅力在历史细节。通过补充适当的历史细节,烘托出完整的过程叙事,以构成合乎逻辑的因果链条,丰富历史的画面。从18世纪后期到19世纪中期,工业浪潮从英国逐渐扩展到欧洲大陆和北美,从大西洋两岸深入内陆。此时,英国昔日机器轰鸣、浓烟蔽日的工业城镇,却走向了破败。愈来愈多的人员离开了生产部门,转变为靠"剪息票"分红的食利阶层,终日无所事事。猎狐、赛马、打高尔夫球成了时尚,成为身份和地位的象征。人们嘲弄繁杂吵闹、烟雾弥漫的城镇工业区,鄙夷为生计或金钱而奔忙的实业阶层[6]。英国忽视了发展实体经济这一根本,走向了衰落。教学应该抓住历史与现实的联系,升华家国情怀,给学生以有效的人生指导,这是教师成长的更高境界。

课的最后是分析第二次工业革命的影响,指向历史解释素养的培养,这属于高阶思维。李剑鸣指出:"建构一种历史解释,就是要围绕一个具体的历史问题,按照各种事实之间的实际联系将它们组织成一个系统,形成这个问题的解答;历史解释必须建立在事实之间的实际联系之上。"[2]305为此,我设计了一个看似简单的问题,几乎没有任何修饰,但重在构建工业革命与资本主义世界体系的形成及人类社会生活之间的关联。

问题:工业革命带来了什么变化呢?

只有在准确理解史事来龙去脉的基础上,才能分析出历史影响。工业革命的深入推进,极大地改变了世界的面貌:生产力的飞速发展带来了生产组织与管理方式的重大变革。工厂中流水线生产的工业品源源不断生产出来。生产与资本的高度集中引起的生产关系的深刻变化,形成了垄断组织,资本主义由自由资本主义发展到垄断资本主义阶段。垄断资本主义在世界范围内倾销商品、掠夺原料、输出资本、瓜分世界,在全世界范围内进行资本主义生产和经营活动。社会生活方式也发生了巨大变化。交通和通信工具的变革密切了世界各地的联系。以欧美为中心的资本主义世界市场最终确立。至19世纪末20世纪初,上述变化构成了资本主义世界经济体系的组成要素,资本主义世界经济体系最终确立。

回望这一过程,我深刻懂得了阅读,尤其是读经典著作的重要性。阅读让我们的学术视界变得更加开阔,形成新的方法认知。在阅读中不断更新知识才能增添亮色。按常理来说,阅读本应出于兴趣,但如果在教学中发现问题,带着问题去阅读,更能顺畅达意。对于琐事缠身的中学老师,这或许是教学研究的正确打开方式。

三、一群人引领专业发展:以见微知著彰显特色

作为一位历史老师,该如何增强自己的不可替代性呢? 历史教师的专业发展尤其需要榜样人物、领军人物的指导,因为品格的养成需要言传身教、长期熏陶,单凭阅读和听课,对激发教师的成就动机、提供人格感染力作用不大[7]。黄牧航教授一语中的。人生最大的难题,莫过于认识自己,榜样的力量自然不可或缺。从我参加工作开始,就有一群人一直在引领专业发展,比如著名的特级教师李惠军老师。在我的印象里,李老师不仅课上得好,还写得一手好文章,课件也做得十分精致,尤其具有极强的课堂呈现力和感染力。

教师的职业生涯是有限的,在有限的时间里,一个人能做到尽善尽美,燃烧自己,烛照他人,彰显的就是满满的专业精神和教育情怀。还有江苏吴江的唐琴老师,带领团队脱颖而出,助力一批人的成长。在名师的长期熏陶下,我逐渐明确了自己努力的方向,对特色发展也有了更清晰的认识。特色不是全面发展,而是在做好自己本职工作的基础上突出某一方面的发展。比如有老师当班主任尽心尽责,工作有声有色,这是特色。有老师语言表达能力强,加上扎实的专业功底,课上得很好,这是特色。也有老师擅长组织协调,行政工作做得好,这也是特色。那么,我的特色在哪里呢?

因为认真备课,就会触发思考,发现问题,查阅资料,有了思路就写成文章。通过文章不断固化思维,进而形成自己独特的认识,这叫见微知著。无论多忙,下班回到家,在夜深人静的时候,阅读和写作就是我生活的常态。完成教学任务之余,还要看书写作,对很多人来说难在坚持。因此,我们常见两种不同思维表达方式,一是作而不述,二是述而不作,在作和述上都出类拔萃的老师付出的肯定要比常人多。也有人说,这叫赢在八小时之外。

讲述历史需要智慧、勇气和思辨意识。要提升历史教师的专业化程度,增强不可替

代性,我们还需要多一些生活体验,丰富自己的社会阅历。比如要了解各行各业的人生百态,识人阅世,感受人间冷暖,而生活体验、社会阅历往往来自阅读、交流、聆听和感悟。如此,历史课便会有更丰富的情感体验,才能让人触景生情,感同身受。

时间一晃,已步入不惑之年,职业的倦怠感似乎成为这一年龄段的标配。如何挣脱"躺平",如何不变得"佛系",需要有新的目标引领、任务驱动。做一个有特色的老师显得尤为必要。教师在不同的成长阶段所关注的问题是不同的。美国学者福勒在1969年编制的《教师关注问卷》中,根据教师的需要和不同时期所关注的焦点问题,把教师的成长划分为关注生存、关注情景和关注学生三个阶段。关注学生阶段是教师成长走向成熟的标志。我想在自己职业的下一个阶段,应该更多地关注学生,服务学生成长,带领学生从"历史"向"未来"。《礼记》中有一句耐人寻味的话,叫"经师易得,人师难求"。我想教师职业的追求是要努力做"经师"和"人师"的统一者,要做好学生成长的引路人。

德国教育家普斯格朗曾说,教育的核心是人格心灵的唤醒。在核心素养时代,健全人格公民取向的历史教育,在教学上更看重学生的表现[8]。其实,教与学是在相互交织中共同成长,这既是教师"学史"示范的过程,也是学生迁移知识,健全人格的过程。唤醒人是一个长期的过程,也是一个任重道远的历程。当然,人生中最幸福的,莫过于做自己喜欢的事。

----

[1] 刘小枫.从普遍历史到历史主义[M].谭立铸,王师,蒋开君,等,译.北京:华夏出版社,2017:179.

[2] 李剑鸣.历史学家的修养和技艺[M].上海:上海三联书店,2007.

[3] 王韬.漫游随录图记[M].济南:山东画报出版社,2004:84.

[4] 李圭.环游地球新录[M].长沙:湖南人民出版社,1980:26.

[5] 吴国盛.科学的历程[M].2版.北京:北京大学出版社,2002:397.

[6] 刘景华.人类六千年:下[M].北京:中国青年出版社,2017:324.

[7] 黄牧航.历史学科核心素养与历史教师的专业发展[J].历史教学(上半月刊),2016(6):18.

[8] 任鹏杰.历史·教育·人生:任鹏杰历史教育杂文[M].北京:光明日报出版社,2020:25.

(本文选自《中学历史教学参考》2023年第2期)

走近名师

「青年教师当于浮躁与喧嚣中独守宁静与深远。让心灵沉潜于无垠的书海，以持续深度阅读丰盈学识架构；在常态教学中秉持渐进之姿，日复一日精进教学技艺；常以教学反思之镜映照教育教学全过程，修炼育人智慧。」

张胜平 浙江省教学名师，浙江省特级教师，正高级教师，现任教于浙江省义乌中学。曾获"浙江省教坛新秀""浙派名师培养对象""金华市名师""金华市课堂教学改革先进个人"等荣誉。曾获全国历史优质课评比中获得一等奖、浙江省优质课一等奖、浙江省教学片段大赛一等奖、浙江省新课程教学能力大赛一等奖。出版专著《基于深度学习的高中历史教学研究》；在《中学历史教学参考》《历史教学》等刊物发表论文50余篇；主持或执笔省、地级课题10余项。

教师专业发展的五个关键词

○ 张胜平

转眼之间,在这一方窄窄的讲台上,我已默默耕耘了二十二个年头。

二十余年的光阴,说长不长,说短也不短。还清晰地记得,2001年那个夏天,带着母校(陕西师范大学)"抱道不曲,拥书自雄""淳厚博雅、知行合一"的教诲,我用热泪挥别了青春,从古城西安来到诗画浙江,栖居于温婉而安静的"温泉之城"——浙江武义。在这里,我遇到了一批同样来自外地的新教师,大家同住壶山脚下、熟溪岸边,有着相似的人生经历和共同的工作环境,对生活、对人生有太多的感同身受,时常一起指点江山,也偶尔把酒言欢。在这里,我遇到了一批教学启蒙师父,他们严谨细致的教学风格与豁达平和的人生态度,让我逐渐平静下来,远离外界喧嚣,扎扎实实教学,踏踏实实研究,老老实实做人。时光在指缝间悄然流过。2007年夏,带着对小城的美好回忆与对未来的无限期许,我离开了武义一中,在恩师吴高泮先生的举荐下,我进入浙江省义乌中学。义乌中学是一所百年名校,这里名师云集,吴高泮等一批特级教师如同一棵棵大树,呵护着一批批青年教师茁壮成长。2007年以来,我一直承担着繁重的教育教学任务。不过,也是在这里,我迎来了职业生涯的多个美好时刻,从一名普通老师逐渐成长为一名正高级教师、浙江省特级教师。

回首教师教学生涯,体验过春风得意、踌躇满志,也曾铩羽而归、向隅而泣;有过高原倦息、因循苟且,幸而迷途知返、重整旗鼓。总结这二十余年的成长经历,梳理成为教师专业发展的五个关键词。

一、自我磨炼

李政涛教授曾说:"在专业成长已然成为老师追逐目标的今天,可能的误区在于把专业成长视为主要由外界力量推动的产物……教育其实是一个寂寞的事业,也是一个孤独的职业。很多问题必须依靠教师独自去面对和解决。对于教师而言,孤寂具有发展价值,要开掘出自身生长的源泉,教师特别需要摆脱对外界的依赖,转而沉浸于寂寞之中,以此使生命的根基获得自生长的能量。"[1]的确,教师专业发展的前提和基础是教师个体的自主性。

2011年,我工作满十年,通过努力顺利晋升高级职称。那时,我已参加过多次教学比赛,获得了一些荣誉,也是通过一次又一次比赛的磨炼,我的课堂教学能力逐渐得到地区同行的认可,此后,我还成立了名师工作室。当时,国家尚未推进中小学正高级职称评审工作,我自感专业发展难以进一步突破,专业发展动力不足,方向不明。为实现自我突破,我决定以比赛加动力,以比赛促成长。2015年,参加市、省、全国的教学片段大赛;2016年,参加市、省、全国的优质课评比;2017年,逐级参加教坛新秀评比。这三次比赛,我是"高龄"选手,还是"高级"选手,与一大批年轻人同台竞技,深感年轻人充沛的体力、蓬勃的朝气、敏锐的思想、宽广的视野。"高龄"与"高级"的标签使我倍感压力,因此我也不敢有任何懈怠和侥幸,只能把比赛的每一个环节都精细打磨。这三年的春夏时节,在教学工作之外的时间,我基本上把自己关在学校工作间,广泛阅读,研究教材,精心构思,打磨设计。无数个晚上,我孤独一人在教学楼挑灯夜战至凌晨,才踏着月光、听着虫鸣踏上归途;也在临近比赛的无数个清晨,因焦虑早早醒来,不忍惊扰妻儿,悄悄来到阳台,去沐浴这片土地的第一抹霞光。曾因备课陷入死胡同或走了弯路而懊恼不已,也曾因连续作战免疫力下降导致身体不适甚至一度想要放弃;还记得在40岁生日前夕结束了教坛新秀评比的我,疲惫感扑面而来,发出"告别青春最后一战,再见40"的朋友圈;更记得在全国优质课大赛获奖后,与浙江同行一行高歌猛进挺进太行山边走边唱的酣畅淋漓时刻。

正如特级教师余映潮所言:"生活中富有诗意的日子并不多,对生活的诗意感悟与回忆会给往昔平淡或者苦难的日子增加诗味。生活曾经折磨过我们,生活又让我们回过头来品味这种折磨的深长意味。"[2]"高级"后十年十余场的教学比赛确实很磨人,它与岁月一起在我身上留下了鲜明的印记:头发越磨越少,身材却越磨越肥;同事眼中的俊朗小哥被磨成油腻大叔,孩子们心中的"平哥""大帅"也被磨成"胜平爸爸"。但正是这些比赛"拯救"了,也"淬炼"了正历经短暂高原期的我,这些比赛使我对课堂教学有了新的方向,对历史教育有了新的感悟,对个人专业发展有了新的追求。

二、外力推动

教师在社会中属于知识分子群体的一部分,具备较高的学科素养和道德修养。虽然教师个体自主性在教师专业发展中具有重要地位,但教师在面对来自行政力量、社会期待、学生发展、同行竞争、评价机制等多重因素时,能够保持较高的职业尊严和成长自觉。因此,外力推动也是专业发展的重要影响因素。在我的教师专业发展中,恩师吴高泮先生和浙江省前高中历史教研员周百鸣先生对我影响甚大,正是在他们的推动与鞭策之下,我在历史教学上方能初心不减,精进不断。

吴高泮先生是著名的特级教师,时任浙江省教育学会历史分会会长。从教之初,在各种场合总能听到关于吴老师的种种赞誉,或是其对历史教育教学的真知与灼见,或是其对青年教师的指导与提携,或是对其高尚人格与谦逊品格的赞颂与仰慕。直至初见恩师,才知其已年近花甲,但他的课堂却时时洋溢着儒雅之风,处处闪烁着思想之光。我一直记得,吴老师凭我俩一次短暂的交流以及我一节不算亮眼的公开课,顶着压力将面试表现平平的我引进义乌中学,我因此而有幸成为恩师的关门弟子;也记得吴老师一次次给我锻炼的机会,从公开课、讲座到教学"比武",指导着我一步步走出学校,走出义乌,走向全省;每每遇到十字路口犹豫不决,或是心生倦怠惝恍迷离时,我会习惯性地去吴老师家坐坐,听听他的教诲,并由此重拾阳光、再度启程。如今,恩师已过古稀之年,仍然精神矍铄、思维敏捷,他的脸上永远挂着父亲般慈祥的微笑,在他身上,我看到了学者的修养、师者的风度、智者的视野、仁者的胸怀。恩师既是我专业发展的重要动力,更是我的精神导师。

周百鸣先生退休前任浙江省高中历史教研员。在担任省教研员期间,周老师带领浙江省高中历史教学界同仁,不断探索高中历史课程改革与课堂教学模式转型,发现、培养了一大批浙江青年才俊,指导他们在全国历史教学大赛中屡获大奖,独领风骚。周老师为人友善,乐观豁达,对待教学问题却一丝不苟,近乎苛刻。他会为一段来源不明的史料追根溯源,直至找到源头或避而不用;也时常为试题中某处微小的不严谨的表述,与老师们争得面红耳赤,直到发现一个更科学、更严谨的表达。周老师对我的专业成长关爱有加,但也是要求严格。2015年夏,我有幸通过选拔参加省教学录像片段大赛,但因各种事务性工作导致比赛准备不足,提交的教学录像片段质量远没有达到周老师的预期。于是,省赛评审当天,周老师看过我的参赛作品后给我打了一个长长的电话。我知道周老师的脾气,只能如实交代比赛准备不足的实情。周老师听后狠狠地批评了我,大意是省赛机会非常难得,有机会代表地区参赛就要格外珍惜,必须全力以赴,要力争走出浙江,走向全国。一通严厉批评之后,周老师又具体从课题选择、教学设计、课堂把控、视频拍摄、技术处理等多个角度对这节课进行了详细的指导。这是对我专业发展影响至深至远的一次对话,虽然整个通话的大部分时间是周老师在说,我只是默默聆听或者偶尔回应,但我也因此强烈感受到吴老师、周老师等老前辈对我专业发展的巨大期待,也真正确立了自己在专业上进一步突破的决心和目标。经过周老师的批评教育,我的专业发展态度发生了较大改变。此后,对于任何一次比赛、公开课或者讲座,不管是什么级别,哪怕是常态教学,只要是专业的事,我都会认真对待,精益求精。

除了吴高泮老师、周百鸣老师外,还有一大批优秀的老师关心着我,如现任浙江省教研室教研员戴晓萍老师、原嘉兴教育学院戴加平老师、原杭州师范大学附属中学朱世光老师、衢州一中徐衍昌老师、浙江师范大学附属中学陈亚利老师、武义一中章国好老师、杭州高级中学曹心意老师等,正是他们的关心、提携、鞭策和指导,我的专业才能不断前行、发展,他们是我专业发展重要的推动力。

三、携手登高

生态取向的教师专业发展理论认为,置于特定教师群体中的教师个体,应关注群体中的人、事、物等各要素及其相互之间的关系;基于生态观的教师专业发展,打破单一关注教师本身的局限,转而关注教师如何更好地与其所处的日常工作环境中的各要素融合共生,以获得专业成长的持久动力[3]。作为教师个体而言,其专业发展一定程度上与其工作圈、生活圈、朋友圈有极大关系,教师与其所在的备课组、教研组、办公室、学校、工作室之类的学习共同体等成员的良性互动与竞争,对教师积极向上的工作态度、阳光健康的生活状态乃至人生观、世界观、价值观都会产生正面的影响。因此,对于教师个体而言,一方面要能够及时打破舒适圈,与周围环境中的各要素融合共生,以获得专业成长的持久动力;另一方面,要善于提取身边优秀教师的成长基因,并从中汲取专业发展的智慧。

2014年7月,我有幸被推荐为"浙派名师"培养对象,并参加浙江师范大学高中历史名师班的学习。这两年时间,我所接触的人,所经历的事以及所见所闻、所思所悟,似乎让我融入一个新的"生物圈"。这届名师班由浙江师范大学博士生导师赵志辉教授总负责,陈彩云教授任班主任,由20位浙江省各地区最优秀的一线教师组成,无论从学科专业知识、教学与研究能力,还是区域影响力,都属于业内翘楚。从2014年至今,已有9位学员晋升为正高级教师或被评为"浙江省特级教师"。在名师班的两年时间里,我的内心是挣扎的。一方面,在众多优秀名师面前,我倍感压力;另一方面,导师和学员时时给予我鼓励与肯定,让我内心又升腾起前进的想法。正是在这样的矛盾状态中,我一边奋力挣扎,一边努力前行。

人和人之间的缘分是奇妙的。两年名师班的学习、交流经历,使得学员之间建立了深厚的感情,团队内部也产生了美妙的化学反应,呈现出积极进取、比学赶超的面貌。在这个群体中,我也开始关注这些优秀的老师是如何协调教学、研究与行政工作之间的关系,他们是如何将教学、听课、培训活动的价值最大化,他们是如何利用、管理时间的,他们最近又取得了哪些成果,他们关注了哪些热点话题,甚至他们关注了哪些微信公众号、转发了哪些推文等,我都会留意。比如,名师班前往北京学习时,我关注到大家聆听徐蓝教授讲座时奋笔疾书的场景,关注到大家利用晚上相对空闲的时间在紫玉酒店房间里加班加点整理、消化讲座内容,关注到大家返回浙江后对讲座内容反复回味、反刍,将讲座的精神主旨与教学实践相结合,反哺教育教学,并物化成文字成果。这些优秀的同伴每个人的身上都有太多的东西值得我去体会、学习,因此,每次培训我都会格外珍惜并认真学习。

在名师班的这两年,我的收获是巨大的。一方面,名师班丰富多元的课程拓宽了我的专业视野;另一方面,名师班学员之间相互激励,更是激发了我专业发展的内驱力。正是在这样的圈子里,学员之间相互激励,彼此提携,融合共生,共同成就,构成了真正意义上优秀"学习共同体"的美好图景。

四、扬长补短

"给学生一杯水,老师要有一桶水",这句话在教育领域的多个场合时常被提及,意在提醒教师要不断学习,丰富专业知识,提升专业素养,才能满足学生多元化发展的需要。在我看来,"一桶水"与"一杯水"的比例关系,只是师生间知识传递的多种状态中的一种而已。在教学实践中可能还存在以下情形:教师有一桶水,学生只收获半杯水;教师有两桶水,学生也只收获半杯水;教师只有半桶水,学生能收获一杯水;教师有一桶水,但学生能收获两桶水……如此多的情形,哪一种才是理想的教育实践是不言而喻的。基于这样的命题,为了让自己拥有更多的水,教师该如何丰富、优化自身的知识结构呢?

常言道,知识的厚度决定了教育的高度。而教师的知识结构包含了知、能、情三个组成部分。"知"是教师专业实践活动的认知系统,是教师专业发展的基础;"能"是教师专业实践活动的操作系统,是教师专业发展的重点;"情"是教师专业实践活动的动力系统,是教师专业发展的核心。一方面,知、能、情三个部分紧密联系,共同构成教师的综合知识结构,从而实现教师的全面发展;另一方面,同一位教师在职业生涯的不同时期,以及同一时期不同教师个体之间,知、能、情三个部分所占比例也不尽一样,呈现出动态开放的特征。

有专家引用"恩格尔系数"这个概念来说明这一问题。恩格尔系数是指不同收入的家庭食品支出总额占消费支出总额的比重,由此来判断这个家庭的收入状况。同理,教师知识的"恩格尔系数"指的是学科知识占知识总量比率。苏霍姆林斯基曾说,"学科知识应该处于教师知识结构中的一个角落,而不应在中心,更不应该是全部"。因此,教师丰富自己的知识结构时,除了关注"知",还要关注"能"和"情"。在提升学科知识时,还要不断丰富自身的教学知识、学生知识、课程知识等,并且不断优化。

正如"一桶水"和"一杯水"的命题,如果把"水"视作"学科知识"的话,我清楚我所拥有的"水"还不够。在小学和初中阶段,我是一位非常典型的理科思维生,从小喜欢观察、动手和演绎,却惰于阅读、表达和思辨。在高中时,我却阴差阳错地进了文科班,虽然这不是我主动选择的结果,却被动地选择了接受,也因此在理科思维和文科专业之间天真而又痛苦地挣扎了很多年，直到大学毕业我才彻底放弃幻想，最终成为一名历史教师，但我也深知自身学科知识的不足。因此，一方面，我要为自己那只"桶"里不断"加水"，通过专业阅读恶补历史学科知识，把"逝去的青春夺回来"，努力培养自身文科素养；另一方面，我也在思考，除了"加水"我还可以做什么，我是否可以把我有限的"水"更多甚至全部传递给我的学生，甚至把我的学生教得比我更出色？于是我扬长补短，不断钻研历史教学"能"与"情"的知识。通过研判学情，精心挖掘史料，创设"真实"情境，巧妙设计问题，优化课堂教学，开展诸如"历史漫画创作""历史学习之印象叙说""老照片·小故事·大历史""历史制作"等学习活动，在激发学生历史学习兴趣，培育学生历史学科核心素养的同时，也推动自己不断提升历史学科教育教学能力，丰富自身的知识结构。

五、主题研究

教而不研则浅，研而不教则空。特级教师朱世光说过："教学与科研是教师行走在事业之路上的两条腿，不以教学为重，则是教师丢缺本业；没有科研，教师则难以发展，更妄谈成为名师和人师。"从教之初，我就明白科研对教师专业发展的重要性。当时武义一中十分重视教科研，有一批在科研方面非常有建树的老师，如王海斌、章国好、陶汉斌等。受他们的影响，我也尝试着结合教学实践写写教学论文，并于2004年8月公开发表了我的第一篇教学论文《浅析高中历史课程标准下历史教师的角色转换》。我至今还记得拿到样刊的那天，心情是无比的激动和骄傲。这篇论文极大提升了我的科研兴趣和信心，此后，我陆陆续续在一些专业刊物上发表了一些豆腐块文章，只是文章的质量和影响力还远远不够，科研能力难以突破。

直到最近十年左右时间，我误打误撞逐渐摸索出一条"主题研究"的科研路径，才取得了一些像样的科研成果。2013年11月，在浙江省历史疑难问题培训上，我应省教研室之邀，开设高考一轮复习公开课"美苏争锋"，我以漫画为载体，设计了漫画教学的四个步骤：慧眼识图、借史释图、用心品图、运情绘图，得到与会专家的好评和鼓励；2014年7月，在浙江师范大学学时培训班中，我以"美苏争锋"课例为例，主持讲座《基于漫画资源解读历史》；2014年，我承建了校本选修课程"历史漫画赏析（中国近现代史部分）"，被评为浙江省第四批普通高中推荐选修课程和浙江省精品选修课程；2015年，我撰写的科研论文《三维目标在历史漫画教学中的运用》公开发表；2016年，我主持的省级课题"新课改背景下高中历史漫画教学研究"结题，获省一等奖。这些成果的呈现，在当时完全是自发行为，有一定的偶然性。此后，我开始反思个人关于"历史漫画教学"的相关教学实践，着手思考、摸索"主题研究"模式，个人专业发展也由"自发"进入"自觉"阶段。在"主题研究"模式下，首先根据历史学科教育教学前沿热点或当前历史教学的共同问题确立教研主题，引导团队成员围绕教研主题，申报课题、开设公开课、开设专业讲座、承建选修课程、开发微课程、撰写科研论文,产出以该主题为核心的一系列科研成果。《中学历史教学参考》2021年第3期刊发了拙作《体验学习视角下探究与拓展活动的设计》,记录了我在教学实践中引导学生从"历史见证人""历史当事人""历史叙述人"的角度体验历史事实的发生、历史人物的情感和历史叙述的实践性认识。

当然,"主题研究"模式离不开理论与实践的融合共进。培育学科核心素养,是当前高中教学的重要使命;学生学科核心素养的落地,离不开教师教育理论水平与教学实践能力的提升。近十年,我在多场合开设多次公开课、优质课或学术讲座,积累了大量的教学案例。为此,一方面坚持学习教育教学理论,将理论应用于教学实践,以提升课堂教学水平;另一方面坚持教学反思,将教学实践进行理论提升,从而提升教学研究能力。教育理论与教学实践相辅相成,融合共进。同时,在教学与研究过程中,我紧跟前沿,先后确立"情境教学""历史漫画教学""学科核心素养培育""历史解释素养""深度学习""作业改革"等教学研究主题,以学习共同体为理念,以名师工作室活动为载体,带领工作室成员,循序渐进开展具有鲜明特色的系列主题研讨活动,产生了一批主题鲜明的教育教学成果,在教育教学领域产生了一定的学术引领和学科辐射影响力。

尼采说过,人的精神有三种变形:骆驼、狮子、婴儿,对应着"你应""我要""我是"的三个阶段,有人也将此解释为人生的三重境界。我觉得,把尼采的"三种变形说"用来说明教师的专业发展也是合适的。骆驼,意味着心怀崇敬而能坚毅致远地负荷前行,钻研学科知识,雕琢教育教学技能,提升历史教学艺术,这一阶段需要不断接纳、积累、苦行、沉潜。狮子,意味着在历经风雨和千锤百炼后形成自己的学科教学特色,成为学科教学领域内标志性人物,在区域内产生了较大影响力,这一阶段需要释放、创造、担当、引领。婴儿是一个理想化的阶段,意味着一个新阶段的开始,需要重新归零、完成蜕变、回归初心、收获新生。

我深知,在高中历史教学领域,我只是资质平平的一位,是尼采眼中的"骆驼"。在中学历史教学领域,有很多同仁,有更深厚的史学功底、更深刻的历史思维和更深邃的教学艺术,我只是有幸得到并把握了一些机遇。因此,我是幸运的。对我来说,当前阶段既是我职业生涯一个阶段的终点,也是另一阶段的起点。在职业生涯新阶段,希望自己保持初心,磨炼有恒,践行立德树人使命,引领学生成长。

---

[1] 李政涛.孤寂中的教育[J].今日教育,2014(6):8.
[2] 朱永新.中国著名特级教师教学思想录:二[M].上海:华东师范大学出版社,2016:117.
[3] 赵冬臣.教师专业发展的六个原理[J].教师教育学报,2019(4).

(本文选自《中学历史教学参考》2023年第3期)

「人生为一大事而来,历史教育就是我们一生热爱的事业。教育的本质是成人之美,让我们胸怀天下,心有大我,破壁升维,求是创新,做职业精英、过专业人生,在教育强国的基点上,做一名务实而执着的行动主义者和长期主义者。」

刘建荣 西北工业大学附属中学文科年级组长,历史高级教师;陕西省优秀教学能手;陕西师范大学教育硕士校外合作导师;陕西师范大学教育博士生;西安市骨干教师;西安市学科带头人;西安市"名师+"研修共同体主持人;主持或参与省部级课题4项;主编《穿透力》等多部教辅书籍。在《中学历史教学参考》《中学历史教学》等杂志发表学术论文十余篇。

行走在能力边缘的二次成长

○ 刘建荣

迟子建说,《额尔古纳河右岸》的出现,是先有了泥土,然后才有了种子的。我想说,我与高考的故事,是先有了苦痛,然后才有了成长的。

一、转变于知:失意者的苦痛与转变

回想起来,我梦想的起点大约是一纸招生考试通知。1994年一个炎热的夏日,我随父亲到衡南县第一中学校园里卖西瓜,偶然看到宣传栏里张贴着一中的小升初招考通知。三湘名校衡南一中是莘莘学子心目中的殿堂,本已被向阳镇中学预录取的我心动不已,遂抱着试一试的心理报考了。出成绩那天,当看到光荣榜上我的名字赫然位列全县第三的时候,我高兴得心潮澎湃。初中三年,出身农家的我,保持自信的唯一方式就是用成绩说话。初中升高中,我是保送衡南一中的,高三刚满18岁时我被学校推荐入党。当时我感觉人生到达了巅峰,然而,对一条开口向下的抛物线来说,达到顶点即意味着转折的到来。我高考发挥失常了!不甘心的我仍幻想命运的垂青,第一志愿还是报了北大,结果我被调剂到陕西师范大学历史文化学院。

不经历苦痛,不足以谈人生。我至今依然清晰地记得,我初到陕西师范大学报到的那个深夜的场景。我和父亲走在没有路灯、黑咕隆咚、空无一人的师大路上,行李箱轮子与坑洼不平的路面相互摩擦发出刺耳的声音,仿佛是在讽刺张恨水笔下心高气傲的月容。我感觉这是我人生走过的最长的路,从小怕黑的我狠狠地摔掉了箱子,泪水夺眶而出,对父亲说:"我想回家!我要复读……"父亲一辈子勤劳、勇毅、敦厚,一时间也不知道用什么语言来安慰我,只是隐约看到他眼中有泪光,那是我当时看到的唯一的光……

大一第一学期,我依然沉浸在失意者的阴霾里不能自拔。转变发生在大一第二学期,我渐渐喜欢上了陕西师范大学历史文化学院。从此之后,师大那古朴的图书馆里多了一个勤奋的身影,西安的大小旧书店里多了一个"豪气"的顾客,祖国的大好河山里多了一个思考的行者。读万卷书,行万里路;开阔眼界,潜龙勿用。这是我当时的朴素想法。在思与行的过程中,我逐渐体会到历史是一门洞察人性、涵养理性和良知的学问。我特别喜欢笑谈古今的酣畅淋漓,虹贯中西的通透流畅,明道致用的经世情怀,它给我以智慧、激情和力量。以至多年之后,我给我的学生讲,历史是一门"成功学",与"厚黑"无关,与"正义"相连。

二、蜕变于情:觉醒者的反思与蜕变

2004年秋,带着大学四年的治愈和沉淀,我入职了山西省运城市康杰中学,一所连续19年排名山西第一、以"培养有知识的康杰人,有文化的康杰人,有思想的康杰人,大气的康杰人"为育人目标的三晋名校。工欲善其事,必先利其器。在去报到之前,我去了一趟北京中关村,用大学期间做家教攒的一笔"巨款",买了一台华硕笔记本电脑和一台惠普打印机,这在当时台式机都还没有普及的时代,是很高的配置了。学生对我这个每天提着电脑上课的年轻教师充满好奇,也有些刮目相看。记得第一次上公开课,我用dreamweaver和flash软件制作的网站和课件,让听课的领导和老师耳目一新、啧啧称叹。我觉得这可能是我职业生涯最初的品位追求和创新冲动,作为一个南方人、一个年轻人,我想为这所位于华北地区的传统名校注入"敢为天下先"的湖湘文化因素。

2005年是我入职第二年,当时正值以"三维目标"为核心的新一轮课程改革方兴未艾之际,路胜利校长邀请北京师范大学的教育学博士肖川给我们做了一场暑期教师培训报告,肖博士引用上海市洋泾中学李海林校长的话,勉励我们这些新教师要想成为卓越教师的话,必须实现"二次成长"。李海林校长认为:教师成长有三个阶段——第一次成长期、高原期、第二次成长期。一位优秀教师的成长,仅有第一次成长是不够的,至少需要两次成长过程,而起决定性作用的是第二次成长。卓越教师专业成长有五要素——学问(这是一个人的底子)、见识(决定一个人的态度)、才华(决定他人是否认识到你的价值)、胆略(能否把握住机遇)、品德(能把事业做得多大)[1]。"二次成长"的理论对我的影响不亚于攻读一个教育学硕士学位。我忽然醒悟:九尺之台,起于垒土;佛禅八苦,皆我注脚。人生无须过于纠结过往的失意,无论是中学时代的优秀,抑或是大学时代的积累,对一个人的终身成长来说,都只是一个铺垫。一次成长固然重要,但对教师职业生涯而言,最重要的是执着的持续的二次成长。从此以后,做一个追求卓越的教师,成为我的人生目标。

2011年,经全校选拔,并承蒙路胜利校长的信任,我担任了康杰中学首届创新实验部文科班班主任。这个班的师资是一个几乎全部由正高级教师、特级教师和经验丰富的老教师组成的团队,目标就是北大清华和文科状元,创造康中文科新的辉煌。当时的我正值而立之年,是创新实验部最年轻的老师,说实话,倍感压力,深感使命光荣,责任重大,丝毫不敢懈怠。或许是因为自己曾经淋过雨，所以特别想给别人撑把伞。在那些激情燃烧的岁月里，我忘情地投入工作，关爱学生，醉心教学，研究高考，总结方法。我记得，我的办公室晚上11点半之前几乎从来没有关过灯。那时候，我就很喜欢马尔克斯在《百年孤独》当中写的这段话："生命中曾经有过的所有灿烂，终将都需要用寂寞来偿还，人生注定是一场单人旅行，孤独前是迷茫，孤独后是成长。"终于，经过两年的不懈努力，我们班绝大部分学生都以优异的成绩考入了"985"大学。有3位学生获得清北自主招生的加分资格，占全山西省文科的三分之一。其中景佳伊同学以全省第三名的成绩考入清华大学。作为"孤独"的副产品，我也编著了职业生涯第一本高考研究资料——《超越高考》。之所以起这个名字，一是对当年自己高考失利的"救赎"，二是对当下学生高考成功"上岸"的摆渡。至此，我对高考才算是有了一点感性的理解和认识。完稿之日，有一种自己亲自孕育了一个孩子般的成就感。路校长决定亲自为书写序，并由学校资助出版。人生就是那么戏剧和不可捉摸，后来，因为种种原因，我离开了康杰中学，来到了西北工业大学附属中学，书也就没有正式出版，成为一段永远的回忆和遗憾，也成为至今仍摆在我的书桌上，时时激励我、提醒我的"闹钟"。只是在这本未曾出版的小书稚嫩的自序里，还保留着当年的情怀和认知。自序的标题是"这本书里有什么？"，我说，这里有我的视野、反思和思考。高考是一个阶梯，是社会阶层流动的阶梯。高考是一座桥梁，是千万学子改变人生命运、实现人生价值的桥梁。高考是成人礼，没有经历过高考洗礼的人，心智是不成熟的。高考是鸡尾酒，由知识、能力、素养、技术、情感、心理勾兑而成。高考是一种心路历程和人生阅历，困惑、焦虑、彷徨、迷茫、奋斗、努力、付出、忍耐、失意、落魄、打击、伤感，成功、成长、成熟、成才；平静、淡定、泰然、超脱……沧海桑田，五味杂陈。

三、蝶变于意：逐光者的行走与蝶变

偶有风雨惊花落，再起楼台待月明。尽管河东大地留下了我奋斗的回忆，然而终究无法安放我躁动的青春。深思熟虑后，我给正在"招贤纳士"的西北工业大学附属中学递交了求职简历，并很快得到了回应。这是我特别喜欢的节奏，也是一所真正的名校的格局，完全秉承了西工大"公诚勇毅"的校训和"三实一新"的校风。我记得当时李晔校长问我为什么要来附中，我说"为了追求卓越"。是的，西工大附中就是"卓越"的代名词。古人说，良禽择木而栖，贤臣择主而事。我想我这是"择天下名校而事之"，向阳而生，逐光而行。

有人说，没有跳过槽的职业生涯是不完整的，我深以为然。宇宙的尽头到底是什么，对一个三十岁的年轻人来说，答案还远不明朗，唯有躬耕前行。西工大附中的文化务实、高效，环境简单而纯粹，适合干事创业。出晋入陕，一切清零，从头来过。但还是最初的那份坚持——专业是安身立命之本，执着的持续的二次成长是对教师的永恒的增值性评价。在西工大附中的十二年里,我在高三教师的岗位上连续坚守了十年。元代诗人高克恭有两句诗颇能形容我的状态:我问沧海何时老,清风问我几时闲。人民教育家于漪老师说:"心中有大我,犹如明灯一盏,人的精神就会高尚起来。"十二年来,我以"人生为一大事而来"为信条,心怀大我,眼中有人,一直行走在教育与历史的结合点上、宏观历史和微观历史的结合点上、理想主义与现实主义的结合点上、教学与考试的结合点上、实践与理论的结合点上。专注而务实,忙碌而充实。教学设计、复习备考、原创命题、磨课赛教、撰写论文、编写教辅、读研读博……每一个赛道我都不甘落后,每一次出发我都力求走得踏实而坚毅。教而不研则浅,研而不教则空。以核心素养为目标的新一轮课程改革、高考改革,带来了巨大的科研机遇。我开始尝试对自己的高考研究成果进行学理化阐释、学术化表达、体系化构建。

高考试题有两个突出特征,即伦理性与能力性,二者构成一个一体两面的统一体。知识因其蕴含伦理的力量,因而具有伦理性。"知识的伦理性是知识中包含的价值追求、伦理道德理想、原则和规范及其逻辑和依据,是知识教学和研究促进伦理道德形成、发展的作用和特性"[2]22。知识的伦理性是知识价值观的灵魂,它既包含价值性、思想性、政治性,也包含道德性、规范性。高考试题以核心价值为金线,以立德树人为根本目的,具有鲜明的伦理导向和价值引领,引导学生"有德性地发展"。知识因彰显能力的力量,因而具有能力性。"知识的能力性是知识自然包含的能力性和知识教学、研究自觉促进能力发展和提高的作用和特性"[2]23。知识的能力性是知识创造性和应用性的灵魂。它以多元情境为载体,以核心素养为立意,以科学思维和高阶思维为导向。高考试题以能力素养为银线,具有明确的能力指向和思维尺度,引导学生"有逻辑地思考"。

在此认识的基础上,我又进一步探索出了"四层四化"复习备考创新模式。"四层四化"是一种落实立德树人根本任务,对接高考评价体系,发展学生历史学科核心素养的复习备考创新模式,是在当前"三新"时代,穿透新教材、新高考,进行高质量复习备考的一种探索。"四层"即高考评价体系"一核四层四翼"三个组成部分中的"四层",包括"必备知识、关键能力、学科素养、核心价值",主要是回答高考"考什么"的问题。"四化"即核心价值引领化、必备知识结构化、学科素养情境化和关键能力测评化,主要是提供落实"四层"的优化方案。以"四化"对接"四层",以大概念、大任务教学理念,将课程内容、必备知识结构化、问题化,培养、训练学生的高阶思维、创新思维和关键能力,提升学生的历史学科核心素养,落实立德树人根本任务,服务教育高质量发展,是"四层四化"复习备考创新模式的旨趣与初心。

正如"四层"考查内容之间具有清晰的内在逻辑关系,"四层四化"之间也是一个有机整体。核心价值引领化的目标是彰显高考中必备知识、关键能力、学科素养的思想性、价值观和伦理性,具有引领功能和统摄地位;必备知识结构化的目标指向高考的基础性,结构化的必备知识是形成关键能力和学科素养的基础,并且必备知识本身也具有价值性,是核心价值的载体,具有支撑功能和基础地位;学科素养情境化的目标是具象高考的素养导向,"学科素养是连接必备知识、关键能力和核心价值的重要环节",因而学科素养情境化具有具象功能和承接地位;关键能力测评化的目标是应对高考的能力性,是对学生核心价值、必备知识、学科素养的测评,具有检测功能和落实地位。

激情永远都会寻找出口,正如儿时的梦想,总会在某个时机成熟的时候蠢蠢欲动,跃跃欲试,当年未竟的梦想也在时时召唤。在数易其稿,屡欲放弃,经历了羽化成蝶、凤凰涅槃般的磨砺之后,我主编并出版了《新评价新高考——高中历史专题复习精要》《穿透力——中外历史纲要一轮复习精讲精练》《陕西省普通高中学业水平考试试题精粹(历史)》《高中历史新教材教学设计·中外历史纲要(上)》等多种教材教辅。我还在学术期刊上发表了高考试题研究、原创命题、教学设计等相关文章十余篇。2022年8月,我第三次"踏入"陕西师范大学,攻读教育博士学位,继续自己的"二次成长",提升自己的教科研水平,科研重心也逐渐走向教育学、心理学理论与历史教学、高考研究的结合。上海市教育科学研究院副院长顾泠沅教授说,要想成为卓越教师,必须"行走在能力极限的边缘"。即始终保持对自己和世界的好奇,基于对专业的热爱发自内心的主动选择,过一种幸福完整的教育人生,探寻未知的世界,遇见未知的自己。扪心自问,我还远远达不到行走在能力"极限"边缘的高度,顶多是"行走在能力边缘",行走在自己的"最近发展区",但我在努力突破"成长上限"。

四、豹变于行:传承者的执念与豹变

问渠哪得清如许,为有源头活水来。教师的成长不仅要"择天下名校而事之",更要"择天下名师而师之",这是教师成长的"引擎",也深刻影响成长的"上限"。回想起来,对我的"二次成长"影响最大的是梁爱如老师和郭富斌老师。梁爱如老师是山西省原历史教研员,优雅温润,学识卓著,德隆望尊。我在山西工作的时候梁老师就常对我的教学进行指导,对我有专业启蒙之恩。到了西工大附中以后,我时常在关键时刻请教梁老师的意见,犹如不谙世事的孩子在遇到困难时求助自己的父母、长辈。梁老师也依然关心、鼓励我的发展,她的通透、细致、微笑给了我莫大的支持和鼓励。可以说,我的每一步成长,都有梁老师的引领。每当我感到倦怠的时候,就会想起梁老师虽然已经退休多年,但仍在持续关注历史教育的前沿动态,就感觉到汗颜惭愧而又动力满满。郭富斌老师是我的教育硕士导师,也是我的精神"教父"。郭老师阅读之海量、学养之深厚、思想之深邃、认知之深刻……为师当如是! 郭老师的课堂艺术独树一帜,极富设计感和思想性,底蕴深厚,充满人文情怀与现实关照。郭老师对我的影响不仅限于他的课堂教学和教育思想,更在于他的精神、气质和魅力。陕西师范大学游旭群校长认为,教育家精神具有"学识扎实、学养厚重""情怀深厚、修养大我""灵魂高贵、涵养美德""无私奉献、成就他人"四个方面的内在要求。[3]如果以这个标准来衡量，两位业师当之无愧就是教育家精神的卓越践行者，"经师"与"人师"相统一的"大先生"。

习近平总书记在同北京师范大学师生代表座谈时强调："一个人遇到好老师是人生的幸运，一个学校拥有好老师是学校的光荣，一个民族源源不断涌现出一批又一批好老师则是民族的希望。"回望自己的成长之路，遇到这么多"好老师"，的确是我的人生幸事。教育的本质是成人之美，要想"成"人之美，必先"承"人之美。感念师恩，赓续精神，传承道统，方能步伐坚定，行高致远，积厚成器。

《周易·革卦》中说："君子豹变，其文蔚也"。大意是刚出生的小豹子身体没有花纹，样子很丑陋，长大后长出漂亮的斑纹，变得雄健而美丽。村上春树说："当你穿过了暴风雨，你就不再是原来的那个人了。"我的变化在于经历了成长的苦痛之后，留下的热爱、执念与坚守。时常有人问我，为什么这么大年龄了，还要上博士，还要这么"卷"？我想可能就是因为执念，成长的执念、传承的执念。窃以为，在历史的长河中，真正伟大的人都是心怀理想主义的执念，都是执着的行动主义者和长期主义者，"在长期主义的道路上，与伟大格局者同行，做时间的朋友"。

[1] 李海林.教师二次成长论：卓越型教师的成长规律与成长方式[J].今日教育,2015(1):48-50.
[2] 郝文武.知识的能力性和伦理性及其知核力研究[J].宁波大学学报（教育科学版）,2020(1).
[3] 游旭群.教育家精神的阐释与培养[J].国家教育行政学院学报,2023(8):3.

（本文选自《中学历史教学参考》2024年第10期）

"其实人生不是梦,也不是戏,是一件最严重的事实。你种谷子,便有人充饥;你种树,便有人砍柴,便有人乘凉;你拆烂污,便有人遭殃;你放野火,便有人烧死。你爱种什么? 你能种什么?"以胡适先生的话与大家共勉。

沈叶芳 浙江省桐乡市高级中学历史教师,嘉兴市高中历史学科带头人,桐乡市骨干教师,桐乡市优秀教师,戴加平特级教师工作室成员,华东师范大学历史教育硕士,《中学历史教学参考》"2016年度教研创新作者"。2008年获得浙江省优质课一等奖,2010年被人民出版社聘为"人民版高中历史教材培训专家"。

历史课怎样促使学生修炼"成人"
——一位"历史班主任"的教育探索

○ 沈叶芳

和一帮孩子一起跑完了三年,享受了浙江省最后一届"老高考",很多孩子更加接近梦想,我也是。本班共45位孩子,来自同一个小小的县级市,其成绩在大众眼里是惊人的,他们囊括了所属地级市的文科前三名,浙江省前五十名中的四席,其中一位为浙江"榜眼",陆续被北京大学、复旦大学、中国人民大学、南京大学、浙江大学等著名高校录取的孩子一共有20位。傲人的成绩不仅闪亮一时,而且被刻在学校的记录石上,甚至在褪色后让"工匠"一描再描。这些孩子身上有着某些特别的东西,这种用数据表达不了的东西才是持久悠远的成就,也是我教师生涯中获得的最大感动。

这种特别的东西可以从他们的专业选择看到。那位"榜眼"拒绝了全国学子眼中最"闪亮"的专业——北京大学光华管理学院,毅然选择了历史系,理由只有简单的一句:我喜欢历史,我准备把我的一生献给历史!还有两个成绩斐然的孩子分别选择了复旦大学历史系、南京大学历史系,另有学生选择北京大学社会学、中国人民大学党史研究、中山大学哲学研究等专业。很多学生对这些专业往往避之不及,认为学习枯燥、就业困难、前途冷淡,但我所带的这些孩子却是因喜欢而主动选择。其中一位明确告诉我:"我想学一些我们缺乏的东西。"即使选择了金融类热门专业的孩子,也很自信地告诉我:"放心,我不会被金融黑成'心机BOY',我内心善良的原始力比洪荒之力还深厚。"他们的选择背后的东西多么震撼人心,他们心里装的不仅有基于时代的"小我",还有一个超越时代的"大我"!正如教育家叶澜所说:"人无法选择这个时代,不能脱离这个时代,但可以通过生命自觉的培育适应、回应并主动地介入时代,按照人的理想而改造这个时代。一个具有生命自觉的人,是能够主动'明自我''明他人'和'明环境'之人,是充分展示自我生命的意义和创造活力,因此而拥有生命尊严的人。这是当代中国最稀缺的人格特征。"[1]在这些孩子身上,我看到了这种当下最稀缺的特征。

但是,很多人感受不到这种人格特征的珍贵,包括一些教育领域的工作者。当那位

"榜眼"选择北京大学历史专业的时候,多少同事调侃说:"你害了她啊!"看来历史教师的眼光和内心与很多学科的人是不同的,我甚至有更加大胆的想法:历史学科最能培养学生成为一个有生命自觉的人!这个想法也许可以在我和这群孩子颇有历史味的德育历程中来验证。

一、历史味的德育目标:"成人"

孔子的教育目标是"成人",进而"成君子",培养弟子不仅具有独善其身的自我修养,还要有兼济天下的情怀。蒙台梭利甚至认为从幼儿教育开始就要关注孩子人格、心理、智力、精神的完善。"教育不是为上学做准备,而是为未来生活做准备"[2]。而当下教育的最大病根是以"成事"替代了"成人",即使一轮轮的教育改革目标中,以人为本一直是不断强化的核心,但教育实践仍旧深陷培养高分的"成事"泥潭。教育目标在理论与实践上存在很大的分离,使得很多一线教师的工作陷入两难,虽然认识到培养学生"成人"是正确的,但训练出高分才是能得到肯定的。事实上,这两者并不完全对立,因为训练高分只是术法问题,完善学生人格属于顶层问题,那些有了顶层觉悟的学生往往能静下心来研究术法,因为他们从骨子里懂得"天将降大任于斯人也,必先苦其心志,劳其筋骨,饿其体肤,空乏其身,行拂乱其所为也"。而有"成人"觉悟的学生才应该是社会的希望。

要求学生修炼"成人",那么首先教师自身应该以"成人"为目标。孔子自身就是君子的典范,他"毫不隐瞒自己的观点、好恶,从来都以真面目示人。他教得真诚,无疑是内心真实力量的倡导者,追求'文与人''言与得'不分离的'人课合一'的境界"[3]。中国著名儿童教育家陈鹤琴认为:"学生是教师的一面镜子,教师的行为习惯、学养人格,都可以在学生们的行为上反映出来。"[4]教师要有对自我、对人生、对社会、对自然的理解,并将这样的理解真诚地传递给学生进而影响学生,这种教育的特质具有跨越时空的一致性。

我常常和孩子们一起讨论:我想成为什么样的人?这样的自问在每个适合出现的时机进行,例如在第一节历史课的时候,我们进行了一个"像庞贝古城一样消失"的情境模拟活动:

1. **证据罗列**:记录一天里的所有活动,再罗列每个活动环节产生的所有客观证据。(教师罗列范例:日记、各种书籍、各种荣誉证书、鞋包等生活用品、学校超市购物清单,等等)

2. **模仿研究**:假设我们这座学校突然像庞贝古城一样消失,掩盖千年后被考古学家发掘。因为保存非常完好,刚才每个人所罗列的客观证据都被一一挖掘出来,并成为历史学家研究的对象。请大家模仿历史学家进行研究,根据自己罗列的证据,历史学家会进行怎样的描述和认识?(活动目的:触摸什么是历史,历史学家是怎样研究历史的。)

3. **加深讨论**:根据呈现在历史学家面前的各种证据,猜测在千年后的历史学家眼里我是个怎样的人。(讨论目的:思考短暂的人生中什么是最重要的。)

对于最后的加深讨论,我们形成了这样一些认识:从鞋包等生活用品和购物清单能看出一个人经济生活是否富足,但无论贫富,都一起突然长眠地下。各种荣誉证书可以推敲出这个人学习或工作的出色程度,但是这座学校里埋着的人大多都拥有一大堆荣誉证书。日记和书籍能看出一个人的兴趣是什么,关注的是什么,思考些什么,只有这些能体现一个人独特的气质。我们毫不讳言对物质、成绩、荣誉的追求,但我们更在乎我们的视野、我们的思考,那会决定我们成为有怎样高度的人。从课程标准修订的热议情况看,以培养人的素养为核心,教育目标真正着眼于"成人"的时代已经到来,我们的教育实践必须接引这一精神,走出"成事"的泥潭,我很高兴我和我的这帮孩子已经在"成人"的路上蹒跚前行。

二、历史味的德育修炼:"如果你是"

马克思和恩格斯认为历史不过是追求着自己目的的人的活动而已,吉本认为历史是人类罪行、蠢事与不幸的记录。无论如何定义,都基于这样一个关键,即历史承载了先人的智慧与教训。读史可以明智,这是人类很早就有的共识,英国历史学家乔治·屈维廉甚至认为历史并没有真正的科学价值,它的唯一目的乃是教育别人。这种教育作用的原理在于"历史乃能被描述为替代性经验的教育,学生可对其他生活模式、其他思维方式和其他解决问题的方式有所了解,这样就能面对虽不熟悉但仍属于人世间的状况、感情及行为"[5]。因为根据认知心理学的角度,体验生活的过程中产生的经验是提升认知的基础,所以我们要制造平台让历史中的人与现实中学习历史的人之间进行对话,让历史中的人的经验成为现实中的人产生认知的基础。历史学家何炳棣甚至把现实的自己和历史的自己合为一体,著成《读史阅世六十年》,他把一生中"每一阶段的学思历程都原原本本、坦诚无忌、不亢不卑地忆述出来,而且还不时做些严肃的自我检讨",以期望"此书成为学术史及教育史等方面具有参考价值的著作"[6]。这部著作也正是学者自身在历史学习和研究中鲜活灵动的"成人"历程。

基于上述理解,我和孩子们在课堂中常常通过"如果你是"这样的假设进行"成人"的修炼。下面是这种修炼的一些片段。

◇片段一

时机:学习斯大林格勒战役的时候,教科书(人民版选修3)叙述了希特勒向被围困在斯大林格勒的德国第六集团军发去一份电报,晋升司令保罗斯为陆军元帅。因为在德军历史上从来没有一个陆军元帅是被生俘的,意味着保罗斯决不能投降。但是保罗斯还是率领德军残部向苏军投降了。

思考:如果你是保罗斯,你会选择投降吗?

记录:有几位学生(往往是很有血性的孩子)大喊当然不能投降,理由主要是"真正的战士不怕死"。也有些会弱弱地说,投降也可以,理由是"留得青山在,不怕没柴烧"。我不做评论,只是补充了一个以前在一本文摘上看到过的故事:

以前有两个国家发生战争,一国包围对方的核心城市,已经完全掌握胜局,为了侮辱另一国,他们提出如果另一国愿意自己选择死六个人,那么就放过这个城市,否则就消灭整座城市。另一国的内部产生了很大分歧,大多数人认为坚持到底,人在城在,人亡城亡,只有一位代表接受对方侮辱的建议,最后他说服了大家,决定选择以六个人的死来换整座城的生,并且他自愿成为这六个人之一。第二天其他五位自愿牺牲的人已经到达指定地点集合,那位坚定接受侮辱建议的人却迟迟未到。大家开始窃窃议论,这时有两个人抬着担架走来,上面躺着的就是那位代表的尸体。

故事讲完了,大家很安静,我们也没有再讨论,只是静静地进行着各自的思考。我在看到保罗斯的时候就想到了这个故事中的代表,我思考了很多:怎样才算英雄?什么是自我实现?

◇**片段二**

时机:学习近现代婚俗变迁的时候,教科书(人民版必修第二册)叙述了近代以来婚姻越来越自由的发展趋势。课件上为学生列举了很多近代进步青年大胆拒婚、离婚的案例。

思考:如果是你,你是否认为在婚姻问题上每个人都可以越来越自由?

记录:大部分学生认为婚姻是自己的事,我有权利自由选择和谁结婚,也有权利自由选择放弃婚姻。我不评论,只是和大家一起做了一道题。

2009年高考江苏历史卷第22题:近代以来,人们的婚姻观念逐渐改变。阅读下列材料:

材料一 父母之命这句话固然视为天经地义不可改易的,但是我们现在做父母的应该要晓得,这几千年来的礼教风俗到了今天决计行不通……做父母的应该要明白些现在世界的大势!闭关自守,做不到了;农业经济组织下的状态,保不住了。

——陆秋心《婚姻问题的三个时期》(《新妇女》1920年4月15日)

材料二 (略)

材料三 婚姻不是件私事;……在任何地方一个男子或女子要得到一个配偶,没有不经过一番社会规定的手续。

——费孝通《生育制度》

请回答:

(1)(2)略

(3)据材料一、三,不同学者在婚姻自由度问题上的视角分别是什么?我们应如何全面认识这一问题?

【参考答案】视角:历史考察;社会关系考察。认识:随着社会的发展,婚姻当事人越来越自由,但处于社会关系中的人,婚姻自由总是相对的。

在学习社会近代化的进程中,我们往往会大量梳理社会演进的表现,努力概括历史演进的方向。若对很多社会问题的认识只停留在这一层面上,我们可能会陷入单一的、机械化的价值取向。例如对婚姻问题,仅从历史演进角度而言,容易形成追求完全自由作为价值取向。实际上,从社会关系的角度来考察,人不可能绝对自由,婚姻当然也是如此。这两个角度的不同认识其实是统一的,提醒我们既要懂得追求个人自由的珍贵,又要懂得契约精神的重要,而这两种精神是一个合格公民最"应该"具备的素养。这种思考至少对我来说是价值观念的重要修补。

三、修炼的法则:真诚而谨慎

历史是不能假设的,很多时候我们对历史的判断往往会和历史人物的真正思维相差很远,因为我们的认识总是会受到当下意识的影响,也受到原有认知的局限,如果把假设中自己的体验等同于历史的真实,那是对历史的亵渎。所以"如果你是"这样的代入修炼需要谨慎进行,有很多需要注意的细节。

首先,内容的选择必须是真诚的。历史学科内容的过去性和复杂性,需要教师借助不断阅读提升专业素养,阅读面的扩大往往会使得我们对同一历史细节有更多的理解,甚至会产生振动心灵的新认识。我所选择"成人"修炼的内容,往往是我自己在探究过程中产生过巨大思维冲突的历史问题,因为我始终相信只有震撼过自己的东西,才能尝试着去震撼别人。我们可能都有过这样的体验,观摩了一节包含几个非常生动环节的精彩课堂,但是把同样的内容复制到自己的课堂,成功的概率很低,特别是很难在一些材料或设问上诱发学生参与的热情。其原因很简单,不是你没有消化每一张 PPT 的内容,而是你没有原作者在选择每段材料、每张图片前大量的阅读和阅读时所产生的情绪与感悟。所以给学生进行修炼的环节必须是教师自己修炼过的,那是对待课堂与学生起码的真诚。

其次,修炼的方式必须是历史的。历史中的人与事毕竟是过去的,有其特定的政治、经济、宗教、社会、文化等背景,而现实中学习历史的人同样带着浓浓的"当下"气质,所以我们回到历史现场模拟历史人的思考与选择,总是无法避免自己时代的烙印。以当下的价值标准去模拟历史中的判断是十分危险的,容易导致历史与现实的混淆,甚至走向苛求历史的境地。所以历史味的德育修炼必须遵循历史认识的法则,那就是放入历史环境中去体验,回到现实中来反思,学会宽容地理解历史,严谨地思考当下。浙江省特级教师戴加平先生的"人在历史中的地位"一课是遵循这一法则的极好案例,上课伊始就提出了直击人心的问题:如果是你,你会选择服从纳粹吗?进而介绍了希特勒统治时期德国大部分人对纳粹的服从,但并不是所有人都选择了服从,舒和兄妹对纳粹的反抗恰如黑暗中的白玫瑰。讲述完毕后让学生思考一开始的问题,最后以一个当下德国人的回答结束:当时我也许会,但现在绝对不会!这个结尾既体现了历史学习的法则,又体现了建立在历史教训基础上的现实价值。所以历史味的德育修炼不是用来苛求历史,而是借鉴历史,完善现实中的自我,逐渐"成人"。

  三年的修炼,孩子们展现出的生命力是让人动容的,我记录了很多他们在对我表达时的成长刹那:"如果无法改变,何不悦纳它?这也是另一种成长";"梦想以巨大的付出为支撑,不是尽我所能,而是竭尽全力";"消沉的时候到操场跑六圈,在跑不动的时候坚持着,发现超越自己很容易";"相信平心静气的日积月累不会被辜负,偶尔的失败更是上天的恩赐——你的错误和不足有了被发现和纠正的机会"。多么强大的生命啊,他们对充满挫折的学习、对并不完美的环境能竭尽全力,又能风轻云淡,因为他们的人生格局在修炼中越来越宽宏博大。一路上似乎我在拉着他们,又似乎他们在拉着我,这就是我们所经历的三年历史味的"成人"修炼。孔子弟子三千,贤者七十二,若以此同比,那么我有这些弟子已经可以让我此生无憾。

---

[1] 李政涛.叶澜:一个人和她的教育改革[J].今日教育,2015(4).

[2] 玛利亚·蒙台梭利.童年的秘密[M].梁海涛,译.上海:上海人民出版社,2007.

[3] 张康桥.在教育家的智慧里呼吸[M].上海:华东师范大学出版社,2012.

[4] 杨斌.教育照亮未来:民国八大教育家经典文选[M].上海:华东师范大学出版社,2013.

[5] 迈克尔·斯坦福.历史研究导论[M].刘世安,译.北京:世界图书出版公司,2012.

[6] 何炳棣.读史阅世六十年[M].桂林:广西师范大学出版社,2009.

(本文选自《中学历史教学参考》2016年第10期)

「历史学科是社会科学，更是"人"学，中学阶段的历史教育不仅要教会孩子们知识、能力，更要成就孩子们的人格素养。因此，做历史老师不仅要做"经师"，更要做孩子们的"人师"，我们是"经师人师的统一者"，孩子们就有可能是健康的人、健全的人！」

柴松方 广东省东莞市东莞中学松山湖学校校长，特级教师，正高级教师，教育部首届基础教育历史教学指导专委会委员，广东省新一届中小学德育指导委员会委员，广东省历史教学专委会副理事长，东莞市历史教学专委会理事长，东莞市中小学劳动教育研究会会长。广东省新一轮"百千万人才培养工程"教育家培养对象，省、市历史学科带头人，省、市名师工作室主持人。北京师范大学、华南师大等高校兼职教授、研究生导师。出版《真教致远》《中学生写身边的历史（一、二）》等著作，多篇教育教学论文发表或获奖，多项课题获省市教学成果奖、创新成果奖。曾荣获广东省"南粤优秀历史教师"、东莞市"教书育人先进教师"、东莞市首届"十佳最美教师"、东莞市首届基础教育十大领军人才培养对象等荣誉。

学科核心素养落地的"草根"行动

○ 柴松方

回顾我校历史科组十多年来对历史教学改革的实践性探索,其基本方向与改革举措,与当前历史学科素养培育的主旨是一致的。本文正是在深入研读和深刻理解历史学科素养内涵的基础上,对学校十多年历史教学改革实践进行的总结与提炼,同时也融入我们对后续历史教学改革的思考。我们希望这种践行学科核心素养落地的"草根"行动,能够走得更坚实。

一、实践学科素养培育,从改变教师开始

相对传统的历史教学,培育学生学科素养的教学活动对教师本身的专业素质提出了更高的要求。《礼记·学记》载:"记问之学,不足以为人师。"就是说,老师只有"记问"的知识储备是不够的,应该要有"智慧之学""能力之学",方为"人师"。古已如此,何况今天。所以,中学历史教学要从知识教学走向素养教学,教师就必须从知识型教师转变为素养型教师。我校历史科组从2006年开始,以"新课改下中学历史大课堂构建研究"为题开展课题研究,旨在提升教师对历史学科价值的认识,拓展历史学习时空域场的视野。通过该课题的研究,历史科组的教师教学观念发生了明显的变化,从单纯的"知识传授"转变到对"学科能力"的关注,从单纯的"应试准备"转变到对为"全面发展"奠基。在教师的视野里,不只是有学生的"成绩",还有了他们的"成长";不光只看到"森林",也开始有"树木";资源不再只是"课本教科书",也来自所有蕴含着历史信息和意义的场域;学习不再只发生在课室,而是走向了更为广阔的社会生活。

正是基于这样的课程改革积累,当"学科素养教育"成为一种明确的教学导向后,我们迅速完成了理念的对接,把过去的改革思路融入培育"学科素养"的思考与行动。我们对教科书及其他教育资源进行了新一轮的深度解读,从培育"学科核心"的高度进行价值挖掘与发现。例如,我们在学习和研读过程中认识到,历史学科核心素养的五个方

面——"唯物史观、时空观念、史料实证、历史解释与家国情怀",与学生核心素养基本要点中的"人文积淀""人文情怀""国家认同""社会责任""批判质疑""理性思维"等,有着十分密切的联系。以这样的内在关联引领教学设计,形成整体的历史教学思维,从对历史事件的了解走向对历史变迁与发展的认知,从知识的积累走向观念与情怀的形成。在这一过程中,我们历史科组的教师又站到了历史教学的一个新高度。

二、以学科素养为导向,变革课堂教学

学科核心素养要落到实处,必须从改变教师的教学模式和学生的学习方式入手。为此,我们将变革的目光聚焦到课堂上,在教师"教什么"与"怎样教"上下功夫,做好教学过程的"加减法"。一是教学内容上的"加减法"——精选对培养学生学科素养能起到关键作用的教学内容,在这一部分关键问题的学习上做"加法",而在一些不必要的知识记忆和训练上做"减法"。二是教学方式上的"加减法"——在学生自主学习、自主探究的时空上做"加法",在教师单向灌输、学生机械训练的时空上做"减法"。为此,我们从教学案的编纂入手,帮助学生在课堂上梳理学习的"核心"知识点。学案编写遵循了两个原则:一是体例上,遵循利于学生自学的原则;二是内容上,筛选存留能够培养学生核心能力的重要知识点。学案关注了学生核心知识的学习与自主学习能力的培养,使得课堂上教师的知识性教学负担减轻,把更多的时间交还给学生用于合作探究与展示等。

以"核心知识点"为取向的教学案教学,在一定程度上促成"师本"课堂教学模式向"生本"教学模式的转变。从多年的探索实践效果来看,教学案教学表现出如下的积极意义:一是学案的编写和使用是国家课程的校本化实施,教师融入自己的个体经验,结合具体的学情,对课程进行二次开发,更有利于学生的学习。二是以教学案的方式调动了学生自主学习的积极性,实现了"前置性学习"与"课堂学习"的有效衔接,提高了学生的学习效率,既保证了学科知识的有效学习,也培养了学生自我学习的能力。三是以学案为载体,引领学生进入"自学·交流·展示"的小组合作模式,使学习基础和能力程度不同的学生都能以适合自己的方式参与学习,收获属于自己的学习成果,而在合作、探究、交流、展示等方面所呈现的学习品质与素养的提升更是令人欣喜。四是减轻了课堂教学的负荷,有利于教师腾出更多时间拓宽学生历史学习空间。总而言之,基于观念转变带来的课堂生态变化,促使学习样态发生改变。这些年学生在全市学科质量检测中都取得优异的成绩,而与此同时,丰富的校本课程和综合实践课程也为学生的学科素质的全面提升提供了更多的机会。

三、完善课程结构,拓展学科素养的培育空间

基于学科素养的教育,课程是最核心的要素。我校历史学科的课程建设,除前面提

到的国家课程的校本化实施,另一个重要的抓手就是校本课程的开发。对此,我们的认识有一个逐步深化的过程。最初,我们认为校本课程就是课堂教学内容的简单延伸,而非新的学习领域的开辟与新的学习资源的开发。如初中的"历史群英书场",通过表演再现课本中的历史事件;高中则通过历史知识讲座或报告会,拓展课堂知识。校本课程表面上内容很丰富,但还是停留在"碎片化"的拼凑形式上,经常是今天讲述这个历史人物,明天又分析那个历史事件,后天又可能随心所欲地涉及一个新的话题。随着学习和研究的深入,我们的课程意识逐渐增强,特别是进入学科素养教育的视线后,我们更清晰地认识到,校本课程的开发必须依据学科素养,与国家课程有机结合,构建有内在机理的课程体系,才能形成学科素养培育的整体目标。为此,历史科组教师对课程体系进行认真梳理和研究,确定从三个方向开发历史校本课程,共同指向学生学科素养的培育。

第一类课程是拓展类课程,以培养学生的历史学习兴趣与能力培养为课程取向。我们为学生开设了《历史的行囊》这一校本课程,并编写了相关的教科书,帮助对历史学科有强烈兴趣的学生进一步学习和掌握历史研究的方法;全科组教师集体参与校本课程的研究与开发,历经多年的积累,初高中都分别形成了符合课程要求的、具有一定影响力的系列课程,如《欧洲八大家族史》《东莞地方人物评传》《当今热点问题的历史解读》《大国崛起的启示》《历史群英书场》《历史课本剧》《东莞乡土历史》《宋元明清的历史演绎》等。这些品牌类校本课程的开发和实施,为我校历史教学落实学科素养的培育提供了重要支撑,不仅满足了学生的历史学习兴趣,也拓展了他们的知识宽度,更开阔了他们的认知视野。多年下来,孩子们获益良多。

第二类课程是体验性课程,以引导学生在直接的参与和体验中感悟历史意义、提升历史学科实际探究能力为课程取向,主要形式是社团活动。近几年来,历史科组指导下的"春秋史学社"学生社团课程,每年都会有计划地开展系列活动,包括专题论坛、历史沙龙、模拟演讲、春秋讲坛、历史知识竞赛、博物馆课程、写史等活动,让学生学习从历史和历史学的角度发现问题、思考问题及解决问题。这些活动,从形式创意到主题内容,全部由学生自主选择;学生自己选择并邀请专家,社团成员自己轮流主持活动、担任主讲,最后形成自我表达、自我呈现。正如该社团首任社长陈立夫同学所说:"我们社团的宗旨是什么?是供养人文思想,启迪理性思维。我们鼓励所有思想的交流,无论你的思想在世俗和主流的思维里是多么的不堪,但我们清楚那是你的思想、你的想法,我们都会尊重。"我们感觉,参与"春秋史学社"学生社团的学生,在学术能力、交往能力以及领导力方面都得到了明显的提升。

"模拟联合国"是体验性课程的另一个亮点。该社团课程由学校历史教师担任"教练",社团成员定期以"历史"与"现实"中重大国际事件为背景开展活动。学生在"重现"历史上发生的国际事务,模拟历史事件中各种"角色"的过程中,通过辩论、磋商、游说,建立合作和联盟关系等活动环节,感悟国际历史事件中的风云变幻,从复杂的国际事务规则和流程的体验过程中,开阔学生的国际视野和多元文化视野,形成多维度、多角度的思维方式,培养严谨的历史态度、公民责任感以及政治家气质,而这些都是学生核心素养的重要组成。

这些历史类社团课程,颇受学生欢迎,经过多年的积淀成为学校的品牌校本课程。在 2017 年广东省社团嘉年华展示活动中,"春秋史学社"荣获广东省中学生"十佳梦想社团"称号,历史学术氛围最浓的"模拟联合国"社团也进入"百强社团",在全省乃至全国都有了一定的影响。

第三类是"写史",以引导学生深度参与真实的历史研究,将历史学习的场域与对象向社会深层拓展为课程取向。从 2011 年开始,我校在历史教师的指导下,开展"中学生写家史"活动,并将此项活动,以课程方式进行完善与整合,每年在固定的时间为学生开设,指导教师团队由外聘专家和科组教师组成,来自各个年级的上千位学生参与学习培训、写作并参赛。学生通过采访、调研、整理和撰写自己祖辈、父辈家族的历史,学习史料的收集与求证,学习历史的记录与分析,用自己所学、所思,关注家族人物与事件背后的国家民族命运。实践证明,写史课程是沟通学科知识学习与学生生活体验的一个很成功的教学尝试。学生通过参与写史活动,发现身边"最熟悉的陌生人",贴近自己的祖辈父辈,聆听他们的故事,讲述他们的故事,守护家族的记忆,留下家史的温情。参赛学生从中获得了新的历史认知渠道,锻炼了田野调查、资料收集和历史写作等诸多能力,对培养学生的学科素养起到重要的促进作用。

回顾学校历史学科核心素养培育的探索与实践,我们以不断优化的课堂教学为主,综合拓展性、体验性及学生写史等校本课程和社团课程构建了全课程历史教育教学状态,为学生注入历史学科素养。而与此同时,探索与实践也促进了教师教学理念的更新与学科素养的提升,造就一批历史学科教学的名师。目前,历史科组的教师,有百分之九十成长为省市名师工作室主持人、学科带头人、教学能手,省市优质课一、二等奖的获得者。

然而,我们也清楚,我们当下所做的努力,与素养培育的要求相差还很远,这种探索还将持续进行。历史教育围绕核心素养与学科素养进行改革的路子将会更为宽广,路径会更多元。今后,我们将对历史学科核心素养培育展开三个方面的探索。

一是对国家课程进行再整合,实现历史教育与多学科的融合,这是世界课程改革的趋势,也是我国课程改革的方向。我们要学习芬兰经验,尝试创设历史与其他学科融合的跨学科课程。历史本就是人类综合的记忆与全部文化结晶,其包容性很强,中学历史教育在多学科的场景与主题的创建中展开,能唤起学生更广泛的兴趣,发掘他们更多的成长可能。

二是升级现有的校本课程,进入2.0甚至3.0课程时代。这种升级的一个重要目标就是学生学习的"生活化"改造,即充分利用社会资源,构建立体化的课程体系,将学生带到"教育即生活""生活即教育"的学习场景里,让他们获得更真实的成长。

三是创设新时代历史教育的学习场域,引导社会资源向学校与学生集中。克罗齐先生说过,相信"所有的社会资源都是历史学习的课程内容",广大中学历史教师率先觉醒与行动,既要研究"教科书中、课堂上的历史教育",更要研究"社会上、行动中的学生历史学习"。

我们相信,只要坚持学科素养培育的"草根"行动,坚持在自己"一厘米主权"的范围内持续地进行"微变革",我们就能成功地走出一条历史教育变革的"民间"路径。

【附记】 我校历史科组黄筱安、李柱军、孙瑛、王文然、雷鸣、袁晓勇等老师的实践行动案例对本文的观点提供重要支持,特此鸣谢。

(本文选自《中学历史教学参考》2019年第6期)

「历史教育的启智增慧并非仅在于转述和传达知识，年轻老师们可以更多地去探寻其所承载的学科育人路径。带着孩子们进行批判性阅读、思考、表达，引导他们在学习过程中面对不同的材料信息，进行鉴别、推理、解释，在批判性思维的培养中，形成良好的价值判断，独立思考，质疑旧知，探索未知，这乃是历史教育的灵魂所在。年轻的教师，将会在教与学的过程中与孩子们一同生长，成为他们心中的灯塔，照亮求学迷雾中的真理之路。」

楼卫琴 广东省特级教师，中学历史正高级教师，现为中山市教育教学研究室中学历史教研员，长期从事中学历史教学与考试命题研究。教育部国培计划专家，广东省中小学名教师工作室主持人，广东省首批历史学科带头人，中山市第三届名教师，中山市特聘人才，广东省"百千万"名教师培养项目优秀学员。兼任全国历史学术专业委员会理事，广东省历史学术专业委员会副理事长，广东省名教师工作室主持人，中山市教育科研学术委员会主任委员。中山市第十二和十三届政协委员。所主张的中学历史批判性思维教学已成为中山历史教育的名片。著有《中学历史批判性思维教学》一书，近十年先后在国家级核心期刊发表有关批判性思维的教学论文十多篇，有多篇被人大复印资料全文转载。先后主持完成多个省市级重点科研项目，研究成果先后荣获广东省教学成果一二等奖各1次、广东省中小学教育创新成果二等奖2次、中山市第八届、十一届教育科研成果一等奖。

研修共进　示范辐射
——楼卫琴名师工作室特色教研慎思

○ 楼卫琴　陈建春　许长荣

在所有课程资源中,教师是起着主导性和决定性作用的因素。教师不仅决定着课程资源的开发、鉴别、积累、运用,而且教师自身就是课程实施首要的条件性资源,教师的素质状况决定了课程资源的识别范围、开发与利用程度以及发挥效益的水平。从这个意义上讲,教师是最为重要的课程资源。

——《普通高中历史课程标准(2017年版)》

中山,是孙中山先生的故乡,是一个具有开风气之先文化底蕴的城市,基础教育质量位于广东省的前列。楼卫琴名师工作室只是中山市的名师工作室,之所以被《中学历史教学参考》评为"年度最佳合作团体",想来是因十年来我们秉承着"批判性思维是决定历史教学质量的关键"的理念,坚持做中学历史批判性思维的特色教研。我们的团队始终致力于在中学历史教学与教研中融合式培育师生的批判性思维精神和技能。目前正在推进广东省教育科研重点课题"批判性思维视域下历史学科核心素养培育的教学实践"的研究。

诚如《普通高中历史课程标准(2017年版)》所指出:教师是最为重要的课程资源。若要将中学历史批判性思维教学的思想付诸实践,前提是需要建设一支优秀教师团队共同参与实践探索。教师素质是教学质量的根本,没有研究支撑的教学就像是无源之水,而教师的专业素养可以通过团队驱动得到有效提升,这就是教研的基本意义所在。

十年前开始,研究生群体加入中学教师队伍趋势的增强,成为珠三角中学历史教师学历结构的基本特点,为了探索打造研究生教师群体与老教师专业共进的平台,推动教师团队建设,充分发挥骨干教师群体、高学历教师群体的力量,更新历史教师观念,创新教研方式和内涵,我们做了一些探索。具体来说,主要有以下四个方面的特色:

第一,依托资源与技术建构"1+5+N"的特色教研团队。学科教研服务的对象是学科课程,也包括了课程的实施者(教师)和实施对象(学生)。如何充分调动资源与技术做好由点至面的服务,我们依据课程的逻辑规划了从线下教研现场至线上移动教研的层级式发展平台。"1"有两层含义:1个价值追求,1支核心力量;"5"是指以楼卫琴名师工作室学员为依托的五大群组架构;"N"是指中山市乃至更多线上参与移动教研平台学习的历史教师。

特别值得一提的是,其中的"5"下设学术研修、课程研发、课堂观察、命题研究、移动运营五大群组,采用群组与群组之间交叉合作、聚焦发展的运作模式。依据课程的逻辑建构,课程实施者的素质、课程资源的开发、课程的实施效果与质量检测是一套系统,学科的常规教研注入课程的逻辑就会产生连锁效应,又通过移动运营的APP平台将其扩散,才能起到"研修共进,示范辐射"的作用。如今,工作室的这个移动教研平台就像一簇火苗,点燃了中山历史教师探索批判性思维融合式教学的热情,在越来越多的课堂上出现了批判性思维培养的教学探索。

第二,借助新生代教师群体特点实现教师与学术的"对话"。所谓"新生代教师群体",指的是近十年入职中学教育的研究生教师群体。随着中学历史教育的发展,高中课程改革的推进,学术研究已经成为一线历史教师不得不关注的领域,尤其是我们所主张的批判性思维教学是植根于学术研究的。然而,在离开大学校园以后,教师要想实现与学术的"对话"并非一件容易的事情。为了探索、打造研究生教师群体与老教师专业共进的平台,我们创办了以研究生教师群体为主的学术沙龙。沙龙自2014年正式举办以来经历了三个阶段:学术专著整本书阅读—学术问题主题阅读—以话题为中心的跨学科阅读。迄今共举办了18期。

沙龙秉承着"开放、争鸣、共进"的理念,致力于提升教师的批判性思维精神与技能,立足于服务广大教师的教育教学活动。关于沙龙选书的理由,我们所选择的第一批学术专著是国内唯一一套"新中国学案"丛书,目前已由河南大学出版社出版八本。这套学案和传统的学案在"辨章学术、考镜源流"的基本精神上是一致的,其特点主要是专题学术史,或为问题学术史,侧重以问题为中心,对以往的学术研究给予分析和评论。读者在每一本学案著作中,既能看到某一学术论题研究的来龙去脉、发展线索、内在逻辑,又能看到作者对这些学术争论的现代评论,获得学术思想的启迪。然而,作为课程开发者的教师,在教学资源拓展的方向、学术观点的取舍、考点解读的拿捏等方面多有困扰,尤其是近几年全国卷、各省高考历史卷对问题学术史内容多有涉及。从学科专业素养提升的角度而言,中学历史教师是应该阅读这类书籍的。

沙龙采取自愿报名的方式,每期由"五人同读一本书",团队主讲,参与者互动。每一本书的主讲人均为来自不同学校的历史教师,每一次沙龙活动主讲人代表本校历史教师团队,在一个学术问题上争鸣,教师与学术对话,也是与同伴对话,是交流也是一种竞争。学术沙龙离不开学术专家的指导,活动得到任鹏杰、黄牧航、魏恤民等老师的鼎力支持,也成功地跨学科与语文、物理老师团队进行了通力合作（与广东省深圳市语文胡兴桥名师工作室跨学科共读《文化的江山》一书；与广东省中山市物理何晋中特级教师工作室跨学科共读《理论思维与工程思维》一书）。几年来这个项目因主题鲜明，选书独到，关注学术研究热点，与批判性思维、核心素养、全国卷高考等密切联系，充分体现特色教研的魅力，深受中山市一线历史教师的欢迎。教师团队的打造需要内心真正的认同而非简单的结对帮扶，通过学术沙龙平台既让研究生教师群体展示发挥自身的学术特长，也让老教师在同台竞技中发现自己所短、修正自我专业素养的认识，形成教师专业成长的良性发展氛围，增强了中青年教师相互间的认同感，是中山市历史教师进行学术探讨、提高专业素养的特色教研项目。

第三，实践将批判性思维引入课堂观察的课堂改进项目。批判性思维是决定历史教学质量的关键，但历史课堂的质量如何，不能单独用批判性思维的几个评估维度来测量，而应该考量它是否、如何融注了历史学科核心素养的培养。那么，用何种方式来评判呢？一般来说，我们会采用听评课的方式，通过课后及时评价来改进课堂教学，或者通过对授课对象的纸笔测试成绩来完成对教师教学效果的阶段性评价。对于听评课教研，我们选择了创新崔允漷先生提出的专业化的听评课——课堂观察，研究重心放在利用观察结果促进课堂教学质量的提升以及教师教研论文的写作，观察量表的开发与完善成为显性的工具。观察量表是课堂观察的关键，它的水平决定着课堂观察的技术水平，也决定着教师的专业水平。

在实践中，工作室围绕批判性思维这个关键词，开发了一些具有历史学科特色的观察量表。例如"基于批判性思维的历史教学关键环节观察量表"，这个量表包含了课程资源类型、问题类型、参与度、批判性思维的渗透等四个维度。借助楼卫琴名师工作室的平台，组建了课堂观察合作共同体，利用中山纪念中学、中山市一中、中山市华侨中学、中山市实验中学四大基地，开展了十多次跨级、跨校观察活动。课堂观察项目不仅推进了历史学科批判性思维特色课例的探索与开发，也改进了教师的课堂，催生了一批相关科研成果。课堂观察组长陈建春主持了中山市教育科研 2014 年度青年课题"基于课堂观察改进高中历史教学的行动研究"，该课题已于 2017 年 6 月结题，并获得中山市第十届教育科研成果奖。楼卫琴的《将批判性思维引入历史课堂观察——以观察陈昂老师的"商鞅变法强国之道的再省思"一课为例》、陈建春的《引入批判性思维优化问题设计——基于课堂观察的分析》《基于课堂观察改进高中历史教学行为的案例分析——以"师生互动"为视角》等系列文章均在《中学历史教学参考》发表。

第四，创新入职三年新教师"三个一"培养方案。楼卫琴名师工作室与中山市教师进修学院联合，于 2013 年开始提出"三个一"培养方案。针对中老年教师的职业倦怠、新入职教师的职业迷茫问题，反思近几年的教师培训，针对性"解决问题"，致力于协调教师群体结构上的差异，整合现有的教师资源优势，达致催生群体专业发展的动力提升。鉴于新教师学历较高,学科骨干特色教研优势,"三个一"方案通过新教师代表与学科骨干"同课异构",所有新教师与学科骨干"同讲一题",所有新教师与学科骨干"同说一堂课"的形式,来落实促进新教师较快成长和教师群体共同发展的目标。多年来市进修学院焉南老师还在实践这项方案,并不断将楼卫琴名师工作室五大群组的成果融入培训课程设计,尤其将课堂观察和地方课程研发的新成果注入"三个一"。这些课程的开发,既有利于中学历史批判性思维教学技能在新教师群体中的推进,又能够提升教师群体的职业热情和个人价值。实践证明,这批学科骨干职业热情提升,新教师成长迅速,在中山市历史学科教师水平展示的各种竞技平台上均取得了显著的业绩。

诚然,学校的支持和专家的帮扶,是工作室特色教研开展的强大后盾,教师团队的建设,更有赖于本土化团队的内生动力。一批优秀中青年教师在相互砥砺中迅速成长,为中学历史批判性思维教学提供了优秀的师资,也促进了中山市历史学科教育教学质量的提升。楼卫琴名师工作室的特色教研不仅传播了批判性思维教学思想,也推动教师在学科课堂教学示范、课程资源开发、课堂教学评价、中高考命题研究等领域不断进行区域探索,形成了一批具有批判性思维特色的、有一定影响力的代表性课例、课题和论文、论著。当前,学科核心素养是热议的话题,怎样把五大学科核心素养真正落实,尤其是学业水平分层教学怎样开展,是我们聚焦关注的。发表在《中学历史教学参考》2018第3期的《批判性思维与历史学科核心素养的关系》一文,代表了我们这个团队今后努力的新方向:努力探索批判性思维视域下历史学科核心素养的培育,为提升中学历史教育质量尽一份心力。

(本文选自《中学历史教学参考》2019年第2期)

「读史，辨别经典的风格，领会经典的精神，便达升至一种新的阅读境界；教史，汲取经典的养料，迁移经典的方法，助益教师育人能力和水平的提升。两种进步，实则最终获益的是学生。」

罗明 罗明，上海市市北中学历史教师、历史教研组组长，特级教师，正高级教师。上海市静安区高中历史学科带头人、静安区教育拔尖人才项目培养人，第五期上海市高中历史学科德育实训基地副主持人，上海市教育委员会教学研究室专家库专家，上海市历史学会理事。曾获"上海市园丁奖""静安区园丁奖"等。在长期教育教学实践中，形成了"教与研互通，史与人相联"的教研特色，近10年来，累计发表《"双新"背景下中学历史教学面面观》《基于必备知识的深度教学》等论文33篇；主持或参与华东师大教育集团、上海市历史教育教学研究基地、上海市高中历史学科德育实训基地"高中历史怎样教""核心素养：中学历史学科育人机制研究"等课题及项目6项，主编或参编《中外历史一百讲》《中外历史专题一百讲》等6部书籍。

建设通史课程　提升研训层级

○罗　明　俞颖杰

上海市高中历史学科德育实训基地（以下称"基地"）由上海市历史学会副会长周靖老师领衔主持。基地自2008年成立以来，秉持"夯实学科育人基础，提高德育实训效能"的宗旨，着力构建具有学科特色的基地培养机制、转化机制和辐射机制。2018年5月实训基地第四期正式开班，在汲取前三期成功经验的基础上，为了在培养机制方面实现突破与创新，周靖老师给每位新学员进行了个性化诊断，分析其专业素养、教学特点和科研水平，并在此过程中发现了学员存在的共性问题——受教学惯性、教育应试化以及专业固化的影响，学员对"课程"的内涵及要素缺乏理论性认识，以至建构课程的内驱力、开发课程的创新力和落实课程的执行力明显不足。如何把握深化课改的契机以补足短板？周靖老师未雨绸缪，确定立足学科建设通史课程的路径，以期打破阻碍学员专业发展的束缚，实现基地研训层级的提升。

一、认识课改理念，树立课程观念

《普通高中历史课程标准（2017年版）》（以下简称《课程标准》）颁行已两年，如何让文本转化为认知，使标准转化为自觉？

首先，要了解历史学与中学历史课程之间的关联，了解中学历史课程的课程性质与基本理念。学员通过自主研修，聚焦学科核心素养，将学理解读与实践反思相结合，开设市级研究课"辽宋夏金元的经济与社会"和"北洋军阀统治时期的政治、经济与文化"。他们精心设计的内容主旨和教学目标，灵活规划的教学环节和教学手段，加深了其对中学历史课程"培养和提高学生的历史学科核心素养"目标的理解。由此，学员认识到深化课程改革的重要性，也提升了积极参与课程改革的自觉性。

其次，要了解课程结构的设计依据，认识更新课程结构的必要性。《课程标准》述及：高中历史课程要考虑与大学相关专业的衔接，依据学生发展的多元需求、课程内容的选择原则等,既要为学生的终身发展打好共同基础,又要有助于学生的个性发展;课程类型及其布局要有利于学生历史学科核心素养的不断提升,体现高中历史课程的育人价值;课程内容要体现历史学科的发展,吸收历史研究的成果,精选基本的、重要的、典型的史事,为学生提供认识历史的多元角度,引导学生探究历史;注重新问题的解决,使课程结构能顺应国际历史教育改革与发展的趋势。基于对《课程标准》的研读,基地组织学员观摩各级各类展示课,培养学员的课程意识,并逐步内化为统驭课堂教学的课程观念。

再次,要了解统编版高中历史教科书《中外历史纲要》(以下简称"《纲要》")的编撰理念和设计思路。作为深化课程改革和完善课程体系的重要步骤,《纲要》于2019年在部分省市启用。新教科书的启用,带来了构建新课程的新契机。《纲要》采取通史方式叙述历史演变的基本脉络,突出重大历史事件、关键历史人物和重要历史现象,从宏观层面呈现了从分散到整体、从低级到高级的历史发展趋势。比如,关注不同地域的文明形态,编入了之前教科书较少涉及的南美、非洲、西亚等地区的历史,以利于学生树立"世界史""全球史"的理念。《纲要》的一些章节新增不少史事,补充了大量史料,有选择地引入学术前沿成果、增加信息密度。比如,在中国古代史部分,编入了相对完整的经济史与文化史,以利于学生深入了解中国古代社会的全息图像,厘清历史各要素之间的逻辑关联。虽然《纲要》存在多而全的问题,其施教亦面临诸多困难(有些是教学制度设置不合理所致),但应看到《纲要》吸收了课程改革的经验,一定程度上克服了以往教科书内容罅漏的弊端,这是《纲要》的亮点。那么,如何逻辑衔接现行沪版教科书的教学资源与基于《纲要》的教学探索?如何克服因"纲""要"的特性而有可能出现的浅尝辄止、术语堆砌,甚至以论代史的现象,将其智慧转化为教学的张力?如何自然适切落实核心素养的培育而非为教学内容张贴一一对应的素养标签?这就需要更高层次的专业研学,更高水平的课程研训,以促进学员专业知识的更新和专业素养的发展。可见,构建基地课程体系是推进学员专业化发展的需要。

二、贯通大中学校,构建课程体系

经过前三期的实训,基地已成为沟通大学与中学学科育人的纽带,基地实训突破了大学与中学学科育人的藩篱,通过纵向的贯通与合作,将大学学科育人的学术理念和学术资源传递至中学,这是基地独具的研训特色与亮点。2019年的基地研训活动力求将这一特色推陈出新,亮点发扬光大。

1. 开设专题讲座,丰富课程资源

2019年,基地依托大学资源,邀请6位上海知名的学科专家开设专题讲座以更新、完善、提升学员的专业素养。依次是:上海师范大学宋史专家虞云国教授的《中学的宋史课程与宋史研究的新视野》;华东师范大学明清史专家陈江教授的《中学的明清史课程与明

清史研究的新视野》;华东师范大学中国海外交通史专家黄纯艳教授的《宋代海上贸易的新变与局限——兼谈上海市中学历史教材关于丝绸之路的叙述》;复旦大学隋唐史专家仇鹿鸣副教授的《中学的隋唐史课程与隋唐史研究的新视野》;复旦大学中世纪史专家夏洞奇副教授的《中学的中世纪史课程与中世纪研究的新视野》;上海师范大学美国史专家蔡萌副教授的《中学的美国史课程与美国史研究的新视野》。

虞云国教授在介绍"唐宋变革论是否应该翻过这页""南宋史研究的重大进展""王安石变法的研究新动向""研究材料的多元化""负面君相的新翻案"等学术动态的基础上,针对近年的宋史热谈了三点认知方法:要从大宋史观入手、要辩证全面地看待宋朝历史、要基于时段和对象评价宋史。虞教授站位育人高度,鼓励基地学员要教好学生、讲好历史,充分用好教育的言说权;在教学中,应立足质疑、开放、多元的视角,在史料实证中解释历史问题,把握好教师主导性和学生主体性关系的"度",传递正确的历史观与价值观。

陈江教授阐述要站位价值追求与终极归宿的高度以指引历史教学与研究的基本原则,基于教材内容与思想内核的分析以明晰历史教学与研究的基本要求,厘清民间热点和史学新知的关系以强调历史教学与研究的基本方向。陈教授就明清史的教学与研究提出了三个关注点:关注新的研究动向与成果,关注新的理论架构与方法,关注新开拓新发现的史料。

黄纯艳教授结合自身的学术专长与史学领域最新的研究动态,指出现行沪版教科书关于丝绸之路的基本特点、历史变迁、贸易结构、市场关系等方面的叙述比较到位。同时亦言及应更准确解读和把握相关史事,如怎样理解政治因素对西北陆上丝绸之路发展的影响,汉代张骞出使西域是否可称"开通"丝绸之路等,都需要结合时代、政局才能精准解读。黄教授还就宋代海上贸易对国家财政的影响、宋代指南针"普遍使用"、市舶港口设立"番坊""番市"、海上丝绸之路"以中国泉州为起点"等的教科书表述提出商榷意见。

仇鹿鸣副教授分析了中国古代中枢机构的发展趋势:由内朝非制度性的机构侵夺外朝制度性的权力,到内朝制度化而外朝化;而内朝的制度化、外朝化,逐渐又会与皇权产生疏离,甚至于威胁皇权,以致皇权寻找新的"内朝"。基于此,仇副教授比较了大学与中学历史教学的不同,进而指出中学历史教科书对制度的编选较为简要,过于强调史事与史论,而对于制度的描述往往是静态的,削弱了对制度内涵及影响的理解与解释,对于制度源流及变化的探究略显不足。

夏洞奇副教授就中学历史教科书中的欧洲中世纪史存在逻辑断层、跳跃性大的缺陷,梳理了3世纪罗马帝国危机、罗马帝国的东西部、476年西罗马帝国皇帝被废、基督教的诞生以及中世纪教会的评价等问题。他认为教科书具有滞后性,而历史研究新成果的不断涌现,迫使教师要转变"教教材"的传统观念,思考如何"用教材教"的问题。他指出,教科书不是唯一的课程资源与教学资源,教师要转变思维定式,更新知识体系,及时了解学术动态,以多元视角观察历史的复杂性与多面相,这样才能保证中学历史课程的科学性与时代性。

蔡萌副教授基于客观、全面、合理解释美国史的视角,从美国独立战争的性质切入,归纳学界关于独立战争性质的新视角——大英帝国内部的一场政治分离运动。她认为,中学历史课程多倾向于从经济和政治的角度解释美国的外交政策,而忽略了从文化层面诠释其原因。关于罗斯福新政,蔡副教授介绍了学界研究的新视角,即从社会思想层面——"自由与平等的博弈"解释罗斯福新政。

前沿性与系列化的专题讲座为基地引入了高品质的课程资源,为学员提供了宏阔的学术视野和博通的素养支撑,更为实训打下了厚重的科研底色。

2. 遵循史学特征,提升课程品质

上述系列专题学术讲座有其共同点:一是"求通",不仅是历史的贯通,更是大学与中学课程资源、教学与教研的贯通;二是"求实",聚焦中学历史,从教科书分析切入,拓展教师的学术视野,提升课程的学术品质。这一研训模式的意义在于:它强化了学员的课程开发力与执行力,学员普遍意识到遵循史学特征是提升课程品质的重要原则,其基本共识如下:

其一,突破难点。现行沪版教科书限于表述或教师的理解,一些历史概念亟待疏通其学理。比如,北宋官职差遣制度的解释比较抽象,如何精准理解这一概念是教学的难点。虞云国教授指出,所谓"官"是官员的等级差别,直接与俸禄挂钩;所谓"职"是荣誉称号,授予职的官员即以后高层官员的后备;所谓"差遣"是实际担当的职务和履行的职责。

其二,廓清误区。现行沪版教科书世界古代史部分吸收学术成果相对滞后,导致一些史实和史论出现表述错误。比如,教科书表述罗马帝国分裂成以君士坦丁堡为都城的"东罗马帝国"和以罗马为都城的"西罗马帝国"。而夏洞奇副教授指出,当时罗马帝国的东部和西部只是在治理层面的相对分离,在法律上"帝国"本身还是一个整体,更恰当的说法应该是"罗马帝国东部"和"罗马帝国西部"。

其三,拓宽视野。现行沪版教科书囿于篇幅,往往聚焦于历史的点或是历史的段落,因而出现史事或史实的断章。比如,就科举制的影响这一问题,仇鹿鸣副教授指出,科举制并非唐代初期主要的选官制度,从唐代科举考试内容及录取生员的身份来看,唐代科举制更多表现为士族阶层"圈内的竞争",不应过高评价唐代科举制对促进阶层流动的影响。宋代至明清,由于理学的兴起和科举的标准化,科举制逐渐产生了较为广泛的社会影响,对社会流动性的促进作用更大更深。

其四,补充知识。构建新型课程体系需要教师具备丰厚的专业素养,掌握更多的专业知识。基地聘请的专家与学者，从各自的专业领域出发，衔接新旧教科书，打通大学与中学的资源壁垒。比如，关于宋代海上丝绸之路的属性，黄纯艳教授认为，宋代市舶贸易的基本理念仍然是华夷观念；市舶贸易既是商业贸易，也是宋代对外关系的手段，用经济手段来处理对外关系是宋代的特点。

基地的通史课程建设一方面促进了大学与中学课程资源的一体化，充实了学员的知识储备，提高了学员的学术修养，推动了学员开发新课程的实践与创新；另一方面学员课程开发能力的提升，也有助于学员的专业化发展。

2019年是基地通史课程建设的开端年，以通史系列课程建设带动基地研训层级的探索仍在进行中。而2019年基地构建的通史课程所带来的各种新观点、新史料、新动态、新视野，对学员的专业思维、教学思维产生了强烈的冲击，冲击过后的反思以及在反思中学习新知，促进了学员螺旋上升的发展态势。在此过程中，周靖老师还建议学员阅读名家学者推荐的经典著作和学术论文，结合自身的研究兴趣，致力课题的研究与各级课程的开发，向着研究型教师、学者型教师的发展方向大步迈进。

（本文选自《中学历史教学参考》2020年第1期）

「情知互动，见微知著，建构"思辨的课堂""情感的课堂"和"生活化的课堂"，践行有生命的历史教育。」

周梅 南宁市教育科学研究所副所长，中学历史教研员，正高级教师。曾获首届全国新课程中学优质课评选优秀课例一等奖、自治区基础教育教学成果一等奖，先后荣获广西特级教师、全国优秀历史教研工作者等荣誉称号。担任广西壮族自治区普通高中课程改革选课走班专家委员会副主任委员，南宁师范大学、广西民族大学专业硕士研究生导师，广西教育研究院初中历史中心组成员，国家统编教材初中历史培训专家。

挖掘教研活动价值　寻找教研发展力量

○周　梅　夏辉辉

以教研工作促进基础教育教学的发展，是我国基础教育的优良传统。由于历史与现实的原因，广西基础教育比较薄弱，中学历史教研工作又尤显薄弱，具体表现为教研力量尚不充足、教研活跃度有待提升、教研深度有待挖掘、名师队伍建设有待加强等。在过去的三年里，广西历史教研工作围绕服务教师专业成长、指导教师改进教学方式、提高教师教书育人能力等目标，开展了一系列有针对性的教研活动，使教研工作焕发了新的生机。

一、示范的力量：中学历史名师课堂活动的开展

从全国范围来看，中学历史是一个名师辈出、薪火赓续的学科，每个时代都会产生大师级的中学历史教师，他们不仅在学术上，也在人格上影响着一代又一代的中学历史教师。由于广西教研经费紧张，同时也由于广西直到2012年才实施高中课程改革，许多中学历史教师缺乏参加全国性历史教学研讨会的机会，错过了与全国名师的交流，也对当前中学历史具有引领价值的教学风格、教学思想了解甚少。除此之外，广西以往全区性的历史教学教研交流也非常稀少，没有形成区内名师交流机制。为此，近三年来，我们举办了三次历史名师课堂活动，区外先后邀请了上海著名特级教师李惠军、上海优秀青年教师彭禹、央视"2015最美教师"四川成都叶德元、首届广东省中小学青年教师教学能力大赛初中组总冠军苏科、江苏扬州王雄名师工作室团队、广东东莞毛经文名师工作室团队，他们与区内名师一起共同上课展示并交流，成为广西历史教研活动的盛宴，吸引了大批教师踊跃参加。名师课堂活动在教师人格、史学阅读与历史教学思想构建、教研活动形式等方面起到了多角度、多层次的示范作用。

名师的人格示范。2017年，上海著名特级教师李惠军老师以"太平天国运动"为题，从"其兴也悖焉""其亡也忽焉"由浅入深地分析了太平天国运动在广西爆发的原因、发展壮大的过程及其悲情落幕，提出了历史的反思。李老师以他深厚的历史教育情怀、深

邃的历史教学思想、极具感染力的教学语言,给现场学生和与会教师以极大震撼。会后,许多老师在反思:顶着一头花白头发的李老师为何对历史课堂如此热爱?声音略为沙哑的他为何语言如此精彩?他为何对太平天国运动的历史有如此独特的理解?李老师的课引发历史教师思考历史教育的价值、历史教师的职业人生——名师在课堂所展示出来的人格魅力弥漫在课堂,经久不散。

史学阅读与教学思想构建的示范。名师课堂的设计思路总是让人有一种"意料之外、情理之中"的惊喜与沉思。在几次的名师展示活动中,无论是名师本人还是名师团队成员,都在课堂教学中展示了深厚的史学阅读背景与透视历史的教学思想构建。例如南宁三中李杰老师以"体国经野之道——中国地方治理的千年叩问"为题,从刘邦实行郡国并行制入手,进而探究唐宋元等朝中央与地方关系的处理,引导学生从历史地理学角度思考中国古代的治国方略。又如江苏省扬州中学王雄名师团队的张娟娟和孙春勇两位老师以"爬满蝎子的耀眼金杯——第二次世界大战给人类的启示"一课为例,引导学生探讨如何看待战争、如何看待人性、如何看待人性中的恶、如何发现人性中的善等,使惯常的战争史教学回到"人"的本身,从人性的角度探讨战争爆发的原因、防止战争的因素。再如柳州高中周健名师团队的黄一聪老师以泰坦尼克号"巨轮舱位的隐喻"引入,结合翔实的图文材料分析第一次世界大战的起源。名师课堂让听课老师大呼"原来历史课还可以这样上",从而引发了老师加深阅读、开拓设计思路的教学探索,近两年来区内相关课题研究增多便是很好的例证。

教研活动形式的示范。几年来,我们在名师课堂活动的形式上也不断创新,并起到了示范与辐射作用。2019年柳州名师课堂活动,我们采取"名师引领—团队合作—片段教学"相结合的方式,围绕教材但又不拘泥于教材,由两位老师分别上20分钟片段课的形式向大家展示,评课阶段则由领衔名师解读设计意图。这种方式既发挥了集体力量,又凸显了名师价值,还能促进青年教师的成长。尤其是两位老师同备一节课,可发现自己的教学专长与不足,能够互相学习、取长补短,极大地缩短成长的路径。活动受到与会专家、老师的好评,后来江苏扬州王雄名师工作室的全国活动、广西贺州市的历史教研活动都效仿了这一活动形式。

二、贴近的力量:特级教师工作室活动的开展

古希腊神话中有这样一个故事:地神的儿子安泰和敌人格斗时,只有脚不离地,源源不断地从母亲那里汲取能量,才有可能取得胜利。在各种教研活动中,特级教师工作室开展的活动因其贴近教师的教育教学生活,其作用与价值得到了越来越明显的体现。广西设立了一批特级教师工作室,他们在广袤的南疆大地上发挥着重要的作用。其中南宁市历史教研员周梅老师主持的特级教师工作室就是很突出的一个团队,工作室的运作贴近教育扶贫落脚点、贴近教育改革关键点、贴近教师成长需求点,为最大限度地发挥特级

教师在本地区的引领作用,推动落后地区教师均衡发展,推动教育质量的普遍提升做了有益的探索。

贴近教育扶贫落脚点。 与发达地区特级教师工作室的定位与方向不同,广西作为我国少数民族人口最多的边疆民族地区,教育欠发达是不容忽视的现实。广西首府南宁市下辖隆安、马山、上林三个国家级贫困县,教育水平远远落后于南宁市区,因此特级教师工作室承担了大量的教育扶贫任务。为此,周梅特级教师工作室一是积极配合市教育局组织的"东盟高端教学人才巡讲活动""特级教师工作室送教下乡活动"等常规活动开展教育扶贫;二是根据各县区、乡镇学校的需求开展订单式的送教下乡活动。三年来,周梅老师和她的团队足迹踏遍三个国家级贫困县和不少的乡镇学校,为贫困县和乡镇学校的老师做了《基于中考试题的初中历史课程目标达成的教学策略》《命题与教师专业成长》《学生发展核心素养视域下的初中历史课堂教学》等一系列专题讲座,指导教师结合教学难点开展课题研究,带领工作室成员到学校上示范课,开展同课异构活动,引导乡镇学校教师学会观课、评课。这一系列活动的开展,旨在努力推动贫困地区教育教学水平的提升,推动教育均衡发展,受到了一线老师的广泛好评。

贴近教育改革关键点。 教育部近期出台了《关于加强初中学业水平考试命题工作的意见》,明确指出要"充分发挥考试对推动教育教学改革、提高学生综合素质、促进学生全面健康成长的重要导向作用",中考命题改革已成为教育改革的一个关键点。周梅特级教师工作室成立三年来,始终关注中考命题对课堂教学的导向作用,以中考命题研究带动教师专业成长,带动课堂教学的转变。三年来,工作室主持人周梅老师一直负责广西北部湾经济区初中学业水平考试的历史学科考试说明的编制和命题工作,力图在命题工作中落实课标要求,有效达成能力与素养的考查,引导初中历史课堂教学的改革。结合工作的实际,周梅老师申报了"四市同城中考评价视阈下初中历史教师教学素养提升的课例研究"课题并获得广西教育科学"十三五"规划课题立项,带领工作室成员分析了三年来广西北部湾经济区初中历史学业水平考试试题,厘清试题的特点及能力要求,同时加强命题培训工作,并开展系列的课例研究。

通过三年的实验研究,南宁市初中历史课堂教学中片面强调知识记忆的现象有了很大的改变,老师积极探索基于情境、问题导向、深度思维、高度参与的教学模式,引导学生自主、合作、探究学习,这是中考命题改革研究引导的成果,也是教师专业成长的体现。更为难能可贵的是,在广西北部湾经济区教育同城化的过程中,工作室也将研究的成果辐射到北部湾经济区其他城市,工作室成员多次到各地开展命题培训和教学交流活动,带动了其他地市的教育教学质量的提升。工作室主持人周梅老师在人民教育出版社和北京市朝阳区教育委员会联合举办的"统编三科教材教学研讨会暨'全国知名特级教师学术研讨基地'2019年学术年会"上分享了她的研究成果。

贴近教师成长需求点。周梅特级教师工作室在成立之初就确定了"让青年教师成长为骨干,让骨干教师成长为名师,让名师成长为特级教师"的建设方向。工作室根据每位成员不同的专业层次和发展需求量身定制个人的三年发展计划和学年度工作计划,着手组织学习型教师团队的培育,通过读书学习、课例研讨等方式提升专业素养和教育智慧。团队建立了有效的交流机制,定期开展课例研讨活动。在工作室的带领下,青年教师通过学习和交流,对新课程标准、新课改理念、统编教科书都有了新的认识,能客观地审视自己的教学行为,反思统编教科书使用过程中出现的问题,积极寻求解决问题的有效策略和突破口,使教学效果在新的教育理念的指导下,提高到一个新的水平。工作室成立三年来,培育的青年教师不断成长。叶茵老师在全区初中历史优质课展示活动中荣获一等奖,谭亚娟老师在广西"名师课堂"上与全国各地的名师同台交流,韦尹老师代表广西参加2019年全国统编版历史教学图册研讨会;一批青年教师成长为学校、县区的教研中坚力量,作为"国培""区培"专家活跃在全区各地的初中历史教师培训会;周梅特级教师工作室微信公众号定期地推送教研信息与教研案例供一线初中历史教师学习借鉴。工作室的点点星光在广西初中历史教学的上空闪耀。

三、持续的力量:依托地方历史文化开展课题研究

日本著名实业家稻盛和夫曾说:持续的力量能将"平凡"变为"非凡"。以课题为载体的教研活动,能够使研究持续开展,从而达到有效促进教师专业发展的目的。从2017年开始,我们组织团队进行了"核心素养背景下'非遗'主题地方特色课程建设研究"课题研究,围绕广西地方非物质文化遗产项目及相关地方历史文化资源,推动教学研究的持续开展。三年来全区先后有15所学校近60名教师、500余名学生参与了课题研究,1200多名学生参加了与研究相关的作品征集活动;课题组研发了"足音"口述历史项目、"非遗"馆校共建项目、"壮游天下"研学项目等子课题,建立了11所口述历史研究基地学校,与多个区市级博物馆建立了联系,研发了三江侗族民俗研学旅行课程。这些研究与当前的项目式学习、深度学习、研学旅行等学习方式结合在一起,对学校历史教育教学的发展产生了持续的影响力。

持续改造历史教育教学生态。在落实立德树人根本任务、适应世界教育改革发展趋势、提升我国教育国际竞争力的背景下,探索学生核心素养落地的路径、方法与策略,显得尤为迫切。核心素养培养目标的提出,要求学校、教师转变教育教学观念,从课程空间、课程结构、课程方式、课程资源等角度认识"课堂是学生的世界"到"世界是学生的课堂"的转变。以家国情怀的培养为例,除了国家课程外,许多学者、专家与教师提出要运用中华优秀传统文化资源,尤其是地方非物质文化遗产资源有效培养学生的家国情怀。广西是一个少数民族地区,多民族共同生活、和谐共处,拥有大量"非遗"资源,它们是培

养青少年文化认同、文化自信的重要课程资源。为此,我们组织师生走出校园,以广西非物质文化遗产传承人为主要研究对象开展地方文化口述史研究,通过确定研究项目、背景研究、寻找受访对象、研制访谈提纲、模拟访谈培训、实地访谈、抄本制作及反思提升等步骤,以项目式学习的方式,带领师生开展研究。希望这一探索能够为家国情怀核心素养的落地找到地方表达、学校表达的课程与文化支撑,能够在课程构建中促进人与文化的双重发展,探索文化传承教育的心理结构,培养学生的民族文化认同感和社会责任感。

三年来,参与课题研究的老师与学生获得了历史教学与历史学习的新体验。我们组织了两次口述历史教师工作坊活动和多次线上研讨,帮助教师了解口述历史的研究方法与策略,提升教师对学习本质的认识;课题组成员开发了12个口述历史案例与方法培训微课并上线发布,使得项目有了课程依托。课题组与甘肃、云南、贵州等省进行口述史项目研究的教师团队建立了横向联系,实现跨区域教研;课题组引进专家,引导师生通过戏剧的方式表达人生故事等。

持续增进师生的历史文化理解。一般完成一个口述史项目的研究需要一年半的时间。在这个过程中,通过访谈历史的亲历者,获得历史研究的一手资料,历史教师带领学生实践了一个较为完整的治史过程,而不仅仅是从书籍中获得二手史料,更有助于师生深刻地理解历史研究的过程与方法——口述历史让学生以深度的、个人的方式与历史发生联系,促进他们理解社会并诠释自己的经历,激发他们的学习兴趣并锻炼多方面的能力。

以非物质文化遗产为代表的地方文化,反映了人类创造力和独特环境的结合,是对人类文明的宝贵贡献。虽然关于本土文化的书面文献匮乏,但是口传心授、世代相传的活形态文化资源异常丰富。因此,口述历史鼓励中学师生走近当地非物质文化遗产,收集有形和无形的文化资源,追踪这些"非遗"的历史、了解它们的制作技艺、采访它们的传承人、认识它们的价值,提升对地方文化的理解,并且能够把自己的日常生活与家乡风俗、民族文化乃至中华文明链接起来,寻得作为中国人的根与魂,在自己面向世界、面向未来、面向现代化的成长过程涂上一层层家国情怀的底色。

我们组织了2019年广西中学生中华优秀传统文化记录征集活动,共收到初中作品775件,高中作品339件,其中桂林中学金雨枫同学在"我的家风故事"历史写作活动中以《孔雀东南飞》一文,记录了外婆坎坷的前半生,入选北京电视台的拍摄计划《中国梦——365个故事》。在永源公益基金会"开启生命证言"活动中,广西有244个学生作品获奖,60位老师获优秀指导教师奖,8所学校获优秀学校组织奖。

以上只是广西中学历史教研活动的一些点滴记录,还有更多的教研活动渗透在教师的教育生活中。这些年来,我们在努力提升教研工作的智慧,创新教研活动的形式,挖掘日常教研活动的价值,寻找支撑教研活动的精神动力、物质支撑与方向指引,促进少数民族地区历史教育的发展。

(本文选自《中学历史教学参考》2020年第1期)

「教师专业素养的提升是一段自身心性修炼的旅程；行路难，大道如青天；相信种子的力量，相信时间的力量，宁静致远，信我所守，无问西东！」

唐云波 深圳市教育科学研究院，中学高级教师。全国中学历史优秀教研工作者。广东省中学历史学科带头人。中国教育学会历史教学专业委员会理事。广东教育学会中学历史教学专业委员会副理事长。华南师范大学兼职硕士研究生导师。《文艺复兴》一课获得全国高中历史课堂现场教学竞赛一等奖。《鸦片战争后的中国社会经济结构》一课被中央电视台教育频道录制为全国新课改示范推广课。曾与赵亚夫先生合著编译《国外历史教育文献选读》一书。近年出版《唯物史观的教学设计与学业评价》《世界现代史 新课标高中历史教学设计》《义务教育阶段历史学科作业设计案例指南》等书。有多篇论文发表于《中学历史教学参考》《历史教学》等期刊，并有论文被人大复印资料转载。同时主持或参与多项中学历史教育教学研究重点课题，其中两项课题分获教育部国家级教育成果二等奖和广东省教育教学成果一等奖。

"行路难,大道如青天"
——深圳市中学历史教研十年探索之旅

○ 唐云波

学科教研工作对提升一个地区学科教育教学质量至关重要,作为改革开放的先行示范区,深圳市历史学科教研工作的定位显得尤为重要。自担任深圳市中学历史学科教研员以来,我一直在思考历史教研的正道是什么,历史教研的中心工作是什么,特区历史教研特在何处。跬步十年,爬梳自身的教研理念当为"一中心三探索"。"一中心"即学科教研始终以学生和教师的终身发展为中心。"三探索"即助学生"自定航向",探索"知识、技能、思维"三位一体的素养达成路径;促教师"循道求技",探索教师"走正道,行远路"的方向与格局;筑师生"生命共同体课堂",探索智能时代的课堂革命。

一、助学生"自定航向",探索"知识、技能、思维"三位一体的素养达成路径

回顾历史教学与评价变革的演进历程,从知识立意到能力立意再到素养立意数十载的转型与蜕变,我们是选择否定式前行,还是螺旋式上升?在我市的教研探索中,我们大胆提出:只有确立"知识、技能、思维"三位一体的培养路径,才可能实现学生素养的最终达成,使学生成为适应新时代需求的"自定航向"的学习者。

1. 探求知识的向度与路径

在修订版的布鲁姆教育目标分类中[1],知识向度(knowledge dimension)包括事实(factual)、概念(conceptual)、程序(procedural)、后设认知(metacognitive)等四类知识。而在我国,伴随着新课标、新教材、新高考的实施与推进,历史知识的认知历程向度(cognitive process dimension)有了更加宽广的定义。

我们在2019年的全市教研会议中提出:在历史发展的深远之处,挖掘历史知识的隐幽所在(如关注韩非学说的现实意义);在历史发展的过渡之处,弥补历史知识的缝合所在(如利用初中统编版教科书补充五代十国的经济情况);在历史发展的延续之中,续补

历史知识的连贯所向(如考察中华人民共和国成立初期中共对民营经济的认识,理解其致力于社会主义建设实践探索);在历史发展的主流之中,揣摩历史知识的哲思所在(如思考中国近代以来主流文化与流行文化的价值契合与功能互动);在历史人文的光辉之处,观照历史知识的情怀所求(如探讨后工业时代社会与人发展的单向度问题)等。鼓励教师寻找历史知识的向度与边界,确立知识认知的路径意识。

2. 强调基本历史技能的掌握与运用

历史学科关键能力的考查可概括为三大类,即获取和解读历史信息的能力、分析历史问题的能力和历史探究能力[2]。学生关键能力的形成需要教师平时扎实地培养学生基本历史技能,我市教研工作将基本技能的训练分为三类:(1)历史的时序性。阅读和制作大事年表;按时间观念排列历史事件;分析历史事件之间的因果关系。(2)历史的研究方法。获取、理解、评价和利用史料;理解不同背景下相互对立的观点与判断;得出有历史依据的判断。如开展学生历史小论文写作等。(3)历史的现实意义。从历史的角度理解今天的世界是如何发展形成的;对现实问题进行明确的决策;与他人的合作与交流。如开展历史小调查等。

随着时代的变迁,人们对历史的理解、解释和评价也会与时俱进。历史课程本身无法涵盖未来可能出现的新事实和新观点,因此我们认为"授人以鱼不如授人以渔",教会学生掌握历史研究的基本技能在某种意义上比教会他们记住史实与结论更重要。

3. 了解学生历史思维的差异与提升策略

科学的历史思维是在历史唯物主义和辩证唯物主义的指导下,以客观的历史现象和历史材料为依据,根据事物所处的具体条件,从历史的角度探寻事物的内在联系,分析历史的规律性,并以发展的眼光进行历史评价的思维活动。

我市在日常的教研指导中,强调教师要关注学生运用历史思维独立解释历史事物的能力,并探索分层评价学生思维品质的途径。例如2019年深圳市高三调研考试历史命题中,以"样式雷"古代建筑烫样与图档为切入点,引导学生深入思考中华优秀传统文化的价值,将历史与现实生活结合起来,通过学生作答时表现出的思维过程、思维层次,考查其运用历史知识解决现实问题的能力差异。为了以更加科学的标尺来区分学生的思维差异,我市亦立足核心素养的水平标准,探索思维分层的评价量规,结合SOLO分层评价理论,预测学生可能表现出的思维层次,并细化为评价参考,从"史料类型""史料价值""特殊性与一般性的统一""语义表达的连贯性"等维度,区分学生思考问题的深度与广度并提出相应的提升方案。

二、促教师"循道求技",探索"走正道,行远路"的方向与格局

指导教师改进教学与教研,促进教师专业成长,是学科教研的重点工作。十年来,我

们一直抓住影响教师发展的几个关键环节开展教研工作:强调以唯物史观为指导,引导教师确立正确的理论导向、思想导向、价值观导向;翻译学习国外有关历史教育方面的文献,拓展教师的格局和视野;坚持十载命题比赛,厚植教师的学术修养和教学素养。

1. 方向和灵魂:坚持马克思唯物主义史观

唯物史观是揭示人类社会历史客观基础及发展规律的科学的历史观和方法论。唯物史观作为历史学科核心素养之一,也是高考考查的重要内容。近两年来,我们组织全市核心力量,主要开展了以下工作[3]:一是学习和整理历史唯物主义的基本理论和方法,并结合具体的教学内容提出相应的教学策略;二是以唯物史观为指导,全面梳理和解读新课标内容标准中的核心问题、关键问题,明晰必修课程内容中历史唯物主义素养的具体要求和教学建议;三是结合近年来的高考试题和深圳市高三模拟调研考试命题,分析如何灵活掌握和运用唯物史观的主要理论和基本方法。

2. 格局和胸怀:坚持中华文化立场,开拓国际比较视野

深圳位于改革开放的前沿阵地,经济发展迅速,吸引了一大批高素质教师来到中学教学。如何发挥这批教师的潜质与特长,使他们既传承中华民族的优秀文化,又具有开放包容的国际化视野,多年来我们主要从以下两个方面开展实践。

一是翻译学习国外有关历史教育方面的文献[4],具体地了解国外历史教学界的同行在做什么、做得怎样,并思考今后我们的历史教学该如何发展的问题。这项工作的意义在于使教师认识到,课程改革以来我们的大胆创新,不仅与国外历史教学的大趋势吻合,更重要的是通过这样的比较,进一步明确我们的改革方向,增强我们有效推进课程改革的认知能力和专业水平。从某种程度上说,也是从一个新的角度延伸我们的课程改革成果。

二是以赛促教,将中英文阅读能力作为教师必备素养。例如2019年举办的全市教师教学技能大赛中,要求教师翻译古汉语及英文两段史料,再从中提炼一个教学主题,撰写教学目标,简述教学设计和学业评价思路。这种比赛思路,鼓励教师不单单从一种语言模式中汲取新的灵感,而是要开阔自己的视野,从自己成长和受教育的体系之中,调动更多的坐标系统,全方位、宽领域地思考历史教育教学问题。

3. 功底与素养:研究命题,迈向教学正道

命题能力是教师的硬核。如何引导教师理解并掌握命题技术并能命制高水平的试题,我市主要从两个方面展开这些工作[5]:一是坚持十年举办全市命题比赛;二是举办命题讲座交流研讨活动,大面积普及命题思维和技术。回顾整个历程,我市命题比赛与讲座具有几个特点:(1)注重普及性,让大多数老师都能够参与。如2010年比赛即全员参与,赛题是提供一个图片素材让教师从三个不同角度命制试题。(2)开创说题比赛形式。如2017年赛题是以全市高三调研考试中的部分试题为例,要求教师在比赛中进行命题技术的分析讲解与再命制研究。(3)重视学科素养落地。如2011年赛题是如何考查实证意识,这比《普通高中历史课程标准(2017年版)》提出"史料实证"素养早了近七年。(4)探索基于不同水平层次的试题命制。如2018年要求利用所选试题的命题素材(资料包),命制一道选择题,考查与原题相同学科素养下的其他水平层次。

命题比赛是一项全能比赛,可以综合反映教师的理论素养和学术功底,激发教师的学习潜能,引导教师走上"爱阅读、勤思考、真研究、善实践"的教学正道。

三、筑师生"生命共同体课堂",探索智能时代的课堂革命

云计算、大数据、区块链,这一系列热词标志着当今社会已经迈入智能时代。中学历史教育如何面对智能时代的挑战?如何改变我们的课堂?如何创新学习和思维方式?我们带着一系列思考,开展了任务驱动型的学习共同体课堂和基于网络学习的生命共同体课堂的实践探索。

1. 任务驱动型的学习共同体课堂

2019年我市历史学科开展了一系列的课堂展示交流活动,期望在交流中探讨:如何将智能时代常见的碎片化知识转换为用适切的学习情景以建构知识体系;如何倾听学生的声音,在课堂中呈现知识建构由简单到复杂的分层需求。在这场课堂革命中,深圳科学高中何冠彬等老师的实践探索非常有意义[6]。

在课堂上,教师将学习目标与任务设计采用可变式的"情境·任务·问题"模型,包括创设情境、激发兴趣—任务驱动、问题解决—独立探究、合作学习—辩论诘问、学习评价—意义生成、价值共建五个步骤。在学习过程中,教师设置不同的情境学习任务,每个任务都分别有探究与仲裁两个小组;学生首先根据不同的学习任务清单进行独立思考,合作学习,形成各自小组的观点;再由探究组选派代表阐释观点,由仲裁组根据四个不同层次的评价量规进行评点与诘问,双方可以在此过程中探讨辩论,最后全体学生对双方观点进行评判并达成共识。任务驱动型的学习共同体课堂,学生在合作中学会了学习,在合作中学会了评价,真正实现了以学习者为中心的课堂。

2. 基于网络学习的生命共同体课堂

自2015年始,我市就开始探索信息化时代的中学历史教学方式转型[7],并组织一批教师积极开展基于网络的智能化教学。这其中以平湖中学历史科组的生命共同体课堂探索为代表。他们将自主合作学习推进到虚拟课堂2.0版,在网络学习空间中,学生线上线下互帮互学,从学习共同体发展到生命共同体。

其课堂构建的基本范式,一是以原有行政班级为依托,在网络平台上创建班课;二是制定目标,约定规则,旨在打造行政班级以外的网络"学习共同体";三是鼓励共同体成员间形成持续的良性互动;四是共同任务的执行。在网络平台上,"学习共同体"不仅仅是

指学习者群体,也是一个系统的学习环境,学生有机会获得来自教师、同伴,甚至校外专家的帮助和支持,最终达成学习目标。

教育最大的特性就是共生性,网络平台的搭建,实际上为教育提供了一种全新的教育文化生态,真正使学习进入 2.0 模式:人人都是老师、人人都是学生,教师从给学生"解答问题"向协助学生"解决问题"的角色转变,学生也有机会通过支持他人的学习而逐步形成自己主体的身份。在学习的过程中,所有人都感受到自豪与荣誉,责任、使命与担当的生命价值。

结语:无问西东,静待花开

深圳历史学科教研矢志不渝地坚持培养"学生人文素养"、提升"教师专业素养"两个出发点,十年坚守,静待花开。

高峡出平湖。2017 年,来自深圳市龙岗区平湖中学的苏科老师,在广东省首届青年教师教学技能大赛上,首先夺得全省初中历史学科大赛第一名,接着与全省 15 个学科大赛(初中组)第一名得主同台竞技,力克群雄,勇夺总冠军,荣获广东省五一劳动奖章,这骄人的成绩正是我市历史学科教研工作历久耕耘的结果。自 2015 年开始起,我们就着力打造一群自喻为"鹰雁团队"的平湖历史人,培养出如陈海滨(《深圳古代史》作者)、苏科等一批优秀的历史教师。一个原本隶属街道的普通中学的历史科组,在不断奋进中,先后争创并成为龙岗区、深圳市、广东省三个层级的优秀示范科组。不难看出,五一劳动奖章花落平湖,正是大力推进科组建设,提升教师专业素养的结果。在深圳,还有一批优秀的青年才俊,李然、周建定、黄鹏成、王果然、周晓楠、秦耕耘等教师在全国性各类教学比赛中荣获一等奖。2017 年,李瑞峰获得广东省首届青年教师教学技能大赛高中历史组一等奖第一名。2019 年,王雪获得广东省第二届青年教师教学技能大赛高中历史组一等奖第一名,唐瑾获得初中组一等奖。笔者获得"全国教研优秀工作者(中学历史)""深圳社会科学普及周优秀工作者",深圳历史教研获批成为教育部基础教育课程中心初中历史学科教研基地示范项目研究单位,教育部中小学(中职)历史国家教材建设重点研究基地研究分中心等。

教研植根于教学,面对教师,最终指向是为了学生。我一直思考,作为人文科目,如何为学生提供参与展示的平台。自 2015 年起,结合"社科知识普及周"活动,举办全市学生历史手绘小报评比、历史征文评比等系列活动。同时积极与深圳市广电集团合作,连续数年举办"社科知识大闯关"(校园赛)活动,该节目一经播出,便在社会上引起极大反响,师生、家长逐步将人文素养的培养与参与社科活动看作一种自觉。2017 年,该活动被评为深圳市"终身学习品牌"。作为深圳这座城市的教研工作者,我欣喜地感受到,年轻的鹏城,正在此过程中积淀与散发出其特有的人文底蕴和精神面貌,我们的教育也拥有了更深层次的意义与价值追求。

偶读李白所咏《行路难》"行路难！行路难！多歧路，今安在"，感慨教研艰难。然回望十年，顿觉教研之路"大道如青天"，唯宁静方能致远。

信我所守，无问西东。

---

[1] 2001年，L·W·Anderson和D·R·Krathwohl等人对布鲁姆教育目标进行了修订，提出了新的分类法，被称为"布鲁姆学习目标分类法2001版"．

[2] 徐奉先.高考历史学科关键能力考查路径研究[J].历史教学(上半月刊)，2019(3).

[3] 本部分研究成果集结于张庆海、唐云波等编著的《唯物史观的教学设计与学业评价》一书中，广东高等教育出版社出版．

[4] 赵亚夫，唐云波.国外历史教育文献选读[M].长春：长春出版社，2012.

[5] 本部分研究为深圳市教育科研"十三五"规划课题"基于历史学科核心素养的命题考试研究"成果之一(课题主持人：唐云波；课题编号：ybzz16097)．

[6] 何冠彬.基于"情境·任务·问题"模式下高三一轮复习：以《影响世界的工业革命为例》[J].中学历史教学，2019(4).

[7] 本部分研究为广东省教育科研"十二五"规划课题"中学历史学科数字化教育改革研究"(课题主持人：唐云波，课题编号：2013zjk085)成果之一．

（本文选自《中学历史教学参考》2020年第1期）

走近名师

「青年教师如何快速成长,成为一名合格甚至优秀的老师,须具备以下四种能力:第一,教育能力;第二,教学能力;第三,教研能力;第四,学习能力。只有强化并具备这四种能力,青年教师才有可能快速站稳讲台,最终成长为一名合格而且优秀的历史老师。」

王必闩 南京市江宁区教学研究室主任,兼任新疆伊犁州特克斯县高级中学执行校长,江苏省教研先进个人,江苏省教育学会考试专业委员会理事,南京市教育学会历史专业委员会副理事长,南京市学科带头人,《中学历史教学参考》特约研究员。在《中国教育报》《中学历史教学参考》《教学与管理》《中学历史教学》《上海教育科研》《教学月刊》《中小学教师培训》《基础教育参考》《教育科学论坛》等全国几十家报刊公开发表教育教学随笔、论文千余篇,主编或参与编写教育教学类书籍数十种,主持或作为核心成员参与市级以上多项课题研究,出版专著《课堂教学无法回避的五个问题——一位教研员笔下的历史课堂教学》(南京出版社2015年12月)。

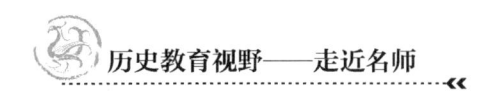

向青草更青处漫溯

○ 王必闩

掐指算来,担任学科教研员一职至今已整整十二个年头。磨课、听课、评课、讲座、命题、考试、阅卷、培训等这些常规工作,似乎驾轻就熟,再平常不过。而每每静下心来,又突然发觉,实际情况没那么简单,因为很多时候忙忙碌碌未必就能带来想要的结果。相反,工作中引发思考与亟待解决的问题却越来越多。这其中,常有一种声音在耳边回荡:什么是教研员?为什么当教研员?凭什么当教研员?怎样当教研员?历史教师究竟需要什么?我又能给他们带来什么?2019年虽已画上句号,但这一年中几个难忘瞬间依然清晰于脑海。

只缘身在此山中

这一年,先后组织区域内学科教研活动20余次,但细细回想,真正让自己满意与印象深刻的,似乎并不多。为什么每一次的教研活动事先都做了相当充分的准备,但最终并没有换来原本应该出现的效果?原因何在?究竟怎样的教研活动才被历史教师接受与认可?有人说,学习能力是所有能力发展的基础,教学能力是每位教师的基本功,教育能力是教师成熟的必修课,教科研能力是教师专业成长的翅膀。是的,教而不研则浅,研而不教则空。教与研只有密切结合,相互促进,才能释放出持久之能量。而教研活动便是连接两者最有效之路径。那么,教研活动是不是越多越好?显然不是。凡事必须适度。于此,思而后行,"做"而论道。

如何确保我们的学科教研活动始终朝着有效性、实效性甚至高效性方向发展?通过一年的教研工作实践,我愈发觉得以下几点不可忽视:

第一,主题要突出。主题既是思路,也是方向。倘若方向错了,一切努力都是徒劳。学科教研活动必须要有鲜明的主题,无主题的活动犹如大海中无目的行驶的轮船。开展教研活动,必须清楚本次活动准备围绕什么主题展开,是为了解决课堂教学中的结构问题,还是方法手段问题;是宏观架构,还是微观观察;是几种课型的模式问题,还是解题技巧的强化与规范等。主题只有明确突出,行动才会有力有效。这是提高教研活动有效性之最基本前提。

第二,目标要明确。身为学科教研员,在每一次活动之前,必须解决好这样几个问题:本次教研活动,我想把与会教师带到哪里去?我怎么带他们到那里去?我为什么要带他们到那里去?我怎么知道他们已经到了那里?看似简单的几个问题,实则非常重要。只有经过认真思考、充分准备,才有可能达到预期的效果。实践证明,目标越具体、明确,行动起来才会越有序、有力。学科教研活动也是如此。倘若你为了听课而听课,为了活动而活动,不问主题,不管目标,其实际效果可想而知。

第三,内容要精选。几乎每个人都有过这样的感觉与经历,在实际工作中,有时比较重要的事情很多,但短期内又难以完成。此时首要的任务就是必须反复权衡,精心比较,分清轻重缓急,区别对待,把最紧迫、最重要的事务摆在突出位置完成。同样,组织教研活动时,必须对其活动内容、过程安排进行精选谋划,比如本次活动我最想给与会教师提供什么,他们最需要什么,主要想解决什么问题,达到什么目的,大概需要多长时间等,这些同样必须牢记于心。教研实践证明,不要指望一次活动解决所有问题。内容并非越多越好,只有恰到好处、有的放矢、经过认真筛选过的内容,才会产生预期的效果。

第四,形式要多样。形式为内容服务,形式影响着效果。而我们常见的教研活动形式为三两名教师"同课异构",三两名专家点评或讲座,最后组织者简单小结便匆匆结束,与会教师基本上是被动听讲、应付参加,无须思考、不用发言。如此暂且不说其实际效果,单就形式而言,基本为一言堂甚或另一种形式的满堂灌,殊不知,教研活动过于古板或单一的形式均不利于内容的有效呈现与目标的最终达成。其实,教研活动的形式可以也必须多样,比如共同围绕某一主题或某节课,开展"同课异构",思考"同"在哪里,"异"在何处。可以分组研讨,倾听不同声音,然后交流分享,而不是一个人或几个人的活动专场。应该全员参与,集思广益。当然还可根据需要,借助网络、QQ群、邮箱、微信、博客等平台开展在线研讨,深度教研等。请谨记:告诉我的,我会忘记;给我看的,我会记住;让我参与的,我会理解。

第五,对象要具体。成语"对牛弹琴"告诉我们:办任何事情,都必须看清对象,因人而异,因事制宜。对象越具体,效果越明显。即便同一学科教研活动,也要分清对象,反复推敲,仔细斟酌。比如本次活动主要是青年教师参加,还是中老年教师参加;是教研组长参加,还是备课组长参加;是基础年段教师参加,还是毕业年段教师参加;是市区学科带头人、骨干教师参加,还是普通教师参加等,都要做到心中有数,目中有人。如果说目标明确是实现教研活动有效达成的重要步骤,那么对象具体细致则是达成之关键因素。倘若不分种类,不加区别,所有人都参加,期望一步到位、全员受益,这样的教研活动不仅达不到预期目标,起不到实际效果,有时会事与愿违,适得其反。只有根据具体对象量身打造、量体裁衣的教研活动,才会目的性强,实效性显,欢迎度高。

第六,反思要跟进。有人说,真正的教研是从某项活动结束之后才正式开始。此话不无道理。而实际情况往往是这样,与会教师在听完一节课或专家讲座之后,主持人简单小结,此项活动便基本结束,差不多所有参会人员自始至终处于被动接受状态,没有任何的后续跟进与反思。殊不知,没有趁热打铁,哪来水到渠成。要想使每一次的教研活动产生更加持久的影响力,我们必须对活动反思环节跟进到位。因为活动仅仅是一个平台,充其量是一次交流研讨的契机,单凭一次活动不可能解决所有的问题。只有及时引导与会教师围绕某一主题或活动项目进行自我反思,并在规定时间内上交相关文稿或电子稿,选择合适时间,再一次集中交流研讨,分享各自体会心得,必要时对本次活动形成的文本进行评比,对优秀文稿可向相关报纸杂志推荐发表。如此形成良性教研互动的氛围,才会产生持久深入的效应,使得学科教研真正成为教师的自觉行为,成为指导促进课堂教学水平提升的有力抓手。

以上便是这一年组织并参与的教研活动带给我的真实感触与思考。很多时候,因为"熟悉",所以陌生。不识庐山真面目,只缘身在此山中。作为学科教研员,在组织教研活动时,必须细而又细,慎而又慎,想而又想,不为活动而尽最大可能使活动释放出持久有效的影响力,唯如此,教与研才会真正演奏出美妙和谐动人的乐章。

纸上得来终觉浅

此项活动虽过去一月,但曾经的场景依然历历在目。那一天,操场边,栏杆旁,三三两两,陆陆续续,或站或坐,或手捧书本,或静思冥想……再熟悉不过的校园,但今日不太一样。放眼无处不风景,做回学生又何妨!

2019年11月3日上午,酝酿已久的全区高三教师解题能力竞赛活动如期举行。来自全区各高中学校320余名高三教师同台竞技,一展身手,重新做回学生,体验别样过程。此举旨在引导教师专注课堂教学,深入研究高考,切实提高考前复习的针对性与有效性。值得一提的是,本次竞赛活动恰逢今年全市高级职称评审面试,即便如此,大家依然克服困难,认真备考,积极参与,经统计,本次竞赛活动一次性参考率为96.98%。其实,这个简单的数字背后折射的是行动的果敢与观念的转变。

本次竞赛共设置了11个考场,单人单座。监考与阅卷人员是从全区各高中学校精心挑选出的24名区学科带头人以上称号的教师,他们工作责任心强,整体素质高。上午9点正式开考,考试时间两个小时,教室内同步启用标准化监控,考试期间秩序井然,考场鸦雀无声,全程风清气正,充分展现了全区高三教师良好的精神风貌与敬业品质。考试结束后,各学科教研员及时组织教师依据评分标准,认真评阅试卷,整个阅卷过程规范有序,公平公正。诚然,考试不是目的,研究才是正途。一场考试,不可能解决所有问题,但绝对能考量一个人的品性;一次参与,不可能达到信心满满,但必定会让你心有所触。没有人会随随便便成功,总有人会让你肃然起敬。尽管只有两个小时,但实际意义不止于此。

在这个秋高气爽,丹桂飘香的日子里,一切显得那么和而不同,各美其美。有这么一群人不分年龄大小,撇开职务高低,无关资历深浅,基于共同的职责与志趣,聚集一起,思而后行,做而论道。即便身为全区各高中学校分管高三校级领导、年级主任也不例外,同样放下身份,率先垂范,与全体高三教师一道沉着应考,善始善终,其实这本身就是一份优秀的答卷。值得肯定,赢得掌声,必须点赞。

学高为师,身正为范。殊不知,只有蹲下身子,才能更接地气。没有低头的勇气,又哪来抬头的底气。关于工作,低质量的勤奋,不过是营造一个"我很努力"的幻觉。勤奋不是马不停蹄,而是有效利用宝贵的时间;努力不是一味埋头苦干,而是用智慧解决问题。沉下心来,抽丝剥茧地去思考、解决,才能获得真正的提升。年复一年的高三考前复习工作更是如此。

甘为人梯当不易,做回学生又何妨。有人说,高考复习有三种境界:第一,做一道题,会一道题;第二,做一道题,会一类题;第三,做一道题,会出一道题。也许理想很丰满,但现实更骨感。即便如此,也不该成为你我懈怠与退缩的理由。既然选择远方,唯有风雨兼程;既然目标已定,必须付诸行动。这场主要由我"自编自导"的全区高三教师解题能力竞赛活动是这一年所有活动中最难忘、最深有感触的一项工作。因为我深知:纸上得来终觉浅,绝知此事要躬行。要想知道梨子的味道,就必须亲口去尝。要想成为游泳高手,就必须亲自下水。很多时候只有设身处地,方可感同身受。年年重复的高三考前复习工作更应如此。

心会跟爱一起走

一年来,连续深入课堂听课96节,课型多样,有新授课,复习课,试卷讲评课;群体多元,有新教师,年轻教师,也有中年教师,老年教师。面对如此丰富多样的群体,在一次又一次的听课评课之后,我对司空见惯的课堂教学又多了一点思考与追问。而这在很大程度上源于一位老教师的主动请缨。记得本学期开学不久,区内一所高中的学科教研组长告诉我,说他们组内几乎所有教师都开设过不止一次区级以上公开课,只有某位老师还没有开过,所以他请求本学期给他上一节公开课的机会,他想挑战一下自己。对此我将信将疑,在我的印象中他已经五十出头,最近十余年确实没有上过区内公开课。我有些担心。但转念一想,既然他主动请战,又何不用好用足这次难得的教研契机。于是,一次又一次的试上、磨课、修改、再上,终于在11月下旬的一次区际联片教研活动上得到比较完美的呈现。这节课不仅对他本人,而且对全区所有老师都是一个不小的触动与鼓舞,包括我这个教研员。

上课对教师而言似乎再熟悉不过,每天都在进行。其实不然,有时越熟悉的东西越陌生。作为教师,都有过这样的体会,要想上好一节像样的课着实不易,需要精心准备,反复思考打磨。倘若每一节课都上出精彩,其实际难度可想而知。但即便如此,我始终觉得作为教师,还是应该将此作为自己教学努力的方向与奋斗的目标,力求每一节课都精彩,让学生喜欢上你的课,敬佩你这个老师,若如此无疑是人生幸事。其实,不管你想不想或愿不愿这样去努力尝试,我始终觉得上课应该要经历这样三个阶段:

第一,会上课。俗话说,道有道理,行有行规。没有规矩,不成方圆。上课也一样。我一直倾向于把课堂教学比喻为一种特殊的游戏。既然是游戏,就有游戏规则,自有其一些基本的运行套路。作为教师,应该对其基本结构与基本环节要清楚,而且能自觉加以运用,比如导入、提问、板书、训练、小结、作业等,这些基本步骤或因素必须牢记于心,外化于行,这不是教条,而是规范。这一阶段的教学,也可称之为模仿或规范教学。这是教师必须具备的教学基本功,少了这些谈不上教学,也不可能上好课,教学能力的提升更是一句空话。

第二,敢上课。可以想象,一个班几十个学生每一节课都注视着你,如果没有一点胆量,要想把课上好则很难甚至不可能。这里想着重表达的不仅仅是上课的胆量,更是一种自信与从容,也就是教学的实力。至少不害怕上课,不讨厌上课。教师在经过一段时间的磨炼与锻造之后,对课堂教学有了比较深刻的理解与思考,不仅具有上课的激情,而且还具备一定的教学基本功与经验,对课堂教学有较强的领悟与驾驭能力。比如一节课45分钟,如何划分,怎样布局才合理,针对现有学情与教学内容,运用怎样的教学方法与手段才有可能达成理想的效果。倘若没有这些方面的思考与把握,仅仅凭一腔热情是上不好课的,也不是我所主张的"敢上课"。于我而言,离开讲台近十年,若再让我上课,我还真没有多少底气与把握,充其量也就是停留于"会上课"层面。这是实话。

第三,能上课。在我看来,这一阶段可称得上是教学的最高境界。于某一教师个体而言,面对即便再复杂的学情,再烦琐的内容,再棘手的难点,都能够在较短的时间里,运用已有知识与教学经验,谋篇布局,精心设计,甚至独树一帜,选择相对比较恰当的教学手段与教学方法,借助现有资源,能够比较淡定从容或轻松自如地化繁就简,游刃有余,即便最终并没有达到最理想的效果,但已经远远超出大多数人的意料。我想很多的名师大家应该就是属于这种类型吧。或者说此时支撑教学的绝不是大众化的规范与技能,而是内化于心的思想与智慧。这需要长期的积累与沉淀。

诚然,必须承认,现实中相当一部分老师还停留于"会上课"层面,有一部分老师已经进入"敢上课"阶段,但数量还不是很多,而只有少数教师到达了"能上课"的境界。其实,这样的结构比例很正常,我只是期盼能够有更多的教师走向第二、第三阶段。因为这直接关乎教学质量的提升。或者说提升教学质量的突破点,关键的关键还是要着力提升教师的专业发展水平。而这又不是三言两语、一天两天就能解决的,它涉及多种因素,方方面面。诚然,关于一节优质历史课的标准也是仁者见仁智者见智,但我觉得,无论怎样,有几点不可少:其一,有趣。要能够体现学科特点,贴近学生认知。其二,有效。教学目标必须明确恰当,教学评价要多元实在。其三,有味道。教学设计要思路清晰,环环相扣得体。其四,有深度。要直击问题要害,尽可能接近历史的真相。其五,有思考。要有咀嚼意犹未尽,探究欲罢不能之感。的确,上出一节像样的历史课实属不易,但并非无计可施。正如有人说,鸡蛋从外打破是食物,从内打破是生命。其实,教学更是如此,改变才是硬道理。如果说从外打破是压力,那么从内打破则是成长。换言之,如果你等待别人从外打破你,那么你注定成为别人的食物;如果你能够自己从内打破,那么你得到的不仅是重生,还有自由与美好。生活不只是眼前的苟且,还真得要有点诗与远方。犹如每天的上课与工作,不只是柴米油盐,养家糊口,还应该要有点别的什么,否则生活也太过于单调、平淡与肤浅。诗人艾青曾说,为什么我的眼里常含泪水?因为我对这土地爱得深沉。教育教学更是如此。我始终坚信,阳光总在风雨后,心会跟爱一起走。

有人说,教师想把学生培养成什么样的人,首先自己就应当是这样的人。那么,身为教研员,想要教师成为怎样的人,首先自己必须成为这样的人。一年来,即便再忙,我没有忘记自己的初心与使命,每天坚持读书(合计10余本,虽然不多但一直坚持),有专业的,也有其他的,多种报纸杂志更是不离手。外出培训学习风雨无阻,甚至一意孤行,乐此不疲。工作之余,始终坚持常思考,勤动笔,这一年里在相关报纸杂志发表教研文章7篇(也是很少)。个人公众号"老王聊教研"目前关注人数已经达到1136人,一年来共推送原创文章42篇,约10万字。也许零星的几个数字不能说明什么,但它能时时提醒我应该朝哪走,做什么,怎么做。

一路走来,我始终定位着自己的身份与角色。教研员应该是怎样的人?我想至少应该是专业的研究者,教学的指导者,学科的管理者,工作的服务者,思想的实践者。"研究、指导、管理、服务"这既是教研员的基本职责,也是教研工作前行的方向。服务学校、成就教师、发展自我,既是要求,也是底线。教研员应该姓"研",不姓"教",但"教"是前提基础。于此,我想到"研"字是由两个汉字组成,即"石"与"开"。如何做一名称职的教研员?也许成语"精诚所至,金石为开"能给我们些许启发。其实,答案就在其中。

行文至此,忽然记起作家徐志摩的诗句:"撑一支长篙,向青草更青处漫溯。"是的,既然选择了远方,那就得矢志不渝。但行善事,莫问前程。

(本文选自《中学历史教学参考》2020年第1期)

课堂:生命拔节之地

○ 王必闩

2020年虽已画上句号,但存留于心中的印记不同寻常。面对新冠疫情,身为教研人依然没有停下前行的脚步。近日,重新翻看那一册册有些卷曲发黄的听课笔记本,顿生重回课堂之感。全年共听课68节(含外省听课3节),细细咀嚼着自己听课瞬间的点滴记录,突然间对似乎再熟悉不过的课堂又有了一些新的审视与追问。什么是课堂?教学又是什么?课堂教学应该怎样理解?学生需要怎样的课堂?我们应该如何上课?怎样的课才算是好课?如此等等,一直萦绕于我的脑际。也许没有答案,但能促人思考。现将这一年听课点滴摘取如下,旨在抛砖引玉。

课堂教学二三四

教学不同其他,需要体力,更需要智慧,要想上好一节课,绝非易事。无论哪门学科,都应紧紧立足课堂,每一节课的教学也应该有一个共同的目标,我将其概括为"大道至简""意犹未尽"。

学生毕竟是学生,其认知水平与理解能力原本受限,这是客观事实,在短期内也很难改变。加之教科书或教学中总有一些内容比较抽象概括,难以理解与掌握,此时教师的主要任务就是借助一定的方法与手段,善于化繁为简,巧妙化难为易,帮助学生快速便捷地理解掌握,而不是人为地增加难度,更不能云里雾里,不知所言。那样只会加快学生厌学的脚步,把学生推向课堂之外。另一方面,一节课只有45分钟,不可能也不应该穷尽所有内容,教师要善于引导学生"于无疑处生疑,于是疑处质疑",让学生带着若干问题或者些许遗憾与失落感离开课堂,从而期待着下一节课的到来。我想这样的课堂无疑是扣人心弦,耐人寻味,自然让人流连忘返。也许做不到,但那是一种方向,必须追求。

理想的课堂,教师还应该有三"止",我将其概括为"欲言又止,点到为止,适可而止"。而比较常见的现象就是课堂上教师总是不放心学生,讲述过多,给学生思考讨论整理的时间偏少,有的老师虽然不是讲述,但随口或满堂问,同样不可取。课堂教学时间有限,教师要学会取舍与整合教材内容,对学生能看懂理解或看书动笔能解决或无关紧要的内容无须再"滔滔不绝",必须教会学生自己整理,教师一定要做到"欲言又止",尽可能把更多的时间还给学生。另外,教师对教学中的重点概念或难点内容,该讲解的要讲解,该深入的要深入,但必须把握一个度,切忌眉毛胡子一把抓,必须做到抓住要害,"点到为止",言简意赅,无须画蛇添足,没完没了。教师即便用心再良苦,但超过一定的度,同样会招人厌烦,适得其反。诚然,学习的主要目的之一就是运用所学知识解决实际问题。这就涉及教学评价问题。由此,课堂教学中进行及时有效的训练不仅必要而且必须,这也是目前比较常见的评价形式。即便如此,也要考虑这样几个问题,比如训练的题目从哪里来,是原创还是借用,有哪几种题型,多少道比较合适,是否限时训练,要不要当堂讲评,等等。这些看似简单的问题必须在备课前甚至课堂上想清楚,谋划好,随机应变,切忌跟着感觉走,随意而为,那样起不到应有的效果,课堂时间有限,必须精打细算。由此,我认为当堂训练必须做到"适可而止"。

近日,连续听了多节复习课。单就课堂教学呈现形式或实际效果来看,既有很多值得肯定之处,也有一些需要改进的地方。由此,我认为考前复习课需要做到这样四个"度":

第一,教学行为有温度。这里的"温度"特指一种情怀、激情与状态。即便面对的还是那些相对固定的学生,每天几乎都在重复昨天的故事,但复习课依然是教学,离不开课堂,而且充满着变数与不确定性,至少复习的内容不一样。基于此,教师的语言,小到一声"请坐",学生姓名的准确喊出,大到问题的严谨呈现,相关概念的准确解读以及教学过程抑扬顿挫的表达与讲述等,都应该体现出教学应有的激情与浓浓的人文关怀。这些看似无关紧要,甚至无伤大雅,但随着时间的推移必定会产生潜移默化的影响,哪怕在毕业前夕,也不能淡化与忽视。这也是教育特有的内涵,早已定论,无须验证。

第二,专业储备有厚度。教学是一项技术活,具有较强的专业性。倘若专业不很厚实,也许上个一两节课没那么复杂,影响不大,但时间久了,没有一定的专业储备做支撑,打底子,要想持续拥有这个领域的话语权,教学游刃有余,效果首屈一指,则没那么容易。这就要求教师必须不断学习,严格要求,自我提升,善于积累,既要埋头拉车,还要抬头看路,既要立足现实,也要适当怀揣梦想。这不是高要求,而是我们从事的这份工作性质决定的。

第三,文本解读有深度。同样一篇文章,一段材料,不同的老师其解读的效果是不一样的。这里的"深度",并非标新立异,哗众取宠,而是一种与众不同的视角与思考启发。也许很多老师会说,手中的教科书或者考前复习已经连续教了好几年,可谓再熟悉不过。即便如此,次数、时间与效果、影响还是不能画等号。深度,并非想象就能达成,需要持久阅读、思考、积累与实践。只有坚持不懈,集思广益,方可柳暗花明,水到渠成。

第四,及时评价有效度。没有评价就没有改变。教学中适当的评价不可缺少,尤其考前复习课。而当堂评价的形式很多,并非只有训练一种,比如可以现场记诵、命题、归纳总结、相互提问、关键词串联、勾画思维导图等等。那么,如何在有限的时间里让评价更加真实有效,这就需要教师课前务必认真准备,统筹安排,深思熟虑,要针对特定的内容合理安排好时间,控制好教学节奏,采取切实可行的评价形式,在规定的时间内完成,及时讲评或点拨,对存在的共性问题以及个性问题必须及时解决等,而不可简单走过场,敷衍了事。只有这样环环相扣,层层落实,日积月累,才会厚积薄发,持续前行。

教学是一个永恒的话题,或许永远没有标准答案,但绝对有可视的结果。而无论怎样的结果都既成事实,无法改变,但与之密切联系的过程则完全可以调节与掌控,关键取决于你以怎样的态度与方式待之。教学只有不断实践,反复尝试,善于总结,才会不断进步,日臻完善。

谨防课堂教学中的"假象"

课堂教学是一个永恒的话题,但也是一个容易流于形式的话题。基于自身工作特点,外出听课已成常态,如公开课、常态课、展示课等。但仔细观察,不难发现,课堂上都不同程度地存在着一些"假象"。例如:

第一,关于鼓掌。很多时候我们的老师总是有意无意地提醒全班同学应该给某某同学的表现来一点掌声,于是,学生在老师的"启发"下鼓掌。我不明白,此时是不是鼓掌为唯一或最佳表达方式,但我知道只有发自内心的掌声才能让人生发感动,经久难忘。

第二,关于表扬。在课堂上,也总能听到无论某某同学回答正确还是错误,全面还是不完整,老师总会情不自禁,实际上是言不由衷地说出"好,很好,非常好"之类的话语,听起来让人开心,其实不然,随口说出或很容易得到的东西不可能珍贵,充其量只是一个廉价的赠品。时间久了,不仅无法激发学生的兴趣,甚至会产生很大的副作用。

第三,关于问题。只要我们听课时稍加留意,不难发现,很多老师课堂上的提问不仅随意,而且无章可循,看似不停追问,实则自问自答,是另一种形式的"满堂灌",而且很多都是那种"1+1=2"式的问题,答案在教科书中明明白白地写着。其实际效果可想而知,必将招致学生的反感与生厌。

第四,关于提问。教师在课堂上看起来不停地提问学生,其实,教师喊人提问具有很大的随意性,常常局限于少数学习相对较好的学生,有的干脆按照座位顺序请学生起来回答,结果其他学生掌握了老师的提问规律,无须思考,无动于衷。殊不知,没有经过认真思考后的提问,不可能产生理想的效果。

第五,关于讨论。在课堂上我们总能见到这样的场景,老师提出一个问题,然后说现在你们可以前后左右讨论一下,于是学生也很"配合"就窃窃私语起来,至于他们是不是在讨论,或者交流到什么程度,到底有没有效果,恐怕只有学生自己知道,教师也心知肚明,其随意性、形式化再明显不过。

第六,关于感悟。在很多学科尤其历史课堂上,教师往往最后都会设计一个环节,那就是学习了这部分内容对我们今天从事什么有哪些启示或感悟。不可否认,有一些感悟效果不错,但印象中大多数都牵强附会,缺乏说服力。有时真的不明白,为什么我们非要人为地将所学知识与现实强加在一起,为什么就不能给学生一点自己思考的空间?只有通过切身体验得来的感悟,才会印象深刻,经久不忘。

类似这样的现象还能举出一些,但并非我的本意。旨在提醒我们的课堂还是少一些花哨与形式,多一些朴实与内涵。我始终认为,真实的课堂应该是求真的课堂,应该略带缺憾,允许杂音,不乏问题,而绝不是完美无缺,天衣无缝,一气呵成。教学的最高境界应该是大道至简,而不是哗众取宠,华而不实。课堂教学,不需要也不应该出现诸如此类的假象。

"家国情怀"如何润物无声

近日,恰巧阅读到有关历史课堂教学与学生家国情怀涵养方面的文章,加之连续听了几节历史课,使得自己对"家国情怀"素养如何有效落地生发些许思考。《普通高中历史课程标准(2017年版2020年修订)》强调,家国情怀是学习和探究历史应该具有的人文追求。其特有的育人功能与学科价值毋庸置疑。为此,我觉得教师在实际教学中还必须注意这样几点:

第一,设身处地。万事必有因,任何一个历史事件都是在特定的时空背景,由多种因素综合作用的结果。因此,教学中教师只有善于将学生尽可能置于当时特定的背景之中,使其逐渐接近触摸那段历史,从而逐渐引发情感共鸣,才能最终达到预期效果。切忌苛求古人,更不能居高临下。

第二,实事求是。求真是历史学科必须遵循的基本原则。《普通高中历史课程标准(2017年版2020年修订)》明确指出,通过对历史的解释,不断接近历史真实。而这也是历史学科独特魅力所在。由此,只有本着实事求是、严谨求真的教学态度,才有可能引导学生真正走进历史,逐渐感悟历史,体会感同身受。

第三,点到为止。俗话说,言多必失。教学也是这样。人们常说,很多时候,特定场合,任何语言都显得苍白,再华美的言语都是多余。教学中尤其关于情感与价值观教育,很多时候教师过多的语言表达与情感渲染,不仅无济于事,反而引发学生的质疑与抵触,其结果只会适得其反,此时最好的做法就是戛然而止,把思考留给学生。

第四,潜移默化。教育的最高境界是润物无声,自我心灵净化,此时无声胜有声,而不是无休止的强化与唠叨。基于此,教师要做的就是精心设计教学,合理设置情境,让学生在不断学习中自我感悟与修正,达到内化于心,外显于行。而不是人为的牵强附会,更不能无病呻吟,添油加醋。那样只会招致更多的负面与消极。

总而言之,家国情怀的涵养是一个漫长的过程,无法一蹴而就,慢工出细活。只要坚持正确导向,遵循教育规律,用心教学设计,恰当选择教学方法,晓之以理,动之以情,那就终会水到渠成,喜看花开。

课堂教学要有"情"有"意"

课堂教学的主体是充满生命活力的学生个体,尽管教育对象与学科特点存在着差异与可变性,但作为一种特殊的认知活动,又注定了课堂教学不是简单的重复与循环,而是一种思维的碰撞与渐进。说得直白点,必须做到"有情有意"。简述如下:

第一,充满激情。实践证明,无论哪一门学科,教师在课堂上充满激情的讲解总会传递给学生奋进向上的正能量。激情是一种高昂饱满的情绪状态,也是从教者必须具备的基本素养。人的情绪可以相互感染与传递。不难想象,如果课堂上教师的教学行为懒散无力,语言平铺直叙,毫无波澜,那么则很难激起学生的学习热情。随着时间的推移,其实际教学效果可想而知。由此,充满激情、感染力强应该成为每一位从教者时刻牢记的教学理念。

第二,为之动情。德国哲学家雅斯贝尔斯说过:"教育的本质意味着一棵树摇动另一棵树,一朵云推动另一朵云,一个灵魂唤醒另一个灵魂。"这就要求教师在教学内容的处理加工与教学方法手段的恰当运用上多动脑筋,多下功夫。该动情的地方不应忽略,无须动情的环节也不必刻意。同样不难理解,如果教学中教师连自己都打动不了,又谈何触动学生。只有发自内心的感动与思索,才会自发激起学生情感的共鸣。这样的课堂无疑是学生所期盼的,与之相应的教学目标也自然会水到渠成。

第三,意味深长。一堂含蓄深远而又耐人寻味的课,与其说少不了必要的教学素材,倒不如说离不开教师充满智慧的处理与文本表达。一般而言,一节课的教学内容相对固定有限,但要想取得不一般的效果,则需要教师合理取舍,适度加工,切忌面面俱到,事无巨细。同时教师的语言也要适当打磨修饰,切忌随口随意。要让学生在教师抑扬顿挫与合情合理的讲解中发散思维,自觉想象,跟着教师的节奏思考讨论。这样的课堂不仅有趣,而且有料。

第四,意料之外。衡量课堂教学实际效果的重要标准之一就是学生的学科意识与思维能力是否得到比较明显的训练与提升。这就要求教师要善于引导学生养成"于无疑处生疑,于有疑处释疑"的思维习惯与学习能力。教师要借助学生手中的教科书,对教学中的重难点尤其易错易混点,通过问题链精心设问或层层追问,激发学生思考探究的欲望,要让学生在"预料之中"经历"意料之外",如此日积月累,不断提升学生的批判思维能力。

第五,意犹未尽。尽管课堂教学的基本目标是当堂解决并完成若干具体的教学任务,但其真正有价值之处并非帮助学生解决所有知识层面的问题,而是适当给学生"留白",留给学生独自思考的空间,引导学生自主梳理,教会学生如何发现问题并尝试独立解决问题。教师要在学生带着适当的疑问与急切的期盼中结束教学。正如教育家第斯多惠所说:"教学的艺术不在于传授本领,而在于激励唤醒和鼓舞。"常言道,教学是一门遗憾的艺术。此时略带缺憾,意犹未尽,也不失为一种教学的美。

上述所列几点,也是近期到学校听课评课过程中突然生发的些许感悟。也许老师会说,这些说起来简单,但实际操作起来或者最终达成恐怕就没那么容易了。凡事只要方向正确,一切努力都值得,无须纠结得失。任何改变,都是进步。我始终坚信,有情有义的课堂才会有滋有味。

有人说,鸡蛋从外打破是食物,从内打破是生命。其实,课堂教学也是这样。如果说从外打破是压力,那么从内打破则是成长。课堂是生命拔节之地,大意不得。当精耕细作,不误农时。学者威廉·亚瑟·沃德曾说:"平庸的老师常说教;聪明的老师善解释;优秀的老师重示范;伟大的老师给启发。"作家廖沫沙说:"只要我们都尊重历史,就一定能够得到真理。"而我想说,只有我们都敬畏课堂,才有可能倾听到那一串串优美动听的生命拔节之音。新的一年,对此我充满着期盼。

(本文选自《中学历史教学参考》2021年第4期)

「作为一名教研员，我从教师身上读书。读教师的"得意"，从"得意"处凝练，像科学家一样验证；读教师的"不满"，于"不满"处入手，像哲学家一样分析。我觉得：要静下来，不止于得意；要做起来，不囿于不满。」

朱命有 汕头市教师发展中心中学历史教研员，高级教师，获聘广东省中学历史教学专业委员会常务理事、副秘书长，获聘华南师范大学历史文化学院兼职教育硕士生导师、汕头市督学。先后在各类学术期刊发表文章20余篇，曾参与岳麓版初中历史教科书、粤港澳大湾区特色教材、统编教材教师用书编写工作，主持省级课题3项，聚焦"跨领域历史实践教学研究"，曾获广东省教育教学成果奖一等奖1项，二等奖1项，合作主编《中学历史核心素养命题的原理和方法》《时空观念的教学设计与学业评价》《跨领域初中历史教学》《潮汕历史文化简本》等论著4本。

耕海南国滨　正是扬帆时
——汕头市"虚实并进,统分结合"教研思路的实践探索

○ 朱命有　陈泽群

如果说"文化"有"大陆"和"海洋"之分,那潮汕文化就是立足大陆面朝大海。如果将教学风格也划分成"陆派"和"海派",那汕头的历史教师一定会认为自己是"海陆派"。这也许就是潮汕人的处事智慧,既深耕本土,又扬帆务远。也许是这种不自觉的文化选择最初塑造了"人",而最终使我们走向了自觉的特色教研之路。我们周旋于远近之间,醉心于统分之辩,描绘着虚实之美。

在全国知名专家、特级教师王溅波老师的带领下,汕头历史教研曾走在课改前沿,也曾在高考中荣获广东省七连冠的美誉。荣誉是海涛溅起的浪花,来得轰烈,去为泡影。怎样才能更进一步？我们一直在探索教研新方向。近年来,我们面向历史教师广泛开展教学疑难问题调研,系统梳理了当前教师最急迫、最困惑的若干问题。这些问题涉及学科、课程、教材、教法、学法、教研、管理、环境等多个方面。围绕这些疑难问题我们组织教研力量展开研究,由此提出了"虚实并进,统分结合"的教研基本思路,并取得了初步的成果。

虚实之美

1. 虚则实之

既然历史无法割裂过去与现在,历史教育当然也就具有当代性。当代的价值导向会驱动历史课程、教材、教法、学法、考试、评价不停地解构与重构。以"务虚"的思路把握价值导向对于历史教师来说就显得很重要。在向新课程、新教材、新高考过渡的重要阶段,多务点"虚",多关注思想理论和价值导向没什么坏处。

我们加强了对统编教材思想的研究。统编教材是国家意志的体现,弄清什么是国家意志,历史教师才能理解教材的增、减、改、删,才能认识教材的立场、观点和评判标准。在魏恤民老师的指导下,我们撰写了《研究历史教材变化,提高教师育人水平》一文,发表

在《基础教育课程》，并被人大复印全文转载。

"务虚"也要讨论一些根本性问题。本着"务虚"的精神，我们对学科核心素养做出了自身的诠释。项目团队沿着学科特征、学科能力、核心素养、学科教学、考试评价的路径开展研究，进行理论探索。我们从学科特质出发，分析研究了历史时序、空间、事实、价值、因果、变迁、趋势、语义八大特征及其内涵，并指出了从学科特质出发开展教学的重要意义。与魏恤民老师合作撰写的《历史特征与历史教学》一文发表于《历史教学》（上半月刊），得到了同行的好评。《普通高中历史课程标准（2017年版）》颁布后，我市成立了研究团队，对历史学科核心素养的内涵、实施及评价展开研究。2019年，黄牧航教授与我们合作编著了《时空观念的教学设计与学业评价》一书，初步论述了时空观念素养的内涵、时空观念素养与教师专业发展、时空观念素养与课程开发，以及时空观念素养的教学设计、发展性评价、终结性评价等重要理论与实践问题。该书2019年9月由广东高等教育出版社出版。通过上述项目研究，极大提升了我市历史教师的理论修养和"务虚"水平。

2. 实则虚之

近年来，我们将"以行动研究项目驱动历史教与学"作为实践探索的重要抓手，以两个重要项目为支撑，促进全市历史教师教学方式转变。

初中阶段，我们以"浸入式历史实践教学行动研究"项目为支撑，撬动教法学法的转变。该项目强调打通课堂与田野，贯通学习与生活，鼓励师生在生活中发现真问题，激发探究欲，寻求科学方法，解决真实问题，形成真实体验。项目团队认为，教师的"教"固然重要，但教师如何"学"对学生同样具有重要意义。因此，浸入式历史实践教学强调教师自身的学习不应该是隐秘的，而应该是学生可见的。我们创新了实践教学的评价机制，不再强调学生独立自主完成任务，而是强调师生共同完成任务。项目团队设计的评价方案中教师贡献度与学生贡献度的分值比重已各占一半。我们通过详细的追踪记录，使教师和学生在实践中各自发挥的作用变得清晰可见。实践教学中，教师遭遇的困境、能力的局限、方法的探索、情绪的变化以及心理的调适能完整呈现在学生面前。这样就使学生的"学"有了重要的参照系。过去，我们对教师的"教"研究得比较多，今后我们将进一步研究教师的"学"如何对学生的"学"发生作用。

为全面落实浸入式历史实践教学的理念，四年来我们开展了系列实践教学活动。2016年举办了"忆长征岁月，看历史风云"中学生演讲比赛。2017年举办了"寻访风物遗迹，发现故乡历史"中学生写史比赛。此次比赛，我们发动全市历史教师和中学生调查、登记、汇编全市历史文化遗存，并撰写相关研究文章。2018年举办了"对照：让历史告诉今天"中学生写史比赛。2019年举办了"见证峥嵘七十载　同心共筑中国梦"汕头市第二届中学生历史视频大赛。四年来，项目组汇编了多本历史实践教学作品集赠送给学生,激发了全市中学生实践学习的兴趣。我们的项目活动多次被广东省少儿频道、汕头电视台报道,《中学历史教学》杂志也在封面报道了我市实践教学的情况。四年来,学生学习方式有较大转变,甚至有部分学生撰写的作品发表于《中学历史教学》和潮学研究期刊。例如,柳佩阳、梅婷宜、曾敏仪同学在陈爱辉老师指导下撰写的《探寻宫鞋石旧影,见证汕头城市变迁》一文发表于《中学历史教学》2019年第3期。又如,项目实践单位蓝田中学的校本小课题"道光八年澄海县禁示碑刻研究""修建石桥碑记研究""祖宗之法与宋朝制度"顺利结题。该校学生作品《古钱币拓片研究》获汕头市科技创新大赛三等奖,"我会拓古钱币"课程荣获广东省中小学综合实践活动课程展示优秀案例,"拓片的制作与鉴赏"课程荣获广东省首届中小学实践活动方案设计大赛二等奖。

经过努力,"浸入式历史实践教学行动研究"已于2018年被确定为教育部初中历史学科基地研究项目,并荣获广东省基础教育教学成果二等奖。2019年我们两次受邀在广东省中学历史教研会议和教育部初中历史学科教研基地交流会做项目成果汇报。

高中阶段,我们以"历史原创命题行动研究"项目为抓手,促进教师专业发展和教学质量提升。汕头历史学科近二十年来坚持原创命题,培养了一支原创命题队伍,创办了原创试题网站,形成了较丰富的研究成果,目前已进入经验总结和理论提升的阶段。

原创命题不等于应试教育,它是教师专业发展的重要途径。广泛阅读材料,特别是阅读原始材料是原创命题的首要环节。由此,教师对历史问题的认识将会更深刻、更全面,视野更开阔,表达也更准确。深入研究学科能力结构,科学设计能力测量方案,能有效提升教师教书育人水平。原创试题需要预判学生思维运动,需要评估和区分不同水平层次的学生。这必然促进教师对认知心理学和思维科学的了解。原创试题天然具有创新性,能够促使教师长期保持思维活跃,免于思维僵化。总之,原创命题能让教师教学更具科学性、创新性和艺术性。这是我们长期原创命题的几点体会。

为打造一支充满活力的命题队伍,我们设计了"核心团队+微团队"的组织方式。全市组建了两个历史原创命题核心团队,每个团队5人。每个核心团队成员都能独当一面,并分别构建了自己的微团队。按照考试命题的重要程度,采用项目责任制,分别由核心团队或微团队独立承担。微团队成员日益成熟后,鼓励再建立自己的命题团队。没有任务的团队是松散的,任务驱动是团队建设的不二法门。我们通过编著出版书籍、承接省内外委托命题、建设原创试题网站、命制本市统考试题等项目任务,驱动教师不断提高原创命题水平。我们已连续两年开展历史原创命题大赛,覆盖了全市250多所初中学校,90多所高中学校。我们核心团队的部分教师也已成长为省、市命题专家,承担起更加重要的社会责任。

原创试题网是近年我市核心团队打造的免费公益网站。尽管网站建设过程很艰难,技术问题仍不少,力量还比较薄弱,但已经为省内不少师生做出了重要贡献。例如,2019年原创试题网命制了12套试题,录制了104个系列微课,原创设计了18个热点专题课件,免费提供给全省师生使用。

统分之辩

1. 统合无边

北京大学康健教授曾说:"课堂以外就没有学科了。"他强调在实践中解决问题的知识与方法总是综合性的、跨领域的,生活中不存在纯粹的学科问题。学科问题有边际,而生活问题没有边际。历史教育应立足于育人而非立足于学科。

基于上述认识,两年前我们决心在跨领域历史教学方面展开探索。我们提出了"以统合思维突破学科边际"的研究思路,即综合运用其他学科的知识、方法与思维解决历史教学问题。所谓"统",即统一于历史教学目标,服务历史教学。跨领域历史教学不是各学科知识的拼凑。它的教学目标不是多学科的多元教学目标,只是历史学科的一元教学目标。所谓"合",即综合多种学科的知识、方法与思维解决历史教学问题。每个学科自有其学科理论、学科知识和学科研究方法。例如,历史学注重文献研究,社会学注重田野调查,物理、化学等自然学科注重实验验证,地理学注重多要素综合分析等。跨领域历史教学鼓励在解决历史教学问题时运用多样化方法。例如,在探究"什么是历史"时,为加深学生对"历史记录具有选择性"的理解,可运用实验验证方法设计教学活动。具体案例如下:

人们能还原真实的历史吗?

请班级里的两位学生合作表演任意一个简单的故事情节,其他学生各自记录下来。大家可以分享各自的记述。你发现了什么有意思的现象?请与同伴分享你的感悟。

上述实验,学生亲自实践,形成真实的历史体验,将实验验证引入历史教学起到了意想不到的效果。两年来,我市项目团队在十余所中学开展跨领域历史教学研究,取得了一些初步的成果。目前,我们的著作《跨领域初中历史教学》近期也将由东北师范大学出版社出版。

2. 分解有道

历史教师需要科学思维。这是我们在研究解决教学疑难问题时真切的感受。历史教师遇到的疑难问题很多,往往感到无从下手,突破无门。因此,帮助教师解决教学疑难问题,不能只是攻城拔寨,更重要的是寻求解决疑难问题的策略与方法。这两年,我们在全市推行分解教学的思想,期望找到一套解决问题的工具方法。我们主张对具体的教学问题进行分解、分类、分层以及分步实施,认为教学目标不能一步到位,而应该根据学生认知规律分阶段达成。具体案例如下:

教学问题:如何教会学生评价历史人物。

（1）分解要素：可将历史评价分解成以下七个教学问题，即立场角度、时空坐标、事实判断、全面认识、整体认识、程度判断、评价标准。

（2）分层分析：按照学生的认知规律可将七个要素由低到高进行分层，即事实判断、全面认识、整体认识、程度判断、时空坐标、立场角度、评价标准。

（3）分步实施：按照上述认知层次，分步设计教学活动。

以评价秦始皇为例。

步骤一：请列举人们关于帝王的所有评价标签。

步骤二：请将这些评价标签按一定标准进行分类。

步骤三：请列出秦始皇生平所作所为的重要事情，必须是可以确定的事实。

步骤四：请将所列事实与前面的标签一一对应。

步骤五：请将无事实依据的评价标签删除，并对有事实依据的评价标签进行程度判断。你认为哪个标签表现比较突出？

步骤六：事实依据比较充分的标签在你的分类标准中属于哪个类别？

步骤七：假如你是当时的六国贵族、农民、秦国士兵、商人、匈奴人、官员，会如何评价秦始皇？

步骤八：请以当代中国人的立场观念评价秦始皇。

步骤九：你认为评价历史人物应该注意哪些问题？

研究团队构建了分解教学思想的初步模型，并通过举行市级公开课、专题讲座、课例评比、教学设计比赛等活动推荐给一线教师，受到广大教师的好评。历史教学问题的分解思想是我们创造性提出的教学思想，今后将进一步加强研究，深入开展。

远近之间

1. 由远而近

常听人说："问道必访远，近山无仙家。"远方也许值得我们想象，但也不要忽略了身边。2019年，我们围绕"书写身边的名师，凝练身边的教学思想"开展了一系列教学研究活动，将目光凝聚于身边人。

教师需要榜样，教师的专业发展需要身边的正能量。遥远的讲坛上的名师毕竟太遥远，学习身边的优秀教师才是专业成长的重要门径。我们组织了"书写身边的'历史佬'"活动，引导教师发现身边的优秀教师，分析他们的教学特点、方法和思想，感受他们的师德人品。我们选取了十余篇文章发表在"史学会讲"微信公众号上。这一系列文章书写了我市十余位各具特点的历史教师。他们有的是工作数十年的特级教师，有的是工作仅七八年的年轻教师；有的长于理论思考，有的长于实践教学；有的能"独上高楼"，有的"甘为他人作嫁衣裳"。他们仅是庞大优秀教师群体的少部分，甚至未必是最优秀者，却能不计功利,一如既往,始终如一。

　　大部分一线教师擅长实践教学,并积累了丰富的教学经验,但很少对自身的教学风格、教学方式、教学思想进行总结、凝练和提升。我们将发现有特色的教学风格,总结有效的教学模式,凝练有内涵的教学思想作为调研工作的重点内容。我们尽其所能帮助教师发现自己,挖掘自己,提升自己。我们尽其所能帮助学校构建校本特色的历史教学模式。过去一年,我们帮助十余位青年教师明确其专业发展方向,总结其教学特色。过去一年,我们在生源薄弱学校调研,帮助多所学校总结出了任务驱动、分层教学、建立学习机制等优秀教学经验,并推广到全市的薄弱学校。

2. 由近及远

　　2019 年是梦想由远而近的一年。8 月,我们联合华南师范大学历史文化学院、深圳市吴磊名师工作室、顺德部分学校共同举办了"中学历史学科核心素养论坛"。11 月,我们联合韩山师范学院、潮州及揭阳教研室共同举办了分解教学思想论坛。我们广邀四海嘉宾来汕头交流,促进我市历史教育发展。

　　2019 年,也是汕头历史教育由近处走向远方的一年。我们多次受广东省教育研究院、福建教育学院等邀请介绍教研经验和成果。我们的核心团队参与了广东重要教材的编写。我们的项目荣获广东省基础教育教学成果二等奖。我们的两本著作也即将出版。感恩一路同行的汕头历史人。

　　耕海南国滨,正是扬帆时!

(本文选自《中学历史教学参考》2020 年第 1 期)

「历史是复杂的，历史教师要拨开历史的迷雾，努力用历史的真实教育学生发现真善美。」

王昌成 安徽省蚌埠市中学历史教研员,固镇县第一中学校长,安徽省特级教师、正高级教师,安徽省中学历史教学专业委员会常务理事,人教社统编中学历史教科书培训专家,安徽省历史骨干教师高端培训首席专家,华中师大考试研究院特聘研究员。曾获全国高中历史优质课比赛一等奖、安徽省基础教育教学成果奖一等奖、市政府特殊津贴、市首席名师工作室主持人等荣誉称号;在《中学历史教学参考》《历史教学问题》《中学历史教学》等专业期刊发表论文10余篇,参编教育部审定《中国历史》教科书等国家级、省级教材6部,主持并完成省级以上课题6项,主编《基于核心素养的中学历史教学探索》专著一部。

搭平台，促衔接，开展深度教研

○ 王昌成

2019年是我国基础教育发展十分重要的一年，党中央、国务院先后出台了有关基础教育的三个重要文件，特别是教育部《关于加强和改进新时代基础教育教研工作的意见》的颁布，给基础教育教研工作带来新的机遇，指明了前进的方向。过去的一年，作为市级历史教研员，我明确自己"课程政策的研究者、校本课程的领导者、教师专业发展的引领者"（赵虹元《我国教研员角色的变迁与展望》）的角色定位，抓住机遇，搭建平台，加强研究，推进课程改革，促进历史教师成长。

一、研习统编教科书，打通初高中衔接

统编教科书是国家统一编订、统一使用的教科书，充分体现着国家意志，具有特殊重要的育人作用。2019年是统编初中历史教科书全面使用的收官之年，同时也是统编高中历史教科书使用的开局之年。2019年高考考试大纲明确提出"根据普通高等学校对新生思想道德素质和科学文化素质的要求"，与往年相比，这是新增提法，需要我们在教学中改变一标多本时期的认识，重视统编教科书的使用。考纲同时还规定"在中学历史课程的基础上"，确定历史学科的考试内容。因此，研究初高中历史教学的衔接，已成为历史教学教研的当务之急。高中教师要知道初中已经学过哪些内容，以便于有的放矢地进行教学设计；初中教师也要了解高中阶段对相关历史知识的定位，完成既定目标，不越俎代庖。但初、高中多分开办学，且执教教师业务上鲜有交流，导致其在教学内容与目标上互不了解，开展初高中"纵向同课异构"教学，将有效解决这些难题。这需要市级教研员牵线搭桥，促进初高中教学衔接。

2019年，我们共开设了三次市级"纵向同课异构"公开教学：中国古代史"隋唐的兴

盛"、中国近代史"新文化运动"和世界史"第一次世界大战"。每一次活动都吸引了全市200余名历史教师观摩研讨,研讨结束后都进行了总结反思,在总结中不断改进。第一次"同课异构"课题是"新文化运动",重在发现问题:两位老师背靠背备课,面对面教学。结果发现,教学过程中两位老师用到了几则相同的素材,甚至提出了相同的问题。初高中教学目标有重复,教学缺乏层次性,暴露了初中教师不了解高中教学、高中教师也不了解初中学情的问题。第二次和第三次活动就改为面对面备课,面对面教学。在备课环节,两位老师根据初高中课程标准要求进行充分探讨,在此基础上各自进行教学设计,开展"同课异构"教学。课后两位授课老师再面对面反思。蚌埠第一实验学校宋家新老师在上完七年级下册"从贞观之治到开元盛世"后认识到,初高中学段的不同决定了初高中的教学目标、教学素材、教学方法是迥异的,但两者对中国古代政治制度与国家发展、社会进步之间关系的探讨上应该是一致的。蚌埠一中施海涛老师在上完高中《中外历史纲要》"隋唐制度的变化和创新"一课后感慨:与初中教科书相比,高中新教科书容量大,结论性语言多、过程性语言不足,抽象的概念较多、具体的事实不足,这对一线教师的能力和素养提出了巨大的挑战。如何在一节课的时间内完成这么多的教学内容,如何在大容量的教学中,增强教学的趣味性,施老师提出可以用"任务驱动型教学""主题教学"等方法来进行教学,用教材教而不是教教材。

做好初高中衔接,在整个基础教育阶段贯通立德树人根本任务,有利于形成一体化人才培养格局。

二、工作室搭建平台,打造名师团队

教研员担任名师工作室牵头人,既便于搭建平台,开展教研活动,也便于培养骨干教师,形成核心团队,发挥引领作用。2015年以来,笔者领衔的名师工作室共吸收20位初高中历史教师参加。我们携手合作,同学共研,共同成长。

1. 申请课题项目,找准研究切入点

课题研究是工作室团队找准切入点、形成凝聚力的重要抓手。2018年由笔者和正高级教师马蔚老师共同主持的安徽省教育科学研究项目"义务教育阶段(7—9年级)学生史料实证能力培养的实践研究"(编号:JK18029)成功批准立项,蚌埠市龙子湖区、蚌山区、禹会区、经开区、高新区等10余位初中骨干教师参加课题研究。2019年围绕主题开展了三次研究活动。12月12日,在蚌埠三十一中举行了"在研省级历史课题交流研讨活动"。马蔚老师代表课题组介绍了初中学生史料实证能力培养的实践、边界、困惑以及下一步的研究计划,该课题拟于2020年9月结题。工作室成员卢适老师汇报了省级课题

"地方文化的校本课程开发研究"(编号：JK17019)的研究情况,展示了课题组成员在课题研究过程中设计的校本教程"蚌埠文化读本",该课题已于2019年12月顺利结题。

开展课题研究对促进教师的专业发展和推进教育教学改革具有重要意义。马蔚老师的论文《核心素养背景下的初中历史学业水平考试研究——以〈近代化的探索〉专题为例》在《历史教学问题》2018年第5期发表,《例谈初中生史料实证能力的培养》在《中学历史教学参考》2018年第11期发表。笔者的《基于核心素养 落实立德树人 引导历史教学——从三道试题探微2019年安徽省中考历史试题的命制》一文在《中学历史教学参考》2019年第11期发表。在2018年安徽省基础教育教学成果奖评选中,笔者参与的"淮河地域文化视野下地方课程的开发与实践探索"课题以及工作室成员苏峰老师参与的"依托名师工作室促进欠发达地区教师专业发展的实践探索"课题分别获得安徽省基础教育教学成果奖一等奖。

2. 外引内联,开拓视野

与外地市名师工作室(工作坊)联合开展教研活动、组织教师外出参加学术活动、邀请外地知名专家开展学术讲座等,是拓宽历史教师视野的重要途径。2019年,我们与芜湖市刘宏法名师工作室等联合举办"省内历史名师工作室联办学术沙龙及高端学术报告会",聆听了陈晓律教授关于世界史教学的答疑解惑、解光云教授的"新版中学教材中有关世界古代史教学的若干问题"学术报告。与滁州市林桂平名师工作室等联合举办"三市四地"名师工作室初中历史"同课异构"研讨活动。与上海市闵行区教育学院联合开展研训活动,组织40名初中历史骨干教师赴闵行区开展为期一周的研修活动：听讲座,进课堂,碰撞交流。邀请闵行区历史教研员陈艳老师带领骨干教师到我市,与蚌埠历史教师开展"同课异构"教学活动,名师教学展示,专家现场点评。邀请安徽省历史教学名师、芜湖市正高级教师朱启胜老师给全市45岁以下中青年教师开展教研论文写作指导专题培训;邀请芜湖市正高级教师李应平老师为全市40周岁以下年轻教师开展历史科研课题研究专题辅导。组织全市50名初高中骨干历史教师到东北师范大学开展研修活动,听取特级教师李惠军老师、朱煜教授的学术报告。我们还组织老师参加了在重庆举办的"中国教育学会历史教学专业委员会2019年学术年会"、在江苏吴江举办的"担当时代使命 探索教育智慧——《中学历史教学参考》创刊40周年纪念暨历史教育全国学术研讨会"、在溧阳举办的"第一届全国历史教学论坛"、在扬州举行的"第三届全国青年历史教师论坛"。一场场专业盛会,一道道学术大餐,充分展示了我国中学历史教学与研究的生机和活力,也为我们提供了难得的学习契机。

通过走出去、请进来,工作室成员紧跟历史教学改革的步伐,或承担教学展示,或参与教学研讨,或聆听学术报告,在锻炼中总结,在反思中提升。全市历史教师开阔了历史视野,提升了专业水平,活跃了教研氛围。

近年来,王昌成名师工作室共产生省特级教师3人,正高级教师2人,省教学成果奖一等奖3人次,市学科带头人3人,市教坛新星6人,全国历史优质课比赛一等奖4人、二等奖2人,省优质课比赛一等奖15人。1人参加国家级历史教材编写2本,6人次参加省编教材编写3本。2人参加安徽省高考命题,多人次参加安徽省中考、高中学业水平考试命题。苏峰老师还参编何成刚博士、赵剑峰老师共同主编的《历史课标解析与史料研习》系列丛书,颇受好评。工作室成员在赛课、命题、评价、课题研究、教材编写、论文写作等方面各有专长,形成团队力量,在全市历史教师中产生较好的辐射带动作用,也在省内外产生了一定的影响。

三、基于学科基地,开展深度教研

深度学习需要深度教学,深度教学要求深度教研。2019年9月,教育部高中历史学科基地(安徽)挂牌成立,笔者成为学科基地的成员。在主要负责人安徽省教科院副院长、历史教研员徐贵亮老师的带领下,笔者作为课题执行负责人,承担了学科基地的重要项目——"高中历史教研员专业研修课程的研究与开发"课题研究。为此,课题组组建了研究团队,开展了前期调查,围绕新时期教研员专业素养提升,研发历史教研员研修课程、研修模式和机制,为面向区域或全国开展历史教研员研修和交流活动,提高历史教研队伍的整体素质提供保障,以适应课程改革需求,并将在规定的研究时间内,形成研究报告和历史教研员学科研修课程文本材料。

笔者还参加了"普通高中基于历史学科核心素养的深度学习教学改进项目"研究,组织我市部分骨干教师围绕普通高中历史学科开展深度学习研究和实验。2019年10月,笔者有幸作为历史学科基地的代表参加了由教育部基础教育课程教材发展中心、经济合作与发展组织(OECD)联合举办的"基础教育课程改革与创新国际研讨会",了解了经合组织教育2030年项目,提升了对未来教育的发展方向的认识。聆听了北京师范大学郭华教授"'深度学习'的要点、关键与一般策略"等学术报告,深刻体会到开展深度学习的重要性、教师进行深度教学的必要性和教研员组织深度教研的紧迫性。在蚌埠二中60周年校庆之时,我们邀请了特级教师、正高级教师赵剑峰老师开设了一堂基于深度学习的示范课"新文化运动"。赵老师运用15则材料,设计了12个问题,不断追问、环环相扣,深刻阐释了"新文化运动何以发生""什么是新文化运动""新文化运动'新'在何处""如何评价新文化运动",示范性地展示了郭华教授所说的"深度学习的性质是教学中的学生学习,而不是一般的学习者的自学,必须有教师的引导和帮助"。此次基于深度学习的示范教学,给了全市历史老师以深度思考。蚌埠二中夏其干老师和蚌埠新城实验学校黄菁老师基于深度学习的教学课例"从'专制'走向'民主'的两个独特样本——法德民主政体的确立"和"戊戌变法",分别荣获2019年安徽省高中历史优质课比赛和安徽省初中历史优质课比赛一等奖。

教育部《关于加强和改进新时代基础教育教研工作的意见》明确提出:教研工作是保障基础教育质量的重要支撑。长期以来,教研工作在推进课程改革、指导教学实践、促进教师发展、服务教育决策等方面发挥了十分重要的作用。回望过去,我市历史教研取得了些许成绩,也留有遗憾;展望未来,我们的历史教研充满机遇,又任重道远。

(本文选自《中学历史教学参考》2020年第2期)

「历史教师要有真挚的教育情怀、先进的教育理念和厚重的历史学科知识，应勤于学习、肯于实践、勇于探索，在历史教学工作中为党育人、为国育才。」

吴波 北京教育学院丰台分院历史教研员，北京市特级教师，正高级教师。北京市教科院基教研中心历史学科兼职教研员，北京师范大学历史学院、首都师范大学基础教育研究院本科生和教育硕士研究生指导教师。曾参与教育部考试中心组织的中小学和幼儿园教师资格考试命题工作，教育部课程教材研究所组织的统编教材使用监测调研工作，北京市教育考试院组织的历史学科高考、会考、合格考试题命制和中考审题工作，北京市特级教师评选工作。在《课程·教材·教法》《历史教学》《中学历史教学参考》《中学历史教学》等刊物上发表论文40余篇，出版个人专著2部，主持或参与多项市级以上课题研究工作。

内引外联　助力发展

○ 吴　波

2019年,北京教育学院丰台分院中教研历史学科组5位教研员秉承研究、指导、引领、服务的分院教研工作理念,带领区内历史教师加强历史教学研究、实践和交流,促进了本区历史教学工作的发展。下面从加强内部研究和借助社会资源两个方面回顾过去一年的历史教研工作。

一、加强内部研究

(一)教研专题研究

丰台分院中教研历史学科组承担着区域内历史教学的研究、指导、引领、服务任务,只有不断提高教研员的业务水平才能更好地完成这一任务。每学期我们都会确定教研组组内的研究专题,开展研讨交流活动。

1.历史学科核心素养研究

2019年上半年,历史学科组确定的研究专题是"聚焦关键问题,落实核心素养",我们将这一专题分解为"核心素养本质研究""历史学科关键问题研究""核心素养与历史学科关键问题的关系""关键问题的解决路径""关键问题解决各环节中核心素养的落实"五个问题进行研究。

通过研究,我们认为历史学科核心素养是学生在历史学习过程中形成的价值观念、必备品格和关键能力。其中,"唯物史观"的本质是"科学理论","时空观念"的本质是"历史意识","史料实证"的本质是"证据意识","历史解释"的本质是"核心能力","家国情怀"的本质是"人文关怀"。历史学科的关键问题是引导学生形成对所学知识的认识,包括"事实判断""成因判断"和"价值判断","价值判断"是最高层次的认识。核心素养与历史学科关键问题是相通的,"历史解释"包括"描述史实"和"解释史实","描述史实"即进行"事实判断",引导学生依据史料,按照时空要素形成对史实的描述,蕴含"史料实证"和"时空观念"素养的培养;"解释史实"即进行"成因判断"和"价值判断",引导学生在概括史实特点的基础上,将史实放到特定的时空环境中考察,运用唯物史观进行解释,蕴含"唯物史观""时空观念"和"史料实证"素养的培养;"家国情怀"是在"价值判断"基础上形成的价值观念。在研究的基础上,我们绘制了历史学科核心素养逻辑关系结构图(图1),这一结构图有助于解决"关键问题的解决路径"和"关键问题解决各环节中核心素养的落实"这两个问题。

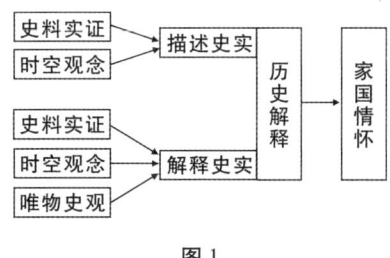

图1

历史学科核心素养逻辑关系结构图的制定,将历史学科核心素养与历史学科关键问题联系起来,有助于新课程背景下历史学科教学目标的制定,也有助于在历史学科教学中综合培养历史学科核心素养,解决历史教学中教师采用"贴标签"的方式将教学中的具体环节与某一素养对应,核心素养的培养缺乏整体性和综合性的问题。

2. 历史学科单元教学研究

2019年下半年,历史学科组确定的研究专题是"开展单元教学,培养历史学科核心素养"。

通过研究,我们将历史学科单元教学分为"单课渗透单元主题""单元复习""基于主题的单元教学"三种类型。其中"单课渗透单元主题"和"单元复习"是以往历史教学中常用的类型,一线教师已有一定的教学经验,而"基于主题的单元教学"是新一轮课程改革重点强调的类型,需要对不同课时的教学内容进行整合,我们重点研究了这一类型的教学。我们认为"基于主题的单元教学"(以下简称"单元教学")是以单元而不是以单课为单位开展教学,重要的是引领学生改变学习方式,以单元为单位开展探究学习。单元教学不同于单元复习,单元复习是在单课教学学生掌握了基本知识、基本结论之后的总结提升,单元教学是新课教学,要引导学生在新课学习过程中提升认识,培养素养。单元教学类似于单课教学,但有不同,单元教学是以单元为单位进行新课学习,单课教学的环节和思路(导入、新课学习、总结提升;讲述与探究)适用于单元教学;单课教学重视每节课内容,强调单元意识,单元教学重视单元整体。关于开展单元教学的作用,首先,单元教学可以提升学生的历史学科核心素养,因为"历史解释"需要多领域、宽视角、大视野,"家国情怀"需要形成宽广、厚重的人文关怀;其次,单元教学有助于引导学生以问题为中心开展探究活动,立足解决实际问题;再次,开展单元教学研究也是现实情况的需要,新教科书内容多,需要整合,历史必修课强调基础、主干,这些问题可以通过开展单元教学加以解决。我们通过研究,制定了历史学科单元教学的实施路径:确定单元主题、制定单元目标、规划单元结构、实施分层递进、进行总结提升。通过实践,总结出开展单元教学应该注意的 10 个问题:

(1) 合理规划内容,避免庞杂

(2) 不要面面俱到,非主干知识可由学生阅读

(3) 关注学生已知,可由学生讲述

(4) 注意教师讲述、讲解、纠正错误的作用和时机

(5) 注意问题的层次性和逻辑性

(6) 关注主题、环节与主题、环节之间的关系

(7) 注意基础性、现实性、应用性、综合性、开放性

(8) 注意知识、能力、情感态度和价值观的综合——素养

(9) 关注学科思想方法和生活经验

(10) 注意引导学生解决问题,聚焦问题解决

上述关于历史学科单元教学的研究,有助于提升教研员对单元教学的认识,指导和引领一线教师开展新课程教学。

(二)教学主题研究

丰台分院倡导"教研活动主题化",要求各学科确定每一学期的全区教研主题,依照主题开展相关教研活动。过去的一年,历史教研组带领一线教师在开展教学主题研究方面,进行了探索和实践。

1. 做中学史,活动育人

2019 年上半年,我们确定的丰台区历史教学研究的主题是"做中学史,活动育人",引领一线教师开展不同类型的学生活动,提升学生的历史学科核心素养和综合素养,发挥历史学科的育人功能。各校历史教师按照中教研历史学科组的安排,从课内和课外两个方面组织学生开展了学科活动。

在一线教师进行实践的基础上,2019 年 5 月,我们召开了"做中学史,活动育人"的学术沙龙活动。本次活动分为三个环节,第一环节由 7 位教师代表分为三组,围绕"课堂学

生探究活动""学生自学成果展示活动""地方课程实践活动"三个主题发言,3位组长点评;第二环节是参加沙龙活动的教师分为三组进行小组讨论、汇报交流;第三环节是教研室两位副主任进行总结。

本次活动的重点是第一环节7位教师的发言。在"课堂学生探究活动"主题发言中,北京十二中关文君老师和大成学校史玉梅老师分别介绍了自己在"玄奘西行"和"新航路开辟"两课教学中,引导学生通过预习提出问题(如下),以问题为中心开展探究活动的过程和体会。北师大四附中汤云丽老师以《改革教学方式,培养学生核心素养》为题,介绍了自己在"鸦片战争"一课教学中,通过创设情境,引导学生依据材料,开展"学生与学者对话""学生与历史对话"两个环节的活动,探究鸦片战争对中国社会的影响。

"玄奘西行"学生提出的问题

玄奘为什么要去印度取经?

玄奘为什么绕远去印度,而不直接去?

玄奘是否真的有孙悟空那样的徒弟?

玄奘在印度已是一个很有威望的法师,为什么还要坚持回国?

除了弘扬佛教文化,玄奘还有哪些贡献?

为什么要修建西安大雁塔?

《大唐西域记》和《西游记》有什么关系?

为什么玄奘能获得成功?

"新航路开辟"学生提出的问题

新航路开辟对于现在有哪些影响?

新航路开辟对百姓是好还是坏?

新航路开辟的意义,我应该从中学到什么?

新航路开辟与"一带一路"倡议有什么关系?

为什么要选择在那条道路上建立新航路?

新航路的开辟是给亚非等国人民带来了灾难还是促进了人类历史的进步?

新航路的开辟与全球化有怎样的关系?

新航路在哪? 与旧航路有什么区别?

新航路的开辟对世界、中国有何影响?

新航路开辟为什么有两种道路?

新航路开辟后世界发生了什么变化? 产生了怎样的影响?

在"学生自学成果展示活动"主题发言中,北京十中蔺晓辉老师以《学生历史课堂活动经验交流》为题,介绍了教学岳麓版选修教科书"中外历史人物评说"时,教师引导学生依据兴趣选择教科书中的历史人物,依据选择的历史人物组成小组,以小组为单位利用课余时间查找资料,进行历史人物研究,制作展示课件,在课堂上进行展示。东铁营一中郑丽萍老师以《先学后教、先学后导》为题,介绍了自己在教学中,如何依据本校"学本课堂"的教学规定,组织学生先自学历史教科书内容,梳理知识结构,生成问题,然后由教师在课堂教学中引导学生开展探究活动。

在"地方课程实践活动"主题发言中,长辛店学校王新华老师以《在历史教学中关照学生的综合素养》为题,介绍了自己在地方课程"回顾近代抗争历程——长辛店工潮"教学中,如何引导学生依据实际,在调查的基础上规划长辛店地区历史遗迹参观路线,培养学生的综合素养。东铁营二中刘耕老师以《转变教学方式,落实核心素养》为题,介绍了自己在进行地方课程"古史遗迹——大葆台西汉墓"教学中,通过开展"走进遗址,赏析文物""了解历史,回眸汉风""守护文物,传承文化"三个环节活动,组织学生将课外实践和课本内容相结合,探讨大葆台西汉墓的特点与历史和现实的关系,尤其是在第三环节的教学中,以"让文物活起来"为题,组织学生选定大葆台西汉墓中的一件文物,为该文物代言,阐述代言理由,并撰写代言词,引导学生感受文物价值,传承优秀传统文化,培养学生的家国情怀素养。

"做中学史,活动育人"教学主题研究活动发挥了一线骨干教师的积极性和创造性,对历史教学中如何有效开展学生活动进行了探索,有助于引领全区教师在教学中关注学生活动的设计和组织,培养学生的历史学科核心素养和综合素养。

2. 历史学科单元教学

2019年下半年,我们确定的丰台区历史教学研究主题是"历史学科单元教学"研究,并基于此开展了一系列研究活动。

除了前文介绍的在丰台分院中教研历史学科组开展教研员之间的研究交流外,2019年10月,吴波老师为全区历史骨干教师进行了"历史学科单元教学研究"的讲座,向与会教师展示了教研员之间的研究交流成果。该讲座梳理了关于历史学科单元教学的理论研究成果,界定了历史学科单元教学的概念和类型,阐释了开展历史学科单元教学的意义,规划了历史学科单元教学的结构和流程,指出了开展历史学科单元教学应注意的问题,并且以初中"汉武帝巩固大一统王朝"和高中"秦汉大一统国家的建立与巩固"两课为例,介绍了教学中如何具体进行历史学科单元教学。

按照中教研历史学科组的安排,全区以骨干教师为主体进行了历史学科单元教学实践。2019年12月,在丰台区历史教学研究会年会上,4位骨干教师进行了历史学科单元教学说课展示。北师大四附中贾广远老师将人教版《中国历史》七年级上册第11课"西汉建立和'文景之治'"、第12课"汉武帝巩固大一统王朝"、第14课"沟通中外文明的'丝绸之路'"三课按照内在联系整合为"西汉大一统王朝"一个单元,引导学生通过该单元的学习,认识西汉大一统王朝在中国历史上的地位和对今天的影响。北京市十二中姜欣老师将北京版初中历史九年级上册第7课"法兰克王国"、第8课"西欧封建制度"、第9课"中世纪的城市"、第10课"中世纪的大学"4课内容整合为"中世纪的西欧"一个单元,分为"西欧封建社会的形成""西欧封建社会的发展""对西欧封建社会的认识"3课时进行教学,蕴含了从史料到史实、从史实到解释、从解释到情怀的认知逻辑,体现了对教学内容的深度融合。东铁营一中贾广勇老师介绍了使用统编版教科书《中外历史纲要》第15课"明至清中叶的经济与文化"一课教学时,如何从单元的角度进行分析,将本课内容与单元内第13课"明至清中叶的政治"和第14课"明至清中叶中国版图的奠定"建立联系,从单元的角度设计学生活动,引导学生认识本课内容在单元整体中的地位,加深学生的历史认识。丰台二中陈长锁老师介绍了"古代中国儒家主流思想的演变"的教学设计,他对单元主题进行了如下分析:

从整体上看,本单元主题的主要内容是儒家思想的内容及其演变轨迹,从演变轨迹可体悟其逻辑理路:(1)从学术思想到政治思想。从春秋晚期儒家学说诞生时,仅是作为一种学术思想存在。战国时期,在与"百家"思想的辩难与论战中,发展到"仁政"和"礼治",使儒家思想成为一种能为统治者重视的政治思想。(2)从政治思想到统治思想。西汉董仲舒以儒家思想为中心,沿袭阴阳、法、道、墨等诸家思想,"霸、王道杂之",在吸取各家各派之长的基础上,提出了"大一统"和"君权神授""天人感应"这几个对其确立独尊地位至关重要的观点。汉武帝推行"罢黜百家,独尊儒术"的政策,儒家学说的主导地位从此得以确立。(3)从政治理念到哲学命题。在更多吸收了佛、道因素以后,宋明理学作为儒学发展的一个阶段,吸收借鉴佛教与道教的形而上学,建构儒学的伦理道德形而上学;借鉴佛道二家的传教谱系,创立儒家学说的传道体系,即儒学的"道统";把佛、道的禁欲主义思想吸收进来,把它作为理学的核心思想,提出了"存天理,灭人欲"的道德主张。儒学越来越哲学化了。(4)从官方哲学到衰落嬗变。明清以后,儒学思想日渐僵化,与世界进步潮流格格不入,日益成为社会发展的桎梏。以黄宗羲、顾炎武、王夫之为代表的进步思想家对儒学进行了批判性继承。从鸦片战争到中华人民共和国成立,被尊、被利用、被抨击、被吸收,直至失去其统治地位。中国传统儒家思想的总体特点是:第一,重伦理政治思想,少自然哲学;第二,重辩证思维少实证研究;第三,重

"天人合一";第四,重托圣人而立言,少独立见解;第五,相互批判、借鉴、继承、交融是儒家思想发展的基本方式。

基于以上对课标要求和内容理路的分析,结合单元主题关键词"演变",可以提炼出本单元主题的主旨核心:时代的变化促成不同时期儒士的文化担当及价值追问。经济政治的变化,影响意识形态的变化,使儒家学说在不同时期呈现出不同面貌。一种思想要想经久不衰,必须迎合时代需要,不断进行相应调整,才能永葆生机与活力。春秋以来,儒士扮演了孔子所说的"士志于道"的社会改造者和批评者的角色。"以天下为己任"是儒士不变的追求。当社会秩序不按"道"运转时,儒士或进入朝堂投身政事以求力挽狂澜,或虽处江湖之远而不忘批判社会、诊断社会痼疾的责任,随之带来不同的社会影响。

上述分析阐释了中国古代儒家思想的特点和内在的联系,很有深度,确定的单元主题不仅可以引领学生对所学知识形成深刻的认识,而且蕴含了对学生家国情怀素养的培养。

通过开展历史学科单元教学研究和实践,提升了一线教师对单元教学意义和作用的认识。骨干教师在实践中摸索出的思路方法对全区教师开展单元教学提供了有益的启示。

3. 备考策略研究

在中学历史教学中,中高考备考策略研究是一项十分重要的内容。2019年中教研历史学科组带领全区教师研究了复习思路、解题思路、命题发展趋势等备考策略方面的内容。

在总结以往经验的基础上,我们提出的初高三历史复习思路是"知识结构化""概念清晰化""能力程序化""认识深广化""学习活动化"。"知识结构化"指的是在进行单元复习和专题复习时,通过引导学生梳理知识,寻找知识之间的联系,形成知识结构。"概念清晰化"指的是对于重要的历史概念要将其分解为关键要素,清晰概念的构成,例如"家庭联产承包责任制"可以分解为"生产资料所有制"(土地归集体所有)、"生产经营方式"(分户经营、自负盈亏)和"分配方式"(交足国家的,留下集体的,剩下都是自己的);对于重要的历史结论要知道其依据是什么。"能力程序化"指的是要清楚各项能力考查背后的方法和解题程序。"认识深广化"指的是要引导学生从时代和历史长河中认识所学历史知识的地位和价值。"学习活动化"指的是在进行中高考复习时,不能单纯进行知识讲授,要涉及学生活动,提升学生的历史学科能力和素养。除此之外,我们还提出在备考时要关注学生,特别是关注学生的需求,研究学生的需求,以学定教,依据学生的需求调整备考策略。为此,2019年秋季我们设计了初高三学生历史学习调研题(如图2),组织初高三历史教师进行调研,梳理学生的经验和困惑,在教学过程中注意推广学生的经验,解决学生的困惑。

在解题思路研究方面,我们将历史学科试题考查的能力分为"基本能力"和"高阶能力"。基本能力分为"获取有效信息""概括""比较""说明""解释(分析原因、推断目的、推论影响)";"高阶能力"分为"建构""考证""论述(评价、评析、解读、论证)""探究","高阶能力"是"基本能力"的综合运用。在此基础上我们研究了与各项能力相关的试题解题思路。例如,关于"评价",第一,要从材料中获取有效信息,进行概括,明确评价对象;第二,要"历史地评价",即将评价对象置于当时的历史条件下考察,需要分析历史背景;第三,要"辩证地评价",既要一分为二地看问题,还要发展地看问题;第四,要上升到总体认识。

> **初高三年级学生历史学习调研题**
> 一、历史学习
> 　1.你平时在课堂上是如何学习历史的?
> 　2.你平时在课下是如何复习历史的?
> 　3.你上课记笔记吗?你在历史学习中经常与同学讨论问题吗?
> 　4.在历史学习中有了问题,你会怎么办?
> 　5.你希望历史老师在课堂上如何教学?
> 　6.你在历史学习中有哪些好的学习方法?
> 二、历史考试
> 　1.你做历史选择题时常常遇到的困惑是什么?
> 　2.你做历史非选择题时常常遇到的困惑是什么?
> 　3.你希望老师在解题方面提供哪些帮助?
> 三、总体意见
> 　你在历史学习中有哪些意见或建议,请写下来。

图2

在命题发展趋势研究方面,我们组织教师研究了2019年的中高考试题,总结了中高考试题发展趋势。上图展示的是初中教师在中考研讨会上进行中考试题特点和命题发展趋势分析。2019年,北京卷历史试题的新变化体现在第37题第(3)问上,为此我们组织教师进行了专门研究,丰台二中陈长锁撰写的《在解决问题中发现新问题——评析2019年北京卷第37题第(3)问》一文发表在《中学历史教学参考》(上半月·综合)2019年第7期上,吴波老师撰写的《聚焦解决问题能力　蕴含高考改革理念——2019年高考北京卷第37题评析》发表在《中学历史教学参考》(上半月·综合)2019年第11期上。此外,本年度我们还研究了恢复高考以来历史学科高考试题的命题发展趋势,总结了2014年高考改革以来全国卷和北京卷历史试题的特点和新动向,由本区教研员和一线教师吴波、孙楠、郭燕红撰写的《高考命题改革背景下历史教学中的关键问题》一书由中国青年出版社出版。

通过研究备考策略,提升了一线教师对中高考命题特点和发展趋势的认识,使得教师在引导学生进行备考复习时有章可循,增强了中高考复习的时效性,也对改进历史教学、推动课程改革的深入起到了指导和引领作用。

二、借助社会资源

(一) 加强与高校合作

近些年来,丰台区历史教学界加强与北京师范大学历史学院、首都师范大学基础教育研究院等高校单位合作,利用高校资源助力本区历史教学水平不断提高。

近五年来,丰台区与北京师范大学合作进行"基于学生核心素养培养的教学方式与学习方式的实践研究"项目,丰台分院中教研历史学科组与北师大历史学院共同承担历史学科的研究工作。每学期由丰台分院中教研历史学科组选定一所实验校,与一线历史教师共同商定研讨课题目,由北师大历史学院派出专家与丰台区历史教研员共同指导实验校历史教师备课。研讨课按照北师大历史学院制定的历史学科能力(包括"学习理解""实践应用"和"迁移创新"3个层次、"识记""说明""概括""比较""解释""评价""建构""考证""探究"9个要素)及历史学科核心素养进行教学设计,特别是设计课堂上的学生活动,探索历史学科核心素养的培养的实施途径。2019年上半年和下半年我们选定的实验校分别是东铁营一中和航天中学,这是两所基础相对薄弱的学校,通过前期5次以上的集体备课,分别于2019年5月和11月在两所学校分初高中上了11节研讨课,北师大历史学院李凯老师进行了现场指导和点评。这两次活动提高了两所学校教师的历史教学水平,提升了丰台区历史教师对基于历史学科核心素养培养的历史教学设计和实施的认识。

带领一线教师参加高校召开的学术会议是我们提高教师素养的重要方式。2019年11月2—3日,丰台区历史教研员和一线历史教师共50余人参加了北师大历史学院召开的第二届"全国高等师范院校历史教师教育论坛",吴波老师在论坛上做了《基于学科能力测评的初中历史教学改进策略——以"评价北宋加强中央集权"为例》的专题发言,并对研究生的开题报告进行了点评。2019年11月29日,丰台区历史教研员刘婧老师带领柏秀秀、马瑞汝两位一线教师参加了首师大基础教育研究院召开的"历史教育首师论坛",三位老师在论坛上分别做了《基于目标模式的博物馆课程开发的探索研究》《大葆台实践活动手册研发》《大葆台实践活动手册的探索与实施》的主题发言,介绍了丰台区利用博物馆资源组织学生开展社会实践活动的经验。此外,我们还带领一线教师参加了2019年12月28—29日在首都师范大学召开的"'新课标、新教材、新教法、新高考'高中历史教学研讨会",以及其他一些学术会议,开阔了教师的视野,增长了见识。

在与高校合作的过程中,丰台区的历史教研员和一线教师还参与到高校的课题研究和师范生培养工作之中。2019年丰台区四位历史教研员和几位一线教师参与了北师大高精尖项目的文本研究和研讨课指导工作。2019年暑假,丰台区历史教研员吴波老师和长辛店学校王新华老师为北师大历史学院在职硕士生作了两次关于如何设计和录制历史微课的讲座。2019年12月,吴波老师参加了北师大历史学院公费师范生教学片段的点评工作。在北师大历史学院承担的《中国考试》专题约稿写作任务中,长辛店学校王新华老师撰写的《基于学科能力的中考历史试题命制与教学启示》、吴波老师和北京十中尹红老师撰写的《基于学科能力测评的初中历史教学改进策略》两篇论文发表于《中国考试》2019年第8期。

加强与高校合作,为丰台区教研员和一线教师提供了有力的学养支持和展示平台,提高了教研、教学水平,促进了丰台区历史教学的发展。

(二)实现馆校间合作

充分利用博物馆资源,开展教师培训和学生社会实践活动,实现馆校间的合作是丰台区历史教研和教学工作的重要特色。每年春季,我们都借助北京教育学院的支持,组织教师到博物馆和历史遗址进行参观考察。2019年4月17日,我们组织丰台区历史教师80余人到北京市房山区琉璃河西周遗址博物馆和琉璃河古石桥开展教学考察活动。为了使活动更有成效,我们将参与活动的教师分为4个小组,建立小组微信群,并制作学习任务单发给老师,要求教师按照任务单的内容,边参观,边记录,并且结合博物馆资源进行反思,将反思发送到微信群中,由组长整理上交。这项活动受到教师的欢迎,有教师在反思中说:"文物承载了历史的记忆,更展现了古人的审美与智慧,伯矩鬲中的纹饰来源于生活又体现周人丰富的想象力,手工铸造业发达,在了解文物中学习文化,深入感悟传承的意义。"还有教师在反思中写道:"'鼎天鬲地,授命北疆'成就了一座城,分享给我们一段段史事。无声的文物道尽了古人的勤劳与智慧。"

组织学生开展社会实践活动是北京市初中历史教学的重要内容。丰台区拥有丰富的博物馆和历史遗址资源,如大葆台西汉墓博物馆、长辛店二七烈士纪念馆、中国人民抗日战争纪念馆、宛平城、卢沟桥等,北京市的博物馆和历史遗址资源就更多了。长期以来,丰台分院历史教研员指导和引领一线教师,充分利用这些资源,实现馆校间的深度合作,合理设计活动内容,组织学生有效开展历史学科社会实践活动,尤其是与大葆台西汉墓博物馆和中国人民抗日战争纪念馆实现了深度合作,共同开发了一系列适合学生发展的社会实践活动。2019年,我们在区内资源利用方面重点研究了大葆台西汉墓博物馆资源的开发和利用,在先前与博物馆共同开发出的一系列活动的基础上,教研员刘婧和吴波老师与博物馆工作人员带领一线教师共同研究制定了《大葆台西汉墓博物馆实践活动手册》,下发到各初中校,一线教师组织学生依据手册内容到大葆台西汉墓博物馆开展活动。为了实现馆校间的深度合作,2019年,我们还与大葆台西汉墓博物馆一同研究了馆藏文物与中学历史教学的融合,在博物馆的支持和帮助下,组织教师将馆藏文物应用于初中历史教学。图3展示的是北京教科院附属丰台实验学校马瑞汝老师在进行"汉武帝巩固大一统王朝"一课教学时,左侧列出大葆台西汉墓博物馆的馆藏文物,右侧列出适于研究的内容,组织学生进行连线联系,增强了教学的实效性,发挥了馆藏文物的教学和教育功能。

考古发现	适于研究的内容
大葆台西汉墓的"黄肠题凑"	汉代服饰文化
大葆台西汉墓的殉葬车马	汉代手工业状况
大葆台西汉墓的墨玉舞人	汉代舞蹈艺术
大葆台西汉墓的渔阳铁斧	汉武帝巩固大一统
大葆台西汉墓的五铢钱	汉代帝王丧葬制度
大葆台西汉墓的漆器与丝织品	汉代雕刻艺术

图3

2019年,我们在丰台分院课程发展中心的支持下,由历史教研员刘婧老师负责,加强了与故宫博物院的合作,组织教师利用故宫博物院的资源开展社会实践活动。2019年12月25日上午在北京教育学院丰台分院建欣苑校区,召开了"有界之外,跨界之美"——故宫"有界之外"展览教师工作坊项目案例总结交流会,故宫博物院宣传教育部李颖翀、王可心,丰台分院的领导、教研员以及丰台区各校的主管领导和相关教师出席了本次交流会。会上,丰台区的历史教师刘亚莉、张硕、曹亚芳、张涛、刘耕分别以《探寻卡地亚的中国情缘,感受中西方的和谐之美》《有界之外,感受中西方艺术隽永之美》《基于博物馆资源的综合实践活动中学生核心素养的培养》《有界之外,无限精彩》为主题,汇报了利用故宫博物院资源组织学生开展社会实践活动的情况和体会。与故宫博物院的合作拓展了丰台区历史教研馆校合作的领域,为教师和学生的发展提供了更加广阔的空间,促进了历史学科社会实践活动的深入开展。

以上是2019年丰台区历史教研工作的回顾,历史教研工作千头万绪,实际的内容还有很多。从上述回顾可以看出,在过去的一年中,丰台分院中学历史教研组内引外联,带领区内历史教师加强研究、实践和合作交流,助力历史教学工作不断发展,取得了一定的成绩。前路漫漫,我们将不断求索,以期明天更美好。

(本文选自《中学历史教学参考》2020年第4期)

「广泛阅读，勤于思考，善于表达。独立评判，同情理解，求真求是。做有思想、有情怀的历史老师。」

徐灿华 马鞍山市中学历史教研员，中学高级教师。人民教育出版社历史学科教材培训专家，安徽省历史教学专业委员会理事。先后获马鞍山市"学科带头人"、安徽省"优秀教研员"等荣誉称号。主持省市级教育规划课题多项，在国家级学术期刊《历史教学问题》《中学历史教学参考》和省级学术期刊《中学历史教学》等公开发表学术研究论文多篇，出版学术专著——《第二次创作——中学历史教学内容的整合研究》一部。

「在教育的道路上，请时刻铭记自己的初心——传承历史、启迪智慧、培养人才。无论遇到多少困难和挑战，都要保持坚定的信念和不懈的努力。相信在我们的共同努力下，历史教育一定会迎来更加美好的明天。」

刘静 马鞍山市教育科学研究课题指导与鉴定专家，马鞍山市县区社科联专家库成员，马鞍山市高中历史学科命题组成员，含山县刘静初中历史名师工作室主持人，含山县优秀教研组长，现任含山县第三中学教科室副主任。优质课、论文多次在省市级比赛中获奖，主持省市级课题4项，在《中学历史教学参考》《中学历史教学》等刊物发表文章50多篇。

「作为历史教育的先锋，我们肩负着以仁爱之心培育下一代的重任。我们应以深厚的历史学识为基石，培育学生的思考能力，激发他们对历史的深刻洞察。与时代同步，引导他们成为具有社会责任感的新时代公民。我们的使命，是让教育成为连接过去与未来的桥梁，让学生在历史的光芒中汲取智慧，同时照亮他们通往未来的道路。」

苏兴城 高级教师，马鞍山市骨干教师，含山县教坛新星，安徽省基础教育"三评一赛"项目评审专家库成员，马鞍山市历史学科核心命题组成员，现任安徽省含山县第二中学政教处副主任。先后获得"市先进班集体""县先进班集体""县优秀团支部"等荣誉称号4次；曾获省市级高中历史优质课一、二等奖多次；在国家级和省级教育类学术期刊发表论文近20篇，主持省市课题5项并顺利结题3项，2项省级课题在研。

厚积薄发 干霄凌云
——基于学科教研的教师专业成长

○ 徐灿华 刘 静 苏兴城

教师专业成长必经三个阶段,即从站上讲台到站稳讲台,再到站好讲台。其中,学科教研是教师由初级阶段向高级阶段晋升的重要桥梁,是教师专业发展的助推器。2019年底,教育部《关于加强和改进新时代基础教育教研工作的意见》明确指出:"教研工作是保障基础教育质量的重要支撑。长期以来,教研工作在推进课程改革、指导教学实践、促进教师发展、服务教育决策等方面,发挥了十分重要的作用。"《人民教育》也发表社评文章《教研强则教育强》,指出:"历史和实践证明,加强教研工作是我国基础教育的优良传统,是办好中国特色、世界水平基础教育的重要依靠。"教而不研则浅,研而不教则空。一线教师不仅要立足教学,还需基于学科教研的专业引领,不断提升自我。近年来,马鞍山市中学历史学科积极搭建平台,通过开展专业阅读、磨课磨题、同课异构、关注核心素养、开展专业反思等,引领学科教师朝着专业发展方向不断前进。

一、基础——用心阅读

何成刚老师说过:"提高历史教师的史学素养,最重要的途径,就是要重视和加强史学阅读,努力做到密切关注史学的最新发展,广泛吸取史学研究成果,及时了解史学界关于相关历史教学内容的新观点、新论述、新材料,基于历史课程标准、历史教科书和学生的实际情况,将史学研究成果、优质史学资源与历史教学进行深度融合。"[1]史学阅读,是学科教研工作的基础。如果没有阅读,很难拓宽视野并了解最新的学术研究动态。

我市历史教研员徐灿华老师要求团队所有成员每年都要订阅《中学历史教学参考》《中学历史教学》《历史教学》《历史教学问题》等专业期刊,并强调要坚持阅读。在期刊阅读中,教师要多思考,将相关认识记录下来与同仁分享、交流。例如,含山三中刘静老师与沈玮志老师在阅读《中学历史教学参考》2019年第6期刊载的《艺术史教学的思路与突破——以人民版必修三"中国古代的艺术——书法"为例》《时空流动下的宏观发现——历史思辨教学在"赵氏孤儿"案例中的运用》两篇文章后,就如何在思想文化史领域培育学生的时空观念素养有了很多想法。2019年底,刘静老师与沈玮志老师将其所思撰写成文《微观深入 宏观剖析——例谈历史时段特征的有效把握》,发表在《教学考试》上。近期,大家认真研读专业期刊,发现项目式学习、统编初高中历史教学的衔接、单元教学、劳动教育等成为最新的学术热点,并围绕这些主题积极进行理论学习与实践探索。马鞍山市历史教研团队就如何在历史教学中渗透劳动教育进行了一段时间的研究,也有研究成果见刊。

除期刊以外,教研员还要求团队成员研读学者专著,探讨自己对专著中观点的认识及其对中学历史教学的价值。例如,在研读张德刚《从晚清到民国》一书后,团队成员对中国近代历史有了一些新的见解。诸如,太平天国运动的兴起与五口通商的关系,"门户开放"政策的始作俑者与最终命运等。基于以上深度阅读,教师更加深刻地认识到鸦片战争与太平天国运动之间的关联以及近代西方列强侵略中国的本质。读完孔飞力《叫魂:1768年中国妖术大恐慌》一书后,团队成员一致认为可以将其内容与中国古代史的教学紧密结合。大量阅读促进团队成员快速成长,如马鞍山市二十二中周桃正老师研读张国刚《唐代藩镇研究(增订版)》之后,在《历史教学》(上半月刊)发表文章《藩镇都是割据的吗?——2018年高考全国Ⅰ卷文综第25题的教学启示》;含山二中葛俊超老师在大量专业阅读后,对汉朝历史有了更全面的认识,目前他已出版《西汉风云之大风起兮》《西汉风云之长乐风雨》等著作。

二、关键——精心上课

无论是常态课还是公开课,我们学科教研团队都提倡要做到精心备课、精心上课。在备课中,思考如何上好一节课,如何在一节课中有效确立"课魂"并涵养学生的历史学科核心素养。围绕这些问题,教研员徐灿华老师多次组织各种优质课、公开课、示范课活动,成效也较为显著。每次活动结束后,要求教师多关注细节,多思考自己的得与失。只有这样,我们才能在教研中不断成长。此外,教研员也积极指导青年教师参加省级、国家级优质课比赛,在摸爬滚打中不断成长。至今,安徽工业大学附中曾杰等多位老师获得过全国历史优质课大赛一等奖,马鞍山二中刘和妍等老师多次获得省历史优质课大赛一等奖。

例如,设计人教版高中历史必修2第4课"古代的经济政策"时,教研员指导青年教师将"国家政策的变化"作为教学立意,具体从"因时而化""时移世易""逆时而动"三个方向对教学内容进行重新架构。在史料解读中,学生的时空观念、史料实证等素养得到了发展。难能可贵的是,通过对课堂主旨的升华,让唯物史观素养在课堂中"落地生根""开花结果"。

又如,在一次优质课比赛备赛时,教研团队成员选用的课题是人教版高中历史必修2第21课"二战后苏联的经济改革"。大家集思广益,通过对教学内容的分析,将课程内容重新整合为三个子目:专家会诊找病因——改革的背景,对症下药开处方——改革的内容,新药治病看疗效——改革的评价。如此设计,既符合学生的认知逻辑和历史发展逻辑,又有利于学生厘清知识线索。通过层层设问,学生最终也意识到生产力与生产关系之间的辩证关联性。

2020年秋季起,安徽省开始使用统编版高中历史教科书。在使用过程中,我们发现了很多棘手问题,尤其是课程内容多与课时有限的矛盾。对此,围绕统编版教科书的教学,教研员一直鼓励团队成员要敢于在全体同仁面前"试水"。在切磋交流中,大家才能更好应对以上挑战。2020年10月,在市教科院组织下,含山二中苏兴城老师和安徽工业大学附中曾杰老师分别执教《中外历史纲要(上)》的"辽夏金元的统治"和"辽宋夏金元的经济与社会"。苏老师尽管在有限时间内完成了教学任务,但在辽夏金元的政权更迭部分耗时过多,导致讲述辽夏金元制度建设时只能轻描淡写;针对课标要求中的"认识北方少数民族政权在统一多民族封建国家发展中的作用",他呈现了不少新史料,只是限于时间,史料价值挖掘利用稍显不足。曾老师基于唯物史观对教科书内容进行整体设计值得肯定,但由于对农业、手工业的发展和商业、城市的繁荣处理过细,课堂教学任务未能按时完成,多少令人有些遗憾。

通过观摩近几次高中历史教学活动,我们找到了问题的症结所在。就课堂中暴露出的种种问题,试图提出一些解决对策。另外,在全市开展"初、高中同课异构"活动,让一线教师意识到初高中历史教学的关联性以及二者的差异性,并提出关注学情(了解初中历史教学)、研读课标(比较初高中课标要求的差异)、删繁就简(利用表格归纳法等)、重视大概念教学等教学要求。

三、拓展——尽心命题

教师只会上课是远远不够的,还要尝试命制原创试题。命题会促使我们加强专业阅读,加深对课程内容的思考,深化对中高考命题趋势的认识。所以,原创试题命制是教师进行学科教研不可或缺的一项。作为马鞍山市中学历史学科命题组核心成员,教研员徐灿华老师要求每一次统考试卷都需由命题教师原创命制,也曾多次组织教师参与原创命题比赛活动。在命题中,要求教师多思考试题的立意、考查视角、关键能力与核心素养。要想命制好的试题,我们认为需要在以下几方面下足功夫。

其一,研究历年试题。教育部考试中心原主任刘芮认为:"往年的试题是精雕细琢的产物,它反映了对考试内容的深思熟虑、对设问和答案的准确拿捏、对学生水平的客观评判。研究这些试题,就如同和试题的命制者对话。"通过研究试题,我们才能明确考试方向,知晓教学备考的重点所在。否则,命制的试题难以发挥多少价值。在研析历年试题后,团队发现有关美苏"冷战"在思想文化领域的渗透在高考试题中已出现数次,如2016年全国卷Ⅱ第35题考查美国政府机构在20世纪50年代中期支持演唱家海外巡演的主要目的。有鉴于此,团队教师命制了如下试题:

例1 1953年,美国好莱坞曾拍摄科幻影片《来自火星的入侵者》。它描述了外星人入侵美国,给人们带来的不仅是纯粹的物质破坏,还对人的身体和意识进行了渗透,将人变成没有情感和灵魂的奴隶。据此可知

　　A. 布雷顿森林体系趋于瓦解　　　　B. 世界政治格局制约艺术内容
　　C. 美国霸主地位开始动摇　　　　　D. 现代主义艺术作品得到发展

参考答案:B

例2 二战后初期,美国在纽约建立了林肯表演艺术中心。它采用现代主义建筑的自由风格,目的是向全球宣传美国的自由观,并展示美国文化的纯熟,以增强美国在全球的感召力和影响力。由此可见

　　A. 冷战思维影响城市建筑风格　　　B. 美国重视对外文化艺术交流
　　C. 美国尚未处于世界霸主地位　　　D. 文化交流已呈现全球化趋势

参考答案:A

再看,2019年全国卷Ⅲ第34题:

1947—1948年,美国部分印第安人部族面临饥荒,美国政府拒绝提供救济,因为有人指控他们部族公社的生活方式是共产主义式的而不是美国式的。这反映出

　　A. 三权分立体制存在重大缺陷　　　B. 意识形态影响政府政策
　　C. 执政者力图重塑国家精神　　　　D. 国家对经济的干预加强

参考答案:B

尽管上述原创试题和2019年全国卷Ⅲ第34题呈现的材料和命题切口不尽相同,但实质上都是考查美苏"冷战"在相关领域产生的影响。所以,研究历年真题是命好题的第一步。

其二，加强专业阅读。正如前文所言，阅读非常重要。除了直接将这些新观点呈现给学生外，我们还可以将其转化成试题。例如，许倬云《万古江河：中国历史文化的转折与开展》和于琨奇《秦汉小农与小农经济》两书认为小农经济在一开始并非"男耕女织"这一模式。所以，团队教师命制了如下试题：

西汉时期多数农妇需终日忙于田地耕作，穿衣等日用品依赖于市场。至东汉时，各地农妇专心从事于纺织才成为可能。以上变化最能说明

A. 自然经济兴起于东汉时代　　　　B. 生产力发展推动家庭内部分工
C. 妇女社会地位呈下降趋势　　　　D. 土地兼并导致农民土地的减少

参考答案：B

其三，反复打磨试题。高水平的命题团队在命题方面要分工明确。试题成形后，需多次反复磨题，全面考量试题的价值大小、科学与否和难易程度。回顾命题过程，每一道试题都会从一开始的稚嫩不断变换模样，直至试题以较为完美的姿态展现给广大师生。尽管工作异常艰辛，但团队成员从中获得了长足进步，如刘静、苏兴城等老师已多次受邀参与全国各大名校联考试题的命制工作。

四、深化——潜心研究

美国心理学家波斯纳曾提出教师成长公式：成长＝经验＋反思。北京师范大学林崇德教授也曾提出："优秀教师＝教学过程＋反思"。所以，反思对于教师专业发展尤为关键。教学之余，教研员鼓励学科团队要加强与同行之间的交流，及时反思，深入研究。例如，针对古代官营手工业产品是否面向市场这一问题，不少教科书持否定态度，我们团队成员在详细交流的基础上查阅文献，认识到古代官营手工业中也有部分多余产品是面向市场销售的。就此，龚光华、刘静老师撰写论文《教科书知识厘正补遗摭谈——由一道"中国古代手工业"选择题说起》，发表在《中学历史教学参考》2020年第6期。又如，如何在高三历史复习中实施"思辨式"教学，团队成员积极探讨。之后，徐灿华与葛俊超老师在《中学历史教学参考》2020年第7期发表论文《"思辨式"历史教学的实践探索》。

我们还就教学中的困惑和不足展开系统性的课题研究。例如，核心素养的培育可以通过多种方式进行，团队成员认为开发利用乡土资源是培育学生历史学科核心素养的重要途径之一。有鉴于此，团队于2019年底申报了马鞍山市教育规划课题"基于乡土资源的高中学生历史核心素养培养研究"。同年，针对高中历史新教科书的使用，团队成员又积极申报了市级课题"指向核心素养的高中历史学科作业设计研究"。通过近一年时间的实践探索，两个课题组目前已硕果累累，周桃正、陈继俊等老师已在《中学历史教学参

考》等期刊发表多篇论文。另外,团队成员从信息技术视角另辟蹊径,于2020年下半年申报了省级课题"基于微课资源涵育初中学生时空观念素养的实践研究",现已获得省级立项。

  当然,学科教研工作要想取得丰硕成果,还需将"引进来"和"走出去"相结合,走理论引领之路。近年来,马鞍山市曾多次邀请专家进行高端引领,他们精彩纷呈的报告给一线教师的专业发展指明了方向。我们每年都会组织学科教师参加中学历史教学参考编辑部、中国教育学会历史教学专业委员会等主办的大型历史教研活动。通过参与学术沙龙、名师讲座、观摩名师示范课等形式,团队成员得到了更快成长。

  有教研专家曾经说过,学习能力是所有能力发展的基础,教学能力是每位教师的基本功,教育能力是教师成熟的必修课,教科研能力是教师专业成长的翅膀[2]。草木蔓发,春山可望。要想飞得更高、更远,应全力以赴做好学科教研工作。唯此,一线教学和基础教育才能更好、更快地发展。

---

[1] 何成刚.史学阅读与微课设计:史料教学的理论与实践[M].北京:北京师范大学出版社,2015:1.

[2] 王必闩.向青草更青处漫溯:2019年学科教研工作行与思[J].中学历史教学参考(上半月·综合),2020(1):31.

(本文选自《中学历史教学参考》2021年第2期)

> 青年历史教师，应以教育家精神为引领，立大志、立远志、立常志。"为学之本，莫先读书"，唯有广袤的阅读和基于"课堂教学根本逻辑和根本价值"的生动实践，方能铸牢专业成长的基石，方能超越实然、臻于应然！

高建文 成都市成华区教科院中学所所长，成都市学科带头人，正高级教师。人教社聘请的统编教材培训专家，四川师范大学、西华师范大学硕士生导师，成都市历史学会常务理事。获四川省人民政府普教成果一等奖，发表教育教学论文40余篇、副主编国家级教材3部、参编省级地方教材1部。

回归原点:注重学科思维与课堂品质

○ 高建文

问题与目标

"当今历史教学中,空前丰富的教学资源、五花八门的教学理论、层出不穷的新技术新方法,令人目不暇接"[1],事实证明,现代技术和海量信息是教学中的"双刃剑",给课堂打上"现代性"标签的同时,也易导致舍本逐末。对此,学界和国家顶层设计皆有明确表达。裴娣娜教授认为,"教学改革与创新无论选择何种路径、采取何种方式,它最终都会回到课堂教学的原点上来,回到课堂教学的根本逻辑和根本价值上来"[2]。《关于深化教育教学改革全面提高义务教育质量的意见》以一级标题形式强调应"强化课堂主阵地作用,切实提高课堂教学质量";《关于新时代推进普通高中育人方式改革的指导意见》提出了"深化课堂教学改革"的任务。这些正本清源的表达都指向了"课堂"。什么样的课堂能担负立德树人使命,什么样的课堂能有效培养学生核心素养,什么样的课堂能促进学生全面、个性、持续发展,这些重大命题为区域研训指明了方向。为此,2020年寒假前,我们组织学科中心组核心成员开展了一次小型座谈,旨在厘清问题,找到解决问题的办法。座谈会上,大家重温近年中共中央、国务院、教育部颁发的教育改革系列文件精神,结合观课、磨课的所见、所思畅所欲言,对日常教学中降低课堂品质的高频行为进行了较为系统的梳理(表1)。

表1 日常教学中降低课堂品质的高频行为

环节	问题
教学准备	1. 不了解教学内容关涉的学术动态,对教科书引入的史学新成果不敏感 2. 教学内容整合差,缺乏大单元备课意识 3. 学科核心素养目标预设过多

续表

环节	问题
教学实施	1. 工具繁多,内容过于饱满,节奏过快,氛围压抑 2. 堆砌史料,"实证"变"印证" 3. 关注事实性知识,忽视方法性知识、价值性知识 4. 演绎多、归纳少,有违"论从史出、史论结合"原则 5. 问题结构良好,低稚化倾向明显,思维含量低、思辨性不强 6. 标语式、口号式培养家国情怀,意义建构乏力
教学评价	1. 学业质量水平层级模糊 2. "答得好""OK""鼓掌"等表层评价多 3. 重史实记诵,轻思维发展、素养形成

上述行为,要害就是学科思维贫瘠、课堂品质不佳,前者是因,后者是果,致使课堂教学质量差强人意。那么,如何改变呢?大家一致认为发展反映历史学科本质属性和思想方法的学科思维和提升课堂品质是"关键环节"。我们决定在新学年以"发展学科思维"为"矢",以"提升课堂品质"为"的"来开展研训活动。

行动与思考

2020年春季开学,特殊时期使得规划的研训很难推行。所谓"失之东隅,收之桑榆",居家保学为教师的专业阅读提供了相对安静的环境和相对集中的时间。因此,我们马上调整方案,改为线下阅读专业书籍、线上讨论分享。为使大家从学理上了解历史学科思维和课堂品质的内涵及培养路径,我们推荐了三本关于历史学科和教育学常识的专著,即李剑鸣的《历史学家的修养和技艺》、刘月霞和郭华的《深度学习:走向核心素养》、威金斯和麦克泰的《追求理解的教学设计》作为必读书目,这三本书闪烁着学术的真知灼见,行文平易近人,接近一线教师的"最近发展区"。经过一段时间的"浸润",教师结合自己教学体验的分享都颇有见识。以下两位老师的见解可管中窥豹。

其一:

郭华、李松林等学者均认为深度学习是发展核心素养的基本途径,《普通高中历史课程标准(2017年版2020年修订)》也非常重视这一学习方式。对照深度学习深层动机、切身体验—高阶思维、深度理解—实践创新的特质,反思我的课堂教学,仍执着于具体的、碎片化的知识点传授,很少引领、激励学生去发现和应用知识,更不用说创生新的认知,很少关注"知识的知识",这就是标准的"浅层学习"吧。学然后知不足,今后,我将努力实践"为理解而教",为迁移、创新而教。在教学"新民主主义革命"时,我做了以下尝试:

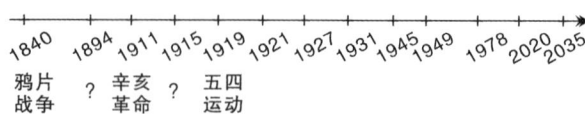

意图是将波澜壮阔的新民主主义革命置于1840—2035年长时段考查,用历时性思维和时序思维解释历史的变化与延续、继承与发展。时间轴上1840—1919年的重要节点、重大事件及问题预设可激活已学,让学生"动"起来;1919—1949年的重大事件则随学习的推进而呈现。新课学习结束时再次呈现时间轴,进一步结构化所学知识,并"将正确的价值判断融于历史叙述中",凸显"两个一百年"的伟大意义,由此符合历史逻辑而非"植入式"地弘扬革命文化、增强家国认同。

其二:

研究近年全国卷高考试题,发现对"中世纪"的评判与传统观点大相径庭,我带着疑惑阅读了义务教育统编版九年级上册《世界历史》第三单元第9课"中世纪城市和大学",发现对"中世纪"尤其是"中世纪"末期已做了全新的定义。为寻找学术支撑,又进一步阅读了侯建新教授的《欧洲中世纪城市乡村与文化》等相关专著。原来视"中世纪"为"黑暗时代"的观点,来源于人文主义者和新教徒。19世纪的浪漫主义文学家和历史学家则认为,"中世纪"奠定了西方近代文明基础,如自治城市和市民阶层形成、工商业发展、大学兴起、罗马法复兴、权利与义务对等观念产生等。这是个案吗?非也。如对中国文化,伏尔泰推崇备至,孟德斯鸠极力抨击。如国内学界对洋务运动的评价,20世纪80年代前后截然不同。如何理解对同一史事的叙述可能有很大差异这一现象呢?这与历史解释有关。《普通高中历史课程标准(2017年版2020年修订)》指出,所有历史叙述在本质上都是对历史的解释,即便对基本事实的陈述都包含了陈述者的主观认识。这也正是历史的特性和魅力所在,历史的"一度性"决定只有通过历史解释(包括探明因果、阐释意义和客观评判),历史才会"复活",变得可知、可理解。"不可能有'事实如此'这样的历史,只能有历史的各种解释,而且没有一种解释是最终,每一代人都有权形成自己的解释"[3],"历史所以值得研究,就是因为要不断地予以新意义以及新价值以供吾人活动的资鉴"[4]。追根溯源,影响历史解释的因素有哪些呢?主要有时代环境、解释者的立场和学术背景、学科研究进展等。后来,我把这一探究过程复原到线上课堂,让学生也享受到了"创造过程的全部欢乐和智慧体验"。进入实证环节,学生面对老师出示的2019年全国卷关于近现代中国人翻译与改动《汤姆叔叔的小屋》的试题,思维就自觉超越了话题本身,有了更"上位"的思考,应对起来也得心应手。回溯整个过程,由点到面、由此及彼强化了知识迁移和思维关联,由表及里实现了从了解事实到学科思维训练和意义建构,我欣喜地感到课堂收益显著并切实"可见"。

秋季开学,线上、线下混合成区域研训样态。围绕主题,线上研训继续进行。线下研训主要有参加高水平的学术活动,如出席成都树德中学以"整全育人与整合学习"为主题的教育年会,聆听李政涛教授关于教师专业发展的讲座;参加教育部领航名师郭子其工作室的研究活动,接受人教社李洁老师关于学术性写作的指导;继续强化校地联系,邀请西南大学王牧华教授和熊德雅教授做《现代教学模式的变革与创新》《课堂教学有效性设计与评价》讲座,邀请绵阳师范学院张天明教授做《历史教师的专业阅读与专业表达》讲座。其间,中心组老师集体帮助华西中学青年教师张航打造了一节优质课,并获得了成都市"蜀都杯"高中历史教师优质课展评特等奖。

该优质课的教学内容是统编版《中外历史纲要(上)》第一单元第3课"秦统一多民族封建国家的建立"。《中外历史纲要》知识密度大、课时少,要求依据课程标准,深入分析课程结构,整合学习内容。选材立意是前提。在把握统编教科书中国古代史主线和本课地位的基础上,结合习总书记要努力建设中国特色、中国风格、中国气派考古学的重要指示,本课选择秦始皇陵为载体,以考古探秘的方式化抽象为具象,运用文物与文献二重证据法"神入"历史,挖掘秦始皇陵蕴含的历史文化价值。凝练了好的立意,如何实现呢?教学设计的过程也是思想澄明的过程。"初稿"以论带史、抽样作证,背离实证精神;"秦始皇是千古一帝还是一代暴君"的讨论,看似开放实则封闭,遮蔽了历史的丰富性和复杂性,这种非黑即白的简单化思维,与培养批判性思维的初衷南辕北辙。"定稿"通过探秘活动和层阶递进的问题激发学生探究的兴趣,以"修陵人来自何方"探讨统一国家地域空间的构建;以"如何组织秦陵修建""秦陵瑰宝知多少"探讨统一国家制度的运行、管理与巩固,深度理解中央集权治国理政的优势;以"秦陵完工了吗"探讨统一多民族国家发展的意义与影响。"秦朝为后世留下了丰厚的历史文化遗产,你认为哪一项对统一多民族国家的发展影响最为深远"的讨论,充分体现了问题的选择性、思辨性和价值性。评课环节,有专家认为本课具有大单元教学意识,有效创设了问题情境和学术情境,学科核心素养达成适切、有序,发展了学生高阶思维,增强了民族、国家、文化、制度认同。有专家认为本课具有浓郁的历史味和强烈的时代性,对核心概念——"统一多民族国家"的内涵理解深邃,除地域、制度、民族等显性方面,还深入中华文明更为持久、更具韧性的价值观和民族心理上来,学生获得了新知识、新解释、新感悟。

收获与再出发

在不平凡的2020年,我区问题驱动下的研训工作,取得了一些成绩。教育教学论文正式刊物发表5篇、省市级一等奖3篇;一个国家级、一个省级重点课题通过中期报告,两个小专题研究获市级一等奖;连续5年获市级赛课最高等级奖;承担省教育厅组织的面向全省的云教研两次,其中一次是成华区"专场";主持市级"菜单培训"两次;对外展示、献课11次;对外交流、讲座15场。部分教研组和老师在省市具备了一定的知名度和影响力。

"对于一门学科来说,没有什么比思维方式这个问题更重要"[5]。核心素养研究和实践表明,学科思维在学科核心素养的发展中起着决定和整合作用,学科核心素养的发展都离不开独特的学科思维的培养。鉴往知来,未来较长时间内,我们仍将紧盯"关键环节",继续发挥区域研训的"支撑、驱动、引领"作用,将课堂变成学生思维训练的"主阵地",从而实质性提高课堂品质,提高课堂教学质量。

———————————

[1] 李凯.启发式讲授与当代历史教学[J].历史教学(上半月刊),2020(8).

[2] 李松林.回归课堂原点的深度教学[M].北京:科学出版社,2016:序言.

[3] 卡尔·波普尔.开放社会及其敌人[M].陆衡,郑一明,译.北京:中国社会科学出版社,1999:404.

[4] 梁启超.中国历史研究法[M].上海:上海古籍出版社,1998:148.

[5] 杰罗姆·布鲁纳.教学论[M].姚梅林,郭安,译.北京:中国轻工业出版社,2008:136.

【附记】本文系2020年度四川省教育科研立项重点课题"基于胜任力的区域教师培训课程体系构建研究"(课题编号:SCJG20A028)的阶段性成果。

(本文选自《中学历史教学参考》2021年第4期)

「历史是活生生的，它不仅是过去的故事，更是塑造今天和未来的关键。在历史的长河中航行，教师是那盏引领未来的明灯。让我们教给学生有思想的历史，既传递过往的尘埃与辉煌，更要点燃学生心中理性的光芒，让他们在思辨中领悟时代的脉搏，以史为鉴，明辨方向。让我们教有情怀的历史，让每一页书卷都饱含温度，触动心灵，让学生在情感的共鸣中，培养对家国天下的深厚情怀。」

陈箐 深圳市光明区教育科学研究院高中历史教研员，中学高级教师，深圳市名师工作室主持人，广东省新一轮"百千万人才培养工程"高中名教师培养对象，华南师范大学教育学部兼职教授，华南师范大学历史文化学院专硕校外导师，深圳城市学院教师继续教育授课专家，曾获深圳市"优秀班主任"称号，多次获深圳市高中教育教学"先进个人"，曾带领科组获得深圳市"巾帼文明岗"称号。主持或参与省、市级课题多项，发表论文多篇。

大概念引领　小切口实践

○ 陈 箐

课程实施的关键在教师,教师教学水平的高低很大程度上体现在对课程标准、新版教科书的理解和把握。在我市高中统编版新教科书为期一年的教学实践中,教师最大的困惑是教学内容多、概念多、线索多、时间跨度大,这与课时少、重探究、抓核心素养目标达成等现实困难和需求之间存在很大落差。如何用好新版教科书,落实新理念,成为这一年中教师探索的重点。《普通高中历史课程标准(2017年版2020年修订)》(以下简称《课程标准》)已给出了建议:"重视以学科大概念为核心,使课程内容结构化,以主题为引领,使课程内容情境化,促进学科核心素养的落实。"

一、基于大概念的教学设计立意引导

大概念(Big ideas)也被称为大观念、核心观念、核心概念等,是当前教育教学研究的热词。它是指居于学科中心,具有超越课堂的持久价值和迁移价值的关键性概念、原理或方法。朱汉国教授将核心概念理解为"在掌握具体历史史实的基础上,通过抽象概括而形成的对历史史实本质性的认识"。《课程标准》必修课程的"教学提示"部分也提出"要仔细分析每个学习专题的重点内容、核心概念和关键问题"。

那么,如何进行大概念教学？学者和教师纷纷给出了各自的建议,如李凯教授指出:"教学的最佳策略是,既要遴选重点内容,更要把重点内容串联起来,从而使学生头脑中拥有上位观念,这就是抓大概念的做法。"[1]王健宁在《基于"大概念"的高中历史教学》中提炼出历史学科核心概念的达成途径:以课程标准的专题为基准、以历史本体论知识为导引、以社会关注的问题为依托、以历史知识的结构为框架等[2]。这些理念和策略给了我们很多教研方面的启发和思考。

2020年9—11月,在深圳市教科院的部署下,高中历史学科开展了青年教师基本功大赛。比赛本着推进"强师工程",增强青年教师履行教学职责的能力,提高青年教师的教学质量,引导青年教师加强教学基本功训练的初衷和基本理念,以贯穿课程标准的理念、内容、教学方式的学习和实践为主线,内容上凸显教师教学基本技能(表达、板书)和教学基本要求(教学设计、微格课堂教学、课后反思、学科特点的基本功)等。基于以上认知和原则,设计比赛环节时,希望青年教师能在钻研《课程标准》的基础上,认真研究教科书的体例、结构、脉络和内容,准确理解全书的线索与内在逻辑,厘清每个单元的主题,明晰每课在单元中的作用,凝练学科大概念下每课的教学主旨,进而梳理每课文本呈现的逻辑层次,在此基础上合理整合教材,精心设计问题链,引导学生探究,并在问题解决过程中提升学生的核心素养,达到立德树人的根本目标。

二、基于小切口的比赛内容和流程设计

比赛共分两个阶段:第一阶段由市直属学校和各区分别进行初赛选拔;第二阶段按照市里分配的名额比例各区选送教师进行全市的一轮和二轮比赛。我们设计了市直属和全市共计四轮比赛的赛题和赛制,力求通过大概念引领下小切口的实践实现对青年教师教学素养的引领与提升。

第一,聚焦课程标准和新版教科书的难点

市直属学校初赛的第一轮主要是教学设计。课题是《中外历史纲要(下)》第9课"资产阶级革命与资本主义制度的确立",相关课标要求是:通过了解文艺复兴、宗教改革、启蒙运动与资产阶级革命的历史渊源,认识资产阶级革命的发生和资本主义制度的确立,是近代西方政治思想理念的初步实现。从教科书看,有资产阶级革命(英、法、美三国)、资本主义制度的确立(英、法、美三国)、资本主义的扩展(俄国农奴制改革、美国南北战争、意大利统一、德意志统一、日本明治维新等)等核心内容,这在《普通高中历史课程标准(实验)》的要求中是6节课的内容,如果教师的观念依然停留在"讲教材"的话,如何讲得完。其实,认真分析课程标准后就会发现,只有将"资产阶级革命与资本主义制度的确立"一课置于单元框架内理解,理清其与前一课"文艺复兴、宗教改革、启蒙运动"等思想解放运动的逻辑联系,而不是为讲资产阶级革命而讲革命,为讲制度而讲制度,才能顺利完成教学任务。因此,我们在赛题中明确提示参加比赛的教师应注意"重视以学科大概念为核心,使课程内容结构化,以主题为引领,使课程内容情境化,促进学科核心素养的落实"。

市直属初赛第二轮比赛采取现场模拟片段教学的形式考查青年教师教学基本功。课题是《中外历史纲要(下)》第14课"一战和战后国际秩序的建立",与之相关的课程标准要求是"通过了解两次世界大战,理解20世纪上半期国际秩序的变动",重点是理解大战对国际秩序变动的影响,而非战争本身。面对参赛教师人数多,赛时有限,又希望全面考查参赛教师对课程标准的理解,对教科书逻辑的梳理和教学内容的整合,我们将比赛

流程设计为:(1)选手简短呈现本课教学内容的逻辑结构;(2)由评委随机指定其中一个问题进行"无学生"模拟课堂教学,总时长10分钟;(3)教学结束后,评委针对教学问题随机提问,选手答辩,时长3分钟以内。

为了进一步加强青年教师对《课程标准》的理解,全市决赛第一轮比赛时,我设计了以下形式和内容的赛题:

材料 中国共产党第十九届中央委员会第五次全体会议,于2020年10月26日至29日在北京举行……全会深入分析了我国发展环境面临的深刻复杂变化,认为当前和今后一个时期,我国发展仍然处于重要战略机遇期,但机遇和挑战都有新的发展变化。当今世界正经历百年未有之大变局……全党要统筹中华民族伟大复兴战略全局和世界百年未有之大变局,深刻认识我国社会主要矛盾变化带来的新特征新要求,深刻认识错综复杂的国际环境带来的新矛盾新挑战,增强机遇意识和风险意识,立足社会主义初级阶段基本国情,保持战略定力,办好自己的事,认识和把握发展规律,发扬斗争精神,树立底线思维,准确识变、科学应变、主动求变,善于在危机中育先机、于变局中开新局,抓住机遇,应对挑战,趋利避害,奋勇前进。

要求:阅读材料,结合《中外历史纲要》,以"变"为主题,自选任一角度,自拟课题,整合教科书相关内容,设计并展示一节5—8分钟的微专题教学。

《课程标准》指出,教师进行教学设计时,在分析课程结构的基础上,需要对教学内容进行更为有效的整合。如把握学习专题中的关键问题,并将这些关键问题的解决与历史学科核心素养的发展建立起联系,围绕关键问题对教学内容进行整合;确定教学内容中的重点;设计新的综合性学习主题,运用主题教学、问题教学、深度教学、结构—联系教学等教学模式,对教科书的顺序、结构进行适当调整,将教学内容进行有跨度、有深度的重新整合,设计出更具有探究意义的综合性学习主题。这样的比赛设计,意在使青年教师在新情境下理解如何整合教学内容,并设计新的学习主题,将学生学习与核心素养的培养结合起来。当然,重构的目的是为了更好地完成教学目标,而不是标新立异。

全市决赛的第二轮,则需要选手面对学生上课。由于比赛人数和赛时的限制,决赛采取现场接力上课,两位教师共同完成一节课的讲授,课题是《中外历史纲要(上)》第24课"全民族浴血奋战与抗日战争的胜利"。此轮比赛综合考查青年教师语言表达、教学设计、教学组织、教学内容整合、教学策略、核心素养达成、板书结构、临场应变等能力和素养。

第二,聚焦教师多种素养和能力的考核

在赛题选择上,参赛教师面对的是高一学生,为避免猜题,我们避开学生学习进度确定课题,但又不能选择学生过于陌生的课题,超出学生的知识储备,所以选定赛题为"全民族浴血奋战与抗日战争的胜利"。

在备课形式上，遵循教学规律，允许接力上课的两位老师进行集体备课，使他们在教科书主旨、内容整合和结构化逻辑等方面加强沟通和认识，保证课堂教学的顺利衔接和学生学习效果的达成。

在比赛要求上，为了保证比赛的公平、公正，无论撰写教学设计还是备课，都在断网封闭的情况下进行，尽可能降低外界对参赛教师的影响。考虑到备课也需要丰富的资源，我们精心挑选了相关电子书籍和纸制书供选手参考。这对于教师的日常积累有一定要求，同时对教师在规定时间内遴选素材、确定立意的能力也有一定考查。

每一轮的比赛都各有侧重，或重教学设计、结构板书、命题能力、反思能力，或重教学展示能力，或重教学整合，或重现场教学，形式上有微课、片段教学、现场接力教学等。但无论从形式，还是内容，我们始终聚焦于课程理念的有效实施和学科核心素养的落地，关注的是青年教师的史学素养、政治素养、信息素养、教学能力素养、应变能力素养等。

三、基于多元化的赛后教师素养审视

从比赛作品看，参赛教师对课程标准和新版教科书的理解和领悟差别较大。如参赛教师提交的《中外历史纲要（下）》第9课"资产阶级革命与资本主义制度的确立"教学设计中，有的老师依然停留在具体讲解各国资产阶级革命爆发的原因、经过，各国宪政内容、政体架构等，没有领会《课程标准》的内容和精神。有的老师则设计出比较贴切的板书结构图（如图1所示），可见对课程标准理解是比较到位的。

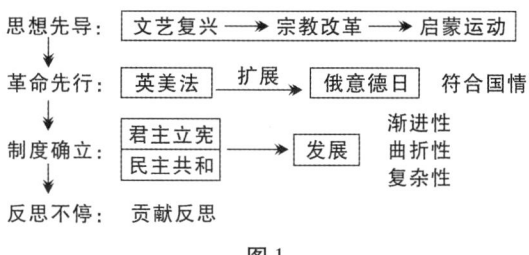

图1

又如，全市决赛一轮比赛要求以"变"为主题，整合教科书相关内容，设计并展示一节5—8分钟的微专题教学。张诗韵老师通过丰富的材料，如地图、图片、文献等，引导学生探究中国人天下观和民族观的嬗变，引导学生认识当今中国特色社会主义进入新时代，推动构建人类命运共同体，为世界和平和发展提供中国方案。可以说，设计新颖、材料生动、问题驱动、立意高远。

赛后，教师感悟良多：第一，如何体现中学历史教学的新要求，如何通过教学环节的设计切实推进学生核心素养的落实，是比赛考查的重中之重。教师如何通过教学环节的设计，引导学生完成知识的内部整合，养成历史逻辑和学科思维，也是考量教学目标是否达成的重要尺度。第二，探究式学习对课堂生成的意义和价值，以及对教师的素养、储备、应变能力提出了挑战。课堂上的问题生成都是学生基于自身知识储备，在课堂内容给予瞬间激发下提出的看法或疑惑，具有非常鲜明的典型性和代表性。只要教师抓住这些合理问题,顺势引导,就能够实现非常好的教学效果。但同时中学历史教学也不应放弃讲述、启发式教学为主的传统教学模式。如何将二者有机结合,是用好课程标准和新版教科书的重要问题。

对于赛制设计,参赛教师普遍认为主办方的组织工作做得很细致,候场、比赛场地选择远近合理,同时给了参赛教师很多展示和学习交流的机会,使他们在比赛中获得了很大的成长。赛题现场抽取,考验选手能力,准备时间有限,充分体现教师的取舍和临场应变能力。

我们希望能够以赛促研、以研促教、推动青年教师的成长进步,也推动广大教师对新课程、新课标、新教材的不断学习和实践。比赛之后,组织专家评委对青年教师进行指导,进一步帮助青年教师厘清认识,认准方向,加深对新课程、课程标准和新版教科书的理解,推动青年教师快速成长。

---

[1] 李凯.新高中历史教学应重视大概念[J].历史教学(上半月刊),2020(2).
[2] 王健宁.基于"大概念"的高中历史教学[J].历史教学(上半月刊),2019(2).

(本文选自《中学历史教学参考》2021年第4期)

「坚持梦想。人生重要的不是所站的位置,而是所朝的方向。一心向着自己的目标前进,整个世界都会给你让路!

管理时间。你和时间的关系,就形成了你自己。你让自己的时间更有价值,时间就会让你的生命更有价值!

优化思维。努力淬炼,提高思维品质,形成系统思维和反思思维的习惯,建立积极进取的思维模式!

敢于创新。尝试一切未尝试过的事情,不断地研究、反思、重建。追求常规工作的精细化,将平凡的工作做到极致,也是一种创新!

成长,永远在路上……」

赖蓉辉 成都市教育科学研究院历史教研员;正高级教师,特级教师,全国优秀教研工作者。四川省教育学会历史教学专委会副主任委员;成都市教育学会历史教学专委会理事长;人教社中学历史统编教材培训专家团队成员。主编(参编)川教版义务教育课程标准实验教科书《中国历史》教师教学用书、《成都历史》《高中历史大单元教学设计(必修)》《高中历史教师专业能力必修》等教材和著作10余部。主持(或参与)"中学历史教师教研能力提升路径研究""基于核心素养培养的儿童史教学资源开发与应用的区域实践研究""中学生'新媒介史料'实证素养培养的教学探索"等国家级及省市级课题研究,并获得教学成果奖。先后有30多篇文章在国家级或省级刊物上发表。

集智聚慧 抓铁有痕 静静为功

○ 宋廷飞　赖蓉辉

岁月走过极不平凡的 2020 年,神州山河终归无恙,华夏大地始终安宁,人民幸甚、民族幸甚。从历史中奔涌而来的时代洪流正浩荡奔向壮阔的明天,新时代越来越让人心潮澎湃,新成都越来越叫人满怀憧憬。历史教育工作者置身于新时代,油然而生强烈的归属感、认同感、责任感,勉励自己在平凡的工作岗位上正心诚意、恪尽职守。

回望刚刚结束的 2020 年,成都市历史教研工作秉持问题导向、目标导向、结果导向,将历史教学的现实需要作为教研工作的发力点,把历史教师的持续发展作为教研活动的立足点,更以学生的全面成长作为检验教研实效的落脚点,调动成都市域内的优秀历史教育资源,聚合成都市域的历史教育智慧,以务实、扎实、求实的工作作风自勉,有序开展各项教研活动,积极实践带有成都风格的"培养德智体美劳全面发展的社会主义建设者和接班人"的素质教育,着力发挥"构建德智体美劳全面培养的教育体系"的历史学科教育职能,期待着春耕夏耘、绵绵用力,秋收冬藏、静静为功。

——拥抱时代进步,探索网络云教研,提供面向成都全域的优质历史教学公共服务。

当今时代数字技术迅猛发展,"互联网+"深度融入社会生活的方方面面。成都市教育科学研究院相继开办"数字学校"、举办"微师培"、开通"师培通"等教育教学平台,倡导开展互联网+教研的实践。

2020 年特殊时期教学常规被打破,成都市中小学"停课不停学""停课不停教",加速了网络教研的推广。按照成都市的统一部署,成都市教科院历史组积极承担自己的学科职责,稳妥落实自己的学科任务。延期开学期间,成都数字学校这一公益性网校开设了高三和初三历史课程,由教研员担纲组织,规划教学内容,邀请教学精英,审核教学质量,向成都市所有的初三和高三学生按照每周固定的课表提供优质学习资源,从 2 月中旬到 3 月下旬,共提供了高三课程 40 节,初三课程 12 节。这些教学资源同时也被四川省教育厅通过公共网络平台免费提供给全省广大师生使用。

与此同时,成都市教科院历史组还充分利用"微师培"这一面向一线教师的继续教育平台,提供短小精悍、同步教学的教研微课,帮助中青年教师利用好零散时间通过网络进行业务学习,助力中青年教师专业成长。为此,历史组组建了高中三个年级的微师培项目组,从青年教师发展的现实需求出发确定课程内容,邀请一线的教学能手设计课程,与全市教学进度衔接,同步推送相应微课,提供市级教学重难点解决方案。举办"微师培"以来,历史学科累计登录达到 39 388 人次,2020 年全年共计推送 55 节历史微课,学习转化率位居前列。

"师培通"是面向全体教师的继续教育平台,开启了成都市大规模线上教研的新阶段。历史组借助这一技术平台,采取线上线下相结合的教研方式,2020 年规划的 10 余场主题教研活动均通过"师培通"进行网络直播。目前,网络教研逐步演进为常态教研模式。历史组也逐步学习掌握了网络直播的技术,直播从固定的演播室走向基层学校,进一步增强了教研的及时性、普及性、集约性。这些技术平台的使用,改变了教研的样态,使不同教学年龄、不同教学状态的教师群体获得对位教研资源,提高了教研活动的效率和效果。同时,我们也会进一步思考如何紧密结合传统线下教研的优点与网络教研的长处,完善线下线上结合的教研方式,使网络云教研这一新生事物茁壮成长。

——培土护苗,锻造青年新锐教师,厚植成都市中学历史教育可持续发展的教研热土。

建立青年教师不断学习成长的机制,着力培养新生代青年教师,保持教师队伍的新陈代谢、迭代延续,保持成都市中学历史教育的可持续的高位发展,是成都市教科院历史组教研活动的一个重要内容。不仅有规范的"微师培"中青年教师培训活动的开展,还有 2020 年最重要的集中培训活动,那就是循例举办"蜀都杯"高中历史赛课活动。

创始于 1987 年的成都市"蜀都杯"青年历史教师优质课展评活动是成都市检阅历史教学新锐力量、展示历史教研成果、凝聚历史教育共识、引领历史教学方向、提升历史教学质量的有效机制,也是发现和培养青年新锐教师的重要平台。本届高中赛课,来自成都市 24 个分赛区的 28 位优胜者在 2020 年金秋十月汇聚于成都市教科院附属中学,围绕"开展深度教学,聚焦学科素养"的活动主题,各逞巧思、各擅其长,进行了精彩的教学展示,集中体现了各位青年赛课教师及其代表区域的教研成果、智慧、才华,展现出新一代青年教师朝气蓬勃、乘风破浪的精神面貌。我们发现了不少可造之才、后起之秀,将其纳入持续关注、长期培养的人才库,在以后的各项教研活动中将不断加以锻造、磨砺,希望他们能够更快更好地成长,早日成为成都市中学历史教育的中坚力量。

此外,全年常规主题教研活动中坚持留出空间给青年新锐教师,由他们承担相应的教研任务,既给予展示才华的机会,更加强锻炼培养。2020 年,各级调研考试、诊断考试的试题命制,各类主题教研活动的主题发言、研究课示范等活动都启用了更多的青年新锐教师。这一培养青年新锐教师的思路，也贯彻于2020年"蜀都杯"赛课的后续活动中。我们要求赛课老师进行一次系统的教学反思，写作参赛的体会感悟，最终整理为本届"蜀都杯"赛课活动的教研成果。我们希望这些举措持之以恒，不仅助推青年教师个人的成长，最终还能够形成更大的历史教研群体，既增强成都市历史教研的整体力量，也保持教研力量的活力。

——集智聚慧，推广区域教研成果，开阔历史教师的教育视野，惠及全市历史教学。

近年来，成都市不少学校和区县主动申报各级历史教育科研课题，中学历史教研水平不断提高，科研成果不断呈现。这些历史教育科研课题，紧扣当前教育理论热点和科研重点，结合自身教学现实需要，志在解决现实教学问题。经过几年的研究，成果次第涌现，很有针对性、实操性、实效性，成为一笔不小的科研财富。成都是一个由24个区（市）县组成的超大型省会城市，各地区之间存在历史教学水平的差距。尽快缩小中学历史教育的差距，是成都市教科院历史组教研工作的一个重要内容。推广这批科研成果，帮助不同学校、不同教师从中汲取历史教育的智慧，结合自身学情校情进行有效的转化利用，成为一个重要的教研抓手。

2020年的主题教研活动，在完成了前些年"走进名师系列""走进名校系列""推荐与导读""聚焦学科核心素养"等主题规划任务后，开启了"成都市历史科研成果推介"系列活动。这一年，"基于初中历史统编教材的儿童史教学资源的开发与应用""高中历史新媒介下'史料实证'核心素养培养的教学策略实践研究""运用史料研读培养学生历史解释素养的实践研究""高中历史学科地图类资源优化应用策略研究""学本课堂教学模式研究""高中历史深度学习的研究与实践"等省市级历史教育科研课题的研究成果，通过主题教研活动向全市历史教师进行了推介。活动既有科研成果的理论介绍，也有体现理论成果的课堂教学示范，并设计了教师交流环节。这些活动，一方面是现场教研，另一方面进行网络直播，是网络云教研的具体内容。我们希望这类活动，直面真实的教学场景，分享切实的教研成果，解决实际的教学问题，进一步拓宽全市历史教师的教学视野，缩小校际教学差距，增强成都市历史教学的均衡性，持续提升成都市整体历史教学水平。

——精研细磨，打造高质量诊断试题，提高教学测评效果，导向全市历史教学。

每年成都市教科院历史组需要命制7套涵盖不同年级的历史试题，既有初三毕业会考试题，也有高一、高二的调研考试，更有高三的四次诊断考试。这是一个繁重且艰苦的任务，为了保证试题内容的科学性、模拟的准确性、测评的有效性、教学的导向性，命题团队付出了大量的心力。一年之内，需要数度举行命题研讨会，交流研究各类高考和会考试题的心得体会，需要详细商定考试多维细目表，需要合理分派试题命制任务，更需要持续不断地打磨试题，力求试题不断完善。为了保证命题团队的活力和耐力，2020年开始补充新鲜血液，挑选吸纳了一批青年教师，着力培养新生力量。

试题整体上力求贯彻"立德树人、测评教学、导向教学"的指导原则。为了一线教师能够深入理解试题考查意图,发现教学长处和短板,进而合理调整教学策略、更新教学理念,适应历史课程改革的趋势,2020年我们采取了一些新的举措。面向初中发布了《2020年成都市中考历史试题评析报告》,期望初中老师能够据此比对教学状况,调整教学思路,提升教学质量。另外,全市历史试题命制均增加了历史中心组编写的试题解析,详尽介绍试题的"价值导向""素养立意""关键能力""必备知识",在考试结束后赓即发布,供教师学习参考。组织试题答案研讨,统一评卷尺度,提高考试测评的真实性和科学性。最后均召开了全市考试分析会,对位对标分析考试数据,并提出改进教学的建议。从试题得分情况看试题的难度和区分度,进而看教学改进的方向;从学校和区县的平均分及其构成看校际、区县之间的差距,进而看追赶的方向和侧重;从优生率、上线率、贡献率、命中率看历史学科在学生成绩构成中的地位,进而看历史考试的整体状况;从学生各分数段人数及比例,看成绩分布情况,进而看后期教学重点的目标群。

2020年,成都市教科院历史组以抓铁有痕的自我要求,落实落地各项教研要求,期待最终回报良好的教研效果。时光照进2021年,对中国和中国人民而言,这是极具特殊意义的一年。成都市历史教研工作需要彰显学科特色,增添特别的主题活动,突出"四史"教研,献礼党的百年华诞。平凡的工作虽然朴实无华,却也蕴含着暗自的期许。为实现"优教成都"的美好蓝图,我们将继续心随律动、踏歌而行,心怀热忱、步伐坚实,接续书写成都历史教研的新篇。

(本文选自《中学历史教学参考》2021年第5期)

「极具天赋的老师是很少的，大多数的老师都是普通人，普通的老师成为骨干教师、专家型教师，勤奋是最可靠的路径。不要畏惧上公开课、不要畏惧参加比赛，不要怕"加担子"，在一次次的"加担子"中才能茁壮成长。」

刘洪生 珠海市教育研究院历史教研员，北京师范大学珠海校区、华南师范大学兼职教师；广东省优秀青年历史教师，珠海市优秀教师，珠海市高考突出贡献教师，珠海市新一轮名教师工作室主持人；主持省部级课题8项，相关研究成果"PIIE对话式教学"获广东省基础教育教学成果奖一等奖，多篇论文在《中学历史教学参考》等刊物发表，其中4篇被人大复印报刊资料《中学历史、地理教与学》全文转载。编写的地方课程教材《人文珠海》系列教材通过广东省教育厅审定。

指向教师专业发展的项目式名师工作室建设路径研究

○ 刘洪生

2022年,教育部等八部门印发的《新时代基础教育强师计划》指出,要"实施新周期名师名校长领航计划,培养造就一批引领教育改革发展、辐射带动区域教师素质能力提升的教育家"。组建中小学名师工作室可视为实现上述"强师"目标的有效途径。长期以来,建设中小学名师工作室一直发挥着名师"领航"、助推基础教育"教师素质能力提升"的重要作用。2020年,在珠海市教育局的支持和推动下,珠海市历史教研员刘洪生领衔的名师工作室统筹区域学科教研资源,以历史教师专业发展为导向,以项目研究为驱动,打造出一支素质高、能力强、活力足的骨干教师队伍,取得了一系列可喜的成绩。目前学界关于名师工作室如何建设的问题多有论述,但总体仍以面向高等教育为主,论及中学(特别是历史学科)名师工作室建设的相对鲜见。基于此,笔者不揣冒昧,试以珠海市刘洪生历史名师工作室为例总结经验,反思不足,抛砖引玉,望求教于方家。

一、项目驱动式名师工作室的内涵

"项目"常常被应用于一线教学实践活动中。教师往往在建构主义理论的指导下,合理选取"项目"或创设情境,鼓励学生通过合作完成预定"项目工作"的学习,培养其分析和解决问题的关键能力,从而催生了"项目式教学""项目式学习"等育人模式[1]。教学实践中的"项目"并非教学的最终目的,更像是一种实际问题的集合。本文言及的"项目"是以教师发展和区域教学水平提升为指向的教研项目。与前述类似的是,它也是实现教育活动目标的一种抓手和平台。在名师引领下,工作室成员通过深度参与教研项目申报、准备、推进、实践和推广的各环节以达到在实操中学习、在学习中提升的目标,不失为一种"以名培优,以师为生"的新派项目式学习模式。可以说,教研项目的推进,既是教师发展的重要动力来源,也是工作室建设运行的主要推手。

二、项目驱动式名师工作室的建设路径

与传统的名师工作室"帮扶—指导"式的传统建设思路不同,项目驱动是名师工作室建设的一种全新思路。它以项目驱动为核心,围绕教师在专业成长过程中遇到的一系列问题,在学科课程专家的引领下,充分发挥教师的自主能动性,通过自主发现问题、设计研究方案、检验研究成果等方式,实现教师专业素养的成长和提升。在这一过程中,项目驱动式名师工作室建设更强调学员的个体自主性,满足专业成长的个性化需要。其建设路径,可归纳为以下五个方面:

1. 以项目申报培养教师的问题意识

项目研究是教师专业发展的重要途径和方式。因为一个项目申报的初始动能源于教育教学实践中有研究价值的问题[2]。具体来说,教师需要学会如何从教学实践或专业发展中发现关键问题,并将其发展成为一个可研究的项目,思考并设计项目的解决方案。因此,在工作室的常规运行中,主持人要鼓励和帮扶青年教师自主申报或积极参与项目课题的研究。

在项目驱动式工作室建设过程中,工作室定期组织学员以听评常规课、精心设计公开课、深入研讨示范课等多种形式,总结并反思阶段性课程教学中遇到的共性与个性问题,并对这一系列的问题进行归纳和提炼,讨论其研究的可行性,使之成为一个可研究的项目。例如,统编高中历史教科书颁行后,内容编订体例由以往的专题史变为了通史,课时内容增多,教学难度加大,按照常规教学路径,教师很难在有限的时间内将教学内容和盘托出。针对这一问题,工作室成员共同探究以大概念推进课堂内容结构化的路径,设计了一套行之有效的研究方案,并在此基础上成功申报了广东省高中历史教研基地项目、珠海市名教师工作室专项课题以及珠海市2021年度教育科研专项微课题。在申报过程中,工作室的青年教师多担任项目课题的主持人或主研人员,在申报书的撰写、项目研究思路的构想方面发挥了生力军的作用。

在项目申报的过程中,工作室主持人充分发挥"领航员"的角色,引领成员反复深读细研基础教育纲领性文件,并鼓励工作室成员提出一系列衍生问题,对此进一步展开深入探讨,撰写了大量论文。如有工作室成员依据《普通高中历史课程标准(2017年版2020年修订)》中前言提出的"关注学生个性化、多样化的学习和发展需求",提出相关问题并进行深入的理论思考,撰写发表了《基于核心素养的地方历史资源应用研究》等文章;再如,教育部于2021年初印发的《革命传统进中小学课程教材指南》要求"各地结合实际,制定革命传统进地方课程教材实施细则",工作室成员据此撰写发表了《基于珠海地方史料的高中革命传统教育路径研究》等论著,均引发了热烈的反响。

2. 以项目准备拓宽教师的学术视野

项目驱动的顺利开展有赖于充分的前期准备。从资源层面而言是教学案例的收集、项目启动资金的筹备、调研数据的整理等量化基础；从智力层面来说，其实是教师专业学术视野的开阔。作为教研项目实施行为主体的教师，其学术视野的水准直接决定了项目推进的前行方向和成果优劣。教师学术视野的拓宽，不可能一蹴而就，需要通过多渠道、多层面、多形式逐步实现提升。在此过程中，工作室可为教师学术视野的开阔提供大量的学术支持。

在广东省高中历史教研基地项目准备阶段，工作室先后邀请到了来自教育部基础教育课程教材发展中心、北京师范大学、华东师范大学等知名高校和科研机构的专家学者，以讲座或学术沙龙的形式，为工作室成员提供了关于中学历史大概念教学、大单元教学、深度学习等前沿理论的学术支持，极大夯实了项目主研人员的研究基础。此外，工作室还注重培养成员教学实践的学术转化能力，先后邀请到来自广东省教育研究院、广州市增城区教师发展中心的资深教研骨干等，对成员进行了学术论文写作指导。通过上述讲座培训，工作室成员基本掌握了当下主流教育教学理论的内涵与外延，初步掌握了由理念展示、经验拼装、实录反思、困惑探索和案例解剖为基础的学术研究开展路径。

为进一步深化项目开展细节的论证工作，拓宽校际教研交流，工作室还充分利用每周的全市教研活动时间，开展分享座谈活动。分享座谈的话题主要源自三个层面，即基于教学实践的心得体会和经验反思、青年教师专业成长共同体的行动计划和主要抓手、教育课题研究的方式方法和基本规范。工作室成员通过分享座谈活动实现深入交流、不断反思、动态调整，真正达成"连点成线、以线带面"的项目驱动效果。此外，工作室还积极创设条件，鼓励成员带着学术问题"走出去"，把学术争鸣的结果"引进来"。工作室曾多次联合组织珠海市其他学科工作室、湛江市名教师工作室，以同课异构、圆桌讨论等形式开展联合学术研讨，并与北京师范大学（珠海）的师范生就工作室项目中的核心问题进行深入联动探究，实现了"跨学科、跨地域、跨层次"的学术思想碰撞，极大地扩充了工作室成员的知识面，更新了其教学观。

3. 以项目推进提升教师的研究能力

教研项目的推进需要工作室成员发挥专业所长，广泛运用教育学和心理学知识，总结运用一线教学中的典型案例，实现理论知识与教学实践的深度渗透和参与。在项目研究进程中，教师以自身的研究经验，与工作室其他成员定期互动交流，实现资源共享，从而持续推进教师的科研能力成长和提升。这突出表现在工作室成员独立开展课堂教学研究的全过程，以及立足团队合作的课程开发和教材编写的各阶段。

在项目推进的过程中，工作室主持人根据前期准备工作以及成员个人兴趣专长统筹各个子项目、子课题的研究。工作室成员立足本校开展教育教学实验，从课堂实施路径和教学过程设计的具体问题入手,以小见大,以"微课题""微团队"分解大项目,做强做细教研成果、做实做大学科特色;项目研究采用"研究—实践—研究……"的循环模式,通过"边学习、边研究、边实践,以研究引领实践,在实践中完善提升"的行动研究方法,调动所在学校教研资源广泛参与其间。仅在 2021 年 5—10 月,工作室成员便在《中学历史教学参考》《中学历史教学》等期刊发表了《指向历史解释素养的高中历史大概念教学》等项目研究论文 5 篇(其中 4 篇被全国人大复印报刊资料全文转载),《PIIE 对话式教学——以"独立战争的序幕"探讨为例》等教学研究论文在《历史教学》等期刊发表,研究成果得到业界高度认可。

除了关注传统的教学研究外,工作室还立足教研项目,开展关于课程开发等相关问题研究。工作室团队深度挖掘珠海特区历史文化资源,以《义务教育历史课程标准(2022年版)》为引领,深入开展关于物质文化和非物质文化课程开发、地方历史文化课程纲要编写、课程教育实施细则、课程评价标准等方面的实践研究,并致力于探讨如何实现地方历史文化资源与义务教育阶段的国家课程深度融合。部分成员以珠海经济、文化和社会发展的历史脉络为轴心,从地理、历史、文化三个层面精心编写了《人文珠海》系列教材,已由广东教育出版社出版,并在珠海部分学校推行。该书甫一出版便引发热议,诸多一线教师在《中学历史教学》和《广东教育》等期刊撰文探讨。此外,工作室成员还积极思考地方历史文化课程建设的整体性问题,先后撰写了《区域整体推进地方历史文化课程建设的行动分析——广东省珠海市的实践样本》《历史课程资源的区域性开发与整合——以珠海为例》等论文并发表。

4. 以项目实践提高区域教学水平

教研项目推进的目标指向教师的教学水平提升,其落脚点在于教师的教学实践。脱离一线教学实践的项目研究无异镜花水月、无本之木。项目推进的意义在于驱动教师实现"将经验到的模糊、疑难、矛盾和某种纷乱的情境,转化为清晰、连贯、确定、和谐的情境"[3]。教师通过对自我教学实践的反思和改进,实现这一目标。然而,仅仅通过教师自我反思总结,其专业提升空间有限,因此,工作室充分发挥平台支持的作用,通过组织贯穿项目建设周期的多层次、多形式教研活动,整体提升区域内教师的历史学科教学能力,实现了课堂教学行为的专业化、规范化、有效化,帮助一线教师形成总体规范、个性多变的教学风格,从区域层面整体提高教师的教学水平。

工作室以研促教,鼓励成员将项目研究的最新理论成果应用于课堂实践中,助力区域教学水平的提高。例如,工作室成员依托于大概念整合教学资源的研究成果,设计并执教了市级高三一轮复习研讨课"战后资本主义的新变化",组织全市范围内的高中历史教师针对不同区域、不同学情开展深入研讨,为珠海高考整体备考教学提供了新策略。又如,工作室成员通过研究以大概念推进课堂内容结构化的路径,尝试以此指导教学实践,执教了题为"新中国成立以来的重大科技成就"的市级公开课;通过研究对话式教学的新模式,获得相关学术支持并进行反思,在市级讲座中展示了"美国独立战争"等专题课例。此外,工作室项目研究还起到了"以老带青,以青带新"的作用,有效助力青年教师和新入职教师的教学水平提高。工作室成员在珠海市新教师入职培训中,以项目研究成果为主题进行了培训讲座,并指导新教师开展了课例展示、片段教学和说课等活动,均引发了热烈的反响。

工作室还注重以研促赛,在比赛和实战中打磨成员的教学技巧。作为项目建设的成果之一,工作室借助珠海市教育研究院的资源优势,组织举办了青年教师教学技能大赛、课例征集比赛等市级赛事,将项目研究成果融入比赛的各个环节,在扩大项目研究影响辐射面的同时,亦引发了参赛选手对教学范式的再思考、再理解和再研究。工作室核心成员经过层层选拔,多次代表珠海中学历史学科参加广东省中小学青年教师教学能力大赛,参赛选手在教学设计环节、学术讨论环节、教育理念答辩环节和教育教学即兴演讲环节中充分运用了项目研究的最新理论,并成功夺得省级一等奖,极大地拓展了教师专业能力发展的空间,工作室成员的教育教学综合素质得到极大提升。

5. 以项目推广助力教研帮扶活动

为进一步扩大工作室的教研影响力,工作室以项目研究成果为抓手,采取"边研究边推广、成熟一批推广一批"的模式,尤其注重对薄弱学校的教研帮扶,有效提升了薄弱学校的教育教学质量,进一步带动了新建学校和村镇学校的成长发展,营造了良好的区域学科教学生态,夯实了一批有效果、出成果的校级教研组织,在区域教研帮扶活动中取得了显著成效。

在项目推广前期,工作室的教研帮扶工作重心集矢于珠海市东西区学校的结对合作。为帮助薄弱学校准确把握历史学科核心素养背景下的新高考命题趋势、优化高考专题复习策略,工作室选派珠海市一中的骨干教师前往西区开展授课指导,交流备考工作,从学术支持和内部驱动实现了区域间的教研帮扶互动,提升区域教学水平。又如,工作室切实做好优质学校先进教学经验的推广,整合珠海市区开展革命传统教育的实践案例,以"线上+线下"相结合的方式,选派工作室成员面向全市初高中历史教师作了题为《高中历史革命传统教育的价值、内容、路径与评价》的帮扶培训报告,针对历史革命传统教育教什么、怎样教等实操问题给出了实际样板,实现区域内历史教师教学管理能力和教学研究能力的整体提升。

在项目推广后期,工作室成员深度参与了粤东和粤西、粤北的市际教研帮扶。项目成果在帮扶过程中进一步得到了各方认可。工作室主要成员参加了由广东省教研院主办的以"激活历史常态化课堂,推进教学评深度融合"为主题的清远教研帮扶活动,立足统编版《中外历史纲要(上)》进行了公开课展示。工作室主持人多次参加了面向清远市、韶关市和汕尾市的初高中历史教师教研沙龙和讲座,围绕"教学评深度融合"等工作室的研究项目详细介绍研究观点,开阔了上述区域历史教师的专业视野,引起了热烈反响。

三、项目驱动式名师工作室的实践反思

在工作室运行过程中,教研项目的推进能够切实助力"教师成长,师生共长",改善教师的专业成长驱动系统,而教师的专业成长又能有效促进教研项目更高质量地完成,学生的不断发展亦从供给侧不断催生新问题、新项目的衍生,由此形成了一种以项目为内驱力的名师工作室良性循环运行机制(如图1所示)。

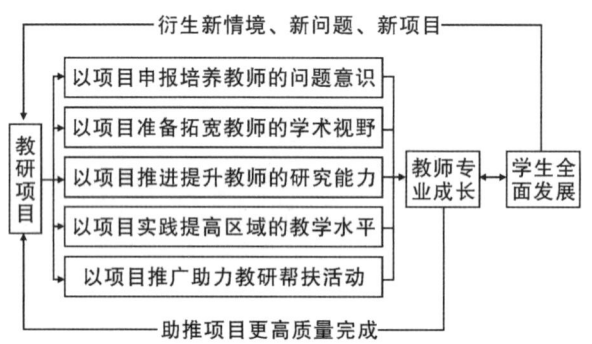

图1 指向教师发展的项目驱动式名师工作室运行机制

值得注意的是,在以项目为内驱力推动名教师工作室运行的同时,仍需以严格的规范和规章作为外驱动力。双驱引领,方得行稳致远。具体来说,工作室需要从运行管理的角度探索建立教研活动制度、项目学校工作汇报制度、子课题工作考评制度;需要立足项目学校的教研实际探索建立教师教研绩效奖励机制、课题申报动员机制、学术规范与评价机制;需要结合不同层次教师水平,详细制定教学反思计划、论文书评撰写日程、示范课展示安排;需要为不同区域搭建不同的研训平台,提供研训成果交流与辐射的机会。不断地探讨项目驱动名师工作室的建设模式,优化教师专业培训的路径,以上正是工作室正在努力的重要方向。

---

[1] 徐肇杰.任务驱动教学法与项目教学法之比较[J].教育与职业,2008(11):36-37.

[2] 蒋秀云.课题研究:教师专业发展的重要平台和成长方式[J].北京教育学院学报,2016(6).

[3] 杜威.杜威教育论著选[M].赵祥麟,王承绪,译.上海:华东师范大学出版社,1981:298.

【附记】本文系新一轮(2020—2022年)珠海市名教师工作室专项课题"大概念统领的高中历史深度学习实践研究"(课题编号:2020GZS20),珠海市教育科研"十四五"规划重点课题"指向社会主义核心价值观培育的高中历史大概念教学研究与实践"(课题编号:2022ZHGHKTZ01)的阶段性研究成果。

(本文选自《中学历史教学》2022年第11期)

走近名师

「教育是一场看见。期待年轻老师在教育教学的路途中不断探索,用变革的脚步,带领孩子们在历史学习中,看见自身成长的美好;在田野行走间,看见天地的辽阔;在芸芸众生间,看见自己的理想与情怀。用历史滋养学生,以史启智,以文化人,实现教书育人的真正价值!」

吴磊 深圳市首届教育名家,历史正高级教师,广东省特级教师,国家"万人计划"教学名师,"中国课改杰出教师",广东省"特支计划"教学名师,广东省首批历史学科带头人,深圳市地方级领军人才,北京师范大学珠海校区历史兼职教师,华南师范大学历史文化学院硕士生导师,深圳市优秀班主任,深圳市专家工作室和首批吴磊名师工作室主持人,全国高中历史课堂比赛一等奖获得者,《中学历史教学参考》编委。近年出版专著6部,多篇论文收录于人大复印资料。带领团队在历史发展性评价、项目式学习方面进行了深度实践和探索,主持相关成果获广东省教育教学成果一等奖。

素养本位新探索 跨界融合应未来
——中学历史跨学科主题学习的教学实践

○ 吴 磊

未来已来,世界对未来人才和教育的需求均发生深刻变化,社会发展越来越强调个性培养、人的发展。培养能够适应未来社会的公民,已成为现代教育工作者重要的研究课题。

随着互联网时代的到来,人类已进入一个以大跨界为标识的社会转型新时代。跨界生存、跨界共生已经成为当代人类的基本生存方式。怎样进一步推动学习方式变革,从学以致用走向"用"以促学、从传统学科教学走向跨界融合?如何让学生在做事中学会做事,成为适应未来社会的新型公民?教育应当为此发挥关键作用,一线教师更是责无旁贷。

我们的团队以历史学科为基础,延伸到语文、地理、物理、音乐、美术等多学科,着力于课程、教学、评价等方面的实践探索,注意凝练各学科大概念,在整合课程的过程中变学科分割为整体关照,创设真实任务情境,发展学生的"跨学科理解",把教学情境化、活动化、课程化,力求提升学生学习历史的主动性和积极性。2022年,该成果获得广东省教育教学成果奖一等奖。借助《中学历史教学参考》"刊网微研"搭建的平台,在此将点滴收获和感悟与大家交流,欢迎同仁批评指正。

一、"跨"之由:背景和缘由

学生面对的生活是整体的,但传统的学科教学却呈现出割裂和碎片化。一线教师习惯通过教科书来驱动教学,加上课程目标表述相对笼统,历史整体发展的时序性不强,且知识的容量大,教师更多侧重知识的传授,纠结于如何把课本的知识讲完、讲透,所以学生学习历史的内驱力不足,主动性不高。

面向未来的时空场景,如何提升学生的核心素养?怎样培养学生的关键能力?国务院办公厅颁布《关于新时代推进普通高中育人方式改革的指导意见》,提出要积极探索基于情境、问题导向的互动式、启发式、探究式、体验式等课堂教学,注重加强课题研究、项目设计、研究性学习等跨学科综合性教学……而《普通高中历史课程标准(2017年版2020年修订)》

更是提出，可以根据学生的学习情况，运用主题教学、问题教学、深度教学、结构—联系教学等教学模式……将教学内容进行有跨度、有深度的重新整合，也可以对必修、选择性必修的不同模块进行整合，设计出更具有探究意义的综合性学习主题。

提升学生的核心素养需要一种真正开放的、不受时空限制的新型学习方式。当下，我们需要在最常态的学科教学中，激发学习者更好地感知、探索、描绘属于自己的生命愿景和成长目标。过去"学以致用"是把"学"落脚在"用"上，学习的目的在于应用。而"用"以促学，就是要以"用"促进"学"的不断深入，特别强调明确任务后的学习，即"主题学习""行动学习""实践社区"等具体学习的基础。而跨学科主题学习遵循学生的认知规律，系统规划并整合不同学科的内容，融入时代发展的主题，通过情境来驱动教学，激发学生的灵感与热情，探索出创新性的问题解决方案，从不同维度感受历史的魅力，真正达到"学""用"并举、"学""用"并长。

跨学科主题学习是未来学习发展的新方向，正如北京师范大学郭华教授所言，以前学生的两只脚，一只脚在历史里，一只脚在未来，真正的教学要能够让学生深切体会到，是身在历史中，而不是历史的旁观者。跨学科主题学习是一个契机，可以让学生进入知识之中、历史之中，让学生生成使命感、承担责任感，走向未来，创造未来。

二、"跨"之径：内容和路径

首都师范大学叶小兵教授对历史课程跨学科主题学习活动有这样的阐释：围绕某一特定的研究主题，以历史学科所学的知识、技能和方法为依托，整合、联通其他学科，对真实问题进行以学生为主体的综合实践活动。通过学习，发展学生问题解决的综合素养，促进学生形成跨学科整合、跨学科理解、跨学科思维、跨学科实践，提高学生认识社会、融入社会、服务社会的观念、态度与能力。

跨学科主题学习大致可分为两类：基础型和应用型。基础型根据教科书内容与学生提前确定学习主题，通过跨学科主题学习的探索，拓展和深化学生的认知。如李静老师的"千户所城中的明清古迹寻访与历史记忆"一课；双学锋老师探索的"三大模块"跨学科校本课；陈箐老师开展的跨学科历史剧创作与展演；还有范立红老师将信息化与跨学科主题学习的链接等都属此类。应用型的跨学科主题学习，侧重于利用多学科所学解决现实的社会问题。近年来团队聚焦深圳招商局博物馆、深圳河、城中村祠堂等城市场景，引领"生于斯、长于斯"的深圳学子走出校园，走向社会，整合校内外资源，发现并认识身边的历史，开展特区亲情寻根文化。如周晓濛老师对下沙城中村历史的挖掘，立足史料实证，增强学生对特区的认同；张迁老师带领学生调研深圳河的变迁，通过实践调查、风情摄影、人物访谈等方式完成学习任务，综合各科知识，获得多元体验，并为大湾区建设献计献策。

我们从课程的角度设计并开展跨学科主题学习，采用教与学、动脑与动手、课上与课下、校内与校外"四个结合"的学习新模式,多年的实践探索,形成了"创设真实情境—设置探究问题—亲历学科实践—物化探究成果"的跨学科主题学习的实施路径。如图1所示:

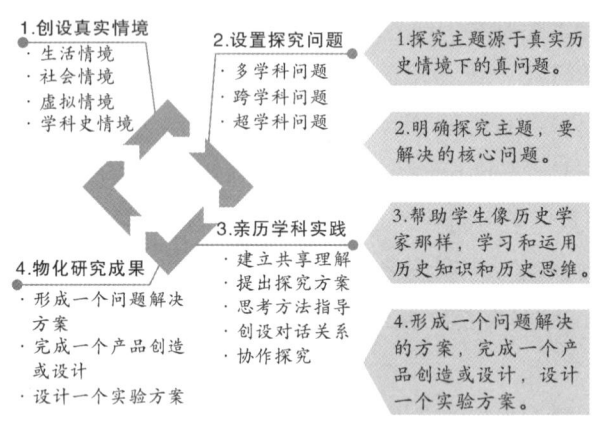

图1 跨学科主题学习的实施路径

我们从发展性评价出发,在实施跨学科主题学习时,注重落实三个"真实":其一,针对学习内容和问题,坚持做到"真实情境";其二,针对学习过程和教学实施,坚持做到"真实体验";其三,针对学习成果与评价,坚持做到"真实可见"。

跨学科主题学习一般从真实的情境和问题出发,引导学生充分调动学科知识,跨学科地融合人文情怀和科学探究精神,从而获取真实的、超学科的学习体验。以《中外历史纲要(上)》第1课"中华文明的起源与早期国家"为例。在新课程、新教材开始实施的背景下,很多老师都是第一次接触国家课程统编教科书的内容。"中华文明的起源与早期国家"作为高一学生第一节历史课,内容涵盖了初中历史5课的内容,课程标准要求通过了解石器时代中国境内有代表性的文化遗存,深化对中华民族多元一体发展趋势的认识。

针对新教科书内容偏繁偏难的现状,立足学生的素养本位,历史组老师策划和组织了以"华夏之初"为主题的跨学科学习。要求学生选择中国境内有代表性的文化遗存,如仰韶文化、大汶口文化、河姆渡文化、龙山文化、红山文化、良渚文化等,致敬中华文明最初的光芒,举行历史文创丝巾设计比赛。

学生从中华优秀传统文化中汲取养分,真正从课本中走出来,在"华夏之初"的主题下,通过了解中华文明遗存(知识记忆和运用)、溯源探秘考古成果(学科素养和历史思维)、小组讨论确定主题(合作沟通能力)、设计创意丝巾图样(审美与创新能力)。一念追溯,描绘出五千多年前华夏古城的浪漫;一瓦陶砾,半坡彩陶盆彰显先祖的智慧与艺术魅力……这些充满着想象力和创造力的作品,都呈现在学校公众号上(见图2),优秀设计还做成了校庆的神秘礼物。这样的跨学科主题学习,将国家课程校本化实施,融合并活化了所学知识,把核心素养落在实处,潜移默化中涵养了学生的家国情怀。

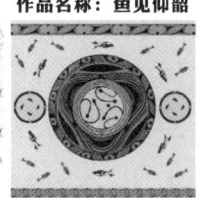

作品名称：华夏之初

创意说明：这条丝巾融合了仰韶文化、大汶口文化以及红山文化等华夏民族初期文化的代表图像，参考出土的当时的文物上的图案、花纹，如人面鱼纹彩陶盆等，并加以设计。本丝巾整体用暖色调，给人温暖的感觉，以陶瓷的本色打底，在黄色的基底色上适当添加了灰色、红色、橙色点缀，且今年流行灰色，再加上富有设计感的拼接，既有亘古的气息，又不失为一件潮流搭配单品；在传播中华优秀传统文化的同时，结合新潮元素，使这条丝巾生机勃勃，如历史滚滚长河般随风飘动。

作品名称：生灵万物

创意说明：选取河姆渡元素。以与大地色泽相近的米黄色作为丝巾底色，象征着大地滋养万物。大地之上，是牲畜。陆上的猪、牛，水中的鱼。除此之外，还有具标志性意义的水稻，以及独具特色的杆栏式建筑简画。画面整体体现河姆渡耕作、养殖生活的悠闲愉快，也饱含了对自然的感谢与尊敬，赞扬了古代的劳动人民。

设计上将图案实线运用脱色淡化处理，使其线条轮廓更有历史感。在色彩填充上运用不规则亮片提高整体亮度。

作品名称：鱼见仰韶

创意说明："鱼"是仰韶文化的重要标志，人们生活在河边，依靠着捕鱼生活，因此鱼在仰韶文化中占有重要的地位。仰韶文化彩陶中大量鱼纹的存在具有极强的象征意义，鱼类具有繁殖能力强的特性，寓意丰收富余，因此古人在祭祀活动中为祈求繁衍兴旺，会举行"祭鱼"仪式，这在大量考古发现和历史文献中均有体现。此作品以仰韶半坡的鱼面陶盆的内部花纹为主体，外部纹络为边框，鱼像作为点缀，体现出仰韶文化之鱼文化的特点；以陶色为背景，寓意着仰韶的陶文化之兴盛。

图2 "华夏之初"历史文创丝巾设计比赛

讲到孝文帝改革时，新教科书要求了解当代汉族姓氏与少数民族之间的关系，借用我校美术软陶课程，我与美术老师一起设计了"百家姓溯源"的创新主题活动。姓氏的历史在中国源远流长，周吴郑王、赵钱孙李，几乎都有一番特别的来历，都蕴含着一段生动有趣的故事。学生以"我"的姓氏为题查阅历史，绘制手绘草图，介绍姓氏渊源，撰写设计说明。最后将看似遥远的古文字、姓氏历史通过软陶艺术呈现出来。个性化的姓氏作品主题鲜明，创意新颖，设计巧妙，配色独特，把原本感性厚重的历史赋予立体的空间，蕴含着学生的无限创意和家国情怀。

似乎从高一入学，学生就面临着选物理还是选历史的困惑，所以我们在高一开展了一次物理和历史学科的跨学科主题学习——"重走伽利略探究自由落体之路"。结合人教版高一历史和物理必修的相关内容，历史老师带领学生了解伽利略的生平史，感受文艺复兴绝不限于文学艺术的复兴，也是一次前所未有的科学革命。人们受文艺复兴的精神影响，打破束缚已久的思想桎梏，伽利略便是在这种时代背景下成为伟大的物理学家和天文学家。

物理老师则带领着学生多次进行具有挑战性的实验。在此过程中，师生共同感受了伽利略在科学实验活动中遇到的计时方式粗陋、实验工具欠缺等困难。经过五次实验，不断改良计时方式和实验轨道材质，重走了伽利略探究自由落体科学实验的过程。这样的跨学科主题学习，强调学生应该具备的科学态度和责任素养，让学生切身体验到历史上的科学家不是超人，他们每取得的一点点成就，都需要付出艰辛的努力，没有一蹴而就的成功。

跨学科主题学习让我们转变思路，从关注教师教什么、怎么教，到培养学生怎么学，让学生在真实情境、真实体验中发现，历史不仅局限于教科书中一段段文字史料，也不是博物馆中一件件静默的文物，而是化作华夏文明的一张张精致绚丽的丝巾图案、一幅幅构思精妙的"百家姓"手工作品、一次次充满挑战的科学实验、一份份城中村祠堂的田野调查……学生于无形之中涵养了核心素养，无声之中将历史视野扩展至更广阔的时空。

三、"跨"之思：体会和建议

历史是一门综合性的学科，文学艺术，天文地理，与历史都有关联。分科教学做了很多年，教师都已习惯了强调各自学科的特点，要让跨学科统整的理念深入教师的脑海没那么容易。

跨学科主题学习讲求"做中学，用中学，创中学"，强调师生在实践中发现问题，解决问题，让每个人都参与其中。长期的跨学科实践让我们收获快乐和成长的同时，也带来许多困惑和问题。如历史学科和其他学科之间的知识体系和方法论存在差异、跨学科学习的广度和深度问题、跨学科课程资源的缺乏等。

在新课程、新教材背景下，我们不能为了跨学科而进行跨学科。如何发挥历史学科的黏合度，实现跨学科融合，形成强大的育人合力？一线教师迫切需要在专家的指导下，普及跨学科统整的相关理念和理论。同时积极组织跨学科项目团队，各科教师共同梳理可进行跨学科统整的主题，在现有教科书的基础上进行整合重构，讨论学科内容和教学目标之间的交融点。最好通过设计一个项目或策划一个活动，将"五育并举"要求落实在课堂教学之中，渗透在校园生活各环节，延伸到学生发展各方面，有助于解决现实问题的"最后一公里"，具有现实意义。

跨学科主题学习还可以让教师在每一次的"教—学—做—评"循环中，发挥长项"教"的同时，从其他老师、学生那里"学"到跨学科跨领域的知识，从而将教与学融合，师生之间相互学习、分享知识，真正实现"教中学""学中教"，达到教学相长，师生共同成长的目的。

跨界教育的意义和任务，不止于教育，它已成为日常生活与社会文化的新常态。具有可持续发展的生命力。从当初的"历史+"到"学科+""跨学科学习""超学科学习"……我们从未停下探索的脚步。

主要参考文献：

[1] 许敬良,吴磊.中学生涯教育与未来职业的选择[M].长春:东北师范大学,2020.

[2] 李春来,周楠.通过挑战性实践活动的实施达成深度学习:以"重走伽利略探究自由落体运动之路"为例[J].中学物理教学参考,2021(31).

[3] 于晓慧,吴磊.高中历史软陶 PBL 课程[M].沈阳:辽宁大学出版社,2023:118.

[4] 张迁,吴磊.寻根问祖:深圳祠堂掠影[M].北京:中国文联出版社,2021.

[5] 李政涛.跨以成人:跨界教育的历史、现实与未来[J].教育研究,2023(5).

（本文选自《中学历史教学参考》2023 年第 9 期）

走近名师

「潜心研究教材及历史课程的育人功能价值，坚持素养导向、问题导向和实践取向，注重把课程改革的理念转变为教育教学行为，针对学生实际不断改进教—学—评的行为，追求教好、学好和考好的有机统一，提升历史课程育人的品质。」

刘汝明 正高级教师，特级教师，参编普通高中历史实验教科书、澳门高中世界历史教科书，参与统编版初中历史教科书修订。主持北京市十三五规划重点课题。参与的成果获国家级教学成果奖一等奖。主编《高中选科与学习指导·历史》等十多本书籍，在《中学历史教学参考》《中国考试》等发表文章60多篇。

「教师要有学生的视角，理解学生的发展需求和认知路径；有以终为始的育人智慧，引导学生达成学习目标；有研究者的敏锐和笃定，在实践反思中发现和突破教育教学的真问题。」

李静 高级教师，北京市骨干教师。人民教育出版社社外教材培训专家，参与开发人教社《中外历史纲要》配套光盘，参与澳门高中历史教学用书和民族地区教师用书的编写，承担高教社的中职教参编写和课例开发，参与统编初中历史教材审读工作以及教育部深度学习等项目研究。

历史学科教师研修课程的规划及实施

○ 刘汝明　李　静

《教育部关于加强和改进新时代基础教育教研工作的意见》对教研部门的"主要任务"做了明确规定,"服务教师专业成长,指导教师改进教学方式,提高教书育人能力;服务学生全面发展,深入研究学生学习和成长规律,提高学生综合素质",肯定了教研工作的路径与价值。

近几年,北京市海淀区教师进修学校在教研转型的实践研究中,把学校的职能定位和部门设置调整为五大中心,即课程指导、教学研究、质量评价、资源建设、教师发展。学科教研员参与转型实践研究的一个重要内容就是规划并实施学科教师"5+M+N"研修课程,即在传承海淀区教师进修学校40年经验的基础上,根据课程改革和考试改革的需要,增强教研工作的系统性和整体性,着力提升学科教师专业素养,着力促进学生核心素养发展,从而持续、稳定地提升区域学科教育教学的质量。下面就历史学科在这方面的实践情况做一简要介绍,以就教于方家。

一、多维调研,聚焦课程教学关键问题

海淀区学科教研有一个非常好的传统,就是每个学科每个年级每周固定半天时间开展集中的教材教法研究。教师对教材理解到位了,才能保证教学质量;每位学科教师每节课的教学质量提高,学科课程育人质量才有保障。历史学科各年级固定研修时间是每周五上午。对于我们教研员来说,"当下"历史学科课程实施的关键问题是我们每学年规划学科教师研修课程中首先要理清的问题。为此,我们开展多维度调研,以增强学科教师研修规划的系统性、整体性和发展性。

1. 课程实施和教学现状调研

组织中学课程实施的专项调研[1],从"指导思想""背景分析""课程理念""课程目标""课程结构""课程实施""资源选择与使用""评价建议""保障条件"等方面分析发

现,学校层面不重视"课程资源建设与使用",也反映出历史学科教学资源积累、传承没有整体性,历史课程在年级间、学段间的实施缺乏系统性,这势必影响学校育人特色形成。

关于学科课堂教学的调研发现,学习情境设计、学习活动设计、课堂学习评价(学习动机激发)等方面直接影响课堂目标达成;新旧课程交替中,不同年级和不同年龄段教师的表现也存在差异。

关于教师教育教学现状的网络调研发现,2/3以上的教师擅长"精心讲授和示范",这与海淀区学科教师团队的学历水平较高、个人素质较好分不开,而讲授法又是历史学科最重要的教学方法,也是最节约成本的办法。60%以上的教师经常"在讨论中引导学生反思",50%的教师"就学生的回答进行追问",反映教师注重在课堂教学中引导学生思考和参与课堂活动。但是,"围绕主题组织交流讨论"和"组织开放性学习活动"的比例较低,这与"史料研习"式学习活动要求有些差距。

针对初三和高一学生学习现状的网络调研发现,学生"最希望从学校和教师那里得到的帮助",排在前四位的分别是"解决学科知识方面的问题""提供学习方法指导""提供学科学习资源""提供学科学术发展的咨询",其中初中学生相比高中学生对教师的依赖程度更高,高一学生对"提供职业发展咨询"的需求比初三学生高三倍。了解了"客户"的需求,也为历史学科教师研修提出了新的方向。

课堂教学的质量决定学科课程育人的质量,也决定了学校育人的质量与水平。为了更好地规划学科教师研修课程,除网络调研和常规课堂调研外,还有毕业年级专项调研、学科驻校调研、集中驻校调研和学科基地建设专项调研等,目的都是为了准确全面地把握现状,发现问题。为增强研修课程规划的系统性、针对性和实效性,我们设计了如下工作流程。

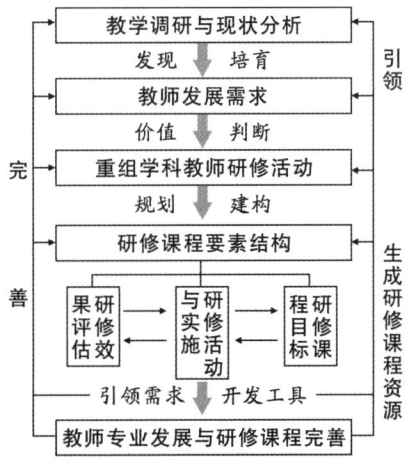

图 1

2. 学生学习现状与能力调研

对教学中一些共性问题的调研,能帮助教师明确教学改进的方向和校正育人理念、行为。但学科课程实施涉及具体模块或单元内容,如何了解学生的学习需要与障碍、如何引导教师增强课程实施的针对性,需要进行更详细、具体的调研。这样的调研,从目前师生的时间和精力看,每周做或每单元做不太现实,但是每个学期完成两次在目前的技术手段下是可以实现的。

例如,2018年关于经济模块学习状况的调研,聚焦于学生学习经济史需要掌握的36个核心概念、12个重要历史结论或认识、历史材料阅读与推论的现状与障碍,涉及"直接提取信息""运用信息推导结论""学科方法"和"价值观念与认识境界"等不同维度,提醒我们规划研修课程和组织教研活动时,要关注学生历史学习的思维过程,针对学习中的障碍和困难,增强研修内容与活动的针对性和实效性。

再如,2020年针对高中历史选择性必修三《文化交流与传播》第四单元"商路、贸易与文化交流"、第五单元"战争与文化交锋"的学生学习现状和需求调研发现,学生的空间观念、跨学科核心概念的理解、材料信息提取与运用等方面存在的问题较突出,特别是对商贸、战争在文化交流中作用的认识视角和程度与课程标准的要求存在较大差距。这就为改进单元教材教法、组织研究课案例研讨提供了依据和重点。

学生学习需求和学习能力的调研,不仅有利于改进教师课程实施中的观念和行为,也能增强教学的实效性。通过多维度调研,我们规划研修课程时就聚焦于学科课程理解、教学设计与实施、指向素养的学业评价等关键问题。

二、项目载体,系统规划教师研修课程

按海淀区教师进修学校领导的要求,"学科教师研修课程,上要'顶天'——对接国家课程教学改革的文件要求,下要'落地'——能引领课堂教学改进并解决教师专业发展中的瓶颈问题"。教研转型的实践研究中,进修学校承担和申报了教育部、教育部课程中心、中国教育学会、北京市多个实验项目和研究课题,各学科以这些项目——综合评价改革实验、深度学习的教学改进、学习方式变革、学业评价与教学指导等——为载体,规划并实施学科教师研修课程。

1. 把握课程改革方向

把握国家课程改革的理念、方向和要求,是规划、实施教师研修课程的前提。进修学校承担的这些重大项目,都直接指向落实立德树人的根本任务,聚焦于课堂教学和学生素养培育。

进修学校连续几年利用假期教研员集中培训的机会,邀请专家进行专题讲座,加深了参训学员对课程改革方向和理念的理解,特别是对课程内容选择的"思想性、时代性、基础性、选择性、关联性"的理解,也加深了其对考试改革中"命题要增强基础性,考查学生必备知识和关键能力;要增强综合性,体现学生综合素质和学科素养;要加强应用性,

注重理论密切联系实际;要增强探究性和开放性,考查学生的创新意识和创新能力"[2]的认识。

例如,我们把历史学科核心素养内涵理解、学业质量标准的落实融入综合评价改革实验、学业评价与教学指导等项目中,以"深度学习"的教学改进来引领课堂"教—学—评"的改进,以学习方式变革项目为载体深化对学科学习的研究。这样研修课程规划与项目落实就有机结合起来。

2. 研修课程规划的基本原则

按课程改革和考试改革的要求,规划学科教师研修课程时,我们本着"整体规划、应需优化、面向全体、进阶发展"的宗旨,遵循以下原则:

第一,素养导向原则。注重提升教师专业素养与课程能力,促进学生核心素养发展。多维度调研聚焦了教师专业素养提升和行为改进的关键点。

第二,问题导向原则。按"调研现状—多维分析—聚焦需求—重点施策"的思路,聚焦教师教育情怀与境界问题、专业知识与专业理论问题、课程实施策略与方法问题、发展驱动系统等问题,着眼于教师的课程意识、专业素养、专业情怀和课程能力的整体提升,最终目的是提升教师解决学生学科核心素养培育中面临的诸多问题。

第三,实践取向原则。关注学科"教—学—评"的一致性,重点关注课堂教学理念和行为的改进,基于"对话"的理念重构,基于"情境"经验的迭代式反思,基于"案例"的"教—学—评"行为改进,从而改进学科教育教学并全面提升教师专业素养。

3. 把项目研究融入研修课程内容结构

海淀区规划的学科教师"5 + M + N"研修课程内容分为三个部分。

所谓"5",是指面向历史学科各年级全体教师的共同必修内容。这部分既有跨年级的内容,更多是分年级实施,传统的单元教材教法主要安排在这部分中。重点解决各年级历史教学中面临的共性问题,着眼于全体历史教师专业素养提升的共性问题,由必做的教研活动构成。各年级教研员根据本年级历史课程实施中的实际,如教材更新、考试政策调整等,规划并选择合适的研修主题和内容,指向学科核心素养,针对学科教学的关键问题,注重变革教与学的方式,实践取向的特点鲜明,把教师专业素养提升、深度学习的教学改进等融入其中。按工作量的要求,每个年级每学期共同研修的内容不少于5次。

所谓"M",是指历史学科各年级教育教学和教师专业发展的特定研讨专题,针对不同年级的某些特定教师群体或某个亟待突破的专题。针对不同发展阶段的教师需求、不同类型学校学科教师发展的需求和本年级面临的改革形势的特定要求,采取专项研讨的形式组织教研活动,分类、分层满足教师专业发展,专题跟进式、互动式专项研讨特色鲜明。按各年级教师的需要,在教师自主选择和主动参与的基础上,把学业评价与教学改进、命题与作业设计研讨等融入其中。

所谓"N",是指面向联片学校学科教师的自主选修,由联片学校的学科专题教研活动构成。海淀区在北部和东部设立了教研分中心,针对联片学校的教学关键问题,采用案例式研讨改进课堂教学行为。如海淀北部农村教师素养提升、学院路研修中心的联片教研活动等。

按课程规划的一般理论,研修课程规划框架包括研修目标、研修内容、研修策略、研修方式、研修反思、课程资源等。依据研修课程构架,每学期每个年级都规划了一张课程表。通过专家、教研员和兼职教研员对各册教科书中的学术问题、课程理解问题、教学关键问题等内容的解析,通过观摩、交流、分享教学设计,加深教师对统编版教科书的内在线索、知识逻辑、学习价值等的理解,使其基本能从单元教学的角度思考并设计教学,以适应教科书的改变,实现课程标准的要求。

例如,从2014年学习《普通高中历史课程标准(征求意见稿)》开始,我们就围绕学科核心素养的理解与落实,先后邀请课程标准制订组专家和专门史研究专家围绕"学科核心素养内涵的理解""学科核心素养与教学""基于学科核心素养的教学改进""中国法律史概说""指向学科核心素养的学业评价"等主题对全区历史教师进行培训,帮助学科教师理解学科核心素养的内涵与进阶,更新学科专业知识结构,提升教师的课程意识,更新教育教学(包括学业评价)的观念和行为,以提升历史课程育人质量。按学期规划学科教师研修课程,能把国家和北京市课程改革和考试改革的要求及时安排进去,因而,同一年级两年的研修规划安排,除了围绕统编版教科书的"学科课程理解力提升"模块是相同的,适应本年级教师需求和改革要求的研修内容和形式就会有所不同。这种递进式的研修规划,受到老师的欢迎。

4. 完善研修机制,确保课程实施质量

在课程改革深入推进的背景下,区教工委颁发了《进一步加强教研工作的指导意见》《中小学课堂教学指导意见》等文件,把海淀教研好的经验固定下来,也进一步明确了教研转型实践研究的方向。研修课程规划和实施的实践,是海淀教研转型研究的重要内容。

项目实践研究在优化单元教材教法报告的基础上,丰富了多种类型的研讨,如史料研读、单元整体教学设计、深度学习的教学改进、作业设计与命题研究、学科实践活动课程研究、素养进阶与命题研究、初高中跨学段教研等,把进修学校承担的国家级和北京市课程改革的项目融入研修课程之中。实施中的几个重要环节和特点如下:

第一,按区教工委和区教委下发的文件,强化了研修课程实施的机制。各学校的排课系统每周五上午尽可能不排历史课。参与研修的情况和效果计入教师年度的继续教育学分。按培训的五年计划,学科教师参加进修学校组织的学科研修和教研活动,需要达到一定的必修学分。这对规划研修课程的人来说也有压力——如果研修内容规划、实施不能帮助教师解决实际工作中的关键问题,研修效果不佳,要保证教师持续参与是不可想象的。到目前为止,还没有教师认为自己是为了取得继续教育学分才参与研修的,且绝大多数教师五年下来,继续教育的学时数都超过了要求。

第二,重点突破每学期各年级面临的关键问题。例如,2019年秋季,初一和高一都需要组织中国古代史各单元的教材教法研讨,从内容角度看,如何理解中华文明起源与早期国家的特点,如何理解春秋战国社会变革与秦朝统一多民族国家建立的关系,如何理解两汉巩固统一多民族国家的措施及国家强盛的表现,如何理解政权并立与民族交融的阶段特点,如何整合教材内容逻辑、提炼单元学习主题并梳理单元设计的思路,如何克服"风采杯"中单元整体设计中表现出的共性问题,是初高中都需要关注的。但是,高一年级面临的新问题是新教科书的使用,课本内容容量大与课时不足的矛盾突出,学科课程内容理解与教科书处理就是研修的重点;而初一年级既有统编版教科书的使用,还面临着考试招生改革中"两考合一""全学全考"等新的形势,激发学生学习历史的动机和分层学习指导对教师有新的挑战,学科课程内容加深理解和学生学习研究就是研修的重点。因此,同样是面对中国古代史教学,研修目标和研修方式有些差别。

第三,丰富研修形式,增强参与式、反思性研修的效果。成人学习有自己的特点,这方面已经有很多研究成果。我们规划研修课程内容的关键问题是从历史教育教学的实践中来的。研修课程实施时,从形式上突出实践取向,着力解决以课堂教学为中心的一系列实际问题,既强调专家引领,也强调策略的众筹;既强调案例分享,又强调实践体验与感悟;既强调单项突破,更强调课程能力的系统性和整体性提升;既注重引领教师个体专业素养发展,更注重学科教研文化的建设和共同价值追求的凝铸;既重视教的优法探讨,更重视学的规律研究,最终是通过教研服务教师专业成长、成就学生发展。

例如,指向学科核心素养的学业评价是初高中教师面临的共同难题。在专家讲座引领的基础上,我们组织学科命题工作坊、作业设计与命题研究专题研讨、学法指导与素养发展进阶案例分享等,增强实践中"教—学—评"的一致性,提升学科教师团队的学业评价能力,以评价促进教学改进。

再如,对于课堂实施中创造出来的实践成果,不同教龄教师的需求是不一样的。我们组织成长中的骨干教师展示、学科教研基地建设展示、研修分中心的专题分享等,形成教研成果培育、推广、激励机制,以案例分享的形式推广项目研究成果,既满足、引领教师成长需求,又增强研修的针对性和选择性。

第四,构建三级联动深度教研机制,形成区级教研、联片教研、校本教研的合力,通过区级教研对联片教研和校本教研进行引领和指导,打通教研成果进入课堂的"最后一公里",提升教研工作在学科课程实施质量提升中的作用。如近几年区教研组织了跨学段教研,初高中教师同讲美国独立和联邦制度建立、启蒙运动、秦朝统一、新文化运动、抗日战争等内容,推动各校备课组关注初高中内容衔接与关键能力进阶,关注初高中学生实际,做到因材施教,针对不同学情形成教学特色,推动学科组教研文化建设。

总之,丰富研修形式,真正把学科育人功能价值、学生的学科核心素养落实在日常的教育教学中,提升了区域教育质量,体现了教研部门工作的不可替代性。

三、实践改进,提升教师的课程能力

课程改革和考试改革对教师专业素养的新要求,突出表现在历史课程实施中需要有课程育人的意识、资源开发的能力,需要提升过程性评价和学业评价等方面的能力。基于实践和文献梳理历史教师课程能力的结构,是研修课程规划与实施中需要重点解决的问题。

教育部《教师教育课程标准(试行)》提出"育人为本""实践取向""终身学习"的指导思想,将教师教育类课程目标划为三个领域(教育信念与责任、教育知识与能力、教育实践与体验)和九个目标(每一个领域设定三个具体目标)。《普通高中历史课程标准(2017年版2020年修订)》也从不同维度提出了历史教师需要具备的课程教学能力。结合课程理论研究和历史学科课程实施的实际,我们初步把历史学科教师应该具备的学科课程能力分为以下几个方面。

一是学科课程理解力。引导学科教师理解并认同改革政策和要求,特别是课程改革与考试改革的趋势,保证理念更新和行为改进的方向不偏离教育改革的大方向。核心是要理解历史课程的育人功能与价值,包括"全面理解历史学科核心素养""深入分析课程结构,合理整合教学内容",整体规划初高中历史课程的衔接,做好高中必修课程和选择性必修课程的整合,理解并落实历史学习对学生发展的独特价值。

二是教学设计与实施能力。主要包括单元整体教学设计能力、课堂教学组织能力和学习指导能力,把握学习中的关键问题,确定主题和重点,创设历史情境,以问题为引领,开展基于材料研读的教学活动,发展学生历史学科核心素养。

三是学业评价的能力。主要包括学习的过程性评价和学业质量评价,其中命题能力是亟待突破和提升的关键能力。如果教师明确了历史学科核心素养评价的水平进阶,就能有效改进课堂学习过程与思维发展的进阶。

四是课程资源开发和运用能力。把课程资源分为"素材性资源""条件性资源""经验性资源"三大类,引用各类资源创设课堂学习情境,引导学生开展材料研读式学习,也引用资源创设新情境考查学生的学业质量。用学业评价引导、推动资源的开发和运用,"以新情境下的问题解决为重心",检测学生"应对和解决陌生的、复杂的、开放性的真实问题情境,是检验其核心素养水平的重要方面"。新情境包括学习情境、生活情境、社会情境和学术情境。这需要提升教师个体和团队的资源开发、运用能力。

五是数据处理和运用的能力。主要包括学生现状需求调研及信息处理能力；考试数据分析和运用能力；信息技术运用以改进课程实施过程中"教—学—评"的能力。特别是2020年疫情期间，全员都进行网络教学，如果没有数据处理的能力，或者信息技术与学科融合的能力不够，直接影响历史课程的实施质量。这是信息时代对教育教学变革提出的新要求，也是培养适应人工智能时代新的建设者和接班人的需要。

历史教师的课程能力可能不止这些。适当进行整合和分层，构建出历史学科教师课程能力的结构，如下图所示。

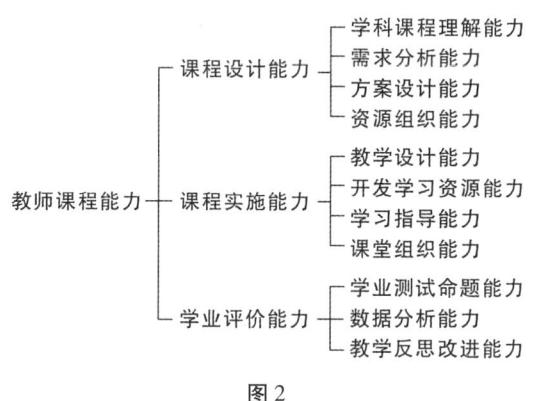

图2

例如，为提升学业测试的命题能力，我们转化参与北京师范大学学科能力表现性研究的成果[3]，组织命题工作坊进行深入研讨，通过教师命题、研题、改题和专家评题，众筹出"影响试题与难度的因素"包括"六度"：学科知识的熟悉程度、试题情境设计的陌生程度、问题设计或任务设计的角度、能力考查的层级差异程度、评分细则的宽严度、历史认识境界的高度。这对引导和规划历史课程的实施无疑是有意义的，有助于教师明晰一些关系（理解知识内容是试题的载体，知识在试题中有显性和隐性之分；学科思维能力考查是核心，思维外显是从学生答卷上表现出来），促使教师不再仅局限于知识点掰开揉碎式的讲解，而是着眼于知识学习到能力提升到历史认识发展的全过程，梳理历史学习思维发展的进阶，把学业质量标准与具体内容的学习结合起来，突出学科核心素养发展的层次性和整体性。教师明白，目标要体现出整体性、层次性、适切性和可操作性；目标的表述要包含知识学习目标，更要凸显行为目标、生成性目标和表现性目标的有机整合，目标设计要关照学生学习的现状、需求、认知障碍等，目标从三维目标转变为指向学科核心素养的目标，整个"教—学—评"的各环节就会发生根本性的变化。

总之，我们把课程能力提升放在学科教师研修课程的核心位置，目的是帮助教师深刻理解历史课程育人的价值，并能将其与学校课程育人特色对接。根据时代发展、课程改革和学生发展等方面的实际更新育人理念与方式，切实改进教与学的方式，"注重评价目标与教学目标的一致性,尽可能使教学和评价围绕学生学习这一中心展开,使教、学、评相互促进,共同服务于学生历史学科核心素养的发展"。

当然,作为反思型的实践者,我们也没有把"课程能力"提升弄得玄乎其玄,因为课程理论专家已经指出,"事实上,教师对于课程目的、价值、内容的思考与实践,更是课程知识中的核心","课程与教学是相互环扣的两个环节。在学术范畴上,虽然二者有其分野,然而对教师而言,却不需划分其疆界。课程设计事实上是对学生整体学习的安排,所以教的内容与教学方法必须一起思考,而这样的思考,必须让教师从建立自己的教育理念及了解学生开始",目前的课程改革中产生了"教师赋权",不如说借此政策要求"教师增能"[4]。我们规划并实施历史学科教师研修课程,根本作用就是"唤醒—赋能—实践—反思—改进",最终服务于学生素养的发展。

几年的实践告诉我们,规划教师研修课程要把握课程改革方向,聚焦教学关键问题,突出学生学习中心,突破课程规划实施的关键环节,实现关键能力进阶发展,更好地落实学科课程育人的目标和要求。

---

[1] 柯珊,刘汝明.中小学课程规划的现状研究:基于HD区学校课程规划文本的分析[J].天津师范大学学报(基础教育版),2019(2).

[2] 姜钢,刘桔.牢记立德树人使命写好教育考试奋进之笔[N].中国教育报,2018-03-03(05).

[3] 王磊.学科能力构成及其表现研究:基于学习理解、应用实践与迁移创新导向的多维整合模型[J].教育研究,2016(9);郑林,郑国民.中学生历史学科能力表现影响因素研究[J].历史教学(上半月刊),2017(3);郑林.中学生历史学科能力构成及表现研究[J].课程·教材·教法,2017(8).

[4] 周淑卿.课程发展与教师专业[M].北京:九州出版社,2006:29-30.

(本文选自《中学历史教学参考》2021年第5期)

走近名师

「在30多年的历史教学岁月中，经验一点点厚实起来，有一些自己的感悟和体会：有温度的历史教育能触动人心；有热情的历史教师能传递美好的正能量；有情怀的历史教学能塑造心怀家国的少年。历史教育视点不是分数，而是人和生命的成长。」

金丽君 中学正高级教师，杭州学军中学教育集团历史教研组长，杭州市历史学科教研大组组长，杭州师范大学教育硕士研究生导师，安徽师范大学特聘教授，浙江省教材评审专家。追求课堂教学的高效高质，开展体系化的历史学科研学实践活动，近5年间，《历史教学问题》等全国核心期刊和国家级刊物上发表文章30余篇，主持或参与十余个国家、教育部、省市教研课题，主编历史学科研学实践活动的专著《家的老物件，国的新征程——我眼中的70年》。曾获全国第二届普通高中新课程优秀教育课一等奖，教育部基础教育精品课，杭州市优秀教师等。

课程·课堂·课题:深度推进校本学科教研的行与思

○ 金丽君

2020年12月杭州学军中学历史教研组被评为浙江省先进教研组,"强大的教师团队""特色的学科活动""硬核的科研水平"被杭州高中历史同行认可为"历史教研团队建设标杆般的存在"。

教研的价值是提升学科教学质量和教师专业发展水平,我们的做法是:以"课程导航+课堂落地+课题深化"的"三课"联动为路径,通过教研组与各年级备课组纵横交互、线上与线下交融、固定研讨与日常交流结合的多层次深度推进校本学科教研,促进教师高水平、教学高质量的发展。

一、以课程为航标,打造核心素养课堂

《普通高中历史课程标准(2017年版2020年修订)》从国家层面确立了"为什么教""教什么"的教学目标和教学内容的框架体系,成为新一轮课程改革的航标。要把纸上的、字面上的目标导航、理念形成学生内在的素养,关键在于一线教师教学实践中的转化和落地,即"怎么教"。教师对课程标准和新教科书的认识理解直接决定着目标达成的效度,而教研组就是教师背后的团队,依托团队的专业力量,从课堂教学和课外研学互为促进的两条路径,打造践行课程目标的核心素养课堂。

(一)聚焦统编新教科书,转型素养新课堂

其实,"强大的教师团队"来自教师在省级及以上优质课评比中的成功晋级,而课程改革理念和方案能不能真正落地、能不能达到预期效果的关键环节是每一位教师在每一次日常课堂上的具体教学行为,所以我们把教学教研的重心确立为深度理解统编版教科书下的日常课堂,主要研习课堂的学习载体、发展方向、研究方式。

1. **课堂教学的学习载体**:主要指统编版教科书的阅读、解读、研读。一位教师真正读通教科书需要三轮时间,其中第一轮教学主要在于读懂教科书。一是要读高中教科书:

阅读教科书,读懂它的知识构架;解读教科书,读懂编写者的意图,理解教科书如何表达课程目标;研读教科书,读出教科书的重点与难点。二是要读初中教科书:读准学生知识的起点、连接点和取舍点。三是要读与教科书内容相关的学术著作:读懂支撑教科书知识背后的大历史。

读高中教科书,要基于教师自身理解教科书;读初中教科书,即站在学生角度理解教科书;读学术著作,要基于教与学的深度广度理解教科书。立足高中教科书,比读初中教科书,联读学术著作,三步联动多视角、多层次地读出教科书的上下贯通,读懂教科书的内涵外延,从整体上、本质上把握体现课程的教科书。

2. 课堂教学的发展方向:超越传递,走向探究。要实现基于历史学科核心素养的教学,教师须确立新的认知观、教学观和评价观,从知识本位转为素养本位,努力将学生对知识的学习过程转化为发展核心素养的过程。基于课程目标的教学实践,把教学变成教师和学生合作展开的有意义的探究、体验学科与生活的过程,在探究中表达自己的思想,实现相关的"意义"[1]。学习课程标准,依据高中统编版教科书的特点,我们认为超越传递的历史课堂的探究至少有三层内涵:

第一,基于情境的探究。情境是探究的"现场",只有在情境创设的历史现场中学习,才能感受知识来自社会和生活,并最终解决社会和生活问题。从现有的历史情境内容看,可以是生活情境、学术情境、社会情境、学习情境;从形式看,可以是文字、图片、实物、图表,多样多层多面的搭建呈现情境的复杂性,借助于多媒体信息技术演绎情境使探究具有真实性,复杂真实的情境是核心素养形成的必要场域。

在第一轮新教科书的教学中,我们侧重了学生熟悉的杭州历史遗迹进课堂的尝试,让书中的历史与学生生活场域交互,历史与现实贯通。如从中国良渚博物馆看文明的起源和早期国家,从宝石山的"葛岭""保俶塔""岳庙"看隋唐的文化、两宋的民族关系和政权更迭等。

第二,基于问题的探究。问题是探究的路径,通过问题激活学生思维,从而解决问题是养育素养的关键。指向情境的问题既可以源自教师,也可以激发学生产生疑问,既可以独立探究,也可以合作探究。

在整体化的"大概念"单元设计中,我们采用"核心问题"总领——具有逻辑递进关系的"问题链"深化、具化的方式。如"文明的产生与早期发展"一课的核心问题为:古代文明的特点是多元独立吗?递进问题是:你可以用哪些古代文明来例证观点?造成这种特征的原因又是什么?核心问题聚拢课时主题,递进问题又成为课时的逻辑线索。

第三,基于史料的探究。史料是历史探究的特色,史料研习与问题解决相结合的教学已经为大家熟悉和熟练。

统编版教科书提供了丰富的辅助性史料,对第一轮使用该书的教师和新课学习的学生来说,首选书中提供的史料研习更有价值:于教师,不仅能进一步熟悉教科书,读懂教科书,用活教科书,也能把更多时间精力集中于理解教科书;于学生,新课学习时课本上史料既是全新的史料又是课前可以用于导学的材料。因此,我们针对每一课的史料推出课前"问题导读",特别是古代史文言文的"文字"导读,这些有助于课堂探究的深入。

3. 课堂教学的研究方式:多方联动,深度研磨。时间和精力制约着教师教研的推进,我们的破解方法是:

第一,建立双线互动的活动新模式。活动方式由线下到线上线下相结合,实现群体教研活动由"固定化"转向"日常化";研究过程由"定时"转向"随时",提升教研活动的实效性和参与性。线上教研主要有两种形态:一是由个人定时间确定参与现场或回放的大型网络课程,比如2020年8月的教研网统编版教科书使用培训;二是除了每周三下午集体面对面研讨外,我们要求每一节课后,每一位老师在微信群里反馈自己的上课感受和反思性总结。在预设与结果、设计与实践、过程与校正的互动、碰撞中,深化了对教科书教学的理解和认识。

第二,形成案例式集体新备课。在基于大概念单元设计策略的引领下,共同设计并反复探讨、修改第一单元四节课的教学设计,以此为范式,由一位老师提前一个星期主备课,其他同年级备课组成员在每周一次集体审辨中形成新方案,将个体智慧融入集体智慧,让集体智慧最大化。

第三,建立课例研究新方法。从不同老师间建立横向比较的"同课异构"到同一位老师纵向延展的"一课多构"和不同老师的"同课同构"多维创建,研究优质课堂的不同设计、不同表达的方式和价值。

第四,形成常态的听议课新制度。开放课堂,要求备课组内实行一课一听制,即每一节新课至少听其他老师同课题的一节课;听课后,备课组同伴间强调"议课",就课堂信息提出问题、交流意见。给予同伴学习机会,也获得同伴更多的审视机会,实现组内成员之间的理念互通、实践共进。

聚焦统编版教科书,多方研磨,我们的目标是实现课堂转型:从"怎么教"转向"怎么学",由教师直接灌输知识和传递教科书结论的教学方式走向探究,打造历史学科核心素养的新课堂。

(二)深入研学活动,开拓素养课堂新路径

以历史学科核心素养为目标的高中历史课程在实施中,要进一步改进教学方式,促进学生的自主学习、合作学习和探究学习,提高实践能力,学科研学活动应当成为与课堂教学相辅相成、互为促进的核心素养培育路径。我们深入开展研学实践活动,构建培育历史学科核心素养的课外实践与课堂教学双轨并重的路径,把握核心素养培育的实践方向。

1. **主题研学:聚合学科特色和家国情怀**。研学的主题是活动的灵魂,主题的确立需服从于课程"立德树人"的根本任务[2],家国情怀是活动的底色。立足历史学科,重大历史节点和现实社会意义的结合点就是主题的源点。如结合新中国成立70周年,开展了"新中国·老物件——我眼中的70年"主题系列研学实践活动;建党100周年的2021年,启动"小舞台·大历史——学军中学历史组'纪念中国共产党建党100周年'主题系列活动"。

2. **活动过程:凸显实践性和系统化**。系统化的研学活动才能推进学生情感的深化、能力的递进。"新中国·老物件"活动从家庭征集老物件、教室宣讲老物件、校园展出老物件、西湖博物馆布展讲解撤展老物件到"我与老物件"故事征文演讲比赛,每一环节在学生自主探究中得到老物件的"历史解释";"小舞台·大历史"纪念建党100周年的活动设计从主题选定、海报设计到剧本创作再到舞台呈现以及后期的DV制作,环环相扣,逐层推进,逐步深入,首尾呼应,形成一个完整的活动闭环。

3. **质量评价:立足素养和多维度**。核心素养的课堂是家庭、社会和学校的共同体,研学实践活动更是如此。教师、学生、家长、社会人士都是课程活动资源的提供者、参与者,必然会共同关注活动的主体——学生,由此自然成为活动的发言人、评价者。活动以实践的形式开展,关注活动过程中学生的参与态度、情感、能力、自我反思和总结等素养方面可观察、可操作的变化,即关注过程性评价和学生个人在活动前后的增值性评价、综合性评价。

二、以课堂为基地,推动课题研究

教师研究的特点和优势在于:根植于教学实践,研究内容直接来自教学实践中自我发现和需求的问题;研究过程就是带着思考去观察、反观自己的教学实践行为;研究目标就是改进和完善自己的教学实践。从落地新课程、新教材的目标出发,我们确立了基于课堂的课题研究。

(一)大概念下的单元整体教学策略的研究

如何使用纲要式的统编版高中历史教科书?专家几乎异口同声告诉我们"大概念""主题式学习""单元教学法"。而事实上,专家只告诉我们一个概念,一个方向,具体在每一单元和单课中怎样践行,需要教师消化和内化,需要教师寻找理论与具体学情相适切的方法。我们的做法是:让教研为课堂服务,课堂为教研支撑。

1. 基于理论的教研引领课堂尝试。浙江省2020年开始使用统编版教科书,我校教研组教师从2019年9月开始,就自觉与全国的先行6省同步开展统编版教科书的学习和研究,用行动表达一种态度:让课堂真正的教学始于教学研究。

用大概念和整体性教学的理论引领实践探索。我们以个体自主研习和集体深度讨论相结合的方式重点学习了威金斯的《追求理解的教学设计》和杭州市教研室主任历史教研员朱可的《基于高中历史新教材的初高中衔接教学新探——以"中华文明的起源与早期国家"一课为例》《高中历史整体性教学设计策略新探——〈中外历史纲要〉试教心得》等教学理念和教学策略,并由此进行实践的尝试、总结和校正。我们认为,大概念下的教学并非是教师提取和传授大概念,而应该把大概念融入知识体系中,让学生在不断地思考和探究中渐渐走进大概念的内涵;单元教学是整体化教学的一种策略,而大概念是凝聚单元教学的一种方法。

把我们的学习、理解和认识在实践中尝试和验证,开设基于大概念"冲击与回应"的第五单元"晚清时期的内忧外患与救亡图存"三课的校本研究课。探讨是一种思考,思考是一种探索。钟徐楼芳老师的"道光的身份——两次鸦片战争下的中国"成为温州市新教材学习的示范课,薛云璐老师的"李鸿章的仕途和帝国的黄昏——国家出路的探索和列强侵略的加剧"获得(中学历史教学)第十一届"园地杯"的特等奖。

2. 基于课堂问题的课题研究。实践中,主题、大概念的提取并没有成为整体性教学的难点,我们的困难在于怎样的情境和怎样的问题设计才能表达我们理解的整体性教学。聚拢大概念,由此破解机械背诵、听写默写等课堂教学惯习,反复操练、延长学习时间等日常提分劣习,割裂的、碎片化的知识量的习得等陋习,实现课堂知识的解释性意义到知识之于人的全面发展性意义。

我们把实践中的问题转化为课题,把困惑转为思考,申报并成功立项杭州市教育科学院课题"基于大概念的高中历史整体性教学设计路径"和"名校集团化背景下历史教研共同体建设的实践研究"。以课题为抓手开展教研活动,获得了学校和相关教育部门的支持,也意味着拉起全体教师的手共同走进课题,共同参与研究、解决教学中共同的问题。教研主题明确、目标清晰,思考系统,持久而有力地推动着课堂改变。杨冬明老师发表了《探寻历史核心素养的涵育路径——部编教材〈挽救民族危亡的斗争〉一课的试教与体会》《基于大概念的高中历史整体性教学设计路径》,金丽君老师发表了《基于大概念的单元教学设计——以统编教材上第五单元为例》。

(二)核心素养下历史学科研学实践活动的研究

研学实践活动是学校教育的有机组成和课堂教学的有效延伸。具有课程意识的教师,才能跳出教材教教材,才能有效选取教学资源,帮助学生动态生成学科认识[3]。

在新课程观的引领下,我们开始从单一的历史学科实践活动走向体系化的学科活动课程的开发。以研学活动实践为基石,以浙江省重点课题"基于历史学科核心素养的校本研学活动的研究"为抓手,凝聚全组力量,进行整体系列设计,分阶段持续推进研究。

从理论框架构建、课程目标确认到研学活动规划,形成层层推进、强化实践体验、追求学生参与及成长的逻辑闭环,将在课堂上、书本中所学的静态课程转化为动态课程的

"实践课堂"。在持续两年的实践和研究中,我们获得了丰硕的成果:教师发表论文12篇,学生发表文章6篇,8人获得"燕园杯"中学生历史写作大赛全国奖,由浙江大学出版社出版《家的老物件,国的新征程——我眼中的70年》著作一部。

三、以机制和文化为引擎,成功联动"三课"

就如齿轮转动需要链条和动力的牵引,"三课"的成功联动还得益于教学教研机制的保障和文化氛围的孕育。

1. 教研机制的保障。教研的研修制度是每一位老师高质量参与活动和研究的保障。学校层面自上而下地规划:其一,统一教研活动时间,保证每周有一个下午的时间让所有教师放下手中事情,从年级组回归教研组;其二,要求教研活动有计划和主题,确保了教研活动的有序和有效;其三,常规性教学活动的规范和考核。实际上,学校保证了教研的时间,还给与学科教研较大的内容空间,换句话说,学科教研的质量关键在于教研组。

从教研组层面,我们构建了多维交互的教研路径。其一,线上线下的融合教研弥补了年级组管理下教研组隐形分割的"困境",以微信群为主要载体的互联网技术让教研随时随地发生,让一周"半天"的教研时间得以延伸,各备课组空间得以连接。其二,备课组和教研组的交融让分散于各年级的备课组因教研组的存在和学校固定教研时间而聚合,学科教师的聚合实际上是整个学校的专业力量研讨解决专业实际问题,各个备课组之间不是疏离竞争而是教研组认同下的协作,教研组成为各备课组发展的支撑。其三,一以贯之坚守一些教研组传统"法则",如:注重"高一看高三"的三年整体规划是我们的一致认同。高一关注基本历史素养和学业兴趣,高二侧重选考水平素养和学业方法,高三重视选考内容和应答迁移方法,每个年级每个阶段的教学计划都要置于这个大框架体系的设计之中。比如,高一年级在统编版教科书内容纲要与课时紧要的矛盾中,我们把基于学科素养、延伸课堂的学科活动作为高一学生兴趣拓展点,结合建党百年的重大时政节点,开展"小舞台·大历史——百年党史戏剧大赛"系列活动。

以教学过程中的实际问题作为具体的教研主题是我们的一贯做法,从大主题出发分步研讨实践中的问题。从高一年级基本素养和兴趣目标出发,第一学期的教研主题是"基于大概念"的单元教学,第二学期侧重课外的主题研学活动。而实践中的真问题,如研学主题的确立、研学过程的操作、研学资源、场地、时间、安全等都是教研活动需要探讨解决的。一边教学真实践,一边研究教学实践中的真问题,探讨解决问题的方案,再运用于教学实际中,这种闭环就是校本教研的魅力和价值所在。

对教研活动的后续跟进是我们坚持的惯例,要求每位教师就活动的内容、形式等表达成观点并以文字形式发到群里,由年轻教师整合成文——教研小报。教研活动的最终落脚点在于教师观念的认同和教学行为的跟进,教研会议更多是教师间思维、观念、思想的交流和碰撞,而产生改变的启动力在于教师深入的自我思考和内化转化,这才是真正的教研力量释放。我们独有的教研小报,既是教研群体活动的总结和提升,更是教研会后教师个体的内化和升华,这些往往是可贵的教学改变的思路和启动点,也是教研组教研的魅力。

2. 教研文化的孕育。学科组室文化是凝聚人心的吸引力,促进协作的内驱力。一支优秀的教研组团队总会有一些与众不同的文化特点或精神亮点,比如整个教研组老师积极向上,有共同的愿景——始终追求好课,有共同的工作观——彼此真诚互助;对课——"好听的话说给别人听,我们关注问题""提出意见并给予建议是亲人",对人——年轻教师要扶上马送一程、骨干教师要搭舞台递机会、年长教师有"舍得"的胸襟和气度,以真心换真心,以真诚对真诚,日久见人心,凝聚力和向心力自然生成。

事实早已说明:凝聚力就是工作力,向心力就是合作力。当"课程""课堂""课题"联动,多维交互、多样互动的教研路径成为教研组内共同的目标和方向时,就会心往一处想,劲儿往一处使,事儿一块做,一个校本学科的深度研究样态自然呈现了。我们就是一起商量着规划,一块儿努力去做,相互提醒些,相互提携些,不落下一个,一支符合新课程理念的专业水平硬核的教师队伍就出现了,教学的高质量发展水到渠成,整个教研组就会熠熠闪光。

---

[1] 尹后庆.务实而专业地迎接育人方式变革的新挑战[J].基础教育课程,2021(Z1).

[2] 金丽君."探"学科特色的情怀之路 "造"守正创新的情怀之师[J].中学历史教学参考(上半月·综合),2020(11).

[3] 朱可.论核心素养视域下教研的支撑作用[J].课程·教材·教法,2020(6).

【附记】本文系2020年杭州市教育科研课题"名校集团化背景下历史教研共同体建设的实践研究"(项目编号:20G1522)的阶段性研究成果。

(本文选自《中学历史教学参考》2021年第8期)

「赵恒烈（1931—1999），浙江诸暨人。1953年7月毕业于浙江师范学校。1953年至1958年，在北京市二十八中从事历史教学和研究工作。1958年至1996年在北京教育学院历史系任教，兼任系主任。赵先生对历史教育教学的研究投入毕生精力，著有《中学历史教学法》《历史教材教法举要》《史苑传艺录》《中学历史图示教学法》《历史教育学》《历史教学研究》《历史学科的创造教育》《历史思维能力研究》等作品。主编了大量历史教学方面的工具书，如《中学历史复习要览》等。此外，还参与了多套历史教材、教学大纲的编写，在《中学历史教学参考》《史学月刊》《历史教学》等期刊发表多篇论文。」

只顾攀登不问高的先行者
——众学者忆历史教育家赵恒烈先生

○ 陈德运　马玲玉　陈　倩

首都师范大学于友西先生的回忆

赵先生是在浙江上的大学,毕业后分配到北京二十八中。教研上很刻苦、爱思考问题,学东西快、悟性高,没专门学过日语,但能看懂日本历史教育协会来信的基本内容。他善于写东西,也勤于写东西,在传播历史教学经验方面起了很大的作用。做教研员后写的东西就更多了,我们几个学校编写历史教学法教材,约他参加,他是一位把北京历史教育新思想和经验扩大到全国历史教学界的很有影响力的人物。他在很多地方做学术报告讲历史教学问题。他当时写文章多啊,曾有过每个礼拜要发一篇文章的想法。他在宣传图示教学法上花了很大的力气,缘起于北京十二中李秉国把历史知识做成图解,讲课时在黑板上随讲随画。学生对这个教法很感兴趣,赵先生花了几年时间把高中教科书都做了图示分析。

有一件事我印象深刻,那是1986、1987年的事情。20世纪80年代,咱们系的教学法课程主要由我讲,黄一欧老师年纪大、身体不好,不便于常去中学,就讲选修课"北洋军阀史"。经常遇上毕业的学生对我说:"您讲的教学方法都对,可不切实际。如果您去中学里教,不一定能教出好的效果来。"我很看重这个意见,因为我的课最大特点就是实践性强,你得能做呀,如果不能做,教了半天,那不是瞎胡闹嘛。当时人大附中一个历史教师得了病,让我给找代课的老师,没找到。我觉得这是个机会,就说我给你们代课怎么样?他们说那当然好呀。当时的高考是百分制,我用所主张的教学法教学和复习,高考平均成绩是90多分。当年全北京有两个学校的文科班历史得了同样的最高分,我那个班和十二中李老师的班成为两个集体冠军。当年高考阅卷遇到李老师,闲谈得知他用图示法教学。暑假结束后,我和赵先生去听李老师的课,赵先生听后非常感兴趣,当场就说要在全国各地宣传图示教学法,他确实这样做了。咱们学校周发增老师对他的了解还多一

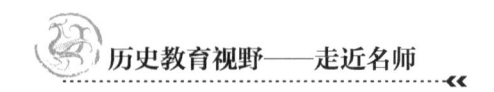

些,可以访访他们。

首都师范大学周发增先生的回忆

20世纪60年代初,我和赵先生听陈毓秀老师讲《明末农民战争》后,我写了《听了〈明末农民战争〉后的一些体会》一文,赵先生看后觉得有较大参考价值,让教务处印发给各校教师,并推荐给《历史教学》,编辑李光霁日后回答读者所说,这就是一堂好课。赵先生对我的信任、放手、支持和提携是如此之无私,充分体现了他的人品和高尚道德。此后他对马执斌的支扶、与冯习泽的合作,都是体现和见证。

赵先生有这样的成就,一是自身的经历,他有中学实践经验,并有心得和成果,多次参加人教社教材编写和审定工作,对教学与教材之间的相互关系有深透的了解和认识,一般教师和历史教育研究者极少具备这样的经历。二是在北京教师进修学院从事历史教育教学研究,主持面向全市历史教师不同特点、不同层面的专业进修和教研活动,重视理论与实践的结合。我们常年做着听课、评课、备课、教课、编写教辅资料、组织学术报告和教研活动的工作,和历史教师、学者有广泛接触,总结教学的成败得失,这为他出口成文、下笔成章创造了条件。这些都是客观条件,最重要的是他的勤奋与智慧。

他"勤"的表现是脑勤、眼勤、口勤、手勤、身体力行。脑勤是善于、勤于思考和剖析,无论是阅读书报、娱乐(看影视戏剧)、参观等,包括休息,他脑子里都自觉或不自觉地与研究相联系,这一点我俩有同感,因为我们常在不经意间交流这些心得。眼勤是喜善浏览,每次见面或电话中我们都会互通信息、交流,讲讲新近看到了什么、想到了什么,并能为其所用。如他看到图示教学法后,立即用于当周的讲课中,并研究与推广,在全国掀起了一个高潮。口勤是喜问善说,赵先生不善于公关交流,但在学术上有孔子入太庙——每事问的特点。问后在不同场合就会谈他的见识和心得。再是在学术活动中,不论规模、形式,不问报酬,只要邀请就一定出席讲课或发言。他常说这是我们很好的宣传、交流和推广的机会,不要放弃。我曾与之"戏言",这是要做"传道、授业、解惑"的导师。手勤是能写、善写、喜写、快写。他著书立论写文章,实行长计划、短安排、随着笔。长计划是他出书一般要经过三年以上的准备时间,成书一般只用半年多的时间,这半年处于夜以继日、欲罢不能的状态,有一气呵成之感。短安排和随着笔是相联系的,在与学者、教师的交往中,在自己所看到、听到、想到某一想法之时,常会迅即出现在讲课、学术报告中,并很快成文见于报刊,这不仅得力于他的智慧,更在于多年的历练和积累,还有在交流中虚心聆听、吸收、手记、脑析,随笔不过夜,力求着文成章。这一治学特点,在我们这代人中人尽皆知。

赵先生的六本力作都是我写的书评,在写书之前、成书之中、出版之后,我们都有交流,故我写起来得心应手。六本书不仅时代性强,还可以看到历史教育在时代中的变化,看到他学术造诣的提升及深度,更重要的是在历史教育中有极高的价值。我具体给你们谈谈,以便对赵先生学术有更深的了解,也表示对他的深切怀念。

1983年《历史教材教法举要》出版,我写了《评介〈历史教材教法举要〉》,1985年《史苑传艺录》出版,我写了书评《实践的总结　理论的探新——〈史苑传艺录〉评价》。这两本书的背景是1982年初,在赵先生家里谈及当时老师对新形势下如何进行历史教学深感困惑。教学法教师评教授也遭遇争议,他说要每月发一篇文章以"宣示"自己的见解。我说你别忙着一个月发一篇文章,先把你发表过的文章整理一下,出一本论文集,体现出重视传统历史教学法的同时又有所创新,不同教学如何运用不同的教学法。然后再用两三年对历史教育思想、教学方法论,还有学生学法进行探讨,与第一本书相呼应,出一个姊妹篇。当前只有像你这样的快手具备这样的能力。他接受了我的意见。

1989年《历史教育学》出版,我写了《介绍历史教育学新著〈历史教育学〉》。背景是1985年在上海召开的全国历史教学研究会上,我提出从历史教学法走向历史教育学,是历史教学法升华的必然趋势。晚上我们在一起探究了历史教学法与历史教育学之间的关系,并提到白寿彝教授几次和我们俩分别谈到应把"历史教学"改为"历史教育",和我谈过一次放宽视野的识见。1988年5月,我给他寄去我参与首都师范大学主编的、拟用于当年邀请全国有关学者参与学科教育学研讨会而出版的《学科教育学初探》一书,收到书后,在电话中对我说:"书收到了,这本书对推动当前学科教育学的发展具有相当大的作用。根据我对历史教育的研究和材料的积累、认识,我写的《历史教育学》也即将成稿。我对于杨传纬先生在1987年写的序,觉得极其实在、贴切、深刻、感人。"

1993年《历史教学研究》出版,我写了《新的意境,新的深度——读赵恒烈著〈历史教学研究〉》。这是赵先生为北京市具有20年以上教龄的历史教师进行继续教育编写的教材,从新视角来研究教学中的老课题,以及新形势下发展的需求与趋势,是一本意向新、有创见,既是教材又是专著的力作。着重研究了历史教学方法论,设专章谈历史教育学研究。该书继承和突破传统历史教学法,创新、升华到历史教育学的理论与实践相融合的高度,是1989年《历史教育学》的补充和发展。

1997年《历史学科的创造教育》出版,我写了《评、荐〈历史学科的创造教育〉》,1998年《历史思维能力研究》出版,我写了《评荐〈历史思维能力研究〉——纪念赵恒烈教授逝世一周年》。这两部相继面世的力作,其成书过程是前者成书于后,后者成书于前,如果将两书的目录对照,就会看到两书姊妹间的血系。两部书的形成和撰写同步进行、一气呵成,两书连读将会更受益。

1997年白月桥先生的《历史教学问题探讨》出版,捧读后,极为赞许,我在书评中称"这是一部承前启后、继往开来、极有特色、并有所突破的历史教学理论专著"。对书中的历史思维部分,我一读再读。赵先生称它"为未来历史教学的发展指出了方向,设计了蓝图"。他跟我讲过和白先生在家里交流过历史思维能力的问题,确感受益,足见我们对白先生专著的重视程度。

赵先生想研究历史思维能力由来已久,这从1995年我在他家中大半日的谈话中可见一斑。那天我刚落座,他就递过来一张不太成形的纸,写着一份飞蛇似的提纲。他说:"近年来,一直思考如何通过多年来积累有关历史思维的教育教学经验、研究和领悟,写出一本历史思维能力研究的专著,逐渐形成以历史学科创造思维为核心,来体现历史思维能力,但又感到底气不足,这就是我俩多次谈到缺乏实验的尝试和探索的实例。北京教育学院开办的历史高级班和中级班给了我这个机会,我通过发讲义、讲课、与学员在教学中的实验,取得了教学实例和实验成果,并进行反复实验,又得到了冯习泽老师的合作,给了我动力和信心,要写出一本具有相当水平的专著。今天我感到有一种欲罢不能的力量,想放也放不下的激情,推动我非写不可似的,信手抬来了这张纸,写下了这份尚未写完的初纲始目。"这一成书过程,显示了赵先生写作之道、治学之路。这两部专著给我极大的震撼,是本学科的典范,是他毕生呕心沥血的重要成果,理论与实践相结合,面广而有体系,深度中有高度,既实用又具有可读性。勇于创新是赵先生学术研究的特点,不断向历史教育前沿冲刺,并敢于、善于冲刺,故有着量多质高的丰硕成果,他最可贵之处是只顾攀登不问高。

身体力行是赵先生为人、治学、勤业、求实、创新之本,为人顾全大局、淡泊名利。全国历史教学研究会由北京师范大学、天津师范学院(今天津师范大学)、北京教育学院、北京师范学院(今首都师范大学)、华东师范学院(今华东师范大学)、华南师范学院(今华南师范大学)、开封师范学院(后并入河南大学)七家发起,之后得到广泛响应,还不等成立时,他提出必须请人民教育出版社参加,研究教学离不开教材。赵先生当时是众望所归的理事长,但他提出从学会发展大局出发,人教社苏寿桐先生德高望重是理事长最合适的人选。当苏先生年过70决定不再担任理事长时,他又提出据学会成立两届以来的工作经验,人教社是最合适成为理事长的单位,决定不再担任常务副理事长,只保留学委会主任的工作,并建议即将退休的两位曾参与学会创办的常务理事担任学委会副主任,这样既保留学会的学术连续性,也能更好地发挥年轻同志的作用。他淡泊名利还表现在获得国家教委在近百个项目颁奖中的唯一历史教学奖,被评为"北京市有突出贡献的专家",毫无沾沾自喜之态,而是思考我们这些人如何在历史教育方面上一个新台阶。他为人谦和,不论是校内外讲课、做学术报告,还是学术交流,从未有过居高临下的表现。待人接物平易近人、平等商讨,表现出互相学习、合作,给人以帮助和提携。他习惯从事耕耘、培植之作,从未有过图回报之想。他坚持原则、敢于直言,不计恩怨、依然如故。

你们做"历史教育专家访谈录",不忘对已逝世的赵先生做片段性的访问,这种缅怀有贡献的已故学者,宣扬他们事迹,尊重历史,激励后人,是对学术上的贡献,是继承发扬传统的美德,确实做了一件功德无量的大德。我也代表我们这些年近八十的老同志致以热切的赞赏和深深的谢意。

中国教育科学研究院白月桥先生的回忆

赵先生是研究历史教育很出名的学者,我们都是他后边的人了,可以说都是他的学生了吧。赵先生教育经验丰富,善于动脑子,对我国历史教学做了很大贡献,在他们那一代学者中影响也很大,老师们很敬佩他。随着形势的发展,回头来看,他还是有局限性的,当然他们的时代环境不像今天这么宽阔,国外新东西传播这么快,那个时代的学术思想比较封闭,接受苏联的比较多,接触其他的比较少。与苏联闹僵后就更接触少了。中苏关系缓和了后,学界同行一般不懂外语,我占点便宜,懂点俄语,翻译一些东西。赵先生也在学习国外的东西,遗憾的是他不会外语。我有一次上他家去讨论学术问题,聊天就提到了正在翻译苏联的《历史教学发展思维》,我就给他讲,他就记录,非常感兴趣,后来在很短的时间内他就出了一本《历史思维能力研究》,历史学科思维能力的培养在我国是我第一个介绍进来的,赵先生很快接受了这个概念。

人民教育出版社陈其博士的回忆

我在人教社和历史教学专业委员会工作期间,与赵先生一起讨论过大纲和教材的编写,听过他的报告和发言,也读过他的著作和文章,对他留下几点深刻的印象。

一是学术功底扎实,学术贡献突出。有人认为,他最大的贡献是开创了历史教育学这一新领域。他出版多部著作,发表论文近200篇,从理论和实践等方面对历史教育教学改革与发展起到重要的指导作用。人教社特别出版了《赵恒烈历史教育选集》,对历史教材编写特色、历史资料的微观研究与创造思维的介入、能力培养、教学实践轨迹、历史思维三时态进行充分而深入的论述,从中可以感受到他敏锐的洞察力、深入调查研究的学风和严谨的治学态度。难怪1993年他被评为"北京市有突出贡献的专家"。

二是理论为实践服务,为一线教师服务。赵先生把理论思考应用到教育实践中,对历史教育事业的贡献良多。他参加过多套大纲和教材的编写。在北京教师进修学院和北京教育学院多年从事教学,全国各地也纷纷请他讲课、作报告。他讲课水平很高,受到历史教师的广泛好评。

三是为人谦和,淡泊平和。赵先生给我最深刻的印象,就是从不以专家自居,从不居高临下以"精神导师"的姿态对待普通教师和年轻一代;他平易近人,为人谦和,严于律己,宽以待人;他追求平等与和谐;他淡泊明志、与世无争,不追求功利和虚名。总之,他身上显示出的老一代知识分子的优良品质,是我们青年学者最需要学习的地方。

人民教育出版社臧嵘先生的回忆

赵恒烈先生是一位杰出的学问家，直到去世前都没有停止工作，是位很难得的学者，在历史教学领域是一位大家，很可惜去世太早了。他为人非常好，从来不把自己的观点强加给别人，很尊重别人，也不争名夺利。他参加了几次人教社历史教材编写审定工作，他更重要的成就是在历史教育和课程研究方面，所以在最后教材定稿的时候会请他来看看。

人民教育出版社马执斌先生的回忆

和赵先生因工作关系，在20世纪70年代就认识，他是我的师长。他为人非常谦虚，爱提携年轻人。我在大兴进修学校时，河南教育出版社找北京教育学院编写教案，赵先生组织人写稿。起初让我写两个教案，我很快写完了，他很满意，就把自己要写的几个教案都让我写了。有一天聊天，聊的都是教学教法，观点很一致，最后商量由我执笔来合写三篇文章，这显然是先生想提携我。后来在《北京师范大学学报》发表了合写的《历史教材是怎么叙述人物的》，第二篇文章在《中学历史教学》发表。该写第三篇文章了，赵先生说："我不用跟你写了，你自己写吧，你完全有能力自己写。"他帮助过很多人，北京的就太多了，外地的像冯习泽老师，连面都没见过，赵先生觉得他文笔好，就和他一起写书。赵先生后来和我提过冯老师好学、文章写得好。赵先生是我的上级领导，分配给我的工作都按时完成。我上他家，他来我家，谈的都是历史教学问题。

赵先生年纪虽大，但思想新。从当时全国搞教学法的人来说，我认为没有一个人的研究成就超过他。先生很虚心，给北京市高级历史教师讲历史思维问题，北京九中洪朝宗老师对历史记忆法很有研究，他用谐音记忆法指导学生记忆历史很有成效。开始先生不认为谐音记忆法有科学道理。洪老师说，这个方法有科学依据，通过谐音能形象化，便于理解记忆，属于形象思维。赵先生觉得有道理，马上就让他在全班讲谐音记忆法。

他曾和陈毓秀老师一起在北京二十八中教历史，听陈老师说他年轻时就立志成为历史教学法专家，后来还真达到了。先生没有别的爱好，把全部精力用于研究历史教学。跟我讲过他把一切活动，不管是看电影，还是干什么，琢磨来、琢磨去，最后都能联系到历史教学法上。先生看一幅画都能想到写教学法论文的方法。有一次，我们欣赏一幅国画，画的是葡萄。赵先生说，这幅画看上去硕果累累，再仔细看画面，果实有的明显有藤连着，有的看不到藤连着，但是你都能感到所有葡萄都串在藤上，这是画家的功夫，满架葡萄一条藤毫不散乱。我们写教学法的文章要放得出去、收得回来，也要有一条藤串着。他把全部身心都贡献给了历史教学，写的文章又多、又快、又好，总能给广大教师带来有益的启示。

北京第二十八中陈毓秀先生的回忆

赵恒烈老师有点"书呆子"气,他很热爱历史教育,对工作很投入,对历史教学法有目标,当时他觉得中国还没有一部历史教学法,所以他要完成这个目标。赵老师的课讲得很好,很受学生欢迎,有人就说一个是他,一个是我,上每个班都受欢迎。他是我们的组长,他带领全历史组互相听课,总能提出一些看法来,很中肯、很有水平,分析课的好坏很透彻。

他在生活上吃穿很随便,不是很注重,就是一心注重历史教学法研究,文笔很好。我到北京二十八中上课,正好跟他在一起,他年龄比我小,学校都很重视他,他在教学上已经很成功了,后来他出过好几本书,发表不少文章。我写的文章都是一些杂志和我约稿的,我写出以后都请他看一看。他生活细节上很马虎,但工作上都很好的,比如说开会讨论问题,完了就很快散会,很实在的,不会把时间拉得很久。他来北京那么多年,北京话始终没有讲好,后来调北京教育学院担任系主任,在历史教学法方面很成功。

【后记】2023年3月张汉林教授出版了《历史思维能力研究》一书,认为历史教育界开始自觉地从本学科的特性认识历史思维的代表就是赵恒烈先生,该论述甚为公允。赵先生是我国现代历史教育界的泰斗,对历史教学改革、发展起了极其重要的作用,做出了不可磨灭的贡献。2012年,我们曾在赵亚夫教授资助和指导下,采访了老一辈历史教育专家(见《中学历史教学参考》2013年第1期至11期),并特请老专家们回忆了赵先生。近些年来,越来越多的硕士论文聚焦于赵先生的教育思想研究,鉴于此,中学历史教学参考编辑部邀请我们辑录出众学者回忆录。一方面以这样的方式纪念先生的巨大贡献,另一方面这些细节性的口述资料有助于深入研究先生的教育思想,毕竟学术史研究应纳入学人治学历史、特点、学人之间的学术互动等,避免学术史研究出现"人的隐去"的现象(罗志田语)。

吴景贤(1910—1997)，安徽合肥人。做过小学教师、中学教师、安徽省立图书馆馆员及馆主任。抗日战争期间，先后流亡至武汉、湖南、重庆，曾任湖南安化蓝田国立师范学院助教、讲师，重庆中央政治学校副教授、教授。重庆中央政治学校迁至南京后改名为国立政治大学，吴先生随学校到南京，在国史馆担任协修；后来到湖南南岳国立师范学院任教。1949年夏，吴先生又至重庆，在国立女子师范学院任教；20世纪50年代，先后任教重庆西南师范学院、重庆西南军区师范学校史地系；20世纪60年代以后，先后任教成都四川师范学院历史系、南充师范学院历史系。

吴先生长期研究中国历史，教授过"中国通史""中国近代史""秦汉史""明清史"等课程；发表《明清之际徽州奴变考》等文章；1953年以后，在大学教授"历史教学法"课程，曾编纂《中学历史教材教法讲义》。吴先生曾担任全国历史教学研究会(即中国教育学会历史教学专业委员会)常务理事、四川省历史教学研究会理事长等职务。

构建历史教育体系　推进研究人才培养
——追忆著名历史教育家吴景贤先生

○陈　辉　陈　倩　祈秋菊　马玲玉　陈德运

2016年是吴景贤先生107周年诞辰,结合"民国巴蜀地区历史教育文献整理与研究"以及"吴景贤历史教育文献整理"课题的研究和进展,我们与先生的关门弟子陈辉教授一起,追忆老一辈历史教育家,汲取历史智慧与人生经验(陈倩、祈秋菊、马玲玉、陈德运等简称"访",陈辉教授简称"陈")。

访: 陈老师好! 吴景贤先生是我国老一辈历史教育家,2016年是先生107周年诞辰。您是先生的关门弟子,对先生的学术研究非常熟悉,请您给我们说说吴先生的一些事。就先从经历开始吧。

陈: 吴景贤先生经历比较特殊。早年,在国民政府的中央大学任教,已经是一级教授了。后来,从民国政府到新中国成立,从安徽到江苏、湖北再到四川,先在重庆国立女子师范学院(现西南大学的前身)任教,再到成都四川师范学院(今四川师范大学)历史系任教;1964年高校院系调整,四川师范学院历史系整体并入南充师范学院(今西华师范大学),吴先生随该系大部师生转至南充,以后就一直在该校任教。

吴先生是"文化大革命"后我国教学法领域研究历史教学法相对较早的一位。他从1985年开始招研究生,但对招收对象要求甚严,入学考试科目中,基础课要考两门通史,专业课除考历史教学法知识外,还要考教育学、心理学知识,并要求报考者具有教学经验,所以第一年就没有招到学生,第二年也只招了2名。1987年因生源太差,他坚决不招。1988年有5人报考,计划招1—2名,而当年上录取线的就我一个,加之又有在重点中学教了四年初高中历史的经历,吴先生便欣慰地把我收为他的学生。这样,我就成了先生的关门弟子。先生当时年龄比较大,把我带出来时已经81岁了。先生1997年谢世,一生经历坎坷,但是活到老学到老的榜样。

访: 1988年,历史教学法专业有5人报考,除了与报考学生喜爱这个专业外,与吴先生在学术界的影响有关吧?

陈：是的。鉴于吴先生在全国历史教学界的知名度，我报考了他的研究生。当时只有一个想法，就是想在吴先生的指导下，将自己在中学教历史积累的一些经验，借助教育教学理论进行总结和提炼。现在看来，这种想法是比较幼稚的。

访：您也谈到在那个年代教学法研究生入学考试的一些情况，可否再给我们详细说说专业课的情况，比如，吴先生考查你们的着眼点在哪些方面？

陈：我们那时的研究生入学考试，由招生单位自行命题。基础课考中国通史和世界通史，专业课考历史教学法（含教育学、心理学）。现在回忆起来，吴先生专业课考查的着眼点在于：教育教学理论知识的运用和实践教学经验的总结与提炼。就试题命制而言，专业课试题"活"而"新"。所谓"活"，就是试题命制一改过去研究生入学考试中常用的填空、选择、名词解释、判断、简答、论述等题型，而只有"分析题"这一种题型，重在考查考生的分析能力、应用能力，即对有关历史教学法和教育学、心理学知识的理解及其在历史教学中的实际运用。如"中学历史课堂教学常用教学方法及其选择利用例举"一题，主要考查考生如何依据教育学、心理学有关原理，选择和利用历史课堂教学方法。再如"评述新版《中学历史教学大纲》关于中学历史课程设置的前后变化"一题，重在考查考生对中学历史课程设置变化缘由的分析及其评价。所谓"新"，就是专业课考试"因生设题"，报考对象可任选分析题作答，具有很强的选择性和灵活性。在职的中学历史教师可选作"中学历史教学实践中所取得的哪些实际经验"一题，高师教师、应届师范大学毕业生可选作"学习《中学历史教材教法》课程中有哪些心得体会"一题。

访：您还记得研究生入学后第一次见先生的情形吗？

陈：入学后第一次见吴先生，是在他家的书房。他问我选择历史教学法专业的动机，我简短答之，先生强调说：历史教学法不是显学，要坐"冷板凳"。既然选择了这个专业，就要有坚强的毅力，牢固的信念，朝这个方向持之以恒地走下去。吴老生还详细介绍了研究生期间的学习安排，尤其是研一第一学期为什么要学习"教育心理学"这门专业基础课程。他说：今后教材教法研究的发展方向为历史教育学，这不是简单的名称改变，而是赋予新的内涵，即历史教育学是建立在教育学、心理学原理基础上的一门学科。研究历史教育学必须打好教育心理学基础，在此基础上还要联系历史学科的实际，将教育心理学原理运用于历史教学实际。教育心理学在历史教学中的运用，将成为历史教育学研究的一个重要内容。在教育心理学原理学习方面，吴先生要求我精读潘菽主编的《教育心理学》，泛读其他版本的教育心理学论著。在教育心理学原理运用方面，先生将他整理的有关教育心理学原理在历史教学中运用的卡片资料借给我阅读，要求两周后向他汇报学习心得。

访：从您的回忆中，我们能感受到吴先生在培养研究生方面有独到之处，能否再给我们举一些例子说明吗？

陈：的确，吴先生在培养研究生的过程中，有他独特的一些理念和思想。如我们当年的卡片式阅读、卡片式文献检索；还有研究生培养方案的制定，尤其重视理论，从一般的教育学理论到学科理论，推荐了很多文章让我们阅读。阅读完以后，要与先生进行对话式交流，学期末要进行汇报——读了些什么书，学得怎么样，有什么困惑，等等。

就研究生培养课程体系的建立而言，我这里有个比较：20世纪80年代北京师范大学教学法开的课程，一是历史教学法专题，其中包括课程论、历史教学大纲、教科书、教学过程、课堂教学；二是中学历史教材研究；三是中学历史教学实践研究；四是马克思主义史学理论和教育理论。另外两门选修课叫作统计教育学、比较教育学。北京师范学院（今首都师范大学）开的课程有：比较教育学、中学历史教育学、编纂学（中学中国通史编纂学、中学世界通史编纂学），还有中外（中英美日）历史教育的比较。南充师范学院（今西华师范大学）开的课程除基本的外，主要有教育心理学（公共课）、两个导读（"现代国外教育论著导读""中国传统教育论著导读"）。另外，先生传授的教育思想和治学方法以他信奉的"中庸"为原则，我还记得他说"博学之、审问之、慎思之、明辨之、笃行之"的情形。

访：您那一届就您一个教学法研究生，我们很想知道吴先生是怎样给您授课的？

陈：吴先生给我授课采用的是"阅读+讨论+写作"的方式。阅读，就是平时带着问题阅读导师开列的书目，做阅读卡片摘要，记读书笔记，写心得体会。讨论，就是在导师每周面授时，我先汇报读书心得，并提出问题共同研讨，寻求问题解决的途径与方法。写作，就是对平时阅读撰写的读书笔记和面授讨论的问题进行总结与反思，最终提炼为论文。吴先生特别重视面授时的读书心得汇报。这不是单纯的汇报学习情况，而是考查我的阅读、思考、口头表达以及解决问题的能力。他说：研究生研究问题首先要积累资料，切忌急于求成。而积累资料的最佳办法是博览群书。研究生读书分精读和泛读，要在精读的基础上再泛读，取各家所长，再提出自己的观点，写出心得体会。阅读，要学会做读书卡片，卡片是无价之宝。阅读论著分三步走：第一步，全文通读；第二步，划出纲要；第三步，摘录要点，掌握精髓，并学习其写作方法，即注意提炼论著的风格、文风。

访：我们听说吴先生对弟子做学问的要求是非常严格的，您研究生期间发表的《〈学记〉教与学思想探微》一文，吴先生做了哪些指导？

陈：研究生学习期间，吴先生为我开设了"中国传统教育论著导读"课程，主要研究《学记》。我发表的《〈学记〉教与学思想探微》，初稿为我撰写的《学记》读书笔记，后在吴先生的指导下进一步提炼与完善，经过数易其稿的打磨才发表。吴先生认为，我的《学记》心得体会重点不突出，建议就《学记》中提出的"教学相长"这一著名论断加以剖析。为此，先生指导我修改论文写作提纲，并在面授时为我开列了古今学者研究《学记》的著述及论文目录，有50余篇（部），叫我结合《学记》全文，有选择性地加以阅读，并阐释《学记》中有关"教学相长"的论述。按照先生的指点,我逐字逐句阅读《学记》的校文、译意及注释,在理解大意的基础上领会其精神实质,并结合历史教学"重教轻学"的现实状况,提出《学记》教与学思想的精髓在于:"教因学而得益,学因教而日进""教能助学,学能助教";教学的效果不但取决于教师的"善教",即具备"听语""博喻""善喻"的能力,同时取决于学生"善学",即"志学""乐学";而"善教"与"善学"是相互依存、相互联结的,但又在一定条件下相互转化。吴先生认为我这样诠释《学记》中的"教学相长",对历史教学具有指导意义,就推荐发表了。

访:吴先生作为老一辈历史教育家,为历史教育发展做出了贡献,请您给我们具体说说。

陈:20世纪70年代末到90年代是历史教育的恢复发展时期。1981年全国历史教学研究会成立,白寿彝先生任理事长,赵恒烈先生、苏寿桐先生任副理事长,吴先生为常务理事。学会成立后,先生积极参加学会组织的活动,在这个过程中,他对高校历史教育学学科体系的建立有很大贡献。那个时候,要做的事情首先是编教材,即高等师范院校学生用的教材。当时北京师范学院(今首都师范大学)等高校联合编了一本,吴先生也编了一本《中学历史教学法讲义》(编出来早,油印本,供全国各地师范院校的学生选用)。吴先生是老一辈学者,治学非常严谨,《中学历史教学法讲义》用了两三年后,准备出版,但他一直认为水平不高,拖了几年都没有出版。在当时那种情况下,应该说做得还是挺好的,尽管没有正式出版,但对当时历史教学的影响还是很大的。

还有,作为全国历史教学研究会常务理事及四川历史教学研究会理事长,吴先生积极助推全国历史教学研究会开展活动。学会成立不久的1983年,全国历史教学研究会年会在四川成都召开,是吴先生争取的结果,也是吴先生想为学会发展做些事情的态度。

吴先生为学科教学论高级别人才培养以及研究生培养做出了贡献。我们这个领域很多学者都是他的晚辈,一些学者评定职称时是请吴先生写评审意见的。

访:吴先生与其他单位联合培养研究生时,给你们开设了哪些课程?有哪些好的做法值得我们借鉴?

陈:吴先生制定的研究生培养方案,值得我们这个专业的研究生培养借鉴。一是注重名家及经典著作的选读。当时开了一些课程,比如《学记》选读。理论上,从大教学论到学科教学论,东方与西方有机结合。课程设置上,与首都师范大学联合,制定了一套完整的关于学科教学论的培养方案。二是注重实践。当时研究生必须为本科生至少带一学期的学科教学论的课,重视理论与实践相结合;还有一个比较好的学风,即导师与导师之间的研究生可以互相"游学",我的研究生到你那里学习几个月,你的研究生到我这里听一段时间的课。当时,北师大、首都师大、西华师大联系比较紧密,导师有北师大孙恭恂先生,首都师大于友西先生、周发增先生,还有人民教育出版社的苏寿桐先生、李纯武先生，实际上相当于这四个单位在联合培养，包括论文答辩都是由这四个单位的答辩人员组成。我答辩那年，首都师大齐世荣先生是主席，答辩委员会成员有苏寿桐先生、孙恭恂先生、李纯武先生以及中国历史、世界历史（各一位）专家。关于培养研究生，我觉得这是值得学习的。人教社不招研究生，相当于历史教育研究生的一个实习基地。北师大、首都师大、西华师大、人教社，四个单位的先生来往比较密切；三所大学的研究生可以互换导师，一起讨论问题。我们西华师大前两届教学论研究生，请人教社、北师大、首都师大、北京教育学院（赵恒烈先生）这四个单位的先生，从不同的角度给我们上一些课。我们一般是到他们家里或者是办公室，听取专题式的讲座。所有讲座都出具了证明，证明不是以他们个人的名义给我们做的，而是以单位的名义做的。我现在还留有赵恒烈先生、苏寿桐先生、北京师范学院（今首都师范大学）、课程教材研究所当年写的证明，还有他们给我写了评语。先生对我们很好，像于友西先生，还专门给我复印了国外中学历史教材。如果说要继承好传统、好做法的话，这个传统、做法是要继承的。因为每个导师术业有专攻，有自己的专业优势，采取一种"游学"的形式，哪怕待一周两周或是几天，跟导师面对面交流，对学生来说应该是非常有收获的。如果有机会能互相"游学"，相互借鉴，不仅有利于学习，还能开阔眼界。当时，先生们之间相互配合、关系密切，在这一点上做得是很好的。后来，苏寿桐先生当学会理事长，吴先生是副理事长，大家经常在一起讨论学术问题。我读研究生期间，还到浙江宁波参加过学会举行的学术讨论会，通过参加会议，加强了与同行之间的交流。

访：吴先生当年积极推动学科建设，20世纪80年代国内历史教育界有几件大事，如对"智能"的培养等，先生都参与了讨论，请给我们说说具体情况。

陈：20世纪80年代我国历史教育界主要有三件事情，吴先生是参加过热烈讨论的，并有他自己的观点。一是"图示教学法"被引入中国。"图示教学法"曾引起了我国历史教育界的讨论。历史如何通过一种直观的感官引起学生的记忆，对此，吴先生发表文章对相关问题进行阐释。二是20世纪80年代中期兴起的关于思维能力的讨论。吴先生不仅参与了讨论，还陆续写了一些文章，如《清楚历史教学中关于智力教育的问题》《智力的培养是历史教育的任务》《如何培养学生的智力》等，表达了自己的看法和观点。1989年是新中国成立40周年，也是新中国历史教学40周年，吴先生总结几十年来的历史教学经验，并对历史教育的目的做了一些梳理，他说：作为历史教育的目的来讲，就是总结经验和进行思想教育。三是功能观，即历史教育功能的讨论。这是20世纪80年代末我国历史教育界开展的一场重大讨论。吴先生有一篇专门论述我国古代历史教育与社会功能观的文章，从教育与社会的角度讨论我国历史教育的功能观，从当时的学术思想看，观点还是比较新颖的。

访：关于吴先生的教育教学思想，您也给我们谈谈。

陈：我认为，吴先生的教育教学思想对当前历史教育有借鉴意义的主要有以下几点。

一是吴先生主张中学历史教学要注重时空观念。他一再强调老师教学的时候要注重时间空间观念。重视时空观念教学，用当时的话来说，就是要善于用直观教具来辅助历史教学。

二是吴先生认为历史教学要注重细节，要讲得有血有肉。用他的话说，就是不能把它提炼得过高，不能剔成骨头。他认为，要做到这一点，老师的讲授非常重要，即通过老师的口授教学来完成历史教学的引领作用。在这个教学过程中，要借助其他教学方法，如直观教具、图片、幻灯教学，不能把讲授仅仅当成讲授，还需要其他教学方式辅助，教学的过程还要重视启发。吴先生的这个观点与《义务教育历史课程标准（2011年版）》所倡导的"注重对基本史实进行必要的讲述"是一致的，方法上也是切实可行的。

三是借鉴国内外教学理论，提出了中学历史的教学原则。吴先生在《中学历史教学法讲义》中论述了五条原则：按年代顺序教学的原则、人民群众创造历史的原则、史论结合的原则、阶级分析和历史主义结合的原则、古为今用的原则。这五条原则是紧密结合史学研究、从历史教育角度提出的。我觉得，这是难能可贵的。现在的教学原则多是生搬硬套教育学原理，教育学怎么说，学科教学论就完全照搬。吴先生在20世纪80年代提出的这几条教学原则，是跟历史教育结合很紧密的原则，我们的学科教学论要发展，这是一个关键问题，不能仅仅从教育学的角度来研究学术史、教育史，还要从历史教育的角度来进行研究，而且教育与历史要有机结合起来。例如，说课与讲课一个最大的区别就是，说课要讲理论依据，但是我们说课的理论依据只讲教育学的理论依据，难道就没有史学的依据吗？历史教育学如果说没有史学的观点，没有史学的依据怎么来教学，又如何来体现历史学科特点呢？在备课与教学设计中，没有史学理论的支撑而完全依据教育学理论就是上教育学的课。所以我觉得吴先生提出的这五条教学原则，尽管现在看来还有待进一步完善，但考虑到书稿于1979年8月写成，当时全国高师院校历史学教育专业急需学科教育学方面的教材，而能从史学的角度提出历史教学的原则，难能可贵！

四是比较重视教学过程理论。这与他提出的教学原则有异曲同工之处。第一，先生从历史学科特点这个角度出发，提出历史教学过程的特殊规律而不是一般规律。我们现在的教材教法专著论及教学过程，讲的都是普通教育学涉及的一般教学过程。那么教学过程中，历史学科的知识有哪些特点呢？吴先生将其归纳为科学性、阶级性、系统性、具体性、间接性、规律性、现实性等七个特点。在此基础上，又根据学科的特点来说明如何掌握历史学习的规律，即跟语文教育、数学教育有什么不同之处，用吴先生的话来说就是：首先要使学生明确学史的目的。我们学习任何一门课程，先要解决的就是学习的动机和兴趣问题，是不是这个道理呢？因此我觉得，吴先生提出"要使学生明确学史的目的"，且把它放在首位，在当时来说应该是具有前瞻性的。第二，引导学生感知教材。要形成历史表象,首先就得让学生有感性的认识。第三,启发学生的思维、形成历史概念,也就是思维能力的培养。吴先生认为,只有学生有了感性的认识才能积极地思维,思维能力的培养就是概念的形成。第四,巩固和运用历史知识。

除对教学过程的四点看法外,吴先生在学科建设方面还比较注重对基础教育实践的探究。他认为,教学法离不开老师的实践,不能纯粹地停留在理论上,必须深入基层,新教师要挂职锻炼。现在回顾先生的说法、做法,我觉得还是有其独特之处的。关于高师历史教育,吴先生着重强调两点:第一,如果立志当中学老师,在校学习期间,要注重专业知识的积累,尤其是史学理论的学习。我读本科时,吴先生就给我们上课,强调史学理论对我们教育教学的影响。第二,老师要边工作边学习,否则,就跟不上时代的发展,就要落后于整个教育,把握不住形势的发展。用现在的话来说,就是不要放弃学习,树立终身学习的理念。

访:谢谢! 您给我们介绍了吴景贤先生的教育教学思想以及在推动学科体系建设、推进历史教学研究、培养中高层次的研究人才等方面的贡献,使我们这些晚辈对吴先生有了更深的了解。听了您的追忆,感慨良多。缅怀先生,忠于职守,我们会在历史教育的路上不断探索的。

【附记】本文系四川省西部区域文化中心"民国巴蜀地区历史教育文献整理与研究"课题(项目号:XBYJC1305)以及西部区域文化中心重点课题"吴景贤历史教育文献整理"的系列成果之一。

(本文选自《中学历史教学参考》2015年第12期)

于友西（1933—2024），山西省定襄县人。1961年毕业于北京师范学院（今首都师范大学）历史系。留校后主要担任中学历史教学法的教学与研究工作，曾任首都师范大学学科教育学研究中心常务副主任。于先生曾任中国教育学会历史教学研究会副理事长兼秘书长，中国老教授协会教育委员会委员。于先生治学严谨，发表论文多篇，主编、编著有关历史教育、教学理论著作及工具书等十多部，如《中学历史教学法》《历史学科教育学》《中学历史教师教学基本功讲座》《基础教育现代化教学基本功·中学历史卷》《素质教育与历史教育学》《简明中国通史》等。1988年主编的《中学历史教学法》，于1992年被评为第二届普通高等学校优秀教材，获全国优秀奖，此后进行了两次修订，在学界有较大影响。

学习历史教育要坐得住、沉得下、钻得进、看得宽
——访历史教育专家于友西先生

○ 陈德运　马玲玉

◆问：于老师好，非常感谢您能接受我们的采访。1961年您大学毕业就留校担任中学历史教学法的教学与研究工作，2009主持修订您主编的《中学历史教学法》，您对我国的历史教学的发展历程非常了解，就先谈谈您所了解的民国时期的历史教学情况吧。

●答：民国时期的历史教学，我是亲身经历过的。民国时期编的教科书，是以出版社来说什么版本的，商务出版社出的教科书就叫商务版、正中书局出的就叫正中版。那时的历史教科书主要是由大学的名教授写的，所以历史教科书系统性比较强，写得也比较详细。不过，那时的学生古文底子好，阅读能力强，倒没有人觉得写得太细、太深奥。当时的师范院校并不多，所以真正是师范院校历史专业出来的学生教历史的比例很小。就像我上小学时，教我们历史的老师就是中等师范学校毕业的。我上中学时是抗战期间，我们那里（陕西榆林）的学校就没有历史系毕业的人。后来我到了北平，北平的汇文中学历史老师中有北师大、辅仁大学等大学毕业的。那时的师范院校和中等师范学校也设有历史教学法的课程，用的教材就是何炳松先生翻译美国约翰生的《历史教学法》。中学的历史教学，教学方法远没有现在这样规范、讲究。哪位历史教师专业基础好，讲得生动、清楚，那就是受学生欢迎的历史教师。

◆问：请您给我们介绍一下新中国成立初期历史教学的情况吧。

●答：1949年新中国成立，提出向当时的苏联学习，是"一边倒"指针。"一边倒"到什么程度呢？比如，当时像北师大、华东师大，就是由教育部请苏联的教育专家，包括他们教育学方面著名的教授，还有教学法方面的著名教授来讲课。这些专家水平相当高，人不多。在北京、上海等地，几个专家来回跑，不是每一个学校都有几个专家，我记得讲教育学的专家是崔可夫，讲教学法的专家是普希金。他们在北京讲了后就出书，东北、上海等地都使用。在上海讲了出书，也是各地都使用。苏联当时的教育部部长凯洛夫的

《教育学》是大家学习的教育学方面的著作。普希金主要是在各地做报告,没有出专著。他对中学、小学的历史教学很在行,听课时就带着教育部的小教司、中教司的专家和北京的几个人,在大家评课的基础上由他做总评。他评得很细致、全面,诸如教材内容、教学方法,甚至教师的衣着、仪态都会涉及。

当时,北京集中了中学里教得好的历史教师,这些人都是大学毕业的,把大家组织起来临时编教材,编一章,印一章,发给北京的各个学校。教材编写思想基本学习苏联的思想。当时还没有我们首师大,只有北京师范大学,北师大历史系就设了历史教学法的课程。这个课程由谁讲呢?他们请来了河北省老解放区的一位著名的中学历史教师,叫李光增。我还和黄一欧老师去听过他的课,那个课类似讲座,每礼拜两个小时,没有教科书。课是有了,教学内容不是很成熟、不是很充实,没有一个完整的系统。1954年成立了北京师范学院(现在的首都师大),历史系设立了这个课,讲这门课的是戚国淦先生。戚先生大学毕业以后在中学教历史,教得很好,非常出名,新中国成立后就把他调到北京市教育局教研部,他就在那里编写历史教材,编好以后给中学历史教师讲,中学教师再回到学校给学生讲。他当时是咱们历史系的副主任,承担世界中世纪史的教学任务和系里的行政工作,所以这门课也不能光是由他一个人教,又找了一个中学历史教师跟他一起教。我是1957年来咱们系学习的,此时中苏关系发生变化,所以我们学教育学时就不用苏联凯洛夫那本《教育学》了,要批它,可也没有批出个所以然来。批判了苏联,自己又没教材,老师谁也不敢讲,讲什么啊?后来就请专家做报告,咱们的老师不讲。

◆问:新中国成立初我们学习苏联,教育部请了苏联的教育专家,像您刚才说的讲教学法的专家普希金,他听了很多课,对我国历史教学也有一定的影响。

●答:是的,那时我们是"一边倒",苏联的历史教学的程序或者是历史教学的要求,对我们的影响很大。普希金教授在我国听了很多课,包括北京、上海、天津等地,他都听过课。他认为,听来听去有一个女教师的课最好,那就是北京女二中的宋毓真老师。为了扩大她的影响,就在中山公园的露天剧场,这是当时最大的剧场,由宋毓真老师讲了一堂示范性的公开课。当时,集中了北京的很多中学历史教师,还有全国各省的历史教研员和教师,听完之后进行评课,由普希金教授做总结。后来,把这堂课的整个过程、评课的内容都登在《历史教学》上。这么一来,全国的历史课堂教学的结构、程序就都定下来了。当时是五步:第一步是检查学生的出席情况,集中学生的注意力;第二步是课堂提问;第三步是讲授新知识;第四步是进行课堂提问、总结;第五步是布置作业。这是一节课的全过程,它形成了固定的结构。后来教育部督导到各地去听课,就是以此为标准来评课的,所以,全国就形成了统一的历史课堂教学结构。

◆问:后来,我们对苏联的教育模式也进行了反思。

●答:是啊,逐渐地,我们的眼界宽了,也抓紧每一个时机向欧美先进教育理念和做法学习。比如,注意学生的学,注意启发,注意师生的互动,另外教学设备、教学手段也都在变,等等。

◆问:您们当时能利用的前人经验、资源几乎没有,遇到了很多困难,甚至大学师范院校教学法课程连教材都没有。作为研究者,您们做了哪些努力?

●答:苏联专家走了以后,都是由中国人讲教学法这门课了。北师大是由李光增先生讲,后来留了一个由部队转过来的老党员丁西玲,就连北师大校长白寿彝先生都管她叫丁大姐。她政治上很强,进入教学法领域之后,立即觉得需要有我们自己的教学法教材。因为我曾在中学教过五年书,毕业时留校教历史教学法,所以这个丁大姐就跟我商量能不能联合一些人搞我们自己的教学法,因为当时哪一个学校都无力独立完成这个任务。于是,我们约集了北京市教师进修学院历史组的赵恒烈先生和天津师院(今天津师范大学)历史系的卢士林先生。赵恒烈先生是当时在这个学科发表文章最多的人。卢士林先生是《历史教学》杂志社历史教学法的资深执笔人,后来去天津师院历史系教教学法课。我们四个人代表四个单位,联合起来搞这个课题、写这一本书,大家的积极性都很高,因为中国的师范院校缺这个东西。当时各地的同行经常打听我们怎么讲,讲什么啊,外地也好跟着讲。所以,北师大丁大姐、孙恭恂,咱们学院的我,北京教研部的赵恒烈,天津师院的卢士林,经过一段时间的研讨后,就分题写出一个初步的书稿。之后,我们又召开了关于初步书稿的讨论会,约请了华东师大历史系、华中师院(今华中师范大学)历史系、上海师院(今上海师范大学)历史系、华南师大历史系、河南师范学院(今河南师范大学)历史系的代表在华南师大共同讨论。在大家讨论的基础上,又进行了修改,执笔人还是当时我们四个单位的人。这个书稿于1980年由河南人民出版社出版,这是咱们自己编写的第一本历史教学法教材。以后出了好几本教学法的书,突出的有广州一位著名的中学教师李可琛约请当地几个中学历史教师写的一本,华中师院历史系,华东师大的陆满堂、金相成以及浙江的茅蔚然先生等先后都著述出版了有关历史教学法的教科书。这时,高等教育出版社拟出版一套高师各学科的教学法教材,历史教学法的教材就约我写。于是,我、叶小兵、赵亚夫三个人就合写了高教社出版的《中学历史教学法》,这是咱们学校的人写的第一本历史教学法教材。后来有关教学法的教科书越来越多,但使用最多、影响最广的是咱们这本(十年前印数已到14万册)。这本书在1992年被国家教委评为"第二届普通高等学校优秀教材",荣获"全国优秀奖",之后又修订了两次。

当初我们几所高校与教育部联系密切,所以丁西玲和我就找教育部的中国教育学会谈,我们想成立一个历史教学研究会。中国教育学会同意了,1979年我们开了筹备会议,1980年在香山开了成立大会。这个学会对了解历史学科在全国是个什么状况,应该怎么做,怎么发展以及促进我国高师院校和各地的中小学历史教学研究员、教师的联系和合作起了很好的作用。后来,还和美国、英国、日本、韩国、越南、丹麦等国家以及我国的台

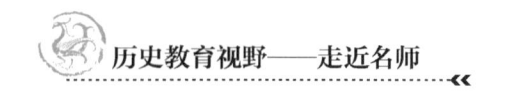

湾、香港的历史教学界都建立了联系。

在培养研究生方面,咱们首师大设立历史教学法硕士生点,是全国第一个。当时只有我们学校有硕士授予权。所以上海、四川、贵州一些老教授招了硕士研究生,最后论文答辩,授予学位都要到我们这里来。现在,一些学校有博士生导师,没有博士学位授予权,一些学校把博士授予权拿下了,又没有导师,我们学校却至今都没有这个学科的博士生点,我觉得这个现象是畸形的。

◆问:我们知道,您不仅与国外学者有交往,还曾在国外做过访问学者,您能给我们介绍一下国外的历史教科书的情况吗?

●答:像美国的教科书制度,与我们很不一样,我国教科书以前是一纲一本。"一纲"就是全国统一的教学大纲,现在叫课程标准。苏联叫教学大纲,我们也跟着叫教学大纲,欧美叫课程标准;"一本"是指全国只有一本由人民教育出版社编写的中学历史教科书。这与国外相比,差别是很大的。例如,当时的美国就没有全国统一的历史课程标准,现在虽然有了,也不是强令性地让全国各州都按新编的课程标准来写历史教科书。美国的每个州都可以有很多本教科书。我在美国北卡罗来纳州一所著名的私立学校考察时看到,一个年级的历史教科书不同,不同老师选用的历史教科书也不一样。一个学校一个年级都不统一,所以一个地区更不可能统一。它是"一标多本",而且有的学校选的教材,就是某个教授写的专著,也不一定严格按照课程标准来写,因为当时还没有。20世纪90年代才开始制定全国统一的课程标准。美国想把它统一下来,实际上现在也没有统一,因为美国的教育部对全国没有像我们教育部那样的领导权。实际上,教育部组织人写的课程标准,你可以按这个"课标"编教材,也可以不按这样做,所以不统一。

◆问:现在教科书采用"一标多本",您是怎样看现行的教科书的?

●答:关于教科书,用北京的说法就是"教师没法教、学生没法学"。教师没法教,就是说教科书编写得很不科学,比如太平天国,你既然写它了,就得写它产生的背景以及产生、发展、消亡的过程,并得出历史的总结。可现在的课程标准在这个问题上是连不成一条线的。老师给学生讲课时,就断了啊,突如其来地就来了洋枪队了,所以教师不好讲,学生也不好学。后来搞的专题,就更麻烦了。高———上来就是专题,讲中央集权制,这个中央集权制按现在流行说法就是要穿越时代,你从古代噼里啪啦就讲到现代,知识是有系统性、联系性的,你专门讲一个中央集权,怎么可能啊。

我曾看到《北京青年报》的一则报道,海淀区一个学校的历史教研组,将国家规定的知识点一个都不漏地按老师的系统去编,再拿它去教学生。老师觉得教起来很顺,学生学起来也好学了,高考前再按现在的课标把它理顺了,这样就和北京的高考切合上了。这些老师想把历史课教好。另一方面,如果每位教师都这样做,我对其质量也是怀疑的。为什么呢?海淀区教委曾经搞了一次对中学历史教师的测验,考试内容没有超出中学历史教科书的范围,可是有相当部分的历史教师不及格。中学历史教科书没有多少高深的学术性,它普及的是历史基本知识,甚至是历史常识。可就是这样最基本的东西他都没有掌握好,很多教师是备一课讲一课,你想考查他们对中学的教材掌握的怎么样,他们就不及格了,要这样的教师自己编写出高水平的教材是不太可能的,所以我很担心。现在又要改了,搞新的课标,听说教材也出来了,还征求过意见,下面的争议也很大。课改之后教学怎么做,应该怎样评价,你们可以根据自己了解到的情况进行思考。你们要通过调查来了解情况,根据了解的情况对现在的课程标准、教材进行评价。当然,这个评价,要不带偏见,做到客观,事实和评价要符合实际。至于评价的结论不一样,这是学术性的讨论,在评论中提出不同的意见,是很正常的。

◆问:记得您在《历史学科教育学》里面谈到教材的三种编排方式,一种就是教育式的编排法,它吸收了按照心理学和按学科编排的优点,就是用专题式编排。现在的历史教材不就是按照那种方式编排的吗?

●答:你们这个问题提得好,不是不能这样搞,是看你怎么搞。比如,20世纪80年代北京市宣武区有一位著名的历史教师,他叫曹尔驹。那时,初高中一共有六本历史教科书,他在讲完六本教科书基础上,给学生做高考前的总复习时,就把那六本教科书编成若干个专题,这就是专题教学,效果很好。学校为了配合他的教学需要,还为他提供了一间教室,把他设计的这些专题的题目和答案都以文字的形式写出来,挂在墙上,学生进了这间教室以后,从头到尾,随走随看,就把六本书的专题内容复习了一遍,效果很好。他的这种教法曾在北京市中山公园露天剧场举行公开课进行交流。这样做的前提是前面的基础打得很扎实。香港的教科书是另外一种情况,按甲部和乙部编排,它本身没那么多历史教学的时间,前面讲得虽没那么细,但是后面有专题,就把问题讲得比较精了。但是咱们的这个做法没那个基础条件,有人说已经有初中教学打基础了,怎么能说没基础条件呢? 若是真的了解了咱们初中历史教学的实际情况,就不会这么说了。事实上我国多数初中的历史教学时间是没有保证的,是压缩了的。历史课总是给其他语、数、外等科目让路,时间就被占用了。初中没打下那个基础,所以到了高一就讲专题,把中外历史糅在一起,学生没法学,老师没法教。

◆问:据说以后高中历史教材改革的方向是大时序下的小专题编排,也就是说现在的高中教材不太适合学生的学,虽然学生知道一个历史事件,却不了解这一历史事件在历史长河中是怎么发生、发展的。

●答:大时序下的小专题理论上是对的,关键是中国的"应试教育"不改的话,前面那个宽面的基础就打不好。没有好的基础就让他搞小专题了,等于底下都是沙子啊,高中老师要给他补基础知识才能给他讲小专题。你看美国孩子,他们看的教学参考资料不像咱们的教辅资料,我给你们举个例子:我在加州的一个学校看到,他们在讲二战后美国的历史时,老师给学生看的一本书是讲一个士兵,在二战结束后离开军队步入社会,他经历了一个新的社会闯荡的过程,这个闯荡的记录就是二战后美国社会实际状况的反映,学生虽是把它当小说看的,可是他们想要了解社会,就会自然地联系这个复员军人的经历、结合他的所见所闻来思考当时的社会状况了。学生结合自己的思考来理解当时的社会,就不觉得是老师在迫使他怎么样学历史了。他们的学习心态就不一样,得出的结论可能不尽相同,而且他们的独立思考能力得到锻炼了,从一个人的整个学习长河的发展来看,它是好的。

◆问:您觉得现在除了历史教科书的编排之外,历史教学还存在哪些问题或不足?

●答:说到历史教学,我前年还听了几次课。那会儿纪连海很受关注,我就去听了他的课,给他评了一下,别人说在网上看见我对纪连海的评课了。他那个课,你说他怎么不好,不好说,他对中学教材很熟,脑子挺活。为了应试,他把应试和平日的教学结合在一起;考虑到将来的高考,他那么做了以后,你不觉得他是按应试来讲课,可实际上他的课和应试结合得很密切,这对学生将来高考有好处。可是有一个严重的问题,也不全怪他,好点的学校都是这样的,就是说他讲课,学生是没有时间来思考的,快极了,这当中有一个很重要的原因就是电脑。他不是在计算机专用的教室里上课,而是普通教室的每个学生的桌上都有台电脑,所以他把写板书的时间省略了。实际上教师写板书,学生抄板书的过程,他脑子里在过问题,他现在把这个时间省出来了,所以他的知识量加大了,但是学生没办法思考,学生没有时间思考,实际的学习结果就会很差。

我在美国专门考察过,美国的教材比较稳定,不像咱们的教科书改变之快,他的历史教师可以按教科书讲。可是有的时候,讲的某一个问题,把后来的某个问题连起来了,就类似于咱们那个几大块,像专题似的,这么做就等于现在把未来的教学时间占了,教师有计划地在以后把现在挤占的时间补回来。他是完全根据教师对知识掌握的情况和那个班学生的学习情况来做的,很灵活。如果教科书修订得过勤,或是教师不是在几年内按小循环的办法一直教一个(初中或高中)班,就不能这样做。而且美国的教参不如咱们的细,咱们的教参是世界上最细致的了,这个不能说不好。虽然美国没那么细,但学生结合教学内容看的材料非常多,不光是学生有时间看材料,教室里专有一套按学生人数准备的学生用的阅读材料,都是结合历史教学的,包括很详细的图,这就把老师没讲全的细小材料补回来了。所以他们的学生学的知识是活的,学校不是靠考试去压着学生学,考试压着学生学的时候学生是没有乐趣的。老师如果拿分数压学生是有它的效果的,我们现在就是这样做的。但是,我们这种用考试逼迫学生学的做法,是在扼杀学生的学习兴趣、扼杀他们的创造力。

我是同意美国的那种教育思想的。他们要求教师尊重学生的人格,热爱学生,注重对学生学习潜力的开发,老师是学生的导师,也是学生的朋友。你去接触他们的学生时,你不觉得他怕老师或怕考试,老师和他们铁着呢。我在杜克大学做访问学者时看到,该校校长的威望很高,是美国国会议员,可以直接和总统通话,在学术上很有专长,他居然和学生一起去打篮球,和他的学生就像朋友一样。有一次课间的时候,一对男女学生在路边亲热,他路过那里,只是在男孩的后背轻轻拍了一下,什么也没说继续向前走,男生一看是他,会意地笑了一下就走开了。这可以看出他们之间是平等的、友好的、善意的。而在我们的学校里,校长对学生往往是很严肃的;教育行政机关的作风要求学生是很严格的;师生之间的关系也多是不那么理想的。

几年前,我在电视上看到一个节目,主持人知识不行,但嘴皮子不错。他问一个老师:"你讲课讲得怎么那么好,别人也应该向你学习呀,怎么才能把这节课讲好呢?"他们谈了很多,有一条我非常反感,主持人竟然说:"一个老师要讲好历史课,就要会说当地的土话。"那老师竟然也不假思索地迎合这位主持人的想法说:"比如说在北京讲课,我要不会说北京方言,这个课就讲不好;比方说第二次世界大战中,日本侵略中国,被中国打败了,我就说,去,哪来的回哪去,你来我们这儿干吗呀?"他觉得这样讲很顺,很有情感,学生喜欢,效果好。其实,这不是讲课的语言,也不是课堂教学的语言。教学的语言不能"字话",就是不能把书上的语言照搬来讲,但是也不能完全是口语化,它应该是介于"字话"与口语化当中的一种语言,一听就知道是一种专门的文化语言。有一次一个实习学生,讲到"曾国藩投湖",这个学生可能是兴致到了,就说:"'丫的'打败了,就投湖了。"历史课堂上是不能这样讲的。这个语言是非常脏的,对人是极不尊重的。在课堂上,即使你对曾国藩是有阶级观点、有阶级感情的,也不能说他是"丫的"。课堂语言是"字话"和口语之间的结合,说出来要让别人觉得是有知识的人说的话。方言在举例的时候可以用,不能把方言带到整个课堂教学中来。教师在课堂上是应该用普通话进行教学的,这是有利于全国的经济、文化、思想、教育交流,有利于国家的统一的。我在广东听课时发现,他们的教师在课堂上使用的就是普通话;我在香港听课时发现,他们的语文课也是这样教的。

虽然现在课堂教学有改进、革新的地方,但也有毛病。例如,现在说,计算机进课堂好,那就在全国的中学大力推广计算机教学。我在美国的中学里听课时,不是这样的。他们的教室里,就是黑板、粉笔、教科书、挂图、幻灯等教具,他们不是在每个学生的课桌上都装一个计算机。计算机教学有它的好处,比如说讲张衡的地动仪,如果用计算机演示它内部的结构,力的作用就全有了,这非常好。

现在的历史教学思想比较活跃,实际上也有点乱,应该予以引导,以便大家遵循,不能认为任何一位教师的任何"独出心裁"都是方向性的、应该肯定的。

◆问:您在谈历史教学法研究的情况时,说到1980年出版的《中学历史教学法》,说这是中国人自己写的第一本教学法教材,影响很大。我们知道,之前也出版了一本教学法专著,是1957年管听石先生写的《中学历史教学法》,为什么影响不大呢?

●答:他那本书基本上是以苏联卡尔曹夫的思想结合中国的历史教学实例写成的,很厚。那本书不是我们所说的教材,属于专著,在教学中可以选它作学习参考材料,不能作为教科书,教材和专著的结构、写法是不一样的。该书对中国的中学历史教学没起到应有的作用,这是有历史原因的。他在这个学术领域出了这方面的第一本专著,是很不容易的。

◆问:您的《中学历史教学法》出版后修订过两次,尤其是第三版,虽然命名《中学历史教学法》,但内容远超出教学法的研究范畴,为什么还是采用教学法来命名呢?

●答:这本书是高教社组织编写的,而且是这方面的许多教科书中唯一得到国家教委"全国优秀奖"的。一般说来,以后修订仍然用原书名,否则就要对新版的书说明为什么改变书名的问题。而且,从高教社来说,这是一套教材中的一种,若改了书名,就显不出其成套教材的特点和影响力了。《中学历史教学法》修订了两次后,高等教育出版社跟我谈,但我这么大年岁了,不可能每次都领导这本书的修订工作,能不能像国外那样,由他们把这本书的出版权买断,以后就由他们负责这本书的全部修订工作呢? 在美国、英国等国家,可能几十年、上百年都对某本书叫一个固定的书名,那就是出版社买断出版权,以后由这个出版社组织人不断修订、发展的结果。我觉得这个想法很好,很有可能继续沿用这个书名。

◆问:您的《中学历史教学法》以及后来的《历史学科教育学》都是历史教育史上只可超越而不可跨越的经典,请您谈谈历史教学法与历史教育学之间的联系。

●答:刚才说了李光增先生他们是新中国最早讲这门课的,但在开始时没有形成一个完整的、全面的、系列的教材,而师范院校的每门课程至少应该是一个学期的课程,所以要是一个学期17周,排34课时的课,大学的教学法教师觉得没有17次的内容可讲。在编写我们的第一本历史教学法的教科书时就提出来教材教法的主张,就是把中学历史教材教法都包括进来,就使历史教学法课发展到了历史教材教法课,咱们学校当时给我们的教研室外面写的牌子就是"中学历史教材教法教研室"。

历史教育学是在教材教法课的基础上发展起来的,这就要求结合历史教学的多方面的情况,而且要进行深入的理论研究,而不是简单地讲解历史教学的具体方法了。比方说你要通过历史教学,让学生在成长过程中得到什么收获,要结合学生的学习心理;结合学术本身的相关情况。例如,陈寅恪先生在这方面就有与众不同的体会,原来咱们老说自然科学你不用专门教他,学生就能在学习这方面的专业知识时学到辩证唯物主义的思想方法,因为它自身里面就包括了辩证唯物主义。社会科学则不是,它存在着阶级性的问题。当时认为,社会科学是有阶级性的,由于阶级性的限制,剥削阶级、小资产阶级出身的人是不可能自然地学到辩证唯物主义思想的。可陈寅恪先生不这么看,他认为虽然他教的是古代史,他没专门学过马克思主义,但是不等于他的知识体系当中就没有唯物辩证法。我认为,他说的是有道理的。细想一下,史料的鉴定能不符合唯物辩证法吗?而且史料的鉴定要结合当时的社会背景的,这实际上就是历史唯物主义。当然,系统地学了哲学理论,你在研究历史问题时会更自觉地用历史唯物主义指导你的研究工作,你在研究工作中走的弯路会更少。

历史教育学所讲的内容要比一般的中学历史教材教法课讲得更深。例如,我们的教材教法课中讲到要通过历史教学培养学生的世界观,要引导学生知道如何做人,这不是教师在教学过程中自然地点到为止,这里是有科学的指导思想的,这就属于历史教育学的内容了。历史教育学比教材教法要高一个档次,这里面确确实实有这个学科治学的精神和方法。教材教法在这些方面也是会有所涉及的,但做不到历史教育学这么高的档次。所以我、叶小兵、赵亚夫三人写了《历史学科教育学》,后来我们又出了一本资料选集《素质教育与历史教育学》,就是想在那个基础上再上一步。后来也有人给我提过,历史教育学是好的,但是需要有人给他们讲解,他们觉得自己掌握起来有困难。我觉得这个意见是对的,你们可以进一步研究这个课题。

我还想给你们说一个这方面的概念的问题。白寿彝先生对历史教育学有另一个想法,就是笼统地讲"教育",撇开学校,也可以谈它。他认为历史教育学可以以学校为核心扩展到整个社会。按他的说法,社会文化里就有教育,一个影视、文学作品都是有教育的内容在里面的。所以他那个概念的外延就很大、很宽。我们当初搞这个历史教育学只是把它限制在学校里,没往外扩,要扩的话是包括学校之外许多方面的。

我们那几本书是花过大力气的,在当时可以说是处在前锋状态的,但我们这个学科也和其他学科一样,是在不断地发展创新的,不能说它们是不可逾越的。现在的同行就在发展它,你们将来就应该写出水平更高、内容更新的东西来。

◆问:历史教学法、历史教育学以及现在的历史课程与教学论建设与发展,经过您这一代学者的辛勤努力,才取得今天的累累硕果。您对这个学科的现状和前景有什么看法和希望?

●答:这个学科的现状,比我们那会有了很大的发展。可以说,"文化大革命"结束以后是这个学科创建的开始,咱们学校在这个课程上是全国领先的,当时全国只有两个高等师范院校的历史教学法研究室,有五个教师,一个是咱们学校,还有一个是上海师范学院。咱们现在有叶老师、赵老师,杨老师已经借调出去了,还有一个曹老师。实际上是三个人,队伍不像原来那样了,现在很多学校教学法的师资并不很多,还很欠缺。

要研究历史教学,就得完全驾驭中学六个年级或初高中的历史教学内容才行,我这不是光指历史教科书,是历史教科书所涉及的各个历史问题,这样才能宽、高、深。如果只掌握几本历史教科书,那他的知识是浅的。

现在整个学术界浮躁,深不进去,跟原来提倡的不一样。原来提出的怎么学:一个是得坐得住、一个是得钻得进去。坐得住,就是翻阅各种相关的资料、深入地分析所接触到的各种材料和情况,学东西静不下心来、坐不住,心里总浮浮躁躁的,你怎么学啊;再一个就是学习、钻研的时间,得靠你挤,你要是把大部分时间放在在计算机上打游戏了、出去玩了,哪还有时间学习呢?学习、研究的时候,得钻得进去,切忌浮躁。一个人在学习、掌握知识上、教学实践上不肯下功夫,想把历史教学搞好那是很难的。

你们将来不只是教,还得有研。把研究和教学结合在一起,才能做得好。如果你们将研和教结合一起,而且持久地钻研下去,久而久之,那就有可能成为一个大家。刚开始大家都在一个起跑线上,说不上你的东西有什么特点,我希望你们将来能够在这个方面形成一个完整的、中国自己的东西。实际上,我们现在还没有自己的、成熟的、完整的教育学。我希望你们能扎扎实实的,坐得下来、钻得进去、多接触外面的东西,思想要开阔、要活跃,最后形成自己的系统的理论,那就好了。

◆谢谢您花费这么多时间给我们回顾我国历史教学研究的历程,分析历史课程与教学论学科发展中的一些问题。我们相信您的回顾和见解,对从事这门学科研究的学者以及中学历史教师会有很大的启发。

(本文选自《中学历史教学参考》2013年第6期)

名师专访

金相成（1935—2017），江苏南京人。1954年考入华东师范大学历史系，1958年毕业留校任教。金先生先后主攻世界中世纪史、历史课程论的研究与教学工作。著有《历史教育学》（浙江教育出版社）、《历史教学法概论》（安徽教育出版社）、《中学历史教材插图简述及其运用》（华东师范大学出版社）等，发表《何炳松对历史教育的贡献》《历史教学社会功能的发挥和历史知识的应用》等文章及历史教学论文120余篇。其中，《历史教育学》在建构具有学科特点的理论体系与内容结构方面颇有建树，受到历史教育界的好评；《历史教学法概论》在全国首届优秀教育论著评选中，荣获优秀奖。

金相成先生曾任华东师范大学校务委员会委员、历史教育研究室主任，中国教育学会历史教学专业委员会理事及学术委员、上海市历史教学研究会副会长、上海市少数民族联合会会长及名誉会长等。

历史教育研究要注重理论与实践的有机结合
——访历史教育专家金相成先生

○ 马玲玉　陈德运　陈　倩

◆问:金老师您好,感谢您在百忙之中接受我们的采访。请谈谈您是怎样走上历史教育研究道路的?

●答:我先问一个问题:你们学校现在怎么称呼咱们这个专业?

◆问:我们现在的研究方向是历史教育学,研究生招生专业叫历史课程与教学论。

●答:这个好,和我想的很合拍,华东师大虽然搞历史教育学这个学科比较早,但名称的规范还要晚一些。

华东师大后来建了一个系——课程与教学系,当时我们的校长很有魄力和远见,认为这个学科要建设好,就要把各个学科的人集中起来,不仅名称要扩大,内容也要扩大,要从课程这个角度来研究。"课程与教学"这个名称和国外的一些理论接近一点。20世纪90年代,我们校长专门领导我们组织了各科的学科教育学研究与编写工作,我负责的就是历史教育学。

我早期主要是从事世界中世纪史的研究与教学工作,不是研究"课程与教学"的。"文化大革命"时期我们这里搞了干部的"四个面向",其中之一就是到黑龙江去保卫边疆……学校领导在讨论的时候,有一位结合干部说:"金相成怎么能到黑龙江去呢?他身体不太好。"当时确实是这样,三天两头发高烧,后来就把我分到中学去了。那时候中学没有历史课,上海改成了毛泽东思想教育课,上了一段时间,区里把我调到教师进修学院,做教师培训工作。当时不是培训在职教师,而是培训工人讲师团。一段时间后,培养了几个工人讲师可以上台讲课,算是做出了点成绩。这样,又把我调到"教卫组"(教育局与卫生局两个部门合并为"教卫组")工作,"文化大革命"时期破除行政级别,都是以组为单位的,大组套小组,小组再套小小组。我到"教卫组"负责联系小学、中学教学方面的工作,我和中学关系很熟,经常跑到中学去。后来落实政策,学校要我回校,但区里不放,过了好长时间，其他人都回校了，就剩我一个人。学校一再要求我回校，区里没办法，只好放我回学校。回到学校后，学校领导说："金相成你对中学情况很了解，不但上过课还做过行政工作，你搞学科教学法最有条件，也有优势。"那是1979年，所以我就从1979年开始搞教学法，一直到现在。

刚开始时，我对这个学科不太了解，不知道该怎么弄，也不知道这门课到底该怎么上，也没有任何相关资料，原有的教师，有的调回了老家，有的去世了。怎么办？听说东北师大等校在上这门课，于是我们就到北方跑了一圈，去向老前辈求教。最早到了东北师范大学，因为东北地区是这个学科的发源地，吸取了苏联的一些教学经验。苏联很重视这个学科，他们主要是搞教材分析，具体章节的教学方法，类似我们的教学指导书。比如，苏联有一位这方面的专家叫叶菲莫夫，他做世界近代史方面的教学指导，并将其编成书发给中学老师，把每一章、每一节怎么讲弄得很具体，中学老师拿着这个就可以直接去上课了。还有小学方面的，比如，卡尔曹夫写的那本书。东北师大有一位老前辈叫薛虹，当时我们去采访他，请他介绍，还听他上课。沿路下来到了北京，去了北京师范大学和北京师范学院（现在的首师大），拜访了于友西、周发增等几位老师，没有碰到丁西玲老师。然后往南来到了山东师院（今山东师大），拜访了杨奇有，他搞这个学科比较早，而且20世纪50年代还到华东师大进修过，所以我认识他。从山东回来后，又到浙江走了一圈。大概在外面走了一个月左右，这样头脑里面才有了一些感性的东西，然后就考虑考虑、准备准备，因为隔一年马上就要开这门课了，教学对象是1977年的统招生。

"77级"是"文化大革命"后的第一届学生，大多数学生见多识广，能力很强。面对有这样高的水平和能力的教学对象，我当时的一个考虑就是：为了方便以后他们走上讲台，我结合过去在中学学习的情况、"文化大革命"期间到中学上课的情况以及我本身的体验，再借鉴、运用教育学方面的基本理论作了一番研究，整理出七个章节的讲稿，就这样给他们上课。他们觉得这样上还好，特别是到中学实习以后觉得还能用得上，这也增加了我的信心，对我来说也是很大的鼓励。

◆问：金老师，请您结合上海地区的情况给我们介绍一下咱们这个学科的发展历程。

●答：从学科本身来说，有一个发展的过程，采访其他老师你们可能知道，刚刚粉碎"四人帮"的时候，上海的中学历史教学面临恢复整顿，因为以前的都推倒了，教材也没有，连历史学科都没有了，当时首要的是恢复，这是一件很不容易的事。怎么恢复呢？当时提出了"双基"教学，就是基础知识和基本技能，上海的中学历史教学研究会比全国成立得早（大概早一到两年）。当时研究会搞得有声有色，主要研究"双基"教学——怎么强化基础知识、怎么提高基本技能，所以开始的时候搞得热火朝天，不但有理论方面的探讨而且也有实践。有些中学老师在某方面研究出一个成果，马上就到课堂上实践，落实"双基"教学，我们和中学关系很密切，也常去听课，与中学老师一起研究、讨论。因为我们这个学科本身实践性很强,而且就是为中学教学服务的,脱离了中学你搞什么?

20世纪80年代中期,我们国家改革开放,国外的东西进来了,给我印象最深的是当时华东师大引进了美国布鲁姆的目标分类学,是原版的。刘佛年校长是教育学家,他对我们这个工作很重视,就组织教育学系专家进行翻译,后来公开出版了,并组织从事教育方面的老师学习布鲁姆的目标分类学的理论。这给我们很大的启发,其中之一就是目标分类的体系很细,特别是目标里面提出了能力问题,这在过去是没有的,与我们讲的基本技能也有差别。

我们就想了:历史教学的功能除了让学生学习一些知识外,是不是还能让学生开动脑筋分析一些问题呢? 或者历史本身能对学生起到什么作用呢? 后来我们经过研究认为,历史教学不仅要加强基础知识的教学,基本的技能也是需要的,但是学生能力的培养也是很重要的。当时我们提出了中学历史教学的"三项任务":知识教学、智能培养、思想教育。为什么这里不叫"能力培养"而叫"智能培养"? 我们又把它提高了一步,单是提高能力还不够,还要有智力开发。历史应该怎样开发学生的智力? 当时我们讨论的"智能"包括智力和能力两个方面。最初,我们在根源上讨论"什么叫智力",比如想象力、记忆力、创造力等,能力是比较具体的,现在看起来是比较抽象或者概念化的,但在当时对启发人们的思维是很有好处的。因为我们认为要给学生一些知识并不难,随着年龄的增长,知识也是会不断积累的,而且很多资料也是可以查到的,但智能是不容易培养的,因此智能培养在上海开展的时间是最长的,恐怕现在还在研究。思想教育方面,当然爱国主义教育是历史教学的永恒主题,这是完全应予肯定的。

英国哲学家弗朗西斯·培根曾说:"学史使人明智。"也有翻译为:学史使人聪明。我就在想,既然学史使人明智或聪明,那我这个历史课的思想教育恐怕不能仅仅满足于爱国主义教育,怎样让学生学了历史以后聪明起来? 我现在也偶尔到中学去听课,觉得这个问题有待进一步的研究解决。我们不能太功利化了。企图一堂课里什么都有了,学生学完以后马上就有改变,这是不可能的。同样,关于爱国主义教育,也不可能通过一堂课学生的爱国热情马上就被激发出来。可能有的学生被激发了,一些学生可能通过听一堂"一二·九运动",他会很激动,但是一些有头脑的学生不一定被激发,因为他在思考一些问题,我觉得要培养这样的学生。学生光激动一下有什么用呢? 于事无补。所以我在考虑怎么样让学生聪明起来,这个问题到现在还没有解决好。责任不在历史教师,因为我们有些规定很死板,特别是有些同志的思想也很单纯,总希望一堂课能解决很多问题。历史课在思想教育方面的效果是不可能立竿见影的,也不是一堂课、两堂课,甚至是一学期、两学期能解决的,很多是学生在学校几年才能解决的问题,而且有些是他们进入社会后才能体会的,这样才能使学生聪明起来。你让学生在课堂上激动一下,没有下文了,这是没什么用的。

上海地区对三项任务的讨论和研究经历了很长时间,一直搞到我退休,后来我就不参与了。虽然一些活动我不参与了,但历史教学研究会对我仍然很关心,经常提供机会让我去中学听课,只要我接到通知,排除万难都要去,前天还到浦东新区的上海实验学校附属光明学校去了呢。别看这个学校的校长很年轻,但是很有思想,不仅抓学科教学,还搞了很多课外活动,比如琴棋诗画、雕刻、篆刻等,这个确实很好,学生很感兴趣。

我想,小学生、初中生的可塑性很大,光学科成绩考得很高,这是没多大用处的,要不断提升学生的人文素养,使其有一个扎实的基础。所以要根据学生的特点去要求学生,我觉得现在对中学生的一些要求有点空。比如说,现在提出的研究性教学、探究性学习,那么多学科你让学生怎么研究、怎么探究,语数外是主科,这个你不得不承认,历史学科想要被同等对待是不可能的,学生没有那么多时间。另外,学生也找不到那么多文献资料进行探究,很多依然是靠老师上课讲的内容。

◆问:您写了一些关于中学历史教材分析和听课、评课的文章,能和我们谈谈20世纪80—90年代主要是从哪些方面评课的吗?

●答:20世纪80年代评课主要看教学目的是否完成,除了内容结构之外,要看这堂课学生的活动情况怎么样,学生是不是能够跟着老师的教学思路发表自己的观点,最后看这堂课的思想教育是否达到。

20世纪80年代的历史课,从课堂气氛来说是很活跃的,但是有些课被简单化了,老师经常问一些没有意义的问题;再一个就是很重视思想教育,当时有些思想教育完全是老师硬加上去的,根本谈不上学生是否领悟到这一点,别说在80年代,恐怕到今天我们的课堂上还是有这一现象的。这里涉及一个问题:现在提倡课堂是师生互动,80年代没有这个名词,看学生是不是能够直接参与教学,即老师提问,学生能不能回答。在我看来这个太简单化了,老师在讲台上问:是不是啊? 对不对啊? 学生在下面回答:是、对、可以。这个确实很热闹,学生在下面像大合唱一样,但是这个没意义,现在也存在这样的师生互动的问题。我有时候也煞风景,给教师提出相反的意见,凡是我听到这样的课,我都会说你把课堂搞得太热闹了,课堂不是越热闹越好,越热闹教学质量越高,不是这样的,对此有的老师能够接受,但有的老师接受不了。这个没关系,各人有各人的看法,我们求同存异。实际上,这对教学、对教师本身、对学生成长是没有好处的。

课堂上应该怎么提问呢? 就是老师讲、讲、讲,讲到这里,正好激起学生想表达一个什么内容,但是表达不清楚,在这时一个问题抛出去,这时候学生的积极性来了,开始动脑筋,这样才能把学生的聪明才智发挥出来。"是不是""对不对"这样的问题谁都会回答,不用动脑筋。

◆问:我们这一学科的最初名称为"历史之次序方法",后来曾以历史教授法、历史教学法、教材教法等冠名,您觉得名称的改变主要有哪些原因或者说背景?

/695/

●答：名称的改变是有道理的。最早叫"历史之次序方法"，20世纪初，它附属于有关学科。比如，历史学科在讲授东洋各国史的同时，兼授"历史之次序方法"，以使师范生了解、掌握某些教学过程和教学方法，这是我国设立历史教学法学科的初创或雏形。后来，随着分科教学研究内容的扩大和增加，又改为"历史教授法"。1932年，陶行知先生发表《论教学合一》一文，提出要把教授法改为教学法，这很有意义。因为"教授法"只包括一个教的方面，而"教学法"则包括教师的教和学生的学两个方面，这是很有道理的。后来又改名为"教材教法研究"，顾名思义，就是还要研究教材，这样就更为全面了。新中国成立后，国家颁布的教学计划中以"中学教材教法"或"教学法"为名，规定其作为高师院校各专业系科的必修课之一。我在这方面进行了一些研究，专门研究历史教育的发展史，从原始社会弄起，后来还研究了梁启超、何炳松等人的教育思想。最早的课程标准是何炳松提出来的，并不是我们现在的新发明，大概在20世纪20年代，何炳松写的课程标准有十多个方面，内容很全面，我认为，直到今天对我们仍有重要的借鉴意义和参考价值。

◆问：20世纪80年代末，历史教学法被提升为历史教育学，学界也进行了相关探讨，请您给我们介绍一下当时的情况。还有，这一改变对历史教育的发展有哪些影响？

●答：我编写历史教育学教材时，听取了一些中学老师的意见，还请个别老师参与编写工作，因为他们有实践经验，这样可以使书的框架、体系更严密，内容更符合中学历史教学实际，并能有所发展、提高。在《历史教育学》一书出版之前，我们编写过两本教学法的书，一是《历史教学法概论》，一是《历史教学法》，这两本书主要侧重于方法层面——教学生怎么上课，前面顶多再讲一些教学目的和教学手段的问题。《历史教育学》也涉及这些问题，但更注重从理论方面进行探讨、研究和完善。因为，学科教育学对本科学生来说，他们毕业以后去中学不但要进行历史教学工作，还要进行科学研究，特别是学科教学方面的研究，如果经常搞一些具体方法上的研究，意义和影响都不大，方法是需要，但是要用理论来证明这个方法的有效性，再加上自身的实践来证明，所以要加强理论构建方面的东西。我在主编《历史教育学》的过程中，在理论构建上确实花了很大功夫，因而也得到历史教育界的好评。

◆问：您将历史教育学定性为"一门应用理论学科"，可否给我们具体解释一下"应用理论"？

●答："应用理论"是我提出来的。考虑到我们这个学科，尽管想进行理论构建，但是不能忘了我们这个学科与其他学科的区别，区别就在于它能否发挥其真正功能或者效用，这就要看它在实践当中是不是具有指导意义，是不是能被中学老师、师范生接受。我的教学对象是大学生，他们在以后的实习过程中是不是能够应用它进行教学，或者是对教学有些指导意义，所以后来我就在后面加了一个"应用理论"。当时我觉得理论可以分为两种：一个是准理论，就是基础理论；另外一个就是应用理论。我认为，历史教育学应该划到应用理论范畴内，它本身还是要和实践结合的嘛。实践与理论结合，应该注重理论的构建，但也不能忘掉实践的价值，这是当时我在编《历史教育学》时定的三条原则之一。

◆问：金老师，您觉得历史教育学同原来的历史教学法的主要区别是什么？

●答：历史教学法侧重方法层面的东西比较多，理论方面的内容研究要少一些，教学本身不是单方面的，是综合性的、是各个方面的一个综合体，所以历史教育学这个框架，就是在考虑多侧面、多层次的基础上构建的。至于历史教育学同历史教学法的区别，首先，二者的研究对象是不一样的。历史教学法是以学科教学过程为研究对象的，而历史教育学是针对学科特点，以研究学科教育规律为己任，即研究学科与学科教育之间的内在联系，寻求学科与教育学在教学过程中的最佳结合，要求教育学一般规律与学科特点的统一，因此学科教育学研究的目标或总的要求显然要比分科教学法更全面、更重视德智体美诸方面的全面发展，其研究功能集中表现在现代教育理论、现代学习心理理论、现代信息理论、学科评估标准和现代化教学手段等方面。其次，二者在内容上也有区别。历史教育学在内容上要广泛得多，比如我编的那本《历史教育学》，包括历史教育的发展、历史教学评估等，这都是历史教学法没有的。

◆问：20世纪80年代末以前，都是在研究历史教学法，历史教学法本来是属于方法和操作层面的，有学者认为，历史教学法的不足在于缺少理论，且脱离实际，对实际教学难以起到应有的指导作用。您怎么看呢？

●答：也不能说没有起到指导作用，这要看你怎么理解。如果老师以前没有想到这个方法，而历史教学法中提到这个方法，运用之后效果也不错，这当然对老师有指导作用。问题是这个指导是暂时性的，只是把你的方法照搬过去用，而没有进行创造性的发展，因为教学对象每年都是不一样的，学校也是不一样的，同一种方法在你这里用得很好，他照搬去用就不一定用得好，就是这个原因。老师要经过一番认真的思考、研究和改造之后，再用到自己的课堂之中，这样才会有提高。现在我们看到一些老师把人家的方法学去了，但是效果不好，就是这个道理。

杭州师范学院管听石老师写了一本《历史教学法》，该书比较侧重具体的教学方法，对我也有一些帮助。我在读大学的时候不重视理论，觉得老师讲得太抽象、脱离实际，没有用处。后来我从事这门学科研究的时候，才觉得以前我的教学法老师讲的一些东西还是很有启发性的。我的教学法老师力图从马克思主义认识论的角度出发，比如从感性到理性、表象到概念、具体到抽象等说明教学问题，后来我在讲这门课的时候也借用到了这些理论，觉得确实能说明教学中的一些问题，或为什么要运用这种教学方法。

我们这个学科与其他学科不一样，要遵循实践—理论—实践的过程，通过实践上升到理论,再由理论指导实践,这样反复的循环,螺旋式发展这个学科。我们现在要明确学科教育学是教育学里面的一个分支学科,所以心理学、教育学是最主要的,心理学里面还有教育心理学、学习心理学,另外,还包括评估等内容。

◆问:20世纪90年代初,华东师大承担了上海市哲学社会科学"七五"规划重点科研课题"学科教育学"的研究任务,您也主编了《历史教育学》一书,能和我们谈谈当时华东师大是如何发展学科教育学的吗?您主编的《历史教育学》,在历史教育的价值、历史课程、历史教学目标、历史教育的学业评价等方面均有创新,论点鲜明,文字严谨,据说其成书过程也是比较艰难的,能和我们说一下当时您主编这本书的情况吗?

●答:现在很多学校包括你们首都师大的学科教育学都是在各个院系里吧。我们华东师大刘佛年校长当时提出要把各个系研究教学法的老师集中起来,成立一个专门的研究所,研究所的名字就叫教学法研究所。当时的想法是:理论研究要指导实践,理论研究要加强、要重视,但是也不能忽略实践。实践就是到下面去搞调查研究,一个学科调查研究出来的东西太单薄、太孤立,所以语文、数学、外语、物理、化学、地理、历史各个学科,一起到某个中学全面搞调查研究、搞改革,就是用理论解决实践问题。这样,我们在80年代建立了学科教学法研究所,基本学科都有。搞了一段时间以后,学校又争取到市哲学、社会科学"七五"规划中的学科教育学科研项目。由校长挂帅任总主编,组织我们各学科教学法老师进行讨论、研究了好长时间,先从理论上搞清楚为什么要建立学科教育学,这个学科教育学不是原来教学法的简单改名的问题,而是要从它的体系、内容、范围、研究对象、目的、要求等各方面进行研究。

当时为什么会提出这个问题呢?大概在80年代,国家教委领导在高校师资培训会讲话中提到:我们不但要建设教育学,而且还要建立学科教育学,这就是师范院校的特色,也可以说是师范院校的学术性所在。这就是我们校长提出这个课题研究的依据。

我印象很深的是,浙江教育出版社的总编很有魄力,对我们从事的这一研究很支持,这套书后来全部是他们出版的,研究经费也是他们资助的。我记得,有一次我们住在浙江杭州一幢毛主席曾经下榻的花园似的别墅里,让我们有一个清新的环境在一起讨论、思考问题,各个学科的老师从自己学科的角度出发发表不同看法,我在会上也发表了我对《历史教育学》的构想,这是一个很好的相互启发的方式。经过几天的讨论,大家头脑里有了大致的构想,回来之后把它写成书的编写提纲。以后,又请了一些中学历史老师、行家对提纲进行指点,在广泛听取大家意见的基础上,经过不断修改、酝酿,然后才开始撰写成稿,1994年出版。1995年,整套丛书全部出齐,各个学科都有,不仅有中学的,还有小学的。

◆问:金老师您也曾给中学生上过课,那时肯定没有像现在这样各种各样的、直观的教具,您对现在大量的使用多媒体教学怎么看?您觉得一堂好课的标准是什么?

●答：现在搞的新名堂太多，这在一定程度上影响了学生能力的培养。比如我们讲的教学方法，要有直观的教具，过去由于条件的限制，只在纸上画一些地图，这就算是直观教具了；后来上海地区一位老师搞了抽插式的活动地图，这个是不错，还在全国历史教学研究会上做了专门介绍，但是花费的时间和精力太多了，成本也很大；再后来又进了一步，出现了幻灯片，当年弄几张幻灯片不得了，学生很感兴趣，也很直观；到现在更加好了，有了多媒体，各地也提倡用多媒体进行教学。但是，我有时候也要泼点冷水。多媒体教学确实好，视频教学活灵活现、很多问题都能直观地反映出来，但要根据具体的教学内容，根据你这堂课的具体教学目标来确定，不能每堂课都花费很多的时间使用多媒体教学。否则，在我看来就不行，那样是上不好历史课的。这里面就涉及能力问题，单纯用多媒体教学就能提高学生能力吗？肯定不能，不能提高的话，还是要靠老师指导。老师要讲课，可是现在，老师一讲课，就说学生的积极性没能发挥，我认为，这个认识太形而上学了，直到今天我仍然觉得历史课是靠讲的，可以说这是由历史教学的特点决定的。当然，我也不赞成满堂灌、一讲到底。

历史课就是要以老师讲授为主，多媒体进行辅助，老师的讲解不是背书，要有声有色、有情有感、有理有据，讲的过程中还要有启发性。我们做一个课件不难，但是一个老师要讲好课是很难的。上海中学孔繁刚老师的课基本上就是一个人讲，讲到一个地方突然刹车，让学生去思考、去动脑筋，这个时候学生也正好要问"为什么"了，学生发表各种各样的看法，不管这个观点对也好、错也好，都是经过思考的，这就是一个很好的培养学生能力的过程。有些学生发表的观点很有见地，这就是创新，现在我们缺乏的就是这种能发人深思的课堂。很多人觉得这是满堂灌，老师一讲就是满堂灌，这完全是片面的看法。我觉得，一个好的历史老师不在于他是不是使用多媒体教学，而在于他讲的怎么样，我们历史学科与其他学科不一样，不能做实验，就是要靠老师讲，所以现在师范生的口才是很重要的。我认为，这样讲出来的一堂好的历史课，知识在里面了、能力在里面了、思想教育也在里面了。多媒体教学确实很好看，老师不讲，站在那里操作多媒体，没发挥教师应有的作用。这样的课怎么能很好地达到教学目标要求呢？

历史课要以课本为依据，这没有错，但老师也不要那么死板，教学中要适当有点小插曲。直到今天，我对我的中学历史老师的上课还有深刻印象：给我们讲三大空想社会主义，其中讲到圣西门的时候，除了因为圣西门的天才而创立空想社会主义以外，另外与他的勤奋也是绝对分不开的。这位老师讲到这里说：圣西门每天早上要跑步，但是喜欢睡懒觉，开了闹钟也不管用，他让保姆每天早上固定的时间在他耳边轻轻地叫他起床。保姆很聪明，每天跑到他耳边说："孔德（圣西门的昵称）先生快起来吧，伟大的事业在等待着你。"圣西门一听，马上就翻身下床。我想，这不仅增强了学生的学习兴趣，而且对学生也很有激励作用。这类小插曲课本上不可能有，老师完全可以放在课堂上讲，所以有时候历史课也不能太"规范"了,不能有一个固定的模式,应该辩证地看才对,有时候开点无轨电车也是必要的。

◆问:上海出了很多名师,除了您说到的孔繁刚老师,还有包启昌老师,可惜包老师离开了我们,不能采访他。金老师,请您给我们讲讲他的一些事情吧。

●答:包老师上课最大的一个特点,就是一堂课一个中心,在当时应该说这个指导思想是正确的,实际上他在讲课过程中也是这么做的。这样的话,目标就很明确,围绕这个中心进行教学。他基本上也是靠讲,没有多媒体什么的,但是讲得很好。

包老师曾经与人合著过一本书——《世界近代史教学法》,这是具体的教学方法,大概是在"文化大革命"之前,他教世界近代史教了很长时间,长期积累编写成的。他是"文化大革命"之后上海地区被评审授予的第一位特级教师,也是唯一的被评审授予的特级教师。当时很重视思想教育,每堂课都要有思想教育的,但是他运用得很好、很自如,不是硬加上去的。如果处理不好这个问题,很容易造成学生的逆反心理。

◆问:近几年有少数学者开始关注民国历史教育,我们知道,在老一辈历史教育专家中,您是比较早(20世纪80年代)开始研究民国历史教育的学者,能给我们介绍一下民国时期历史教育吗?何炳松先生是民国时期历史教育方面的学者,您还总结了何先生在这方面的贡献,也请您给我们介绍一下。

●答:除了研究何炳松先生对历史教育的贡献外,我还研究了梁启超、顾颉刚、周予同等人,我都是从人物角度切入和研究的,民国时期历史教育的本身系我没弄。很可惜后来忙于其他事情,就停下来了。当时我还组织了一个班子,一个是我的学生,后来读了硕士研究生,还有一个是上海教育学院的,他们二人很专业,弄好多资料给我看,从原始社会开始的,梁启超、顾颉刚等人是怎么关心中学历史教学的,我们做这个事情的目的,是想从中总结一下我们历史教育研究的经验和教训,宣扬、介绍历史上的一些好的做法,看看当年这些大专家是如何关心中学历史教学的。现在很多人看不起中学历史教学,认为搞历史教学法没有学术性。当时这几位大专家,不但关心历史教学,而且有些人还直接参与中学历史教学和历史教材的编写工作。我当时写的《何炳松对历史教育的贡献》发表在《暨南大学学报》上,你们可以看看,何炳松先生对历史教育的贡献是非常大的。可惜后来因为别的事情,我的研究没有继续下去。

◆问:金老师,新一轮课改已经十年了,您认为我国的历史教育有哪些改观?

●答:应该说是有所改变的,比如说现在提出的三维目标,比过去要进了一大步,尤其是把价值观提出来这是很大的进步。问题是大家对三维目标的理解不一样,比如说"过程与方法",有人认为这个"过程"是教学过程,我觉得"过程"应该是指学生的学习过程,老师按照三维目标去培养学生、指导学生的学习,好像三维目标在这方面没有具体化。现在提倡课堂以学生为主,很多老师站在旁边让学生去讲课,这不是以学生为主,这样的理解是错的,有时候搞点活动是可以的,但是不能大部分课都这样。

有的课一开始老师就提出几个问题,让学生思考5分钟。5分钟怎么思考呢?这就有点演戏,有点模式化了。课堂本身是千变万化的,学生对教材的理解也不一样,有些概念性多的内容老师就要多讲一些,有些具体化的内容就可以少讲一些。现在的三维目标在"情感态度和价值观"这个方面还没有一个明确的要求,有的老师一堂课里要让学生的情感、态度、价值观都有提升,在短短的一堂课里,要求学生的态度要变化、情感要变化、价值观也要变化,这怎么可能呢!

◆问:现在咱们每个版本的教科书都配有教师参考用书,课堂很多内容都是按照教学参考书来上的,这也加重了您谈到的问题。

●答:对啊。老师完全按照教学参考书来上课,这是不行的,因为教参是具有一般性指导意义的参考资料,具体的地方、具体的学校,具体的教学对象是不一样的,情况也是不一样的,怎么能直接用同一个模式与方法进行教学呢。

◆问:经过您这一代专家学者的努力,历史教育学在我国从无到有,从有到快速发展,现在已经取得很大的成绩,您对以后历史教育的发展有哪些期望呢?

●答:我对年轻同志的研究情况是很欣慰的,他们很努力,理论水平比我们强多了,而且外语水平很好,接触国外的东西也多,可以多吸收国外优秀的教学思想。我们当年很闭塞。由于教学工作的特殊性,就教学方法而言,我认为,"教学有法,但无定法,贵在得法,妙在启发",而要达到、领悟这一要求,研究工作在理论与实践的结合上应更密切些,理论指导实践,通过实践再上升到理论,这方面应有一个很大的提高,而这只能寄希望于年轻的同志了。

◆感谢您给我们讲了历史教育学的发展历程,也让我们对上海的历史教育有了更深的认识。

(本文选自《中学历史教学参考》2013年第4期)

周发增（1933—2018），湖北罗田人。1933年1月出生于汉口，中学就读武昌，1951年参军，1960年毕业于北京师范学院（今首都师范大学）历史系。先后任中国人民解放军文化教员，北京教师进修学院、北京上山下乡知青函授教育办公室教员，首都师范大学教育科学研究所学科教育学研究室主任，首都师范大学学报常务副主编及编委会常务副主任，校志、校史研究室主任；曾担任全国高校文科学报研究会常务理事、全国历史教学研究会常务理事兼学术委员会副主任、北京高校文科学报研究会理事长等社会兼职。周先生长期从事社会科学教育和教学研究及编辑理论和实践，积累了丰富的实践经验，撰写了大量具有理论指导和实际应用价值的论著。

周先生治学严谨，主编、编著、编撰有关历史教育、教育教学理论及工具书等10余部，发表论文100余篇，其中10余篇是应有关刊物特约而作，如《论学科教育学的理论基础》《建国以来历史教学法研究的回顾》被称为"此领域中必读之作"；《普通教学法》专著和该课程的开设，填补了大陆师范教育的空白；《历史教育学新论》在编著思想、结构体系、内容安排等方面有较大突破。周先生善于与人合作，《宋毓真的中学历史教学》是新中国第一部公开出版的中学历史教师专著，就是由周先生发起与多方面合作完成的；他与龚奇柱先生合著的《历史教学与爱国主义教育》是新中国关于这方面的第一部理论专著。周先生从事教育教学50载，2010年出版了毕生教育研究和教学实践的心得文集《周发增教育与教学文集》。

世事洞明皆学问　人情练达即文章
——访历史教育专家周发增先生

○ 马玲玉　陈德运

◆问:周老师,非常感谢您接受我们的采访。您的《建国以来历史教学法研究的回顾》一文梳理了新中国历史教学法的发展历程,被称为历史教学研究领域必读之作。今天我们访谈也主要围绕历史教学发展历程的话题展开。

●答:《建国以来历史教学法研究的回顾》一文是《历史教学》杂志成立20周年征稿,约我撰写20年历史教学法的变迁。我从这个杂志出版的第一期一直到我写文章止,将刊登的所有文章都看了,就根据这些文章和我的教学实践、研究实践,写了这篇文章。我把20年历史教学发展都写出来了,从1960年后的历史教学活动,我都参加、经历了,所以我把它分为若干个阶段。

◆问:好像之前学界没有学者将教学法研究予以阶段性的划分。

●答:是的,这之前我没有看见有人这样分过,你们可以研究一下分得合理还是不合理。文章是我20多年前写的,它主要反映了当时研究的情况。这之后,我不知道有没有文章去分阶段,有的话,值得一看。我将新中国以来的历史教学法历程分为"文化大革命"前后两个时期。

第一个时期(1949—1965),经历了兴起、发展、探索三个阶段

第一个阶段,新兴的历史教学法初露端倪(1949—1952)。一是探讨和确立历史教学的立场、观点和方法,提高历史教师素质,学习马克思主义的唯物史观,用以观察分析历史现象,讲授历史课程,总结、继承和发展传统的历史经验,传播新的历史教学方法,改造历史教学;二是开始介绍新兴的历史教学法的内容和方法,参考苏联的历史教学原则,以"计划教学"来替代"照本宣科"和"自由讲学"。

第二个阶段,全面学习苏联进行历史教学改革和历史教学法建设的发展(1953—1957)。1952年下半年,教育领域全面学习苏联教育经验,1953年按苏联教材体系编写

的教材在全国通用。有关苏联历史教学的理论和经验著作,如凯洛夫的《教育学》、卡尔曹夫的《中学苏联历史教学法概论》、叶菲莫夫的《近代世界史教学法》和有关参考书成为指导我国教学和教改的基本理论。苏联的历史教学专家也相继来华,影响最大的是普希金教授的《普希金教授对中国历史教学的意见》。他对北京宋毓真老师的历史课有很高的评价,在全国很有影响,对中国历史教学有着很大的指导作用,在教学内容和教学方法两方面有很大的改进,中小学教师也联系自己教学实践撰写了很多文章。在历史教学改革、历史教学法的实践和研究方面,有如下的改进和进展:一是确立了课堂教学的若干类型和五个环节课堂教学的模式;二是相当多的历史教师基本上能根据马克思主义有关历史唯物主义的理论和原则去解释、分析和处理历史教材和教学问题;三是进行历史教学改革和历史教学法的建设。在1954年全面贯彻教育方针提出以前,主要问题是把钻研教材与改进教法割裂,强调"教材决定一切",认为"备课+材料=教学内容质量"。全面贯彻教育方针以后,认识到钻研教材教法是一个统一整体。四是在历史教学中的思想教育方面,当时为了联系"实际"提出一些口号,对同类问题归纳成一种公式,如农民战争失败的原因是"没有先进政党的领导"等。1957年《历史教学》杂志围绕如何联系实际展开了一次大讨论,先后集中发表了20余篇文章。最后,编辑部以《关于历史课联系现实的讨论》为题,就"现实"的理解、联系现实的目的、基本原则和做法等四个方面进行了综述,推动了历史教学在政治思想教育方面的实践和研究的进展。总的来说,这一阶段历史教学的实践和研究仍未脱离以苏联的教育经验和历史教学模式来进行历史教学法的建设。

第三个阶段,独立研究历史教学道路的初探(1958—1965)。这一阶段历史教学法的研究和建设是在"左"的思潮干扰和冲击下,艰辛地前进,开始在探索中走自己的路。"干扰"和"冲击"主要表现在:"打破王朝体系""打倒帝王将相"口号的提出,引起历史教学指导思想的混乱;全部历史教材开始引用语录,或取以引路,或作为结论,增加了不少空泛而缺乏史实的叙述,历史教学指导思想被歪曲。在教学内容和教学方法上,课堂讲授一概被视为注入式加以否定;形式上的问答法、谈话法、现场教学在全国风靡,有的观摩课堂提问达70余次,冲击着历史教学的实践和历史教学法的研究,也冲击了正常的教学秩序。这些形式同时也受到了专家、学者和教师,如范文澜、翦伯赞和吴晗等马克思主义史学家的抵制和批判。从1958年到1965年发表的500多篇文章中,越来越多的是抵制中产生的作品,在总结经验教训中逐渐摆脱着极"左"思潮的影响。如理论联系实际在教学中的检验和探索;政治思想教育的四大观点的确定;"双基"教学大讨论的认识和成果;历史概念的研究等。在具体教学的方式方法上,讲求艺术、突出重点、因材施教、系统讲述、联系实际,在历史教学中的教材分析、教学方法、教学类型和形式、联系实际、直观教学、教具的运用等专题研究和经验的讲座等,对历史教学法内容的丰富,都有一定程度的创新,在实践和探索中,开始走自己独立的路了。

历史教学的重灾阶段(1966—1976)。这一时期的教学组织形式是"走出学校""开门办学";课堂教学是可以不要教师,学生上讲台。历史教学法的教师和研究人员被迫改行、闲置,历史教学领域成了一个重灾区。

第二个时期(1976至今),大致可分为恢复、发展和深化三个阶段

"文化大革命"结束,历史教学法课程得以恢复,在党的十一届三中全会召开之前,已完成了进入正常发展轨道的过渡。此后,在"解放思想,实事求是"方针的贯彻和执行中,国外新的教育理论、教育观念、心理与教育和学科交叉的研究成果的不断引入,使历史教学法也逐渐跟上时代发展的要求和科学发展的趋势。

恢复阶段(1980—1983)。主要表现是,建立了一支稳定、具有一定规模的老中青教师队伍;1981年成立了全国历史教学研究会。历史教学研究会、历史教学刊物、历史教师和研究人员之间的相互配合、支持和融合,有计划地开展教学和学术研究活动,做了很多工作。这一阶段的历史教学法建设,从总体上看,仍是重在总结和概括历史教学经验的方式方法和具体做法,缺乏理论高度。但与过去也有明显不同,那就是开始注意到运用心理学的成果,在历史教学中开发学生的智力问题。

发展阶段(1984—1986)。主要表现在对历史教学有关教法、方法论的研究与理论方面进行探索。第一,对历史唯物主义的基本原理,与史学理论的关联,研究与运用等进行理论的探讨;第二,关于历史教学中的智能培养;第三,关于历史教学方法的改革。主要讨论了历史教学中教与学的关联、常用的基本方法等;第四,开展历史教学心理的研究。

深化阶段(1987至今)。就特点而言,主要是研究的方法已经拓宽,课题更加广泛、深入,从历史教学法走向历史教育学,现在又叫"历史课程与教学论"。这个阶段的研究,你们正在经历。

◆问:刚刚您提到在教学法恢复阶段,历史教师和研究人员之间的相互配合、支持和融合,有计划地开展教学和学术研究活动,做了很多工作。主要有哪些方面的工作?

●答:主要做了以下几方面的工作:一是肯定了新中国成立以来历史教学所取得的经验和成绩;二是讨论了历史教学法的性质、任务;三是讨论了历史教学中的爱国主义教育的必要性、重要性、历史教学与其他方面思想教育的关系以及切实可行的方式方法;四是组织了"上好一堂中学历史课的标准是什么"的专题讨论;五是讨论和编写历史教学法大纲。

◆问:历史教育学等这些学科教育学兴起后,为了学科教育学得到更好的发展,您在学校学报工作时曾专门开辟了"学科教育学研究专栏",20世纪90年代您又写了一本代表了当时历史教学界理论研究新水平的《历史教育学新论》,可以说历史教学法被升华为历史教育学,您都经历并参与了。请您谈谈当时历史教学法升华为历史教育学的背景、过程。

●答:要谈这个话题,首先得感谢咱们北京师范学院(今首都师范大学)仓孝和院长。

1983年，仓院长将我们学校50—60年代从事教学和研究学科教学法的老教师召集在一起，开了一个座谈会，提出要研究学科教育学。最先研究学科教育学的是地理系的褚亚平先生、物理系的乔际平先生、教科所的阎立钦所长，还有我，就是我们几个最先牵头研究学科教育学的。仓院长去世之后，杨传纬先生做院长，他很支持学科教育研究工作。1986年12月，成立了北师院（今首师大）学科教育学研究中心，这是我国高师院校建立的第一个学科教育学研究中心，杨传纬院长兼任主任，以后历任院长都兼任这个"中心"的主任。首师大是很重视学科教育学研究和实践的。阎立钦是文科方面的副主任，乔际平是理科方面的副主任。这个中心就挂靠在教科所，教科所把任务交给了学科教育学研究室，当时我是室主任，实际上这个中心的具体研究事务就交给我了。"中心"成立以后，我们开了北师院（今首师大）学科教育学研讨会，后来将研讨会收集的老师写的部分文章编辑成《学科教育学初探》一书，于1988年5月正式出版，这是学科教育学的第一本书。这本书也是为了全国性的学科教育学理论研讨会做准备。

1988年12月，我们学校发起召开了全国性的学科教育学理论研讨会。这次全国性的会议是一次民间学术研讨会，但得到了国家教委和北京高教局的支持，有关杂志社和新闻单位的记者在会上做了采访，北京电视台"北京新闻"（12月21日）和中央电视台"晚间新闻"（12月27日），相继播放了这次会议的实况。鉴于这是我国第一次举行的学科教育学理论的研讨会，结合当时学科教育学的提出和研究的实际，确定进行学术理论探讨的主题有三：

一是"学科教育学建立的必要性和可能性"。取得的较一致的意见是，学科教学法以及与之相适应的教育科学和有关课程的设置，已难以适应形势发展的需要和指导学科教育实践的需要以及全面提高学生素质的需要。其一，从学科发展的历史动态看，"学科教授法—学科教学法—学科教材教法—学科教育学"，是学科教育随社会需要发展的必然趋势；其二，知识的综合化是现在科学本身发展的密切需要；其三，现代化的需求，促成了学科教育学的建立，建立起一门比学科教学法层次更高的学科教育学已是历史发展的必然；其四，与会学者认为，在与会的80人中，60余人是来自28所高师院校的副教授以上学者，从学术讨论的现状看，就教学教育经验和理论的研究而言，已经有了一定数量和相当水平学科教育学的科研与实践的队伍，已具备建立发展学科教育学的人力基础和理论准备。

二是"学科教育学与学科教学法、教学论之间的关系"。比较一致的意见是，这是一个有关什么是学科教育学的基本理论问题，也是这次会议研讨的重要问题。大家认为，学科教学法是对所开设的课程"怎样教"的研究，着重研究、总结教学经验和具体的教学方法，主要解决教学中的方式、方法问题；学科教育学研究的是整个教学过程中的各种问题，从方法论的角度回答"为什么"的问题。从学科教学的探索上，学科教学法对教学的方式方法，只是从教学经验上探索法则；学科教育学则是注重运用心理学和教育学的结合,围绕教师、学生、教学三者矛盾统一的规律研究各自的作用,全面培养人的素质,重在人的素养的提高和教育规律的探讨。前者是给学生以"鱼",解决一饭之需,后者是给学生以"渔",提供终生受用之需;前者是后者的物质基础,后者扎根于前者的沃土之中,打下理论基础,提高理论高度,对前者提供理论上的指导,达到以"鱼"到"渔"的发展和提升,这也就是从学科教学法升华为学科教育学的必然。教学论是以研究学科课程为对象,教学过程亦是其研究的主要内容,揭示教学过程的本质,形成概念,主要是从理论上研究教学过程。它是各种教学理论的相互渗透、交叉和融合,是教学理论的基础和依据。

三是"学科教育学的理论体系"。这次研讨会的基本共识是:首先,要看到学科教育学是学科教学法的提高和发展,是一个更高的层次;继而要看到从学科教学到学科教育的研究,不只是研究对象、任务发生了变化,研究范畴也发生了变化,即由教学论的范畴升华到教育论的范畴。教育论的高度是全面考察学科教育的功能及其与社会目标的关系。学科教育理论体系的研究,主要方面是要加强学科教育学宏观理论体系,以成为各个学科教育学的一般指导原则。其次,要依据社会发展对学科的需求,使学科教育学的根深深扎在本学科的沃土之中。再次,要加强中观层次的研究,即加强学科类别教育学的研究,如自然科教育学、社会科教育学、文艺科教育学等。最后,强调要从学科教育宏观的角度加强课程论的研究,将教育过程和课程论作为学科教育学的重要组成部分。

我在这里不厌其详地回顾新中国成立以来历史教学法研究的历程,又着重介绍了首次学科教育学理论研讨会的情况,前者是为了阐述新中国成立以来历史教学法的建立、发展、变化和向学科教育学发展的走向趋势;后者是为了证实从这次研讨会看学科教育学的开山、奠基、起点的高度和兴旺发展的走势。同时,也想通过我个人对经历的回顾,感谢我校仓孝和、杨传纬、齐世荣、杨学礼几位校长相继不遗余力地亲临领导、支持和参与,以及我校的专家学者和参与此次研讨会的专家学者们,为学科教育学的开山、奠基以及以后发展所做出的贡献。如今学科教育研究能有这样大好的兴旺局面,是领导、专家学者、广大教师,还有媒体携手协力共同铸就的结果。

1989年是学科教育学的研究和教学进入高潮的一年,有力地推动着学科教育学的持续发展。具体表现是,全国高师院校的学科教材教法教研室、研究室,陆续更名为学科教育学教研室、研究室。课程也由原来的教材教法课升华为学科教育学课。从研究对象看,学科教育学是以学科教育为研究对象,通过教学过程探索学科教育的客观规律,探索教学过程的规律、准则、方法和方法论,改变了以前重在从具体教学的方式、方法总结教学经验的传统做法;从指导思想看,坚持马克思主义的指导,但不再生硬地把马克思主义的一般原理和方法用以替代具体的教育和教学原理,而开始学习和钻研将教育与教学概念同马克思主义的基础协调起来,力求实现精确化。最大最新的变化,突出表现在"三个面向"的基本思想已深入教师和研究者的知与行;教育学不再与心理学脱离,心理学成果已影响着教育学的发展。这一点我深有体会,撰写和编著的一些书,像《学科教育学概论》《历史教育学新论》《普通教学法》等,都有关于心理教育的专门章、节,也发表过一些心理教育的专题论文。我也应该是首先运用心理学研究成果研究教育教学的研究人员之一。还有一点很突出,即系统论、控制论、信息论这三论已成为教育教学的运用与研究的武器。我的《学科教育学概论》中,有专节阐析"三论"对学科教育学方法和方法论发展趋势,以"三论"对学科教育学方法和方法论的"强化、现代化、社会化、综合化、提出的新课题"等几方面进行了论析,希望能抛砖引玉。

◆问:您刚谈到1989年是学科教育学的研究和教学进入高潮的一年,全国很多高师院校将学科教材教法教研室更名为学科教育学教研室、研究室,其课程也由原来的教材教法课升华为学科教育学课。实际上,在这之前,北师院(今首师大)就已有老师开了一些学科教育学课程,像地理教育学、物理教育学等课程。

●答:是的,在研讨会之前,1988年9月褚亚平先生的"地理教育学",乔际平先生的"物理教育学",我的"学科教育学概论"就已经开课(是我国首次开设学科教育学课程的三个人)。同时,我校把学校的"教育科学研究所教材教法研究室"更名为"学科教育学研究室",而且,各系也相继更名开课。

◆问:学科教育学在全国师范院校普遍开设,为什么没有成立一个什么全国性的学术研究组织呢?

●答:在那次研讨会上,当时说好我们不成立组织,以后每次开会谁想要承办谁就承办,就采用了这种方式。在我退休以前,几次学科教育学研讨会想承办的人都先到我们这,和我们商量,因为当时很多具体工作都是我和他们商量来做。我在《周发增教育与教学文集》(以下简称《文集》)的自序中写了这一过程,把这个学科教育学发展的渊源让大家知道得多一些,学科教育学这门课程我们首都师大是做了贡献的,从院长、两任校长,以后包括齐世荣先生做了校长,他也像以前那么重视,所以每次开全国学科教育学研讨会议,我们学校与会的学者是最多的。

◆问:学科教学法提升为学科教育学,我们历史教育研究也在这个潮流中跟进、发展,1989年出版了两本《历史教育学》。

●答:从学科教学法到学科教育学这一过程,我们学校研究的比较早。20世纪80年代,在上海开全国历史教学研讨会时,我就提出从历史教学法发展到历史教育学这是一个必然趋势。如果找那年的会议纪要还能找出来。大家在那次上海会议上讨论了这个问题,从1989年起,《历史教育学》著作就相继出版了。

◆问:赵恒烈先生的《历史教育学》是第一本吗?

●答:赵恒烈先生的《历史教育学》是1989年12月出版的。如果从历史教育几个字看,在他以前也有用"历史教育学"的书名出版书的。但实际上是历史教学法,只是改了一个名字,不是真正的历史教育学。真正的第一本历史教育学是赵恒烈先生那本。赵恒烈先生那本书出来之后,我给他写了一个书评,那个评论比较简单,也收录在我的《文集》里了。由于当时对这个学科性质的认识存在着分歧,有的学者认为学科教育学就是学科教学法,只不过是改一个名字而已。我也和1989年12月以前以《历史教育学》之名出书的学者交流过,他说,当时出版仓促,只是想表明自己对这个学科的看法。后来这位学者在历史教育学上很有贡献。

◆问:如您刚才说的,历史教育学被提出后,不仅学科的性质存在分歧,对其界定也有很大的争议。您是如何界定的?

●答:还是从辞典上界定历史教育学含义说起。1991年1月,由张寿康和吴海先生主编的《常用新词语辞典》,对学科教育学的词条是这样界定的:"用教育学、心理学理论对具体专业学科教育进行研究和指导的应用理论学科。是学科教学法的理论升华。研究对象为整个学科的教育过程,即研究学科教育现象揭示其教育规律,如语文教育学、历史教育学。"这是我应吴先生之约写的词条,这可能是当时出版的教育辞书中的第一条词条。1995年,我在《首都师范大学学报(社会科学版)》第6期发表了《学科教育学的研究对象及其性质论析》一文,对相关问题进行了阐述:一是以教育学、心理学的理论和成果对专业学科进行指导;二是学科教育学是应用理论学科;三是学科教学法的理论升华;四是研究对象为整个学科教育过程。应从大教育观出发,即立足学校,扎根在本专业学科沃土的基础上,放眼社会,使学校的教学、教育过程与社会结合起来,发挥学校潜力,运用社会资源,二者结合成有机整体。这个界定和阐析,在当时为相当多的学者所接受或基本同意。

◆问:《宋毓真的中学历史教学》被称为新中国第一部公开出版的中学历史教师专著,是由您首先发起并与多方面合作共同完成的。您当时怎么想到要发起这个事呢?

●答:中学历史教师里面最早的一本总结个人历史教学经验的书,是《宋毓真的中学历史教学》,在中学像宋毓真、时宗本、陈毓秀这样的老先生很多,都有丰富的教学经验,但写文章的极少。宋老师在燕京大学念书时,是拿了去美国公费留学的"金钥匙奖"的。20世纪50年代初,苏联专家普希金教授来中国,听了她的课,对她的评价很高。我也听过她的课,有总结她教学经验的想法,后来因各种原因未实现。后来我去延安带知识青年,回京后在市教育局做知识青年的函授教育工作。1978年,我的恩师宁可先生到我所住院子的他的朋友家,对他朋友说:"周发增不要还待在那里,应该回师院来,如果想回来,让他找我。"1979年,我就回师院到教科所(现教育学院)工作,协助陶凤娟老师组建教材教法研究室。

我开展教研工作的第一步是到东直门中学去听宋毓真老师的课。首先,我找东城区历史教研员刘宗华合作,后来市历史教研员李淑敏,北师大丁西玲、孙恭恂也来听宋毓真老师的课。大家都觉得宋老师课讲得非常好,又很有学问,就是没有写出文章。我提出我们联合给宋老师出一本总结历史教学经验的书。东直门中学也很支持我们,历史教学组的老师也参加了这一工作。在成书过程中,尤其是青年教师在教学和教研上有较大的提高。书出版后,反响极佳。

接着,我们又联合听时宗本老师的课。时宗本老师是婉谢高校留校而立志任教中学的教师,在与我们座谈时,他说:"看了宋毓真老师的书,和最近与你们几位老师的交流,深感到了你们在总结我们的教学经验,我们确实都做到了,就是没有上升到理论高度进行总结、提高。形成文字成果的过程,也是教学理论提高的过程,也就是从知其然到知其所以然了。"后来我们在市、区历史教研员和教师所在学校的协助下,相继为时宗本、陈毓秀老师出版了《时宗本中学历史课堂教学》《怎样教好历史课》等书。与此同时,在推出宋毓真老师的录像课后,相继推出了时宗本、陈毓秀、陈隆涛等老师的录像课,还给不少教师总结出了"课堂纪实及讲评",并推荐给相关刊物发表。我写的第一篇"纪实及讲评"是《听了〈明末农民战争〉一课以后的体会》,刊发于《历史教学》1964年第1期,讲课教师是陈毓秀。20世纪80年代,发表此文的责任编辑李光霁老师说,当时正苦于要回答读者"怎样才算一堂好的历史课"的问题,收到这篇文章后,我们就回复说,这篇文章所反映的就是一堂好历史课。从1980年起,我相继撰写和发表7篇这类文章,多数是与本区教研员共同署名的,但初稿和定稿都是我完成的。可以说,从80年代起,在全国中学历史教学中掀起总结老师的教学经验,发表历史教学的论文和专著,并围绕"这样教"向"为什么这样教"发表成果。也就是说,将从单纯总结历史课的具体教学方式方法的经验,提高到理论的高度,逐渐运用教育学、心理学和现代科学的理论进行总结和研究,突出了智力、思维、能力、教学方式和方法论的研究,从历史教学法逐渐升华到历史教育学。

20世纪80年代初,发起总结宋毓真老师的历史教学经验,一是对像宋毓真这样的老教师的历史教学经验有着要进行抢救的萌动;二是感到已经发表的历史教学论文,多是停留在就事论事的具体教学的方式方法上,缺乏理论的高度;三是像宋毓真这样在北京市乃至全国都有着极高声望但又需要帮助总结教育教学经验的老师,又有着提高到理论的基础——通过对经验的总结、提炼、升华达到理论的高度,通过成书面世,是会有着较大的影响,对推动历史教学改革是有作用的。在这里所作的这样的叙述,实事求是地说,在当时还只是意识上的萌动,也是我们这些合作者的共识和同心协力。这是一次都尽心尽力、没有名利之心、真诚团结的合作;在我们之间,通过合作、交流,也都得到了提高;学者之间的情谊,也推动着我们以后一次又一次的精诚合作,共同携手推动,见证80年代这一历史教育教学发展的过程。这样的合作和情谊的发展,在80年代、90年代全国亦不少见。这种场面的出现,应该说是教师、学者、科研单位、学校、出版单位的共同协作、支持、营造而成就的。

◆问:您与龚奇柱先生曾经写过《历史教学与爱国主义教育》一书,可谓是当时爱国主义讨论中,论述最为全面、深刻的一本,具有鲜明的时代性,在历史教学界有很大影响,被誉为"新中国成立以来历史教学与爱国主义教育的一部理论专著"。如今有一个两难现象:老师在历史教学中多谈爱国主义教育,则认为这是宣传政治思想教育;不讲爱国主义,则又太不合适。您认为怎样才能更好地处理历史教育与政治教育二者关系?

●答:1980年第一届历史教学研究会是在我们学校举办的,当时我负责收集论文、组织发言、写当天会议纪要等。有一天晚上,龚奇柱老师来了,我们一起交流爱国主义教育的文章,他说:"周老师你是教大学的,我是教中学的,我们都研究爱国主义教育,我们合作写本书吧。"他建议让我拟定一个框架,然后分头写。1983年在成都召开历史教学研究会,我提前一周前往,在龚老师家共同修改书稿。这是第一本有关爱国主义教育的书。

我一直主张:爱国主义教育应寓于历史教学之中。任何一个课程、任何一本教材都有教育性。过去那时候有人搞不好,你们没经历那时候,叫作"戴帽、穿靴、扎腰带"。就是在讲课的过程中,在组织教学时,要结合课本内容(戴帽)、在讲课过程中有关部分(扎腰带)、在课末总结时(穿靴)都要进行政治思想教育,多是一些政治客套话,通常是很牵强的。我不主张这个,因为在课程教材里面本身就寓有爱国主义教育、能力教育等。古今中外都是这样,我念小学,一年级第一课是《中国》、第二课是《我是中国人,我爱中国》,这就是爱国主义教育嘛。我记得有一课是:开学了,学校门前国旗飘,见了老师行个礼,见了同学问声好。这不正寓有爱国、礼仪、人际关系等方面的教育嘛。这些东西很自然地在里面,不用你加些什么东西,这个就体现了爱国主义教育,不用讲它就已经在里面了。像教育,爱国主义教育也好,能力教育也好,都应该在教材里面,在讲课里面。教材本身就有这些东西,古今中外都是如此,不用加形式化的东西。

我认为,解决这二者的关系,首先在思想观念上,不要有"二者"这样的概念,是一个自然而然形成的有机整体。如果说硬要这样分,那也应该是你中有我、我中有你,顺其自然,体现其中。这就要求首先要编写好教材,教材中把历史的人、时、地、事的历史渊源、背景、时代特色、现象,作为知识交代清楚。教师的课堂责任就是遵循规律把历史课讲清楚明白、生动具体,让学生在学习历史知识中,发展智力、提高能力、受到教育。这些,我都有专文论述,已收入我的《文集》中了。

◆问:在《润物细无声——社科学报编辑家耕耘录》一书中称您的《普通教学法》填补了新中国成立以来一个空白,该课程的开设是新中国第一次开设此课程。不论是以前还是现在,一些历史教育研究者都在批判历史教学法或者历史教育学,认为只是普通教学法(教育学)前面加上"历史"二字而已,没有我们自己的历史教学法与历史教育学。您是怎样理解历史教学法与普通教学法的关系的?

●答:《普通教学法》是20世纪20—30年代出的一本书,这本书我们学校图书馆有,我想不起来是谁写的了,但确实叫《普通教学法》。我看了这本书后,有所启发,就想到写那么一本书。后来,正好科研处搞了一个科研合同,让我做试点。我再读了那本《普通教学法》,又结合自己的一些经验,写成了我的《普通教学法》。因为,我在毕业后分到了教师进修学院工作,有一定的经验,写这本书的感觉是这样的:各学科呢,有各学科的特点,普通教学法应该是在研究各个学科教学法的基础之上,提升到理论。所以学科教学法应该是普通教学法的基础。当普通教学法经过提炼、综合提升到了一定的理论高度上面,它又是各个学科教学法的基本原则、基本原理,在理论上有一定的指导意义,我就是从这个角度来写我的《普通教学法》的。各个学科教学法主要是讲怎么教,这主要是方法,从实践方面讲的是经验,缺乏理论的指导。我感觉到教学法理论不够,后来写成书,又在我们学校开了这门课,也在成人教育班以及平谷地区讲过这门课程。关于学科教学法、普通教学法、学科教育学、教育学等之间的关系,我在所写的《普通教学法》《历史教育学新论》《周发增教育与教学文集》和有关论文中都有论述,请你们研析、评论。

◆问:能具体谈下您的历史教育、教学主张吗?

●答:我一直感觉历史教学缺少理论,教育理论与心理理论脱节。我是比较早运用教育心理学来研究历史教学的一批人之一。不管是专科学科也好,还是总学科也好,随着时代发展,应该有一个大教育观。从当前形势看,只是把专业学好是不够的,不仅专业知识要学牢,还要有教育学识。我说的教育学识是指教育学与心理学综合的知识。另一个是社会学识。现在情况不一样了,信息非常广,教学要跟上形势的发展。系统论、控制论、信息论这"三论"的影响非常大,所以不仅要有大教育观,还必须要有扎实的专业知识、教育与心理学的学识以及社会学识。作为教师来讲,还必须搞科研。搞科研,这样才能使教学深入下去;不搞科研,教学就难以提高。科研包括专业科研和教育教学科研,专搞科研的也要教学,不去教学就会脱离实际。总之,只有实践,没有理论难以提高;只有理论,没有实践,其理论就是空的。关于这个问题,我在《文集》中收录的《学科教育学概论》和《高等教育学》以及有关论文中有专门章节或集中的论述,请两位研析、评论。

◆问:历史教学法、历史教育学以及历史课程与教学论学科的建设与发展,经过你们这一代学者专家的辛勤努力,才取得今天的累累硕果。对以后的发展,您有怎样的希望?

●答:我退休后又做了几年的校史编修工作,已经多年没有接触这个学科,我刚才看了你们整理的"高校教师历史教学研究成果统计"以及"历史教育学著述研究提要",觉得我已经脱节了。但从这些资料来看,我觉得好像从信息和技术层面做得比较多,关于学科教育学研究的文章并不多,理论性的文章好像也并不多似的。当然,我也没有做过调查研究,这些文章我没有看过,只是从文章题目来感觉的,并不一定正确。我觉得,很值得去研究理论性的东西。做学问,第一,要多看,看当前研究到什么程度了,有几种观点,写文章、搞科研之前一定要读这些文章,不要随意、仓促就写出来了,这样的文章没有说服力,也不会出新东西。第二,要奠基于业,博览百家,析其长短,为我所用,承古今中外之优,吸今世中外之学,扬民族之长,博中取精,精中见识,识中求效,效中得果。我以前给你们题写的"博中取精探真谛,学海无涯苦作舟"就是这个意思。做学问,一个是勤,要勤学,也很苦,要苦中作乐、苦中有乐。我们搞研究的进行教学,知识一定要博,专业一定要强。

《红楼梦》第5回有一副对联:"世事洞明皆学问,人情练达即文章"。我觉得这是一副深有哲理、确有实用的对联。上联:从做学问的角度讲,"世事"可作"工作"解,工作都是具有社会性的,做学问不仅要洞察专业性的知识,还要洞察社会上政治、经济、文化等方面的存在和变化,具有洞察和明了的学识,这才具有做学问、出文章的基础;下联:可理解为"做文章",不只是指著文立说,还指要会做事处世,"做文章"要了解、熟悉人情世故,在人际关系上要做到"练达"。也就是说,广博的学问,不能只限于书本知识、专业学识,还要经过实际工作和生活不断地阅历、体验人生的交往、理想、工作和方法,以增长经验,提高理论,通达人情世故,练达人生,在人和事中探究底蕴,要审问、慎思、明辨,始能知事物的所以然,从而笃行,走向老练通达。只有知之真,始能认之切,择善而从之。这样,自当不断地推出真知灼见,而硕果累累。

我当年搞教学法时,星期六晚上看小说,看学生看的小说,你要研究学生,就要研究学生的心理。所以下联说的处理好人际关系,这是从做学问、学识方面讲的,不是一般意义上的人际关系,要善于相互之间的合作,不要计较得失,要淡泊名利。比如几个人写一篇文章,不一定非要把自己摆在第一位,我的一些文章都把自己摆在二三位。

在这里,我还有两个建议:一是一定要学习、研究、继承和发扬中国古代的教育教学经验和理论。从事教学和研究,从个人具体情况出发,精读或浏览《学记》、孔、墨、孟、荀、韩愈、朱熹乃至颜元诸子有关教育教学的原文;当然,对西方的教育理论也必须要这样做。二是要加强课程论的研究。从我对学科教育学的研究和成果来看,最大不足是对学科教育学中的重要部分的课程论的研究不够,未能将其放在相应的部分,深为歉疚。在此恳切希望同仁将学科课程论的研究和学科教育进程的研究有机组合成为一个整体。

在这里,我还想给两位提一下,听一同学说我发表的一些学科教育学的论文在网上的点击率非常高,这是我始料未及的,也感到欣慰。这次访谈中,多有不谦之处,主要是通过我的所见、所闻、所历、所做,力求叙述学科教育学的渊源、兴起、发展和走向,为同行者抛砖,为继来者做垫石。

非常感谢你们师生对我们这些退休教师的访问活动,这是对我们这些年过七旬的人们学术上的激活,或说复活,给了我们在夕阳人生之际有了一次做垫脚石的机会,深慰平生。

◆周先生您过谦了,我们应该感谢您!谢谢您花费这么多时间带着我们回顾历史教学法研究的历程,结合您的经历叙述学科教育学发展的概况。我们想,您的这些谈话和见解,对从事这门学科研究的学者以及中学历史老师来说,肯定会有很大的启发。

(本文选自《中学历史教学参考》2013年第1—2期)

耕耘与坚守：论历史教育学者的使命
——深切怀念周发增先生

○ 陈德运

百年学校历史教育研究每一次进步与飞跃离不开一代代学者的辛勤耕耘和默默坚守，他们中有的已留下了渐行渐远的背影，但其思想犹如明灯照着后来人继续前行，历史教育学专家、首都师范大学周发增先生就是其中一位。在先生驾鹤仙逝一年之际，谨以此文遥寄对先生的深深哀思。

一

第一次听闻先生大名是在2010年赵亚夫老师的"历史教学问题研讨"课上，赵老师讲历史教育学术史时评价先生是一位把发展学科教育学当成自己学术使命的学者。何谓学者及使命？仁者见仁，德国哲学家费希特论述较为精辟。他将知识分为三类，即根据纯粹理性原则提出来的知识、部分地建立在经验基础上的知识、纯粹历史的知识，"谁献身于获得这些知识，谁就叫作学者"。学者的学术使命之一就是要在学术发展上做出自己的贡献。"每一个学者，以及每一个选择了特殊阶层的人，都本能地要求进一步发展科学，特别是发展他们所选定的那部分科学"。发展他选定的学科"应当尽力而为""不应当休息，在他未能使自己的学科有所进展以前，他不应当认为他已经完成了自己的职责。只要他活着，他就能够不断地推动学科前进；要是在他达到自己的目的之前，他遇到了死亡，那他就算对这个现象世界解脱了自己的职责，这时，他的严肃的愿望才算是完成了"[1]39-42。在费希特看来，学者要无止境地促使学科发展，"要忘记他刚刚做了什么，要经常想到他还应当做些什么"。这对还不成熟的历史教育学来说，尤为重要——亟须"尽力而为"地致力于学科建设的学者。

与先生的交往中，我很确信先生就是费希特所论述的学者，同时也逐渐理解赵老师对周先生如此高评价的缘由。与先生相识、交往始于对老一辈历史教育专家的访谈。2012年4月22日，我与师妹马玲玉第一次访谈先生，此后到毕业前又多次有幸获得先生耳提面命。毕业前夕又拜访先生，先生询问是否以后还会考博，我向先生说了首都师范大学历史学院取得了中国史专业下面招收历史教育学方向博士的好消息，他显得格外高兴，并鼓励我考回来继续读博。几年后，我因工作需要到北京进修，与马玲玉又相约拜访先生。知道我们要来，他提前备好水果、干果，寒暄后招呼我们吃水果，然后他指着新疆大枣幽默地说"一人只有两颗噢，这可是好友钱老师寄给我的"，顺势把见面的寒暄切到历史教育学话题上。此后，我与师弟刘波写了《历史教育学诸概念划分与逻辑归位》一文，先生又给了诸多建议。遗憾的是，论文见刊之时，先生已驾鹤仙逝，痛哉哀哉。

回想每次去先生家拜访，从开门到招呼坐下，时间不会太长就会转到历史教育学发展话题上，而且一聊就是几个小时。先生总会对学科提出自己的看法，但又总是谦虚地说脱离学术研究多年，说得未必对。有时感觉先生像一位医生在为历史教育学诊断病情、开具药方，且切中病损关键。比如，他获知首都师范大学取得历史教育学博士招生资格后，谈及当年他为何没有招研究生的原因，说自己外语不好，学科研究视野受限，怕耽误学生，并一再嘱咐说："要掌握好外语，扩大历史教育学的研究视野，多了解些国外的情况。"再如，我们拿着每届研究生整理的"高校教师历史教学研究成果统计"给先生看，他谦虚地说没有做过调查，只是从文章题目看感觉"技术层面做得比较多，关于学科教育学研究的文章并不多，理论性的文章好像也并不多"。还特意强调说："我觉得，很值得去研究理论性的东西。"正如先生所言，今天历史教育学几个亟须关注的问题中就包括比较研究的视野和加强理论研究。

百年学术史中还有诸多如周发增先生这般孜孜不倦地推进学科发展的学者，那泛黄的故纸上印刷着一段段富有学科情怀的语句，折射出学者的使命和担当。这个学者群体及功绩应铭记！他们之于历史教育的热爱情愫应秉持，他们为推进学科发展之使命我们更应坚持。

二

1904年《奏定学堂章程》规定中小学设"史学"课程[2]，历史教育研究几乎同步。同年，《教育世界》第72、73、74期刊载近代最早的历史教育论文《历史教授法》[3]。它虽无署名，作者或许还不是真正意义上的历史教育学者，更或许他未曾料到这对学科意味着什么，但他（们）已经不自觉地肩负起历史教育学者的使命了。

1906年，国人自编第一部历史教学法专著《历史教授法》由上海龙门师范学校历史教习夏清贻先生在上海开明书局出版。他在书的前言中写道："未知而使之知，此教授之形式也。要必有所以必使之知与求夫知之后之效果者在，此则教授之目的也。而求所以达之之术，斯有教授法。著者承乏龙门学校历史讲席，计师范生之不可不明乎此也。乃就一得之经验，取材陈编，成此小帙，聊胜于无，良愧陋已。"[4]夏先生清晰地表达了四个意思：一是历史教育学科的发展须有历史著述；二是历史教育学科服务于教学；三是历史教育研究对历史老师的发展很重要；四是研究须结合教学经验。先生言及该著，自谦是"聊胜于无，良愧隘陋"，但著述视野开阔，这或许与他早年留学日本有关系。他对学科定位不是围绕着教授之术打转，相反，材料兼采国内外，内容涵盖教育理论和实践指导，旁涉夸美纽斯、彭斯、裴斯泰洛齐等教育理论。

夏先生自编历史教育著述的行动已昭示其学者使命有了自觉性，不过当时中国教育落后，翻译外国著述不少。王国维先生曾说，"原以吾国教育尚在幼年时代，罕有窥斯界之真面者。与其为武断之议论，不如直译外籍，供人采择，尚不至贻误后来"[5]。为窥世界的初衷也带来了良莠不齐的译著，"如临百戏斗巧之场，如入万花争妍之圃，前瞻后盼，耳目眩瞀，诚令人昏迷颠倒，莫知所适从也"[6]，学界诟病之声益起。舒新城针对国人"专读外国书籍，多取外国材料"的现象，提出"使中国的教育中国化"的课题，希望"用科学的方法，切实研究中国的情形，以求适当之教育"[7]。

面对这样的时代背景，历史教育学者何炳松先生[8]又如何抉择呢？针对引进西方人类起源论行为，何先生曾认为"我国学者如再任意援引，不加别择，其危险将与夜半临池同，可不慎哉"[9]。可见，他赞同引入西方理论思想，反对"任意援引，不加别择"，这或许与他有着完美契合中西方理论思想的情愫分不开，如此不难理解陈衡哲先生盛赞他给鲁滨逊史著"一套优美的华服"[10]的缘由了。何先生对待历史教育新思想的引入也有同样的情愫。1922年受王云五、朱经农等先生的委托，他着手翻译新史学代表作约翰生·亨利的《历史教学法》一书，历时两年完成，1926年出版。他非常赞同该书"反对历史为褒贬或者作殷鉴的工具，反对专去记忆事实同时期"的新理念，但又同时对书中哥伦比亚大学校长白脱拉博士所作的导言提出批判："编辑者的导言觉得他太旧一点，不能不说一句话。白脱拉博士好像还是主张我们可以从历史中得着许多做人的教训；还是主张多记历史的时期（多记重要的时期我们当然不反对）；还是主张研究历史应从文学入手。这篇导言虽然出诸鼎鼎大名的校长的手笔，译者个人却不敢附和他。"[11]

何先生这种引入但又不盲从的学科建设意识对于他后来发表的《历史教授法》一文有重要影响[12]，该文尝试构建本土化的学科体系，后世学者高扬该文"对历史教育的特殊贡献"[13]。何先生以独到的眼光引入外来教育理论，以此契合并推进学科本土化，真乃学科之幸事。

约翰生《历史教学法》给朱智贤先生极大震动，促使其《小学历史科教学法》的问世。"翻开约翰生《历史教学法》，关于历史教学沿革的几章，知道人家近来对于历史教学的研究是怎样的努力，但再看我国怎样呢？无论在出版界在个人在团体都觉得很沉寂，这更是历史教学的大不幸。"[14]1著作于1929年元旦完成，与他从江苏省第八师范学校毕业时间相隔不远。青春正盛的他犹如朝气蓬勃的历史教育学科，一个奋起直追、不甘本国历史教育学科落后的学者形象被充分诠释出来。在费希特眼里，摆在学者"面前的目标往往是遥远的，因为他应该达到一个很崇高的理想境界，而这种理想境界他通常仅仅是经过一条漫长的道路逐渐接近的"[1]37。朱先生认为著作完成仅是第一步,"我希望能更进一步地来研究:(一)怎样更好地利用历史学所潜伏的原理到教学上。(二)怎样使历史教学(教材教法)为更科学的研究,使教学更经济而有效力。这些问题都在萌芽,只要留心研究,发现,总会有相当的成绩"[14]3。

朱智贤先生当时就有如此独到的学术眼光和捕捉学科元问题的能力令人佩服不已。今天我们主张"历史学是历史教育的原动力""推进学科理论研究""倡导有效教学理念"等学科亟待解决的元问题正是在传承前辈的学术遗产。

胡哲敷先生翻看约翰生《历史教学法》后理性地评价道:"把历史的趋势和各国教授历史的方案,以及他自己所主张的方法,言之颇详……虽然作者是美国教授的立场,但其中一般原理我们却有参验的必要。"但是作为中国历史教育学学者,胡先生在情感上并不能接受本国学科的落后,他对当时学界状况痛心疾首:"关于历史教学法这门学科,似乎国中注意者尚不甚多;虽亦间有若干译著,然除其一般理论可以供给我们者外,实际教学的方法,就或难免窒碍难通之处。因此我更联想到吾国倡新教育三十余年,而收获只于如此,其症结莫非就在拿人家教育成规,生吞活剥,而不暇参活变通以求适用,于是淮橘成枳貉过济则死……十余年来,每欲得一完善历史教学法,以适合中国环境,与中国学生,为教学凭式;乃企望连年,渺不可得!"同时,他欲改变学科现状的学术责任感、使命感也被激发出来,"不自度其简陋,大胆把我的主张和所运用之方式,发表出来,以供历史教师的试验,苟因试验而获得更进步的方法,以供献于未来的历史教师,以达我十余年之愿望"[15]。1932年,一部有代表性历史教学法之作面世。

事实上,还有很多学者的丰功伟绩镌刻在百年历史教育史上,他们有一个共同特点,即每当历史教育研究走向转型,或遇到困境之时,他们骨子里、血液里蕴藏的那股学术使命、担当与责任便更为明显。20世纪50年代后,世界科学技术、生产力迅猛发展,"新的教学理论、教学法、方法与方法论、交叉学科的不断出现,显映在教学法的改革上,可说是渐见学科教育学的端倪"。20世纪70年代后苏联、日本学科教育学走在了前面。20世纪80年代,我国学者敏锐意识到学科教育研究的转型,其中周发增先生为历史教育学的创建立下了不朽的功勋,推动学科发展的使命在先生身上体现得淋漓尽致。

三

1983年,北京师范学院(今首都师范大学)院长仓孝和先生召集学校二十世纪五六十年代从事学科教材教法课教学和研究的教师座谈"学科教学法的现状与改革"议题,周发增先生参与其中。他记录了此次座谈主要内容,与会老师较相同的认识是,"旧的学科教学法传统已陈旧,现今个人或几校联合新编的学科教材、教法教材,从总体上看仍未脱传统教材教法的窠臼";"突破的关键是教学理论的提升,方法上的创新,对现代学科教育教学理论的借鉴……教材教法的名称已显陈旧,已不适应现今教学发展的需要"。仓孝和院长倡导大家从事学科教育学的研究,加强理论性和师范性的研究[16]2-3。

1986年8月,北京师范学院向国务院学位委员会提交《关于变更授予硕士学位学科、专业目录中"教材教法研究"专业名称的请示报告》,建议将"教材教法研究"更名为"学科教育学"。同年10月,全国高师理科教学法学科建设研讨会提出"学科教育学的孕育和诞生是教学法学科的发展和升华"。同年12月12日,全国高师师资培训工作会议上,时任中国教育学会副会长的柳斌同志提出"我们不但要建立自己的教育学,还要建立自己的学科教育学"。与此同时,北京师范学院在12月成立以校长为主任的学科教育学研究中心,这是高师院校建立的第一个研究中心,随之本校各系学科教材教法教研室更名为某某专业学科教育学教研室。

在此时代背景下,周发增先生与本校地理系褚亚平、物理系乔际平、教科所阎立钦等"最先牵头研究学科教育学"[17]。周先生的"学科教育学概论"课程是"我国高师院校首次开出这一课程"。从1986年到1994年退休这段时间,先生是国内发表学科教育学论文最多的学者。周先生不仅写文著述推动学科建设,还积极为学科的发展创造平台,利用自己在学报工作的便利,于1989年在《北京师范学院学报》始辟"学科教育研究专栏",这是"我国高师院校和教学领域中唯一的专栏"。专栏的开设极大带动了学科教育学的研究,仅1989年第2期到第6期,就发表论文11篇,笔谈8篇,"稿件源源不断"[16]4。这一举措得到杨传纬校长的支持,他撰文称赞说:"我院学报为学科教育学开辟专栏,为有志研究学科教育学的学者提供了切磋交流的园地,这实在是很有意义的措施。"[18]

从周发增先生留世的作品来看,处处透露出先生以发展学科教育学为己任的思想。例如,1986年周先生提出"打破学科与学科之间界限,改变那种过分强调专业,把专业看得过死,分得过细,又互不通气息闭塞状态",要"加强交叉科学的研究和利用",必须加速建设"专业学科、教育学、心理学等学科相互渗透形成"的学科教育学,这方面日本、苏联、美国已经走在前面,"要看到我们起步已很晚了,必须奋起直追,这是我们做教师的责任"[19]。再如1987年提出"师范院校必须重视学科教育学体系的建设","知识的更新和相互渗透、交叉"正在形成学科教育的新体系,从教学法到学科教育学"是教育改革形势发展的必然",并提出"新的起步业已开始,师范院校既是责无旁贷,也应当仁不让地担任起这一任务"[20]。又如,1988年在学科教育学研讨会上,他指出过去几十年的教材教法学科体系陈旧、教学理论薄弱,"如今面临着新的转折,既要有紧迫感,又要有冷静的分析,对于当前世界借以建设学科新体系的教育理论方法论,应认真借鉴,但切忌全盘照搬。对于国内进行的各种教改尝试或理论探讨,都不要随意否定,而应予以鼓励"。作为学科教育的教师来说"成为某一学科专业的教育家比成为某一学科的专家就更为重要"[21]。

周发增先生的学科教育学成果涉及其产生和发展的历史渊源、研究的对象和性质、理论基础几个方面,这对历史教育学的创建、奠基功不可没。作为"历史教育学的第一批建构者"[22],周先生的一些思想在今天也是熠熠生辉、璀璨夺目。例如,周先生将教育学、心理学、哲学等作为学科教育学的理论基础。在《试论教学的哲学基础》一文中提出心理学是学科教育学的基础学科,并认为"一切学科最后都是归纳到哲学的基础",所以哲学也是学科的基础[23]。后又增加社会基础,即提出"教育的社会化与教育的心理化,教育的哲学化同作为学科教育学的理论基础"[24]。再后,为了推进历史教育学的理论体系研究,先生又提出"教育学的理论是历史教育学的教育理论基础"[25]53。今天我们在推进历史教育学发展中,仍然视心理学、学习论(教育学)、史学理论(历史哲学)等为学科的基础性学科。

再如,对学科教育学性质的研究,周发增先生与当时很多学者一样认为学科教育学是交叉性、边缘性学科。当然,周先生所说边缘性并不是指学科处于边缘状态,而是从学科教育学处于与教育学、心理学等交集之处这个意义说的边缘性。不过,先生论述学科性质又与众不同,一是他强调学科教育学着眼于研究学科教育的全过程,且与实现人(学生)的全面发展密切相关,故属于应用理论学科,坚决反对以"应用"之名头把"学科教育学降到'技术性'之学的水平"[26]。二是认为教育学科要从"消费性"地位转变为"生产性"地位,提出学科教育学具有"跨学科"特点[27],要"开展跨学科的研究"[25]53。历史教育学发展到今天,越来越需要提升其学术品味,要超越历史教学法的窠臼就必须有理论性的突破,并进行跨学科、跨领域研究,如此才能"直面人类的文明史整合学习内容","大大精简远离学生认知、社会生活、琐碎且难懂、深奥且无用的知识"[28]。

又如,周发增先生在论著中多处区分教材教法、教学法、学科教学论、学科教育学,他也是最早在国内教育辞书中定义学科教育学概念的学者[26]。当时学界对这些概念并没有做系统区别,好像历史教育学就是教学法自然提升而来,历史教学论比历史教学法更具理论性而已,无须深究它们的概念[29]。当我们今天面临历史教育学体系混乱、逻辑层次模糊、不同领域问题混搭,打糊涂笔仗却又道不明时[30],不仅彰显出先生在当时区分历史教育学诸概念的远见,也说明在学科学术化建设之路上需要周先生这般严谨且负责的学术态度与学术规范。

还如,1993年周先生等著《历史教育学新论》由广东教育出版社出版,该著有里程碑式的意义。其一,它将大学历史教育、中小学历史教育、社会历史教育熔为一炉,提出了历史教育"大教育论"思想。其二,它较以前的历史教育学著述在体例上更严谨,论述更周详,"代表了当时历史教学界理论研究的新水平"。其三,它基本涉及历史教育学研究的主要课题,"首次将历史教育功能、历史教育对象、历史教育内容、历史教育方法、历史教育史、历史教育评价、历史教师发展融汇起来,并初步形成了历史教育学的理论框架"[31]。

周先生及同时代的诸多学者在历史教育学创建时刻真正践行了一个学者的使命。但随着时代的发展,学科也不断遇到各种新问题。当下的历史教育正面临桎梏:"跟着哲学走,正确而空泛""跟着教育学走,折腾而迷乱""跟着心理学走,至今未越过学术门槛",跟着历史学,"因自身缺乏学术性而被史学拒斥"[32]。理论盲从、实践忙乱、认知茫然的历史教育学何去何从这一问题实实在在地摆在那里。为此,赵亚夫老师曾呼吁道:"大学的历史教学论工作者理应承担理论研究任务,并有责任继承前辈学者开创的事业且超越他们,要有搞学术、做学问的决心,解决一些棘手的、关键性的理论问题。我们不能把自己放得太低,要有高起点。即使我们这一辈人仍然不能完成历史教育理论体系的建设工作,也要使它更进一步,为后面的学者积累更多的研究经验和资源。"[33]

此时,历史教育学面临的如何提升学术性的问题正值转型时刻,这个棘手的问题关乎历史教育生存与发展,若是不能突破该问题,历史教育研究是不会走得太远的。从1983年仓孝和先生倡议建立学科教育学,到1989年《历史教育学》开山之作问世,再到今天已逾30年。30岁是而立之年,但似乎学科还不能立得住,与前辈当时设想的学科愿景比较还有很大差距,其理论体系远未成熟。通观百年历史教育史,一代又一代的学者继承着前辈开创的事业,又不断超越前辈。或者这正是赵亚夫老师写下这段话的初衷吧,期望今天的学者继承与秉承前辈的学术精神,接过前辈未完之业,"接力"带着学术使命突破学科桎梏。

周发增先生等前辈虽然驾鹤西去,但他们的精神永在、风骨长存。前辈留下来的事业将何去何从,取决于后来人的行动。但愿我们常以"历史教育学明天会好吗"的问题为鞭策,将之化为一种使命、激励与信念!

[1] 费希特.论学者的使命 人的使命[M].梁志学,沈真,译.北京:商务印书馆,1984.

[2] 以前教会学堂也设置历史课程,但不带有全国性.

[3] 该文刊载之前,国内报刊已有翻译文章。该文无署名,有学者推测是若干篇外国著述汇集改编而成,但毕竟非直译之著。学界仍视它为近代第一篇历史教育文章.

[4] 夏清贻.龙门师范学校讲义历史教授法[M].上海:开明书局,1906:前言.

[5] 陈鸿祥.王国维年谱[M].济南:齐鲁书社,1991:65.

[6] 姜琦.何谓新教育[J].新教育,1919(1):358.

[7] 舒新城.论道尔顿制精神答余家菊[J].中华教育界,1924(8):1-11.

[8] 顾颉刚在20世纪40年代曾说:"何炳松与其说他是历史学家,不如说他是教育家。"见蒋星煜.顾颉刚论现代中国史学与史学家[J].文化先锋,1947(16):6.

[9] 何炳松.中华民族起源之新神话[J].东方杂志,1929(2):91.

[10] 何炳松.中古欧洲史[M].长沙:岳麓书社,2013:序言.

[11] 约翰生·亨利.历史教学法[M].何炳松,译.上海:商务印书馆,1926:译者赘言.

[12] 朱智贤曾建议看约翰生《历史教学法》前先看何炳松的这篇论文.

[13] 陈科美.何炳松对我国近代教育理论与教育史及历史教授法的贡献[M]//刘寅生,谢巍,何淑馨.何炳松纪念文集.上海:华东师范大学出版社,1990:188.

[14] 朱智贤.小学历史科教学法[M].上海:商务印书馆,1930.

[15] 胡哲敷.历史教学法[M].上海:中华书局,1932:248-249,自序.

[16] 周发增,赵素珍.周发增教育与教学文集[M].武汉:武汉出版社,2010:2-3.

[17] 马玲玉,陈德运.世事洞明皆学问 人情练达即文章:访历史教育专家周发增先生[J].中学历史教学参考,2013(1):6.

[18] 杨传纬.师范院校必须努力发展学科教育学[J].北京师院学报(社会科学版),1989(2):46-47.

[19] 周发增.试论教学发展的趋势[J].北京师院学报(社会科学版),1986(4):86.

[20] 周发增.学科的课程建设和改革的发展趋势:兼论师范院校学科教育学体系的建设[J].高教研究,1987(2):10-17.

[21] 周发增.试论教育的改革和教学理论的发展:兼论师范院校学科教育学体系的建设[M]//北京师范学院学科教育学研究中心.学科教育学初探.北京:北京师范学院出版社,1988:35-40.

[22] 赵亚夫,陈德运,马玲玉.为了历史教育学的明天[J].历史教学(下半月刊),2013(4):67.

[23] 周发增.试论教学的哲学基础[J].北京师范学院学报(社会科学版),1989(6):59-65.

[24] 周发增.论学科教育学的社会基础[J].北京师范学院学报(社会科学版),1991(5):79.

[25] 周发增.在"三个面向"指导下的历史教学改革[J].首都师范大学学报(社会科学版),1993(5).

[26] 周发增.学科教育学的研究对象及其性质论析[J].首都师范大学学报(社会科学版),1995(6):64.

[27] 周发增.论学科教育学的理论基础[J].北京师范学院学报(社会科学版),1990(3):35.

[28] 赵亚夫.什么是历史教育学[J].历史教学(上半月刊),2016(1):14

[29] 据王铎全先生回忆全国第四届学科教育学研讨会上,有的学者提出"学科教材教法、学科教学法、学科教学论和学科教育学之间既有联系又有区别,其区别并不在于层次的高低,而在于任务的不同"。有的历史教学论著作也认为"在既往历史教学法研究的基础上,拓展历史学科教学的理论研究,把普通教育学的教学论运用于历史学科教学的实践,建立历史学科教学论"。(见《继承发展突出个性》,《历史教学问题》1993年第2期)遗憾的是当时认为诸概念并不是大问题,如今诸概念却成"一碗豆腐、豆腐一碗"。

[30] 仅以概念打架为例。有学者认为教学法"或者称它为'历史教材教法',实质上都是研究历史教学全部过程规律的一门学科";有学者认为教学法是"具有历史专业特点的应用教育学,属于教育科学范畴,或称'历史教育学'";有学者认为历史教学论"又称教学法、教学理论".

[31] 赵亚夫,陈德运.历史教育学研究著述提要(一)[J].中学历史教学参考,2012(4):5.

[32] 赵亚夫.历史教师理应知晓的学科教育学[J].中学历史教学,2015(7):4.

[33] 赵亚夫.历史教育学的学术归位与研究的学术化[J].历史教学问题,2010(2):124.

【附记】本文系四川省社会科学重点研究基地区域文化研究中心2019年度项目"百年中小学历史课程史料的整理与研究"(QYYJC1909)阶段性成果。

(本文选自《中学历史教学参考》2019年第11期)

白月桥（1941—），河北省孟村县人。白先生1966年毕业于北京师范学院（今首都师范大学）历史系，曾任原中央教育科学研究所教学法研究室主任、副研究员、研究员，先后兼任中国教育学会历史教学研究会常务理事、副理事长及中国教育学会教育学分会课程专业委员会副会长、学术顾问。

白先生治学严谨，代表作有《课程变革概论》《历史教学问题探讨》《沙俄对清朝边疆的侵略》《九年义务教育学制课程纵横比较与施教建议》《素质教育课程建构研究》等。其中，《历史教学问题探讨》被著名历史教育学家赵恒烈先生称赞是："为我国未来历史教学的发展指出了方向，设计了蓝图""为历史教学法进一步的理论探索，铺垫了一条畅通的路"。该书后经修订，增加了一些新材料、新观点，被评选为全国中小学教师继续教育专业课教材。近年来，白先生在比较历史教育方面颇有造诣，发表了很多评介性的文章，翻译、编著了数百万字的资料和著作，如《历史学科培养能力与技巧的方式与方法》《历史教学发展学生思维能力》《俄罗斯课程改革研究》等。

历史教育的研究历程及杂感
——访课程研究专家白月桥先生

○ 陈德运　马玲玉

◆问：白老师好，非常高兴您能接受我们的访谈。请您给我们说说您的工作经历。

●答：好的。你们知道我是学历史的，但一辈子的工作，有的也和历史专业无关。走出校门初期，曾在天津原河北省委做政务工作；离津后到新疆务农和从教；后调到张家口市在师范学校任教；在河北省石家庄编写过中小学教材；调到中国教科院（原中央教科所）后，先后研究历史教育、从事翻译、研究课程学等。还曾经历过唐山大地震，被埋在废墟中。谈到自己的工作经历，有时就会和同志们说，我是个"流浪"工作者，一辈子没有稳定的工作地点，我不是什么"专家"，而是一个"杂家"，一辈子没有"专一"的研究业务。不过，从"流浪"调动和"杂家"业务中，我深深体会到，学习历史非常有好处。由于历史是社会科学，社会、时代变革很快，当社会发展需要你调动工作或改行时，你会从社会需要的角度考虑，也就很容易想通问题，并适应社会发展与不同形势的要求。

◆问：您是学历史的，编写过历史教科书，从事过历史教育研究，您的一些文章、著作中也涉及民国时期的历史教育教学。请您给我们谈谈民国时期的历史教育问题。

●答：民国到现在一百多年了，关于民国时期的历史教育，我是看过很多资料，搞过一定的研究，在我写的历史教学著作中确有涉及。不过，由于时间太久了，具体材料、数据记不清了，但总体印象还有。

我是1980年来中国教科院的，当时称中央教科所。之前，我曾教过历史，编写过中小学历史教科书。所以，如何编写历史教科书对青少年进行历史教育，一直是我思考的问题。

进入20世纪80年代，历史教材应如何编写？当时流传着一种说法：古代史要以农民起义为主线，现代史要以两条路线斗争为主线。我不同意这种说法，当时我主编的河北省历史教科书也不是这种体例，选编的内容相当宽泛。基于我们编写的历史教材的这种特点，东北有的省还曾借用过我们的教科书。我调到教科所后，带着如何编写历史教材这样的问题去翻阅以前各时期关于历史教育的各种教材。教科所在和平门那里曾有一个非常大的图书馆,各种教育资料极其丰富。中华人民共和国成立前各时期的各种版本历史教科书和教育主管部门的法规文件也非常齐全。进了这样的图书馆我感到非常兴奋,花了近半年的时间翻阅各种资料。总的印象是:民国时期是我国社会制度发生重大变革的时期,这时我国基础教育课程教学,其中包括历史学科,随着封建王朝的灭亡发生了根本性变革。

为了全面改革封建的旧教育制度,当时教育领导机构于1912年12月颁布了《中学校令施行规则》,其中关于历史科的规定是:"历史要旨在使知历史上重要事迹,明于民族之进化、社会之变迁、邦国之盛衰,尤宜注意于政体之沿革,与民国建立之本。"这样的规定,从根本上否定了我国封建社会曾有过的编年体、纪传体等编写历史教材的方法,要求学校历史教育的教材必须按照通史体例编写。何谓通史?历史学家范文澜曾说:通史要完成的任务是"第一要直通,第二要旁通,第三要会通"。"直通"就是把历史认识的客体对象纵向划分为各种不同发展阶段,并从时间上把它们予以区别及联系起来;"旁通"就是把历史认识的客体对象横向归纳为各种不同内容的专题,并从空间上把它们予以区别及联系起来;"会通"就是直通与旁通两方面的高度综合,也就是对历史认识客体对象的纵横相互关系的科学阐述。"会通"的"会"指的主要是史学理论观点,理论观点是史书体例建构的根基,持有不同的理论观点会编写出不同结构的通史体例。民国时期的基础教育历史教材种类非常多,但从体例上来看,大都转化为通史了。虽然民国时期开创了通史体例,但明确以马克思历史唯物主义观点为指导编写的通史体例教材大概到20世纪30年代之后才出现。民国时期历史教育的重大变革是多方向的,我对体例的变革记忆更深刻,这是因为史书的编写体例太重要了。正如刘知几所说:"夫史之有例,犹国之有法。国无法,则上下靡定;史无例,则是非莫准。"说明史书编写体例、结构非常重要。

当然,历史教育中教科书的通史体例和历史著作的通史体例还是有很大不同的,内容繁简相当悬殊。因为历史教科书的编写,不仅要以马克思史学观点为基础,还要以教育学、课程学、心理学等为理论基础,要符合学生的心理特点和认识过程。但不管怎样,教科书只有按通史体例设计、编写,才能向学生传授基础知识和基本技能,全面落实课程目标,培养高素质的创新人才。这是我国近百年来基础教育历史课程教材变革的一条经验。

◆问:您赞同以通史体例来编写教材。历史教材改革是我国历史课程改革的重要项目之一,这次课程改革也不例外。您既是历史教育方面的专家,又是课程专家,请您谈谈课程改革和历史教材改革的问题。

●答:新一轮基础教育课程改革从2001年开始启动,历史学科改革是整个改革的重要组成部分。总体来看,这次改革是成功的,它使我国课程教学发生了重大的发展变化。

当然,对新课改要全面进行总结,既要肯定成绩,也要看到不足或问题。改革开始时,为推动新课改,国家先后发布了几个教育与课程改革的文件,其中直接指导课程改革的最重要的文件就是国务院批准的由教育部于2001年印发的《基础教育课程改革纲要(试行)》(以下简称《纲要》)。后来我听教育部的同志说,该《纲要》曾经过多方面专家学者的修订和审查,是很具时代性、很有分寸、非常科学的,所以我们要从哲学的层面来理解该《纲要》,用科学发展观来指导我们的课程改革和历史教科书的编写。这一点我很有体会。

我曾较长时间从事历史教育研究,以前在河北曾编写过中小学教材。在我国新一轮课程教学改革中,2003年又主编了历史学科的义务教育课程标准实验教科书,这套历史教科书是由中国地图出版社出版的。在全国教育科学"八五"规划中,曾主持了《历史教学问题探讨》这一重点科研课题,此外还曾发表、出版过不少其他论著。在长期的工作实践中,得出的认识、体会或经验、教训是多方面的,这里不可能具体述说,只结合从事历史教育的研究或教科书的编写过程,从哲学高度谈点体会。

哲学是关于世界观和方法论的学问。古今中外,哲学流派和哲学类别是多种多样的,如唯物论或唯心论、教育哲学或历史哲学等。我国主要学习的是马克思主义哲学及其分支哲学,是辩证唯物主义与历史唯物主义,是科学发展观。我国教育哲学的建构以及各门学科的研究,也是以马克思主义哲学原理为基础,我非常坚信这一点,所以在1997年出版的《历史教学问题探讨》中,第一章"历史认识问题"讲的主要就是哲学理论,即历史认识过程中的辩证法。该书在教育部召开的全国第二次教育科研优秀成果评选大会上荣获优秀成果二等奖。

辩证唯物主义和历史唯物主义的哲学原理及科学发展观是真理,不仅指导我个人的科研工作,更是指导国家整个课程教学改革的基本理论。世纪相交之际开始的课程改革是新中国成立以来的第八次课程改革,也是改革力度最大、最为复杂的一次。指导这次课程改革的一个极为重要的文件是《基础教育课程改革纲要(试行)》。《纲要》在课程改革目标部分,具体规定了课程改革的"六项"具体目标,而且每项具体目标中都含有两种不同的内容,一是指出了改革前原课程的弊病,二是指出了改革发展的方向。关于旧课程的弊病,《纲要》用了六个"过于"说明:"过于"注重知识传授;"过于"强调学科本位;"过于"强调接受学习;课程管理"过于"集中,要实行国家、地方、学校三级课程管理等。《纲要》在六项具体改革目标中,对改革前原课程的弊端及其改革的方向,都使用了"过于"或"过分"这样的词语,这是非常科学的,也是非常有分寸的、内涵深刻的哲理和科学发展观。从哲学理论观点来看,它体现了唯物辩证法量变、质变这条基本规律中的适度原则。"度"是唯物辩证法的一个重要范畴。所谓"度",就是限度、幅度和范围,是一切事物发生性质变化的关节点或转折点。所谓适度原则,就是我们常说的"注意分寸""掌握火候""恰到好处""不要过分"。战国楚辞赋家宋玉在描述美人之美时曾说:"增之一分则太长,减之一分则太短,著粉则太白,施朱则太赤。"这也说的是适度原则。

适度原则是一切客观事物发展变化的共同规律。课程教学改革当然也要遵循辩证唯物主义的适度原则,如果违背了适度原则就会有偏差。随着时代的发展,改革前的旧课程暴露的各种弊病就是"过于"注重知识传授,忽视主动学习态度和正确价值观的培养;"过于"强调学科本位,缺乏科目整合等。这就是说,新一轮课程改革的哲学指导理论是唯物辩证法和科学发展观,是马克思主义教育哲学,不是什么建构主义。当然,我们以马克思主义教育哲学为主导哲学的同时,并不排除吸纳其他哲学流派的科学、合理的观点。基于这样的认识,2010年我在中国教育学会教育学分会课程专业委员会第七次全国课程学术研讨会上,提交了一篇题目是"新课程改革的哲学基础理论分析"的论文。

◆问:既然哲学理论是非常重要的基本理论,请您给我们进一步谈谈历史学科改革中的哲学理论问题。

●答:好的。我还是从唯物辩证法中的适度原则的角度,谈谈我们历史学科的改革吧。

在《纲要》的指导下,2001年之后先后制订了小学、初中和高中共计三十多个学科的课程标准实验稿。课程标准是直接指导教科书编写和实施教学的最重要的课程文件。《全日制义务教育历史课程标准(实验稿)》(以下简称"实验稿")是2001年正式颁布实施的,十多年来,在其指导下,我国义务教育历史课程的改革取得了巨大的成就,课堂活动发生了巨大变化,这是有目共睹的。不过,实践证明也存在一定的问题,因此经过大量调查研究,2011年又对"实验稿"作了修订,颁布了《义务教育历史课程标准(2011年版)》(以下简称"2011年版")。在此,仅从哲学理论的角度做些分析。

从目录来看,"实验稿"和"2011年版"的总体大结构是一样的,包括"前言""课程目标""内容标准"(或"课程内容")和"实施建议"四大部分。但具体对比各大部分的规定细目,二者却有多方面巨大不同。例如,"课程设计思路"是前言中第三个构成部分,也是课程标准制定和修订的重点,这里仅就课程设计思路做些分析。"实验稿"课程设计思路指出:内容标准可分为中国古代史、中国近代史、中国现代史、世界古代史、世界近代史、世界现代史共六个学习板块。同时,每个学习板块又分为各不相同的若干学习主题。例如,在"内容标准"部分中国古代史这个板块,有以下主题:(一)中华文明的起源;(二)国家的产生和社会变革;(三)统一国家的建立……(九)思想文化。当然,在每个学习主题下面还有多个具体标题。一般来说,依据"实验稿"编写的各种不同版本的实验教科书,其体例结构和内容的选择,是以课程标准规定的内容为准绳的。经过十年的教学实践,全国广大初中历史教师对"实验稿"及实验教科书,提出了很多宝贵意见,认为学习板块是可行的,而学习主题是不可取的。因为学习主题的确定,不符合历史的时序性和系统性,违背了历史发展的内在联系,不利于学生理解、掌握与思维能力发展。鉴于广大一线历史教育工作者对"实验稿"的各种意见,教育部于2011年在调查研究的基础上颁布了"2011年版"。

与"实验稿"相比,《义务教育历史课程标准(2011年版)》变化是巨大的和多方面的。课程设计思路是这次修订的重点,尽管课程设计思路中六大学习板块的划分依然不动,但对于原先学习主题的规定,则以点线结合的方式予以否定。参与修订"实验稿"的专家们解释说:《义务教育历史课程标准(2011年版)》是以点线结合的方式代替原先的学习主题。"这个点是具体生动的历史事实,这个线是历史发展的基本线索,我们以线穿点,以点连线,通过点与点之间的联系来理解线,使学习内容依据历史的发展线索循序渐进地展开。""换句话,就是把学习主题的那种呈现方式改为点线结合的通史性的呈现方式。"[见《义务教育课程标准(2011年版)教师学习指导历史》第16页]前面说过,我国自民国以来,百余年的基础教育经验已证明通史体例的教科书是较符合课程教学规律的。

整体来看,实践证明"实验稿"学习主题的设计是有偏差的。当初这样设计的主观目的是为了落实《纲要》规定的课程改革的具体目标,克服原课程"过于"重视学习体系、内容过多、学生负担过重,有利于改变"难、繁、偏、旧"的现象。但是实践证明,学习主题的设计不符合《纲要》中"过于"一词所包含的唯物辩证法的适度原则和科学发展观。因为学习主题为克服原课程的弊端而走向另一个极端,也就是矫枉过正了。不过这也不值得大惊小怪,因为在课程改革过程中出现这样那样的失误或偏差是难免的。任何课程改革方案的预先设计,都不会尽善尽美,只有实践才能检验课程改革方案的科学性和可行性。记得有位课程学者通过总结20世纪一些国家课程改革的经验时说过这样一句话:课程改革犹如乘坐一艘可能漏水的航船,在没有驾驶经验的水手们的驾驶下,在没有航海图的茫茫大海中,有目的地进行探索。

◆问:听您从哲学的角度,尤其从唯物辩证法的适度原则来理解历史课程标准中的一些问题,大有豁然开朗的感觉。看来从哲学的高度看待课程改革、研究历史教育又有一番景象。

●答:哲学和历史教育学及课程学关系非常密切,哲学为历史教育学及课程学的发展提供理论指导,历史教育学、课程学为哲学的发展提供实践论据,所以我是比较喜欢哲学的。学了哲学后,我觉得它可以指导我的课程研究、历史教育研究和其他工作等,使我能够辩证地看问题,尽量少出偏差。一个人看问题或处理问题出现偏差,往往与他的哲学观点及处理问题的方法有关系。西方有一种观点认为:知识完全是主观臆断,没有客观性。这就涉及哲学理论问题。我认为,有的学科知识特别是社会科学的知识是有主观因素渗透的,但知识毕竟是大脑对客观存在的一种反应,这就涉及辩证法的问题。不能因为历史学科的知识往往有主体意识的渗透及其历史时代性,就完全否定其客观性和规律性。总之，我觉得研究历史或研究教育要以马克思主义哲学作为我们的主导哲学，这才符合我们的国情。

◆问：虽然您是学历史、研究历史教育的专家，但我们知道您还懂俄语，并翻译了许多俄文资料，俄语是后来自学的吗？

●答：我觉得研究任何问题，都应该立足本国、放眼世界，借鉴他国先进经验，就必须懂外语。根据我的情况，从头学英语太难，只有在俄语上下功夫。我在中学和学院公共课曾学过俄语，后来自己背字典，为了尽快提高外语水平，还在外国语学院进修了一年。以前，由于教科所存有大量俄文书籍、报刊，为我阅读、翻译提供了条件。我的阅读能力很好，看俄文书报如同看中文一样。但是我口语不行，是个俄语"哑巴"，造成"哑巴"的病根不是我大脑语言区有先天性的生理缺陷，而是缺少口语交流环境。后来，随着同苏联及俄罗斯专家同行学术交流的增加，我这个"哑巴"也能张口说话了。虽然口语不好，但还能表达我的意思，外国的同行也能听懂。长期以来，我是阅读翻译了不少资料，并写了一些介绍苏俄教育的文章，我觉得我们搞历史教育研究的，同样需要开阔视野，应该懂外语。从实践中我深深体会到，懂俄语对我的研究工作非常有利。

◆问：您在从事课程教学和历史教育比较研究时，曾翻译、撰写了不少有关苏联及俄罗斯的著作，请您给我们谈谈这方面的情况。

●答：在教科所的资料室或图书馆中，苏联及俄罗斯的报刊和书籍是那样丰富多样，这为我的比较研究工作提供了非常好的条件。在立足中国、面向世界、吸纳他国长处的鼓舞下，我对俄文报刊和书籍非常感兴趣。几十年来，随着与苏联、俄罗斯交往的增多，以及我国教育改革的发展，的确翻译了不少资料。20世纪80年代，我国进行第七次课程改革时，我翻译了《苏联普通中学历史大纲（1986年）》，为我国制订历史教学大纲提供参考；20世纪晚期，我编译了《俄罗斯课程改革研究》一书，以供我国制定课程文件时进行研究与借鉴。1987、1988年，我相继翻译出版了苏联教科院著名教育家 И·Я·莱纳和扎波罗热茨的《历史教学中发展学生的思维能力》和《历史学科培养能力与技巧的方式与方法》等专著。此外，还翻译了俄罗斯的一些教育法规和课程文件等，并写了一些介绍性文章，如《苏联历史教学重视发展学生的能力》《苏联世界古代史中有关印度史和中国史的教学》等。这些文章或译文发表后，有的被收录在论文集中，有的被高校刊物转载，如北师大1990年出版的《史学选择》就收录了这两篇文章。可见这些翻译、编译的著作或俄罗斯的教育文件，对我们是有借鉴意义的。如《历史教学中发展学生的思维能力》在苏联很有影响，该书也被中国教育学会历史教学研究会评为优秀译著。

在我国以前的基础教育课程文件中没有把能力纳入课程教学目标中，一般只有技能要求。其实，技能和能力是两个完全不同的概念，技能是指人对动作和知识掌握的熟练程度，能力是指人的心理特征。我们不能把技能和能力混为一谈。关于技能和能力的概念以及历史认识的方法、历史思维的特点、习题设计、教科书的结构等一系列问题,苏联、俄罗斯的历史教育工作者的研究起步早而且较深入,发表、出版的论著也多,所以当我把这些译为中文时,受到我国历史教育界的好评。我国和苏联的教育有重要的共同点——都是对课程管理实行高度集中统一的国家,后来俄罗斯和我国又都实行了三级课程管理体系,教材也不再集中统一。所以我2001年4月在教育科学出版社出版的《素质教育课程构建研究》,不仅介绍了世界课程改革趋势,还用专章介绍、分析了俄罗斯基础教育的文件,最后还附录了译文,以供我国进行课程改革时参考。

现在回想起来很有意思。我翻译了很多东西,当时不懂得版权知识,没有一篇征得原著本人同意。当《历史学科培养能力与技巧的方式与方法》出版后,我给原文作者寄去了几本。扎波罗热茨回信问我:是否有稿费?我手中既没有卢布也没有美元,而且我也没有多少稿费。于是回信告知说:我们国家没有加入世界版权组织,对不起,您不能得到稿费。

◆问:您翻译了《历史教学中发展学生的思维能力》一书,后来又对历史思维概念进行专题研究,直至现在学术界对历史思维能力的研究仍很重视。是您首先提出并研究历史思维能力这个概念的吧?

●答:历史思维能力这个概念在国内是我较早提出来的,并进行了一定的研究和解释。在我引进并研究这个概念时,曾翻看了我国以前的很多历史教育的资料,都没有这方面的论述。记得曾有一个学者在一篇文章中好像也提到过历史思维这个概念,但是他没有解释、没有阐述。我在研究苏联历史教学的论著中,发现人家早就有历史思维和思维能力的概念了。学科思维特点和学科思维能力的培养也有一个时代背景,苏联接触西方国家比我们多,提出得比较早,所以我就特意选择这方面的书籍将这种理论概念翻译介绍过来。注重培养能力主要是在20世纪60—70年代提出来的,其提出与整个世界发展竞争的形势有关,科学技术要发展就需要重视、培养思维能力。所以各个学科,各个国家都强调这个问题,历史学科也要重视思维能力问题。

◆问:您翻译了与历史思维能力相关的书,又进行了研究,可以说是丰富、发展了这个理论概念。当时学界对这个理论概念有何反应?

●答:是的,在接触这样的理论概念后,我在哲学理论指导下,将历史学科思维特点与其他学科进行过比较。我在琢磨历史学科思维能力的同时,也看了一些其他科目的教学法著作,觉得我们历史学科的思维是最复杂的。有的学科可能侧重于某一种思维或某一个方面,如数学科目,逻辑思维能力比较强而形象思维少一些,语文科目则比较侧重形象和艺术的思维等。当时,我提出历史思维和历史思维能力这样的理论概念,有的学者并不接受。在我评职称时,评审专家问我有什么学术见解,我说最早提出了历史思维及其能力,并对它的一些特征进行了概括研究。有位专家反驳说:你提个历史思维,他提个

数学思维,还思维起来没完了。

◆问:您谈到与语文、数学等其他学科相比较,历史思维是最复杂的,为什么是最复杂,能详细谈谈吗?

●答:历史思维包括抽象思维,历史的客体中有很多抽象的内容,如原则上讲社会发展规律、生产力、生产关系的概念时,就是高度的抽象思维,这种思维元素有哲学上的、逻辑上的,还有社会发展规律上的。除此之外,历史思维还包括形象的思维,一个历史事件、一个历史人物、一个历史过程这都涉及形象思维。1982年我曾写过关于希波战争的一本历史读物,记得写这本书时,看了很多关于古希腊和古波斯打仗的历史资料。夜深人静,当我写到斐力庇第斯马拉松平原长跑报告、温泉关大战等战况时,脑子里就浮现出那个场景,就像我"身临其境""亲眼目睹"一样。我的这本历史读物就是把我眼前发生的事情描述清楚、记录下来了。这就是高度的形象思维。学历史要没有形象思维,没有形象的认识,整个都是抽象思维、抽象概念那是不行的,但是又不能脱离抽象的概念。要讲几千年的人类历史,可以一提某些概念,一带就过去了,这就必须用抽象思维,但是你要详细生动讲某个历史战争或者某个历史人物,那是需要有高度的形象的东西。历史同数学一样,也要逻辑思维,因为历史是一步一步发展来的,也强调逻辑性。学习历史要让学生热爱和平、热爱国家等,这些就是情感态度价值观了。所以历史学科的思维特点是具有高度抽象思维、形象思维、逻辑思维、辩证思维以及情感态度价值观。关于历史思维问题,我在《历史教学问题探讨》一书中有专章论述。

◆问:通过学术经历我们知道您是我国历史教学研究会的主要成员之一,又是我国课程学专业委员会的主要成员之一,既发表、出版过不少历史教育的论著,又写过《课程变革概论》,能和我们谈谈这二者的关系吗?

●答:我曾在这两个学会兼任过职务,这是因为我曾从事过这两个学科领域的研究。我是学历史的,并编写过历史教科书,这是我的本行。后来从事课程学研究,这与课程学学科在我们国家曲折发展的历程有关,也与我所在单位的特点有关。其实,早在古代社会有了学校,有了教育,也就有了课程。课程作为一个独立的研究领域成为一门学科,主要是20世纪初期的事情。一般认为,1918年美国博比特出版的《课程》一书,是课程研究专门化的里程碑。民国时期,我国曾有过课程学,但新中国成立后,受苏联的影响,在教育界只有教学论,没有课程论。1980年以前,我国教育工作者一般都把课程论看作是教学论的组成部分。但随着改革开放的发展和国际学术交流的深入,1989年陈侠先生写了一本《课程论》。那时我国教育领域关于课程学与教学论之间的学科关系还曾有过学术争论。此后,教育工作者随着国际交往的增加和学术研究的深入,相继出版了一些课程论著,并成立了课程学专业委员会。1996年,我写了一本《课程变革概论》。1997年,全国首届课程学术研讨会在华南师大召开了,并成立了课程学专业委员会。到会的成员相当多,学术气氛特别浓,大家争先恐后发言,有很多年轻的硕士、博士生都是自费参加会议的,会场的欢跃情景至今还记忆深刻。

我之所以既研究历史教育又研究课程学,与我所在的单位特点有密切关系。我所在的研究室当时叫中央教科所教学法研究室,并曾经担任该研究室负责人,这个研究室涉及中小学各门学科,如语文、数学、外语、历史等都有专门的研究人员。这对我突破历史学科的界限,扩大研究领域创造了条件。所以,研究课程学就是研究各门学科的共同原理或规律,不扩大研究领域,就容易犯学科本位主义的错误。在从事研究的实践中我深刻体会到:从事历史学科研究为从事课程论研究打下了基础,没有从事具体学科的研究经验,研究课程学就会缺乏学科理论支柱;仅仅从事历史教育研究,没有课程理论普遍原理的指导,视野就会狭隘,容易犯学科本位主义的错误。所以我在教育部师范教育司组织评审通过的全国中小学教师继续教育专业课教材《历史教学问题探讨》(2008年修订本,教育科学出版社出版)一书中,开始两章先讲课程的一般原理:第一章为"学科课程的时代性";第二章为"传统课程观与现代课程观"。

◆问:我们知道您是研究历史教育和课程的,而且也知道您近些年来在研究脑科学。请您给我们说说脑科学的研究情况以及脑科学和教育之间的关系。

●答:近十年我将主要精力集中在学习、研究脑科学论著,并写了脑科学与教育的论文,参加过脑与教育的科研课题,还支持过某小学的基于脑的教育教学改革实验。这是因为自20世纪晚期以来,随着科学技术的发展,人脑这个奥妙的"黑匣子"已经被打开,关于脑的主要结构和功能,我们有了非常深刻的认识。脑科学是20世纪晚期以来,全世界数千种新兴科学当中最为重要的一科,引起了世界各国政府和专家学者的高度重视,都大力倡导和支持把脑科研成果运用于实践,或者和教育结合起来。回顾人类科学技术的发展史可知,科学的发展过程主要有两种途径:一是打破学科界限,进行跨学科研究,通过高度综合产生新学科;二是在学科原有的研究领域内进一步分工细化,产生新学科,而跨学科的高度综合研究是当代科学研究的重要趋势。美国阿波罗登月计划总指挥韦伯说,阿波罗飞船所使用的都是现成的科学技术,关键在于综合。日本学者也明确指出:"综合就是创造。"把脑科研成果运用于教育领域,进行高度综合创新,这在世界先进国家已取得丰硕成果,董奇先生主持编译的"脑科学与教育译丛"就是一例。通过"脑科学与教育译丛"这套丛书我们知道,原著作的作者们没有一个是终生致力于脑科学研究的专家,他们有的是美国著名的教研员,有的是高校教师,有的是普通中小学某学科的教师。但他们有共同研究特点,即力求把脑科研成果运用于教育领域。我们国家近十年来,在脑科学与教育结合问题上也进行了研究,有的专家学者还承担了科研课题,发表、出版了论著。

我是研究基础教育课程和历史教育的人,应当进行跨学科的综合研究,把脑科学研究取得的基本的、定论的、共识的科研成果运用于基础教育，以求突破和创新。我们经常说学生是教育的主体，要落实"主体"教育的思想，不是落实在肢体上，最终要落实在大脑上，脑是人体的司令部。研究教育学，研究课程教学，要有脑的基本知识，要懂得脑的基本组织和功能。因此，我原计划写一本书，书名为"心脑课程学"，并且书的编写纲目也拟定好了，其中有一章为"历史学科特点与脑的组织功能"，但由于精力的原因至今没完成。我认为，脑的组织结构不但和整个教育有关，而且和各门学科包括我们的历史学科也密切相关。因为不同的学科内容知识不同，这就涉及不同的脑组织。所以我们要研究历史学科与脑的关系。以前就有老师写过《历史教学心理学》，今天面对新的形势要在心理学的基础上有所发展，要研究"历史教学与脑科学"。但是，要把脑科学与教育教学结合起来，这不是容易做到的事情。不过，我想，随着脑科学知识的发展和普及，随着教育工作者终生学习的时代要求，总有一天脑与教育会密切结合起来，脑科学理论也会成为历史课程教学设计实施的重要理论基础。

这里谈的是我个人从事历史教育研究的过程和体会，不一定正确，请批判的理解。

◆谢谢您接受我们的采访。今天的采访使我们非常受益，特别是从哲学的辩证角度重新认识了课程中一些问题。

（本文选自《中学历史教学参考》2013年第7期）

王铎全（1935—），福建永安人。1957年毕业于华东师范大学历史系，到1997年退休，一直在上海师范大学历史系任教。先后为本科生开设"历史教学法""中共党史""中国古代史""历史教育学""中学历史教材研究"等课程，为硕士研究生开设"历史教学法研究方法论""中外历史教育比较研究"等课程。曾任历史教学法教研室主任、历史系副主任、上海师大学科教育研究中心常务副主任、《学科教育探索》副主编兼编辑部主任，上海教育学会历史专业委员会副会长、中国教育学会历史教学研究会常务理事、上海市课程教材改革委员会委员和历史教材审查委员、上海市中学高级教师评审委员会委员兼历史学科组组长、特级教师评审专家组成员。

王铎全先生学养深厚，主要论著有《西汉名将赵充国》（两人合作）、《靖海纪事》（校注本）、《比较历史教育学》（两人合作）以及《历史考试的思考与参考》《历史教育学》等；还主编了《教师之友》《名师授课录（中学历史）》《全国优秀历史教学案例选（初中部分）》《全国优秀历史教学案例选（高中部分）》等。论文《关于郑成功与施琅的评价》先后获得1978至1983年上海市高教局优秀论文荣誉奖和1979至1985年上海市哲学社会科学优秀论文奖；专著《历史教育学》获1991年全国历史教育论著一等奖和1992年上海市地方高校优秀教材荣誉奖，1993年获上海市高校优秀教学成果三等奖和曾宪梓教育基金会高等师范院校教师奖三等奖。

不 悔 的 选 择

——访历史教育专家王铎全先生

○ 陈德运　马玲玉　陈　倩

◆问：王先生好！感谢您接受我们的采访,让我们有机会当面聆听您的学术思想。就从求学道路、学术经历说起吧。

●答：我这辈子有三个不后悔,也可以说是三个选择。第一个是我选择了师范专业做教师。当年选择中等师范学校,不是基于对师范的热爱,而是由于家里穷。1950年初,家乡福建那会儿国民党跑了,共产党又没有来,我刚好上初三,学校没有经费而学费高昂,我交不起就辍学了。几个月后形势变化了,学校通知我回校读书,说初中不用交学费。初中毕业后,我当然很想上高中,用现在的话讲,我那学校是省重点。家穷付不起高中学费,我去了中师学师范。三年中师毕业,正好是1953年第一个五年计划开始,一部分师范生可以保送上大学,按名次排列,最后有4个到华东师大,6个到福建师院。我就到了华东师大。这个时候,我对师范、对教师的理解还是很肤浅的。但学了师范、做了教师,我不后悔。为什么呢？用我一个学生在他写的一本书的前言里面提到我的话说,我"亦师亦父亦友"。我觉得他对我的这一评价很高。我是这样想的：老师这个职业,不但有父母、兄弟姐妹这些亲情,还有朋友情、师生情。做老师的比别的人更多了一层师生情。如老人节时,一些学生打电话给我表示问候。过去我爱人说我对李稚勇要求太严格,讲话也很随便,其实也是把他当作朋友了。你们昨天采访孔繁刚老师,肯定知道学生对他的评价。做老师的感情里多了一份别人没有的师生情,看到学生成长对老师来讲是最大的安慰。

第二个不后悔是选择历史专业。我是被保送到华东师大的,入学时学校要我们填个表,我填的第一个志愿是政教专业,第二是历史专业,第三是教育专业。那时的华东师大政教专业只有三年专科,我想,既然保送了,还是念本科吧,所以就选了历史。其实,我也喜欢历史,政教排第一志愿是因为我喜欢理论的东西。我念中师时有两个历史老师很好,一个介绍我看范文澜的《中国通史简编》,一个介绍我看翦伯赞的《中国古代土地制度》等,我看了这些书籍对历史就有兴趣了,再说历史与理论还是很有关系的,所以政教没有进去就选历史专业了。有人讲历史专业不好,人家学数理化的在外面可以挣很多钱啊,这是一种短视行为。我觉得学了历史以后,对我的成长、对问题的认识太有帮助了。比如,我到过美国两次,懂得历史地看这个国家,觉得它的各项制度运转有些有好的一面,但也存在不少问题。这些问题好多和它的历史分不开的,好多传统也是与历史分不开的。

第三个不后悔是搞教学法。有人说学历史有意思,但搞教学法没有意思。一次,我们学校学术委员会开会,有位中文系老师讲,中文系若有谁写篇论文说李白原来的名字不叫李白,而是李红或是李黑,就认为是创见,水平很高;而体育系搞教法的老师,原来搞7步跨栏法,在教学中觉得不适合初中学生,改为9步跨栏法,却认为不算什么,没有学术水平。所以,很多人后悔搞了教学法。我没有后悔选择教学法。1957年我大学毕业到上海师大就搞教学法,"文化大革命"中断了;"文化大革命"后还是搞教学法。教学法是教学生怎么去做历史教师,但我认为,历史对青少年很重要,搞教学法并不等于不搞历史学。其实,在我的论著中,大多都属历史学的。

◆问:是什么机缘使您到上海师大工作的?

●答:我本来是要留在华东师大的。就在这时,华东师大历史系团总支书记调到上海师大做历史系党支部书记,我以前是班级团支部书记,他很熟悉我,提出要我过去,我就到了上海师大。

◆问:您在大学期间当过团支部书记,也搞了一些其他社会工作,您觉得这些社会工作对您后来的发展有什么帮助呢?

●答:我有个观点:社会工作对一个人很有帮助。我原来性格很内向,也不大说话。父亲去世早,小时候我家就很穷,到县城念初中(寄宿),在学校被地主家的同学欺负,乒乓球都不让我打。类似这样的事很多,所以很压抑。原本小学成绩好,但到了初中成绩就不好了。我是新中国建立后读的中师,由于不再受歧视,成绩又变好了,所以才保送读大学。我做了很多社会工作,做扫盲、办夜校等,又当了学校学生会主席兼团支部副书记(书记是老师),这些都锻炼了我。

◆问:在课余时间做扫盲、办夜校,这些社会兼职对您有帮助吧?

●答:我觉得社会兼职也很有用处。有人说社会兼职花了自己很多时间,影响学习和研究,我不同意这种说法。我曾在同一个时间有十几个社会兼职,关键是合理分配、统筹时间。社会兼职方方面面,能接触很多东西,也没影响我做学问,而且还很有帮助。有些学校、机构请我去做顾问,我去了就吸收和学习到了很多东西。例如,担任过上海高考阅卷组组长,很多中学生答题的情况都会汇总到我这儿,所以我对上海学生高考历史卷出现的问题就有所了解;担任上海高级教师、特级教师资格的评审工作,要听他们的课,看他们的材料,参与他们的面试,听他们的答辩,这样我对中学历史教师情况就有了解并从中学到许多东西;担任上海市课程教材改革委员会委员和历史教材审查委员,收到了上海所有学科从幼儿园到中学的简报等,也就对上海课改有了了解,收到了各年级各学科的教科书,后来去台湾讲学,送给"编译馆"一套。这些社会兼职,对我思考教学法,思考历史教学大有用处。我们教育、教学脱离不开整个社会大环境,从整个教育出发,再来看历史教育,就有新的感觉和思考了,不会就事论事,可以站在更高的地方,有更宽广的视野看问题了。每届研究生答辩时我都会讲:每个人有两种财富,一种是精神上的,一种是物质上的。物质财富可能被偷被抢,你拥有的就只能减少;而精神财富却不会被别人偷走、抢走,也不会做减法,只会做加法。不管是我们的论文还是著作被别人抄袭、剽窃,论著还是在那,我脑袋中的知识和能力,不会因此就减少了。所以要多学习,像海绵一样吸收知识。

◆问:我们知道,您在历史教育比较研究方面很有成就。您也说了您去美国考察、去台湾讲学,这与您从事历史教育比较研究有关系吗?

●答:是的,这对充实我自己,开阔我的眼界,提高我的认识很有帮助。

◆问:以当时情况比较,我们的历史教育主要有哪些不同呢?

●答:先说台湾。1994年初我到台湾,历时两个月多。承蒙王仲孚教授和张元教授的安排,先后作了九场讲演(关于大陆历史教育或施琅评价),访问了五所大学、八所中学、一所小学,听了四节历史课(其中一节是台师大实习生上的)。就当时情况看(2001年我再去时情况就有变化了),台湾历史教育方面有几点很突出:一是有传统,且比较重视;二是师资学历高,大多硕士生,也有博士生(当时我们不少地方历史教师学历未达标);三是设备齐全、手段先进(有历史专用教室等);四是学生课外参与度高(写校史、专题史、历史报告等)。其不足之处是:教科书编写不像我们有团队作业;没有全岛的研究机构(如我们的研究会);缺乏有关历史教学的研究刊物(曾有过《历史教学》,仅出版数期便停刊,而我们有好几种刊物);缺乏一本系统的历史教学法专著,但台湾大学教授或中学历史教师探讨历史教育的文章很多,且质量很高,对我们很有参考价值,我当时也复印了许多。

再说美国。我1988和1989年两度旅美,由于时间关系,只到过两所大学、两所中学、一所小学、一所幼儿园,与一位中学历史教师做过数小时较深入的交谈。因此认识是肤浅的,也是片面的。但有几点感触:一是教师在教材使用方面有选择权(各州自定);二是教师学历层次高,且要求教师对自己所教课程具备专业素养(如与我交谈的那位教师D先生告诉我,他准备开一门亚洲近代史的课,学校要求他先到大学修这门课,取得学分后才可以上这门课);三是上课形式活泼、自由,教师是组织者、引导者,学生的活动和讨论是主要的;四是历史教学的研究氛围不强,没有全国性的统一研究机构,研究学会之类的组织多局限在各州,参与者多系大学高年级学生或刚毕业不久的青年教师。但个人或机构对历史教育的研究在广度和深度上都很有水平,理论色彩浓厚,不同观点的交锋很正常。

◆问:在当年没有教材的情况下,您和同行在上海师大是如何教授教学法课程的?

●答:我们上海师大历史教学法的师资力量是较强的,当时有6位老师(3位中老年、3位青年;后来一位退休,也保持四五位),这在全国是少见的。刚开始是印提纲,像"77、78级"学生都是用的提纲。1980年有了第一本《历史教学法》,但只用过一届。这本《历史教学法》内容比较单薄,后来我们就自己编写教材,1985年上海师大印刷厂给我们印了一本教学法教材——《中学历史教学法(讲义)》。很多兄弟院校也来要这本讲义,由于供不应求,我们开始考虑出版问题。1986年由上海社会科学院出版社出版了《中学历史教学法概论》。这本书是给师范生用的,以后他们要当老师,必然涉及备课、讲课、教学手段等内容。有点实用主义的味道,但不完全是技能型的。以前的教材教法完全是应用性的,教你怎么去教,怎么去分析教材。教学法这个"法"与方法是不一样的,这就是我用"概论"的原因。既带有概论的性质,又有理论的分析和论述。与此配套的我们还有两门课:一门是中学历史教材分析,一门是历史教具制作(后来改成教学手段),突出应用性。

另外,与《中学历史教学法概论》配套的还有一本书,即《中学历史教学法参考资料》。以前我在教学法讲义的后面附了一些目录,有论文也有著作,我觉得这个太单薄,学生不容易逐一查找,便编了这个参考资料。

《中学历史教学法概论》影响比较大,先后5次印刷,第4次印刷达到2万多册。那时高师院校一个学校历史系就几十个学生,能印2万余册,说明影响是比较大的。

◆问:是不是上海师大后来就一直用这本教材?

●答:是的。不过,后来历史教学法提升为历史教育学,1989年,我的《历史教育学》出版了,这本《历史教育学》连续用了几年。1996年,又出版了我主编的《历史教育学》,就用这本作教材了。后来李稚勇、叶小兵、姬秉新又写了一本《历史教育学》,现在上海师大就用这本作教材了。我们学校教学法教材经历了"从无到有"的过程。而"从有到优"这个阶段就很不容易了,我呢,只能做到"从无到有"。

◆问:您太谦虚了。1989年您就出版了第一本以《历史教育学》命名的著作,请给我们说说当时写作的情况。

●答:严格意义上说,这本书应该叫"中学历史学科教育学",它是从更宏观的角度来看历史教育的。历史教育范围广泛,包括社会历史教育,现在那些戏说历史,很多是造的假历史,会误导学生和社会大众。

20世纪80年代,我看了苏联的《数学教育学》。后来,国家教委也提出不但要搞教育学,还要搞学科教育学,我们就与首都师范大学阎立钦老师等人进行学科教育学交流,我也开始着手写《历史教育学》。1988年我去了美国,时间很短,因为上海要出七本系列大专用的历史教材,主要负责人是我,所以就回来了。1989年我又去美国,李稚勇硕士论文答辩我又回来。这个时期,我一直在写《历史教育学》,于1989年9月出版了《历史教育学》。我查了一下出版时间,比赵恒烈老师的《历史教育学》稍早一点,但从前言看,赵老师完稿的时间比我早一点,只是他将书稿交到出版社以后拖的时间比较长。否则,全国第一本历史教育学著作应该是赵老师的那本。

◆问:您说《历史教育学》应该叫"中学历史学科教育学",我们可以理解为狭义的历史教育。您在《历史教育学》和《"历史教育学"学科建设刍议》一文中提出历史的"整体教育观"和"终身教育观"主张,即把历史教育从学校推向社会和家庭,作整体的考察,进行从小学、中学阶段而"贯穿于人生漫长的全过程"的研究,这可理解为广义的历史教育。您认为,应如何理解狭义历史教育与广义历史教育的关系?

●答:狭义的历史教育学是广义的历史教育的一部分,或者可以说是学校的历史教育与社会的历史教育的关系。对学生来说是求学阶段在校的历史教育和学前的、在家庭和社会的以及完成在校接受历史教育之后所接受的历史教育。我认为,学校的历史教育是有课程标准、有教材、有教师、按不同阶段的目标完成的;社会的历史教育要复杂得多,也是值得我们历史教育工作者认真研究的。一般来说,学校的历史教育是做打基础的工作;而社会的历史教育对在校学生来说是补充、拓展历史教育,对离校后的学生和大众来说则是对不同对象进行普及、提高和深化的教育工作。

◆问:前面您提到社会历史教育中有伪历史,那么我们中学历史课堂有吗?若有的话,应该如何避免?

●答:在某些影视剧或游戏软件中出现的历史事件或人物与真实的历史相距甚远,有无中生有,也有夸大歪曲。而且,一些作品(包括回忆录等)有可能受一定局限,存在片面或主观的因素,所以家庭、社会的历史教育要重视这个问题,不要将不全面或不正确的历史知识传播给学生或大众。

学校的历史教育能教授的历史内容,一般是历史学的研究成果,采用的应当是迄今公认的或大多能够接受的;有争论的问题,应如实告诉学生争论双方或多方的看法。历史教学与历史研究不同,历史研究可以有自己的"一家之言";历史教学,教师应遵从课程标准、教科书的内容来组织。上课时,教师可以介绍最新的研究成果,或史学界的某些新观点以及相关争论,但教师不要以自己的好恶,随意向学生传播未经核实或未被大多学者认可的"新"材料、"新"看法。

值得指出的是,学生的历史知识来源是多渠道的。日本石山久男先生对88名日本高中生的调查显示,关于第二次世界大战的信息(知识)从电视中获得的占72人次

(82%),教师处获得的65人次(74%),母亲处获得的57人次(65%),电影中获得的56人次(64%)。可见社会历史教育的重要,也从另一角度提醒历史教师在学校的历史教育中,教给学生正确的历史观与历史知识是何等重要。历史教学要讲科学性,要正确、具体、生动地传播历史知识。

◆问:新中国成立后,教育领域也开始学苏联;20世纪80年代以后,我们很多历史教育学著作中又引用了许多欧美的东西。您认为苏联的东西有哪些值得我们今天借鉴?

●答:苏联对我们的影响太厉害了。我们学历史的看问题有一个好处:一定要把问题提到当时的社会历史条件下观察。我们中国传统的教育理念还是有好的,但是没有形成完整的理论体系。当时我们引进苏联教育思想是有帮助的。教育学界几乎人手一本凯洛夫的《教育学》。后来学欧美,不像以前学苏联那样认为全部是好的。当然,像苏联的巴班斯基、赞可夫等人的教育思想还是值得看的。当时学习苏联教育,对我们恢复教育是有帮助的;后来学习欧美,觉得苏联的教育不是全都好,也有值得商榷的地方。所以我们吸收欧美教育理论时,就不会完全照搬照抄。

◆问:现在一些学者对欧美的教育理论,也像当初学苏联那样,基本上是完全照搬。

●答:的确,现在还是有一些人不加批判地吸收。就像我们有一段时间搞标准化考试,认为主观意识少,很客观。什么学科都搞,什么类型的考试都搞,搞了很多选择题、判断题,历史学科能这样做吗?不行啊,历史学科有它本身的特点。

◆问:开展比较历史教育研究,学习国外先进的教育理论、教学经验,是教学科研的一个有效途径。您和李稚勇老师在20世纪90年代发表了《试论开展"比较历史教育学"的研究》,出版了国内第一本《比较历史教育学》。

●答:我是利用到了美国、台湾的优势以及参加国际会议机会,搞了很多资料回来,得到了相关资料,就写了《比较历史教育学》。

◆问:利用去海外的优势,深入了解海外历史教育情况,自然能更深入地进行比较研究。但是,如今我们也看到一些比较历史教育研究的成果流于表面的现象,尚未真正深入到现象背后,对其本质、核心的东西进行比较研究,这不能不说是个遗憾。王老师,您觉得我们要避免这种流于表面的比较研究,还需要做哪些工作?

●答:作为中学历史教育,各个国家或地区都涉及为何教(学)历史?教(学)什么历史?如何教(学)历史?如何评价教(学)历史?如果学生问"我们为什么要学历史",或者教师问"我自己为什么学历史?现在为什么教历史"等,应该如何回答,很值得研究与探讨。不要说各国(地区)存在差异,就是在同一个国家或地区也有不同的认识和争议。因此,在做比较时要注意全面性,防止"只见树木,不见森林",以个别当全部。在资料掌握上,要尽可能全面、完整。另外,在选题上要小些,集中在某个方面便于深入。至于如何透过现象看到本质、核心的东西,关键在自己理论功底,如教育理论、心理理论、哲学理论、史学理论以及辩证逻辑等,这对问题的分析与理解都有关系,所以我还是那句话:多学点东西,抓住一切机会学习。

◆问:请您给我们说说历史教育学与比较历史教育学的关系问题。

●答:历史教育学有广义狭义之分,我们所说的历史教育学实际是给高师学生和中学历史教师看的,属于狭义,即中学历史学科的教育。它应该紧密联系我国历史教育的实际,从理论上加以总结和升华,用以指导中学历史教育。比较历史教育学是从更为广阔的视野,从若干主要国家的中学历史教育的方方面面比较其优劣以供我们参考、借鉴,以推动我国历史教育的研究向纵深发展,对提高我们的研究水平是有助益的。

◆问:您认为"比较历史教育学"当属比较教育学的范畴,那么,它与比较史学是什么关系?

●答:关系很密切,但不是一个系列(范畴)。从方法论角度讲,用的都是比较法,而且比较历史教育学虽属教育学的体系范畴,即"教育学—学科教育学—历史学科教育学",但其教学的内容是历史学的研究成果,历史学的进步与发展、历史学的研究方法,都是从事历史教育工作者(包括教学工作与研究工作)应当重视与把握的,也是要学生初步了解的。至于比较史学,我的理解是,对历史研究的方法与流派进行研究与比较,以便吸纳各种流派的长处,避免其局限,从而推动史学研究的发展与创新。作为历史教育工作者,要关心、学习与了解比较史学的研究成果,提高自己的教学与研究水平。

◆问:关于对历史知识特点的争论,有一性、二性等多种说法,1980年,您发表了《历史知识的特点与中学历史教学》一文,认为历史知识有五方面的特点:科学性和革命性的统一、过去性和现实性的统一、材料和观点的统一、具体性和规律性的统一、阶段性和因果联系性的统一。1989年,您在《历史教育学》中提出六结合:科学性和革命性的结合、过去性和现实性的结合、多样性与统一性的结合、具体性和规律性的结合、材料和观点的结合、阶段性和因果联系性的结合。请您给我们介绍一下当时关于历史知识特点争论的背景、经过,您为何从"结合"的角度来阐释历史知识的特点?

●答:1980年那篇文章是我参加开封会议所提交的论文,这些看法的确与别人不一样。别人提了几个性,而我提出"结合"。为什么?以历史知识具有"过去性和现实性的结合"特点为例来说。有人说历史是过去的,哪有什么科学性可言呢?一度出现了历史虚无主义。但是,没有历史哪有今天?史料,一类是考古的材料,另一类是书面的记载,有主观的东西,但是也有真实的,比如像汉谟拉比法典,它刻在那,历史就是那样的。对历史材料进行甄别、考证、解释,这就是历史学,这就有主观的东西了。历史科学,是用马克思主义观点来解释历史。历史知识是我们从历史科学中有所取舍选出的知识,历史知识就是经过很多加工程序呈现在我们面前的东西,就是不仅仅是过去性,它绝对和现实性有联系。讲什么、不讲什么,这就是有现实性的。所以,我就认为是结合的。六个结合是辩证统一的,不是孤立的。

◆问:您还认为历史知识是分层次的。

●答:对知识本身我有两个看法:一是知识的层次观。有的知识层次高,有的层次低。这个本身决定其在历史知识体系中地位的高低,所以不是什么知识都是重点、都要抓。二是知识的价值观。有的有用,有的没有用。如有的老师上课时津津乐道慈禧吃绿豆芽嵌鸡丝等,有的甚至起反作用的效果。因此,教学时精选材料是很重要的。

◆问:我们看了您的论著,发现您较早就对"双基""三项任务"等进行了研究。请给我们说说引发您较早关注这方面研究的情况。

●答:传统的思想和习惯对知识教学和思想教育比较重视,也积累了很多经验。但我们对智能发展和培养的重视不够,也缺乏经验。当时世界科技以及形势发展非常快,对培养什么样的人提出了更高要求,如果我们不重视这个问题,就没法适应未来社会发展。"三项任务"是辩证统一的:知识是基础,进行情感教育,进行智能培养是通过历史知识来达到的,不是空的;智能的培养是核心,我们通过历史知识不能就知识论知识,学生通过历史学习,智能有所提高,这是核心;思想教育也要在知识基础上进行,这是灵魂。

◆问:您在多篇文章中都提到孔繁刚老师、包启昌老师的讲课,请给我们说说他们的课堂特色。

●答:孔繁刚老师上课最成功的地方就是学生学了之后,学会思考。该校学生虽然绝大多数选考理科,但认为孔老师的课对他们日后成长很有用,喜欢上历史课。包启昌老师教学最大的特点是一堂课一个中心,这是他的理念。可以不讲一堂课一个重点,但一定要有一个中心。备课不要就课论课,要放到整个知识体系中来看。

◆问:请您详细给我们讲讲包老师的一堂课一个中心。一堂课一个中心与一堂课一个主题、一个灵魂有什么不同?

●答:我与包老师结缘较早。20世纪60年代初,我们系要求青年教师到中学兼课。我有幸到敬业中学上高三的中国现代史(当时没有"高复"的说法,完全按教学计划上课),历时一年,包老师和另一位老师是指导教师,我常听他们的课。包老师的马克思主义理论水平、历史专业知识和历史教学能力功底很深,上课时能将三者统一于历史教学过程中。他的一堂课一个中心是很有道理的。我们知道,一个时期只能有一个中心任务,不能有多个中心任务,其他任务要围绕中心任务来运行。上课也是如此。包老师的一堂课一个中心,是指对教学内容的把握,从总体到部分来考察,有根线贯穿始终。如他上"英国资产阶级革命"一课,就将其放在"资产阶级革命"的知识系统中考察,明确其地位与作用。因此包老师上课,中心明确,重点突出(一个中心可以是一个重点或一个以上重点)。至于是否一个主题、一个灵魂,我说不好。包老师的"一个中心"是从教学内容

（教材）的组织和处理、把握整个教学过程活动来说的。

◆问：您觉得现在我们的历史教育主要存在哪些问题？

●答：最大的问题是学科地位。现在提三维教学目标，我觉得要求太高也太空了。以前，有位老师讲我们历史教育的思想教育目标是吊在半空中的，他说我们要脚踏实地，要下来。为什么教历史，学生为什么学历史，是让我们的后一代不但了解我们的历史，而且要通过学习历史使自己形成历史意识、历史思维。我参加上海历史特级教师评审时发现，语文老师有他的定位，有的主张语文是文，让学生会说会读会写；有的主张文道结合，就是结合思想教育。但我们历史老师却缺乏自己的学科教学理念。现在的杂志发表的文章，两大类占绝大多数：一是教学方法研究，一是考试研究。这些虽都必要，但对学科定位、学科目标研究太少了。我觉得现在有一个好现象，历史老师的学历层次提高了，很多老师都是研究生学历，这对历史教材的专业把握会好些。

我们搞教学法的源泉在中学，所以一定要到中学去听课，拜中学历史老师为师。中学新的教学环境、新的教材以及课程标准，老师遇到什么问题，这些都是教学法老师需要去研究的问题。要源于实践，高于实践，用于实践。我经常给研究生讲，你们的论文差一口气。大多是某个问题，以前是怎么样，现在怎么样，国外怎么样，都是叙述性的，最后再讲一讲对我们的启示。我觉得做研究还是要多一点理论色彩，也不要太多去搞国外的东西，很多人就是知道点皮毛而已，网上的材料也有局限性、片面性，不实地了解，很难提高论文质量。

◆问：您研究历史教学法、当历史教学法老师几十年，有哪些感悟？

●答：我的第一感悟是：一要兴趣，二要热爱。要感到作为历史教学法老师的骄傲，从事这门学科研究的骄傲。很多研究生毕业都不搞这个了，这个很可惜啊。历史教育太重要了，篡改的历史，不正确的历史教育可以让人丧失理智，带给学生假的历史，也就带给负面的人生观、价值观。日本历史教材就讲侵华战争是"进入"，不讲侵略。台湾一度也是改得非常厉害，武昌起义叫"起事"，孙中山不叫"国父"。我写过一篇关于中学生历史意识的培养的文章，开篇就引用了美国学者芮文斯的话："人类经历了世界大战的洗劫，现在正好像经历了暴风雨的大船，又再度驶向一个未知的大海。水手们需要观察星座，校正航向，而历史学和历史教育正是悬在天上的星座。"

2011年我给一所学校的高中学生讲"历史学的智慧和智慧地学习历史学科"。历史学是一门聪明学、智慧学。我有三个比方，历史学是一面镜子，是一条鞭子，是一把梯子。镜子是以史为鉴，借鉴作用。鞭子从小的方面说激励我们，鞭策我们个人不断前进；大的方面说就是激励我们的责任感，为国家、为民族做贡献。梯子就借助它获得其他知识和能力，获得智慧。结果学生听了很感兴趣，要报考历史专业，有的学生还来我们系找教授咨询。

第二个感悟是：把握机遇，善于学习。任何事情，只要做了，与长知识、长智慧、长能力都有关系，即见多识广。我退休之后学校聘请我做教学视导员，随便哪个教室都可以去听课，做好记录再向教务处和主管教学的校长反映。学校问我同意不同意，我当然同意，这是给我免费学习的机会啊。文科理科我都听，本来不懂的，听了就知道了一些。我特别喜欢去教育学院听课，我不把它看成一个交差的事，而是看成一个学习的机会。我们不要说这个专业不是我研究的领域，我就可以不学习。我们老讲专业对口，国外不注重专业是否对口，只注重适应性，注重你的经验和能力，能适应不同岗位的工作。有的老师一天到晚怨天尤人，说自己没有什么学术成就，都是因为工作变动很大造成的。总是归咎于客观环境，他没有想到做其他事同样可以学到不少东西。因此要干一行爱一行，热爱自己的工作。

◆感谢您接受我们的访问，让我们了解更多关于历史比较教育方面的情况。而且，您对历史教育的深厚感情和深切感悟也让我们感动，更值得我们学习。

(本文选自《中学历史教学参考》2013年第9期)

冯一下（1939—），四川蓬溪人。1957年考入北京师范大学历史系，大学毕业后，一直在成都的中专、中学、高校从事教学工作。担任过市级历史教研员，兼任过系主任等教学行政工作。1999年从成都教育学院退休，因学校合并，现为成都大学副教授（已退休）。

冯先生从教初期，业余时间研究中国古代史（以秦汉史为主），兼及中国近代史某些问题（如太平天国、辛亥革命等）。1977年，因专任历史教师，转而以中学历史教学为主要研究方向。四十余年来，着重研究四个方面的问题：（一）中学历史教学的理论与方法，在历史教学的美育、历史思维、历史观与历史教学等问题上用力较多；（二）中学历史教学内容的选择与更新；（三）初中历史教材改革的理论与编写实践；（四）高考历史命题改革研究。著有《历史教育新探》《改革中的历史教育》等；主编《中学历史分类学习纲要》《现代化的进程与启示》等；曾参与编写初中历史教科书。发表历史教学研究文章百余篇，注意理论与实践、宏观研究与微观研究相结合。

生活与治学:我的教育探索之路
——访历史教育专家冯一下先生

○ 陈德运　陈　倩　马玲玉

◆问:冯老师好,感谢您接受我们的采访。

●答:来我家还算顺利吧,将我的住址念成33233就记住了,否则的话,走到大门口还要问,很麻烦的。

◆问:与您电话联系时,我们就记住地址了。

●答:现在我们历史教育中谈记忆能力培养的很少,我准备写一篇《谈虎色变说记忆》。我认为,历史教育应该培养这方面能力和方法。《义务教育历史课程标准(2011年版)》中虽然谈了很多能力,就是没有谈记忆能力。前段时间遇到叶小兵老师,当面请教这个问题,他说害怕别人说"死记硬背"。我觉得,这有点因噎废食了,历史学科难道不能培养记忆能力吗?事实上,历史学界对记忆是非常重视的。譬如,享誉国际的法国历史学家、年鉴学派的第三代重要代表人物雅克·勒高夫(Jacques Le Goff)有一本翻译过来的中文作品叫《历史与记忆》,谈的就是记忆对历史的重要性:"记忆滋养了历史,历史反过来又哺育了记忆,记忆力图捍卫过去以便为现在、将来服务。"历史是最重视记忆的,我们历史教育不培养学生的历史记忆能力和记忆方法,这肯定是不行的。

◆问:据我们了解,有的地区、有的老师,让学生背书,直到晚上12点。强调记忆能力会不会造成更多的负面影响呢?

●答:背书是锻炼记忆能力吗? 这与巧妙的记、灵活的记要分开来看。在理解的基础上记忆,在记忆的基础上加深理解,这是一般要求。要选择最适合自己的方式、方法去记忆。同一件事情,每一个人的记忆方法是不同的,对你来说这个方法很好,对他来说就不一定合适。例如,以前自行车有牌照,成都市当时是7位数。虽然我的自行车卖了很多年了,但至今我还记得车子的牌照号码:1949887。我当时看到这个号码就笑了,回来就给孩子说,那个牌号是1949年爸爸(88)骑(7),我是你的爸爸,我来骑。我们现在对历史记忆能力的要求是从一个极端走向另一个极端。中国的教育一提倡什么就集中地搞什么。比如说一提倡多媒体教学,就大量使用,不用似乎就落后于时代了。以前我们批评老师讲授是"满堂灌",过去是"口灌",现在又成了"电灌"。前些年介绍苏联沙塔洛夫的图示教学法,全国都在搞,每一堂都搞,观摩课如果没有图示就好像落后了。现在又几乎不用了。用就滥用,不用就丢掉。其实,老师若是设计出科学、形象的图示,完全可以继续用嘛。

◆问:不只是历史教育,其他学科也存在从一个极端走向另一个的状况。比如有的地方就限制教师讲课时间,15或20分钟,不能超过规定时间,其余时间由学生支配。您认为导致这种现象的根本原因何在?

●答:这是因为中国的教育教学完全没有自己的整体教育理论作为支撑,从国外引进什么,就一股风似地学,所以经常出现摇摆。当然这不是唯一原因,但至少是一个重要原因。

◆问:中国的教育任重而道远,需要更多人努力。您就是这样一位为了中国历史教育事业而辛勤工作的学者。退休十多年了,您还不断写文章,这种对学术的担当精神让我们特别敬佩。请您给我们谈谈您的求学和学术研究经历。

●答:我的经历既简单又复杂。说简单,因为我生在学校,长在学校(父亲是中学老师,学中文,教过历史),读书在学校,工作在学校,退休了还在学校领退休金,"后事"还要学校办。说复杂,我在不同类型的学校工作过,教过十来门课。年近"不惑"才开始投入历史教学研究,而今70多了,还在这个圈子里摸爬滚打。一般人总认为,研究什么,自己就能决定,这是很表象的。我的感受是,生活的路决定治学的路;研究的内容与方式、方法会受生活的影响和制约。我在四川南充长大,在南充初级中学上的初中,就是现在西华师大对门的南充五中。高中读的是南充高级中学,高考就在今西华师大校园内考的。我现在想起当时的一个细节觉得很有意思。那天下午要考历史,记不清了,也许是考政治,走在去考场的路上,几个同学就讨论要考什么题,我猜要考"为什么社会主义阵营要以苏联为首",这个问题我早就准备好了,结果当天下午果然考了这个题。

◆问:您是怎么知道会考这个题的?

●答:那时,我订了一份《时事手册》,其中就有一些文章谈到这个问题。1957年我考到了北京师范大学历史系,其实那会儿谈不上对历史有什么兴趣。北师大历史系和中文系在四川只收2人。我的一个同班同学也要考北师大,他更喜欢文学,我说我们两个不能"互相残杀"嘛,于是他报了中文,我报了历史,结果我俩都被录取。南高1957年只有5个人考到北京,全国也就10万多人上大学,估计现在硕士研究生都远不止这个数了。

大学期间因身体不好休学一年,所以我是1962年毕业的。当时是困难时期,不好分配,教育部就请中央各部委帮忙。我分到四机部,就是后来的电子工业部,但没有到部里,直接到具体单位——成都无线电机械学校,现在升格为成都工学院。到了学校,领导就问我上什么课。我一看,教务处墙上的大课表中有"中共党史",就说我适合教"中共党史"。但"中共党史"属政治课,我出身不好,学校让我改上语文课了。所以"文革"前我一直上语文课。当时有一度说不办中专了,教普通课的老师就分到中学。我分到了成都第二中学,先后教过语文、地理和政治。1977年恢复高考,我开始正式教历史课。我的历史教学研究也是从这之后开始的。1985年,我调到成人教育学院,教过中国通史、中国教育史、行政管理学、哲学等课程。好在一直没有丢掉历史教育研究。我从教早期研究的方向是秦汉史,属业余研究,后来方向才转变的。

◆问:也就是说,您离开中学教育界,但一直没丢下历史教育研究。

●答:是的。我周围很多朋友都是中学历史老师、历史教研员,他们经常叫我参加他们的活动,让我给他们开讲座、讲高考。1962年我就开始写文章给一些报纸、杂志投稿,但一直没有发表。当时只以为是我的水平不够,后来才知道,那会儿写文章投稿,报刊要去函征求作者所在单位的政治审查。报刊来函征求我们单位意见,领导不同意发表,因为我出身不好,也怕我走"白专道路"。我的文章最早是1979年在《四川科技报》发表的一些有关科技史的短文。1980年,第一篇研究历史教学的文章《试谈历史教学的生动性》发表在《历史教学》上(我的《历史教育新探》一书收录了这篇文章)。在这之后,每年都会发表一些。北师院(今首都师大)的周发增、于友西等先生对我留下印象是在1983年的成都年会上。当时我提交了两篇文章,一篇是关于爱国主义教育的,一篇关于美育的。他们关注我就是从培养学生美育那篇文章开始的。

学科美育是蔡元培先生等开始谈的,专门谈历史教育中的美育我是比较早的,在香山会议上一篇日本学者提交的文章也引用了我谈美育的观点。从历史教育研究的角度看,我是业余研究者,因为历史教学研究从来都不是我的主业。我有时在想,我到底是业余的专业研究者,还是专业的业余研究者。我不像叶小兵、赵亚夫老师是专业历史教育研究者,历史教育研究一直是我的副业。退休之后,我没有固定性的工作,一般都是上讲座性质的课。空余时间是比较多的,读读写写,每天两个小时左右,现在每年大概发表十多篇文章吧。

我写了很多文章,大体上可以分为三类:一是中学历史教学的理论、理念、方法问题;二是中学历史教育内容(与历史研究相关联的内容);三是高考。有人说,我是中国研究高考时间最长的人。这有可能,20世纪70年代末一起研究高考的同行退休后都不干了。实际上,还有一个方面就是教材的编写。从1989年第七次课改起,我就参与初中历史教材的编写,1999年又参与了川教版的编写,还曾三次主编成都历史乡土教材。

◆问:我们知道您多年来笔耕不辍,原动力是什么?

●答:兴趣。年轻时,我的业余兴趣一是篮球、二是写作。年迈了,不能打球了,但写作兴趣还有。看到一条好材料,快乐;想到一个题目,快乐;写成一篇文章,快乐;发表一篇文章,当然更快乐。成都是休闲城市,麻将、茶馆、小吃"闻名"全国。我也会打麻将,也坐茶馆,但偶尔为之,而且没有找到太多的快乐。晚年追求的好像更多的是"创造的快乐"。但毕竟退休了,我并未把历史教学研究当成事业。与人谈及这一点,有朋友觉得不好理解,但实际的确如此。"做自己想做的事",说起来容易,实际很难,退休后我做到了,因此当下特满足。

◆问:您研究历史教育方方面面的课题,与您的生活经历有很大关系。多年参与教材编写,对教材有深刻认识;课改之前您发表文章认为,我国初高中历史教科书的内容重复率比较高,课改后初中按"主题加板块"、高中按"专题加模块"编写,您认为重复率高的问题得到了真正解决了吗?

●答:正因为重复率比较高,我大概在2000年提出一个观点:为了避免重复,高中历史应重新设置,高一开设"中国20世纪史";高二开设"世界20世纪史";高三开设"中外古代史"。为了保证其系统性,20世纪中国史和20世纪世界史前面都有一个序章,将远古至19世纪的历史拉通,篇幅稍微大一点,接下去,再讲20世纪史。这样可以避免初高中内容重复的缺陷,同意这个观点的人不是很多。现在初中"主题",高中"专题",仍旧没有解决重复的问题。在中国,解决这个问题是比较困难的。初中虽然学了,但基础并不是很好,到了高中学习历史基本上又是从零开始的。这个问题如何解决还需继续探讨。

◆问:现在,对高中历史有一种设想,就是按"大时序下的小专题"编写教材。

●答:今后初中是按时序,基本上不要"专题"。用我的话说就是"重时序,废专题"。高中呢,有的研究者提出的设想是"大时序小专题"。这也是我最近正在考虑的问题,这也需要换个角度看了。

历史不仅仅是史观的问题,史学也不仅仅是史观的演变问题,还要从历史叙述学的角度去考虑。从我阅读来看,中国目前研究历史叙述学最有成就的是陈新教授。历史叙述学认为,在传统史学时期,历史是叙事史、故事史。20世纪"新史学"是问题史、分析史。未来的历史课程应该是这两者的结合。2001年课改以前,历史教材是叙事史的体例。按2001年和2003年课程标准编写的历史教材是问题史、分析史,专题、主题就是重视一个一个的问题。第三阶段走向目前还不很清楚。《义务教育历史课程标准(2011年版)》想回到叙事史体例,重视时序性,否定了主题的作用。所以很多老师现在就强调时序,好像只有时序重要。我认为,要从史学发展的长河来考虑,重视时序是对的,但只重视时序也不行。法国年鉴学派第一代代表人物之一马克·布洛赫认为"倒溯"思维相当重要,马克思也强调"从后思索"。不仅要从古到今,还要从今到古,二者互补才行。

研究历史课改、课标和教材,除了要注意史观的变化外,还要把历史叙述学理论融进去。当下有的学者把历史叙述提得很高,甚至认为广义的历史叙述学就是历史学。我觉得虽然提得有点高,但要注意历史叙述的转变。1979 年斯通发表了《历史叙述的复兴:对一种新的老历史的反思》之后,史学又有一个变化。张广智先生主编的六卷本《西方史学通史》说,新史学是"被砸得粉碎的历史学""没有人的历史学"。历史新课程建设不仅要考虑史观的变化,还有考虑历史叙述的变化,两者结合起来才符合历史发展方向和人的思维发展方向。

我觉得以后发展方向是叙事史、故事史与问题史、分析史的结合。"大时序小专题"是有道理的,符合历史叙述的发展趋势,就看怎么构建了。所以我在最近写的一篇文章结尾说:"有的学者提出今后高中历史应该是大时序小专题,这个方案实用性和可行性结合得非常好,是应该给予重视的。"历史教材一个是史观的问题,一个是历史叙述的问题,还有一个是类型问题。一种是社会需要型,一种是学生发展需要型,一种是学科体系型。我认为,恐怕在相当长时间里我们还得采用学科体系型。因为,社会需要型我们做不到,学生发展需要型我们也做不到。在学科体系型教材中,我们尽量满足社会需要和学生发展需要。《普通高中历史课程标准(实验)》就是打破学科体系,现在的高中历史有点像被批判的新史学那样,是"被砸得粉碎的历史学"。我看不行。

◆问:我们也听到一些说法,现在的中学历史教科书老师难教、学生难学,是因为很多不了解中学实际情况的大学老师参与教科书的编写。您怎么看这个问题?

●答:大学老师编写中学历史教材肯定是需要的。任何一种中学教材,编写者都需要有相当一部分大学老师,这是因为大学老师专业水平比较高,对某一段历史掌握得比较深透,对史学发展成果了解也比较多,这可以提高或保证中学历史教材的水平。所以,大学老师参与编写教材是必要的。但是,参与编写中学教材的大学老师必须了解中学历史教学,必须了解中学历史教材的理论、理念。全是大学老师编写中学历史教材恐怕也不行。应该说,川教版编写组人员结构是合理、优化的。大学老师、中学教研员、中学历史教师都有,大家共同参与真正合作,而不是找几个中学老师来提提意见就行了。

◆问:历史不断发展,历史教学观点也需与时俱进,在这方面您有什么见解?

●答:我觉得自己有点像"二传手"。20 世纪末以来,我在吸收并大体消化之后,把中外史学界史观研究的成果,如现代化史观、整体史观(全球史观)、文明史观、社会史观和生态史观(环境史观)、后现代史观等,以通俗的方式,相继介绍给中学历史教学界的同行,与大家共享,影响较大。因我的介绍除论文形式外,还结合高考历史试题研究情况,所以吸引了众多一线历史教师的"眼球"。一般认为,比较系统地向中学老师介绍物质文明、精神文明、政治文明、社会文明和生态文明"五分"理论及其在历史教学中的运用的也是我。生态文明问题,川教版较早注意到了。如讲北京人,教材写了龙骨山上树林茂密,野兽出没,山下有河流等。起初,有的人就提意见说,你们把这些写进去干什么?这个肯定不会考。我们说不能这么讲,没有这个生态环境,北京人就不可能在龙骨山一带生存发展。再如,写的都江堰与其他版本也不一样,我们强调都江堰最大特点是"无坝引水,自流灌溉",它是"生态型"水利工程。联合国教科文组织将其列入世界文化遗产的关键就在这个地方。1983年,全国历史研究会在成都召开,我带一些老师去参观都江堰,给他们当导游,有老师对我说:"冯老师,以前我们给学生讲都江堰都是乱讲的,今天看了,你又给我们讲了,基本上搞清楚了,回去不会乱讲了。"

◆问:一线老师虚心好学,让人十分敬佩。

●答:多年的交往经验告诉我,大学老师要尊重中学历史教师——不能用你的长处去比别人的短处。中学老师在理论上、专业上有的地方肯定没法和大学老师相比。但是,即使是优秀的大学老师,往往也只是某一段历史的专家,甚至是某一个问题的专家,某些面上的东西说不定还不如中学老师呢。

◆问:时代在发展,新的历史研究成果相继出现,我们中学历史教科书在编写时也在不断吸收新观点。您觉得除此之外,还有哪些因素影响中学历史教科书的编写?在编写教科书时应该遵循哪些原则呢?

●答:影响中学历史教科书编写的因素,除史学发展的状况和趋势外,还有两个重要因素:一是社会发展需要,二是学生发展的需要。中共十八大强调加强生态文明建设。为适应我国生态文明建设的需要,在中学历史教科书中,必然要更加重视环境史、人与自然关系史。又如,义务教育的根本任务实际上是培养现代公民。现代公民要有较高的文化素养,较丰富的科学文化常识,因此,《义务教育历史课程标准(2011年版)》提出了"普及历史常识"的任务。历史常识对人终生有用,教材就要重视这方面的内容。

编写历史教科书要遵循的原则很多,如注重基础、德育为先等都是必须遵循的。我从1989年起,直接从事义务教育历史教科书编撰工作,主要承担七年级教科书(即中国古代史部分)的执笔任务。二十多年的感受是,创造原则是必须遵循的。编写工作必须依据"课程标准",但不能囿于"课程标准",应在"课程标准"给定的条件下和允许的范围内进行"再创造",而"再创造"的力度决定教科书的质量和特色。在"一标多本"的教科书建设体制下,没有质量和特色的历史教科书是没有生命力的,对由地方力量为主的编写组编写的、由地方出版社出版的教科书来说,尤其如此。所以,川教版编写组在"再创造"上花了很大力气。

◆问:2001年您写文章呼吁传统的知识型历史教师向现代智能型教师转变,请您给我们说说什么是"智能型教师"?

●答:知识型教师就是老师有历史知识,然后就向学生传授或者灌输,让学生获得丰富的历史知识。我当时考虑的智能型教师说得高一点,就是研究型的教师,说得低一点呢,老师不仅有丰富的知识,本身还要有很强的能力,并能将这个能力用于教学中去,让学生既有知识也有能力。当时我考虑得也不深,认为智能就是知识和能力的结合,二者是协调的、互补的,学生也是知识和能力协调的、互补的。

◆问:后来学界又提倡教师专业化发展了,和您这个观点有相通之处。

●答:我当时考虑得不是很深,用今天的话来说,就是认为专业化水平程度高的研究型老师,就是理想中的历史老师了。

◆问:您认为要成为专业化水平比较高的老师,需要从哪些方面做准备?

●答:翻开任何一本关于教师专业化发展的著述,都会提到很多关于教师素质的要求,关键是我们怎样让自己具备这些素质。还是那句话:生活的路决定你专业化的路、成长的路。一般来说,是经验积累与理论提升相结合。但每个人的经历不一样,拿我自己来说,要提高专业化水平,我的重点可能和其他人不一样,虽然我退休了,这和专业化水平提高并不矛盾。我主要得加强对教育理论的学习,反过来对经验这块,可能就不是特别重要了。这与我的经历有关。1957年进入北师大后,一年级开设了心理学,当时是教育系一个姓彭的老师给我们上课,他比较有名。课还没有教完,1958年心理学就被认为是"伪科学"而停开了。二年级开教育学课,教的内容是什么,大家都知道的。所以对我来讲,普通心理学只学了半本书,教育学实际没学,所以底子就很差。"文革"后开始自学,从别人那要了一本《教育心理学讲话》,后来看《教育心理学》。到现在教育学、心理学基础都是比较差的。现在我看西方的史学理论著作是比较多的。我的研究始终是坚持走理论和实践相结合的道路,这是因为我在理论上肯定不像亚夫、小兵老师那样深,但又比一般中学老师要高一些。中学历史教学的实践经验,我又比亚夫、小兵老师多一点,所以我觉得从研究的角度要把自己的优势发挥出来,理论和实践结合就是我的优势。一般说来,我的文章专谈理论的少,专谈教学经验的总结性文章早期有些,后来也少了,理论和实践结合的比较多。现在的问题是,专业化的标准已经有了,关键是我们怎样去落实。

◆问:每个人走的路不一样,专业化发展的方向也会不同。那些谈专业化发展的著作中说教师应该怎样发展,整齐划一的标准岂不是会困扰教师专业化发展?

●答:可以作为一把尺子量一下自己嘛,是每一方面都差,还是哪一方面差得特别厉害呢?专业化发展是一个长远目标,但要分阶段,这段时期重点搞什么,下段时期重点做什么,要一步一步地走下去,持之以恒,必然提高。

◆问:在专业化发展方面很多人有苦恼,觉得什么都要发展,不分阶段,想齐头并进去发展,听了您的建议,我们清楚了,要分阶段进行。

●答:理论总是比较全面的,与实际有一定的距离。要实践这个理论就要分阶段,搞清楚长期目标是什么,短期目标是什么。看看我们平常走路,不可能双腿同时向前跨,总是出左脚、出右脚,身体的重心一会是左边,一会是右边,这样才能走得远、走得平稳。总之,要根据每个人具体情况,发展还要分阶段。

◆问:在您看来,一个新教师的专业化发展一般应该分为哪些阶段?

●答:一般说来,本科毕业走上中学讲台,成为一个历史教师,前三年肯定是以课堂教学实践为主,把初中或高中三个年级的教材通教一遍,熟悉常规教学方式方法。当然这不是绝对的。到了第四年,就该总结经验提高了。以三年为一个阶段,几个三年就可能成熟了。

◆问:《义务教育历史课程标准(2011年版)》提出要以普及历史常识为主,您怎么看?

●答:强调要普及常识很好。常识是学生终生受益、终身有用的东西。以前小学历史强调常识性东西,但是小学不开历史课了。小学历史课承担的普及历史常识的任务就应该移交给初中,这很正常,十分必要。但是,这个问题说起来容易,要落实还是困难的。常识的定义很好下,但其外延很大,与以前我们讲的系统的基本知识之间的界限怎么划分?要普及历史常识,最好列个表,列出历史常识的教学要点,但是谁能列这个表?历史常识教育,与历史基本知识教育一样吗,有区别没有?以前我们初中讲基本历史知识,有时候还讲系统的基本历史知识,现在普及历史常识,这些关系是怎样的呢?这既有理论上的问题,又有操作上的问题,甚至操作上的问题比理论上的问题更重要。否则普及历史常识,与以前的传授基本历史知识就是一回事了。应该说,在普及历史常识这块,历史教学界还没有准备好,得加紧准备。

◆问:进入21世纪,从史观或史学范式来看,我国高考命题已经从单一走向多元,有革命史范式、现代化范式、整体史范式、文明史范式等,您觉得高考用一种范式还是用多种范式相结合命题比较好?

●答:这个问题我也和很多老师讨论过,有的人说是从"一元走向多元"。我说打住,这个提法我建议你最好不要用。"一元"是什么?是唯物史观?"多元"是什么?是唯物史观、现代化史观、文明史观、全球史观、生态史观、社会史观?这就是说,唯物史观与这些史观并列,这是不对的。和唯物史观并列的是唯心史观,文明史观等不能和唯物史观并列。唯物史观有宏观层次、中观层次、微观层次。唯物史观的中观史观是生产力史观、社会形态史观、阶级史观(含革命史观)等。微观史观是具体的结论。我一直认为,唯物史观的中观史观少了,不足以阐述丰富多彩的历史,要发展、丰富。中央党校郭德宏先生也持这个观点,他还搞了一个"民众史观"来丰富唯物史观的中观史观。北师大杨耕先生认为,马克思主义唯物史观还有很多"胚胎""萌芽"形态的东西。当时马克思还没有把它丰富,因此中观史观要发展,就要把马克思那些胚胎性的东西发展起来。实际上,罗荣渠和钱乘旦等先生在引入与改造现代化史观、吴于廑等先生在引入与改造全球史观(整体史观)、马克垚和何顺果等先生在引入与改造文明史观等方面做了很多有成效的工作,这些史观已基本上"中国化"了,完全可以将其作为唯物史观的中观史观用来指导历史教学和高考历史命题。当然,丰富唯物史观的中观史观绝非易事,尚需进一步努力。我国史学界已做的工作,仅仅是开始。作为历史教师,我们应关注这方面的进展。

◆问:您觉得在众多史观的影响下,高考文综试卷中的历史题有哪些新的变化?

●答:一是试题"材料化",几乎所有试题(包括选择题)都是材料型的。用体现不同史观的新材料来创设新情境,根据材料提出新问题,要求考生从材料中提取有用信息,回答问题。二是试题的开放性增强。史观问题,首先是认识历史现象的视角问题。新史观引入后,视角多了、变了,题目也就开放了。同一题目,可以用不同史观和不同材料解答,只要有论有据,逻辑清晰,语言清楚,都可以得分(包括高分)。三是出现了"一个题目多种史观"的试题,就是有的题目提出的问题,考生至少要运用两种中观史观去回答。

◆问:20世纪80年代谈培养学生能力,有的人很反感,现在培养学生的能力已成为共识,您觉得那时所谈的能力和现在谈的能力有什么区别?

●答:20世纪80年代是将教育心理学上一些能力概念移植到历史教育中来,还没有融会贯通,比较生硬。现在好多了。比如,从历史学科特点出发,重视培养学生从历史材料中提取有用信息的能力。重视历史思维能力的培养,以此作为历史学科能力培养的核心。我现在最喜欢搞的就是基础性的理论研究,能在基础性理论上创新是最大的创新。以前哲学上谈感性认识和理性认识,十年前我感到这个分法是对的,但是粗糙了一点。当时读王元化先生的文章,知道实际上感性和理性之间还有一个知性阶段。后来研究了很久,看了康德、马克思、列宁的一些东西后,确信还存在一个知性阶段,认识过程是三个阶段:感性、知性、理性。后来我在一篇文章中论及这个问题,由于诸多原因,未能发表,但收录到我的文集中了。后来我将这个观点发展成《略谈历史认识过程的三个阶段》(见《中学历史教学》2006年第6期),这篇文章真正叫"十年磨一剑"。

◆问:您一直从事历史教育教学研究,对这个领域非常了解,您认为这个领域的研究存在哪些亟待解决的问题?

●答:主要是没有自己的基础理论,所以赵亚夫老师带领你们做回顾、总结工作,这是很有意义的。当然,要形成体系也是比较难的。而且,还有一个理论与实践如何结合的问题。其次,要处理好继承与发展的关系。我和有的学者交换过意见,以前我们认为民国时期的"课标"问题很多。现在仔细研读,发现这也是一笔财富,当时主张的很多东西和现在主张的有相通之处。我们还要借鉴新中国成立以后编制的历史教学大纲等。这些东西存在过于重视阶级斗争以至以阶级斗争为纲等问题,但有些东西也应借鉴、继承。比如,1962年北京市以"红线穿珠"的呈现方式编写修订小学历史教材,1986年小学历史教学大纲要求"以点穿线",都很有意思。实际上,《义务教育历史课程标准(2011年版)》的"点—线"结合,就是对"红线穿珠""以点穿线"的继承,只不过把那时小学教科书的呈现方式"移植"到初中历史教材中来了。在小学不开历史课的情况下,这种"移植"就有创新的成分了。关于发展,上面已经谈了很多,总的来说,内容(史观、史料等)要发展,形式(叙述方式、呈现方式等)也要发展,而且要协调发展,缺一不可。

◆非常感谢您给我们讲述您的研究历程和历史教育方面的思想观点,从中我们也学到了很多东西。而且,您在学术上孜孜不倦的追求令我们感动,更是我们学习的榜样。

(本文选自《中学历史教学参考》2013年第10期)

「龚奇柱(1938—),四川泸县人。1962年毕业于西南师范学院(今西南大学)历史系,在重庆三中(南开中学)执教22年,1984年调入重庆教育科学研究所(今重庆教育科学研究院),历任该所历史教研员、中学教育研究室主任、副所长、党委委员、学术委员会副主任、《重庆教育》主编。龚先生曾兼任中国教育学会历史教学专业委员会第一届理事和第二、三届常务理事及第四、五、六届副理事长,四川省历史学会常务理事兼历史教育专业委员会主任委员,重庆市教育学会常务理事、学术委员会主任委员,重庆市中小学教材审定委员会委员等职,现为重庆市教育科学研究院正高二级研究员、院学术顾问、基础教育历史课程室主任,义务教育课程标准历史教材(川教版)主编,西南大学教授、硕士生导师,重庆市社会科学学术委员会委员,重庆市教育学会历史教学专业委员会理事长,重庆市教师资格认定核心专家组组长,中国人民大学复印报刊资料《中学历史、地理教与学》月刊编委。

龚先生学养深厚,先后主持全国教育科学重点课题"基础教育中的历史与国情教育研究"、重庆市社科重点课题"中小学全面实施素质教育研究"研究工作,著有《中学历史教学法概要》(陕西人民出版社)、《中学历史教材教法通论》(浙江教育出版社),与周发增教授合著《历史教学与爱国主义教育》(山东教育出版社),主编《基础教育中的历史与国情教育研究》(四川教育出版社)、《中小学全面实施素质教育研究》(西南师范大学出版社),参编《中国著名特级教师教学思想录》(中学历史卷,江苏教育出版社)等,发表论文70多篇,有11项成果获四川省人民政府或重庆市人民政府优秀社科成果奖。」

将历史教育融入生命
——访历史教育学者龚奇柱先生

○ 陈 倩 陈德运

◆问:(得知龚老师2012年11月26日将到成都为"教师培训者"国培班的学员讲课,我提前用短信将要采访的问题发给了龚老师。我们在龚老师下榻的四川师大宾馆一会面,龚老师就和蔼可亲地说:"你发的短信今天早晨在动车上读到了。你提的几个问题我不一定回答得好,我们一起交流吧!")龚老师好,请您给我们谈谈您的教育经历。

●答:2012年是我从教50周年,就先说我的教育经历吧。我13岁(1952年)考入四川省泸县初级师范学校,正式跨入人民教师预备队的行列,从此与教育、与教师职业结下了不解之缘。1955年初师毕业后,被免试保送到泸州师范学校(前身为川南师范)学习。三年中师学习结束后,又被免试保送到西南师范学院历史系深造。我整整接受过十年的师范教育。十年师范教育不仅加深了我对教师职业的热爱,还使我较早、较多地接触了教育学、心理学和有关学科教学论的知识,并对其产生较浓厚的兴趣,为我日后从事中学教育和科研工作奠定了一定的基础。我1962年大学毕业,到重庆三中(南开中学)任历史教师。教过从初一到高三的历史课,多次承担市、区的研究课、公开课;当过班主任、年级组长、教研组长。当时的重庆市副市长邓垦、市委宣传部副部长林琳等领导曾推门听过我的课。记得1964年邓副市长在听了我的课后,还指示学校安排让我将这堂课在全校教师中重新示范一遍,以推动学校的教学改革。于是学校将大礼堂布置成教室,让全校各科教师都来听我讲这一课。课后,老师们又给了我许多鼓励。后来,我把教学这一课的体会写成了《挖掘教材的思想教育因素——〈各地的反清斗争〉一课的教学改革尝试》一文,发表在《历史教学》1965年第7期上。22年的中学教育教学实践,是我28年教研、科研工作坚实的基础。

1984年,我被调入重庆教育科学研究所(重庆教科院的前身),专门从事教研、科研工作,也进一步满足了我在中学教育教学实践中就开始的研究渴望。历届领导对我研究工作的大力支持,加上面向全市的广阔平台,使我有如鱼得水的感觉。我在教科院28年了,除从事历史学科的教学研究外,还承担了一些中、宏观教育科研课题的研究和中学历史教材的编写工作。2009年退休后,单位聘请我为院学术顾问,继续从事历史教材的研究和编写工作。

◆问:龚老师您是从中学历史教学一线走上学术研究道路的,请您给我们谈谈您的学术历程。

●答:从教50年来,我的学术活动主要在三个领域:一是学科教学研究,二是中、宏观的教育课题研究,三是历史课程教材研究及历史教材的编写研究。

在学科教学研究方面,我是从总结教学经验起步的。记得1963年4月,当时我还是一个教龄不到一年的青年教师。在市直属重点中学联合备课组的帮助下,我比较成功地举行了一堂校际观摩课,得到老教师的肯定。事后,我把对这堂课教学内容的理解和教学体会,写成了8000多字的经验总结,题目是《〈保卫解放区的武装斗争〉一课的教学》,发表在《历史教学》1963年第11期上。这篇文章的稿费是40元,相当于我一个月的工资。那时发表历史教学研究文章的刊物很少,《历史教学》主要登史学研究文章,教学研究文章登的少,在上面发表文章是很不容易的。这对刚步入教师岗位不久的20多岁的青年来说,真是莫大的鼓舞,可以说,这对我进入教学研究道路起到了引路的作用。以后,在教学实践中我一直重视经验总结。典型教案、课堂教学实录和教学内容处理,都属教学经验总结的范畴。我写的不少教案、教学实录、教学经验文章都发表了。应当说,这是学科教学研究的雏形。后来我跳出总结个人教学经验的局限,围绕历史教学的社会功能、历史教学的任务、历史教学中学生能力的培养、历史教学中的爱国主义教育、历史教学的方法、历史教师的素质等进行专题研究,相关成果有一些也发表了。

在总结教学经验、进行专题研究的基础上,我尝试着就熟悉的内容进行深入研究,希望形成学科理论体系。1980年四川省教育厅教研室、西南师范学院历史系内部出版了我编著的《中学历史教学法》(10万字),在此基础上我不断修改、完善,于1983年由陕西人民出版社出版了14万字的《中学历史教学法概要》,后来浙江教育出版社又出版了我编著的24万字的《中学历史教材教法通论》。我还与周发增教授合作撰写了《历史教学与爱国主义教育》(山东教育出版社)。这都是20世纪80年代的成果,其中,《中学历史教材教法通论》一书4篇18章,力求从理论与实际的结合上,从教师的教与学生的学的结合上,阐明中学历史教学的基本理论,反映这门学科的知识体系。今天看《中学历史教材教法通论》显得很稚嫩,但在当时,先后被几十所高校用作教材,还被列为华东地区六省一市初中历史教师进修用书。第一版印刷13000册,一年多后又重印,总印数达17000多册。作为学术著作,能有这么大的发行量在当时很不容易。华东师大金相成教授为扶持和鼓励我,在《历史教学问题》上撰文评论该书,称之为"中学历史教学的钥匙"。1995年,我撰写的《树立历史教学的整体观》(7万字),收入由江苏教育出版社出版的16卷本

《中国著名特级教师教学思想录》(中学历史卷)中。在我进行学科教学研究的过程中,一直得到《历史教学》《历史教学问题》《中学历史教学参考》等期刊编辑的关心和支持,一直得到我国著名历史教育专家对我的指导、扶持和鼓励,他们为我的专业发展搭建了一个又一个的平台,开拓了广阔的发展空间。我永远不会忘记他们。

◆问:我们知道,在科研方面,您主持过全国教育科学"八五"重点课题"基础教育中的历史与国情教育研究"以及与他人共同主持的重庆市"九五"社会科学重点课题"中小学全面实施素质教育研究",在教育界影响较大,请您给我们说说相关课题的研究情况。

●答:我先后主持过4个课题研究,其中全国教育科学"八五"重点课题"基础教育中的历史与国情教育研究"以及与市教委负责人共同主持的重庆市"九五"社会科学重点课题"中小学全面实施素质教育研究",在重庆教育界影响较大。课题的研究成果及其对中小学教育改革的推动,得到了领导和专家的充分肯定。

1991—1995年进行的"基础教育中的历史与国情教育研究",是当时重庆市基础教育领域首次独立承担的国家重点课题,在重庆和深圳两市的94所中小学和一些单位组织实施。进行这样一个跨省区、跨学段、跨学科、跨行业,学校、社会、家庭共同参与的全方位、多层次的研究,在重庆和深圳均属首次。全国教育科学规划办公室组织的、以中央教科所潘仲茗副所长为组长的专家鉴定组称该课题"在理论和实践的结合上有创新,丰富了学校德育的内容,为学校德育研究提供了一个很好的范例"。这一课题研究的成果《基础教育中的历史与国情教育研究》,由四川教育出版社出版,荣获重庆市教改成果一等奖、重庆市人民政府优秀社科成果二等奖。

"中小学全面实施素质教育研究"以区域性素质教育、学校素质教育、学科素质教育三个层面的实施为研究重点,共48个一级子课题、300多个二级子课题,从1997年起在重庆市13个素质教育实验区和直属中小学以及20个中小学学科全面展开,被市政府定为重庆市全面推进素质教育的"龙头课题"。2001年12月结题时,重庆市社科联、重庆市教委组织的专家鉴定组称该课题"是新中国成立以来重庆市基础教育战线规模最大、影响最大的课题"。重庆市教委负责人和我共同主编的《中小学全面实施素质教育研究》(共29本书)由西南师大出版社出版,2003年荣获重庆市人民政府优秀社科成果一等奖。这是重庆市基础教育领域的研究成果第一次荣获省级人民政府一等奖。

2004年12月,上述成果又被重庆市社会科学规划领导小组和中共重庆市委宣传部评为重庆直辖以来社科规划项目标志性的20项优秀成果中的两项。后来,重庆市教委又授予这两项成果"基础教育优秀成果特别奖"。

这里我想说的是,从事微观的学科教学研究需要对基础教育有宏观的了解和研究,要把微观研究置于宏观教育的背景之中。由我主编、西南师大出版社出版的《中学学科实施素质教育指导》《小学学科实施素质教育指导》就是宏观研究指导下的微观研究成果。

◆问:您除了对基础教育进行研究外,对基础教育历史教材建设也做出很大贡献。您主编过大纲本内地版历史教材,也主编了课标川教版历史教材,请您给我们谈谈历史课程教材建设问题。

●答:我是20世纪80年代后期介入中学历史课程教材建设的,进入21世纪以来,编写历史教科书基本成为我的主要工作。在上一轮基础教育课程改革中,我与西南师大杨光彦教授共同主编了原国家教委统一规划的义务教育全套初中历史教材(内地版),经全国中小学教材审定委员会审查通过后,成为从20世纪90年代沿用至21世纪初的全国通用的四套历史教材之一,在重庆、四川、江西等地使用。在新一轮课改中,我主编的义务教育课程标准全套历史教材(川教版),经全国中小学教材审定委员会一次性审查通过,2005年荣获重庆市人民政府优秀社科成果二等奖。这套教材在坚持以主流意识为指导、发挥历史教材的育人功能方面和创新教材呈现方式、变"教本"为"学本"方面有一定特色,先后在四川、重庆、江苏、河南、湖北、江西、陕西、广东、广西、云南、青海等11个省市的部分地区使用。围绕历史课程改革和教材编写,我撰写了《关于普通高中历史课程设置的探讨》《历史教材编写的几点思考》《历史教科书的编写与历史的真实》等文章。1994年发表在《首都师范大学学报》上的《关于普通高中历史课程设置的探讨》一文,提出在高一开设"中国历史专题史",高二开设"世界历史专题史",高三开设"历史选修课"的设想,与十多年后的高中历史课改思路是基本一致的。这些研究,也算多少有一点创新性和前瞻性吧!

◆问:10多年前,您就撰文探讨高中开设"专题史",这与10多年后的高中历史课改思路有些不谋而合。请您说说,您当时是基于什么样的考虑提出开"专题史"的?

●答:关于高中开设"专题史"的主张,我实际酝酿了两年多的时间。20世纪80年代,普通高中只在高一年级开设《世界历史》,重理轻文的情况较为突出,造成高中学生知识结构不尽合理。为解决这些问题,1990年初,原国家教委颁发了《普通高中教学计划的调整意见》。根据《调整意见》,历史课在高一开设必修的《世界近现代史》,高二开设必修的《中国近现代史》,高三开设选修的《中国古代史》,这是与九年义务教育相衔接的高中教学计划尚未制定之前采取的过渡措施。为了制定1996年开始实行的与九年义务教育相衔接的普通高中历史教学计划,1990年9月,原国家教委基教司组建了高中历史课程设置问题研究小组,该小组承担制定普通高中历史课程的设置方案。我被指定为研究小组成员,参加相关研究工作。研究小组以人教社的专家为主,有苏寿桐、李纯武、王宏志、臧嵘、严志梁等。当时的背景是,全国每年高中毕业生约270万人,其中70万人升入高校,200万人进入社会。这些高中生在初中已学过初步的中国史和世界史知识。需要思考的是,怎样从高校和社会两方面需求来考虑高中生在初中已有历史知识基础上,应接受什么样的历史教育,应开设什么内容的历史必修课和选修课,需要多少课时,必修课和选修课的比例是多少,等等。

在高中历史课的设置上,当时国内有不同的主张:有的主张开两门通史,在义务教育基础上,再来一次螺旋式的上升;有的主张只开一门世界史,将中国史安排在世界史中学习;有的主张改变高中阶段中国史、世界史分别设置的情况,采用中外历史合编体例的统称为"历史"的课程,当时上海市就是按此思路率先进行改革的。我在认真研究各种主张的利弊得失的基础上,1993年撰写了《关于普通高中历史课程设置的探讨》一文,并在当年7月举行的"20世纪末历史教学和历史教材改革的趋势国际学术会"上进行了大会交流,引起较为广泛的重视,《首都师范大学学报》于次年发表了该文。我在文中提出了普通高中高一开设必修的"中国历史专题史"、高二开设必修的"世界历史专题史"、高三开设"历史选修课"的设想。提出这一设想是基于两方面考虑:一是当时高中历史课程内容与初中历史课程内容是圆周式的简单重复,高中历史实际成为初中两门通史的"复习"。这种情况不能使学生受到更高层次的历史教育,也窒息了高中学生继续学习历史的兴趣(中央教科所当时的调查显示,高中学生对历史学习的兴趣在高中学科中已排到第6位)。二是考虑到高中学生不同于初中学生的学习心理特征。同初中学生相比,高中学生的认识能力已有大的发展,他们的学习兴趣已由对生动具体的史实转移到对历史知识内在联系的把握和对历史的本质及规律的认识上。变通史体例为专题史体例,有利于学生构建新的知识体系,有利于学生从历史知识的本质联系中获得更多的新的知识、新的认识。

◆问:现在的高中历史教材是专题史,很多老师认为专题史很难教学,您怎么看这个问题?有的学者倡导改回原来的通史体例,也有的学者坚持专题史,您是如何看待现在的专题史教材呢?

●答:普通高中的历史课程无论必修课还是选修课,在体系的构建上都采用专题史的形式,避免了与初中历史的简单重复。同过去开两门通史相比,我认为这是一种进步。当然,按照专题史体例编写的高中历史教材,广大师生在使用中还感到不适应,觉得这种体例存在一些问题。如模块之间、专题之间内容的重复交叉;有的重要历史内容在必修模块中有缺失;中外历史交叉编排的体例,造成纵向历史内容的割裂,等等。尽管现在的高中专题史教材存在某些不足,但我还是主张今后的高中历史教材依然采用专题史体例,但不是现在这种中国史、世界史交叉合编的专题史,而是分别设置中国历史专题史、世界历史专题史。专题史一般采用对历史纵向描述的方法,既要注意同类历史现象间的联系,构成专题历史发展的线索;又要注意对重大历史事件、重要历史人物叙述的深度,不宜全方位地扩大知识的广度,更不必覆盖两门通史的全部内容。

◆问:您与周发增教授合著的《历史教学与爱国主义教育》一书,是最早阐述怎样将爱国主义教育贯彻到历史教学中的一部专著,在中学历史教学界影响很大。当时您还在中学任教,怎么想到要和大学老师合作著书呢?

●答:爱国主义教育是历史教学的主旋律,也是历史教学永恒的主题。新中国成立以来颁布的历史教学大纲都将爱国主义教育作为历史教学的重要任务。我在历史教学中也一直重视爱国主义教育的实践和研究。1979年,我曾撰写《试谈历史教学中的爱国主义教育》一文,发表在《西南师范学院学报》上,这是粉碎"四人帮"以后较早研究爱国主义教育的文章。1981年8月,全国历史教学研究会成立大会暨首届学术年会在北京师范学院(今首都师大)举行,我向大会提交了题为《中学历史教学如何进行爱国主义教育》的论文,并在会上交流,《历史教学》期刊参会的一位同志(后来知道他是杜汉鼎编辑)鼓励我,并说文章他们准备发表。有关爱国主义教育的研究成果得到肯定,是对我的鼓励,也激起我对爱国主义教育进行深入研究的冲动。恰逢在北京年会期间,我与北京师范学院教育科研所的周发增同志再次相见,共同商定合作进行"历史教学与爱国主义教育"的研究项目。

说起与周发增的合作,确实是一种缘分。1980年8月,全国历史教学法学术研讨会在河南开封师范学院举行,有50多位学者参加,这次会议既是粉碎"四人帮"后的首次关于历史教学法学科建设的会议,又是成立全国历史教学研究会的筹备会。我是作为中学历史教师的代表参加这次会议的。会议期间结识了周发增。实际上早在这以前,我就在《历史教学》上读过他写的研究北京二十八中陈毓秀老师和北京东直门中学宋毓贞老师课堂教学的文章,觉得他对两位老师历史课的点评说到了点子上,说明他深入教学实际,善于与一线教师合作,由此对他产生了敬意。在开封见面后,他主动给我打招呼,和蔼可亲,平易近人,对我们一线中学教师很尊重。他是大学的研究人员,理论功底深厚,研究视野开阔。与他合作研究,可以弥补我理论功底的不足,实现优势互补。所以在北京年会期间,当提及如何合作深入进行爱国主义教育研究这一课题时,可以说是一拍即合。经过一年的研究,写出了全书的初稿。1982年8月,在山西太原举行的全国历史教学法学术讨论会期间,我们请南充师院(今西华师大)吴景贤教授等审读初稿。听取意见经过修改后,由北京师院教科所打印成册,分送一些单位和同志广泛征求意见。后来又根据当时中共中央宣传部、中共中央书记处研究室《关于加强爱国主义教育的意见》的精神再作修改、初步定稿。1983年11月,全国历史教学研究会第二届年会在成都举行,我们又将书稿的编写提纲印送给与会学者,再次征求意见。到1984年下半年,书稿才交山东教育出版社出版。整个合作研究历时长达三年。应当说这是高校理论工作者与中学一线教师合作进行研究取得成果的一个案例。我不知道能不能将其作为今后历史学科教学研究的一个方向。在合作研究中,我与周发增的友谊也更加深厚。他是我的兄长,更是我的挚友和导师。

◆问:您认为新时期历史课的爱国主义教育是不是也应体现一些与以往不同的特征,或者说加入一些新的内容呢?

●答:关于新时期历史课爱国主义教育的内容,我想至少以下几方面需要强调:第一,结合历史学科的特点和优势,坚定不移地对学生进行中华民族的优秀传统教育,这是历史课爱国主义教育的传家宝,任何时候都不能丢。第二,要突出中国近现代史教育,让学生了解新中国成立的意义,了解中华人民共和国成立后的历史,特别是改革开放以来翻天覆地的变化,了解这个变化的来之不易。这是我们坚持中国特色社会主义道路、理论和制度的结果。我们曾走过曲折的道路,但是最终定格在中国特色社会主义道路上。党的十一届三中全会以来,我们坚持改革开放,使国家的发展真正进入了快车道。这充分说明只有中国共产党才能救中国,只有走中国特色社会主义道路才能发展中国。以上两个方面教育,实际就是对学生进行以爱国主义为核心的民族精神教育和以改革创新为核心的时代精神教育,进行实现中华民族伟大复兴的教育。第三,历史课中的爱国主义教育,要与形成国际意识相结合。世界上一切优秀的文化可以结合我们国家的实际为我所用。我们要引导青少年理性地爱国。历史课应该引导青少年融入世界,与世界和谐相处。这种和谐不仅是国内人与人之间的和谐,世界各国人民之间也要和谐。

◆问:您长期从事中学历史教学和历史教研工作,根据您的认识、体会,您认为备好一堂历史课有哪几个关键点?

●答:我认为研究课程标准、研究教材、研究学生、研究怎样指导学生学习,让学生的思维真正动起来,是备好一堂历史课的关键点。课程标准规定了一堂课的教学内容的重点及三维目标要求,是教学的重要依据。但观察课堂教学可以发现,不少教师对此有所忽略,以致课堂教学中"出轨"。历史教科书虽然不是"圣经",只是学生学习的一种材料,但不可否认的是,不少地区、特别是农村学生课程资源缺乏,历史教科书实际上是学生学习历史的主要材料,甚至是唯一材料。备课中教师要认真研究教科书,研究教科书对课程标准要求实现的程度,确定利用教科书筛选、整合教学内容的方案,从而帮助学生掌握教科书的基本内容,或引导学生质疑教科书中的某些内容。研究学情也十分重要,不同学生的知识基础、对历史的兴趣程度,是教师选择课堂教学策略的依据。备课的最后一个关键点,是要思考课堂教学程序的安排,思考采用什么教学方法、教学手段可以调动学生的学习积极性,让学生的思维真正动起来。

◆问:您认为一堂好的历史课应该有哪些标准?

◆答:记得华东师大叶澜教授曾说,一堂好课应是有意义的课,有效率的课,有生成的课,常态下的课,有待完善的课。从历史学科的特点出发,看是不是一堂好的历史课,能不能有这样一些标准:第一,依据课程标准、整合教材、教学程序设计合理,教学思路清晰,教学目标、内容、方法三者协调一致;第二,历史课的三维目标有机结合,能潜移默化地对学生进行情感、态度、价值观的熏陶,没有穿靴戴帽的说教痕迹;第三,尊重学生的主体地位,注重教学生成,创设一个有利于学生积极思维、深度思维的开放的学习环境,学生学得主动,学得快乐;第四,能充分发掘和利用多种历史课程资源,合理使用现代教育技术,实现信息技术与历史教学的有机整合;第五,教师自身的内功扎实,具有教学灵感,讲究教学艺术,充满教学智慧,实现有效教学。

◆问:您与人合作主持重庆市社科重点课题"中小学全面实施素质教育研究",十分重视素质教育,但现实是"素质教育喊得震天响",而"'应试教育'搞得扎扎实实",我们应如何让素质教育真正走进历史课堂呢?

●答:早在1993年,中共中央、国务院在《中国教育改革和发展纲要》中就明确提出"中小学要由'应试教育'转向全面提高国民素质的轨道",以后又推出《深化教育改革全面推进素质教育的决定》,教育部还制订了《面向21世纪教育振兴行动计划》,可以说实施素质教育是中国教育从20世纪90年代以来的重大主题,已上升为政府行为、国家意志。30多年来,包括历史教育工作者在内的我国广大教育工作者,在理论与实践上对中小学全面实施素质教育进行了研究和探索,取得了可喜的成绩。新一轮基础教育课程改革体现了素质教育的要求,实际是探索素质教育实施的一个重要方面。新一轮课改的成绩,无疑是实施素质教育的重要成果。30多年来,特别是新一轮课程改革以来,广大历史教育工作者自觉更新教育观念,按照全面实施素质教育要求不断改革历史教学。今天我们走进历史课堂,无论是全国历史优质课大赛中的示范课,还是常态下的"推门课",我们都会感到一股素质教育的春风迎面拂来。但也应当看到,在高中教育、高等教育逐渐普及的今天,由于复杂的社会原因,人们总是把升入重点中学、重点大学、名牌大学作为选择人生理想职业的渠道。如果没有对学校教育质量的科学的评价标准,势必使素质教育的各个方面失衡,"应试教育"就可能大行其道。我们不少历史教师确实还有升学的压力,有社会的压力,可以说是在素质教育和"应试教育"二元体系的运行中艰难地推行着素质教育。

怎样让素质教育真正走进历史课堂?我想,一方面需要广大历史教师能排除"应试教育"的干扰,顶住种种压力,需要有全面实施素质教育的自信和勇气,坚持从我做起;另一方面还需认真研究历史学科的特点、历史教学的特征,认真研究历史学科素质教育的内涵、实施的基本原则,认真研究全面优化历史教学的要求,认真研究如何发挥历史选修课程、活动课程在素质教育中的作用。

◆问:您是如何看待当前我国的历史教育的?在您看来,我国历史教育发展还存在哪些问题?

●答:历史教育不仅包括学校的教育,还包括社会的、家庭的教育。社会的新闻出版、广播、电视,历史教育读物的普及,图书馆、历史博物馆,历史教育基地的建设等,都涉及历史教育,这个教育不仅仅针对青少年,还针对全社会,包括成年人在内。家庭的历史教育也很重要。但学校的历史教学是对青少年进行历史教育的主渠道。从学校这个主渠道来说,中学的历史课越来越受到重视。初中课程标准中规定了六个板块的中外历史学习内容,初一到初三都开历史课,历史课的课时比物理、化学、生物、地理都多。现在的高中课程标准,三个必修模块和六个选修模块,从高一到高三都有历史课。小学从中年级开始,就有"品德与社会",其中包含若干历史知识。历史教育从小学到高中整个基础教育阶段都没有断线。从这个角度来讲,国家对历史教育是重视的。从社会的角度看,出版了许多历史普及读物,涉及历史内容的电视、电影作品也不少。党和国家对历史教育的重视,必将推动历史教学的加强和历史教育的普及。

历史教育,特别是中学阶段的历史教育也还有一些问题值得深入思考和研究。例如,《义务教育历史课程标准(2011年版)》,对历史课程的性质有较为准确的定位,即是人文社会科学中的一门基础课程。但这一课程区别于中学其他课程的特点究竟是什么?如果说思想性是历史课程的首要特点,那么,历史课程和政治课程的区别是什么?思想性和历史内容的真实性(科学性、严谨性)是什么关系?思想性和人文性是什么关系?怎样从历史学科的特点出发渗透社会主义核心价值体系,增强历史学科德育的实效性,实现"立德树人"的目标?再如,如何改革评价制度,包括中考制度,把历史真正当成一门重要的基础学科,取得与物理、化学同等的地位而受到普遍重视,这些问题都有待进一步研究。

说得已够多了,许多看法仅是一孔之见,不一定对。

◆谢谢龚老师在百忙之中接受我们的采访,非常感谢!

(本文选自《中学历史教学参考》2013年第5期)

　　钱放（1925—2020），陕西户县人。1946年从西北师范学院（今甘肃师范大学）转学到新疆学院（现新疆大学）文史系，1950年6月毕业后分配到乌鲁木齐市第一女中，工作至1996年（1986年退休未离职），40多年时间，始终在中学教学一线工作。

　　钱放先生是中国教育学会历史教学专业委员会首届成员，新疆维吾尔自治区历史教育教学研究会、乌鲁木齐历史教育教学研究会奠基者，《新疆教育》《乌鲁木齐教育》刊物创始人，撰写《新疆地方史》一书及数篇学术理论研究论文，为新疆的教育事业奉献了毕生心血，对新疆历史教育教学的发展做出重要贡献。

无怨无悔　心系天山
——访历史教学专家钱放先生

○ 王继平　杨小婷　马秀梅

◆问：钱老师好,请您为我们介绍一下您1950—1986年这段时间在历史教育教学方面的探索。我们知道,1978年以后,您在历史教学探索方面做了大量工作,也给我们说一说,让我们对新疆中学历史教学有个全面了解。

●答：从1950年大学毕业参加工作到后来去教研中心,我一直在学校工作,也就是说在新疆的中学教学一线,一方面在学校担任一些行政职务,如教导主任等;另一方面就是上课。我的本行是历史,也喜欢历史,所以经常教历史,但是,有时语文教师不够,我也经常去教语文,数学老师不够,我也要去凑数。教学总结方面,乌鲁木齐市教育局当时办了一个中学《教学通讯》,我在上面发表了文章。说实话,20世纪50—70年代,我的主要精力是在学校行政管理工作上,历史、语文、数学教学多多少少有些敷衍。到20世纪80年代,我调到了乌鲁木齐市教研中心,做了一些培养师资、组织活动、编写资料的工作。

1. 培养师资。20世纪80年代,乌鲁木齐市各中学非常缺乏历史教师,各学校的历史课几乎都是其他人代的,有总务主任代的,也有教务员代的,没有师资,谁都可以上历史课。1983年,我和地理教研员孔老师商量,我们以历史协会和地理协会的名义,与乌鲁木齐市教育学院协商,由我负责历史、孔老师负责地理科目,从全市现任中学历史教师中挑选学历不达标、不能胜任历史教学的,进行为期三年的培训,顺利结业后取得乌鲁木齐市教育学院历史专科毕业证书的大专学历。所以,在1983—1986年的三年里,做了很多培养师资的具体事情。当时,学生由我们招收,学费一半给教育学院,一半给教育协会。我是历史班班主任,教师由我聘,课程由我设置、安排;教育学院管两件事:一是提供上课的场所(教室),一是联系颁发文凭。

在课程设置和安排方面,我基本根据教育部关于历史专科课程的要求来做,不仅聘请了乌鲁木齐市的历史教师上课,还聘请了内地的历史教育专家上课,如赵恒烈等专家曾利用假期到乌鲁木齐市教育学院来为学员上课。为期三年的这一届培训,有四十五六名教师获得了历史专科毕业证书。参加培训的老师历史学科素养与教学技能提高了，也为新时期新疆的中学历史教学解了燃眉之急。他们中的很多人后来还陆续到内地大学进修，以提升自己的专业知识。随着统招的大学历史专业的学生毕业充实到中学，这个培训班也就没继续办的必要了。

在尽力做好师资培训的同时，我还辅导教师申考教师资格证，担任乌鲁木齐市教育学院教师进修班的历史教学法讲授，指导教师进修班学员的论文写作等。

2.组织教研活动。(1)教研活动的日常工作主要是听课，加上我是从基层学校到教研中心的，所以平均每周都会到一所或者两所学校听2—3节课。一方面，通过听课总结教师教学经验；另一方面，通过听课及时发现一线教学存在的问题并尽快解决。(2)成立新疆历史教育研究会和乌鲁木齐市历史教育研究会。1982年，我和全国历史教育研究会取得联系，于1983年到成都参加了年会，这也是新疆教师第一次参加这个学会。成都会议后，我在乌鲁木齐成立了乌鲁木齐市历史教育研究会，第二年，在市历史教育研究会的基础上成立了自治区历史教育研究会，我担任了两个研究会的秘书长，负责主要工作。自治区和乌鲁木齐市的历史教育研究会每年动员老师写论文，向全国历史教育研究会汇报；乌鲁木齐市每年也会召开历史教育教研会，选拔优秀论文向全国历史教育研究会上报。在全国历史教育研究会学术论文集第一、二、三期中，刊载了新疆选送的多篇教学研究和学术研讨论文，新疆的历史教育研究会也受到全国历史教育研究会的好评。(3)围绕专题开展教研活动。一般是一个学期一到两次专题活动。主要内容有二：一是贯彻国家有关历史教育的方针、政策，二是根据新疆的实际情况选择专题。如1984年我发表的《要充分认识中学历史课的重要性》一文，就是为了贯彻教育部1983年8月1日通知，在历史老师中进行调查研究的基础上，针对历史老师经常抱怨历史课不受学校重视，经常把历史课当副课，有时候挤占历史课授课时间，历史老师对这门课的认识不到位等问题写的学习体会。(4)编写练习题和复习资料。几乎每学期、每年都在编，大多都由新疆教育出版社出版。

总之，听课、主题教研活动、编写复习资料以及考试总结，是教研员的日常工作。如有关高考的总结与评析，有一年我针对高考历史试卷的调查分析相关样卷，高考结束以后，又从教学的角度进行审议，基于试卷作答情况分析历史教学好的一方面以及存在的问题。这种调查分析是不定期的，但调查分析完后，我会给教师进行主题报告，外地老师也来参加。我认为，这样的高考试卷分析对各地的高中历史教学有一定的指导性。

◆问：我们知道，您在《历史教学》《课程·教材·教法》《历史教学问题》《新疆社会科学》等期刊上发表了十几篇文章，表达了您对中学历史教学的理解与认识，我们看了以后也很有收获。请您给我们说说您关于历史教学与研究的探索与思考。

●答：大部分是围绕教研活动写的，也有些是有感而发，如《课程·教材·教法》1986

年第 2 期上发表的文章,提出的"发展以课堂教学为主,课外活动为辅,课内外相结合的教学体制",就是和当时第二课堂教学唱反调的。20 世纪 50 年代我搞课外活动搞得很好,并在地方中学教学,我们也拾棉花参加劳动。那时候是第一课堂、第二课堂并重,第一课堂是教育大纲,当时我就思考与探索如何使第二课堂和第一课堂并重的问题。有了 50 年代的实践,所以我"唱反调",《课程·教材·教法》也大胆地选用了我的文章,并给我打电话说:"啊呀! 你这样是跟我们唱反调啊!"我说:"就是跟你们唱反调,不敢发就算了。"结果表明,他们给我发。还有《历史教育的地位和作用》一文,这是我参加铁路系统召开的"历史教育教学研究会"的一个发言。这次会上,我也只是谈了谈我学习《九年义务教育全日制初级中学历史教学大纲》的一点体会。又如《培养学生社会主义的精神文明是历史教师的光荣使命》一文,是为贯彻中央提出的物质文明、精神文明齐头并进政策方针而写的。也有结合历史教学贯彻自治区的政策写的文章,如《历史教学中如何讲述和评价少数民族的贡献》《历史教学要培养马克思主义的民族观》等,是为了贯彻自治区要搞好民族团结的教育,以及民汉合校的工作,主要是说要讲民族团结的重要性。

《课程·教材·教法》1994 年第 1 期上发表的《谈地方史、民族史与中学历史教学的关系——中学〈新疆地方史〉教学中的基本问题》,将地方史纳入中学历史教学内容,因此,我就总结与思考了新疆地方史教学的基本问题,这也是我给大家上课时讲的内容。"地方史、民族史与中学历史教学的关系"这一题目是编辑改的,实际上是"新疆地方史教育的基本问题",这么个题目可以配合历史教材。我的大致思路是:第一,根据方针政策;第二,根据新疆地方实际情况来选题。而每一个课题,都是研究型课题。研究什么,我都自己先学习,大多课题都是我在教研会上发言或提出来与大家讨论的结果。一般情况下是我先讲一次,再分组讨论,然后围绕共同问题思想碰撞,最后达成共识。我把这个发言叫研究,为了发言首先自己得研究,为了给大家开个头,自己先做个发言,也可以说是一次主题教研活动吧。

◆问:我们知道,您在《新疆地方史》(中学版)的编写方面做了很多工作,并且不怕困难、带伤坚持,对您高度负责的精神我们表示钦佩。请您给我们说说编写《新疆地方史》(中学版)的具体情况。

●答:20 世纪 90 年代,我觉得我们应该有一个中学地方史的教材,当时内地大多都有了,于是我就向乌鲁木齐市教研室提出建议。教研室批准了我的建议,并成立编写组从事这项工作。

编写组主要有我、王军、胡尔西达、石纪元、吐拉普·爱热尼、吴建生。我们以《新疆简史》为主要参考,并且参考了《中亚蒙兀儿史——拉失德史》(第一、二编)、新疆社会科学院历史研究所《新疆地方历史资料选辑》、翁独健主编《中国民族关系史纲要》、曾问吾著《中国经营西域史》、维吾尔族简史编写组编著《中国少数民族简史丛书》、新疆社会科学院研究所准格尔史略编写组编著《准格尔史资料摘编》,还有日本安部健夫著,宋肃瀛、刘美崧、徐伯夫译,凌颂纯校《西回鹘国史的研究》、日本松田寿男著,陈俊谋译《古代天山历史地理学研究》、江应樑主编《中国民族史》(上、中、下)、陈高华编《明代哈密、吐鲁番资料汇编》等。为了编写好《新疆地方史》(中学版),我到自治区档案馆、历史博物馆、图书馆等地方找资料。《新疆地方史》(中学版)编成之后,是以自治区编写组的名义出版的。1992年开始发行,直到2004年才停止翻印的。由于种种原因,《新疆地方史》(中学版)编写时间比较仓促,材料也很复杂,所以书中有不少错误,后来我做了一个《新疆地方史》(中学版)的勘误表,但在翻印的时候也没附上;对高校本《新疆地方史》也有一个勘误表,但也一直没有用上,不能不说是一个遗憾。

◆问:非常感谢您接受我们的采访。您为我们回顾了新疆历史教学发展的重要历程,让我们这些晚辈受益颇深!

●答:我应该感谢你们才对!说老实话,我很欣慰你们还记得我们这些老人,并提供线索让我回忆过去做的一些事情。真心希望全国的中学历史教育有更好的发展。

(本文选自《中学历史教学参考》2013年第12期)

陈毓秀（1925—2022），江苏苏州人。先后就读于南京中央大学商学院、江苏教育学院文史专修科、苏南文教学院历史研究生班。陈先生自1943年起，先后在苏州几个中学以及北京二十八中等学校任教。在几十年的教书育人中，长期担任班主任、教研组长、北京市西城区教育教学研究中心教研员；曾任北京市社会科学各学科联合委员会委员、北京市历史学会理事、北京市中小学历史教学研究会理事等职。陈先生还是北京市西城区第七、第八、第九届人民代表大会代表。

陈先生从事中学历史教学工作四十多年，专业功底深厚，治学严谨，多次为同行开历史教学研究课和录像课，深受北京市和其他省市历史教师的欢迎，许多教师将其作为学习的楷模。陈先生不仅用心教书，还勤于笔耕，撰写并出版专著多部，发表教研论文若干，编写教学参考用书多科。她撰写的《怎样教好历史课》，将对教法理论的理解融于课堂教学的实践中，并提出了许多个人的见解，1987年获北京市教科成果二等奖；《上好一节历史课的点滴体会》《以教材为依据备好历史课》《寓爱□主义教育于历史知识的传授之中》《教给学生真实的历史》等十余篇文章，是她对历史教学过程中某些具体问题独具匠心的处理与经验总结，受到广大同行的好评。

在掌声中走进课堂
——访全国著名教师陈毓秀先生

○ 马玲玉　陈　倩　陈德运

◆问：陈老师您好，很高兴您能接受我们的采访。教学是一门艺术。20 世纪 50 年代，赵恒烈先生曾说，教学要"教出自己的风格来"；20 世纪 80、90 年代，几位中学老师发挥自己的优势，形成各自的教学风格和教学特色，在全国影响特别大：时宗本老师知识渊博，讲课内容丰富、富有启发；宋毓真老师专心致志，讲课严谨精炼、精益求精；辽宁朝阳的岳志忠老师仿制多种直观教具，也颇有特色；而您讲课是富有情感、娓娓动听，紧密把握学生思路，深深感化学生心灵。您能给我们介绍一下您这种教学风格是如何形成的吗？

●答：我当了一辈子的中学教师，其中有四十多年都是在教历史。到北京来以前，曾在苏州做过中学语文教师。到北京以后，跟赵恒烈老师在一个学校任教。很巧的是：赵老师是在研究历史教学方法上很有成就的一位老师，我们都喜欢在教学之余聊聊关于教学方法、教材运用等方面的内容。赵老师很有事业心，他觉得中国的历史教学还没有引起大家的注意，历史还不是一门受重视的学科，于是他就在这方面下了很大的功夫。

我和赵老师经常就历史教学问题互相探讨，并在探讨中互相启发，也想在中国历史教学上走出一条路子来。在和赵老师的交流和探讨中，我也逐渐有了这方面的想法。虽然不敢说大话，也不敢高调地说，但是心里确实希望在中学历史教学法上尽点自己的力量。

学校一开始就很重视我的课，常常给我做公开课，我也愿意接受，每次都好好准备。其实，公开课对我的帮助很大，因为听课的不仅仅是学生，还有很多教师。虽然给学生讲授历史知识是主要职责，但是公开课还多了一个任务，就是要在历史教师中间起到作用，因而需要更认真地备课。这也在客观上给自己施加了很大的压力。所以我觉得公开课多了，压力只是一方面，还有更重要的另一面，那就是能促使自己把课讲得更好。课讲得多了，有了经验的积累和实践的检验和修正，教学风格也就自然形成了。

◆问:爱国主义教育是对学生进行思想教育的重要议题。20世纪80年代初,历史教学界进行了爱国主义教育大讨论,至于怎样才能达到爱国主义教育目的,当时大多人认为必须寓爱国主义教育于传授历史知识之中,您也发表文章赞同这一观点,能否给我们介绍一下您是如何对学生进行爱国主义教育的?

●答:当时有人喜欢唱高调,把口号拿到课堂上,特别是社会上有些学校领导要求把这些口号拿到教室里、课堂教学中,这等于上课喊口号。我认为这是最失败、最笨的做法。历史课与其他课相比,具有一种独特的先天的优越性,历史课的内容生动具体,故事性强,能吸引学生兴趣,从而使学生在教学过程中易于接受思想教育,也就是说,历史课本身就具有知识教育和思想教育一致性的特点。

历史本身就是爱国主义的源泉,历史知识本身就充满着爱国主义的内容。因此,在历史教学中,知识教育和思想教育在内容上是一致的。历史课的这种科学性和思想性的一致,能使教学过程中的知识教育和爱国主义教育完全交织在一起来进行。作为历史教师,只有把握住历史课的这一特点,有意识、有目的地挖掘历史教材中比比皆是的爱国主义素材,通过丰富具体的史实,向学生进行思想教育时,要生动形象,具有感染力,不能空讲道理,更不要生拉硬扯或"穿靴戴帽",这样才能收到好的效果。寓爱国主义教育于历史知识的传授之中,这是在历史教学中进行爱国主义教育的根本途径。

◆问:赵恒烈先生说您讲课是"余音绕梁三日不绝"。我们也从您的《怎样教好历史课》一书中看到了当年的课堂实录,非常精彩,也很吸引人。您是怎样培养和提高学生历史学习的兴趣的?

●答:对了,这倒是一个值得说的问题。历史课在中学里是一门副课,不是主课,学校领导、家长、学生本人都不重视,有的时候老师本人也不重视,周围的力量都不支持你。学生以后要上大学,就要把语文、数学、英语等学好,自然也就不重视历史课,所以历史课要讲到学生喜欢上你的课,是不大容易的,这也让我深深感受到,历史课堂教学提高学生兴趣比起其他学科更为重要。

最开始我是不喜欢当教师的,后来还是当了教师。从开始当教师的时候起,我就对自己说:既然我干了这行,就要让学生喜欢上我的课,不然多被动、多无聊啊。所以,在课堂教学中重视引导他们由浅入深地喜欢历史课的同时,还一定要我的课有血有肉。那个时候,针对"历史课该怎么讲"的问题,社会上也有过不同的看法。有一段时间说,历史课要灌输爱国主义、政治思想等等,只强调这个。此外,还有一些别的看法。总之,社会上对"怎么讲历史课"施加了各种不同的影响,有时候要求必须这么做,或者那么做。可是,不管是怎么要求的,我觉得都要引起学生学习的兴趣,要由浅入深地让学生喜欢。

我认为,历史课有时候讲不好的原因是:历史涉及太多的年代、地名等,学生常常觉得很麻烦而且不好记。教师如果讲得不好,学生就想睡觉,让学生喜欢历史课也就无从谈起了。无论如何要求,我觉得还是必须要由浅入深来激发学生学习历史的兴趣,并且在编写提纲、进行教学、考虑重点和难点的时候,我都注意怎样由浅入深,怎样在重点和难点的地方下功夫。所以,总的来说,学生对我的历史课都很喜欢。

◆问:我们看了课堂实录,里面讲了一些历史故事。您一般会在哪些地方穿插讲故事?

●答:在历史课堂上,我常常是围绕重点和难点来选择故事。这样,不仅可以提高学生的学习兴趣,还可以帮助学生理解所学的历史内容。每次讲课,我都尽量避免枯燥的一二三四、甲乙丙丁式的教学方式,而是穿插一些具体的人、事,以引起学生的学习兴趣,活跃课堂气氛。选择故事、穿插讲述,需要花比较多的时间准备,因为,只有自己掌握得多一点,才有选择的余地和恰当的故事。

◆问:那您当时是不是看了很多关于历史专业方面的资料、文献呢?

●答:对!我那会儿还是看了许多书的,比如说在中国历史方面,我侧重"二十四史",另外还有《资治通鉴》,我都会经常翻阅。还有,我在教学上特别倚重史学家邓之诚的《中华二千年史》。像邓之诚先生的《中华二千年史》这一类书,每一课,尤其是重点的课,我都要拿来学习、研究一番,看看相关的最原始的材料,想想如何深入浅出地讲述给学生。我觉得,要讲真实的历史,靠得住的历史,在原始材料上还是要下比较多的工夫。那时,有一些历史小册子,有的老师看看历史小册子,甚至拿着历史小册子就上课来了。虽然历史小册子可以借鉴,但我不会拿着历史小册子上课,我比较注意加深自己在原始材料和历史理解方面的训练。因此很多老师也相信我,有时候认识的不认识的老师,他们要讲公开课的时候,都会到我这里来咨询,问我这样讲行不行,那样讲行不行,他们都相信我在这方面还是能把得住关的。

◆问:您常常阅读《文物》之类的杂志,肯定知道史学界、考古学界的最新研究成果,您是否会马上将学术成果渗透到历史课堂教学中去?

●答:一般是这样的,比如说兵马俑挖掘出来了,马上就丰富到相关内容的教学中去了,即将史学界、考古学界新成果运用到课堂讲授过程中。所以,我养成这样一个习惯,除了《文物》等学术刊物,还会很认真地去看报纸。有时候报纸上确实有很多新的东西。从报纸上看到新事物,讲课的时候就要讲进去,因为教科书往往落后于时事,所以教科书是不会出现这些新内容的。

◆问:陈老师,您有着几十年的中学历史教学经验,经历了我国历史课程发展几个时期。您给我们说说二十世纪七八十年代的中学历史课是怎样上的?

●答:我63岁退休,现在已经87岁了,所以现在的上课情况我不太了解了。我们那个时候主要还是靠教师讲,不像现在这样经常组织学生做活动,师生间的互动也很多。那时,我们也经常带着学生出去看,我甚至还带着学生去历史博物馆讲课。在学校外面的历史博物馆讲课,可以让学生看一些具体的东西,但和现在相比,还是比较单一的。我曾经写过一篇题为《历史课堂教学的实践》的文章,发表在江苏人民教育出版社出版的书里,后来还被其他出版社翻印过,那里面就说过要注意课堂教学实践。

还有一个问题,那就是现在越来越重视高考,不仅教高中的老师和上高中的学生是这样,而且教初中的老师和上初一的孩子也是这样的。除了应对考试外,初中的老师和孩子家长都不重视历史,因此很多老师教初中的孩子就是按照应付高考的一套方法来教,我觉得这个问题太严重了。以前,虽然也存在高考的问题,可不像后来这样严重,越来越靠近高考。我教历史课那会,不会用高考的方法教初中学生,只是普通的上课。但是,那会历史课也和现在一样不受重视,那会儿主科叫"英、国、算",就是英文、国文和算术,其余的都是副科。

◆问:20世纪70年代,当时不仅没有教学大纲,甚至连历史教材都没有,而又马上要开始上历史课,在这种的情况下,您的历史课是怎样上的呢?

●答:那时候我完全讲另外一套,不按教材讲,而且也没有教材,就按我自己的理解有选择地讲。比如,"评法批儒"的时候,我还是根据真实的历史来讲,比如说秦始皇,这样备课也特容易,只需要用《史记》里关于秦始皇的有关材料就够了。因为《史记》里关于秦始皇的材料既具体又生动,所以在当时,我就把秦始皇讲了好几堂课——举出具体的事例使学生容易听懂,秦始皇很多统一全国的举措有好的效果和影响,所以我就把秦始皇讲了好几堂课。讲到什么程度呢?那个时候学校上课是打铃,提前两分钟打一次铃,学生就进教室,老师就在开头的两分钟就走到教室门口了,当我走到教室门口时,学生就开始鼓掌,我在学生的掌声中走进教室走上讲台讲课。当时学生就喜欢到这样的程度。

那个过程持续的时间虽然不长,但还是有一段时间,那个时候人教社的杨云老师还来听我的课。我说,你现在来听我的课完全不正常,有的时候讲得不好,学生就起哄,也不好好听,所以你得让他们相信你的课,找到他们爱听的东西才行。当然,这是特殊状况。

◆问:您给学生上课会有一套固定的模式吗?比如说,以前提倡的那种"组织上课、复习旧课、讲授新课、巩固新课、布置作业"五个步骤。

●答:我认为这样的模式过于死板,没那样做。根据不同的讲课内容,我会用不一样的上课方式,课堂教学不能有固定的模式。我们当时还组织学生去外面上课。其实,有的时候也没必要,在教室里讲完了,出去参观一下就可以了,可以换一种讲课方式,学生会有新的体验。

◆问:您那会儿备课不像现在信息量这么大,可以到网上去寻找很多资源,备课都靠自己的平时积累。记得赵恒烈先生曾说您书包里总带着几本线装古书或《文物》杂志之类,以便讲课休息中能随时去搜集第一手资料,所以讲课比一般人更严谨。您当时在选择史料时,是如何确保选择的史料恰到好处,适合教学?您在备课过程中都做了哪些方面的准备?

●答:那时候有教学大纲、有教科书,所以我在选择史料的时候就根据大纲、围绕教科书。虽然有些史料是生动的、学生爱听的,可是大纲、教科书上都没有,那就不讲。我认为,中学教师应该多接触原始资料,肚子里的东西要多一点,好比一桶水跟一杯水的关系。

备课还是要以教科书为依据,但不能与照本宣科混为一谈。通读教学大纲和历史课本,熟悉教材,是历史教师备课的第一步。教学大纲是教育部制定的指导性文件,教科书是大纲的具体化,是教师进行教学的主要依据,开学之前要通读教科书,掌握全书的线索,明确教科书有哪些变动及其变动的原因,对整本教科书要做到心中有一个全局和总的计划,再从全局到局部,逐章逐节具体考虑讲课计划,写出教案。

除了通读教科书外,还必须对教科书进行钻研,吃透教科书中的内容。首先,要弄清楚教科书上的全部基础知识;其次,要挖一挖教科书背后的历史内容;再次,要找一找教科书中的内在联系。在正式上课之前,还要以教科书为依据,充实讲课内容,因为教科书比较精炼,很多地方需要补充讲解。比如,要从以下几个方面进行补充:一是要从讲好教学重点完成教学任务出发,二是要从便于学生理解和记忆出发,三是要从学生的求知欲出发。

课前除了丰富自己的知识以外,很重要的就是对每堂课编出一个提纲,整个知识结构都体现在提纲里,既要解决重难点问题,又要是全面的、系统的,而且要适合学生在笔记上记下基本内容,方便他们在看笔记的时候,能回忆起这堂课学习的基本知识。这个过程是很重要的。再一个准备就是有的时候要跟学生聊聊天,看看学生对这段历史知道多少。比如,关于三国这一段历史,如果学生知道的比我还多,那我就要多备备课,否则就不能满足学生的需要了,这就是说教师要知道学生的水平、需要和爱好。总之,对中学教师来说,备课要备两个方面:一个方面是要备教材,我自己要吃透教材的内容和教学这一内容的意义;另一方面要备学生,即了解他们的思想状况、水平和爱好。这两个方面都要备好,我觉得这对中学教师是很重要的。

◆问:陈老师,您刚才讲备课很重要的就是每堂课编出一个提纲,那还会写很详细的教案吗?

●答:两方面都有,但要看实际情况而定。有的时候,一节课的内容讲过很多回了,就不用每次都写教案。但是每次都要备课,因为每次授课的对象是不一样的,而且当时的社会时势以及国家和世界大事也不一样。历史毕竟是跟当前的时势相联系的。从教学对象学生的角度来说,有的班的学生比较活跃,有的班的学生不爱举手。总之,要根据不同的情况来备课。所以有人说我的课常教常新,有些老师听了我很多次课,还有的老师是从头听我的课,一直跟着我过来的。我不是多年只用一套教案,而是每年都要变动,同一课不同班上法也不一样。

◆问:在您的教学生涯中,经历了中华人民共和国成立前后,这两个时期在备课和讲课方面有哪些不同?

●答:中华人民共和国成立前我就开始教书,不是教历史而是教语文。我一毕业就到苏州的一个很大的中学教语文,这所中学的老教师一般都很有水平,他们是不备课的,即使备课也不宣扬,以表明自己的能耐,可是我刚参加工作,年龄也小,我没那个资本,也没那个架子,所以我上课前就认真备课,还到处请教别人。

苏州是个文化城市,也有些有水平的好老师。但当时确实有不好的风气。比如,打完上课钟,老师都要过一两分钟才进教室,没有像现在铃声响起就进教室的好习惯。有的老师爱打麻将,打一晚上麻将,第二天去上课。当时是不提倡备课的,只要你讲得好就行,不过有的人不备课都讲得很好,因为都是教过一段时间的。

教历史与教语文有所不同,对于教历史来说,从古代到现代时间跨度很长,都要很精通也是不容易的,所以有的老师对古代史特熟,有的对近代史特熟,有的对世界史特熟,他可以把熟的一段讲得很丰富,不熟悉的一段就跳过去。开始的时候,我也是这样的,我喜欢的就拉长讲,不喜欢的就跳过去。很多有名的教师也是这样的。中华人民共和国成立后没有教学大纲以前,很多有名的历史教师也是这样讲的。

中华人民共和国成立初期,有一段时间学习苏联"老大哥",各科要有教学大纲。比如历史,以前我们历史是没有地图的,学习苏联"老大哥"以后就有地图了,这是我们学习"老大哥"的好地方,不好的地方是死板,特别是联共党史那一套,中国人也要学他们的联共党史,反正我是没有学懂。

后来有一段时间是学帝王将相史,再有一段时间是躲开帝王将相史,只剩下朝代,连帝王的名字都不学。到"文化大革命"时期,就学三次农民战争:秦末一次、明末一次、太平天国一次,其他的都没有了。我曾在历史博物馆的礼堂做了两次讲座,我下过一番工夫,把"评法批儒"的几条批了,我觉得应该这么讲历史。那时候闹革命要复课,没有教材,所以北京市就请几个老教师分管几段,我就讲秦汉一段,我选择的重点就是"评法批儒",我自己把"评法批儒"里的其他问题整理出若干条,拿到课上讲述,列出了自己的提纲,我自己觉得很成功。

◆问:时代在发展,20世纪50年代到90年代,评价一堂历史课肯定都有不同的标准,尤其是80年代,教学界还掀起一场讨论一堂好的、成功的历史课的评价标准的探索与争鸣。请您为我们说说当时的一些评课标准。

●答:这有一个变化。有一段时间说历史课不要教师从头讲到尾。那时候我在二十八中任教,有几个历史老师,都是很有水平的,课讲得都很好,可是,提出了一个口号,具体是什么我记不清了,就是说教师不能一讲到底。这个要求提出来以后,谁都提不出什么好的方法,上面也没什么具体要求,结果教研组决定让学生讲课,虽然时间持续得不长,但大家都觉得这么做不对,但还是坚持了一段时间。

◆问:如果评一节历史课,从您个人角度来看,会从哪些方面来考虑?

●答:比如说,教学的目的对不对、重难点对不对、基本史实对不对,这些是最基本的。在教学方法上面,教案以及教学提纲的编写方面等,也是需要考虑的。还会考虑到学生的课堂反应方面。我参加过很多次对青年教师讲课的评价。我们那会儿教书时,北京的陈隆涛老师写过一本关于评价方面的书,你们可以看看。

◆问:您认为作为一名优秀中学历史教师应具备哪些素质呢?

●答:我认为,首先教师本身要具有许多比较优秀的品格,言谈举止间,有意无意地感染学生。相关方面很多,比如,礼貌做人,师生之间要互相礼貌。有的教师对不遵守纪律、不好好学习的学生动辄大声训斥,这样是不对的。教师要尊重学生,各方面的品格也应该是优秀的。其次,虽然每个人不见得都做到研究教材、研究历史的程度,但是应该尽量做到加厚自己的专业功底,这样才能把教学提高更多。再次,教师不光要教书还要育人,一方面教师本来就是要育人的,另一方面孩子们正处在人生观确立的阶段,所以这个时候对孩子们进行好的教育会影响他一辈子,同时也会影响国家和社会是否更富强、和谐。如何做人、做什么样的人这方面是很重要的,会影响到整个社会、整个国家。所以,我认为聘用教师是要有选择的,不是说是个有学历的人拉过来就可以做教师的。

◆问:陈老师,您跨越了两个不同时代,民国时期的教育和中华人民共和国成立后的教育比较起来,您认为两者在课堂教学中最大不同有哪些?

●答:民国时期的老师讲课有些方面自由度大,比如中学里有个教历史的老师,他讲课丰富极了,可是他从来没有把课讲完过。我开始教历史的时候,没有大纲,我也讲不完,往往讲到后面就没时间了。有的中学老师还在大学里教课,像鲁迅、叶圣陶等,有的老师甚至还教过小学。那个时候好的老师很多。

◆问:为什么我们现在中学没有出现民国时期那么多的名教师呢?

●答:我个人认为,还是现在太重视高考了,教师教学光解决高考问题。我比较早教书的时候,也告诉学生名词解释、人物地点、意义等因素,学生简单掌握了这个名词解释就满分了;关于问答题,要从背景、经过、内容、影响、意义分析。老师都必须这么讲课。高三如此讲课情有可原,现在初一的孩子也类似这种讲法,那怎么行!过去学理工的人,文史知识也很丰富,现在都不行了。要是高考的情况变一些,可能会好一些,但看起来好像也不容易。

◆问:几十年的教师生涯,您也经历了"教师工作没意思"的时代,是什么信念促使您安心教学呢?

●答:我以前不想当教师,到现在我都一直觉得中学教师在社会上的地位不受重视,所以一开始我并不想当老师,当时的各种情况摆在那里了,我就去中学了。但是有一条:我干了这行,就要干好这行。也是从自己的角度考虑,如果我干这行不爱这行,或者干得很不好,领导、学生包括自己都不喜欢自己,那么,我觉得这个生活就很苦恼了,所以从自己出发我也要教好书。有一个标准就是要让学生喜欢我的课,喜欢我的课了,师生关系也有感情了,自己也很愉快了。教好一堂课是一件很开心的事,自己在课堂上是可以感觉到的。一堂好课,孩子很喜欢、听得很对劲,他们睁大眼睛看着你讲课,整个教室的气氛也很和谐,下课了还要围着你要讲这讲那,这种氛围我也很喜欢,感觉很高兴、很快活。

而且,教书的时候不仅仅是在教书,还在育人,特别是我们历史学科。有的时候,讲课会很自然地对准学生的思想状况,给了学生好的启示和影响,我自己都会收到感应,真的会觉得这些年轻的孩子们在健康成长的路上——我讲的课要启发他们健康的思想和爱国的情感,这帮年轻人以后无论上大学、出国、做研究,还是做一般的工作人员,他们都会是健康的、有上进心的公民。看着年轻的一代在自己的眼前成长,我也很高兴。

当教师以前,我不知道会有这种收获,在思想和感情上这个收获是意外得到的。有的学生参加工作后再来家里和我聊一些事情,我觉得非常开心,这种感情是以前没有想象到的。但是,我还觉得挺委屈的,那些教英语、数学、语文的老师每周接触学生五六次,师生间的感情容易好,我教历史,每周才两节课,能把学生认识过来就不容易了,所以课后师生间的感情就淡忘了。即使这样,我和学生的感情仍然很好。我是苏州人,刚到北京时,要学普通话,因为普通话说不好要让学生笑话的。比如王莽,苏州话读作"wáng màng",所以下课的时候,我在教研组就跟北京的老教师学说普通话。刚开始讲不好,有的学生下课时主动跑过来找我,告诉我某个字该怎样发音。甚至有个苏州的学生跑到家里教我怎样发音。所以,从最开始的不喜欢到喜欢,说明在感情上还是有关系的。

非常感谢您接受我们的采访,您关于我国历史教学情况的回忆和您多年教学经验的讲述,让我们受益匪浅。祝您身体健康!

【附记】结束了对陈老师的采访,在和陈老师的女儿王红老师(现在北京市教育学院工作)的交流中,得知她曾经听过陈老师一学期课,于是她向我们谈起了当年陈老师上课的一些细节。为了使大家更加了解陈老师上课的艺术,我们在此节录王红老师关于母亲历史课堂教学回忆的片段。

我曾听过妈妈一学期的课。她上课的导入:有的时候讲故事;有的时候讲突发事件;有的时候讲社会热点;有的时候开门见山。结课也是不一样的:有的时候有小结;有的时候板书拉出历史线索;有的时候是提问;有的时候正讲到高潮部分就戛然而止,学生有时候就傻了,怎么就下课了呢?而且,她有各种各样的导入、结课和中间的过渡语。

课堂教学中间,妈妈遇到不同情况也会做调整。记得我听妈妈讲重庆谈判时,这节课正好又是市里的公开课,来听课的人比班级的学生人数还多。当时北京二十八中在天安门旁边,国庆要航拍,飞机来了,声音又大,正好在学校里就能看到飞机,学生都看飞机去了。那节课是市级公开课,每一分钟都是设计好的,被航拍打乱了,教学任务是完不成的,观摩课一般就是打铃那一刻,课就会完成。这个时候,妈妈就说大家停下看一看飞机吧,国庆了嘛。然后说毛主席一生当中坐过一次飞机,哪一次呢? 就是去重庆。这节课还没讲重庆谈判,后面才讲,可是她提前了。讲完了重庆谈判反过来再讲为什么去重庆谈判。赵恒烈先生特别欣赏,说这么灵活应变的方法,特别巧妙,学生也很期待,没有感觉到刻意,就讲的是突发事件。让听课的人都耳目一新,学生心里也非常期待。为什么学生爱听她的课呢? 还没有站到讲台上就开始鼓掌呢? 因为学生有一种心理期待,这种心理期待是:我一定能听到一个好东西。她的课在学生心目中做出品牌了,就盼着她的课。无论是上午还是下午,学生都爱听。

　　还有教法上面,也有她个人独特的地方。比如讲到什么地方的时候,学生就知道必须记笔记,笔记就是以后复习的提纲。妈妈从第一学期就开始训练,说了什么学生是必须要记住的。她的课从来不勾画教材,学生能倒背如流。她在讲一节课时,学生听了有兴趣,下课的时候提一个问题,下节课再提,以后再提,她的重点问题就反复提,每一节用不了一分钟时间。通过反复的记忆,到考试的时候学生基本上不用再背都能记住了。她提问的重点、语气、问题都是一样的,学生都很熟悉,最开始先问成绩最好的学生,后来就问成绩最差的学生,所以学生都特别骄傲,都能回答。

　　现在有的老师讲课照本宣科,最没有新意。妈妈的课从来不照本宣科,学生上完课以后,一看教科书就懂了。一些历史背景,学生不容易发现,她通过讲课,将内容"软化",学生就能看懂课文了。讲课就是一种解读的过程。她的这个讲课特点特别鲜明。比如土尔扈特部回归祖国,渥巴锡的那段史料,那时教材没有这个,她认为这个例子对多民族国家的巩固很有说服力,就把史料加进来,那节课也是市里的公开课。赵恒烈先生听了说讲得特别好,加进去非但没有加重学生的负担,反而帮助学生理解。第二节课,那些人没有去听,我去听了,从提问来看,学生关于渥巴锡相关内容掌握得非常好。后来赵恒烈先生把这个写进一篇论文里,人教社知道后,认为既然这么好,就在后面修订教材时加进了那段史料。从此以后,教材就把这个原始材料加入进去了。好几次,都是这样,人教社就琢磨着为什么陈老师要把某个知识点略过呢,最后还是按照她上课情况在修订教材时删去了。她上课有的时候是要对教材进行取舍的。

(本文选自《中学历史教学参考》2013年第3期)

朱正谊（1931— ），江苏丹阳人。1953年毕业于上海财经学院经济系，1954年开始从事中学历史教学工作。上海市历史特级教师，曾任上海教育学院兼职教授，上海市历史教学研究会副会长，全国历史教学研究会理事。教学以生动活泼、丰富具体、富有教育性和启发性著称，尤以"民族教学"见长，曾应邀先后赴云南、河南、陕西、北京等地讲学和介绍教学经验。

朱先生知识渊博，治学严谨，发表学术论文、教学经验、参考文章300余篇，编写教材、教参、辞书10多册，共计250万余字。1999年退休后，任上海市政协文史资料文员会特邀编辑，并参加全国政协文史资料委员会的《文史资料》的编辑工作。

历史与生命的结合
——访特级教师朱正谊先生

○ 马玲玉　陈德运　陈　倩

◆问：朱老师好！感谢您抽出时间接受我们的采访。先和我们分享一下您的求学、教学经历吧？

●答：中华人民共和国成立前后，上海没有专门的师范院校，现在有两所，华东师大和上海师大，那时复旦大学和大夏大学有教育系，但教育系培养出来的也不一定都去搞教育专业。我是1953年大学毕业的。由于过去没有师范学科，一般都是半途出家；我原来学的是经济，中华人民共和国成立后被认为是资本主义的经济学，不适用，所以没有什么出路，和现在很吃香的经济系不一样。我本来在教会办的圣约翰大学，1952年全国院系调整转到了上海财经学院，那时候财经大学不吃香，不像现在是个热门专业。大学毕业后，遇到教育大发展，就从事了教育事业，但是中学没有经济学科，我曾经念过中文系，对中文和历史比较熟悉，后来就钻到历史里面去了，一教就是四十多年。

◆问：先是学习经济学，后来又从事教育教学工作。教了几十年历史，给我们说说您的感悟。

●答：几十年的历史教学下来，我的生活就跟历史密不可分了，历史成了我生命的一部分，是我生活当中的第一需要。教历史就像演员演戏一样，你不让她上台演戏，她是最苦恼的；历史老师不能上台讲课，不能接触历史，是很苦恼的事情，就好像有的人很勤快，如果不让他做事，他会很难受的。有的历史老师退休之后就休息了，不再去接触历史，每天打太极、养鸟什么的，但是我形成了一个习惯，退休后还得每天接触历史、学习历史。尽管我现在不上台讲课了，但对目前的中学教学还是尽可能地予以关心，每天不花上两个小时接触历史，就像勤快的人没事做，难受得不行。所以我想，历史教师一定要有这样一种精神和境界。

历史是我生活的第一需要，历史就是我的生命。好像有的艺术家，如果离开了艺术，他艺术的生命结束了，真正的生命也就结束了。所以我认为，历史是和我的生命结合在一起的,一天也不可或缺。尽管我八十多岁了,现在也不上历史课了,每天还在学习历史,乐此不疲;看书看报看杂志,凡是有关历史的,会把它剪下来分类保存,还会写点历史小文章,投稿如果能够发表,还是觉得很有成就感。另外,凡是历史学会组织去听课,我每次都参加,学习绝对不会落下来。即使是看电视或听评书,里面牵涉历史的,我都会寻根究底,看看编剧演绎的、讲述的哪些是真的,哪些是不符合真实历史的,哪些是艺术虚构的,我会对照分析。这样对待历史和生活,是我的一种爱好,也是一个愉悦心情的过程。

◆问:从与您的谈话中,我们能感受到历史已经成为您生命的一部分了。

●答:我认为,虽然现在不上课,但是作为历史教师,无论到哪里,都要把历史放到最有兴趣的地方,作为历史教师无论你上课还是退休都一样要把历史作为生命的一个组成部分。作为生活的第一需要,每天去关心历史,这样才能敬业,才能把书教好。几十年历史教育教学养成了我这样的习惯。

◆问:您对美国的历史教育也很了解,请给我们讲讲您对美国历史教育的感受。

●答:我儿子在美国的一所大学里教历史,我到美国,就是要看他们的学校,无论大学、中学还是小学,尽可能争取进去看看,看看他们怎么教历史,看看他们的历史课本和中国有什么不同。我曾经写过两篇文章,一篇是将我们的教材跟台湾的中国史教材相比较,一篇是将上海的历史教材跟香港的教材相比较,看二者有什么区别,各有哪些优缺点。

美国的历史教科书有好多种版本,我看的是我孙子的历史课本。我认为,美国对历史课比我们要重视一些。他们的历史课本,很厚,有一千多页,图文并茂;高一的世界历史学一学年,一周上五节课,而我们的世界史一周是两节(20世纪50年代是三节课,后来就改成了两节)。另外,在美国,不分主课和副课。如高一(10年级)无论是英语、数学、外语、化学、历史、生物等学科都是每周五节,每天六门课,每天都有一节,历史也是主课。

我也翻看了美国的历史课本,看看课本内容和历史观点。从我看到的教科书版本内容看,是全世界的方位观。比如,在讲两千年前的历史,他们会讲中国的秦始皇,这个时候欧洲是什么样,美洲是什么样,非洲又是什么样、大洋洲什么样也会讲。讲到一千年以前的唐朝,也要对比亚洲、欧洲、非洲,尽管有的地方还没有开发,还在原始社会,还没有美国,他们也会对当时的这些地区进行对比、观察。我对看到的这本历史教科书,应该说还是比较满意的:这本教科书把西藏划在中国领土范围之内,关于南京大屠杀,也有专门的图片和说明,不像有的国家不承认有南京大屠杀,或者避而不谈,这本教科书就谈了。这本教科书是2007年出版的,一直写到2006年的世界形势。

◆问:您现在常去中学听课,可能也感受到现今教学方法、手段与您退休前有很大变化。您对这些新教学方法、手段在中学历史课堂上的应用有何看法呢?

●答:现在的教学方法和我们过去教法的确不一样。现在科技发达,多媒体教学对老师提高教学质量有很大帮助,但我认为,即使有了这种先进的技术手段,还是要与我们原来提出的教师基本素质结合起来,不能把传统丢掉,而且有的还要加强。现在报纸上也有文章说,语文老师不写板书,光看大屏幕。我认为,板书、大屏幕还是要配合起来用才好。不能将历史教师变成一个放映员,即使有很多先进的技术手段,同学可以听、可以看,但还是需要老师进行讲解。讲解可以体现老师通过驾驭教材进行指导、归纳、分析的教学价值,也是对老师基本功和基础知识的要求。老师的基本功和基础知识还得加强,课堂教学总是需要老师讲的。而且,讲好还得有语言技巧、表达能力,现在的年轻教师普通话普遍比我们老教师讲得好,但是在逻辑性,怎么分析对比,挖掘教材的深度及掌握史料方面,可能年轻教师还差了一点。这个除了培养语言表达能力,还与个人的功底和厚积薄发有关。如该选择哪些材料,讲到什么分寸,这是很重要的。

历史是一门非常有趣的、很能吸引学生的课程,如果历史课让学生感到枯燥,让他们不感兴趣,说明这个老师水平不高。因为,历史本身就具有故事性和兴趣性,这一学科本身的特点应该说占有很有利的地位。如果一个历史老师有一定的功底,选择一些好的材料指导学生,是能够吸引学生的。我一直有这样的观点。比如孔繁刚老师提出,历史要讲究真实,讲究细节,认为有了细节才能有魅力,老师有人格魅力学生会崇拜这个老师,你讲得很具体、很生动,就能够吸引同学。

我认为,上历史课,第一要"求真",历史要讲真历史,不能讲伪历史,过去我们往往把历史歪曲了,有些历史也不见得要在中学讲,那是可以回避的,我们尽可能讲真的历史给学生;第二要"求实",基础知识要踏实,不能只是——原因、经过、意义几条,而没有具体的过程、具体的细节。没有具体的过程、具体的细节的历史就没有吸引力,学生就记不牢,所以要讲真实的历史,让学生掌握扎实的基础知识,将基础知识落到实处;第三,我认为历史课要"求趣",要有趣味、有情趣。怎么去"求趣"呢? 有的历史老师很讲究细节,或者在某个地方插一个小细节,进行有力的对比,学生就会记得住;再有一个就是要"求用",学历史要有用,这个用,有近用、有远用,有的跟身边接触到的问题有关系,如辛亥革命一百周年,宋教仁的墓地就在上海闸北区,我们就能联系到宋教仁墓,这就是实际的近用;跟我们身边的事结合起来,如"五卅运动"就发生在上海南京路,这就是利用自己周围的有利条件。远用是通过历史了解规律,让他懂得做人的道理,我们历史是怎么发展过来的,有些什么教训经验,我们的前途是怎么样的。

关于"求趣",过去有的历史老师也讲求趣,如果把历史课讲成故事课,专讲历史过程,不去分析,那也不行,为求趣而求趣也不行。旧中国时期,有些老师遇到感兴趣的他就讲得多,不是按照课本哪里是重点、哪里是难点,而是按照自己的了解程度和兴趣来讲,我们现在就不能这么讲。例如甲午战争,中国的海军是远东第一、吨位第一,但是却败给了日本,这是什么道理呢? 一般老师会讲丁汝昌指挥不当,李鸿章颟顸无能等,从1888到1894年清朝没有添过新军舰,日本却添了,军费给慈禧建颐和园去了,李鸿章很清楚,中国海军的吨位大,但是速度慢,当时李鸿章看中了德国两艘速度快的军舰,但是买军舰的钱一直没有到手,后来这两艘军舰被日本买去了,其中一艘命名吉野号,也就是邓世昌没有撞成功的那艘军舰,如果吉野号被中国买来,那甲午海战的历史或许就要改写了。这时候学生就会想,为什么日本很穷却买得起呢?而我们为什么买不起?那是因为慈禧太后把钱花在享受上去了,而日本的皇太后却带头把首饰都捐出来买军舰,把中国想买的军舰买走了,最后打败了中国。这个小故事一讲,一对比就明白中国为什么失败,那就是制度的腐朽,两个皇太后的表现,就代表了中日两国统治阶级在国运中所起的作用。这样一讲,学生就会理解甲午战争中国战败的必然性,这个小故事是不是运用得恰当,是不是有利于学生记住历史?分析历史就在于老师的功底。

再如,有一些问题也是可以讨论的。过去讲辛亥革命,除了打倒了封建帝王制度,还有辛亥革命的果实被袁世凯窃取,最终失败了,认为这是孙中山资产阶级软弱性的表现。但是,我们可以讨论:如果不向袁世凯妥协,就体现了革命性吗?能打赢吗?如果打输了,革命就被镇压了,后来的二次革命不是就失败了?当时孙中山的革命政府要钱没钱,要军队没军队,这个仗怎么打呢?所以,当时孙中山签字不失为最好的一个办法,这个妥协对保存革命力量是有利的,现在妥协还有希望可以建立责任内阁,让宋教仁当内阁总理去制约袁世凯。我认为,有的时候不能苛求前人,这是当时人不得不做出的选择,这样讲同学能理解,再加以师生共同讨论,历史课也能上活。所以说不是有科技手段、有多媒体教学课就能上好,关键还是看教师的水平,这就像打仗一样,武器再先进,最后还是需要人去掌握的。我认为,关键还是教师的素质、教学的水平和运用的手段。

当然,老师除了厚积薄发,还要掌握扎实的基础知识。现在上课和过去不一样了,过去是一本书一支粉笔,不像现在有这么多的高科技手段,但是我们还需要在现有的基础上创新发展,创造新的经验。每个学校情况不同,内地的、郊区的、沿海的,要结合自己学校的情况和特点,创造出自己的特色来。选择有自己特色的课程这样也能上出自己的特点来,我任教于回民中学,我们过去有课外活动,历史课组织学生讲历史故事的竞赛,我们学校出去比赛,针对我们是民族中学的特点,就选本民族的民族英雄的故事,形成了学校历史课的特色。退休之后我也做了一些工作,即带青年教师搞了一个探索。前几年,我带了一青年教师,她是从外语系转到历史系的,她的外语很好。我说根据你的特点我们来研究双语教学,过去教会学校教世界史是用外国的课本、用外语教的,我们现在还没有这样的条件,老师能讲,学生也不见得全听得懂,但是可以中英文配合起来。比如讲"独立宣言",是否可以把其中的有些段落用英文呈现,让学生朗读;比如讲"人权宣言"和第二次世界大战中的"开罗宣言""波茨坦公告"等,把英文找出来用英文呈现,让学生朗读。这样在世界史里面用双语教学,不但提高了学生的英语水平,而且也提升了学生的学习兴趣。

在历史教学中创造特色,我们需要根据学校和老师本人的条件以及社会的需要来进行教改,创造新的经验和新的东西。我还提出过一些看法,比如现在电视里面有不少历史题材的影视剧,但是里面的内容真真假假,我们的课外活动也可以让学生来讨论,让他们来探索影视剧中的历史,区别哪些是真的,哪些是假的,这样把课外活动也搞活了,学生的兴趣也来了。

◆问:课程改革特别重视历史活动课,但是有个现实问题,即课时不足。老师既怕课时不够上不完教学内容,又怕没有体现国家的教育改革思想。您认为,我们该如何处理这个矛盾?

●答:中国有一个现实问题,就是高考的问题,学校领导也很现实,要抓升学率,历史就显得地位不重要。但是,据我对上海各校的了解,有的学校对历史很重视,这跟校长的治校理念有关系。如很重视历史课的学校,专门设置了历史专用教室,历史的课外活动就可以到这个教室里来上。有的学校校长不重视历史学科,这就要靠历史老师自己的努力和魅力了。如果历史老师有魅力、有能力开设选修课,也有的学校有校本教材或乡土教材,他们开设课外活动课,学生自由报名,有的老师有个人的教学魅力、吸引力,有的学生认为听了两节课不过瘾,他就可以选择来听选修课,或参加课外兴趣活动,这样可以弥补历史课时不足的问题。

◆问:如果要深究历史课不受重视的原因,您认为有哪些呢?

●答:从国家领导人的层面说还是很重视历史的,问题是到下面怎么落实,因为有一个考试的问题。现在高考分文理科,大部分人都学理科,历史不被纳入到理科考试的范围,这是不受重视的一个重要原因。在美国,没有统一的高考,所以没有这个压力,只要学生喜欢历史,就可以花很多时间在历史上。这在我们国家现在是不可能的,除了学文科的觉得学历史有用外,三分之二以上的学生是不怎么重视学历史的,有高考的体制在,历史必然不受重视。我是1949年考的大学,当时高考不分文理科,不管考什么专业,历史、地理要考,物理、化学也要考。文理科都是一张卷子,只是在录取的时候,如果报考物理系,那学校就主要看一下你物理成绩,而历史成绩稍微差一点没关系,但是每门课程都是要影响总分的。

历史课不受重视的问题不是靠几个历史老师可以解决的,只能在某些学校范围内,几个历史老师还可以努力一下。前段时间,我们去参观了一所郊区的中学,这所学校的特色就是每个学生都要学习兵器、下棋、画画、书法等,把很多学生引导到学习中国的传统文化中来。如果有一个学校在文史方面特别重视,有一些这方面的优秀老师,可能会吸引很多学生对文史感兴趣、重视文史方面的学习,但是不可能每个学校都有这样的条件和老师,都能开展一些这样的活动。目前的国情还不能解决这个问题。我认为,只能靠历史老师自身的努力和魅力来吸引本校更多的学生学习历史,培养学生学习历史的兴趣,使更多的人重视学习历史。

◆问:您认为"应试教育"对我们的历史教育有什么影响?

●答:应试这个现象不但在中国有,在国外也有。我儿子是华东师大历史系毕业的,他可能是受我的影响,家里历史书很多。他到美国去读历史学的研究生,我的亲戚都劝他改行,比如说经济、会计、金融等将来的出路很多,发展空间也很大,但历史求职范围很小,国外的朋友也这么劝他,可见美国社会也有重理轻文的现象,但我儿子很喜欢历史,坚持没换专业,所以最终也当了历史教师。

在古代中国,只有读"四书五经"才能通过考试去做官,读物理化学没有用的,这也是一种"应试教育",这时候历史就是最重要的,当时学和考实际上就是两科——语文和历史。现在的社会情况不同了。历史确实很有用,但很多时候历史的作用是不能立即显示出来的。

◆问:您认为一堂好的历史课的评价标准应该是什么?

●答:这个问题我们以前也写过一些文章讨论过,不同时期的要求也不同。像我们在过去,你是否完成教学大纲所规定的要求和内容这就是一个标准。一节课要让学生掌握哪些基础的历史知识,要懂得哪些历史的规律和道理,要怎么做出正确的历史分析,还要看老师的教学水平,讲课是不是生动吸引学生,重点是不是讲透了、突出了,难点是不是解决了,板书是不是有逻辑性,师生的互动情况如何等,过去主要是从这几个方面看,现在还要看是否使用电化教学,教学手段是否丰富多彩,是否与现实结合等。其实,我认为不一定每一节课都有这些要求,而且也不一定要有统一的标准。

◆问:当年在包启昌老师的带动下,上海地区倡导历史课一节课一个中心。请您给我们具体谈谈当时所说的一节历史课的中心指的是什么,实际操作中又是怎么确立这个中心的。

●答:当年包启昌老师提出"一堂课一个中心"的教学思想。所谓"一个中心"就是一堂课的真正重点,这个重点是能带动一般的,这个中心要能把整堂课应当获得的知识完整地串联起来,形成一个整体。一堂课以一个中心来统帅全部知识内容和思想内容,让学生能够理解和牢固掌握,也就是历史知识的完整性、思想认识的完整性。一堂课一个中心可以使教学内容系统性强,逻辑严密,有利于发展学生的思维。

要确定一堂课的中心,先要明确教学大纲的要求,弄清概念和体系以及教材的中心材料和需要补充的史料,然后对整篇、整章到这一课时的中心做有计划的安排和设计。设计的中心是能把全课时的教材带动起来,中心明确了,教学内容的详略就有了依据,教师环绕中心去组织教材和设计教学过程,从而完成教学目标。

◆问:您一直没完全脱离中学历史教学,而且对中学历史教育非常重视。您觉得现在中学历史教学方面还存在什么问题?

●答:我现在已经不在一线教学了,而且也不是教研员,所以对很多情况都不是很了解。但是我觉得现在不能过于依赖高科技、多媒体等方式教学，教师不能放松了对自身教学素质的要求。例如，课堂中的表达能力、驾驭能力、分析能力、指导能力、引起学生兴趣的能力等。过去教历史的是老先生多、男教师多，现在是青年教师多、女教师多，朝气蓬勃，结构有所变化，需要老教师多指导、勤带教。

我现在不在一线教学了，很多事情了解得不深入，但是我每年都会去听几次课，我对教学很关心，经常关注报纸上一些有关教育方面的内容。我每次出国探亲，都会有一些对教育、教学方面的体会，比如校车问题，学生回家路太远，学校安排统一校车接送，美国的校车是统一的黄颜色大鼻子校车，耐得住碰撞，而且很显眼，只要它停下来让学生上下车，别的车都要停下来，这保证了学生的安全，我在2003年就发表了一篇文章专门介绍"美国的黄色校车"。我这次美国探亲回来又写了两篇文章，是关于美国中小学生免费早、午餐和毕业典礼的。美国很重视毕业典礼，他们的每个毕业生都要请家长去参加，家长穿得很正式，西装、领带、手捧鲜花。这次我看的是华盛顿大学的毕业典礼，毕业的学生有7 000人，但是参加典礼的家长、亲友有60 000人，在市中心的体育场，非常隆重。美国的领导人每年都要去参加毕业典礼或听课，无论是小学、中学还是大学，这都说明他们对教育很重视。我每次去美国，都会把我看到的关于教育教学的好的方面介绍给大家，我觉得活一天要学一天历史，就要关心教育事业，已经养成了习惯，作为一名老历史教师，也是我应该尽的一点责任，也算是做了一点小小的贡献。

◆问：您从事中学历史教学几十年，肯定会有很多宝贵的经验，请您就"怎样才能成为一名合格的中学历史教师"给现在的青年教师提点建议？您对历史教学的发展有哪些期望呢？

●答：我虽然从事中学历史教学40多年，过去的一些"老经验"对当前的历史教学可能已经不管用了。

素质教育要求学生全面发展，作为教师，也应按素质教育要求全面发展。怎样才算是全面发展的历史教师呢？我认为，首先，要做到师德垂范、以身作则。第二，要学有所长，扎实掌握中外古今的历史知识。第三，要教学得体，不断创新，总结经验，提高教学质量。第四，既要上好历史课，又能当好班主任。第五，要与时俱进，善于学习，掌握好现代化的教学手段。第六，既要善于教学，又长于科研，科研中既要总结教学经验，也能撰写学术论文，进而争取编写专著。

随着教育领域涌现出更多的优秀历史教师群体，整个历史教学园地将会百花争艳、春色满园。历史教学整体水平的提高，在建设中国特色社会主义事业中，必将发挥更大的社会功能。

◆非常感谢您的讲解，使我们对上海地区的中学历史教学有了更多的了解，也让我们对研究型教师有了新认识，您在教育教学方面的努力为我们晚辈树立了榜样。

(本文选自《中学历史教学参考》2013年第11期)

陈其（1950— ），祖籍江苏镇江，出生于北京。1958至1968年在北大附小和北大附中读书。1968至1973年在内蒙古呼伦贝尔盟插队落户。1974至1978年在北京郊区农村中学担任英语教员。1978至1985年就读于北京师范大学历史系，先后获得历史学学士学位和世界古代史硕士学位。1990至1997年获奖学金自费留学于美国夏威夷州立大学历史系，先后获得美国史硕士学位和哲学博士学位。1985至1990年、1998至2010年，在人民教育出版社历史课程教材研发中心先后担任助理编辑、编辑、副编审、编审，曾任该中心主任。2003至2011年任中国教育学会历史教学专业委员会理事长。21世纪初，曾任教育部义务教育阶段历史课程标准研究制订核心组成员。现为中国教育学会专家委员会成员、欧美同学会会员和中国翻译家协会会员。

20世纪80年代起，先后在《世界历史》《历史教学》《课程·教材·教法》《历史教学问题》《中学历史教学参考》《中学历史教学》和美国《社会教育》中国特刊上发表论文数十篇；著有《史海萍踪：陈其历史教育与历史研究论文集》（四川教育出版社，2006年），《海归心路》（北京图书出版社，2017年），《回望美国》（北京时代文艺出版社，2019年），《燕园陈迹——北大中关园陈家文史集》（中国华侨出版社，2023年）；合著《北大老宿舍纪事：中关园》（北京大学出版社，2014年）。1999至2004年，主持编写人民教育出版社初中和高中历史教科书。

历史的前进与前进的《历史》
——访历史教材专家陈其博士

○ 马玲玉　陈德运

◆问：陈老师您好，非常感谢您能抽出时间来接受我们的采访。我们知道您是美国夏威夷州立大学的美国史硕士和哲学博士，对欧美历史很有研究，那是什么机缘让您在人民教育出版社工作，并且从事中学历史教材的编写工作的？

●答：需要说明的是，我在留美前，已经在人教社工作了5年。我从事这个职业也算是一种机缘和巧合。20世纪70年代初，我在北京郊区中学当过英语老师。恢复高考后，我报考的是北京师范学院(现在的首都师范大学)，不是历史而是英语专业。当时其实是对英语感兴趣，对历史无大感觉，但碰巧一位中学同学在北京师范大学招生办公室工作，就在没通知我的情况下把我招到北师大历史系了。北师大四年本科之后，又在那读了三年硕士，所以因为自己的专业是历史，顺理成章也就从事了历史方面的工作。从事这个职业，还有一个原因可能是家庭因素，因为我母亲一直在人民出版社历史编辑室工作，研究中国历史，父亲在北大研究东南亚历史和中越关系史，这样的家庭环境可能无形中影响了我，也冥冥之中决定了我的命运。此外，还与我个人的兴趣爱好有关，因为我比较喜欢写，不喜欢也不善言辞，所以安安静静地坐在书桌前编写历史教科书或文章比较有意思，更符合我的性格。

当时并没有感觉编写教科书是多么专业、多么伟大，多么具有挑战性的工作，只觉得符合自己的性格而已。但从事这个工作以后，逐渐认识到这个工作看似容易，但做起来还是挺难的。因为主要是编写给中小学生的教科书，属于基础教育，大学中研究历史专业的学者专家不把这当回事，水平高的中学教师也有很高要求，社会上懂历史的人相当不少，所以挨批评是家常便饭，受表扬是意外之喜。更因为是基础教育，面对无数的中学生，责任就显得更为重大。现在经过课程改革还好一些了。原来全国几乎所有中小学生都读我们编写的历史教科书，教科书中的每句话都有几千万甚至上亿的孩子来读。历史教育是培养学生成为合格公民的教育，责任十分重大；在对外交往中更"如履薄冰"，生怕错一个字,因为中学历史教科书是国家形象和意识形态的体现。

问:从目前情况看,在初中阶段历史知识体系系统性弱化、基础知识大量减少的前提下,高中课程却出现专题化和学术化的现象,您认为应该如何处理好初中与高中历史教学体系的衔接呢?

答:十多年前开始的初中历史课程改革,主要是考虑到学生的负担太重,而且知识都是通过被动接受、死记硬背、机械式训练而获得的,不但使知识变得枯燥无味,而且给学生增加很多负担。要把原来那种学习方式转变成学生主动参与、积极思考的方式,就要把知识量降下来,给学生留出更多空间和时间来做一些活动,培养学生获得知识的能力,重视知识获得的过程及学会学习的方法。因此课程改革的思路是对的,关键是培养学生学习历史的能力。

但是,历史学科不像别的学科,建立在时序基础上的因果关系特别关键。历史过程中过多的断层、跳跃、颠倒、重复肯定是不行的。历史叙述的本质是纵向的、发展的、延续的,抽去这些灵魂性的东西,历史就失去其学科特性了。虽然课程改革的理念出发点是好的,比如减轻负担、不刻意追求学科体系的完整性,但对于历史学科来说,就会出现一些大问题。学习过程中,经常发生这样的情况,一个事件本来在时序上应该在后面讲,但是为了考虑专题,就放到前面去,学生就彻底糊涂了。我印象最深的是,"太平天国运动"那一课还没讲,却突然先冒出个"太平天国抗击洋枪队"。虽然史学界有人认为"太平天国"是落后的、愚昧的,但不管如何评价,也不应当跳过去,否则一些后来发生的事件就很难解释了。想象一下,如果从头到尾这样学下来,很多学生学到最后,也搞不清中国古代各朝代的前后顺序,不明白一些重大历史事件之间的联系与影响。

客观地说,21世纪初开始的高中历史课程改革中的知识体系有其优点:专题和模块的设置,使教学在知识处理上比较灵活;知识的专题性和包容性突出;知识的选择性和个性化明显。但同时也存在较大弊端,即:强调发展、变化与延续的历史学科的特质消失了;知识系统支离破碎、专业化和学术化过强;历史内容的跳跃、缺失和重复现象屡见不鲜。由于初中和高中历史课程之间的距离骤然增大,学生就需从相对"低幼化"的初中课程进入比较"专业化"的高中历史课程。

我个人观点是:初中的通史知识过于薄弱,高中课程改革的时候又没认真做整体考虑,忽视了两者之间的衔接,没把握好知识的难度和叙述的逻辑等方面。初中生那么薄弱的知识底子,突然间让他们接触相对高深的、专题体的知识体系,他们根本无法应付。中国和世界的基本发展过程还没搞清楚,就进入政治、经济、文化三个模块的专题式学习探究,学生是力不从心的。

要想处理好初、高中的历史课程衔接问题,我个人认为可以从以下四个主要方面考虑:第一,对具有其他学科色彩的内容尽量加以"历史化";第二,注意参照初中的课程标准和教科书,为高中学生"补课";第三,尽量减少抽象的概念,并注意语言的通俗化,以降低难度;第四,教师要尽量加强三个模块之间的联系,进行多目的、多形式的模块内部整合,以便于学生学习。在高中教科书的编写和教学中,我们要有意识地进行必要的调整和"补救"。人教社为了"补救",修订教科书至少三次。调整的宗旨是淡化高中课程"专业化和学术化"色彩,并改变专题的"孤立、静止"状态,赋予它们联系与发展的动态,甚至千方百计在政治、经济、文化三个模块之间建立联系。但是,由于三个大模块的"刚性"限制,"剪不断,理还乱",补救措施不过是"杯水车薪",无法根本解决问题。当然,课程改革的理念还是应当肯定的,比如说鼓励学生独立思考、探究问题等,这方面应该继承。

所以,修修补补既然无济于事,只得"另起炉灶"。齐世荣老先生等制定的《义务教育历史课程标准(2011年版)》,实际上继承发展了原来很多正确的教育理念,但在学科体系上做了较大调整。我个人认为,这种重新设计是比较合理的。

问:除了衔接问题之外,您认为现在初、高中历史教科书还存在哪些弊端呢?

答:现行教科书还是进步了很多,你们有机会看一下二十世纪七八十年代的教科书,和那时相比,现在的教科书无论是形式,还是内容、版面设计、彩色插图、问题提出等方面,都有相当的改观和进步。这是观念和技术的进步给我们的教科书带来的巨大变化,我们首先要感谢这个突飞猛进的时代。

现在的教科书版本很多,我觉得很多教科书受到旧课程标准局限,明显是为改革而改革,追求形式的地方过多,比如为了突出改革理念,设置了太多的探究活动课,这就脱离了中国的实际。每门课程都要求探究,学生哪有那么多时间和条件啊。北京等发达地区的孩子还方便些,让那些偏远地区的孩子探究,连基本资料都找不到。东部和西部、城市和乡村、好学校和差学校间的差别都很大,所以需要不同层次的版本来适应不同的地方。如果全国使用同一个版本了,则需要从全国范围的平均水平考虑,也要求教师根据自己学生的情况调整教学内容。

问:刚才您谈到教科书一定程度上受到旧课程标准的局限,那您对新的初中历史课程标准怎么看呢?

答:总体上说,还是很有新意的。齐世荣老先生毕竟是资深历史学家,徐蓝、叶小兵老师和其他老师多是史学或历史教育学专家,所以它的学术观点比较新颖,教育理念也比较先进。当然,效果如何,要看实施以后的反应如何。最近读《历史教学》和《中学历史教学参考》上的很多文章,持肯定态度的人还是比较多的。但是课程标准本身和教科书之间是有距离的,很多情况下,教科书不一定能把课程标准的理念很好地表达出来,这还得看教科书本身能达到的实际效果。

问:您也关注历史课堂教学,并就此写了相关的文章,比如"就陈红老师执教'罗马法'一课"的讨论等,那您觉得教师在教的过程中应如何处理和把握现行的高中历史教科书呢？对教师来说有什么新要求吗？

答：其实我没真正当过历史老师，只是当过一段时间的英语老师，没有历史课堂教学经验。我记得当时《历史教学》任世江先生希望我从教科书编写者的角度谈一谈历史课堂教学的问题，所以就写了那篇小点评。南京的陈红老师关于"罗马法"一课，讲得很好。但是，很多其他教师真的不知如何把握这堂课。当时我感觉，"专题加模块"体系使历史课程变成割裂的、静止的、相互孤立的内容堆积，实际上给老师增加了难度。所以我想对老师说，讲专题的时候，大脑里先要有一个通史的概念，一个是历史发展的前后关系，还有一个是历史横面的联系。在那堂课中，要讲的是罗马历史发展下的法律发展，而不是相反，否则就变成纯粹的"法律"问题了。再比如，原来我们讲资产阶级革命时代的一系列革命，强调的是那个历史阶段的特征。但是，现在的体系容易造成纯粹的资产阶级政治制度的解析，比较美国是什么制度、英国是什么制度，从而变成一种静止的各国政治制度的对比，成为政治学范畴中的制度研究，那就不是历史了。那样讲，就容易讲成孤立的、静止的、非历史的东西，变为政治学的、经济学学科的解释，而非历史发展过程中的历史问题了。所以我跟老师们说，特别是讲类似问题时要注意的最大问题，就是保持历史的动态联系（因果联系、前后联系、横向联系等）、纵向的发展和横面的联系，如果丢了这个灵魂，那历史课就变味了，完全可以让政治课来取代历史课。所以我非常赞成把高中历史学科的必修课恢复到通史体系，还历史以本来的"平实的"面目。体系的调整并不损害，反而更有益于学生的主动学习和独立思考能力的培养。

问：通过您的文章，知道您对一些发达国家的课程标准也有研究，您觉得他们的和我国的有哪些主要区别？哪些方面值得我们借鉴？

答：我对美国了解稍多一些。第一，在学问上，美国人的态度还是相当严谨的。当然，我们这里不谈它的政客和美国固有的意识形态。他们的历史课程标准准备和论证时间相当长，社会各领域的代表面也很广。因为是移民国家，族群很多，社会利益集团也多如牛毛，东南西北各州，甚至男性和女性各有诉求。所以他们制定课程标准，特别是美国史部分前或期间，请各界代表参与，提出意见，然后思考怎样编写一部能比较客观反映合众国历史的教科书。为保证学术质量，他们请来哈佛等名校顶尖历史学家把关，为保证符合中学现状，他们请中学教学总监、优秀教师代表等，来参与课程标准的制定过程。令人印象最深的，是特别邀请九位中学生来参与课程标准制定，让他们判断难易程度等。总之，他们制定课程标准的准备时间长，论证充分，几上几下，易稿数次。第二，他们的课程标准尊重历史学科的本质，不特别追求什么新奇的东西。美国历史和世界历史分编，全是通史。美国人认为历史教科书必须按通史体例来写，因为历史是建立在时序基础上的。美国历史课程标准在思维能力上把培养"时间顺序的思维能力"排到首位。第三，美国历史课程标准的层次性区别很强，量化的指标很具体，操作性也特别强。因此，他们的学科体系比较符合学科规律,对教师和学生的教与学具有很好的指导性。第四,在选材问题上,他们尽量考虑到地区和地域的平衡。欧美、亚非拉、大洋洲等各国家、各地区、各民族都有涉及,较全面反映了世界历史发展的全貌。第五,其课程标准的容量像一本大专著,几百页厚,相形之下,我们的"标准"简单得像个"大纲"。

还有,就是他们强调学习历史的方法,突出"变化与传承"的观点。他们特别鼓励批判性思考,我们国家这方面做得还不够,当然这也与国情不同有关。我觉得这些方面都有值得我们借鉴的地方。

问:历史教科书迄今为止已经发行了好几代了,不同时期会有不同的指导思想,您能分阶段地和我们介绍一下吗?

答:这与国际环境的变化及社会发展阶段有关系,中学历史教科书是国家意志的体现,更是时代的产物。二十世纪五六十年代中华人民共和国刚成立不久,那时需要振奋民族精神,歌颂中华人民共和国及党的领导,引导学生形成统一多民族国家的概念,所以历史教科书对我国古代文明的评价出奇得高。在世界历史中,教科书的编写多学习苏联。"文化大革命"时期,基本就是以阶级斗争为纲了,歌颂农民战争、工农运动、无产阶级革命等,谈不上真正的历史学科教育了。

1978年以后,改革开放,历史课开始发生变化。邓小平提出要实事求是、"三个面向"(面向世界、面向未来、面向现代化)等,这些指导思想很正确、很有远见。我1985年去人教社工作,20世纪80年代后期正好赶上一次教科书的编写,那次变化就已经很大。发展到现在,我们逐步地增加科技文化的进步、世界近代化发展历程的内容,对历史人物、历史事件的评价比以前也客观多了。改革开放以后,相对于以前来讲,教科书给学生更加开阔的视野,不但帮助他们理解历史发展的规律,还希望让学生具有历史责任感和前瞻性,并且进行更多的独立思考。

2000年以后,西方的教育思想大量涌进,很多有留学西方背景的学者也投入到基础教育改革事业中来,史学界各种史学思想和流派也相继出现。但是需要注意的是,我们还是要根据国情进行课程设置和教科书编写,而不能生搬硬套国外的东西。很多西方的教育思想很先进,理念的出发点也是好的,但就是不适合我国的实际情况。与此同时,历史学本身也在发展,各种史观、史学范式丰富了我们的史学观念,但是比较混乱,需要认真消化吸收。很多人囫囵吞枣,觉得只要新鲜就比传统的好。

实践证明,课程标准体现的很多理念是很好的,是值得肯定和发扬的,但是一定要符合国情,不要盲目地与发达国家相比,尤其是在中国的考试制度的制约下,很难展开真正的有价值的探究和课堂讨论。另外,就价值观取向问题上,教科书中不能有意无意地否定自己的过去。中国史部分,要注重培养学生的民族认同感和民族精神的熏陶;世界史部分,要培养学生的世界眼光和大国胸怀,对"先进文明"的制度该学习的学习、该批判的批判。如果我们自己还贬低自己,学生学完历史后,对自己的民族就彻底没信心了。总之,我们要培养学生做一个胸襟宽阔,有世界视野但又保持中国文化精华的堂堂的中国人。

问:总的来说,您认为编写历史教科书一直坚持的原则有哪些呢?

答:首先,编写教科书要体现国家意志,有大局意识,这和纯粹的学术研究,展示自己的"新观点"和超前意识完全不是一回事。一个国家的中学历史教科书是全世界都瞩目的东西,每一句话都是国家政策(民族政策、宗教政策、外交政策等)的表达。怎样画一张涉及国家边界的地图,怎样评价某些宗教等,都是很敏感、很严肃的问题。其次,要客观表明中国在世界上地位的变化。以后教科书的编写要注意讲好各历史阶段中国与世界的关系,通过中华民族曲折的、跌宕起伏的发展过程,激发学生振兴中华的历史责任感。再次,历史学习需要有启示作用,为现实和未来服务。历史的反思应当比知识本身更重要,要从历史中吸取教训,并注重历史与现实的联系。

问:现在我国的中学里,历史学科普遍不受重视,1999年您发表文章《美国历史学科的"升值"趋势》,您觉得我国历史学科有升值的趋势吗?若要升值,您认为应该从哪些方面努力和改进呢?

答:我在美几年,印象最深、困惑最大的就是:"历史"短暂的美国,给历史学科那么高的地位,而我们有如此悠久的历史,却只给历史学科一个"副科"的地位。所以,所谓的"升值问题"主要是看国家给历史学科的定位是什么,这需要国家对历史学科给予足够重视,给它一个合理定位。在我国的现有教育体制,特别是考试制度下,有些东西很难实现。现在历史学科是划在文综里,高考占的分值虽不算少,但是中考很多地方不考历史,一些学校是考什么教什么,因此历史课程升值的可能性不大,因为不为最高教育机构所重视。而美国把历史学科作为国家核心课程之一,并写入法律,要求学校和教育机构执行。他们认为历史学科是提高国民素质所必学的核心学科,与英语、数学、科学、地理同等重要。他们的大学入学考试,主要考查学生的语言和数理逻辑能力,很少涉及历史,但是历史课反而教得很好,教科书编得也很出色。所以,我写文章的目的,就是希望把我国的历史课程作为与语文、数学同等重要的学科。"升值"问题,如果国家不重视,在短时间内不易解决。

问:以后再编写中学历史教科书,您希望是什么样的呢?希望您能提点建议。

答:我对教科书编写的想法是:高中历史,特别是必修课还应该以通史为主,古代世界史、近代世界史、现代世界史,是中外混编的通史,三本书就是三个必修模块,当然这个很难编,需要花很长时间,要下功夫才能写得精彩,这是最理想的编写形式。如果难以实现的话,暂时按老路子走,分为中国古代史、中国近现代史,还有一本世界史,共三本必修,然后再开五六个选修课,是专题史,这样比较合适。在通史基础扎实的情况下,再在选修课上做一些专门探索是很好的。现在的选修课这个理念是对的,虽然有些模块的专题不一定恰当。

现在的新课标,有人说是复旧了,我不这样认为。因为这是符合历史发展规律的,属一种螺旋式上升,而非倒退。新课标继承发展了许多新的教育理念,同时尊重历史学科的学科本质,对学科体系进行了科学合理的调整。如果有时间和精力,我想写篇文章,暂定为《历史的前进与前进的〈历史〉》,一方面回顾自己的职业生涯,回溯历史教科书不断进步的历史,另一方面也算是对"历史改革复旧说"的一种回应吧。历史永远在前进,教科书的质量也随之前进。仔细看现在的教学内容,可以发现很多东西和二十年前大不一样了,这也是随着时代的发展而发展的。总之,教科书的编写不能违反学科本身的规律和学生的认知规律,在正确理念的指导下采用合理的体系才是适合的。经过实验,保存下可取的东西,改善不合理的成分,在此基础上编出的新《历史》,实际上就是历史的进步。

问:谢谢您花这么长时间接受我们的采访,让我们感受历史教材的发展历程,也学到了很多关于美国课程标准及其教育理念的知识。

答:不客气。刚才说的全是一些即时的感想,不过是我这个社会上的"退休人员"的个人想法。其中有很多欠考虑和不妥之处,请多批评。

【后记】"逝者如斯夫"!历史潮流不舍昼夜,奔腾向前。历史沉淀愈久,蓦然回首时,会感觉某些问题的答案会愈加明晰。

世界变化巨大,中国突飞猛进,我们的历史教育也与时俱进,成绩斐然。国家对历史课程标准的制定和历史教材的编写投入了巨大的人力、物力和财力,对历史课程进行了理念的重新界定、性质的进一步明确、知识结构的合理调整,对历史课程在培养学生文化自信,提升民族自豪感,增强民族认同感方面给予了特别的关注。

历史继续向前,期盼我们的历史教育事业继续与时俱进,呈现既兴盛蓬勃又沉稳厚重的大国气派。

在此,要特别感谢2012年陈德运和马玲玉两位年轻学子的采访、记录并辑成此文。

陈其
2024年11月

写在"著述提要"前的话

○ 陈德运

2000年新课程改革启动后,回顾、展望等历史教学的综述类文章不断出现。出于学术目的,综述前期的成果是必要的,也是学术研究的常规做法。像历史教育学这样的学术门槛较低的"新学科",更需要每年一小结,十年一大论,既可以励其进步,也有助于自信。

近代以来,我国对历史教学的研究已有百余年的历史,高水平的总结性研究却凤毛麟角。2000年以前,有关历史教学作品的收集整理工作,主要有四部:北京教师进修学院史地教师之家编《中学历史教学法资料索引》(从1951到1962年);周廷先编《中小学历史教学资料索引》(从1978年到1986年);王铎全和李稚勇编有《历史教学研究成果》(从1978到1996年,未刊);香港浸会大学历史系周佳荣撰写的《历史教学中文著作总目提要》(收1949年以前的作品3部,1950年以后的作品若干)。2000年以后,研究范围扩大、深度加强,我们可以从历史教育的角度收集和整理作品了。主要的成果有:首都师范大学历史课程与教学论研究生编辑的高校历史教学研究者成果细目(从1978年到现在,未刊);王雄收集整理的历史教学研究成果研究(主要基于四种学科杂志,未刊);刘军所编的《中国基础教育学科年鉴》(已出2009年、2010年两卷)。

实事求是地讲,一些有关历史教育、教学研究的综述文章,并未能全面涉猎上述研究,致使有的研究题目大而空洞,视野狭小而偏断、结论随意而自负。在读者也缺乏基本的历史教育史的背景下,这些文章和论点很容易起误导的作用。鉴于此,历史教育、教学研究要有学术性,我们理应坐下来对以往的研究下一番功夫。一是在学术态度上,要有"占全资料"的想法,动笔不必过于仓促;二是在学术功底上,要追求举凡钩沉看透资料的能力,不能过于看重自己熟悉的东西。我们还强调两条:

第一,历史教育研究,也应有目录学、文献学基础。知目录,便于别载,易于校雠;熟文献,利于积累,易于辨识。所谓多方面、多角度收集材料,精细考证,有一分材料,说一分话,都是讲要说学术的话,必须有充分的材料做说话的依据。历史教育研究的学术性,理应从学术史的角度做文章,不把材料积累到相当程度,就没有把握说出比较有学术意义的话,更不要说什么创新或进步了。

第二,在治学态度上,一定要实事求是。比如,某种学术主张的首倡者,理应提及,不管他以后的学术成就如何;某一著作是否有影响,既要看其实际的学术价值,也要看到特殊的社会背景;衡量学术水平,不能看谁的作品多,而要关注作品的理论性、创新性、学术性以及真实性,等等。

我们提倡同行们关注历史教育的学术史,多考究前人已有的成果,把工作做得越周详越好。唯此,我们会比较清楚地知道自己从哪里走得通、哪些研究前人已做了、我们不必重复或必须推进的研究究竟是什么,以及怎样的研究课题才有价值。

2012 年,赵亚夫教授带领研究生徐静、陈德运整理了 1949 年到 2012 年之间的"历史教育学研究著述提要",学界在此时段对教学新理念、新方法等有着强烈的探究欲望,历史教育成果呈现出从无到有、从少到多的特点。当然,我们不能将该时段的所有作品都呈现出来(也没有必要),只择要列举重要的部分。所谓重要,主要基于如下四个标准:(1)具有首创性;(2)具有代表性;(3)具有前瞻性;(4)具有个性。鉴于历史教育作品逐渐增多、研究领域不断拓宽,故分为七个部分,即历史教育学、历史教学论、历史教学法、历史教学测量与评价、历史教育比较、历史教育文集及其他。作品呈现方式,重要作品列出基本内容,部分作品附加简略的评语,主要的参考性作品只列书名。

2012 年后,学界在已有七个方面的基础上有了更深入的课题研究,尤其是课程改革的深入,学者们呈现出诸多新的思考,呈现出四个特点,一是成果数量大,出版了系列丛书,如黄牧航主编的"历史教育硕士丛书"(共计 10 本)、"历史教育'新师范'建设丛书"(共 5 本),何成刚主编的"历史教师专业发展丛书"(第一辑,共 6 本)、"历史教师专业发展丛书"(第二辑,共 9 本)、"高中历史教学设计丛书"(共 7 本)以及同步配套"历史课标解析与史料研习"系列丛书(共 7 本),唐琴主编的"问史"丛书(共 10 本)。二是研究方向与核心素养、统编教科书等教育热点、课改趋势紧密契合。三是研究领域大大拓宽,几乎所有重要的领域都有涉及。四是研究主体中,中学老师抑或名师工作室占据很大的分量,集体成果明显。冯丽珍主编认为有必要推介历史教育新成果,故受其委托,于 2022 年重启历史教育学著述提要的整理工作。

2012 年的整理工作,囿于当时收集近代历史教育资料较为困难,未及完善。之后一些图书机构开发了近代图书数据库,资料收集相对容易。故 2022 年的整理工作,一方面增加近代(1906—1949 年)的著述提要,另一方面续接 2012 年以来的 10 年的著述提要,当然对上一次整理有遗漏的著述,此次予以补充。若仍有遗漏,待以后再做补充。

2022 年的整理依然延续 10 年前的工作理念、思路,即达到"一个整理目标"、着眼于

"两个工作立场"、呈现"三类提要形式"、遵循"四条遴选标准"、划分"七个研究领域"。一个目标为关注历史教育的学术史、考究前人已有的成果,以便清楚地知道自己从哪里走得通、哪些研究前人已做了、我们必须推进的研究究竟是什么、什么研究课题才有价值。两个立场为历史教育研究也应有目录学、文献学的基础,以及在治学态度上一定要实事求是。三类形式为一些作品列出基本内容、部分作品附加简略的评语、主要的参考性作品列出书名。四个标准为"首创性""代表性""前瞻性""个性"。七个领域为历史教育学、历史教学论、历史教学法、历史教学测量与评价、历史教育比较、历史教育文集及其他。

需要说明的是,著述提要的定位是工具性质、资料性质,所收录著述的水平怎样,需要读者从自己的学术研究角度和教学经验做出判断,以便进一步作精读和研究。

陈德运，历史教育学博士，四川师范大学讲师、硕士生导师，首都师范大学历史教育发展中心特约研究员，先后在《课程·教材·教法》《历史教学》等发表论文60余篇，人大复印资料转载12篇。

历史教育学研究著述提要(1906—1949)

○ 陈德运

1904年,《奏定学堂章程》将历史科纳入中小学课程中,为适应这一教学情况,师范学校普遍开设历史教授法课程。同年,《教育世界》第72至74期,连续3期刊载《历史教授法》一文,这是目前能查到最早的国人研究历史教学的论著,学术研究由此也起步了。近代历史教育研究在发展中积攒了一定程度的学术家底,值得我们认真审视。

近代历史教育研究极具中国特色,尤其是时代背景给它打上了深刻的烙印,记载着前辈学人的学术思想、气质、精神和研究情怀、视野、使命。具有四个鲜明的特点:一是具有比较研究的基因,从一开始就试图快速学习国外历史教育思想,急切想缩短与其差距,让我国历史教育迅速腾飞;二是挽救民族危亡、凝聚中华民族精神的教育目标非常突出,甚至将历史课程视为培养精神国防的工具;三是有构建中国特色的历史教育话语体系的使命,这是由前两个特点相结合延伸出来,即学习他人是为了发展自我、强大自我;四是呈现出强烈的自我批判性、反思性,前辈学人总是基于良善的学术批评,让学习他人的行为不至于变得盲信,让自我探索的实践不至于盲目,让民族主义目标不至于狭隘。

需要说明的是,近代历史教育研究处于起步阶段,对于"历史教学法"的概念存在理解不透彻的情况,一些属于教师教学参考用书被冠以"教学法"之名,如"历史课本教学法",此类不列入提要中。此外,近代历史教育研究处于起步阶段,作品主要集中于历史教授法、历史教学法领域,故未按七个领域的划分标准来呈现。

1. 夏清贻著《龙门师范学校讲义历史教授法》(开明书店,1906年,33页)

该书由序言和五章组成。五章内容分别为:历史教授之缘起与其趣旨、历史与心理之关系、历史教材之排列法、历史教授之应用法、历史教授之辅助。

该书是迄今所见我国最早的一本历史教学法著作,将心理学、教育学视为学科基础,带有朦胧的跨学科性质;引用了相当多国外的理论、案例,带有比较教育研究的基因。总之,对我国近代历史教育研究有开创之功。

2. 黄竞白等著《小学史地教学法》(商务印书馆,1925 年,83 页)

该书由《教育杂志》汇编三篇论文所成,分别为:《小学历史地理教学法》(黄竞白、徐映川、季禹九);《小学历史教学商榷》(王芝九);《小学地理教学法》(沈炳魁)。

3. (美)约翰生·亨利著、何炳松译《历史教学法》(商务印书馆,1926 年初版,1931 年再版,452 页)

该书由译者赘言、编辑者的导言、原序、十六章以及附录组成。内容分别为:历史是什么;各年级历史分配的问题;目的同价值的问题;欧洲学校课程里面的历史;美国学校课程里面的历史;从传记的进路到历史;社群的研究;使过去成为真的;模型同图书的使用;地图的使用;历史教科书;教科书的使用;参考书的选择同处置;学校的历史同历史研究法;历史同课程表中其他各种科目的互相关系;历史的考试。附录分别为:历史教授法书目;历史名著的指南;图解的材料的目录并对于外国材料小规模搜集的提示;参考书选要;对于本书的问题。

该书渗透了美国鲁滨孙新史学观,自中译本问世后,对我国中学历史教学理论研究及教学实践均产生重大影响,是历史教育研究领域的经典之作,所蕴含的教学基本理念,对今日研究依然有重要的学术意义。

4. 朱智贤编《小学历史科教学法》(商务印书馆,1930 年,126 页)

该书由总论、七章和附录组成。七章内容分别为:历史科的价值;历史科教学的目的;历史科教材的研究;历史科的教学法;历史科的教科书和参考书;历史科教学的环境和设备;历史科的成绩考查法,附录为本书参考资料表。

约翰生·亨利的《历史教学法》让朱智贤大为震惊,他决心打破国内历史教学沉寂的状况而决定编写该书。他提出的两个思考点值得我们继续琢磨:一是怎样更好利用历史学的原理到教学上;二是怎样使历史教学成为更科学的研究,使教学更经济有效,这为历史教育学整合历史学和教育学两种基本研究取向提供了学术史支撑。

5. 吴研因、王志瑞著《小学历史科教学法》(商务印书馆,1931 年初版,1933 年再版,74 页)

该书共计三章,第一章为历史是什么和为什么要学习历史;第二章为历史科的课程,包括儿童所需要的历史是什么、编订历史课程的基本原则、历史教学在何时开始、历史科要与他科合并吗、对于新学制历史课程纲要的批评、课程纲要的拟例;第三章为历史教学的方法,包括怎样运用历史科的课程;怎样引起学习历史的兴趣;教学历史应该用些什么材料;怎样和儿童讨论历史问题;怎样使用历史教科书;怎样使用补充读物;怎样使用图画模型地图和表格;怎样考查历史科的成绩。

该书虽学科结构粗糙,但在针对小学社会科是否合理存在、综合课程存在的形态、对课程标准的改造等方面有自己的看法,是研究近代历史教育思想史的参考资料。

6. 胡哲敷著《历史教学法》(中华书局,1932年,251页)

该书由自序和十五章组成。十五章分别为:教学法的意义;什么是历史教学法;历史的目的与教历史的目的;吾国小学校与中学校的历史学科;教材的选择与配置;传记与社群在中小学历史教材上的地位;教科书之运用;教学法的研究;教授历史应注意的几点;中小学历史学科与其他学科的联络;上课与指导;模型图表在历史教学上的效用;历史考试的问题;史学研究会;参考书提要。

该书个别章节散见于一些期刊,是近代历史教学法的代表作之一,对当下历史教育发展具有重要启示:一是学科属性,该书是劳动大学教育科的讲义,呈现教育学研究取向;二是学术情怀,他批评拿国外教育成规生吞活剥而不加以变通的现象,致力于编著适合中国的历史教学法;三是研究范式,着眼于教学实践性,将教学法定位为操作性,该书凭自己过去的教学经验编写而成。

7. 姚德润、许绍桂译《最近各国的历史教学》(民智书局,1934年,298页)

该书由庄泽宣作中译本序。全书共计十一章内容,分别是:苏俄的历史教学;法国的历史教学;德国的历史教学;奥地利的历史教学;英国小学的历史教学;匈牙利小学的历史教学;罗马尼亚的历史教学;波兰的历史教学;瑞典的历史教学;那威小学及师范的历史教学;意大利的历史教学。

1927年,国际历史科学委员会组织了一个由各国历史教学专家组织的历史教学现状调查团,他们将各国历史教学情形做一详细调查,后经中国学者翻译成该书。绪论由觉明翻译刊登《中华教育界》,故该书未重译。这种大规模的历史学科报告在当时是"比较教育研究中空前未有的盛举",其译介意义在于使我们知道各国历史教学状况的同与异,且"促醒我们的迷梦",对国外教学不要盲信和囫囵吞枣。

8. 郑鹤声著《历史教学旨趣之改造》(正中书局,1935年,31页)

该书内容依次为:历史教学旨趣之改造小引、关于建立民族意识之言论与事实、关于恢复民族自信力之言论与事实、结论。

该书诞生于抗日战争时期,郑鹤声认为恢复民族意识应以历史教学为培植基础,历史教学的旨趣在于舍弃狭隘的民族主义,而应培养中华民族之大民族主义,使全国人民养成大一统之观念、共同利害之关系。该书在聚焦论述历史教学建构中华民族认同感方面是一大亮点。

9. 陈训慈著《民族名人传记与历史教学》(正中书局,1935年,40页)

该书由七章组成。七章的内容分别是:今日中国历史教学应有之中心目标;民族名人传记在历史教学上之重要;历史教学中民族名人传记的应用;应用传记教材中历史教学方法的商榷;历史科应用民族名人传记教材的功能;近代民族性传记文学的代表作——全谢山的传记文。

《教与学》编辑部有感于历史教育对于凝聚中华民族一致抗日具有特殊意义,故邀请史学名家撰写相关论文,出版"历史教学"专号,该书即是其中一篇。它认为历史教学应特别宣传中华民族先贤先烈的美德懿行,唤起青年追慕先贤的热情,对历史教育价值论的研究具有重要意义。

10. 郑鹤声著《中学历史教学法》(正中书局,1936 年初版、1944 年三版,121 页)

该书由八章、导言、附录组成。八章的内容分别是:历史的价值、历史的范畴、教师的修养、教材的研究、教科书的评论、教学上的设备、教学方法的改进、学生成绩的考试。附录分别为:郑鹤声中小学本国史教授的目标;郑鹤声中小学本国史教材的运用;沈刚伯中学外国史播音讲演录。

该书是近代历史教学法的代表作之一。1936 年夏,郑鹤声受聘为福建省中等学校校长教职员暑期讲习会历史科讲师,讲授"中学历史教学"课程。他拟定"历史之价值""历史教授之修养问题"等问题若干条,学员就此撰写论文 82 篇,编著该书时摘录了一些优秀的文章。该书对中小学历史教师的教学经验作提炼、总结的做法值得参考,这也说明历史教学研究应理论与实践结合,既要善于总结一线经验并提升为理论,又要用理论指导一线实践,教学界与理论界各有分工。

11. 齐思和著《西洋史教学之基本问题》(函雅堂书店,1941 年,42 页)

该书共计六章,分别为:西洋史教学之目的;以中国眼光治西洋史;现今我国西洋史教学之方法;改进西洋史教学之方法;国别史之重要;美国史之重要。

鉴于西洋史教学参考著作缺乏且不适用的问题,作者依据名著、参稽史源、博观约取编成该书。该书浅近切实、易读易用、书册薄小,专为哲学西洋史教员及大学生而作。

12. 徐文珊著《历史教育论》(史学书局,1945 年,151 页)

该书由自序、十二章组成。十二章内容分别为:历史与民族;历史与现实;历史与将来;历史与文化演进;历史与戏剧;历史与小说及其他艺术;论史观;历史的特性;论大时代、史学风气之改革;历史教育之实施。

该书有几个特点值得注意:一是反映抗战时期历史教育的动向,将历史教育的眼光着眼于未来;二是较为明确地将历史教育分为学校教育和社会教育,倡导历史教育大众化,对公共史学研究有重要启示;三是认为历史教育要为民族命运和国家前途服务。

13. 李絜非著《历史教学法》(路明书店,1945 年,156 页)

该书由八章、四个附录以及参考书志举要组成。八章的内容分别是:历史的意义与价值;历史教学的使命;历史教师的责任和修养;教科书教材与教学要点的研究;现代史和外国史教学的意义;教学上的一切设备;课外作业;中外史普通参考书目题解。四个附录分别为:二十六史一览表、陈钟凡补张之洞輶轩语识涂径一条关于史书部分、顾颉刚讲中国之史料、国际年报述略。

该书个别章节以论文形式散见于期刊。李絜非的历史教育贡献极大,当下历史教育史对其研究较为薄弱。该书较为系统地反映了其教育思想,是近代"历史教学法"的代表作之一。近代对历史教师的研究多附属于教学方法、历史教材等领域,该书专辟一章来谈历史教师的素养、责任、使命,对当下"历史教师教育论"乃至"历史教师学"的建构具有重要学术意义。

14. 邢鹏举编《历史学习法》(中华书局,1947年,74页)

该书共计十章内容,分别为:为什么要学习历史;学习历史应有的认识;三个原则;表解;地图;纲要;札记;学习历史最普通的几种弊病;历史在初中课程表上的地位;初中历史复习题目。

20世纪20年代,陶行知倡导教授法改为教学法,开始关注到学生的学习。纵观百年历史教育史,专门着眼于学生历史学习的研究著述寥寥无几,该书是"中学历史学习论"的开山之作,虽理论体系较为粗糙,却是研究历史学习论绕不开的成果。

15. (英)屈勒味林著、李絜非译《历史教育》(华夏图书出版公司,1948年,20页)

该书前附带屈勒味林小传。书的原名为"历史与读者",是作者于1945年5月3日在英国书盟第三周年上的演讲词。该书颇有历史哲学的成分,主要面向社会民众的历史教育,所提观点如"历史必其作为人性的基础于未来"等,颇有价值。

16. 张粒民著《小学历史教学法》(商务印书馆,1948年,222页)

全书共计十三章,分别为:绪论——历史的价值;各国小学课程中的历史科;吾国小学校历史科的沿革;历史科的教学目的;历史教材的选择;历史教材的进度;历史教材的形式;历史的教学原则;历史科的学习指导;历史科的教学方式;时事教学的研究;历史科的成绩考查;历史科的设备。

17. 马精武、范御龙编《小学历史教师手册》(中华书局,1948年,170页)

该书由前言、五章和附录组成。五章内容为:关于课程标准的、关于教材的、关于教学方法的、关于设备的、关于教师进修的。

该书对于指导历史教师的教学具有指南作用。

18. 大众书店编辑委员会选编《怎样运用新观点学习历史》(大众书店,1949年,19页)

该书由三篇论文组成,分别为:怎样运用新观点学习历史(季农)、端正读史立场(丁易)、漫谈学习历史(奚木)。

19. 其他

(1)(日)本多浅治郎著、湖北兴文社译《西洋历史参考书》(1906年,山左博文社,419页)

(2)瞿世镇编辑《世界历史问答》(1929年初版,1936年五版,三民图书公司,52页)

(3)江苏省教育厅编《初中历史科教学进度表》(江苏省教育厅,1933年,108页)

(4)欧阳缨编辑《本国史地问答》(亚新地学社,1935年,62页)

（5）梁园东编《师范学校教科书历史之编纂及教学》（商务印书馆，1935年，84页）

（6）郭秀敏编《史地教材纲要》（四川省政府教育厅印行，1940年，23页）

（7）陈问涯编《外国历史问答》（南光书店，1943年，129页）

（8）秦湘荪编著《高小历史复习》（正中书局，1947年，115页）

（9）胡泉三编《外国史地问答》（中华文化服务社，1947年，124页）

（10）左复编辑《外国史地问答》（现代史地研究社，1947年，132页）

（11）潘之赓编著《最新中外史地问答》（惠民书局，1947年，210页）

【附记】本文系四川省社会科学重点研究基地区域文化研究中心2023年度课题"近代以来中小学历史教学活动史的文献整理与研究"（QYYJC2303）成果。

（本文选自《中学历史教学参考》2023年第9期）

历史教育学研究著述提要(1949—2012)

○ 赵亚夫　陈德运　徐　静

一、历史教育学部分

20世纪80年代,我国学界从日本引入学科教育学的概念。80年代末,历史教育学著作面世。较历史教学法而言,历史教育学增加了理论性。然而,何谓历史教育学,学者们的理解存在差异。我们认为,广义上的历史教育学,包括历史教育本质论、课程论、教学论、评价论、资源论、教师教育论、比较教育论和历史教育史。其中,第二层次的研究,应是历史教育目标论、历史教材论等。狭义的历史教育学,则侧重于历史教育哲学,以阐释历史教育原理为特征。据此,赵恒烈的《历史教育学》、周发增等的《历史教育学新论》、赵亚夫的《中学历史教育学》、于友西等的《学科历史教育学》,皆属比较有特色的、从广义上论述历史教育学的作品。

在国家将"学科教育学"确定为"学科课程与教学论"后,历史教育学也以历史课程与教学论的名目出现。世纪之交,基础教育课程改革促进了历史课程发生重大变化,同时推动了历史教育学研究向纵深发展。齐健、赵亚夫等的《历史教育价值论》,从上位理论讨论了历史教育的定位问题;余伟民主编的《历史教育展望》,较为细致地讨论了历史教育的重点问题;聂幼犁主编的《历史课程与教学论》则更多地着眼于操作性的理论问题。

1. 赵恒烈著《历史教育学》(河北教育出版社,1989年,398页)

该书由序言和十六章组成。十六章的内容分别是:历史教育学研究的对象和方法;历史教育的哲学思考;我国历史教育的发展史;历史教育的功能;历史教育过程和教育原理;历史教育的内容和教材编纂;讲授专题教材的方法论;时空观念的形成;发展学生思维的途径;培养学生的自学能力和自我教育能力;历史资料的功用;历史课堂教学;教学方法改革评述;历史课外教育活动;历史的复习和考试;备课是教师创造性的活动。

该书是历史教育学的开山之作之一,作者基于长期的教学法经验和研究,不免有"未经磨制的毛坯"之感。但是,仍不失为一部佳作,其中,第二、五、九章颇有创新。

2. 王铎全主编《历史教育学》(上海社会科学院出版社,1989年,290页)

该书由绪论及正文十九章组成。十九章的内容分别是:中学历史教育目标(上、下);中学历史课程设置;中学历史教材;历史知识特点和历史教学原则;中学历史教学过程;中学历史课堂教学的一般方法;中学历史课堂教学方法的运用;中学历史课堂教学模式;中学历史的传统直观教具和现代传播技术;中学历史课的巩固与复习;历史教师的备课;中学历史课外教育活动;中学历史的学习指导;中学历史的学业评价与教学评估;教学观摩与教育实习;历史教育研究的主要方法;历史教育研究的发展与现状。

该书是历史教育学的开山之作之一,基于教学法内容的延伸与扩展,虽内容庞杂,体系凌乱,然各章仍有创新之意。

3. 周发增、张显传、崔粲主编《历史教育学新论》(广东教育出版社,1993年,397页)

该书以历史的大教育论为宗旨,广泛涉及中小学历史教育、大学历史教育和社会历史教育等。在体例上更为严谨,论述也较周详,代表了当时历史教学界理论研究的新水平。全书共计八章,有总论、中国的历史教育、国外的历史教育、历史教材论、学校历史教育、社会历史教育、历史教育的方法论、历史教师论。

该书涉及历史教育学研究的主要课题,首次将历史教育功能、历史教育对象、历史教育内容、历史教育方法、历史教育史、历史教育评价、历史教师发展融汇起来,并初步形成了历史教育学的理论框架。

4. 金相成主编《历史教育学》(浙江教育出版社,1994年,272页)

该书由金相成、郭景扬、聂幼犁、郝陵生编著,十四章分别为我国历史教育发展概述、历史教育的价值论和基本任务、历史教学大纲、课程和教材、历史教学目标、历史教育过程和组织形式、历史教育中的知识学习与掌握、历史情感及其培养、历史学习能力及其形成、历史课堂教学方法、乡土教学和乡土史教材、历史教育的学业评价、历史教师的素质和进修、历史教育的科学研究。

该书虽未脱离教学法的研究窠臼,但在历史教育的价值、历史课程、历史教学目标、历史教育的学业评价等方面均有创新,其论点鲜明,文字谨严,研究亦见功力。

5. 赵亚夫著《中学历史教育学》(中国建材工业出版社,1997年,401页)

该书是课堂教学讲义,共计七章,分为总论、中学历史教育课程理论、中学历史教学理论、中学历史学习指导理论、中学历史教育的评价理论、中学历史教师理论、中日韩三国学校历史教育比较。

《中学历史教育学》有三大特点:将历史教育学看成是一个理论研究范畴,进而整合相关的研究课题,如每章前的提要部分;试图分畛历史教育学的研究领域,如把历史教育目标、教材并入课程论、将原有的历史教育史扩充为比较历史教育;强调历史教育价值、历史课程和历史教育目标在历史教育学研究中所处的位置。

6. 姬秉新主编《历史教育学概论》(教育科学出版社,1997年,432页)

该书由姬秉新主编,蔺子武副主编,主要作者有冯永宁、宁维祥、杨东义、何瑞春、欧阳正宇等。用专论的形式组织内容,分为以下八讲:导论、历史教育论、历史课程论、历史教育原理论、历史教育方法论、历史课外教育论、历史学习论、历史教师论。

《历史教育学概论》吸纳认知理论的研究成果,试图立足于实践系统建构历史教育学体系。

7. 于友西、叶小兵、赵亚夫著《历史学科教育学》(首都师范大学出版社,1999年,351页)

该书共八章,总论,含中国历史教育、教学沿革的回溯、学科教育学与素质教育、历史教育学的框架结构、历史教育学的研究方法等内容;历史教学的任务,含历史学科能力的培养、历史教学任务的系统运作等内容;历史课程的设置;历史教材与历史教学,含历史教材的类型、历史教科书的编写、历史教材与教学内容的关系等内容;历史教学的理论,含历史理论发展历程的回顾、历史教学、教育的过程、历史教学的理论等内容;历史教学的学习,含历史学习的概念、学习的一般过程及条件、历史学科的教学设计等内容;历史教育的学科评价,含历史教育评价的目的与意义、现代评价理论与历史教育评价的体系化、历史教学中的试题编制技术等内容;历史教育和历史教师,含历史教师的地位和作用、教师劳动的特点、教师的心理特征和品质、适应时代的需要,做一名合格的历史教师等内容。

《历史学科教育学》一书的理论性较强,亦较多地吸收了相关学科的研究成果。

8. 余伟民主编《历史教育展望》(华东师范大学出版社,2002年,344页)

该书的导论部分(21世纪与历史教育)由余伟民撰写,阐述了21世纪人类社会的发展趋势和新世纪历史教育面临的课题。以下分为五章:张耕华、刘善龄撰写"历史教育的历史回顾"部分;蔡坚撰写"变革中的历史教育:现状与问题"部分;李月琴撰写"变革中的历史教育:他山之石"部分;张耕华、余伟民撰写"新世纪的历史教育:理念的突破"部分;李月琴撰写"新世纪的历史教育:改革与创新"部分。

《历史教育展望》的论题简洁深入,重点突出,既基于史学研究的新成果、新视野,也扎根于历史教育实践,以比较高的立点展望历史教育方向。

9. 齐健、赵亚夫等著《历史教育价值论》(高等教育出版社,2003年,222页)

该书是赵亚夫主编的"历史新课程研究系列"之一,旨在配合全日制义务教育阶段历史新课程的实施,帮助历史科教师以新视野重新审视历史教育在知识经济时代的意义,高质量的教材以及历史学习方式等。

《历史教育价值论》序论部分强调历史教育要给国民自信力。以下七章的内容是:"追寻历史教育的本义",探讨历史教育与历史教学、从历史教学法到历史教育论、历史教育的人文属性等;体现新价值的历史课程变革,阐述历史课程的涵义及研究现状、从《历史教学大纲》到《历史课程标准》、历史课程改革的背景、历史课程改革的思路及历史课程改革体现的新理念;"公民教育:历史教育的显性功能",申明历史教育的民主含义、公民性和现代性;"人文教育:历史教育的本质",讨论历史教育的人文性、道德性、情感性、养成性、审美性和世俗性;"终身教育:历史教育的时代要求",说明终身教育观念与学习化社会,及终身教育观念指导下的历史教育革新;"个性教育:历史教育的核心目标",主要探索历史教育中的个性教育内涵,和历史学科实施个性教育的基本对策;"创新教育:历史教育的推动力",辨析创新教育几个理论问题,并探讨历史学科中的创新教育问题。该书所涉及的内容,都是21世纪历史教育的重要课题,在同类著作中理论性较强、内容新颖、观点锐利。

10. 聂幼犁主编《历史课程与教学论》(浙江教育出版社,2003年,409页)

该书由聂幼犁撰写导论部分,刘善龄撰写回眸部分,陆正东撰写课程部分,查正和撰写目标部分,张利娟和任京民撰写教材部分,於以传和聂幼犁等撰写教学模式部分,李惠军、於以传和郑流爱撰写教学艺术部分,周靖撰写学习方法部分,郑流爱撰写研究性学习部分,周义保撰写信息技术部分,聂幼犁、郭景扬、钱昌明、徐英撰写测量技术部分,聂幼犁撰写教学评价部分,於以传撰写教师发展部分。内容以教学论和测量、评价见长。

11. 朱煜著《历史课程与教学论》(东北师范大学出版社,2005年,224页)

该书由绪论和六章组成,六章依次为:中学历史课程面面观(课程演进、课程目标、课程标准、课程资源、选修课程);中学历史教科书纵横谈(编制、史料证据与中学历史教科书、习题作业);中学历史教学方式与方法探索(教学方式与教学方法);中学历史课堂教学新视角(教学设计、说课与观课);中学历史学业评价与考试命题(学业评价、命题改革);中学历史教师的专业化(教学反思、专业化),共计六章。

12. 其他

(1)王作仁著《历史教育学概论》(民族出版社,1995年,296页)

(2)王铎全主编《历史教育学》(上海教育出版社,1996年,559页)

(3)郭桂兰、常凤昆主编《实用历史教育学》(辽宁民族出版社,1996年,351页)

(4)赵秀玲主编《历史教育学》(山东大学出版社,1997年,341页)

(5)聂幼犁著《中学历史教育论》(学林出版社,1999年,440页)

(6)叶小兵、姬秉新、李稚勇著《历史教育学》(高等教育出版社,2004年,311页)

(7)庞丽娟主编《历史教育学》(哈尔滨地图出版社,2004年,308页)

(8)周才方主编《中学历史课程与教学论》(东北师范大学出版社,2006年,354页)

(9)费驰编著《历史课程与教学论》(吉林人民出版社,2008年,300页)

二、历史教学论部分

在我国,一直存在着有关学科教育学与学科教学论的争论。有将课程与教学论视为教学论研究范畴的,有把课程与教学论等同于课程论的。当然,也有学者认为,学科教育学,既不同于课程论,也不同于教学论,课程与教学论也难以概括其要旨,其研究范畴应该和教育学的研究范畴看齐。这样,对历史教学论的界定,也同样存在分歧。

我们把历史教学论从历史教育学中分出来,主要理由有三:(1)课程与教学论原本就是一个模糊的分类,是教育领域课程论与教学论两派妥协的结果,它并不能反映学科教育学的全貌,其中的最大缺陷是排除了学科教育学赖以存在的哲学基础;(2)当我们将课程与教学混同起来研究时,往往犯眉毛胡子一把抓的毛病,已出版的学科课程与教学论作品,都多多少少存在这一弊端,给人以大杂烩的感觉;(3)教学论即教学的理论,没有必要非得涉及教育理论,比如学科价值论一类的东西。教学的理论是操作性、实效性的理论,与教学法那样的工具性技能也有区别。概言之,教学论与教学法的主要区别,前者是基于理论指导下的操作,后者更侧重于经验指导下的操作;前者着眼于教学的普遍性原理,如教学模式、教学设计、教学过程或程序等,后者更倾向于教学的个性化,如教学技能、方法和风格等。

20世纪90年代以前,我国的历史教学研究集中于教学法,称得上历史教学论的作品少而又少。90年代以后,教学法作品大多在内容上扩展,掺杂了很多教学理论,或可称为教学论。而事实上,这样的做法没有实际提升教学法的品质,反而把教学法作品搞得不伦不类。究其原因,主要是:缺乏学术自觉的原动力;运用教育理论、特别是史学理论的能力缺乏;没有扎实的实验研究基础。基于这样的现状,这里姑且"以名归类",凡标明教学法的作品,仍划归到教学法一类。

20世纪90年代以后,以"历史教学论"命名的作品不断涌现,探索的基础越来越宽,优秀的作品也渐趋增多。凡有参考价值的作品,本文都选了进来。

1. 张保华主编《中学历史教学论》(云南教育出版社,1992年,497页)

赵恒烈先生为该书作序。前言以下分十六章,依次是中学历史教学目的论、中学历史教学过程论、中学历史教学原则论、中学历史教学内容论、中学历史教学形式论、中学历史教学方法论、中学历史教学手段论、中学历史教学效果论、中学历史课外教学论、中学历史教学时空论、中学历史概念教学论、中学历史教学专题论、中学历史教学资料论、中学历史教学比较论、中学历史教学研究论、中学历史教学改革论。

该书基于教学经验,试图全面论及历史教学的理论问题,结构不同于以往的教学法作品,论点不乏新意。但内容略显零碎,缺乏精确的立论。

2. 宁裕先、熊守清、胡任敏主编《历史教育方法论》(广西师范大学出版社,1992年,343页)

全书二十章,即:引论,历史教育方法的继承与借鉴,历史学科的教育地位与教育目标,爱国主义——历史教育的永恒主题,中国历史与中国国情教育,中学历史教学基础论(上),中学历史教学基础论(下),历史课的新型传授方法论(上)——特征,历史课的新型传授方法论(中)——图示,历史课的新型传授方法论(下)——比较,讲授历史专题教材方法论(上),讲授历史专题教材方法论(下),学史的心理分析、能力培养与学法指导,历史教育和历史科学研究的"三分法",历史学科开展第二课堂活动方法论,历史学科的命题考试与成绩评估,历史教师的语言与板书,中学历史教师的备课、进修和科研,撰写中学历史教育文章的方法,教学观摩、教育实习和教育调查,最后附录参考书目和"中学历史教材教法"试题及答案和编后。

该书是别样的历史教学论,但仍然依赖教学法的研究基础。其中有些部分对历史教学研究基础和方法的论述也颇有心得。

3. 赵恒烈著《历史教学研究》(今日中国出版社,1993年,213页)

该书的底稿是北京高研班课程的讲稿和学员的作业,其中不乏参加高研班的北京市高级教师们的智慧。全书分为:做一个好的中学历史教师,中学历史教学实践的轨迹,中学历史教材的建设与社会进步,历史教育的价值取向和主体意识,层次分析和线索清理,剖析历史教材的方法,历史资料的微观研究和创造思维的介入,历史名词的由来和历史名词的教学,立足历史、呼应现实,微格教学和教学法的改革,历史课的导入,历史课的提问,历史课的变化,历史课的强化,历史课上教材的使用,历史课的总结,积极开展历史教育学的研究工作,共计十八章。

该书重心是教学研究,于操作而言,可以说相当务实,因此也就显得理论性不强,缺乏应有的系统性。

4. 李勤德、关耐冬编《历史教学研究新论》(广东省地图出版社,1994年,206页)

该书以专题研究方式呈现内容,除绪论外,九章篇目依次为,历史学认识对象的特征与历史教学、历史思维与历史教学、补充资料在历史教学中的运用、历史教学的纵向性和横向性、历史教学的社会功能和历史功能、教学内容与教学方法、电化教学与现代化教学手段、第二课堂的开辟与多样化形式、历史教师的基本素养和专业水平。

该书在论及历史与历史教学、史学认识与历史教学、历史思维与历史教学问题时,总结了已有研究成果,研究视阈较宽。

5. 白月桥著《历史教学问题探讨》(教育科学出版社,1997年,458页)

该书是全国教育科学"八五"规划国家教委级重点科研课题。书首有马金科、赵恒烈的序言两篇。全书共分八章,集中讨论历史认识、历史思维、教学内容、教学方法、历史教科书、历史习题等历史教学的基本问题以及对历史教学现状调查、初步实验效果的报告。

该书是作者多年潜心研究教学论的成果,论题明确,论证周详,论述深刻,有较深的课程与教学论研究功底,代表了当时历史教学论研究的较高水平。2001年该书的修订再版本(242页)出版,由八章扩充为十一章,即:学校课程的时代特征、传统课程与现代课程观、中外历史科设计变革、社会科设计回顾与改革趋势、历史科创新问题、历史认识问题、历史思维问题、教学内容与方法问题、历史教科书问题、历史习题问题、历史科评价问题。

6. 赵恒烈、冯习泽著《历史学科的创造教育》(山东教育出版社,1997年,260页)

该书专论历史的创造教育问题。十章内容,相关篇章依次是:创造教育价值论、历史学科与创造教育、历史学科创造素质分析、培养创造性历史思维能力(一)多维历史联想、培养创造性历史思维能力(二)历史灵感、培养创造性历史思维能力(三)历史思维的假设和论证、培养创造性历史思维能力(四)思维成果的放射与类推、形成教学双方的创造合力、学生创造素质的自我培养、历史学科创造教育评价体系。

7. 赵恒烈著《历史思维能力研究》(人民教育出版社,1998年,286页)

该书是赵恒烈先生的力作之一,由六章和后记组成。六章的内容是:历史思维特性和历史认知结构的研究、历史形象思维的研究、历史逻辑思维的研究、历史情感思维和灵感思维的研究、历史创造性思维的研究、历史思维的课堂模式研究。

该书理论性很强,试图描述历史思维的形成过程及其对历史学习者的影响。历史思维能力是历史教学研究的关键性课题,该书代表了20世纪90年代有关这一关键性问题研究的最高成就,截至目前还没有相同论述出现。

8. 刘军著《历史教学的新视野》(高等教育出版社,2003年,332页)

该书是赵亚夫主编的"历史新课程研究系列"丛书中的一种,前有赵亚夫的"序论:历史教育要给国民自信力",书后有七个附录。该书正文六章,依次是:历史教学"面面观"、历史教学目标的锁定、历史教学内容的整合、历史教学方法的优化合作、开放性:新时期的历史教学的特色、历史教学资源的利用与开放。

该书涉及范围广泛,观点新锐,所有内容紧紧围绕课程改革展开,具有较强的教学引领性,对以往的教学论研究有一定超越。

9. 赵克礼主编《历史教学论》(陕西师范大学出版社,2003年,448页)

该书是"21世纪高等师范院校学科教学论"系列教材的一种,全书十一章,分工协作而成。第一章,中学历史课程,由赵克礼撰写;第二章,中学历史课程标准与教材,由姬秉新、王德民撰写;第三章,中学历史教学理论,由王龙昌撰写;第四章,中学历史教学方法,由张兆文撰写;第五章,中学历史教学技能,由王龙昌撰写;第六章,中学历史课堂上的多媒体与网络教学,由王岁孝撰写;第七章,中学历史学习,由姬秉新、王德民、王增科撰写;

/813/

第八章,历史教学的评价,由赵克礼撰写;第九章,历史教学的准备工作,由韩一敏撰写;第十章,历史专业教育实习,由贠红阳撰写;第十一章,中学历史教师的学习与研究,由李虎撰写。

10. 赵亚夫主编《历史课堂的有效教学》(北京师范大学出版社,2007年,184页)

该书是赵亚夫主编的课堂有效教学丛书中的历史部分,由赵亚夫、齐健、姚锦祥、夏辉辉、张汉林、黄牧航、钟红军、李建红共同编写。全书五章,简洁扼要。五章篇目依次是:有效教学目标的设计与实施策略、活用历史知识的技能与实施策略、历史思辨能力的养成与实施策略、探究性学习的组织与实施策略、历史教学评价的设计与实施策略。

该书基于现代教学理论,但不做直接的理论阐释,而是通过教学实例呈现理论应有的实态;基于有效教学理论,亦不做直接的概念解释,而是通过精选实例及其对实例的简单评述,揭示历史教学应有的效率、效果和效益。特别是在申明历史教学价值方面,更没有强人所难的处理。而且,在每章的开始处写有主题词,进而由引言引发问题和思考;正文由该章主题锤炼的核心内容构成,内容陈述皆以教学实例支撑;所引正面的案例,以"知道它的长处"处理为引申讨论的话题,所引反面的案例,则以"需要讨论的问题"处理为开放性的话题。

11. 周仕德著《历史教学设计论》(山西人民出版社,2007年,234页)

该书前有吕准能的序言,后有三个附件。正文由三部分组成,第一部分,对历史教学设计理论问题的四点思考,即研究回顾与认识反思、两种关系与设计理念、目标设计与表述问题、教学过程与设计的趋向;第二部分,对历史教学设计相关问题实做研究,即教材附件与设计初探、评价嬗变与设计变革、教学策略设计与对话探微;第三部分,基于历史教师教学设计思维缺陷的反思,即教师思维缺陷与设计意识观、能力意识发展与教法设计思考。

12. 任印录、赵智敏著《历史探究教学理论和实践研究》(河北人民出版社,2007年,300页)

该书由两部分组成。第一部分为"历史探究教学的理论研究",主要包括绪论、历史探究教学的目的和目标研究、历史探究教学的过程和原则研究、历史探究教学的方式方法研究、历史探究教学与学生认知发展研究、历史探究教学与教师发展研究、历史探究教学与创新思维发展研究、历史探究教学的评价研究。第二部分为"历史探究教学的实践探索",主要包括历史教师怎样设计探究教学方案、历史教师怎样指导学生开展探究学习、学生怎样进行探究学习、初中历史探究教学设计案例及分析、高中历史探究教学设计案例及分析。

13. 朱汉国、郑林主编《新编历史教学论》(华东师范大学出版社,2008年,239页)

该书由绪论和五章内容组成,绪论包括历史教学论的课程目标、历史教学论的课程内容、怎样学好历史教学论等内容。第一章,历史课程论(历史课程沿革、现代历史课程理念、历史课程目标、历史课程结构);第二章,历史教学论(历史教学基本理论、历史教学组织形式、历史教学方法、历史课堂教学技能、现代化教学手段在历史教学中的运用);第三章,历史教师论(历史教师在教学中的地位、历史教师的专业素养、历史教师的备课、历史教师的教学研究);第四章,历史教学评价(教学评价概述、学生历史学习的评价、教师历史教学质量评价);第五章,历史教学资源(历史教学资源概述、历史课程标准、历史教材、历史教学资源的开发与利用)。

14. 余柏青编著《历史教学论》(海南出版社,2008 年,320 页)

该书分十二章,除绪论外,主要内容包括,新课程改革的理论基础、历史教学主体论、历史学习主体论、新课程改革的课程论、历史教学目标及原则论、历史教学过程论(一)教学准备、历史教学过程论(二)历史课堂、历史教学过程论(三)教学反馈、历史教学方法论(一)教学组织、历史教学方法论(二)历史地图、历史考试学、历史教育实习的准备和组织。

该书对历史教学论进行了新的探索,并试图将最新的教学理论与历史教学理论相结合。

15. 其他

(1)崔粲著《历史教学论纲要》(辽宁教育出版社,1992 年,367 页)

(2)孙恭恂编著《历史教学的艺术与技巧——历史教育论稿》(中国地图出版社,1995 年,343 页)

(3)王春良著《历史教学诸问题研究》(岳麓书社,2000 年,341 页)

(4)张保华主编《中学历史教学研究》(高等教育出版社,2001 年,351 页)

(5)杨立志、孟宪杰主编《中国历史教学问题研究》(华中科技大学出版社,2002 年,245 页)

(6)姚锦祥主编《新课程理念下的创新教学设计:初中历史》(东北师范大学出版社,2005 年,324 页)

(7)朱可编著《行走在历史与现实之间:中学历史教学论》(浙江教育出版社,2005 年,212 页)

(8)孙才周著《历史教育教学探论》(天津古籍出版社,2006 年,291 页)

(9)胡柏玲编著《胡柏玲与历史课改同行:历史教学关键问题精解》(中国林业出版社,2007 年,321 页)

(10)侯建飞、金波编著《有效教学:初中历史教学中的问题与对策》(东北师范大学出版社,2007 年,386 页)

(11)周晓光主编《历史教学论》(安徽人民出版社,2007 年,239 页)

/815/

(12) 钱家先、太俊文编著《中学历史新课程教学论》(云南大学出版社,2007年,393页)

(13) 袁兆桐主编《新课程有效教学疑难问题操作性解读》(教育科学出版社,2008年,239页)

(14) 周才方等著《历史教学论》(江苏人民出版社,2008年,340页)

(15) 杜芳主编《新理念历史教学论》(北京大学出版社,2009年,248页)

(16) 夏志芳主编《中学课堂教学行为研究及案例(历史)》(江西教育出版社,2009年,288页)

(17) 刘军著《中学历史教学探究》(人民出版社,2009年,235页)

(18) 马卫东主编《历史教学概论》(北京师范大学出版社,2010年,236页)

(19) 王乘吉主编《中学历史教学论》(北京师范大学出版社,2010年,234页)

(20) 丁贤勇、陶水木主编《传承与创新:历史教学的有效性研究》(中国社会科学出版社,2010年,226页)

(21) 王春永著《中学历史课程与教学论》(吉林大学出版社,2011年,219页)

三、历史教学法部分

我国的历史教学法研究可以追溯到20世纪初,20、30年代形成第一个讨论高峰。从梁启超始,到蒋梦麟、何炳松、顾颉刚、傅斯年等,关于历史教学法的真知灼见,可以说是层出不穷。1949年中华人民共和国成立到20世纪60年代初,历史教学法研究主要顺着两个路径展开,主流部分是向苏联学习,附属部分则沿用民国时期的传统。比如,20世纪50年代中后期管听石先生的《中学历史教学法》一书。改革开放后,经历了一个短暂的恢复期后,历史教学法著作大量出现,80年代形成了又一个高峰。在这一高点上,历史教学法研究维持了约20年时间。

我国的历史教学法研究范式(更确切地说是路数),是在20世纪80年代始有模样,20世纪90年代定形,以后再少有突破。仅从国情而言,抑或说,20世纪90年代的教学法研究已基本成熟,以至其后出品的"历史教育学""历史教学论""历史课程与教学论"等等,都难脱教学法的羁绊。甚至可以说,很多"理论作品"都是在原有教学法基础上拓展而来的。所以,我国的教学法著作种类也比较宽泛,在学术上很难分辨其价值的高低。不过,我们必须承认,历史教学法著作不仅是历史教育、教学研究的主流,而且也体现着我国的历史教育、教学研究的水平。即使我们只着眼历史教育学的研究,也不能忽视历史教学法已有的基础性地位。

总之,我们不赞成把历史教学法研究等同于历史教学研究,更非历史教育研究,但它是历史教育、教学研究的重要的组成部分。

1. 薛虹编《历史教学法》(东北师范大学教务处教材科,1955年,285页)

该书有1955年1月出版字样,但仅有出版者而没有出版社。全书分为六章。第一章,绪论(历史教学法的研究对象和它的任务及研究方法、历史教学法的历史性和阶级性、学校中历史教学的教育任务);第二章,中学历史课的教学内容(中学教学计划中的历史教学程序、中学历史课的教学大纲、中学历史课的教科书、中学历史课程和其他课程的联系);第三章,历史课的课堂教学(历史知识的特点和课堂教学、历史课的选择教学方法的原则、形成历史观念和历史事实的讲授方法、形成历史概念和分析总结历史的方法、发展时间观念和学习年表、发展空间观念和学习历史地图、历史课文献和文艺作品的使用、历史教学的直观教具、学生历史知识的巩固和检查);第四章,学生的课后学习(学生对历史课的课后自学、历史课的参观、历史研究小组和历史晚会);第五章,教师的教学准备工作(教师在开学前的准备工作、教师备课、教师的自修);第六章,中学历史课程的典型研究(秦汉、法国资产阶级革命)。

《历史教学法》一书体系完整,内容周详,无论是章节编排还是内容组织,都反映了新中国成立初期历史教学法的特点,对以后的教学法研究产生了较深的影响。

2. 东北师范大学历史教学法教研室编《历史教学法参考资料选辑》(东北师范大学函授教育处,1956年,289页)

该书标有1956年12月出版字样,但没有出版社。与一般的资料选辑和文集有所不同,该书由二十二篇文章合成。所收录文章有三类:一是学科的指导思想。如摘自俄共中央决议的《关于苏联各学校教授本国历史问题》和《普希金教授对于中学历史教学的意见》。二是学科的理论问题。如《论学生的唯物主义教育问题》《论历史课程中的苏维埃爱国主义教育》等。三是教学实施,包括教学计划、内容和方法。如《关于中学八年级至十年级历史课的类型问题》《历史课的准备和计划》《阐明近代史课程中理论概念的教学法问题》等。

《历史教学法参考资料选辑》虽是一本历史教学法参考书,但所论内容对当时的历史教学法有较大影响。编者薛虹说:"历史教学法是一门新的学科,目前科学界著述无几,学习与研究上甚属不便。"因此,该书实际起着教科书的作用。

3. 东北师范大学历史教学法教研室编《历史教学法概论》(东北师范大学函授教育处,1957年,206页)

该书标有1957年5月出版字样,但没有出版社。我们仅看到该书的下册,该书下册分为七章,依次讲述历史教材、历史课的年表和历史地图、历史教学上文字材料的运用、历史教学的直观教具、历史教学过程中的巩固工作、历史课的课外活动、历史教师的教学准备工作。

从内容和表述看,《历史教学法概论》应该是我国学者的早期作品,模仿苏联的痕迹

较重。

4. 管听石著《中学历史教学法》(浙江人民出版社,1957年,308页)

该书共七章,分为二十四节。即:绪论(历史科学和历史教学、历史教学的历史性与阶级性、中国近百年来历史教学的概况、中学历史课的地位和教学任务);中学历史教学的政治思想教育(进行政治思想教育的途径、进行政治思想教育的要点);课前准备(拟订学期教学计划、拟订课堂教学计划);课堂教学与课后检查(课堂教学、课后检查);讲解教材(叙述与描写、解释历史形成历史概念的方法、谈话法、讲读法、形成历史概念的过程);直观教学(历史地图与历史图片、年表与各种图表、历史文件文物与文艺作品、乡土历史教材、各种直观教具的运用及设置等方法);作业复习检查及各种课外活动(作业、复习、检查、各种课外活动)。

5.《中学历史教学法》编写组编《中学历史教学法》(河南人民出版社,1980年,184页)

该书由北京师范大学、北京师范学院、天津师范学院、北京教育学院的教学法教师集体编写,编写者有:北京师范大学的丁西玲、孙恭恂、马卫东,北京师范学院的黄一欧、于友西、叶小兵,天津师范学院的卢士林、李光霁,北京教育学院的赵恒烈等。全书分为十六章。即:绪论;中学历史教学的任务;中学历史教学大纲、教科书和教学参考书;中学历史教学过程;历史概念的形成;历史课的课堂教学;怎样讲时间、地点和人物;怎样讲文化史方面的教材;考古材料、历史文献和文艺作品在历史教学中的运用;历史教学中的乡土教材;历史教学手段的现代化;历史课的复习和检查;历史课的课外活动;历史教师的备课;历史教师的进修和教学经验的总结;师范院校历史系学生的教育实习。

《中学历史教学法》一书内容虽然简单,但结构较为完整,是历史教育界拨乱反正后首部教学法著作,为以后的教学法研究在结构、要素方面奠定了基础。

6. 李可琛、陈志谦、林达权、杨杏春编著《中学历史教学法》(广东人民出版社,1981年,192页)

该书分为十四章四十六节,即:绪论,中学历史教学的任务,中学历史教学过程、教学特点和教学原则,教学大纲和教科书,中学历史课的课堂教学,中学历史课的基础知识教学,中学历史课对学生智能的培养,中学历史课的思想政治教育,中学历史课的基本训练,中学历史课的教学质量检查,中学历史课教学手段的现代化,中学历史课的课外活动,中学历史教师的备课,中学历史教师的进修。

《中学历史教学法》一书的研究范围较前有所扩大,其中第三、七章中的若干内容也很有新意。

7. 龚奇柱著《中学历史教学法概要》(陕西人民出版社,1983年,202页)

该书分为十章二十四节,即绪论,中学历史课的教学任务,中学历史课的教学内容,中学历史的课堂教学,学生时间空间观念与形象观念的形成和发展,考古材料、历史文献、文艺作品和乡土教材在历史教学中的运用,现代化教学手段在历史教学中的运用,复习和考试,中学历史教师的教学准备工作,学生的历史课外活动。

《中学历史教学法概要》一书的第四、五、七章内容,在当时的同类作品中较为突出,主要表现四个方面:一是明确提出了历史知识的"七性说";二是对课堂教学的类型和结构做了总结;三是关注学生的学习心理问题;四是认识到现代化教学手段运用的前景。

8. 赵恒烈著《历史教材教法举要》（山东教育出版社,1983年,330页）

该书收录了有关历史教学和教材的文章三十七篇,就内容而言,大致可以分为四个部分:(一)历史教育总论,如历史研究和历史教学、为什么要学习中国历史等;(二)对编写历史教科书的探索,如中国历史教材编写中的几个问题、组织历史教材的方法、历史教材中写人物的方法等;(三)从教材的角度谈历史教学中的问题,如关于我国奴隶社会土地所有制(井田制)的几个教学问题、怎样理解秦始皇实施的"以吏为师"、论历史简表、诗歌与历史教学等;(四)从方法论的角度谈历史教学中的问题,如历史教育研究中的几个问题、略谈历史课中的启发式教授法、如何培养学生学历史的兴趣、怎样写历史教案、怎样总结教学经验等。

《历史教材教法举要》虽然是由几十篇有关历史教学和教材教法的文章结成的集子,但编排、组织、内容如同著作,有其独特的实用价值。

9. 茅蔚然著《中小学历史教学法》（甘肃人民出版社,1983年,275页）

该书于1982年由杭州师范学院政史系审校,并在当年的全国历史教学研究会上交流,翌年正式出版,1984年再次印刷,是20世纪80年代历史教学法的代表作品之一。《中小学历史教学法》分为十二章,并有"附篇"《小学历史教学法基本要点》十二题,合计二十四章。

中学部分的内容有:绪论,历史教学原则,课堂教学,讲解教材的方法,怎样才能把历史课教"活",中学历史教学的基本方法与智能培养,乡土历史的教学法,课前准备工作,课后检查、辅导和兴趣小组,历史教学法的继承与创新过程以及和教育心理学的关系,教育实习,历史教师的在职进修等。

小学部分的内容有:怎样才能引起小学生学习历史的兴趣,怎样才能引起小学生学习历史的注意力,怎样才能培养小学生学习历史的记忆力,怎样才能训练小学生学习历史的观察力,怎样才能丰富小学生学习历史的想象力,怎样在小学历史教学中进行爱国主义教育,怎样在小学历史教学中进行历史唯物主义的教育,怎样在小学历史教学中进行阶级和阶级斗争观点的教育,怎样在小学历史教学中使用教科书、地图和插画,怎样在小学历史教学中教好一堂中国史的课,怎样在小学历史教学中教好一堂外国史的课,怎样在小学历史教学中做好命题、考试、评分、讲评工作等。

10. 龚奇柱著《中学历史教材教法通论》(浙江教育出版社,1984年,336页)

该书于1986年获四川省(1984—1985年)哲学社会科学科研成果二等奖,由前言、总论篇、教材篇、教法篇、教师篇和附录组成。其中总论篇共六章,分别为中学历史课的地位和任务;国内外历史教学的概况;中学历史课的基础知识教学;中学历史教学与学生能力的培养;中学历史课的思想教育;历史课的教学原则和教学类型。教材篇共四篇,分别为中学历史教学大纲;中学历史教科书;历史乡土教材;考古材料、历史文献、文艺作品与历史教学。教法篇共五章,分别为历史课的教学方法;历史教学中常用的直观教具;历史教学质量的检查;现代化教学手段与历史教学;历史教学的"第二课堂"。教师篇共三章,分别为历史教师的修养;历史教师的教学研究;历史教师的备课。附录《太平天国后期的斗争》一课的教学和《维新变法运动的兴起》(教案)。

11. 上海师范大学历史系历史教学法教研室编《中学历史教学法概论》(上海社会科学院出版社,1986年,337页)

该书由四个单元、十五章组成,另有两个附录。第一单元是总论部分,包括绪论、中学历史教学的任务、历史知识的特点和历史教学的原则、中学历史教学过程及其本质特征。第二单元是课堂教学部分,包括中学历史教师的备课、中学历史课的课堂教学及主要方法、中学历史课的直观教学、中学历史课的复习、巩固和检查、评定。第三单元是学习指导部分,包括学习指导的意义和学习动因的培养、中学历史学习指导工作的内容和教学法要求、历史学习的质量分析、第二渠道的组织和开展。第四单元是实习与进修部分,包括中学历史课的观摩和评议、高师历史系学生的教育实习、中学历史教师的进修与科研。两个附录分别是:附1,历史系本科生自学篇目录索引;附2,关于《中学历史教学法》课程的改革。

《中学历史教学法概论》一书体例完备,内容翔实,注重操作性,具有较强的时代气息。

12. 王铎全、韦少波编《中学历史教学法参考资料(摘编)》(上海社会科学院出版社,1986年,361页)

该书采用摘编形式收录文章,与上海师范大学历史系历史教学法教研室编的《中学历史教学法概论》配套出版。为了使收录范围更广,编者做了大量基础工作,并说:"每个专题的文摘后面,附上部分有代表性的文章目录索引,以便读者检索"。该书编者将收录的文章归为13个专题37类。13个专题依次是:总论,历史知识教学,历史课的思想政治教育,历史教学中的智能培养,历史知识特点和历史概念教学,中学历史教材,历史教师的备课,历史课堂教学的结构和方法,历史课的复习、检查和评定,历史课的直观教具和手段,学习指导,历史课的观摩和评议,历史教师的进修与提高。

《中学历史教学法参考资料(摘编)》是尚好的工具书,方便实用。

13. 周春元主编《中学历史教学法》(贵州人民出版社,1986 年,287 页)

该书的编写主旨是适用于高师院校的历史教学法课。1982 年,修订完成后出了交流本。1986 年正式出版。全书分绪论等十三章。其中,周春元撰写绪论,戴冠撰写中学历史教学的任务、中学历史课的教学过程、中学历史课堂教学的基本方法、中学历史课的补充教材及在历史教学中的运用、历史教学的课外活动部分,王室棠撰写历史知识的复习巩固和检查评定、历史专题教学法、高等师范院校历史系学生的教育实习部分,苟忠良撰写中学历史教学的内容、历史教师的备课、历史教师的进修与提高、历史教学手段现代化部分。

14. 易启祥主编《新编中学历史教材教法》(河南大学出版社,1986 年,310 页)

该书分为二十八讲,前面有朱绍侯先生的序。二十八讲内容依次为:我国古代的历史教育,当今国内外历史教学法简介,历史课在中学教育中的地位和作用,历史课的基础知识教学,历史教学与爱国主义教育,历史教学与发展学生的思维能力,历史知识的特点和历史教学的原则,怎样讲述经济史教材,怎样讲述政治史教材,怎样讲述文化史教材(上),怎样讲述文化史教材(下),怎样讲述军事史教材,怎样讲述中国古代民族史教材,怎样讲述历史人物,历史课的启发教学,怎样发挥课本插图的作用,历史地图及其运用,乡土教材的搜集和选用,比较史学与历史教学,信息论、控制论、系统论与历史教学,历史教学中的文史关系,现代化教学手段在历史教学中的运用,世界史教学中外语词汇的运用,课堂教学的板书和语言,历史课的"第二课堂"教学,历史课如何培养学生的自学能力,怎样备好课。

《新编中学历史教材教法》一书的编者从实际出发组织内容,力图囊括已有研究成果,颇有创新之处。

15. 于友西主编《中学历史教学法》(高等教育出版社,1988 年,348 页)

该书包括正文、实例和图表。正文共十四章,探讨中学历史教学法的任务、过程、原则、内容、方法等。十四章依次为:绪论,中学历史教学的任务,中学教学计划、中学历史教学大纲和教科书,中学历史教学的过程及其本质,历史知识的特点和中学历史教学原则,中学历史课堂教学的类型和方法,怎样讲人物地点和时间,乡土史教学,中学历史教学的现代化手段,中学历史课的课外教学活动,历史知识的复习和检查,中学历史教师的备课,中学历史教师的进修,中学历史教学中对学生学习历史方法的指导。书末附录的具有代表性的参考文章十余篇。

《中学历史教学法》一书影响较大,多所高校用作教材。1991 年《中学历史教学法》获全国高等学校教材评比一等奖;2003 年出了第二版(382 页)。《中学历史教学法》第二版为十二章,依次为绪论、中学历史课程的设置,课程标准、中学历史教科书及教师用教学参考书、历史知识的特点和历史教学的原则、中学历史学科的教学过程、中学历史学科的教学模式、中学历史教学的基本方法、中学历史教师的备课与授课、中学历史教学中的

/821/

学习指导、中学历史教学中的复习与评估、师范院校学生的历史教育实习、中学历史教师的进修。2009年出了第三版(388页)《中学历史教学法》第三版为十章,依次为绪论、历史课程论、历史教育目标论、历史教材论、历史教学论(上)、历史教学论(下)、历史学习论、历史学习评价论、历史教师论、历史教育研究论。

该书虽然冠名为"历史教学法",但其内容远超出教学法的研究范畴。

16. 北京师范大学历史教学法教研室、天津师范大学历史教学法教研室、北京师范学院历史教学法教研室编著《中学历史教学法概论》(北京师范大学出版社,1988年,396页)

该书由绪论和五编组成。其中,五编依次为:第一编,中学历史教学任务,分上下章;第二编,分中学历史课程的设置,中学历史教学大纲、教科书和教学参考书两章;第三编,分中学历史教学过程、中学历史教学中的几个关系两章;第四编,分中学历史课堂教学的类型、结构、中学历史课堂教学的基本方法,中学历史课中时间、地点和历史人物的讲授,中学历史课中历史事件、历代典章制度和历史现象的讲授,中学历史课中历史概念的讲授,直观教具在中学历史教学中的运用,历史文献和文艺作品在中学历史教学中的引用,中学历史教学中对学生学习历史方法的指导,历史知识的复习和成绩检查,中学历史课外活动若干章;第五编,分中学历史教师的备课、中学历史教师的进修和教学研究、师范院校历史系学生的教育实习三章。

在同类教学法著作中,《中学历史教学法概论》堪称质量较高。

17. 赵恒烈主编《中学历史图示教学法》(人民教育出版社,1989年,248页)

该书由讨论历史图示教学法的文章组成,除收录了赵恒烈先生的三篇文章外,还收录了宁裕先、马执斌、罗超和龚继武、郝陵生、龙玉祥、胡任敏、朱凡章、钱昌明、丁丙炎、李秉国、张志林等31人的文章。文章内容主要包括:概念系列图示教学法的应用和发展、历史课中的图文示意教学法、历史图示教学法的理论思考、图示历史教学法美学问题的思考、心理学原理在历史图示教学法中的运用、信号图示能鲜明体现历史知识的内在联系、历史图示教学的科学效应、中学历史逻辑形式图示法初探等。

18. 冯克诚、于明、毕诚主编《课堂教学结构设计模型全书》(国际文化出版公司,1996年,943页)

该书的第六部分为《历史课堂教学模型设计》,主要包括以下内容:七种常用历史教学的课堂模型设计,中学历史"七步程序教学设计",综合程序教学法,学导式单元型双循环历史教学法,单元总结历史教学法,历史五步逆反教学法,历史"交替教学法",多维信号示意历史教学法,"两点三步"式历史教学法,"细读、精讲、实练"三步教学法,三段式历史教学法,"读、讲、析、练"史籍补充四字教学法,四段式历史教学法,"读、议、讲、练"四步教学法,"读讲议练"四段教学法,"学、讲、议、问"四段教学法,启发式四步骤教学法,小学历史五步教学法,小学历史课六步教学法,初中历史十六字教学法(例说),初中历史"立体教学"法,点、线、面立体式历史教学法,小学历史自学提纲设计教学法,目标教学法,历史"结构教学法",历史"模块"教学法,历史"迭加"教学法,历史课提问(问题)教学法,六课型单元教学法,中学历史辅助教法八种等。

《历史课堂教学模型设计》对历史课堂教学的整个结构、各种设计方式、各类模型做了系统的总结,有一定的参考价值。

19. 于友西主编《基础教育现代化教学基本功:中学历史卷》(首都师范大学出版社,1997年,335页)

该书分为总论、历史教学的基本方法、历史课堂教学、历史学习指导方法四部分。其中,"中学历史教学的目的与任务"由臧嵘撰写;"中学历史教学大纲和教科书""怎样讲授乡土史"由叶小兵撰写;"中学历史教学过程"由顾林撰写;"历史教学的基本方法"由赵亚夫撰写;"历史教学中的板书设计与运用"由蒋衍撰写;"计算机辅助历史教学的现状与展望"由张道林撰写;"历史教师的备课"由刘昌平撰写;"怎样讲授政治史"由王绍文撰写;"怎样讲授经济史"由姜菲撰写;"怎样讲授民族史"由钱放撰写。

20. 朱光明著《中学历史课堂教学方法研究》(上海教育出版社,1998年,350页)

该书作者总结和探讨了中学历史课堂教学的四种方法,并按基本原理、设计基础、实施艺术、教例及说明四个方面对中学历史课堂教学的四种方法进行介绍,务求做到既遵循历史教学活动的基本原则,又结合当前中学历史教学的实际。四种方法依次为:(一)巧设疑问,善开"茅塞"——中学历史问题研讨教学方法;(二)导读编卡,引思益智——中学历史编卡教学方法;(三)以"讲"为主,"读""问"相辅——读、讲、问三结合教学方法;(四)情随境生,智从情转——历史情境创意教学方法。另有附录:驾驭"龙头",因势利导——谈谈课堂导言的设计;把握心理,导向"成功"——谈谈"成功复习法"的运用。

21. 徐锡淇主编《中学历史微格教学教程》(科学出版社,2000年,157页)

该书以微格教学为专题,用十章六十一节的结构对中学历史微格教学进行了介绍。十章篇目依次为微格教学概述、微格教学设计和教案编写、导入技能、提问技能、讲解技能、变化技能、强化技能、演示技能、板书技能、结束技能等。而且,每章的结构大致统一,皆从概念、结构、应用要点、教案举例、技能评价几个方面加以陈述。

22. 齐健编著《初中历史新课程教学法》(开明出版社,2003年,161页)

该书由绪论和六章组成。绪论为"上下千年事,注入新气息"。六章分别是:立足全人发展,体现"三个维度";重建课堂生活,教有生命的历史;突破传统藩篱,开拓新的天地;创新,找到属于自己的宝石;在体验中生成,在探究中发展;做思想型的教师,与学生共成长。

《初中历史新课程教学法》一书的最大特点是"新""实""活"。"新"体现在,课程理念新、编写体例新、取材新;"实"体现在,解决问题实、编写内容实、提供案例实;"活"体现在,课例鲜活、语言运用活、资源使用活。

23. 方其桂主编《中学历史教师计算机教学应用教程》(人民邮电出版社,2004 年,245 页)

该书由篇和章构成,其篇、章目录依次为:备课篇,包括收集中学历史教学资料、编写历史备课教案两章;上课篇,包括应用专业软件辅助历史教学、制作多媒体 CAI 课件辅助教学两章;考试篇,制作中学历史考试卷、统计和分析中学历史考试成绩两章。该书不仅详细讲解中学历史教师在不同的教学环境运用计算机的方法和技巧,还有配套光盘、读者意见反馈表、中小学教师编写的计算机图书书目等。

24. 凤光宇主编《历史教学叙事研究:提升历史教师教学技艺和实践智慧》(上海三联书店,2008 年,217 页)

该书为"上海市普教系统名校长名师培养工程名师基地学员成果书系"的作品之一,李峻修作总序,凤光宇作前言,共十五章,包括教材整合研究、教学目标研究、教学方法研究、"两纲"教育研究、语言与板书研究、教学原则研究、发展性评课研究、学习评价研究、教学反思研究、学法指导研究、校本课程开发研究、教师教学研究、优秀教师培养研究。

25. 其他

(1)张文郁著《小学历史教学法讲话》(湖北人民出版社,1956 年,101 页)

(2)李大方编著《小学历史教学法研究》(新知识出版社,1958 年,80 页)

(3)孙恭恂、丁西玲主编《历史教学法》(河南人民出版社,1983 年,165 页)

(4)《外国史知识》编辑部编《世界历史教与学》(人民教育出版社,1986 年,148 页)

(5)黄慕洁、白月桥著《中学历史教学》(光明日报出版社,1987 年,191 页)

(6)毛蔚然著《中国近现代各派教育思想与教学方法简史》(四川教育出版社,1987 年,438 页)

(7)中南五省(区)师专教材编委会编《中学历史教材教法》(湖南大学出版社,1988 年,294 页)

(8)王有录、李忠慈、干树德主编《实用中学历史教学法》[修订本](中州古籍出版社,1988 年,441 页)

(9)徐素兰、姚昌起主编《新编中学历史教学法》(天津教育出版社,1989 年,380 页)

(10)于友西主编《中学历史教师教学基本功讲座》(北京师范学院出版社,1991 年,332 页)

(11)夏子贤主编《中学历史教学法》(华东师范大学出版社,1991 年,283 页)

(12)甘肃省历史学会、西北师大历史系编《历史教学与研究》(兰州大学出版社,1993 年,426 页)

(13)魏授章著《历史课堂教学艺术》(人民教育出版社,1995 年,304 页)

(14)蔡定基主编《多媒体在中师历史教学中的应用》(中山大学出版社,1997年,255页)

(15)彭景华、高鹏飞主编《中学历史教法研究》(四川大学出版社,1998年,183页)

(16)蔡勤霞、孙凌曦主编《中学教师课堂教学技巧》(华语教学出版社,1998年,134页)

(17)夏子贤主编、吴幼雄副主编《中学历史教学法》(华东师范大学出版社,2000年,283页)

(18)李星驰主编《穿越时空的智慧:中学历史教学创新》(科学出版社,2002年,239页)

(19)杨扬主编《历史教学实施指南》(华中师范大学出版社,2003年,181页)

(20)张年海著《中学历史新教材新教法》(浙江大学出版社,2003年,390页)

(21)张一平主编《初中历史新课程教学法》(首都师范大学出版社,2004年,173页)

(22)王向红等编著《基础教育教学基本功:中学历史卷》(首都师范大学出版社,2009年,190页)

四、评价与考试部分

测量、考试、评价已在历史教学法著作中多有涉及,但大多属于教学法研究的附属品。随着"应试文化"环境的不断强化,考试研究也逐渐成为历史教学研究热点。从积极的方面看,"应试文化"促使考试研究从教学法研究中独立出来,使之能够成为一个较为独立的研究系统,而且,这个系统的确也影响了教学发生一些积极的变化。从消极的方面看,测量与考试依然追求功利性的效果,既使教师长期忽略教历史的价值性问题探索,也使学生多茫然于背历史的苦闷,而作为正途的评价功能,始终则不得完全的伸张。

2000年开始的课程改革促使了历史教育评价研究的发展,历史教育评价研究有了新起色,称得上学科教育评价的著作开始问世。一方面,在有些历史教育学专著中,历史教育评价的内容得到了深化;另一方面,撰写历史教育评价的专著已成气候。尽管这一领域的作品还良莠不齐,研究基础也较为薄弱,但是,近10年出版的相关著述无疑超越了以往的测量学、考试学的概念,并逐渐在扩大自身的研究领域,如教科书评价、发展性评价、课堂教学评价、学业评价等,都成了历史学科评价的重要课题。

1.聂幼犁、金相成、朱志明著《中学历史学科学业评价》(河南教育出版社,1989年,268页)

该书具有开创性,是历史教学界较早的关于学业评价的上乘作品。全书分为前言、概论、中学历史学科的教学目标及其分类体系、中学历史学科学业评价的常用数据处理方法、中学历史学科学业测量的基本原理、中学历史学科的客观性命题、中学历史学科的主观性命题、中学历史学科的目标性测验、中学历史学科的诊断性测验、中学历史学科的选拔性测验及若干评价技术等。书后有附录和附表。

《中学历史学科学业评价》一书的内容系统、论理明确、事例充实,在学界有较大

影响。

2. 刘芃编著《历史学科考试测量的理论与实践》(人民教育出版社,1996年,159页)

该书编著的目的是,从理论和实践的结合上对历史学科的考试测量进行初步总结,说明考试测量与素质教育的相关性。作者着眼"能力导向",强调考试的能力要求,并在题型及题型功能以及历史学科的知识体系方面,做了较深入的讨论。

《历史学科考试测量的理论与实践》一书围绕历史学科的能力要求、题型功能评述、历史学科的知识体系展开测量理论,以考试测量的目标、形式和内容作为实践经纬,体现该书的指导性和实用性特点。

3. 陈伟国、何成刚著《历史教育测量与评价》(高等教育出版社,2003年,263页)

该书是赵亚夫主编的"历史新课程研究系列"中的一种,全书由陈伟国编著,何成刚做了部分补遗。《历史教育测量与评价》一书的主体内容由六章构成,即揭开历史教育评价的神秘面纱、中学生历史学业成就评价、中学历史课堂教学评价、中学历史教师的发展性评价、中学历史教科书评价、历史高考命题及其评价。

《历史教育测量与评价》从历史教育的新视角阐释学科评价,超越了以往只讲测量的局限,而且,将教科书评价、发展性评价和课堂教学评价作为历史学科评价重要课题,突破点甚多。

4. 黄牧航主编《历史教学与学业评价》(广东教育出版社,2005年,247页)

该书分为上下篇。上篇有四章内容,即高中历史课程与《高中历史课程标准》、高中历史课程与高中历史教科书、高中历史新教科书的处理方法、高中历史新课程的教学资源建设。下篇有四章内容,即高中历史新课程学业评价的改革、高中历史新课程过程性评价的具体方法、SOLO分类评价理论与高中历史试题的设计、高中历史课程模块的终结性评价。

《历史教学与学业评价》一书建树颇多,超越了以往的考试研究范畴,对高中历史课程和教学的各重要方面的评价均有涉猎,其中,SOLO分类评价理论在实践中有较大影响。

5. 魏恤民主编《普通高中新课程历史教学与评价指导》(广东教育出版社,2006年,188页)

该书着眼教学中的评价指导,分为八个部分:普通高中新课程历史教育理念与目标、教学实践、选修课、教学评价、资源开发和利用、教学研究、教学与信息技术的整合、课程实施课例。

6. 姚锦祥著《历史教育考试研究》(东北师范大学出版社,2008年,218页)

该书从五个方面展开考试研究:第一,对主题内容的阐释。覆盖全书的六章内容,即考试改革的理论视野、考试目标和要求、考试内容和知识范围、试卷设计和试题编制、试卷分析和试题评价、考试与教学和复习。第二,对主题内容的表述。从过程到结论全面顾及,每章和每节的内容均在首段提出问题,并据此进行分析和论证。第三,对主题的认识具有宏观的视野和新颖的视角。第四,选择的材料尽可能丰富和鲜活。第五,比较注重实际。

7. 黄牧航著《高中历史科学业评价体系研究》(长春出版社,2011年,308页)

该书由十三章内容构成,具体分为学业评价的核心概念、学业评价的基本功能与内容、高中历史科学业评价标准的制订、高中历史科学业评价体系的构建、高中历史科表现性评价研究、历史科高考命题目标研究、历史科高考命题内容研究、历史科高考观念研究、历史科高考命题技术研究、历史科高考评分技术研究、高中"政治史"学业评价体系、高中"经济史"学业评价体系、高中"文化史"学业评价体系。

《高中历史科学业评价体系研究》一书对高中学业评价进行了全面系统的梳理,论理翔实,概念清晰,材料典型,文字通俗,有较高的理论性和实用性。

五、比较教育学部分

比较教育是学科教育研究的一块重要基石。对我国的历史教学界而言,比较教育研究有着十分独特的作用和价值。

其一,近代的学校历史教育,从课程到教学,都是舶来品。即便是最近的60年里,我们不是学苏联,就是学欧美。尽管我们自信在50年前就确立了"中国特色"的历史教育系统,但是若深究的话,其骨子里我们又何曾完全脱去了苏联和欧美的"影像"。

其二,我们的每一次进步,都凭借外部力量。60年来,中国没有产生一位有足够分量的历史教育家,这是不争的事实。凡我们引以为骄傲的成就,往往政治的影响远大于学术的贡献。抑或说,如果祛除了政治因素,恐怕历史教育就只剩下内容的躯壳。

其三,借助比较放宽眼界是我们的传统。民国时期,何炳松翻译约翰生的《历史教学法》,使我国的历史教学法很快和世界接轨,近代中国较为系统、完整的历史教学法架构由此建立。新中国成立后,全面学习苏联的中学历史教学,卡尔曹夫等人作品广泛流行。改革开放后,白月桥翻译莱纳的《历史教学中发展学生的思维能力》,《光明日报》介绍苏联的图示教学方法,既推动了我国历史教学界对历史思维的研究,也形成了我国历史教学的图示教学流派。同时,王铎全、李稚勇、赵亚夫、叶小兵、朱煜等将研究范围扩大到欧美、日本、韩国以及香港、台湾地区。包括正在进行中的课程改革,如果没有比较教育的贡献,就很难想象我们能够往哪里走。在全球化时代,学习和借鉴国外经验是避不开的课题。

当然,历史教学界的比较研究起点并不高,研究的规范性比较欠缺,重复性材料和说明过多,乃至武断的、偏执观点也随处可见。究其原因,主要有五:其一,大家重视不够,总以为外面的东西我们学不来,本能地拒绝学习国外的先进东西。其二,我国的文科地位过低,甚至可以说没有像样的文科教育。人们习惯上把文科和政治捆绑一起,导致文科的比较教育存有禁地,乃至自设的忌讳过多。其三,外语人才极其匮乏,能够借助外语从事学科研究的人过少,很难形成比较研究的环境。其四,断章取义的研究结果多,提供原始材料的研究少。其五,研究视野始终狭窄。一方面是研究者的学力有限,很难看透大的背景,加之缺少实际的国外研究和学习经历,只能做坐井观天的学术。另一方面是研究者不善跟踪国外的相关研究,研究课题相对随意,写文章就只好萝卜白菜、白菜萝卜的炒。

总之,我们在比较教育方面取得了相当的成绩,但离高水平和规范性还差得很远。

1. [苏]费·彼·柯罗甫金著,卢文中译《苏联中学高年级历史课提问教学法》(人民教育出版社,1955年,79页)

该书是人民教育出版社出版的"苏联教师经验丛书"中的一种,主要介绍苏联八至十年级历史教学的提问方法,内容涉及苏联通史和世界近代史。作者根据苏联通史和世界近代史的学习内容,设计提问方式和方法,给予具体的指导。

《苏联中学高年级历史课提问教学法》分为五部分,另有序言和附录。正文是:提问在历史教学中的作用和意义、历史课提问的方法、历史课口头提问的方法和组织、历史教师总结和概括提问学生的工作经验。其中,有关提问在历史教学中的地位的观点,对我国历史教学界有较长时间的影响。

2. [苏]卡尔曹夫著,章恒、于同隗译《中学苏联历史教学法概论》(人民教育出版社,1955年,214页)

该书是针对苏联中学八至十年级苏联史课程写给教师的教学参考书。全书以"作者的话"开始,说明撰写本书的目的以及本书的使用方法。正文由导言和十二章内容构成,外加一个附录。主体内容是:历史的课堂教学、教师怎样讲述教材、学生的独立作业、年表的学习、历史地图的学习、历史人物的评述、历史文件的利用、文艺作品的利用、历史教学的直观性、乡土材料在历史教学中的应用、学生知识的巩固和考查、教师的备课。

从一定意义上说《中学苏联历史教学法概论》是教材教法大全,在我国中学历史教学的历史上曾起启蒙的作用。

3. [苏]扎波罗热茨著,白月桥译《历史学科培养能力与技巧的方式与方法》(河北教育出版社,1989年,184页)

该书由序言、两章正文、结束语、附录(习题的类型;历史习题体系)、教师参考书目和译后语组成。两章正文是主体,第一章,培养学生思维能力的方法。主要内容有:教学成功的条件、能力和技巧培训纲目;形成分析、综合、概况历史材料的方法;培养比较历史现象的能力;培养作结论和论证结论的能力。第二章,在历史教学中发展学生的语言,主要内容有:对教师和学生的语言要求;发展学生口语和笔语的方法;历史名词术语的教学活动。

4. [苏]莱纳著,白月桥译《历史教学中发展学生的思维能力》(教育科学出版社,1989年,239页)

该书由译者的话、雷森科的代序、绪言、六章正文和结束语组成。其中六章正文的主要内容有三大部分:第一章"思维的一般特征和历史认识中的思维特点"和第二章"历史教学与发展思维的教学论前提"是第一部分,着重从理论上论述思维的一般性质和历史思维的特点、教学论的基本原理和掌握教学内部的方式和方法。第三章"提出新的信息发展思维能力"、第四章"思维领域能力与定势的培养"、第五章"历史课创造性思维的发展"是第二部分,这部分内容是全书的精华和重点。第六章"在教学全过程中发展思维"是第三部分,作者通过一个课题的教学实验验证所提出的新理论观点的正确性。

《历史教学中发展学生的思维能力》一书对推动我国历史教学界的历史思维研究产生了重要影响。

5. 王铎全、李稚勇编著《比较历史教育学》(上海教育出版社,1995年,345页)

该书有绪论、历史教育目标、历史课程设置、历史教材(上、下)、历史教学方法、学习指导、多种入学制度与历史考试、国际交流与研究的热点等九章内容,比较全面地介绍了欧美国家、苏联、日本、韩国以及中国香港、台湾地区以及大陆的历史教育(主要是中学历史教育)状况,具有开拓性的贡献。

《比较历史教育学》一书覆盖面广,但材料略显零碎;体例周到,但缺少实质性比较。

6. 赵亚夫著《日本学校社会科教育研究》(北京师范大学出版社,2001年,315页)

该书由前言、正文六章、八个附录和参考文献组成。正文六章的内容是:日本学校社会科的概念与性质、日本学校社会科的课程设置与特色、日本学校社会科的教育目标、日本学校社会科的教科书与教学、日本学校社会科的学习指导、日本学校社会科的教育评价。

《日本学校社会科教育研究》系统地梳理了日本社会科中历史课程与教学系统,既从历史和现实两个方面明确指出日本历史教育的特点和落脚点,也尽可能通过事例说明日本历史教育的观点和实施策略与方法。

7. 李稚勇、方明生编著《社会科教育展望》(华东师范大学出版社,2001年,514页)

该书是华东师范大学组织编写,华东师范大学出版社出版的"学科教育展望丛书"之一。全书分为"引论""上编:社会科教育的实践与理论探索""下编:社会科教育的课程开发研究——以综合学习方式为核心",共十六章内容。另有附文"近代的两种价值与课程理论的目标"和后记。"上编:社会科教育的实践与理论探索"的内容是:综合社会科课程的背景与价值;综合社会科课程的产生与嬗变;社会科课程目标;社会学科课程与社会科教育(上)——当代美国社会学科课程结构;社会学科课程与社会科教育(中)——俄罗斯和日本社会学科课程结构;社会学科课程与社会科教育(下)——当代中国社会学科课程结构;社会科教育内容;社会科的教学与学业评价;社会科教育的反思与前瞻。"下编:社会科教育的课程开发研究——以综合学习方式为核心"的内容是:社会科教育的综合学习的提出与课程构想;社会学科教育的再思考与国际研究;社会科教育课程开发的理论选择;国际视野中社会科教育综合学习的课程开发实践与研究;小学社会科的教材开发——问题解决学习的方法;青少年自我同一性的确立与社会科教育;社会科综合学习的方法。

《社会科教育展望》以英美国家的社会科为轴心,旁涉日本、法国等发达国家,内容广泛,角度多样。其中,每一章节内容都和历史课程与教学相关,有助于历史教师从社会科视角进一步理解历史课程与教学。

8. 课程教材研究所编《20 世纪中国中小学课程标准·教学大纲汇编·历史卷》(人民教育出版社,2001 年,755 页)

该书收录了清末、民国时期、中华人民共和国时期的《课程标准》和《教学大纲》,共计四十九个,保持了资料的原貌。该书资料性强,时间跨度自 1902 年到 2000 年,比较客观地反映了我国中小学历史课程发展的历史,便于学者展开历史教育比较研究。

9. 赵亚夫主编《国外历史教育透视》(高等教育出版社,2003 年,331 页)

该书是高等教育出版社出版的"历史新课程研究系列"的一种,由五章正文、六个附录和后记构成。五章内容是:20 世纪后半期以来的课程改革与历史教育、跳动着的历史教育论、社会科课程中的历史教育、历史教科书与历史教育、历史教学探索与评价。六个附录是:人类的历史文化遗产、围绕斯巴达克叛乱一课的教学看历史教育与历史学之间的关系、英国历史学习单元选编(一)、英国历史学习单元选编(二)、灿烂的中国文明、希腊文明成就。

《国外历史教育透视》突破传统的译介式的比较方法,基于自身的研究,整体地把握相关的研究课题,使研究材料,既是事实的依据,也是解释的素材。在编排方式上,每章前有学习导引,行文中以案例为支点,夹叙夹议,把材料和观点融合起来,为的是使读者尽快抓住重点。

10. 赵亚夫主编《国外历史课程标准评介》(人民教育出版社,2004 年,588 页)

该书翻译辑录了 20 世纪 90 年代美国、英国、澳大利亚、加拿大、日本、韩国等国十五种课程标准。既有分科设置的历史课程标准,如《美国国家历史课程标准》《英国国家历史课程标准》《美国科罗拉多州历史课程标准》《澳大利亚新南威尔士州历史课程标准》《加拿大安大略省社会科(1-6 年级)、历史地理(7-8 年级)课程标准(选择)》,也有综合课程中的历史课程标准,如《美国加利福尼亚州公立学校历史与社会课程标准》《日本初中社会科历史领域学习指导要领》《韩国社会科中的社会科国史课程标准》等。

《国外历史课程标准评介》属于资料性质的参考图书,每一课程标准后,附录了一篇评介文章,评介的目的在于导读,即不具有研究功能,研究是放手给读者去做的。

11. [英]朱莉娅·墨菲著,张锦译《历史教学之巧》(教育科学出版社,2009 年,204 页)

该书为教育科学出版社出版的"中小学教师智慧锦囊丛书"之一。内容包括:让历史与日常生活息息相关;上课准备活动;了解时间表;写作练习;排演戏剧;利用信息通信技术;使用主流史料资源;发挥创造力;思维技巧;历史游戏;外出游学;考古学;课堂活动和家庭作业;历史教学的必要常识;不同年代的金钱价值等。

《历史教学之巧》一书编排巧妙,富有特色,内容浅显实用。

12. 李稚勇著《历史教育学新论》(人民教育出版社,2010 年,399 页)

该书的副题目是"国际视野中的我国历史教育改革",全书以"导论"开始,下分八章,分别是:基础教育社会学科课程改革、历史课程标准、历史教育目标、历史课程内容体系、历史教科书、历史教学、历史学业评价、历史教育研究纵论。

《历史教育学新论》大量引用国外材料,力图从国际视野探究历史教育学的新方向和新内容。

13. 其他

1. [苏]吉谢列夫著,刘泽荣等译,中苏友好协会总会辑《苏联的历史科学与历史教学:吉谢列夫讲演集》(时代出版社,1953 年,113 页)。

2. [苏]卡尔曹夫著,贝璋衡译《小学历史教学法》(人民教育出版社,1953 年,244 页)。

3. [苏]卡查诺娃等著,范维钰译《历史教学经验》(正风出版社,1955 年,96 页)。

4. 马卫东编著《国外历史教学现状及发展趋势述评》(海南出版社,2000 年,192 页)。

5. 马卫东主编《历史比较教育》(广西教育出版社,2006 年,253 页)。

6. [美]詹姆斯·洛温著,马万利译《老师的谎言:美国历史教科书中的错误》(中央编译出版社,2009 年,429 页)。

六、文集部分

文集是历史教育学研究中的重要组成部分,既体现了一个研究群体的志向和水平,也反映了一个学者的学术兴趣和个性。文集往往能够集合一个课题或群体的研究成果,能够多角度、多层面地呈现研究内容的深度和广度。

历史教育文集相当丰富,既有专题性的文集,也有综合性的文集。近年来,个人文集逐渐增多,预示着我国的历史教育研究进入了相对个性化的时期,也是历史教育研究向纵深发展的必然表现。

1. 察哈尔文教社编辑《历史教学新编》(新华书店发行,1950 年,101 页)

该书收集了 17 篇文章,分属于"怎样认识历史""怎样教历史"两编之中:"怎样认识历史"包括科学历史的认识和教学、讲授历史必须和客观事物相印证、学历史要从古人的生活里吸收自己的生活力量、马克思主义的历史观、历史的实在性和规律性、怎样看历史人物、苏联中学历史课程中的思想教育。"怎样教历史"包括教学与现状结合、联系现实、针对学生思想状况、"提问"和"讨论"、近代史教学、历史教学总和及计划的举例、怎样运用历史科的实物教学。附录"历史节日的补充教材"。

《历史教学新编》所讨论的问题,在以后的中学历史教学法研究中,都是必须且切要的内容。

2. 教育资料丛刊社编《中学历史教学的改进》(人民教育出版社,1951年,125页)

该书在"前记"中指出:中学历史教学的改进,必须遵循下列三个途径,即树立科学的历史观点;明确历史教学的任务;改正形式主义的教学方法。正文收录有关历史教学的文章15篇,分列于五个主题之下:(1)历史教学概论,包括王德培《提高中学历史教学的几个基本问题》及《论中学历史教学的理论与实际》、郭顾《目前历史教学的几个问题》、邵凯《关于历史教学中的几个问题》、张守常《历史教学中的立场问题》;(2)历史教学与爱国主义教育,包括翁达藻等《怎样在历史教学中贯彻爱国主义教育》、周一良《推进爱国主义历史教育的几个具体问题》、林干《怎样通过历史课培养民族自尊心与自信心》;(3)历史教学经验,有武汉市中等学校历史业务学习组《武汉市各中等学校一年来的历史教学》、孙凤林《哈尔滨市中学历史观摩教学初步总结》、苏和林斯基作、达克译《讲授历史的一点经验》;(4)中国近代史教学,有胡华、彭明《关于中国近代史的教与学》和秦慰俭《中国近代史教学的任务》;(5)附录,收录了翦伯赞《怎样研究中国历史》、范文澜《关于〈中国通史简编〉》两篇。

3. 西北军政委员会教育部辑《中国历史教学参考文选》(西北人民出版社,1951年,130页)

该书分为三篇,收录了21篇文章。第一编,党的思想指导问题;论写历史。第二编,怎样研究中国历史;历史教学上的几个基本观点;只有用马列主义的历史观点分析研究历史方能发现历史的真正面貌;人民是历史的创造者;中华民族的发展;历史的矛盾发展和百年来民族斗争的总结;研究中国三千年历史的钥匙;中国历史上的土地问题;农民与农民战争在历史上的作用;学习中国近代史的基本观点;武装的人民反对武装的反革命是不是中国革命独具的特点;无产阶级领袖的历史作用。第三编,历史教学怎样贯彻政治思想教育;苏联中学历史课程中的思想教育;我怎样教历史;怎样运用历史课的实物教学;历史人物批判例说;历史典型教学。

4. 赵鹤天等合著、历史教学编辑委员会编辑《历史教学与爱国主义思想教育》(光明日报社,1952年,43页)

该书收录了赵鹤天等人发表在《历史教学》上的6篇文章,具体内容是:赵鹤天《通过历史教学,渗透爱国主义思想教育的体会》;萧培缘《怎样在本国近代史教学上贯彻爱国主义教育》；奚介凡《我是怎样在近代史教学中渗透爱国主义思想教育的？》；贾岩《关于中国新民主主义革命史的教与学》；齐世荣《关于在世界史教学中进行爱国主义思想教育的几点意见》；乌廷玉《目前历史教学中爱国主义教育存在着的问题及改进意见》。

5. 北京市中小学教职员学习委员会编《历史教学讲座》[修订本]（大众出版社，1954年，38页）

该书收集的是关于历史问题的讲稿，即翦伯赞《怎样研究中国历史》，荣孟源《个人在历史上的作用》，刘桂五《中国历史上的民族战争》。这些内容是三位作者在北京市1950年中等学校历史科暑期学习会上讲过的，分别谈到研究历史的立场、观点和方法，个人在历史上的作用、如何处理历史人物，以及如何处理中国历史上的民族战争问题。讲稿内容为中学历史教师提供了在教学中的基本知识和态度。

6. 李大方编《中学历史教学经验集》（湖北人民出版社，1957年，64页）

该书汇集了8篇教学经验，即我在备课时怎样确定历史课的教学目的；我怎样在历史教学中提高学生的学习积极性；我怎样在历史教学中使学生当堂消化教材；我对组织历史复习课的一些做法和体会；我怎样在历史教学中培养学生重视和利用教科书；我怎样在历史教学中批判历史人物；在师范学校历史教学中贯彻"面向小学"的教育方针的一些作法；我怎样讲授苏联现代史第二章第一节"德国强盗对苏维埃俄罗斯的进攻"。

7. （苏）赫梅廖夫等著、邵国威等译《中学历史课的课外活动》（天津人民出版社，1958年，145页）

该书是苏联莫斯科各中学教师领导学生进行课外活动的经验论文集。主要内容有：别尔德尼柯娃等写的《历史课的课外活动的形式与任务》，赫梅廖夫写的《历史小组的工作经验》，马尔凯维奇写的《五年级的历史小组》，舍因科曼写的《六年级的课外活动》，弗利德梅尔写的《国际生活研究小组》，果捷尔的《在六年级举办以"古代罗马的文化"为主题的历史晚会的经验》，嘉列柯娃写的《以"中世纪中国的文化和新中国的文化"为题的历史问题报告会》，波诺玛辽娃写的《利用历史故事影片在八年级开展历史课的课外活动》，列斯尼克写的《学校中的历史刊物》，古斯柯夫写的《组织历史问答游戏》，苏联《历史教学》杂志写的《广泛地开展历史课的课外活动》，捷列霍夫写的《评介"中学历史课的课外活动"》。

8. 上海教育出版社编《资产阶级历史教学思想批判选辑》（上海教育出版社，1959年，101页）

该书收录了1958年教育大革命时，批判历史教学中资产阶级思想的9篇文章：奚原《历史科学研究必须为社会主义事业服务》，袁定中《在中国近现代教学中批判资产阶级的反动历史观点》,袁英光《资产阶级客观主义史学观点批判》,杨承训《批判在历史教学中厚帝王将相薄劳动人民的唯心观点》,王兴亚《肃清历史研究和教学中反动的英雄史观》,李海镜《世界近代史教学中的"重资轻无"的观点必须批判》,陈锡祺《肃清中学历史教学中的资产阶级史学思想的影响》,张志康《批判"高级中学课本中国历史第一册课堂教学参考书"》,徐柏林《我们怎样跟资产阶级教学思想进行斗争的》。

9. 人民教育出版社、历史教学月刊编辑委员会编《中学历史教学经验选集》[第1集],(人民教育出版社,1959年,204页)

该书共收录25篇文章,分为三部分:一是"重视历史教学为无产阶级的政治服务,努力贯彻四个基本观点的教育,加强了历史教学的思想性"的文章。例如,对历史教学中贯彻四个基本观点教育的几点认识、历史教学贯彻执行党的教育方针的一些做法和问题等。二是"联系现实政治斗争,联系学生思想实际"的文章。例如,历史课如何恰当地结合现实、讲授中国近代史中有关革命领导权问题的体会等。三是"教学方法革新"的文章。例如,我是怎样讲述"巴黎公社"一课的等。

10. 白寿彝著《历史教育和史学遗产》(河南人民出版社,1983年,254页)

该书主要涉及两个话题:历史教育问题和史学遗产问题。收录的文章有:关于史学工作者在教育上的作用和史学遗产的整理;历史工作者的光荣职责;史学工作在教育上的重大意义;谈史学遗产;漫谈史学传统三事;谈史学遗产答客问;谈历史文献学;谈史书的编撰;谈历史文学;再谈历史文献学;关于整理古籍的几个问题;六十年来中国史学的发展;纪念陈垣校长一百周年诞辰;要继承这份遗产;悼念顾颉刚先生;悼念郑天挺同志;对于大学历史课程和历史教学的一些实感;历史学科基本训练有关的几个问题;关于历史学习的三个问题;关于史学工作的几个问题;治学如积薪,后来者居上;与友人谈读书;要认真读点书。

11. 陈毓秀著《怎样教好历史课》(北京师范学院出版社,1985年,246页)

该书收录了北京著名历史教师陈毓秀从20世纪60年代到80年代撰写的教学经验文章(14篇)以及课堂实录和讲评(7篇)。另外,该书还收录了赵恒烈撰写的《言教的记录》,详细介绍和分析了陈毓秀老师可贵的教学经验;朱尔澄撰写的《中学历史教师的素质和艺术》,从一个历史教师的角度,谈到自己向陈毓秀老师学习的经验和体会。

12.《课程·教材·教法》编辑部编《中学历史教材和教法》(人民教育出版社,1985年,273页)

该书由35篇文章组成,其中,苏寿桐的《中学历史教材三十年》,李纯武的《谈世界历史教材编写》系列,冯一下的《历史教学中的美学》,臧嵘的《我国最早的一批历史课本》和《我国五四运动到大革命时期的历史课本》,白月桥的《苏联世界古代史中有关印度史和中国史的教学》,成为我国历史教学界难得的精品。

13. 北京师范大学历史系历史教学法教研室,北京教育学院东城分院历史组编《时宗本中学历史课堂教学》(北京师范大学出版社,1986年,282页)

该书由著名儿童作家韩作黎作序,收录文章19篇(中国史部分12篇,世界史部分7篇),是我国历史教学研究较早出版的一部教学实录分析作品。主要内容有:刘宗华撰写的《时宗本老师的教学特点》,孙恭恂撰写的《内容与形式的完好统一——谈谈时宗本老师的教学艺术》,时宗本撰写的《历史教师应该广泛地积累知识》。刘宗华、孙恭恂、周发增分别为各课撰写了评语。参加整理时宗本教学实录工作的有丁西玲、潘辑熙、马卫东、赵竟华、周发增、杜建京、庄建平、谭天、陈瑞勤。

14. 臧嵘、周发增编,苏寿桐审订《历史教学研究的新探索——全国历史教学研究会论文集》[第二集](人民教育出版社,1986年,338页)

该书是全国历史教学研究会成立后的第二本文集,收录文章41篇,主要内容有:(1)关于学科教育思想、目的和任务的,如卢士林的《贯彻"三个面向"指示精神,改革历史教学》、吴景贤的《历史教学的目的——总结经验和进行思想教育》、包启昌的《历史教学必须全面贯彻学科目的任务》等;(2)讨论教学原理、心理及智能培养的,如罗超的《历史教学与培养创造型人才》、刘宗华的《历史教学如何培养学生的观察分析能力——再谈历史课培养学生的智能问题》等;(3)比较历史教学,如白月桥的《中国、苏联历史教学比较》及宁裕先、程寿朋的《比较历史学与历史教学》;(4)爱国主义、教改研究和教材编写,如余支鹏、孙以俊的《历史课进行爱国主义教育的几个问题》等;(5)国外学术信息,如斋藤秋男的《为发展日中两国的历史教育的学术交流而努力》、二谷贞夫的《儿童、学生的历史认识和历史学习》、詹姆斯·L·亨德森《世界历史教学》。其中,较有分量的文章有:赵恒烈的《历史学科的教学原理》;龚奇柱的《历史教学培养学生创造能力的几个问题》;周发增的《试论历史学习的本质及历史表象的形成》;戴冠的《试论历史表象和历史概念的形成》;宁裕先和程寿朋的《比较历史学与历史教学》;金相成、朱志明、刘善龄的《梁启超和近代历史教育》。

15. 周发增等编《历史教学社会功能的探讨》(中国地图出版社,1989年,364页)

该书是全国历史教学研究会的第三本论文集,收录文章57篇,并有一个附录。其中,较有分量的文章有:茅蔚然的《史学社会功能与历史教学社会功能的关系》、吴景贤的《我国古代历史教育社会功能观》、叶小兵的《从外国中学历史教学的目的看历史教学社会功能的表现》、包启昌的《一堂课一个中心——历史课教学过程中设计的探索之一》等。

16. 苏寿桐著《史编拾遗》(人民教育出版社,1995年,392页)

该书分为五个部分,收录苏寿桐所撰的40篇文章。(1)"史学"中有《中国古代历史教育初探》《我国封建时代历史教育和教材》以及其他5篇有关中国近代史的论文;(2)"史编"中有《中学历史教科书三十年》《中国历史教育的过去和现状》《中学历史教材的沿革、继承、借鉴与展望——〈初中历史教材分析与研究〉一书绪论》《编好历史教科书的几个原则问题》等关于历史教学、历史编辑与历史研究关系的文章；(3)"史论"中有《历史课必须重视爱国主义教育》《历史研究与历史教材中的几个问题》《当前历史教学努力坚持的方向》等，主要讨论历史教育的功用及其与国情教育的关系；(4)"史评"中有《为普通中学高中设置历史课进一言》《日本历史学家对侵华战争早有定论》《香港台湾中学中国历史课本评介》《何炳松先生〈历史教学法〉读后》；(5)"其他"中收录序文等6篇。

17. 陈晓雨、刘阳主编《中学历史教育文萃》[上、下]（北京工业大学出版社，1996年，上册193页，下册214页）

该书是"中学教育文萃丛书"之一种。"中学教育文萃丛书"由柳斌作序。《中学历史教育文萃》上册收集文章74篇，由教材研究、教改探索、教学理论与实践三部分构成。《中学历史教育文萃》下册收集文章84篇，由教法研究、历史教学与思想教育、历史教学与培养能力、乡土史教学四部分构成。该书有一定的资料性。

18. 李纯武著《历史文稿选存》（人民教育出版社，1997年，421页）

该书由王宏志作序，严志梁作"编后记"。全书结构简单，分"编写体会""教材说明""专题论文""其他"四部分。其中，"编写体会"中有关世界历史教材的编写"十谈"最为精到，是我国历史教材编写的一大遗产。"专题论文"收录文章11篇，篇篇可谓精品，特别是《有关〈世界通史〉体系的几点意见》《〈世界通史〉，中国气派》《相邻国家历史关系试析》《当代世界历史与历史教育》等文章尤其值得一读。

19. 中国教育学会历史教学研究会编《面向21世纪历史教材和历史教学》（人民教育出版社，1997年，582页）

该书是一本会议论文集，收录文章81篇。全书由七个部分组成：大会综述；历史教科书的改革趋势；20世纪末的历史教育；历史学科教学法研究；历史课程、教材、教学的比较研究；历史教育的历史与现实；外国学者论文。其中比较有新意的文章有：陆满堂的《中学〈社会〉与历史》、赵恒烈的《历史思维的三个时态》、钱昌明的《历史学科的能力培养目标刍议》、张静的《历史教学中有关学生品德发展的心理测评》、苏寿桐的《中国古代历史教育初探》、(英)李彼得的《少年儿童的历史观念：CHATA研究计划》、(英)艾什比的《历史课堂的史料教学》、(日)吉田悟郎的《重新构筑世界史体系》等。

20. 臧嵘著《历史教材纵横谈》（人民教育出版社，1999年，576页）

该书前面有王宏志作的序，后面有史明迅作的编后记。全书分：历史教育和历史课程总论、历史教材学十二论、各类历史教学大纲、历史教科书编写说明、历史教科书沿革史和历史教材比较研究、历史教育与历史普及等几个部分，另有附录一篇。其中，历史教材学十二论以及历史教学大纲、历史教科书沿革史和历史教材比较研究两部分内容最有分量,文章有24篇(全书收录文章56篇)之多。

21. 于友西、叶小兵、赵亚夫编《素质教育与历史教育学》(首都师范大学出版社,2000年,272页)

该书是与《历史学科教育学》配套的一部文集,编写方法是"将诸文按专题集中编辑"。第一部分,总体论述素质教育与历史教育学的思想。有叶小兵的《略论中学历史教学中的素质教育观念》、赵亚夫的《历史教育的本质》、于友西的《在历史教学中培养和发展学生解决问题的能力与创造性》等。第二部分,素质教育与历史教材、课堂教学。有张静等的《对历史思维实验教学的探索》、石国鹏的《〈光耀千古的唐代文坛〉教学设计》等。第三部分,素质教育与历史科学习成绩的考核。有于友西的《美国高中历史课程的考查》、赵亚夫的《现代教育评价理论与中学历史教育评价的体系化》等。第四部分,素质教育对历史教师的要求。有赵亚夫的《21世纪需要怎样的历史教师》、刘昌平的《试论历史教学中历史教师的创造能力》等。

22. 王宏志著《历史教材的改革与实践》(人民教育出版社,2000年,676页)

该文集由赵恒烈作序,马执斌作编后记。全书分教材改革篇,教学改革篇,大纲、教材阐释篇,教材交流篇,历史普及篇,序言篇六个部分。比较重要的篇目有:《新中国历史教科书在不断改革中前进——五十年来的中小学历史教材》《历史教科书的改革和趋向》《有关民族问题的修订及其原则》《关于讲述民族史的几点想法》。

23. 赵亚夫著《历史教育人格理论初探》(未来出版社,2005年,365页)

该书收录文章46篇,时间跨度为1993年—2004年。全书分为"历史教育的精髓是养成人格""构建有实效性的中学历史教育学""放宽视野(求实探索)""历史教育问题随笔"四部分。其中,《追寻历史教育的本义》《公民教育:新时期历史教育的重要功能》《个性·创造性:新世纪中学历史教育的核心》《制定历史学科人格培养目标与评价方法的一般原则》《评日本高中新编历史教材的基本特征》《韩国社会科课程中的国史教育》《历史教育与人生》《历史教育与读书》等文章,在历史教学界有较大影响。

24. 赵恒烈著《赵恒烈历史教育选集》(人民教育出版社,2005年,494页)

该选集收录了我国著名历史教育专家赵恒烈先生优秀论文凡49篇,前面有王宏志作的序,后面附有"赵恒烈先生著作目录"和编后记。该集收录的作品,比较全面地反映了赵恒烈的学术研究范围和水平,凸显了他在中学历史教学界的领导地位。文章涉及中小历史教育的基本理论、历史教学实践、历史教材研究及历史教育与素质教育等多个领域,每个领域的文章都值得认真研读。

25. 方骏主编《新世纪的历史教育》(香港教育图书公司,2006年,393页)

2002年在香港举办了两岸四地"历史教学改革研讨会",该书是这次研讨会的论文汇集,其中收录大陆学者文章12篇。按顺序排列如下:于友西《历史教学与地球村人》;

马卫东《历史课程:帮助学生连接过去、现在与未来的桥梁》;姬秉新《中国21世纪历史课程改革趋势研究》;赵亚夫《中国大陆历史课程改革走向分析》;朱煜《中国大陆普通高中历史选修课问题探讨》;李稚勇《中美社会科课程结果比较研究》;马执斌《人教版历史教科书但当代史学方法的吸纳》;龚奇柱《融会新的课程理念,反映历史学科特点》;熊贤君《历史之树古枝新绿》;聂幼犁《讲求实效地开展研究性学习》;杨朝晖《利用网络资源开展教学》;张静《新课程下历史学科学生学业评价的探索》。

26. 冯一下著《改革中的历史教育》(四川教育出版社,2008年,540页)

该书共辑文章76篇,主要反映作者"2002年—2007年的研究心得"。全书分为七辑,第一辑"史学范式更新与历史教育改革",收文9篇;第二辑"'历史课程标准'解读",收文7篇;第三辑"历史教材改革的理论与实践",收文8篇;第四辑"历史教学反思",收文15篇;第五辑"历史教学方式方法改革",收文6篇;第六辑"高考历史命题改革探索",收文21篇;第七辑"历史研究与历史教育研究",收文10篇。从分类和文章足见作者研究范围之广,用功之勤,其中常有发人深省之处。

27. 周发增、赵素珍编著《周发增教育与教学文集》(武汉出版社,2010年,483页)

该书是作者从事教育研究和教学实践的心得集萃,由"学术专著"与"学术论文"两部分组成。"学术专著"有三:一是学科教育学概论,主要论及学科教育学的产生和发展的历史渊源,重点突出学科教育学在我国的兴起、发展和现状的过程及其对教育教学的影响;二是课堂教学原理与实践漫语,着重论述从教学实践中体现教学原理、方法和方法论;三是文天祥小传。其中,有关学科教育研究的13篇文章及20篇历史教学研究,很值得一读。

28. 其他

(1)上海教育出版社编《中学历史教学经验选辑》(上海教育出版社,1958年,128页)。

(2)上海市杨浦区历史教研组编《历史课怎样联系实际》(上海教育出版社,1961年,47页)。

(3)黄柽编《中小学爱国主义教育经验选编》(福建教育出版社,1984年,253页)。

(4)赵恒烈著《史苑传艺录》(山东教育出版社,1985年,310页)。

(5)张劲军、刘真编《中学历史学习法》(南京出版社,1990年,90页)。

(6)朱尔澄著《从情理交融到历史思维:我的教改之路》(北京教育出版社,1993年,208页)。

(7)冯一下、李洁著《历史教育新探》(四川教育出版社,2002年,337页)。

(8)熊守清著《历史教育综论》(香港天马图书有限公司,2002年,353页)。

(9)刘克明主编《历史教学的理性思考》(江苏教育出版社,2002年,362页)。

(10)周百鸣著《品味历史 品味教学:历史教学论文集》(杭州出版社,2005年,220页)。

（11）陈其著《史海萍踪：陈其历史教育与历史研究论文集》（四川教育出版社，2006年，421页）。

（12）龚书铎主编《白寿彝文集 第6卷：历史教育·序跋·评论》（河南大学出版社，2008年，491页）。

（13）陈其主编《历史课程改革的理论与实践》（人民教育出版社，2008年，429页）。

七、其他部分

从历史教育学的角度看，在大的课程与教学论范围内，还应该包括学科的内容学、教材学、学习心理学、传播学、学术史等。在历史教育学、历史教学论的著作中，也的确包括了这些内容。不过，毕竟这些研究已有独立存在的形式，只是因为作品还较少，独列一类有些欠缺，为了叙述方便，所以我们就将这些一并归在"其他部分"了。事实上，一些学者已在传统研究之外，取得了可喜的成绩。比如，臧嵘、朱煜、陈辉在历史教材学方面，李玉良、何成刚在历史教育史方面，郭景扬、林丙义、王雄、张静在历史学习心理学方面，赵亚夫、束鹏芳、齐渝华在教学实录（包括课例）分析方面等。

需要说明的是，这里仅涉及历史教育的研究范畴，所以不收录教案选编、课例汇编、考试试题汇编（包括所谓的分析和研究）、习题集、教学或学习手册、单一性质的工具书等，对有研究参考价值的资料汇编、教学经验汇编等，则审慎选择。

1. 人民教育出版社编《中学历史教学参考提纲》（人民教育出版社，1955年，154页）

该书的出版是为了补救当时历史科没有公布教学大纲的缺憾，教育部委托北京、天津等省市部分教师根据当时使用的中学历史课本编写而成。全书分为如下几个部分：中国古代史教学参考提纲；"中国近代简史"教学参考提纲；世界古代史教学参考提纲；世界近代史教学参考提纲；苏联现代史教学参考提纲；中国近代史教学参考提纲；中国现代史教学参考提纲。

2. 北京师范大学历史系教学法组、北京师范学院教育科学研究所、北京教育学院东城分院史地组、北京东直门中学历史教研组合编《宋毓真的中学历史教学》（北京师范大学出版社，1981年，121页）

该书由著名儿童作家韩作黎作序，全书分为正文和附录两部分。正文由宋毓真老师情况简介、怎样备课、怎样进行思想教育、课堂教学要注意启发学生的积极思维、课堂教学要充分利用直观教具、如何教好这一课、宋毓真讲课纪实（一）、宋毓真讲课纪实（二）、讲课分析及后记组成。附录由《第一次世界大战》教案、《中日马关条约》和《中国军民反抗日本强占"台湾省"的斗争》教案、《元朝的社会经济和社会矛盾》教案、《斯巴达克起义》教案、《1908—1909年土耳其的资产阶级革命》教案组成。

3. 周发增、龚奇柱著《历史教学与爱国主义教育》(山东教育出版社,1984年,143页)

该书共分六个部分:(1)国家、祖国与爱国主义(国家、祖国、爱国主义的概念及基本内容、爱国主义与民族英雄、爱国主义在历史上的局限性、爱国主义与冒牌"爱国主义");(2)无产阶级的爱国主义与国际主义(不同的阶级有着不同的民族观、爱国主义在世界近现代史中的新发展、爱国主义与国际主义相结合、中国共产党是把爱国主义与国际主义相结合的典范);(3)历史教学与爱国主义教育的关系(历史是进行爱国主义教育的重要源泉、爱国主义教育的历史教学的重要任务、爱国主义教育是建设社会主义精神文明的重要内容、爱国主义教育是历史教学落实"三个面向"的重要方面);(4)历史教材中丰富的爱国主义内容(中国古代史中的爱国主义内容、中国近代史中的爱国主义内容、中国现代史中的爱国主义内容、在世界历史教学中进行爱国主义教育的内容);(5)历史教学中进行爱国主义教育的形式和方法(爱国主义教育与历史知识的传授、爱国主义教育与联系实际、爱国主义教育与历史乡土教材、爱国主义教育与历史课外活动);(6)历史教学中进行爱国主义教育与教师备课(具有渊博历史知识是历史教师的首要条件、增强进行爱国主义教育的目的性和自觉性、充分利用教材中的爱国主义内容,制定切实可行的教学计划、确定进行爱国主义教育的重点、加强理论学习,不断总结经验)。

该书是当时爱国主义讨论中,论述最为全面、深刻的一本,具有鲜明的时代性,在历史教学界影响较大。

4. 周廷先编《中小学历史教学资料索引》(江西教育出版社,1988年,196页)

该书由历史学家吴泽作序,是一部资料检索工具书,分为上篇"参考书目索引"、下篇"论文资料索引",文章的时间范围,从1978年1月到1986年12月。

上篇"参考书目索引"包括:史学理论与史学工具书(史学理论、史学史与史料学、文史工具书介绍、年鉴、辞典、手册、年表、大事记、人物传记、历史图册、地图册、书目、索引);历史教学大纲与教材教法(历史教学大纲、中小学历史教学法、中学历史教学参考资料、小学历史教学参考资料、历史基础知识参考书);练习、复习与考试(历史练习题册、初中和小学复习指导书、高考复习指导书、成人高考复习指导书、招生考试试题汇编);教师进修用书(专业知识进修、教育理论进修);学生课外历史读物(中小学生历史知识读物、历史故事丛书);历史教学挂图。

下篇"索引",包括:总论(包括中学历史教学的地位和作用、中学历史教学改革);历史教学的任务(基础知识教育、思想政治教育、培养能力发展智力);课程设置、教学大纲与教材编写(备课、课堂教学的类型和方法、课堂教学艺术、文史联系及其他);教案设计与课堂实录(包括中国古代史、近现代史和世界历史);教材分析与备课参考;直观教学与电化教学、历史地理教学、乡土历史教学、课外活动、学习指导、复习指导、复习资料与练习题、考试(考试研究、历年高考试卷、命题说明、评价及分析、成人考试);小学历史教学;中小学历史教师业务进修;教学研究工作;台港和国外历史教学简介。

5. 陈隆涛编著《中学世界史的教与学》(光明日报出版社,1991年,398页)

该书由徐惟诚作序,全书由以下几个部分组成:高中世界史教材的基本线索;世界古代史的中外交流;世界史教学的德育功能;世界史教学中的爱国主义教育;世界史教学的能力培养;世界史的课堂教学艺术;世界史教学中学习兴趣的培养;世界史教学中对学生学习方法的指导;世界史总复习中的列表教学;世界史教学的备课探讨;世界史课堂教学质量评价的研究;世界史学业评价的研究;初中世界历史教材部分章的教学目标及检测题;结束语。

6. 郭景扬、林丙义编著《历史教育心理研究》(杭州大学出版社,1991年,333页)

该书是"中学教师继续教育丛书"之一,由金长泽作总序。全书分上编(理论)、下编(实例)两部分。上编:心理学与教育;历史教学法的心理学理论基础;历史知识结构与历史教学过程;历史教学中的认知发展;历史教学中的情感教育;历史教学中技能的形成与迁移;历史教学与个性发展;现代教育技术中的心理学问题;历史教师心理特征。下编:兴趣培养;善用感知;巩固记忆;启发思维;发展想象;巧用注意;训练技能;广用迁移;激发情感;进行爱国主义教育。该书的出版,为历史教学开辟了新天地。

7. 朱煜著《历史教材学概论》(江苏人民出版社,1999年,280页)

祁龙威、金相成分别为该书作序。全书分为十一章。主要内容有:导论;历史教科书的地位、作用和沿革;历史教科书的编纂理论;历史教材的系列化趋势;面向21世纪的历史教学大纲;面向21世纪的历史教科书;历史教科书的史料和教学;典型教材分析和教学研究;乡土史教材和教学;历史视听教材和教学;海内外历史教科书的比较。

8. 王雄、孙进、张忆育著《历史地理教学心理学》(北京教育出版社,2001年,378页)

该书分上、中、下三篇。上篇包括绪论、中学历史地理教学的心理学基础、中学历史地理教学的教育学基础。中篇包括中学历史学科的性质、教学目的与要求;中学历史教学中的能力培养;中学历史教学中的测试与评价。这部分在能力培养、思维结构与类型以及历史学习能力方面,引入了较新的心理学概念,有助于提升历史思维能力研究的水平。下篇是中学地理教学心理学。

9. 张静、李晓风、姚岚、孙楠著《历史学习方略》(高等教育出版社,2003年,244页)

该书是赵亚夫主编的"基础教育新课程教师教育系列教材"中的一种,全书有六章和七个附录,体例遵循新课程的学习要求,紧扣学习方式转变的改革宗旨。第一章,历史学习的心理学基础;第二章,历史学习中的情感、态度和价值观;第三至六章分别论述四种历史学习方法:(1)材料研习与运用;(2)体验与思考;(3)合作与交流;(4)评价与反思。

10. 齐渝华、石蔷主编《历史教学课例分析》(高等教育出版社,2003年,300页)

该书是赵亚夫主编的"基础教育新课程教师教育系列教材"中的一种,全书由"序论:历史教育要给国民自信力"、六章内容、七个附录组成。六章内容依次是:"知识与理解;

历史教学设计的支点""技能与方法:历史教学设计的改善准则""情感与态度:历史教学设计的人本追求""活动与体验:历史教学设计的行动指南""批判与反思:历史教学设计的理性思辨""研究性学习:历史教学设计的新视点"。附录"历史教育研究应该从这里突破"为赵亚夫的撰写。

11.叶永广著《历史·影视·教育》(学林出版社,2004年,353页)

该书讨论历史、影视、教育三者之间的相互关系,如奚建华在"序"中所说:"是一本在课改背景下,探索历史学科与影视信息结合,实施素质教育的专著。"主要内容由两部分构成:"感悟篇"包括课程改革与影视信息、影视资源的开发和影视信息的应用。作者以其十七年间收集影视资料和实践研究为基础,阐述如何在历史学科各个领域中采用影视教育手段。"实践篇"包括教学设计、课堂实录和研究性学习课题。汇集了作者应用影视于教学实践的课例。

12.李良玉著《中国古代历史教育研究》(合肥工业大学出版社,2007年,220页)

该书由导言、正文、后记构成,其中正文有六章28节。第一章"先秦时期的历史教育";第二章"秦汉时期的历史教育";第三章"魏晋南北朝时期的历史教育";第四章"隋唐时期的历史教育";第五章"宋元时期的历史教育";第六章"明清时期的历史教育"。

13.李惠军主编《笃学行思录——一个历史教师团队的教学随笔》(天津古籍出版社,2008年,388页)

该书序"为学贵自辟,莫依门户侧"为聂幼犁教授所作。全书由上、下篇组成。上篇为"畅想":关于历史学、历史课程与历史教育的思考。有四章,即历史是什么;历史给了我们什么;历史能想象吗;历史教学何以有效。下篇为"行思":历史教育的实践与叙事。有八章,即情理滋养;资源整合;激疑释惑;语言艺术;探究学习;能力迁移;技术契合;教学科研。是李惠军团队成员周飞、张其中、贾彦春、王倩、何君、刘琼敏、黄桂兰、邹玉峰、刘艳丽、刘德霞、李宛平、陈宇静等老师合作攻关的结果。

14.陈辉主编《高中历史新课程的理论与实践》(高等教育出版社,2008年,305页)

该书分为四篇十三讲。(1)教育理论篇:包括高中历史新课程改革的教育理论基础、高中历史新课程改革理念、新课程理念指导下的高中历史新课程实施;(2)教学策略篇:包括高中历史新课程有效学习的指导策略、高中历史新课程教学目标与教学方法设计策略、高中历史新课程专题史教学的设计策略、高中历史新课程问题教学的设计策略、信息技术与高中历史新课程教学;(3)课程资源篇:包括高中历史新课程人力资源的利用与开发、高中历史新课程教材资源的利用与开发、高中历史新课程教辅资源的开发与利用;(4)教学评价篇:包括高中历史新课程教学评价的改革、首批高中课改实验区新课程高考历史科命题研究。

15. 成学江著《高中历史教研活动:课程化的探索与实践》(北京出版社,2008年,277页)

该书前面的序分别为王兰芳、陈其、赵亚夫所作。全书由上下篇八章组成:"上篇:高中历史教研活动的课程设计",主要包括:教研活动课程化的主要依据;教研活动课程化的基本特点;教研活动课程化的内容设计;教研活动课程化的教师普及。"下篇:高中历史教研活动的课程实践",主要包括:教研活动课程化的研修指南;高中历史新课程的设计例析;教研活动课程化的资源导引。

16. 何成刚著《民国时期中小学历史教育发展研究》(岳麓书社,2008年,446页)

该书由朱汉国作序。全书分为五章十五节,资料丰富,论理透彻,具有较高的学术价值。第一章"民国学校历史课程的演变";第二章"民国历史教科书的变革历程";第三章"民国学校历史教学方法演变";第四章"民国学校学生历史学业测验";第五章"民国学校历史教育中的几个问题"。

17. 齐健主编《走进高中历史教学现场》(首都师范大学出版社,2008年,299页)

该书以主题编目,主题一:关注"教学设计";主题二:观察"教学行为";主题三:审视"学习指导";主题四:探索"资源开发";主题五:聚焦"学生评价"。每一主题下有"概述"和"问题"两个板块。"概述"主要解决宏观性的教学认识问题,"问题"主要解决微观的教学操作问题,且"问题"细分为:问题指引;进入现场(包括"背景自述、现场写真、课后自省");同步传声;深度评说;深化思考。

18. 何成刚主编《历史课堂教学技能训练》(华东师范大学出版社,2008年,249页)

该书由前言和十章组成。十章分别是:第一章"新课程视野中的历史教学技能";第二章"历史教学的教学设计";第三章"历史课堂教学的环节处理";第四章"历史课堂中的板书和讲授";第五章"历史课堂情境的创设";第六章"历史课堂中的提问和讨论";第七章"历史课堂中的影视教学";第八章"历史学习评价";第九章"高中新课程的专题教学技能";第十章"历史教学的反思和研究"。

19. 聂幼犁编著《中学历史研究性学习研究:案例分析与点评》(天津古籍出版社,2009年,309页)

该书是作者多年从事研究性学习研究成果的合集,分为导论、课前设计的问题式研究性学习、即时调整的问题式研究性学习、"本"内专题式研究性学习、"本"外专题式研究性学习五部分,附有后记。除由案例呈现研究性学习范式和程序外,还特别加入了练习与思考。为该书提供案例(实际的课题参与者)或直接的研究者众多,如徐瑛、李惠军、戴加平、陆建国、李海明等三十余人。

20. 其他

(1)丁丙炎主编《中学历史教学的思想教育与能力培养》(光明日报出版社,1990年,

165页)。

(2)北京教育学院历史系中学历史高级教师研修班编《谈历史教学技能》(北京教育出版社,1993年,44页)。

(3)王铎全主编《名师授课录(中学历史)》(上海教育出版社,1993年,452页)。

(4)林丙义、郭景扬编《中学历史课程教材改革评介》(高等教育出版社,1994年,225页)。

(5)于兴仲编著《历史学习法——比较与解析》(四川大学出版社,1996年,350页)。

(6)王慕民主编《历史教学基本技能训练》(杭州大学出版社,1998年,138页)。

(7)李月琴主编《中学历史教育实习》(高等教育出版社,2000年,237页)。

(8)刘宗华、孙恭恂著《刘宗华历史教学艺术与研究》(山东教育出版社,2000年,156页)。

(9)刘宗绪主编《历史新知识创新能力培养》(北京师范大学出版社,2001年,337页)。

(10)朱筱新、方美玲主编《计算机辅助历史教学》(人民教育出版社,2001年,171页)。

(11)雒三桂主编《中学历史教学板书设计1100例(1)》(学苑出版社,2002年,309页)。

(12)谢国平著《历史学科主体性教育》(中央民族大学出版社,2004年,314页)。

(13)周靖、林德芳主编《高中历史研究性教学导向——兼及应对高考思维训练》(上海科学技术文献出版社,2004年,402页)。

(14)教育部《基础教育课程》编辑部组织编写《中学新课标资源库:历史卷》(北京工业大学出版社,2004年,388页)。

(15)叶永广编著《历史教学影视信息指南》(学林出版社,2005年,728页)。

(16)徐玉萍主编《历史从图片中走出来:历史图片在中学教学中的运用及课例》(福建教育出版社,2005年,208页)。

(17)姬秉新、李稚勇、赵亚夫主编《理解与实践高中历史新课程——与高中历史教师的对话》(高等教育出版社,2005年,178页)。

(18)朱煜编《走进高中新课改:历史教师必读》(南京师范大学出版,2005年,308页)。

(19)陆安著《历史课程改革研究》(岳麓出版社,2006年,378页)。

(20)臧嵘、周瑞祥著《历史教材学和史学论丛》(星球地图出版社,2006年,443页)。

(21)胡占君著《中国共产党的历史教育思想与实践研究》(中共中央党校出版社,2006年,246页)。

(22)赵克礼、王岁孝、胡鸣焕、张美华编著《中学历史教育实习行动策略》(东北师范大学出版社,2007年,238页)。

(23)陈漪明著《优秀中学历史教师一定要知道的10件事》(中国青年出版社,2007年,190页)。

(24)杨志才主编《给历史教师的101条建议》(南京师范大学出版社,2007年,347页)。

(25)邓璟生、陈雄章、唐凌主编《历史意识、教学方法、课程资源：中学历史教学改革进程中若干重要问题的实践与探索》（广西人民出版社，2007年，255页）。

(26)朱煜编《新教材疑难问题研究与解决：初中历史》（东北师范大学出版社，2008年，282页）。

(27)杜芳主编《特级教师历史教学纵横谈》（华中师范大学出版社，2008年，370页）。

(28)陈伟国著《来自历史课堂的智慧：高中历史新课程教学实录与反思》（四川教育出版社，2008年，395页）。

(29)方美玲主编《历史新课程教学与教师成长》（中国人民大学出版社，2009年，238页）。

(30)郝陵生著《历史的美》（上海书店出版社，2009年，236页）。

(31)陈辉编著《历史研究性学习论》（现代教育出版社，2009年，237页）。

(32)何成刚等著《历史教学设计》（华东师范大学出版社，2009年，278页）。

(33)姚锦祥著《高中新课程实践引领：历史》（南京师范大学出版社，2010年，282页）。

(34)陈伟国著《问教：一个中学历史教师团队的集体备课纪要》（四川教育出版社，2010年，265页）。

(35)陈伟国著《反思与超越：高中历史新课程教学札记》（四川教育出版社，2010年，265页）。

(36)李月霞著《喜欢你，因为你不听话》（广西师范大学出版社，2010年，262页）。

(37)何成刚等著《智慧课堂：史料教学中的方法与策略》（北京师范大学出版社，2010年，339页）。

(38)郑流爱著《平生怀抱在新民：梁启超的历史教育思想与实践》（教育科学出版社，2010年，264页）。

(39)仇世林主编《名师历史教学设计分析》（山东人民出版社，2011年，296页）。

(40)赵克礼、徐赐成主编《中学历史教材研究与教学设计》（陕西师范大学出版社，2011年，218页）。

（本文选自《中学历史教学参考》2012年第4—6、10—12期）

历史教育学研究著述提要(2012—2022)

○ 陈德运

2012—2022 历史教育学部分

第二次世界大战后,美国、苏联、日本等国家纷纷创建了历史教育学。1983 年,北京师范学院(今首都师范大学)校长仓孝和为彰显学校"师范"特色,顺势倡建学科教育学。1986 年,国家教委负责人在全国高师师资培训工作会议上要求建立学科教育学。1989 年,两部历史教育学开山之作问世,到 2012 年左右,历史教育学取得诸多成就,所涌现的著述成果之前已有所介绍。2012 年到 2022 年这 10 年,历史教育学著作虽然不多,却是一个发展春天。

第一,历史教育学研究队伍建设扩大。如 2013 年,首都师范大学取得在中国史下招收"历史教育学"方向的博士招生资格,形成本硕博一体化培养体系。

第二,历史教育学学科定位逐渐明朗。历史教育学诞生时,没有从"历史教学法"中真正破茧而成独立学科,多数成果仍按照传统教学法研究作一定拓展,同时受学科目录影响(置于教育学之下),把"历史教育学"理解为"历史"(科目而言)+教育学(学科属性),结果在实践上"历史"与"教育"常顾此失彼,致使历史教学实践出现诸多问题。近些年,赵亚夫教授所著《中学历史教育学》教材及其系列文章,主张"历史教育学=历史教育+学",即以跨学科视野,将"历史学""教育学"等学科作为历史教育学的学科基础,视"历史教育"为一个整体学科体系,而"学"是作为整体学科体系的一套理论。

第三,历史教育学基本问题研究呈现深化趋向。历史教育学博士论文在历史知识、历史思维、历史意识、教师论、教学法研究范式、历史教育史等方面为学科基本问题研究夯实了基础,至于历史教育学是姓教育学还是姓历史学,并不重要,若将其作为研究取向,相信未来在该历史教育学研究思路下[1](如图1)会有更多的成果出现。

第四,建构有中国特色的历史教育学学问体系意图明显。历史教育学要成为一个学科,就必然要承担起理论研究任务,解决棘手的、关键的理论问题,形成学科自身的话语系统,产生独具特色的历史教育实践性理论,建构出一套有中国特色的历史教育学的学问体系。也正如赵亚夫教授多次强调,依据国情和学科未来走向,以及历史教育现实难题和历史文化传统,"首先要立足于中国的中学历史教育学"。

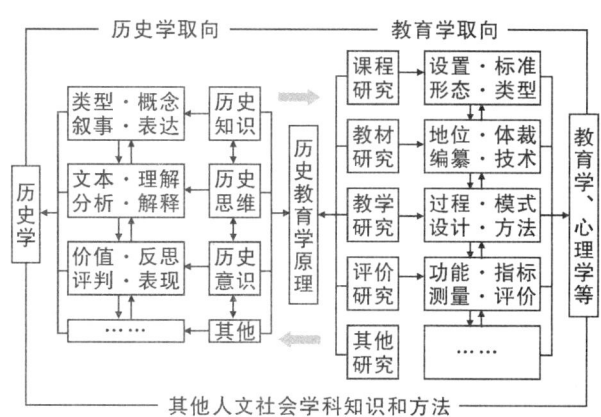

图1

1. 杜芳主编《历史课程与教学论》(华中师范大学出版社,2012年,229页)

该书系"华大博雅高校教材"中的一种,由后记、十章组成。十章为:历史课程论研究内容(课程的概念、课程的类别、历史课程论研究的内容);历史课程目标(课程目标理论概述、历史课程目标与功用);历史课程标准(课程标准的内涵和作用、现行历史课程标准存在的问题、历史课程标准修订的方向);历史课程内容(课程内容的选择、历史课程内容的选择、历史课程内容的组织);国内外历史课程的设置与发展(我国中学历史课程的发展变化、英国中学历史课程的设置与发展、美国中学历史课程设置与发展);中学历史教科书(中学历史教科书的含义及功能、我国中学历史教科书发展的历史沿革、中学历史教科书的结构和编撰组织形式);海内外中学历史教科书概述(香港地区的中学历史教科书、英国的中学历史教科书、美国的中学历史教科书);中学历史课堂教学设计(教学设计概述、中学历史课堂教学设计);历史课堂的主要教学模式(历史课堂的讲授—接受教学模式、历史课堂的探究式教学模式、历史课堂的合作学习教学模式、历史课堂的学案式教学模式);中学历史教学评价(中学历史课堂教学评价、中学历史学业评价)。

该书适当压缩了教学原理篇幅,增加教学技术、教学操作方面的内容,体现了编者对历史课程与教学论学科性质的认识。陈志刚、杜芳、张雪、唐年新、陈志雄等参与编写。

2. 陈志刚、翟霄宇著《历史课程与教学论》(科学出版社,2012年,252页)

该书系胡来林、彭小明主编"课程教学论理论教育丛书"中的一种,由绪论、九章、参考文献组成。绪论为历史课程与教学论研究内容(课程的概念、类别,教学的概念,影响较大的课程理论与教学理论,历史课程与教学论学科性质、结构与研究的内容),九章分别为:历史课程目标(课程目标理论概述,历史课程目标的确定,历史课程目标的设计和表述);历史课程标准(课程标准的内涵和作用,现行历史课程标准分析,历史课程标准的修订与发展);历史课程内容(课程内容,历史课程内容的选择,历史课程内容的组织);历史教科书(教科书含义与功能,中学历史教科书的结构和编撰组织形式,我国历史教科书编写的发展方向);历史课程的实施(课程实施的含义,历史课程的实施,历史课程资源的开发与利用);历史课堂教学设计(教学设计概述,历史教学设计的模式,教学设计在中学历史课堂中的实施,历史课堂教学目标的拟定,历史教学内容设计);历史教学方法(教学方法概述,中学历史课堂教学方法,历史探究教学的理解与实施,历史史料教学的理解与实施);历史教学媒体(教学媒体概述,中学历史课堂教学媒体的选择与应用);历史课程与历史教学的评价(课程评价概述,教学评价概述,历史课程评价,历史教学评价对象,中学历史课堂教学评价)。

该书尝试将历史课程论与历史教学论糅合,消解二者的"两张皮"现象。

3. 李稚勇、陈志刚、王正瀚编著《历史教育学概论:中学历史教育的理论与实践》(高等教育出版社,2015年,352页)

该书由导论、上中下三篇、十章组成。上篇为历史教育基础论,涵盖第一至三章,分别为:历史课程改革与社会科的创设;历史课程标准;历史教科书。中篇为历史教育实践论,涵盖第四至八章,分别为:中学历史教学的基本要素、结构与原则;中学历史教学的基本方法及类型;中学历史教学设计;中学历史课程与历史教学的评价;中学历史学业评价与历史高考。下篇为历史教师论,包括第九章中学历史教师基本素质及其养成,第十章中学历史教师的专业发展。

该书系师生三人通力协作而成,有两个特点,一是将历史教育学研究领域分为基础论、实践论、教师论,可谓别具一格、与众不同;二是将书命名为"概论",强调研究领域的周全性和研究问题的重点性。

4. 关娴娴主编《历史课程与教学论》(大连理工大学出版社,2015年,248页)

该书共计十章,分别为:绪论;历史课程的沿革与发展;历史课程与教学目标;历史课程与教学内容;历史课程与教学的开发和设计;历史课程与教学的组织;历史课程与教学的实施;中学历史现代化教学;历史课程与教学评价;历史课程与教学资源

该书为辽宁师范大学教师教育精品教材,因篇幅原因未将教师专业发展、教学艺术等内容进行论述。参编者有关娴娴、崔红岩、吴瑞丽、方尊。

5. 张汉林著《历史教育:追寻什么及如何可能》(中国民主法制出版社,2016年,212页)

该书共计九章,分别为:历史学与历史教育;历史课程目标与教学目标;以学生为中

心的教学设计;学习方式的价值及方略;史料与史料教学;有效实施情境教学;有效的历史教育评价;多元智能理论与历史教学;历史教师专业发展的特点及途径。

该书旨在搭建沟通历史教育的理论与实践之桥,所涉猎的九章均是当前历史教育中的重要问题。

6. 赵亚夫著《中学历史教育学》(北京师范大学出版社,2019年,360页)

该书由前言、八章、附录、后记组成。八章分别为:中学历史教育学是什么(从历史教学法到历史教育学、历史教育学的性质与内容构成);历史教育价值论(历史教育价值论的起点与延伸、马克思的人学理论及其指导作用、历史教育目标论与历史教育价值论);历史课程论(历史课程的开发、历史课程改革与课程设计、历史课程标准);历史教材论(历史教材与历史教材学、历史教科书的编纂与审定、教材学应开发的其他教材);历史教学论(历史教学论的研究基础、历史教学模式与教学设计、历史教学方法);历史教育评价论(历史教育评价与测量、基于学生发展的历史教育评价、历史教育评价的体系化、考试研究与历史教育评价);历史教师教育论(教师论的时代背景与发展方向、历史教师的学养与教养、历史教师的实习与研修);历史教育研究方法论(历史教育需要科学研究、历史教育学的主要研究方法、历史教育研究成果的产生与交流)。附录为重要人名对照表;关键词及术语中英文对照表。

该书虽带有教材性质,但也具有鲜明的学术性和工具性,是一部为做教材量身打造的介绍基础理论、具有一定学术价值的作品。作者延续了1997年《中学历史教育学》公民教育、人格教育的学术主旨,但其内容架构焕然一新,体现出作者近些年来的新思考,可以视为管窥历史教育学发展动态的样本。

7. 薛伟强、范红军、陈志刚主编《中学历史课程与教学概论》(北京师范大学出版社,2019年,367页)

黄牧杭教授为该书作序。绪论以下有九章,分别为:历史课程的本质与目标;历史课程的编制与内容构建;中学历史教学设计;中学历史教学实施;中学生历史思维能力培育;中学历史课程资源的开发与利用;信息技术与历史课程;历史课程与教学评价;中学历史教师的专业发展。

该书系新世纪高等学校历史学系列教材,由国内9所师范大学联合编写,试图建构一套历史课程与教学论的理论体系,消解课程论与教学论两张皮的关系。参编者有范红军、陈志刚、燕慧、苏向荣、薛伟强、杨卫东、陈倩、陈德运、关娴娴、仇世林、陈春梅。

8. 王德民著《历史教育哲学》(中国社会科学出版社,2022年,311页)

该书由六章和结语、参考文献、后记组成,六章依次为:历史学作为人文学科(何谓历史学、历史学的科学之维、历史学的人文之维、历史学的学科功能);历史教育的意蕴(教育的功能、作为学校科目的历史教育、历史教育价值探讨);历史课程的哲学阐释(历史课程释析、历史课程标准检讨、历史教材探究、历史课程的坚守与超越);历史教学的哲学阐释(历史教学释析、历史教学设计探讨、历史内容维度与历史教学、历史教学价值取向与历史教学);历史学习的哲学阐释(历史学习释析、心理史学与历史学习观、认知主义理论与历史学习观、建构主义理论与历史学习观、历史学习的唯物史观透视);做有哲学思维的历史教师(哲学思维与历史教师专业成长、具身化理论与教师实践性知识、教师实践与历史教师价值观的逻辑建构、哲学思维与历史教师的教育信念)。

历史教育哲学属于历史教育学最上位研究层次,其研究也相当薄弱。该书试图从哲学反思角度审视历史教育。

9. 其他

(1)张楚廷、母庚才主编《简明中学历史学科教育学》(中国人民公安大学出版社,1998年,267页)

(2)苏继红、赵玉英主编《历史课程与教学论》(东北林业大学出版社,2010年,311页)

(3)刘祥学主编《中学历史课程与教学论新编》(广西师范大学出版社,2014年,283页)

2012—2022年历史课程论/历史教学论部分

"历史教学论"之名在民国已有,但为论历史教学之意。现在所熟知的历史教学论与学科目录更改有关,1987年,国务院学位委员会将学科教材教法、教学法等统一为学科教学论,在该背景下,历史教学论研究著述不断涌现。学科名称虽统一了,但与当时兴起的历史教育学,以及之前的历史教学法、历史教材教法等是何种关系,学界有着不同的说法。

20世纪80年代之前,课程研究不多,之后研究逐渐升温。学界对教学论与课程论的关系也莫衷一是:持大教学论观念者,置课程论于教学论范畴之下;持大课程论观念者,将教学论纳入课程论领域之中;也有认为二者是彼此独立的整体。1997年,为调和二者关系,教育部将学科教学论、课程论、教学论统一调整为"课程与教学论",其中就包括历史学科方向的课程与教学论。

21世纪以来,历史课程与教学论作品得以问世,很大程度上得益于2001年后课程改革的推动,学术研究自生原动力稍显不足。不过,借助课程改革的春风,历史教学论、历史课程与教学论等作品在处理课程研究上有了学术的自觉。随着研究的推进,可喜的是范红军、陈志刚等人的历史课程论作品问世,推进了历史课程领域的研究。遗憾的是历史课程论研究成果与当前历史教育发展需要并不匹配:就其已出版著述数量而言,历史教学论远超历史课程论;就其已有探索领域而言,历史教学论宽过历史课程论;就其研究兴趣而言,历史教学论高于历史课程论;就其研究人员而言,历史教学论多于历史课程论,尤其中学一线教师、专家的热情参与,使得历史教学论研究队伍庞大。

从这10年的研究成果看,历史课程论依然处于起步探索阶段,多着眼于整体性研究,即从宏观层面论及历史课程的理论问题,所以成果并不多。在核心素养背景下,亟须从历史课程领域说清楚一些原理性问题,这关乎学科价值、当下路径、未来方向,故历史课程论研究还需深入推进。在已有基础上,历史教学论探索呈现两个特点:一是继续着力宏观层面的探索,学科框架不断细化、夯实,但也出现将教学法研究体系纳入其中的态势;二是开始延伸到微观领域,学科基础不断拓宽、俱进,尤其跟随教学热点研究,结合新教学方式、方法探索,呈现出强劲的研究态势。但需要警惕,倘若过于热衷追踪热点效应展开研究,可能会有跟风之嫌,削弱学科基础探索,呈现"水过地皮湿"而不能持续用力,深入研究某些紧要且关键的领域。总之,无论是课程论、教学论,还是课程与教学论的研究,在未来想要有长足发展,需靠一线教师、教研员、高校专家等群体携手同行,既要借助外力,更应依靠学科内力,否则就会出现不同研究群体各说各话、理论与实践"两张皮"的尴尬局面。

当前,依然需理清学科概念关系、归位研究领域层次,避免胡子眉毛一把抓,努力将"一碗豆腐、豆腐一碗"的戏称变成过往历史。历史教育学是一个大的、整体的学科(问)体系,涵盖价值论、课程论、教学论、评价论、资源论、教师教育论、比较教育论和教育史等。历史教学论属于历史教育学的教学理论部分,历史课程论属于历史教育学的课程理论系统。实事求是地讲,诸多历史课程与教学论作品,其名称是一个整体,但其课程论、教学论远未达到应然的理想融合状态。基于以上考虑,依然坚持10年前的分类方式,将历史教学论从历史教育学中独立出来,加之近些年独立的历史课程论著述出现,故予以并列式列举相关著述提要。

【增补1】范红军著《历史课程本体论研究》(河北人民出版社,2009年,280页)

该书由自序、六章、主要参考书目、后记组成。六章内容包括:导论;中学历史课程理念中的本体问题;中学历史课程结构中的本体问题;中学历史课程目标中的本体问题;中学历史课程内容中的本体问题;中学历史课程实施中的本体问题。

该书采用专题研究方式,对历史课程的一些核心问题予以探讨。

【增补2】张向阳著《历史教学论》(长春出版社,2011年,261页)

该书是黄牧航主编的"历史教育硕士丛书"中的一种,前有黄牧航的总序"历史教师的专业化发展之路",八章内容为:历史教学导论;历史教师专业发展论;历史学科能力论;历史学习特征论;历史课程资源论;历史教学目标论;历史教学设计论;历史有效教学论。

1. 陈志刚著《历史课程本体研究》(天津教育出版社,2012年,235页)

张华为该书作序,七章内容分别为:历史课程本体研究的内容;探寻历史课程的目标;历史课程标准编制研究;历史课程内容选择研究;历史教科书编写发展研究;历史课程实施要求研究;简析历史课程评价。书后附参考文献和后记。

该书尝试将课程理论研究移植运用到历史课程研究中,力图梳理历史课程基本理论体系。

2. 陈志刚著《历史课程论》(长春出版社,2012年,236页)

该书是黄牧航主编的"历史教育硕士丛书"中的一种,前有黄牧航的总序"历史教师的专业化发展之路",书后有主要参考文献、后记。绪论为:历史课程论研究的内容,七章为:中学历史课程的设置发展沿革;历史课程目标;历史课程标准;历史课程内容;历史教科书;历史课程的实施;历史课程的评价。

该书是第一本以历史课程论命名的专著,对历史课程论有通识性的介绍,可以和作者理论性探讨的《历史课程本体研究》一书结合,看到他对历史课程研究的探索。

3. 刘军著《初中历史教学策略》(北京师范大学出版社,2013年,193页)

该书系"中小学教师教学策略书系"丛书,共计九章,分别为:初中历史教学策略概论;初中历史教学目标应对策略;初中历史教学过程策略;初中历史教学评价策略;初中历史课程资源利用策略;初中历史教师素养提升策略;初中历史现代化教育策略;初中历史探究性学习策略;初中历史有效性学习策略。

4. 殷丽萍主编《历史课程与教学论》(广东高等教育出版社,2013年,282页)

该书由绪论、十章、参考文献组成。十章内容有:历史课程论;历史教材论;历史教学过程论;历史教学策略论;历史教学设计论;历史教学方法论;历史学习论;历史教学评价论;历史课程资源论;历史教师论。

该书试图以课程论统领教学全过程,使教学活动建立在课程理论之上,实现课程与教学的内在统一。

5. 董蔚、朱小红主编《以学定教 以教导学——教学模式和课型的选择与应用:初中历史》(东北师范大学出版社,2014年,259页)

该书系蒋洪兴主编的"以学定教 以教导学"丛书中的一种,王聚元作丛书总序,共计六个专题,分别为:探究学习教学模式;自主学习教学模式;合作学习教学模式;体验学习教学模式;问题学习教学模式;对话学习教学模式。书后有参考文献和后记。

6. 吴金炉著《教学思辨:历史教学的有效平衡方略》(浙江大学出版社,2014年,173页)

任鹏杰作序"敢于直面不完美 去努力接近完美",该书共计八篇,分别为:"教学预设"与"教学生成";"教学简约"与"教学拓展";"关注个性"与"关注共性";"独立学习"与"合作学习";"接受学习"与"探究学习";"表现活动"与"思想活动";"生活原味"与"知识品味";"学科知识"与"学科文化"。前有前言,后有参考文献。

7. 胡淑主编《基础教育历史课程教学原理与方法》(云南大学出版社,2014年,168页)

该书系罗明东主编"师范类专业'整合连贯型'人才培养模式改革系列教材""高等学校精品课程教材"中的一种,由前言、六章和参考文献组成。六章内容分别为:"基础教育历史课程教学原理与方法"概说;基础教育历史课程与课程标准;以学生为主体的历史学习及学习评价;以教师为主导的历史教学基本原理与方法;基础教育历史教学设计;基础教育历史教师的专业素养与历史教学研究方法。

该书试图把中小学历史教学活动作为研究对象,形成中小学历史教学整体观、全程观。

8. 陈辉主编《中学历史教学论新探》(高等教育出版社,2014年,341页)

赵亚夫作序"辛勤耕耘 任重道远"。该书十一个模块为:史观与中学历史教学;中学历史课程标准与历史教学;中学历史课程与历史教学;中学历史教科书与教学资源开发;中学历史教学模式与教学方法;中学历史教学设计与课时方案编写;中学历史学习模式与学法指导;中学历史微格教学实训;中学历史教学评价;历史校本研修与教师专业成长;中学历史教学见习与实习;附件"本科学生教育实习成绩评定表"。书后有后记。

该书是国家教师教育创新平台·教师教育系列教材,是西南地区高师院校共享历史教师教育优质课程资源建设的系列成果之一。

9. 江华波、刘洪生编著《珠海历史地方课程的理论及实践》(光明日报出版社,2014年,230页)

黄牧航作序"君从故乡来,应知故乡事"。该书内容为:前言;珠海历史地方课程的定义、目标、内容;珠海历史地方课程的实施与评价;珠海历史地方课程资源的整合;珠海历史地方课程的实践;参考文献;后记。

10. 徐赐成、赵亚夫、张汉林著《初中历史有效教学》(北京师范大学出版社,2015年,162页)

该书系赵亚夫主编的"全国中小学有效教学指导丛书"之一,赵亚夫作丛书总序,书后附后记。全书五章为:有效的历史教学模式(孙玲玲执笔)、以学定教与历史教学目标的编制(郝志红、张汉林执笔)、基于以学定教的历史教学策略(王宏伟执笔);基于以学定教的历史教学思维养成(贾海燕执笔);基于以学定教的历史教学评价(徐赐成执笔)。

11. 何成刚著《史料阅读与微课设计:史料教学的理论与实践》(北京师范大学出版社,2015年,346页)

该书系何成刚主编"历史教师专业发展丛书"中的一种,四章内容为:史料教学的价值意义;史料教学的方法策略;史料教学的实践辨析;史料教学的国外借鉴。书后附有参考文献和后记。

该书对基于史料的教学活动提供了学术指引,国外借鉴部分有助于开阔视野。

12. 郑士璟、隋子辉、苏争艳主编《初中历史有效教学研究》(北京师范大学出版社,2016年,149页)

该书系赵亚夫主编"全国中小学有效教学研究指导丛书"中的一种,赵亚夫作丛书总序,书后附后记。五章内容分别为:历史教师专业发展与行动研究(隋子辉、李建红撰写);历史课堂教学与学习指导(范蕾、苏争艳撰写);学生有效学习与学习评价(戴羽明、杜海燕撰写);课例研究与叙事研究(楼建军、赵然撰写);历史教师的校本研修问题与指导(闫璟、郑士璟撰写)。

13. 林桂平著《"同课异构"与中学历史有效教学》(黄山书社,2016 年,267 页)

陈辉作序"同课异构:一种有效的教研活动模式"。共计五章,分别为:"同课异构"及其教研模式;"同课异构"与历史课堂教学环节的有效性;"同课异构"与历史课堂教学设计模式的"异构";"同课异构"教研模式与历史教师的专业发展;"同课异构"与历史课堂教学有效性问题"七问"。书后有附录、参考文献和后记。

14. 刘道梁主编《求真 向善 明道 致公——中学历史教育新探》(世界图书出版公司, 2016 年,305 页)

黄牧航为该书作序"寻找价值观教育的抓手",由九章、后记组成。九章为:理念与教育;求真、向善、明道、致公——中学历史教育价值体系的建立;中学历史课程知识;中学历史教学过程;中学历史教学内容;公民教育视域下的历史学习;中学历史教学管理;中学历史教师专业发展;走向公民社会的中学历史教师。

该书提出并阐释了求真、向善、明道、致公的历史教育理念。

15. 陈洪义著《"情思历史"教学概论》(东北师范大学出版社,2017 年,203 页)

该书内容分别为:绪论;情思之源:理论基础;情思之本:教育理念;情思之志:价值追求;情思之策:操作路径;情思之魂:主题立意;情思之情:情境体验;情思之思:历史探究;情思之依:史料运用;情思之鉴:课例反思;后记。

该书是了解作者"情思历史"教学的重要著作。

16. 刘道义著《中学历史教学伦理研究》(中国言实出版社,2018 年,256 页)

该书为"名师成长系列书系"中的一种,由导论、中学历史教学伦理总论、中学历史教学伦理的基本内容、中学历史叙述的伦理逻辑及其道德原则、历史教学的德性与创造性、中学历史教学实践的伦理审视与展望、实践思考:主题教学与教师的课程能力、附录、参考文献等组成。

该书从历史教学伦理视角展开研究,思考视角独到。

17. 赵玉洁著《基于问题的中学历史教学研究》(科学出版社,2018 年,292 页)

该书由绪论、六章、附录、后记、插图目录组成。六章分别为:问题在中学历史教学中的现实境遇;基于问题的中学历史教学之认识基础;问题在中学历史教学中的功能阐释;中学历史教学中的核心问题探析;基于问题的中学历史教学设计;基于问题的中学历史教学尝试与反思。

问题既导向学生开始怎样的历史学习,又能对学习深度产生持续性影响,该书关注到问题式的历史教学取向,表明历史教学始终在提出问题和发现问题中展开历史探究。

18. 楼卫琴著《中学历史批判性思维教学》(广西师范大学出版社,2019年,220页)

该书内容分别为:总论;批判性思维与历史学科核心素养;立足批判性思维谈教学内容与设计;批判性思维的课程类型及设计;批判性思维与课堂观察;批判性思维经典课例剖析;批判性思维与学科能力测量;批判性思维教学的困窘与误区;批判性思维教师资源建设;域外篇:美国中小学教育中批判性思维(CT)课程的观察;附录;后记。

该书呈现了作者多年来对批判性思维能力的探索,是该领域的一部重要著述。

19. 喻照安著《历史对话教学研究与实践》(武汉大学出版社,2019年,308页)

该书由前言、八章和跋组成。八章分别为:对话教学概述;历史对话教学论;历史对话教学实践策略(一);历史对话教学实践策略(二);历史对话教学的教学设计;历史对话教学资源的开发与利用;历史对话教学实践案例及述评;历史对话教学评价。

历史教学本质上就是一个对话的过程,该书对历史学科的对话教学有自己独特的理解。

20. 郑林主编《中学历史教学论》(高等教育出版社,2020年,231页)

该书系卓越教师培养系列教材和高等院校学科教育学教材。全书由前言、八章组成,八章内容为:历史教学概述;历史课程标准;历史课程资源;历史教学设计;历史教学方法;历史课堂教学技能;历史学习方法指导;历史教学评价。

为了突出历史教学论的实践性、操作性,收录了诸多一线中学历史教师的案例。

21. 郭子其著《从史实到价值——基于历史学科思想的深度问题教学》(西南交通大学出版社,2020年,433页)

该书系"成都教育丛书(第二辑)"中的一种,顾明远作丛书总序,由序言、五章、参考文献、后记组成。五章内容分别为:教学变革与突破——呼唤学科思想价值的教学;价值教育及其意义——回应历史教学的时代要求;追寻历史学科的思想与价值——历史学科思想与价值教学的主要内容;问题教学概述——寻求历史学科思想与价值教学的平台;深度问题教学的类型与实施策略——基于历史学科思想与价值教学的深度实践。

该书总结了作者基于历史学科思想与价值的教学实践,并围绕思想与价值追求更有品位和内涵的教学。

22. 田红彩著《初中历史项目式学习的理论研究与学科实践》(天津人民出版社,2021年,238页)

该书由陈光裕作序,理论篇共三章,分别为:项目式学习的相关研究借鉴;初中历史项目式学习的内涵及实施意义;为什么开展初中历史项目式学习。实践篇由初中历史项目式学习怎样实施、初中历史项目式学习中学术类项目的设计与实施、初中历史项目式学习中实践类项目的设计与实施、初中历史项目式学习中生活类项目的设计与实施、初中历史问题类项目的设计与实施等五章组成。书后附后记。

23. **赵玉洁、黄燕、陈美瑶编著《历史学科项目化教学研究：基于超循环生态系统理论的探索》(江西教育出版社,2021年,300页)**

该书系梅国平、万文涛主编的"基于超循环生态系统理论的学科项目化教学研究"丛书中的一种,万文涛作丛书序言。全书内容分别为:绪论;生态历史课堂中的教学流程;生态历史课堂中的"知识"教学;生态历史课堂中的问题解决教学研究;生态历史课堂中的实践活动;生态历史课堂中的省思活动;生态历史课堂中的教学目标管理;生态历史课堂中的教学内容设置;生态历史课堂中的教学过程调控;生态历史课堂中的学生管理;生态历史课堂中的组织培育;后记。

24. **其他**

【增补1】王翠主编《新课程历史教学论》(河南大学出版社,2011年,341页)

(1)李景旺主编《中学历史教学论》(大象出版社,2012年,340页)

(2)杨志才主编《中学历史有效教学研究十论》(河海大学出版社,2012年,258页)

(3)陈平著《新课程视域下的现代历史教学论》(中国时代经济出版社,2012年,165页)

(4)杜芳主编《新理念历史教学论(第二版)》(北京大学出版社,2013年,251页)

(5)颜家珍、陈红著《历史教学与学生思维能力的培养》(北京出版社,2013年,207页)

(6)刘祥学主编《中学历史课程与教学论新编》(广西师范大学出版社,2014年,283页)

(7)孙鸿金著《中学历史教学的理性回归:优效教学的实践与探索》(吉林大学出版社,2014年,182页)

(8)魏恤民、吴美娟主编《初中历史教学关键问题指导》(高等教育出版社,2017年,235页)

(9)楼卫琴主编《高中新旧课程标准教学要求比较:历史》(华东师范大学出版社,2020年,134页)

(10)缪晓虹、刘洪生编著《核心素养导向下的中学历史学科育人课程研究》(暨南大学出版社,2020年,194页)

(11)武杏杏、亢丽芳著《认知与探索:历史课程与教学研究》(中国书籍出版社,2021年,207页)

2012—2022年历史教学法部分

自1926年何炳松翻译约翰生《历史教学法》后,历史教学法名称逐渐沿用。新中国引进苏式历史教学法(教材教法),割断与近代历史教学法的联系。20世纪80年代,历史教学法迎来春天,学界对历史教学法有了基本认识:一是学科性质属于应用教育科学的范畴;二是学科任务是揭示历史教育过程的规律;三是学科基石是教学的经验、总结;四是研究指向是"怎样教"或"如何教";五是学科效果是使教师、学生、教学内容等因素所构成的整体功能取得最佳效果。总之,回答了教学过程中"是什么"的问题,研究范式逐渐确定。

到了 20 世纪 90 年代,历史教学法体系渐趋成熟,著述成果较以前多了起来,研究水平、质量明显提高,其内容兼顾教学理论和教学实际情况。不过,欣欣向荣的背后,也隐藏着学科弊病。教学法与历史教育学、历史课程与教学论等处于研究交织的阶段,不可避免地吸收其他成果,使得研究超越原本应有的定义界限和范畴。

近 10 年著述成果呈现几个显著特点:一是学科分支性研究的趋向明显,呈"点上开花"之势,通论性质的成果不多;二是一线老师是重要研究群体,诸多研究成果带有个性化特质;三是研究取向与教学变革紧密结合,有深深的时代印记;四是历史教学法有回归本位的趋向,即"以教师如何有效地'教'和学生如何学会'学'为中心""阐明教和学两方面的规则、规律和过程以及组织、指导和活动"[2],将其定位于消费教学理论的学科,归属到历史教学论的操作部分[3]。

核心素养背景的历史教学法欲有作为,就须改变研究范式,从目标研究、阅读研究、思维研究、史料教学研究、教学设计研究等五个方面着力[4]。近 10 年的研究成果已有这些领域的涉足,当然,有的还不够深入。我们期盼未来著述能在此用功,夯实历史核心素养,持续服务于学生的成长和发展。

【增补1】李秉国著《中学中国史图示教学》(光明日报出版社,1989年,171页)

徐惟诚作序,该书系"北京教育丛书"中的一种,其目录与当时历史教科书相对应,每章内容包括"内容提要""图示的设计和使用"。书中"图示法在历史教学中的应用"一文,对于理解图示教学法概念、理论依据、种类、运用、价值等有重要作用。

1. 赵利剑著《历史:一堂人文课》(教育科学出版社,2012年,202页)

叶小兵作序,该书系"北京四中人文课"丛书之一。"历史:为何而教"作导言、七章内容分别为:学历史有什么用;历史是真实的;历史是理性的;历史是复杂的;历史是生动的;历史是严肃的;历史的人性。"教育是'人'事"为后记,附参考文献。

该书的课例具体生动,既易读,又能引发思考。

2. 王德民、赵玉洁编著《新课程历史怎么教》(安徽师范大学出版社,2013年,265页)

该书系王守恒主编的"基础教育改革与教师专业发展丛书",前有丛书总序和前言,后附后记。全书共计七章,即为什么教:课程改革与历史课程标准;教什么:课程改革与历史课程内容;如何教(一):课程改革与历史教学设计;如何教(二):课程改革与历史课堂教学实施;如何教(三):课程改革与历史教师的说课;教如何:课程改革与历史教学评价;持续地教:课程改革与历史教师专业发展。

3. 凤光宇主编《基石:中学历史教师专业发展教程》(上海社会科学院出版社,2014年,247页)

该书由前言和十二讲组成,十二讲分别为:中学历史教学研究的实践方式(於以传撰写);寻找历史课堂教学的有效转型(周飞撰写);让历史点悟人生(邵清撰写);认识和解读历史教材的实践与研究(周靖撰写);宏观把握历史教材研究(李惠军撰写);历史课的以学定教研究——以《美国南北战争》一课教学为例(刘玉华撰写);理解和有效设计历史教学目标(钱君端撰写);采用有效方法开展历史教学的实践与研究(沈怡撰写);高立意历史教学(孔繁刚撰写);历史课堂教学中存在的问题及对策(汪德武撰写);中学历史教学评价有效性研究(朱志浩撰写);教师培训工作的实践研究(凤光宇撰写)。

4. 雷建军等编著《直击新课程学科教学疑难:初中历史》(教育科学出版社,2014年,224页)

该书系黄超文主编的"直击新课程学科教学疑难丛书"中的一种,全书内容分别为:课堂教学中情感态度与价值观的把握和落实;知识与能力目标的预设和生成;教学资源的开发与使用;历史活动的开展;历史学业的检测与评价;后记。

该书"历史活动的开展"中所列举的舞台剧、课外实践活动、历史小制作活动等有独特的想法和思考。

5. 王雄著《王雄的中学历史教学主张》(中国轻工业出版社,2015年,252页)

该书前有前言,后附后记,共计六个方面、十六个主张。"思想、观念与智慧"涉及三个主张,即突破思想的边界;历史观念的沉淀、冲突与建构;历史智慧的传承与重构。"教育心理与认知图式"包括三个主张,即教育心理学理论对教学的启示;历史陈述性知识的表征与建构;历史程序性知识的表征与建构。"教学设计与实施"涵盖三个主张,分别是:为学生创造阳光灿烂的课堂;培养与发展中学生历史思维能力的教学模式;课堂教学设计的原则与操作方法。"课堂教学策略与实例"有两个主张,即初中历史参与式课堂设计与实施;高中历史参与式课堂设计与实施。"历史写作与探究"有两个主张,即中学生参与国史撰写的独特价值;中学历史课的探究性学习设计。"学习指导与教学评价"有三个主张,即历史深度学习的两种方法;理解、阅读与解题;历史课堂教学的多元评价策略。

这些主张呈现了作者极具个性的参与式教学模式的教学思想。

6. 吴磊、王微编著《高中历史创新体验活动课》(中国文联出版社,2015年,200页)

张健作序,该书五个单元分别为"走进课堂 神入历史";"缤纷作业 妙不可言";"以

己之力 书写历史";"穿越时空 青春舞台";"华夏有衣 襟带天下"。

没有或缺少学生表现不能称为有效教学,因为很难确切断定学生核心素养究竟达到何种水平。该书着力于通过多种且有创意的历史学习技艺让学生表现,值得关注。

7. 钟红军《追问历史教学之道:提升历史教学素养的 10 个关键点》(西南师范大学出版社,2015 年,293 页)

该书为齐健主编"名师工程教育探索者书系·鲁派名师系列"丛书之一。齐健作序("轴心的力量"),该书有十个篇章,分别为:学科价值篇"从原点追问:我教的是一门副科吗?";教学素养篇"从节点追问:我的课堂应是什么样子的?";学科素养篇"从支点追问:如何从肤浅走向深刻?";教学资源篇"从源头追问:如何挖掘丰富的宝藏?";概念教学篇"从关键追问:真的理解了吗?";史观教学篇"从视角追问:可以从哪些角度观察历史?";选修教学篇"从职能追问:是该记得牢一些,还是该知道得多一些?";困境破解篇"从现实追问:能否以站起来的姿态面对高考?";教学误区篇"从逆向追问:历史教学不是什么?";专业成长篇"从发展追问:怎样规划自己的职业生活?"。书有前言与后记。

8. 杜芳主编《高中历史有效教学的理念与实施策略》(科学出版社,2016 年,348 页)

该书系"卓越教师教育精品丛书"中的一种,十个专题依次为:高中历史课程标准解析;历史必修Ⅰ课程内容的分析与教学设计;历史必修Ⅱ课程内容的分析与教学设计;历史必修Ⅲ课程内容的分析与教学设计;历史选修(1—6)课程内容的分析与教学设计;高中历史的有效教学策略与案例分析(一);高中历史的有效教学策略与案例分析(二);信息技术环境支撑下的历史教学研究;高中历史课程资源的开发与利用;高中历史学业评价与历史高考命题研究。

9. 李凯著《历史这样教:中学历史教学技能》(贵州教育出版社,2016 年,310 页)

该书由郑林作序,由自序、引言(苹果和屁股的思考)、十章、余论(老师乎,学生乎)、结语(《吕氏春秋·诬徒》与中学历史教学的反思)、后记组成。十章内容分别为:历史课如何导入;历史课如何讲授;历史课如何提问;历史课如何应对学生发问;历史课如何把握章法;历史课如何把握主线;历史课如何设计板书;历史课如何结课;历史课如何"解读"材料;历史课如何渗透历史主义。

10. 邓继民著《魅力历史课堂的理论与实践》(北京师范大学出版社,2016 年,334 页)

该书系青年教师专业发展丛书的一种,全书共计四章,分别为:魅力历史课堂的内涵和标准;历史课堂方法研究;高效魅力历史课堂的模式;魅力历史课堂交流与展望。书前有前言,书后有附记"打造中学历史智慧课堂"。

11. 段明艳著《向学问道:我的历史教学探索》(首都师范大学出版社,2016 年,166 页)

该书系孟繁华、张景斌主编的"首都师范大学基础教育研究丛书"中的一种,张景斌作丛书序,叶小兵作序一("做研究型的历史教师"),杨朝晖作序二("重拾'工匠精神'")。全书共四章,分别为:模块立意下的课堂教学;探索多种教学方法;师生共进的历史阅读;自我超越的课题研究。书前有前言,书后有"尾声:追寻教育的本质"和后记。

12. 鲍丽倩著《中学历史学科育人实践研究》(上海教育出版社,2017年,257页)

该书由凤光宇作序,由前言、六章、后记、主要参考书目组成。六章内容为:中学历史学科育人实践的基本原则;中学历史学科育人实践的主要问题;中学历史学科育人实践的目标意识;学科育人视野下艺术资源运用路径;中学历史学科育人的教学方法优化;中学历史学科育人的测量评价探索。

13. 刘永红著《理论引领下的中学历史教学》(东北师范大学出版社,2017年,256页)

该书内容分别为:前言;自序;历史唯物主义原理在历史教学中的运用;教育学心理学理论在历史教学中的运用;史学理论在高中历史教学中的运用;历史评价理论在高中历史教学中的运用;高中历史教学有效性研究;高中历史教学理念研究;高中历史教学中的创新教育——研究性学习;附录;参考文献。

14. 于友西、赵亚夫主编《中学历史教学法(第4版)》(高等教育出版社,2017年,289页)

该书共计八章。分别为:中学历史教学法基础;中学历史课程与教材;中学历史教学计划与设计;中学历史课堂教学方法;中学历史学习指导方法;网络环境下的历史教学;中学历史教学评价与学业评价;中学历史教师的专业发展;拓展阅读。

该书影响较大,系卓越教师培养系列教材、高等院校学科教育学教材,1991年获全国高等学校教材评比一等奖。1988年初版、2003年第2版、2009年第3版。第3版的内容远超出教学法的研究范畴,第4版试图回归教学法范畴,着重体现教学法的逻辑体系、重点提炼教学法的基本问题。于友西、赵亚夫、齐健、陈辉、朱煜、姚锦祥、李月琴、费驰、余柏青、徐赐成、王德民、戴羽明、徐贵亮、张汉林、郑士璟等参与编写。

15. 周靖、罗明主编《核心素养:中学历史学科育人机制研究》(复旦大学出版社,2018年,347页)

徐蓝、章清为该书作序,全书内容分别为:新时代的历史学科育人导向——核心素养培育;丰富基于核心素养的课程内容;优化基于核心素养的教学方法;组织基于核心素养的学习活动;开发基于核心素养的教学资源;构建基于核心素养的评价体系;后记:源自本源和实践的研究、探索与建构。

16. 凤光宇主编、邵清副主编《中学历史学科核心素养教学实践研究》(上海教育出版社,2019年,329页)

该书由前言、五章、主要参考书目组成,五章内容分别为:唯物史观——历史学科核心素养达成的理论保证(付文治撰写);时空观念——历史学科核心素养的本质体现(檀新林撰写);史料实证——历史学科核心素养达成的必要途径(徐洁撰写);历史解释——历史学科核心素养中对历史思维与表达的要求(陶世华撰写);家国情怀——历史学科核心素养价值追求的目标(邵清撰写)。

17. 於以传主编《中学历史单元教学关键环节例说》(华东师范大学出版社,2019年,164页)

该书内容为:写在前面;总论;把握单元内容主旨及其结构的基本路径;分解"过程与方法"目标的基本思路;单元史料资源开发与运用的原则及基本理路;以师生行为特征设计学习活动的基本考量;单元作业设计的基本路径;达成史学思想方法目标的形成性评价设计思路。

18. 林良展著《历史思辨教学:理念、策略和实例》(广东高等教育出版社,2019年,189页)

该书五章内容分别为:历史思辨教学概念;搭建积木策略——历史情境重构;逆向推演策略——历史结果逆推;散点透视策略——历史时空流动;历史思辨教学实例。

19. 毛经文著《帮助学生寻找幸福生活密码:特级教师毛经文的历史教育主张》(中国书籍出版社,2019年,296页)

夏辉辉作序(十年君子之交 深度感悟名师),全书共五辑,即历史教育核心是养育人性;用细节打造活色生香之课;让田野式研究变成教学常态;打赢高考这一仗;于多维剖析中透视出方向。书前有自序(资质平平也可以追求"莞派名师"),后附后记。

20. 凤光宇、徐洁主编《学生发展核心素养视野下初中历史教学实践研究》(上海教育出版社,2020年,217页)

该书五章内容为:科学培养唯物主义历史观;置于时空联系中理性思维;养成实证意识和求真方法;学会多角度辩证解释历史;培养公民的责任担当意识。前有前言,后附参考文献。

21. 苗颖著《灵动课堂——我的历史教学主张》(上海教育出版社,2020年,269页)

张耕华作序。前言为"立足课堂,幸福成长",共计五章,分别为:总论;高远立意:灵动课堂之"灵魂";顺畅逻辑:灵动课堂之"灵气";多彩细节:灵动课堂之"生动";多维对话:灵动课堂之"互动"。后附参考文献和后记。

22. 黄桂兰著《转识成智的课堂教学:核心素养导向的历史教学》(华东师范大学出版社,2020年,177页)

该书系杨四耕主编"核心素养导向的课堂教学丛书"中的一种,杨四耕作丛书序,王斯德为该书作序,内容分别为:前言(历史教育的价值追寻);无用之用,是为大用;核心素养 育人导向;围绕素养 重构教材;穿越时空 释史求通;全球视野 家国情怀;关注细节 彰显史感;巧设切点 见微知著;问题驱动 激活思维;贴近生活 走进历史;线上线下 交互滋养;创新载体 转变方式;主要参考文献;后记。

23. 苏智良、於以传主编《怎样上好历史课:来自上海市特级教师的方案与经验》(上海教育出版社,2020年,306页)

苏智良为该书作序(历史是人生最好的教科书),收录於以传、周靖、凤光宇、李惠军、周飞、樊汉彬、汪德武、刘玉华、朱志浩、左卫星、邵清、李峻、郎宇飞、吴国章、汪辉、付文治、姚虹、鲍丽倩、刘晓兵、林唯、徐雅芳、施洪昌等20多老师教师回答"怎样上好历史课"的文章。

该书收录的教学经验可作为研究海派历史教学的重要资料。

24. 赖海波著《核心素养引领下的初中历史课堂教学创新研究与实践》(吉林人民出版社,2020年,144页)

该书由前言、七章、参考文献组成。七章分别为:中学历史学科教学理论基础;中学历史教学设计改革;中学历史教学模式;中学历史核心素养的培养与实践;中学历史教学问题意识的培养与实践;中学历史动态生成教学的创新与实践;中学历史教学评价行为创新。

25. 徐赐成主编《中学历史教学案例研究》(陕西师范大学出版总社,2021年,164页)

该书系"高等师范院校教师教育系列教材",由前言、七章组成。七章分别为:历史学科教学案例研究(李宝宝撰写);政治史教学案例研究(徐赐成撰写);经济史教学案例研究(华春勇撰写);思想文化史教学案例研究(李元亨撰写);人物史教学案例研究(焦铸撰写);历史概念教学案例研究(唐朋撰写);历史图片教学案例研究(陈德运撰写)。

26. 郑林主编《中学历史教学概论》(北京师范大学出版社,2022年,448页)

该书由十二章、附录、主要参考书目组成。十二章内容为:历史教学基本理论;历史教学的依据——历史课程标准;历史教学的主要资源——历史教科书;其他历史课程资源在教学中的应用;历史教学方法——课堂讲授;历史教学方法——课堂活动;历史教学方法——课外活动;历史课堂教学技能;现代教育技术在历史教学中的应用;学习方法指导;历史教学设计;历史教学评价。

27. 钱惠娟著《中学历史教育的行与思》(上海辞书出版社,2022年,189页)

该书由序"从教书匠向研究者的探索"、八章、后记"超越自我"、致谢、参考文献组成。八章内容分别为:总论(中学历史教育的视野);中学历史教育的课堂实践;中学历史教育的方法探索;历史课程资源的开发;历史教学案例集萃;中学历史教育的评价;精神滋养——阅读与思考;走进新教师。

28. 其他

(增补1)李秉国编《中学世界史图示教学》(光明日报出版社,1990年,165页)

(增补2)董玉梅著《历史课程教育论》(山西教育出版社,2007年,270页)

(增补3)邬克兴、余柏青著《历史图示教学论》(海南出版社,2008年,148页)

(增补4)魏勇著《用思想点燃课堂:历史教师魏勇的教育教学》(漓江出版社,2008年,308页)

(1)乔立梅主编《现代教育技术与高中历史教学》(高等教育出版社,2012年,226页)

(2)欧阳国亮著《新课改下高中历史教学怎样引导学生学会学习、拓展潜能、自主发展》(吉林大学出版社,2012年,228页)

(3)凤光宇主编《上海乡土历史德育资源开发和教学应用》(上海社会科学院出版社,2013年,390页)

(4)戴世锋著《社会转型与历史教学》(中国文史出版社,2013年,173页)

(5)李峻著《从上海走进历史:上海乡土历史德育资源教学运用研究》(上海社会科学院出版社,2014年,235页)

(6)吴建好、张云编著《高中历史有效教学与教师专业能力提升》(世界图书出版公司,2014年,152页)

(7)戴云、王聚元、黄一敏、任长富编著《高中历史有效教学能力提升及课型实践案例》(世界图书出版公司,2015年,150页)

(8)刘烈喜著《中学历史教材与教学研究》(武汉大学出版社,2016年,216页)

(9)凤光宇主编《中学历史"过程与方法"目标达成实践研究》(上海教育出版社,2016年,289页)

(10)凤光宇主编《中学历史"情感态度与价值观"目标达成实践研究》(上海教育出版社,2017年,355页)

(11)赵玉洁著《中学历史教学中运用历史细节的模式研究》(东北师范大学出版社,2018年,230页)

(12)徐亮、石洁、吴鹏超主编《中学历史教学教法新探索》(中国海洋大学出版社,2018年,332页)

(13)尹耀金、韩林森著《让历史课堂充满魅力》(阳光出版社,2019年,171页)

(14)刘金林、聂亚珍著《地方文化特色历史课堂与学科体系的构建》(光明日报出版社,2019年,214页)

(15)庞明凯著《核心素养导向下的高中历史教学探索》(吉林人民出版社,2019年,316页)

（16）孙智勇、黄妙茜、钟素芬编著《历史教学与思维创新》（吉林文史出版社，2019年，102页）

（17）丁贤勇、王才友主编《创新且高效：历史课堂教学实践研究》（中国社会科学出版社，2020年，312页）

（18）宋菲娅著《统计图表在高中历史教学中的应用》（中国纺织出版社，2020年，91页）

（19）韩翔、王潇音著《案例教学法在历史教学中的应用》（中国纺织出版社，2020年，210页）

（20）余逸主编《长效热点与高中历史教学》（广东高等教育出版社，2020年，108页）

（21）马国旗主编《高中历史项目式教学实践研究》（山东科学技术出版社，2020年，219页）

（22）许强、陈宁、信涛主编《基于历史核心素养培养的史料教学研究》（吉林大学出版社，2020年，410页）

（23）陈淑华著《新课改视域下初中历史教学探究》（吉林人民出版社，2021年，197页）

（24）张敏霞著《大历史　大问题　大作业：统编教材环境下中学历史教学实践的新探索》（复旦大学出版社，2021年，158页）

（25）林唯主编《中学历史教育与博物馆》（东方出版社，2021年，223页）

2012—2022年评价与考试部分

无论是近代历史教学法，还是现代历史教育学，评价、考试、测量等研究都占据着重要位置。一线教学对考试的关注度要高于教学的其他领域，自然所产出的考试研究成果也是最多的，其中，试题解析、试题命制等又占据绝大部分。正是因为对考试试题的关注度高，一定程度上淡化了教学评价。所以，严格说，看似考试、评价成果最多，但是真正按学术研究视角限定，该领域研究非常薄弱。本文并未收录试题分析等教辅类书籍，而涉及评价与考试的文集，以及某些并不完全是研究评价的著述都归于此处，以便能让读者有更多的了解，特此说明。

课程改革推动了教育评价研究的发展，历史学科教育评价的著作得以问世，甚至以专著形式出现，可谓是一大进步。然而，整理这10年的成果，依然存在10年前所说的弊病——虽"超越了以往的测量学、考试学的概念"，但"作品还良莠不齐，研究基础也较为薄弱"。黄牧航主编的"历史教育'新师范'建设丛书"，基于他擅长的学业评价研究，结合教学设计审视核心素养的培养，虽然丛书中的评价篇幅占比不大，但这反映了主编的特定意图，有助于夯实教学评价研究。至于评价领域中的教科书评价、发展性评价、课堂教学评价等，期望在教、学、评一致性、学业质量标准等教育热点影响下，在未来研究中能够成为重要课题,出现一批有分量的教学评价著述。

【增补1】黄牧航著《高中历史科学业评价体系研究》(长春出版社,2011年,308页)

该书是黄牧航主编的"历史教育硕士丛书"中的一种,前有黄牧航的总序"历史教师的专业化发展之路",后附后记。全书十三章依次为:学业评价的核心概念;学业评价的基本功能与内容;高中历史科学业评价标准的制订;高中历史科学业评价体系的构建;高中历史科表现性评价研究;历史科高考命题目标研究;历史科高考命题内容研究;历史科高考命题观念研究;历史科高考命题技术研究;历史科高考评分技术研究;高中"政治史"学业评价体系;高中"经济史"学业评价体系;高中"文化史"学业评价体系。

1. 刘芃著《刘芃考试文集》(人民教育出版社,2012年,609页)

该书前有自序,共分为三部分,"考试研究"部分主要是对考试一般性问题的探讨,"历史学科考试研究"部分主要是对历史学科命题理论与实践的研究,"考试时议"部分收录了2003年至2009年之间为《中国考试》杂志撰写的卷首语。

2. 吴磊著《中学历史发展性评价的研究》(广东教育出版社,2012年,215页)

该书内容分别为:行到水穷处,坐看云起时(代序言);高中历史科学业评价的改革;高中历史新课程下的多元评价;新课程理念下高考备考的新策略;高中历史新课程学业评价示例;用评价彰显历史教育的生命性(代结语)。

3. 张汉林主编《初中历史有效学习评价》(北京师范大学出版社,2015年,141页)

该书系赵亚夫主编的"全国中小学有效学习评价指导丛书"中的一种,赵亚夫作丛书总序。全书内容分别为:第一章"学习质量观与学生全面发展"(陈辉执笔);第二章"学习评价理论与应用"(仇世林执笔);第三章"发展性评价与学习评价工具"(楼建军执笔);第四章"课堂学习与过程评价技能"(王继平执笔);第五章"学习评价问题的诊断与解决"(姚锦祥执笔);参考文献;后记(张汉林执笔)。

4. 黄牧航、周朝阳著《历史试题编制原理与技术》(广东教育出版社,2015年,324页)

该书系高凌飚主编的"学科试题编制原理与技术丛书"中的一种。高凌飚作前言,共计八章,分别为:考试与命题;历史科考试的沿革;中学历史科表现性考试的命题技术;中学历史科阶段性终结考试的评价体系及命题技术;中学历史科大规模考试的命题特点和趋势;历史教师选题组题的基本思路和方法;中学历史科的命题质量鉴定与反馈;国外中学历史科试题评述。

该书对中学一线教师编制试题具有指导意义。

5. 侯桂红著《中学历史教学设计及评价》(北京师范大学出版社,2016年,266页)

该书系"新世纪高等学校教材历史学系列教材",由八章、前言、附录组成,八章分别为:教学设计的基本理论;历史教学设计概述;历史教学目标设计及评价标准;历史教学内容设计及评价标准;历史教学策略设计及评价标准;历史教学评价设计及评价标准;历史教学反思及评价标准;历史教学设计评价,附录为"典型案例课堂教学实录"。

6. 王耘等著《义务教育阶段学业标准与评价:初中历史》(北京师范大学出版社,2017年,186页)

该书系"义务教育阶段学业标准与评价丛书"中的一种,共计三部分,分别为:初中历史学科学生学业标准;评价方式及评价样例;教学设计样例及评析。附录为"义务教育阶段初中历史学科学生学业标准研究与实践报告"。

7. 唐懿主编《基于核心素养的有效学习与学业评价策略:初中历史》(东北师范大学出版社,2018年,282页)

该书系韩立福主编的"新高考背景下核心素养学业评价研修丛书"中的一种,韩立福作丛书前言"新时代呼唤'全面发展的人'"。全书内容分别为:绪论"新高考背景下处理好学业水平、核心素养和综合素质评价的关系";第一章"基于核心素养的有效学习与学业评价新思路";第二章"基于核心素养的自主探究学习与学业评价";第三章"基于核心素养的合作对话学习与学业评价";第四章"基于核心素养的回归拓展学习与学业评价";第五章"基于综合素质评价的学科学习文件夹管理";参考文献;后记。

该书在新高考背景下围绕学业水平考试,对历史学科进行有效学习研究。张明星、赖蓉辉担任副主编,李敏、王德伍、陈诚、施英、张蓓等参与编写。

8. 黄牧航主编《时空观念的教学设计与学业评价》(广东高等教育出版社,2019年,260页)

该书系黄牧航主编的"历史教育'新师范'建设丛书",并作丛书总序,全书内容为:时空观念素养的内涵;时空观念素养与历史教师的专业发展;时空观念素养与历史课程开发;时空观念素养与历史教学设计;时空观念素养的发展性评价;时空观念素养的终结性评价;后记。

该书入选第十四届广东省中小学"暑假读一本好书"(教师组),朱命有、陈穗担任副主编。

9. 张庆海主编《唯物史观的教学设计与学业评价》(广东高等教育出版社,2020年,198页)

该书系黄牧航主编的"历史教育'新师范'建设丛书"中的一种,并作丛书总序,唐云波、卫然、周朝阳担任该书副主编。全书由五章和后记组成,五章内容分别为:历史唯物主义史观的基本理论;历史唯物主义与历史教师专业发展;历史唯物主义素养与历史课程实施;历史唯物主义素养与历史教学设计;面向历史唯物主义素养的纸笔测试。

10. 黄牧航、张庆海著《中学历史学科核心素养的教学与评价》(人民教育出版社,2020年,420页)

该书共计五章,分别为:历史学科核心素养的内涵分析;历史学科核心素养导向的课堂教学;历史学科核心素养的学业评价;历史学科核心素养与历史校本课程开发;历史学科核心素养与历史教师的专业发展。

该书研制的历史学科核心素养三维测评模型以及历史学科核心素养分类测评模型很有新意。

11. 张庆海主编《家国情怀的教学设计与学业评价》(广东高等教育出版社,2020年,216页)

该书系黄牧航主编的"历史教育'新师范'建设丛书"中的一种,并作丛书总序,周朝阳、李瑞峰、唐云波担任副主编。全书由五章和后记组成,五章内容分别为:家国情怀与中学历史教学的理论思考;家国情怀素养与历史教师专业发展;家国情怀素养选修课程的开发;家国情怀素养与历史教学设计;家国情怀素养的命题研究。

12. 魏恤民主编《史料实证的教学设计与学业评价》(广东高等教育出版社,2021年,244页)

该书系黄牧航主编的"历史教育'新师范'建设丛书"中的一种,并作丛书总序,李渊浩、席长华担任副主编,由六章和后记组成。六章内容分别为:史料实证素养的内涵;历史教师史料实证素养的自我修炼;史料实证素养与课程开发;史料实证素养与教学设计;史料实证素养的过程性评价;史料实证素养的终结性评价。

13. 王继平主编《历史解释的教学设计与学业评价》(广东高等教育出版社,2021年,224页)

该书系黄牧航主编的"历史教育'新师范'建设丛书"中的一种,并作丛书总序,陈家运、刘道梁担任副主编,由五章和后记组成,五章内容分别为:历史解释与中学历史教学;历史解释素养与历史课程开发;历史解释素养与历史教学设计;历史解释素养的发展性评价;历史解释素养的终结性评价。

14. 刘芃著《卷里卷外:刘芃论考试》(江苏人民出版社,2021年,357页)

该书由自序和四个部分组成,第一部分为"考试理论与实践",收录《高考命题与素质教育》《基于社会学视野和教育测量的考试》等10篇文章;第二部分为"历史教育与测量",收录《历史思维评价》《态度、历史态度及命题理念纲要》等9篇文章;第三部分为"核心素养与学业标准",收录《学科核心素养——全新的测量视角》等5篇文章;第四部分为"考试随笔",收录《考试嬗变和文化认同》《考试的隐性功能》等30篇文章。

该书在2012年版《刘芃考试文集》的基础上删旧添新而成。

2012—2022年历史比较教育部分

历史教育学的发展离不开两个重要的基石,一是学术史,一是比较教育。前者以历时性视角,告诉我们前面的学者做得怎样;后者以共时性视角,告诉我们他国的学者做得怎样。横看与纵看结合,就能有效定位当下的历史教育,告诉我们未来应该做什么。

1904年《教育世界》在第72、73、74期连续发表无署名的《历史教授法》一文,金相成先生推测这可能是由德文或日文翻译过来的。该文被视为历史教育学科肇始的标志。所以,从某种意义而言,历史教育研究从诞生之日起,就有比较教育的基因。从陶行知主张历史教授法改为历史教学法,到中华人民共和国成立后学习苏联,再到今天与国外历史教育对话、交流,比较教育都起到了独特的作用。

近10年的比较教育领域著述成果并不多,不过依然有几个特点值得注意:一是国际历史教育交流会议为不同国家的学者提供学术对话的平台,从会议论文集中可以了解最新的国际研究趋势,看到别人和自己各自的特点;二是译介了国外历史教育重要的文本,如课程标准、教学案例等,为我们了解他国教育提供了重要的参考资料;三是参与该领域的人员呈现群体性协作分工的趋势,尤其涉及翻译多种外文资料时更为突出。

需要强调的是,比较教育不是一味赞扬别人好、自我不好,也不是一味故步自封、拒绝学习他人先进之处,更不是谈虎色变,一碰到国外历史教育就绝口不提。从学术史看,历史教育学科的每一次进步,确实有比较教育的贡献,这是因为前辈所做比较教育研究的目的在于让自己能够有更好的发展,这是对历史教育朴素的热爱,呈现的是时代责任感和学术使命感。从学术交流看,历史教育学科的发展确实需要全球对话,尤其是历史学科这样的人文学科更是如此。

10年前,我们认为"如果没有比较教育的贡献,就很难想象我们能够往哪里走",尤其是在全球化时代,"学习和借鉴国外经验是避不开的课题",故呼吁"我们已经在比较教育方面取得了相当的成绩,但远远不够",希望能有更多著述出现。10年后,我们依然秉承这样的愿望。同时,强调要产生中国特色的历史教育理论体系,比较教育研究依然是不可或缺的领域,唯有如此,我们才能与国外展开有效的学术交流、对话,在全球历史教育中贡献我们的话语。

1. 赵亚夫、唐云波主编《国外历史教育文献选读》(长春出版社,2012年,360页)

该书系黄牧航主编的"历史教育硕士丛书"中的一种,并作丛书总序"历史教师的专业化发展之路"。全书五章,依次为:历史课程标准选读;国外历史教材选读;国外教学设计选读;国外历史教师用书选读;国外考试试题选读。书前有赵亚夫的《致读者:我们为什么要编写这本书》以及写的前言《社会科课程中历史教育的地位、价值与观念》,后有唐云波的后记。

全面编译介绍国外历史教育文献的书籍,该书是国内首例。其性质是"借鉴性资源",具有选材宽泛、突出重点、拓宽视野等特点。

2. 李稚勇、周仕德、陈新民著《中外历史教育比较研究》(长春出版社,2012年,320页)

该书系黄牧航主编的"历史教育硕士丛书"中的一种,并作总序《历史教师的专业化发展之路》,由李稚勇撰写前言,书后附后记。全书共计七章,分别为:社会科课程改革比较研究;历史教科书比较研究;历史教学比较研究;历史学习比较研究;历史学科考试比较研究;美国历史教师标准研究;我国比较历史教育研究的回顾与展望。

3. 何成刚、沈为慧、陈伟壁编著《国外历史教学案例译介》(北京师范大学出版社,2013年,312页)

该书系何成刚主编的"历史教师专业发展丛书"中一种。书前有丛书导读和本书序言,后附后记,全书收录41个案例和3个案例赏析,共计七部分,分别为:关注历史知识的性质(如《如何培养时序观念》);拓宽历史学习的领域(如《疾病是怎么传播的》);培养材料研习的能力(如《分析华盛顿的告别演讲》);渗透公民理念的教育(如《为什么20世纪的冲突影响了如此多的人》);摸索历史教学的方法(如《"法国大革命"角色扮演活动》);探究学业评价的手段(如《美国AP课程欧洲史试卷》);案例赏析举例(如《发现偏见　分析偏见:解析材料的教学建议》)。

该书除了编译国外案例之外,还有尝试对其点评,将其亮点、教学启示等予以简析。此外,还依据案例的设计精髓做拓展延伸,设计出本土化的案例,是一部融资料性、参考性、借鉴性、工具性为一体的著述。

4. 孟钟捷、(德)苏珊·波普、(韩)吴炳守主编《全球化进程中的历史教育:亚欧教科书叙事特征比较》(生活·读书·新知三联书店,2013年,539页)

该书由前言(苏珊·波普撰写)、四部分、后记(孟钟捷撰写)组成。第一部分为"亚欧历史的转折点",收录赵亚夫的《20世纪中国学校历史教育中的国民意识》、姜鲜珠的《亚洲对垒欧洲:1945年以来韩国中学世界史课程概念框架的传承和变化》、克里斯托夫·哈曼的《可视的不对称——德国历史文化中的冷战偶像》等5篇论文。第二部分为"亚欧历史教科书中的教学观念比较",收录苏珊·波普的《全球时代的世界史课程:国际比较中的构想》、吴炳守的《战后韩国的世界史教育和世界史学术体系》、孟钟捷的《中国中学历史教育中的第二次世界大战:新世纪以来的特征及其反思》、李月琴的《新课改中的中学世界历史教学——以中日关系史教学为例》等8篇论文。第三部分"历史文化与公共历史",收录梁志的《近十余年中国冷战史研究新气象》、裴成俊的《与冷战结束相关的韩国大众史学与历史叙事》、阿方索斯·凯克曼的《纪念馆与博物馆中的冷战史和民主德国史》等5篇论文。第四部分"教科书分析:转折点前后教科书中的世界史之比较",收录柳承烈的《韩国中学课程改革后世界史学科内容系统的组织与变化》、黄牧航的《论中学历史教材中的西方中心观》、马丁·吕克《冷战——1989年前后德国历史教科书中记述的德国现象还是国际性现象?》、杨向阳的《中、英中学历史教科书"副课文系统"分析比较》、李惠军的《通过了解增进理解——一位中学教师眼里的德国历史及其教学思考与实践》等10篇论文。

5. 李莉著《内地与香港初中中国历史教科书比较研究》(华中科技大学出版社,2014年,305页)

该书内容分别为:绪论;两地教科书制度比较;两地初中中国历史教科书编写指导思想比较;两地初中中国历史教科书编写原则比较;两地初中中国历史教科书体裁和体例比较;两地初中中国历史教科书结构比较;两地初中中国历史教科书版面设计比较;两地初中中国历史教科书内容比较;结语;附录;参考文献;后记。

6. (英)海顿等编,袁从秀、曹华清等译《历史教学法》(重庆大学出版社,2015年,251页)

该书系陈时见、张学敏主编的"欧美学科教学法译丛"中的一种。书前有导论、后附译后记。全书共计十二章,分别为:导言;历史课在学校课程中的地位;备课;学习策略与语言的运用;开发历史理解力(1):时间、原因、变化、多样性和意义;开发历史理解力(2):解读与探究;确保历史课堂的包容性;历史课堂中新技术的运用;历史教学资源的利用;课堂评估;基于校外考试的教学;职后发展的后续事项。

该书是一本实用性强的历史教学入门书籍,书中附带诸多参考资料和网站链接,可供国内读者进一步了解相关话题,附带的课堂实践案例和教学建议等,增强了该书的可续性与借鉴性。

7. 赵亚夫、张汉林主编《国外历史课程标准评介》(北京师范大学出版社,2017年,上卷608页、下卷676页)

该书上卷有赵亚夫作的序言(《借鉴·视野·发展》),下卷有赵亚夫与张汉林撰写的后记,翻译辑录了2000—2015年以来14个国家(遍及欧洲、非洲、北美洲、亚洲、大洋洲)、44种课程标准。其中有19种历史分科课程标准,如《英国国家历史课程标准》《芬兰国家核心课程高中历史课程标准》《新西兰高中历史课程标准》《印度高中历史课程标准》《加拿大安大略省历史课程标准》;25种综合课程中的历史课程标准,如《全美社会科课程标准》《加拿大魁北克省教育计划初中社会科课程标准》《德国巴伐利亚州中等中学历史、社会、地理课程标准》《日本初中社会科·历史分野学习指导要领》《韩国社会科共同教育课程标准》等。此外,附录有三,包括《欧洲议会与欧洲理事会就终身学习的关键能力的建议》《欧洲的历史教育——俄罗斯联邦和欧洲委员会的历史教育合作》《新加坡-剑桥普通教育证书考试大纲(历史)》。

该书的定位是工具书,兼具资料和学术两种性质,每一课程标准后附录一篇评介文章,重点介绍课标修订背景、过程和特色,也反映研究者的态度和见识。该书由首都师范大学牵头,华东师范大学、东北师范大学、陕西师范大学、南京师范大学、华南师范大学、四川师范大学、福建师范大学、齐鲁师范学院、西华师范大学、石家庄学院、北京二中、北京四中、天津市教研室、石家庄市教研室、天津市第四十一中学等单位参与翻译、校对、评介。

8. 程修凡著《美国特级教师的历史课——批判性思维的养成》(鹭江出版社,2017年,243页)

该书前面有两个推荐序,即丹尼尔·布切里的《我们为什么要学历史?》和程平源的《批判性思维之旅》,书后附后记。正文分为上下两篇,上篇为"历史老师的讨论型课堂",涵盖八章内容,即历史课的开场白:午餐打架事件;启蒙运动与美国立国;犹太大屠杀:一份完整的教案;冷战时期的拉美:美国是主动干涉还是被动卷入;像历史学家一样阅读;读图读历史;通过历史课训练批判性思维;1968年:全球视野。下篇为"学生的历史项目研究",有六章内容,分别为:历史项目:探索性学习;人物研究:为什么曼德拉被广泛纪念;自选项目:二战中被忽略的中国;美国教科书中的中国形象(上);美国教科书中的中国形象(中);美国教科书中的中国形象(下)。

该书系作者整理在美国中学历史课上的学习笔记而成,阐述了美国历史教育对学生批判性思维和问题意识的培养和训练。

9. 陈温柔著《海峡两岸中小学校本课程开发和实施的对比研究:以中小学历史教育校本课程为例》(九州出版社,2017年,264页)

该书的引子为"对厦门与台北高中的校本课程与社团发展状况的调查研究",六章分别为:中小学校本课程开发与实施的理论;其他国家中小学校本课程开发与实施的经验;海峡两岸中小学校本课程开发与实验的理论与实践探索;海峡两岸中小学历史学科校本课程开发与实施的对比;海峡两岸中小学校本课程开发与实施存在的问题;提升两岸校本课程开发与实施质量的策略。书后有参考文献和附件"海峡两岸中学生调查问卷"。

10. 李帆、马卫东、郑林主编《21世纪全球历史教育的发展与挑战》(社会科学文献出版社,2018年,452页)

该书分四个部分,即历史教学基本理论,收录有苏珊·波普的《全球历史教学法的发展趋势》、徐赐成的《什么是历史意识:以"历史教育学"为中心》、束鹏芳的《中学历史主体性目标下的知识教学:20世纪90年代的自我建构》、郭富斌的《历史教育需要世界视野》等文章;历史教科书,收录有米·瓦·诺维科夫的《俄罗斯统一俄国史教科书:问题的提出与讨论》、刘超的《时代镜鉴:新学制时期中国历史教科书编写研究》、陈志刚的《当代史学变革与中学历史教科书的编写》等文章;历史教学实践,收录有姚锦祥《新世纪以来中国大陆历史学业评价改革的回顾与思考》、约瑟夫·卡勃的《中学历史课如何调动学生积极参与:以罗斯福新政为例》等文章;历史教师的专业发展,收录有朱煜的《名师工作室:引领教学研究的新模式——以唐秦历史名师工作室为例》、杨朝晖的《聚焦教师的深层行动指令——建立与强化历史师范生教育信念的实践探索》等文章。

该书是北京师范大学历史学院主办的首届"21世纪全球历史教育的发展与挑战"国际学术研讨会成果,汇集了来自德国、法国、俄罗斯、澳大利亚、美国、中国等国家的学者对历史教育相关问题的探索。

11.**杨彪主编《国际历史教育比较研究》**(社会科学文献出版社,2020年,上册331页,下册681页)

本书分为上下册,分别从"全球历史教育理论及展望""各国历史教育的现状与改革""各国历史教学课程标准和教科书""公共历史教育的探索""中国历史教科书中的他国形象"和"外国历史教科书中的他者形象"六个方面论述,力求展现国际历史教育的全景。收录了苏珊·波普的《全球化世界中的国家教科书争议》、孟钟捷的《历史思维素质培养的深度与广度:来自德国的经验》、杨彪的《当代欧洲历史教学发展动向》、艾罗斯·艾克的《奥地利的历史及其历史教学》、爱蒂安·弗朗索瓦、孟钟捷的《共同记忆的形成:德法合编历史教科书——访爱蒂安·弗朗索瓦教授》等文章。

该书汇集多篇论文,涉及多国研究对历史教育的观点和看法,呈现了他们在历史教育比较研究领域的研究成果。

2012—2022年历史教育文集部分

历史教育教学文集既能说明学者的研究领域、方向,也能呈现学者的学术水准、兴趣。当下的集体备课、异地网络教研、历史名师工作室、国培计划等活动的推动,使得教学研究共同体更易形成,某些文集正是在这样的基础上出版问世,一定程度反映了一个群体的学术状态。故,我们视文集为历史教育研究著述的重要部分。

近10年历史教育文集中,既有个人文集,也有群体文集。个人文集是主流,中学老师个人出版的文集越来越多,成为不可忽视的重要著述成果。这类文集的大量出现,与中学历史老师的专业化发展紧密相关,诸多老师的文集具有相当个性化的色彩,呈现了他们独特的专业发展历程。若是把视野放宽,这些文集其实是研究历史教师社会生活、学术交往、精神情感,乃至书籍阅读史等领域的重要材料,如果说"教师学"能建立起来,文集则是未来研究"历史教师学"不可或缺的材料。

群体文集虽然并不多,但是其势头日渐强盛,可以预见以教学研究共同体为单位出版的文集会不断增加,因为集体合作、群体协同是一种社会发展趋势。当然,按照研究主题划分,还可分为专题性文集和综合性文集。专题性文集是着力于一个教育焦点或主题而形成的文集。一些看似散漫无关的文章,作者或者主编通过一些较为上位的主题予以涵盖,辑录到某个特定主题之下,大致可视为综合性文集。

【增补1】傅元根著《历史教育的碧海浪花》(南方出版社,2005年,322页)

陈其作序。该文集以时间为序,共计40余篇,分为四个篇章:在教学中进步;在教研中探索;在课改中发展;附录。另有《平凡进取　自我超越——追寻岁月的记忆》一文记载了作者专业成长之路。

该文集凝聚了作者从事历史教育二十年之心血,其中《中学历史学科实施素质教育的基本构想》等文章颇有新意。

【增补2】臧嵘著《历史从殿堂走向民间》(大象出版社,2009年,214页)

该文集分三部分、由16篇文章组成。第一部分"历史从殿堂走向民间";第二部分"新课标历史教学指导";第三部分"国内外历史教科书研究"。

该文集反映了作者编写教科书的心得,以及对教科书的专题研究。

【增补3】陈辉主编《历史学科省级骨干教师研修的实践与探索》(四川师范大学电子出版社,2010年,472页)

该文集系四川师范大学承办的省级初高中历史骨干教师自主研修成果,全书内容分为:编者絮语;历史教师专业发展篇;历史课程教材开发篇;历史教学与案例设计篇;历史学习与学业评价篇;后记。

【增补4】王加丰著《史学理论与中学历史教学》(安徽大学出版社,2011年,200页)

该书由序言、两辑、附录组成。第一辑为"当代史学评介",收录《我国历史教育面临的几个深层次问题》等15篇文章。第二辑为"重要历史问题和文化现象解读",收录《关于地理大发现的动因问题》等12篇文章。

1. 李晓风著《李晓风历史教学思考与实践》(中国大百科全书出版社,2012年,211页)

该文集系"当代教育家丛书"中的一种,顾明远作丛书序,刘彭芝作前言,收录了作者自1991年以来的研究论文,共分三个部分:学术探究和历史教学(收录《历史研究的逻辑:解释和假说的形成——一个历史学哲学的尝试》等文)、历史教学的观念与方法(收录《关于历史教学中创造性思维培养的初步探索》等文)、素质教育与高考(收录《高三历史教学应该是真正的素质教育》等文)。附录为《特立独行大写"人"——记人大附中历史特级教师李晓风》。

2. 杨向阳著《超越的悖论——杨向阳历史教育文论选》(学林出版社,2012年,322页)

该文集由赵亚夫作序(悖论与悖论的超越),后附后记,分四篇,课程篇收录《课程改革与课程标准:〈上海市中学历史课程标准解读·绪论〉》等文章,教学篇收录《超越的悖论:再谈如何看待"过程"及"三维"目标》等文章;评价篇收录《关于历史学科的评价目标:思路与假说》等文章;教师篇收录《"名师"是怎样炼成的:普教系统历史名师培养探讨》等文章。

3. 福州市中学历史学科"骆志煌"名师工作室编著《史海泛舟》(福建教育出版社,2013年,258页)

该文集系"福州名师工作室文丛"中的一种,收集工作室成员和课题项目组成员的系列论文。"课程改革研究"收录《高中历史校本课程的开发与实施》等文章,"课堂教学实践"收录《〈新课程背景下高中历史教学策略的研究〉结题报告》等文章,"教学过程评价"收录《初中历史新课程改革中评价方式的探索》等文章,"信息技术整合"收录《历史教学中运用现代信息技术的实践与体会》等文章。前有前言,后有附录《福州市中学历史学科"骆志煌名师工作室"运作总结》。

4. 苏智良主编《中学历史教学:理念、方法与技能》(上海辞书出版社,2013年,240页)

该书前有序言,王正瀚副主编,汇集16位上海名师演讲,分别为:於以传的《史学方法在中学历史课程中的价值与运用》;沈怡的《历史教学中的纵横联系与比较概括——谈历史思维品质的培养》;叶永广的《开发影视资源 促进历史教学》;方勇的《在规范中寻求创新——优化课堂教学、提高教学有效性之教学设计》;彭禹的《图像证史——中学课堂中教师运用史料的策略一说》;冷伟的《历史教学中知识体系的建构与拓展》;朱志浩的《二期课改背景下历史学科命题的认识与实践》、凤光宇的《加强教师课程执行力 提高历史教学有效性》;周飞的《美剧的教学启示》;李惠军的《例谈历史课的创意、设计与实施》;姚军的《青年历史教师的三项修炼》;汪德武的《一节好课的核心标准》;钱君端的《浅谈中学历史教学"一堂课一个中心"》;鲍丽倩的《基于有效目标的教学设计》;孔繁刚的《历史课的价值、灵魂、精神与魅力》;邵清的《让历史点悟人生——与青年教师共勉》。

5. 周瑞霞主编《网络环境下的中学历史教学改革研究——以"历史家园"网站为载体》(安徽师范大学出版社,2014年,353页)

该文集收录《历史课程中科学精神的培养与实践》等近80篇论文,它们都是参与"以'历史家园'网站为载体,推动中学历史教学改革的研究"课题教师的论文,分为网络科技、教学理论、教学实践三部分。

6. 姚锦祥、赵亚夫主编《历史课程与教学研究(1979—2009)》(南京师范大学出版社,2014年,498页)

该文集系杨启亮等主编的"学科课程与教学研究三十年"丛书中的一种,杨启亮等作总序。文集主要由研究综述、选文、文献索引三部分组成。第一部分为《三十年来历史课程与教学研究的回顾与展望》,该文献综述涉及历史课程、历史教材、历史教学、历史学业评价、历史教师教育、历史教育比较研究六个方面。选文也从上述六部分收录69篇文章。文献索引(1979—2009),近一千条,包括作者、题名、期刊、年卷期等信息,也是按照历史课程等六部分编排。

该文集有很高的学术价值,囊括了大学史学专家、教学法专家、教材编写专家、教研员、一线老师在各个领域不同时期的一些重要成果,可以从中看到学术史发展动态,既是一部重要的学术参考书,也是一部工具书,值得一读。

7. 杜芳、付海晏主编《中学历史教学研究(第一辑)》(华中师范大学出版社,2016年,283页)

全书分"师者论道""名师讲坛""学海探教"三大板块,收录《免费师范生的职业现状调查分析与培养建议》《英国历史科国家课程标准中的"平等教育观"及其对我国中学历史课程标准修订的启示》《一体两翼,携手登高:高中历史学科研发型教师团队的构建之道》等19篇文章。

8. 贾雪枫主编《做一个智慧的历史教师》(西南师范大学出版社,2016年,174页)

该文集系"名师工程创新课堂系列"丛书中的一种,收录《探索农村初中历史课堂教学结构改革》等文章,分为三章,即教学生成与反思、教学结构与模式、教学策略与案例,书后附结束语"名师工作室的存在价值"和后记。

9. 胡军哲著《做一名有专业情怀的教师——胡军哲历史教育教学探索》(湖南师范大学出版社,2017年,293页)

该文集由刘维朝、黄牧航作序,辑录《史学研究成果在高中历史教材中的运用》《在真实的历史情境中激活学生思维》等40篇文章,共计七个部分,即:课程与教学——教师的安身立命之本;评价与研究——考试,想说爱你不容易;阅读与思考——最是书香能致远;问题与争鸣——思想因交流碰撞而精彩;教师专业发展——在成长的路上遇见更好的自己;学生评教——别忘了,教师生命中真正的贵人;《杏坛爬梳》书评——良师益友渲染的教育人生。附后记《为理想而行·我这二十年》。

10. 李峻著《思维·情感·方法:高中历史教学"三论"》(复旦大学出版社,2017年,223页)

王德耀作序《在历史的字里行间穿行》,收录28篇文章、8个教学设计。思维论收录《对"为思维而教"的再思考》等文章,情感论收录《将学生的课堂疑问变成历史德育的生成点》等文章,方法论收录《解释 透析 认识——历史教学有效性的实践心得》,教学实践收录《〈灿烂的文学艺术〉教学设计》等教学设计。

11. 朱煜著《中国近现代历史教育研究》(江苏人民出版社,2017年,340页)

该文集系"扬州大学中国史学科丛书",由总序、自序、六编组成,共辑录《论何炳松的历史教育思想》《历史课要重视培养学生的历史意识》等33篇文章。六编为:史学家、学术团体与近代历史教育;学科属性与研究性教学;历史教科书研究;教学反思与教师发展研究;教学目标与实施策略;学术评论。

该文集收录了作者从20世纪90年代到2016年左右的文章,可作为作者20年中从事学术活动的部分记录。

12. 季芳、黄雯婷主编《问史·索迹:"唐秦人"的别样风采》(古吴轩出版社,2017年,278页)

朱煜的《名师工作室:引领教学研究的新模式》一文为代序。该文集收录唐秦名师工作室成员21篇论文,分为上下辑,上辑为品韵成长,下辑为教坛撷萃。书后附《编外音:致成长——生姿有你,亦有心》。

13. 罗超著《历史教学法的改革和创新》(安徽师范大学出版社,2018年,187页)

该文集收录28篇教学法文章,时间跨度从20世纪70年代至90年代,分为"方法篇"和"研究篇"。其中,方法篇包括《历史教学与爱国主义教育》《历史教学与审美教育》等文章,研究篇包括《历史教学与培养学生创造能力》等文章。另外书后有两篇附录和编后记。

该文集系作者从事教学法研究教学时的经验总结和研究汇编,具有时代特色。

14. 王双怀主编《历史教学论丛》(陕西人民出版社,2018年,489页)

该书前言由王双怀而作,收录陕西师范大学(含中学兼职)教师,如赵亚夫、徐赐成、任鹏杰、郭富斌、苏争艳、李树全、史小军、闫璟等人近60篇论文,分为"教学理念""教学改革""评价反思"三部分。此外,还收录一些高校历史教育教学的论文。

15. 陈杰著《来自课堂的追问:高中历史教学札记》(浙江工商大学出版社,2018年,390页)

朱可作序,由六部分、后记组成,共收录122篇文章。第一部分历史教学思想和教育目标,第二部分历史教材分析,第三部分历史课堂教学设计、方法及细节,第四部分史料教学,第五部分历史试题评析及命题能力,第六部分历史教师的成长。

该文集收录的《谈谈历史教学中的价值观教育——从对国共内战的认识说起》《历史价值观问题的再思考》等论文呈现了作者独到的教育见解,体现了对历史教育的深刻思考。

16. 郑林著《历史课程教材教法研究》(社会科学文献出版社,2018年,327页)

该文集汇集作者2005—2017年的研究成果,如《历史课应回归史学的教育功能》《教材编写如何有利于教学方式的转变》等论文。共计六个部分,即:历史课程研究、历史教材研究、历史教学研究、历史教学评价研究、历史教师教育研究、其他相关研究。书有前言,书后有两个附录和主要参考书目。

17. 汪瀛著《杏坛追梦·我思我在》(光明日报出版社,2019年,244页)

该文集前有序,共计3个主题、33篇文章,其中"一孔之见"包括《"历史影像"的真实性与历史教学效果》等9篇文章;"仰望星空"包括《中学课程教材改革与教学应对策略漫谈》等9篇文章;"家国情怀"包括《历史教育断想》等15篇文章。

18. 郑林主编《历史学科卓越教师培养模式探索——首届全国高等师范院校历史教师教育论坛文集》(商务印书馆,2019年,323页)

该文集前附前言,由嘉宾发言和六个专题组成。"嘉宾发言"收录郑师渠、叶小兵、朱尔澄、李晓风四人发言稿。六个专题分别为教师素养与历史教师教育课程设置、历史教师教育教学改革、历史教师教育教学研究、历史教学的理论与实践探索、历史教师教学设计案例展示、师范生教学设计案例展示。

该书系北京师范大学历史学院和历史教学社举办首届"全国高等师范院校历史教师教育论坛"研讨会成果。

19. 汪瀛著《杏坛追梦·课题探新》(光明日报出版社,2019年,258页)

该文集由序和四部分组成,四部分为路径初识、略有收获、课题示例、综合课题。

文集收录一些课题的开题或结题报告,呈现了作者课题研究的思路。

20. 周明学著《走在史学边上》(社会科学文献出版社,2019年,288页)

该文集收录作者多年来发表的文章,分为四部分,即做一名好教师(如《关于"好老师的三点"认识》等文);历史教材研究(有《教材概念具有多义性、发展性:就教材定义与聂幼犁先生商榷》等文);历史教学实践(有《历史教学不可运用"人造史料"》等文);历史考题分析(有《2007年全国高考陈寅恪题值得商榷的三个问题》等文)。附录为周明学著述系年。书前有自序、编辑的话,后有后记。

21. 赵亚夫著《理解历史认识自我:中学历史教育研究》(光明日报出版社,2020年,599页)

该文集系陕西师范大学历史教育研究丛书中的一种,书前有何志龙所撰丛书前言《大力加强高师院校历史教育研究和课程建设》,所辑文章83篇,时间跨度为2005年至2016年。全书分为五章,分别为历史教育理论探索、历史课程改革、历史教学研究、历史教师教育、比较教育研究。

该书是继2005年《历史教育人格理论初探》出版后的又一文集,延续了作者所坚持的公民教育观、人格教育观,展示了作者的历史教育研究轨迹,理论透彻,具有较高的学术价值。

22. 任鹏杰著《历史·教育·人生:任鹏杰历史教育杂文》(光明日报出版社,2020年,313页)

该文集系陕西师范大学历史教育研究丛书中的一种,书前有何志龙所撰丛书前言《大力加强高师院校历史教育研究和课程建设》,所辑文章或发言74篇。全书内容分为历史教育要讲理、历史教育要有人、历史教育要有心、历史教育要求新、历史教育要务实、历史教育要探真、历史期刊要有魂。

作者提出的历史教育"体在史学"(或"体在生活")"根在人格""命在思想""魂在价值"的主张贯穿文集始终,每篇文章虽篇幅不长,但思想深邃、文笔卓然、富有节奏感。

23. 杨朝晖主编《论历史教育的魅力——源自心底的多元解读》(首都师范大学出版社,2020年,225页)

叶小兵作序,文集卷首语为《寻找历史教育的挚爱与灵魂》,并附后记。收录本科生、研究生、中学历史教师和教研员所撰写的40余篇实践感悟,共为六章,分别为博大与深远、传承与人文、探索与理性、交融与张力、共性与独特、追求与成长。

24. 陈辉主编《历史教师培训的理论与实践探索》(四川大学出版社,2020年,309页)

该书分三个部分,第一部分为培训理念与实践探索,收录姬秉新、张汉林、黄牧航、陈辉、徐赐成等人的11篇文章。第二部分为培训专题与讲座荟萃,收录赵亚夫、龚奇柱、陈辉等人的7场讲座。第三部分为培训获奖与成果分享。附录为2020年教育部"国培计划"十周年典型案例征集入选案例。

该书是对四川师范大学实施"国培计划""省培计划"历史教师培训的理论与实践的总结,为历史教师教育的职前职后一体化改革做了探索。

25. 谭方亮著《畅享课改:中学历史教师专业成长路径》(江西高校出版社,2021年,224页)

该文集为名师名校名校长书系黄牧航作序《为教师专业成长"加码"》,自序《教师要有点"野心"》。共计六篇,即思考与理解:中国学生发展核心素养之人文底蕴;学习与借鉴:众采百家之长;域外教育理念:芬兰教育研修心得;素养与课堂:历史教学研究;考试与复习:高考试题及备考策略;德育与管理:校本课程建设实践。

26. 全仁经著《杏坛漫思录》(江西人民出版社,2022年,295页)

该书辑录《坚持教研结合　做一流中学教师》《实事求是:历史与历史教学的生命线》《不要忽视对历史概念和历史评价的解读》《论从史出:史料、设问、史实的无缝对接》等23篇2015年后几年间的文章和讲话稿,书后有附录、后记。

27. 其他

【增补1】四川教育出版社编《新课程　新理念　新课堂:第二届全国义务教育课程标准历史教材川教版实验经验交流会获奖论文集》(四川教育出版社,2006年,301页)

【增补2】凤光宇主编《深学笃行》(上海三联书店,2011年,250页)

(1)张卫良、夏卫东主编《明智之学:历史教学与研究》(中国社会科学出版社,2012年,358页)

（2）夏卫东主编《历史教学研究论丛：第五届"钱江论坛"论文集（第3辑）》（中国社会科学出版社，2014年，202页）

（3）陈昔安编著《初中历史教学策略研究与应用》（北京教育出版社，2017年，198页）

（4）杜芳、付海晏主编《中学历史教学研究·第二辑》（华中师范大学出版社，2017年，272页）

（5）刘建伦著《教海觅真：中学历史教学探索与反思》（云南人民出版社，2017年，336页）

（6）王锡武著《学历史谈教育：中学高级教师王锡武教研教改论文选粹》（中国原子能出版社，2017年，166页）

（7）祝曙光、黄阿明主编《历史学科核心素养培养研究》（武汉大学出版社，2017年，156页）

（8）李峻主编《高中历史教学哲思录：李峻团队教学实践与思考成果集》（复旦大学出版社，2018年，186页）

（9）杜芳、付海晏主编《中学历史教学研究·第三辑》（华中师范大学出版社，2019年，357页）

（10）于卫青、景东升、安斌编《历史教学模式改革与创新研究论文集》（吉林大学出版社，2019年，328页）

（11）马卫东著《中国历史教学改革过程中的思考与探索》（河南人民出版社，2019年，184页）

（12）刘沁忆主编《基于核心素养的高中历史教学》（西南大学出版社，2021年，243页）

（13）孙海舰著《杏坛流年：三十三载中学历史教学行与思》（天津人民出版社，2021年，298页）

2012—2022年其他部分

"其他部分"包括学习心理学、教材学（分析）、教育史、教学设计等领域。虽然历史教育学、历史课程论、历史教学论等包含这些内容，但是它们已有独立形式的作品，只是量相对较少，故一并归为其他部分。按照现有的研究发展趋势，有理由相信未来某些领域的成果增多后，可能会被单列出一个门类。

该领域近10年著述有几个特点：一是教学设计及其案例成果大量出现，占据重要比例；二是在已有教材学的基础上，注重教材分析研究；三是教育史有所突破，出现百年历史教育发展史作品；四是与核心素养结合的著述成果多了起来；五是课例（教学实录）分析走向细化和聚焦，如出现课堂观察、问题分析等专门著述；六是某些领域有了突破，如李峻、何成刚等人的历史（史学）阅读成果。究其原因，一是学术研究发展的必然，二是与师范院校开设"课标解读与教材分析""历史教学设计"等课程有直接关联,三是核心素养研究的推动。需要说明的是,本文继续坚持10年前的收录范畴,教案选编,课例汇编(包括所谓的教学设计汇编),考试试题(包括所谓的试题分析、研究),教学(学习)手册,以及按照教材做的解读等作品不做整理。但个别属于有参考价值,带有研究性特征,故慎重选择。

【增补1】课程教材研究所编著《新中国中小学教材建设史(1949—2000)研究丛书·历史卷》(人民教育出版社,2010年,582页)

吴履平为丛书作前言,王宏志作本卷前言。七章内容为:新中国成立初期历史教材的改编与选用(1949—1951);历史教材的奠基时期(1952—1957);曲折发展时期历史教材的建设(1958—1965);陷入歧途时期的历史教材(1966—1976);拨乱反正与改革开放初期的历史教材(1977—1991);新时期历史教材的大改革(1992—2000);五十年来历史教材建设的心得与反思。书后有三个附录和参考文献。

该书是了解新中国中小学历史教材建设的重要著述,为研究教材提供了丰富材料。

1. 张庆海著《中学历史教学中的史学理论问题》(长春出版社,2012年,215页)

该书系黄牧航主编的"历史教育硕士丛书"中的一种,前有黄牧航的总序"历史教师的专业化发展之路",后附后记。七章分别为:关于历史事物的评价问题;历史学是什么;史学危机;史学理论在中学的应用方法;常用的史学理论与方法;马克思主义史学在中学历史教学中的应用;中学历史教学主要模块内容分析。

2. 王继平著《中学历史教学研究方法概论》(长春出版社,2012年,276页)

该书系黄牧航主编的"历史教育硕士丛书"中的一种,前有黄牧航的总序"历史教师的专业化发展之路",由绪论"社会研究与教育研究的一般原理"、后记和十一章组成。十一章依次为:历史教育研究课题的选择;历史教育研究的基本原则及常用方法;历史教育文献研究法;历史教育比较法;问卷调查法;历史教育观察法;历史教育案例研究法、历史教育行动研究;历史教育实验法;历史教育民族志研究法;历史教育评价研究。

3. 王泳编《中学历史教学中的现代教育技术研究》(长春出版社,2012年,283页)

该书系黄牧航主编的"历史教育硕士丛书"中的一种,前有黄牧航的总序"历史教师的专业化发展之路",由五章、附录、后记组成。五章内容分别为:时代的变革与需求;现代教育技术内涵及发展;基于现代教育技术的历史教学模式;历史信息化教学资源的开发;历史信息化教学设计,附录为"历史教学资源网站"。

4. 宾华编《中学历史课堂教学设计研究》(长春出版社,2012年,180页)

该书系黄牧航主编的"历史教育硕士丛书"中的一种,前有黄牧航的总序"历史教师的专业化发展之路",由前言、五章、后记组成。五章内容分别为:课堂教学及其要求;教学设计及其理论;课堂教学设计的操作要求;中学历史课堂教学设计研究;中学历史课堂教学设计操作案例及其分析评价。

5. 王雄著《中学历史教育心理学》(长春出版社,2012年,309页)

该书系黄牧航主编的"历史教育硕士丛书"中的一种,前有黄牧航的总序"历史教师的专业化发展之路",由序言"这本书对您有什么用"、十一章、参考书目、后记构成。十一章分别为:成为有智慧的历史教师;中学生历史学习的心理学基础;影响学习的多种因素;历史知识表征与学习过程;历史课程目标与教学目标;历史课堂教学模式与教学方法;中学生历史思维能力的培养;中学生历史学科能力的培养;中学历史课堂教学案例的分析;中学生历史学习的指导;中学历史教育的评价。

该书是在2001年版本基础上修订而成,是历史教育心理学研究领域一部重要著述。

6. 夏辉辉编著《问题解决:历史教学课例研究》(北京师范大学出版社,2012年,148页)

该书系何成刚主编的"历史教师专业发展丛书"中的一种,由前言"课堂教学中的'低洼湿地'"、四章、后记组成。四章内容为:被围困的历史课堂;课例研究与问题的解决;循着主题不断改进的实例;课例研究与历史教师专业成长等。

该书通过课例研究将教师实践者角色与研究者角色结合起来。

7. 王正瀚著《民国时期中学历史教科书研究》(上海教育出版社,2013年,199页)

该书内容为:绪论;近代中国学校历史课程与新式历史教科书的出现;新的起点:民国中学历史教科书的初步发展(1912—1921年);成熟与多元:民国中学历史教科书的"黄金时代"(1922—1936年);工具化的强化:民国中学历史教科书的"变奏"(1937—1949年);民国中学历史教科书的编审与学者的思考;结语;参考文献;后记;图表目录。

8. 黄牧航主编《中学历史教材研究》(长春出版社,2013年,332页)

该书系陈文海主编"高等师范院校历史学基础教育教学与研究丛书",由陈文海丛书总序"教育之桥的断裂与重建"、十一章、后记构成。十一章分别为:中学历史教材研究综述;中学历史教材的价值取向研究;《历史教学大纲》与《历史课程标准》研究;中学历史教材的逻辑结构研究;中学历史教材处理方法论;中学历史教材比较研究;中学历史教材图片研究;中学历史校本教材研究;中学历史教材评价研究;中学历史教材的发展趋势研究;面向中学历史教育的高师历史教材研究。

9. 杜芳、刘汝明主编《中学历史教学设计与案例研究》(科学出版社,2013年,199页)

该书系"卓越教师教育精品丛书·学科教学设计与案例研究系列",由前言和八章组成。八章为:教学设计的基本理论;历史学科教学目标的设计;历史教学内容的处理与呈现;史料教学与教学设计;历史教学过程设计的策略;历史教学中的问题设计与提问;历史教学中的图片选择与应用策略;历史课堂教学评价与学业评价。

10. 李杰编著《历史课堂观察的方法与策略》(北京师范大学出版社,2013年,213页)

该书系何成刚主编的"历史教师专业发展丛书"中的一种,由导论"回到教育原点看课堂"、五章、主要参考文献、后记组成。五章内容分别为:聚焦课堂观察;课堂观察的理论基础;走进课堂观察;课堂观察与历史教学实践;课堂观察与中学历史教师的专业发展。

该书将课堂观察理论运用到历史学科,所呈现的历史课堂观察方式有较强的操作性,对课堂有诊断、把脉的作用。

11. 尤学工著《20世纪中国历史教育研究》(中国社会科学出版社,2014年,313页)

该书内容为:绪论;上编(20世纪前半期的中国历史教育、新中国历史教育的发展);下编(历史教育与增强民族精神、历史教育与认识历史前途、历史教育与启迪人生修养);余论(历史教育是全民族的神圣事业、21世纪历史教育的新任务);参考文献;后记。

12. 袁从秀、曹华清、邓志勇编著《历史教学设计》(西南师范大学出版社,2014年,284页)

该书是"高等师范院校新课程教学设计丛书"中的一本,由前言、六章和五个附录构成。六章主体分别为:中学历史教学设计的基本理论;史学理论与教学设计;中学历史课程标准与教学设计;中学历史教材与教学设计;高中历史教学设计;初中历史教学设计。

13. 周仕德著《社会科视域中的历史教育核心知识概念建构研究》(华中科技大学出版社,2015年,183页)

该书内容为:导论;社会科视域中的历史教育价值论析;社会科视域中的历史核心概念理论认识;社会科视域中的历史核心概念实践探讨;我国社会科视域中历史核心概念的提炼与确立;社会科视域中历史核心概念统整策略;结论与反思;参考文献;后记。

14. 任世江著《高中历史必修课程专题解析》(北京师范大学出版社,2016年,427页)

全书由"必修课程专题结构简析"和三编组成。第一编为"必修Ⅰ课程内容解析",第二编为"必修Ⅱ课程内容解析",第三编为"必修Ⅲ课程内容解析",每编下对应教科书专题内容,书后附录专家对本书的好评。

15. 刘超著《历史书写与认同建构:清末民国时期中国历史教科书研究》(社会科学文献出版社,2016年,531页)

该书系"东方历史学术文库"中的一种,全书内容为:导论、上编(清末中国历史教科书之编写;民初中国历史教科书之编写;南京国民政府时期中国历史教科书之编写;中国历史教科书编者;书局的权势网络与知识生产;历史知识与社会意识——以孔子叙述为中心)、下编(古代与近代的表述:中国历史分期问题;考古发现与民族认同;危机与认同:中国民族起源说;现代中华民族观念的形成:中国民族叙述;民族认同与政治认同:民国教科书中的清史叙述;知识生产与文化政治:新文化运动叙述;帝国主义话语与中国近代史书写;教科书案〈上〉:《现代初中本国史》案;教科书案〈下〉:《白话本国史》案)、结语、附录"清末民国时期中小学的历史课程设置"、征引文献、索引、后记。

该书视教科书为一种历史书写和历史记忆,以此探讨与民族认同、政治认同的关系。

16. 李峻主编《高中历史阅读与写作概论:以历史名著、历史影视作品和历史小说为重点》(复旦大学出版社,2017年,341页)

李宏图为该书作序,书后附后记,分上下篇。理论与实践篇共计六章,分别为:研究背景、调研分析和课题概况;历史名著阅读与写作的理论和实践;历史影视阅读与写作教学;历史小说阅读与写作的理论与实践;历史写作的教学实践;历史阅读与写作的教学成果、反思和研究展望。微视频教学案例篇收录《根据作者生平、职业等信息判断历史专著的阅读价值》《历史小说阅读的概念界定和提取信息的方法介绍》《如何判断历史小说的阅读价值》等28篇文章。

历史阅读和写作是现代历史教育的重要课题,目前研究甚为薄弱,该书是该领域的一部力作。

17. 唐琴著《问史·践履:让历史进驻"人"》(光明日报出版社,2017年,226页)

该书系"名师名校名校长书系"中的一种。任鹏杰作序"一切改变都源于对孩子们的爱",书前有前言"在探微索迹中践履成长",书后附参考文献和后记。正文分三篇:上篇建构(以育人为指向、凝练核心内涵;以建构为要义,设计基本流程;以融合为重点,优化教法学法),中篇去模(遵向学情,实践课型变式;遵循规律,重构课程体系;遵行学道,共生成长智慧),下篇转型(时代价值,"探究—建构"的新取向;问史寻人,指向学生的发展;聚焦核心,对学科素养的追问)。

该书系"问史"第一部成果,指向学生发展的理念值得关注。

18. 杨春华主编《问史·论谈:"唐秦人"的学术追求》(古吴轩出版社,2017年,247页)

朱煜的"名师工作室:引领教学研究的新模式"一文为代序,后记为"问史:'唐秦人'的学术追求"。上篇为探研(核心素养的学科建构;历史教育:"人"不能缺席;新历史教育的展望;教师学科素养与教学胜任力;唐秦历史名师工作室巡礼;高考命题的学术视野与价值立意),中篇为沙龙(评课,学生不能缺席;"问史",指向学生的发展;我们心目中的学术性课堂;我们理解的时代性价值取向),下篇为悦悟(读书·课堂·成长;劝学·反思·回音;素养·采摘·酶化)。

19. 郑林等著《基于学生核心素养的历史学科能力研究》(北京师范大学出版社,2017年,331页)

该书系王磊主编的"学科核心素养丛书"中的一种。王磊作丛书序,共计八章,分别为:历史学科能力及其表现的理论研究;历史学科能力表现的评价设计;学科能力表现的评价结果;历史学科能力表现影响因素研究;促进历史学科能力发展的教学设计研究;初中与高中历史教学衔接研究;促进学科能力发展的初中历史教学研究;促进学科能力发展的高中历史教学研究。书前有前言,书后有结语"基于学生核心素养的历史学科能力研究展望"和参考文献。

20. 高思超著《教育叙事与历史教师成长研究》(天津科学技术出版社,2018 年,192 页)

该书由六章正文和参考文献组成,六章分别为:教育叙事研究概述;历史教育教学概述;四代历史名师成长叙事研究;历史名师课例叙事研究;历史名师教学方法叙事研究;在反思和创新中探寻历史教师成长路径。

21. 王德民著《中学历史教学设计》(安徽师范大学出版社,2018 年,236 页)

该书系徐彬主编的"高等师范院校学科教学(历史)专业丛书",由前言、十二章、主要参考文献组成。十二章内容分别为:教学设计理论与历史课堂;历史课堂与历史核心素养;历史教学立意的设计;历史课堂教学目标的设计;历史教材分析与学情分析的设计;历史教学重点和难点的设计;历史教学流程与环节的设计;历史教学方法与策略的设计;历史故事与历史细节的设计;史料的选用与教学设计;历史课堂环境的设计;历史课堂教学评价与反思的设计。

22. 戴加平著《优秀教师团队建构的行动与诠释》(浙江教育出版社,2019 年,349 页)

朱汉国作序(期待涌现更多的优秀教师团队),该书内容分别为:引言"我愿意成为亚马孙河流域上空飞翔的蝴蝶";"回应时代挑战的团队建构";"优秀教师团队的运行之道";"优秀教师团队的建设之术";结语;附录;名师访谈;后记。

23. 方勇著《核心素养视阈下的中学历史教学设计》(上海大学出版社,2019 年,252 页)

於以传作序,六章内容为:新课标下的历史学科核心素养;唯物史观是教学设计的根本;时空观念是教学设计的线索;史料实证是教学设计的抓手;历史解释是教学设计的支撑;家国情怀是教学设计的归宿。

24. 钱君端、郎宇飞主编《以生为本　促成优化:基于初高中学生历史学习力差异的教学衔接研究》(黄山书社,2019 年,251 页)

於以传作序,五章内容为:课题概述;《中学生历史学科关键学习力观察评价量表》;初高中学生历史学习力差异实证研究;初高中两个学段历史教学衔接策略研究;反思与前景展望。书后有参考文献、附件、后记。

25. 薛伟强编著《基于学科核心素养的历史教学课例研究》(华东师范大学出版社,2019 年,323 页)

该书系"基于学科核心素养的教学课例研究丛书"中的一种,分为三篇,理论篇为"课例研究与教师专业发展""核心素养与初中历史教学",实践篇收录"汉武帝巩固大一统王朝"等10余个课例。总结篇为"基于核心素养的初中历史教学"。书前有前言。

26. 徐赐成著《历史教师专业成长实践论》(光明日报出版社,2020年,279页)

该文集系"陕西师范大学历史教育研究丛书"中的一种,何志龙撰丛书前言"大力加强高师院校历史教育研究和课程建设",附黄恒振所作的"成长需要猎学"、孙恭恒所作"徐赐成同志的科研之路"。全书共计五章,分别为:在课程实践中自我提升;积极探索历史课堂教学改革;积极开展历史教育教学研究;理解学校教育及其管理;在猎学中成长。

27. 徐赐成著《历史教师素养论:基于历史教育实践过程的分析》(光明日报出版社,2020年,259页)

该文集系徐赐成策划的"陕西师范大学历史教育研究丛书",书前有何志龙所撰丛书前言"大力加强高师院校历史教育研究和课程建设",前言为"做一名成功的教师",后记为"在自然成长中主动成长"。全书共计四章,分别为:历史教师基本素养锤炼;历史教学素养修炼;历史教学能力基本要求;历史教育实践研究。

28. 赵亚夫著《中小学校历史教育百年简史》(人民出版社,2020年,444页)

该书系国家社科基金后期资助项目。全书由绪论、上编、下编、余论、两个附录、主要参考文献和后记组成。上编"清末民国时期的中小学历史教育(1902—1949)"有三章,分别为:动荡与变局:清末创立的新型教育及其改革(1902—1911);革新与守成:民国时期的中小学历史教育(1912—1949);创新与积淀:新民主主义教育实践(1931—1949)。下编"中华人民共和国时期的中小学历史教育(1949—2010)"涵盖三章,分别为:经验与教训:新中国前三十年的中小学历史教育(1949—1979);稳定与发展:改革开放后的中小学历史教育(1980—2010);创新与挑战:中小学历史教育发展的关键问题(1949年至今)。

该书由赵亚夫及其博士徐赐成、张汉林、郑士璟、陈德运合作完成,是我国首部中小学历史教育通史,勾勒出自清末学制制定至2010年前后的中小学历史教育发展的百年历程。

29. 唐琴著《问史·成人:遇见更好的你》(陕西师范大学出版总社,2020年,228页)

任鹏杰作序"一切改变源于对孩子们的爱",书后附后记"从乡村教师到姑苏教育名家:如何找到成长的金钥匙"。该书共计四部分,分别为:行走杏坛,圆成自我;手有馨香,美成老师;对话杏李,懋成学生;问课省思,助成课堂。

30. 唐琴等著《问史·建构:历史教育价值的教学转化》(江苏凤凰教育出版社,2021年,235页)

沈正元作序1(情怀),林焕新作序2(改革之路,向着"学生"进发),共计四篇,分别为:时代性价值:历史教育的价值取向;价值立意:课堂教学的育人之魂;单元学习活动:

聚焦立意的教学路径;学科融合:综合育人的价值体认。后记"用历史教人"。

历史课程之所以在基础教育中不可或缺,就在于学科的特殊育人价值,该书在这方面的探索值得关注。

31. 王继平主编《中学历史核心素养主题教学示例集萃》(天津古籍出版社,2021年,409页)

该书由绪论、初中篇、高中篇组成,共收录42个教学实录或者说课案例。初中篇收录《"秦统一中国"教学实录》等案例,高中篇收录《"从汉至元政治制度的演变"教学实录》等案例。

32. 史风春主编《中学历史教学设计》(陕西师范大学出版社,2022年,350页)

该书由十章、结语、典型案例、参考文献、后记组成。十章内容分别为:中学历史教学设计概论;中学历史教学分析;中学历史教学目标设计;中学历史教学重点与难点的设计;中学历史教学情境、策略、方法的设计;中学历史教学媒体的运用设计;中学历史教学过程设计;中学历史教学评价设计;中学历史课堂教学技能设计;中学历史教学的说课设计。

33. 黄牧航主编《高中新课程历史学科核心素养优秀教学设计》(广东高等教育出版社,2022年,353页)

该书共三编,上编为"基于历史学科核心素养的教学设计理论与方法",中编为"基于历史学科核心素养的教学设计",下编为"历史学科核心素养下的教学方式转变探讨"。

34. 薛伟强主编《中学历史课程标准与教材解析》(北京师范大学出版社,2022年,347页)

该书内容为:绪论;历史课程改革与发展趋势;2011年版初中历史课程标准解析;2022年版初中历史课程标准解析;2017年版高中历史课程标准解析;国际中学历史课程标准比较;中学历史教材演变及特点;中学历史教材分析原理;中学历史教材整体分析;初中历史教材分析及示例;高中历史教材分析及示例。

35. 余柏青著《〈历史教学〉(1951—2010)研究》(湖南师范大学出版社,2022年,219页)

周秋光作序。该书内容为:绪论;创办背景和组织架构及运行机制;特色形成和曲折发展(1951.1—1966.6);缓慢恢复和特色重建时期(1979.1—1991.3);偏重教学和学术"滑坡"(1991.4—2001.5);平稳过渡和"黄金"时代(2001.6—2010.12);在中学历史教学中的地位及发展策略;结语;参考文献;后记。

36. 唐琴等主编《问史·探究:高中生"做历史"创新作业》(江苏凤凰教育出版社,2022年,上册135页,下册133页)

该套著述前言为唐琴作"做历史:学科实践作业的生动表达"。上册主编为唐琴、石晓健、王光宇，下册主编为唐琴、顾俊、葛家梅。上册收录"先秦拾魅：走进博物馆探中华文明起源"等 16 个学生历史作业，下册收录"文明碰撞：埃及和亚述代表性雕塑比较"等 16 个学生历史作业。

该套著述呈现了学生"做历史"的理念，以历史实践作业方式呈现出学生表现。

37. 其他

【增补1】李庆忠、唐凌主编《高中历史课程实施与案例分析》（广西师范大学出版社，2007 年，308 页）

【增补2】朱汉国主编《普通高中历史课程分析与实施策略》（北京师范大学出版社，2010 年，337 页）

（1）张荷著《高中历史课改教育教学研究与实践：2007—2012》（中国市场出版社，2012 年，212 页）

（2）何成刚、张汉林、沈为慧主编《史料教学案例设计解析》（北京师范大学出版社，2012 年，351 页）

（3）张荣锁著《如何高效学习历史：历史可以这么学　历史可以这么教》（北京师范大学出版社，2012 年，150 页）

（4）刘宗华著《历史教育的实践与思考》（知识产权出版社，2012 年，225 页）

（5）王凤杰编著《教育硕士视阈下的中学历史教学改革探究》（吉林大学出版社，2013 年，206 页）

（6）戴文君主编《学习策略方法教学问题诊断与导引：初中历史》（东北师范大学出版社，2013 年，270 页）

（7）优才教育研究院主编《初中历史课堂教学典型问题解决案例》（四川大学出版社，2013 年，165 页）

（8）袁从秀主编《中学历史教学设计与案例研究》（科学出版社，2013 年，265 页）

（9）郑林主编《中学历史教材分析》（光明日报出版社，2013 年，388 页）

（10）赵克礼主编《中学历史教师教学技能》（陕西师范大学出版总社有限公司，2014 年，234 页）

（11）陈昔安主编《我的教师梦：历史教师成长叙事》（北京师范大学出版社，2014 年，202 页）

（12）徐满春主编《砥砺前行：2013—2014 学年海阳中学历史教学与研究实录》（合肥工业大学出版社，2014 年，191 页）

（13）彭禹、沈时炼、张炎林编著《海派历史教学透析》（北京师范大学出版社，2014 年，122 页）

（14）北京教育学院历史教师培训课程指南项目组编著《中学历史教师培训课程指南》（北京师范大学出版社,2015年,131页）

（15）仲尧明、沈为慧、何成刚主编《史学阅读与微课设计：中国近代史（上）》（北京师范大学出版社,2015年,330页）

（16）何成刚、沈为慧、俞雪琴主编《史学阅读与微课设计：中国近代史（下）》（北京师范大学出版社,2015年,362页）

（17）徐永琴、沈为慧、何成刚主编《史学阅读与微课设计：中国现代史》（北京师范大学出版社,2015年,374页）

（18）夏辉辉、唐正才、何成刚主编《史学阅读与微课设计：世界古代史》（北京师范大学出版社,2015年,358页）

（19）孟伟编著《教与思："孟伟工作室"历史教学案例与反思》（齐鲁书社,2016年,260页）

（20）董蔚主编《学生有效学习与教师专业发展·初中历史》（东北师范大学出版社,2016年,254页）

（21）广东省教育研究院、中学历史课程教材改革与发展研究课题组著《中学历史课程教材改革与发展研究》（广东高等教育出版社,2016年,321页）

（22）张德顺主编《中学历史教学设计与案例分析》（苏州大学出版社,2017年,307页）

（23）姚虹著《史学富矿的课堂凝练》（上海社会科学院出版社,2017年,264页）

（24）贾格年、李宝宝主编《中学历史教师教学技能学习指导》（天津大学出版社,2017年,205页）

（25）何成刚、郑继民、闫璟、邢新宝主编《史学阅读与微课设计：中国古代史（上）》（北京师范大学出版社,2017年,602页）

（26）沈为慧、赵剑峰、何成刚、闫璟主编《史学阅读与微课设计：中国古代史（下）》（北京师范大学出版社,2017年,478页）

（27）姜红珍、沈为慧、何成刚主编《史学阅读与微课设计：世界近代史》（北京师范大学出版社,2017年,410页）

（28）李君刚、唐正才、沈为慧主编《史学阅读与微课设计：世界现代史》（北京师范大学出版社,2017年,370页）

（29）任世江著《初中历史课程"点—线"解析（一）》（北京师范大学出版社,2018年,304页）

（30）上海市教育委员会教学研究室编《中学历史单元教学设计指南》（人民教育出版社,2018年,91页）

(31)陈家华主编《基于高中历史学科核心素养的教学设计》(宁波出版社,2018年,271页)

(32)黄劲涛著《守望与耕耘:三十载历史教学路》(东北师范大学出版社,2019年,192页)

(33)邓华主编《高中历史课堂学习研究案例》(贵州大学出版社,2019年,407页)

(34)李漱萍著《中学历史教师素养研究》(华南理工大学出版社,2019年,258页)

(35)崔爽著《高中历史课堂中的"历史味"》(延边大学出版社,2019年,136页)

(36)吴美娟著《基于学科素养的中学历史教学设计》(华南理工大学出版社,2019年,137页)

(37)王芳著《历史教学设计与案例研究》(吉林人民出版社,2019年,155页)

(38)许伟主编《从三维目标到核心素养:给历史教师的101条新建议》(南京师范大学出版社,2019年,471页)

(39)史桂荣著《高中历史教学设计与效果优化》(吉林出版集团股份有限公司,2020年,268页)

(40)薛伟强主编《中学历史新课程教学技能训练》(北京师范大学出版社,2020年,303页)

(41)夏东平著《中学历史教师专业发展的路径研究》(安徽师范大学出版社,2020年,153页)

(42)唐琴、石晓健主编《问史·立意:高中历史新教材学习设计(上)》(江苏凤凰教育出版社,2020年,387页)

(43)唐琴、王光宇主编《问史·立意:高中历史新教材学习设计(下)》(江苏凤凰教育出版社,2020年,306页)

(44)广州市吴美娟教师工作室编著《核心素养导向的中学历史教学研究》(华南理工大学出版社,2020年,161页)

(45)姬秉新、李稚勇、常云平主编《历史教学——从"设计"到"实施"(中国历史)》(高等教育出版社,2020年,350页)

(46)周刘波主编《中外历史纲要:学习精要与史学导读》(西南师范大学出版社,2020年,643页)

(47)欧阳玲、鲍鹭滨主编《中学历史史料教学集萃:中国古代史(上下卷)》(鹭江出版社,2020年,957页)

(48)胡逢祥编校《抗战时期教育部史地教育委员会史料汇编》(上海古籍出版社,2020年,362页)

（49）唐琴、季芳、葛家梅主编《问史·贯通：指向学习进阶的初高中微衔接》（江苏凤凰教育出版社，2022 年，214 页）

（50）李军主编《基于核心素养的高中历史教学问题研究》（华文出版社，2022 年，347 页）

（51）周刘波主编《高中历史核心概念与史学导读（选择性必修）》（复旦大学出版社，2022 年，319 页）

---

[1] 赵亚夫,熊巧艺.中学历史教育学的理论追求与实践取向[J].天津师范大学学报(基础教育版),2022(1):66.

[2] 于友西,赵亚夫.中学历史教学法[M].4 版.北京:高等教育出版社,2017:4.

[3] 赵亚夫.历史教育理论建设的几个重大问题(6):历史教学论要解决的问题是什么[J].中学历史教学参考,2006(10).

[4] 王傲.中学历史教学法研究范式的嬗变及理论分析(1950—2010)[D].北京:首都师范大学,2021.

（本文选自《中学历史教学参考》2023 年第 12 期、2023 年第 1—6 期）